成语大词典

汉语大字典编纂处　编著

四川辞书出版社

图书在版编目(CIP)数据

成语大词典:彩图版 / 汉语大字典编纂处编著.—
成都:四川辞书出版社,2024.1
ISBN 978-7-5579-1400-4

Ⅰ.①成… Ⅱ.①汉… Ⅲ.①汉语—成语词典 Ⅳ.
①H136.31—61

中国版本图书馆 CIP 数据核字(2023)第 218144 号

成语大词典 <small>彩图版</small>

汉语大字典编纂处　编著

责任编辑 / 赵积将　麻瑞勤
封面设计 / 成都编悦文化传播有限公司
责任印制 / 肖　鹏
出版发行 / 四川辞书出版社
地　　址 / 成都市锦江区三色路 238 号
邮政编码 / 610023
印　　刷 / 成都国图广告印务有限公司
开　　本 / 850 mm×1168 mm　1/32
版　　次 / 2024 年 1 月第 1 版
印　　次 / 2024 年 1 月第 1 次印刷
印　　张 / 34
书　　号 / ISBN 978-7-5579-1400-4
定　　价 / 98.00 元

出版说明

　　为了满足广大读者，尤其是学生和教师学习和使用成语的需要，我们约请了一批专家和教师精心编写了这部中型成语词典。

　　本词典收成语近万条，以现代常用和中小学语文课本中出现的成语为主，同时为兼顾学习古文的需要，也酌收部分现代虽不常用，但在古籍中常见的成语，以及少量谚语、歇后语、惯用语。为了充分满足读者需求，我们在编写中做了诸多努力，尽量使解释深入浅出，语言通俗易懂，例句贴近生活，功能完备实用。同时，书中配有大量精美插图，使之不仅可以作为查阅的工具书，而且还具有一定的欣赏价值。

　　全方位为读者着想，为大众提供高质量的词典是我们的愿望。限于编写时间有限等原因，本词典的缺点和不足之处在所难免。敬希广大读者批评指正，使之日臻完善。

汉语大字典编纂处

目　录

凡　例

1.本词典是中型汉语成语工具书,适合广大学生、教师和中等文化程度的读者使用。

2.本词典共收成语近 10000 条。所收条目以现代常用和中小学语文课本中出现的成语为主,同时为兼顾学习古文的需要,也酌收部分现代虽不常用,但在古籍中常见的成语,以及少量谚语、歇后语、惯用语。

3.本词典为实用多功能型成语词典,具有如下 8 种功能:①查词目的读音;②查义项;③查典故;④查用法;⑤查例句;⑥查近义成语;⑦查反义成语;⑧查辨误提示。

4.条目用汉语拼音注音,一律注单字普通话读音,不标注变调,轻声不标调号。

5.正文条目按汉语拼音字母顺序排列。如果首字读音完全相同,则按笔画(由少到多)、笔顺(横、竖、撇、点、折)排列。如果首字的音序、笔画、笔顺都相同,则按第二字的音序排列,余类推。

6.本词典的条目包括主条和参见条两类,释文以主条为主,参见条下只注音不作解释,分别用"也作"和"见"的形式表示,所参见的条目用楷体标注。如"三更半夜"是主条,"半夜三更"是参见条,在主条下释义中标注也作"半夜三更",参见条下标注见 27 页"三更半夜"。

7.用～代替例句中出现的词目,用【　】标示栏目名,用(　)标示补出的字、词、读音或夹注等。

8.小词典正文前面有音序目录和条目笔画索引,以便查检。

条目首字音序索引

莺	923	浴	945	葬	956	珍	967	[zhong]	懦	994
鹦	923	欲	945	[zao]	真	967	中	983	[zhun]
迎	923	遇	946	糟	956	枕	968	忠	984	谆	994
盈	924	愈	946	凿	956	振	968	终	984	[zhuo]
营	924	鹬	946	早	956	震	969	钟	985	拙	994
蝇	924	鬻	946	澡	956	镇	969	冢	985	捉	994
郢	924	[yuan]	灶	956	[zheng]	踵	985	卓	995
影	924	鸢	946	造	956	争	969	众	985	斫	995
应	924	冤	947	[ze]	峥	970	种	987	浊	995
[yong]	元	947	责	957	铮	970	重	987	着	995
拥	925	原	947	择	957	蒸	970	[zhou]	擢	995
庸	925	圆	947	泽	957	拯	970	舟	988	濯	995
雍	925	援	947	啧	957	整	970	周	988	[zi]
饔	925	缘	947	[zei]	正	971	粥	988	孜	995
永	925	猿	948	贼	957	郑	972	肘	988	资	995
勇	926	源	948	[zeng]	政	972	昼	988	越	996
用	927	远	948	甑	958	[zhi]	[zhu]	锱	996
[you]	怨	949	[zhai]	之	972	朱	988	龇	996
优	927	[yue]	摘	958	支	972	诛	988	子	996
忧	928	约	949	债	958	只	972	珠	989	紫	996
悠	929	月	949	[zhan]	芝	973	诸	989	自	996
由	929	悦	950	沾	958	枝	973	铢	989	字	1002
犹	929	跃	950	瞻	958	知	973	蛛	990	恣	1002
油	929	越	951	斩	959	执	975	竹	990	[zong]
游	930	[yun]	展	959	直	976	逐	990	总	1002
有	931	晕	951	崭	959	踯	977	煮	990	纵	1003
又	937	云	951	辗	960	止	977	助	991	[zou]
诱	937	芸	953	战	960	只	977	著	991	走	1003
[yu]	允	953	[zhang]	抵	977	铸	991	[zu]
迂	937	殒	953	张	960	纸	977	筑	991	足	1003
于	937	运	953	獐	961	指	978	[zhua]	[zuan]
予	937		彰	961	咫	980	抓	991	钻	1004
余	937	**Z**	掌	961	趾	980	[zhuai]	[zui]
鱼	938	[za]	仗	961	至	980	拽	991	罪	1004
瑜	940	咂	954	[zhao]	志	981	[zhuan]	醉	1005
愚	940	杂	954	招	962	质	981	专	991	[zun]
舆	940	[zai]	昭	963	炙	981	转	992	尊	1005
与	941	再	954	朝	963	治	982	[zhuang]	[zuo]
予	942	在	955	照	965	栉	982	装	992	左	1005
羽	942	载	955	[zhe]	陟	982	壮	993	作	1006
雨	943	[zan]	遮	965	掷	982	[zhui]	坐	1007
语	943	赞	956	折	966	智	982	追	993	座	1008
玉	943	[zang]	[zhen]	置	983	锥	994	做	1008
郁	944	藏	956	针	966				

条目笔画索引

不近情理	66	不依不饶	81	不矜细行	66	不敢告劳	62
不言不语	80	不卑不亢	57	不骄不躁	65	不敢苟同	62
不言而喻	80	不舍昼夜	75	不绝于耳	67	不敢造次	62
不吝指教	71	不念旧恶	73	不绝如缕	67	不敢越雷池一步	62
不吝赐教	71	不服水土	61	不耻下问	58	不堪一击	68
不怀好意	64	不法之徒	61	不速之客	77	不堪入目	68
不识一丁	77	不治之症	85	不顾死活	63	不堪入耳	67
不识大体	76	不学无术	80	不留余地	72	不堪回首	67
不识之无	77	不郎不秀	71	不疾不徐	64	不堪设想	68
不识好歹	76	不衫不履	75	不容分说	74	不堪重负	68
不识时务	76	不屈不挠	74	不容置喙	74	不堪造就	68
不识抬举	77	不经一事，不长一		不容置疑	75	不越雷池	83
不即不离	64	智	66	不祧之祖	77	不揣冒昧	58
不拘一格	67	不经之谈	66	不祥之兆	79	不期而至	74
不拘小节	67	不甚了了	76	不屑一顾	79	不期而遇	74
不拘形迹	67	不茶不饭	58	不通水火	78	不欺暗室	73
不择手段	83	不相上下	79	不能自已	73	不落俗套	72
不苟言笑	63	不相为谋	79	不能自拔	73	不落窠臼	72
不到黄河心不死	59	不相闻问	79	不教而诛	65	不惑之年	64
不齿于人	58	不省人事	80	不虚此行	80	不遗余力	81
不明不白	73	不修边幅	80	不偏不倚	73	不稂不莠	71
不易之论	82	不徇私情	80	不假思索	65	不痛不痒	78
不易之典	82	不食人间烟火	77	不得人心	60	不慌不忙	64
不败之地	57	不食之地	77	不得已而求其次	60	不愧屋漏	71
不知凡几	84	不食烟火	77	不得已而为之	60	不寒而栗	63
不知天高地厚	85	不胜其任	76	不得而知	59	不登大雅之堂	60
不知不觉	84	不胜其烦	76	不得其门而入	59	不尴不尬	62
不知死活	84	不胜枚举	76	不得其所	59	不虞之誉	83
不知好歹	84	不胫而走	66	不得要领	60	不置一词	85
不知进退	84	不闻不问	78	不得善终	60	不置可否	85
不知所云	84	不差累黍	58	不着边际	85	不辞而别	59
不知所终	85	不差毫发	58	不情之请	74	不辞劳苦	59
不知所措	84	不测之祸	58	不惜工本	79	不解之缘	65
不知轻重	84	不费吹灰之力	61	不谋而合	73	不蔓不枝	72
不知就里	84	不矜不伐	66	不谙世事	57	不蔽风雨	57

A

哀哀欲绝 āi āi yù jué

【释义】哀哀:悲伤不已。欲:将要。悲痛得将要气绝。指异常悲痛。

【用法】形容极度悲痛。

【例句】在向父亲遗体告别的时候,她～。

近义 哀痛欲绝

反义 欣喜若狂

哀兵必胜 āi bīng bì shèng

【释义】哀:悲伤;悲愤。对抗的两军力量相当,悲愤的一方获得胜利。指受压抑而奋起反抗的军队必然能打胜仗。

【用法】一般用作褒义。

【例句】越王勾践卧薪尝胆,经过十年的艰苦奋斗,终于一举打败了强大的吴国。这是历史上～的典型事例。

反义 骄兵必败

哀而不伤 āi ér bù shāng

【释义】感情适度,悲哀而不伤害身心。

【用法】可用于形容诗文、音乐感情适度,具有中和之美。

【例句】诗人们的行旅是有目标的、豪迈的,他们的歌唱是发自内心的、高亢的。在这样的行旅和歌唱之中,他们个人的失意惆怅、怨肠愁绪,都统统被抹上一层瑰丽雄奇的色彩,从而形成富有美学意义的～、悲中有壮。

反义 哀毁骨立

哀感顽艳 āi gǎn wán yàn

【释义】哀:悲伤。感:感动。顽:愚笨。艳:俊美。凄婉的歌声使愚笨和聪慧的人都受到感动。形容文辞凄恻动人。

【用法】现多形容文艺作品具备哀怨、感伤的风格。

【例句】名曲《梁祝》,～,凄婉动人。/ 他到了天津之后,寄了一封信给他妻子,这封信足有三千多字,写得异常～。

近义 哀动顽艳

哀鸿遍野 āi hóng biàn yě

【释义】哀鸿:悲鸣的大雁,比喻灾民。形容到处都是呻吟呼号、流离失所的灾民的悲惨景象。

【用法】常用来比喻因天灾人祸,无家可归的灾民到处都是。

【例句】他们曾目睹过那～、赤地千里的惨状。

反义 百兽率舞　凤凰来仪

哀毁骨立　āi huǐ gǔ lì

【释义】哀毁:悲痛过度而毁伤身体。骨立:消瘦得只剩一副骨架支撑着。因丧亲过于悲痛而消瘦到极点。

【用法】形容悲痛伤身。

【例句】他的父母在十几天内相继去世,他一时间接受不了,整日悲悲戚戚,以致～。

反义 哀而不伤

哀梨蒸食　āi lí zhēng shí

【释义】哀梨:传说汉朝秣陵人哀仲家种的梨果实大、味美,时人称为"哀家梨"。把哀仲家的鲜梨蒸熟了吃。比喻不识货,把好东西胡乱糟蹋了。

【用法】比喻人因无知而干蠢事。含贬义。

【例句】他用这些上等的楠木点火当成柴来烧,真是～呀。

近义 焚琴煮鹤

哀莫大于心死　āi mò dà yú xīn sǐ

【释义】莫大于:没有比……更大的。心死:形容心里绝望到了极点。指最大的悲哀莫过于心死了,或者说,没有比心死更可悲的了。

【用法】形容心死比悲哀的程度还重。

【例句】遭遇太多不幸的她哀叹道:"你们干吗不让我死呢? 人说'～',我的心都死了,活着还有什么意义?"

哀丝豪竹　āi sī háo zhú

【释义】哀:悲伤。丝:指弦乐器。豪:豪壮。竹:指管乐器。指悲壮动人的弦管乐声。

【用法】专用于音乐方面。

【例句】在～之中,即将上演一出热耳酸心、悲欢离合的故事。

哀其不幸,怒其不争
āi qí bù xìng, nù qí bù zhēng

【释义】哀:怜悯。怒:恼怒。同情他的不幸,愤恨他的不争气。

【例句】看完《不要和陌生人说话》这部电视剧,人们对女主角"～",一方面很同情她的遭遇,但另一方面对她的软弱却很生气。

哀天叫地　āi tiān jiào dì

【释义】哀:悲哀。悲哀得呼天喊地。形容悲痛至极。

【用法】常用来指亲人去世而极度悲伤。

【例句】儿子不幸遭遇车祸,父母～,悲痛欲绝。

近义 呼天抢地

挨家挨户　āi jiā āi hù

见 3 页"挨门逐户"。

挨肩擦背　āi jiān cā bèi

【释义】擦:贴近。挨擦肩膀,身体紧密接触。

【用法】形容人多拥挤。

【例句】展厅里人们～,熙来攘往。

近义 摩肩接踵

A

挨门逐户　āi mén zhú hù

【释义】挨、逐：依次，逐一。依次到各家各户。也作"挨家挨户"。

【例句】为了找出案件的疑点，警察们细心地～去调查了解情况。

唉声叹气　āi shēng tàn qì

【释义】因伤感、烦闷或痛苦而发出叹息的声音。

【例句】他躺在山上的一间茅草屋里，不断地～。

【近义】长吁短叹　喟然长叹

【反义】欢声笑语

提示　"唉"不能写成"哀"。

矮子看戏　ǎi zi kàn xì

【释义】个子矮的人夹在人群中看戏，什么也没看见。比喻不了解情况随声附和。

【例句】他对什么事情都有自己独特的见解，从来不像～一样跟着人起哄。

【近义】随声附和　人云亦云

蔼然可亲　ǎi rán kě qīn

【释义】待人亲切，别人容易接近。

【用法】形容人态度随和，让人容易亲近。

【例句】李奶奶～，谁都喜欢和她接近。

【近义】和蔼可亲

【反义】疾言厉色

爱不释手　ài bù shì shǒu

【释义】释：放开。喜爱得舍不得放手。

【用法】用于表达对物件的喜爱程度。

【例句】爸爸送我的那盆花真美，有的绿如苔，有的红似血，个个令人～。

【反义】弃若敝屣

爱才若渴　ài cái ruò kě

【释义】爱惜人才就像口渴想要喝水一样。形容十分喜爱、尊重人才。

【例句】新上任的领导～，对下属体恤关怀。

【近义】爱才如命

【反义】嫉贤妒能

爱财如命　ài cái rú mìng

【释义】贪爱钱财就像爱惜自己的生命一样。

【用法】形容人非常贪财或吝啬。

【例句】莫里哀笔下的阿巴贡，是个～的吝啬鬼。

【近义】视财如命

爱富嫌贫　ài fù xián pín

见790页"嫌贫爱富"。

爱毛反裘　ài máo fǎn qiú

【释义】反：翻转。裘：毛皮的衣服。爱惜皮袄上的毛，把它反过来穿。

【用法】比喻贪小失大，本末倒置。

【例句】钻研电脑不是坏事情，但有的同学每天沉迷于电脑中，把学习放在一边，这无疑是～。

【近义】反裘负刍

爱莫能助　ài mò néng zhù

【释义】爱：怜惜，同情。莫：无，不。心里愿意帮助，但是力量做不到。

【用法】今常用于表示想帮而无力帮助，有无可奈何之意；也常用作推托之辞。

【例句】我虽然很想帮助你，可如今我的处境也很艰难，真是～，请谅解。

【近义】力不从心　心余力绌

A

反义 有求必应

爱人以德　ài rén yǐ dé

【释义】以:用。用道德来爱人。

【用法】指对人不袒护,不姑息迁就。含褒义。

【例句】我们应该～,以治病救人的态度去帮助犯错误的人。

反义 姑息养奸

爱屋及乌　ài wū jí wū

【释义】及:连及。乌:乌鸦。指爱一个人连带爱他屋上的乌鸦。

【用法】比喻深爱某人而连带喜欢跟他有关的人或物。

【例句】他由于爱我,～,对我的父母也关怀备至。

提示 "及"的意思不是"和"。

爱憎分明　ài zēng fēn míng

【释义】喜爱什么、憎恨什么,态度十分鲜明。

【例句】"横眉冷对千夫指,俯首甘为孺子牛"表现了鲁迅先生～的鲜明立场。

近义 黑白分明

反义 黑白不分

碍手碍脚　ài shǒu ài jiǎo

【释义】妨碍别人做事。

【例句】这儿乱成一团糟,你们快走吧,别在这～的。

近义 触手碍脚

安邦定国　ān bāng dìng guó

【释义】邦:国家。使国家安定、巩固。

【例句】从李白的一些诗文中,我们可以感受到诗人是多么希望有机会实现自己

～、经世致用的政治抱负。

近义 治国安邦

反义 祸国殃民

提示 "邦"不能写成"帮"。

安不忘危　ān bù wàng wēi

【释义】安:平安。危:危险,灾难。在安定的时候,不忘记可能出现的危险与灾难。

【用法】多用于指国家,也用于指个人。

【例句】日本领导人坚持参拜供有甲级战犯灵位的靖国神社,中国人民一定要～,时刻警惕日本军国主义死灰复燃。

近义 居安思危

反义 高枕无忧

安步当车　ān bù dàng chē

【释义】安:从容。步:步行。慢慢地步行,就当作是坐车。也作"缓步代车"。

【用法】形容轻松缓慢地行走。

【例句】一到下午,他便一个人～,出门逍遥自在去了。

提示 "当"不读 dāng。

安常守分　ān cháng shǒu fèn

【释义】安:感到满足。分:本分。习惯于常规,保守住本分。

【用法】用于为人处世方面。

【例句】他不追求功名利禄,只求～。

近义 安分守己

提示 "分"不读 fēn。

安分守己　ān fèn shǒu jǐ

【释义】分:本分。安安本分,规矩老实。

【用法】安于自身的生活,不强求自己分外的事。

A

【例句】这孩子若能心，他父母就省心多了。

近义 安常守分 循规蹈矩

反义 恣意妄为 惹是生非 为非作歹

安富尊荣 ān fù zūn róng

【释义】国君任用贤者，得以身安、国富、位尊、名荣。也指安于富裕安乐的生活。

【例句】那个享尽人间～的嘉靖皇帝，妄想长生不死，几十年不理朝政，在这里从道士陶真人炼丹修仙。

近义 荣华富贵

安家立业 ān jiā lì yè

【释义】安置家庭，创立事业。

【用法】多用于年轻人。

【例句】他大学毕业后就在异乡打拼，直到近四十岁时才～。

反义 萍踪浪迹

安家落户 ān jiā luò hù

【释义】在一个新的地方安置家庭并定居。

【用法】可用于人、动物或物体。

【例句】春天，北归的燕子在我家的房檐下～了。/细菌一旦在食物里～，食物就开始腐烂了。

近义 落地生根

反义 萍踪浪迹

安居乐业 ān jū lè yè

【释义】居：住所。业：职业。安定地生活，愉快地工作。

【用法】形容人民生活安乐幸福。

【例句】这个城市傍山临海，风景宜人，百姓～。

近义 国泰民安 民康物阜

反义 颠沛流离 流离失所

安民告示 ān mín gào shì

【释义】安：安定。告示：布告。原指官府在新官上任或社会变乱后，为安定民心所发布的文告。

【用法】现借指把要办的事或要解决的问题预先通知下去，让大家有所准备。

【例句】开讨论会要事前出～，让大家明确议题，有所准备。

安贫乐道 ān pín lè dào

【释义】安：安心。贫：贫穷。乐：快乐。道：道德准则。指安于贫穷，乐于奉行自己尊崇的道德准则。这是儒家所追求的一种比物质享受更高的精神快乐。也作"安贫守道"。

【用法】形容不埋怨困苦的生活，行为道德都很高尚。

【例句】明代方孝孺在疾病缠身、家中断炊之时，为了宽慰家人，还作了一首《寄贫》诗。其中有一句"纵令先生穷至老，犹与日月争光明"，足见他真正是～，贫贱都不能移了。

A

安贫守道 ān pín shǒu dào

见 5 页"安贫乐道"。

安然无恙 ān rán wú yàng

【释义】安然:平安,安安稳稳地。恙:疾病,灾祸。原指人平安没有疾病,后泛指平平安安,没有受到任何损伤。

【用法】指人和动物平安,无病无灾,也指物品完好无损。

【例句】得知他～,我那颗悬着的心终于放了下来。/夹丝玻璃非常坚硬,受到猛击仍～。

近义 平安无事

安如磐石 ān rú pán shí

【释义】磐石:厚而大的石头。像磐石一样稳固,不可动摇。

【用法】可用于指国家安定,或指房屋、物件安稳,也可指人的坐姿平稳或地位稳固。

【例句】我们伟大的祖国屹立在世界的东方,～。

近义 安如泰山

反义 危如累卵　危若朝露

安如泰山 ān rú tài shān

【释义】像泰山一样安稳。形容安稳牢固,不可动摇。也作"稳如泰山"。

【用法】可用于指国家安定,或指房屋、物件安稳,也可指人的坐姿平稳或地位稳固。

【例句】他认为自己的地位～,谁也扳不倒他。

近义 安如磐石

反义 危如累卵　危若朝露

安身立命 ān shēn lì mìng

【释义】安身:在某地居住、生活。立命:精神上安定。生活有着落,精神有所寄托。也作"立命安身"。

【用法】用于指人安定地生活,也可用于指立足(站得住脚)。

【例句】一旦国家动乱起来,人民群众～都难以保证。/运作十分成功的《艺术人生》《朋友》等节目都是以真诚为其～的本钱。

安土重迁 ān tǔ zhòng qiān

【释义】土:指故土。重:重视,不轻率。留恋故土,不愿轻易迁移。

【用法】用于形容人留恋乡土。

【例句】母亲是个～的人,对家乡有着很深的依恋,不论我怎样劝说,她就是不肯南下同我一起住。

反义 背井离乡

提示 "重"不读 chóng。

安闲自若 ān xián zì ruò

【释义】安静清闲,自由自在。

【用法】用于形容人和动物的神情。

【例句】这只小狗躺在阳光下,神情～,仿佛在享受着这难得的冬日暖阳。

近义 安闲自在

安营扎寨 ān yíng zhā zhài

【释义】安、扎:设立。营:营房。寨:军营四周的栅栏。军队架起帐篷,建好栅栏驻扎。

【用法】现借指建立临时住地(多用于大规模的队伍)。

【例句】拦阻江水的护城大堤出现重大险

情。数百名官兵连～的地方都没选好，便跑步冲上江堤，一口气干了11个小时。

反义 拔寨起营

安于现状 ān yú xiàn zhuàng

【释义】安：满足；认可。对现状满足。

【用法】指满足于现在的状况（不求进步），也指认可现有的状况（不提异议）。

【例句】人一旦～，就离奋斗、进取等越来越远了。

近义 故步自封

安之若命 ān zhī ruò mìng

见7页“安之若素”。

安之若素 ān zhī ruò sù

【释义】安：感到满足。素：平时，往常。（遇到不顺利情况或反常现象）像平常一样对待，毫不在意。也作“安之若命”。

【用法】形容面对困窘的境遇毫不介意，心情平静。

【例句】虽然这件事对他经济上的打击很大，但他依然～。

近义 泰然自若

反义 坐卧不宁

鞍前马后 ān qián mǎ hòu

【释义】鞍：马鞍子。指在马前马后（忙）。借指在某人的身边、左右。

【用法】比喻紧紧跟随在某人身边，为其奔走效劳，随侍左右。

【例句】旅途中，年轻的导游～地为旅行团奔走劳累。

按兵不动 àn bīng bù dòng

【释义】按：控制，止住。兵：军队。使军队暂不行动，等待时机。

【用法】现用于指（等待时机）暂时不采取行动。

【例句】大家都已开始行动了，唯独他还～。

近义 以逸待劳

反义 闻风而动

提示 “按”不能写成“安”。

按部就班 àn bù jiù bān

【释义】按、就：依照，遵循。部：门类。班：次序。原指文章结构安排得当，用词造句规范。后指做事按照一定的条理，遵循一定的程序。

【用法】现也用作贬义，指做事机械，缺乏创新或灵活性。

【例句】这篇文章整体布局～，非常严谨。/他做事一向循规蹈矩，～。

近义 循序渐进

反义 随心所欲　越次超伦

提示 “部”不能写成“步”。

按捺不住 àn nà bù zhù

【释义】按捺：抑制，忍耐。内心无法克制。

【例句】一种～的强烈愿望，促使他不顾一切地去参加这个比赛。

近义 忍无可忍

反义 忍气吞声

提示 “捺”不读nài。

按图索骥 àn tú suǒ jì

【释义】图：图像。索：寻找。骥：好马。按照图像寻找好马。比喻顺着线索寻找目标。也比喻办事死板。

【典故】传说古代有一位相马高手名伯乐，他写了一本专著《相马经》。伯乐的

A

儿子把这本书背得滚瓜烂熟,并按书上的描写去寻好马,结果寻回的是一只癞蛤蟆。伯乐看了哭笑不得,委婉地批评说:"你寻的这匹马爱跳爱蹦,然而你是驾驭不了它的。"(《汉书·梅福传》)

【用法】过去用来形容拘泥不变,今多用于字面解释上。凡根据图形或资料来搜寻目的物,皆可用此语。

【例句】想要做好一件事必须因时制宜,～的做法是行不通的。/著名旅游胜地巴厘岛发生恐怖爆炸事件后,警方通过在爆炸现场发现的线索和其他途径收集到的证据,～追捕到嫌犯。

反义 无迹可寻

提示 "图"不能写成"途"。

暗淡无光　àn dàn wú guāng

见 9 页"黯淡无光"。

暗度陈仓　àn dù chén cāng

【释义】暗:暗地里。度:过,越过。陈仓:古地名,在今陕西省宝鸡市一带。指暗地里越过陈仓(回到咸阳)。

【典故】楚汉相争时,刘邦为了迷惑项羽,防止章邯入侵,把出入汉中的栈道烧毁了。后来,刘邦逐渐强大起来,命韩信为大将,出兵与项羽一决雌雄。为了迷惑敌人,韩信派了一万多人马去修复烧毁的栈道。栈道修复工程艰巨,进展缓慢。章邯料定栈道修复绝非易事,毫无戒备。殊不知韩信带主力已抄小路向陈仓进军,很快攻下咸阳,占领关中。韩信采用一明一暗、以明掩暗的计谋,取得了夺取关中的重大胜利。(《史记·高祖本纪》)

【用法】与"明修栈道"连用,形容一边麻痹对方,一边暗中活动,出其不意,达到某种目的。单用"暗度陈仓",比喻暗中进行某种活动。

【例句】他表面和对手交好,实际却～,和对手的合作公司联络,终于成功地签下合约,解除了公司的危机。

暗箭难防　àn jiàn nán fáng

【释义】暗地里射出的箭很难防备。

【用法】常与"明枪易躲"连用,比喻暗中使的阴谋诡计或招数很难防备。

【例句】明枪易躲,～,罗纳尔多一个似射非射的射门动作,就让毫无准备的对方守门员倒下。

暗箭伤人　àn jiàn shāng rén

【释义】暗地里放冷箭伤害人。

【用法】比喻用阴谋手段暗害人。

【例句】这种恶毒的谎言完全是～。

近义 冷箭伤人

反义 光明正大

暗送秋波　àn sòng qiū bō

【释义】秋波:秋天的水波,古诗文中常用于形容美女的眼神。原指暗地里眉目传情。后泛指献媚取宠,暗中勾结。

【例句】她对他眉来眼去,～。/王占元一边对张作霖～,一边又与曹锟勾结甚密。

近义 眉目传情

暗无天日　àn wú tiān rì

【释义】暗:黑暗。无:没有。天日:天和太阳,比喻光明。指周围黑暗,见不到天和太阳。

【用法】常用于形容社会极端黑暗,见不到光明。

【例句】他住在～的地下室里,一年到头,只有一盏孤灯相伴。/明朝末年,天灾人祸一起来,社会～,人民处在水深火热之中。

近义 不见天日

暗香疏影　àn xiāng shū yǐng

【释义】暗香:清幽的香气。疏影:稀疏枝干的投影。梅花清幽的香气和枝干稀疏的投影。后作为梅花的代称。

【例句】这皑皑白雪,～,使他不由地想起故乡冬日的雪景。

暗中摸索　àn zhōng mō suǒ

【释义】在黑暗中触摸探索。形容无人指引,独自探索。

【用法】表示依靠自己的力量默默去摸索探求,可用此语。

【例句】他刻苦努力,～,终于攻克了技术难关。

黯淡无光　àn dàn wú guāng

【释义】黯淡:(光、色)昏暗。光:光泽,光彩。指昏暗不光亮。也作"暗淡无光"。

【用法】形容颜色无光泽(不鲜亮),也形容眼神无光彩(没精神)。

【例句】这幅画暗色过多,应当适当用些亮色,不然画面会显得～。/由于生活窘迫,这位母亲成天愁眉不展,眼睛～。

近义 黯然失色

反义 光彩夺目

黯然神伤　àn rán shén shāng

【释义】黯然:情绪低落的样子。形容因失意、沮丧而伤感。

【例句】他和女友五年的感情就这样终结了,这让他～。

近义 黯然销魂

反义 喜形于色

提示 "黯"不能写成"暗"。

黯然失色　àn rán shī sè

【释义】黯然:阴暗的样子。相比之下,事物仿佛失去了原有的色泽或光彩。

【用法】多用于描述两件事物的比较上,粗劣的显得更粗劣。

【例句】这部剧里萬优的出色表演,使其他形象～。

近义 相形见绌

反义 光彩夺目

提示 "黯"不能写成"暗"。

黯然销魂　àn rán xiāo hún

【释义】黯然:情绪低落的样子。销魂:灵魂离开肉体,形容极度悲伤、愁苦。心神沮丧得像丢了魂一样。

【用法】形容极度悲伤或愁苦。

【例句】生离死别,～,姐妹俩不禁潸然泪下。

近义 黯然神伤

提示 "黯"不能写成"暗"。

昂首阔步　áng shǒu kuò bù

【释义】昂:仰起。仰起头,迈着大步向前。形容精神振奋,意气昂扬。

【例句】他身材魁伟,目光炯炯,走起路来～,说起话来声如洪钟。

近义 昂首挺胸

反义 垂头丧气

提示 "昂"的下半部分不能写成"卬"。

昂首挺胸　áng shǒu tǐng xiōng

【释义】昂:仰起。仰起头,挺起胸膛。形容斗志高,士气盛,无所畏惧或态度坚决。

【用法】一般指战士列队操练时要求的站

A

姿。也用于形容一种英姿、气概。

【例句】女英雄刘胡兰～,迈着矫健的步伐,向着沾满无数烈士鲜血的铡刀走去。

近义 昂首阔步

反义 垂头丧气

提示 "昂"的下半部分不能写成"卯"。

嗷嗷待哺 áo áo dài bǔ

【释义】嗷嗷:哀鸣声。哺:喂食。哀鸣着等待喂食。形容饥饿时急于求食的样子。

【用法】比喻处于困境,等待救助。

【例句】鸟窝中的小鸟张着圆圆的小嘴儿,～,盼着父母早日归来。/ 洪水一来,房屋冲走,庄稼淹没,全村居民～。

近义 啼饥号寒

反义 含哺鼓腹

提示 "哺"不读 fǔ。

鳌头独占 áo tóu dú zhàn

见 180 页"独占鳌头"。

傲睨一世 ào nì yī shì

【释义】傲:骄傲。睨:斜着眼睛看。一世:一个时代。傲慢自负,目空一切,自认为当代谁也比不上自己。

【例句】他出版了一本诗集便～,连一些著名诗人都不放在眼里了。

近义 傲睨万物

傲然屹立 ào rán yì lì

【释义】傲然:坚强不屈的样子。屹立:像山峰一样高耸而稳固地立着。形容坚定挺拔,不可动摇。

【例句】雄伟壮丽的长城,～在我国北方。

近义 巍然屹立

傲雪凌霜 ào xuě líng shuāng

【释义】雪、霜:比喻残酷的打击和迫害。指面对霜雪,傲然斗争。

【用法】形容面对严寒,无所畏惧;也形容面对迫害,坚贞不屈。

【例句】松、竹经年不凋,梅花～,这岁寒三友,历来都是诗人画家所钟爱的。/ 面对敌人的冷酷迫害和打击,他无所畏惧,～。

B

八百孤寒　bā bǎi gū hán

【释义】八百:形容多。孤寒:指贫困的读书人。许多生活贫困的读书人。

【用法】用于比喻贫寒之士失去依靠。

【例句】旧社会,经常是～受人欺侮。

近义　白衣秀士

八拜之交　bā bài zhī jiāo

【释义】八拜:古代世交子弟谒见长辈的礼节,此指行礼节隆重。交:交谊。指异姓结拜为兄弟或姐妹。俗称"拜把子"。

【例句】他曾经与王兄共事,两人是～。

近义　桃园结义

反义　一面之交　泛泛之交

八斗之才　bā dǒu zhī cái

【释义】指极高的才华。也作"才高八斗"。

【用法】用于赞颂有才学的文人。

【例句】杜甫虽有～,但是怀才不遇,终究未能走上仕途。

近义　七步之才　学富五车

反义　胸无点墨

八方呼应　bā fāng hū yìng

【释义】八方:泛指各方。形容各方面互相呼应,彼此配合。

【例句】中国申办奥运会的计划一经提出,立即～,群情激奋。

近义　一呼百应

反义　孤掌难鸣

八方支援　bā fāng zhī yuán

【释义】形容各方面都支持、援助。

【用法】常与"一方有难"连用。

【例句】在自然灾害面前,我们应一方有难,～。

八面见光　bā miàn jiàn guāng

【释义】八面:指各个方面。光:光滑。形容为人非常圆滑、世故,各方面都应付得很周到。

【用法】常用作贬义。

【例句】他不过是一个～的世故小人。

近义　八面玲珑

反义　老实巴交

八面玲珑　bā miàn líng lóng

【释义】玲珑:通明透亮的样子。原指窗户宽敞明亮。形容圆转灵秀。也形容人处世圆滑或善于周旋应酬,不得罪任何一方。

【用法】常用作贬义。

【例句】在贾母面前,凤姐既高度赞美了黛玉,又把在座的三春摆在恰当位置上,而不至于扬此抑彼。王熙凤的富于心机和～于此可见一斑。

近义 八面见光

反义 老实巴交

B

八面威风　bā miàn wēi fēng

【释义】威风:气势使人敬畏。指不论从哪面看都很威风。也作"威风八面"。

【用法】用于形容人威风十足。用作贬义时,多形容坏人耀武扬威的作派;用作褒义时,则形容叱咤风云的气势。

【例句】大将军一上战场便～,吓得敌军仓皇而逃。

近义 威震四方　威风凛凛

反义 威风扫地

八仙过海,各显神通

bā xiān guò hǎi, gè xiǎn shén tōng

【释义】八仙:神话中的汉钟离、张果老、韩湘子、铁拐李、吕洞宾、曹国舅、蓝采和、何仙姑八位神仙。神通:原是佛教用语,指无所不能的力量,现指特别高明的本领。八位神仙过海时各有一套办法,各自显示其高超的本领,互相竞赛,故有

"八仙过海,各显神通"的说法。也可单用"八仙过海"。

【用法】用于比喻各有各的办法或本事。

【例句】为了使 21 世纪的发动机能摆脱对石油燃料的依赖,科学家们千方百计寻觅各种代用燃料,真是"～"。

八字打开　bā zì dǎ kāi

【释义】像"八"字那样,一撇一捺,向两边分开。比喻毫不隐藏,开门见山。

【例句】事情已～,请大家畅所欲言。

近义 开门见山

巴巴结结　bā bā jiē jiē

【释义】指勤奋,艰辛。也指凑合,勉强。

【例句】他～从老远跑来为了啥? /父亲去世后,赵鹏的日子过得～。

巴三揽四　bā sān lǎn sì

【释义】形容说话东拉西扯。

【用法】描述言语不明,毫无中心。

【例句】你不要～,快进入正题吧。

近义 天南海北

反义 开门见山

巴蛇吞象　bā shé tūn xiàng

【释义】巴蛇:中国古代传说中的大蛇。巴蛇吞吃大象。比喻贪心极大,不知满足。

【用法】比喻人心贪得无厌,并演变为"人心不足蛇吞象"的俗语。含贬义。

【例句】王君真是～,根本不知足,见到想要的就想方设法去得到,买不到的就去设法偷,得不到的就肆意毁坏。

近义 贪得无厌

拔本塞源　bá běn sè yuán

【释义】本:树根。源:水源。比喻毁灭根基,忘本叛逆。也比喻抓住根本问题。

【例句】他这种做法简直就是～,一定要严加惩处。/ 这也是个好办法,而且简单易行,不过还不是～之计。

拔刀相助　bá dāo xiāng zhù

【释义】拔:抽出。(遇见人有危难)抽出刀来救助对方。

【用法】常与"路见不平"连用。形容人见义勇为,打抱不平。

【例句】在影片中,他扮演一位路见不平～的大侠。

近义　打抱不平　挺身而出

反义　袖手旁观　隔岸观火

拔地而起　bá dì ér qǐ

【释义】拔:突出,耸立。形容物体从地面突兀而起。

【用法】多用于山峰、大的建筑物等。

【例句】桂林的山真奇啊,一座座～,各不相连。

拔丁抽楔　bá dīng chōu xiē

【释义】丁:通"钉"。楔:插在木器的榫子里的木片。拔出钉子,抽去楔子。比喻解决困难。

【用法】用于描述人的行为。

【例句】遇到困难要有种～的精神。

近义　排忧解难

拔来报往　bá lái fù wǎng

【释义】拔:急速。报:通"赴",迅速。速来速往。后形容往来频繁。也作"跋来报往"。

【用法】用于描述人的行为。

【例句】他俩有一段时间～,相当密切,现

在却成了冤家,形同陌路。

提示　"拔"的意思不是"抽出";"报"不读 bào,意思不是"告诉"。

拔茅连茹　bá máo lián rú

【释义】茅:白茅,多年生草本植物。茹:茅的根部互相牵连的样子。本义指拔起茅草,根相牵连。比喻有利害关系或有相同主张的人互相推荐,用一个人就连带引进许多人。

【用法】多用于坏人。含贬义。

【例句】他们这伙人,串通一气,～,渐渐形成了气候。

拔山盖世　bá shān gài shì

【释义】拔:撼动。盖:超过,压倒。勇力能撼大山,气势超越世人。

【用法】形容人力大无比,勇猛过人。

【例句】楚霸王项羽留在人们心中的是他～的英雄气概。

近义　拔山扛鼎

拔山扛鼎　bá shān gāng dǐng

【释义】扛:用两手举(重物)。鼎:古代用青铜制成的煮东西的器物,三足两耳。指力气大,能拔起大山、举起宝鼎。

【用法】形容人力大无比。

【例句】国际大力士赛中,参赛运动员个个力大无比,冠军选手更有～之势,让人叹为观止。

近义　拔山盖世

提示　"扛"不读 káng。

拔十得五　bá shí dé wǔ

【释义】拔:选拔,推荐。想选拔十个,结果只得到五个。指选拔人才不容易。

【例句】选拔人才,宁肯～,甚至拔十得

一，也不要滥竽充数。

近义 广种薄收

反义 俯拾皆是

拔树寻根 bá shù xún gēn

【释义】拔出树来寻找根。比喻追根究底，彻底查问。

【用法】用于追问根由、底细的行为。

【例句】看他二人，一个支支吾吾遮遮掩掩，一个～细细盘问。

近义 寻根究底　刨根问底

拔新领异 bá xīn lǐng yì

【释义】拔：抽出。新：新意。领：具有。异：指独特之处。指创立新意，提出独特的见解。

【用法】用于人的思想行为。含褒义。

【例句】在一个充满创新精神的城市里，人人～，人才新硎初试，这样的城市面貌就会焕然一新。

近义 标新立异

反义 因循守旧

拔宅飞升 bá zhái fēi shēng

【释义】拔：拔起。宅：住宅。古代传说修道的人全家同升仙界，连住房都随着飞升。后比喻一人高升，全家得势。

【例句】自从他在朝廷做了高官，他那一大家子人便都～了。

近义 一人得道，鸡犬升天

拔帜易旗 bá zhì yì qí

【释义】易：改换。拔掉对方的旗帜，换上自己的旗帜。比喻战胜对方，取而代之。

【用法】多用于军事及竞争方面。

【例句】您还不知道，如今我们这儿～，改换新主啦。

近义 取而代之

跋扈飞扬 bá hù fēi yáng

见204页"飞扬跋扈"。

跋扈自恣 bá hù zì zì

【释义】跋扈：专横粗暴。自恣：自我放纵。为所欲为，专横暴戾。

【例句】他为人～，得罪了不少人。

近义 飞扬跋扈

提示 "跋"不能写成"拔"。

跋来报往 bá lái fù wǎng

见13页"拔来报往"。

跋山涉水 bá shān shè shuǐ

【释义】跋：在山上行走。涉：徒步过河。翻越山岭，蹚水过河，形容旅途艰辛。

【例句】地质勘探队员不畏艰险，～，为祖国寻找地下宝藏。

近义 梯山航海　翻山越岭

把臂入林 bǎ bì rù lín

【释义】把：挽住。林：指山林田野。挽着臂膀同入山林。旧指厌倦尘俗，同有清高意趣的好友相偕隐居。

【用法】只能用于描绘人的行为。

【例句】张老师期盼着退休以后同老朋友一起～，共度晚年。

把持不定 bǎ chí bù dìng

【释义】没有明确的主见，游移反复。

【用法】用于描绘人意志薄弱。

【例句】他意志薄弱，遇到问题往往～。

近义 游移不定

反义 控制自如

把玩无厌 bǎ wán wú yàn

【释义】拿着玩赏，不感厌倦。

【用法】形容物品极具吸引力。

【例句】这件艺术品雕刻精巧,令人～。

近义 爱不释手

白璧微瑕 bái bì wēi xiá

【释义】璧:扁圆形玉器。瑕:玉上的疵斑。洁白的玉上面有些小斑点。比喻很好的人或事物有些小缺点。也作"白玉微瑕"。

【用法】比喻美中不足。

【例句】这篇小说情节完整生动,人物刻画鲜明,但～,个别语句还欠推敲。

近义 大醇小疵　白圭之玷

反义 白璧无瑕　十全十美

白璧无瑕 bái bì wú xiá

【释义】璧:扁圆形玉器。瑕:玉上的疵斑。洁白的玉上面没有一点儿小斑点,比喻人或事物十分完美,没有丝毫缺点。也作"白玉无瑕"。

【用法】比喻人或事物完美无缺。

【例句】只要是人,都不可能～,总会有这样那样的毛病,只是毛病的大小不同而已。

近义 尽善尽美　十全十美

反义 白璧微瑕　一无是处

白发苍苍 bái fà cāng cāng

【释义】苍苍:灰白色。指头发花白。

【用法】形容人苍老。

【例句】儿子一见～的母亲,便呆住了,把手中的皮箱一扔,"扑通"一下跪在地上。

近义 须发皆白

白发苍颜 bái fà cāng yán

见 91 页"苍颜白发"。

白圭可磨 bái guī kě mó

【释义】圭:古代玉器名,长条形,上端作三角状。白圭上的斑点还可以磨去,人说错话就没有办法了。

【用法】告诫人说话要慎重,谨防祸从口出。

【例句】他平时不注重言行,满口胡言,直到闯下大祸,才知道～,悔之莫及。

白圭之玷 bái guī zhī diàn

【释义】圭:古代玉器名,长条形,上端作三角状。玷:白玉上的一个斑点。白玉圭上的一个斑点。比喻人或物大体很好,只是有些小缺点。

【用法】多用于形容人或美好事物存在的小缺点。

【例句】他的这点错误不过是～,可以原谅。

近义 白璧微瑕　金无足赤

反义 十全十美

白虹贯日 bái hóng guàn rì

【释义】虹:日光通过云层中的冰晶时经折射形成的光圈。贯:穿过。白色长虹横穿太阳。古人认为这是兵刃相加的一种凶兆。

【用法】多形容异常的现象。

【例句】古人最畏忌～,认为这是一种不祥的预兆。

白驹过隙　bái jū guò xì

【释义】白驹:白色小骏马,喻指日影。像白色的骏马在细小的缝隙前一闪而过。形容时间过得飞快。

【用法】常用作比喻,只作句子成分,不单独成句。

【例句】时光如～,转眼十年就过去了。

近义 光阴似箭　日月如梭

反义 度日如年　一日三秋

白龙鱼服　bái lóng yú fú

【释义】白龙:传说中白色的龙,河神。借指帝王或大官吏。鱼服:鱼形,穿起鱼的外衣。白龙化为鱼在渊中游。比喻贵人微服出行。

【用法】喻指贵人隐藏身份,化装出行,有时进一步指这样隐瞒身份,恐怕会给自己带来危险。用作褒义词。

【例句】古时的那种～私访民间的清官形象,常常闪现在我的脑际。

近义 微服私巡

白马素车　bái mǎ sù chē

【释义】素车:古代用白土涂饰不刷漆的车子。指丧事用的车马。

【典故】传说春秋时期,吴王夫差不听伍子胥的劝告,同越王勾践和好,并且听信谗言,赐剑让伍子胥自尽,将他的尸首抛入江中。从此江中波涛汹涌,从海门山滚滚而来,越过钱塘鱼浦,波浪才减弱。早晚有时可以看到伍子胥乘白马素车站在潮头。

【用法】用来表示丧葬。

【例句】百岁老人王老离世,他的儿孙们～把他送往火葬场火化。

白面书生　bái miàn shū shēng

【释义】白面:白净。书生:读书人。指年轻的读书人。

【用法】常用来指文弱书生。

【例句】一看他那文质彬彬又弱不禁风的样子,就知他是个～。

近义 文弱书生

白日见鬼　bái rì jiàn guǐ

【释义】大白天看见鬼。比喻官衙清闲、冷落。也用于比喻事情荒诞离奇或完全出乎意料。

【用法】现常用来比喻不可能出现的事。

【例句】那件事发生的时候我人在北京,怎么一口咬定是我做的,这岂不是～么?

白日升天　bái rì shēng tiān

【释义】旧时指道家得道后在白昼升上天界,成为神仙。后比喻一下子富贵起来。

【用法】含贬义。

【例句】这个人一无功,二无劳,怎么就～,一下冒到高位了?

近义 平步青云　一步登天

反义 一落千丈

白日衣绣　bái rì yī xiù

【释义】白日:白昼;白天。衣绣:穿锦绣衣裳,谓显贵。本义指白天身着华贵官服,让人们看见。旧时比喻富贵后还乡,向故乡的乡亲们夸耀。

【例句】这状元公～,被前呼后拥着返回故里,拜扫祖茔。

近义 衣锦还乡

提示 “衣”旧读 yì。

白日做梦 bái rì zuò mèng

【释义】大白天做梦。比喻幻想根本不能实现。

【用法】常用在斥责、谴责的场合。

【例句】没有付出努力就想得到好成绩，是～，不切实际的。

近义 黄粱美梦

白山黑水 bái shān hēi shuǐ

【释义】白山：指长白山。黑水：指黑龙江。泛指中国东北地区。

【用法】专指具体的地理环境。

【例句】杨靖宇将军在极其困难的条件下，转战于～之间，不断地打击敌人。

白手起家 bái shǒu qǐ jiā

【释义】白手：空手。空手建立家业。形容在没有基础或条件很差的情况下创立起一番事业。

【例句】霍董事长～，靠自己多年的辛苦打拼与精心经营，造就了如今的霍氏集团。

近义 平地楼台

白首同归 bái shǒu tóng guī

【释义】白首：白发，形容年老。归：趋向、归往。一直到头发白了，志趣仍然相同。形容友谊坚贞，始终不渝。

【用法】多用于夫妻或朋友之间。

【例句】人生中能拥有～的朋友，是难能可贵的。

白头如新 bái tóu rú xīn

【释义】白头：指年老，形容时间久。新：指刚认识。相识虽久却跟刚结识一样。指彼此交情不深。

【用法】形容人与人之间相识已久而不相知。

【例句】我和她虽合作了八年，但是～。

近义 白头而新

反义 一见如故

白头偕老 bái tóu xié lǎo

【释义】偕：共同，在一起。夫妻共同生活到老。

【用法】常用作祝颂之辞。

【例句】愿你们相亲相爱，～。

近义 白头相守　百年偕老

白衣卿相 bái yī qīng xiàng

【释义】白衣：古代平民穿白布衣，因指没有取得功名的人。卿：古代高级官名。卿相：执政的大臣。古时指进士。唐代人极看重进士，宰相多由进士出身，故推重进士为白衣卿相，意指虽是白衣之士，但享有卿相的资望；引申指尚未发迹的读书人。

B

【用法】多用于古代书生。含褒义。

【例句】别小看他，他可是～式的人物。

白玉微瑕 bái yù wēi xiá

见 15 页"白璧微瑕"。

白玉无瑕 bái yù wú xiá

见 15 页"白璧无瑕"。

白云苍狗 bái yún cāng gǒu

【释义】指浮云像白衣裳，顷刻又变得像灰色的狗。比喻世事变幻无常。

【用法】叹息事物变化不定的用语。

【例句】我离开故乡十余载，今天回去，眼前事物，真让人有～之感。

近义 瞬息万变　变化无常

反义 一成不变　依然如故

白云亲舍 bái yún qīn shè

【释义】亲：指父母。天际白云下面是父母居住的地方。形容客居他乡，思念父母亲。

【用法】用于描绘对亲人的思念之情。

【例句】你离开故乡多少年了，难道不常有～之思吗？

白纸黑字 bái zhǐ hēi zì

【释义】白纸上写的黑字。指书面的确凿证据。

【用法】用于指证据确凿，不容抵赖或反悔。

【例句】合同上面～写得清清楚楚，你要不了赖的。

百弊丛生 bǎi bì cóng shēng

【释义】许多弊病同时滋长起来。

【用法】指因疏于监督而导致许多弊端。

【例句】如果社会风气不正，章法不严，难免～。

近义 百病丛生

百不得一 bǎi bù dé yī

【释义】一百个里面得不到一个。

【用法】形容人或物的难得或所得极少。

【例句】他是大家公认的～的好人。

近义 百里挑一

百不失一 bǎi bù shī yī

【释义】失：失误，错误。指一百次中也不会失误一次。

【用法】形容做事、料事极有把握，不会出差错。

【例句】自己校对自己的书稿，很难做到～，因为太熟悉了，错处容易一晃而过。

近义 万无一失

百步穿杨 bǎi bù chuān yáng

B

【释义】春秋时楚国养由基善于射箭，能在一百步以外射中杨柳的叶子。后用于形容箭法或枪法非常高明。

【典故】楚国有个善于射箭的人名叫养由基，据说他能在百步的距离外射中杨柳的树叶。有人便在百步外的地方用墨给柳叶做了记号，让养由基去射击。结果箭果然射中这片叶子的中心。（《战国策·西周策二》）

【例句】他有～的绝技，箭不虚发。

近义 百发百中

反义 无一中的

百尺竿头 bǎi chǐ gān tóu

【释义】百尺竿：古代表演杂技用的长竿。比喻功名、学问或事业等达到了很高程度，但须继续努力。

【用法】常与"更进一步"连用，多用作祝愿之辞。

【例句】我希望我国的体育事业～，更进一步。

反义 每况愈下

百川归海 bǎi chuān guī hǎi

【释义】川：河流。条条江河流入大海。比喻众多分散的事物汇集到一个地方。也比喻众望所归或大势所趋。

【例句】抗战时期，全国的青年学子们如～，纷纷投奔延安。/大陆和台湾人民向往统一的心愿，如～，谁也阻挡不了。

反义 沧海横流

百读不厌 bǎi dú bù yàn

【释义】厌：腻烦。多次阅读都觉得新鲜。形容文章写得好，耐人寻味，引人入胜。

【用法】形容作品吸引人。

【例句】我爱读杨朔的散文，尤其对那篇《荔枝蜜》更是～。

近义 脍炙人口

反义 味同嚼蜡

百堵皆作 bǎi dǔ jiē zuò

【释义】堵：墙。作：兴建。许多房屋同时建造。比喻许多事情都在同时进行。

【用法】描述事情和工作情况。

【例句】这里原是一片荒凉的土地，现在却井架林立，～，一个新型的石油城正在地球上出现。

百端待举 bǎi duān dài jǔ

【释义】端：方面，项目。举：兴起。指许多方面的事情都等待着去兴办。

【用法】常用于事业刚举办或刚接办时。

【例句】遭受严重风灾的新奥尔良，城市破坏严重，灾后重建，～。

近义 百废待举

反义 百废俱兴

百锻千炼 bǎi duàn qiān liàn

【释义】锻：打铁，锤炼。炼：冶炼。比喻文章、作品经过多次细致的修改。

【用法】多用于文学作品。

【例句】这篇文章～，是难得的佳作。

近义 千锤百炼

百发百中 bǎi fā bǎi zhòng

【释义】发：发射。中：正对上（目标）；射中。形容射击准确，次次中的。比喻做事极有把握，绝不落空。

【用法】用于指射击、射箭、投掷等次次命中目标。

【例句】他枪法高明，～。/ 放心吧，他做事一向是～的。

近义 百步穿杨　弹无虚发　箭无虚发

提示 "中"不读 zhōng。

百废待举　bǎi fèi dài jǔ

【释义】百:不确指一百,言其多。废:废置。举:兴起。指许许多多被废置的事情都等待兴起。也作"百废待兴"。

【用法】用于指一切都有待重新做。

【例句】在话剧《陈毅市长》中,陈毅对科学家齐仰之说:"如今新中国成立初,～,不正是齐先生实现多年梦想,大有作为之时吗?"

近义 百端待举

反义 百废俱兴

百废待兴　bǎi fèi dài xīng

见20页"百废待举"。

百废俱举　bǎi fèi jù jǔ

见20页"百废俱兴"。

百废俱兴　bǎi fèi jù xīng

【释义】废:荒废,废置。俱:全。各种被废置的或该办未办的事业都兴办起来。也作"百废俱举"。

【用法】形容恢复和发展的兴旺景象。

【例句】洪灾三年后,经过大家的共同努力,现在已是～,一派繁荣景象。

近义 万象更新

反义 百废待举

百感交集　bǎi gǎn jiāo jí

【释义】感:感触,感慨。交:交织。各种感触交织在一起。

【用法】多用在由自身经历生发感触的场合。

【例句】在异国偶遇昔日的同窗,他～,眼里饱含泪水。

近义 感慨万端

反义 无动于衷

百花齐放　bǎi huā qí fàng

【释义】各种花卉一齐盛开。比喻美好事物繁盛纷呈。也比喻艺术上不同的形式和风格自由发展,科学上不同的学派自由论争。

【用法】常与"百家争鸣"连用。

【例句】美术展览会上展出了许多新作品,～,美不胜收。/ ～,百家争鸣的方针,是促进艺术发展和科学进步的方针。

近义 百花争艳

反义 百花凋零

百花争妍　bǎi huā zhēng yán

【释义】妍:美、艳。各种各样的花儿争奇斗艳。形容繁花盛开,生气勃勃的景象。

【用法】多用来比喻各种美好事物竞相媲美。

【例句】各种各样的新型显示技术和产品正在加紧研制开发和推出，图像世界正在进入～的时代。

近义 繁花似锦

百花争艳　bǎi huā zhēng yàn

【释义】艳：鲜艳。各种花草树木竞相开放出艳丽的花朵。比喻新生事物层出不穷。

【例句】春天到了，～，万紫千红。

近义 百花齐放

反义 百花凋零

百家争鸣　bǎi jiā zhēng míng

【释义】家：学术流派。鸣：表达，发表。原指春秋战国时代儒、法、道、墨、名、阴阳、纵横、杂、农等各种思想流派著书立说，游说争辩的繁荣局面。后指学术研究中各抒己见以求发展。

【例句】学术上有不同见解，应当允许～。不能唯我独尊，更不能党同伐异。

反义 万马齐喑

百举百捷　bǎi jǔ bǎi jié

【释义】做一百件事，成功一百件。指办事万无一失。

【例句】无论做什么事，都要有两手准备，～，事实上是难以做到的。

百孔千疮　bǎi kǒng qiān chuāng

【释义】孔：洞，窟窿。疮：创伤，创口。比喻严重残缺、破败不堪或弊端百出。也作"千疮百孔"。

【用法】一般用来形容社会遭受到严重破坏，或者弊病很多，不易弥补。

【例句】一些地方的杨树被天牛蚕食得～，体无完肤，人们不得不忍痛砍掉。/

这座城市遭到战争的破坏，早已是～了。

近义 疮痍满目

百口莫辩　bǎi kǒu mò biàn

【释义】辩：辩解，解释。即使有一百张嘴也解释、辩白不清楚。形容事情无法说清楚。

【用法】多用于被怀疑、受冤屈时。

【例句】你总要猜疑，我真是～。/我相信你没有犯罪，但是你提供不了不在场的证据，恐怕在法庭上你是～的。

近义 有口难辩

反义 一语破的

百里挑一　bǎi lǐ tiāo yī

【释义】一百个中挑选出一个。形容十分出众。

【用法】多用于形容人相貌或才干拔尖，也形容挑选严格。

【例句】小媛不仅能歌善舞，而且琴棋书画样样精通，是个～的人才。/这～的公务员招考，你有把握考上？

近义 出类拔萃　鹤立鸡群

反义 俯拾即是

百炼成钢　bǎi liàn chéng gāng

【释义】铁经过多次冶炼才成了钢。比喻

B

久经锻炼,变得非常坚强。

【用法】多用来勉励人坚定意志,不怕失败,经过反复磨炼方能取得成功。

【例句】《钢铁是怎样炼成的》一书,就是保尔本人～的真实写照。

近义 千锤百炼

反义 娇生惯养

百了千当　bǎi liǎo qiān dàng

【释义】百、千:指一切事。了:了结。当:妥当,停当。一切了结或一切停当。

【用法】多用于形容事事妥帖,有着落。

【例句】不付出努力就想～,怎么可能呢?

百伶百俐　bǎi líng bǎi lì

【释义】伶、俐:聪明,灵活。百般伶俐。形容极为心灵手巧。

【例句】那姑娘～,心灵手巧!

百灵百验　bǎi líng bǎi yàn

【释义】灵、验:有奇效;能够应验。形容非常灵验或效果极佳。

【例句】他开的药方～,包你药到病除。

百年不遇　bǎi nián bù yù

【释义】一百年也碰不到。形容很少见到或很少出现。

【用法】常形容严重、少见的天灾,用于坏的事情。

【例句】今年,我市遭遇了～的大旱灾。

近义 千载难逢

反义 屡见不鲜　司空见惯

百年大计　bǎi nián dà jì

【释义】计:主意,策略。关系到长远利益的计划或措施。

【例句】教育是一个国家的～。

近义 百年大业

反义 权宜之计

百年好合　bǎi nián hǎo hé

【释义】好合:相善,友好。形容夫妻相亲相爱共同生活到老。

【用法】常用作新婚祝词。

【例句】看着这对相恋七年的恋人走进了婚姻殿堂,我默默地祝福他们～,永不分离。

近义 百年偕老

反义 镜破钗分

百年树人　bǎi nián shù rén

见645页"十年树木,百年树人"。

百年偕老　bǎi nián xié lǎo

【释义】百年:指终身。偕:共同,一起。夫妻共同生活到老。

【例句】只愿他俩结婚后,两口儿和和顺顺地～。

近义 白头偕老

百年之好　bǎi nián zhī hǎo

【释义】百年:指终身。永久的好合。指男女结为夫妻。

【用法】常用作新婚祝词。

【例句】他们相恋多年,如今终于结为～。

近义 秦晋之好

百年之后　bǎi nián zhī hòu

【释义】百年:指人的一生。死的讳称。人们避讳说"死"字,所以用"百年之后"作为逝世的婉辞。

【用法】一般用于老年人。

【例句】守着病危的母亲,我真怕她老人家～我孤单一人留在世上。

百舍重趼　bǎi shè chóng jiǎn

【释义】舍:古时行军三十里为一舍。百

舍:指很长的路程。趼:手掌或脚掌上因劳动或走路等摩擦而生成的硬皮。指长途行路,脚上长了很厚的趼子。形容长途奔走,十分辛劳。

【用法】描述人的行为。

【例句】这位老地质学家,一生跋涉于荒山野岭,真是～,历尽艰辛。

百身何赎 bǎi shēn hé shú

【释义】百身:自身死一百次。赎:抵。拿一百个我,也无法把你换回来了。表示极沉痛地悼念。

【用法】常用于表达对死去亲人的悲痛。也用来表达对自己行为的悔恨。

【例句】等他赶回家,母亲已去世三日,他悲痛至极,真有～之感。

百思不得其解 bǎi sī bù dé qí jiě

【释义】百思:百般思索。其:代词(指代那件事)。解:解答,答案。指(对某事)反复思索也得不出答案。也作"百思不解"。

【例句】技术人员称,机油不像汽油一样易燃易爆,挥发性也不强,何以会发生爆炸,确实令他们～。

近义 大惑不解

反义 恍然大悟　豁然醒悟

百思不解 bǎi sī bù jiě

见 23 页"百思不得其解"。

百闻不如一见 bǎi wén bù rú yī jiàn

【释义】听到一百次也不如见到一次,表示亲眼看到的远比听人家说的更为亲切可靠。也作"耳闻不如目见"。

【用法】形容了解事物要亲自观察。可独立成句子。

【例句】我生平第一次游三亚,海上那瑰奇的景象令我激动不已,真是～。

近义 耳听为虚,眼见为实

百问不厌 bǎi wèn bù yàn

【释义】厌:厌烦。怎么询问也不厌烦。形容服务态度好。

【例句】她是超市的营业员,对待顾客,无论老少,总是笑脸相迎,～。

百无禁忌 bǎi wú jìn jì

【释义】什么都不忌讳。

【用法】用于指说话做事无忌讳,想怎么做就怎么做。

【例句】孩子天真幼稚,说话～,冒犯之处请多多原谅。

近义 无所顾忌

百无聊赖 bǎi wú liáo lài

【释义】聊赖:寄托,凭借。精神无所寄托,感到非常空虚无聊。

【用法】用于指人精神空虚或闲着无事时非常无聊。

【例句】在～中,我随手抓过一本书来,科学也罢,文学也好,横竖什么都一样。

近义 兴味索然

提示 "赖"不能写成"懒"。

百无一失 bǎi wú yī shī

【释义】失:差错,过错。形容十分有把握,绝对不会出差错。

【例句】这项任务很重要,不仅要按时完成,还要做到～。

近义 万无一失

反义 漏洞百出

百无一是 bǎi wú yī shì

【释义】是:正确。没有一点儿对的地方。

【用法】表示对人或对事全盘否定。

【例句】我在他眼里是～,怎么做都不对。

近义　一无是处

百依百顺　bǎi yī bǎi shùn

【释义】依、顺:依从。怎么说就怎么做。形容在一切事情上都很顺从。

【用法】形容无原则地迁就别人。

【例句】他对妻子一向是～。

近义　百纵千随　言听计从

反义　桀骜不驯　我行我素

百战百胜　bǎi zhàn bǎi shèng

【释义】每次打仗都能取得胜利。形容善于作战或绝对有把握获胜。

【用法】用于指打仗、竞技体育等,形容善战,所向无敌。

【例句】打有准备的仗,才能～。

近义　百战不殆

反义　屡战屡败

百战不殆　bǎi zhàn bù dài

【释义】殆:危险。每次打仗都不失败。

【用法】多用于书面语,常与"知彼知己"连用。

【例句】他能审时度势,详察敌情,所以～,被人称为"常胜将军"。

近义　百战百胜　战无不胜

反义　屡战屡败

提示　"殆"不读 tái。

百折不回　bǎi zhé bù huí

【释义】折:挫折。回:回头。指无论受多少挫折都不后退。

【用法】形容人意志坚定。

【例句】有的人,历经磨难而～;有的人,一遇挫折就自杀轻生。不同的人,生命的承受能力竟这么不同。

近义　百折不挠

百折不挠　bǎi zhé bù náo

【释义】折:挫折。挠:弯曲,比喻屈服。无论受到多少挫折都不退缩或屈服。

【用法】用于形容人意志坚强,品性刚毅。

【例句】面对困难,他～,最终获得了成功。

近义　百折不回　不屈不挠

提示　"挠"不读 ráo,不能写成"扰"。

百纵千随　bǎi zòng qiān suí

【释义】纵:放纵。随:依随,顺从。形容一切放纵依随。

【用法】常用于形容对儿女或妻子的态度。含贬义。

【例句】家长对自己的孩子～,是很不好的。

近义　百依百顺

百足之虫,死而不僵

bǎi zú zhī chóng, sǐ ér bù jiāng

【释义】百足之虫:马陆,节肢动物,身体圆长,多足,切断成几截,也能行走。僵:倒下。指马陆多足,死后也不倒下。

【用法】用于比喻势力雄厚的人或集团虽

已失败,但其势力与影响力仍然存在。也指某一恶势力虽被摧垮,但残余的恶势力还存在。

【例句】现在的贾府虽不如前些年那样兴盛,但～,比起其他的世家,还是有些不同的。

败国丧家　bài guó sàng jiā

【释义】使国家败落、沦亡。

【例句】～的权臣终于伏诛,百姓无不拍手称快。

败军之将　bài jūn zhī jiàng

【释义】打了败仗的将领。

【用法】多用于失败者的自责或对失败者的嘲讽。

【例句】他这个人就爱吹嘘,现在成了～,居然还好意思在别人面前炫耀战绩。

败鳞残甲　bài lín cán jiǎ

【释义】败:毁坏。残败零碎的鳞甲,比喻满空飞舞的雪花。

【用法】形容雪景。

【例句】大雪纷飞,如～,蔚为壮观。

稗官野史　bài guān yě shǐ

【释义】稗官:古代专门给帝王述说街谈巷议、风俗故事的小官,后来称小说为稗官。野史:私家编纂的史书,跟正史相对。泛指记载逸闻琐事而不见经传正史的著述。

【例句】我自幼读书就很杂,除小说外,～,三教九流,什么都看。

班荆道故　bān jīng dào gù

【释义】班:铺开。荆:荆条。故:旧事。把荆条铺在地上,坐在上面谈论往事。形容老友重逢共叙旧情。

【用法】用于朋友之间。

【例句】他乡遇故知,～也是常情。

班门弄斧　bān mén nòng fǔ

兄弟,这是鲁班家门口呀!

【释义】班:鲁班,传说春秋时期有名的巧匠。在鲁班门前摆弄斧头。比喻在行家面前卖弄本领。

【典故】古代有人为大诗人李白扫墓,看见不少人在墓旁题诗,觉得很可笑,于是也题一首诗加以讽刺:"采石江边一抔土,鲁班门前掉大斧。"(明·杨循吉《蓬轩别记》)

【用法】指人没有自知之明,在行家面前夸耀本领,可用此语。

【例句】先生大名,我早就如雷贯耳,今日献丑,真是～了。

近义　布鼓雷门

反义　程门立雪

班师回朝　bān shī huí cháo

【释义】班:调回。师:军队。调动出征的军队返回朝廷。也指出征后凯旋。

【用法】现泛指完成某项任务后归来。

【例句】为了防止宫内发生政变,皇上下

令出征的军队立刻～。/再过几天,我们援助巴基斯坦的工程就要正式交付巴方了,交付一完,我们就可以～了。

斑驳陆离　bān bó lù lí

【释义】斑驳:色彩错杂。陆离:颜色纷杂。形容色彩斑斓杂乱。

【用法】含贬义,用于形容布、器物上的色彩乱而杂。

【例句】这块白布怎么染得花花搭搭的?完全成了一块～的花布!

近义　光怪陆离

斑鸠笑鹏　bān jiū xiào péng

【释义】斑鸠:一种吃谷子的、于农作物有害的鸟。鹏:传说中最大的神鸟。比喻人见识浅短,且缺乏自知之明。

【用法】指不自量的人,可用此语。

【例句】小张是享誉海内外的服装设计师,小王是刚刚才学习缝纫的小裁缝。小王却讪笑小张,说她不学无术,真是～啊。

搬唇递舌　bān chún dì shé

见26页"搬唇弄舌"。

搬唇弄舌　bān chún nòng shé

【释义】搬、弄:挑拨。鼓动唇舌,挑拨是非。也作"搬唇递舌"。

【用法】指故意挑拨是非。

【例句】那几个女人成天无所事事,常常聚在一块儿～。

近义　搬弄是非

搬弄是非　bān nòng shì fēi

【释义】把别人背后说的话传来传去,蓄意挑拨,或在别人背后乱加议论,引起纠纷。

【例句】有个别人喜欢造谣生事,～,这很影响同事间的团结。

近义　搬唇弄舌　挑拨离间

阪上走丸　bǎn shàng zǒu wán

【释义】阪:通"坂",斜坡。走:快走,指很快地滚动。丸:弹丸。像在斜坡上滚弹丸。比喻形势发展迅速或工作进行顺利。

【用法】描绘事情发展迅速或顺利,可用此语。

【例句】出乎意料的是整个计划如～一般,顺利无阻。

近义　一日千里

反义　停滞不前

板上钉钉　bǎn shàng dìng dīng

【释义】在板上用铁钉钉死。比喻事情已定,不能变更。

【例句】这个方案已经是～了,你再反对也无济于事。

提示　第一个"钉"是动词,读 dìng;第二个"钉"是名词,读 dīng。

半壁河山　bàn bì hé shān

见26页"半壁江山"。

半壁江山　bàn bì jiāng shān

【释义】半壁:半边。江山:指代国土。指外敌入侵后残存的或丢失的一半或大部分国土。也作"半壁河山"。

【用法】用于指半个天下,现也指市场份额的一半。

【例句】南宋康王即位于南京。改元建炎,时金兵南下,铁骑践踏大宋～。/在全国最畅销的十大洗衣机型号中,仅这家公司的洗衣机就占了～。

半筹不纳 bàn chóu bù nà

【释义】筹：计数用的筹码，引申为计策。纳：交付。半条计策都提不出来。形容无计可施。

【用法】形容面对困境没有办法时的用语。

【例句】面对僵局，他这个"智多星"也～。

近义 束手无策 一筹莫展

反义 急中生智

半截入土 bàn jié rù tǔ

【释义】下半截身子已埋入土中。比喻人年岁已老，在世日子不多。

【用法】有口语色彩。

【例句】我虽是～之人，但还想把我一身的厨艺传给后辈，让"好吃嘴"们记得我呀！

近义 行将就木 风烛残年

半斤八两 bàn jīn bā liǎng

【释义】旧制一斤为十六两，半斤就是八两。比喻彼此一样，不相上下。

【用法】多含贬义。

【例句】他们的能力是～，不相上下。

近义 势均力敌

反义 天差地远

半路出家 bàn lù chū jiā

【释义】出家：离开家庭到庙宇里去做和尚、尼姑或道士。指后来出家。

【用法】用于比喻原先并不从事这一工作，后来才改行从事这一工作。

【例句】虽然只是～，但是她进步得很快。

反义 科班出身

半面之交 bàn miàn zhī jiāo

【释义】半面：半边脸，这里指瞥过一眼。交：交往。仅有见过面的交情，意指彼此

交情极浅。

【用法】用于不熟识的人。

【例句】我和她只是～，了解不深。

近义 一面之缘

反义 生死之交

半青半黄 bàn qīng bàn huáng

【释义】青：青色，指没有成熟的庄稼。黄：黄色，指已成熟的庄稼。农作物还没有长好，青黄相接。比喻时机还没有成熟。也可以比喻其他事物或思想未达到成熟阶段。

【用法】多用于学习、做学问等。

【例句】他对语言学的研究还处在～的阶段，肤浅得很。

近义 半生半熟

反义 融会贯通

半身不遂 bàn shēn bù suí

【释义】遂：如意，顺。中医学病名，指半边肢体瘫痪。

【例句】他母亲中了风，～已有一年了。

半生半熟 bàn shēng bàn shú

【释义】没有完全成熟或烹煮到可吃的程度。也指还不完全熟悉或熟练。

【例句】今天的饭吃起来～的。/ 我和她只是在那次学术会议上见过一面，彼此～。

近义 半青半黄

半死不活 bàn sǐ bù huó

【释义】死不了也活不起来。形容毫无精神，极度虚弱。也形容毫无生气，一派萧条。

【用法】多用于人，有时也用于事物。

【例句】门前的白兰花看起来蔫蔫的，～的样子。/ 他为了养家糊口，每天拼命干十多个小时的重活，被折磨得～。

B

近义 死气沉沉
反义 生龙活虎　生气勃勃

半天朱霞 bàn tiān zhū xiá
【释义】半天:空中。朱:红色。半空中的红霞。比喻人品高尚,超凡脱俗。
【用法】用于人的品格。
【例句】周总理如～,深受人们爱戴。
近义 高山景行

半途而废 bàn tú ér fèi
【释义】途:道路。废:停止。半路上停下来不再前进。比喻事情未做完而终止。
【用法】求学、做事中途停止而没有完成的,都可以用此语。
【例句】做任何事都应当善始善终,不能～。
近义 功亏一篑
反义 锲而不舍　持之以恒

半推半就 bàn tuī bàn jiù
【释义】推:推辞。就:走向,靠近。形容心里愿意又假意推辞的样子。
【用法】多用于送礼、请吃等场合。
【例句】她接受爱慕者送给她的礼物时,总是先～,假意推辞一番。

半吞半吐 bàn tūn bàn tǔ
【释义】吞:咽下。吐:说出。留一半说一半。形容说话不爽快或有所顾忌。
【例句】有话你就一口气说完,别～的。
近义 吞吞吐吐
反义 侃侃而谈　直截了当

半文不白 bàn wén bù bái
【释义】文:文言。白:白话。指既不是文言,也不是白话,是文言白话夹杂在一起的用语。

【例句】没想到,平时作文不出众的几个同学用～的语言写出了这篇获奖小说。

半信半疑 bàn xìn bàn yí
【释义】有点相信又有点怀疑。
【用法】听了别人的话,疑信各半,不全信,可用此语。
【例句】我对他说的话～,因为事情发生得太突然了。
近义 将信将疑
反义 深信不疑

半夜三更 bàn yè sān gēng
【释义】半夜:夜里十二点钟前后,泛指深夜。三更:指当天夜里十一点至第二天凌晨一点。指深夜。也作“三更半夜”。
【例句】～的,别再大声说话了。

半真半假 bàn zhēn bàn jiǎ
【释义】一半真情,一半假意。形容不是完全真实的。
【用法】不是真心实意的态度,可用此语。
【例句】他常说一些～的话。
反义 真心实意

伴食宰相 bàn shí zǎi xiàng
【释义】伴食:唐宋时期,宰相都可在其办公处所政事堂用公膳,这里的“伴食”,指只是在政事堂陪伴吃饭。只会陪伴吃饭的宰相。后用于指居高位而不称职、不做事的官吏。
【用法】指无为高官。含贬义。
【例句】诸事不管的～,是很难得到人民群众的拥戴的。
近义 尸位素餐

膀大腰圆 bǎng dà yāo yuán
【释义】形容人的身材高大粗壮。

【用法】多用于形容人的身材。

【例句】他这个人～,力气也大。

近义　牛高马大

反义　小巧玲珑

榜上无名　bǎng shàng wú míng

【释义】榜:告示应试录取的名单。张榜公布的名单上没有名字。指考试未被录取。

【例句】这次公务员考试再～,我就放弃了。

近义　名落孙山

傍花随柳　bàng huā suí liǔ

【释义】沿着花丛夹道的柳荫而行走。形容春游的快乐。

【例句】我到了仙境般的幽谷,～,一直走到谷底,只见溪水淙淙,处处鸟语花香。

傍水依山　bàng shuǐ yī shān

见 898 页"依山傍水"。

包办代替　bāo bàn dài tì

【释义】不和有关的人商量、合作,却独自操办,不让旁人参与。

【例句】这里的工厂,都是全权委托,请别人～办起来的。

近义　越俎代庖

包藏祸心　bāo cáng huò xīn

【释义】祸心:害人的心。怀着害人的坏主意。

【用法】形容人心地险恶,早已存有谋害之意。

【例句】"台独"分子宣扬"台湾跟对岸中国一边一国"的谬论,～,两岸人民决不容忍,坚决揭穿。

近义　居心叵测

反义　襟怀坦白

包罗万象　bāo luó wàn xiàng

【释义】包罗:包括,网罗。万象:宇宙间各种各样的景象。形容内容丰富,应有尽有。

【用法】多指书籍、展品等内容丰富、应有尽有。

【例句】百科全书的内容～,是查询资料的好工具。

近义　无所不包

褒贬不一　bāo biǎn bù yī

【释义】褒:赞扬、夸奖。贬:不好的评价。指评价不相同,有人说好,有人说不好。

【例句】评论家对那出新剧的评价～。

褒善贬恶　bāo shàn biǎn è

【释义】褒:赞扬。贬:斥责。表扬好的,斥责坏的。

【例句】读罢那本书,我深感其～,尽收眼底。

近义　隐恶扬善　惩恶劝善

饱经沧桑　bǎo jīng cāng sāng

【释义】饱:充分。沧桑:沧海变成桑田,指世事变化。形容经历过很多世事变迁。

【用法】用于经历丰富的成年人,特别是老年人。

【例句】爷爷是个老红军,他的一生～。

近义　饱经风霜

饱经风霜　bǎo jīng fēng shuāng

【释义】饱:充分。风霜:比喻艰难困苦。形容经历过很多艰难困苦。

【用法】用于经历坎坷的人。

【例句】他抬起头来,～的脸上现出难以忍受的痛苦。

近义 饱经沧桑 饱经忧患

饱经忧患 bǎo jīng yōu huàn

【释义】饱:充分。形容经历过许多忧愁、患难。

【用法】常用于指国家民族。

【例句】1949 年 10 月 1 日,～的中国人民终于站起来了。

近义 饱经风霜

饱食暖衣 bǎo shí nuǎn yī

【释义】形容生活宽裕,衣食丰足。

【例句】现在,还有一些偏远山区过不上～的生活。

近义 丰衣足食

反义 饥寒交迫

饱食终日 bǎo shí zhōng rì

【释义】整天吃得饱饱的,指无所作为。

【用法】形容什么事情都不关心。

【例句】他不求上进,只求～。

反义 废寝忘食 发愤忘食

饱学之士 bǎo xué zhī shì

【释义】饱学:学识渊博。士:旧指读书人。学识渊博的读书人。

【例句】参加这次学术论坛的多是些～。

饱以老拳 bǎo yǐ lǎo quán

【释义】饱:吃够,充分,这里指打够。以:用、拿。用拳头暴打对方一顿。

【例句】小区最近接连丢了几辆自行车,今天中午抓到一个偷车贼,大家正要～,被前来的保安制止了。

宝钗分股 bǎo chāi fēn gǔ

【释义】钗:旧时妇女别在发髻上的一种饰物,由两股合成。比喻夫妻分离。

【用法】用于夫妻。含贬义。

【例句】多好的一对夫妻,如今却～。真是悲剧一场。

宝窗自选 bǎo chuāng zì xuǎn

【释义】比喻女子婚姻自主。

【用法】多用于书面语。

【例句】张家姑娘～,嫁了个如意郎君。

宝刀未老 bǎo dāo wèi lǎo

【释义】宝刀:用作武器的稀有而珍贵的刀。指宝刀仍然锋利。

【用法】用于形容老年人的精神或本领等。含褒义。

【例句】王老虽年近八十,但～仍有新作问世。

宝货难售 bǎo huò nán shòu

【释义】宝货:珍贵的物品。售:销售,卖出去。珍贵的物品很难卖出去。比喻奇才不容易被录用。

【用法】形容人才无用武之地。

【例句】小张多才多艺,只不过是～,暂时不得志而已。

近义 怀才不遇

宝马香车 bǎo mǎ xiāng chē

【释义】名贵的良马,华丽的车子。借指富贵人家出行的排场。

【例句】现在的领导大都是轻车简从,～闹排场的很少。

反义 轻车简从

宝山空回 bǎo shān kōng huí

【释义】虽然到了满是宝藏之地,却空无所得而归。

【用法】多用于学习取经毫无收获。

【例句】参加访问时,一定要用心学习别人的先进经验,切莫～。

反义 满载而归

宝珠市饼 bǎo zhū shì bǐng

【释义】市:买。拿宝珠去买饼。表示弃绝贪欲。

【用法】多用于品格高尚的人。含褒义。

【例句】他就是那种～的人,对于钱财、名誉等丝毫不在乎。

保残守缺 bǎo cán shǒu quē

见31页"抱残守缺"。

报本反始 bào běn fǎn shǐ

【释义】报:报答。本:根源。反:回到。始:开始。指受恩思报,不忘根本。

【用法】用于人的行为。含褒义。

【例句】他是一个孤儿,是乡亲们送他上了大学,～,他决心大学毕业后回到家乡当一名教师。

近义 知恩图报

报仇雪耻 bào chóu xuě chǐ

【释义】报:报复。雪:洗掉。报冤仇,洗刷耻辱。

【用法】对象可指个人、团体,还可指一个国家或民族。

【例句】只要国人之心不死,终有～的一天。

近义 报仇雪恨

报仇雪恨 bào chóu xuě hèn

【释义】报:报复。雪:洗掉。报冤仇,消除怨恨。

【用法】对象仅为个人、团体、家族。

【例句】贾岛《剑客》一诗写剑客有锋利的

宝剑,可以为人打抱不平,～。

近义 报仇雪耻

反义 忍辱负重

报喜不报忧 bào xǐ bù bào yōu

【释义】只报告好消息、好事,不报告坏消息、坏事。

【例句】为了让家人放心,他对家人总是～,从不把自己在国外的危险处境告诉家人,以免他们担心。

抱残守缺 bào cán shǒu quē

【释义】抱:持守。守住残缺的东西不放。形容思想保守,不知改进。也作"保残守缺"。

【例句】改革任何旧制度,总不免要受到～的人的阻挠。

近义 因循守旧

反义 标新立异 推陈出新

抱关击柝 bào guān jī tuò

【释义】抱关:守关门。柝:打更用的梆子。借指守门人和更夫一类卑微低下的小官。

【用法】多用于书面语。

【例句】他胸怀大志,怎肯老当～的人。

抱恨终天 bào hèn zhōng tiān

【释义】恨:遗憾。终天:终其天年,即终生。遗憾一辈子。

【例句】一个人要是年轻的时候不努力,一辈子虚度光阴,到时候只会～。

近义 遗恨千古 死不瞑目

反义 死而无憾

抱虎枕蛟 bào hǔ zhěn jiāo

【释义】枕:以头枕物。蛟:古代传说中的

独角龙。双手抱着老虎，头枕着蛟龙。比喻处境危险。

【用法】用于形容人或国家的处境。

【例句】那些情报人员终日与敌人打交道，真可谓～。

抱火厝薪　bào huǒ cuò xīn

【释义】厝：通"措"，置放。薪：柴火。把火放在柴草底下。比喻危机即将出现。

【用法】多用于书面语。

【例句】你这样冒险的做法岂不是～？还是防患于未然吧。

抱头鼠窜　bào tóu shǔ cuàn

【释义】窜：逃跑。抱着头像老鼠一样逃窜。形容仓皇逃走的狼狈相。

【例句】那家伙的把戏被人识破了，不得不～，逃之夭夭了。

【近义】逃之夭夭　落荒而逃

抱薪救火　bào xīn jiù huǒ

兄弟，你这不是添乱吗？

【释义】薪：柴火。抱着柴火去灭火。比喻因为方法不对，虽然有心消灭祸害，结果反而使祸患扩大。也作"负薪救火"。

【用法】比喻用错误的方法去消除祸患，会使祸患更加严重。含贬义。

【例句】为了把经济搞上去，就毁林开荒，

这无疑是～。

【近义】扬汤止沸　火上浇油
【反义】釜底抽薪

抱瑜握瑾　bào yú wò jǐn

见 298 页"怀瑾握瑜"。

豹死留皮　bào sǐ liú pí

【释义】豹子死了，皮留在世间。比喻将好名声留传于后世。

【用法】常与"人死留名"连用。

【例句】～，人死留名，但凡稍有良知之人无不希望死后能受到后人尊敬。

【近义】人死留名　雁过留声
【反义】声名狼藉　臭名昭著

鲍鱼之肆　bào yú zhī sì

【释义】鲍鱼：咸鱼。肆：铺子。指卖咸鱼的铺子。

【用法】常用于比喻污浊的环境或坏人聚居的地方。

【例句】在网吧待久了，不觉其空气污浊，正如卖鱼人久居～而不觉其臭一样。

暴风骤雨　bào fēng zhòu yǔ

【释义】暴：突然而猛烈。骤：急速。来势急速而猛烈的风雨。

【用法】常用于比喻声势浩大的革命运动。

【例句】那夜，我辗转难眠，感觉～即将来临，心里惴惴不安。／革命的～荡涤了污泥浊水，于是出现了"换了人间"的新局面。

【近义】粗风暴雨　疾风暴雨　狂风暴雨
【反义】和风细雨

暴虎冯河　bào hǔ píng hé

【释义】暴虎：空手打虎。冯：通"凭"，徒步走过。冯河：徒步渡河。空手打虎，徒步涉河。比喻有勇无谋,冒险蛮干。

【用法】多用于书面语。

【例句】明知斗不过别人还要硬拼,简直是～。

近义 有勇无谋

反义 有勇有谋 智勇双全

提示 "冯"不读 féng。

暴厉恣睢 bào lì zì suī

见 33 页"暴戾恣睢"。

暴戾恣睢 bào lì zì suī

【释义】戾:凶残。恣睢:任意胡为。残暴凶狠,任意胡为。也作"暴厉恣睢"。

【例句】那种～的人,不会有好结果。

近义 穷凶极恶 暴虐无道

反义 慈眉善目

提示 "恣"不读 cì;"睢"不读 jū,左边不是"且"。

暴露无遗 bào lù wú yí

【释义】暴露:显现。遗:遗漏。一点儿不剩地完全显示或表露出来。

【用法】用于指不好的事或物。

【例句】自从夺得"大满贯"后,法国队的年龄老化问题就～。

近义 原形毕露

暴虐无道 bào nüè wú dào

【释义】虐:残暴。指所作所为残暴凶恶,丧尽道义。

【例句】商纣王～,激起了老百姓的极大愤慨,所以国家才灭亡了。

近义 暴戾恣睢

暴殄天物 bào tiǎn tiān wù

【释义】暴:残害。殄:灭绝。天物:自然

界的刀物。残害、滥杀各种生物。后指任意糟蹋东西。

【用法】谴责不珍惜可用之物的人,可用此语。

【例句】盲目发展经济而对大自然任意践踏,滥砍滥伐,毒虐生灵,这简直是～。/消费,但不能铺张浪费;即使有足够的财力,也不能～。

近义 挥霍无度

反义 厉行节约

提示 "暴"不能理解成"凶狠";"珍"不读 zhēn,也不能写成"珍"。

暴跳如雷 bào tiào rú léi

【释义】暴:猛烈。猛烈地跳脚喊叫,像打雷一样。

【用法】用于形容又急又怒,大发雷霆的样子。

【例句】他脾气很坏,一遇到不顺心的事,就～。

近义 大发雷霆 火冒三丈

反义 心平气和

暴雨如注 bào yǔ rú zhù

【释义】暴:猛烈。注:灌入。指来势凶猛的大雨像从天上往地下倒水一样大得惊人。

【例句】这是一个雷电交加、～、可怕的风暴猛烈袭来的夜晚。

近义 倾盆大雨

反义 牛毛细雨

杯弓蛇影 bēi gōng shé yǐng

【释义】把墙上的弓映在酒杯中的影子当成蛇。形容疑神疑鬼,妄自惊慌。

【典故】据传,汉代应郴请杜宣喝酒,挂在

墙上的弓恰好映在酒杯中，杜宣以为是蛇，饮后回家便觉胸腹剧痛，一病不起。应郴知道后，经过观察，断定杜宣是将弓影误以为是蛇，便又请杜宣来喝酒，当场试给杜宣看，杜宣看到果然是弓影映在杯中，如释重负，病也很快好了。（汉·应劭《风俗通义·怪神》）

【用法】用于指人把虚幻误作真实，形容人神经敏感。含贬义。

【例句】她不知道从哪里听到要地震的消息，整天～，稍有动静就慌作一团。

近义 草木皆兵　风声鹤唳

杯盘狼藉　bēi pán láng jí

【释义】狼藉：（"藉"本指垫在下面的草）据说狼睡在草上，起身后为消除痕迹，就把草弄乱。故"狼藉"比喻事物像狼窝里的草一样乱七八糟。指杯子、盘子等杂乱地堆放着。

【用法】用于形容宴饮后桌上凌乱的样子。

【例句】待公安人员赶到时，这帮歹徒已仓皇逃走，留下的是满屋烟气，餐桌上～。

提示 "藉"不读 jiè。

杯水车薪　bēi shuǐ chē xīn

【释义】薪：柴火。用一杯水去救一车着火的柴草。比喻力量小，无济于事。

【用法】用于指力量太小，对解决问题起不了作用。

【例句】他那微薄的工资，对于全家庞大的开销来说简直就是～！

近义 无济于事　于事无补

卑鄙无耻　bēi bǐ wú chǐ

【释义】形容人的品质、行为卑下恶劣，没有羞耻心。

【例句】玩弄权术的人常使用～的手段骗取荣誉。

近义 寡廉鲜耻

反义 德厚流光

卑不足道　bēi bù zú dào

【释义】卑：卑下。极其卑下，不值一提。

【例句】这点小事，～。

近义 微不足道

卑躬屈膝　bēi gōng qū xī

【释义】卑躬：弯腰、低头。屈膝：下跪。形容谄媚奉承，没有骨气。

【用法】用于形容没有骨气，讨好逢迎的丑恶形象。

【例句】看见电视中的黑狗子向日本鬼子～的奴才相，让人恨得直想朝他吐口水。

近义 奴颜婢膝　摧眉折腰

反义 不卑不亢

卑礼厚币　bēi lǐ hòu bì

【释义】卑：谦卑。币：缯帛，古时用于祭祀或作为赠送的礼物。后也指朝见时的其他礼物和祭祀时的其他贡品。谦恭的礼节，丰厚的礼品。形容聘请人才的郑重殷切。

【用法】多用于书面语。含褒义。

【例句】～，才是招贤纳士之道。

卑论侪俗 bēi lùn chái sú

【释义】侪俗：指俗人之流。降低言论的格调、情趣以混同于一般俗人。指降低对自己的要求，迁就流俗。

【用法】多用于书面语。含贬义。

【例句】堂堂一个大学教授也～，真是可悲。

卑以自牧 bēi yǐ zì mù

【释义】卑：谦卑。牧：养。以谦卑的态度修养自己的德行。

【用法】用于指品德高尚的人。含褒义。

【例句】郭沫若认为鲁迅的韧、闻一多的刚、郁达夫的～是文坛三绝。

近义 虚怀若谷　虚心自善

反义 唯我独尊　妄自尊大

悲不自胜 bēi bù zì shèng

【释义】胜：禁受得住。悲痛得自己无法承受。

【例句】听到丈夫出事的消息后，她强忍着不发出呜咽，心里～。

反义 喜不自胜

悲从中来 bēi cóng zhōng lái

【释义】悲伤从心中涌出来。

【例句】老赵从殡仪馆为妻子送葬归来，望着人去屋空的家，回忆起与妻子共同生活的往事，不禁～，痛哭失声。

悲愤填膺 bēi fèn tián yīng

【释义】膺：胸。悲痛和愤怒充满胸膛。形容非常悲愤。

【用法】形容仁人志士的正义之举，可用此语。

【例句】刘胡兰同志牺牲后，乡亲们～，立誓要为烈士报仇。

近义 义愤填膺

悲观厌世 bēi guān yàn shì

【释义】对生活失去信心，厌弃人世。

【例句】生活的艰辛，爱憎的苦恼，使她产生了～的情绪。

近义 郁郁寡欢

悲欢离合 bēi huān lí hé

【释义】悲伤和欢乐，离别和团聚。泛指生活中经历的各种境遇和由此产生的各种心情。

【例句】人生难免有～，就好像月亮有阴晴圆缺一样。

悲天悯人 bēi tiān mǐn rén

【释义】悲：悲叹。天：天命，时世。悯：怜悯。悲叹命运的不公，怜惜人民的疾苦。

【用法】用于指对社会的腐败和人民的疾苦感到悲愤和不平。

【例句】那赤地千里、饿殍遍地的景象，引发了刘统勋一股～的情绪，他泪流满面，仰天长号。

近义 忧国忧民

反义 幸灾乐祸

悲痛欲绝 bēi tòng yù jué

【释义】绝：穷尽。悲哀伤心到了极点。

【例句】外婆的去世，使她～。

近义 痛不欲生

反义 欣喜若狂

悲喜交集 bēi xǐ jiāo jí

【释义】悲伤和喜悦的感情交织在一起。也作"悲喜交加"。

【例句】他们父子分别了十多年，今日相见，～。

近义 惊喜交集

B

反义 无动于衷

悲喜交加 bēi xǐ jiāo jiā

见 35 页"悲喜交集"。

北道主人 běi dào zhǔ rén

【释义】北面道路上的主人。后泛指款待宾客的主人。

【例句】我们是～，对来宾应热情接待。

北门锁钥 běi mén suǒ yuè

【释义】北门：北城门。锁钥：比喻军事要地。泛指军事要地。

【用法】特指北方军事重镇。

【例句】这里地处边关，是我国的～。

提示 "钥"不读 yào。

北面称臣 běi miàn chēng chén

【释义】北面：古代君主面向南而坐，臣子拜见君主则面向北。指降服于人。

【例句】盛唐时期，边陲小国～，愿为大唐效犬马之劳。

北叟失马 běi sǒu shī mǎ

【释义】叟：老翁。比喻暂时受损或不利，后来却得到了好处。

【例句】因资金短缺，这个计划再三被拖延，但切莫着急，或许是～呢。

近义 塞翁失马

北辕适楚 běi yuán shì chǔ

【释义】北辕：车子向北行驶。适：到。楚在南方，赶着车往北走。比喻行动与目的相反。

【用法】常用来形容人做事荒唐。

【例句】我们做事要考虑方法，不要～。

近义 南辕北辙　背道而驰

备尝艰苦 bèi cháng jiān kǔ

【释义】备：尽，全。受尽了艰难困苦。

【例句】抗战期间，他们一家颠沛流离，～。

近义 备尝忧患

反义 养尊处优

背城一战 bèi chéng yī zhàn

【释义】背向自己的城池跟敌人决一死战。

【用法】比喻做最后一搏。

【例句】被劫持数日以后，他决定～，找机会冒死逃生。

近义 孤注一掷

背道而驰 bèi dào ér chí

【释义】道：道路、方向。驰：奔跑。指朝着相反的方向奔跑。

【用法】用于比喻行动和目的相反。

【例句】凡事～，肯定达不到目的。/ 个别医生治病不从病人实际出发，只求发财的做法是与其职业道德的要求～的。

近义 北辕适楚

反义 并驾齐驱

背井离乡 bèi jǐng lí xiāng

【释义】背：离开。井：古制八家为一井，借指乡里。离开了故乡，到外地生活。

【例句】为了养家糊口，他只好～。

反义 安土重迁

背山起楼 bèi shān qǐ lóu

【释义】靠山建造楼房。比喻使人扫兴的事。

【用法】用于指不合时宜的事物或行为。

【例句】小王是个说话做事不分场合的人，尽做～的事，同事们在一起聊得正火热，只见他凑过去，不消几句，弄得大家就不欢而散。

近义 大煞风景

背水一战 bèi shuǐ yī zhàn

【释义】在不利情况下和敌人做最后决战。比喻在绝境中为求得出路而做最后的斗争或努力。

【用法】常用于军事，现也多用于体育比赛。

【例句】韩信～，擒得了赵王歇。/预选赛出线的全部希望就在这最后一搏，队员们决心～。

近义 破釜沉舟

背信弃义 bèi xìn qì yì

【释义】背：违反。不守信用，不讲道义。

【例句】他对朋友～，最后成了孤家寡人。

近义 言而无信

反义 恪守不渝 言而有信

倍道兼行 bèi dào jiān xíng

【释义】倍、兼：加倍。道：指行程。一天走两天的路程。

【用法】用于个人或军队的行为。

【例句】我军～，一夜之间就挺进一百多里地，抢先占据了高地。

近义 日夜兼程

悖入悖出 bèi rù bèi chū

【释义】悖：不正当，不合理。用不正当的手段得来的财物，也会被别人用不正当的手段拿去，或胡乱弄来的钱又胡乱花掉。

【用法】多用于书面语。含贬义。

【例句】他们拿着祖上抢来的钱财在花花世界作威作福，～，绝无好的下场。

奔走呼号 bēn zǒu hū háo

【释义】奔走：奔跑。呼号：因处于困境需要援助而喊叫。指一边奔跑，一边喊叫。

【用法】指为办成某事寻求同情或援助而到处活动、宣传。

【例句】齐先生一心想振兴中国的医学工业，可是国民党政府腐败无能，毫不重视。齐先生～，尽遭冷遇。

提示 "号"不读 hào。

B

奔走相告 bēn zǒu xiāng gào

【释义】奔走:奔跑。指奔跑着把喜讯或重大事件互相转告,迅速传开。

【例句】申奥终于成功了,夜晚的街道上一个个素不相识的人～,传递着胜利的喜讯。

本来面目 bēn lái miàn mù

【释义】原为佛家用语,指人本有的心性。后指事物本来的样子。

【例句】这篇文章经过反复传抄,早已失去了它的～。

近义 庐山真面目

本末倒置 běn mò dào zhì

【释义】本:树根,比喻事物的根本。末:树梢,比喻事物的枝节。置:放置。形容把主要事物和次要事物或事物的主要方面和次要方面弄颠倒了。

【例句】做事要把握轻重缓急,切不可～。

近义 轻重倒置 舍本逐末

反义 主次分明

提示 "倒"不读 dǎo。

本末源流 běn mò yuán liú

【释义】指事物的主次和始末。

【例句】学问文章,各有家法,讲究～。

本山取土 běn shān qǔ tǔ

【释义】在本地找需要的土。比喻不依靠外力,充分发挥本单位的潜力。

【用法】多形容因地制宜。

【例句】这座山区的小学校要增加一幢教学楼,可以～,就地取材。

近义 就地取材

本性难移 běn xìng nán yí

【释义】指人原来的性格很难改变。

【用法】断言一个品性不好的人,没有办法使他变好,可用此语。含贬义。

【例句】他总是这样邋邋遢遢的,屡次说,也不听,真是江山易改,～。

反义 江山易改

笨鸟先飞 bèn niǎo xiān fēi

【释义】比喻能力差的人做事时,先行一步以免落后。

【用法】多用作自谦之辞。

【例句】我能力不如别人,只有～了。

近义 慢鸟先飞

笨手笨脚 bèn shǒu bèn jiǎo

【释义】形容人行动笨拙,不灵巧。

【例句】他试着修理他那辆破败不堪的自行车,但显得～的。

近义 笨头笨脑 拙手笨脚

笨头笨脑 bèn tóu bèn nǎo

【释义】形容人反应迟钝,头脑不灵活。

【例句】他～的,绝不是那个机灵鬼的对手。

近义 笨手笨脚

笨嘴拙舌　bèn zuǐ zhuō shé

【释义】形容没有口才,不善表达。

【例句】我这个人～的,代表单位参加演讲这种任务还真担当不起。

近义 拙口笨腮

反义 油嘴滑舌　伶牙俐齿

逼上梁山　bī shàng liáng shān

【释义】梁山:地名,在今山东省,是《水浒传》里许多英雄被逼聚集造反的地方。指被逼走上造反的道路。比喻被迫进行反抗或不得不采取某种行动。

【用法】做事并非己所愿,而是客观情况迫使而为,可用此语。

【例句】鲁提辖拳打镇关西后,就亡命江湖,最后被～。/没想到我的优异表现被广播电视台的人发现了,比赛一结束,我就被他们带回电台,就这样被～做了一回主持人。

反义 心甘情愿

鼻青脸肿　bí qīng liǎn zhǒng

【释义】青:黑色。形容面部伤势严重。也形容受到严重打击、挫折的狼狈相。

【例句】他在途中遇到一帮劫匪,被打得～。/ 当初蒋介石在其他各战场,碰得～。

匕鬯不惊　bǐ chàng bù jīng

【释义】匕:古代的一种勺子。鬯:古代祭祀用的香酒。匕和鬯都是古代宗庙祭祀用物。原意是祭祀时勺子香酒都不惊动。形容军纪严明,军队所到之处,百姓不受惊扰。

【用法】多用于军队。含褒义。

【例句】岳家军纪律严明,所到之处,～。

比比皆是　bǐ bǐ jiē shì

【释义】比比:处处。到处都是。形容同类事物或现象很多。

【用法】用于形容随处可见,应用范围广,不受限制。

【例句】这一年,俄国的冬天来得格外早,寒潮不断入侵,风雪和严寒驱赶着撤退中的拿破仑军队,许多人冻死冻伤,掉队者～。

近义 触目皆是　俯拾即是

反义 寥寥无几　屈指可数

比而不周　bǐ ér bù zhōu

【释义】比:勾结。周:相互忠诚。指不是为正义而是为私利而勾结在一起。

【用法】多形容小人。含贬义。

【例句】他们表面上看似团结,其实是貌合神离,～。

比肩继踵　bǐ jiān jì zhǒng

【释义】比:并列,紧靠。继:连续。踵:脚后跟。肩挨着肩,脚挨着脚。也作“比肩接踵”。

【用法】用于形容人多拥挤。

【例句】周末的商场里热闹非凡,～。

近义 摩肩接踵

反义 门可罗雀

比肩接踵　bǐ jiān jiē zhǒng

见 39 页“比肩继踵”。

比上不足,比下有余

bǐ shàng bù zú ,bǐ xià yǒu yú

【释义】指满足现状,不求进取的思想状态。也指处于中间状态。

【用法】常用于指学习、生活、事业甘居中游者。

【例句】～,他对自己的生活现状很满意。/他的能力,～。

近义 甘居中游
反义 力争上游

比屋可封　bǐ wū kě fēng
【释义】比屋:屋挨着屋,比喻连续不断的人家。封:封官。指在唐虞时代,民风淳朴,贤人很多,差不多每家都有可受封爵的德行。后形容社会安定,民俗淳朴。
【用法】也用于形容教育感化的成就。
【例句】此地真是人杰地灵,～。

比翼齐飞　bǐ yì qí fēi
【释义】传说比翼鸟一目一翼,须两两齐飞。比喻夫妻朝夕相伴或彼此帮助共同前进。
【用法】旧只用于夫妻之间,现在同学同事之间使用皆可。
【例句】提起夫妻～,首先想到的是宋代的赵明诚、李清照,却不知还有唐代的刘应道和李婉顺。

彼一时,此一时　bǐ yī shí,cǐ yī shí
【释义】彼:远指代词,"那,那个"(与"此"相对)。此:近指代词,"这、这个"(与"彼"相对)。指那时是一种情况,现在又是一种情况。也作"此一时,彼一时"。
【用法】用于指情况与过去不相同。
【例句】～,我们不能用老眼光来看新事物。

笔饱墨酣　bǐ bǎo mò hān
【释义】饱:饱满。酣:畅快。笔力饱满,用墨酣畅。形容诗文内容充实,表述流畅。
【例句】他的著作,视野开阔,～,具有深厚的文化底蕴。

笔扫千军　bǐ sǎo qiān jūn
【释义】笔力雄健,有横扫千军万马之势。

【例句】他俩文施翰墨,～。

笔走龙蛇　bǐ zǒu lóng shé
【释义】运笔如龙走蛇行。形容书法笔势雄健洒脱,气韵生动。
【用法】专用于称赞书法家写行书、草书方面。
【例句】王羲之不愧为大书法家,其字端庄劲健、俊美多姿,～,潇洒灵动。
近义 龙飞凤舞
反义 信笔涂鸦

俾夜作昼　bǐ yè zuò zhòu
【释义】俾:使。把夜晚当成白天利用。形容勤奋不懈。
【用法】用于学习、研究等。
【例句】他～,终于如期完成了任务。
近义 夜以继日
反义 俾昼作夜

俾昼作夜　bǐ zhòu zuò yè
【释义】俾:使。把白天当成夜晚。形容昼夜颠倒,生活不正常。
【例句】他～,每天睡到下午才起床。
反义 俾夜作昼

必不得已　bì bù dé yǐ
【释义】已:止。不得不如此。
【用法】指形势促使不得不这样做。
【例句】我也是～才做出了辞职的决定。
近义 迫不得已

必由之路　bì yóu zhī lù
【释义】由:经过。必须经过的道路。也指事物发展必须经历的过程、遵循的规律。
【例句】狮子峰距离我们这儿有三四十千米,前面那条山路是我们的～。/ 解放生产力是推动社会向前发展的～。

近义 不二法门

毕恭毕敬 bì gōng bì jìng

【释义】形容十分恭敬。

【例句】群众是真正的英雄,我们要抱着～的态度向他们学习。

近义 肃然起敬

反义 傲慢无礼

毕其功于一役 bì qí gōng yú yī yì

【释义】毕:完结,完成。其:指示代词。功:(较大的)事情。于:在。役:战争,战役。指通过一次战役就能完结所有的事情,或一次就能解决所有的问题。

【例句】学习要细嚼慢咽、循序渐进,不能～,一口吃成胖子是不可能的。

闭关锁国 bì guān suǒ guó

【释义】闭塞关口,封锁国境,不与外国往来。

【例句】明治维新之前,日本在德川幕府的统治下,实行～的政策。

近义 闭关自守

反义 门户开放

闭关自守 bì guān zì shǒu

【释义】封闭关口,自行守备。指不跟外国、外界交往。

【例句】～,必然带来停滞、贫穷、愚昧和落后。

近义 闭关锁国

反义 门户开放

闭口不言 bì kǒu bù yán

【释义】闭紧嘴不讲话,指有话不说。

【用法】用于指因某种原因故意不说话。

【例句】对于那些无聊的争论,我是～,概不参与。

反义 滔滔不绝

闭门羹 bì mén gēng

【释义】羹:带浓汁的食品。泛指拒绝客人进门、拒绝商谈或拜访时主人不在家。

【例句】他率先给了我们一杯～,使我们连开口的余地都没有了。

闭门却扫 bì mén què sǎo

【释义】却:止。关闭大门,不再打扫庭院。指谢绝应酬,不与外界往来。

【例句】王大爷性格孤僻,退休后更是～。

近义 闭门谢客

闭门思过 bì mén sī guò

【释义】关起房门,独自反省过错。

【用法】多指有了过错才去反思,属自我检讨。

【例句】事故发生后,他追悔莫及,几天来一直～,情绪相当低落。

近义 反躬自省

反义 不思悔改

闭门造车 bì mén zào chē

【释义】关上门造车子。比喻只凭主观想象办事,不管客观实际。

【用法】也用于指人做事不依靠集体的力量,独自摸索。

【例句】有些记者喜欢～,随意穿凿事实,其结果是很难写出引起普通民众共鸣的文章。

近义 纸上谈兵

反义 集思广益

闭目塞听 bì mù sè tīng

【释义】闭着眼睛，堵住耳朵。比喻对外界事物不闻不问或不了解。

【用法】常用于指与外界故意隔绝者。

【例句】你整日把自己关在家里，～，是无法领略到外面世界的美好的。

近义 垂头塞耳

提示 "塞"不读 sāi。

闭月羞花 bì yuè xiū huā

【释义】使月亮躲藏，使花朵害羞。形容女子容貌非常美丽。

【用法】常与"沉鱼落雁"连用，以加强语义。

【例句】尽管竹英一直含羞不语，但是她在静之眼里却是一个～的绝色美女。

近义 燕妒莺惭 沉鱼落雁 倾城倾国

敝帚千金 bì zhǒu qiān jīn

见 42 页"敝帚自珍"。

敝帚自珍 bì zhǒu zì zhēn

【释义】敝：破旧。珍：珍惜。指一把破扫帚，自己也很看重。也作"敝帚千金"。

【用法】用于比喻自己的东西虽然不好，但是自己很珍惜。

【例句】爷爷家的电视机已用了多年，画面越来越不清晰，爸爸说给他换一台，他

却～，舍不得丢弃。

反义 视若草芥

筚路蓝缕 bì lù lán lǚ

【释义】筚路：柴车。蓝缕：破衣服。驾着柴车，穿着破衣服去开辟山林。形容创业的艰苦。

【用法】只能用来形容创业艰苦，不可用来形容生活艰辛。

【例句】经过科学家们～的开拓，我们的航天事业飞速发展，载人飞船神舟十号和神舟十一号已相继升空。

近义 栉风沐雨

反义 轻而易举

提示 "筚"不能写成"毕"。

碧水青山 bì shuǐ qīng shān

【释义】碧：青绿色。碧绿的水流，青翠的山峦。形容富有生气而又秀丽的山水。

【例句】我们伟大的祖国幅员辽阔，有～，有戈壁高原……

碧血丹心 bì xuè dān xīn

【释义】碧血：出自《庄子·外物》"苌弘死（屈死）于蜀，藏（保藏）其血，三年而化为碧（青绿色的玉石）"。后用碧血指为正义而流的血。丹心：红心，喻赤诚的心。指为正义而抛洒热血献出忠心。

【用法】用于歌颂为正义为国家而捐躯的烈士。

【例句】在十四年抗战中，中国军队共计阵亡正规军 380 多万，这些～的中华儿女，将千古流芳，永远活在人民心中。

近义 赤胆忠心

蔽日干云 bì rì gān yún

见 233 页"干云蔽日"。

弊绝风清　bì jué fēng qīng

【释义】弊病断绝,风气清明。形容社会风气良好,没有贪污舞弊等坏事情。也作"风清弊绝"。

【例句】自从新的制度出台之后,这里变得～了。

反义 乌烟瘴气　乌七八糟

壁垒森严　bì lěi sēn yán

【释义】壁垒:古代军营的围墙,泛指防御工事。森严:整齐严密。原指军事戒备严密。现也用来比喻彼此界限划得很分明。也作"森严壁垒"。

【用法】现常用于比喻体育比赛中防守很严密。

【例句】在这场排球比赛中,中国女排的防守～,对方无隙可乘。

近义 严阵以待　固若金汤

反义 不堪一击　一触即溃

避而不谈　bì ér bù tán

【释义】回避而不肯说。

【例句】他老是谈些无关紧要的事,正事却～。

近义 守口如瓶

反义 口若悬河

避繁就简　bì fán jiù jiǎn

【释义】繁:繁杂。就:走向,靠近。简:简易。避开繁杂的,从简易的地方入手。

【例句】为了让文章脉络更加清晰,他～,着重描写了事件发展的三个过程。

近义 避难就易

避难就易　bì nán jiù yì

【释义】就:走向,靠近。避开难办的,拣容易的做。

【用法】用于指回避困难。

【例句】我们做任何事情都不能～,要直面困境,勇于挑战!

近义 避繁就简　避重就轻

避实就虚　bì shí jiù xū

【释义】避:避开。实:实在的。就:靠近,凑近。虚:与"实"相对。原指避开敌人的主力,找敌人的弱点进攻。现也指避开实在的,从虚的方面入手。

【用法】现多用于办事或谈问题方面,指谈问题回避要害。

【例句】前任局长停职反省已经两个星期,做检查一直～,看来很不老实。

反义 避虚就实

避重就轻　bì zhòng jiù qīng

【释义】就:走向,靠近。指避开重要的而拣次要的来承担。也指回避主要的问题,只谈无关紧要的方面。

【例句】一个人要是只会～,弃难择易,最终很可能一事无成。/ 这个嫌疑人很狡猾,交代事情往往～。

近义 避难就易　拈轻怕重

鞭长不及　biān cháng bù jí

见43页"鞭长莫及"。

鞭长莫及　biān cháng mò jí

【释义】及:达到。鞭子虽然长,但不应该

打到马肚子上。后来指相距太远,力量达不到。也作"鞭长不及"。

【典故】春秋时期,楚国大举进攻宋国,宋国派人到晋国去求救,晋景公正准备发兵去援救,大臣伯仲却劝阻道:"我们不可出兵去支援宋国。古语云:'虽鞭之长,不及马腹。'现在正是天意使楚国强盛之时,我们不可与楚国相争。"晋景公听了他的话,没有派兵援宋。(《左传·宣公十五年》)

【例句】我在成都,他在上海,想帮他的忙也是～啊。

近义　力不从心

反义　力所能及

提示　"鞭"不能写成"边"。

鞭笞天下　biān chī tiān xià

【释义】笞:用鞭子或竹板抽打。置天下人于鞭挞之下,以供奴役。

【用法】比喻统治者以暴力征服人民,可用此语。

【例句】秦始皇～,建阿房宫,筑万里长城,人民深受其苦。

鞭辟近里　biān pì jìn lǐ

见 44 页"鞭辟入里"。

鞭辟入里　biān pì rù lǐ

【释义】鞭辟:剖析,分析。里:本指衣服里层,引申为里面、内部。指鞭子触及衣服的里层。形容能透彻说明问题,深中要害。也作"鞭辟近里"。

【例句】他分析问题头头是道,～。

近义　入木三分

反义　浮光掠影

提示　"辟"不读 bì。

变本加厉　biàn běn jiā lì

【释义】加厉:更猛烈。改变本来面貌,比原来有所发展。形容情况变得比原来更加严重。

【用法】多用于指坏的行为。

【例句】时隔两年,小强的坏习惯不但没有戒掉,反而～了。

近义　有加无已

提示　"厉"不能写成"励"或"利",意思不是"厉害"。

变动不居　biàn dòng bù jū

【释义】居:止,停息。不断变化,没有固定的形态。

【例句】发现和掌握规律,就是要从～的现象中找到相对稳定的本质。

变化多端　biàn huà duō duān

【释义】端:方面。形容(事物在形态上或本质上)变化很多。

【例句】花猫的叫声,长短不同,粗细各异,～。

近义　变化无穷

反义　一成不变

变化无常　biàn huà wú cháng

【释义】常:常规,规律。变化很多,没有一定规律。

【用法】用于指无法捉摸事物变化的规律。

【例句】戈壁滩上的气候～,本来艳阳高照的好天气,一会儿就狂风刮来,黄沙满天。

近义　变化多端

反义　一成不变

变化无穷　biàn huà wú qióng

【释义】穷:尽,完。永远变化,没有止境。

【例句】他们时而用口琴吹奏,时而交替轮唱,旋律一起一伏,～。

近义　变化多端

反义　一成不变　千篇一律

变幻莫测　biàn huàn mò cè

【释义】变幻:不规则地改变。测:揣测。事物变化多端,难以揣测。

【用法】用于指事物复杂,变化无定。

【例句】天空中的云块,正在堆集着,分裂着,舒展着,飘散着,～。

近义　千变万化

反义　一成不变

变生意外　biàn shēng yì wài

【释义】变:变故。变故来得太突然,完全没有预料到。

【例句】事情本来进展得很顺利,谁料～,让大家一时不知所措。

变生肘腋　biàn shēng zhǒu yè

【释义】变:变故。肘腋:胳膊肘和夹肢窝,比喻极近的地方。指事变发生在极近的地方。

【用法】常用来形容内乱。

【例句】这种内变,～,无从预防。

近义　祸起萧墙

遍地开花　biàn dì kāi huā

【释义】到处都开花。

【用法】比喻好事物到处出现或普遍发展。

【例句】他精湛的木工手艺很快在村子里～,前来向他学艺的人越来越多。

遍体鳞伤　biàn tǐ lín shāng

【释义】浑身都是像鱼鳞一样密集的创伤。形容浑身是伤。

【用法】可用于形容人或动物满身都是伤痕,也可用于国土、事业,甚至植物遭受重创。

【例句】他被几个歹徒拖到荒山野岭,打得～。/这棵巨松摇晃着～的身躯,轰然地倒下了。

近义　体无完肤

标新立异　biāo xīn lì yì

【释义】标:表明,树立。异:奇特。提出新奇的主张,表示与一般不同。

【用法】可用作褒义,指多有创新精神;但多用作贬义,指故意另搞一套。

【例句】做事～是好的,但是不能脱离实际,否则只会适得其反。

近义　拔新领异　矜奇立异

反义　抱残守缺　因循守旧

彪炳千古　biāo bǐng qiān gǔ

见45页“彪炳千秋”。

彪炳千秋　biāo bǐng qiān qiū

【释义】彪炳:原指文采焕发,现指照耀。千秋:千年,泛指很长久的时间。指(伟大的功绩、业绩)照耀千秋万代。也作“彪炳千古”。

【例句】我们的党带领全党和全国人民经过不懈的探索和奋斗,开创了中华民族前所未有的宏图伟业,写下了～的光辉诗篇。

反义　遗臭万年

彪形大汉　biāo xíng dà hàn

【释义】彪:小老虎。指身材魁梧的男子。

【例句】他雇了三个～当保镖。

表里不一　biǎo lǐ bù yī

【释义】表:外表。里:内心。指外表和内心不一样。

【用法】用于形容人的言行和思想不一致。

【例句】大家不相信他,就是因为他口是心非,～。

近义 阳奉阴违　口是心非

反义 表里如一　心口如一

表里如一　biǎo lǐ rú yī

【释义】表:外表。里:内心。指外表和内心是一样的。

【用法】用于形容人的言行和思想完全一致。

【例句】爸爸常教导我,做人要实事求是,～。

近义 言行一致　心口如一

反义 表里不一　口是心非　阳奉阴违

表里山河　biǎo lǐ shān hé

【释义】表里:内外。外有高山,内有大河。指有山河天险作为屏障。

【用法】用于比喻地势险要,易守难攻。

【例句】川蜀～,成为抗战时期的大后方。

近义 铜墙铁壁

表里受敌　biǎo lǐ shòu dí

【释义】内外同时受到敌人攻击。

【例句】连长在我军～的情况下,指挥若定,终使我军反败为胜。

表里为奸　biǎo lǐ wéi jiān

【释义】表里:内外。内外勾结做坏事。

【例句】这群人～,坏事做绝,竟使这位民族英雄陷入了僵局。

别抱琵琶　bié bào pí pá

见 505 页“琵琶别抱”。

别出机杼　bié chū jī zhù

【释义】机杼:织布机,这里比喻作文的构思和布局。比喻写作不因袭前人,另辟新路。

【用法】用于文学艺术。含褒义。

【例句】他的构思～,令人耳目一新。

近义 别出心裁

别出心裁　bié chū xīn cái

【释义】心裁:心中的设计筹划。指(在诗文、美术及服装、建筑设计等方面)有别于他人的创意,与众不同。

【用法】比喻做事有奇妙手法或独特方法途径的,可用此语。

【例句】这位前卫的设计师～,用各种塑料袋精编成各式时装。

近义 别出机杼　独出心裁

反义 千篇一律　墨守成规

别具肺肠 bié jù fèi cháng

【释义】别:另外。具:具备。肺肠:指居心。另有居心。

【用法】多含贬义。

【例句】他这一番话～,不可不防。

近义 别有用心

别具慧眼 bié jù huì yǎn

【释义】慧:聪明,有才智。具有独到眼光,高明的见解。

【例句】这位上司～,一眼就看出他是个人才。

近义 别具只眼

反义 人云亦云

别具匠心 bié jù jiàng xīn

【释义】匠心:巧妙的心思。另有一种巧妙的心思。

【用法】常指文学作品的构思,艺术品、服饰、装饰等的设计。

【例句】北京奥运吉祥物 5 个福娃的造型及寓意,真是十分可爱,～。

近义 匠心独运　独具匠心

别具一格 bié jù yī gé

【释义】另有一种风格。

【用法】用于强调不同于自己以往的或别人的风格。

【例句】归有光的作品数量虽不多,却～。

近义 标新立异

反义 如出一辙

别具只眼 bié jù zhī yǎn

【释义】另外具有一只与众不同的眼睛。形容具有独到的眼光和见解。

【例句】他对元曲的研究,可谓～,能发前人之所未发。

近义 别具慧眼　独具只眼

反义 人云亦云

别开生面 bié kāi shēng miàn

【释义】生面:新面貌。另外创造新的形式或开展新的局面。也作"另开生面"。

【用法】强调新颖,多指风格、形式、方法的创新。

【例句】这是一场～的演唱会。

近义 面目一新

反义 规行矩步

别来无恙 bié lái wú yàng

【释义】恙:疾病;灾祸。分别以来一切都好吧?

【用法】常用作问候语。

【例句】太久未见,～?

别树一帜 bié shù yī zhì

见 179 页"独树一帜"。

别无长物 bié wú cháng wù

【释义】长:多余。没有多余的东西。

【用法】用于形容人穷困或清廉。

【例句】那时候他身边除了一把刀,一个烟斗,一小匣烟叶,～。

近义 一无所有

反义 应有尽有

别有洞天 bié yǒu dòng tiān

【释义】别:另外。洞天:道教指神仙居住的地方,现在多指引人入胜的境地。形容风景引人入胜。也作"别有天地"。

【用法】多用于描绘自然环境。含褒义。

【例句】忽然间疑已无路,打个弯儿却又小径通幽,～。

别有风味 bié yǒu fēng wèi

【释义】风味:事物的特色。另有一种特色或趣味。

【例句】我家门口那家川菜馆,做的饭菜真是～。

近义 别饶风趣

反义 千篇一律

别有天地　bié yǒu tiān dì

见 47 页"别有洞天"。

别有用心　bié yǒu yòng xīn

【释义】言论或行动中另有不可告人的企图。

【用法】多用作贬义。

【例句】大家都说他办事可靠,哪里知道他是～的呢!

近义 居心叵测　别具肺肠

反义 襟怀坦白

宾客盈门　bīn kè yíng mén

【释义】宾客:客人的总称。盈:充满。指宾客满门。

【用法】用于形容客人很多。

【例句】这一天,曾文伯家三喜临门,同事、亲朋前来道贺,～,十分热闹。

反义 门可罗雀

宾至如归　bīn zhì rú guī

【释义】宾:客人。至:到。指客人到了这里就像回到自己家里一样。

【用法】用于形容宾馆、饭店等招待周到。

【例句】我们在北京游玩时住的宾馆,虽然规模比较小,但真有种～的感觉。

近义 无微不至

彬彬有礼　bīn bīn yǒu lǐ

【释义】彬彬:文雅的样子。文雅而有礼貌。

【例句】他是一个～的人,大家都很喜欢他。

近义 文质彬彬

反义 出言不逊　蛮横无理

冰冻三尺,非一日之寒

bīng dòng sān chǐ, fēi yī rì zhī hán

【释义】指冰冻达到三尺深,不是一天的寒冷形成的。

【用法】用于比喻事物的形成,由来已久。

【例句】他们夫妻走到离婚这一步,已是～了。

冰壶玉尺　bīng hú yù chǐ

【释义】盛冰的壶,玉制的尺。比喻高洁的人品。

【用法】用于比喻人的品德。含褒义。

【例句】他是一个～的人,绝不会做损人利己的事。

近义 冰清玉润　冰心玉壶

冰肌玉骨　bīng jī yù gǔ

【释义】像冰一样的肌肤,像玉一样的骨骼。

【用法】常用来形容植物鲜艳洁净,也可形容女性肌肤洁白细腻。

【例句】冰霜中的梅花,更显得～,惹人喜爱。

近义 冰姿玉骨

冰解冻释 bīng jiě dòng shì

【释义】解:融化。释:消散。比喻障碍和困难像冰冻融解那样消释。

【例句】经过多方的调解,他们之间的误会终于～了。

冰清玉洁 bīng qīng yù jié

【释义】像冰那样清澈,像玉那样洁白。形容冰雪世界一片白。也比喻人高尚纯洁。

【用法】用于比喻人纯洁时,多指女人。

【例句】北京城纷纷扬扬飘起一冬难得的大雪,搅得天上地下一片～,宛若童话中的仙境。/她是一个～的好姑娘。

近义 冰清玉润

冰清玉润 bīng qīng yù rùn

【释义】比喻人品高尚,有如冰和玉那样明洁。

【例句】他是个～的人,不愿随波逐流。

近义 冰清玉洁　冰心玉壶

冰山一角 bīng shān yī jiǎo

【释义】角:角落。指冰山的一个角落。

【用法】形容范围小,不是事物的全部或全貌。

【例句】在这个贪官家抄出的赃款赃物只是～,他的大部分财产都被转移到了国外。

冰释前嫌 bīng shì qián xián

【释义】冰释:像冰一样溶化。嫌:不满、怨恨。指以前的误会、猜疑、意见等完全消除。

【例句】这员老将与教练长谈之后～,重归马家军。

冰炭不相容 bīng tàn bù xiāng róng

【释义】冰与火不能相容,比喻性质相反的事物不能相容。

【例句】事实证明,他们俩是～,根本不能合作。

近义 水火不容

冰天雪地 bīng tiān xuě dì

【释义】冰雪漫天盖地。形容非常寒冷。

【例句】红军队伍在～里艰难地前进。

近义 天寒地冻

冰消瓦解 bīng xiāo wǎ jiě

见726页"瓦解冰消"。

冰心玉壶 bīng xīn yù hú

【释义】冰心:像冰一样冰洁的心。玉壶:玉制的壶。比喻高尚纯洁的品德。

【例句】他人品高洁,有如～。

近义 冰清玉润　冰壶玉尺

冰雪聪明 bīng xuě cōng míng

【释义】形容人聪明绝顶或诗文清新绝妙。

【用法】现多形容人的才智。含褒义。

【例句】仲永小的时候～,长大了却和一般人没什么两样。

近义 聪明绝顶

反义 呆头呆脑

兵不血刃 bīng bù xuè rèn

【释义】兵:武器。血:沾血。兵器上面没有沾血。指未经交锋而取得胜利。也作"兵无血刃""军不血刃"。

【用法】原用于军事,现也形容用不流血的方式解决问题。

【例句】这次作战由于战术得当,～就取

得了胜利。

近义 不战而胜

反义 血流成河

兵不厌诈 bīng bù yàn zhà

【释义】兵:用兵。厌:嫌弃,排斥。用兵作战不排斥运用诡变、欺诈的策略或手段克敌制胜。也指用巧妙的手段骗人。也作"军不厌诈"。

【用法】原用于军事,现也可以用于其他行为。

【例句】战场上讲究～,所以将领们会想出各种计策赢取胜利。

近义 兵不厌权

兵出无名 bīng chū wú míng

见643页"师出无名"。

兵多将广 bīng duō jiàng guǎng

【释义】士兵和将领众多。形容兵力强盛。也作"军多将广"。

【例句】如果仗势～而盲目轻敌,必然会惨遭失败。

近义 兵强马壮

反义 兵微将寡

兵贵神速 bīng guì shén sù

【释义】贵:可贵。神速:特别迅速。用兵以行动特别迅速最为重要。

【用法】原用于打仗,现可用于其他行动。

【例句】用兵神速才能出其不意,攻其不备,取得胜利,所以打仗讲究～。/～在我们的科学研究上同样适用,因为世界上许多事情贵在只争朝夕。

兵荒马乱 bīng huāng mǎ luàn

【释义】荒:通"慌",慌乱。形容战时社会动荡不安的景象。

【用法】用于形容战争时期的社会环境。

【例句】眼下～的正打仗,谁顾得上办那号事?

近义 兵连祸结

反义 太平盛世

兵来将挡,水来土掩

bīng lái jiàng dǎng,shuǐ lái tǔ yǎn

【释义】指敌兵来了用将官去抵挡,水涌来了用泥土去遮盖。

【用法】用于比喻针对具体情况采取相应的对策。

【例句】遭遇困难时不要惊慌,～,总会有解决的办法的。

兵连祸接 bīng lián huò jiē

见50页"兵连祸结"。

兵连祸结 bīng lián huò jié

【释义】兵:战争。战争连续不断,灾祸接踵而至。也作"兵连祸接"。

【用法】多用于持久的战争。

【例句】～的岁月,穷人们的日子更难过了。

近义 兵荒马乱

反义 安居乐业

兵临城下 bīng lín chéng xià

【释义】临:到达。指大军来到城下(城被围困)。形容大军压境,形势危急。比喻形势严峻。

【用法】原用于打仗,现可用于其他形势严峻的情况。

【例句】流民已～,杭州府想挡也挡不住了。/乒乓球的比赛规则已经被改到了"面目全非"的地步,目的就是为了打破中国在此项目上的垄断,中国乒乓球队已经到了～的危急时刻。

近义 大敌当前

兵强马壮 bīng qiáng mǎ zhuàng

【释义】兵力强盛,马儿肥壮。用于形容军队实力强。

【用法】只能用于形容军队实力雄厚,不用于其他情况。

【例句】白居易在装有象棋的锦盒中放上一首小诗:两国打仗,～。马不吃草,兵不征粮。

近义 兵强将勇 兵多将广

兵戎相见 bīng róng xiāng jiàn

【释义】兵戎:指武器、军队。彼此以军事手段见面。

【用法】用于指双方发生武装冲突。

【例句】两国的矛盾越来越尖锐,最后只得～。

反义 握手言和

兵无血刃 bīng wú xuè rèn

见49页"兵不血刃"。

秉笔直书 bǐng bǐ zhí shū

【释义】秉:执、握。书:写。拿起笔来径直记下事实真相。指写文章不避忌,不

隐瞒,不夸大。

【例句】写史书的基本要求是客观真实,～。

近义 直言不讳

反义 讳莫如深

秉公无私 bǐng gōng wú sī

见142页"大公无私"。

秉公执法 bǐng gōng zhí fǎ

【释义】秉公:依照公平的标准。执:执行。指按照公正的原则执行法律所规定的条文。

【例句】有个被害人的哥哥,因担心司法机关不能～,为引起上级对该案的关注,竟无中生有控告法官包庇了死刑犯。

反义 徇情枉法

秉烛夜谈 bǐng zhú yè tán

【释义】秉:拿着,握着。指点燃蜡烛,长夜谈论。

【用法】用于形容谈兴很高。

【例句】停电了,齐仰之点燃蜡烛。齐仰之说:"没关系,我们可以～。"陈毅问:"再谈多久?"齐仰之说:"三天三夜!"

秉烛夜游 bǐng zhú yè yóu

【释义】秉:拿着,握着。指拿着点燃的蜡烛在夜里游玩。

【用法】原指及时行乐,现无此意。

【例句】赶到昙花开放的时候,约几位朋友来看看,更有～的味道——昙花总在夜里开放。

屏气凝神 bǐng qì níng shén

【释义】屏:抑止。凝:集中。抑止呼吸,集中精力。形容注意力高度集中。也作

"凝神屏气"。

【例句】台下的观众都～地观看着电影最高潮部分。

近义 屏声息气　聚精会神

反义 高声大气

提示 "屏"不读 píng。

屏声息气　bǐng shēng xī qì

【释义】屏:抑止。息:停止。不出声,不喘气。形容心情紧张、肃静或神情专注。

【例句】小丽～地走到我面前,着实把我吓了一大跳。/ 我把试卷交到妈妈手上,～地在一边站着。

近义 屏气凝神

反义 高声大气

提示 "屏"不读 píng。

并驾齐驱　bìng jià qí qū

【释义】驾:套牲口拉车。驱:快跑。几匹马并排拉着车一齐奔驰。指同时行驶或并排行驶。比喻齐头并进。

【用法】比喻齐头并进时,主要是指力量、地位、才能不相上下。

【例句】在印度的大街上,古老的牛车、马车和现代化的汽车、三轮摩托、摩托车～。/ 若要估量这本书的总价值,我认为只逊于《红楼梦》一等,与《儒林外史》是可以～的。

近义 齐头并进

反义 背道而驰　分道扬镳

并为一谈　bìng wéi yī tán

【释义】并:合。合为一谈,将不同的事物等同看待。

【例句】政治问题和学术问题并不相同,不可～。

近义 混为一谈

并行不悖　bìng xíng bù bèi

【释义】悖:违背,冲突。同时进行或通行,互不冲突。

【例句】推进城镇化建设必须坚持大中小城市和小城镇的发展～。

近义 双管齐下

反义 势不两立

提示 "悖"不读 bó,不能写成"背"。

病从口入　bìng cóng kǒu rù

【释义】疾病常因饮食不注意而引发。

【用法】常与"祸从口出"连用,来告诫人们要注意饮食卫生和说话艺术。

【例句】我们要讲究饮食卫生,防止～。

病急乱投医　bìng jí luàn tóu yī

【释义】病重了,急得乱找医生。

【用法】比喻事情着急时顾不得选择对象或办法。

【例句】癌症病人往往～,尤其是那些被正规医院断言无治愈希望的病人,悲观绝望之际常会迷信各种偏方、秘方。/ 惶惶不可终日的统治阶级,显然是～,把大诗人当成了救命稻草,一把抓在手里,再也不放松了。

病入膏肓　bìng rù gāo huāng

【释义】膏肓:我国古代医学上把心尖脂肪叫膏,把心脏和膈膜之间叫肓,认为是药力达不到的地方。指病情严重,无法救治。

【典故】春秋时,晋景公生了大病,便请一位秦国的大夫缓来给他治病。在等缓来的时候,晋景公恍惚中做了个梦。梦见他的病变成了两个童子,正悄悄地在他身旁说话。一个说:"那个高明的缓马上就要来了,我看我们这回难逃了,我们躲到什么地方去呢?"另一个说道:"这没什么可怕的,我们躲到肓的上面,膏的下面,无论他怎样用药,都奈何我们不得。"不一会儿,缓到了,立刻被请进了卧室替晋景公治病。诊断后,缓对景公说:"你的病没法治了。病在肓之上,膏之下,用灸不行,用针也不行,用药又达不到目的,实在没有办法了。"景公听了这番话便点了点头说:"你的医术真高明啊!"不久,景公果然病情加重,不治而亡。(《左传·成公十年》)

【用法】比喻事态严重到了无法挽救的地步。

【例句】他知道自己已经～了,一再劝家人别再花冤枉钱。/这儿土壤酸化严重,已经到了～的地步。

近义 不可救药

反义 妙手回春

提示 "肓"不读 máng,下半部分不能写成"目"。

拨乱反正 bō luàn fǎn zhèng

【释义】拨:治理。乱:混乱。反:回,还。正:正常。反正:指回归于正道。指治理混乱的局面,使其恢复正常。

【例句】面对混乱的价值观,我们应该～,而非同流合污。

近义 扬清激浊

拨云见日 bō yún jiàn rì

【释义】拨开乌云,现出太阳。比喻解除误会,或消除黑暗,见到光明。

【例句】这里的天气真是多变,一会儿阴

雨绵绵,一会儿～。/通过这次论证,小组成员们～,看到了成功的希望。

近义 重见天日

波谲云诡 bō jué yún guǐ

见 952 页"云谲波诡"。

波澜起伏 bō lán qǐ fú

【释义】波澜:波浪。起伏:一起一落。形容波浪一起一落。

【用法】常指文艺作品中的人物、情节跌宕起落,富于变化。

【例句】这部小说中主人公的命运真是～,很有戏剧性。

反义 平铺直叙

波澜壮阔 bō lán zhuàng kuò

【释义】波澜:波涛(大波浪)。壮阔:雄壮而宽阔。形容海面波涛翻滚。也形容声势雄壮浩大。

【用法】多用于群众运动、战争场面、文章气概等。

【例句】海,～时常常令人神思飞扬,心潮起伏;风平浪静时又时给人以坦坦荡荡、心旷神怡的感觉。

近义 汹涌澎湃

波浪滔天 bō làng tāo tiān

【释义】滔:大水弥漫。指水弥漫到天上了。

【用法】用于形容水势极大。

【例句】我醒来的时候,天已大亮了。这时天气清朗,飓风也减弱了,海面上也不像之前那样～了。

近义 波涛汹涌

反义 风平浪静

B

波涛汹涌　bō tāo xiōng yǒng

【释义】汹涌:大水奔腾上涌的样子。指波涛猛烈地向上涌或向前翻滚。形容水势猛烈,奔腾起伏。也形容声势雄壮,不可阻挡。

【用法】多用于书面语。

【例句】在～的海面上,他和他的儿子们正在坚忍不拔地挥动双桨,奔向太阳升起的地方。/ 20世纪中叶,世界各地掀起了～的民族解放运动。

近义　波浪滔天　汹涌澎湃

反义　风平浪静

剥茧抽丝　bō jiǎn chōu sī

【释义】剥开蚕茧抽出蚕丝。

【用法】比喻追寻事物发生发展的过程,理出头绪。

【例句】这整个过程,犹如～,写得很细致,也很有层次。

近义　顺藤摸瓜

伯乐相马　bó lè xiàng mǎ

【释义】伯乐:相传古代善于相马者,有春秋中期秦穆公之臣称孙阳伯乐的,有春秋末期赵简子之臣王良号伯乐的。后用伯乐比喻独具慧眼者。相:观察事物的外表,判断其优劣。指伯乐善于鉴别千里马。比喻独具慧眼者善于发现和选用人才。

【例句】选拔人才犹如～,不具备特殊的眼力是不行的。

伯仲之间　bó zhòng zhī jiān

【释义】伯仲:古时弟兄排行的次序,“伯”代表老大,“仲”代表老二。指第一和第二之间。比喻不相上下。

【用法】用于评判人的水平相差无几。

【例句】他俩的才能在～,难分高下。

近义　不相上下

反义　天壤之别

勃勃生机　bó bó shēng jī

【释义】勃勃:旺盛的样子。生机:生命力、活力。指旺盛的生命力。

【用法】用于形容植物旺盛的生命力。也形容事物蓬勃发展的活力。

【例句】几盆花草迎着朝阳,呈现出～。/改革,以神奇的魔力,使古老的中华大地焕发出～。

反义　死气沉沉

勃然变色　bó rán biàn sè

【释义】勃然:突然。变色:变脸色。指因生气或惊恐等脸色突然发生变化。

【例句】小丁最近有点不对劲,谁惹恼了他,他会～,甚至破口大骂。

近义　勃然大怒

勃然大怒　bó rán dà nù

【释义】勃然:因生气或惊慌而脸变色的样子。突然变脸,大发脾气。

【例句】见他一问三不知,父亲忍不住～。

近义　勃然变色

博采众长　bó cǎi zhòng cháng

【释义】博:广泛。采:采纳。长:长处,优势。广泛地吸取各家或各方面的优点、长处。

【例句】无论在学习还是工作中,我们都要～,不断提升自己。

近义　集思广益

反义　刚愎自用

博大精深　bó dà jīng shēn

【释义】博大:广大,丰富。精深:精微深

奥。形容思想、学说等广博高深。

【例句】中国的书法艺术～，我们应该好好学习并加以继承。

反义 博而不精

博而不精 bó ér bù jīng

【释义】博：丰富。精：精深。指知识丰富，但在其所学领域并不精深。

【例句】在大学阶段，广泛涉猎专业知识，～是很自然的；基础打得扎实，才能做到博大精深。

反义 博大精深

博古通今 bó gǔ tōng jīn

【释义】博、通：通晓。通晓古今的事情。形容知识渊博。

【用法】常用来称颂人。

【例句】怪不得朋友都夸您～，您说起文哲知识来，都是信手拈来。

近义 学贯古今

博览群书 bó lǎn qún shū

【释义】广泛地阅读各种书籍。

【例句】爷爷～，知识渊博，简直就是一本活字典。

近义 博学多才

反义 不学无术

博施济众 bó shī jì zhòng

【释义】博：广泛。施：施舍。济：接济，救助。广泛地施予恩惠，使大众得到救助。

【例句】四川发生地震后，很多～的好心人慷慨解囊为灾区送去温暖。

博士买驴 bó shì mǎi lú

【释义】博士：古代的一种传授经学的官员。形容写文章或讲话不得要领。

【典故】有一个博士，熟读四书五经，满肚子都是经文。有一天，博士要去市场上买一头驴子。双方讲好价后，博士要卖驴的写一份凭据。卖驴的表示自己不识字，请博士代写，博士马上答应。他写得非常认真，过了好长时间，三张纸上都是密密麻麻的字，才算写成。卖驴的请博士念给他听，博士就摇头晃脑地念了起来。卖驴的听后，不理解地问他说："先生写了满满三张纸，怎么连个驴字也没有呀？其实，只要写上某月某日我卖给你一头驴子，收了你多少钱，也就完了，为什么写这么多呢？"这件事传开后，有人编了几句讽刺性的谚语："博士买驴，书券三纸，未有驴字。"（《颜氏家训》）

【用法】常用来讽刺人卖弄文才。

【例句】我的一位朋友购物中了奖，她眉飞色舞地讲起那天她怎么乘车去了某商场，又买了哪些东西，出来又怎么去抽奖，讲了好半天，我们还不知道她中的是几等奖。这好比～，三纸未见驴字。

博文约礼 bó wén yuē lǐ

【释义】博：广博。约：约束。广博地学习文化，并用礼法来约束自己。

【例句】古代的君子能～，今天的人更应该具有高度的精神文明。

博闻强记 bó wén qiáng jì

见 55 页"博闻强识"。

博闻强识 bó wén qiáng zhì

【释义】博：(量)多，丰富。闻：听到的事。识：记。指见闻广博，记忆力强。也作"博闻强记"。

【例句】这个节目的主持人～，他将告诉您全世界的奇言妙论。

B

近义 博物洽闻

反义 孤陋寡闻

提示 "识"不读 shí。

博学多才　bó xué duō cái

【释义】博：渊博。学识渊博，有多方面的才能。

【例句】祖冲之是一位～的科学家。

近义 满腹经纶　见多识广　学富五车

反义 不学无术　孤陋寡闻

博学多闻　bó xué duō wén

【释义】博：广博。学识广博，见闻丰富。

【例句】端午节源于古代中国一位～的官员屈原。

近义 博物洽闻

反义 孤陋寡闻

薄利多销　bó lì duō xiāo

【释义】薄：轻微。销：销售。一种营销手段，以单个儿商品获得少而总量卖得多的方法获得较好的经济收益。

【例句】他坚持～，渐渐创下了品牌，生意越做越红火。

薄如蝉翼　bó rú chán yì

【释义】（衣服，纸张等）像蝉的翅膀一样薄。

【例句】我飞到海南岛之后，才后悔衣服带得太多，于是买了几件当地～的衣服。

跛鳖千里　bǒ biē qiān lǐ

【释义】跛鳖：泛指鳖。鳖行动迟缓，故称。跛脚的鳖也能走千里。比喻只要坚持不懈，即使条件很差，也能成功。

【例句】不要总认为自己能力差，要知道～的道理。

近义 跬步千里

补苴罅漏　bǔ jū xià lòu

【释义】补苴：补缀；弥补。罅：缝隙。补好裂缝，堵住漏洞。后泛指弥补事物的缺陷。

【用法】常用来指弥补文章、理论等的缺漏。

【例句】他在工作中总是丢三落四，大家总要付出很多精力为他～。/我没有能力写出逻辑如此严密的理论文章，但帮助导师做一些～的文字工作，还是可以应付的。

近义 补阙拾遗　补偏救弊

补偏救弊　bǔ piān jiù bì

【释义】偏：偏差。弊：毛病。补救偏差疏漏，纠正缺点错误。

【用法】用于描绘人或事物。

【例句】道德意识的危机能够起到某些～的作用。

近义 补苴罅漏

补阙拾遗　bǔ quē shí yí

【释义】阙：缺失。拾遗：补录遗漏。补录缺失遗漏的内容。

【例句】他的这篇文章，对古代文献的整理，起到了～的作用。

近义 补苴罅漏

捕风捉影　bǔ fēng zhuō yǐng

【释义】捕捉风和影子。比喻说话做事没有事实根据。

【用法】指被虚假现象迷惑，却误以为是可靠证据。

【例句】说话要有根据，万不可～，无中生有。

近义 无中生有　望风捕影

反义 实事求是　真凭实据

不安本分 bù ān běn fèn

【释义】本分：本身应尽的职责或应守的规矩。不务正业，不守规矩。

【例句】贾宝玉自从有了秦钟做伴上学后，整天与秦钟混在一起，他本是一个～的人，现在更加随心所欲了。

不谙世事 bù ān shì shì

【释义】谙：熟悉。指不了解世上的事，即不懂人事。

【例句】即使他们都还是～的孩子，在许多家长价值观的影响和推波助澜下，原来纯真的同窗友情也有了些变味。

不白之冤 bù bái zhī yuān

【释义】白：弄明白。无法辩白或难以洗雪的冤枉。

【用法】常用于指好人被冤枉。

【例句】希望你能把他的～公之于众，使他在地下也能含笑长眠。

近义 沉冤莫白

不败之地 bù bài zhī dì

【释义】地：地位。不可能失败的境地。

【用法】一般用作褒义。

【例句】只要我们大家心往一处想，劲往一处使，我们的公司就能立于～。

近义 所向无敌

反义 一败涂地

不卑不亢 bù bēi bù kàng

【释义】卑：自卑。亢：高傲。指既不自卑也不高傲。也作"不亢不卑"。

【用法】用于形容言行自然，态度得体。

【例句】她～，回答着外国友人的提问，就像与老朋友交谈一样自然从容。

近义 不骄不躁

反义 卑躬屈膝

不蔽风雨 bù bì fēng yǔ

【释义】蔽：遮挡。不能遮挡风雨。

【例句】以前彝族山民住在山上，茅屋低矮，～。

近义 上漏下湿

不辨是非 bù biàn shì fēi

【释义】分不清正确与错误。

【例句】我是为你好，你却～，反而责怪我。

近义 不辨妍媸

不辨菽麦 bù biàn shū mài

这麦子长得真好啊！

【释义】菽：豆类的总称。指分不清豆子和麦子。形容脱离生产实践而缺乏实际知识。

B

【用法】指脱离实际或缺乏常识,可用此语。

【例句】现在很多城里的孩子,真的是只读诗书,～。

近义 五谷不分

不测之祸 bù cè zhī huò

【释义】测:料想。难以预料的灾祸。多指牢狱或杀身之祸。

【例句】在古时候,欺世盗名或怀有二心都有可能会招致～。

不差毫发 bù chā háo fà

【释义】毫发:形容细微的东西。指一点儿也不差。

【例句】这幅临摹画的颜色深浅与原作品～。

近义 不差累黍　不失毫厘　毫发不爽

不差累黍 bù chā lěi shǔ

【释义】累、黍:古代两种微小的重量单位,十黍为一累。形容丝毫不差。

【例句】他工作细致,编制的报表从来都是精确无误,～。

近义 不差毫发　毫发不爽

不茶不饭 bù chá bù fàn

【释义】茶:喝茶。饭:吃饭。泛指不吃不喝。

【例句】接连的打击令他彻底绝望了,好几天～。

不成体统 bù chéng tǐ tǒng

【释义】体统:指体制、格局、规矩等。说话、做事没有规矩,不合体制。

【用法】多用于指人行为放肆或有失庄重。

【例句】你越来越～,我们的计划又让你给打乱了!

近义 有失体统

反义 循规蹈矩

不齿于人 bù chǐ yú rén

【释义】齿:引为同类。于:被。人:人类。指不被人类引为同类。即不算作人。

【用法】含贬义。

【例句】他能做出如此卑鄙下流的勾当,简直是～!

近义 为人不齿　狗彘不如

不耻下问 bù chǐ xià wèn

【释义】耻:耻辱,可耻。问:请教。指不认为向学问不如自己、地位比自己低的人请教是可耻的事。

【用法】用于形容不摆架子,谦逊好学。

【例句】工作中我们切不可强不知以为知,要～,善于倾听他人的意见。

反义 好为人师

不出所料 bù chū suǒ liào

【释义】料:推测。指没有超出预料。即早已料到。

【用法】一般用于人对事物的推测。

【例句】看他平时的成绩,我预料他一定会考上名牌大学。～,他考上了北大。

近义 料事如神

反义 出人意料

不揣冒昧 bù chuǎi mào mèi

【释义】不揣:不自量。冒昧:(言行)不顾地位、能力、场合是否适宜。指没考虑自己的言语、行动是否莽撞。

【用法】多用作向人陈述或有所请求时的谦辞。

B

【例句】原谅我～向您提了这么多问题，谢谢您的合作。

不辞而别 bù cí ér bié

【释义】辞：告辞。别：离别。没有打招呼就离开了，或悄悄地溜走了。

【例句】她吃不了苦，最后连工钱都没拿齐就～了。

近义 逃之夭夭

不辞劳苦 bù cí láo kǔ

【释义】辞：推脱。不怕劳累辛苦。

【用法】用于形容人勤奋。

【例句】真正难得的，是她那不会厌倦的同情和～的服务。

近义 含辛茹苦

反义 好逸恶劳

不存芥蒂 bù cún jiè dì

【释义】芥蒂：细小的梗塞物。指没有梗阻在心中的疑虑或不快。

【用法】用于形容人心地宽，气量大。

【例句】他现在对任何人都抱着友善的态度，～。

近义 宽宏大量

不打不相识 bù dǎ bù xiāng shí

【释义】经过交手，相互了解，能更好地结交、相处。

【用法】用于指一种和好的妥协。多用于引语。

【例句】两大武学门派～，从一开始的相互较劲，到后来联手对抗英国殖民政府，演绎了一段英雄惜英雄的故事。

不打自招 bù dǎ zì zhāo

【释义】招：供认。没有拷打，自己就招认了（事情、罪行）。

【用法】用于指无意中暴露了实情。

【例句】他是初犯，看到一群警察坐在面前，心里止不住发怵，就～了。／他这样做，无异于～，暴露了自己的丑恶嘴脸。

反义 守口如瓶

不到黄河心不死 bù dào huáng hé xīn bù sǐ

【释义】心不死：指做成某事的想法不会停止。指一定要到达黄河，不到达，不罢休。比喻不达目的不罢休。

【用法】多用作褒义，形容人意志坚定。

【例句】明知道这个计划不可能实现，他却执意去做，真是～。

近义 不见棺材不落泪 不撞南墙不回头

不得而知 bù dé ér zhī

【释义】得：能够。不能了解，无法知道。

【例句】究竟是访问失实，还是他安着别的心眼儿，我～。

近义 一无所知

反义 了如指掌

不得其门而入 bù dé qí mén ér rù

【释义】找不到门进去。

【用法】常指学习找不到入门的途径或方法。

【例句】我很想自学音乐，但～，也许该拜个师吧！

不得其所 bù dé qí suǒ

【释义】原指未得善终，后指没有得到适当的安顿。也指不能达到目的。

【例句】他的反对行为使他如离水的鱼般～。

反义 各得其所

不得人心　bù dé rén xīn

【释义】得不到众人的支持和拥护。

【用法】常用来形容不讨人喜欢。

【例句】不关心下属的上司一向～。

近义 众叛亲离

反义 口碑载道

不得善终　bù dé shàn zhōng

【释义】善终:指人因衰老而死,不是死于意外的灾祸。指人不得好死。

【用法】多用于指坏人不会有好下场。

【例句】俗话说,恶有恶报。那些作恶多端之徒,不是被同伙整死,就是被公安抓捕,～。

近义 不得其死

不得要领　bù dé yào lǐng

【释义】要领:长衣的腰和领,只要提起这部分,襟袖自然平贴,比喻关键。没有抓住事物的关键。

【释义】常用来指读书、做事抓不到要点。

【例句】写文章要简明扼要,中心突出,不要面面俱到,使人～。

近义 茫然不解

反义 了然于心

不得已而求其次　bù dé yǐ ér qiú qí cì

【释义】不得已:无可奈何。求:要求。其:那个。次:等级较低的,二等。指无可奈何只好降低要求。

【例句】很多大学生毕业找工作,开始东挑西选,失掉了一些很好的机会,最后～,去了专业不太对口的单位。

不得已而为之　bù dé yǐ ér wéi zhī

【释义】不得已:无可奈何。为:做。之:代词,此处指代事。指无可奈何才这么做的(不是出于本意)。

【例句】出卖这些藏品,我也是～的呀!比起这些东西来,救我儿子的命不是更要紧吗?

不登大雅之堂　bù dēng dà yǎ zhī táng

【释义】大雅:风雅,文雅。不能进入高雅的厅堂。形容事物粗俗不文雅。

【用法】也用作谦辞,谦称自己的作品。

【例句】按照老看法,这类书至多只能指示童蒙,～。/我这首诗,实在是～,还请大家多多指教。

不动声色　bù dòng shēng sè

【释义】色:表情。内心活动不从语气和神态上表现出来。形容态度从容、镇定。也作"不露声色"。

【例句】看到小偷在偷东西,老王～,悄悄报了警。/他～地就把上司交给的任务提前完成了。

近义 若无其事

不二法门　bù èr fǎ mén

【释义】佛教用语。"不二"指不是两极端。"法门"指修行入道的门径。指观察事物的道理,要离开相对的两个极端而用"处中"的看法,才能得其实在。

【用法】用于比喻独一无二的门径或方法。

【例句】对那些缺乏自信的孩子,孩子做一分,你要夸三分。只要他有所进步,就不要吝惜你的夸奖。这是培养他自信心的～。

近义 必由之路

不乏其人　bù fá qí rén

【释义】指不缺少那样的人。

【用法】用于描绘某些方面有才能的人多。

【例句】能够造出如此精美艺术品的,在我们那里～。

近义 比比皆是　大有人在

不法之徒　bù fǎ zhī tú

【释义】法:法律、法令、条例、命令、决定等。徒:指某种人(含贬义)。指违反法律、法令等的人。

【例句】我们必须加强防备,不能给～以可乘之隙。

不费吹灰之力　bù fèi chuī huī zhī lì

【释义】(做事)不费什么力气。

【用法】用于形容做事情非常容易。

【例句】我想,这件事要是交给小王去做,一定～。

近义 易如反掌　轻而易举

反义 海底捞针　难于上天

不分彼此　bù fēn bǐ cǐ

【释义】彼:那,那方。此:这,我方。不用分别你或这一方那一方。形容同样对待或关系密切。

【例句】他们夫妻俩对待金钱问题,从来都是～。/她们二人～,情同姐妹。

近义 不分畛域

反义 形同陌路

不分伯仲　bù fēn bó zhòng

【释义】伯仲:古时兄弟排行的次序,伯是老大,仲是老二。指不分老大老二。

【用法】用于比喻事物不分高下,两者差不多。

【例句】两位应聘者的学历、才识都～,让面试官不知如何选择。

近义 不分轩轾　不相上下

不分青红皂白　bù fēn qīng hóng zào bái

【释义】青、皂:黑色。红、白:红色和白色。指不分清各种颜色。比喻不分是非、不论情由(就作出反应)。也作"不分皂白"。

【例句】我正在房间看书,忽然,房间的花瓶被表弟打碎了。妈妈闻声赶来,看着地上破碎的玻璃,～把我训斥一通。

反义 是非分明

不分轩轾　bù fēn xuān zhì

【释义】轩轾:古代的车子。轩是前高后低的车,轾是前低后高的车。借指高低。指分不出高下、优劣。

【例句】这两位演员所扮演的姚木兰,各有千秋,可以说～。

近义 不分伯仲　不相上下

不分皂白　bù fēn zào bái

见 61 页"不分青红皂白"。

不分畛域　bù fēn zhěn yù

【释义】畛域:界限。不分界限,和睦相处或共事。

【用法】形容关系融洽。

【例句】两个公司合并以后,已～。

近义 不分彼此

提示 "畛"不读 zhēn。

不服水土　bù fú shuǐ tǔ

【释义】服:适应。水土:指一个地区的气候和自然环境。不能适应某地的气候、饮食等。也作"水土不服"。

【用法】多用于人与环境的关系。

【例句】许多北方人刚到南方时,都有些～。

B

不负众望　bù fù zhòng wàng

【释义】众:众人,大家。不辜负大家的期望。

【例句】在球迷们狂热的声援声中,东道主俄罗斯队终于～,赢得了比赛的胜利。

反义 不孚众望

不干不净　bù gān bù jìng

【释义】肮脏,不清洁。形容言语粗俗、不文明。

【例句】中国民间有句略带调侃的话叫"～,吃了没病"。/那个小孩家教不好,嘴里尽说些～的话。

反义 干干净净

不甘雌伏　bù gān cí fú

【释义】甘:甘心,情愿。雌伏:雌鸟伏在那儿不动,比喻隐藏,不进取。比喻不甘心处于无所作为的境地。

【用法】多指人不甘落后,积极向上。

【例句】吕后是一个刚毅阴狠,～的角色。

近义 力争上游

反义 甘居人后

不甘寂寞　bù gān jì mò

【释义】甘:自愿。指不甘心于冷落孤寂的处境,希望有所表现。

【例句】他虽退休在家,却～,常有作品问世。

反义 随遇而安

不甘示弱　bù gān shì ruò

【释义】甘:自愿。不甘心显得比别人差。

【例句】在学习上,她从来都是～的。

近义 不甘后人

反义 甘拜下风

不尴不尬　bù gān bù gà

【释义】指左右为难,不好处理,也形容样子别扭。

【释义】多用于形容处境窘迫。

【例句】他的到来,使双方有种～、左右为难的感觉。

近义 半间不界

不敢告劳　bù gǎn gào láo

【释义】告:把事情向别人陈述。指不敢诉说自己的劳苦。

【用法】用作谦辞,表示理应效劳。

【例句】"小袁,辛苦你了!""为您老做事,～。"

不敢苟同　bù gǎn gǒu tóng

【释义】苟同:苟且迎合。不敢随便同意。表明态度审慎,有所商榷。

【用法】多用于认为别人意见值得商榷时。

【例句】你对这个问题的看法,我实在是～。

反义 人云亦云　随声附和

不敢越雷池一步　bù gǎn yuè léi chí yī bù

【释义】雷池:古水名,在今安徽望江县南。原指坐镇原地,不要越过雷池地界。比喻不敢超越某种界限或范围。

【例句】那种做事一向因循守旧、～的人是很难有所作为的。

近义 画地为牢

反义 我行我素

不敢造次　bù gǎn zào cì

【释义】造次:鲁莽,轻率。指说话做事不敢随随便便,不经慎重考虑。

【例句】先生做事一向严谨,我在先生身边做事多年,从来～,久而久之,也养成了谨慎从事的作风。

不攻自破　bù gōng zì pò

【释义】不用攻击,自己就溃败了。多形容观点、情节等站不住脚,经不起反驳或责问。

【用法】原用于军事,现常用于谣言、流言、传言等在事实面前,不经批驳,就自行消失。

【例句】他相信,只要把事实真相告诉大家,这些谣言便～了。

反义 牢不可破

不共戴天　bù gòng dài tiān

【释义】戴:顶着。不跟仇敌同在一个天底下生活。形容仇恨极深。

【例句】当时一份文件报告说:"东北军往来剿共,已经到过不少地方,他们不但没有同红军结下～之仇,相反,他们已经变成了朋友。"

近义 势不两立

反义 亲密无间

不苟言笑　bù gǒu yán xiào

【释义】苟:随便。言笑:说和笑。指不随便说话,不随便笑。

【用法】形容态度庄重严肃或性格孤僻。

【例句】张老师虽然在课堂上～,但平时还是挺随和的。

近义 冷若冰霜

反义 嬉皮笑脸

不顾死活　bù gù sǐ huó

【释义】顾:考虑,顾忌。连生死都完全不

管了。形容把一切都豁出去拼命。

【例句】见丈夫被人打了,妻子～地冲了上去。

不关痛痒　bù guān tòng yǎng

【释义】痛痒:痛和痒(两种感觉),比喻切身相关的事情。指(事情)不关联着痛和痒。比喻与自身利害没有关系。

【用法】指事情与自己不相关或无足轻重,可用此语。

【例句】我要走了,以后这里什么事也和我～了。/这么大的公司,走几个人,～。

反义 痛痒相关

不管三七二十一　bù guǎn sān qī èr shí yī

【释义】不顾一切,不问是非情由。

【例句】山下有人送饭上来,他～,抢了一碗就吃。

不过尔尔　bù guò ěr ěr

【释义】不过:仅仅。尔尔:如此,这样。指仅仅如此而已(没什么了不得的)。

【例句】这部电影,放映前炒得沸沸扬扬,看了以后,感觉也～,炒作似乎太过了一点。

不寒而栗　bù hán ér lì

【释义】栗:颤抖。不冷而发抖。形容非常恐惧。

【例句】这个史实虽年代久远,但至今听起来,仍令人毛骨悚然,～。

近义 毛骨悚然

反义 无所畏惧

提示 "栗"不能写成"粟"。

不合时宜　bù hé shí yí

【释义】时宜:当时的社会潮流或风尚。

不符合当时的社会潮流或社会风尚。

【例句】中国古代的教育方法,有不少东西值得借鉴,但若不加分析地一味照搬,那就～了。

不怀好意　bù huái hǎo yì

【释义】怀:藏,心中存有。居心不良,打着坏主意。

【例句】他～地冲我笑了笑,弄得我毛骨悚然。

近义 居心不良

不欢而散　bù huān ér sàn

【释义】不愉快地分开。

【用法】常用于两人或多人因为意见不合而各自离去。

【例句】两个原本亲密无间的好朋友,却因一句无意的话而弄得～。

反义 欢聚一堂

不慌不忙　bù huāng bù máng

【释义】(动作、说话)不慌张不忙乱。

【用法】用于形容从容、镇静、不慌张。

【例句】虽然觉察到有人在跟踪她,但她仍然～地走着。

近义 不疾不徐　从容不迫

反义 慌手忙脚

不惑之年　bù huò zhī nián

【释义】惑:迷惑。遇事能明辨不疑的年龄。指四十岁。

【用法】多用在男性上。

【例句】他离开家乡那年才22岁,而今却已近～。

不羁之才　bù jī zhī cái

【释义】羁:羁绊,束缚。才华横溢或豪放不羁的人才。

【用法】含褒义。

【例句】李白行为豁达,才华横溢,可以称得上是一位典型的～。

不即不离　bù jí bù lí

【释义】即:靠近。既不靠近也不离开。

【用法】用于形容对人的态度或彼此关系既不亲近也不疏远。

【例句】我也不知道为什么,他对我总是这样～的。

近义 若即若离

反义 亲密无间

不疾不徐　bù jí bù xú

【释义】疾:快。徐:慢。指(说话、动作)不快也不慢。

【例句】见闻中穿插些典故,～,娓娓道来,令人兴趣盎然。

近义 不慌不忙

不计其数　bù jì qí shù

【释义】无法计算它的数目。

【用法】用于形容数量极多。

【例句】天文学家告诉我们,距离太阳几万光年的星星～。

近义 不可胜数

反义 屈指可数

不计前嫌　bù jì qián xián

【释义】嫌:嫌隙(因彼此不满或猜疑而发生的恶感)。指不计较以前的嫌隙。

【例句】贡开宸～重用马扬,对马扬及时点拨,有力支持,还推荐马扬为自己的接班人。

不加思索　bù jiā sī suǒ

见65页"不假思索"。

不假思索　bù jiǎ sī suǒ

【释义】假:凭借;依靠。用不着想。形容说话做事迅速。也作"不加思索"。

【用法】形容应答或反应迅速的用语。

【例句】看到有人落水,小明～地纵身跳下水去。

反义 冥想苦思

不稼不穑　bù jià bù sè

【释义】稼:播种。穑:收获谷物。既不耕种又不收割。指不参加农业生产劳动。

【用法】用于形容不劳动的人。

【例句】那些～的纨绔子弟成天只知道玩乐。

近义 四体不勤　游手好闲

反义 自食其力

不见经传　bù jiàn jīng zhuàn

【释义】经传:经典和阐释经典的著述。经传中未见记载。

【用法】多用于说某人没有名气或某种说法缺乏文献依据。

【例句】这位小伙子虽名～,但提出的很多理论倒蛮有见地的。

近义 默默无闻

反义 大名鼎鼎

提示 "传"不读 chuán。

不见天日　bù jiàn tiān rì

【释义】天日:天和太阳,指光明。看不见一点光明。

【用法】现多比喻社会黑暗,见不到一点光明和希望。

【例句】沙尘暴来了,眨眼间～。/中世纪的罗马,穷人的生活只能用水深火热这几个字来形容,而奴隶的生活就更加～。

近义 暗无天日

不见舆薪　bù jiàn yú xīn

【释义】舆:车。薪:柴。指看不见满车的柴。

【用法】比喻看不到大处(只看到小处)。

【例句】基于地方保护主义,有的地方官员纵容不法开采,不仅破坏了生态平衡,也糟蹋了国家资源,这是典型的～、鼠目寸光的行为。

不骄不躁　bù jiāo bù zào

【释义】指做了好的事情不要骄傲,事情未处理好不要急躁。

【用法】用于形容态度谦虚,头脑冷静。

【例句】我们要虚心学习,～,才能取得成就。

近义 戒骄戒躁　谦虚谨慎

反义 骄傲自满　自高自大

不教而诛　bù jiào ér zhū

【释义】诛:谴责;处罚。平时不进行教育,犯了错误就予以处罚。

【例句】对孩子管教严厉是对的,但也不能～。

反义 仁至义尽

不解之缘　bù jiě zhī yuán

【释义】缘:缘分。不能分开的缘分。

【用法】用于指(与某人、某事或某物)有不能割舍的感情或亲密的关系。

【例句】远在石器时代,草就与人类结下了～。/他和她是在火车上相识的,从此便结下了～。

近义 难解难分

不今不古　bù jīn bù gǔ

【释义】既不是现代的,也不是古代的。

形容反常、奇特或故弄玄虚。

【用法】多用于指事物。

【例句】他古文基础很差，却偏喜欢用文言写作，搞得～，不伦不类的。

不矜不伐　bù jīn bù fá

【释义】矜：骄傲。伐：夸耀。不自大，不自夸。多指不以才高功大自居。

【用法】指人谦虚谨慎。含褒义。

【例句】他是一个～的人，我们都应该向他学习。

近义 谦逊谨慎

反义 妄自尊大

不矜细行　bù jīn xì xíng

【释义】矜：注重。不注重细小的行为。

【例句】做任何事都应从小事做起，粗枝大叶、～的态度是不可取的。

近义 不拘小节　不修边幅

不进则退　bù jìn zé tuì

【释义】不向前进就向后退。也指不进步就要后退。

【用法】用于人的思想、学习、工作等方面。

【例句】学习如逆水行舟，～。

近义 逆水行舟

反义 勇往直前

不近情理　bù jìn qíng lǐ

【释义】不合人情，不讲道理。

【例句】他说话做事，有时实在是～。

近义 不通人情

反义 通情达理

不近人情　bù jìn rén qíng

【释义】行为处事不合乎人之常情。

【用法】多指性情、言行怪僻，不合情理。

【例句】她平时帮你多少忙？现在病在医院里，你一次也没有去看她，未免太～了。

近义 不通人情

反义 通情达理

不经一事，不长一智　bù jīng yī shì, bù zhǎng yī zhì

【释义】不经历一件事情，就不能增长对于那件事情的知识。

【用法】强调从实践中去总结经验，可用此语。

【例句】～，这次的教训对他来说未必不是一件好事。

近义 吃一堑，长一智

不经之谈　bù jīng zhī tán

【释义】经：正常。荒诞的、没有根据的话。

【例句】这本书根本不值得一看，里面内容大都是些～。

近义 无稽之谈　不根之谈

反义 不刊之论　至理名言

不胫而走　bù jìng ér zǒu

【释义】胫：小腿。走：跑。没有腿却能跑。形容传播迅速。也作"无胫而走"。

【用法】多用于形容消息、传闻、话语散布得很快。

【例句】尽管封锁得很严,但消息不知怎的却～,闹得满城风雨。

近义 不翼而飞

提示 "胫"不能写成"径"。

不拘小节 bù jū xiǎo jié

【释义】拘:拘泥。小节:指与原则无关的琐碎的事情。指不拘泥于小事。

【用法】多指生活小事。

【例句】你别太生气,他这个人一向～。

近义 不拘形迹　不修边幅　不矜细行

不拘形迹 bù jū xíng jì

【释义】拘:拘束。形迹:礼节。指不受礼节的拘束。

【用法】多指在言谈举止上无拘无束,不重礼节。

【例句】在这一段时期,我的心情相当愉快,因为我结交了许多朋友,这些朋友彼此～,不时来往。

近义 不拘小节

不拘一格 bù jū yī gé

【释义】拘:拘泥。不局限于一种规格或方式。

【用法】通常比喻打破常规。

【例句】辛弃疾的词本以沉雄豪放见长,但《西江月》这首词却很清丽,足见伟大的作家进行创作是～的。

近义 形形色色

反义 如出一辙　千篇一律

不绝如缕 bù jué rú lǚ

【释义】缕:细线。指像一根似断未断的细线一样连着。

【用法】原比喻形势万分危急,现只用于形容声音或思绪细微悠长,若断若续,若有若无。

【例句】小提琴声～,低回倾诉,让人深深陶醉。

提示 "缕"不读 lǒu。

不绝于耳 bù jué yú ěr

【释义】绝:断绝。不停地在耳边响起。

【例句】演奏会虽然结束了,但那美妙动人的声音仍～。

不刊之论 bù kān zhī lùn

【释义】刊:古代指削除错字。不刊:不可更改。不可改动或不可磨灭的言论。

【用法】用于形容言论确当,无懈可击。"刊"的意思不是"刊登"或"刊印"。

【例句】王国维在《人间词话》中的一些论述真算得上是～,是所有热爱事业、追求理想的普通人应该记住的。

近义 至理名言　不易之论

反义 不经之谈　无稽之谈

不堪回首 bù kān huí shǒu

【释义】堪:能够,可以。回首:回顾,回忆。不忍再去回忆过去经历过的事。

【用法】用于指不愉快的或惨痛的事。

【例句】这项工作使我真正从那～的漩涡中摆脱出来了。

近义 不堪言状

反义 回味无穷

不堪入耳 bù kān rù ěr

【释义】堪:能够,可以。指不可以进入耳朵。

B

【用法】用于形容言语粗野下流，使人听不下去。

【例句】他在大街上骂的那些话，简直是～。

近义 不堪入目

不堪入目　bù kān rù mù

【释义】堪：能够，可以。指不可以进入眼睛。

【用法】用于形容低级下流的东西或动作，让人看不下去。

【例句】一些书上关于商纣王胡作非为的事例的描述，实在是～。

近义 不堪入耳

反义 赏心悦目

不堪设想　bù kān shè xiǎng

【释义】堪：能够。事情的结果不能想象。指会发展到很坏或很危险的地步。

【用法】常用于预计事情会发展到很坏或很危险的地步。

【例句】如果你不听大家的劝告，一意孤行，后果～。

不堪一击　bù kān yī jī

【释义】堪：经得起。击：打。经不起一次打击。形容脆弱，禁不起打击。

【用法】用于形容力量薄弱，禁不起攻打，多用于打仗、打球。也可用于形容文章、言论多谬误，禁不起批评。

【例句】2018 年的世界杯，德国队因关键球员受伤病困扰～，小组赛中就惨遭出局。/他的结论明显错误，当然～；论辩越深入，越证明了这一点。

近义 一触即溃

反义 颠扑不破　牢不可破

不堪造就　bù kān zào jiù

【释义】堪：能够。造就：培养使有成就。不可以培养成才。

【例句】根据几次考试成绩就指责学生～的教师，往往不是合格的教师。

反义 孺子可教

不堪重负　bù kān zhòng fù

【释义】堪：承受。负：负担。指承受不了沉重的负担。

【用法】可用于地区、单位和个人。

【例句】当时的情况是，诸侯、贵族等多奴婢，田宅无限，肆意挥霍，且与民争利，百姓～，生活极其艰辛。

不亢不卑　bù kàng bù bēi

见 57 页"不卑不亢"。

不可端倪　bù kě duān ní

【释义】端倪：推测事物的始末。无法弄清头绪或究竟。形容变化莫测。

【例句】黄山风景奇幻，～。

近义 不可捉摸

不可多得　bù kě duō dé

【释义】稀少可贵，不易得到。

【用法】常用于指难得的人才或稀有的珍品。

【例句】王勇是我们公司～的建筑人才。

近义 屈指可数

反义 比比皆是

不可告人　bù kě gào rén

【释义】不能告诉别人。

【用法】多指不敢公开说出来的隐私、阴谋等等。

【例句】他最近做事鬼鬼祟祟的，一定有什么～的事。

近义 心怀叵测

反义 襟怀坦白

不可救药 bù kě jiù yào

【释义】药:治疗。病重得没有药可以救治。也作"无可救药"。

【用法】现多用于比喻人和事坏到不可挽救的地步。

【例句】听说,卢三儿又被警察抓了。算起来这已经是他"五进宫"了。你说,这人还有救吗? 屡教不改,简直～!

近义 病入膏肓　不可收拾

反义 不药而愈

不可开交 bù kě kāi jiāo

【释义】开交:结束,解决。无法摆脱或结束。

【用法】只做单音动词加"得"后面的补语,表程度。

【例句】为了准备年货,他们一家忙得～。

不可理喻 bù kě lǐ yù

【释义】理:道理。喻:明白,了解。指无法用道理说明白。

【用法】用于指人不讲道理,也指行为让人无法理解。

【例句】他就是一根筋,不管怎样劝说都不听,真是～。/现在的孩子是怎么了,动不动就离家出走,真是～。

反义 通情达理

不可枚举 bù kě méi jǔ

见76页"不胜枚举"。

不可名状 bù kě míng zhuàng

【释义】名:说出。状:陈述或描摹。指不能用语言来形容。

【用法】多指形象的东西,如景物、艺术品等。

【例句】漓江山水之美,～。

近义 不可言传

不可磨灭 bù kě mó miè

【释义】磨灭:年深月久逐渐消失。不会随着岁月的流逝而消失。

【用法】形容业绩永存记忆。

【例句】烈士的功绩～。

近义 永垂不朽

反义 过眼云烟

不可偏废 bù kě piān fèi

【释义】不能偏重于一方而废弃另一方。

【用法】指对双方要同时并重。

【例句】理论和实践必须相结合,～。

近义 不偏不倚

反义 本末倒置

不可企及 bù kě qǐ jí

【释义】企:踮起脚跟向前望,引申为盼望。及:达到。企及:希望达到。指踮起脚也望不到。

【用法】用于形容相差很远,没有希望赶上。

【例句】他的成绩并非～,只要我们勤奋努力,就一定能赶上他。

近义 相形见绌　不可逾越

不可胜数 bù kě shèng shǔ

【释义】胜:尽,全部。指无法全部数完。

【用法】形容数量太多,很难计算。

【例句】国庆期间,街上的行人络绎不绝,～。

近义 擢发难数　数不胜数

反义 屈指可数

提示 "数"不读 shù。

不可收拾 bù kě shōu shí

【释义】收拾：整顿，归类整理。指事物坏到无法整治或不可挽救的地步。

【用法】多用来形容达到极点，无法控制，有时也指感情等无法控制。

【例句】他纵容手下作奸犯科，已经到了～的地步。/等消防员赶到的时候，火势已经～了。

近义 不可救药

不可思议 bù kě sī yì

【释义】原是佛教用语，含有神秘玄妙的意思。形容事物不可想象或很难理解。

【例句】古埃及人用什么方法建筑起金字塔，至今仍让人觉得～。

近义 不堪设想
反义 可想而知

不可同年而语 bù kě tóng nián ér yǔ

见 70 页"不可同日而语"。

不可同日而语 bù kě tóng rì ér yǔ

【释义】不能放在同一时间谈论，或无法相提并论。也作"不可同年而语"。

【用法】形容两者不能相比，暗含差距巨大。

【例句】这里的一些小吃，风味甚是独特。比如有一种叫"洋芋花"的油炸小吃，西式快餐中的薯条与它就～。

反义 相提并论

不可限量 bù kě xiàn liàng

【释义】限量：限定止境。无法限定止境。

形容前途远大，很有希望。

【例句】人体基因学作为一种疗法走向市场才刚刚开始，但它的前途是～的。

近义 不可估量

不可言传 bù kě yán chuán

【释义】言：言语；传：表达。指不能用言语表达的，只能意会。

【用法】多用于说事物的奥妙或食物的味道等。

【例句】友谊的表达方式是～的。

近义 不可名状

不可一世 bù kě yī shì

【释义】可：认可，赞许。世：时代。自以为在当代没有一个人能比得上。

【用法】用于形容极其自高自大。一般用作贬义。

【例句】她以为从海外归来就处处高人一等，于是常常摆出一副～的样子。

近义 目空一切
反义 虚怀若谷

不可逾越 bù kě yú yuè

【释义】逾：超过。不能超过或不能越过。

【用法】指有障碍不能越过或已到极限，不能超越。

【例句】愚公的门前有一座～的大山，他下决心挖掉它。/由于缺乏共同语言，他俩之间始终有着一道～的障碍。

近义 不可企及

不可终日 bù kě zhōng rì

【释义】终日：过完一天。一天都过不下去。形容局势危急或心中惶恐。

【用法】前面常加上"惶惶""惴惴"等表示恐惧的词。多用于书面语。

【例句】他怀疑自己患上了绝症，整日忧心忡忡，惶惶～。

近义 寝食不安

反义 安如泰山

不可捉摸　bù kě zhuō mō

【释义】捉摸：猜测，预料。无法揣测或估量。

【用法】形容变化无定的用语，多用在人的性情及事物的变化上。

【例句】他经常做一些让人～的事。

近义 不可端倪

不愧屋漏　bù kuì wū lòu

【释义】屋漏：古代室内的西北角，是安放小帐，极为隐蔽的地方。指即使在别人看不见的地方，也应该光明磊落，不做亏心事。

【用法】多用于书面语。含褒义。

【例句】为人应该光明磊落，～。

近义 不欺暗室

反义 暗室欺心

不郎不秀　bù láng bù xiù

【释义】郎、秀：元、明两代称官僚、贵族子弟为"秀"，平民子弟为"郎"。指既不是郎也不是秀。形容不高不下。也比喻人没出息。

【用法】用于描绘人。多含贬义。

【例句】他一大把年纪了还～，一事无成。

近义 不稂不莠

反义 功成名就

不稂不莠　bù láng bù yǒu

【释义】稂：狼尾草。莠：狗尾草。指田里没有野草。后比喻不成材或没出息。

【用法】用于描绘人。多含贬义。

【例句】收割后的麦田里光秃秃的，～。/他半辈子～，事业上也没做出什么成绩。

近义 不郎不秀

提示 "稂"不读 liáng；"莠"不读 xiù。

不劳而获　bù láo ér huò

【释义】自己不劳动而取得别人劳动的成果。

【用法】其核心是"获"字，即"占据"他人成果为己有，是一种可耻的行为，故带贬义。

【例句】欺世盗名，沽名钓誉，只想～或少劳多得，那是市侩而不是学人。

近义 坐享其成

反义 自食其力

不了了之　bù liǎo liǎo zhī

【释义】了：结束。用不了结的办法去了结事情。

【用法】指该办的事不办完，拖延敷衍过去就算完事。

【例句】刚才的争论就这样～了。/这项决议群众的意见很大，恐怕不会～。

近义 束之高阁

反义 一了百了

不吝赐教　bù lìn cì jiào

见 71 页"不吝指教"。

不吝指教　bù lìn zhǐ jiào

【释义】吝：吝惜，舍不得。不要吝惜指示教导。也作"不吝赐教"。

【用法】请人指教的客气话，不能用于自己。

【例句】我的这篇论文很不成熟，敬请先生～。

近义 不吝珠玉

B

不留余地　bù liú yú dì

【释义】说话、办事走极端,没有可以回旋的余地。

【例句】你做事太绝了,一点也～。

反义 留有余地

不露锋芒　bù lù fēng máng

【释义】锋:兵刃。芒:植物的尖刺。不显露出锐气或才干。

【用法】多指有意将自己的才能、抱负等加以掩饰。

【例句】她平时～,这次的比赛却取得了不错的成绩。

近义 深藏不露

反义 锋芒毕露

不露圭角　bù lù guī jiǎo

【释义】圭角:圭玉的棱角,比喻锋芒。指不露锋芒,不显露才干。

【例句】小兰平时～,这次参加省里化学比赛却得了冠军。

近义 深藏不露

反义 锋芒毕露

不露声色　bù lù shēng sè

见60页"不动声色"。

不伦不类　bù lún bù lèi

【释义】伦:同类。不像这一类,也不像那一类。

【用法】用于形容不像样子或不规范。

【例句】他打扮得～,让人看了发笑。/一款古典风格的浴缸,千万别选配一个时髦的龙头,不然,就会显得～。

近义 不三不四

反义 中规中矩

不落窠臼　bù luò kē jiù

【释义】窠:鸟兽昆虫的窝。臼:舂米的器具。窠臼:比喻现成格式,老套子。指不停留在现成的格式上。也作"不落俗套"。

【用法】指文章或艺术等有独创风格,不落俗套。

【例句】这部电影独创一格,～。

近义 别具一格

反义 依样葫芦

不落俗套　bù luò sú tào

见72页"不落窠臼"。

不蔓不枝　bù màn bù zhī

【释义】原指莲茎不分枝杈。现比喻语言或文章等简洁。

【用法】一般用于指说话或作文简洁流畅。

【例句】莲花中通外直,～。/写文章要注意结构严谨,中心突出,～。

近义 言简意赅　简明扼要

反义 横生枝节　节外生枝　拖泥带水

不毛之地　bù máo zhī dì

【释义】毛:通"苗"。不长庄稼的地方。泛指贫瘠、荒凉的土地或地带。

【用法】形容人烟稀少的荒凉地区,可用此语。

【例句】这种树叫旅行家树,它生长于贫瘠荒凉的～,给跋涉沙漠的旅行者以甘泉般的希望。

近义 穷山恶水　寸草不生

反义 膏腴之地　鱼米之乡

不名一钱　bù míng yī qián

见73页"不名一文"。

B

不名一文　bù míng yī wén

【释义】名:占有。文:量词,用于旧时的铜钱。指一个铜板也没有。也作"不名一钱""一文不名"。

【用法】形容穷。

【例句】没想到他这个～的穷汉,现在也懂得了权势与金钱的力量。

近义 一贫如洗

反义 万贯家财

不明不白　bù míng bù bái

【释义】不清不楚,稀里糊涂。

【用法】多指说话含糊或事因不清。

【例句】赵伟吃饭时～地就被几个人给带走了。

近义 模糊不清

反义 一清二楚

不谋而合　bù móu ér hé

【释义】谋:商量。合:相同。事先没有商量而见解或行动完全一致。

【用法】常用于指有同样的想法、说法、做法。

【例句】对这个问题的看法,你们两人～。

近义 不约而同

反义 各执一词　众说纷纭

不能自拔　bù néng zì bá

【释义】拔:抽出,摆脱。自己无法解脱。

【例句】他整日沉迷网络,～。

不能自已　bù néng zì yǐ

【释义】已:停止。无法抑制自己。多指不能控制自己的感情。

【例句】小丽说到伤心处,～,忍不住大哭起来。

提示 "已"不能写成"己"。

不念旧恶　bù niàn jiù è

【释义】念:惦记。旧:过去的。恶:不良行为。指不计较别人过去对你的不好。

【用法】形容人气量宏大,不记旧日仇恨。

【例句】奥丽维亚后来落魄巴黎,贫病交加,千里迢迢送来现金和无限安慰的仍然是～的琼·芳登。

近义 既往不咎　捐弃前嫌

不偏不倚　bù piān bù yǐ

【释义】倚:偏,不正。指不偏不歪。形容正中目标。也形容公正中立,不偏袒任何一方。

【用法】用于指客观公正,行事公平或态度中立。

【例句】他将飞镖一掷,～,正中靶心。/刚才的事,在座的都看见了,还望领导在处理上～,还我一个公道。

近义 无偏无党

反义 畸轻畸重

不平则鸣　bù píng zé míng

【释义】平:公平。鸣:发出声音,引申指表达(情感、意见、主张)。原指东西没放平稳就会叫,现指遭遇不公平就会发出不满或反抗的呼声。

【用法】用于指自己或别人受到不公正的待遇时表示不满、愤慨。

【例句】这几个杂文家都是有社会担当之人,他们不畏权势,～,为的是让这世上少点龌龊,多点干净。

近义 愤愤不平

反义 忍气吞声

不欺暗室　bù qī àn shì

【释义】欺:欺骗。暗室:别人看不见的地方。即使在别人看不见的地方,也不做见不得人的事。

【用法】用于指人品行极高,在什么地方都光明磊落。

【例句】在任何时候我们都应当做～的人。

近义 不愧屋漏

反义 暗室亏心

不期而遇　bù qī ér yù

【释义】期:约定。没有约定而意外地相会。

【用法】用于指料想不到的相会。

【例句】我们在峨眉山～,欣喜之中,又多了几分游兴。

近义 不约而同

反义 失之交臂

不期而至　bù qī ér zhì

【释义】期:约定时日。至:到。指没有约定而到来。

【用法】用于指没有相约的人突然到来或没有料到的事突然发生。

【例句】星期天,我正在家看电视,一位中学同窗～,我愣了好半天才想起他的名字。/就在迈克尔进城取滑雪板时,雪崩～。

不情之请　bù qíng zhī qǐng

【释义】不合情理的请求。

【用法】客套话,用于向人求助时称自己的请求为不情之请,不能用于别人。

【例句】我有个～,请各位再加把劲,我们提前把任务完成。

不求甚解　bù qiú shèn jiě

【释义】甚:很,极。指读书只领会精神实质,不咬文嚼字。

【用法】现在用于指读书不求深刻了解,只求懂个大概。

【例句】孙中山先生很认真,对于那种读书～的做法,是从来不肯苟同的。

近义 囫囵吞枣

反义 寻根究底

不求闻达　bù qiú wén dá

【释义】闻达:出名,显达。不追求显赫的名声和显要的职位。

【用法】用于指人的立身追求。

【例句】志愿者们～、不索报酬地工作着,也常常被人称为“当代的雷锋”。

近义 安常履顺　不慕虚荣

反义 追名逐利

不屈不挠　bù qū bù náo

【释义】屈、挠:弯曲,引申指屈服。指不屈服。形容在困难或恶势力面前不屈服,不低头。

【用法】常用于形容斗志顽强。

【例句】在工作中,无论遇到多大的困难,他都勇往直前,～。

近义 百折不挠

反义 知难而退

不日不月　bù rì bù yuè

【释义】不计日月,没有期限。形容时日漫长。

【例句】为了能在奥运会上夺得好成绩,运动员们～地训练着。

不容分说　bù róng fēn shuō

见82页“不由分说”。

不容置喙　bù róng zhì huì

【释义】置:安放。喙:鸟兽的嘴,借指人的嘴。置喙:插嘴(多用于否定)。指不容许别人说话。

【用法】常用于指单方面说了算,另一方没有说话的份儿。

【例句】他教训人从来都是～,谁要遇上了,就够受的。

近义 不容置辩 不由分说

不容置疑 bù róng zhì yí

【释义】置疑:怀疑。不容许有什么怀疑。

【用法】指真实可信。含褒义。

【例句】事情的真相警察已经调查清楚了,这是～的。

近义 千真万确

不入虎穴,焉得虎子
bù rù hǔ xué, yān dé hǔ zǐ

【释义】焉:哪里,怎么(多用于反问)。指不进老虎洞,怎能抓住小老虎。比喻不历艰险,就不能有所获。

【例句】队长首当其冲要打进对方的匪窝

当卧底。他说,这事确实有风险,但是～。

不三不四 bù sān bù sì

【释义】不是三也不是四。形容不像样子。也形容人不正派。

【例句】这部古装电视剧里充斥着"哇噻""好酷""追星族"之类的流行语,简直是～、不伦不类。/老师经常告诫我们,交朋友要慎重,不要和那些～的人来往。

近义 不伦不类
反义 一本正经

不衫不履 bù shān bù lǚ

【释义】履:鞋子。指衣服不像衣服,鞋子不像鞋子。形容人衣着不整。

【用法】多用于书面语。

【例句】这时进来一个高大壮实的男人,～,留着一脸络腮胡,样子有点可怕。

近义 不修边幅
反义 衣冠楚楚

不上不下 bù shàng bù xià

【释义】上不去,下不来,处于正中。形容进退两难。

【用法】多用于描述十分尴尬的处境。

【例句】我也没想到事情会搞成如此～的地步。

不舍昼夜 bù shě zhòu yè

【释义】舍:停止。白天和晚上都不停止。比喻勤奋不懈。

【例句】为了能早日和家人团聚,工人们～地忙碌着。

近义 夜以继日

B

不甚了了　bù shèn liǎo liǎo

【释义】了了：明白，清楚。指不大明白，不很清楚。

【例句】提起钟鼓楼，人们往往只把它作为古典建筑的代表来欣赏，对它曾在城市生活中的功用却～。

近义　茫然不解　知之甚少

反义　了如指掌

不声不响　bù shēng bù xiǎng

【释义】声、响：声音。指没声音。

【用法】可指不出声或没响动。也可指行动悄悄进行。

【例句】你～地走进来，着实吓了我一大跳。/你别看他平时好像工作不在状态，实际上他已经～地提前完成任务了。

近义　不言不语

反义　大呼小叫　大吆小喝

不胜枚举　bù shèng méi jǔ

【释义】胜：尽。枚：个，逐一。无法一一列举出来。也作"不可枚举"。

【用法】用于形容数量极多。

【例句】如今，因"路怒症"引发的交通事故～。

近义　不计其数　不一而足

反义　寥寥可数

不胜其烦　bù shèng qí fán

【释义】胜：能承受。烦：琐碎。繁杂琐碎得让人受不了。

【例句】这件事一拖再拖，弄得王刚～。

反义　不厌其烦

不胜其任　bù shèng qí rèn

【释义】胜：能承受。任：任务。担当不了那样的任务。

【用法】用于能力不够的人。

【例句】这项任务举足轻重，我恐怕～。

不失毫厘　bù shī háo lí

【释义】毫厘：很小的长度和重量单位（十丝等于一毫，十毫等于一厘）。指不差一毫一厘。

【用法】形容很精确。

【例句】他对待工作一丝不苟，当会计这么多年来，每一笔账都～。

近义　不差毫发　毫发不爽

反义　差之千里

不失时机　bù shī shí jī

【释义】不错过适宜的时间和有利的机会。

【例句】用兵贵在～。

不时之需　bù shí zhī xū

【释义】不时：随时，经常。指随时可能产生的需要。

【例句】你最好把会议材料准备好，以备～。

不识大体　bù shí dà tǐ

【释义】大体：关系全局的重要道理。不懂得关系整体和长远利益的大道理。

【用法】用于指不顾大局。

【例句】为了这一点点小事，你就到处张扬，弄得尽人皆知，也未免太～了。

反义　顾全大局

不识好歹　bù shí hǎo dǎi

见 84 页"不知好歹"。

不识时务　bù shí shí wù

【释义】时务：当时的重大事情或客观形势。认不清时代的潮流或当时的形势。

【用法】指人不了解现状，不知进退，可用此语。

【例句】～的人早晚会被历史的车轮碾过并抛弃的。
近义 不识时变
反义 识时通变

不识抬举　bù shí tái jǔ
【释义】抬举：看重某人而加以称赞或提拔。不接受或不珍视别人对自己的好意。
【用法】多用于指责人。
【例句】我是好心提醒，他倒怪起我来，真是～。
近义 不知好歹
反义 感恩戴德

不识一丁　bù shí yī dīng
【释义】丁：指最简单易识的字。形容人不认识一个字。
【用法】用于形容人没有文化。
【例句】如今，～的人已经很少见了。
近义 不识之无　目不识丁
反义 学富五车　满腹经纶

不识之无　bù shí zhī wú
【释义】不认识"之"字和"无"字（"之"和"无"是古汉语常用的字）。形容识字少或不识字。
【用法】用于形容人没有文化。
【例句】这些民间故事的作者有些是文人雅士，但更多的是普通民众，甚至是～的文盲。
近义 不识一丁　目不识丁
反义 学富五车　满腹经纶

不食人间烟火　bù shí rén jiān yān huǒ
见77页"不食烟火"。

不食烟火　bù shí yān huǒ
【释义】烟火：指烟火食，即熟食。道家主

张修炼的人超凡脱俗，不吃熟食。比喻脱离现实或超凡脱俗。也作"不食人间烟火"。
【用法】常用来比喻诗文等立意高远，不同凡俗。
【例句】有的人自恃清高，不关心柴米油盐，似乎是～者。/这首诗文字清新俊逸，饶有别致，～。

不食之地　bù shí zhī dì
【释义】不能耕种或不长庄稼的地方。
【用法】用于指贫瘠的土地。
【例句】他们用自己的青春和热血，将这片荒无人烟的～变成了一座初具规模的新兴工业城市。
近义 不毛之地　穷山恶水
反义 鱼米之乡　膏腴之地

不死不活　bù sǐ bù huó
【释义】说死没死，说活未活。形容没有生气或处境尴尬。
【用法】多指人或机构、组织没有活力。
【例句】新官上任三把火，他下决心改变单位～的状态。
近义 半死不活
反义 朝气蓬勃　生龙活虎

不速之客　bù sù zhī kè
【释义】速：邀请。没有邀请而自己来的客人。
【用法】可用于指人和动物。
【例句】他瞧得出当前这两位～大概并非等闲之辈。/这个发现告诉我，这只伤鸽是个远路而来的～。

不祧之祖　bù tiāo zhī zǔ
【释义】祧：古代指远祖的祠堂。家庙里

祖先的神主,辈分远的要依次迁入祧庙合祭,只有创业的始祖或影响较大的祖宗不迁,叫作"不祧"。后比喻创立某种事业受到尊崇的人或指有深远影响的伟大业绩。

【用法】含褒义。

【例句】在近代物理学领域,爱因斯坦可算得上是～了。

不通水火　bù tōng shuǐ huǒ

【释义】形容跟人不相往来。

【用法】多用于指人处世。

【例句】他多年来独来独往,跟周边邻居也是～。

近义 不相闻问

不同凡响　bù tóng fán xiǎng

【释义】凡响:平凡的音乐。指不一般的音乐。原来用于形容演唱出色,现泛指人或事物不平凡。

【用法】多用于指文艺作品、言论、技艺、音乐、人的成就等。

【例句】苏轼不知读了多少书,具备多少知识学问,才有他那～的成就。

近义 与众不同

反义 平淡无奇

不痛不痒　bù tòng bù yǎng

【释义】没碰到痛处和痒处。形容麻木不仁。

【用法】用于指未触及事物的关键、要害。常指批评、议论不中肯,做事未抓住关键,没有彻底解决问题。

【例句】他现在已经够可怜的了,你怎么还说那些～的话。/你提的建议简直～,等于没说。

反义 一针见血

不为五斗米折腰　bù wèi wǔ dǒu mǐ zhé yāo

【释义】五斗米:县令的官俸,指微薄的薪俸。折腰:弯腰,指下拜行礼,比喻卑躬屈膝。指不能为区区薪俸而卑躬屈膝。

【用法】用于指为人清高,有骨气。

【例句】陶渊明自从～辞去彭泽县令一职后,便终生归隐。

不文不武　bù wén bù wǔ

【释义】既不能文,也不能武。形容无能。

【用法】用于描绘无能的人。含贬义。

【例句】瞧他那～的模样,能干成什么事?

反义 文武双全　才兼文武

不闻不问　bù wén bù wèn

【释义】既不听也不过问,毫不关心。也作"不问不闻"。

【用法】用于指对人和事漠不关心。

【例句】他只知道学习,对外界所发生的事一概～。

近义 漠不关心

不问不闻　bù wèn bù wén

见 78 页"不闻不问"。

不无小补　bù wú xiǎo bǔ

【释义】不无:不是没有,多少有些。补:利益,用处。指多少有些用处。

【用法】常指得到一笔数目不大的钱。

【例句】大哥寄来的这笔钱,对于当时一月工资才几十元的我来说,自然～。

不务空名　bù wù kōng míng

【释义】务:追求。不追求虚名。形容踏踏实实地工作。

【用法】用于描绘务实肯干的人。含褒义。

【例句】他只知道学习,对外界所发生的

事一概～。

近义 埋头苦干　脚踏实地

反义 追名逐利　徒有虚名

不务正业　bù wù zhèng yè

【释义】务：从事。不从事正当的职业，或不好好干本职工作。

【用法】一般用作贬义。

【例句】他～，终日沉迷于赌博中。

近义 好逸恶劳

反义 埋头苦干

不惜工本　bù xī gōng běn

【释义】惜：吝惜。工本：成本。不惜花费成本。指舍得花本钱。

【例句】为吸引更多顾客，大部分发展集团公司都～，为旗下商场粉饰一番，希望借春节档期提高营业额。

反义 精打细算

不相上下　bù xiāng shàng xià

【释义】上下：(程度)高低、好坏、优劣等。指分不出高低、好坏、优劣等。

【用法】用于形容程度相当。

【例句】无论是专业水平还是工作能力，他俩都～。

近义 伯仲之间　不分伯仲　势均力敌

反义 天差地远

不相为谋　bù xiāng wéi óu

【释义】谋：商量。互不商议。指立场、观点不同，不宜共事。

【例句】我们两个志不同，道不合，～。

近义 各行其是

反义 切磋琢磨

提示"为"不读 wèi。

不相闻问　bù xiāng wén wèn

【释义】闻问：通消息，通音讯。指没有联系或不相往来。

【用法】用于人际关系方面。

【例句】刘、陈二人原是患难之交，由此而生龃龉，年深日久竟至～。

近义 不通水火

不祥之兆　bù xiáng zhī zhào

【释义】不吉利的预兆。

【例句】我刚去医院看过他，他浑身无力，眼光呆滞，怕是～。

反义 福星高照

不肖子孙　bù xiào zǐ sūn

【释义】肖：相似。不肖：不像(祖先)。指不能继承祖先事业或违背祖先遗愿的子孙。

【用法】多指品行不端、不成材的子孙。

【例句】你这个～，家产都快被你挥霍光了。

反义 孝子贤孙

提示"肖"不读 xiāo，不能写成"孝"。

不屑一顾　bù xiè yī gù

【释义】屑：值得。顾：看。认为不值得看一眼或不值得理睬。

【用法】常用来形容蔑视、轻视。

【例句】同学们都对那件手工艺品赞叹不已，唯独他～。/他总是摆出一副清高的样子,对谁都～。

近义 掉头不顾

提示 "屑"不读 xuè。

不省人事　bù xǐng rén shì

【释义】省:知道,察觉。人事:人的意识的对象或人情事理。指失去知觉,进入昏迷状态。也指不懂人情事理。也作"人事不省"。

【例句】他因惊吓过度,至今～。/小妹年幼～,还请您多多见谅!

提示 "省"不读 shěng。

不修边幅　bù xiū biān fú

【释义】修:整饰。边幅:布帛的边缘。指不把布帛的毛边修剪整齐。形容人不注意衣着、容貌的整洁。

【用法】多用于形容人穿着过于随便、仪态不拘小节上。

【例句】虽然他穿戴随便,～,但对待工作的态度却是一丝不苟的。

近义 不矜细行　不拘小节　不衫不履

不虚此行　bù xū cǐ xíng

【释义】没有白来这一趟。表示某次行动收获很大。

【用法】多用于口语。含褒义。

【例句】这部分作品艺术水准高,价位却可能不会太高,会让藏家～。

不学无术　bù xué wú shù

【释义】不能学古,所行不合道术。后指没有学问,没有能力。

【用法】多用于形容人什么都不懂。含贬义。

【例句】～,耻于下问的人是很难取得进步的。

近义 胸无点墨

反义 学富五车　博学多才

不徇私情　bù xùn sī qíng

【释义】徇:曲从,依从。指不为私情而做不合法的事。

【用法】形容人不讲情面,秉公办事。

【例句】宁夫当上了法官,父亲对他说,要当个好法官,像包公那样铁面无私,～。

近义 铁面无私

反义 徇私枉法

不言不语　bù yán bù yǔ

【释义】沉默着不说话。

【例句】小王最近心情不好,整日闷闷不乐,～。

近义 不声不响

不言而喻　bù yán ér yù

【释义】喻:明白。不用说就可以明白。

【用法】用于描述很浅显的事情,不必有所解释时。

【例句】南北省份距离遥远,风物景观相差之大就～了。

近义 显而易见

反义 深奥难懂

不厌其烦　bù yàn qí fán

【释义】厌:嫌。不怕麻烦,不嫌烦琐。

【用法】一般用作褒义。

【例句】对于同学们提出的疑问,张老师

B

总是～地给以解答。

近义 诲人不倦

反义 不胜其烦

不一而足 bù yī ér zú

【释义】足：满足。原指不止一种或一次，而是很多，不是一件事就可以满足的。后指同类事物很多，不能一一列举。

【用法】常用在同类事物列举之后，起总括的作用。

【例句】有些人缺乏这种激发剂，有些人缺乏那种激发剂，～。

近义 不胜枚举

不依不饶 bù yī bù ráo

【释义】不依：不依从，不听从。不饶：不宽容，不饶恕。形容因不满意或不满足而纠缠不休。

【例句】他承认那是他的不是，而且也向你表示了歉意，你为什么还要对他如此～呢？

不遗余力 bù yí yú lì

【释义】遗：留下。余：剩余。毫无保留地使出全部力量。

【例句】黎先生身兼数职，对译著仍～。

近义 全力以赴

不以为耻 bù yǐ wéi chǐ

【释义】不认为是可耻。

【用法】常与"反以为荣"连用，形容人不知羞耻。

【例句】《京华烟云》中的牛怀玉在日军侵占北平时，投靠日本人，甘当汉奸，助纣为虐，杀害同胞，～，反以为荣。

近义 恬不知耻

反义 光明磊落

不以为奇 bù yǐ wéi qí

【释义】不感到奇怪。

【例句】一块磁铁能吸住图钉、回形针等铁质物体，人们～。

近义 不足为怪

不以为然 bù yǐ wéi rán

【释义】然：这样，正确。不认为是对的，表示不同意。

【用法】多含轻视意味。

【例句】老师批评了他，他还一副～的样子，明显没有认识到自己的错误。

近义 满不在乎

不以为忤 bù yǐ wéi wǔ

【释义】以为：认为。忤：不顺从，不和睦。指不认为是触犯、违逆。

【例句】小孙女简直是爷爷的"克星"，把爷爷当马骑，甚至直呼爷爷大名，爷爷～，反而乐呵呵地答应着。

不以为意 bù yǐ wéi yì

【释义】意：放在心上。指不认为该放在心上。

【用法】形容不重视，不认真对待（某事）。

【例句】交通法规不允许酒后驾车，可是就有人对此法规～，偏要在酒后试试运气。于是，许多车毁人亡的重大交通事故由此发生。

近义 掉以轻心

不义之财 bù yì zhī cái

【释义】义：道德和正义。指不合乎道义得来的钱财。

【用法】常指不应该得的钱财或以不正当手段获得的钱财。

B

【例句】出租车司机张勇把乘客遗忘在车上的皮包交了公，皮包内数万元人民币。他说，这是～，不能要的，何况失主不知有多急呢！/有极少数人用违法的手段唆使个别考生作弊，从中赚取～。

不亦乐乎　bù yì lè hū

【释义】亦：也。乎：文言助词，这里相当于"吗"，表示反问语气。不也是很快乐的吗？后也常表示达到极点。

【用法】常用在某些单音动词后面表示程度达到极点，带夸张意味。

【例句】有朋自远方来，～？/拍广告等兼职工作令辛吉斯名利双收，不仅在赚取金钱上忙得～，更令她成为全球知名的网坛美女。

近义 岂不快哉

不易之典　bù yì zhī diǎn

【释义】易：改编。典：法则。永久不变的法则。

【用法】多用于科学、法律等方面。含褒义。

【例句】这条定律，可称之为～了。

不易之论　bù yì zhī lùn

【释义】易，改变。完全正确，不可更改的言论。

【用法】用于形容论断或意见非常正确。含褒义。

【例句】人民群众是历史的创造者，这确是～。

近义 不刊之论

反义 无稽之谈

不翼而飞　bù yì ér fēi

【释义】没有翅膀却能飞。比喻物品突然不见了。也形容消息、言论等传播迅速。

【例句】街心公园遭遇黑手，园内摆放的上百株菊花一夜间～。/从此以后，欧阳修快马追字的佳话～。

近义 不胫而走

反义 插翅难飞

不由分说　bù yóu fēn shuō

【释义】分说：分辩，说明。不容许解释。也作"不容分说"。

【用法】用于形容事实肯定或态度坚决。

【例句】岳飞被誉为民族英雄，理所当然，～。/小明放学后在外玩耍，回家晚了，爸爸～，狠狠地批评了他。

近义 不容置喙

不由自主　bù yóu zì zhǔ

【释义】指(某种行动)由不得自己。

【用法】常指因外界力量或刺激而控制不住自己。

【例句】风太大了，不能不出门的人，像鱼儿在惊涛骇浪中挣扎，顺着风走的身子～地向前飞奔。/听到这曲优美的旋律，我～地跟着哼了起来。

B

近义 情不自禁　身不由己

不虞之誉　bù yú zhī yù

【释义】虞：预料，意料。誉：称赞。指没有意料到或意想不到的赞扬。

【用法】多用于书面语。

【例句】他说他只不过在做自己的事情，顺便帮了一下别人，却受到了～。

不远千里　bù yuǎn qiān lǐ

【释义】不以千里为远。形容不辞辛劳，长途跋涉。

【例句】白求恩同志～来到中国，帮助中国人民抗击日本侵略者。

近义 千里迢迢
反义 近在咫尺

不约而同　bù yuē ér tóng

【释义】约：约定。指没有事先商量而在同一时间有同样的举动或行动。

【例句】这出京剧演得真好，观众～地鼓起掌来。

近义 不谋而合

不越雷池　bù yuè léi chí

【释义】越：逾越，超过。雷池：古雷水，从今湖北省黄梅县东流，至今安徽省望江县东南，积水成池，称为雷池。原指庚亮叫温峤坐镇原防，不要越过雷池到京城（今南京）去。现指不越出一定的界限或范围。

【例句】身为文娱部长的他，在节目方向的把握上从来～。

不在话下　bù zài huà xià

【释义】指事物轻微，不值得说，或事属当然，用不着说。

【用法】有时含轻蔑意味。

【例句】走山路他还健步如飞，走这平地更是～了。

近义 不足挂齿

不在其位，不谋其政

bù zài qí wèi，bù móu qí zhèng

【释义】不担任某个职务，就不去过问某个职务范围内的事情。

【用法】用于对事物、工作的态度上。

【例句】～，他现在已经退休了，就算是想帮你，也是心有余而力不足。

不赞一词　bù zàn yī cí

【释义】赞：参加意见。一词：一句话。一句话也不说。

【用法】指人沉默不语。"赞"在此意思不是"称赞"。

【例句】会后他～，径自离开了。

近义 一言不发

不择手段　bù zé shǒu duàn

【释义】为了达到目的，什么手段都使得出来。

【用法】含贬义。

【例句】这首元曲小令，用夸张的手法，描绘出一群贪残成性、～的贪官形象。

不折不扣　bù zhé bù kòu

【释义】折、扣：买卖货物时，照标价减去一个成数叫做打折扣。指没有打折扣，是十足的。

【用法】用来表示完全、十足、彻底。

【例句】这件衣服定价三百元，～。／砍伐森林是～的破坏自然生态的犯罪行为。

反义 七折八扣

B

不正之风　bù zhèng zhī fēng

【释义】不正派的作风,特指以权谋私的行为。

【例句】我们要勇于纠正~。

不知不觉　bù zhī bù jué

【释义】没有意识到、察觉到。

【用法】多形容无意之中或自然而然地。

【例句】我轻轻地给孩子摇摇篮的时候,~就睡着了。/时间过得真快,~,我都大学毕业好几年了。

【近义】神不知,鬼不觉

不知凡几　bù zhī fán jǐ

【释义】几:多少。不知道一共有多少。指同类的事物很多。

【例句】从古至今,因为写错了字而闹出笑话或铸成大错的~。

【近义】不胜枚举

【反义】屈指可数　寥寥无几

不知好歹　bù zhī hǎo dǎi

【释义】不辨好坏,指不明事理。也指不能领会别人的好意。也作"不识好歹"。

【例句】儿子~,你做母亲的怎么也不辨清浊?/你不好好谢我,反来埋怨我,真是~。

【近义】不知进退　不识抬举

不知进退　bù zhī jìn tuì

【释义】指言语行为冒失,没有分寸。

【用法】常用于指人做事呆板,不懂灵活应付。

【例句】你真是~,怎么能在老刘面前提那件事呢?

【近义】不知好歹

不知就里　bù zhī jiù lǐ

【释义】就里:内情。不了解底细。

【例句】他~地冲进去,结果被揪了出来。

【近义】如坐云雾　一无所知

【反义】了若指掌　明察秋毫

不知轻重　bù zhī qīng zhòng

【释义】不明事理。形容行事冒昧。

【例句】我儿子说话~,如有冒犯之处,请多多谅解。

不知死活　bù zhī sǐ huó

【释义】形容不知事态严重,冒昧从事。

【例句】你这样~地蛮干,出了问题可怎么办?

不知所措　bù zhī suǒ cuò

【释义】措:安置,处理。指遇事不知道怎么办。

【用法】运用广泛,对突然发生的任何情况都适用,不具特殊色彩。

【例句】他被突来的质疑问得张口结舌,~。

【近义】手足无措

【反义】泰然自若

不知所云　bù zhī suǒ yún

【释义】云:说。不知道说的是什么。

【用法】用于指说、写的内容空洞或语言紊乱。

【例句】他在会上杂七杂八地说了一大堆,下面在座的各位却～。

近义 语无伦次

不知所终 bù zhī suǒ zhōng

【释义】终:最后。指不知道结局或下落。

【用法】多用于人的行踪。

【例句】小梳子悄悄离开白献龙出走,～。

不知天高地厚 bù zhī tiān gāo dì hòu

【释义】不知天有多高地有多厚。

【用法】用于形容盲目自大或说话、做事不能掌握分寸。

【例句】有的青年作家,出了几本书就自认为天下第一了,把谁都不放在眼里,真是～!

近义 不自量力

不治之症 bù zhì zhī zhèng

【释义】医治不好的病。比喻去除不掉的祸患或弊端。

【例句】他的病已经确诊了,是～。/拖拉、没有计划是这家公司的～。

近义 沉疴宿病

不置一词 bù zhì yī cí

【释义】置:搁,放。词:话语。指不说一句话。

【用法】用于指对某事不发表意见。

【例句】警方前来调查死者生前情况,为避嫌,他在会上～。

近义 不置可否

反义 滔滔不绝 侃侃而谈

不置可否 bù zhì kě fǒu

【释义】置:放、搁。指把别人的意见、建议放在一边,不说可以,也不说不可以,即不表明态度。

【用法】常指难以决断或不便直说,所以不明确表态。

【例句】朋友的父亲一再劝我回家,不要再去航行。我对他的话～,就跟他们分了手。

近义 不置一词

不着边际 bù zhuó biān jì

【释义】着:挨上,接触。指说话不挨边儿。

【用法】除指话语扯得远而离题外,还指不切实际地空想空谈。

【例句】他俩谈了一夜,尽扯了些～的闲话。/父子俩以南极的企鹅为话题,痴痴地编着一个个～的童话。

近义 离题万里

提示 "着"不读 zháo。

不自量力 bù zì liàng lì

【释义】量:估计,衡量。指不能正确估计自己的力量。也作"自不量力"。

【用法】多指过高估计自己,做力不能及的事情。

【例句】学校羽毛球比赛上,小刚主动提出要和上届冠军挑战,同学们都说他～。

反义 量力而行

不足齿数 bù zú chǐ shǔ

【释义】足:足以(多用否定式)。齿数:说起,提起。指不值得提起。

【用法】多用于书面语或客气话。

【例句】他的一位好友回忆道,从中学开始就觉得他绝不会是个～或无足轻重之人。

近义 不足挂齿

提示 "数"不读 shù。

B

不足挂齿　bù zú guà chǐ

【释义】挂齿:放在嘴边上。不值得一提。

【用法】形容某事本应如此或事情太小不值一提。常用作自谦辞。

【例句】区区微劳,～。

近义 微不足道　不足齿数　不在话下

不足为凭　bù zú wéi píng

【释义】凭:依据。不能作为凭证、根据。

【用法】形容证据不充分或不确凿。

【例句】要证明这事,得有真凭实据,道听途说是～的。

近义 道听途说

反义 有案可稽

不足为奇　bù zú wéi qí

【释义】奇:怪异,怪事。指完全不感到惊奇。

【用法】用于指某种现象或事物很平常。

【例句】他平时学习不努力,高考落榜完全～。

近义 数见不鲜　司空见惯

不足为训　bù zú wéi xùn

【释义】足:足以(多用否定式)。训:典范,法则。指不能当作典范或法则。

【例句】不分是非的好好先生～,但是,世界并不是简单的"是非"组合体。

不足为外人道　bù zú wèi wài rén dào

【释义】足:可以,能够(多用否定式)。为:对,向。道:说。指不能对外面的

人说。

【例句】演艺圈的工作,有许多～的辛苦与不安,需要超强的耐力。

布帛菽粟　bù bó shū sù

【释义】帛:丝织品的总称。菽:豆类。粟:谷子。泛指生活必需品。比喻虽然平常但不可缺少的事物。

【例句】对孩子的教育如同～一样,是一天也不可废弃的。

布衣疏食　bù yī shū shí

见 86 页"布衣蔬食"。

布衣蔬食　bù yī shū shí

【释义】穿布衣,吃粗食。形容生活俭朴。也作"布衣疏食"。

【用法】用于描述人的生活。含褒义。

【例句】老团长离休后自愿回到家乡,过着～的生活。

近义 粗茶淡饭

反义 锦衣玉食

布衣之交　bù yī zhī jiāo

【释义】布衣:古时指平民(因为平民穿布衣)。交:友谊,交情。指平民百姓之间相交的或贫贱之时相交的知心朋友。

【例句】韩愈与贾岛共论作诗之道,从此结为～。

步步高升　bù bù gāo shēng

【释义】一步一步往上升。

【用法】常用来形容境遇顺利,职位不断提高。

【例句】拾级而上,细数其级数,或三,或五,或七,或九,皆为奇数。须知奇为阳,阳为天,这就已然含着～之意。

B

步步进逼 bù bù jìn bī

【释义】（军队）一步步地向前逼进。

【用法】不仅用于军队，还常用于人与人之间。

【例句】雅典军边战边退，波斯军～。/在王旭～之下，被告人的辩解开始自相矛盾。

步步为营 bù bù wéi yíng

【释义】军队每前进一步就设下一道营垒。形容行动谨慎，防备严密。

【用法】现多比喻精心安排行动步骤，步步相接，环环相扣，非常缜密。

【例句】汉武帝时，汉王朝在阴山以北筑了很多城堡，几乎是～。/法庭上，肖晋面对强手，毫不退让。他～，攻破了对方的防线，迫使他们提出和解的建议。

近义 稳扎稳打

反义 长驱直入

步调一致 bù diào yī zhì

【释义】步调：走路时脚步的大小快慢。指走路的步伐一致。比喻进行某种活动，采取同一步骤，同一方式。

【例句】二一班的同学们正昂首挺胸、～地向我们走来。/在深化改革方面，我们公司必须同党中央～。

近义 同心同德

反义 分道扬镳

步履蹒跚 bù lǚ pán shān

【释义】步履：行走。蹒跚：也作"盘跚"，腿脚不灵便，走路缓慢、摇摆的样子。形容（老人、病人）行动迟缓。

【用法】也比喻事情进程缓慢，发展艰难。

【例句】那边，一位瘸腿老人在一位老妇的搀扶下，～地朝草坪走来。/启动社区卫生服务的开始几年，真是～。

近义 步履维艰

步履维艰 bù lǚ wéi jiān

【释义】步履：行走。维：助词，无实义。指行走十分艰难。形容（老人、病人）行动艰难。

【用法】也比喻（事业、工作）难以开展。

【例句】往日里健步如飞的他，如今被一场大病折磨得～。/从开业起，这家百货公司似乎就～，人气始终不旺。

近义 步履蹒跚 举步维艰

反义 大步流星 健步如飞

步人后尘 bù rén hòu chén

【释义】步：踩，踏。后尘：走路时后面扬起的尘土。跟在别人的后面走，比喻追随、模仿别人。

【例句】1992年1月，德国率先承认克罗地亚和斯洛文尼亚独立，整个欧盟国家也～。

近义 追随骥后

C

擦肩而过　cā jiān ér guò

【释义】擦着肩头过去了。比喻错过了近在身边的人、事或机会。

【用法】多用作口语。

【例句】两次与破门～,建功心切的梅西竟然向天怒吼长达 10 秒钟。

近义 失之交臂

猜拳行令　cāi quán xíng lìng

【释义】划拳行酒令(饮酒时所做的可分输赢的游戏,输者被罚饮酒),是旧时宴席上助酒兴的常见的做法。

【例句】黄世仁家,堂后～,寻欢作乐;堂前逼租逼债,逼卖亲生。

才高八斗　cái gāo bā dǒu

见 11 页"八斗之才"。

才华盖世　cái huá gài shì

【释义】盖:覆盖,引申为超出。才华远远超出同时代的人。

【用法】常用于赞扬才华出众者。

【例句】伟大诗人李白,称得上～。

近义 才华横溢

反义 才疏学浅

才华横溢　cái huá héng yì

【释义】才华:很高的才气。横溢:(江河)泛滥,引申指(才华等)充分显露。指才

气充分显露出来。

【用法】多用于指在某个专业领域内很有才华。

【例句】现在民间有很多～的青年诗人。

近义 才华出众　才华盖世

反义 才疏学浅

才貌双全　cái mào shuāng quán

【释义】才能和外貌两样都好。

【用法】男女都适用。

【例句】邓丽君～,可惜红颜薄命,过早离世。

近义 才貌双绝　才貌出众

才疏学浅　cái shū xué qiǎn

【释义】疏:稀少。才华少,学问浅。

【用法】常用作谦辞。

【例句】学生～,老师过奖了。

近义 浅见寡闻

反义 博学多才　才华横溢

才子佳人　cái zǐ jiā rén

【释义】富有才学的男子和年轻美貌的女子。多指才貌出众、有婚姻或爱情关系的青年男女。

【用法】多用于文学作品中,指古代才貌出众的有婚恋关系的上层青年男女。

【例句】古装剧中,表现帝王将相、～的题材较多。

近义 卵小义貌

财不露白　cái bù lù bái

【释义】财:钱财。露:显露。白:指银子,古时用银子作货币。指钱财不能在人前显露。

【例句】俗话说,～,可这位老兄却在征婚广告上说自己有亿万家财。

财大气粗　cái dà qì cū

【释义】气:气势,气度。指钱财多,气势壮。

【例句】那时的他,～,出手大方,没过多久便把祖上留下的财产折腾完了。

财竭力尽　cái jié lì jìn

【释义】钱财力气都用尽了。

【用法】用于描述生活陷入困窘的境地。

【例句】他已经～,看来很难在生意场上重振雄风了。

近义 财殚力竭

财迷心窍　cái mí xīn qiào

【释义】财:钱财。迷:使迷惑。心窍:古人以为心脏有窍,能思维,所以称心为心窍。指由于爱财致使心被钱迷惑。

【例句】因一时～,她竟盗窃了寝室同学一部手提电脑,并伪造成窃贼入室盗窃的假象。

采风问俗　cǎi fēng wèn sú

【释义】采:搜集。风:民间歌谣。采集民歌,访问民俗。泛指调查了解民间实情。

【例句】这位作家每到一处,都要深入群众,～。

采薪之忧　cǎi xīn zhī yōu

【释义】采薪:打柴。病了不能打柴。后

借指有病。

【用法】常用于书面语,自称有病的婉辞。

【例句】近有～,所托之事也就难以应命了。

餐风沐雨　cān fēng mù yǔ

【释义】沐:洗头。在风中吃饭,用雨水洗头。

【用法】用于形容行旅或野外生活的艰辛。

【例句】地质勘探员们～,毫无怨言。

近义 栉风沐雨　风餐露宿

餐风宿露　cān fēng sù lù

见211页"风餐露宿"。

残杯冷炙　cán bēi lěng zhì

【释义】残:剩余的。杯:酒杯。炙:烤肉。指吃剩的酒食。

【用法】常用于书面语。

【例句】待警察赶到饭馆时,几个逃犯刚离开,桌上的～还在。

近义 残羹剩饭　残羹冷炙

提示 "炙"不写作"灸",不读作 jiū。

残编断简　cán biān duàn jiǎn

见182页"断编残简"。

残兵败将　cán bīng bài jiàng

【释义】残存的士兵和打了败仗的将领。

【用法】用于形容战败后的狼狈相。

【例句】敌人的～被我军团团围住。

残冬腊月　cán dōng là yuè

【释义】残冬:冬末。腊月:农历十二月。指冬天。

【例句】去年～,他奶奶去世了。

近义 寒冬腊月

残羹剩饭 cán gēng shèng fàn

【释义】羹:有浓汁的食品。指吃剩下的菜汤和饭。

【释义】也比喻别人取用后剩下的一点儿东西。

【例句】他妈妈这两天病了,他也只能吃点～。/ 别忘了,我可不是要饭的,我可不稀罕有钱人任何的～!

近义 残杯冷炙 残羹冷炙

残花败柳 cán huā bài liǔ

【释义】残败的花和败落的柳叶。

【用法】比喻被糟蹋蹂躏的女子,多指落入风尘的女子。

【例句】冬天到了,随处可见～。/ 虽然她曾有过～的经历,但如今已经改邪归正了,你就不应该再看不起她。

近义 野草闲花

残缺不全 cán quē bù quán

【释义】残缺:缺少一部分,不完整。残余短缺不完全。形容物体经过破坏,变得不完整了。

【用法】物体或肢体不全,均可用此语。

【例句】他虽然肢体～,但做出了很多常人都无法轻易做到的成绩。

近义 支离破碎

反义 完好无损

残垣断壁 cán yuán duàn bì

【释义】垣、壁:墙。指残缺不全的墙壁。也作"断垣残壁""断壁残垣""颓垣断壁"。

【用法】常形容房屋遭受破坏后或倒塌后残破的景象。

【例句】圆明园曾经被誉为"万园之园",可是现在,它只剩下了～。

近义 断井颓垣

残渣余孽 cán zhā yú niè

【释义】渣:渣滓。孽:邪恶。指剩余的渣滓和妖孽。比喻残存的坏人或恶势力。

【用法】常用于指一个王朝覆灭后留下的忠于该王朝的坏人。

【例句】清王朝的～试图抵抗辛亥革命的胜利,大搞复辟活动,结果只是加速了自身的灭亡。

蚕食鲸吞 cán shí jīng tūn

【释义】像蚕吃桑叶,像鲸吞食物。比喻逐步侵占或一举吞并。也作"鲸吞蚕食"。

【用法】多用于形容侵略者侵略手段不一,其旨在吞并他国。

【例句】面对帝国主义列强曾经对中国的～,中国人民奋起反抗,将他们彻底打败了。

惨不忍睹 cǎn bù rěn dǔ

【释义】睹:看。情景悲惨,使人不忍心看。

【用法】用于形容极其悲惨。

【例句】他在一场车祸中不幸遇难,那场景真是～。

近义 目不忍视

反义 美不胜收

惨淡经营 cǎn dàn jīng yíng

【释义】惨淡:苦心思虑。经营:筹划安排。原指苦心构思诗、画的精巧布局。后形容煞费苦心地谋划与从事。

【例句】他没日没夜地伏坐电脑前,～才创作出这首好诗来。/这几年竞争激烈,他们～才在生意场上站稳脚跟。
近义 苦心经营

惨绝人寰 cǎn jué rén huán

【释义】绝:极尽。人寰:人世。人世间从未有过的悲惨。形容悲惨到了极点。
【例句】第二次世界大战期间,法西斯犯下了许多～的罪行。
近义 惨无人道

惨无人道 cǎn wú rén dào

【释义】惨:凶残,狠毒。凶残狠毒得没有一点人性。
【用法】用于形容极端狠毒、残暴。
【例句】《南京大屠杀》是一部揭露侵华日军对中国平民～的血腥罪行的纪录片。
近义 灭绝人性

粲然可观 càn rán kě guān

【释义】粲然:明亮的样子。鲜明耀眼,很值得观看。形容价值很高,引人注目。
【用法】用于指成绩卓著,达到很高的水平。
【例句】我国农村经济体制改革的成就～。

粲然一笑 càn rán yī xiào

【释义】粲然:明亮的样子。指露齿一笑。
【例句】爸爸的夸奖让燕儿十分开心,她欢快地跑开了,还回头对爸爸～。
近义 莞尔而笑　嫣然一笑

仓皇失措 cāng huáng shī cuò

【释义】仓皇:匆忙而慌张。措:安排处置。慌张而举止失常。形容极度慌乱、无法应付的样子。
【例句】敌人一见我军,～,乱成一团。

近义 张皇失措　惊慌失措
反义 从容不迫　镇定自若

苍翠欲滴 cāng cuì yù dī

【释义】苍翠:青绿色。翠绿水灵,像要滴落下来似的。
【例句】道旁古木参天,～,似乎飘着的雨丝儿也都是绿的。
近义 郁郁葱葱
反义 枯黄凋零

苍颜白发 cāng yán bái fà

【释义】苍:灰白色。颜:脸面。脸色苍老,满头白发。也借指老人。也作"白发苍颜"。
【例句】爷爷虽然已经～了,但是仍然孜孜不倦地从事着学术研究。/ 广场上,一群～正踩着音乐节拍跳着笑着,尽显生命活力。
近义 白发苍苍

苍蝇见血 cāng yíng jiàn xuè

【释义】苍蝇见血就拼命吮吸。比喻极端贪婪。
【例句】那狗官见了银子就似～一般两眼发直。

沧海横流　cāng hǎi héng liú

【释义】沧海:大海。海水泛滥,四处奔流。比喻政局混乱,社会动荡不安。

【例句】在～中,他显出了无产阶级革命家大无畏的英雄本色。

近义　洪水横流

沧海桑田　cāng hǎi sāng tián

没想到这里原来是一片大海。

【释义】桑田:农田。大海变为农田,农田变为大海。比喻世事变迁巨大。也作"桑田沧海"。

【用法】叹息世事多变,可用此语。

【例句】亿万年的～几乎抹去了一切文明痕迹,仅留下极少遗物,成了现代人类的不解之谜。

近义　天翻地覆

反义　万古不变

沧海一粟　cāng hǎi yī sù

【释义】粟:谷子。大海中的一颗谷粒。比喻极其渺小,微不足道。

【用法】多用于指个人。

【例句】他走在川流不息的人群中,犹如～。

近义　九牛一毛　太仓一粟

反义　硕大无比

提示　"粟"不读lì,不写作"栗"。

沧海遗珠　cāng hǎi yí zhū

【释义】遗:遗漏。大海中漏采的珍珠。比喻被埋没的人才。

【用法】多用于指个人。

【例句】他自认为自己是～,整日抱怨怀才不遇。

反义　人尽其才

藏垢纳污　cáng gòu nà wū

见93页"藏污纳垢"。

藏龙卧虎　cáng lóng wò hǔ

【释义】隐藏着蛟龙,潜伏着老虎。比喻潜藏着杰出的人才。

【例句】我们家乡出了不少名人,那可是个～的地方。

藏器待时　cáng qì dài shí

【释义】器:用具;才能。怀藏才学,等待施展的时机。

【例句】临近毕业了,他不急于推销自己,而是胸有成竹,～。

藏头露尾　cáng tóu lù wěi

【释义】藏起脑袋,露出尾巴。形容说话办事露一点留一点,不完全表露出来。

【用法】用于指人故意遮掩言行,不光明正大。

【例句】他说话含含糊糊,～,看上去不怎

么靠谱。

藏污纳垢 *cáng wū nà gòu*

【释义】包藏、容纳肮脏污秽的东西。比喻包容坏人坏事。也作"藏垢纳污"。

【例句】这条河道在治理之前，完全是条～的臭水沟。/这看起来富丽堂皇的酒店，竟是～之所。

近义 含污纳垢

藏形匿影 *cáng xíng nì yǐng*

【释义】匿：隐藏。把身形影迹都隐藏起来。隐藏形迹，不露真相。

【例句】这些犯罪分子借大城市有～之便，于是铤而走险，活动愈发频繁起来。

近义 销声匿迹

操刀必割 *cāo dāo bì gē*

【释义】操：拿。拿起刀就一定要割东西。比喻做事要及时下手。

【用法】常用来比喻行事果断。

【例句】如今时间就是金钱，如果你觉得这个项目值得干，就～，赶快上马。

近义 当机立断

操奇计赢 *cāo qí jì yíng*

【释义】操：掌握。奇：指奇货。赢：利润。操纵短缺的货物，牟取高额的利润。

【用法】用于指商人囤积断缺物资而牟利。

【例句】打击～的奸商，是稳定社会秩序的重要手段。

操之过急 *cāo zhī guò jí*

【释义】操：做事。办事过于急躁。

【例句】车到山前必有路，何必～呢？

近义 急于求成

反义 稳扎稳打

草草了事 *cǎo cǎo liǎo shì*

【释义】草草：草率，马虎。了：完结。马马虎虎地把事情了结。也作"草草完事"。

【例句】这项任务很重要，你必须认真办理，不可～。

近义 草草收场

草草完事 *cǎo cǎo wán shì*

见 93 页"草草了事"。

草间求活 *cǎo jiān qiú huó*

【释义】草：山野。在草野之中谋求生存。形容苟且偷生。

【用法】用于人的行为。含贬义。

【例句】国家处于危难之际，大丈夫岂能～，忍辱偷生！

近义 苟且偷安

草菅人命 *cǎo jiān rén mìng*

【释义】菅：一种野草。把人命看得跟野草一样。指任意残害百姓。

【用法】多指掌权者任意摆布、杀害人。

【例句】对那些贪赃枉法、～者，一定得绳之以法。

近义 视若草芥

提示 "菅"不读 guǎn，不能写成"管"。

草木皆兵 *cǎo mù jiē bīng*

【释义】把野草树木都当成敌兵。形容在受到某种打击时惊恐失措，疑神疑鬼。

【典故】东晋时，前秦一直想吞并晋王朝，

秦王符坚亲自率领九十万大军,去攻打晋国。晋国派大将谢石、谢玄领八万兵马迎战。符坚很傲慢,根本没把与秦军力量悬殊的晋军看在眼里。可是,符坚的先头部队同晋军首战便被打败。他和弟弟符融趁夜去前线视察,他看到晋军阵容严整,士气高昂,连晋军驻扎的八公山上的草木,也影影绰绰像是满山遍野的士兵。接着,在淝水(今安徽瓦埠湖一带)决战,秦军被彻底击溃,损失惨重,符坚自己受伤,弟弟符融也阵亡了。符坚仓皇而逃,一路上"风声鹤唳,草木皆兵"。(《晋书·符坚载记》)

【用法】常与"风声鹤唳"连用于加强语义。

【例句】他做了亏心事后,很长一段时间里事事都～。

近义 风声鹤唳　杯弓蛇影

反义 若无其事　镇定自若

草行露宿　cǎo xíng lù sù

【释义】在草野间赶路,在露天里住宿。形容行旅急迫、艰难。

【例句】勘察队在荒郊峡谷间～,历尽艰辛,终于掌握了这一带地质情况的第一手资料。

近义 风餐露宿

草长莺飞　cǎo zhǎng yīng fēi

【释义】绿草丰茂,黄莺飞舞。形容江南明媚的春景。

【例句】暮春三月,百花齐放,～,到处一片春光融融的景象!

提示 "长"不读 cháng。

侧目而视　cè mù ér shì

【释义】侧:斜着。斜着眼睛看,不敢正视。形容敬畏或愤怒的样子。

【例句】街上的人都对那无赖泼皮～。

近义 重足而立

恻隐之心　cè yǐn zhī xīn

【释义】恻隐:怜悯,同情。对他人不幸或苦难的同情心。

【例句】虽然我曾经怨恨他,但是看到他现在这副模样,我又顿生～。

反义 铁石心肠

参差不齐　cēn cī bù qí

【释义】形容很不整齐或水平不一。

【用法】指长短、高低、大小、程度、水平等不一致。

【例句】大别山东麓～地长了许多矮树和灌木丛。

近义 长短不一　良莠不齐

反义 整齐划一

提示 "参差"不读"cān chā"。

层出不穷　céng chū bù qióng

【释义】层:重复。穷:尽。接连不断地出现,没有穷尽。

【用法】多用于形容处事手法变化多端或新鲜事物不断出现。

【例句】现在的商品种类真是～,看得人眼花缭乱。

近义 屡见不鲜　层见叠出

反义 寥若晨星　屈指可数

提示 "层"不能写成"曾"。

层峦叠嶂　céng luán dié zhàng

【释义】层、叠:重叠。峦:连绵的山峰。嶂:耸立像屏障的山。形容山峰重叠,连绵起伏。

【例句】我们到了峨眉,一抬头,便见四周～。

近义 崇山峻岭
反义 一马平川

层见叠出　céng xiàn dié chū

【释义】层:重复。叠:一次又一次。指接连不断地多次出现。

【用法】多用来形容事物多且不断出现。

【例句】满桌摆设酒器,多是些金银异巧式样,~。

近义 层出不穷
反义 屈指可数

曾几何时　céng jǐ hé shí

【释义】曾:副词,表过去时态。几何:多少。指时间过去没多久。

【例句】~他和我还很要好,现在却形同陌路。

反义 久而久之

曾经沧海　céng jīng cāng hǎi

【释义】曾:曾经。经:经历。沧海:大海。曾经见过大海的人,别的水都难以吸引他了。比喻见识广博,经验丰富的人很难看得上一般的人或事物。

【用法】多用于感叹过去的事情。

【例句】老人们可说是~,岁月的流逝抹去了他们探索的足印。

近义 饱经沧桑
反义 初出茅庐

差强人意　chā qiáng rén yì

【释义】差:稍微。强:振奋。指大体上还能使人满意。

【用法】不能理解为不如人意。

【例句】这份工作虽不是我梦寐以求的,但也勉强~。

近义 尚如人意
反义 大失所望

提示 "差"不读 chāi。

差三错四　chā sān cuò sì

【释义】颠倒错乱。

【用法】形容差错很多或虚假不实。

【例句】账目一定要清楚正确,千万不要~。

近义 颠三倒四
反义 丁一卯二

差之毫厘,谬以千里

chā zhī háo lí, miù yǐ qiān lǐ

【释义】差、谬:差错,错误。开始相差得很小,结果会造成很大的错误。强调不能有一点儿差错。也作"毫厘千里""差之毫厘,失之千里""失之毫厘,谬以千里"。

【例句】测绘工作力求精准,常是~,所以容不得半点粗心大意。

差之毫厘,失之千里

chā zhī háo lí, shī zhī qiān lǐ

见95页"差之毫厘,谬以千里"。

插翅难飞　chā chì nán fēi

【释义】即使插上翅膀也难出去。形容被围或受困而难以逃脱。

【例句】犯罪嫌疑人被警察重重包围,已经~了。

近义 上天无路,下地无门
反义 不翼而飞

插科打诨　chā kē dǎ hùn

【释义】科:旧戏曲中演员的表情动作。诨:开玩笑的话。戏曲演员在演出中穿插些滑稽的动作或语言来引人发笑。也指取笑逗乐。

【用法】泛指生活中用诙谐的言语开玩笑、逗乐。

【例句】今天的这出戏可真过瘾，演员们时不时地～，逗得观众哈哈大笑。/开会是比较严肃的事，如果在会上～，就不怎么合适了。

提示 "诨"不读 hún。

茶余饭后   chá yú fàn hòu
【释义】指茶饭后的一段空闲休息时间。泛指休息或空闲的时候。
【例句】我们要抓紧～的时间，多多阅读书籍。

查无实据   chá wú shí jù
【释义】查究不出确凿的证据。
【用法】常与"事出有因"连用。
【例句】唯一的证人也被杀害了，现在这个案子成了"事出有因，～"的疑案。

察言观色   chá yán guān sè
【释义】色：脸色。通过观察言语脸色来揣摩对方的心意。
【用法】指从言谈和面部表情两方面去观察揣度。
【例句】辩论会上，要学会～，才有可能打败对手。
近义 鉴貌辨色
反义 视而不见

姹紫嫣红   chà zǐ yān hóng

【释义】姹：美丽。嫣：鲜艳。形容各种颜色的花卉艳丽、好看。
【用法】通常只用于形容花开得多，五颜六色。
【例句】春雨绵绵，我撑着雨伞，看花园里～的花朵，在春雨的滋润下更加娇艳。
近义 万紫千红   花团锦簇

拆东墙, 补西墙   chāi dōng qiáng, bǔ xī qiáng
【释义】拆掉这边去补救那边。比喻处境困难，临时勉强应付。
【用法】也比喻临时救急，不是根本办法。
【例句】犯罪嫌疑人因无力还债，只好再去骗，～，骗的更大，债主更多，形成了恶性循环。

柴米油盐   chái mǐ yóu yán
【释义】泛指人们日常生活的必需品。
【例句】他不甘心于为～等家庭琐事了此一生。

豺狼成性   chái láng chéng xìng
【释义】像豺狼一样凶残成性。比喻人阴险狠毒。
【例句】此人枭獍为心，～，诚然王法所不容。
近义 狼心狗肺   穷凶极恶

豺狼当道   chái láng dāng dào
【释义】豺狼横在道路中间。比喻坏人当权。
【例句】在～的社会，普通民众即便有天大的冤情也无处申诉。
近义 恶人当道   豺虎肆虐
反义 河清海晏

馋涎欲滴 *chán xián yù dī*

【释义】涎：口水。欲：将要。馋得口水都要流下来了。

【用法】现也用于形容看到好的东西，欲望十分强烈。

【例句】这些糖果就摆在玻璃橱窗里，让人看了～。

近义　垂涎欲滴　垂涎三尺

提示　"涎"不读 yán。

缠绵悱恻 *chán mián fěi cè*

【释义】缠绵：萦绕纠缠。悱恻：悲苦。形容情意缠绵、内心悲苦。

【用法】用于形容哀婉凄切。

【例句】李商隐的《无题》围绕"见难""别难"来抒发诗人～的深情。

近义　回肠九转

谄上骄下 *chǎn shàng jiāo xià*

【释义】谄：讨好，奉承。对上谄媚讨好，对下骄横无理。

【用法】用于形容对上对下两面三刀。含贬义。

【例句】凡是这一号乡绅，一定是～，剥下奉上的。

近义　谄上欺下

谄上欺下 *chǎn shàng qī xià*

【释义】谄：讨好，奉承。指对地位比自己高的人奉承巴结，对地位低的人欺压。

【例句】此人一贯～，所以在公司里口碑并不好。

近义　谄上骄下

阐幽明微 *chǎn yōu míng wēi*

【释义】阐：阐发。幽：深奥。微：精妙。使深奥精妙的事物或道理显露出来。

【用法】用于指对事物深入研究或阐述。

【例句】一些谈艺术理论的著作为了要～，反而容易把艺术的道理谈得很深奥。

近义　钩深致远　探赜索隐

长此以往 *cháng cǐ yǐ wǎng*

【释义】长：长期。此：这样。往：向（某处去）。长期这样下去。

【用法】多就不好的情况而言，指老是这样下去，就会产生不良后果。

【例句】学生成天迷恋网络游戏，～，就会荒废学业，弄坏身体。我们呼吁：全社会都来关心这个有关青少年健康成长的问题。

近义　久而久之

反义　一时半刻

长风破浪 *cháng fēng pò làng*

见 108 页"乘风破浪"。

长歌当哭 *cháng gē dàng kū*

【释义】长歌：长声歌咏。当：当作。用放声歌咏代替痛哭。

【用法】多指用诗文抒发胸中的悲愤。

【例句】先生不幸遇难，悲痛之情都于胸中，唯有～以寄哀思。

长林丰草 *cháng lín fēng cǎo*

【释义】长：高。丰：茂盛。高大的树林和茂盛的野草。本指禽兽栖息的地方，后指隐逸者的住所。

【用法】多用于人的思想或行为。

【例句】他厌恶城市生活，认为这是违反他养生之道和居～志趣的。

长话短说 *cháng huà duǎn shuō*

【释义】把要用很多话才能说完的事用简短的话说完。

【例句】时间不早了,我就~,将今天的会议内容总结一下。

长江后浪推前浪　*cháng jiāng hòu làng tuī qián làng*

【释义】长江江水的波浪,后面的推动前面的。

【用法】用于比喻人或事物不断更迭,新陈代谢。

【例句】"~",在科学研究上,如今也是青年人超过老年人。

长虑顾后　*cháng lǜ gù hòu*

【释义】长虑:考虑到长远。顾:回头看,顾及。指从大处着眼,做长远的考虑。

【用法】多用于书面语。含褒义。

【例句】智力投资是~的明智之举。

近义 高瞻远瞩

反义 鼠目寸光

长命百岁　*cháng mìng bǎi suì*

【释义】寿命很长,活到一百岁。

【用法】多用来祝人长寿。

【例句】祝奶奶身体健康,~!

近义 长生不老　万寿无疆

长年累月　*cháng nián lěi yuè*

【释义】累月:月复一月。形容经历很多年月。也作"成年累月"。

【用法】指历时很久。

【例句】这里到处都是一片白茫茫的雪原,风几乎~不停地呼啸着。

近义 经年累月　年深日久

反义 一朝一夕

长篇大论　*cháng piān dà lùn*

【释义】指滔滔不绝的言论或篇幅冗长的文章。

【用法】用于形容文章或口头发言长。

【例句】我不要再听你这些似是而非的~。

近义 长篇累牍

反义 三言两语　只言片语

长篇累牍　*cháng piān lěi dú*

【释义】累:重叠。牍:古代写字用的木片。指篇幅长,把木简都写满了。

【用法】用于形容文章或书信写得很长。

【例句】他回去以后,~地写了一封信,向我诉苦。/他说起话来长篇大论,写起文章来~。

近义 长篇大论　连篇累牍

反义 只言片语

长驱直入　*cháng qū zhí rù*

【释义】驱:赶马(前进)。长驱:长距离地快速前进。直:径直。入:进入。指快速地向很远的目的地前进。

【用法】用于形容进军迅速而顺利,向目的地挺进。也泛指畅通地进入。

【例句】军队数日来~,先头部队已经进入武昌。/我们张着大口吃东西的时候,细菌正可以通过这条"康庄大道"~。

近义 步步为营

反义 退避三舍

长生不老　*cháng shēng bù lǎo*

【释义】生命长存,永不衰老。旧指成仙得道的人永不死亡。也用来祝老人长寿。

【用法】现多用作祝寿语。

【例句】生老病死,是一种自然现象,所谓的~,只不过是一种幻想罢了。/祝您~,万寿无疆!

近义 长生久视

长绳系日 *cháng shéng jì rì*

【释义】用长绳子把太阳拴住。比喻想留住时光。

【用法】多用于学习、工作、研究等。

【例句】他废寝忘食地工作，恨不能～，有更充裕的时间，多出成果。

长途跋涉 *cháng tú bá shè*

【释义】跋：翻山越岭。涉：蹚水过河。翻山渡水走长路。形容旅途艰辛。也比喻长期不懈的努力。

【例句】经过半个月的～，他们终于来到了水旱相连的边缘地带。/人生就像是马拉松比赛，必须经过～，才能到达目的地。

近义 跋山涉水

反义 安步当车

长袖善舞 *cháng xiù shàn wǔ*

【释义】善：容易。指衣袖长才容易舞得好。比喻做事有所凭借才容易成功。后多用来形容（有财势、有手腕的人）善于钻营取巧。

【用法】常用作贬义。

【例句】他为人～，怪不得能够在政商两界无往不利。

长吁短叹 *cháng xū duǎn tàn*

【释义】吁、叹：叹气。指（因烦恼、伤心、痛苦等）不住地叹气。

【例句】"八零后"那代人已经奔走在为事业忙碌的路上，或者正为生计奔波，为家庭和儿女～。

近义 唉声叹气

长夜漫漫 *cháng yè màn màn*

【释义】漫漫：长而无边的样子。长长的

黑夜没有尽头。

【释义】多用来比喻社会的黑暗。

【例句】天旋地转般的剧烈头晕袭击他，～却又无法入睡。/那年月，～，穷人盼着吃饱穿暖的日子早点到来。

长治久安 *cháng zhì jiǔ ān*

【释义】治：太平。社会秩序长期安定太平。

【例句】只有社会和谐了，国家～的根基才能稳固。

近义 天下太平

反义 动荡不安

尝鼎一脔 *cháng dǐng yī luán*

【释义】鼎：古代烹煮食物的器具，三足两耳。脔：切成片或块状的肉。尝尝鼎里的一片或一块肉，就可以知道鼎中其余肉的滋味。比喻根据部分推知全体。

【例句】通过这些英译作品，我们可以对这位诗人甚至希腊的诗歌～。

常备不懈 *cháng bèi bù xiè*

【释义】常：时常。备：防备，准备。懈：松懈。时刻准备着，从不松懈。

【例句】国家的旅游安全环境不仅要有尽量减少事故隐患的措施，而且还要有～的救援协调机构。

怅然若失 *chàng rán ruò shī*

【释义】怅然：失意不乐的样子。心情沮丧，好像丢了什么一样。

【例句】听了他的话，我～地待在那里，许久说不出话来。

近义 茫然若失　若有所失

畅所欲言 *chàng suǒ yù yán*

【释义】畅：痛快。尽情地说出想说的话。

C

【例句】今晚的比赛是意大利对澳大利亚，究竟胜利之神会眷顾谁家,请朋友们～。

近义 各抒己见

反义 不由分说　欲言又止

畅通无阻　chàng tōng wú zǔ

【释义】畅:顺畅。毫无阻碍地通行或通过。也作"畅行无阻"。

【例句】自从道路拓宽后,这条运输线总是～。

反义 水泄不通

畅行无阻　chàng xíng wú zǔ

见 100 页"畅通无阻"。

唱独角戏　chàng dú jiǎo xì

【释义】唱只有一个角色的戏。

【用法】用于比喻一个人独自做某件事或某一方面独自称霸。

【例句】"咦,实验怎么就你一个人做呢?""大家都不愿意干,当然就我一人～啰!"/我们认为,今年股市这种"游击队"(私募基金)～的局面,将会在明年发生变化。

唱对台戏　chàng duì tái xì

【释义】两个戏班子为了竞争,同时演出相同的戏目。

【用法】用于比喻为了反对或搞垮对方,故意采取与对方相对的行动。

【例句】两家相邻的鞋店经常～。你卖 50 元一双,他就 49 元一对;你说卖跳楼价,他就说大出血。

超尘拔俗　chāo chén bá sú

【释义】超、拔:超出,高出。尘、俗:佛教教徒修行功夫深。形容人品超过一般,不同凡俗。也作"超尘出俗"。

【例句】深深扎根在人们心中的她,是一位～的英雄。

近义 超凡入圣

超尘出俗　chāo chén chū sú

见 100 页"超尘拔俗"。

超凡入圣　chāo fán rù shèng

【释义】超出凡人,达到圣人的境界。多形容造诣精深。

【用法】指人某一方面造诣精深,达到极高的境界。

【例句】居里夫人实事求是,～,知道自己的目标,更知道自己的价值。

近义 绝伦逸群　超尘拔俗

反义 碌碌无为

超今冠古　chāo jīn guàn gǔ

【释义】冠:超越。超过今人胜古人。

【例句】他的技法已达到炉火纯青、～的境界。

提示 "冠"不读 guān。

超类绝伦　chāo lèi jué lún

【释义】伦:类,同辈。超出同辈,无与伦比。

【例句】他是一位～的大学者。

近义 超群拔类

超前绝后　chāo qián jué hòu

【释义】超越前代或前人,以后也无人可继。

【例句】这位画家的画价值连城,～。

近义 空前绝后

超群拔类　chāo qún bá lèi

【释义】拔:超出。超出众人,非常杰出。

【例句】在同龄人中间,他的组织才能是～的。

近义 出类拔萃　超类绝伦

反义 碌碌无能

超然物外　*chāo rán wù wài*

【释义】超然:不站在对立各方的任何一方。物:环境,事物。指超脱于世事之外。

【用法】常指逃避现实或置身于某事之外。

【例句】无论外面发生什么,陈景润都能～,成天把自己关在六平方米的小屋里,潜心研究他的哥德巴赫猜想。

近义 与世无争

反义 追名逐利

车殆马烦　*chē dài mǎ fán*

【释义】殆:通"怠",疲乏。烦:劳累。车轮转不动了,马也疲惫了。形容旅途劳顿。

【例句】到了第五天,～,他也觉得疲惫不堪。

车到山前必有路　*chē dào shān qián bì yǒu lù*

【释义】比喻事到临头,总会有解决的办法。

【用法】常与"船到桥头自然直"连用,宽慰处于困境中的人。

【例句】在我最无助的时候,他安慰我说,不必太犯愁,～,总会有解决办法的。

车水马龙　*chē shuǐ mǎ lóng*

【释义】车像流水一样接连不断,马连成了一条龙。形容热闹繁华的景象。

【例句】我喜欢乡下的那片宁静,胜过于都市的～。

近义 门庭若市

反义 门庭冷落

车载斗量　*chē zài dǒu liáng*

【释义】用车装,用斗量。形容数量极多,不足为奇。也作"斗量车载"。

【用法】用于指人数量多时,则带有夸张语气。

【例句】现在的大学毕业生在我国～,不可胜数。

近义 不可胜数

反义 凤毛麟角　屈指可数

提示 "量"不读 liàng。

彻头彻尾　*chè tóu chè wěi*

【释义】彻:通,透。从头到尾;完完全全。

【例句】他是个～的坏蛋,对你的善意,只是迷惑你的一种手段。

近义 彻里彻外

尘埃落定　*chén āi luò dìng*

【释义】灰尘落在地面不动了。比喻事情定下来了、完成了,或问题解决了。

【例句】威尼斯电影节各个奖项已～。/股权之事还未～,就有传闻说那家公司已经停产了。

沈博绝丽　*chén bó jué lì*

【释义】沈:通"沉",深。博:广。形容文章的含义深远,内容渊博,文辞华美。

【用法】多用于书面语。

【例句】她相信那哀感顽艳的情感和～的文章,绝不是戒律谨严的高僧所能有或所能做的。

沉疴痼疾　*chén kē gù jí*

【释义】沉疴:长久而严重的病。痼疾:经

久难治的病。指久治不愈的严重疾病。

【用法】用于比喻积弊太深。

【例句】梁公子，梁王爷爷患的不是一般疾病，我真的没有把握能治好王爷的～。／中国足球在大赛中屡战屡败，技战术上一个个～，令人扼腕长叹！

沉默寡言　chén mò guǎ yán

【释义】寡：少。深沉文静，不爱多说话。

【例句】有时候，用～来代替喋喋不休，不仅不会让你失去大家的注目，反而会帮助你获得更多的友谊。

近义　少言寡语

反义　喋喋不休

沉思默想　chén sī mò xiǎng

【释义】沉：深。深深地思索，静静地考虑。

【例句】他把自己独自关在办公室里，时而坐在办公桌前～，时而又急速踱到窗前，望一眼窗外。

沉吟不决　chén yín bù jué

见102页"沉吟未决"。

沉吟未决　chén yín wèi jué

【释义】沉吟：迟疑不决，低声自语。犹犹豫豫不能决断。也作"沉吟不决"。

【用法】用于描绘人的行为。

【例句】周董事长～，因为他深知他的决定关系着整个公司的前途和命运。

近义　迟疑不决　优柔寡断

反义　当机立断　毅然决然

沉鱼落雁　chén yú luò yàn

【释义】使游鱼沉入水底，使飞雁降落沙洲。形容女子容貌极美。

【用法】常与"闭月羞花"连用，以加强语义。

【例句】传说西施有～之容，闭月羞花之貌。

近义　燕妒莺惭　闭月羞花　倾城倾国

反义　其貌不扬

沉郁顿挫　chén yù dùn cuò

【释义】沉郁：含蓄深沉。顿挫：抑扬。形容文辞等深沉蕴藉，音调抑扬有致。

【例句】杜甫的诗歌～，忧时伤世。

沉冤莫白　chén yuān mò bái

【释义】沉冤：难以辩白或久未昭雪的冤屈。白：辩白，昭雪。积久的冤屈难以得到昭雪。也作"沉冤莫雪"。

【例句】在那恶霸当道的年代，有许许多多像窦娥一样的老百姓～。

近义　不白之冤

反义 平反昭雪

沉冤莫雪 chén yuān mò xuě
见 102 页"沉冤莫白"。

沉渣泛起 chén zhā fàn qǐ
【释义】泛：漂浮。沉底的渣滓又浮上水面。比喻腐朽事物或丑恶现象再度出现。
【例句】吸毒、赌博、卖淫等丑恶现象本已绝迹，现在又～。要铲除这些社会毒瘤，任重而道远哪！
近义 死灰复燃

陈陈相因 chén chén xiāng yīn
【释义】陈：旧。因：沿袭。指仓库的粮食逐年累积，陈粮上堆陈粮。后比喻沿袭老一套，没有改进。
【用法】指沿袭老的方法、办法。
【例句】那样～的文章，即使数目众多，也毫无意义。
近义 萧规曹随　墨守成规
反义 推陈出新　除旧布新

陈词滥调 chén cí làn diào
【释义】陈：旧。滥：空泛。陈旧而不切合实际的话。
【用法】含贬义。
【例句】正因为生活是乏味的，所以人们都喜欢追求耳目一新的感觉，而不是每天听到的尽是些～。
近义 老生常谈　老调重弹
提示 "滥"不能写成"烂"。

陈谷子烂芝麻 chén gǔ zi làn zhī má
【释义】比喻陈旧的无关紧要的话或事物。
【例句】这都什么年代了，你还提那些～的事情。

陈规陋习 chén guī lòu xí
【释义】陈：旧。陋：不文明，不合理。陈旧的规矩和不好的习惯。
【例句】一些地方的封建迷信活动有所抬头，尤其是到了清明时节，这种～愈演愈烈。
近义 清规戒律

陈力就列 chén lì jiù liè
【释义】陈：献出。就列：指担任职务。施展自己的才力，就任相应的职位。
【例句】单位的～用人机制让年轻有为的强子坐上了部门主任的位置。

陈言务去 chén yán wù qù
【释义】陈旧的言词务必去除。
【例句】要想写出好文章，必须做到～。

晨钟暮鼓 chén zhōng mù gǔ

【释义】佛寺、道观早晚仪式：早晨敲钟，黄昏打鼓。后用于形容寺院的孤寂生活或时光的推移。也作"暮鼓晨钟"。
【例句】在这幽静的寺庙中，～的生活让这些僧人都远离了世俗。

称体裁衣 chèn tǐ cái yī
【释义】称：适合，相符。按照适合身体的高矮肥瘦的尺寸裁制衣服。比喻按照客观实际情况办事。

【用法】用于形容做事要实事求是。

【例句】做任何事情都要从实际出发，～，否则就有可能犯错。

近义 量体裁衣

称心如意　chèn xīn rú yì

【释义】称：符合。完全合乎心愿。

【例句】大学毕业后，他没费多少工夫就找到一份～的工作。

近义 心满意足

反义 大失所望

提示 "称"不读 chēng 或 chèng。

趁火打劫　chèn huǒ dǎ jié

【释义】趁：利用。趁人家失火的时候去抢人家的东西。比喻趁人困难或危急之时捞取好处。

【用法】含贬义。

【例句】那些在自然灾害发生的时候，～哄抬物价的商家是不道德的。

近义 乘人之危

反义 扶危济困　雪中送炭

趁热打铁　chèn rè dǎ tiě

【释义】趁着铁烧红时立刻锤打。比喻做事抓紧时机，立刻进行。

【例句】要干就～，明天就开选拔大会。

近义 趁水和泥

反义 拖泥带水　坐失良机

趁人之危　chèn rén zhī wēi

见 108 页"乘人之危"。

趁水和泥　chèn shuǐ huó ní

【释义】和：搅拌。就着水把干土等材料搅拌成可用的泥浆。比喻利用现成的条件行事。

【例句】他们～，在见了双方父母之后，赶在春节里把喜事办了。

近义 趁热打铁

反义 拖泥带水　坐失良机

提示 "和"不读 hé 或 huò。

趁虚而入　chèn xū ér rù

见 109 页"乘虚而入"。

称孤道寡　chēng gū dào guǎ

【释义】孤、寡：古代帝王自称"孤"或"寡人"。指妄以首脑自居。比喻妄自尊大。

【用法】现多用于形容人狂妄自大，以地位最高的人自居。

【例句】领导不在的时候，他就在同事面前～，发号施令。

近义 称王称霸

称王称霸　chēng wáng chēng bà

【释义】霸：霸主，诸侯联盟的首领。狂妄地以首领自居，欺压别国或别人。形容飞扬跋扈，胡作非为。

【例句】张恩德在人群中说："大家都是出来打工的，有事共同商量，谁也别想在这里～！"

近义 称孤道寡

称贤使能　chēng xián shǐ néng

【释义】称：举用。推举任用有德行有才干的人。

【例句】这家公司业绩之所以能够蒸蒸日上，主要还在于领导者善于～。

近义 举贤使能

称兄道弟　chēng xiōng dào dì

【释义】朋友间以兄弟相称，表示关系亲密。

【用法】指不顾原则地讲哥们义气。现多用作贬义。

【例句】张明近来和一些不三不四的小青年来往频繁,彼此～。

撑肠拄肚　chēng cháng zhǔ dù

【释义】撑、拄:充满,塞饱。肚子塞到了容不下的程度。

【用法】多用于形容吃得太多。含贬义。

【例句】他见到一桌子的好菜,狼吞虎咽,直到～为止。

瞠乎其后　chēng hū qí hòu

【释义】瞠:直视、瞠着眼看。其:代词,他。乎:文言语气助词。眼看着落在后面,赶不上。形容远远落在后面。

【用法】多用于书面语。

【例句】乾隆朝的“十全武功”固然～,就是康熙朝的平三藩之乱,论规模、论艰难,也都不如。

近义 望尘莫及

反义 迎头赶上

提示 “瞠”不读 táng。

瞠目结舌　chēng mù jié shé

【释义】瞠目:瞠着眼睛。结舌:舌头动不了,说不出话来。瞠着眼睛说不出话来。形容受窘或惊呆的样子。

【例句】她听说自己的丈夫竟是被通缉的逃犯时,一时～,不知如何是好。

近义 目瞪口呆

提示 “瞠”不读 táng。

成败得失　chéng bài dé shī

【释义】得:得利。失:失利。成功与失败,得到的与丢掉的。

【例句】不要以你已经做过的事情来判断你的～,而要以你将要做的事情来判断。

近义 成败利钝

成败利钝　chéng bài lì dùn

【释义】利:锋利;顺利。钝:不锋利;失败。成功、失败,顺利或挫折。泛指各种各样的结果。

【用法】多用在做某事时,向参与其中的人说明各种成败利害关系。

【例句】他知道自己唯一所能采取的态度,便是不问～,尽力帮她去克服困难。

近义 成败得失

成败论人　chéng bài lùn rén

【释义】以成功或失败为评价人物的标准。

【例句】他虽然这次失败了,但是世上没有常胜将军,我们不能以～。

近义 胜败论人

成家立业　chéng jiā lì yè

【释义】结了婚,有了家业或建立了某项事业。

【用法】主要用于男人。

【例句】他从小生活在姑姑家,姑姑亲自料理他的生活起居,教他写字读书,为他奔走求职,一直到他～。

反义 安家立业

成年累月　chéng nián lěi yuè

见98页“长年累月”。

成千上万　chéng qiān shàng wàn

【释义】累计成千,成万。形容数量非常多。

【用法】常用于口语。

【例句】在陆地上,企鹅常常～只地聚集在一起,一个挨着一个地站着。

近义 千千万万　盈千累万

反义 寥寥无几　屈指可数

成千盈百　chéng qiān yíng bǎi

【释义】盈：多出。指超出百数，累计成千。

【用法】形容数量多。

【例句】～的孩子，闹嚷嚷地从门内挤了出来。

近义　成千累万

成群结党　chéng qún jié dǎng

【释义】党：为私利结成的集团。指一部分人结成小团体。

【用法】常用作贬义。

【例句】这人诡计多端，有不少的～的党徒。

近义　三五成群

反义　形单影只

成群结队　chéng qún jié duì

【释义】一群群、一队队地集结在一起。

【例句】东非大草原上，～的动物正在大迁徙。

近义　三五成群

反义　单枪匹马　形单影只

成人之美　chéng rén zhī měi

【释义】成：成全。美：好事。原意是勉励或帮助别人做事。后用于表示成全人家的好事。

【例句】"～"不但是一种修养，更是一种美德。

成仁取义　chéng rén qǔ yì

【释义】仁：仁爱。义：道义，正义。为正义而牺牲生命。也作"取义成仁"。

【用法】多用在忠臣义士不屈不挠，为国牺牲方面。

【例句】先烈们在关键时刻都选择了～的道路，为革命献出了宝贵生命。

近义　杀身成仁

反义　苟且偷生

成事不足,败事有余

chéng shì bù zú,bài shì yǒu yú

【释义】成：完成，办好。败：搞坏。不能把事情办好，只能把事情弄糟。指斥办事拙劣，极其无能。也作"成事不足，坏事有余"。

【例句】他这个人常常是～，你把这么重大的任务交给他，可要当心哟。

成事不足,坏事有余

chéng shì bù zú,huài shì yǒu yú

见 106 页"成事不足，败事有余"。

成双成对　chéng shuāng chéng duì

见 106 页"成双作对"。

成双作对　chéng shuāng zuò duì

【释义】两两组合成对。也作"成双成对"。

【用法】描绘人或物。用于人时，指夫妻或情侣。

【例句】被面上，绣着～的鸳鸯。

近义 双宿双飞

反义 形单影只

成也萧何,败也萧何

chéng yě xiāo hé,bài yě xiāo hé

【释义】成:成功。也:语气词。萧何:汉高祖刘邦的丞相。成事的是萧何,败事的也是萧何。借指事情的成败或好坏都是由同一个人造成的。

【用法】多用于引语。

【例句】由于齐达内的精彩表现,法国队一路杀入决赛,占尽优势,但也正是由于他的不冷静,最终导致法国队负于意大利,可以说是～了。

成则为王,败则为寇

chéng zé wéi wáng,bài zé wéi kòu

【释义】寇:盗贼。夺取政权成功的就称王称帝,失败的就被称为贼寇。

【例句】女英雄镇定自若地说:"～,今日被擒,要杀要剐随你便!"

成竹在胸 chéng zhú zài xiōng

见825页"胸有成竹"。

诚惶诚恐 chéng huáng chéng kǒng

【释义】诚:确实。惶:恐惧。原是臣下给君王奏章中的套语,表示惶恐不安。后形容极端小心以至恐惧不安。

【用法】现也用作套语。

【例句】这位老人小心谨慎了一生,如有风吹草动,就马上～地替别人替自己担忧起来。/这些年来,我～,唯恐辜负了大家对我的期望。

近义 战战兢兢

反义 泰然自若

诚心诚意 chéng xīn chéng yì

【释义】诚:真实。指心意很真诚。

【例句】我～地邀请你到我公司来指导工作。

近义 实心实意 真心实意

反义 虚情假意

承欢膝下 chéng huān xī xià

【释义】承欢:迎合他人的意思以博取欢心。膝下:儿女幼时依偎在父母膝下,因而借指父母跟前。指在父母跟前殷勤侍奉,使父母过上欢乐的生活。

【例句】您老真有福气,儿女们个个～,日子多舒心啊!

承前启后 chéng qián qǐ hòu

见107页"承先启后"。

承上启下 chéng shàng qǐ xià

【释义】承:接续。启:开,引出。承接上面的,引起下面的。多指诗文中沟通文意的字句而言。也作"承上起下"。

【用法】多用于写作,指承接上文,引起下文。

【例句】这段话有～的作用,我们一定要细细体会。

近义 承先启后

承上起下 chéng shàng qǐ xià

见107页"承上启下"。

承先启后 chéng xiān qǐ hòu

【释义】承:继承。启:开创。继承前代的并启发后代的。也作"承前启后"。

【用法】多用于事业、学问等。

【例句】唐代古文运动在中国古代文学史上发挥了～的重要作用。

近义 承上启下　继往开来

城门失火,殃及池鱼

chéng mén shī huǒ, yāng jí chí yú

【释义】殃:灾祸。池:护城河。城门着了火,大家都用护城河的水扑救,结果水用尽了,鱼也干死了。比喻因偶然的牵连而遭受祸患或损失。也作"池鱼之殃"。

【例句】砍伐森林,破坏生态环境,引起水土流失,洪水泛滥,过去看这是～,现在看来是个连锁反应,是需要保护环境,建设生态工程的大问题。

城下之盟　chéng xià zhī méng

【释义】敌军打到城下,抵抗不了,被迫跟敌人订的盟约。

【用法】泛指被迫签订的条约。

【例句】我们两家公司实力相当,既谈合并就要公平,怎能逼我们签下～,完全受制于他们?

乘风破浪　chéng fēng pò làng

【释义】乘:利用。船趁着风势,冲开浪头。比喻不畏艰险勇往直前。也形容事业迅猛地向前发展。也作"长风破浪"。

【用法】用于指志向远大,或他日必有成

就者。

【例句】我们乘坐的轮船～,在大海中前进。/要想获得成功,就要敢于～。/愿你毕业后～,干出一番大业绩。

近义 披荆斩棘

反义 裹足不前

乘龙快婿　chéng lóng kuài xù

【释义】乘龙:语出张方《楚国先贤传》:"孙俊字文英,与李元礼俱娶太尉桓焉女,时人谓桓叔元两女俱乘龙,言得婿如龙也。"后因此比喻得佳婿为"乘龙"。快婿:指为岳父岳母所满意的女婿。指好女婿。

【例句】雪琴早已知道书桓出身名门,就相中他为～,对书桓极力巴结。

近义 骐骥才郎　东床快婿

乘人之危　chéng rén zhī wēi

【释义】乘:利用(机会等)。危:危难。指趁着别人遭到危难之时去要挟、侵害别人。也作"趁人之危"。

【例句】19世纪末,西方列强～,胁迫清王朝签订了不少不平等条约。

近义 趁火打劫

反义 雪中送炭

乘胜追击　chéng shèng zhuī jī

【释义】乘:利用(机会、形势等)。追击:追赶打击。指趁着胜利的时机继续追击敌人(以扩大战果)。

【用法】原用于军事,现可用于所有事情。

【例句】赤壁一战,曹操大败而逃,周瑜～。/他们不但查清了此人贪污受贿的犯罪事实,还～,查处了一个特大赌博团伙。

乘兴而来　chéng xìng ér lái

【释义】兴：兴致。趁着一时高兴前来。

【用法】常与"兴尽而返"或"败兴而归"连用。

【例句】每次到国家乒乓球训练基地看球员们练球，我都是～，兴尽而返。

提示"兴"不读 xīng。

乘虚而入　chéng xū ér rù

【释义】虚：空虚，虚弱。趁对方空虚不备时侵入。也作"趁虚而入"。

【用法】原指军事上趁着对方无防备之时突然进袭。现泛指从对方虚弱之处进入。

【例句】一段时间，防雾霾口罩供不应求。外商～，将商品大量输入中国。/人在免疫力低下时，疾病便～。

近义　有机可乘

反义　无隙可乘

程门立雪　chéng mén lì xuě

【释义】程：指宋代理学家程颐。立雪：站在雪地里。宋代杨时在下雪天拜谒著名学者程颐，程颐瞑目而坐，杨时不敢惊动，在旁站立等待。程颐醒来，门前积雪已经一尺深了。后用于形容尊师重道，恭敬求教。

【例句】你想让这位从不接受采访的艺术家接受你的采访，就得拿出点～的精神，否则我劝你还是别忙活了。

近义　尊师重道

反义　班门弄斧

惩恶扬善　chéng è yáng shàn

【释义】惩：警戒。扬：宣扬。指惩治邪恶的行为，宣扬善良的行为。

【例句】法律只能维护公民的合法权益，不会维护公民的不合理行为，法律是～的。

近义　褒善贬恶

反义　姑息养奸

惩前毖后　chéng qián bì hòu

【释义】惩：因过失而知戒。毖：使谨慎。吸取过去失败的教训，以后小心，不致再犯。

【例句】对于犯错误的同志，我们不能一棍子将其打死，而要给予帮助，目的是～，治病救人。

近义　引以为戒

反义　不教而诛

惩一儆百　chéng yī jǐng bǎi

【释义】惩：惩罚。儆：使警戒。惩罚一人以警戒众人。也作"惩一警百"。

【例句】这次对他的严厉处罚是为了～。

近义　杀一儆百

反义　姑息养奸

惩一警百　chéng yī jǐng bǎi

见 109 页"惩一儆百"。

逞性妄为　chěng xìng wàng wéi

【释义】逞，放任。妄，胡乱。由着性子胡来。也指坏人任意干坏事。

【例句】他那～的习惯,是你对其娇生惯养的结果。

近义 胡作非为

反义 遵纪守法

吃不了兜着走 chī bù liǎo dōu zhe zǒu

【释义】出了问题,要承担一切后果。

【例句】我和你说的这些话,你可要替我保密,否则,我会～。

吃大锅饭 chī dà guō fàn

【释义】比喻不论工作好坏,贡献大小,待遇、报酬都一样。

【用法】引申为对"平均分配"制度弊端的嘲弄。

【例句】～时,人们常常是得过且过,不求进取。

吃喝玩乐 chī hē wán lè

【释义】泛指一味追求物质享受。

【例句】有些年轻人只会～,受不了半点苦。

吃苦耐劳 chī kǔ nài láo

【释义】耐:受得住,经得起。劳:劳苦。肯吃苦,能够经受艰苦生活和劳累的磨炼。

【例句】中华民族具有勤劳简朴、～的传统美德。

近义 含辛茹苦

反义 好逸恶劳

吃里扒外 chī lǐ pá wài

见 110 页"吃里爬外"。

吃里爬外 chī lǐ pá wài

【释义】吃着屋里的,却往外扒东西。也作"吃里扒外"。

【用法】比喻拿着一方的好处,暗中又为另一方效力。

【例句】那些～的家伙,平时大把大把钱拿着,武馆遇到危难就弃之不顾!

吃一堑,长一智 chī yī qiàn, zhǎng yī zhì

【释义】堑:壕沟,比喻挫折、失败。受一次挫折,长一分见识。

【例句】为了节约钱,我买了劣质的商品,吃了不少亏,真是～,以后我再也不贪小便宜了!

近义 不经一事,不长一智

反义 重蹈覆辙

提示 "堑"不读 zhǎn;"长"不读 cháng。

嗤之以鼻 chī zhī yǐ bí

【释义】嗤:讥笑。用鼻子吭气,表示看不起。

【用法】表示对其人其事的不屑、轻蔑。

【例句】对于别人的成果他总是～。

近义 不屑一顾

反义 刮目相看

痴男怨女 chī nán yuàn nǚ

【释义】痴:沉迷。怨:哀伤。指沉迷于情爱中的男女。

【例句】《牡丹亭》曾经使明清时代好些～感动得死去活来。

痴人说梦 chī rén shuō mèng

【释义】痴人:傻子。比喻凭妄想说出根本办不到的荒唐话。也作"呆人说梦"。

【用法】用于指人的语言或行为荒唐。

【例句】他才学了一点电的知识,就想发明"永动机",这无异于～。

近义 白日做梦

痴心妄想　chī xīn wàng xiǎng

【释义】痴:沉迷。妄:荒诞。人迷的心思,荒唐的想法。指一心想着不可能实现的事情。

【例句】天上不会掉馅饼,不付出就想有收获,我看你是在～。

近义 异想天开　胡思乱想

反义 实事求是　梦想成真

提示 "妄"不能写成"忘"。

魑魅魍魉　chī mèi wǎng liǎng

【释义】魑魅:传说中能害人的山怪。魍魉:传说中木石之怪。泛指各种鬼怪。

【用法】比喻各种各样的坏人。

【例句】传说中的～是不必担心会碰上的,但生活中的～却是应当时刻防备的。

近义 牛鬼蛇神

提示 "魑"不读 lí,"魅"不读 wèi。

池鱼笼鸟　chí yú lóng niǎo

【释义】池塘里的鱼,笼子里的鸟。比喻受到约束、失去自由的人或物。

【用法】多用于书面语。

【例句】她深深明了,从这一刻起,自己就成为吴王的～,多舛的命运正嘲笑着无助的自己。

池鱼之殃　chí yú zhī yāng

见 108 页"城门失火,殃及池鱼"。

驰魂宕魄　chí hún dàng pò

【释义】驰:向往。宕:放开。形容心灵震撼,兴奋神往。

【例句】各种景象,新鲜而又庄严,使他～,目不暇给。

驰名当世　chí míng dāng shì

【释义】驰:传播。当世:当代。名声在当代传播很远。

【例句】我国的武术～,深受外国朋友的喜爱。

驰名中外　chí míng zhōng wài

【释义】驰:传播。声誉广泛传扬到国内外。

【用法】可用于指人和物。

【例句】北京的烤鸭是～的美食。

近义 驰名天下

反义 闻所未闻　默默无闻

迟疑不决　chí yí bù jué

【释义】迟疑:犹豫。心存疑虑,犹豫不决。

【例句】时间已经不允许你～了,赶快下决心吧。

近义 犹豫不决　优柔寡断

反义 当机立断

持平之论　chí píng zhī lùn

【释义】持平:公平,公正。指公正的议论或折中调和的言论。

【例句】鲁迅对知堂自寿诗的评论,不失为～。

近义 平心而论

持枪实弹　chí qiāng shí dàn

见 280 页"荷枪实弹"。

持盈保泰　chí yíng bǎo tài

【释义】持:守。盈:满。泰:平安。守住已成的事业,保持平安无事。

【用法】多用于书面语。

【例句】如今的他已人到中年,再也不想去冒险了,只想～,安稳过日子。

持之以恒　chí zhī yǐ héng

【释义】持:坚持。恒:恒心。长久地坚持下去。

【例句】每一件对自己有益的事,我们都应该～地去做。

近义　锲而不舍

反义　半途而废　一曝十寒

持之以据　chí zhī yǐ jù

【释义】持:拿着。之:代词。据:依据。指所持的论点以事实作为依据。

【例句】看来,学术讨论要言之成理,必须首先～,把事实搞清楚,是很要紧的。

近义　持之有故

反义　无稽之谈

持之有故　chí zhī yǒu gù

【释义】持:拿着。之:代词。故:缘故。指所持的见解或主张有一定的根据。

【例句】此书在翔实资料的基础上一一做了阐释和剖析,～,而又言之成理。

近义　持之以据

反义　无稽之谈

尺短寸长　chǐ duǎn cùn cháng

见112页"尺有所短,寸有所长"。

尺幅千里　chǐ fú qiān lǐ

【释义】一尺见方的图画,把千里的景象都画进去。比喻事物的外形虽小,但包含的内容非常丰富。

【用法】多用于艺术方面。

【例句】小小壁画～,让人依稀看到了古战场上硝烟弥漫的场景。

近义　尺幅万里

反义　大而无当

尺有所短,寸有所长

chǐ yǒu suǒ duǎn,cùn yǒu suǒ cháng

【释义】尺与寸相比,尺长寸短,由于使用的场合不同,一尺也有显得短的时候,而一寸也有显得长的时候。比喻人或事物各有长处和短处。也作"尺短寸长"。

【用法】可单用"尺有所短"或"寸有所长"。

【例句】～,每个人都有自己的优点和不足,应该互相取长补短,共同进步。

近义　各有所长　各有千秋

叱咤风云　chì zhà fēng yún

【释义】叱咤:怒喝。大声怒喝使风云变色。形容声势或威力极大。

【用法】多用于形容人物力量巨大,一举一动都有较大影响。

【例句】在商界～的他,在家里却没有一点大人物的姿态,只是充当着一个温柔丈夫和慈祥父亲的角色。

近义　气壮山河

赤膊上阵　chì bó shàng zhèn

【释义】赤:裸露。不穿盔甲上阵打仗。比喻不讲策略或毫无掩饰地做某事。

【例句】看到局面僵持不下去了,他急了,索性～。/争吵愈来愈烈,竟有人～,大打出手。

近义　赤手上阵

反义　披挂上阵

赤胆忠心　chì dǎn zhōng xīn

【释义】赤:忠诚。形容十分忠诚。也指赤诚的心。

【用法】多用于对国家对组织的忠诚。

【例句】岳飞一生～，是中华民族的英雄。／无论受到多大的屈辱与冤枉，他对祖国的～丝毫没有动摇过。

近义 碧血丹心　忠肝义胆

赤地千里　chì dì qiān lǐ

【释义】赤地：寸草不生的土地。千里：广大的区域。指寸草不生的土地宽达千里。

【用法】形容灾害严重或战乱频发造成大片地区寸草不生的荒凉景象。

【例句】康熙二十一年，山东大旱，春夏两季，～。／残酷的战争和严重的旱灾已使这个国家～，人民生活在水深火热之中。

赤口白舌　chì kǒu bái shé

【释义】赤：红色。形容言语恶毒，出口伤人。也指平白无故。

【例句】她俩用各种损人的字眼～地糟蹋对方，谁也不肯让步。／如果没有真凭实据，我想他是不会～指责他人的。

赤贫如洗　chì pín rú xǐ

【释义】赤贫：穷得一无所有。穷得如同被水洗过一样，什么也没有。

【用法】形容极其贫穷。

【例句】望着～的家，叔叔决定外出打工挣钱。

近义 一无所有
反义 家财万贯

赤手空拳　chì shǒu kōng quán

【释义】赤：空。指两手空空，没有拿任何可以凭借的东西。

【用法】用于指不拿武器进行肉搏。也形容白手起家。

【例句】飞机被击中了，约翰带着机枪和军刀跳伞逃命，刚好落在几个敌人中间。他～打死了那几个敌人，保住了性命。／秋生两口子～创下了今天偌大一份家业。

近义 手无寸铁
反义 荷枪实弹

赤县神州　chì xiàn shén zhōu

【释义】赤县：指中国。神州：战国时期齐人驺(zōu)衍称中国为“赤县神州”，后世用“神州”做中国的代称。赤县神州为中国的别称。

【用法】现多用“神州”代中国，如“神州大地”。

【例句】改革之花在～遍地开放，中国的经济飞速向前。

赤心报国　chì xīn bào guó

【释义】赤:忠诚。报:报答。忠诚地报效祖国。

【用法】用于人的行为。含褒义。

【例句】无论受到多大的冤屈和挫折,他～的情怀从未改变。

近义　忠心耿耿　碧血丹心

赤子之心　chì zǐ zhī xīn

【释义】赤子:初生的婴儿。比喻天真纯洁的心。

【用法】常指报国之心。

【例句】大洋千万里,隔不断钱学森的～。

近义　赤胆忠心

冲锋陷阵　chōng fēng xiàn zhèn

【释义】陷:深入。冲击敌人前锋,攻陷敌人阵地。形容作战英勇。泛指为正义事业拼搏。

【用法】用于比喻站在斗争最前列去战斗。常用于球赛。

【例句】他率部～,头部连中两弹,不幸失去右眼。/鲁迅是在文化战线上,代表全民族的大多数向着敌人～的民族英雄。/眼下,鲁能泰山队的前锋受伤,～的重任极有可能落到谢尔盖身上。

近义　赴汤蹈火

反义　畏缩不前

冲口而出　chōng kǒu ér chū

【释义】冲:突破。冲口:(话)冲出嘴巴。指(话语)一下子就从嘴里说了出来。

【用法】形容说话不假思索。

【例句】我知道你说这话是有口无心,但不是什么话都可以～的呀,要想想该不该说。

充耳不闻　chōng ěr bù wén

【释义】充:塞住。闻:听见。指塞住耳朵不听。形容对某些事情不关心。

【用法】可用于指拒绝听取别人的意见、劝告或对外界的干扰不管不顾。

【例句】我提醒侄子,现在正是埋头努力,补习功课的重要关头,不该整天只顾玩。但是他～。/电话铃声继续响着,但齐仰之～,一边翻书,一边做实验。

反义　洗耳恭听

重操旧业　chóng cāo jiù yè

【释义】操:做(事),从事。旧业:曾经从事过的行业。指重新做起曾经从事过的工作。

【例句】两个月后那个酒吧驻唱乐队停演了,梦雯也就没唱了。不久,一个歌手介绍她到一个茶楼唱歌,于是她又～。

重蹈覆辙　chóng dǎo fù zhé

【释义】蹈:踏上。覆:翻倒。辙:车轮轧出的痕迹。再走上翻过车的老路。比喻不吸取失败的教训,重犯过去的错误。

【用法】一般用于劝说、希望和警告的场合。

【例句】失败并不可怕,可怕的是不吸取教训,～,一错再错。

近义　覆车继轨

反义　改弦易辙

提示　"覆"不能写成"复"。

重见天日　chóng jiàn tiān rì

【释义】重新见到天空和太阳。比喻脱离黑暗环境,重新见到光明,或事物隐没后重新展现。

【用法】含冤者得到昭雪,重罚者得到开释,被囚者脱离牢房,均可用此语。

【例句】他坚信自己没有错,会有～的那一天。/被盗走的书法作品终于～,又在博物馆展出了。

近义 云开见日

反义 暗无天日

重门击柝 *chóng mén jī tuò*

【释义】重门:层层设门。柝:旧时巡夜报更用的梆子。建了重重门户,夜晚进行巡更。比喻严加提防。

【用法】用于形容提高警惕,加强戒备。

【例句】自从这一带出现了盗窃案,村村～,户户留人看家。

提示 "柝"不能写成"析""拆"或"折",不读 xī、chāi 或 zhé。

重生父母 *chóng shēng fù mǔ*

见 954 页"再生父母"。

重温旧梦 *chóng wēn jiù mèng*

【释义】温:温习。把过去美好的事情重新经历或回忆一次。

【用法】用于比喻重新经历或回忆过去的事。

【例句】十年后他回到母校,有种～的感觉。

重振旗鼓 *chóng zhèn qí gǔ*

见 115 页"重整旗鼓"。

重整旗鼓 *chóng zhěng qí gǔ*

【释义】整:整顿。旗、鼓:古代作战时用来发起进军号令的旌旗和战鼓。指失败后重新调整或组织力量再干。也作"重振旗鼓"。

【例句】李自成起义受挫后,就息马深山,～,才有后来攻占京城的胜利。

近义 东山再起

反义 偃旗息鼓

崇山峻岭 *chóng shān jùn lǐng*

【释义】崇、峻:高大。高而险峻的山岭。

【例句】长城在～间盘旋。

近义 层峦叠嶂

反义 一马平川

崇洋媚外 *chóng yáng mèi wài*

【释义】媚:谄媚。崇拜外国的一切,向外国人谄媚。

【例句】我们要借鉴外国的科技成果,但要防止～思想苗头的出现。

宠辱不惊 *chǒng rǔ bù jīng*

【释义】宠:受宠。指受宠或受辱都不感到惊异。

【用法】用于指把得失看得很平淡。

【例句】我哥哥之所以深得人心,就是因为他凡事都能做到～。

近义 宠辱皆忘

反义 受宠若惊　患得患失

宠辱皆忘 *chǒng rǔ jiē wàng*

【释义】宠:荣耀,光荣。荣耀和屈辱都忘记了。形容心胸宽广。

【例句】秋风一起,听到秋虫唧唧,他还是～,如聆仙乐。

近义 宠辱不惊

抽刀断水 *chōu dāo duàn shuǐ*

【释义】用刀去阻断流水(水照样流)。

【用法】形容此种方法不起作用。

【例句】生活当中,不知有多少这样一刻,想留住留不住,像～水更流一样。

抽刀断丝 *chōu dāo duàn sī*

【释义】抽出刀来斩断乱丝。比喻做事

果决。

【用法】只能用于描绘做事。

【例句】别再犹豫了，～，一锤定音。

抽梁换柱　chōu liáng huàn zhù

见 716 页"偷梁换柱"。

抽薪止沸　chōu xīn zhǐ fèi

【释义】薪：柴火。沸：沸腾。抽去锅底燃烧的柴火使锅里的水停止沸腾。比喻从根本上解决问题或消除祸患。

【例句】要彻底减轻学生课业负担，就必须～，从教学改革入手。

近义 斩草除根　釜底抽薪

反义 扬汤止沸

仇人相见，分外眼红

chóu rén xiāng jiàn, fèn wài yǎn hóng

【释义】因有仇恨而敌视的人，见面时都格外警惕。

【用法】常用作引语。

【例句】～。尤其是这个团的战士们，面对残杀他们父母的强盗，个个火燃心头。

稠人广众　chóu rén guǎng zhòng

【释义】稠：稠密。指人多的公开场合。

【例句】即使我做错了事，你也不该在～下批评我。

近义 大庭广众

愁肠寸断　chóu cháng cùn duàn

【释义】愁得肠子都断成一段段的。形容忧愁到了极点。

【例句】这个坏消息对她的打击太大了，她伤心地哭了，从没有这种～的感觉。

近义 哀愁百转

反义 称心如意　兴高采烈

愁眉不展　chóu méi bù zhǎn

【释义】展：舒展。发愁时皱着的眉头舒展不开。

【用法】用于形容心事重重的样子。

【例句】二姐，你为什么近来总是～的，是不是有什么心事？

近义 愁眉苦脸

反义 笑逐颜开　兴高采烈

愁眉苦脸　chóu méi kǔ liǎn

【释义】皱着双眉，哭丧着脸。形容忧愁苦闷的样子。

【例句】一听说要进行化学测验，小王立刻变得～。

近义 愁眉锁眼　愁眉不展

反义 眉开眼笑　喜笑颜开　喜上眉梢

愁云惨雾　chóu yún cǎn wù

【释义】悲愁似云，惨淡似雾。形容暗淡无光的景象。

【用法】多比喻令人忧愁苦闷的局面。

【例句】欧洲投资人持续担心经济严重衰退和公司业绩恶化，～笼罩股市。

近义 愁山闷海

踌躇不决　chóu chú bù jué

【释义】踌躇：犹豫。决：决定。形容拿不定主意。

【例句】徐先生家里不断来信催他回去，他却～。

近义 犹豫不决　迟疑不决

反义 当机立断

踌躇满志　chóu chú mǎn zhì

【释义】踌躇：得意的样子。满志：满足心愿。形容心满意足、非常得意。

【用法】常指对自己的现状或取得的成就

非常得意。

【例句】大学毕业了，成绩优异、实践经验丰富的张宏～地踏出了学校的大门。

近义　意得志满

反义　灰心丧气

丑声四溢　chǒu shēng sì yì

【释义】声：名声。溢：外流。丑恶的名声四处传播。

【例句】他因为那事～，从此便一蹶不振。

近义　臭名远扬

丑态百出　chǒu tài bǎi chū

【释义】各种丑恶的样子和举动都表现出来了。

【用法】用于形容庸俗下流的表演或丑恶的行为。

【例句】他在大庭广众之下无理取闹，大叫大喊，～。

近义　出乖露丑

丑态毕露　chǒu tài bì lù

【释义】丑态：令人厌恶的样子和举动。毕：完全。露：显露。指丑恶的样子完全显露出来。

【例句】统治阶级的御用人物，在安徒生的笔下也是～，如《小克劳斯和大克劳斯》中的那个牧师。

臭不可当　chòu bù kě dāng

【释义】当：承受。臭得叫人受不了。也指名声很坏。

【例句】他家的下水管道堵了，～。/王晓涛平时好吃懒做，嗜赌成性，在公司的名声～。

臭名远扬　chòu míng yuǎn yáng

【释义】名声：名声。臭名：坏名声。扬：传播。坏名声传得很远。

【例句】这个其貌不扬的中年人因策划了多起恐怖活动而～。

近义　臭名昭著　丑声四溢

臭名昭著　chòu míng zhāo zhù

【释义】昭著：显著。坏名声人人都知道。

【例句】秦桧因谋害害岳飞而在历史上～。

近义　声名狼藉　臭名远扬

反义　万古流芳　名垂青史

臭味相投　chòu wèi xiāng tóu

【释义】气味相同，互相投合。指思想作风、兴趣等相同，很合得来。

【用法】原为褒义，现为贬义，专指有坏的思想作风、习惯嗜好的人很合得来。

【例句】那几个赌徒真是～，初次见面就马上混到了一起。

近义　沆瀣一气

反义　格格不入

提示　"臭"旧读 xiù。

出尔反尔　chū ěr fǎn ěr

【释义】尔：你。原指你怎么做，就会得到怎样的后果。现指说了又翻悔或说了不照着做，表示言行前后自相矛盾，反复无常。

【典故】战国时，邹国打了败仗。邹穆公对孟子说："这次战斗，我的官员死了几十个，而老百姓没有一人去救援，实在太可恨了。"孟子说："饥荒年，你的百姓有的逃荒，有的饿死，你的官员没有去救济。你的谷仓里堆满了粮食，库房里堆满了财物，你的官员谁也不报告。曾子曾说：'戒之，戒之！出乎尔者，反乎尔者也。'要警惕啊！你怎样对人，人家也怎样对你。"（《孟子·梁惠王下》）

【用法】常用于责备反复无常、言不守信的人。

【例句】做人要重情义、守诚信，不能～。

近义 言而无信

反义 言出必行　言而有信

出谷迁乔　chū gǔ qiān qiáo

【释义】谷：山谷。乔：乔木。小鸟从深谷飞上高大的乔木。比喻搬进好住所或职位升迁。

【例句】听说你家～，真是可喜可贺啊！

出乖露丑　chū guāi lòu chǒu

【释义】乖：荒谬反常。当众出丑，丢脸。

【用法】含贬义。

【例句】要是真把事情闹大了，～的不仅仅是他们，你们自己也会陷入尴尬。

近义 丑态百出

出乎意料　chū hū yì liào

【释义】意料：事先对情况、结果作出估计。超出人们的料想猜测之外。

【例句】这场～的车祸夺去了他年轻的生命。

近义 始料不及

反义 始料所及

出将入相　chū jiàng rù xiàng

【释义】出则为将，入则为相。指文武兼备的人物。

【用法】形容有才能的人。含褒义。

【例句】他们祖上有过不少～的人物。

近义 文武兼备

出口成章　chū kǒu chéng zhāng

【释义】随口说出的话就成文章。

【用法】形容文思敏捷，善于辞令。含褒义。

【例句】王教授经纶满腹，～。

近义 下笔成章

反义 语无伦次

出口伤人　chū kǒu shāng rén

【释义】一张口说话就污辱人、伤害人。

【用法】含贬义。

【例句】他素质太差了，不是出言不逊，就是～。

近义 恶语伤人

反义 彬彬有礼

出类拔萃　chū lèi bá cuì

【释义】出、拔：超出。萃：聚在一起的人或物。指超出同类之上，有超群出众之意。

【用法】多用来形容人才能出众，品格超群。

【例句】无论是能力还是人品，他都～。

近义 鹤立鸡群　超群拔类　卓尔不群

反义 碌碌无能

出没无常　chū mò wú cháng

【释义】没：隐没。出现和隐藏都没有规律。

【例句】我们的游击队～，常常令敌人知所措。

近义 神出鬼没

提示 "没"不读 méi。

出谋划策　chū móu huà cè

【释义】谋：计谋。划：筹划。策：计策。出主意，定计策。

【用法】所"谋"的既可以是大事，也可以是小事。

【例句】运动会方案我还没策划好，你点子多，替我～一下。

近义 运筹帷幄

出其不备　chū qí bù bèi

【释义】出：做出（行动）。其：他。备：防备。指趁对方没有防备之时就采取行动。

【例句】当红蚂蚁发现了幼螟虫时，～，一口咬住幼螟虫的胸口，急速地运回巢去。

近义 出其不意

出其不意　chū qí bù yì

【释义】意：意料。趁对方没有料到就采取行动。

【用法】泛指行动出乎人们的意料。

【例句】趁敌人不备，我们便可～，打他个落花流水。

近义 击其不意　出其不备

反义 不出所料

出奇制胜　chū qí zhì shèng

【释义】奇：指奇兵、奇计。制胜：取胜。用奇兵或奇计战胜敌人。

【用法】泛指用出人意料的方法去取胜。

【例句】他判断敌情准确，战斗计划周密，长于～。/文章跟别的艺术品不一样，必须求精，～。

近义 六出奇计

反义 按兵不动　规行矩步

出人头地　chū rén tóu dì

【释义】指高出人一头，在一般人之上。

【用法】用于指高人一等的人生目标。

【例句】只要努力，坚持不懈，就会有～的机会。

出人意料　chū rén yì liào

【释义】超出人们的意料之外。多形容不同寻常。

【例句】每次学校举办绘画展，他都能交出～的作品。

近义 始料不及

反义 不出所料　始料所及

出神入化　chū shén rù huà

【释义】神：神妙。化：化境，极其高超的境界。指出乎神奇，进入化境。

【用法】用于形容（艺术、技巧等）手法极其娴熟，达到很高的水平，进入一种神奇的境界。

【例句】表演《天鹅湖》的年轻演员们动作娴熟、舞姿优美，对剧中人物的性格有深刻的理解，所以表演得～，令人叹为观止。

近义 炉火纯青

反义 平淡无奇

出生入死　chū shēng rù sǐ

【释义】原意是从出生到死去。后指冒着生命危险，进出于生死境地。

【用法】用来赞扬人为某种正义事业而英勇无畏，置生死于度外的行为。

【例句】想起为新中国成立而～的革命先烈，我们更应该珍惜今天的幸福生活。

近义 赴汤蹈火　舍生取义

反义 贪生怕死

出手不凡　chū shǒu bù fán

【释义】出手：开始做某件事表现出的本领。凡：平凡。形容人做某件事表现出的本领不同一般，很不平凡。

【例句】在《菩萨蛮·大柏地》里，毛泽东用自己的诗心激活了天空的五颜六色，赋予彩虹以生命，起笔造势，～。

出师不利　chū shī bù lì

【释义】师：军队。一出兵打仗就不顺利。

【用法】用于指事情一开始就不顺利。

【例句】在下午率先进行的一场焦点大战中，卫冕冠军林丹～，出人意料地输掉了比赛。

反义 旗开得胜　首战告捷

出师未捷身先死　chū shī wèi jié shēn xiān sǐ

【释义】出师：出兵打仗。捷：战胜。指出兵打仗，还没取得胜利，自己却先死了。

【用法】用于指事情还没成功自己就先死了或者倒大霉了。

【例句】看了《三国演义》后，我为孔明～而扼腕长叹，也为其为国为民的胸襟而折服。

出水芙蓉　chū shuǐ fú róng

【释义】芙蓉：荷花。指刚刚露出水面的绽放着的荷花。也作"芙蓉出水"。

【用法】原形容诗句清新，现常用于形容女子亭亭玉立，美如荷花。

【例句】每一个体育项目几乎都是美的展示：举重是拔山盖世之美，花样游泳是～之美，短跑是利箭离弦之美。

近义 花容月貌

出头露面　chū tóu lòu miàn

【释义】出头：出面。露面：出现在一定的场合。指在公共场合出现。也指出面（做事）。

【用法】中性词。常指出现于公共场合进行活动。

【例句】他性格要强，自小喜欢～。/大家一致推荐他～去商谈这件事。

近义 抛头露面

反义 隐姓埋名　藏形匿迹

提示 "露"不读 lù。

出头之日　chū tóu zhī rì

【释义】指从困境中解脱出来的日子。

【例句】照此下去，我要躲到何年何月方有～？

出污泥而不染　chū wū ní ér bù rǎn

【释义】(荷花)从污泥中长出来而不沾染泥土。比喻在污浊的环境中能保持纯洁的品质而不沾染坏习气。也作"出淤泥而不染"。

【用法】一般用作褒义。

【例句】虽然身在灯红酒绿的环境中,但她依然洁身自好,～。

近义 洁身自好

反义 同流合污

出言不逊　chū yán bù xùn

【释义】出言:说出话来。逊:谦虚而有礼貌。指说话粗鲁没有礼貌。

【例句】他的～,引起了在场所有人的不满。

近义 出口伤人

反义 彬彬有礼

出言吐气　chū yán tǔ qì

【释义】指谈论以及说话时的措辞和口气。

【例句】他的～,温文尔雅。

出淤泥而不染　chū yū ní ér bù rǎn

见121页"出污泥而不染"。

出于无意　chū yú wú yì

【释义】并不是存心去做的事情。

【用法】多用在行动触犯了别人,在道歉时向人解释。

【例句】我伤了你,实在是～,请原谅。

反义 存心不良

初出茅庐　chū chū máo lú

【释义】茅庐:茅草屋。三国时期诸葛亮隐居隆中草舍时,刘备三顾茅庐,诸葛亮才离开隐居地跟随刘备打天下。指诸葛亮初露锋芒。后比喻初入社会,或第一次做某事,缺乏经验。

【例句】当时,我只是一个～的水手,对于航海的事一无所知。

近义 涉世未深

反义 老马识途

初来乍到　chū lái zhà dào

【释义】乍:初。初次来到一个地方或刚到一个地方不久。也作"新来乍到"。

【用法】常用作表示自己经验不足的谦词。

【例句】我～,还不熟悉情况,请大家多多关照。

近义 人地生疏

反义 故地重游

初露锋芒　chū lù fēng máng

【释义】锋芒:刀剑的刃和尖。刚显露出某种力量或才能。

【例句】张慧在这次奥林匹克竞赛中～,获得了一等奖。

近义 崭露头角

初生之犊不畏虎　chū shēng zhī dú bù wèi hǔ

【释义】犊:小牛。刚出生不久的小牛不怕老虎。比喻年轻人敢作敢为,无所畏惧。

【例句】这些年轻人～,敢于承担具有挑战性的任务。

近义 一身是胆　无所畏惧

除暴安良　chú bào ān liáng

【释义】铲除暴徒,安抚人民。

【例句】李自成领导的起义军,每到一处

就～,稳定人心。

近义 锄强扶弱

反义 为虎作伥

除残去秽　chú cán qù huì

【释义】残:凶恶。秽:污浊。扫除凶残,去除污秽。指清除坏人坏事。

【例句】这次打黑行动～,深入人心。

近义 涤瑕荡秽

反义 助纣为虐

除恶务尽　chú è wù jìn

【释义】铲除邪恶势力、清除坏人坏事必须彻底。

【例句】对于恐怖分子和恐怖势力,我们要坚决打击,～。

近义 除暴安良

反义 助纣为虐

除恶扬善　chú è yáng shàn

【释义】除:铲除。恶:邪恶。扬:发扬光大。善:善举。指铲除恶人恶事,弘扬善行善事。

【例句】在法制社会,公共安全、公众福利有整套制度化保障,我们不再需要劫富济贫、～的罗宾汉、佐罗一类人。

除旧布新　chú jiù bù xīn

【释义】布:布置,开展。破除旧的,建立新的。

【用法】常用在口语中。

【例句】母亲叮咛,明天元旦,一觉醒来便换新衣,吃糖糕片,取其～,称心如意,步步高升之意。

近义 推陈出新

反义 因循守旧

锄强扶弱　chú qiáng fú ruò

【释义】锄:铲除。扶:帮助。铲除强暴,扶助弱者。

【例句】人们对～的英雄充满了崇敬。

近义 除暴安良

反义 以强凌弱

处变不惊　chǔ biàn bù jīng

【释义】处:对待。变:事变(突然发生的重大事件)。惊:惊慌。指面对事变,镇定自若,毫不惊慌。

【用法】用于形容人心理承受力强。

【例句】由于在家里煤气泄漏父母昏倒的危急时刻～,利用所学的知识成功挽救了父母的生命,袁媛成为当选"中国骄傲"的唯一一名小孩。

反义 惊慌失措

提示 "处"不读 chù。

处心积虑　chǔ xīn jī lù

【释义】处心:存心。积虑:长时间考虑。千方百计地盘算。

【用法】多用作贬义。

【例句】～诋毁别人的人,也必将自取其辱。

近义 挖空心思　费尽心机

反义 无所用心

提示 "处"不读 chù。

处之泰然　chǔ zhī tài rán

【释义】处:对待。泰然:毫不在意的样子。对待发生的困难或紧急情况沉着镇定,毫不在意。也作"泰然处之"。

【例句】父母焦急的心情与子女的～形成鲜明的对比。

近义 宠辱不惊　镇定自若

反义 坐卧不安　张皇失措

C

提示"处"不读 chù。

楚才晋用　chǔ cái jìn yòng

【释义】楚、晋:春秋时诸侯国名。指楚国的人才被晋国任用。

【用法】比喻本国人才被他国所用。

【例句】中国去美国留学的很多,不少人学成后被美国聘用,这种～的结果造成了中国人才的流失。

楚楚动人　chǔ chǔ dòng rén

【释义】楚楚:姿态柔美。动人:打动人。形容可爱的样子惹人喜爱。

【用法】多形容女子。

【例句】她在家年龄最小,而且～,三姐妹中,父母最宠她。

近义 楚楚可怜　楚楚有致

楚楚可怜　chǔ chǔ kě lián

【释义】楚楚:纤弱的样子。可怜:可爱。

原指小松树纤弱可爱。现形容女子纤弱可爱。

【用法】不能把"楚楚可怜"理解为十分可怜。

【例句】涓子在荧屏上～,令人爱惜,荧屏下自信开朗,坦诚大方。

近义 楚楚动人

楚楚有致　chǔ chǔ yǒu zhì

【释义】楚楚:娇柔,秀美。致:情趣。形容姣美妩媚,很有韵味。

【用法】多用来形容山川景物、艺术作品。

【例句】论秀美,西湖比不上长湖,天真自然,～。

近义 楚楚动人

忤目惊心　chù mù jīng xīn

见 124 页"触目惊心"。

触景生情　chù jǐng shēng qíng

【释义】受到当前情景的触动而产生某种情感。

【用法】引发何种情感,则要视具体情景而定。

【例句】她听着歌剧《幽灵》中的哀婉歌声,不禁～,伤心地哭了起来。

近义 触目伤怀

反义 无动于衷

触类旁通　chù lèi páng tōng

【释义】掌握了关于某一事物的知识,同类的其他事物就能类推通晓。

【用法】侧重指知识能由此及彼互相贯通。

【例句】他要求学生不仅能在文学领域内～,还须在文字、声韵、训诂各个方面都有发言权。

近义 举一反三

触目皆是　chù mù jiē shì

【释义】触目:目光所及。是:如此。满眼看到的都是某种事物。

【用法】用于形容很多。

【例句】来到新疆,街上的羊肉铺～。

近义　比比皆是　俯拾皆是

反义　寥寥无几　屈指可数

触目惊心　chù mù jīng xīn

【释义】触目:目光所及。看到某种严重的情况引起内心的震动。形容事态严重。也作"怵目惊心"。

【例句】我们很快赶到刚刚发生地震的汶川,所见之景无不～。/那地方环境污染的严重程度令人～。

近义　刿目怵心　骇目惊心

反义　视若无睹

触手可及　chù shǒu kě jí

【释义】近在手边,一伸手就可以接触到。

【用法】很容易得到,可用此语。

【例句】你实在是太懒了!明明～的东西,偏偏要别人帮你拿。

川流不息　chuān liú bù xī

【释义】川:河流。息:停止。行人、车马等像水流一样连续不断。

【用法】用于形容车辆、行人等多且来往不断。

【例句】桥上桥下,各种车辆～。

近义　络绎不绝

反义　路绝人稀

穿靴戴帽　chuān xuē dài mào

【释义】脚登靴子,头戴帽子。原指官员的打扮,现比喻文章的开头结尾生硬地加上公式化的套语。

【例句】有一段时间,写文章作报告不管内容需不需要,都风行～,一般结尾都是"为……而奋斗"。

穿云裂石　chuān yún liè shí

【释义】穿过云霄,震裂石头。形容乐器声或歌声高亢嘹亮。也作"裂石穿云"。

【例句】他的长笛吹得～。

近义　声震林木

穿凿附会　chuān záo fù huì

【释义】穿凿:牵强解释,把没有这种意思的说成有这种意思。附会:把没有关系的事物说成有关系。形容生拉硬扯,胡乱解释。

【例句】王安石《字说》云:"松柏为群木之长,故松从公,犹公也;柏从白,犹伯也。"王安石此说看似有理,实则～。

近义　牵强附会

反义　言之成理

穿针引线　chuān zhēn yǐn xiàn

【释义】穿针时要从针孔拉出线。比喻从中撮合,使双方接通关系。

【用法】指从中串联,使上下自然连接,可用此语。

【例句】这次我们两校的合作,你起了～的作用。/春节联欢晚会节目虽然很多,但主持人的串词起了～的作用,使节目得以上下连接,自然过渡。

近义　牵线搭桥

反义　从中作梗

传道授业　chuán dào shòu yè

【释义】传、授:传授。道:古代圣贤的学说、学术或宗教的思想体系。业:学业。指老师向学生传授知识、学问。

【例句】，师恩无价，宣说拈顶，也能衡量？

传家之宝　chuán jiā zhī bǎo

【释义】世代相传的宝物。

【例句】对我而言,这只小小的盘子可是一件～。

传诵千古　chuán sòng qiān gǔ

【释义】传诵:传布诵读。千古:长远的年代。指辗转传布吟诵,直至久远。

【例句】这两首古诗都是～的名篇。

传宗接代　chuán zōng jiē dài

【释义】宗:宗族。代:指后代。传延宗族,接续后代。指子孙一代接一代地延续下去。

【例句】殷老大盼望多赚几个钱,给儿子娶房媳妇,可以～。

近义 接续香烟

反义 断子绝孙　覆宗灭祀

串通一气　chuàn tōng yī qì

【释义】一气:声气相通。暗中勾结,言语行动互相配合。

【例句】听说那件抢劫案是他们一伙人～干的。

近义 沆瀣一气

创巨痛深　chuāng jù tòng shēn

【释义】创:创伤。创伤巨大,痛苦极深。比喻遭受重大的伤害或巨大的损失。

【例句】这座城市可谓～,全市无一家完整房屋。

近义 痛不欲生

提示 "创"不读 chuàng。

疮痍满目　chuāng yí mǎn mù

【释义】疮痍:创伤,比喻受灾或战乱破坏后的景象。满眼看到的都是创伤。形容战乱或灾害的破坏极为严重。也作"满目疮痍"。

【例句】长期战争的破坏使这座城市～,百废待兴。

近义 千疮百孔

反义 琳琅满目

窗明几净　chuāng míng jī jìng

【释义】几:小桌子。指窗子明亮,桌子洁净。

【用法】形容室内十分整洁。

【例句】不论什么时候走进丽丽家,都是～的,而且到处是花:阳台上的盆花,桌上的鲜花,墙上的绢花,足见女主人多么热爱生活。

提示 "几"不读 jǐ。

怆然涕下　chuàng rán tì xià

【释义】怆然:悲伤的样子。涕:眼泪。形容因悲伤而泪下。

【例句】多年后高适已作古,杜甫偶然翻出高适赠诗《人日寄杜二拾遗》,追念往事,物是人非,不禁～,写下《追酬故高蜀州人日见寄并序》一诗。

吹毛求疵　chuī máo qiú cī

【释义】求:寻找。疵:疵点,比喻毛病。把皮上的毛吹开去寻找疵点。比喻故意挑剔缺点,寻找差错。

【用法】存心挑剔别人,找一些小缺点便大肆批评、攻击,皆可用此语。

【例句】照他那样～的批注,就是汉唐许多大手笔的诏语,也没有一篇无毛病。

C

近义 洗垢求瘢　求全责备

反义 宽宏大量

提示 “疵”不读 cí。

吹牛拍马 chuī niú pāi mǎ

【释义】拍马：谄媚奉承。一面自我吹嘘，一面巴结逢迎。

【用法】形容人说话爱夸耀自己，爱奉承别人。

【例句】靠～而飞黄腾达的人，最终会失败的。

近义 阿谀逢迎　溜臀捧屁

反义 刚直不阿

吹弹得破 chuī tán dé pò

【释义】吹一口气或指头一弹就破。形容皮肤娇嫩。

【例句】小葛的皮肤极好，一张脸似～。

炊金馔玉 chuī jīn zhuàn yù

【释义】炊：生火做饭。馔：准备饭食。用金玉做的器具烹调、盛放食物。形容宴饮豪华奢侈。

【用法】用于描绘饮食。

【例句】那些贪官污吏，～，挥金如土，必须严惩。

垂垂老矣 chuí chuí lǎo yǐ

【释义】垂垂：渐渐。矣：句末语气词，相当于“了”。指渐渐老了。

【例句】守候在年迈的父母膝下，哪怕他们白发苍苍，哪怕他们～，都要对自己说：我很幸福。

垂拱而治 chuí gǒng ér zhì

【释义】垂拱：垂衣拱手。不亲自管理朝政，垂衣拱手就使国家得到治理。多指帝王以顺其自然、无所作为的方式统治天下。

【例句】儒家主张推行仁政，～。

近义 无为而治

垂帘听政 chuí lián tīng zhèng

【释义】垂帘：封建时代太后或皇后临朝听政，殿上用帘子遮隔。听政：治理朝廷政事。指女后临朝管理朝政。

【例句】从电影中我们看到了慈禧太后～的情景。

垂暮之年 chuí mù zhī nián

【释义】垂暮：天色将晚的时候。比喻老年。

【例句】他认为生命值得称颂，富有乐趣，即便到了～也还是如此。

垂手可得 chuí shǒu kě dé

【释义】垂手：下垂双手，形容容易。指不动手就能得到。

【用法】用于形容不费力气,很容易取得。
【例句】优异的业绩,决非～,必须付出艰苦的努力才能获得。
近义 唾手可得

垂死挣扎　chuí sǐ zhēng zhá
【释义】垂死:临近死亡。挣扎:用力支撑。指临近死亡时的最后挣扎。
【用法】形容不甘心灭亡。
【例句】罪犯拒捕,竟偷来烈性炸药,准备～。
近义 困兽犹斗
反义 束手待毙　束手就擒　坐以待毙

垂头丧气　chuí tóu sàng qì
【释义】垂头:耷拉着脑袋。丧气:神情沮丧。形容情绪低落,精神不振的样子。
【用法】遭到严重打击,精神颓丧,十分失意,没有生气,皆可用此语。
【例句】生活中遇到挫折不要～,而应以更加饱满的心态去迎接每一天的挑战。/烈日下,田野里的庄稼都被晒得～。
近义 无精打采　灰心丧气
反义 趾高气扬　神气活现

垂涎三尺　chuí xián sān chǐ
【释义】涎:口水。流下很长的口水。形容非常贪馋想吃。也形容眼红而极想得到。
【例句】这个孩子看见人家吃东西,总是馋得～。/就是这辆漂亮的跑车令犯罪分子～,以致铤而走险劫车杀人。/这么漂亮的女人,周边自然有男人对她～。
近义 垂涎欲滴
提示 "涎"不读 yán。

垂涎欲滴　chuí xián yù dī
【释义】馋得口水要流下来。

【用法】常用于形容人的馋相。
【例句】小丽最喜欢吃烤鸭,只要嗅着气味,就～。
近义 垂涎三尺
反义 淡薄寡味
提示 "涎"不读 yán。

捶胸顿脚　chuí xiōng dùn jiǎo
【释义】捶胸:捶打胸部。顿足:跺脚。指用拳头捶打胸部,用脚跺地。
【用法】用于形容焦急、懊丧、悲痛之极。
【例句】看到这样的结果,他～,可惜后悔晚矣。
近义 呼天抢地
反义 欢天喜地

椎心泣血　chuí xīn qì xuè
【释义】椎:捶打。心:胸膛。泣:小声哭。指捶打胸口,哭得眼中出血。
【用法】形容极度悲痛。
【例句】好莱坞影星保罗·沃克2013年11月30日下午在一起车祸引起的爆炸中去世,让多少影迷为之～。
提示 "椎"不读 zhuī。

春风得意　chūn fēng dé yì
【释义】在春风吹拂中洋洋自得。旧指进士及第,功成名就。形容人官场腾达或事业顺心时扬扬得意的样子。
【用法】常用于形容如愿以偿,心情欢畅。
【例句】昔日的穷秀才～,考上状元啦!/这两年他～,名利双收!
近义 春风满面
反义 愁眉不展　垂头丧气

春风风人,夏雨雨人
chūn fēng fèng rén, xià yǔ yù rén
【释义】风人:吹人。雨人:滋润人。以和煦的春风吹拂人,用夏天的雨露滋润人。

比喻及时给人以教益或帮助。

【例句】这些年来，先生对我们的悉心教导，如～，令我们受益匪浅。

提示 "风人"的"风"不读 fēng；"雨人"的"雨"不读 yǔ。

春风化雨　chūn fēng huà yǔ

【释义】化：化育。适宜于草木生长的风雨。比喻良好的教育或适宜的环境条件。

【用法】用于称颂师长的教诲或他人教育有方。

【例句】作为一名人民教师，他用～般的教导，培育了无数品学兼优的好学生。

近义 如沐春风

春风满面　chūn fēng mǎn miàn

见 449 页"满面春风"。

春光明媚　chūn guāng míng mèi

【释义】明媚：鲜艳可爱。春天的风光绚丽多彩，鲜艳悦目。

【用法】形容春日的亮丽风光。

【例句】三月的成都，～，春意盎然。

近义 春和景明

春寒料峭　chūn hán liào qiào

【释义】料峭：形容微寒。指早春的天气乍暖还寒，令人不适。

【例句】在这～的日子里，人们以为隆冬还没有过去。

近义 乍暖还寒

反义 春风和煦　春意盎然

春和景明　chūn hé jǐng míng

【释义】景：日光。春风和煦，阳光灿烂。形容春天的美景。

【例句】周末，我和几个好友到河岸漫步，一路上～，桃红柳绿，令人陶醉。

近义 春光明媚

春花秋实　chūn huā qiū shí

见 128 页"春华秋实"。

春花秋月　chūn huā qiū yuè

【释义】春季的鲜花，秋天的明月。指春秋二季的美景。

【用法】泛指良辰美景。

【例句】回忆我们过去的生活，当时只觉得～、良辰美景全是为我们而存在的。

春华秋实　chūn huá qiū shí

【释义】华：古"花"字。春天开花，秋天结果。也作"春花秋实"。

【用法】原比喻学问情操，现多比喻事物之间的因果关系。

【例句】～，没有改革开放，哪会有今天的飞跃发展？

近义 开花结果

反义 华而不实

春兰秋菊　chūn lán qiū jú

【释义】春天的兰花，秋天的菊花，在不同的季节里，各有独特的优美风姿。

【用法】比喻各有特色和专长。

【例句】若说起来，这两首诗可谓～，各有擅场，只看哪一首更应今日赏梅的景。

近义 各有千秋

春暖花开　chūn nuǎn huā kāi

【释义】春天气候温暖,百花盛开。

【用法】常用于比喻良好时机和美好时光。

【例句】白雪皑皑的冬天即将来临,～的日子也就不远了。

近义 大地回春

反义 天寒地冻

春秋笔法　chūn qiū bǐ fǎ

【释义】春秋:我国古代鲁国的编年体史书,相传《春秋》经孔子修订。笔法:写字、画画、作文的技巧或特色。指孔子修订《春秋》,一字含褒贬的笔法。

【用法】现指文笔曲折而意含褒贬的写作手法。

【例句】有人认为,鲁迅的杂文中有用～写成的,所以有的地方较晦涩难懂。

春色满园　chūn sè mǎn yuán

【释义】整个园子里一片春天的景色。比喻到处是欣欣向荣的景象。也作“满园春色”。

【例句】还未走进外婆家的小院子,迎面就飘来一股香味,走进一看,各种各样的植物盆景,红的、黄的、紫的花,真是～!

近义 万紫千红

春深似海　chūn shēn sì hǎi

【释义】春天美丽的景色像大海一样深广。形容到处充满了明媚的春光。

【用法】多用于形容春光美好,生机盎然。

【例句】谷雨之后,淡红的绣线梅、黄色的素馨以及粉团蔷薇纷纷登场,一片～的景象。

近义 春意盎然　春光明媚

反义 冰天雪地　天凝地闭

春意盎然　chūn yì àng rán

【释义】春天生机勃勃,韵味正浓。

【用法】用于描写春天。

【例句】北国还是冰天雪地,南国却已～。

近义 春风得意　春色满园　春深似海

反义 春寒料峭　春意阑珊

春雨如油　chūn yǔ rú yóu

【释义】春雨贵如油。形容春雨可贵。

【例句】长沙的雨下了快一个月了。尽管～,但下得太多,就要伤害庄稼了。

唇齿相依　chún chǐ xiāng yī

【释义】像嘴唇和牙齿一样互相依存。形容关系非常密切。

【用法】指一种互相依附而存在的关系。

【例句】中朝两国是山水相连、～的亲密邻邦。

近义 唇亡齿寒　辅车相依

反义 风马牛不相及

唇焦口燥　chún jiāo kǒu zào

见 390 页“口燥唇干”。

唇焦舌敝　chún jiāo shé bì

见 623 页“舌敝唇焦”。

唇枪舌剑　chún qiāng shé jiàn

【释义】嘴唇像枪,舌头像剑。形容争辩激烈,言辞锋利。也作“舌剑唇枪”。

【用法】形容争辩十分激烈,各不相让,可用此语。

【例句】两位议员因为食品安全问题,展

开了一番～的辩论。

近义 针锋相对

反义 随声附和

提示 "剑"不作"箭"。

唇亡齿寒　*chún wáng chǐ hán*

【释义】亡:失去。嘴唇没有了,牙齿就会觉得冷。比喻关系密切,利害相关。

【典故】春秋时期,虞、虢两国紧紧相邻。晋献公想吞掉虞国,又怕虢国相帮;若去攻打虢国,又怕虞国相助。后来,终想出一计,派人送给虞公一乘千里马和一对宝玉,请求借道攻打虢国。虞公见财眼开,就糊涂地答应了。虞国有名叫宫之奇的官员极力劝谏道:"这样做万万不可。俗语说,唇亡齿寒。如果听任晋国攻打虢国,虢国灭亡了,虞国也就保不住了。"贪财的虞公没有听宫之奇的话,晋国很快灭了虢国,接着又灭了虞国,应验了唇亡齿寒这句俗语。(《左传·僖公五年》)

【例句】20世纪50年代初,美国悍然侵略朝鲜,而朝鲜与中国一江之隔,唇齿相依。中国人民懂得～的道理,所以进行了伟大的抗美援朝战争。

近义 唇齿相依　辅车相依

反义 不共戴天　势不两立

鹑衣百结　*chún yī bǎi jié*

【释义】鹑:鹌鹑,一种秃尾巴鸟,周身毛色像缝的补丁一样,故称补丁很多的衣服为鹑衣。百结:指补丁摞补丁。指衣服破烂不堪、布满补丁。

【例句】他见这个～的乞丐太可怜,便施舍他一些衣服。

近义 衣衫褴褛

反义 衣冠楚楚

蠢蠢欲动　*chǔn chǔn yù dòng*

【释义】蠢蠢:爬虫蠕动的样子。形容敌人准备进行攻击或坏人策划破坏活动。

【用法】常用作贬义。

【例句】有些不法之徒,一有机会,仍然在～,想浑水摸鱼。

近义 跃跃欲试

反义 按兵不动

绰绰有余　*chuò chuò yǒu yú*

【释义】绰绰:宽裕的样子。形容很宽裕,有富余。

【用法】用于人力、财力等供应充足。

【例句】存储器里,一部几百万字的书,针鼻孔那么大的地方储存,还显得～。

反义 入不敷出　捉襟见肘

绰约多姿　*chuò yuē duō zī*

【释义】柔弱美丽,仪态万方。

【用法】多用于形容女子姿态柔美。

【例句】江边少女们以～的倩影编织出土香土色令人倾心向往的质朴和清纯。

近义 仪态万方

反义 老态龙钟

词不达意　*cí bù dá yì*

【释义】词:言辞。言辞不能确切表达自己的意思。

【例句】他过于紧张,说话有些～了。

反义 鞭辟入里

词穷理尽　cí qióng lǐ jìn

【释义】穷：尽。话说完了，道理也讲到头了。

【例句】我对他已经～了，至于他是否会接受，我就不得而知了。

词严义正　cí yán yì zhèng

【释义】词：言辞。义：道理。道理正确，措辞严肃有力。

【例句】在国际会议上，他用流利的英语侃侃而谈，～。

反义 理屈词穷

词正理直　cí zhèng lǐ zhí

【释义】措辞严正，理由充足。也作"理正词直"。

【例句】法官～地驳回了他的上诉。

近义 理直气壮　义正词严
反义 理屈词穷

辞微旨远　cí wēi zhǐ yuǎn

【释义】微：隐微。旨：意思。措辞含蓄，意味深长。

【例句】这样～的文章，非大手笔是写不出来的。

近义 言近旨远

慈眉善目　cí méi shàn mù

【释义】慈：和善。慈祥和善的面孔。形容和蔼可亲。

【例句】对面那位老大爷，戴着一副玳瑁边眼镜，看起来～，文质彬彬。

反义 横眉怒目　凶神恶煞

此地无银三百两　cǐ dì wú yín sān bǎi liǎng

【释义】民间故事说，有人把银子埋在地里，上面写了个"此地无银三百两"的字牌；邻居李四看到字牌，挖出银子，在字牌的另一面写上"对门李四未曾偷"。借指打出的幌子正好暴露了所要掩饰的内容。

【用法】常用于比喻想要隐瞒事实真相，结果反而暴露了。

【例句】他矢口否认这一切，反而给人～的感觉。

反义 欲盖弥彰　不打自招

此起彼伏　cǐ qǐ bǐ fú

【释义】这里起来，那里落下。形容连续不断。

【例句】除夕之夜，爆竹声～。

近义 一波未平，一波又起

此一时，彼一时　cǐ yī shí，bǐ yī shí

见 40 页"彼一时，此一时"。

刺刺不休　cì cì bù xiū

【释义】说话没完没了；唠叨。

【例句】他～地闹个不停，真是烦死了。

反义 默默无言

刺股悬梁　cì gǔ xuán liáng

见 832 页"悬梁刺股"。

聪明伶俐　cōng míng líng lì

【释义】聪明：智力强，天资高。伶俐：灵活，乖巧。形容人聪慧灵活，机敏乖巧。

【例句】这个小姑娘～，各种乐器一学就会。

反义 冥顽不灵

聪明一世,糊涂一时

cōng míng yī shì, hú tú yī shí

【释义】聪明一辈子,临时却糊涂起来。指一向聪明的人,偶尔在某件事上犯糊涂。也作"聪明一世,懵懂一时"。

【用法】常用来指人一时糊涂做了不该做的事情。

【例句】六十多的人了,反倒～,教一群小年轻给骗了。

聪明一世,懵懂一时

cōng míng yī shì, méng dǒng yī shí

见132页"聪明一世,糊涂一时"。

从长计议 cóng cháng jì yì

【释义】从长:用较长时间,从长远(考虑)。计议:商议,考虑。指慢慢地慎重考虑、商量。也指从长远考虑。

【用法】用来表示不急于做出决定的事。

【例句】这件事涉及的面太广,处理难度较大,搞得不好,后果会很严重,需要～。

近义 三思而行　稳扎稳打

反义 仓促行事　操之过急

从谏如流 cóng jiàn rú liú

【释义】从:听从。谏:规劝。流:流水。旧时指君主乐于听取臣子的劝谏,像流水一样自然。现指上级乐于听取下级的意见、批评。

【例句】一个单位的领导班子若能～,就说明班子具有民主作风,这个单位就有希望。

近义 纳谏如流　从善如流

反义 拒谏饰非

从轻发落 cóng qīng fā luò

【释义】发落:处分,处置。指处罚从宽,轻予放过。

【用法】用于处理案件等。

【例句】由于是初犯,她将被～,只罚款了事。

近义 宽大为怀

反义 严惩不贷

从容不迫 cóng róng bù pò

【释义】从容:不慌不忙,镇静,沉着。迫:急促。指不慌乱,不急促。

【用法】用于形容人沉着镇静,不慌不忙。也形容文笔舒展自如,随心所欲。

【例句】面对眼前的困难和挫折,他一直表现得～,积极地应对着。/《孔乙己》勾画了那个社会的芸芸众生相,将可悲的世态呈现在人们眼前。忧愤如此深广,行文却～,讽刺也不着痕迹,作品中哄笑之声迭起,却使人感到无限悲凉。

近义 从容自如　慢条斯理

反义 不知所措

从容就义 cóng róng jiù yì

【释义】从容:沉着。就义:为正义而牺牲。沉着镇静、毫不畏缩地为正义而死。

【用法】用来形容革命者的献身。

【例句】许多先烈在敌人的威逼利诱面前毫不屈服,直至～。

近义 慷慨就义

反义 贪生怕死

从容自如 cóng róng zì rú

【释义】从容:沉着,镇定。自如:态度自然。不慌不忙,得心应手。也作"从容自若"。

【例句】小海做事一向都是～。

近义 从容不迫

反义 惊慌失措

从容自若 cóng róng zì ruò

见132页"从容自如"。

从善如流 cóng shàn rú liú

【释义】从:听从。乐于接受好的意见就像水从高处流下那样迅速而自然。

【用法】比喻乐意听取意见,只要是好意见就接受,不论是谁的。

【例句】兰芳同志虚怀若谷,～,别人提的正确意见一概接受。

近义 从谏如流　虚怀若谷

反义 刚愎自用

从天而降 cóng tiān ér jiàng

【释义】从天上落下来的。

【用法】用于指从高处落下。比喻意外地出现。

【例句】我喜欢飞舞在空中的雪花,好像～的精灵。/喜事～,他的科研成果获奖了。

近义 突如其来

反义 意料之中

从头到尾 cóng tóu dào wěi

【释义】从开始到结尾。指全过程或全部内容。也作"从头至尾"。

【例句】你说的话我一句也没听清楚,请你～再说一遍。

近义 自始至终

反义 半途而废

从头至尾 cóng tóu zhì wěi

见 133 页"从头到尾"。

从心所欲 cóng xīn suǒ yù

见 686 页"随心所欲"。

从一而终 cóng yī ér zhōng

【释义】从:依从,顺从。一:指某一个人。终:生命终结。指女子只嫁给一个人直到死。(封建礼教要求女子嫁人只嫁一次,丈夫死了也不能再嫁。)

【用法】现用于比喻忠臣不事二主。

【例句】在～思想的支配下,祥林嫂到庙里捐了一道门槛。/忠诚是一个人的品格,对雇主的忠诚并不是从一而终,而是在你服务于一家公司的时候,你得全身心地投入。

近义 自始至终

从中作梗 cóng zhōng zuò gěng

【释义】梗:阻塞,妨碍。在中间设置障碍,干扰捣乱,使事情不能顺利进行。

【例句】找工作不顺一事有些蹊跷,我怀疑有人～。

反义 从中斡旋

粗茶淡饭 cū chá dàn fàn

【释义】粗劣的茶,寡味的饭。指粗糙简单的饮食。

【用法】用于形容家境贫寒或生活简朴。

【例句】在旧社会,老百姓连～都吃不上。/一家人,只要和睦相处,～的日子也是幸福甜蜜的。

近义 粗衣粝食　粗衣淡饭

反义 山珍海味

粗风暴雨 cū fēng bào yǔ

【释义】来势迅猛的风雨。

【例句】成都的天气真是怪异,刚才还是清风明月,眨眼之间便一个疾雷,顿时闹起～来。

近义 暴风骤雨

反义 和风细雨

粗心大意 cū xīn dà yì

【释义】做事不细致,马虎草率。

【例句】完了,都怪自己～,性子太急,这次闯下大祸了。

近义 粗枝大叶

反义 一丝不苟　小心翼翼　小心谨慎

粗衣粝食　cū yī lì shí

【释义】粝:糙米。粗布衣,糙米饭。

【用法】用于指吃穿不讲究,形容生活简朴。

【例句】中华文化与教育息息相关,华人不论在世界上任何角落,即便是住在穷乡僻壤或者过着～的生活,也都要展现出龙的传人坚韧的精神。

近义 粗茶淡饭　恶衣恶食

反义 鲜衣美食　侯服玉食　锦衣玉食

粗枝大叶　cū zhī dà yè

【释义】粗的枝干,大的叶子。形容粗略。也形容办事不认真细致。

【例句】汉语的方言很复杂,～地区分,就有北方话、江浙话、湖南话、江西话、福建话、广东话、客家话几种。/他是个～的人,让他干如此精细的活儿恐怕不合适。

近义 大而化之

反义 小心谨慎

粗制滥造　cū zhì làn zào

【释义】滥:过度。制作粗劣,不讲究质量。也指工作不负责任,草率从事。

【用法】形容不顾质量生产。语义偏重质量低劣。

【例句】这些商品～,一看就是冒牌货。/对于一个有社会责任感的作家来说,搞～的东西还不如不写的好。

反义 精雕细刻

粗中有细　cū zhōng yǒu xì

【释义】看似粗疏的人,实际上或有时候心细。

【例句】这个愣小伙子,看不出来还～哩!

促膝谈心　cù xī tán xīn

【释义】促膝:膝盖对着膝盖。面对面靠近坐着亲密交谈。

【用法】形容亲切地交谈。

【例句】每到一处,他都要和基层干部、工人、农民～,了解情况。

近义 抵掌而谈

猝不及防　cù bù jí fáng

【释义】猝:突然。事情突然发生,来不及防备。

【例句】张敏在前往医院的路上,突然一场倾盆大雨不期而至,让她～。

反义 防患未然

攒三聚五　cuán sān jù wǔ

【释义】攒:聚集。三五成群聚在一起。

【例句】在夜里,星星也～地拼命出头,一个都不肯藏在云里,好像要把蓝镜似的天空捅破。

提示 "攒"不读 zǎn。

催人泪下　cuī rén lèi xià

【释义】催:使事物产生。指(事情感人)使人动情而流泪。

【例句】这是一个～的故事。

摧枯拉朽　cuī kū lā xiǔ

【释义】摧:拉,折断。枯:枯枝枯树。朽:朽木。指折断枯枝朽木。形容事情发展像折断枯枝朽木一样容易。

【用法】常用来比喻击垮、摧毁。

【例句】此时,敌人已如惊弓之鸟,我军乘胜追击,如～一般,一举拿下这座古城。/人民解放军百万雄师横渡长江,以～之势攻占南京,国民政府土崩瓦解。

摧眉折腰　cuī méi zhé yāo

【释义】形容低头弯腰阿谀逢迎的媚态。

【例句】他对她老是～,言听计从。

近义 卑躬屈膝

反义 昂首挺胸

璀璨夺目　cuǐ càn duó mù

【释义】璀璨:光彩鲜明。夺目:(光彩)耀眼。光彩鲜明耀人眼睛。

【用法】常用于形容珠玉、礼花等放光的东西。

【例句】五彩缤纷、～的礼花把人们居住的楼房映衬得分外的壮观。

存而不论　cún ér bù lùn

【释义】存:保留。论:讨论。保留起来不加讨论。

【例句】对于你刚才提出的建议,大家意见不一,姑且～吧。

近义 姑置勿论

存亡绝续　cún wáng jué xù

【释义】绝:断绝,完结。续:延续。存在或灭亡,断绝或延续。形容局势非常危急。

【例句】这是一个决定文物～的严重问题,必须引起高度重视,严肃对待。

近义 生死存亡

存亡未卜　cún wáng wèi bǔ

【释义】卜:预料。是活着还是死了,难以料定。

【例句】小英的丈夫在海啸中失踪了,至今～。

近义 生死未卜

寸步不离　cùn bù bù lí

【释义】寸步:指极短的距离。一小步也不离开。形容紧紧跟随,关系亲密或毫不疏忽。

【用法】常用于监视、守护、依恋、工作等方面。

【例句】小狗鲁鲁这几天,～地跟着姐姐。/阿德和阿秀成天厮守在一起,俩人～。/87岁的朱婆婆,在生病期间,她的三个儿女～地守候在床边。

近义 形影相随

反义 若即若离

寸步不让　cùn bù bù ràng

【释义】寸步:指极短的距离。指一小步也不退让。

【用法】用于双方争执时,形容态度坚决,没有商量的余地。

【例句】学校举行的辩论赛上,双方辩手针锋相对,～,甚是精彩!

寸步难行　cùn bù nán xíng

【释义】寸步:指极短的距离。指走一小步都难。形容走路、行动困难。也作"寸步难移"。

【用法】用于比喻处境困难。

【例句】路上污水满溢,行人～。/没有资金,我们是～啊。

近义 步履维艰

反义 一帆风顺

寸步难移 cùn bù nán yí
见 135 页"寸步难行"。

寸草不留 cùn cǎo bù liú
【释义】连小草都不留下。形容遭天灾后的荒凉景象。
【用法】引申为斩尽杀绝或毁坏殆尽。
【例句】那年大旱,赤地千里,～。百姓被逼外出逃荒,村里十室九空。/日本入侵中国时,实行烧光、杀光、抢光的三光政策,不少村庄被鬼子践踏得～。
近义 斩尽杀绝　鸡犬不留

寸草不生 cùn cǎo bù shēng
【释义】一根小草也不生长。
【用法】形容土地贫瘠或破坏严重。
【例句】农民们望着～的荒山秃岭,企盼着苍天保佑,希望奇迹有一天会从天而降。
近义 不毛之地
反义 肥田沃土

寸草春晖 cùn cǎo chūn huī
【释义】小草微薄的心意报答不了春日阳光的深情,比喻父母的恩情沉重,难以报答。
【例句】我们要怀着～的心来报答养育我们的父母。
近义 反哺之私
反义 六亲不认　数典忘祖

寸阴若岁 cùn yīn ruò suì
【释义】阴:光阴。岁:年。日影移动一寸的时间就好像过了一年。
【用法】多形容别后思念殷切。

【例句】自从和他离别后,她才深切地体会到～的感觉。
近义 一日三秋

搓手顿足 cuō shǒu dùn zú
【释义】搓手:两手相摩。顿足:跺脚。形容焦急不耐烦。
【例句】旅途中遇上山崩,一群游客被困在了山上,急得是～。

蹉跎岁月 cuō tuó suì yuè
见 687 页"岁月蹉跎"。

措手不及 cuò shǒu bù jí
【释义】措手:动手处理。临时来不及应付。
【例句】计划的突然变动让大家有些～。
近义 猝不及防　手足无措
反义 措置裕如　应付裕如
提示 "措"不能写成"错"。

错落有致 cuò luò yǒu zhì
【释义】错落:参差交错。致:精致,趣味。指参差交错,别有情趣。
【用法】用于形容建筑物、树木、布置等参差交错。
【例句】两层挑台像两弯新月,围拱着主席台,使大礼堂成为层次分明、～的整体。
反义 整齐划一

错综复杂 cuò zōng fù zá
【释义】错综:交错综合。复杂:多而凌乱。形容头绪繁多,情况复杂。
【例句】在～的形势面前,我们一定要保持清醒的头脑,明确公司未来的发展方向,这样才能立于不败之地。

D

达官贵人 *dá guān guì rén*

【释义】达：显达。职位高的官吏和身份显赫的人物。

【例句】无论你是～，还是平民百姓，只要犯了法，都会受到法律的制裁。

反义 平头百姓

答非所问 *dá fēi suǒ wèn*

【释义】回答的不是所问的内容。

【用法】用于提问、对话。

【例句】他竟被老师一连喊起三次，都因～而被罚站座位上好几分钟。／"你找我什么事？"我问。"这两天吃饭怎么样？胃口好吗？"他～。

近义 文不对题

反义 对答如流

打抱不平 *dǎ bào bù píng*

【释义】遇到不公平的事就挺身而出，帮助受到不平待遇的一方说话或出力。

【用法】常指不仅有言论支持还有行动支持的侠义行为。

【例句】李平为人仗义，喜欢替人～。

近义 仗义执言　见义勇为

反义 见死不救　明哲保身

打草惊蛇 *dǎ cǎo jīng shé*

【释义】打草以惊动草中的蛇。比喻因行动不慎或走漏风声而惊动对方。

【典故】唐代当涂县有个县官叫王鲁，为官行为不检点，常贪污受贿。一天，有人控告他的下属贪污受贿，在状子上列举其罪状，与王鲁平日所为大同小异。王鲁看到状子后心惊胆战，仿佛状子告的就是他自己，不由自主地在状子上批了八个字："汝虽打草，吾已蛇惊。"（《全唐诗》）

【例句】警察调查案件的时候不能使罪犯察觉到任何的风吹草动，以免～。

近义 走漏风声

打成一片　dǎ chéng yī piàn

【释义】原为佛教用语,指修道功夫纯熟,对千差万别的事物一律看待。

【用法】常用于上级对下级。

【例句】这位县委书记经常下基层与群众～。

近义 不分彼此

反义 格格不入

打道回府　dǎ dào huí fǔ

【释义】打道:封建时代,官员外出或返回时,先使差役在前面开路,叫人回避。府:官员办公或居住的地方。指回家去。

【用法】带诙谐意味。

【例句】连卫冕冠军法国队都一球未进就～,不知这是否对国脚们有安慰作用?

打得火热　dǎ dé huǒ rè

【释义】形容把关系搞得极为密切。

【用法】多指不正当的关系。含贬义。

【例句】他们几个平日里～,干什么事都在一块儿。

打富济贫　dǎ fù jì pín

【释义】济:救助。打击富裕户,夺取其财产,救济穷人。也作"杀富济贫"。

【例句】李闯王当年替天行道,～,深得老百姓拥护。

近义 劫富济贫

打躬作揖　dǎ gōng zuò yī

【释义】旧时男子见面弯腰作揖。形容恭顺谦卑的样子。

【例句】王乡绅下车,爷儿三个连忙～,如同捧凤凰似的把他捧了进来。/自知做错了事,小红连忙向奶奶～,赔不是。

近义 以礼待人

反义 目中无人

打胡乱说　dǎ hú luàn shuō

【释义】毫无根据地瞎说。

【例句】说话是要讲依据的,你不要一天张着嘴～。

近义 胡说八道

打击报复　dǎ jī bào fù

【释义】对批评或揭发过自己的人进行攻击或陷害。

【例句】他因得罪了当地的富家子弟而遭到了～。

打家劫舍　dǎ jiā jié shè

【释义】打、劫:抢夺。成群结伙到人家里抢夺财物。

【用法】含贬义。

【例句】在战乱年代,土匪闹事,～是常有的事。

近义 为非作歹

打开天窗说亮话　dǎ kāi tiān chuāng shuō liàng huà

【释义】比喻毫无隐瞒地公开说出来。

【用法】用于指实话实说不避讳。

【例句】咱们～,只要他是个人才,我们单位决不会亏待他。

打破常规　dǎ pò cháng guī

【释义】常规:沿袭下来的规矩。打破一般的规矩或一向实行的规章制度。

【例句】比赛过程中,双方球员～,进行了大换班,以便让大部分球星都有上场表现的机会。

反义 墨守成规

打破砂锅问到底　　dǎ pò shā guō wèn dào dǐ

【释义】对事情的原委追问到底。

【用法】指执着地要把事情弄清。

【例句】不管他愿不愿意说,我偏要～,把事情的缘由弄个明白。

打情骂俏　　dǎ qíng mà qiào

【释义】指用轻佻的语言、动作勾引挑逗。

【用法】多指男女间调情。

【例句】这对年轻人不应该在公共场合～,眉来眼去的。

打入冷宫　　dǎ rù lěng gōng

【释义】冷宫:皇帝安置失宠后妃的地方,为受冷落之宫院,故称冷宫。指帝王将失宠的后妃贬到冷落的宫院加以囚禁。

【用法】用于指有价值的人或东西被搁置一旁废弃不用。

【例句】在"文化大革命"期间,一大批文学家,连同他们的著作一起统统被～。人被当成牛鬼蛇神加以管制,书被当作大毒草加以封存。

近义 打入另册

打入另册　　dǎ rù lìng cè

【释义】另册:旧时户口册的一种,当局把盗匪、坏人的户口登记在上面。指把坏人记在另外的户口册上。

【用法】现多指把人或事当作另类处理。

【例句】国有商业银行开始着手把"睡眠账户"进行归档管理,这样做并非是要将其注销,而是把它们～,等待户主重新使用。

近义 打入冷宫

打退堂鼓　　dǎ tuì táng gǔ

【释义】古代官吏退出公堂前必击鼓,以示停止公务。比喻做事中途退缩。

【例句】在工作和事业上一遇到困难就～的人,是很难有所作为的。

近义 半途而废　知难而退

反义 勇往直前　知难而进

大白天下　　dà bái tiān xià

【释义】大白:完全清楚。指(某事的真实情况)完全清楚地显示在世人的面前。

【例句】米汝成的罪行已～。

近义 真相大白

大包大揽　　dà bāo dà lǎn

【释义】包:把整个任务承担下来,负责完成。揽:拉到自己这方面或自己身上来。指兜揽过来,全部承担。

【例句】为了完成那似乎永远也完不成的论文,龙飞辞掉了工作,家里七零八碎的杂事,也推给李方去～。

大饱眼福　　dà bǎo yǎn fú

【释义】饱:满足。眼福:看到珍奇或美好事物的福分。指看了个够。

【例句】除了歌舞和小品外,她们展示的绝活还真让在场人士～了。

大辩若讷　　dà biàn ruò nè

【释义】大辩:极善辩论。讷:言语迟钝。最能言善辩的人表面上显得口齿笨拙。

【用法】用于表示善辩的人发言持重,不露锋芒。

【例句】他大巧若拙,～。

近义 大智若愚

大步流星　　dà bù liú xīng

【释义】流星:比喻快速。指迈开大步走,快得如流星。

【用法】形容步伐大,走得快。

【例句】会议马上就要开始了,他～地赶

到会场。

近义 健步如飞

反义 步履维艰

大材小用　dà cái xiǎo yòng

【释义】大材料用在小地方。指材料使用不当，浪费。

【用法】多比喻人才使用不当或屈才。

【例句】这么大一根木料，拿来做大柜子很合适，锯了做凳子，简直是～。/一个博士生去修皮鞋，是不是有点～了？

近义 牛刀割鸡

反义 人尽其才

大彻大悟　dà chè dà wù

【释义】彻：贯通。悟：觉悟。彻底觉悟或醒悟。

【例句】读完这本书，我仿佛～一般，体会着智者的每一句话。

近义 恍然大悟

反义 执迷不悟

大吃一惊　dà chī yī jīng

【释义】形容对发生的意外事情非常吃惊。

【用法】常用于口语。

【例句】他别具一格的着衣风格总会令

人～。

近义 惊诧万分　大惊失色

大处落墨　dà chù luò mò

【释义】落墨：下笔。绘画或写文章在主要的地方下功夫。

【用法】比喻做事从主要的地方着眼，首先解决关键问题。

【例句】做文章从～，大体是不会错的。/装修我们的新房，先生从～，考虑整体设计，我则从小处着想，设计局部的装饰。

近义 大处着眼

反义 轻重倒置

大处着眼　dà chù zhuó yǎn

【释义】从全局或长远的观点出发观察、考察。

【用法】常与"小处着手"连用。

【例句】我们观察处理问题，既要从～，也要从小处着手。

近义 大处落墨

大吹大擂　dà chuī dà léi

【释义】擂：打。指起劲地吹喇叭和击鼓，鼓乐齐鸣。比喻过分鼓吹，大肆宣扬。

【用法】一般用作贬义。

【例句】他们家娶媳妇阵势很大，专门请了乐队～。/胜不骄，败不馁，我们不能取得一点点成绩就～。

近义 自吹自擂

反义 脚踏实地

大醇小疵　dà chún xiǎo cī

【释义】醇：酒味浓、纯正。疵：毛病。指大体纯正，而略有缺点。

【用法】用于指抽象事物。

【例句】这部小说虽然个别情节安排欠妥，但也不过是～，仍不失为一部优秀的作曲。

近义 白璧微瑕

反义 白璧无瑕　完美无缺

大慈大悲　dà cí dà bēi

【释义】非常慈悲。原是佛教称颂佛、菩萨的用语。现也用来称颂人心地慈善。

【例句】佛家推崇宽大为怀，～。/对那些猛兽般的杀人犯决不能～。

近义 大发慈悲

反义 暴戾恣睢

大打出手　dà dǎ chū shǒu

【释义】打：打架。打出手：戏曲表演武打时，以一个角色为中心，互相投掷和传递武器，引申指动手打架。指凶狠地动手打人或互相斗殴。

【例句】因为分赃不均，豪哥和他团伙中的另一个头目～。

近义 大动干戈

大胆包天　dà dǎn bāo tiān

见 153 页"胆大包天"。

大刀阔斧　dà dāo kuò fǔ

【释义】使用大刀和宽刃的斧头。原形容军队手持刀斧，杀气腾腾。现比喻做事有魄力，能从大处下手，采取果断措施，像挥舞大刀大斧砍伐一样。

【用法】不计较枝枝节节，果断处理事情，可用此语。

【例句】新领导一上任，就开始了～的整顿。

反义 缩手缩脚

大敌当前　dà dí dāng qián

【释义】当：正在。强大的敌人正在前面。形容形势紧迫。

【用法】该词后常伴有表示相应措施的语句。

【例句】～，我们必须做好充分的战前准备。

近义 兵临城下

大地回春　dà dì huí chūn

【释义】冬去春来，大地回暖，辽阔的大地一片欣欣向荣的景象。比喻形势好转。

【用法】多用于指具体的季节变化，也可指抽象的政治形势。

【例句】三亩塘的水面上，吹来一阵轻柔的暖气，这正是～的第一丝信息。

大动干戈　dà dòng gān gē

【释义】干、戈：古代两种兵器。原指发动战争。现指聚众斗殴。也比喻兴师动众或大张声势地去做不必要的事情。

【用法】一般用作贬义。

【例句】安兴帮和丈明帮在镇上不期而遇，三句话不对，就～，两派人把个小镇闹得鸡犬不宁。/克里斯汀维护真理的行动，让贵族们大为震怒，他们不惜～要毁掉这个年轻人。

近义 大打出手

大而化之　dà ér huà zhī

【释义】大：光大。化：感化。原指使美德发扬光大，进入化境。现常用来表示做事疏忽大意。

【用法】多形容人大大咧咧不仔细。

【例句】他做事～的，真叫人不放心。

近义 粗心大意　粗枝大叶

反义 小心翼翼

大而无当　dà ér wú dàng

【释义】当：合宜，合适。指虽然大，但是不切实用。

【例句】这房子共有 5 个房间，大倒是大，但用于两位老人居住,似嫌～。

大发雷霆　dà fā léi tíng

【释义】雷霆:震耳的响雷,比喻盛怒。比喻大发脾气,高声怒吼。

【用法】常用于描述人盛怒。

【例句】当希特勒得知保卢斯投降后,～,骂保卢斯连妇女都不如。

近义　暴跳如雷

反义　心平气和

大放厥词　dà fàng jué cí

【释义】厥:其,他的。原指极力铺陈辞藻。现多指夸夸其谈,大发议论。

【用法】一般用作贬义。

【例句】在事实面前,理亏的他仍～,真是不可理喻。

近义　大发议论

反义　钳口结舌

大风大浪　dà fēng dà làng

【释义】大的风暴,大的浪涛。比喻社会的激烈动荡或急剧变化。

【例句】年轻人要经历～,才能见世面。

大腹便便　dà fù pián pián

【释义】便便:肥大。肚子肥大的样子。

【用法】含贬义。

【例句】这一年大吃大喝又久坐不动的生活使得他～。

近义　脑满肠肥

反义　骨瘦如柴

提示　"便"不读 biàn。

大公无私　dà gōng wú sī

【释义】指非常公正,绝不偏心。也指完全为人民利益着想,毫无私心。也作"秉公无私"。

【例句】王处长在处理大李和小李的纠纷上,～,令二李心服口服。/我们应该学习雷锋同志～的精神。

近义　公正无私　言不及私　公而忘私

反义　假公济私　自私自利

大功告成　dà gōng gào chéng

【释义】功:功业。大的工程、事业或重要任务宣告完成。

【用法】常用于描述巨大的工程或艰苦的事业,到了完成之期。

【例句】新的办公大楼经过三年的时间,今天终于～了!

近义　大功毕成

反义　功败垂成　功亏一篑

大海捞针　dà hǎi lāo zhēn

见 267 页"海底捞针"。

大含细入　dà hán xì rù

【释义】原指文章的内容,既包涵天地的元气,又概括了极微小的事物。形容文章博大精深。

【用法】多形容文艺作品。含褒义。

【例句】司马迁的《史记》,～,是我国古代历史著作中的优秀作品。

近义　博大精深

大红大紫　dà hóng dà zǐ

【释义】红、紫:颜色。形容人事业非常成功,非常受重视或欢迎。

【用法】现多用于指演艺界明星。

【例句】尽管没有靠《幸福时光》～,董洁还是很感激张艺谋教会了自己很多东西。

近义　红得发紫

反义　默默无闻

大呼小叫 dà hū xiǎo jiào

【释义】高一声低一声地吆喝或吵嚷。

【用法】多用于指不懂礼貌者，或大肆宣传大造舆论者。

【例句】有些人缺乏修养，在图书馆、电影院等公共场合～。

近义 大吆小喝　大喊大叫

反义 不声不响　轻言细语

大获全胜 dà huò quán shèng

【释义】获得了全面胜利。

【例句】曹操在官渡之战中～，但在赤壁之战中一败涂地。

近义 旗开得胜

反义 一败涂地

大惑不解 dà huò bù jiě

【释义】极为疑惑，不能理解。

【用法】对某事心里有疑问，弄不明白，可用此语。

【例句】他把自己关在房里不吃不喝，偶尔还会发出几声大笑，实在令人～。

近义 百思不解

反义 茅塞顿开　恍然大悟

大家闺秀 dà jiā guī xiù

【释义】大家：世家望族。指富贵人家的女子。

【用法】现用于指出身于社会地位高的家庭的女儿，也指具有大家闺秀气质的女孩。

【例句】在印度，～穿着长而鲜艳的叫作纱丽的传统服装，纱丽上嵌着宝石，显得富丽高贵。/王梅端庄秀丽，楚楚动人，有～的风范。

近义 金枝玉叶

反义 小家碧玉

大江东去 dà jiāng dōng qù

【释义】大江：长江。长江水向东奔流而去。比喻旧的事物退出历史舞台。也形容自然景色。

【例句】许多曾风云一时的英雄豪杰也感叹～，好时光不再。/您务必站在桥上眺望四方，～，武汉三镇尽收眼底，大饱眼福。

大街小巷 dà jiē xiǎo xiàng

【释义】宽敞的街道和窄小的胡同。泛指城市大大小小的街道。

【例句】李娜获得法网公开赛女单冠军的消息很快在～传开了。

近义 街头巷尾　前街后巷

大惊失色 dà jīng shī sè

【释义】色：表情。非常惊恐，脸色都变了。

【例句】哪吒三太子吃了败仗，回去报告李天王，李天王－道："快去启奏玉皇大帝，要多派些兵将来，方可取胜。"

近义 胆战心惊

反义 不动声色　镇定自若

大惊小怪 dà jīng xiǎo guài

【释义】对不足为奇的事情表现得过分惊讶或诧异。

【用法】用于指对某件事故作惊讶。
【例句】这种事情我见得多了,没什么可～的。
近义 失惊打怪
反义 见惯不惊

大开眼界　dà kāi yǎn jiè
【释义】开:扩展。眼界:眼睛看到的范围。指开阔了视野。
【用法】用于指从未见闻的事物或新事物让人增长见识。
【例句】国外名牌商品进入国内市场,使得人们～,消费标准和消费意识明显改变。
反义 闭目塞听

大快朵颐　dà kuài duǒ yí
【释义】快:愉快,舒服。颐:腮,颊。朵颐:鼓动腮帮嚼东西的样子,借指嘴。指让嘴巴非常愉快。形容食物鲜美,吃得很满意。
【用法】带诙谐意,有大吃一顿的意味。
【例句】麻辣的鱼头火锅,鲜美的河鲜火锅,独特的跷脚牛肉汤锅……让寻香而来的客人～。
近义 大吃大喝
反义 饥肠辘辘

大快人心　dà kuài rén xīn
【释义】坏人受到惩罚、打击,使人们非常痛快。
【用法】常用来表达广大群众的感情。
【例句】听说贩毒团伙已被一网打尽,真是～啊。

大浪淘沙　dà làng táo shā
【释义】淘:用水冲洗。去掉杂质。在大浪中洗净沙石。比喻在激烈的斗争中经受考验、筛选。

【例句】这支队伍经过艰苦的锻炼和严峻的考验后,素质更高了,是～保留下来的精华。

大锣大鼓　dà luó dà gǔ
【释义】比喻场面或声势很大。
【例句】他们为这事～地闹了一场,可收效并不大。

大名鼎鼎　dà míng dǐng dǐng
【释义】鼎鼎:盛大。形容人的名气很大。也作"鼎鼎大名"。
【用法】称颂地位高、名气大的人。
【例句】郭沫若是一位～的文学家。
近义 赫赫有名
反义 不见经传　默默无闻

大谬不然　dà miù bù rán
【释义】谬:错误。然:这样。大错特错,完全不符合实际情况。
【用法】用于指表面和实际两方面对照完全不同。
【例句】有些人认为老实人总是吃亏,其实是～。
近义 大错特错

大模大样　dà mú dà yàng
【释义】满不在乎或神气十足的样子,或傲慢自大目中无人的姿态。
【用法】一般用于形容人或动物的样子。
【例句】黑猩猩～地拿起报纸,用双手举在自己面前。/瞧他那～的神气,好像是中国的马拉纳似的。
近义 大摇大摆　大模厮样
提示 "模"不读 mó。

大模厮样　dà mú sī yàng
【释义】无拘无束,目中无人的样子。

【用法】用于形容人的行为。

【例句】上课铃响了,他～地走进教室。

近义 大模大样

大难不死 dà nàn bù sǐ

【释义】遇到大灾难没有死掉。

【用法】常与"必有后福"连用。

【例句】这次飞机出事,幸好你退了票。老兄,～,必有后福!

提示 "难"不读 nán。

大难临头 dà nàn lín tóu

【释义】难:灾祸。临:降临。大祸落到头上。

【例句】他仿佛已经有什么～似的,说话有些口吃了,声音也发着抖。

近义 祸从天降

提示 "难"不读 nán。

大逆不道 dà nì bù dào

【释义】逆:叛逆。不道:背离封建道德标准。旧指反抗封建统治、背叛封建礼教的行为。现泛指背弃常理,不循正道。

【用法】指言行叛逆,不合道德规范,可用此语。

【例句】纣王杀害叔父比干,真是～。/书店胆敢出售这些～的书,真该歇业。

近义 离经叛道

反义 赤胆忠心

大起大落 dà qǐ dà luò

【释义】大幅度地起落。形容起伏变化很大很快。

【用法】用于指人生经历、人的表现、故事情节、价格涨落等。

【例句】他务实,有经过～后的平静。/由于球队在联赛中～的表现,让把守球队最后一道关口的高佬,成了众矢之的。

大气磅礴 dà qì páng bó

【释义】磅礴:盛大、雄浑的样子。形容气势盛大或笔力雄浑。

【用法】用于音乐会、大型演出、歌曲、文艺作品等。

【例句】《沁园春·雪》这首词,写景,纵横千里,～,旷达豪迈。

近义 气势磅礴

提示 "磅"不读 bàng。

大器晚成 dà qì wǎn chéng

【释义】器:才能。原指大的器物要经过长期的加工才能成器。比喻有卓越才能的人,取得成就或成名的时间比较晚。

【用法】可作勉励用语。

【例句】齐白石、张中行都是～之人。

近义 大才晚成

反义 老大无成

大器小用 dà qì xiǎo yòng

【释义】大器:宝器,比喻大材。比喻大材小用。

【例句】让一个厨师去做端盘跑堂的活儿,岂不是～了?

近义 大材小用

反义 人尽其才

大千世界 dà qiān shì jiè

【释义】原为佛教用语。世界的千倍叫小千世界,小千世界的千倍叫中千世界,中千世界的千倍叫大千世界。后指广阔无边的世界。

【例句】～,无奇不有,连绘画的工具也被人们一再创新。上海民间艺术家李士骐居然以钟't代笔,在纸上敲出一幅人物素描。

大巧若拙 dà qiǎo ruò zhuō

【释义】拙:笨拙。非常灵巧聪明的人并

不炫耀自己,反而貌似笨拙。

【例句】张老师是真正的～,平时默默无闻,在展览上他的作品却大放异彩。

近义 大智若愚　大辩若讷

反义 不可一世　愚不可及

大权独揽　dà quán dú lǎn

【释义】揽:把持。个人掌握、把持着处理重大事务的权力。

【用法】用于手中掌握权力的个人。

【例句】王明～,单位所有大事,他一人说了算。权力不受监督,所以才出了那么多事

近义 大权在握

反义 大权旁落

大权旁落　dà quán páng luò

【释义】自己掌握的大权落入别人手中。

【用法】用于政治、权力斗争方面。

【例句】一些君主因为无知而缺乏分析判断能力,最终～,受制于人。

反义 大权在握　大权独揽

大权在握　dà quán zài wò

【释义】掌握政权或重大权力。

【用法】后常有具体的行为,用于形容等待已久的权力一朝到手,或凭借权势做了某件事情。

【例句】有的领导,一旦～,便独断专行,听不进一点意见,好像权力是他一个人的一样。

近义 大权独揽

反义 大权旁落

大杀风景　dà shā fēng jǐng

【释义】杀:削弱;减少;消除。指严重破坏了美好的景致。也作"大煞风景"。

【用法】比喻在兴高采烈的场合大大地败坏了人们的兴致。

【例句】绿油油的草地上散落着一个白色垃圾,真是～。

近义 兴致索然

反义 兴致勃勃

大煞风景　dà shā fēng jǐng

见 146 页"大杀风景"。

大厦将倾　dà shà jiāng qīng

【释义】高大的房屋即将倒塌。比喻局势危急,濒临崩溃。

【用法】常用于比喻政权即将崩溃。

【例句】在美军进攻巴格达前夕,萨达姆自感～,便带着贴身侍卫逃离巴格达。

近义 大厦将颠

大声疾呼　dà shēng jí hū

【释义】疾:迅速而急切。指大声地急切地呼喊、呼吁。也作"疾声大呼"。

【用法】用于提醒注意、请求援助、主持公道、要求停止行动等。

【例句】五四运动时期,许多爱国青年走上街头,～:驱逐列强,挽救祖国。

近义 大喊大叫

反义 屏气敛声

大失所望　dà shī suǒ wàng

【释义】原来的希望完全落空。

【用法】形容非常失望。语气较强。

【例句】化验结果使我～。毛发中除含铜量较高外,其他成分与普通毛发没什么差异,我无法揭开小岛上这绿色皮毛的奥秘。

反义 大喜过望

大势所趋　dà shì suǒ qū

【释义】整个局势发展的趋向。

【例句】海峡两岸同胞渴望祖国统一,这是人心所向,～。

反义 大势已去

大势已去　dà shì yǐ qù

【释义】大好形势已经丧失，无法挽回。

【例句】日本侵略者～，坚持十四年抗战的中国人民终于等到日本鬼子举手投降的这一天。

近义 大势所趋

反义 方兴未艾

大事化小　dà shì huà xiǎo

【释义】把大事情化解成小事情。指调停斡旋，妥善处理。也指调和折中，息事宁人。

【例句】他一面挖苦，一面恫吓，最终把～，小事化无了。／怕激出意外变故，他只好将～，下令逮捕了两位闹事者。

反义 小题大做

大是大非　dà shì dà fēi

【释义】原则性的是非问题。

【例句】要实现安定团结、生动活泼的政治局面，就必须解决历史遗留问题，弄清～。

反义 细枝末节

大手大脚　dà shǒu dà jiǎo

【释义】形容花钱、用东西没有节制。

【用法】用于指不知节俭。

【例句】在生活上，他总是～，一点也不节俭。

近义 铺张浪费　大肆挥霍

反义 省吃俭用　精打细算

大书特书　dà shū tè shū

【释义】书：写，记载。指事件重大或意义重大，特别值得加以记载、宣传，以引起人们的注意。

【例句】罗振玉、王国维是中国近代学术史上值得～的人物。

反义 轻描淡写

大肆挥霍　dà sì huī huò

【释义】大肆：任意，放纵。无节制地大量花钱。

【用法】指任意胡乱花钱，语义较重。

【例句】在生活中，我们应发扬中华民族的传统美德，勤俭节约，不～。

近义 大手大脚

反义 省吃俭用　精打细算

大题小做　dà tí xiǎo zuò

【释义】做：也写成"作"。把大题目做成小文章。也指就复杂的问题做出精练的概括。

【用法】用于对问题、事物的处理。

【例句】"～"是杂文的重要特点之一。／你的这个建议实在是太幼稚，有点～了。

反义 小题大做

大庭广众　dà tíng guǎng zhòng

【释义】指人数众多的公开场合。也作"广庭大众"。

【例句】他竟然在～之下做出这样的事来，简直不可理喻！

近义 稠人广众

大同小异　dà tóng xiǎo yì

【释义】大部分相同，只有小部分有差异。

【用法】用于比较两件或多件事物。

【例句】这两只舰船模型～。

近义　本同末异

反义　大相径庭　截然不同

大喜过望　dà xǐ guò wàng

【释义】结果比原来希望的更好，因而感到特别高兴。

【用法】用于指某件事情的结果比当初期望的还好。

【例句】走失的爱犬突然间又回来了，一家人～，抱着它亲了又亲，不愿松手。

近义　喜出望外

反义　大失所望

大显身手　dà xiǎn shēn shǒu

【释义】身手：本领。充分显露自己的本领。

【用法】用于指显露技能、技艺、武艺方面的本领。

【例句】小伙子们在绿茵场上～。

近义　大显神通

反义　小试牛刀

提示　"显"不能写成"献"。

大显神通　dà xiǎn shén tōng

【释义】神通：佛教指无所不能的力量。充分显示出奇特的本领。

【用法】用于指特别高强的本领。

【例句】105岁的"骨圣"罗有明，在治疗各种骨病时～：不用拍片，就知病因在哪里；不动手术，捏拿揉拍竟让瘫痪多年的病人站立；乘病人不备，一脚踢去或一掌击去，令患者在惊愕中一转身间，手到病除……

近义　大显身手

提示　"显"不能写成"现"。

大相径庭　dà xiāng jìng tíng

【释义】径：门外路和堂外地，比喻悬殊。形容彼此相差很远或矛盾很大。

【例句】袁隆平提出的通过"三系"来利用水稻杂种优势的设想与当时学术界流行的观点～。

近义　天壤之别　迥然不同

反义　大同小异　相差无几

大兴土木　dà xīng tǔ mù

【释义】大规模兴建土木工程。

【用法】多含贬义。

【例句】近年来，这个城市都在～。

大雅君子　dà yǎ jūn zǐ

【释义】大雅：对品德高尚，才学优异者的赞词。君子：泛指有才德的人。指有才德的人。

【用法】多用于书面语。

【例句】张教授是现代的～，深得学生的尊敬。

大雅之堂　dà yǎ zhī táng

【释义】高雅的厅堂。比喻高的要求，完美的境界。

【用法】常和"不登"连用，作"不登大雅之堂"，指进不了文雅高贵的场所。

【例句】这些不登～的雕虫小技，实无集印之必要，真像鲁迅先生所说的，让它随风而逝吧。

大言不惭　dà yán bù cán

【释义】说大话而不感到难为情。

【用法】常用于指自吹牛皮的人。

【例句】捅了这么大的篓子还吹牛，你可真是～。

近义　自吹自擂

反义　碍口识羞

D

大言欺人 dà yán qī rén

【释义】说大话蒙骗人。

【例句】他称自己两个月内就可完成这项艰巨的任务,这不是～吗?

大吆小喝 dà yāo xiǎo hè

【释义】高一声低一声地喊叫、谩骂。

【例句】这么点小事,何苦～,失了体统。

近义 大呼小叫

反义 不声不响

大摇大摆 dà yáo dà bǎi

【释义】形容走路神气、满不在乎的样子。

【用法】适用于形容傲慢或自高自大的人。

【例句】同学们对他违反纪律的行为提出批评,他却不以为然,～地走了。

近义 大模大样

反义 蹑手蹑脚

大义凛然 dà yì lǐn rán

【释义】大义:正义,正气。凛然:威严不可侵犯的样子。形容一身正气不可侵犯。

【用法】常用来描写勇士的英勇气概。

【例句】面对敌人的铡刀,刘胡兰～。

近义 临危不惧

提示 "凛"不读 bǐng。

大义灭亲 dà yì miè qīn

【释义】大义:正义,正气。为了维护正义对违反国家或人民利益的亲人不徇私情,使受法律制裁。

【用法】只用在不顾亲情,唯求公义的重大事情上。

【例句】治军如治国,宁可～,不可因私废法。

近义 不徇私情

反义 徇情枉法

大有裨益 dà yǒu bì yì

【释义】裨益:益处。指有很大的好处。

【例句】这些措施对预防和减轻电子雾对人们的危害,是～的。

大有可观 dà yǒu kě guān

【释义】很值得一看或值得重视。

【用法】常用来形容事物已达到较高的水平。

【例句】这部电影十分精彩,～。

反义 不屑一顾 不值一提

大有可为 dà yǒu kě wéi

【释义】事情很值得做,很有发展前途。

【用法】多着眼于客观可能性。

【例句】出国留学人员回国后也是～的。

近义 大有作为

反义 无所作为

D

大有人在　dà yǒu rén zài
【释义】指某类人数量很多。
【例句】在毕业生中，愿意到基层去工作的～。
近义　不乏其人
反义　寥寥无几

大有文章　dà yǒu wén zhāng
【释义】指话语、文章或已表露的现象之中，很有令人难以捉摸的意思或别的情况。
【例句】他的话语之中～。
近义　弦外之音

大有作为　dà yǒu zuò wéi
【释义】能充分发挥作用，做出重大贡献。
【例句】大学生到基层去工作，～。
近义　大有可为
反义　无所作为　碌碌无为

大鱼吃小鱼　dà yú chī xiǎo yú
【释义】比喻势力大的欺压、并吞势力小的。
【例句】在对公司的合并问题上，不能采取～的吞并政策。

大鱼大肉　dà yú dà ròu
【释义】指美好丰盛的饮食。
【例句】如今人们的生活富裕了，每日的餐桌上都有～已不再是什么稀罕事。

大展宏图　dà zhǎn hóng tú
【释义】展：把卷着的画轴舒张开来，比喻实现。宏图：比喻宏伟远大的谋略或计划。大规模地实施宏伟远大的计划或抱负。
【用法】一般用作褒义。
【例句】只要遇到合适的机会，我们就可

以在这片土地上～。
近义　大展经纶
反义　无所作为

大张旗鼓　dà zhāng qí gǔ
【释义】张：展开。旗鼓：旗帜和战鼓。指声势很大地摆开阵势摇旗擂鼓。
【用法】用于比喻声势浩大。
【例句】获胜的队伍～，浩浩荡荡地回营了。／对于先进事迹、优秀人物，社会就应该给以～地宣传。
近义　声势浩大
反义　偃旗息鼓

大张挞伐　dà zhāng tà fá
【释义】张：铺开。挞伐：讨伐。指大规模地用兵讨伐。
【用法】现多用于指展开猛烈的声讨。多用于书面语。
【例句】某位知名人士见死不救的行为被晚报披露后，群情激愤，纷纷撰文～。
提示　"挞"不读 dá。

大智大勇　dà zhì dà yǒng
【释义】指非凡的才智和勇气。
【用法】用于称赞人。
【例句】我们很佩服他在处理此事过程中所展示的～。
近义　智勇双全

大智如愚　dà zhì rú yú
见150页"大智若愚"。

大智若愚　dà zhì ruò yú
【释义】很有才智的人从不炫耀自己，看起来好像很愚笨。也作"大智如愚"。
【用法】形容有修养有学识的人，不愿在人面前炫耀本领时，可用此语。

【例句】他看似有点木讷，其实是～，心思缜密着呢。

近义 大巧若拙

反义 锋芒毕露

大做文章　dà zuò wén zhāng

【释义】比喻抓住某事借题发挥，扩大事态，以达到某种目的。

【用法】一般用作贬义。

【例句】这本来是一件小事，有人却借此～，于是小事变成了大事。

近义 借题发挥

呆人说梦　dāi rén shuō mèng

见 110 页"痴人说梦"。

呆若木鸡　dāi ruò mù jī

【释义】呆：痴呆，愚笨。指呆呆地像木头做的鸡一样不动。形容因不知所措或因惊讶、惊恐而发愣。

【例句】老师在讲台上突然晕倒了，他们全都～般，你看着我，我看着你，不知如何是好。

近义 目瞪口呆　瞠目结舌

呆头呆脑　dāi tóu dāi nǎo

【释义】呆：痴呆，愚笨。形容笨头笨脑、傻乎乎的样子。

【例句】她觉得纳闷，一向～的林昭今日怎么变得如此聪明，抽丝剥茧，侃侃而言。

近义 傻头傻脑

反义 天真烂漫　生龙活虎

代人受过　dài rén shòu guò

【释义】替别人承担过错。

【例句】你并没有犯错，但是～就是你的错。

代人说项　dài rén shuō xiàng

【释义】项：人名，即项斯。原意是赞扬他人替人说好话、讲情。现指替人说情。

【用法】不能用于替自己求情。

【例句】他在岗位上一向兢兢业业，所以这次部门经理愿意为他的一次失误在总经理面前～。

待价而沽　dài jià ér gū

【释义】待：等待。沽：卖。指等待好价钱才卖出去。

【用法】比喻等待有好的待遇、条件才肯任职或做事。

【例句】今年的米价与去年相比差距实在是太大了，农民伯伯们都在观望，～。/ 由于对方公司对我方收购报价不满意，老是抱着～的心态予以拖延，因此这次谈判以失败告终。

待人接物　dài rén jiē wù

【释义】物：别人，众人。跟人相处。多指一般的交际应酬。

【例句】吴组缃先生的一生，也正是以做人的凛然正气来治学问，以治学的严肃认真态度来～的。

近义 为人处世

待时而动　dài shí ér dòng

【释义】等待合适的时机，采取行动。

【例句】在目前的形势下，我们应该～，以避免不必要的损失。

近义 相机行事

反义 迫不及待

待字闺中　dài zì guī zhōng

【释义】字：许配。待字：指女子尚未定亲。闺：闺房，即女子居住的卧室。指女子等待出嫁。

D

【用法】只能用于未出嫁的少女。

【例句】现今，不少大龄女青年～。

戴罪立功　dài zuì lì gōng

【释义】在承当某种罪名的情况下建立功劳。

【例句】给你一个～的机会，希望你能珍惜，好好表现。

近义 立功赎罪

丹书铁券　dān shū tiě quàn

【释义】丹：朱砂。券：凭证。古代帝王颁赐给功臣世代保持优遇和免罪的凭证。文凭用朱砂书写，叫"丹书"，券用铁制，叫"铁券"。

【例句】在古代，帝王多颁赐～给位高权重的臣子，作为一种特殊的待遇。

担待不起　dān dài bù qǐ

【释义】担待：担当。指（责任重大）承担不了。也指（话太重）承受不了。

【例句】这次带学生出去，一路要注意安全，一旦出了事，大家都。/校长，别这样称呼我，我～，我永远是母校的学生。

担惊受怕　dān jīng shòu pà

【释义】担：承受。指既惊恐又害怕。

【用法】用于形容（为某人、某事）内心不安，害怕出事。

【例句】妈妈听说爸爸正在执行一项危险的任务，每日～，辗转难眠，直到爸爸平安归来才踏实下来。

近义 提心吊胆　胆战心惊

单刀赴会　dān dāo fù huì

【释义】单刀：一把刀，指一个人。原指关羽只带一口刀和少数随从赴鲁肃的宴会。后泛指一个人冒险赴约。有赞扬赴会者的智略和胆识之意。

【用法】现多指只身赴有危险性的约会。

【例句】"大哥，你要～呀？""～怕什么！我已经报了警，谅他们也不敢乱来。"

单刀直入　dān dāo zhí rù

【释义】指用单刀径直刺入。比喻说话直截了当，不绕弯子。

【用法】多用于言辞方面，说话不转弯抹角，直入主题。

【例句】会议刚一开始，他就～，直奔主题。

近义 开门见山

反义 转弯抹角

单枪匹马　dān qiāng pǐ mǎ

【释义】一杆枪，一匹马。指单独行动，无人帮助。也作"匹马单枪"。

【用法】常用作褒义。

【例句】霍去病～闯入敌营,把匈奴杀了个片甲不留。

近义 孤军奋战

反义 千军万马

殚精竭虑　dān jīng jié lù

【释义】殚:尽。用尽精力,费尽心思。

【例句】面对洪灾风险,广大公安民警临危不惧,竭尽全力维护社会治安,～守护着人民群众的生命、财产安全。

近义 殚智竭力

提示 "殚"不读 dàn。

箪食壶浆　dān shí hú jiāng

【释义】箪:盛饭的圆形竹器。浆:米汁。用箪盛饭,用壶盛汤。古时老百姓用箪盛饭,用壶盛汤来欢迎他们爱戴的军队。后用来形容军队受欢迎的情况。

【例句】为正义而战的军队所到之处,无不受到当地老百姓的～。

提示 "食"旧读 sì。

胆大包天　dǎn dà bāo tiān

【释义】胆量大得能包住天。也作"大胆包天"。

【用法】形容胆量极大,什么事都敢干。多用作贬义。

【例句】这伙人～,竟敢在光天化日之下拦路抢劫。

近义 胆大妄为　胆大如斗

反义 胆小如鼠

胆大如斗　dǎn dà rú dǒu

【释义】斗:旧时的一种量器,容量为十升。胆像斗一样大。形容某人的胆子极大。

【例句】从"荆轲刺秦王"这一事件可以看出。荆轲是一位～的人物。

近义 胆大包天

反义 胆小如鼠

胆大妄为　dǎn dà wàng wéi

【释义】妄:胡乱,任意。毫无顾忌地胡作非为。

【用法】指胆子大,敢胡来。只用作贬义。

【例句】张氏兄弟居然把他父母的家作为犯罪场所,真是～到了无所顾忌的地步!

近义 恣意妄为

反义 胆小怕事

胆大心细　dǎn dà xīn xì

【释义】做事勇敢又考虑周密。

【用法】形容人有勇有谋。

【例句】武警张队是个智多星,～。他仔细察看了地形,分析了劫匪所在房屋的平面图,最后敲定了两套解救人质的方案。

近义 胆大心小

胆小怕事　dǎn xiǎo pà shì

【释义】胆量很小,怕惹是非。

【例句】经历那次打击后,他竟然变成了一个～、见人低头、甘受欺侮的人。

近义 胆小如鼠

反义 胆大妄为

胆小如鼠　dǎn xiǎo rú shǔ

【释义】胆子小得像老鼠。

【用法】用于形容胆子很小。

【例句】别看他气壮如牛,其实～。

近义 胆小怕事

反义 胆大如斗　胆大包天　胆大妄为

胆战心惊　dǎn zhàn xīn jīng

【释义】战:发抖。指胆发抖,心惊慌。形容非常害怕。

【例句】敌人听到鼓声,如同听见丧钟,失魂落魄,～。

近义 胆战心寒　心惊肉跳

淡泊明志　dàn bó míng zhì

【释义】淡泊:不追求名利。志:志向。不追逐名利与享受以表明高尚的志趣。也作"澹泊明志"。

【例句】他从不计较功名利禄,～,潜心于教育事业。

淡而无味　dàn ér wú wèi

【释义】食物淡,没有滋味。比喻事物平淡,不能引起人的兴趣。也作"平淡无味"。

【例句】她最近胃口不好,吃什么都觉得～。/工作是生命之盐。失去工作,生命就会变得～。

近义 索然无味

反义 意味深长

弹尽粮绝　dàn jìn liáng jué

【释义】弹药用尽,粮食吃完。形容军队面临绝境。形容必需品断绝,处境危急。

【用法】可用于形容生活面临绝境。

【例句】面对～的局面,敌军不得不暂时放弃攻打这座城市。/10岁女孩彭雪,肾脏移植需20多万元,已～的父母流着泪不知如何是好。

弹丸之地　dàn wán zhī dì

【释义】弹丸:供弹弓射击用的泥丸或铁丸。指像弹丸那样小的地方。

【用法】比喻地方极为狭小。

【例句】洛带镇不大,可谓～,如今已成为成都附近有名的独具客家风情的旅游小镇。

近义 方寸之地　立锥之地

反义 广袤千里

弹无虚发　dàn wú xū fā

【释义】虚:空。发:射击。子弹射出去后每颗都命中目标。

【用法】用于比喻做一件事成一件事,没有落空的。

【例句】他是我团有名的神枪手,从来都是～。/他办小区,建工厂,～。

近义 箭无虚发　百发百中

反义 百无一存

澹泊明志　dàn bó míng zhì

见154页"淡泊明志"。

当断不断　dāng duàn bù duàn

【释义】断:决断。应该做出决断时不能当机立断。

【用法】常与"反受其乱"连用,指遇事犹豫不决。

【例句】做事要当机立断,～,反受其乱。

近义 优柔寡断

反义 当机立断

当行出色　dāng háng chū sè

【释义】当行:内行。出色:格外好。做本行的事,成绩特别显著。

【用法】多用于人的能力、技艺等。含褒义。

【例句】老刘干室内装修这一行,那可

是～！

当机立断　dāng jī lì duàn

【释义】当：面对。机：时机。抓住时机，立刻决断。

【用法】多用于称赞他人决策果敢又正确。

【例句】连长～，下达了集中火力抢占制高点的命令。

近义　毅然决然

反义　优柔寡断　迟疑不决　犹豫不决

当家做主　dāng jiā zuò zhǔ

【释义】主持家务做主人。比喻做了主人翁，有了自主权。

【例句】申大嫂可以说是全家真正～的人。/如今，中国人民都已～。

当局者迷　dāng jú zhě mí

【释义】局：棋盘。指下棋的人往往容易迷惑，看不清整个棋局的形势。比喻当事人对自身的情况、处境往往认识糊涂。

【用法】常与"旁观者清"连用，表示当事者认识糊涂，旁观者看得清楚。

【例句】古话常说"～，旁观者清"，他这个局外人的意见倒是值得考虑考虑的。

反义　旁观者清

当面鼓，对面锣　dāng miàn gǔ, duì miàn luó

见155页"当面锣，对面鼓"。

当面锣，对面鼓　dāng miàn luó, duì miàn gǔ

【释义】比喻面对面地商谈或争论。也作"当面鼓，对面锣"。

【例句】关于这件事，趁大家都在，我们就～地说个清楚，背后就不要再议论了。

当牛作马　dāng niú zuò mǎ

【释义】作：也写成"做"。像牛马那样下苦力拼命干活。

【用法】用于形容甘心伺候别人，听从别人使唤。

【例句】厂领导对他们亲如兄弟，他们就是～也很乐意。

当仁不让　dāng rén bù ràng

【释义】当：面对着。仁：仁义之事。让：退让。指遇到仁义之事决不退让。

【用法】泛指遇到应该做的事，要积极主动去做，决不退让。

【例句】孝敬自己的父母，是天下所有儿女～应尽的义务。

近义　义不容辞

反义　临难苟免

提示　"仁"不能写成"人"。

当世无双　dāng shì wú shuāng

【释义】无双：没有两个，意即只有一个。当前世上没有能相比的。

【用法】用于描述世界上绝无仅有的人或事。

【例句】我国的微雕艺术可谓～的。

近义　举世无双

反义　无独有偶

当头棒喝　dāng tóu bàng hè

【释义】棒：棍子。喝：大声喊叫。佛教禅宗和尚接待前来求学的人时，常常用棒迎头一击或大喝一声，促其领悟。比喻促人醒悟的警告。

【用法】用于比喻严厉警告或突如其来的打击。

【例句】他们的死，无疑给酒后开车者～：珍惜生命吧！/1：0，首尝世界杯滋味的

D

D

一个非洲小国,一上来就把卫冕冠军法国队拉下了马。法国队队员想不通,主教练更觉得如～。

近义 当头一棒

当头一棒　dāng tóu yī bàng

【释义】比喻促人醒悟的警告。也比喻突如其来的打击。

【例句】老师的一番话如同给了我～,使我立刻清醒过来。/这个突如其来的意外,给了陆清～。

近义 当头棒喝

当务之急　dāng wù zhī jí

【释义】务:事情。应当做的事才是最紧要的。后指当前急切应办的事。

【用法】用于形容当前最需要做的事。

【例句】作为学生,～是认真学习。/别追究谁的责任了,～是先找到孩子。

近义 燃眉之急

反义 不急之务

当之无愧　dāng zhī wú kuì

【释义】当:接受,承受。接受某种称号或荣誉名实相副,毫不惭愧。

【用法】一般用作褒义。

【例句】重庆被称作山城是～的。

反义 受之有愧

党同伐异　dǎng tóng fá yì

【释义】党:偏袒。伐:讨伐。偏袒跟自己观点相同的人,攻击跟自己观点不同的人。也作"伐异党同"。

【用法】原指学术上派别之间的斗争,后用来指一切学术上、政治上或社会上的集团之间的斗争。

【例句】～,刻薄寡恩,在朱先生写的文字里是读不到的。

近义 诛锄异己　排除异己

荡气回肠　dàng qì huí cháng

见 304 页"回肠荡气"。

荡然无存　dàng rán wú cún

【释义】荡然:空无所有的样子。空空荡荡,什么也没有了。形容原有的东西消失尽净,不复存在。

【用法】用于指事物、情感等。

【例句】一场大雨过后,空气异常清新,燥热的感觉～。

近义 一干二净

反义 岿然独存

刀刀见血　dāo dāo jiàn xiě

【释义】句句话都说中要害。

【用法】比喻说话厉害。

【例句】检察官的审问～,被告人几乎没有反驳的机会。

近义 一针见血

反义 不着边际

刀耕火种　dāo gēng huǒ zhòng

【释义】一种原始的耕种方法,把草木烧成灰做肥料,然后就挖坑播种。

【用法】泛指原始的耕作方法。

【例句】在父亲的眼里,小展军是世界上最懂事的孩子。她 5 岁起便开始学着洗衣、做饭,跟着爸爸～,小小年纪就懂得分担父亲的重担。

刀光剑影　dāo guāng jiàn yǐng

【释义】挥刀击剑时的闪光和影子。形容激烈厮杀、搏斗的场面或潜伏着杀机的情势。

【用法】形容火药味极浓的争吵,也可用此语。

【例句】荧屏上～,两队人马厮杀正酣。/

看着婆媳俩～或者暗中较劲，最痛心疾首的当然是既是丈夫又是儿子的那个男人，手心手背，他又怎能厚此薄彼。

近义 杀气腾腾　剑拔弩张

反义 相安无事

刀山火海　dāo shān huǒ hǎi

【释义】比喻非常艰难和危险的地方。也作"火海刀山"。

【用法】对某件事情表示决心很大，可用此语。

【例句】他一向不畏艰险，就算是～也敢去闯一闯。

近义 刀山剑树

刀山剑树　dāo shān jiàn shù

【释义】原为佛教中的地狱之刑。后比喻极其危险的地方。

【例句】从外表上看，此台上宽下窄，面如弓背，背如弓弦平列，除了一条石级小路外，其余尽是～，十分险峻。

近义 刀山火海

刀下留人　dāo xià liú rén

【释义】为了营救即将被斩首的人，向主管人发出的紧急呼吁。

【例句】就在即将行刑的危急时刻，他拿着赦免令赶到刑场，大呼～。

近义 手下留情

反义 斩尽杀绝

倒戈相向　dǎo gē xiāng xiàng

【释义】戈：即矛，是古代武器之一。反转枪杆来攻打自己人。

【用法】指叛变或投敌，且向己方攻击。也可用于指改变思想或观点，转向敌对的阵营。

【例句】营长原来是个土匪，难怪他会～，

投向敌人了。/新总统上台后，美国在全球推行霸权主义，这让很多国家不满。美国的铁杆盟友～，宣布在国际贸易中放弃使用美元。

近义 同室操戈　反戈一击

反义 同生共死

倒戈卸甲　dǎo gē xiè jiǎ

【释义】卸：解除。放下武器，脱下铠甲。比喻放下武器认输。

【用法】用于表示服输投降。

【例句】敌人穷途末路，纷纷～，举手投降。

近义 丢盔卸甲　弃甲曳兵

倒海翻江　dǎo hǎi fān jiāng

见 196 页"翻江倒海"。

倒背如流　dào bèi rú liú

【释义】倒着背诵像流水那样顺畅。

【用法】形容把诗文、数字等记得很熟。

【例句】萧岚记忆力超强，凡是看过的文章，立刻就能～。

近义 滚瓜烂熟

倒持泰阿　dào chí tài ē

【释义】泰阿：古代宝剑名。倒拿着宝剑把剑柄交给别人，锋刃对着自己。比喻把权力轻易交给别人，自己反遭其害。

【例句】谁让你当初～，现在想解除他的权力，没那么容易了。

近义 授人以柄

倒打一耙　dào dǎ yī pá

【释义】倒：反转。耙：钉耙。在《西游记》中，猪八戒使用的兵器是钉耙，他常使用倒打一耙的战术打败对手。比喻不仅拒绝别人的指摘，反而指责对方。

【例句】明明是他先做错了，我没计较他居然还～。

近义 反咬一口

倒果为因 dào guǒ wéi yīn

【释义】果：结果。因：原因。把结果当成原因，颠倒了因果关系。

【用法】用于描述人的错误思想或言行。含贬义。

【例句】地球自转是原因，地球上昼夜变化是结果，不能～。

反义 倒因为果

倒廪倾囷 dào lǐn qīng qūn

【释义】廪：谷仓。囷：一种圆形谷仓。倾倒出粮仓中全部储藏。比喻罄其所有、尽其所知。

【例句】我愿意～，把自己所拥有的资源全部贡献出来。

倒行逆施 dào xíng nì shī

【释义】原指做事违背常理。现多指所作所为违背社会正义和时代进步方向。

【例句】《澳门日报》发表社论指出，台湾民众绝大多数是反对"台独"的。一小撮"台独"分子的～，终归是要失败的。

近义 逆天悖理
反义 顺天应时

倒悬之急 dào xuán zhī jí

【释义】倒悬：像人被倒挂着一样。比喻处境十分危急。

【例句】我军已被敌军层层包围，请速派援军，以解～。

道不拾遗 dào bù shí yí

见 438 页"路不拾遗"。

道不同，不相为谋
dào bù tóng, bù xiāng wéi móu

【释义】道：主张。谋：商议。观点主张不同，不能在一起商量共事。也作"道不为谋"。

【例句】我们～，以后你走你的阳关道，我过我的独木桥。

道不为谋 dào bù wéi móu

见 158 页"道不同，不相为谋"。

道大莫容 dào dà mò róng

【释义】原指孔子之道精深博大，所以天下容纳不了他。后用于指正确的道理不为世间所接受。

【例句】～，反动派仇视共产主义真理是一点也不足为奇的。

道高一尺，魔高一丈
dào gāo yī chǐ, mó gāo yī zhàng

【释义】道：僧道修行的工夫。魔：破坏修行的恶魔，迷障。原为佛家告诫修行的人警惕外界诱惑的话，意思是修行到一定阶段，就会有魔障干扰破坏，邪气容易高过正气。比喻一物胜过一物。也作"佛高一尺，魔高一丈""魔高一尺，道高一丈"。

【用法】用于指邪恶势力胜过正义力量，或相反。

【例句】尽管这个地下钱庄玩了许多花招隐蔽自己，但～，公安部门最终还是查出并一举端掉了这个地下钱庄。

道骨仙风 dào gǔ xiān fēng

见 786 页"仙风道骨"。

道路以目 dào lù yǐ mù

【释义】路上相遇不敢交谈，只能用眼光互相示意。形容统治者极端暴虐无道。

【用法】用于指在暴政下人们不敢讲话。

【例句】在土豪劣绅当道的年代，百姓～的情景真是不堪回首。

近义 缄口不言
反义 畅所欲言

道貌岸然　dào mào àn rán

【释义】道貌：正经严肃的外貌。岸然：高傲威严的样子。形容神态庄重严肃。

【用法】多用来讥讽那些假装正经的伪君子。

【例句】马克·吐温在小说《竞选州长》中，对那些～的伪君子进行了无情的嘲讽与揭露。

近义 装腔作势

道听途说　dào tīng tú shuō

【释义】从道路上听到，在道路上传说。

【用法】泛指没有根据的传闻。

【例句】科学重证据，而不是想象和～。

近义 街谈巷议
反义 有根有据

道头知尾　dào tóu zhī wěi

【释义】道：说。说到开头就知道结尾。

【用法】用于形容人思维敏捷。

【例句】邻家小妹聪明伶俐，凡事～。

得不偿失　dé bù cháng shī

【释义】偿：补偿。得到的抵不上失去的。

【用法】用于指损失的比得到的多。

【例句】因沉溺网络而荒废学业，～。

近义 因小失大
反义 一本万利

得寸进尺　dé cùn jìn chǐ

【释义】得到一寸还想得到一尺。比喻贪得无厌。

【用法】多用于形容人步步紧逼，你让一步，他又进了两步。

【例句】做人要适可而止，切不可～，贪得无厌。

近义 得陇望蜀
反义 适可而止

得道多助　dé dào duō zhù

【释义】道：正义。指符合正义就能得到多方面的支持帮助。

【例句】无数事实证明：～，弱国也能够打败强国。越南战争是如此，朝鲜战争也是如此。

反义 失道寡助

得而复失　dé ér fù shī

【释义】复：又。指刚刚得到却又失去。

【例句】我得到了一次去西藏的机会，正喜滋滋地准备行装，却因另有任务而未能成行，这～的可是个美差呀！

反义 失而复得

得过且过　dé guò qiě guò

【释义】得：用在动词前，表示可能这样。且：暂且，苟且。只要勉强过得去就暂且这样过下去，敷敷衍衍地打发日子。也指对工作敷衍塞责，马虎应付。

【用法】用于描述人只图眼前过得下去，没有高要求。

【例句】他们还像从前那样，听天由命，～。/对工作，他常常抱着～的态度，不求进取。

近义 苟且偷安

反义 力争上游

得陇望蜀　　dé lǒng wàng shǔ

【释义】陇：今甘肃省东部。蜀：今四川省。已经取得陇地，又想攻取蜀地。比喻贪得无厌。

【用法】"蜀"或为物，或为人，一般都有所指。

【例句】法国队赢了比利时后，法国球迷～，希望法国队能够走得更远，夺得本届世界杯冠军。

近义 得寸进尺

反义 适可而止

得其所哉　　dé qí suǒ zāi

【释义】得：得到。其：他。所：处所，地方。哉：语气词。指找到了适合的地方。也形容因此而称心如意。

【例句】学师范的支当老师，说自己当老师是～。/英国人不喜欢吃猪腰子，所以腰子的价格特别便宜，于是我～，常买许多回来。

近义 各得其所

得饶人处且饶人　　dé ráo rén chù qiě ráo rén

【释义】指要宽容、体谅别人，尽量宽恕别人。

【例句】受害方很善良，一席热情而诚恳的话语归结为一句话：就案办案，～。

得天独厚　　dé tiān dú hòu

【释义】得：得到。天：天然的、天生的。独：独自。厚：优越。独具特殊优越的条件或所处的环境特别好。

【用法】多指人的天资质、自然条件、社会条件等。

【例句】～的自然条件，使海南岛成为许多珍禽异兽的天然乐园。

近义 天时地利

反义 先天不足

得心应手　　dé xīn yìng shǒu

【释义】心里怎么想，手就能怎么做。形容运用自如。

【用法】多形容技艺纯熟。

【例句】小王的能力很强，只要想做一件事，便能～。

近义 运用自如

反义 力不从心

得意门生　　dé yì mén shēng

【释义】门生：学生。最称心如意的学生。

【用法】含褒义。

【例句】高琳是我的好朋友，也是恩师的～。

近义 高足弟子

得意忘形　　dé yì wàng xíng

【释义】得意：一切顺利而感到非常满意。忘形：忘记自身的存在。原指得意时，就忘记了自身的存在。

【用法】现形容人稍稍得志就高兴得忘乎所以。含贬义。

【例句】在成功的时候，你总是能看到一个人的修养。～的大多都是小人得志，只有那些内敛的人才是真正的赢家。

近义 得意扬扬　忘乎所以

反义 垂头丧气

得意扬扬 dé yì yáng yáng

【释义】得意:一切顺利而感到非常满意。扬扬:得意的样子。形容非常得意的样子。也作"得意洋洋""洋洋得意"。
【用法】常用于描述人称心如意时自满自足的样子。
【例句】齐威王赢了田忌,正在～地夸耀自己的马。
近义 得意忘形
反义 垂头丧气

得意洋洋 dé yì yáng yáng

见161页"得意扬扬"。

得鱼忘筌 dé yú wàng quán

【释义】筌:捕鱼用的竹器。捕得了鱼就忘掉了筌。比喻目的一达到就忘记了赖以成功的事物或条件。
【用法】一般用作贬义。
【例句】人活一世,应牢记父母的养育之情,不可忘恩负义,～。
反义 饮水思源

德薄才疏 dé bó cái shū

【释义】薄:浅薄。疏:空虚。德行浅薄,才学贫乏。
【用法】多用作谦辞。
【例句】我～,怎能担此重任?
近义 德薄望浅
反义 德才兼备

德才兼备 dé cái jiān bèi

【释义】兼备:同时具备。具备优秀的品德和较高的才能。
【例句】每个家长都希望自己的儿女能够成为一名～,对社会有用的人才。
近义 品学兼优
反义 德薄才疏

德高望重 dé gāo wàng zhòng

【释义】望:名望。品德高尚,名望很大。也作"德隆望重"。
【用法】用于称颂年高而有德行之人。
【例句】穆青是中国新闻界～的老前辈。
近义 德隆望尊
反义 德薄望浅

德隆望重 dé lóng wàng zhòng

见161页"德高望重"。

灯红酒绿 dēng hóng jiǔ lù

【释义】灯光与酒色,红绿相映。形容都市或娱乐场所夜晚的繁华景象。也形容寻欢作乐的腐化生活。
【例句】北京夜晚的生活实在会令他们发愁,别人也许都在～中享受着快乐和幸福,而他们没有这样的机会和能力。/年轻人绝不能沉溺于～的浮华生活中。
近义 花天酒地

D

D

灯火辉煌　dēng huǒ huī huáng

【释义】灯光明亮耀眼。

【用法】用于形容都市繁华或一片热闹的景象。

【例句】除夕夜,家家户户～。/飞机飞出了那个～的城市。

反义 黑灯瞎火

灯尽油干　dēng jìn yóu gān

【释义】灯火灭尽,灯油耗尽。

【用法】比喻财物或精力已经消耗完。

【例句】王然辛苦挣得百万家产,由于夫妇俩都吸毒,弄得～,连女儿都由亲戚养着。/张谱坎坷一生,如今年迈的他已是～,只等去天堂与父母相会了。

登峰造极　dēng fēng zào jí

【释义】造:到达。极:最高点。登上峰顶,到达高处。比喻达到顶峰或极端。

【用法】比喻学问、技艺等达到极高的境地,含褒义;比喻坏事达到极端,含贬义。

【例句】李教授对力学的研究已经达到了～的地步。/立云撒谎～,竟使父母相信了他暑假中泡在网吧的一周,是去外地"勤工俭学"了。

近义 空前绝后

反义 平淡无奇

登高一呼　dēng gāo yī hū

【释义】登上高处,一声呼喊。比喻有影响力的人物发出倡议。

【例句】我国连锁商业的发展,从国内贸易部的～开始,就立即得到基层企业的响应。

登堂入室　dēng táng rù shì

见 633 页"升堂入室"。

等而下之　děng ér xià zhī

【释义】等:等级。指由这一等再往下。

【用法】指事物递减,后面的比前面的差一级。

【例句】上一批产品的质量就不怎么好,这一批更是～。

近义 每况愈下

反义 锦上添花

等量齐观　děng liàng qí guān

【释义】齐:一样。不管事物间的差异,同等看待。

【用法】常用否定式,前常加"不可"。

【例句】他们二人本就在不同岗位,工作成绩也不可～。

近义 一视同仁　同日而语

反义 大相径庭

等米下锅　děng mǐ xià guō

【释义】等买来米来煮饭。形容家贫或情势极窘迫。也比喻不主动积极地解决问题而只是消极被动地等待。

【例句】我还没穷到～的地步,还算有口饭吃吧!/明明知道我～,却迟迟不把钱打过来,不知是何居心!/天天这样～,就同于等死,与其等死,不如自己救自己。

等闲视之　děng xián shì zhī

【释义】等闲:平常。当成平常的人或事物看待,不加重视。

【用法】常用否定式,前加"不可、不能、不敢"等,表示肯定,意为重视。

【例句】尽管小杨还没有名气,但老聂敢～吗?要知道,他曾两次败在这位小徒弟手下。/维护祖国文字的纯洁和健康,是我们每一个学生义不容辞的责任,我们切不可～。

近义 安之若素

反义 非同小可

等闲之辈　děng xián zhī bèi

【释义】等闲:寻常,一般。无足轻重的寻常人。

【用法】常用否定式,前加"不是、非"等。

【例句】你可别小瞧他,能够说出这番话的人,绝非～。

近义 凡夫俗子

低眉顺眼　dī méi shùn yǎn

【释义】眉头低着,眼神恭顺。形容顺从听话的样子。

【例句】这幅画中的人物,不是勾肩耸背,就是～。/她觉得自己以前太软弱了,不该～地过生活!

低眉折腰　dī méi zhé yāo

【释义】低垂双眉弯着腰。形容在人面前显出卑躬屈膝的样子。

【用法】用于描述人的神态。多含贬义。

【例句】他家里三天两头坐满了讨债人,他只好～地递烟、倒茶、赔笑,东借西挪还债。

近义 摧眉折腰

低三下四　dī sān xià sì

【释义】三、四:不实指数目。指有求于人或有意讨好人时做出的没有骨气的卑贱样子。

【用法】多用作贬义。

【例句】为了生活,他不得不～地到处求人。

近义 低声下气
反义 趾高气扬

低声细语　dī shēng xì yǔ

【释义】形容小声说话、窃窃私语。

【例句】千千万万人的～,使得月台上嗡嗡嗡,乱哄哄的。

低声下气　dī shēng xià qì

【释义】压低声音,降低语调。形容恭顺小心的样子。

【用法】环境所迫,受人指使,面对不合理的事不敢据理力争等,在这些情形下,均可用此语。

【例句】他的声音突然变得很和婉,似乎已在向我～了。

近义 低三下四　低首下心
反义 趾高气扬

羝羊触藩　dī yáng chù fān

【释义】羝羊:公羊。触:撞。藩:篱笆。公羊触撞篱笆,角被缠住了。形容进退两难。

【例句】他一怒之下,贸然闯进别人家里,结果弄了个～,进退两难。

滴水不漏　dī shuǐ bù lòu

【释义】一滴水都漏不出来。形容说话、做事十分周到严密,没有漏洞。

【例句】他做事一向很谨慎,～,你是很难找出他的破绽的。

近义 涓滴不漏
反义 漏洞百出

滴水成冰　dī shuǐ chéng bīng

【释义】水一滴下来就冻成冰。形容天气十分寒冷。

【例句】大西北的冬天实在太冷了,～。

近义 冰天雪地
反义 骄阳似火

滴水穿石　dī shuǐ chuān shí

见 672 页"水滴石穿"。

滴水之恩　dī shuǐ zhī ēn

【释义】受人一滴水的恩惠。

【用法】比喻受到小小的恩惠。

【例句】有那么多杰出的美国青年为帮助中国抗日战争而牺牲，我们民族素有"～，涌泉相报"的传统美德，应该记住他们，感谢他们。

的一确二　dí yī què èr

【释义】的:确实。一确实是一,二确实是二。形容确凿不移。

【用法】多用于指证据。

【例句】人证、物证～,看你怎么抵赖。

涤瑕荡秽　dí xiá dàng huì

【释义】涤、荡:洗涤。瑕:玉上的斑点。比喻污点。秽:污秽。比喻洗涤积弊,清除恶习。

【例句】政府下决心～。

近义 除残去秽

抵足而眠　dǐ zú ér mián

【释义】脚与脚相触地同睡一张床上。形容双方情谊深厚。

【例句】我曾和她同窗共读,～,成了很要好的朋友。

近义 志同道合

反义 同床异梦　貌合神离

砥节砺行　dǐ jié lì xíng

【释义】砥、砺:磨刀石,细者为砥,粗者为砺,引申为磨炼。磨炼节操与品行。

【用法】常用于书面语。

【例句】汉代"清流"中人,常以～相标榜,借以赢得社会舆论的支持。

砥行立名　dǐ xíng lì míng

【释义】磨砺德行,建树功名。

【例句】司马迁虽遭人生的不幸,但他～,发愤图强,成了古代伟大的史学家。

砥柱中流　dǐ zhù zhōng liú

见 984 页"中流砥柱"。

地大物博　dì dà wù bó

【释义】土地广大,物产丰富。

【例句】我国～、人口众多。

地动山摇　dì dòng shān yáo

见 616 页"山摇地动"。

地覆天翻　dì fù tiān fān

见 699 页"天翻地覆"。

地广人稀　dì guǎng rén xī

【释义】土地广袤,人口稀少。

【例句】我国新疆～,而地下资源极为丰富。

反义 地狭人稠

地角天涯　dì jiǎo tiān yá

【释义】比喻相隔遥远。

【用法】用于表示两地间的空间距离。

【例句】即使走到～,我也不会忘记生我养我的这片故土。

近义 天涯海角

反义 近在咫尺

地久天长　dì jiǔ tiān cháng

见 699 页"天长地久"。

地老天荒　dì lǎo tiān huāng

见 701 页"天荒地老"。

地利人和　dì lì rén hé

【释义】地利:地理上占据有利形势。人和:得人心。指地理条件优越,群众基础好。

【用法】地理环境和人际关系都很好,可用此语。

【例句】在这场比赛中,巴西队利用主场～的条件,一开始就打得十分出色,似乎已经胜券在握。

地裂山崩　dì liè shān bēng

见 614 页"山崩地裂"。

地灵人杰　dì líng rén jié

见 575 页"人杰地灵"。

地平天成　dì píng tiān chéng

【释义】平、成:治平,安定。原指大禹治水成功而使天地得以顺遂地生养万物。后常比喻一切安排妥帖。

【例句】会议所需的所有资料已准备完全,一切～。

地主之谊　dì zhǔ zhī yì

【释义】地主:当地的主人。谊:情谊。本地人对外来客人的情谊。

【用法】一般用作褒义。

【例句】有朋自远方来,招待一顿便饭,略尽～,也是人之常情。

帝王将相　dì wáng jiàng xiàng

【释义】帝王:皇帝、王侯及文臣武将。指封建时代上层统治者。

【例句】戏曲剧目大多取材于历史故事,反映各个朝代的生活,表现的人物有～、才子佳人和三教九流各式人物。

近义 王侯将相

反义 平民百姓

颠倒错乱　diān dǎo cuò luàn

【释义】颠倒:本末倒置。错乱:错杂混乱。把原来的顺序完全搞乱了。

【用法】用于形容完全失去正常状态。

【例句】这篇结构完全～的文章经过他的一番修改,情况完全不一样了。

颠倒黑白　diān dǎo hēi bái

【释义】把黑的说成白的,把白的说成黑的。

【用法】形容歪曲事实,混淆是非。

【例句】他指鹿为马,～,实在是有些过分。

近义 颠倒是非

反义 黑白分明

颠倒是非　diān dǎo shì fēi

【释义】把对的说成不对,不对的说成对。

【用法】形容歪曲事实,混淆是非。

【例句】希姆莱把斯大林的话断章取义,～,然后在苏军战俘中广为宣传。

近义 颠倒黑白

颠来倒去　diān lái dǎo qù

【释义】翻过来倒过去,来回重复。

【例句】王奶奶今天在超市买了便宜货,心里非常高兴,～看了好几遍。

近义 翻来覆去

颠沛流离　diān pèi liú lí

【释义】颠沛:穷困,受挫折。流离:四方流浪,家人离散。形容生活艰难,四处流浪。也作"流离颠沛"。

【例句】～的生活让他过早地白了双鬓,更让他明白了生活的真谛。

近义 流离失所

反义 安居乐业

颠扑不破　diān pū bù pò

【释义】颠:跌。扑:敲。无论怎样摔打都不会破裂。比喻牢固可靠,永远不会被推翻。

D

【用法】多指理论正确,任何驳难都不能推翻。

【例句】团结就是力量,这是～的真理。

近义 牢不可破

反义 不堪一击 不攻自破

颠三倒四 diān sān dǎo sì

【释义】形容没有次序,条理错乱。

【用法】多用于形容思路、言语、做事。

【例句】我太兴奋了,说话有些～。

近义 差三错四

反义 有条不紊

点金成铁 diǎn jīn chéng tiě

【释义】用手指点黄金,黄金就变成了铁。比喻把好事物如诗文等改坏。

【用法】多用于修改文章。

【例句】这位编辑不会点铁成金,却常常～,把别人的好文章改得乱七八糟。

反义 点石成金

点金乏术 diǎn jīn fá shù

见166页"点金无术"。

点金无术 diǎn jīn wú shù

【释义】比喻无力完成艰巨的任务。也作"点金乏术"。

【例句】技术革新到了关键时刻,厂里的人～,只好另请高明。

点石成金 diǎn shí chéng jīn

【释义】神话故事中说仙人用手指头一点使石头变成金子。比喻把不好的或平凡的事物改变成很好的事物。也作"点铁成金"。

【用法】常用于指把不完美的作品改好。

【例句】老师帮我调整了作文中的几个关键句子,内容立刻丰满了许多,真是～啊!

反义 点金成铁

哈哈,这下发大财了。

点铁成金 diǎn tiě chéng jīn

见166页"点石成金"。

点头称是 diǎn tóu chēng shì

【释义】称:称道。是:正确。表示赞同或肯定。

【例句】我对几十个法警弟兄们大开话匣,说明国难的严重和全国团结御侮的主张,他们都听得津津有味,～。

点头哈腰 diǎn tóu hā yāo

【释义】哈腰:弯腰。指又是点头又是弯腰。

【用法】用于形容恭顺恭敬或过分客气。多含贬义。

【例句】张大刚对上总是～,对下却是凶神恶煞,大家都恨透了他。

点头之交 diǎn tóu zhī jiāo

【释义】交:交情。形容交情很浅。

【例句】他虽然和很多人都有来往,但大都只是～。

近义 一面之交

反义 刎颈之交

电掣风驰 diàn chè fēng chí

见212页"风驰电掣"。

电光石火　diàn guāng shí huǒ

【释义】闪电的光，燧石的火。原为佛家语，在佛经上，"电光"常用作比喻世间事物生灭变幻，无常迅速。现多形容事物像闪电和石火一样一瞬间就消逝。

【例句】可是，这时我脑子里～般闪出一个念头来，我咬紧牙关，极力让自己冷静下来。

近义 昙花一现　弹指之间
反义 地久天长　旷日持久

刁钻古怪　diāo zuān gǔ guài

【释义】刁钻：狡诈。古怪：非同一般，令人诧异。指怪异，生疏罕见。也作"古怪刁钻"。

【用法】用于形容性格怪异，刁难人或题目、问题生僻古怪。

【例句】他从小就是这样一副～的坏脾气。/哈佛大学对考生的综合能力要求极高，出的题可以说是极其～。

近义 怪里怪气

雕虫小技　diāo chóng xiǎo jì

【释义】虫：指汉字篆书的变体鸟虫书。雕刻鸟虫书的小技巧。比喻微不足道的技能。

【用法】多指文字技巧。

【例句】我写的这些广告词不过是～，难登大雅之堂。

近义 雕虫篆刻　片长薄技
反义 屠龙之技

雕阑玉砌　diāo lán yù qì

【释义】阑：通"栏"。雕绘的栏杆，白玉般的石阶。泛指富丽堂皇的建筑（如宫殿）。

【例句】故宫的建筑～，古色古香。

近义 雕梁画栋
反义 穷巷陋室

雕梁画栋　diāo liáng huà dòng

【释义】梁：支撑屋顶的横木。栋：古代指房屋的脊檩。指房屋的华丽的彩绘装饰。形容建筑物富丽堂皇。

【用法】常用来指中式房屋豪华气派。

【例句】办公楼为仿古建筑，红墙黄瓦、～，楼上有雕刻精美的大理石栏杆，被村民称为"皇宫"。

近义 雕栏玉砌　富丽堂皇
反义 蓬门荜户

雕章镂句　diāo zhāng lòu jù

【释义】镂：雕刻。像雕刻一样对文章的字句仔细斟酌修饰。

【用法】刻意修饰文章的字句，可用此语。

【例句】他写文章喜欢～。

近义 咬文嚼字

吊儿郎当　diào ér láng dāng

【释义】形容仪容不整、作风散漫、态度不严肃等。

【例句】开学这天，老师对学生说："你们一定要好好学习，千万不能～的。"

反义 一本正经

吊民伐罪　diào mín fá zuì

【释义】吊：慰问。慰问受苦的民众，讨伐有罪的统治者。

【例句】周武王～，推翻了商纣王的统治，建立了周朝。

吊死问疾　diào sǐ wèn jí

【释义】吊：悼念。吊祭死者，慰问病人。形容关心人民群众的疾苦。

【例句】周总理对人民很关心，～。

调兵遣将　diào bīng qiǎn jiàng

【释义】调遣兵力、将领。泛指安排使用人力。

【例句】韩信善于～，使楚王陷入危境。／篮球场上，教练～，运筹帷幄。

近义 兴师动众

反义 按兵不动

调虎离山　diào hǔ lí shān

【释义】设法让老虎离开山头。比喻设法引诱有关的人离开原来的地方，以便乘机行事。

【例句】周亚夫是汉朝时一位很有名的将军，他曾多次运用～之计大败敌军。

近义 声东击西

反义 放虎归山

掉头不顾　diào tóu bù gù

【释义】掉头：转过头。顾：回头看。转过头去，看都不看。表示不屑理睬。

【例句】人情冷暖，说来实在可叹，自从他"落难"后，他以前那些所谓的朋友一个个对他～了。

近义 不屑一顾

掉以轻心　diào yǐ qīng xīn

【释义】掉：摆弄。以：用。轻心：心里不重视。指以无所谓的态度来摆弄。

【用法】用于指以漫不经心的态度对待事情，不把事情当回事。

【例句】这次谈判关系到我们公司的前途命运，务必谨慎行事，切不可～。

近义 不以为意　漫不经心

反义 郑重其事

掉嘴弄舌　diào zuǐ nòng shé

【释义】掉：翻动。指发生口角。

【例句】大家都是一个单位的同事，低头不见抬头见，不要因为一点小事而～，搞得心里都不痛快。

跌脚捶胸　diē jiǎo chuí xiōng

【释义】以足跺地，以拳敲胸。

【用法】用于表示气愤、着急、悲痛等感情。

【例句】得知儿子去世的消息，她～地号啕大哭起来。

喋喋不休　dié dié bù xiū

【释义】喋喋：话多。休：停止。唠唠叨叨说起来没完没了。

【用法】用于指话多，说个没完，让人烦。含贬义。

【例句】正在发言的人～，没有发言的人窃窃私语，准备发言的人反复插话，使这间会议室灌满嗡嗡的喧喧声。

近义 滔滔不绝

反义 默不作声　三言两语

丁是丁，卯是卯　dīng shì dīng, mǎo shì mǎo

【释义】丁、卯：分别为天干和地支的第四位，干支配错会影响年月日的记录；又谐音"钉铆"，指榫头、铆眼，二者出错器物就安装不上。形容对事情认真，一点儿不含糊、不马虎。

【例句】投资人与艺术家是两种截然不同的人,艺术家爱凭感觉,投资人却～,用数据和事实说话。

近义 一丝不苟

反义 敷衍塞责

丁一确二　dīng yī què èr

【释义】明明白白,一点不含糊。形容确凿不移。

【用法】常用于指事。

【例句】所有证据都显示这件事是他所为,这是个～的事实。

顶礼膜拜　dǐng lǐ mó bài

【释义】顶礼:两手伏地,头顶佛脚行跪拜礼。膜拜:两手加额,长跪而拜。佛教徒最高的敬礼。形容对人特别崇敬。

【用法】多用作贬义。

【例句】在过去的十年里,布朗领导的工党政府对自由市场原教旨主义的～无人能及。

近义 五体投地

反义 视如敝屣

顶天立地　dǐng tiān lì dì

【释义】头顶青天,脚踏大地。指生存于天地之间。形容形象高大,气概雄伟豪迈。

【例句】这里一株株翠竹高耸挺拔,～。/做人就要～,岂可因贪生或小利而低头折节?

近义 撑天拄地

顶头上司　dǐng tóu shàng sī

【释义】指直接领导自己的人或机构。

【例句】他是我的～,有什么问题我会直接向他汇报。

鼎鼎大名　dǐng dǐng dà míng

见 144 页"大名鼎鼎"。

鼎力相助　dǐng lì xiāng zhù

【释义】鼎力:大力。指大力帮助。

【用法】敬辞,表示请托或感谢别人时用。

【例句】此事如果不是各位～,怕也不会有如此好的结果。来! 我敬各位一杯。

鼎足而立　dǐng zú ér lì

【释义】像鼎的三只脚一样,三者各立一方。比喻三方面分立相持的局面。

【用法】形势、地位、力量三者各占其一,可用此语。

【例句】三国时期,魏、蜀、吴各据一方,～。

近义 三足鼎立

反义 归于一统　定于一尊

鼎足之势　dǐng zú zhī shì

【释义】鼎:古代煮东西的器物。鼎足:鼎的腿。指如同鼎的三只腿对立的一种局势。

【用法】比喻三方对立的局势。

【例句】这三家超市,占有的市场份额不相上下,已形成～。

定于一尊　dìng yú yī zūn

【释义】一尊:独居首位。思想学术、道德等以具有最高权威的人为唯一的标准。

【用法】多用于历史、文化方面。

【例句】在文化学术领域内,应该实行百花齐放、百家争鸣,而不应～。

丢盔弃甲　diū kuī qì jiǎ

【释义】盔、甲:古代作战时保护头和身体的用具。弃:丢弃。丢掉头盔和铠甲。形容打败仗后逃跑的狼狈相。也比喻惊惶失措。

【例句】一场阻击战打得鬼子～。/他在办公室里被各种意外情况搞得～,狼狈不堪。

近义 倒戈卸甲　弃甲曳兵

丢人现眼　diū rén xiàn yǎn

【释义】当众丢脸、出丑。

【用法】含贬义。

【例句】考试时作弊被抓,还被取消考试资格,真是～。

近义 打嘴现世

丢三落四　diū sān là sì

【释义】指丢掉这些,又遗漏那些。

【用法】用于形容人健忘或粗心。

【例句】张大爷年纪大了,常常～的。

近义 漫不经心

提示 "落"不读 luò。

丢卒保车　diū zú bǎo jū

【释义】象棋战术用语。下象棋时为了保住车而舍弃卒。比喻丢掉次要的,保住主要的;或牺牲小人物,保住大人物。

【用法】多用于军事或比赛。

【例句】事情已经到了这种地步,我看还是～比较明智一些。

东奔西走　dōng bēn xī zǒu

【释义】走:跑。形容到处奔波。

【例句】近几年来,家中庄稼是一日不如一日,父亲和我都是～。

近义 萍踪浪迹

东藏西躲　dōng cáng xī duǒ

见 171 页"东躲西藏"。

东窗事发　dōng chuāng shì fā

【释义】在东窗下密谋之事被发觉。形容罪行、阴谋或坏事败露。也作"东窗事犯"。

【典故】传说宋代秦桧曾与妻子在自己家的东窗下定计杀了岳飞,后来秦桧得病而死。他妻子请方士做法事,方士说他看见秦桧在阴间身戴铁枷受苦,秦桧对他说:"可烦传语夫人,东窗事发矣。"(《钱塘遗事·二·东窗事发》)

【用法】有时也用于男女奸情上。

【例句】他拿着印有一堆假头衔的名片,到处招摇撞骗,最近～,被捕入狱了。

东窗事犯　dōng chuāng shì fàn

见 170 页"东窗事发"。

东倒西歪　dōng dǎo xī wāi

【释义】不是倒向这边,就是歪向那边。形容行走、坐立时身体歪斜或摇晃不稳的样子。也形容物体杂乱地歪斜或倒下的样子。也作"东歪西倒"。

【例句】他喝高了,～地在人行道上走了一条多街,才想起回家的路。/经过一场暴雨,花园里很多花都～的了。

东道主　dōng dào zhǔ

【释义】东边道路上的主人。泛指款待宾客的主人。

【用法】常用于活动或比赛方向。

【例句】你们远道而来，这次的～我是做定了。

东躲西藏 dōng duǒ xī cáng

【释义】指到处躲避藏匿。也作"东藏西躲"。

【例句】为了躲避债主的追债，他整日～。

近义 东逃西窜

东风吹马耳 dōng fēng chuī mǎ ěr

【释义】风吹过马耳边。比喻把别人的话当作耳边风。

【用法】用于指漠不关心或无动于衷。

【例句】老王在下班后仍然琢磨厂里的工作，妻子唠唠叨叨地说了半天，却像～一样，一句也没有听进去。

近义 充耳不闻

东风压倒西风 dōng fēng yā dǎo xī fēng

【释义】比喻一方压倒另一方。也比喻进步势力压倒落后势力。

【用法】多用作引语。

【例句】～，进步的力量终究会战胜反动力量。/我认为目前形势的特点是～。

东海扬尘 dōng hǎi yáng chén

【释义】东海变成陆地，扬起尘土。比喻世事巨变。

【用法】用于指世事变迁。

【例句】改革开放以来，农村的变化有如～，令人惊叹。

近义 沧海桑田

东拉西扯 dōng lā xī chě

【释义】形容说话没有中心或条理，想到哪里说到哪里。

【用法】用于说话或写作。

【例句】他这几天有些心不在焉，聊天的时候总是～。

近义 说东道西

反义 有条不紊

东邻西舍 dōng lín xī shè

【释义】指左右邻居。

【例句】要不是～来帮忙，我这些家具还不知道要搬到啥时候。

近义 左邻右舍

东鳞西爪 dōng lín xī zhǎo

【释义】传说龙在云雾中，画龙时只能东画一片龙鳞，西画一只龙爪，只有局部，不见全身。比喻事物的零星片断。

【用法】偏重指事物零星分散，这里一点那里一点。

【例句】有关这方面的消息，我只是从报纸和网上看到一些，～的，也难辨真假。

近义 一鳞半爪

反义 完整无缺 完好无损

东挪西凑 dōng nuó xī còu

【释义】指四处挪用借贷，凑集款项。

【例句】我上大学的钱是父母从好友那里～来的。

近义 东拼西凑

东飘西荡 dōng piāo xī dàng

【释义】四处漂泊,行踪无定。

【例句】他多年来～,独来独往,从来没有被人关心过。

近义 东游西荡

东拼西凑 dōng pīn xī còu

【释义】把零星的东西聚集或拼接拢来。

【例句】～的作品不是好作品。

近义 东挪西凑 七拼八凑

东山再起 dōng shān zài qǐ

【释义】指退隐后再度出任要职。也比喻失势后重新恢复地位。

【典故】东晋人谢安,不思做官,隐居在浙江东山。后来,征西大将军桓温请谢安做他的部下,谢安才重新出山,并升任宰相,领兵打了胜仗,声名远扬。(《世说新语·排调》)

【用法】用于指做官隐退后再出来任职,或失败者卷土重来。

【例句】失败了不气馁,一切从头开始,重整旗鼓,就有～的希望。

近义 卷土重来 死灰复燃

反义 一蹶不振

东施效颦 dōng shī xiào pín

【释义】效:模仿。颦:皱眉。东施仿效西施皱眉。指生硬仿效他人的美态,反而增加了自己的丑态。比喻盲目仿效,结果适得其反。

【典故】春秋时期,越国美女西施有胸口疼的病,走路时以手按胸口,紧皱双眉。邻居中有一个叫东施的丑女见了,觉得这样子很美,就经常效仿西施,也捂着胸口皱着眉头。结果邻居们看见她,不是紧闭家门而不出就是远远地跑开。东施只知道皱着眉头好看,却不知道皱着眉头好看的原因。(《庄子·天运》)

【例句】模仿别人要切合自身实际,不能～。

近义 邯郸学步

反义 标新立异 独出心裁

东逃西窜 dōng táo xī cuàn

【释义】窜:逃跑。四处逃亡躲避。

【例句】兵荒马乱的年代,老百姓们到处～。

近义 东躲西藏

东歪西倒 dōng wāi xī dǎo

见 170 页"东倒西歪"。

东西南北 dōng xī nán běi

【释义】泛指方向。也指各地,到处。

【例句】我是个方向感极差的人,一出门便分不清～。/这几年他漂泊无定,走遍了～。

东游西荡 dōng yóu xī dàng

【释义】东、西:不实指东边西边,是"这里、那里"的虚指用法。游、荡:闲逛。指这里走走,那里逛逛。

【用法】用于形容无所事事,到处闲逛。

【例句】他工作累了,最近到外面～去了。/他没有固定的工作,又管不住自己,整日～的。

东张西望　dōng zhāng xī wàng

【释义】张、望：看。指朝东边看看，往西边瞧瞧。

【用法】用于指漫无目的地四处观望或有意地窥探。

【例句】小明平时上课不认真，总是喜欢～。

近义 左顾右盼

东征西讨　dōng zhēng xī tǎo

【释义】东、西：不实指东边西边，是"各处"的意思。征、讨：出兵攻打。指四处出征作战。也指到处攻击。

【例句】陈毅元帅一辈子～，为中国革命奉献了一生。/他这人整天～，不是批评这个，就是攻击那个，矛头直指演艺界人士。

近义 南征北战

东支西吾　dōng zhī xī wú

【释义】说话含混躲闪或做事敷衍搪塞。

【例句】因为不小心把妈妈心爱的花瓶给摔碎了，小明一看见妈妈便～起来。

近义 支支吾吾

东走西顾　dōng zǒu xī gù

【释义】向东走去却回顾西方。比喻顾虑很多。

【用法】用于指做事不果断。

【例句】此时你应该当机立断，怎么能～呢？

近义 瞻前顾后　顾彼忌此
反义 无所顾忌

冬裘夏葛　dōng qiú xià gě

【释义】冬天穿皮袄，夏天穿葛布单衣。比喻根据不同的情况，制订适当措施。

【用法】多用于书面语。

【例句】要针对不同的情况调整相应的应对措施，就如～，灵活变换。

冬山如睡　dōng shān rú shuì

【释义】冬天的山像睡着了一样。形容山林沉寂的冬景。

【用法】用于描绘景物。

【例句】一场大雪覆盖了整片山林，～，寂静的山林更显凄凉。

动人心魄　dòng rén xīn pò

【释义】动：触动。心魄：内心。指某种事物深深地震撼着内心。

【用法】偏重指因受触动而内心被深深震动。

【例句】作者紧扣"七根火柴"，讲述了一个～的故事。/耳闻那震耳欲聋的轰鸣，我被壶口瀑布那～的力量所震撼。

近义 动人心弦
反义 无动于衷

动人心弦　dòng rén xīn xián

【释义】拨动人内心的琴弦。用于指（事情、作品等）令人感动而引起内心共鸣。

【用法】偏重指因受感动而在内心产生共鸣。

【例句】每每听到《常回家看看》那～的歌声，就勾起我对父母的思念，多想飞回去看看哪!

近义 动人心魄

反义 无动于衷

提示 "弦"不读 xuán。

动如脱兔　dòng rú tuō tù

【释义】动:行动,活动。脱兔:逃跑的兔子。形容行动快速敏捷,像奔逃时的兔子一样。

【用法】常与"静如处子"连用,形容人静与动时不同的状态。

【例句】在足球场上～的两位后卫队员,在网球场上就显出了可爱的笨拙。

动手动脚　dòng shǒu dòng jiǎo

【释义】原指动武,也指实际着手去做一件事情。现多指对异性有不规矩的动作。

【例句】大家有话好好说,不要～的好不好?/你再对她～的话,当心我的拳头!

动辄得咎　dòng zhé dé jiù

【释义】辄:就。咎:罪过。动不动就受到责备或处分。

【例句】这篇小说的女主人公很小就被卖给人家做童养媳,过着～的日子。

反义 左右为难

提示 "辄"不能写成"撤"。

动中肯綮　dòng zhòng kěn qìng

【释义】动:行动。中:切中,打中。肯綮:筋骨结合的地方,引申为要害或关键。比喻行动能切中要害或抓住问题的关键。

【例句】遇到难题后能深入剖析,就容易～。

冻馁之患　dòng lěi zhī huàn

【释义】馁:饥饿。指遭受饥寒交迫的苦难。

【例句】看他那春风得意的样子,谁能想到他曾是一个饱受～的流浪儿呢?

近义 饥寒交迫

栋梁之材　dòng liáng zhī cái

【释义】栋:房屋的正梁。梁:架在柱子上端支撑房檩的横木。能做栋梁的木材。比喻能担负国家重任的人。

【用法】用于指优秀的人才。

【例句】每个青年都应该努力向上,刻苦学习,使自己成为国家的～。

近义 中流砥柱

反义 枯木朽株

栋折榱崩　dòng zhé cuī bēng

【释义】榱:椽子。正梁折断,椽子崩塌。比喻国家倾覆或大人物去世。

【用法】多指国家。含贬义。

【例句】城狐社鼠可使国家～。

洞察一切　dòng chá yī qiè

【释义】洞察:观察得很清楚。指对一切都看得很清楚。

【例句】这位警察中等身材,结实有力,肩宽额高,满头密密的黑发,目光炯炯,仿佛能～。

近义 洞若观火

洞房花烛　dòng fáng huā zhú

【释义】洞房:原指深邃的内室,后指新婚夫妇的卧室。花烛:带有龙凤图案等花饰的红烛。原指深室中的灯火,后指新婚之夜洞房里点燃的红烛。

【用法】用于指新婚或结婚。

【例句】他俩在～之夜,相约要白头到老。

近义 宴尔新婚

洞见肺腑　dòng jiàn fèi fǔ

【释义】洞:透彻。肺腑:指内心。很清楚地看到对方的内心。形容诚恳坦白。

【用法】含褒义。

【例句】小红不愧是我的闺中密友,只要我有心事,她必会～。

洞见症结　dòng jiàn zhēng jié

【释义】洞:透彻。症结:腹内结块的病,引申为事情的纠葛或问题的关键所在。形容观察锐利,看到了问题的关键。

【用法】指看问题的眼力。含褒义。

【例句】李总工程师～,只用三言两语,就把争论了很长时间的问题一下子解决了。

近义 明察秋毫

洞若观火　dòng ruò guān huǒ

【释义】洞:透彻。透彻得像看火一样。形容观察得清楚明白。也作“明若观火”。

【用法】含褒义。

【例句】凭着20年的刑侦工作经验,老杨对这起盗窃案～。

近义 明察秋毫

反义 雾里看花

洞天福地　dòng tiān fú dì

【释义】道教指神仙居住之地。有“十大洞天”“三十六小洞天”和“七十二福地”之称。现泛指名山胜境。也比喻幸福之地。也作“福天洞地”。

【用法】一般用作褒义。

【例句】走进九寨沟,如入人间仙境。九寨沟称得上是～。/设施如此人性化,环境如此优美,这老年公寓真正是老年人的～。

近义 名山大川

洞幽察微　dòng yōu chá wēi

【释义】彻底地看到幽深微妙之处。

【用法】一般用作褒义。

【例句】老教授有着丰富的人生阅历,看问题十分深刻,有一种～的本事。

近义 见微知著

洞烛其奸　dòng zhú qí jiān

【释义】洞烛:洞察,洞悉。看透对方的阴谋诡计。形容观察力强,看问题敏锐。

【用法】含褒义。

【例句】尽管犯罪分子作案手段隐蔽,公安人员却早已～,正伺机将其抓获。/别看他平日里不言不语,但他看人还是很准的,他有一双～的眼睛。

近义 洞察其奸　明察秋毫

反义 不明真相

恫疑虚喝　dòng yí xū hè

【释义】恫:吓唬。虚张声势,恐吓威胁。

【例句】他常常使用一些～的伎俩去吓唬人。

斗方名士　dǒu fāng míng shì

【释义】斗方:书画所用的方形纸张,也指一二尺见方的字画。指以风雅自命的无聊文人。

【用法】多用于讽刺。

【例句】那一班～,结识了两个报馆主笔,天天弄些诗去登报,想借此博个诗翁的名声。

斗酒百篇　dǒu jiǔ bǎi piān

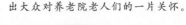

【释义】斗:古代盛酒器。饮一斗酒,作百篇诗。形容才思敏捷。

【用法】含褒义。

【例句】唐代著名诗人李白,酒后才情豪放,故有～之美称。

斗量车载　dǒu liáng chē zài

见 101 页"车载斗量"。

斗筲之人　dǒu shāo zhī rén

【释义】斗、筲:量粮食和盛饭的器具,容量都不大。比喻气量狭小或才识短浅的人。

【用法】也用作谦辞。

【例句】有些心胸狭窄,见识短浅的～,实在难以与之相处,更难与之共事。

斗升之水　dǒu shēng zhī shuǐ

【释义】斗、升:计量单位。比喻微薄的资助。

【例句】这点慰问品虽然是～,但却表达

出大众对养老院老人们的一片关怀。

斗折蛇行　dǒu zhé shé xíng

【释义】斗:指北斗星。像北斗星那样曲折,像蛇爬行那样弯曲。形容河流、道路等曲折蜿蜒。

【例句】崇山峻岭之中,一条小路～,依稀可辨。

斗转参横　dǒu zhuǎn shēn héng

【释义】斗:指北斗星。参:星宿名。北斗的斗柄转了向,参星横斜在一边。指天快亮的时候。也作"参横斗转"。

【例句】你看河斜月落,～,我们该出发了。

近义 斗转星移

提示 "参"不读 cān。

斗转星移　dǒu zhuǎn xīng yí

【释义】斗:北斗星的简称。指北斗星转变方向,众星移动位置。也作"星移斗转"。

【用法】常用来形容岁月的变迁。

【例句】日月如梭,～,一眨眼,世界就进入了 21 世纪。

近义 斗转参横

抖擞精神　dǒu sǒu jīng shén

【释义】抖擞:振作。精力充沛,显得非常振奋。

【例句】老年运动会上,老人们个个～,一点都看不出岁月的沧桑。

近义 容光焕发

反义 无精打采　萎靡不振

斗鸡走狗　dòu jī zǒu gǒu

【释义】斗：使相斗。走狗：唆使狗跑。使鸡相斗，嗾使着狗跑。多用来指纨绔子弟游手好闲，不务正业。

【例句】这群年轻人，无所事事，～，为所欲为。

近义　飞鹰走狗

斗志昂扬　dòu zhì áng yáng

【释义】昂扬：情绪高涨。战斗意志高昂。

【用法】常用来形容人的精神面貌。

【例句】战士们听了英雄的事迹，受到很大鼓舞，个个～。

近义　意气风发

反义　灰心丧气　垂头丧气

斗智斗力　dòu zhì dòu lì

【释义】在计谋上较量，从武力上比高下。

【例句】用兵打仗，～，二者缺一不可，否则很难取得全局胜利。

豆分瓜剖　dòu fēn guā pōu

见177页"豆剖瓜分"。

豆蔻年华　dòu kòu nián huá

【释义】豆蔻：多年生常绿草本植物，初夏开淡黄色花。指女子十三四岁的年纪。

【用法】只能用来指少女。

【例句】这些女孩子正值～，朝气蓬勃。

豆棚瓜架　dòu péng guā jià

【释义】指群众纳凉休闲的地方。

【用法】多用于书面语。

【例句】故乡的夏夜里，人最多的地方就是～。

豆剖瓜分　dòu pōu guā fēn

【释义】像豆从荚里裂出，像瓜被分割。也作"豆分瓜剖""瓜分豆剖"。

【用法】用于指国土被人分割。

【例句】清朝末年，列强加速对华侵略，祖国的大好河山处于～的危险之中。

近义　四分五裂　支离破碎

反义　金瓯无缺

豆萁相煎　dòu qí xiāng jiān

【释义】萁：豆茎。豆萁燃烧熬煮豆子。比喻兄弟骨肉相残。

【例句】他们兄弟俩为了争夺父亲的遗产，～，闹得沸沸扬扬。

提示　"萁"不读 jī。

毒蛇猛兽　dú shé měng shòu

【释义】泛指凶猛的、对人类生命有威胁的动物。比喻凶狠歹毒的人或残暴者。

【例句】亚马逊河流域的热带丛林里，山麓跌宕，道路崎岖，人烟稀少，～横行。／革命所许诺的是通过一场血与火的斗争，消灭～。

独霸一方　dú bà yī fāng

【释义】独自霸占一个地方。形容恶人称王称霸，为所欲为。

【用法】多指坏人。含贬义。

【例句】～的地头蛇终于受到了法律的严惩。

近义　称王称霸

独步天下　dú bù tiān xià

【释义】独步：指超出同类之上，没有可以相比的。天下：指中国或世界。指独行于天下。

【用法】用于形容超群出众，天下独一无二，有"独步天下"之意。

【例句】中国女子围棋凭借雄厚的整体实力，～，傲视群雄。

近义　独步一时

D

独步一时　dú bù yī shí

【释义】形容特别突出，一时无二。

【用法】常用于艺术或学术界。含褒义。

【例句】著名画家徐悲鸿所画的奔马，栩栩如生，在现代美术史上～。

近义 独步天下

独出心裁　dú chū xīn cái

【释义】心裁：心中的构思。指构思有独到的地方，与众不同。

【用法】常用于指诗文、美术、设计等。

【例句】工人们对房间的粉饰装潢真是～。

近义 别出心裁

独当一面　dú dāng yī miàn

【释义】当：抵挡；承担。指单独迎击一面之敌。泛指单独担当一个方面的任务。

【例句】张梅工作不到半年，由于各方面表现出色，现在已经能够～了。

近义 独立自主

反义 仰人鼻息

独到之见　dú dào zhī jiàn

【释义】与众不同的见解。

【用法】常用于指见解、设计、艺术等。

【例句】他的文章与众不同，颇有～。

近义 独到之处

反义 千篇一律

独断专行　dú duàn zhuān xíng

【释义】独断：独自决断。行事专断，不考虑别人的意见。

【用法】常用于描绘本应当集体决定的事却独自作出决定。

【例句】他平素从不采纳别人的意见，凡事～，长此以往，必将自食其果。

近义 一意孤行　独行其是

反义 集思广益　群策群力

独夫民贼　dú fū mín zéi

【释义】独夫：人所共弃的暴君。民贼：对国家和人民犯下严重罪行的人。指众叛亲离、残害人民的暴君。

【例句】人称蒋介石为～，是非常贴切的。因为他搞的是"一个主义、一个政党、一个领袖"的专制独裁统治。

独具匠心　dú jù jiàng xīn

【释义】匠心：巧妙的心思。具有独特的巧妙心思。

【用法】多指技术或艺术方面有创造性。

【例句】此套纪念章设计～，寓意深刻。

近义 匠心独运　别具匠心

反义 千篇一律　如出一辙

独具一格　dú jù yī gé

【释义】独：独自。格：风格。指独自具有一种风格特点，是他人没有的。

【例句】结网捕食，是蜘蛛～的绝招。／～的各种细菌电池也相继问世。

近义 别具一格

独具只眼　dú jù zhī yǎn

【释义】指具有独特的眼光（能看到别人看不到的东西）。

【用法】形容看待问题目光敏锐。

【例句】这位年轻人对时事、政治、经济各方面的分析都～，让在场众人都钦佩不已。

近义 别具只眼

独来独往　dú lái dú wǎng

【释义】独自往返来回。形容性情孤僻或孤傲，不与人来往。也作"独往独来"。

【例句】虽然学校离家很远，又没有同路的同学，但我上学放学都是～，从不要父母接送，这也培养了我的独立性。／林凡性格内向,不爱跟同学交往,总是～。一学期都过完了,有的同学的名字,他还叫不出来呢!

独立自主　dú lì zì zhǔ

【释义】指不依赖、更不受制于别人,一切自己做主。也指一个国家、民族或政党等自己行使主权,不受外来力量的支配或控制。

【例句】大学毕业后,我就开始～了。/我国奉行～的和平外交政策。

近义 自力更生

反义 受制于人

独领风骚　dú lǐng fēng sāo

【释义】独:独自。风骚:泛指文学。指在文坛独自居于领袖地位,或在某个领域独自领先。

【例句】李后主的"问君能有几多愁,恰似一江春水向东流"成为千古绝唱。写愁之作唯李后主～。

独木不成林　dú mù bù chéng lín

【释义】单独的一棵树成不了树林。比喻力量单薄做不成大事。

【例句】要办好这次活动需要大家齐心协力,只靠策划者个人的力量,终究～,不能成事。

近义 独木难支　孤掌难鸣

反义 众擎易举　众志成城

独木难支　dú mù nán zhī

【释义】一根木头难以支撑房子,比喻一个人的力量难以支撑全局。

【例句】要办好这期杂志,还得依靠大家的力量,光靠一个人是不行的,正所谓～啊!

近义 孤掌难鸣　独木不成林

反义 一柱擎天　众擎易举

独排众议　dú pái zhòng yì

【释义】排:排斥,排除。众议:各种议论、说法。独自一个人排斥多数人的议论,使自己的意见占上风或被采纳。

【用法】多用于争论。

【例句】教授～,选择了一位资历尚浅却敢想敢干的学生,最终成功地完成了项目。

独辟蹊径　dú pì xī jìng

【释义】蹊径:小路。自己开辟一条路。比喻独创一种新风格或者新方法。

【用法】一般用作褒义。

【例句】面对国际市场,这个镇～,拿出了自己的特色产品。

近义 独具匠心

反义 依样葫芦

提示 "蹊"不读 qī。

独善其身　dú shàn qí shēn

【释义】善:办好,治理好。指做不上官,就搞好自身的修养。也指只顾自己,缺乏集体精神。

【用法】现多含贬义。

【例句】中国的文人,并非只是"存天理,灭人欲"的～者,他们在兼济天下之时,也追求生活情趣和自然人性的复归。/林觉民在给妻子的信中说,他不幸生在当时的中国,他不忍心～,他要投身革命。

反义 兼利天下

独树一帜　dú shù yī zhì

【释义】单独树立起一面旗帜。比喻自成一家。也作"别树一帜"。

【用法】含褒义。

【例句】他的诗歌、散文、绘画、书法,每一样都是自出机杼,～的。

近义 别具一格
反义 依样葫芦

独往独来 dú wǎng dú lái

见 178 页"独来独往"。

独弦哀歌 dú xián āi gē

【释义】独自弹起弦乐,唱着悲哀的歌调。指故意不按常规办事,以示自己与众不同,借此沽名钓誉。

【例句】这首诗只不过是～而已,并无多少真情实感。

独行其是 dú xíng qí shì

【释义】是:正确。只按自己认为对的去做,不顾别人的意见。

【用法】可用于指国家、团体、个人。含贬义。

【例句】他不听大家的劝告,～,结果把事情搞砸了。

近义 各行其是　一意孤行

独学寡闻 dú xué guǎ wén

【释义】独学:指自学而无以指导切磋。独自学习,无人切磋,则孤陋寡闻。

【用法】用于形容孤偏鄙陋,见闻不多。

【例句】古人提倡"游学",就是为了相互切磋,增广见识,避免～。

独一无二 dú yī wú èr

【释义】没有相同的或可以相比的。

【例句】中国的长城是世界建筑史上～的奇迹,是中国人民智慧和血汗的结晶。

近义 寡二少双　绝无仅有
反义 无独有偶

独占鳌头 dú zhàn áo tóu

【释义】鳌:传说中海里的大龟或大鳖。鳌头:唐宋时期皇宫前石阶正中镌凿鳌

头图案,科举考试中了甲科的进士要跪在这里迎榜。科举时代称中进士。借指居首位或第一名。也作"鳌头独占"。

【用法】一般用作褒义。

【例句】王刚在全省数学竞赛中～。

近义 超群绝伦
反义 名落孙山

笃近举远 dǔ jìn jǔ yuǎn

【释义】笃:忠实,厚道。举:举荐,选拔。对关系亲近的人厚道,对关系疏远的人举荐。

【用法】常用于指同等待人。

【例句】不管人际关系如何复杂,他为人总是信守一条原则:～,宽以待人。

近义 一视同仁

笃信好古 dǔ xìn hào gǔ

【释义】笃:诚笃。信:诚实。好:热爱。坚持自己的信仰,喜爱古代的典籍。

【例句】此人～,对《左传》尤为入迷,研究颇有独到之处。

笃志好学 dǔ zhì hào xué

【释义】笃志:专心一意。志趣专一,勤奋好学。

【例句】眼下,他的朋友们都在忙着找工作,他却不为所动,～,一心准备即将来临的研究生招生考试。

近义 勤奋好学

睹物伤情 dǔ wù shāng qíng

【释义】睹:看见。看到与某人某事有关的东西而触动了感伤之情。

【例句】兰兰送葬归来,满眼都是母亲留下的东西,～,不禁凄然泪下。

近义 触景伤情
反义 睹物释怀

睹物释怀　dǔ wù shì huái

【释义】睹:看见。释怀:(爱憎、悲喜等感情)在心中消除。指看见某样东西,深有感触,心中的愤怒、忧伤等就一扫而空。

【例句】偶见一树盛开的紫藤萝花,～,心中的焦虑悲痛化为精神的宁静,感悟到生命的永恒。

反义 睹物伤情

睹物思人　dǔ wù sī rén

【释义】睹:看见。看到离别或去世的人留下的东西就怀念这个人。

【用法】常用于对死者的追思。

【例句】走进丈夫生前居住的房间,她～,泪水禁不住滑落下来。

杜渐防萌　dù jiàn fáng méng

【释义】杜:堵住。渐:指事物的开端。萌:萌芽。在事故或灾害尚未发生时就预防。

【用法】用于指把隐患消除在萌芽状态中,即防患于未然。

【例句】别以为这是件小事,如果再发展下去这孩子就完了,从现在起就要～。

近义 防微杜渐　防患于未然

杜绝后患　dù jué hòu huàn

【释义】杜绝:堵塞,断绝。断绝以后可能出现的祸患。

【例句】为了解决这些已经暴露的问题,～,政府出台了一系列政策。

近义 斩草除根

反义 养虎遗患

杜绝人事　dù jué rén shì

【释义】杜绝:断绝。人事:人与人的交往。指断绝与别人的一切交往。

【例句】为了早日完成科研任务,王教授近两年来～,潜心钻研。

近义 杜门不出　杜门却扫　杜门谢客

杜口裹足　dù kǒu guǒ zú

【释义】杜:堵塞。裹:缠住。闭口不言,裹足不前。形容不敢说话,不敢行动。

【用法】用于对事物的态度。

【例句】遇到困难,就～,消极观望,这种精神状态是很不好的。

近义 裹足不前

杜门不出　dù mén bù chū

【释义】杜:堵塞。关上大门不外出。

【用法】用于指不愿与外界接触。

【例句】李厅长离休以后,不习惯退下来的生活,终日闷闷不乐,～,结果得了抑郁症。

近义 杜门谢客　杜门却扫　杜绝人事

杜门却扫　dù mén què sǎo

【释义】杜:堵塞。却扫:扫除,一说不再扫路迎客。阻塞大门,扫除车迹。谢绝来客。形容隐居,不与外界接触。

【用法】用于人际交往。

【例句】作家路遥为写《平凡的世界》,深居简出,～。

近义 杜门不出　杜门谢客　杜绝人事

杜门谢客　dù mén xiè kè

【释义】杜:堵塞。谢:辞谢。关上大门,谢绝宾客,不跟外界接触。

【用法】常用于指因政治失意、研究学问、应付考试而不与人来往。

【例句】老教授为了及早完成国家科研项目,决定～。

近义 杜门却扫　杜绝人事　杜门不出

肚里泪下　dù lǐ lèi xià

【释义】眼泪往肚里流。形容强忍痛苦,独自伤心。

【例句】在婆家受了委屈,她只能忍气吞

声,～。

妒火中烧　dù huǒ zhōng shāo

【释义】妒:忌妒。中:心中。指忌妒的火焰在心中燃烧。

【用法】形容心中怀着极强烈的忌妒。

【例句】站在领奖台上的是他而不是自己,李伟不禁～。

D

妒贤嫉能　dù xián jí néng

【释义】对品德、才能胜过自己的人心怀怨恨嫉妒。也作"嫉贤妒能"。

【例句】我们热情地希望出现更多的后起之秀,不提倡～,压抑人才。

近义 妒能害贤

反义 礼贤下士　爱才若渴

度日如年　dù rì rú nián

【释义】度:过(指时间)。指度过一天就像度过一年那样漫长。

【用法】用于形容可因种种令人难过的事而觉得日子难熬。

【例句】距离高考分数揭晓还有五天,我这几天是～,寝食难安,盼望着又害怕着。/她们还要独立挑起抚养下一代的重担,真是～。

近义 一日三秋

端本清源　duān běn qīng yuán

【释义】端:端正,清理。本:根本。清:清除不纯成分。源:根源。指从根本上加以整顿清理。

【例句】这家公司存在的问题由来已久,积重难返,要加以解决必须～。

近义 斩草除根

短兵相接　duǎn bīng xiāng jiē

【释义】兵:短兵器,区别于长矛、弓矢等。

双方用刀剑等短兵器进行搏斗。比喻面对面地进行针锋相对的斗争。

【用法】用于描绘近距离且激烈的战斗、斗争或辩论。

【例句】为了争夺那片土地,两军～,死伤无数。/在大学生辩论会上,双方在规定的时间里～,你问我答,针锋相对,十分激烈。

短见薄识　duǎn jiàn bó shí

【释义】见识短浅。

【例句】那人是个～、忘恩负义的家伙,不值得深交。

近义 孤陋寡闻　浅见寡闻

反义 远见卓识

短小精悍　duǎn xiǎo jīng hàn

【释义】形容人身材矮小而精明强干。也形容文章、戏剧、诗词等篇幅短而有力。

【例句】别看小明个子不高,但是～。/《勇气》一文讲述了第二次世界大战后期,盟军由法国诺曼底登陆时发生的一个故事。全文～,情节曲折动人。

近义 简明扼要

反义 连篇累牍　拖泥带水

提示 "悍"不读 gàn,不能写成"捍"。

断壁残垣　duàn bì cán yuán

见 90 页"残垣断壁"。

断编残简　duàn biān cán jiǎn

【释义】编:古时穿简的皮条或绳子。简:竹简。指残缺不全的古籍。也作"残编断简"。

【用法】只适用于破烂的书籍。

【例句】经过多年的战争,这家图书馆虽未被毁,但由于疏于管理,许多宝贵的书籍都成了～,非常可惜。

近义 断纸余墨

断长续短 duàn cháng xù duǎn

【释义】截取长的,接续短的。比喻吸取一方的长处,弥补另一方的不足。

【例句】在学习他人的先进经验时,要注意～。

近义 截长补短　绝长补短　取长补短

断脰决腹 duàn dòu jué fù

【释义】脰:脖子。决:剖开。断头剖腹。形容战死者的惨相。

【用法】形容战争惨烈的用语。

【例句】这场大战之后,战场上尸横遍野,～。

断鹤续凫 duàn hè xù fú

【释义】凫:野鸭。截下鹤的长腿,接到野鸭的短腿上。比喻违反客观规律办事。

【例句】在学习上,我们要一步一个脚印,不能好高骛远,～。

断井颓垣 duàn jǐng tuí yuán

【释义】指断裂的井栏,倒塌的墙壁。

【用法】形容家园被毁,建筑残破的景象。

【例句】村子被日本鬼子烧光,剩下的是～,满目凄凉。

近义 残垣断壁

断弦再续 duàn xián zài xù

【释义】断弦:指丧妻。把断了的琴弦再接上。指男子丧妻后再娶。

【例句】几年过去了,他仍然沉溺于对亡妻的怀念之中,从不考虑～的事。

断线风筝 duàn xiàn fēng zhēng

【释义】断了线的风筝。比喻一去不回或不知去向的人或事物。

【例句】她的丈夫外出打工四年多了,却似石沉大海,～,不见回来。

近义 泥牛入海

断崖绝壁 duàn yá jué bì

【释义】崖、壁:山崖。断:断裂。绝:走不通的。指断裂的或陡峭不能攀援的山崖。

【例句】有时风吹云散,满山岭的松杉、毛竹和千百种杂树便起伏摇摆,卷起一阵滚滚滔滔的黑浪,拍击着黄洋界的～。

断垣残壁 duàn yuán cán bì

见90页"残垣断壁"。

断章取义 duàn zhāng qǔ yì

【释义】章:段落,篇章。不顾全篇文章或谈话的内容,而只根据自己的需要,孤立地取其中一段或一句(用来表达自己的意思)。后指不顾全文或原意,孤立地摘引别人的文章或谈话。

【用法】可用于驳斥他人只取片段曲解意思。

【例句】他这人真是粗心,作文题目才看到一半,就～地大肆发挥。

近义 断章截句

反义 面面俱到

断子绝孙 duàn zǐ jué sūn

【释义】没有儿子,也没有孙子。指没有后代。

D

【用法】多用作诅咒语。

【例句】在封建社会,讲究的是"不孝有三,无后为大",所以骂一个男人～,便是极恶毒的骂法了。

近义 覆宗灭祀

反义 传宗接代

堆积如山　duī jī rú shān

【释义】堆积得像山一样。

【用法】用于形容东西极多。

【例句】已经过去的,不会再回来,摆在面前的,又是～的工作。

对簿公堂　duì bù gōng táng

【释义】簿:文状,起诉书之类。对簿:在法庭上质询各方、核对状纸事实。公堂:古代官吏审理案件的地方。在官府公堂上受审问。后指在法庭上对质或上法庭打官司。

【例句】好话说尽,工人们的工资问题还是没有着落,看来只有～,用法律手段来解决了。

对床夜雨　duì chuáng yè yǔ

【释义】在风雨之夜,两人对床共语。形容亲友或兄弟久别相聚,倾心交谈。

【例句】两兄弟分别多年,如今终于再次相聚,一定要～。

对答如流　duì dá rú liú

【释义】对答:回答。流:流水。指回答问话像流水一样流畅。也作"应对如流"。

【用法】形容反应快,口才好。

【例句】客人问七岁的骆宾王几个问题,他都～。

反义 答非所问

对号入座　duì hào rù zuò

【释义】查对相合的号数就座。比喻把有关的人或事物跟自己对比联系起来。

【例句】车子马上就要开动了,请乘客们保管好自己的财物,～。/他们所写的小说、诗歌等文学作品发表之后,常常有人来"～",兴问罪之师。

对酒当歌　duì jiǔ dāng gē

【释义】当:应当。对着酒应当高声歌唱。指赋诗以助酒兴,也含及时行乐的意思。

【例句】～,人生几何!/值此中秋团圆夜,让我们～,痛痛快快玩个够。

对牛弹琴　duì niú tán qín

【释义】比喻对不懂道理的人讲道理,对外行人说内行话。现也用来讥笑说话的人不看对象。

【用法】指说话找错对象,听的人懵然不知或无法明白,可用此语。

【例句】你对那群孩子讲相对论,犹如～,只能徒费口舌。/跟这么一个无理取闹的人争吵,无异于～。

近义 问道于盲

反义 有的放矢

对症下药　duì zhèng xià yào

【释义】症:病。针对病情用药。比喻针对具体问题决定解决问题的办法。

【用法】用于强调解决具体问题时要针对具体问题。

【例句】要想成为一名优秀的教练员,必须对运动员的情况进行深入调查,仔细分析,摸清个人特点,以便～。

近义 有的放矢

反义 无的放矢

顿口无言　dùn kǒu wú yán

【释义】顿:停止。闭上嘴不说话。形容理屈词穷的样子。

【用法】多形容人的神态。

【例句】他似连珠炮一样的疑问令小李～,只得呆呆地站在那里,接受他的"攻击"。

近义 哑口无言

反义 口若悬河

遁入空门　dùn rù kōng mén

【释义】遁:隐藏。空门:指佛教,因佛教认为世界一切皆空。指出家为僧尼。

【例句】李自成最终功成身退,～,决心做一个与世无争的人。

遁世离群　dùn shì lí qún

【释义】遁:逃离。逃避人生,远离众人。指摆脱尘俗琐事的烦扰。

【例句】不管遭遇多大的挫折,我们都应该勇敢地去面对,而不应该选择～。/人具有社会性,应当在社会中生活与劳作,又何必～呢?

多才多艺　duō cái duō yì

【释义】具有多方面的才能、技艺。

【例句】我的爸爸～,唱歌、弹琴、绘画,样样精通

近义 博学多才

反义 一无所长

多愁善感　duō chóu shàn gǎn

【释义】善:容易。感:感伤。指经常忧愁,容易感伤。

【用法】用于形容人感情脆弱,易于忧伤。

【例句】《红楼梦》的主人公林黛玉以其～而闻名。

多此一举　duō cǐ yī jǔ

【释义】举:举动。这一举动是多余的。

【用法】指做多余的、完全不必要的事情,可用此语。

【例句】这篇文章本来已经很完美了,可作者却硬要在末尾加上一段不必要的议论,这岂不是画蛇添足,～?

近义 画蛇添足

反义 必不可少

多多益善　duō duō yì shàn

【释义】益:更加。越多越好。

【例句】有什么批评建议你尽管提,～。

近义 贪多务得

反义 宁缺毋滥

多快好省　duō kuài hǎo shěng

【释义】指数量多、速度快、质量好、材料省。

【用法】常用于口语。

【例句】写长篇小说,～不见得是成功的捷径,只有慢工才能出细活。

多谋善断　duō móu shàn duàn

【释义】谋:智谋。善:擅长。很有智谋,又善于决断。

【用法】用作褒义。

【例句】三国时期的曹操、诸葛亮都是～之人。

近义 好谋善断

多难兴邦　duō nàn xīng bāng

【释义】邦:国家。国家多灾多难,可以激发人民发愤图强,战胜困难,使国家兴盛起来。

【例句】～,这是不争的事实。中国人民经过无数灾难之后,才有了今天的复兴。

提示 "难"不读 nán。

多歧亡羊　duō qí wáng yáng

【释义】歧:岔道。亡:丢失。因岔路太多无法追寻而丢失了羊。比喻事物复杂多变,没有正确的方向就会误入歧途。

【例句】多用于事理。

【例句】做事情应专心致志,目标不要立得太多,否则容易～而一事无成。

多如牛毛　duō rú niú máo

【释义】多得像牛身上的毛一样。

【用法】用于形容极多。

【例句】想采正宗的野蘑菇,到我们那儿的山上去,简直～。

近义 比比皆是

反义 寥寥无几　寥若晨星

多事之秋　duō shì zhī qiū

【释义】事:事故,事变。秋:指某个时期(多指不好的)。指事故或事变多的时期。

【用法】用来形容政局动荡不安,或集团内部事故频发。

【例句】骆成骧的一生正值我国近代史上风起云涌,国事艰危的～。他经历了甲午海战、戊戌政变、辛亥革命、护国倒袁、五四运动等一个又一个的大波巨澜。

反义 太平盛世

多行不义必自毙　duō xíng bù yì bì zì bì

【释义】不义:违背道义。毙:倒下,死亡。常干坏事的人,必定自取灭亡。

【例句】～。他们猖狂作乱之日,也正是他们埋下覆灭的种子之时。

多嘴多舌　duō zuǐ duō shé

【释义】很多嘴,很多舌头。形容到处插嘴,搬弄是非。

【用法】常用于口语。有多管闲事的意思。

【例句】我和他之间的事,用不着你～。

咄咄逼人　duō duō bī rén

【释义】咄咄:叹词,表示惊讶或感叹。逼人:逼迫人,给人以威胁。出语尖刻,令人难以忍受。

【用法】用于形容气势汹汹,盛气凌人。

【例句】他～的话语气得她一句话也说不出来。/辩论会上,反方～的气势压得正方连连失误。

近义 盛气凌人

反义 平易近人

提示 "咄"不读 chū。

咄咄怪事 duō duō guài shì

【释义】咄咄：叹词，表示惊讶。使人惊讶、难以理解的事。

【例句】漆黑的夜空中出现了两个月亮，它们一样圆，一样亮，这岂不是～！

咄嗟立办 duō jiē lì bàn

【释义】原指主人一吩咐，仆人立刻就办好，现指马上就办到。

【用法】多用于有权势的人。

【例句】他在这一带可是呼风唤雨，～。

掇拾章句 duō shí zhāng jù

【释义】掇：拾取。摘取他人文章中的词句。指东摘西抄地拼凑文章。

【例句】这篇文章缺少新意，多半是由～而成。

夺眶而出 duó kuàng ér chū

【释义】眼泪从眼眶猛然涌出。形容心情非常激动。

【例句】当她失散多年的孩子突然回到身边的那一刹那，她激动的泪水～。

夺路而逃 duó lù ér táo

【释义】夺路：冲开一条路。指（人在紧急情况下）推开众人拼命奔逃。

【例句】在电影里，我们常常看到这样的镜头，主人公～，后面狂追不舍。

夺门而出 duó mén ér chū

【释义】夺门：破门，奋力冲开门。摆脱阻拦，冲出门去。

【例句】听到喊声，家住附近的工人老王～。

近义 破门而出

夺胎换骨 duó tāi huàn gǔ

【释义】本为道家语，指夺取他人之胎以转生，换凡骨为仙骨。后比喻学习前人写作的命意或技巧而不留痕迹，并有创新。

【用法】多用于文学艺术创作。

【例句】文学创作要对传统取其精华去其糟粕，在这之上～，不断创新。

反义 墨守成规

度长絜大 duó cháng xié dà

【释义】度：量，计算。絜：衡量。量长短，比大小。引申为较量。

【用法】用于几种事物的比较。

【例句】为了买到合适的衣服，她～去了好几个商场。/我现在年纪大了，精气神各方面都不敢与年轻人～了。

提示 "度"不读 dù；"絜"不读 jié。

度德量力 duó dé liàng lì

【释义】度：量，计算。衡量自己的品德能否服人，估计自己的能力能否胜任。

【用法】多用于人在重要行动前对自己做充分的评估。

【例句】父亲嘱咐即将走上工作岗位的儿子，凡事一定要～，不可年少气盛、鲁莽行事。

近义 审时度势

反义 不自量力

提示 "度"不读 dù。

堕云雾中 duò yún wù zhōng

【释义】堕：落下。落入迷茫的云雾中间。比喻陷入迷惑不解的境地。

【例句】读这种新潮诗如～，看了半天也不知所云。

反义 豁然开朗

E

阿弥陀佛 ē mí tuó fó

【释义】佛名。佛教指西方极乐世界中最大的佛。信佛的人用作口头诵念的佛号,表示祈祷或感谢神灵等意思。

【用法】有时作感叹语,表示惊讶或叹息等。

【例句】她没注意前面的台阶,～,幸好只是脚崴了一下。

提示 "阿"不读 ā。

阿其所好 ē qí suǒ hào

【释义】阿:迎合。好:喜欢。曲意迎合别人或顺从别人的私意。

【用法】用作贬义。

【例句】历代奸臣都善于恭维皇帝,～。

近义 投其所好

反义 不卑不亢

提示 "阿"不读 ā。

阿谀逢迎 ē yú féng yíng

【释义】阿谀:迎合别人而说好听的话。逢迎:迎合别人的心意。指故意讨好迎合别人。

【用法】指不仅用恭维话还用行动去迎合人的心意。

【例句】在那段文字里,接连使用～的词语,

深刻绝妙地突现了秀才的刁滑与卑劣。

近义 阿谀奉承

反义 刚正不阿

提示 "阿"不读 ā,"谀"不读 yí。

阿谀奉承 ē yú fèng chéng

【释义】阿谀:说动听的话讨好。指说话迎合他人,谄媚讨好。也指巴结讨好人的话。

【用法】"阿谀奉承"只限于说恭维话。

【例句】他是一个决不会～的硬汉子。/他自从当上科长后,总爱听些～。

近义 阿谀逢迎

反义 刚正不阿

提示 "阿"不读 ā。

婀娜多姿 ē nuó duō zī

【释义】婀娜:(姿态)柔软而美好。指姿态柔美的样子。

【用法】用于形容女子走路、跳舞时步履轻盈姿态柔美或植物姿态柔美。

【例句】我喜欢看～的芭蕾舞,也喜欢看节奏欢快的街舞。/那～的花草树木不是美丽的时钟吗?

讹以传讹 é yǐ chuán é

见 903 页"以讹传讹"。

峨冠博带　é guān bó dài

【释义】峨:高。博:宽。戴着高高的帽子,系着宽大的衣带。指古代士大夫的装束,也指今人的复古礼服。也作"高冠博带"。

【例句】他那～的装束很有古典风味。

蛾眉皓齿　é méi hào chǐ

【释义】蛾眉:像蚕蛾触须那样弯曲细长的眉毛。皓:洁白。形容女子的美貌。

【例句】她的相貌平平,但她的女儿却长得～,杏眼桃腮,非常漂亮。

额手称庆　é shǒu chēng qìng

【释义】称庆:表示庆贺。双手合掌放在额前,表示庆贺。

【用法】用于表示庆幸或祝贺。

【例句】依法惩处贪污腐败分子,老百姓无不～。

近义 拍手称快

反义 垂头丧气　捶胸顿足

扼腕长叹　è wàn cháng tàn

【释义】一只手握住自己的另一只手腕长声叹息。

【用法】用于表示深深的惋惜。

【例句】引进技术让出市场,多少企业家在为这无奈的现实～。

恶贯满盈　è guàn mǎn yíng

【释义】贯:旧时穿铜钱或物的绳子。盈:满。作恶极多,像穿铜钱一样穿满了绳子。形容罪大恶极。

【例句】第二次世界大战结束以后,～的战犯们受到了应有的惩罚。

近义 罪恶滔天

提示"恶"不读 wù 和 ě。

恶衣粗食　è yī cū shí

见 189 页"恶衣恶食"。

恶衣恶食　è yī è shí

【释义】粗劣的衣食。指贫困的生活。也作"恶衣粗食"。

【用法】用于形容生活节俭。

【例句】只要工作条件较好,即使～,又有什么关系呢?

近义 粗衣粝食

反义 锦衣玉食

恶语伤人　è yǔ shāng rén

【释义】用恶毒的话伤害别人。

【例句】语言美就是和气、谦虚,不说脏话、粗话,不～。

近义 出口伤人

恶语相向　è yǔ xiāng xiàng

【释义】恶语:粗野无礼的言语,恶毒的话。相向:向着对方。指用粗野或恶毒的语言污辱对方。

【例句】于宗信质问熊中伟对郑嫒怎么样了,熊中伟～,二人打了起来。

饿虎扑食　è hǔ pū shí

E

【释义】像饥饿的老虎扑向食物。比喻动作迅急猛烈。也作"饥虎扑食"。

【释义】用于人以大欺小，以强欺弱，也用于动物。

【例句】这几万英法联军从傍晚开始就毫无顾虑地在皇宫附近横冲直撞，好似～。

饿殍遍野　è piǎo biàn yě

【释义】饿殍：饿死的人。饿死的人到处都是。形容老百姓大批饿死的悲惨景象。也作"饿殍载道"。

【例句】光绪二十八年(1902年)春夏之交，巴蜀大地发生特大旱灾，～，十室九空。

【提示】"殍"不读 piǎo 和 fú。

饿殍载道　è piǎo zài dào

见190页"饿殍遍野"。

遏恶扬善　è è yáng shàn

【释义】阻止坏人作恶，颂扬好人的善行。

【例句】～是全社会的责任。

恩断义绝　ēn duàn yì jué

【释义】恩爱和情义都已断绝。也作"恩绝义断"。

【用法】多指夫妻或亲属之间关系破裂。

【例句】这对夫妇～，终于分道扬镳。

【反义】恩深义重

恩将仇报　ēn jiāng chóu bào

【释义】将：拿，用。受人恩惠却用仇恨来报答。

【用法】有忘恩负义的意思。

【例句】～的忘恩负义之徒必然为世人不耻。

【近义】以怨报德

【反义】以德报怨　感恩图报

恩绝义断　ēn jué yì duàn

见190页"恩断义绝"。

恩深义重　ēn shēn yì zhòng

【释义】恩惠、情义极为深重。

【例句】我们应该叩谢这位～的老师才是。

【近义】情深义重　恩同再造

【反义】恩断义绝

恩同再生　ēn tóng zài shēng

见190页"恩同再造"。

恩同再造　ēn tóng zài zào

【释义】再造：再生。恩德极深，如同给了自己第二次生命。也作"恩同再生"。

【用法】多用来表示对于重大恩惠的感激。

【例句】医生成功地为他做了心脏搭桥手术，真是～。

【近义】恩深义重　恩重如山

【反义】恩断义绝

恩威并施　ēn wēi bìng shī

【释义】恩：恩德。威：威严。并：两种不同的事情同时进行。施：实行。指恩威两种手段并用，有软硬兼施的意思。

【用法】用于指怀柔(用政治手段笼络)与高压并用，威逼与利诱并用。

【例句】刘备去世后的第二年，南中(云、贵、川南地区)发生民族叛乱，诸葛亮亲自率军南征。南征大获全胜，既是诸葛亮～的民族政策的胜利，更是他攻心战略的巨大成功。/总经理对陈一帆～，要挟他不准把有关贷款的详情透露出去，同时又给了他一点甜头。

恩怨分明　ēn yuàn fēn míng

【释义】恩:恩惠。怨:仇恨。以恩报恩,以怨报怨,决不含糊。

【例句】这部长篇小说的主人公是一个～,疾恶如仇,行侠仗义的好汉。

恩重如山　ēn zhòng rú shān

【释义】恩情像高山一样深重。

【例句】这位乐观豁达的老人说,我半生坎坷,共产党对我～。

近义　恩深义重　恩同再造

反义　绝情寡义

儿女情长　ér nǚ qíng cháng

【释义】儿女:子女,男女。情长:情意深长。指男女间的爱情或家人间的亲情绵绵不断。

【用法】可用于指男女之间情意绵绵,也可指父母对子女的深情。

【例句】他写的多是生离死别、～方面的小说。/别哭了,回去吧! 你也太～了,过几个月,孩子不就回来了吗?

而立之年　ér lì zhī nián

【释义】指人三十岁。

【例句】他已不再是以前那个毛头小伙了——今年步入～。

尔虞我诈　ěr yú wǒ zhà

【释义】虞:欺骗。你欺骗我,我欺骗你。彼此玩弄手段,互相欺骗。

【例句】那个国家各党派首领之间,互相猜忌,钩心斗角,～。

近义　明争暗斗　钩心斗角

反义　披肝沥胆　推心置腹

耳鬓厮磨　ěr bìn sī mó

【释义】厮:互相。磨:摩擦,接触。两人的耳朵和鬓发相接触。

【用法】多形容儿童或夫妇之间亲密相处。

【例句】他们两个人从小～在一起,当然要产生感情。

近义　青梅竹马

反义　天各一方

耳聪目明　ěr cōng mù míng

【释义】聪:听觉灵敏。明:视力好。耳朵灵敏,眼睛明亮。多形容头脑清楚,反应灵敏。

【用法】多用于老年人。

【例句】别看他头发花白,实际上却是～,什么事也瞒不住他。

近义　心明眼亮

反义　耳聋眼花

耳根清净　ěr gēn qīng jìng

【释义】耳边安静,听不到絮叨或烦心的话。

【用法】多指没有了聒噪声、闲话、唠叨等。

【例句】他们整天吵闹,使人心烦意乱,所以我巴不得躲开,落得～。

耳目一新　ěr mù yī xīn

【释义】耳目:指见闻。听到的、看到的都令人感到很新鲜。

【例句】这种舞台表现独具匠心,让人～。

近义　面目一新

反义　依然如故

耳目昭彰　ěr mù zhāo zhāng

【释义】昭彰：十分明显。形容被众人了解得清清楚楚，无法隐藏。

【例句】犯罪分子是有所顾忌的，尤其是在～的时候。

近义 众目昭彰　众目睽睽

反义 掩人耳目

耳濡目染　ěr rú mù rǎn

【释义】濡：沾湿。染：沾染。形容因经常听到，经常看到，无形中受到影响。

【用法】指受看到的听到的东西影响而学会了什么，指好的行为，也指恶习。

【例句】他父亲是个歌唱家，他从小便～地学了很多歌曲。

近义 潜移默化

提示 "濡"不能写成"儒"。

耳食之论　ěr shí zhī lùn

【释义】耳食：用耳朵吃饭，不知滋味。形容听来的没有确凿根据的言论。也作"耳食之谈"。

【例句】满篇都是～，怎么能称作"论文"？

近义 道听途说　无稽之谈

反义 言之凿凿

耳食之谈　ěr shí zhī tán

见192页"耳食之论"。

耳熟能详　ěr shú néng xiáng

【释义】详：细说。听得烂熟了，能够详尽地说出来。

【例句】鲁迅的《阿Q正传》是大家～的作品。

近义 家喻户晓

反义 罕为人知

耳提面命　ěr tí miàn mìng

【释义】提：附着。命：教诲。贴着耳朵当面教导。也作"面命耳提"。

【用法】形容长辈严肃而恳切地教导。

【例句】学习总得靠个人努力，如果自己不长进，即便别人～，恐怕也无济于事。

近义 谆谆告诫

耳听八方　ěr tīng bā fāng

【释义】八方：四方（东、西、南、北）和四隅（东南、东北、西南、西北）的总称。耳朵同时能听各方面来的声音。形容人灵敏机警，消息灵通。

【例句】作为一名优秀的军事指挥员，要眼观六路、～。

近义 眼观六路

耳闻不如目见　ěr wén bù rú mù jiàn

见23页"百闻不如一见"。

耳闻目睹　ěr wén mù dǔ

【释义】睹：看见。亲耳听见，亲眼看见。

【例句】我在北京生活的两年多里，～的大事，算起来也不少。

近义 所见所闻

反义 道听途说

二话不说　èr huà bù shuō

【释义】别的话什么都不说。指立即行动。

【例句】她～，立即向经理辞了职。

二人同心，其利断金

èr rén tóng xīn, qí lì duàn jīn

【释义】利：锋利。金：金属。二人齐心协

力,力量就像锋利的刀剑,可以切断金属。形容团结一致,力量无敌。也作"同心断金"。

【用法】用于许多人,也可单指两个人。

【例句】～,只要团结一致,就没有克服不了的困难。

二三其德　èr sān qí dé

【释义】二三:不专一。德:操守,心志。三心二意,反复无常。也作"二三其意"。

【例句】他这人做什么都～。

近义 三心二意　见异思迁

反义 一心一意　全心全意

二三其意　èr sān qí yì

见 193 页"二三其德"。

二桃杀三士　èr táo shā sān shì

【释义】指施用阴谋手段杀人。

【典故】春秋时代齐景公手下有三员大将:公孙接、田开疆、古冶子,他们常恃功而骄,晏子建议齐景公早日消除祸患。晏子设了一个局:让齐景公把三位勇士请来,要赏赐他们两个珍贵的桃子;而三个人无法平分两个桃子,晏子便要他们三人比功劳,功劳大的就可以取一个桃。

公孙接与田开疆都先报出功绩,各拿了一个桃子。古冶子认为自己功劳更大,气得拔剑指责前二位;而前二位听到古冶子的功劳之后,也自觉不如,便将桃子让出并自尽。古冶子也对自己的行为感到羞耻,因此也拔剑自刎——就这样,只靠着两个桃子,兵不血刃地去掉三员大将。(《晏子春秋·内篇谏下》)

【例句】狡诈的国王,以～的计谋除去了心头之患。

近义 借刀杀人

二姓之好　èr xìng zhī hǎo

【释义】二姓:结婚的男女双方。指两家和睦亲密的婚姻关系。

【例句】两个孩子既然情投意合,我们两家成为～,这也是一件好事。

近义 秦晋之好

二一添作五　èr yī tiān zuò wǔ

【释义】珠算除法口诀之一,表示用二除一得零点五。借指双方平分。

【例句】我们一言为定,不管赚多赚少,～。

近义 一分为二

E

F

发策决科　fā cè jué kē

【释义】策:策问。科:等第。旧指命题考试以决定录取科别等第。也指按题作文,应科举考试取胜。

【用法】现指用考试选拔人才。

【例句】用这种～的形式招聘员工,真能招到真正的人才吗?

发凡起例　fā fán qǐ lì

【释义】凡:大凡,概略。例:体例。说明全书要旨,拟定编写体例。

【用法】用于书面语,多指编撰工具书等。

【例句】著书立说,～,必须周密考虑,不可草率。

近义 提纲挈领

发奋有为　fā fèn yǒu wéi

见 210 页“奋发有为”。

发愤图强　fā fèn tú qiáng

【释义】发愤:因感到不满足而决心努力。图:谋求。决心努力谋求富强或上进。

【例句】公司上下一心,日夜就就业业,勤勤恳恳,～,最终实现扭亏为盈。

近义 励精图治

反义 无所作为

发愤忘食　fā fèn wàng shí

【释义】决心努力学习和工作,连吃饭都忘记了。

【用法】用于形容人专心致志,勤奋不懈。

【例句】她这样～,固然令人钦佩,但也要注意自己的身体。

近义 废寝忘食

反义 好逸恶劳

发号布令　fā hào bù lìng

见 194 页“发号施令”。

发号施令　fā hào shī lìng

【释义】发、施:发布。发布命令,下达指示。也作“发号布令”。

【用法】带有调侃的意味,多含贬义。

【例句】像他这样光会～,不带头实干的人,实在不适合当项目负责人。

反义 俯首听命

发聋振聩　fā lóng zhèn kuì

见968页"振聋发聩"。

发蒙振落　fā méng zhèn luò

【释义】揭去覆盖的东西,振掉树上的枯叶。形容十分容易。

【用法】用于书面语。

【例句】孩子们的接受能力超出你的想象,把这点知识教给他们,正如～一样,并不会很难。

近义 轻而易举

发人深省　fā rén shēn xǐng

【释义】发:启发。省:醒悟,反省。启发人们深刻思考而有所醒悟。

【例句】这篇文章字字句句掷地有声,～。

近义 发聋振聩

提示 "省"不读shěng。

发荣滋长　fā róng zī zhǎng

【释义】荣:草类开花或谷类结穗。滋长:生长。指草木繁茂生长。比喻壮成长。

【用法】多用于指事物的发展,不能用于人。

【例句】在改革春风的沐浴下,一些新生事物开始～。

发扬踔厉　fā yáng chuō lì

【释义】发扬:奋发昂扬。踔:踏。厉:猛烈。形容周朝《武》乐的舞蹈动作威武,挥臂踏地极有气势。比喻精神奋发,意气昂扬。也作"发扬蹈厉"。

【例句】这部作品深刻地反映社会历史的发展趋势,表现～的时代精神,鼓舞和激励人民群众奋发向上。

近义 踔厉风发

反义 萎靡不振

发扬蹈厉　fā yáng dǎo lì

见195页"发扬踔厉"。

发扬光大　fā yáng guāng dà

【释义】发扬:发展显扬。光大:使辉煌盛大。发展提倡,使美好的事物更加强盛。

【例句】我们要在学校里培养这种勤劳、勇敢、智慧的作风,并把这些美德～。

乏善可陈　fá shàn kě chén

【释义】乏:缺乏。善:好的。可:值得。陈:叙说。指没有什么好的方面值得说一说。

【例句】尽管英格兰女子足球队至今仍～,但这部《胜利女孩》还是让我们看出了足球比胜负更重要的意义——追求与坚持。

反义 赞不绝口

伐异党同　fá yì dǎng tóng

见156页"党同伐异"。

罚不当罪　fá bù dāng zuì

【释义】当:相当。处罚与所犯罪行不相当。

【用法】多指处罚过重。

【例句】被告人认为法庭审判不公正,～,当庭表示上诉。

法不阿贵　fǎ bù ē guì

【释义】阿:偏袒。法律不偏袒权贵。指秉公执法。

【例句】正直的司法官应该～,执法无私。

F

近义 铁面无私

提示"阿"不读 ā。

法网恢恢　fǎ wǎng huī huī

见 196 页"法网恢恢,疏而不漏"。

法网恢恢,疏而不漏

fǎ wǎng huī huī,shū ér bù lòu

【释义】法网:法律像一张大网,比喻严密的法律制度。恢恢:非常广大的样子。疏:事物的部分之间空隙大(与"密"相对)。指法律像一张很大很大的网,虽然网眼之间有空隙,但作恶者一定逃不出这张网。也单作"法网恢恢"。

【用法】用于形容作恶者一定会受到法律的制裁。

【例句】吴介兴没想到收拾东西慌忙逃跑时留下的一枚印章泄露了天机。真是～。

发短心长　fà duǎn xīn cháng

【释义】发短:头发稀少,指年岁大。心长:指智慧多。形容老年人见识多,智谋深远。也作"心长发短"。

【例句】别看老王已经六十出头,却是～,请他当参谋绝不会错。

发指眦裂　fà zhǐ zì liè

【释义】发指:头发直竖。眦:眼眶。指头发竖立起来了,眼睛睁得大大的,使得眼角都裂开了。

【用法】用于形容人愤怒到了极点。

【例句】他～、声泪俱下地说:"国难当头,凡有良心的军人,都应该誓死救国!"

近义 怒发冲冠

反义 心平气和

幡然悔悟　fān rán huǐ wù

【释义】幡然:迅速而完全的样子。指很

快认识到过错,悔恨而醒悟。

【例句】他仍然在给妻子机会,希望她能～,与他重修于好。

近义 幡然醒悟

反义 死不悔改

幡然醒悟　fān rán xǐng wù

【释义】幡然:很快而彻底地(改变)。醒悟:在认识上由模糊而清楚,由错误而正确。指很快彻底地明白过来。

【例句】直率的批评更能使人受到震动,～。

近义 幡然悔悟

反义 执迷不悟

翻江倒海　fān jiāng dǎo hǎi

【释义】把江海倒翻过来。形容水势浩大。比喻声势或力量巨大。也形容乱七八糟或破坏程度严重。也作"倒海翻江"。

【例句】连日的暴雨,使江水气势磅礴,有如～。/ 那对夫妻为些鸡毛蒜皮的事,闹得～。

近义 搅海翻江

翻空出奇　fān kōng chū qí

【释义】翻空:构思时驰骋想象。形容诗文、字画等跳出前人窠臼,以奇特的想象取胜。

【例句】他这本短篇小说集里有好几篇写得～,引人入胜。

翻来覆去　fān lái fù qù

【释义】翻:反转。覆:倒转。指翻过来又倒过去。

【用法】用于指来回翻身,形容睡不好觉;也指一次又一次,多次重复。

【例句】他把白天所发生的事情细细地想了一遍,躺在床上～,久不成眠。/ 市长被她剪纸的技艺所折服,他拿起剪刀～

F

地看,不相信该艺术品是用一把普通的剪刀剪出来的。

近义 辗转反侧　颠来倒去

翻脸无情　fān liǎn wú qíng

【释义】突然变了脸色,一点儿情义也不讲了。

【例句】他想不通,自己和老李十几年的交情,老李怎能如此～?

近义 过河拆桥　卸磨杀驴

翻山越岭　fān shān yuè lǐng

【释义】翻:越过。越:跨过。翻过重重山岭。

【用法】常用于形容长途跋涉或野外工作的辛苦。

【例句】登山队～,又走了几天,总算走到了那座高峰的脚下。

翻天覆地　fān tiān fù dì

见 699 页"天翻地覆"。

翻箱倒柜　fān xiāng dǎo guì

【释义】翻:寻找东西而移动上下物体的位置。倒:挪动。形容彻底翻检搜寻。

【例句】她平时不爱收拾,有时找一样什么东西,～找不着。

翻云覆雨　fān yún fù yǔ

【释义】掌心向上时是云,向下时是雨。比喻反复无常或玩弄权术。

【用法】多用于形容玩弄手段的人。

【例句】罗斯福的传记作者指出,罗斯福也有他自己的缺陷,他变幻无常,～。

凡夫俗子　fán fū sú zǐ

【释义】凡夫:佛教用语,指没有断绝欲念的凡人。俗子:世俗的人,一般人(相对僧、尼、道士等出家人而言)。本指未入佛门的人,后用于指人世间的普通人。

【例句】～很难看懂这些高雅的艺术品。

近义 肉眼凡胎　平头百姓

反义 高人逸士

凡桃俗李　fán táo sú lǐ

【释义】平凡、普通的桃花和李花。比喻庸俗的人或平常的事物。

【用法】用于指人或事物。含贬义。

【例句】这些字画只是些～,精品嘛,他自然不肯轻易示人。

近义 庸脂俗粉

烦言碎语　fán yán suì yǔ

【释义】烦:多而杂乱。形容文词杂乱、琐碎。

【用法】用于说话或文章。

【例句】这些～,不必细叨。

繁花似锦　fán huā sì jǐn

【释义】繁:多,盛。锦:有彩色花纹的丝织品。许多色彩艳丽的鲜花像华丽的织锦。也比喻繁荣兴旺。

【例句】春天来了,处处春光明媚,～。/儿童文学创作呈现出百花齐放、～的崭新局面。

近义 花团锦簇

繁荣昌盛　fán róng chāng shèng

【释义】繁荣:蓬勃发展。昌盛:兴旺。形容兴旺发达、欣欣向荣的景象。

【用法】常用于指国家、经济、事业等繁荣、兴旺。

【例句】我们有决心把国家建设成～的社会主义强国。

近义 繁荣富强　欣欣向荣

反义 满目疮痍　江河日下

繁文缛节　fán wén rù jié

【释义】文、节:仪式,礼节。缛:繁琐。繁琐的、不必要的仪式或礼节。也指繁琐多余的事项或手续。

【例句】他们的婚礼是前所未有的新式婚礼,没有任何～。/办事要讲求实效,不要那么多～。

近义 附赘悬疣　虚文缛节

繁衍生息　fán yǎn shēng xī

【释义】繁衍:逐渐增多。生息:繁殖。指人类、动物不断繁殖后代。

【例句】每年六、七月间,数万只、十多种候鸟在这里～。

反败为胜　fǎn bài wéi shèng

【释义】扭转失败的局面,获得胜利。

【用法】多用于各类比赛或战局。

【例句】落后两球的危险形势,反而激发起队员们的斗志,他们在补时阶段连进三球,～,真可谓置之死地而后生!

反唇相讥　fǎn chún xiāng jī

【释义】反唇:回嘴、反驳。讥:讽刺,责备。指受到指责不服气,反过来讥讽对方。

【例句】我们要学习直言不讳但却不是～的说话艺术。

反复无常　fǎn fù wú cháng

【释义】无常:没有常规或定准。一会儿这样,一会儿那样,变来变去,没有定准。

【用法】常用在不守信用,容易改变主意的人身上。

【例句】他是个～的人,什么事没个准儿,你跟他合作可要小心。

近义 出尔反尔

反义 始终如一

反戈一击　fǎn gē yī jī

【释义】反:掉转。戈:古代一种像矛的兵器。掉转矛头,向自己原属的营垒发起攻击。

【用法】用于比喻掉转头来反对自己原来所属的或拥护的一方。

【例句】在戛纳电影节上,两位大名鼎鼎的美国影坛名人～,批评好莱坞的暴力电影。

近义 倒戈相向

反义 同恶相济

反躬自问　fǎn gōng zì wèn

【释义】反躬:反过来要求自身。回过头来检查自己。也作"抚躬自问"。

【用法】常指不时地自我反省。

【例句】他几十次几百次地～:是不是做了违反人们道德标准的事?

近义 扣心自问　反求诸己

反客为主　fǎn kè wéi zhǔ

【释义】变客人的地位为主人的地位。比喻变被动为主动或变次要的为主要的。

【例句】客场作战的皇家马德里队当天～,表现得更为出色。

近义 喧宾夺主

反面教员　fǎn miàn jiào yuán

【释义】反面:坏的、消极的。指从坏的或消极的方面给人以警戒的集体或个人。

【用法】常用来指反动阶级的代表人物。

【例句】由于他所犯罪行的典型性,在监

狱里他一直充当了"～"的角色。

近义 反面教材

反目成仇 fǎn mù chéng chóu

【释义】反目:翻眼相看,指不和睦。指翻脸就成了仇人。

【用法】多用于夫妻、兄弟之间。

【例句】为争房子的所有权,兄弟两人竟～,对簿公堂。

近义 反眼不识

反其道而行之 fǎn qí dào ér xíng zhī

【释义】其:他的。道:方法。行:做,办。采取同对方相反的方法办事。

【例句】当前的一些电视剧走着一条与普通艺术～的路:人们的生活节奏越来越快捷,电视剧尤其是室内剧的节奏却越来越慢。

近义 反治其身

反求诸己 fǎn qiú zhū jǐ

【释义】求:追究。诸:之于。反过来从自己身上找原因或对自己提出要求。

【用法】含褒义。

【例句】课上有学生不愿意听,做其他的事情,这位教授总是～,认为是因为自己上课不够有趣,吸引不了学生。

近义 反躬自省 扪心自问

反义 苛求于人

反水不收 fǎn shuǐ bù shōu

【释义】水已泼出去,不能再收回。比喻不可挽回。

【用法】多用于事故、人际关系等方面。

【例句】此事已成定局,～,已经没有挽回的余地了。

近义 覆水难收

反义 苛求于人

反眼不识 fǎn yǎn bù shí

【释义】转过眼来就不认识对方。形容翻脸不顾交情。

【用法】用于对人冷酷、不讲情义之人。含贬义。

【例句】邻里之间遇到一点小事,就～,实在不应该。

近义 反目成仇

反咬一口 fǎn yǎo yī kǒu

【释义】比喻干坏事的人反过来诬赖受害人、检举人或见证人。

【例句】打伤了人不算,还～,说是被打的打了人。

近义 倒打一耙

返本还原 fǎn běn huán yuán

【释义】佛教指通过拜佛修行回到本原状态。泛指恢复原样。

【例句】太医让他连服几天安神安魄汤药,他才～,知得人事。

返老还童 fǎn lǎo huán tóng

【释义】返:回。还:回复到原来的状态。返老还童是道家传说的一种不老术。指由老人变成孩子的状态。

F

【用法】引申指由衰老回复到青春的状态。

【例句】别人说他焕发了青春，他欣然接受，甚至更进一步幻想自己～。

反义 未老先衰

返璞归真　fǎn pú guī zhēn

【释义】返：回归。璞：未经加工的玉。真：本来，原始状态。恢复到原来天然质朴的状态。也作"归真返璞"。

【例句】远离城市的喧嚣，来到遥远的山村，有一种～之感。

近义 返本还原

犯上作乱　fàn shàng zuò luàn

【释义】犯：触犯，冒犯。上：指君王，现也指长辈或上级。作乱：发动叛乱。指冒犯君王，反抗朝廷。

【例句】孔子坚决主张维护封建等级和伦理关系，要求"君君、臣臣、父父、子子"，上下各守其分，反对臣下～。

近义 大逆不道　欺君犯上

饭来张口，衣来伸手

fàn lái zhāng kǒu, yī lái shēn shǒu

【释义】吃现成饭，穿现成衣。形容不劳而获，坐享其成。

【例句】这些人都是～，四肢从来没有锻炼过，哪经得起这般折腾。

泛泛而谈　fàn fàn ér tán

【释义】泛泛：空泛、肤浅。平平淡淡地讲一讲。指说话或写文章不深刻。

【例句】他这篇文章通篇都在～，什么实质性的内容都没有。

泛泛之交　fànfàn zhī jiāo

【释义】泛泛：不深入。交：交情，友谊。指一般的普通的交情。

【用法】形容交情不深。

【例句】我和他是在一次讨论会上认识的，只是～，说不上是好朋友。

泛滥成灾　fàn làn chéng zāi

【释义】泛滥：江河湖泊的水溢出。灾：灾害。指江河湖泊的水四溢，造成灾害。指事物出现过多，形成危害。

【用法】多指坏的事物、思想、言行不受限制地扩散传播，成了祸害。

【例句】针对～的毒品问题，国际社会正在开展一场声势浩大的扫毒大战。

泛宅浮家　fàn zhái fú jiā

见 224 页"浮家泛宅"。

贩夫走卒　fàn fū zǒu zú

【释义】贩夫：旧指小商小贩。走卒：旧指差役、仆人。旧时泛指社会地位低下的人。

【例句】相比之下，外城属于～的居住之所，进入视野的一切，都显得荒凉、简陋。

近义 凡夫俗子

反义 人中之龙　达官贵人

方边左右　fāng biān zuǒ yòu

【释义】方边：旁边。指周围一带。

【例句】说起他的那些能耐，～几个村，没人不竖大拇指的。

方便之门　fāng biàn zhī mén

【释义】佛教称随机度人的法门。泛指便利或获益的门径。

【例句】这位局长在位多年，一直廉洁奉公，从不为自己家属和朋友开～。

方寸已乱　fāng cùn yǐ luàn

【释义】方寸：内心。心乱如麻，没了主意。

【例句】人的一生谁都免不了灾难和不幸，有些人处之泰然，有些则～，之所以如此,关键在能否冷静对待发生的每一件事。

近义 六神无主
反义 行若无事

方寸之地　fāng cùn zhī dì

【释义】方寸:一寸见方。指人的心。

【例句】每个人的～,都是在跳动的。兴奋时,狂跳;冷静时,慢跳;方寸大乱时,乱跳。只有在咽下最后一口气时,才不跳。

方枘圆凿　fāng ruì yuán záo

【释义】方榫头和圆卯眼,两者合不起来。比喻格格不入。也作"圆凿方枘"。

【用法】表示两件事物不调和时,可用此语。

【例句】他们两个性格不同,观点各异,～,很难合作。

近义 格格不入
反义 丝丝入扣

方兴未艾　fāng xīng wèi ài

【释义】方:正在。兴:兴起,兴旺。艾:停止。形容形势或事物正在蓬勃发展,丝毫没有停止的趋势。

【用法】适用于任何事物发展到兴盛阶段所具有的蓬勃景象。

【例句】近些年来,网络语言影响人们的方方面面,而且这势头还～。

近义 如日中天　蒸蒸日上
反义 日暮途穷

方以类聚　fāng yǐ lèi jù

【释义】指事物各按其类聚集在一起。

【用法】常与"物以群分"连用。用于事理。

【例句】有道是～,物以群分,彼此相仿的

人自然而然地走到了一起。

近义 物以类聚

方正不阿　fāng zhèng bù ē

见235页"刚正不阿"。

方趾圆颅　fāng zhǐ yuán lú

【释义】方形的脚,圆形的头。指人的外形特征。

【用法】只能用于代指人。

【例句】不过道德观念,她认为恐怕也只有～的种类才有,飞走潜跂之类是不足以语此的。

防不胜防　fáng bù shèng fáng

【释义】防:防备,提防。胜:尽。要防备的太多,防备不过来。

【例句】他下棋总能走出一些出其不意的妙着儿,使对手～。

近义 猝不及防

防患未然　fáng huàn wèi rán

【释义】患:灾祸。未然:没有成为事实。在事故或灾害之前就加以防备。也作"防患于未然"。

【用法】在祸患发生之前采取措施,不让灾祸发生,可用此语。

【例句】旅游、交通部门把～看作保障人身安全之本,因而提出了"安全第一"的口号,并出台了相应的措施。

近义 防微杜渐　未雨绸缪
反义 亡羊补牢　临渴掘井　江心补漏

防患于未然　fáng huàn yú wèi rán

见201页"防患未然"。

防微杜渐　fáng wēi dù jiàn

【释义】防:防止。微:微小,指事物的苗头。杜:堵塞。渐:指事物逐渐发展的过

F

程。指防止错误或坏事于萌芽之时,制止其发展。

【用法】可用于指祸害有了端倪,社会风气、个人行为有了往坏方向发展的迹象。

【例句】孩子如果迷上网络游戏不能自拔,是很糟的事情。家长、老师应及时察觉,～,以免酿成家庭悲剧。

近义 防患未然

反义 积重难返

房谋杜断 fáng móu dù duàn

【释义】唐太宗时的宰相房玄龄、杜如晦共掌朝政,房氏多谋,杜氏善断,同心辅佐太宗。泛指多谋善断。

【用法】用于形容能人之间的合作。

【例句】他综观全局,～,在实践上和理论上创造了不少的业绩。

访贫问苦 fǎng pín wèn kǔ

【释义】指深入基层访问贫苦百姓。

【例句】他一直同向导闲谈着,问着这一带庄稼,以及乡下人的家庭生活状况,像一般工作同志～那样。

放长线钓大鱼 fàng cháng xiàn diào dà yú

【释义】放根长线钓起大鱼。比喻做长远打算,以求更大收获。

【用法】用作褒义时是计谋;用作贬义时是阴谋。

【例句】在季末猛做品牌推广,为企业下一季的市场做铺垫,其实是一种"～"的谋略。

放荡不羁 fàng dàng bù jī

【释义】放荡:放纵、任性或行为不检点。羁:约束。行为放纵,不受约束。

【用法】用于指人的性格特放纵任性,不

受约束。多用作贬义。

【例句】他以为～才能显示艺术家的气质,实际上这种想法是极其错误的。

近义 放浪形骸

反义 循规蹈矩 安分守己

放虎归山 fàng hǔ guī shān

【释义】把老虎放回山林。比喻放走坏人,留下祸患。也作"纵虎归山"。

【例句】对于这种穷凶极恶的犯罪分子,群众只担心将来处理太宽,～,罪犯又回到社会作恶。

近义 养虎遗患

反义 调虎离山

放浪形骸 fàng làng xíng hái

【释义】放浪:放纵,不受约束。形骸:人的形体。言行放任,不拘形迹。

【用法】用于指人的行为举止放荡堕落,不加遮掩。含贬义。

【例句】他对现实灰心之后,并不调整自己,而是～,尤其嗜赌如命。

近义 放荡不羁

反义 循规蹈矩

提示 "骸"不读 hài。

放任自流 fàng rèn zì liú

【释义】放任:放纵,不加约束。听其自由

发展,不加约束或干涉。

【例句】市场经济绝不是～的经济,它需要符合客观规律的宏观调控。

近义 听其自然 听之任之

放下屠刀,立地成佛
fàng xià tú dāo, lì dì chéng fó

【释义】立地:立刻。佛教指停止杀生,很快就能修成正果。比喻只要决心改恶从善,很快就能变成好人。

【例句】他不怕死,也不怕被绑架,居然周游列国,劝霸主们～。

近义 改邪归正

放之四海而皆准 fàng zhī sì hǎi ér jiē zhǔn

【释义】放:放置,推行。四海:指任何地方。准:正确。用到任何地方任何方面都适用,都正确。

【例句】实践是检验真理的唯一标准,这是一条～的基本原理。

飞短流长 fēi duǎn liú cháng

【释义】飞、流:散布,流传。短、长:谣言,指是非。散布流言,搬弄是非。

【用法】用作贬义。

【例句】他这一系列改革的举措当然也令一些人不高兴,受到了～、无中生有的攻击。

近义 流言蜚语

飞蛾扑火 fēi é pū huǒ

见203页"飞蛾投火"。

飞蛾投火 fēi é tóu huǒ

【释义】像飞蛾去扑火那样不顾一切奔赴目标。也作"飞蛾扑火"。

【用法】比喻自取灭亡。

【例句】挑衅一个中国的原则是没有出路的,搞分裂只能是～,自取灭亡。

飞黄腾达 fēi huáng téng dá

【释义】飞黄:传说中的神马。腾达:腾空,飞驰。神马腾空飞奔。比喻官职或地位急速高升。

【用法】多指人发迹,指做大官、任高职。多含贬义。

【例句】眼前的马阳身穿囚衣,目光散乱,已经失去了～时的威风。

近义 平步青云 青云直上
反义 江河日下

飞来横祸 fēi lái hèng huò

【释义】横:意外。突然发生的意外灾祸。

【例句】一场～,让这原本幸福的家庭瞬间家破人亡。

近义 祸从天降 飞灾横祸 无妄之灾
提示 "横"不读héng。

飞禽走兽 fēi qín zǒu shòu

【释义】走:跑。飞翔的禽鸟和奔跑的野兽。泛指鸟类和兽类。

【例句】肯尼亚国家动物园有很多珍贵的～,一度被誉为非洲大陆最好的动物园。

飞沙走石　fēi shā zǒu shí

【释义】沙子飞扬，石子滚动。

【用法】形容风力迅猛。

【例句】沙漠里的天气变化无常，刚才还是风和日丽，一下就变得天昏地暗，～。

反义 风和日丽

飞霜六月　fēi shuāng liù yuè

见 434 页"六月飞霜"。

飞檐走壁　fēi yán zǒu bì

【释义】走：跑。在屋檐上飞越，在墙壁上奔跑。形容身体轻捷，武艺高强。

【例句】～、除恶扶弱的"蜘蛛侠"成为风靡世界的好莱坞新经典英雄形象。

近义 身手不凡

反义 步履蹒跚

飞扬跋扈　fēi yáng bá hù

【释义】飞扬：昂扬振奋；放纵。跋扈：蛮横霸道。原指意气举动超越常规，不受约束。现形容骄横放肆，目中无人。也作"跋扈飞扬"。

【用法】指人依功恃势，目无法纪，横行放肆，可用此语。

【例句】多少曾经～、不可一世的腐败之徒，纷纷落入恢恢法网中。

近义 跋扈自恣　盛气凌人

反义 平易近人

提 示 "跋"不能写成"拔"。

飞灾横祸　fēi zāi hèng huò

【释义】横：意外。突然发生的意外灾祸。

【例句】这个场景让他觉得异常恐怖，仿佛随时会有什么～降临到身上。

近义 飞来横祸　无妄之灾

提 示 "横"不读 héng。

飞针走线　fēi zhēn zǒu xiàn

【释义】形容缝纫、刺绣等动作快速敏捷，技艺娴熟。

【用法】常用于口语。

【例句】在苏州农村，上至老妪，下至幼女，无不～。她们高超的刺绣技艺令人叹为观止。

非分之想　fēi fèn zhī xiǎng

【释义】分：本分。超出本分的想法。

【例句】他洁身自好，从无～。

非驴非马　fēi lú fēi mǎ

【释义】不是驴子也不是马。指驴子与马杂交生的骡子。形容不伦不类。

【例句】男人挂项链、戴耳环、留长发、穿花衣，现在已经司空见惯，可是在三十年前不少人则叹曰："非男非女，～，不伦不类。"

近义 不伦不类　不三不四

非亲非故　fēi qīn fēi gù

【释义】故：老朋友。既不是亲戚，也不是熟人。

【用法】用于表示没有什么关系。

【例句】这家人跟他～，可是看见他遇到不幸的事，主动地出来给他帮助。

近义 素昧平生　萍水相逢

反义 沾亲带故

非同凡响　fēi tóng fán xiǎng

【释义】非：不是。同：相同，一样。凡响：平凡的音乐，借指平凡。指不同于一般，很不平凡。

【例句】吉尔多·雷斯非常敬佩这位～的打工妹，他说他从没见过如此自信的女孩。

非同小可 fēi tóng xiǎo kě

【释义】小可：平常。指不同寻常。

【用法】用于形容事情重要或情况严重，不容忽视。

【例句】这件事情～，应当火速办理。

近义 非同寻常

反义 鸡毛蒜皮　无足轻重

非同寻常 fēi tóng xún cháng

【释义】寻常：平常。指不同于一般。

【用法】常指人、事情不平常，意义不一般。

【例句】在这个公司，他是个～的人物。

近义 非同小可

反义 鸡毛蒜皮　无足轻重

非我莫属 fēi wǒ mò shǔ

【释义】非：不是。莫：表示"没有谁"。属：归属。指除了我，没有谁能得到。

【用法】这是"一定属于我"的强调说法。"非…莫属"中还可以是"他、你"或具体的某人，这已成为一种表强调的格式了。

【例句】学校的英语剧演少不了我，400米跑冠军也～。

蜚声中外 fēi shēng zhōng wài

【释义】蜚声：扬名。指名声远播国内外。

【例句】大足石刻以其精美的造像风格～。

近义 驰名中外

肥马轻裘 féi mǎ qīng qiú

【释义】裘：皮衣。乘着肥壮的马驾的车，穿着暖和的软皮袍。

【用法】用于形容生活奢华。

【例句】这一类王子王孙，锦衣玉食，～，四体不勤，五谷不分，十个有九个不学无术，无知到极点。

近义 乘肥衣轻　乘坚策肥

肥头大耳 féi tóu dà ěr

【释义】形容人头大耳大，长相富态。

【例句】他长得滚壮结实，～，一脸福相。

近义 大腹便便　脑满肠肥

反义 瘦骨伶仃

匪夷所思 fěi yí suǒ sī

【释义】匪：非，不是。夷：平常。指事物怪异或人的言行离奇，不是一般人所能想象的。

【用法】用于形容所见事物超出常情，奇异、复杂，难以理解。

【例句】中一次大奖有人相信，连连中好几次就让人～了。

近义 不可思议

反义 意料之中

非食薄衣 fěi shí bó yī

【释义】菲：微少，简单。微薄的衣服，粗劣的食物。形容生活简朴。

【例句】在美国，他一边读书，一边打工，～，用两年的时间取得了医学博士学位。

斐然成章 fěi rán chéng zhāng

【释义】斐然：有文采的样子。形容富有文采，很有章法或内容充实。

【例句】李白才华横溢，他的诗歌即使是信手写来，也～。

提示 "斐"不能写成"裴"。

肺腑之言 fèi fǔ zhī yán

【释义】肺腑：指内心。发自内心的真诚的话。

【例句】他的绝大部分作品皆属～，而非酬世之作。

近义 心腹之言　由衷之言
反义 花言巧语
提示 "腑"不能写成"腹"。

废寝忘食　fèi qǐn wàng shí

【释义】废:停止。顾不上睡觉,忘记了吃饭。

【用法】用于形容做事非常努力,专心致志。

【例句】公司的几个领导夜以继日、～,为实现公司的扭亏为盈不知疲倦地苦干着。

近义 发愤忘食
反义 饱食终日

废然而返　fèi rán ér fǎn

【释义】废然:怒气等消除的样子。原指怒气消除,恢复常态。现形容败兴而归。

【例句】我们本想趁星期日赶去那里看他,但因大雨淋漓,未能寻到,只好～。

沸反盈天　fèi fǎn yíng tiān

【释义】沸:滚翻。盈:充满。声音像水开锅一样沸腾翻滚,充满了空间。

【用法】用于形容人声喧闹,乱成一片。

【例句】一走进市场大厅,就会听见～的喧闹声。

近义 人声鼎沸
反义 鸦雀无声　万籁俱寂

沸沸扬扬　fèi fèi yáng yáng

【释义】像沸腾的水一样喧闹。

【用法】多形容议论纷纷,传遍各处。

【例句】他妻子离家出走的事一传出,立即在小镇闹得～。

近义 纷纷扬扬

沸天震地　fèi tiān zhèn dì

【释义】沸:沸腾。形容声音洪大杂乱。

【例句】在～的锣鼓鞭炮声中,这一对新人被笑嘻嘻地推到焰光熊熊的龙凤喜烛跟前。

近义 惊天动地　震天动地
反义 波澜不惊

费尽心机　fèi jìn xīn jī

【释义】心机:心思,计谋。用尽心思,想尽办法。也作"费尽心思"。

【例句】西方人送礼较少在价值上～,而是更注重礼品的纪念意义。

近义 挖空心思　机关用尽　绞尽脑汁
反义 无所用心

费尽心思　fèi jìn xīn sī

见 206 页"费尽心机"。

费力劳心　fèi lì láo xīn

见 206 页"费心劳力"。

费心劳力　fèi xīn láo lì

【释义】耗费精神和气力。也作"费力劳心"。

【例句】他没想到自己～地忙活了几年,得到的却是这样的结果。

分崩离析　fēn bēng lí xī

【释义】分崩:分裂崩塌。离析:离散。指分裂崩溃,离散解体。

【用法】多用于国家、集团、制度、思想、派别等。

【例句】藩镇割据使大唐王朝到了～的地步。

近义 四分五裂　土崩瓦解　鱼烂土崩
反义 坚如磐石

分道扬镳　fēn dào yáng biāo

【释义】镳:马嚼子。扬镳:提起马嚼子驱马前进。指各走各的路。

【典故】北魏时期,京都洛阳一官吏名元志,一天乘车外出,迎面遇上官级比他高的官吏李彪。元志不肯让道,二人发生争执以至于破口大骂,后来二人只好到孝文帝那里去评理。文帝听了二人的陈述后说:"这样吧,今后你二人分道扬镳,分路而行。"这二人马上找了个标尺量路画线,从此各走半边。《魏书·元志传》

【用法】用于比喻因目标、志趣不同而各走各的路,分手了。

【例句】大家在火车站挥泪道别,～。/由于追求的人生目标不同,两个好朋友终于～,各奔前程。

近义　背道而驰

反义　殊途同归　并驾齐驱　齐头并进

分甘共苦　　fēn gān gòng kǔ

【释义】甘:甜。同享幸福,分担艰苦。

【例句】夫妻不能～,就很难共同生活下去。

近义　同甘共苦

分化瓦解　　fēn huà wǎ jiě

【释义】指采用适当的方法,使对方的力量分裂、离散。

【例句】历史上有很多不用战争、只用攻心策略而使敌人～的事例。

近义　土崩瓦解　分崩离析

反义　精诚团结

分斤掰两　　fēn jīn bāi liǎng

【释义】掰:用手分开。比喻过分计较小事。形容为人小气。也作"分斤拨两"。

【用法】多用作贬义。

【例句】他这人心眼儿小,专会打细算盘,小事情也～。

近义　掂斤播两　斤斤计较

分斤拨两　　fēn jīn bō liǎng

见 207 页"分斤掰两"。

分茅裂土　　fēn máo liè tǔ

见 425 页"裂土分茅"。

分门别类　　fēn mén bié lèi

【释义】分、别:区分。门、类:事物的种类。把事物按照一定的标准分别归入各种门类。

【例句】请你把这些文件～地整理好。

近义　分门别户

分秒必争　　fēn miǎo bì zhēng

【释义】争:争夺。指一分一秒都不放松。

【用法】用于形容时间抓得很紧。

【例句】临近高考的那几个月里,他抓紧时间复习,几乎是～。

近义　争分夺秒

反义　蹉跎岁月

分庭抗礼　　fēn tíng kàng lǐ

【释义】庭:堂前庭院。抗:对等。原指宾

主相见,站在庭院的两边,相对行礼,以示地位平等。现用于比喻平起平坐,互相对立。

【用法】描述两人交往,采取平等态度,不因地位不如对方或力量薄弱而甘居下风,可用此语。

【例句】在诗歌方面,杜甫可以与李白～。

近义 平分秋色

反义 强弱异势

分文不取　fēn wén bù qǔ

【释义】分文:指很少的钱。取:收取。指一个钱也不要。

【用法】多指应收的费用或应得的报酬。

【例句】张老给穷苦人看病,不但～,还送药给他们。

反义 贪得无厌

分文不值　fēn wén bù zhí

【释义】分文:一分钱。指一分钱都值不了。形容毫无价值。

【用法】可用于指人和事物。

【例句】大家都认为～的于勤,一下子成了正直的人,有良心的人。/你提供的信息～。

近义 一钱不值

反义 价值连城

分一杯羹　fēn yī bēi gēng

【释义】羹:肉汁。分一杯肉汁。后借指分享利益。

【典故】楚汉相争时,刘邦的父亲被项羽俘虏,项羽对刘邦说,若不退兵,我就把你父亲煮了。刘邦说:我与项羽都受命于怀王,约为兄弟,"吾翁即若翁,必欲烹而翁,则幸分我一杯羹"(我父亲就是你父亲,一定要煮你父亲,还望分给我一杯肉汁)。(《史记·项羽本纪》)

【例句】全球各大通信设备制造商都希望在非洲市场上～。

分忧解难　fēn yōu jiě nán

【释义】分担别人的忧愁,帮助别人解决困难。

【例句】土司太太也是不好当的。外忧有部族战争,冤报仇杀;内患有家族权力斗争。她要为丈夫～。

近义 排忧解难

纷纷扬扬　fēn fēn yáng yáng

【释义】形容白雪、落叶、落花等杂乱飘扬的样子。也比喻议论纷纷。

【例句】整整一个晚上,～的大雪下了半尺多厚。/此案闹得如此～,是人们始料不及的。

近义 沸沸扬扬

纷至沓来　fēn zhì tà lái

【释义】纷:众多。沓:重复。形容接连不断地到来。

【用法】不仅指人,还可以指事情、消息等一个又一个地纷纷来到。

【例句】黄山每年都要接待从各地～的游客。/梁亮的事情很快在校园里传开了,各种猜测～。

近义 接踵而来

反义 后继无人

提示 "沓"不能写成"踏"。

焚膏继晷　fén gāo jì guǐ

【释义】膏:油脂,指灯油、蜡烛。晷:日影,代指白天。点燃灯烛,连接白天。形容夜以继日。

【用法】用于描述勤于工作或学习的情形。

【例句】为了科学研究,很多青年学者～,

发愤忘食。

近义 夜以继日

反义 无所事事

提示 "暑"不读 jiū。

焚林而田　fén lín ér tián

【释义】田:通"畋",打猎。烧毁山林猎取野兽。比喻无止境地索取而不留余地。

【例句】不竭泽而渔,不～。狩猎也要"护、养、猎并举"。

近义 竭泽而渔

焚琴煮鹤　fén qín zhǔ hè

【释义】焚:烧。指拿琴当柴烧,把鹤煮了吃。比喻糟蹋美好的事物,做煞风景的事。

【用法】用在美好事物被毁坏方面。

【例句】铲除漫山遍野的珍稀林木,种植甘蔗、香蕉,实在是得不偿失,犹如～。

近义 暴殄天物

焚书坑儒　fén shū kēng rú

【释义】坑:活埋。原指秦始皇曾下令烧毁大量典籍,活埋儒生一事。后指对文化和知识分子的摧残。

【例句】秦始皇的一场～,终结了百家争鸣的学术自由。/无奈当时"江青反革命集团"指鹿为马,～,九亿神州惨遭浩劫。

粉面桃花　fěn miàn táo huā

【释义】粉面:指女子的面庞。形容粉红

的面庞像桃花一样。

【例句】主妇抱着一个孩子过来了。妇人～,肤色极好。

粉墨登场　fěn mò dēng chǎng

【释义】粉墨:用来搽脸描眉的化妆品,引申为化妆。指化妆后登台演戏。比喻在某些场合充当某种角色或经过粉饰登上政治舞台。

【用法】含讥讽意。

【例句】锣鼓响起来,小马和小王～,唱了一出《小放牛》。/官场舞弊、宫廷争斗、社会动荡,各种各样的人物在这个时刻～。

近义 袍笏登场

粉身碎骨　fěn shēn suì gǔ

【释义】身体粉碎。形容遇险惨死。

【用法】常指为某种目的甘愿牺牲。

【例句】每一只年轻斑羚的成功飞渡,就意味着有一只老年斑羚摔得～。/只要是为了人民的利益,～,赴汤蹈火,也在所不惜。

近义 殒身碎首　肝脑涂地

粉饰太平　fěn shì tài píng

【释义】粉饰:涂饰表面,掩盖真相。把黑暗腐败的时局装点成太平盛世。

【用法】社会混乱,人民生活困苦,但为了政治目的而粉饰一番,以显太平盛世,可用此语。

【例句】我们主张把问题摆到桌面上来寻求解决的办法，不要～，故意将问题抹杀。

近义 文过饰非

粉妆玉琢　fěn zhuāng yù zhuó

【释义】用白粉装饰，用白玉雕琢。多形容人皮肤白皙细嫩润泽。也形容雪景。

【例句】她抬起头来时，～似的双颊泛上一阵红晕。/大地罩上了一层厚厚的白雪，变成了～的世界。

近义 红装素裹

分所应为　fèn suǒ yīng wéi

【释义】指本分以内所应该做的事。

【用法】常指做与职责有关的事情。

【例句】他说，我是个医生，救死扶伤是～。

近义 分内之事

奋不顾身　fèn bù gù shēn

【释义】奋：振奋。顾：顾惜。奋勇直前，不考虑自身的安全或生命危险。

【例句】他～地跳进湍急的河流，救起了不慎落水的小孩。

近义 赴汤蹈火

反义 贪生怕死

奋发图强　fèn fā tú qiáng

【释义】奋发：振奋精神。图：谋求。强：强盛。指振奋精神，努力自强。

【例句】海伦·凯勒～，坚忍不拔，终于成为一个学识渊博的著名作家和教育家。

近义 励精图治

奋发有为　fèn fā yǒu wéi

【释义】奋发：精神振作。振奋昂扬，有所作为。也作"发奋有为"。

【例句】这些作品都能鼓舞年轻人～，产生远大的志向。

近义 大有作为

反义 无所作为

奋袂而起　fèn mèi ér qǐ

【释义】袂：衣袖。一挥袖子站起来。形容感情激动或奋起行动。

【例句】唐代国势强盛，众多读书士子～，走出书斋，离家别子，仗剑远游，以求博取功名利禄。

近义 投袂而起

奋起直追　fèn qǐ zhí zhuī

【释义】立即行动起来，一直向前追赶。也作"急起直追"。

【用法】用于描述不甘落后者。

【例句】我们队在比分落后的情况下～，最终赢得了胜利。

近义 不甘落后

反义 停滞不前

奋勇当先　fèn yǒng dāng xiān

【释义】精神奋发，勇敢地冲在最前面。

【用法】多用来形容作战勇猛，冲杀在前。

【例句】洪峰到来的时候，解放军战士～，

冲在第一线。
近义 一马当先
反义 畏缩不前

忿然作色　fèn rán zuò sè

见 211 页"愤然作色"。

愤愤不平　fèn fèn bù píng

【释义】愤愤:气愤的样子。对不公平的事感到气愤或不满,心情无法平静。
【例句】面对不公正的待遇,大家心中都有点～。

愤然作色　fèn rán zuò sè

【释义】愤然:愤怒的样子。色:表情。因气愤而变了脸色。也作"忿然作色"。
【例句】听到有人骂她,她～,情绪一下激动起来。
近义 勃然变色

愤世嫉俗　fèn shì jí sú

【释义】愤:不满。嫉:痛恨。对不合理的社会现状与习俗十分痛恨和憎恶。
【例句】鲁迅先生～,刚正不阿,深受人们的尊敬。
反义 随俗浮沉

丰富多彩　fēng fù duō cǎi

【释义】彩:花样。内容丰富充实,形式多种多样。
【例句】我们的文化生活日益～。
近义 五光十色　森罗万象

丰功伟绩　fēng gōng wěi jì

【释义】丰:大。绩:业绩。伟大的功勋与业绩。也作"丰功伟业"。
【例句】人民英雄纪念碑象征着先烈们的～,标志着全国人民对先烈的怀念。
近义 功勋卓著

丰功伟业　fēng gōng wěi yè

见 211 页"丰功伟绩"。

丰衣美食　fēng yī měi shí

见 789 页"鲜衣美食"。

丰衣足食　fēng yī zú shí

【释义】丰:丰富。足:充足。指穿的、吃的都很丰富充足。
【用法】用于形容生活富裕。
【例句】葫芦沟的村民以往穷得讨饭,如今家家过上了～的生活。
近义 饱食暖衣
反义 缺吃少穿　饥寒交迫

风餐露宿　fēng cān lù sù

【释义】在露天过夜,在风里吃饭。也作"餐风宿露""露宿风餐"。
【用法】用于形容野外工作或旅途的艰苦。
【例句】进山采药,要在荒草林莽之中,登悬崖,爬绝壁,～,十分危险和艰苦。
近义 草行露宿　卧雪眠霜　栉风沐雨

风尘仆仆　fēng chén pú pú

【释义】风尘:风吹尘扬,比喻旅途劳累。仆仆:辛劳的样子。形容长途奔波,辛苦

劳累。

【例句】总理一路上～，连续视察了四个县的灾情。

近义 栉风沐雨

风驰电掣　fēng chí diàn chè

【释义】驰：快速奔跑。电掣：电光闪过。像狂风和闪电那样迅速。也作"电掣风驰"。

【用法】多用于形容车辆行驶快捷。

【例句】一辆蓝色的小汽车，～地从对面开来。

近义 星驰电掣　风驰雨骤

反义 蜗行牛步

提示 "掣"不读 zhì。

风吹草动　fēng chuī cǎo dòng

【释义】风轻轻一吹，草就摇晃起来。比喻出现细微的动静或变故。

【用法】往往跟在"一有""有点儿"之后。

【例句】作案以后，他天天心惊胆战，一有～，马上就躲藏起来。

反义 风平浪静

风吹浪打　fēng chuī làng dǎ

【释义】狂风猛吹，巨浪拍打。比喻遭受严峻的磨难或考验。

【用法】常用来形容经得住时间和险恶环境的考验。

【例句】任凭～，拦河大坝依然顶风挡浪，稳如泰山。

近义 风吹雨打

反义 风平浪静

风吹雨打　fēng chuī yǔ dǎ

【释义】遭受风雨的侵蚀冲击。比喻遭到打击、伤害或经受锻炼。

【用法】常用来形容经得住时间和困难的考验。

【例句】任凭～，古城至今仍在向人们娓娓诉说着遥远的历史。／年轻人要磨炼坚强的意志，准备经受人生道路上的～。

近义 风吹浪打

反义 风和日丽

风刀霜剑　fēng dāo shuāng jiàn

【释义】风霜像刀剑一样刺入肌肤。形容气候严寒。也比喻恶劣的环境。

【例句】每当严冬，松树越发显得苍劲，经受着～的磨砺。／岁月的～镌刻了他一脸皱纹。

风度翩翩　fēng dù piān piān

【释义】风度：美好的举止姿态。翩翩：举止潇洒超脱的样子。形容神态举止洒脱文雅。

【用法】多用于形容外貌、气质方面。

【例句】他～，一表人才。

近义 风姿潇洒

风风火火　fēng fēng huǒ huǒ

【释义】形容急急忙忙或冒冒失失的样子。

【用法】形容人做事热情有冲劲，可用此语。

【例句】你一路来鞍马劳顿，又～，也辛苦了，快进屋去歇息歇息。/ 他，中等个，大嗓门，爱说，爱动，～，办事干练。

风风雨雨 fēng fēng yǔ yǔ

【释义】指生活、工作中所经历的种种困难挫折。

【例句】他说，做电台主持人这一行，屈指算来，也有十来年了。其中的～，酸甜苦辣，也不是几句话就能说得清道得明的。

风光旖旎 fēng guāng yǐ nǐ

【释义】风光：风景。旖旎：柔和而美好。形容景色幽美。

【例句】碧波荡漾的百丈湖～。湖岸绿树成荫，蜿蜒曲折，湖中小岛坐落其间，淡雅宁静。

风和日丽 fēng hé rì lì

【释义】微风和煦，阳光明媚。形容天气晴好。

【用法】前面总是有时间、处所等词语作主语。

【例句】每当～的时候，蝴蝶就会在万花丛中翩翩起舞。

反义 风吹雨打　风雨如晦　飞沙走石

风和日暖 fēng hé rì nuǎn

【释义】微风温和，阳光和暖。

【用法】形容天气暖和。

【例句】感情的美近于火焰的美、浪涛的美、疾风的美，或是～、鸟语花香的美。

风花雪月 fēng huā xuě yuè

【释义】原指文学作品里经常描写的四种自然景物。比喻浮华空泛、抒写闲情逸致的诗文。现多指男女情爱的事。

【例句】他年轻时候喜欢写些～的文章。/文人创作打油诗，在内容上自嘲的多，人性宣泄的多，发牢骚的多，流连于～以至于令普通人都觉得俗不可耐的多。

风华正茂 fēng huá zhèng mào

【释义】风华：风采和才华。茂：旺盛。形容朝气蓬勃，才华横溢。

【用法】用于形容年轻人。

【例句】那时，他二十二岁，～，雄姿英发。

近义 年富力强

反义 老态龙钟

风鬟雾鬓 fēng huán wù bìn

【释义】鬟：环形发髻。鬓：脸旁靠近耳朵的头发。形容女子头发的美。也形容女子头发蓬松散乱。

【用法】只能用于形容妇女。

【例句】这画上的古代美女～，超凡脱俗。

风卷残云 fēng juǎn cán yún

【释义】大风吹散了残留的浮云。比喻把残存的东西清除干净。

【用法】多形容吃光、买空。

【例句】人民解放军乘胜追击，以～之势，解放了江南的大片国土。/他们三天没正经吃过东西了，看到这桌酒菜，立刻冲过去，一阵～，弄得杯盘狼藉。

近义 横扫千军

风谲云诡 fēng jué yún guǐ

【释义】谲：欺诈。诡：欺诈，怪诞。风云怪诞，变幻不定。比喻局势复杂多变，神秘怪诞。

【用法】含贬义。

【例句】国民党统治下的那段时间，军阀混战，局势～，变幻莫测。

F

近义 风云变幻

风口浪尖　fēng kǒu làng jiān

【释义】风口：进风之处。浪尖：波浪的最高点。比喻斗争最激烈、最尖锐的地方。

【例句】现在到了～，是咱挺身而出的时候了，一定要干出个英雄样来！

风流人物　fēng liú rén wù

【释义】对一个时代有很大影响的杰出人物。也指不拘礼法或轻浮放荡的人。

【例句】其中一个展厅内，数十幅铜版画展出了近百年间几代中国青年的～。/这几个～聚在一起，谈的无非是一些风花雪月之事。

近义 风云人物

反义 芸芸众生

风流儒雅　fēng liú rú yǎ

【释义】风流：有才学而不拘礼法。儒雅：气度温文尔雅。形容人学识渊博，举止潇洒，很有风度。

【例句】这个家族的后代，无论男女，都是满脸书卷气，尽是～的气派。

近义 温文尔雅　风流倜傥

风流倜傥　fēng liú tì tǎng

【释义】倜傥：洒脱不拘。形容人有才华而潇洒豪爽，不拘礼法。

【用法】用于形容男士。

【例句】徐志摩才气横溢，～，因其是名家，许多杂志都请他。

近义 风流儒雅

提示 "傥"不读 dǎng。

风流雨散　fēng liú yǔ sàn

见 214 页"风流云散"。

风流云散　fēng liú yún sàn

【释义】像风一样吹过，像云一样飘散。比喻原来常聚在一起的人飘零离散。也作"风流雨散"。

【用法】多用于指朋友、同事及亲人由相聚到分散。

【例句】毕业了，同窗好友～，各奔东西，一转眼十几年过去，他们还好吗？

近义 如鸟兽散

风流韵事　fēng liú yùn shì

【释义】原指风雅而有趣的事，即旧时文人骚客诗歌唱和、琴棋书画一类的活动。也指男女私相爱悦的事。

【例句】不到一天，他的～就传遍了全城。

近义 风流佳话

风马不接　fēng mǎ bù jiē

见 214 页"风马牛不相及"。

风马牛不相及　fēng mǎ niú bù xiāng jí

【释义】风：放逸，走失；一说雌雄相诱。及：到达，碰头。即使马牛走失也不至于到遥远的对方地界；一说牛马不同类，不会因雌雄相诱而靠近。比喻事物之间毫不相干。也作"风马不接"。

【用法】只用于指事情。

【例句】不卑不亢与妄自尊大完全是～的两码事。

近义 驴唇不对马嘴

反义 唇齿相依

风靡全球　fēng mǐ quán qiú

【释义】风靡：风吹倒草木。比喻事物很流行。指风行于全世界。

【例句】二十多年前出现的以"鳄鱼衫"为

基础的 T 恤衫更是～。

近义 风靡天下

提示 "靡"不读 mí。

风靡一时 fēng mǐ yī shí

【释义】靡：倒下。一时间像草木随风倒下一样。形容事物在一个时期普遍流行。也作"风行一时"。

【用法】指流行或盛行时间较短。

【例句】《庐山之恋》的故事曾经～，赚了不少人的热泪。

反义 久盛不衰

提示 "靡"不读 mí。

风平浪静 fēng píng làng jìng

【释义】没有风浪，水面平静。

【用法】常用于比喻平静无事。

【例句】整个湖面～，碧波万顷，几点白帆漂荡其间。/ 革命先烈的战斗生涯中没有一天是～的。

反义 惊涛骇浪　大风大浪　风起云涌

风起云涌 fēng qǐ yún yǒng

【释义】大风刮起来，乌云涌上来。比喻气势恢弘。也比喻新生事物相继兴起，声势浩大。

【用法】常用于描述事物的迅速发展。

【例句】当时，～的农民起义吓坏了封建贵族，他们开始联合起来共同镇压起义军。/ 随着网络拍卖、电子商务的～，网络书店也开始进入获利时代。

近义 风起潮涌

反义 风平浪静　烟消云散

风清弊绝 fēng qīng bì jué

见 43 页"弊绝风清"。

风清月朗 fēng qīng yuè lǎng

【释义】微风清凉，月光明亮。形容夜色美好。也比喻品行高洁，性情爽朗。

【例句】他永远记得离开家乡的那天是一个～的秋夜。/ 我先父一生浑俗和光，～。

反义 月黑风高

风声鹤唳 fēng shēng hè lì

【释义】鹤唳：鹤叫。（听到）刮风的声音和白鹤的鸣叫（都害怕）。形容极度地惊慌疑惧。

【典故】公元 383 年，前秦与东晋的军队在淝水决战。晋军请前秦军向后退一退，以便晋军渡过淝水来决战。前秦国君苻坚指挥前军向后退，而后军不知情，还以为前军已败，顿时军心大乱，拔腿就跑。晋军乘势渡水猛攻，大败前秦军，前秦士兵心惊胆战，听见风声、鹤唳都以为是晋军追上来了。（《晋书·谢玄传》）

【例句】这一仗之后敌人已是～，溃不成军。

近义 草木皆兵　杯弓蛇影

风调雨顺　fēng tiáo yǔ shùn

【释义】调:调和,均匀。顺:适合需要。形容风雨及时,有利于作物生长。

【用法】用于形容五谷丰登之年。

【例句】今年～,农业喜获丰收。

近义 五风十雨

提示 "调"不读 diào。

风土人情　fēng tǔ rén qíng

【释义】指一个地方特有的自然环境以及人际交往的风尚、礼节与习惯等。

【例句】生活在世界屋脊的藏民族有其独特的～。

风行草偃　fēng xíng cǎo yǎn

【释义】偃,倒伏。风一吹草就倒下。比喻道德文教能感化人。

【用法】一般用于书面语。

【例句】想要移风易俗,不能光喊口号,唯有在上位者以身作则才能达到～的效果。

近义 上行下效

风行一时　fēng xíng yī shí

见 215 页"风靡一时"。

风言风语　fēng yán fēng yǔ

【释义】风:没有确实根据的。指没有根据的传闻或恶意中伤的话。也指背后议论或暗中散布某种传闻。

【用法】一般用作贬义。

【例句】他终于明白过来,～毕竟是没有根据的,经不起事实的检验。/不知谁在背后～,说是他俩已经离婚了。

近义 流言蜚语

风雨兼程　fēng yǔ jiān chéng

【释义】兼程:一天走两天的路程。指在风雨中以加倍的速度赶路。

【用法】常形容因急事以最快的速度赶路。

【例句】大雨还将给穿梭于各赛地之间的球队带来不便。对 16 支获得小组出线的球队来说,他们的世界杯之旅称得上是名副其实的"～"。

近义 日夜兼程

风雨交加　fēng yǔ jiāo jiā

【释义】交加:交替叠加,指一齐袭来。大风暴雨一齐袭来。也比喻几种灾难同时袭来。

【例句】这是个～、电闪雷鸣的夜晚。

近义 风雨如晦

反义 风和日丽

风雨飘摇　fēng yǔ piāo yáo

【释义】在风雨中飘荡摇晃。比喻时局或形势很不稳定。

【用法】常用于国家、家庭、房屋、基础、关系等。

【例句】在～的黑暗岁月里,许多仁人志士积极寻求着救国救民的真理。

近义 摇摇欲坠

反义 稳如泰山

风雨如晦　fēng yǔ rú huì

【释义】晦:夜晚。又刮风又下雨,天色昏暗得像黑夜。比喻局势动荡,社会黑暗。

【例句】在～的岁月里,他心向光明,坚贞不屈,始终没有失去胜利的信心。

近义 风雨如磐　风雨交加

反义 风和日丽

风雨同舟　fēng yǔ tóng zhōu

【释义】在狂风暴雨中同乘一条船。比喻共同经历患难,共同承担风险。

【用法】用于描述在逆境中互相援助而渡过危难。

【例句】美国安达高公司由两个家庭共同拥有,各占一半股份。自1948年创立公司以来,两家始终～,不离不弃,从未发生过大的原则争执。

近义 和衷共济 荣辱与共 同舟共济

风雨无阻 fēng yǔ wú zǔ

【释义】阻:阻止。指刮风下雨也不能阻止(事情进行)。

【用法】多指定期的约会不受风雨影响,一定如期进行。

【例句】下次聚会定在3月20日,地点是刘家花园,～。

风月无边 fēng yuè wú biān

见757页"无边风月"。

风云变幻 fēng yún biàn huàn

【释义】变幻:变化奇异莫测。像风和云那样变化不定。比喻事物或局势变化无常。

【例句】无论国际形势怎样～,中国始终奉行独立自主的外交政策。

近义 风云突变

反义 一成不变

风云际会 fēng yún jì huì

【释义】际会:适时遇会。在难得的好时机适时地相遇。比喻有才华、有作为的人在难得的好时机聚会。

【用法】用于描述各方面人才聚会共谋一事。

【例句】全球的体育健儿们又将在奥运会上～,无疑,一批新的世界纪录也将随之诞生。

风云人物 fēng yún rén wù

【释义】指一个时期内在社会上很活跃、影响大的人物。

【例句】这班人虽能成为一时的～,却未必能成就大事。

近义 风流人物

反义 无名小卒

风云突变 fēng yún tū biàn

【释义】风云:风和云。比喻局势、形势。指局势、形势、情况等发生突然变化。

【例句】～,他率领全军将士起义了。

近义 风云变幻

反义 一成不变

风韵犹存 fēng yùn yóu cún

【释义】风韵:优美的姿态。女人的风采姿色,不减当年。

【用法】多用于指中年妇女。

【例句】二十年前我们在一起共事过,没想到她四十多岁了,仍～。

反义 人老珠黄

风中残烛 fēng zhōng cán zhú

【释义】原指人年老,在世不久。比喻衰退枯竭,即将面临死亡。

【用法】现多用作贬义。

【例句】封建的买卖婚姻制度,在当今世界的某些角落里固然还存在,但它毕竟已经成为～,必然要随着整个世界文明的进程而灭亡。

风烛残年 fēng zhú cán nián

【释义】风烛:风中之烛。残年:残存的岁月。指像风中的烛火易灭那样,残存的岁月随时都会结束。

【用法】用于比喻临近死亡的晚年,也可比喻事物的没落时期。

【例句】父亲已七十岁了,他～怎能经受得住这一打击? /这个当初雄心勃勃的足球教练不得不承认,昔日的雄壮之师如今已是～,才明白现实的无奈。

近义 钟鸣漏尽

反义 年富力强　风华正茂

风姿绰约　fēng zī chuò yuē

【释义】风姿(也作"丰姿"):风度姿态。绰约:姿态柔美。形容女子姿态柔美、风度极佳。

【例句】苏麻喇姑上身穿着太后赐的杏黄坎肩,下身着荷绿色长裙,在微红的宫灯下显得～,神态俊逸。

封官许愿　fēng guān xǔ yuàn

【释义】授予官职,许下给予名利的诺言。指许以名利地位,以诱使别人替自己卖力。

【例句】这位总统候选人为了拉票用了很多办法——～、笼络感情、立下种种保证。

封妻荫子　fēng qī yìn zǐ

【释义】荫:封建时代由于父祖有功而给予子孙入学或任官的权利。功臣的妻子得到封号,子孙世袭官职和特权。

【用法】现在也指因一人的权势地位而使老婆孩子都得好处的现象。

【例句】《水浒传》中林冲曾渴望～的生活,却无奈最后被逼上梁山落草为寇。

峰回路转　fēng huí lù zhuǎn

【释义】峰:山峰。回:曲折环绕。转:改变方向。指随着山峰的迂回,山路也在转变。形容山峰、道路迂回曲折。也作"路转峰回""山回路转"。

【用法】常比喻事情有了转机。

【例句】那年夏天去剑阁游玩。一路上～,景色宜人,只是道路狭窄,开车需十分当心。/"康尔寿"破产案突然～。据称,已有多家国内外企业愿意注资康尔寿研究所,研究所已申请撤销破产申请。

提示 "转"不读 zhuàn。

烽火连天　fēng huǒ lián tiān

【释义】烽火:古时边关报警的烟火,后泛指战火。形容战火燃遍各地。

【例句】他也记不得跟随父亲所经历过的那种～、狼烟四起的战争年月。

近义 狼烟四起

烽火硝烟 fēng huǒ xiāo yān

【释义】烽火:古时边防报警时点的烟火,比喻战火或战争。硝烟:炸药爆炸后产生的烟雾。指(战场上)炮火连天,硝烟弥漫。

【例句】他们还经常走访老英模,请他们讲述～的战地故事、撰写回忆录,同时摄制成宣传片,组织官兵学习部队战斗史、英雄史。

锋芒逼人 fēng máng bī rén

【释义】锋芒:刀剑的尖端。形容言辞尖锐犀利,使人感到有压力。

【例句】鲁迅杂文～的风格值得我们学习。

反义 不露圭角

锋芒毕露 fēng máng bì lù

【释义】锋芒:刀剑的尖端。毕:完全。指刀剑的锋芒完全露出。比喻人的锐气和才干全部显露在外。

【用法】多指人傲气,好表现自己。含贬义。

【例句】他少年得志,不知官场深浅,难免～。/ 这幅字～,神采如生,被字画界视为珍品。

近义 崭露头角

反义 藏锋敛锷　韬光养晦

蜂屯蚁聚 fēng tún yǐ jù

【释义】屯:聚集。像蜜蜂、蚂蚁那样杂乱地聚拢。形容成群的人聚集在一处。

【例句】直到日落西山,他这群～的朋友才离开,他才得以清静下来。

近义 蜂屯蚁附　蜂屯乌合

蜂拥而上 fēng yōng ér shàng

【释义】拥:挤着走。像成群的蜜蜂一拥而上。

【例句】球迷们～,将足球场的入口处挤得水泄不通。

近义 一拥而上　一哄而上

反义 鱼贯而来

提示 "拥"不能写成"涌"。

蜂拥而至 fēng yōng ér zhì

【释义】蜂拥:像蜂群一般挤着。至:到。形容人们像蜂群一般拥挤着到来。

【例句】一个世纪以前,澳大利亚有过一次大淘金热,世界各地的船只～。

逢场作戏 féng chǎng zuò xì

【释义】逢:遇到。场:演出的场地。卖艺人遇到合适的场地就开场表演。比喻遇到机会就凑凑热闹或随俗应酬。

【用法】现在用于指遇到机会,偶然玩玩,并不认真。

【例句】对于这些～的事情,谁也不会把它们当成真的。

逢人说项 féng rén shuō xiàng

【释义】项:指唐代诗人项斯。碰见人就称道项斯的才学。泛指到处宣扬某人某物的好处。

【例句】老王前往各处村落,～,为这事连续跑了两个月。

逢山开道 féng shān kāi dào

【释义】遇到山就开山铺路。泛指排除前进道路上的障碍。

【用法】常和"遇水叠桥"连用。

【例句】他有两名得力助手,能～,遇水叠桥。

逢险化夷 féng xiǎn huà yí

【释义】逢:遇到。夷:平安。指遇到灾祸或不幸能转化为平安。

F

【例句】多年前,希拉里曾辅佐克林顿～,平步青云。

近义 逢凶化吉

逢凶化吉　féng xiōng huà jí

【释义】凶:不幸。遇到凶险能转化为吉祥、顺利。

【例句】他竟以为烧香拜佛就能～,真是可笑之至。

近义 逢险化夷

讽一劝百　fěng yī quàn bǎi

见569页"劝百讽一"。

凤泊鸾飘　fèng bó luán piāo

见441页"鸾飘凤泊"。

凤雏麟子　fèng chú lín zǐ

见428页"麟子凤雏"。

凤冠霞帔　fèng guān xiá pèi

【释义】凤冠:嵌有用黄金珠宝制成的凤凰形饰物的帽子。霞帔:绣有云霞图纹的披肩。古代贵族或受朝廷封诰的官宦之家的成年女子的服饰。

【例句】古代的贵族女子出嫁时要着～。

提示 "帔"不读pī。

凤凰来仪　fèng huáng lái yí

【释义】仪:容仪。凤凰来舞,仪表非凡。古代指吉祥的征兆。

【用法】用于书面语。

【例句】自魏王即位以来,麒麟降生,～。

凤毛麟角　fèng máo lín jiǎo

【释义】凤凰的毛,麒麟的角。比喻稀少而珍贵的人或事物。

【用法】多用于比喻难得或物品珍贵。

【例句】有学问知识的人比较容易找,而有这方面专业知识的人实在是如～。

近义 百里挑一

反义 车载斗量

奉公守法　fèng gōng shǒu fǎ

【释义】奉:奉行。奉行公事,遵守法纪。

【例句】每个共产党员都要～,遵守纪律。

近义 安分守己　克己奉公

反义 营私舞弊　作奸犯科

奉令唯谨　fèng lìng wéi jǐn

见220页"奉命唯谨"。

奉命唯谨　fèng mìng wéi jǐn

【释义】唯:助词。谨:谨慎。恭敬地遵守命令,谨慎小心地去办。也作"奉令唯谨"。

【用法】用于下对上,臣对君。

【例句】无论他的顶头上司有什么命令,他总是～。

近义 唯命是从

反义 桀骜不驯

奉若上宾　fèng ruò shàng bīn

【释义】奉:尊重。若:如,好像。上宾:尊贵的客人。指把某些人当作尊贵的客人对待。

【例句】宠物饭店不接待一般顾客,只对带宠物的顾客～。

反义 视若草芥

奉如神明 fèng rú chén míng

见 221 页"奉若神明"。

奉若神明 fèng ruò shén míng

【释义】奉:信仰。神明:天地神灵的总称。像敬奉神灵一样极端崇拜。也作"奉如神明"。

【用法】用于形容对某些人或事物的盲目尊重。

【例句】领导的每一句话,他一向都～,句句照办。

近义 敬若神明

奉为圭臬 fèng wéi guī niè

【释义】奉:尊重。圭臬:指圭表,我国古代的一种天文仪器,是在石座上平放着一个尺(圭),南北两端各立一个标杆(表),根据日影的长短可测定节气和一年时间的长短,比喻准则或法度。指把某种主张、言论等奉为应当遵照执行的准则。

【例句】在封建社会,皇帝的言论被～。

反义 不足为训 视为儿戏

奉为楷模 fèng wéi kǎi mó

【释义】奉:尊重。楷模:榜样,模范。指(把某人)奉为模范,作为大家学习的榜样。

【例句】中央电视台评出的"感动中国"的十大人物,他们的事迹真正感动了全中国,他们中的每个人都足以让我们～。

奉为至宝 fèng wéi zhì bǎo

【释义】奉:尊重。至宝:最尊贵的宝物。指把某种东西当作最尊贵的宝物。

【例句】这块肖形"中国石"有拳头大小,黄白色,不仅整体酷似中国版图,连表面

铁痕的起伏也与六陆地貌相似。因此,我把"中国石"～。

奉行故事 fèng xíng gù shì

【释义】奉行:遵照实行。故事:成例。指按老规矩、旧章程办事。

【例句】如果完全～,就不可能开创新的局面。

近义 墨守成规
反义 标新立异

佛高一尺,魔高一丈

fó gāo yī chǐ,mó gāo yī zhàng

见 158 页"道高一尺,魔高一丈"。

佛口蛇心 fó kǒu shé xīn

【释义】佛的嘴巴,蛇的心肠。比喻虽满口善言,心肠却极狠毒。

【例句】我面貌虽丑,心地却很善良,不似他假仁假义,～。

近义 笑里藏刀 口蜜腹剑
反义 表里如一

佛头着粪 fó tóu zhuó fèn

【释义】着:放置。原指佛性慈善,在他头上放粪也不计较。后多比喻不好的东西放在好东西上面,玷污了好的东西。

【用法】用于指亵渎美好的事物。

【例句】这个破坏固有文化传统"～"的计划,遭到广大人民的一致反对,直到现在还没完成。

近义 佛头加秽

佛眼相看 fó yǎn xiāng kàn

【释义】比喻善意相待,不加伤害。

【用法】多指政策宽容或人心地善良。

【例句】她知道,能顺利完成这项重任,全归功于乡亲们的～和充分信任。

F

近义 菩萨心肠
反义 人面兽心

夫唱妇随　fū chàng fù suí

【释义】丈夫说什么,妻子都顺从照办。也比喻夫妇关系融洽。

【用法】现在也用于形容夫妻思想情趣一致。

【例句】生活虽然清苦,但小两口～,也算过得幸福。

近义 鹿车共挽
反义 琴瑟不调

夫荣妻贵　fū róng qī guì

【释义】丈夫荣耀,妻子也跟着高贵起来。

【用法】多指达官贵人。

【例句】她自从嫁给陈宇后,就整天盼着陈宇转正高升,她也好～。

夫子自道　fū zǐ zì dào

【释义】夫子:古代对老师或长者的尊称。道:说。本想说别人而实际上恰好说中了自己。

【用法】现在也用在不好的一面,即指摘别人,却正指摘了自己。

【例句】老李昨天批评老王的话,实际上是～,我们听了心中暗笑。

肤如凝脂　fū rú níng zhī

【释义】凝脂:凝固的油脂。形容肌肤嫩滑如凝固的油脂。

【用法】只能用于指女子。

【例句】她样子平平,但～,脸颊透出健康的红润。

敷衍了事　fū yǎn liǎo shì

【释义】敷衍:做事马虎,勉强应付。了事:结束事务或平息事态。形容做事马虎,极不认真。

【用法】可针对自己的和别人的事。

【例句】做事一定要认真,千万不能～,做一天和尚撞一天钟。

近义 敷衍塞责　视同儿戏
反义 尽心竭力　一丝不苟

敷衍塞责　fū yǎn sè zé

【释义】敷衍:勉强应付。做事不尽心,只表面应付一下,以搪塞。

【用法】针对的是自己责任范围的事。

【例句】他做事总是兢兢业业、尽忠职守,绝不会～。

近义 敷衍了事
反义 尽心竭力

伏低做小　fú dī zuò xiǎo

【释义】伏:屈服。自甘于低贱卑微的地位。

【例句】真没想到平日里一副刚强好汉、豪爽无边的大掌柜竟然在这里～。

近义 低三下四
反义 妄自尊大

伏虎降龙　fú hǔ xiáng lóng

见794页"降龙伏虎"。

伏首帖耳　fú shǒu tiē ěr

见226页"俯首帖耳"。

凫趋雀跃　fú qū què yuè

【释义】凫:野鸭。趋:快走。像野鸭快走,像鸟雀跳跃。比喻人欢欣鼓舞。

【例句】看到爷爷和一群小孩～,我心里由衷的高兴。

近义 抚髀雀跃

扶东倒西　fú dōng dǎo xī

【释义】比喻自己没有主见,摇摆不定。

【用法】含贬义。

【例句】他～,毫无主心骨。

近义 摇摆不定 举棋不定

反义 坚定不移

扶老携幼 fú lǎo xié yòu

【释义】搀扶着老人,带领着小孩。多指全家一齐出动欢迎、观看或逃难。也指帮助老人,照顾小孩。

【例句】广大群众～,来到解放军驻地,慰问抗震救灾的勇士们。/ 旅途中,他一路上～,受到大家的交口称赞。

近义 尊老爱幼

扶墙摸壁 fú qiáng mō bì

【释义】扶着墙壁走路。指步履不稳。也比喻谨小慎微地顺从别人。

【例句】古时候妇女的三寸金莲窄窄小小,走路走久了便～,一步三扭。/ 他们不敢表示自己的主张,只是在那里～地过日子。

扶弱抑强 fú ruò yì qiáng

【释义】扶:帮助。抑:压制。扶助弱小,抑制强暴。

【用法】多指侠义之士和正义势力。含褒义。

【例句】梁山好汉,杀富济贫,～。

近义 扶危济困

反义 以强凌弱

扶危济急 fú wēi jì jí

见 223 页“扶危济困”。

扶危济困 fú wēi jì kùn

【释义】扶持、救济生活困难、处境危急的人。也作“扶危济急”。

【用法】一般用于热心肠的大好人。

【例句】佐罗除暴安良,～,深得受苦受难人民的拥戴。

近义 拯溺救危 扶弱抑强

反义 趁火打劫 落井下石

扶摇直上 fú yáo zhí shàng

【释义】扶摇:盘旋而上的旋风。乘着旋风风势急速上升。形容地位、名声、数量等上升很快。

【用法】在职位或事业上很快地高升,可用此语。

【例句】江帆失业后去杜强的公司打工,不想竟～,不久就坐上总经理的位子。

近义 青云直上

反义 急转直下 一落千丈

扶正祛邪 fú zhèng qū xié

【释义】祛:去除。医学上指扶持人体内的正气,增强人体抗病能力的疗法。后比喻扶持正气,抵制歪风。

【例句】为了战胜疾病,就必须～,增强人体的抗病能力。/写新闻短评,可以表彰新人、新事、新思想、新风尚,或批评错误言行,～。

芙蓉出水 fú róng chū shuǐ

见 120 页“出水芙蓉”。

拂袖而去 fú xiù ér qù

【释义】拂:甩动。去:离开。指把衣袖一甩(旧时衣袖较长大)很生气地离去。

【用法】用于形容很气愤。

【例句】在与对手谈判时,即使久谈而没有结果,你也不能因此～或以过激语言攻击对方。

近义 扬长而去

反义 惠然肯来

浮光掠影　fú guāng lüè yǐng

【释义】浮光:水面的反光。掠影:一闪而过的影子。比喻匆匆过目,观察不细致,印象不深刻。

【用法】多用于指给人印象不深刻的事物。

【例句】这次旅游因为时间有限,只能～地走走看看。

近义 走马观花

反义 洞察秋毫

浮光跃金　fú guāng yuè jīn

【释义】浮光:水面的反光。跃:跳。指水面闪耀着金色的光点。

【例句】在和煦的阳光下,一阵风吹来,湖面漾起粼粼波纹,～。

浮家泛宅　fú jiā fàn zhái

【释义】泛:浮。飘浮在水上的家宅。形容以船为家或长期漂泊不定的生活。也作"泛宅浮家"。

【用法】多用于指水上人家。

【例句】这个地方几个世纪来一直生活着一群船民。他们～,逐潮往来。

浮生若梦　fú shēng ruò mèng

【释义】浮:空虚,虚浮。短暂虚幻的人生就像一场梦。

【用法】多用于指人对生活有悲观情绪。

【例句】自从她的外孙女先她而去,她在人面前就常感慨～,人生无常。

近义 人生如寄

浮想联翩　fú xiǎng lián piān

【释义】浮想:头脑里涌现的感想。联翩:鸟飞的样子,比喻连续不断。许多感想接连不断涌上心头。

【例句】阅读好的文艺作品,常常使人～。

提示"联翩"不能写成"连篇"。

浮云蔽日　fú yún bì rì

【释义】飘浮的乌云遮住了太阳。比喻奸臣蒙蔽君王。也比喻坏人当道,社会黑暗。

【例句】无论眼前是大雾迷茫,还是东方有～,太阳总是要升起的。/在～的旧社会,广大人民过着悲惨的生活。

幅员辽阔　fú yuán liáo kuò

【释义】幅员:领土面积。辽阔:辽远广阔。指国家领土面积辽远广阔。

【例句】我国～,地形多变,故二十四节气在很多地区表现不一样。

反义 弹丸之地

福如东海　fú rú dōng hǎi

【释义】福气像东海一样无边无际。

【用法】常和"寿比南山"连用,用作祝颂之词。

【例句】今天是爷爷的生日,祝老人～,寿比南山。

福寿双全 fú shòu shuāng quán
【释义】有福气,又高寿。祝颂人有福长寿。
【用法】常用作祝颂之词。
【例句】今天是您老人家的生日,大家祝您～。
近义 福寿绵长

福天洞地 fú tiān dòng dì
见175页"洞天福地"。

福无双至,祸不单行
fú wú shuāng zhì,huò bù dān xíng
【释义】好事情不会连续到来,祸事却可能接二连三地发生。
【用法】叹息坏事情接连而来,可用此语。
【例句】今年经历干旱灾害后,又遭到龙卷风的袭击,这真是～。

福星高照 fú xīng gāo zhào
【释义】福星:旧时认为木星主福运,是福星,在它照耀的范围内常得好运,现指能给大家带来幸福、希望的人或事物。指好运降临。
【例句】希望中国队在对巴西、土耳其这些比我们强大不止两个档次的对手时,少输几个球,或者突然～,蒙一个半个什么的。
近义 洪福齐天

抚躬自问 fǔ gōng zì wèn
见198页"反躬自问"。

抚今追昔 fǔ jīn zhuī xī
【释义】抚:接触。追:缅怀。因被眼前的事物触动而回想过去。
【例句】先生的文集最近也陆续出版,～,不胜怅然。

近义 怀古伤今

抚掌大笑 fǔ zhǎng dà xiào
【释义】抚:拍。拍着手大笑。
【用法】用于形容非常高兴或得意。
【例句】他得知这个消息高兴得不得了,不由得～。
近义 拍手称快　欢天喜地　欢呼雀跃
反义 悲痛欲绝

拊髀雀跃 fǔ bì què yuè
【释义】拊:拍。髀:大腿。指拍着大腿,像雀儿一样跳跃。
【用法】用于形容非常高兴。
【例句】当时,中国作家协会文学讲习所要留我,若从文士前途考虑,定该～,欢忭莫名。

拊膺顿足 fǔ yīng dùn zú
【释义】拊:拍打。膺:胸膛。又是拍胸,又是跺脚。
【用法】用于形容悲痛万分,不能自制。
【例句】一个烟头引起的一场大火,烧掉了老张的全部家产。老张望着一片废墟,～,后悔莫及。
近义 捶胸顿足

俯拾即是 fǔ shí jí shì
【释义】俯:低头,弯腰。即:就。是:这。只要弯下腰就能捡到这种东西。也作"俯拾皆是"。
【用法】用于形容数量很多,极易得到。
【例句】到野外去挖荠菜,要是清明时节,几乎～。
近义 比比皆是　触目皆是
反义 凤毛麟角

俯拾皆是 fǔ shí jiē shì
见225页"俯拾即是"。

F

俯首称臣　fǔ shǒu chēng chén

【释义】俯首:低下头,比喻顺从。指低下头自称臣子(顺从对方,接受统治)。比喻向对方低头认输。

【例句】看准破绽,王海滨如旋风般冲了上去,拔剑便刺,一剑、两剑、三剑……七剑!以8比11落后的王海滨居然连扳7分。电光石火间,对手终于～。

俯首就缚　fǔ shǒu jiù fù

【释义】低下头来,受人捆绑。

【用法】多用于无法反抗,或自愿认罪方面。

【例句】当匪徒知道陷入重围后,便纷纷～。

反义 负隅顽抗

俯首帖耳　fǔ shǒu tiē ěr

【释义】低着头,耷拉着耳朵。形容非常恭顺服从的样子。也作"伏首帖耳"。

【用法】含贬义。

【例句】汉奸走狗们对他们的主子都是～,唯命是从。

近义 唯唯诺诺　唯命是从

反义 颐指气使　桀骜不驯

提示 "帖"不读 tiě、tiè。

俯首听命　fǔ shǒu tīng mìng

【释义】俯首:低下头。听命:听从命令。指低着脑袋听从命令。

【用法】用于形容驯顺服从的样子。

【例句】皇宫里的太监是最驯顺的,只要主子发话,就～于一旁,十分恭敬。

近义 拱手听命

反义 发号施令

俯仰无愧　fǔ yǎng wú kuì

【释义】俯仰:低头与抬头。上对天、下对人都毫不惭愧。

【用法】用于形容没有做亏心事,不会感到惭愧。

【例句】这位老教授以他～的一生给我们留下了一个榜样和很多的启示。

近义 问心无愧

俯仰由人　fǔ yǎng yóu rén

【释义】俯仰:低头与抬头,指一举一动。比喻一切行动都要听从别人支配。

【用法】表示自己全无自由,一切听人指使,可用此语。

【例句】她不会让人牵着鼻子走:做别人的奴仆,一颦一笑都～。

近义 仰人鼻息

反义 独立自主

俯仰之间　fǔ yǎng zhī jiān

【释义】俯仰:低头与抬头。形容时间短暂。

【例句】～,飞机已经腾空而上。

近义 咄嗟之间

反义 久而久之　穷年累月

釜底抽薪　fǔ dǐ chōu xīn

【释义】釜:锅。薪:柴火。抽去锅底的柴火。比喻从根本上解决。

【例句】这些改革措施,对遏制银行利益

驱动,制止诗章拆借起到了～的作用。

近义 抽薪止沸

反义 抱薪救火　扬汤止沸

釜底游鱼　fǔ dǐ yóu yú

【释义】釜:锅。指在锅里游着的鱼。比喻处在绝境的人。也比喻即将灭亡的事物。

【用法】用于指处于危险的境地或没有希望。

【例句】这个小村庄有着得天独厚的地理位置,三面是山,一面临水,外来入侵者在此地如～,任我宰割。

近义 砧上之鱼

反义 漏网之鱼

辅车相依　fǔ chē xiāng yī

【释义】辅:古代车子两旁的横木;一说指颊骨。车:车子;一说指牙床骨。比喻两者利害相关,相互依存。

【例句】这两个国家历来就是～的友好邻邦。

近义 唇齿相依　唇亡齿寒

反义 井水不犯河水　风马牛不相及

父母之邦　fù mǔ zhī bāng

【释义】邦:国家。自己父辈生长的国家,即祖国。

【用法】用于书面语。

【例句】在那个危急存亡之秋,他对～的忧患,又很难使他不问窗外事地一味黄卷青灯下去。

父母之命,媒妁之言

fù mǔ zhī mìng,méi shuò zhī yán

【释义】媒妁:媒人。父母的旨意,媒人的介绍。指旧时青年男女的婚姻由父母包办。也作“媒妁之言”。

【用法】另常单用“父母之命”或“媒妁之言”。

【例句】他们两人之前从来未见过面,婚约也是全听“～”的。

付之东流　fù zhī dōng liú

见227页“付诸东流”。

付之一炬　fù zhī yī jù

【释义】炬:火把。给它一把火全部烧掉。

【例句】可恨的侵略者将圆明园抢劫一空后,竟然～,夷为平地。

近义 毁于一旦

付之一笑　fù zhī yī xiào

【释义】付:给。之:代词,代“它”。指用一笑来对待它。

【用法】用于指对别人的问题、说法、做法不屑于理会。

【例句】他对于那些风言风语,总是～,从不去计较。

近义 一笑置之

付诸东流　fù zhū dōng liú

【释义】东流:泛指江河流水。把它扔到江河,让流水冲走。比喻希望落空或前功尽弃。也作“付之东流”。

【例句】我相信自己的努力不会～的。

近义 毁于一旦

反义 如愿以偿

负荆请罪　fù jīng qǐng zuì

【释义】负:背(bēi)着。荆:荆条,古时打人的刑具。背着荆条请求责罚,表示认罪。后形容主动认错赔罪。

【典故】战国时,赵国大臣蔺相如因为外交有功,被赵王封为上卿,地位在大将廉颇之上。廉颇很不服气,扬言要羞辱蔺相如一番。蔺闻言后处处忍让,躲着不同廉颇碰面,并对人说:"强秦之所以不敢侵犯赵国,就是因为赵国有廉颇和我,要是我们两人斗起来,敌人就会来钻空子,赵国就危险了。"这话传到廉颇耳中,他深感内疚,于是光着上身,背着荆杖,到蔺相如的府上去谢罪。这件事被后人传为"将相和"的佳话。(《史记·廉颇蔺相如列传》)

【例句】上次多有得罪,今天我是来~的。

近义 引咎自责

反义 兴师问罪

负屈含冤 fù qū hán yuān

【释义】负:遭受。屈:委屈。忍受着委屈或冤枉。

【例句】恶人得到了严惩,那些~的人们一定会含笑九泉。

近义 忍辱含垢

负薪救火 fù xīn jiù huǒ

见 32 页"抱薪救火"。

负隅顽抗 fù yú wán kàng

【释义】负:依仗。隅:通"嵎",山弯。指(敌人或盗贼)倚靠有利的地势(或某个角落)顽固抵抗。现指凭借某种条件顽固抵抗。

【用法】用作贬义。

【例句】扼守在堑壕中的敌人想~。/《波茨坦公告》发表后,日本军国主义仍~,拒不投降,直到盟国发起强大攻势,才于

8 月 15 日宣布投降。

近义 负隅固守

反义 弃械投降

提示 "隅"不读 ǒu,也不能写成"偶"。

负重致远 fù zhòng zhì yuǎn

【释义】致:到。负载重物送到远方。

【用法】用于形容担负重任。

【例句】牦牛肥大耐寒,可以~,俗称"高原之舟"。/ 公司新的领导班子很有干劲,相信一定能~,带领公司扭亏为盈。

近义 任重道远

妇孺皆知 fù rú jiē zhī

【释义】孺:小孩。皆:都。妇女和小孩子都知道。形容大家都知道或一看就明了的简单事物。

【用法】字面上是妇女儿童都知道,但暗含大家都知道的意思。

【例句】雷锋的故事,现在几乎~。

近义 众所周知

附凤攀龙 fù fèng pān lóng

见 498 页"攀龙附凤"。

附庸风雅 fù yōng fēng yǎ

【释义】附庸:古代指附属于大国的小国,这里指依附、追随(某种事物),属动词。风雅:本指《诗经》中的《国风》《大雅》《小雅》等诗篇,后泛指诗文方面的事。指某种人为了装点门面而结交文化名人,或参与有关文化的活动。

【用法】含贬义。

【例句】他并无真才实学,只是~而已。

近义 装模作样

附赘县疣 fù zhuì xuán yóu

【释义】附:依附。赘、疣:肉瘤和瘊子。

县:古"悬"字。附生在皮肤上的小瘤和瘊子。比喻多余无用的东西。

【用法】多用于书面语。含贬义。

【例句】那些贪图享乐、只想拿钱不干活的人,正是社会的～。

提示"县"不读 xiàn。

赴汤蹈火　fù tāng dǎo huǒ

【释义】赴:奔向。汤:开水。蹈:踩。敢于投入沸水,跳进烈火。比喻不避艰险,奋勇向前。

【用法】多用于形容为崇高的事业或理想奋不顾身。

【例句】无数革命先烈为了民族的解放事业,～也在所不惜。

近义 舍生忘死

反义 贪生怕死

富贵逼人　fù guì bī rén

见 229 页"富贵逼人来"。

富贵逼人来　fù guì bī rén lái

【释义】逼:迫近;迫使。指不希望富贵而富贵自来。也指有财有势自会招人前来靠拢。也作"富贵逼人"。

【例句】他这项技术一投入市场应用就广获好评,订单纷纷到来,真是～,想不发达都难了。/这时方圆上百公里的绅商富户,差不多也到齐了。自古道"～",这也难怪。

富贵不能淫　fù guì bù néng yín

【释义】淫:惑乱,诱使腐化堕落。金钱和地位无法扰乱心志。

【用法】常与"贫贱不能移"连用。

【例句】人们一旦树立了正确的苦乐观,就能做到既安于贫贱,又安于富贵,进而实现"～,贫贱不能移"的人生价值,达到

一种崇高的精神境界。

反义 富贵而淫

富贵而淫　fù guì ér yín

【释义】富贵:有钱又有地位。淫:迷惑,迷乱。指因有钱有地位而迷失自己。

【例句】人一旦不能节制欲望,就会纸醉金迷,奢侈挥霍,沉湎于声色犬马之中,也就是～了。

反义 富贵不能淫

富贵荣华　fù guì róng huá

见 589 页"荣华富贵"。

富国强兵　fù guó qiáng bīng

【释义】使国家富足,兵力强盛。

【例句】现代文坛的伟大文学家郭沫若,曾经怀着～的爱国热情,东渡日本求学。

近义 国富兵强

富甲一方　fù jiǎ yī fāng

【释义】富:财富。甲:居第一位。方:地方。指在这个地方,其财富居首位。

【例句】他省吃俭用、呕心沥血,历时 20 余年,终于成了～的百万富翁。

富可敌国　fù kě dí guó

【释义】敌:匹敌,相当。私人拥有的财富可与国家资财相匹敌。形容极为富有。

【例句】电脑奇才比尔·盖茨～,曾拥有近千亿美元的资产。

近义 腰缠万贯

反义 一贫如洗　不名一钱

富丽堂皇　fù lì táng huáng

【释义】富丽:雄伟美丽。堂皇:气势雄伟。多形容建筑物宏伟华丽或场面豪华。

【用法】多用于形容建筑物或室内陈设豪华气派。

F

【例句】凡尔赛宫的～，反映了法国统治者生活的豪华奢侈。

近义 金碧辉煌

反义 蓬门荜户

富商大贾　fù shāng dà gǔ

【释义】贾：泛指商人。财富极多的大商人。也作"富商巨贾"。

【例句】这次晚宴来的男男女女足有两三千人，多半都是～。

提示"贾"不读 jiǎ。

富商巨贾　fù shāng jù gǔ

见 230 页"富商大贾"。

腹背受敌　fù bèi shòu dí

【释义】前后两面都受到敌人的攻击。比喻各种被动、不利的情况。

【例句】我军～，形势万分危急。／我想他们考虑周详，肯定不会陷于～的境地。

近义 四面楚歌

腹诽心谤　fù fěi xīn bàng

【释义】诽、谤：无中生有说人坏话，毁人名誉。心怀不满，暗中发泄。

【例句】有意见就说出来，别把气闷在肚子里，～，于别人丝毫无损，却有损于自己的健康。

腹无点墨　fù wú diǎn mò

见 825 页"胸无点墨"。

覆巢之下无完卵　fù cháo zhī xià wú wán luǎn

【释义】覆：底朝上翻倒。翻倒的鸟窝下面没有完好的鸟蛋。比喻整体覆灭，个体不能幸免。

【例句】如果"匹夫"一个个各顾各，甚至拆台拉偏套，那国家就会"亡"，结局是～，所有的人一齐受灾难。

覆车之戒　fù chē zhī jiè

【释义】覆车：翻车。戒：警戒。比喻前人败亡的教训。也作"覆车之辙"。

【例句】做事情要注意吸取教训，既有～，就不要再犯同样错误。

近义 前车之鉴

覆车之辙　fù chē zhī zhé

见 230 页"覆车之戒"。

覆水难收　fù shuǐ nán shōu

【释义】覆：倒出。倒在地上的水难以收回。比喻事成定局，无法挽回。

【用法】多指夫妻离异。

【例句】恩断义绝，～，两人只得各奔前程。

G

改朝换代　gǎi cháo huàn dài

【释义】朝、代:建立国号的一代或若干代君主统治的整个时期。旧的朝代被新的朝代所代替。泛指政权更替。

【用法】也可用于指新旧更替。

【例句】任何君主残酷剥削百姓,使百姓活不下去,百姓必然奋起反抗,最终导致～。/有些国家做梦都想争得世界足坛的霸权,他们恨不得明天就～。

改恶从善　gǎi è cóng shàn

【释义】改掉邪恶,归向善良。

【用法】用于指坏人或罪犯不再作恶,重新做人。

【例句】一个人出狱以后,只要他真心～,社会就应给他重新做人的机会。

近义 改邪归正

改过自新　gǎi guò zì xīn

【释义】改正错误,自己重新做人。

【例句】既然认识到错误,那么就一定要～。

近义 弃旧图新　痛改前非

反义 屡教不改

改换门庭　gǎi huàn mén tíng

【释义】门庭:门第出身。指改换门第出身(改变家庭的社会地位)。

【用法】现多指改换新的主人或改换工作单位。

【例句】时下的年轻人"跳槽"成了家常便饭。几天不见,你打电话到他的工作单位,然后被告知此人已～,去了别的单位。

改名换姓　gǎi míng huàn xìng

【释义】改换原来的姓名。也作"更名改姓"。

【用法】多指隐瞒真实身份。

【例句】当年做秘密工作的同志回到延安,都必须～。

改天换地　gǎi tiān huàn dì

【释义】改变天与地的原貌。比喻进行彻底改变,使面貌焕然一新。

【用法】多指变革社会环境或改造大自然。

【例句】外边～的巨大变化并没有震动过这偏僻的山沟。

近义 扭转乾坤

反义 依然如故　依然故我

改头换面　gǎi tóu huàn miàn

【释义】改变人的面貌。也比喻只改变外在形式而不改变实质内容。

【用法】常用在商场上,将卖不掉或不受欢迎的货物换一个包装,以欺瞒顾客。

【例句】不良商贩将不合格的商品～一

番,继续销售给消费者。

近义 乔装打扮

反义 原封不动

改弦更张　gǎi xián gēng zhāng

【释义】改、更:更换。弦:琴弦。张:给乐器上弦或把弦绷紧。指更换琴弦,调整乐器(使琴声和谐)。

【用法】多用于改变方针、方法、态度等方面。

【例句】面对沉疴积弊,清政府并没有～,别图良策。

近义 改弦易辙

反义 旧调重弹　重蹈覆辙

提示 "更"不读 gèng。

改弦易辙　gǎi xián yì zhé

【释义】改:改换。弦:琴弦。易:变更。辙:车轮压下的痕迹,引申指行车道路。指改换琴弦,变更行车道路。

【用法】用于比喻改变方向、方法、态度等。

【例句】为了刘姓江山的长治久安,西汉初期的几位君主,不得不～,无一例外地抛弃了曾经助秦而被秦滥用的法家理论,转而向黄老之学寻求治国方略。

近义 改弦更张

反义 重蹈覆辙

改邪归正　gǎi xié guī zhèng

【释义】不再走邪路,回到正路上来。指不再干坏事。

【用法】多指犯过罪的人回归正道重新做人。

【例句】大家都希望这个误入歧途的年轻人能够～。

近义 改恶从善　弃暗投明

反义 执迷不悟

盖棺定论　gài guān dìng lùn

见 232 页"盖棺论定"。

盖棺论定　gài guān lùn dìng

【释义】盖棺:合上棺盖,指人死之后。定:确定。一个人的功过是非到死后才能作出结论。也作"盖棺定论"。

【用法】也可泛指对事情做出结论。

【例句】～,他最后二十年所做的一切足够弥补前半生犯下的错误。/从迄今获得的证据来看,是否存在欺诈行为,尚无法～。

近义 盖棺事定

盖世无双　gài shì wú shuāng

【释义】盖:压倒,超过。超过世界上所有的人,再没有第二个可比。形容世界第一,独一无二。

【用法】常用于形容人的才华、武功、功绩等无人能与之相比。

【例句】就算你武功高强,～,恐也打不过我们七兄弟吧!

近义 举世无双　绝无仅有

反义 比比皆是

概莫能外　gài mò néng wài

【释义】概:一概,全部。全部都在所指的范围内,没有例外。

【用法】从否定的角度谈同等对待,侧重指无一例外。

【例句】任何成就的取得都是与勤奋分不开的,古今中外,～。

干净利落　gān jìng lì luò

【释义】形容穿着整洁。也形容说话、行动等灵活敏捷,不犹豫迟缓。

【例句】老奶奶七十多岁了,浑身上下收拾得～。/ 服务员已经～地收拾好一切,等待宴会开始。

近义 快刀斩乱麻

反义 拖泥带水

干啼湿哭　gān tí shī kū

【释义】干啼:没有眼泪地啼哭。湿哭:有眼泪地啼哭。无泪和有泪地哭。形容哭哭啼啼。

【用法】多用于书面语。

【例句】触犯了法律,就应该受到法律的惩罚,这时候才来～,有什么用呢?

干云蔽日　gān yún bì rì

【释义】干:冲犯。冲入云霄,遮住太阳。形容树木或建筑物高大。也作"蔽日干云"。

【例句】走过那条幽径,眼前竟是另一番景象,四周树木葱郁,～。

近义 遮天蔽日

甘拜下风　gān bài xià fēng

【释义】甘:甘愿,乐意。下风:风向的下方,比喻下位或劣势。指甘愿拜于下方。意思是真心佩服别人,自认不如。

【例句】林冲武艺高强,杨志～。

近义 心悦诚服　五体投地

反义 不甘雌伏

甘居下流　gān jū xià liú

见 233 页"甘居下游"。

甘居下游　gān jū xià yóu

【释义】甘:甘愿,乐意。下游:江河接近出口的部分。比喻甘愿处于落后地位。也作"甘居下流"。

【例句】～,不求上进,就只能束缚人们的思想发展。

反义 力争上游

甘心瞑目　gān xīn míng mù

【释义】瞑目:闭眼。心甘情愿闭上眼睛。

【用法】用于形容死而无憾。

【例句】今获所愿,～。

反义 死不瞑目

甘心情愿　gān xīn qíng yuàn

见 806 页"心甘情愿"。

甘言好辞　gān yán hǎo cí

【释义】甜美动听的讨好的话。

【例句】你不能随便相信他们的～。

近义 甜言蜜语　花言巧语

反义 污言秽语

甘之如饴　gān zhī rú yí

【释义】饴:麦芽糖浆。觉得它甜得像糖浆。形容甘愿承受艰难困苦或做出牺牲。

【用法】用于指甘愿承受艰难、痛苦、劳累等。

【例句】科学家潜心研究,甚至废寝忘食,～。

近义 甘之如荠

提示 "饴"不能写成"怡"。

肝肠寸断　gān cháng cùn duàn

【释义】肝脏和肚肠好像被一寸一寸地截断一样。形容极其痛苦、悲伤。

【用法】用于描述内心感受。

【例句】获悉噩耗,她～,一个人在自己的房内哭得死去活来。

近义 心如刀绞

反义 心花怒放

肝胆相照　gān dǎn xiāng zhào

【释义】肝胆:肝与胆相连,比喻共有真心。相照:相见。比喻以真心相见。

【用法】多指双方真诚相待,高度信任。

【例句】他们俩是患难之交,彼此之间～,无所不谈。

近义 披肝沥胆

反义 虚情假意　两面三刀

肝脑涂地　gān nǎo tú dì

【释义】肝:肝脏。脑:脑浆。涂:涂抹。指肝脏与脑浆都流在地上。形容在战乱中惨死。

【用法】现用于表示竭尽忠诚,不惜牺牲生命。

【例句】马龙对程军说:"大哥,你对小弟一家恩重如山,小弟一直无从报答。只要大哥一声吩咐,小弟愿为大哥～。"

赶尽杀绝　gǎn jìn shā jué

【释义】赶:驱逐。绝:净尽。指扫除干净,消灭净尽。

【用法】用于形容狠毒,不留遗患。

【例句】马谡认为,对叛军若采取～的手段,既不可能短时间办到,又非仁者所为,而用兵之道应以攻心为上。

近义 斩草除根

敢怒而不敢言　gǎn nù ér bù gǎn yán

【释义】心里愤怒,但不敢说出来。

【例句】他讨厌别人这样谈论他的父亲,但～,只是撅着嘴转身离开了。

敢作敢为　gǎn zuò gǎn wéi

【释义】做事有胆量,勇于进取不退缩。

【例句】只有～的人,才敢站在开拓创新的浪尖上。

反义 畏首畏尾

感恩戴德　gǎn ēn dài dé

【释义】戴:尊崇。感激别人对自己的恩德。

【例句】孔繁森一心为民造福,老百姓怎能不～呢?

近义 感恩图报　结草衔环

反义 忘恩负义　恩将仇报　辜恩背义

感恩图报　gǎn ēn tú bào

【释义】图:谋求。感激别人施予的恩惠而设法报答。

【例句】小王～,十分孝敬他的养母。

近义 感恩戴德　感激涕零

反义 忘恩负义　恩将仇报

感激涕零　gǎn jī tì líng

【释义】涕:眼泪。零:(雨、泪等)落下。指感激得落下泪来。

【用法】形容非常感激。

【例句】提起将军平日的恩德,士兵们无不～。

感慨系之　gǎn kǎi xì zhī

【释义】感慨:有所感触而慨叹。系:联系。之:代词,指代某事。指感慨的心情联系着某件事。

【用法】用于指对某件事有所感触而慨叹。

【例句】张先生回乡扫墓,不料父母的坟墓已荡然无存。张先生不禁～,长叹不已。

感情用事　gǎn qíng yòng shì

【释义】凭个人的爱憎或一时的感情冲动

处理事情。

【用法】用于描述批评他人做事只凭感情,不看是否合理。

【例句】他说他并非～,而是在进行深刻考虑之后决定递交辞呈的。

近义 意气用事

感人肺腑　*gǎn rén fèi fǔ*

【释义】肺腑:内脏器官,指内心深处。使人内心深受感动。

【例句】他在默默诵读着这些～的铿锵词句。

感天动地　*gǎn tiān dòng dì*

【释义】使天地也为之感动。

【用法】用于形容感人至深。

【例句】他们的理想信念和人格力量,确实～,永载史册。

近义 惊天动地

反义 平淡无奇

感同身受　*gǎn tóng shēn shòu*

【释义】身:自身。虽然没有亲身经历,但感受就像亲身经历过一样。

【用法】也用于代人向对方道谢。

【例句】对遭受特大地震灾害的海地人民,我们是～的。/北山在京,万事求二兄代为照顾,～。

近义 设身处地

刚愎自用　*gāng bì zì yòng*

【释义】愎:固执、任性。自用:自以为是。倔强固执,自以为是,不接受别人的意见。

【用法】含贬义。

【例句】商纣王专横残暴、～,终于导致亡国。

近义 固执己见　我行我素

反义 从善如流

提示 "愎"不读 fù,不能写成"腹"。

刚柔相济　*gāng róu xiāng jì*

【释义】刚柔:硬和软,比喻男女、宽严等。济:成。刚强与柔和两种手段交替使用,互相调剂、补充。

【例句】他抵挡不住这番～的攻击,心理上的防线一下崩溃了。

近义 阴阳相济　绵里藏针

反义 水火不容

刚正不阿　*gāng zhèng bù ē*

【释义】阿:偏袒,迎合。刚强正直,不逢迎附和。也作"方正不阿"。

【例句】端午节赛龙舟是为了纪念志洁行廉、～的屈原。

近义 堂堂正正

反义 阿谀奉迎

提示 "阿"不读 ā。

纲举目张 gāng jǔ mù zhāng

【释义】纲:渔网上的总绳。目:网眼。提起网上的总绳,所有的网眼就都张开了。比喻抓住事物的主要环节,就可以带动其他环节。也比喻文章抓住要领,条理分明。

【例句】尽管事情千头万绪,但是只要抓住矛盾的关键,就能～,一切都会迎刃而解。/只有中心论点明确,才能做到～。

近义 提纲挈领

反义 不得要领

钢筋铁骨 gāng jīn tiě gǔ

【释义】筋骨像钢打铁铸一样。形容体魄十分健壮或意志坚强不屈。

【例句】他天天进行体能训练,练就了一身～。

高岸深谷 gāo àn shēn gǔ

【释义】高岸变为深谷,深谷变成丘陵。多比喻事物的巨大变化与人世的变迁。也作"高岸为谷,深谷为陵"。

【释义】人生之路风云变幻,～,我们应该坦然面对。

近义 沧海桑田

高岸为谷,深谷为陵 gāo àn wéi gǔ, shēn gǔ wéi líng

见236页"高岸深谷"。

高傲自大 gāo ào zì dà

见997页"自高自大"。

高不成,低不就 gāo bù chéng, dī bù jiù

【释义】就:凑近。高的攀不上或做不了,低的又不屑迁就。多用于形容择偶或求职上的两难处境。也作"高低不就"。

【例句】她那如花似玉的女儿,～,已近二十八岁,还未嫁人。

高不可攀 gāo bù kě pān

【释义】高得无法攀登上去。形容难以达到。

【用法】用于形容人地位高或条件优越,难以攀交,或事物本身要求太高,难以接近。

【例句】登山队员打破了珠穆朗玛峰～的神话。/娟子相貌气质俱佳,志坚自觉配不上她。于进鼓励他拿出勇气,因为世界上没有～的女人。/难道收藏真的就是有钱人的游戏,它的门槛真的就这么～?

近义 高不可登

高唱入云 gāo chàng rù yún

【释义】歌声嘹亮,直上云霄,后也形容一种论调或消息社会上传说很盛。

【例句】到处是鲜花,到处是～的歌声。

近义 引吭高歌

高车驷马 gāo chē sì mǎ

见683页"驷马高车"。

高城深池 gāo chéng shēn chí

【释义】池:护城河。高高的城墙,深深的护城河。

【用法】用于形容坚固的防卫。

【例句】坚甲利兵不足以为胜,～不足以为固。

近义 铜墙铁壁

高蹈远举 gāo dǎo yuǎn jǔ

见238页"高举远蹈"。

高低不就 gāo dī bù jiù

见236页"高不成,低不就"。

高飞远举 gāo fēi yuǎn jǔ

【释义】举:飞,离去。飞到高处,去向远方。

【用法】用于指奔向远大前程。

【例句】他远离家乡到异国求学,是打算有所作为,～的。

近义 远走高飞

高风亮节 gāo fēng liàng jié

【释义】风:风格。亮:通"谅",诚信,正直。高尚的品德,坚贞的气节。

【用法】用于形容人的品格行为非常高尚纯洁。

【例句】周恩来总理以他的～赢得了世界各国人民的尊敬。

高高在上 gāo gāo zài shàng

【释义】所处的位置或地位很高。

【用法】用于形容不平等待人或不深入实际。

【例句】同那些～、不深入基层的干部相比,他们更了解群众。

高歌曼舞 gāo gē màn wǔ

【释义】高昂的歌声,柔美的舞蹈。

【例句】欢乐的歌舞里,充满了对黑暗势力的轻蔑。看啊,还有什么节目比得上这种～呢?

高歌猛进 gāo gē měng jìn

【释义】放声歌唱,勇猛前进。

【用法】用于形容人斗志昂扬,勇往直前。

【例句】这名小将在奥运会柔道比赛中,一路～杀入决赛。

高官厚禄 gāo guān hòu lù

【释义】显贵的官职,优厚的俸禄。

【用法】一般用作贬义。

【例句】吉鸿昌拒绝了敌人～的收买,英勇就义。

近义 高官显爵

高官显爵 gāo guān xiǎn jué

【释义】爵:官爵。官职高,爵位显赫。也指拥有它们的人。

【例句】人说他武可以为将,文可以入相。但终其一生,他不曾做过一任～,也算是怀才不遇。

近义 高官厚禄

高冠博带　gāo guān bó dài

见 189 页"峨冠博带"。

高举远蹈　gāo jǔ yuǎn dǎo

【释义】高举:高飞。远蹈:远行。指隐居避世。也作"高蹈远举"。

【例句】他唯恐祸及妻女,于是带领家人,~。

近义 高蹈远引

高门大户　gāo mén dà hù

【释义】高门:旧时指富贵之家。指有钱有势的富贵人家。

【例句】这个村庄被一条小河分成两半,一边是~,一边是种田人家。

高睨大谈　gāo nì dà tán

【释义】睨:斜着眼睛看。昂头斜视,大发议论。

【释义】用于形容举止言论气概不凡,旁若无人。

【例句】他们几个一到周末就爱聚到一起,喝点小酒,~。

近义 高谈阔论

高朋满座　gāo péng mǎn zuò

【释义】高贵的客人坐满了席位。形容宾客众多。

【例句】这家主人热情好客,家中常常~。

近义 宾客盈门
反义 门可罗雀

高人一等　gāo rén yī děng

【释义】比一般人高出一个等级。

【用法】用于指胜过别人。

【例句】他常常自以为~,实际上很平庸。

近义 高人一筹　出人头地
反义 低人一等

高人逸士　gāo rén yì shì

【释义】逸:隐逸。旧指自命清高、不慕名利的人。

【例句】这首散文诗描绘了一个寄情山水、不以尘事为念的~形象。

反义 凡夫俗子

高山景行　gāo shān jǐng xíng

【释义】高山:比喻高尚的道德。景行:大路,比喻行为正大光明。指崇高的道德品行。也作"高山仰止,景行行止"。

【例句】这些事迹,处处反映着他那~的品格和风范。

近义 高山仰止

高山流水　gāo shān liú shuǐ

【释义】"高山""流水"本为伯牙蕴涵于古琴曲中的两种寓意,伯牙每奏一曲,钟子期都能领会。指知音相赏。也指乐曲高妙。

【用法】用于比喻知音、知己;也可用来比喻高妙的乐曲,高雅的东西。

【例句】听了他这席话,我顿时有一种~、知音犹在之感。/ 如此~之曲,令人耳目一新,久久难忘。

近义 阳春白雪
反义 下里巴人

高山仰止,景行行止

gāo shān yǎng zhǐ , jǐng xíng xíng zhǐ

见 238 页"高山景行"。

高深莫测　gāo shēn mò cè

见 473 页"莫测高深"。

高视阔步　gāo shì kuò bù

【释义】昂头往上看,迈开大步走。

【用法】多形容态度、神情傲慢。

【例句】他一副～的样子,有谁愿意和他交朋友呢!

近义 昂首阔步

反义 低三下四

高耸入云 gāo sǒng rù yún

【释义】高高耸起,插入云中。形容山峰、建筑物等高峻挺拔。

【例句】这五个大字与那～、气势磅礴的雄关,浑然一体,煞是壮观。

高抬贵手 gāo tái guì shǒu

【释义】贵:敬语。意思是您把手抬高一点(我就过去了)。

【用法】客套话,用于请求别人通融或宽恕。

【例句】他请各俱乐部～,让自己如愿转会回到上海,在父母跟前尽一尽孝道。

高谈阔论 gāo tán kuò lùn

【释义】指漫无边际或不切实际地大发议论。

【用法】多含贬义。

【例句】那几个人经常在办公室里～,叫周围的人不得安宁。

近义 高睨大谈

反义 沉默寡言

高谈雄辩 gāo tán xióng biàn

【释义】大发议论,长于说理。

【用法】用于形容能言善辩。

【例句】他在那次面试中～,应对如流。

近义 能言善辩

高屋建瓴 gāo wū jiàn líng

【释义】建:古通"瀽",倾倒。瓴:盛水的瓶子。在高高的房顶上把瓶子里的水往下倒。比喻居高临下,不可阻挡。

【用法】用于比喻高瞻远瞩的非凡气概。

【例句】在当时的情况下,他下决心做出这样的决定,的确具有～的气魄。

近义 居高临下

高瞻远瞩 gāo zhān yuǎn zhǔ

【释义】瞻:往上或往前看。瞩:注视。指站得高看得远。

【用法】用于形容目光远大,有远见。

【例句】智者～,洞察世变,所以能做出正确的选择。

近义 见识远大   见多识广

反义 鼠目寸光

高枕无忧 gāo zhěn wú yōu

【释义】垫高枕头睡觉,无忧无虑。形容已经没有忧虑的事情或平安无事。

【用法】有时也形容麻痹大意,放松警惕。

【例句】不要以为目前安居乐业便可～了,人无远虑,必有近忧,我们要时时提高警觉啊。/许多曾危害人们健康的重大传染病现在都已基本得到控制,有的近乎消灭,然而,这并不意味着可以～。

近义 高枕而卧

反义 枕戈待旦

高足弟子 gāo zú dì zǐ

【释义】高足:骏马,比喻高才。才学特别优异的学生。

【用法】多用来称呼别人的得意门生。

【例句】他们两位都是徐教授的～,在同样的领域各有建树。

近义 得意门生

膏肓之疾 gāo huāng zhī jí

【释义】膏肓:古称心尖脂肪为膏,心脏和膈膜间为肓,都是药力达不到的地方。指极为严重的病症。也比喻致命的弱点。

【例句】将军希冀遣一营之师,以除～,不

管动机如何，是很不现实的。

近义 不治之症

提示 "肓"不读 máng，下边不是"目"。

膏腴之地　gāo yú zhī dì

【释义】膏：油脂。腴：腹下肥肉。指肥沃富饶的地方。

【例句】那个小村庄真是一块有地宜粮，有滩宜果，有水宜渔的～。

近义 鱼米之乡

反义 不毛之地

槁木死灰　gǎo mù sǐ huī

【释义】槁木：枯死的树木。死灰：燃烧后的冷灰。比喻毫无生气、极度消沉或冷漠无情。也作"枯木死灰"。

【例句】她在夫死子丧之后，就如～一般，只在家呆坐着。

近义 心如死灰　万念俱灰

反义 雄心壮志　生机勃勃

告老还乡　gào lǎo huán xiāng

【释义】告老：因年老而请求辞职。原指古代官吏以年老多病为理由向皇帝请求辞去官职，回到家乡，是古代官吏提前退休的一种制度。现指年老退休回故乡。

【例句】他在外面做过知县，后来～。

割爱见遗　gē ài jiàn wèi

【释义】割：割舍；爱：自己喜爱的；遗：赠送。将自己喜爱的东西送给别人。

【例句】小李要去美国定居了，临别前，我～，把自己珍藏多年的一幅名画送给他作了纪念。

提示 "遗"不读 yí。

割席绝交　gē xí jué jiāo

【释义】席：席子。割断席子，表示断绝情谊，不再来往。

【例句】他品德极坏，我已经和他～了。

近义 割袍断义

反义 桃园结义

歌功颂德　gē gōng sòng dé

【释义】歌颂功绩和恩德。

【用法】多用作贬义。

【例句】在他的具体"指导"下，厂庆展览变成了为他个人～的"展示会"。

近义 树碑立传

反义 怨声载道　口诛笔伐

歌台舞榭　gē tái wǔ xiè

【释义】榭：建在高台上的敞屋。表演歌舞的楼台和厅堂。泛指演出歌舞或寻欢作乐的场所。

【例句】～之间，常常可以看到他们的身影。

近义 楚馆秦楼

歌舞升平　gē wǔ shēng píng

【释义】升平：太平。唱歌跳舞，欢庆太平。

【例句】进入新世纪，世界并没有出现一派～的局面，不少地区的动乱、武装冲突和局部战争还在继续。

近义 天下太平

反义 兵荒马乱

革故鼎新　gé gù dǐng xīn

【释义】革：革除。鼎：树立。革除旧的，建立新的。

【例句】中国画具有悠久的传统，经过历代画家的发扬光大、～，愈显永恒的活力。

近义 弃旧图新　推陈出新

反义 因循守旧

革面洗心　gé miàn xǐ xīn

见 781 页"洗心革面"。

【**格格不入**】　gé gé bù rù

【**释义**】格格:抵触。互相抵触,不能融合在一起。

【**用法**】言语不投机,性情不合,无法增进感情或友谊,可用此语。

【**例句**】他们两个人的个性～,硬把他们凑成一组,事情肯定办不好。

近义 方枘圆凿　水火不容

反义 水乳交融

【**格杀勿论**】　gé shā wù lùn

【**释义**】格杀:打死。勿论:不论罪。把行凶、拒捕或违反禁令的人当场打死而不以杀人论罪。

【**例句**】一位示威者告诉记者,军队有令,如果谁试图跨入这个区域一步,一律～。

【**隔岸观火**】　gé àn guān huǒ

【**释义**】火:指火灾。站在河的一边看河的另一边失火。比喻见人有急难不加救助,袖手旁观。

【**用法**】常用于描述置身事外,在一旁看热闹或见难不救。

【**例句**】见他人有危难时,我们一定要尽力救援,切不可～。

近义 冷眼旁观　袖手旁观　见死不救

反义 见义勇为

【**隔墙有耳**】　gé qiáng yǒu ěr

这事天知、地知、你知我知……

【**释义**】即使隔着墙也还有耳朵在偷听。

【**用法**】用于形容秘密的言谈可能泄露。

【**例句**】这份营销计划对公司非常重要,希望你不要和任何人讨论,以免～,让其他公司取得先机。

近义 属垣有耳

反义 瞒天过海

【**隔三岔五**】　gé sān chà wǔ

【**释义**】每隔几天;时常。也作“隔三差五”。

【**例句**】为了不使二哥起疑心,宋彩玲～又以父亲的口气向远在千里之外的哥哥报平安。

近义 三天两头

【**隔三差五**】　gé sān chà wǔ

见 241 页“隔三岔五”。

【**隔世之感**】　gé shì zhī gǎn

【**释义**】世:一个时代。指因人事或景物变化大而引起的、像隔了一个时代似的感觉。

【**用法**】用于形容变化极大。

【**例句**】仅仅相隔两年,所写的东西,读起来就有～了。

近义 恍如隔世

【**隔靴搔痒**】　gé xuē sāo yǎng

【**释义**】搔:挠,抓。隔着靴子挠痒痒。比喻说话、作文等没有抓住主题,不中肯或做事没有抓住关键,不解决问题。

【**用法**】一般用作贬义。

【**例句**】做文章最忌～,应该将重点做出清楚的说明。

近义 不得要领　不着边际

反义 一语中的　一针见血

个中三昧　gè zhōng sān mèi

【释义】个中:其中。三昧:佛教的重要修行方法之一,借指事物的诀要。其中的奥妙或真谛。

【用法】多用于书面语。含褒义。

【例句】至于短篇小说,我们只要研究鲁迅先生的作品,就可以领悟到～。

提示 "昧"不能写成"味"。

各奔东西　gè bèn dōng xī

【释义】奔:投向。各走各的路。

【用法】多用于指分手或离别。

【例句】这对好朋友在大学毕业后,就～了。

近义 分道扬镳

提示 "奔"不读 bēn。

各不相下　gè bù xiāng xià

【释义】下:处于下风或劣势。双方相当,分不出高下。也指双方相持,分不出胜负。

【例句】这两位运动员本来就实力相当,在比赛中各自使出绝招,～。

近义 不分胜负
反义 强弱异势

各持己见　gè chí jǐ jiàn

【释义】持:坚持。见:见解,意见。指各人都坚持自己的意见。

【用法】用于指意见不统一。

【例句】在辩论会上,双方～,毫不相让。

反义 异口同声

各从其志　gè cóng qí zhì

【释义】志:意志。各人按自己的意见行事。

【用法】多用于书面语。

【例句】她执意要走,也只好～,不再勉强了。

各得其所　gè dé qí suǒ

【释义】所:处所,位置。各自得到自己所希望的东西。也指每个人或事物都得到适当的安置。

【例句】建设一个富足祥和、人人各尽所能、～而又和谐相处、充满活力的社会,这是中华民族百年追寻的梦想。

各个击破　gè gè jī pò

【释义】各个:逐个。一个一个地打败或解决。

【例句】要集中力量应付当前之敌,反对分兵,避免被敌人～。

反义 全线出击

各尽所能　gè jìn suǒ néng

【释义】尽:竭尽。每个人都把自己的能力发挥出来。

【例句】～,按劳分配是社会主义的基本原则。

各就各位　gè jiù gè wèi

【释义】就:到。各自到自己的岗位上去。

【用法】常用于比喻各自扮演各自的角色。

【例句】将军一声令下,所有的人员已～,摆好了阵势。/ 这个剧本中的人物虽有活动,～,然而性格不鲜明。

近义 各司其职

各取所需　gè qǔ suǒ xū

【释义】各人选取自己所需要的。

【例句】读者们不是铁板一块,他们有各人的看法,他们是～。

近义 各得其所

各色各样　gè sè gè yàng

【释义】色:种类。指各种各样。

【用法】可用于人和事物。

【例句】送花圈的,有工人,有学生,～的人都有。

近义 各式各样

各式各样 gè shì gè yàng

【释义】式:样式。样:样子(形状)。指各种样式、各种形状。

【用法】指形状和式样不同,只用于事物。

【例句】风筝花花绿绿,～。

近义 各色各样

反义 千篇一律

各抒己见 gè shū jǐ jiàn

【释义】抒:表达,发表。各人充分发表自己的见解。

【例句】在这次研讨会上,大家敞开思想,～,提出了不少需要研究的问题。

近义 各执己见

提示 "抒"不能写成"述"。

各司其职 gè sī qí zhí

【释义】司:主管,经营。各人负责各自该做的事情。

【例句】整个公司办公大厅里的气氛是那样的安静、祥和,～,井井有条。

近义 各就各位

各行其是 gè xíng qí shì

【释义】行:做,办。其:代词。是:对,正确。指各自按照自己认为对的去做。

【用法】用于形容思想、行为不一致,各搞一套。

【例句】如果各成员企业仍～,就难以发挥集团的整体优势,集团也就失去了存在的意义。

近义 独行其是　各自为政

反义 同心协力　齐心协力

提示 "是"不能写成"事"。

各有千秋 gè yǒu qiān qiū

【释义】千秋:千年,引申为久远。指(在比较之下)各有传之久远的价值。即各有特点,各有所长。

【例句】两人诗的意境不同,情味不同,～。

各执己见 gè zhí jǐ jiàn

【释义】执:坚持。各人都坚持自己的意见和看法。

【用法】多指意见不统一。

【例句】参会人员～,互不妥协,最后大会也闹得不欢而散。

近义 各抒己见

反义 众口一词　异口同声

各执一词 gè zhí yī cí

【释义】执:坚持。词:言辞。指各人坚持各自的说法。也作"各执一端"。

【用法】用于形容看法不一致。

【例句】屈原的《楚辞》是中国文学史上一团最为美丽与深邃的星云,既光彩照人,又扑朔迷离。于今对它的研究,仍是～,莫衷一是。

各执一端 gè zhí yī duān

见243页"各执一词"。

各自为政 gè zì wéi zhèng

【释义】为政:处理政事,泛指办事。各自按照各自的主张办事,不与别人配合协作,不顾全局。

【例句】军阀统治时期,各省～,百姓苦不堪言。

近义 各行其是

反义 同心协力

根深蒂固 gēn shēn dì gù

【释义】蒂:花或瓜果跟枝、茎相连的部

分。固:牢固。根扎得深,蒂长得牢。比喻基础牢固,难以动摇。

【用法】常用来形容势力、意识、习惯等由来已久,不易动摇或改变。含贬义。

【例句】习惯一旦养成,往往～,不容易转变。

近义 根深叶茂　盘根错节　磐石之固

反义 摇摇欲坠

根深叶茂　gēn shēn yè mào

【释义】树根扎得深,树的枝叶才能茂盛。比喻根基深厚牢固,兴旺发达。

【例句】孔林中的大柏树棵棵～,古木苍天。

近义 根深蒂固

反义 梗泛萍漂

根生土长　gēn shēng tǔ zhǎng

【释义】指在当地出生当地长大或在某家出生某家长大。

【用法】多用于口语。

【例句】他父辈都在四川,他也是～的四川人。

近义 土生土长

亘古未有　gèn gǔ wèi yǒu

【释义】亘:贯穿,延续不断。从古到今从来没有过。

【用法】用于形容事物的出现是空前的。

【例句】上海世博会是一次成功的盛会,其参展国家和组织的数量,可谓～。

近义 前所未有　史无前例

反义 史不绝书

提示 "亘"不能写成"恒"。

更名改姓　gēng míng gǎi xìng

见 231 页"改名换姓"。

更仆难数　gēng pú nán shǔ

【释义】更:改换。仆:原指傧相,后指仆人。数:说。本指换了几班傧相,而宾主要说的话还没有说完。后用于形容人或事物繁多,数不过来。

【用法】用于人或事物。

【例句】中国的古籍浩如烟海,～。

近义 数不胜数

反义 屈指可数

更深夜静　gēng shēn yè jìng

【释义】更:旧时夜间计时单位,一夜分五更。夜已深沉,非常寂静。

【例句】每到～的时候,她就会想起母亲在世时的情景。

近义 夜深人静

更新换代　gēng xīn huàn dài

【释义】更、换:改换。新的代替过时的。

【例句】不少工厂采用先进技术,促进了产品的～。

近义 推陈出新

耿耿于怀　gěng gěng yú huái

【释义】耿耿:心事重重的样子。心中总是想着,不能忘记。

【用法】用于形容某件事挂在心里,不能忘怀;也可形容对某事感到不快、不满,梗在心里,难以释怀。

【例句】她对于三年前发生的那件事一直

～。/贾政一方面暗喜宝玉的才情,一方面又对宝玉的评议～。

近义 念念不忘　没齿不忘

反义 无介于怀　置之脑后

绠短汲深　gěng duǎn jí shēn

【释义】绠:打水用的绳子。汲:打水。用短的井绳从深井里打水。比喻能力薄弱,难以担任艰巨的任务。

【用法】多用作谦辞。

【例句】我们组才单力弱,～,恐怕无法将这项任务圆满完成。

近义 力不胜任

更上一层楼　gèng shàng yī céng lóu

【释义】更:再。原意是要想看得更远,就要登得更高。

【用法】现用于勉励人再提高一步。

【例句】肯于付出"消得人憔悴"的代价,才能～,取得更加辉煌的战果。

近义 竿头日进

反义 故步自封　安于现状

弓腰驼背　gōng yāo tuó bèi

见248页"拱肩缩背"。

公报私仇　gōng bào sī chóu

【释义】假借公事来报个人的仇。

【用法】一般用作贬义。

【例句】因为一点过失而遭到降级处分,德森便乘机对他～。

近义 挟私报复

公道自在人心　gōng dào zì zài rén xīn

【释义】公正的道理存在于众人心中。指群众对事件的是非曲直知道得清清楚楚。

【例句】这位教授生前不被肯定,但现在学术界对他的贡献重新作了评价。可见～。

公而忘私　gōng ér wàng sī

【释义】而:也作"尔"。一心为公而忘记了个人私事。

【用法】一般用作褒义。

【例句】这两位同志破釜沉舟、～的勇气,是值得我们佩服的。

近义 大公无私　国而忘家

反义 假公济私

公事公办　gōng shì gōng bàn

【释义】公事按公家规定的制度办理。

【用法】用于指不讲私情。含褒义。

【例句】在这件事情上,我希望他能～,不要存有私心。

近义 公正无私

公私兼顾　gōng sī jiān gù

【释义】公家和私人两方面的利益都照顾到。

【例句】这项工作需要他大量搜集材料研究材料;同时,这些材料又是他写论文的素材,这也算是～吧。

近义 公私两便

反义 公而忘私

公正无私　gōng zhèng wú sī

【释义】私:私心。公道正直,没有私心。

【例句】群众是通情达理的,领导干部只要尊重群众、～,真心诚意为群众办事,就会得到群众的支持。

近义 正直无私　大公无私

反义 自私自利

公之于世　gōng zhī yú shì

【释义】公:使公开。之:代词。于:向(介词)。世:社会。指(将某事)向社会公开。

【例句】1986年,一个面向21世纪的中国战略性高科技发展计划正式～。

公子王孙　gōng zǐ wáng sūn

【释义】公子:诸侯嫡子以外的其他诸子。王孙:王者的后代。泛指官僚、贵族的子孙。

【用法】多含贬义。

【例句】这些生活的艰辛,不是那些～能懂的。

近义 纨绔子弟

功败垂成　gōng bài chuí chéng

【释义】功:功业。垂:将近。事情在即将成功之际遭到失败。

【用法】含惋惜意。

【例句】都怪我不小心,才会使计划～,白费力气。

近义 功亏一篑

反义 大功告成

功不可没　gōng bù kě mò

【释义】没:掩藏,埋没。指功劳不能被埋没。

【用法】用于形容功劳很大。

【例句】在下午的比赛中,四川电信女兵终于迎来了本赛季第一个主场胜利,而出任第二单打、双打的李晓霞～。

功成不居　gōng chéng bù jū

【释义】居:占有。立下功劳,却不占为己有。

【用法】现多指有了成绩却不把功劳归于自己。

【例句】王铁人～,始终保持着普通劳动者的本色。

反义 身高自大　居功自傲

功成名就　gōng chéng míng jiù

【释义】就:完成。有了功绩,才有名声。

【用法】现指功业建立了,名声也有了。

【例句】体育健儿们～之后,都会不约而同地选择进校学习,以全面提高自己。

近义 身显名扬

反义 白首空归　身败名裂

功成身退　gōng chéng shēn tuì

【释义】身:自己。功业成就之后自己就脱身引退。指主动辞去官职。也作“名成身退”。

【例句】他在圆满完成那项任务后,便～了。

近义 急流勇退

反义 急流勇进

功德无量　gōng dé wú liàng

【释义】功德:功劳和恩德。本为佛教用语,指佛教徒行善、诵经、念佛、为死者做佛事等。无量:没有限量,难以计算。原指佛教徒做的功德无数。现称颂功绩恩德极大,无法估量。

【用法】用于称颂做了有益于社会的大好事,其功劳和恩德极大。

【例句】他这一生捐资助了数百个学生上学,真是～。

功德圆满　gōng dé yuán mǎn

【释义】功德:功业与德行,佛教指诵经、布施、行善等。圆满:没有欠缺或漏洞,令人满意。指佛事、法会等顺利结束。

【用法】用于指事情圆满完成。

【例句】这事情到此,也算～了,晚上咱们好好庆祝一番吧。

近义 行满功圆　大功告成

反义 行亏名缺

功亏一篑 gōng kuī yī kuì

【释义】亏:缺少。篑:装土的竹筐。堆筑很高的土山,只差最后一筐土,未能完成。比喻做事只差最后一点而没能成功。

【用法】多用于缺少最后一点人力或物力而失败。含惋惜意。

【例句】只怕兴趣不专一,信心易动摇,那就难免～。

近义 功败垂成

反义 大功告成

提示 "篑"不读 guì,不能写成"溃"。

功力悉敌 gōng lì xī dí

【释义】功夫与力量,双方都不相上下。

【用法】用在两种事物或力量的比较方面。

【例句】这两位画家的作品～,各有所长。

近义 势均力敌 旗鼓相当

功名盖世 gōng míng gài shì

【释义】功绩和名声都极大,当代没有能相比的。

【用法】多用于伟人。

【例句】老一辈革命家～,但从不居功自傲。

近义 功盖天地 功均天地

功名利禄 gōng míng lì lù

【释义】功名:旧指科举称号或官职名位。禄:旧称官吏的俸给。指科举应试考中后升官发财。泛指名利地位。

【例句】他们比起那一班读死书的和追求～的人,总算进步多了。

攻城略地 gōng chéng lüè dì

【释义】略:掠,夺取。攻占城池,夺取地盘。

【用法】用于战争或商场方面。

【例句】经过一番～,他已经取得公司一半以上的股份。

近义 蚕食鲸吞 巧取豪夺

攻其不备 gōng qí bù bèi

【释义】趁敌方没有防备时进攻,行动出乎对方意料之外。

【例句】出其不意,～,就可全歼敌人。

近义 出其不意 击其不意

攻其一点,不及其余 gōng qí yī diǎn, bù jí qí yú

【释义】攻:攻击。及:顾及。指抓住对方某一弱点进行攻击,而不管他的其他方面如何。

【例句】人都有缺点,但从全面考查,薛冰是个好同志,我们不能～。

攻守同盟 gōng shǒu tóng méng

【释义】攻守:进攻和防守。同盟:为采取共同行动而缔结盟约。指共同作案的人为了对付追查或审讯而事先约定共同隐瞒、互不揭发的行为。

【例句】一听马向东夫妇把事情安排得这么周密,宁先杰和李经芳紧张的情绪稍有放松,他们便积极地参与策划,统一口

G

径,订好～。

攻无不克　gōng wú bù kè

【释义】只要进攻,没有攻不下来的。形容每战必胜,所向无敌。

【用法】常与"战无不胜"连用,形容百战百胜。

【例句】他把这支部队说成是～、战无不胜的天降神兵。

近义 战无不胜

供不应求　gōng bù yìng qiú

【释义】应:满足。供应的数量不能满足实际需求。

【用法】多用于商品。

【例句】当时这本书很受读者欢迎,常常～。

反义 供过于求

供过于求　gōng guò yú qiú

【释义】供应的数量超过了实际需求。

【用法】多用于商品。

【例句】社会上中高档餐馆已经～,老百姓更需要的是吃家常便饭的中低档餐馆。

反义 供不应求

恭敬不如从命　gōng jìng bù rú cóng mìng

【释义】恭敬:谦恭有礼貌。对人谦恭礼让不如听从他的吩咐。

【用法】多用作接受对方馈赠或安排时的谦辞。

【例句】既然老伯母有吩咐,就～,我就接受邀请吧。

躬逢其盛　gōng féng qí shèng

【释义】躬:亲自。亲身参加了那个盛典或经历了那种盛世。

【例句】这样的盛典,我能够～也就足以自豪了。

近义 躬逢盛事

觥筹交错　gōng chóu jiāo cuò

【释义】觥:古代用兽角做的酒器。筹:行酒令(饮酒时做可分输赢的游戏)时用的筹码。交错:交叉,错杂。指行酒令时酒器与筹码交相错杂。

【用法】用于形容宴席上饮酒行令的热闹场面。

【例句】席间,～,谈笑风生,大家都很兴奋。

近义 传杯弄盏

反义 自斟自饮

提示 "觥"不读 guāng。

拱肩缩背　gǒng jiān suō bèi

【释义】耸起肩膀,弯着脊背。也作"弓腰驼背"。

【用法】用于描述畏寒、衰老或猥琐的样子。

【例句】他本来就瘦小,穿着那几件旧衣裳,越发显得～。

拱手听命　gǒng shǒu tīng mìng

【释义】拱手:两手在胸前合抱以示敬意。拱着手听从命令。

【用法】用于形容恭敬顺从。

【例句】他只要一出马,众人便～。

近义 俯首听命

供认不讳　gòng rèn bù huì

【释义】供:被告人陈述案情。认:承认。讳:有所顾忌而隐瞒不说。指被告人承认所做的事情,没有隐瞒。

【例句】经审问,这名犯罪嫌疑人对杀人一事～。

勾魂摄魄　gōu hún shè pò

【释义】勾:招引。摄:吸取。勾取人的灵魂。比喻事物具有非常大的吸引力或威吓的力量。

【用法】常用来形容美丽女人对男人的魅力。

【例句】那姑娘模样生得标致,尤其是那一双水汪汪的眼睛,更为～。

勾心斗角　gōu xīn dòu jiǎo

见249页"钩心斗角"。

钩深致远　gōu shēn zhì yuǎn

【释义】钩:探求。致:招致。向纵深、远大的方面探求。比喻探讨深奥的道理。

【用法】多用于指学术研究。

【例句】他在编写这部科学巨著的时候,～,呕心沥血。

近义　阐幽明微　探赜索隐

钩心斗角　gōu xīn dòu jiǎo

【释义】心:宫室的中心。角:檐角。原指建筑物内外结构精巧工致。现用来指各用心机,明争暗斗。也作"勾心斗角"。

【用法】含贬义。

【例句】他人谁会想到他为了争一点无聊名声,竟肯如此～,无所不至呢?

近义　尔虞我诈　明争暗斗

反义　齐心协力　同心协力

钩玄提要　gōu xuán tí yào

【释义】钩:探求。玄:指精深的道理。探索精微,摘出纲要。

【例句】不求多,只求精,含英咀华,～

近义　提纲挈领

反义　不得要领

苟合取容　gǒu hé qǔ róng

【释义】苟合:无原则地附和。取容:讨好别人。无原则地或不讲原则地附和讨好别人。

【用法】多用于平辈或下对上。

【例句】那个国家虽然面积小,但是在外交上也不会向大国～,始终保持自己的国格和尊严。

苟且偷安　gǒu qiě tōu ān

【释义】偷:苟且。得过且过,只图眼前的安逸,不顾将来。

【例句】年轻人不能满足于优裕的物质条件而～,不思进取。

近义　苟且偷生　得过且过

反义　发愤图强　励精图治

苟且偷生　gǒu qiě tōu shēng

【释义】不作长远打算,只图眼前勉强生存下去。

【例句】就算是受寒饿死,先生也绝不愿～的。

近义　苟全性命　苟且偷安

苟全性命　gǒu quán xìng mìng

【释义】全:保全。勉勉强强保住生命。

【例句】他宁肯在马上战死也不会跪地乞降,～。

近义　苟且偷生　苟延残喘

苟延残喘　gǒu yán cán chuǎn

【释义】苟延:勉强拖延。残喘:临死时仅存的喘息。指勉强拖延一口没断的气。

【用法】用于形容苟且活着或勉强维持生存。

【例句】一个当上猴王没几年的老猴子,被年轻的猴子轻松地打翻在地,不得不躲到一个角落里～。/那家公司已面临破产,换几个无关紧要的领导也只能是～。

近义　苟全性命　苟且偷生

反义 宁死不屈　视死如归

狗急跳墙　gǒu jí tiào qiáng

【释义】比喻走投无路时不顾后果地行动。

【用法】用于比喻坏人陷于绝境时的挣扎。含贬义。

【例句】另三个歹徒见同伙被抓，～，疯狂地扑向民警小陈。

近义 铤而走险　困兽犹斗

狗尾续貂　gǒu wěi xù diāo

【释义】貂：貂尾，古代帝王的近侍官员用作帽饰。貂尾不够用，就拿狗尾代替充数。原指封官太多太滥。后比喻拿不好的东西接到好的东西后面，显得前后不相称。

【用法】多指续写的文学作品不如原作。

【例句】《围城之后》虽经多次修改，数易其稿，终也逃不脱～的结局。

近义 蝇粪点玉

反义 珠联璧合

狗血喷头　gǒu xuè pēn tóu

【释义】比喻骂得十分厉害，就像用狗血喷在对方头上一样。

【例句】小王上次在客户面前说假话误了那桩生意，就被经理骂了个～。

近义 破口大骂

狗仗人势　gǒu zhàng rén shì

【释义】仗：倚仗。指狗倚仗主人之势而咬人。比喻手下的人倚仗主人的势力欺人。

【用法】常用作骂人的话。

【例句】这小子仗着父亲当了乡长，在村子里作威作福，最终也不过是～，没有好下场。

近义 狐假虎威

狗嘴吐不出象牙　gǒu zuǐ tǔ bù chū xiàng yá

【释义】比喻心眼不好的人嘴里说不出好话来。

【用法】含讥讽或调侃意味。

【例句】别上他的当，他这～，肯定是骗咱们的。

呱呱坠地　gū gū zhuì dì

【释义】呱呱：婴儿啼哭声。胎儿从母腹落地降生。比喻新生事物产生。

【例句】产品出厂犹如胎儿孕育成熟，～，当务之急就是要有一个让人过耳难忘的好名字。

提示 "呱"不读 guā。

沽名钓誉　gū míng diào yù

【释义】沽：买。钓：用手段猎取。用各种不正当的手段谋取名誉。

【用法】含贬义。

【例句】个别人借着媒体大肆宣扬自己的善举，就是为了～，真是太不应该了。

近义 沽名卖直　射利沽名

反义 实至名归　名副其实

提示 "沽"不能写成"估"。

孤臣孽子　gū chén niè zǐ

【释义】孤臣：失势而孤立无助的臣子。

孽子;非正妻所生之子 指遭到排挤而仍忠于君父或祖国的人。

【例句】钱谦益在清军南下时,起初扬言要做明之～,而清军一到,他却率先投降。

孤儿寡妇 gū ér guǎ fù

【释义】死了父亲的孩子,死了丈夫的妇女。

【用法】泛指无依无靠、失去保护的弱者。

【例句】在漫漫的长夜里,～受着无穷无尽的精神上的折磨。

孤芳自赏 gū fāng zì shǎng

【释义】一枝独秀的香花自我欣赏。比喻自命清高,自我欣赏。

【例句】新来的女员工小张自恃年轻漂亮,～,目中无人。

近义 顾影自怜　自命清高

反义 妄自菲薄　自惭形秽

孤家寡人 gū jiā guǎ rén

【释义】孤家、寡人:古代帝王或诸侯的谦称。比喻十分孤立或孤单的人。

【用法】常用来比喻脱离群众,孤立无助者。

【例句】殷纣王虽有雄才大略,但一味搞～,不知修身戒己,结果国破身亡。

孤军奋战 gū jūn fèn zhàn

【释义】孤军:孤立无援的部队。在没有援军的情况下英勇作战。

【用法】也比喻在没有外力配合的情况下坚持斗争。

【例句】办好这事一定要发动广大群众,～是很难获得成功的。

近义 孤立无援

反义 同仇敌忾

孤苦伶仃 gū kǔ líng dīng

【释义】伶仃:孤独的样子。孤单困苦,无依无靠。也作"伶仃孤苦"。

【用法】形容人不仅孤单,而且困苦无依,可用此语。

【例句】自从父母在那场意外中去世,他便～地靠打零工过日子。

近义 孤身只影　孑然一身

孤立无援 gū lì wú yuán

【释义】单独行事,没有援助。

【例句】他这样一意孤行,注定会陷入～、四面楚歌的境地。

近义 孤军奋战

孤陋寡闻 gū lòu guǎ wén

【释义】陋:见闻少。学识浅陋,见闻太少。

【用法】常用于向人请教,用作谦辞。

【例句】这是目前社会上最热门的话题,你居然不知道,真是～。/小弟～,望你们多指教!

近义 短见薄识　浅见寡闻

反义 博物洽闻　博学多闻　殚见洽闻

孤身只影 gū shēn zhī yǐng

【释义】只:单独的。孤零零的身影。

【用法】用于形容十分孤单。

【例句】他曾经也是儿女成群,到晚年却～,卧病空楼,好生凄凉。

近义 形单影只　孤苦伶仃

提示 "只"不读 zhǐ。

孤行己见 gū xíng jǐ jiàn

【释义】不接受别人的意见,固执地照自己的意见行事。

【例句】过去和现在都有这样的人,在集体行动中,总是～,结果搞得大家都不

G

高兴。

近义 一意孤行

反义 集思广益

孤云野鹤　gū yún yě hè

【释义】单一飘荡的浮云,四处飞翔的仙鹤。旧指闲散自在,不求名利的人。指过着闲散生活的隐士。

【例句】二人的武功一师所授,艺成下山,龙剑生投身军旅建功立业,官拜大将军职位,陈剑云性喜括冲恬静,到此时仍是～。

近义 闲云野鹤

孤掌难鸣　gū zhǎng nán míng

【释义】孤掌:一个巴掌。鸣:发出声音。指一个巴掌难以拍响。

【用法】用于比喻力量单薄,难以做成事情。

【例句】这次的成绩并不是我一个人的,没有伙伴们的配合,我也是～。

近义 单丝不线　独木难支

反义 众志成城

孤注一掷　gū zhù yī zhì

【释义】注:赌注(赌博时所押的财物)。孤注:把剩下的全部本钱并为一注押下去。掷:扔、投(此指掷骰子)。指把所有的钱一下投做赌注(企图最后取胜)。

【用法】用于比喻在危急时把全部力量拿出来冒一次险,生死存亡在此一举。

【例句】日军在濒临灭亡之时～,集中了华南日军的精锐,倾其全力猛扑广西。

近义 背水一战

反义 留有余地　知难而退

姑妄听之　gū wàng tīng zhī

【释义】姑:姑且,暂且。妄:胡乱。指暂且听听,不必信以为真。

【例句】有人给我介绍某种药品的所谓神奇功效,我是～。

姑息养奸　gū xī yǎng jiān

【释义】姑息:无原则地宽容。无原则地迁就,会助长坏人坏事。

【例句】对于贪污受贿的犯罪分子,必须坚决打击,决不能心慈手软,～。

近义 养虎遗患　放虎归山

近义 除恶务尽

姑置勿论　gū zhì wù lùn

【释义】姑:姑且。置:放下。姑且放在一边不去谈论。

【例句】这本书里,文学史的任务是什么,作者～,而大论其他。

近义 存而不论

辜恩背义　gū ēn bèi yì

【释义】辜:辜负。背:背弃。辜负别人对自己的恩德,违背信义做出对不起别人的事情。

【例句】丢掉革命传统,对人民～,是要受到惩罚的。

近义 负德孤恩　忘恩负义

反义 感恩图报　感恩戴德

古道热肠　gǔ dào rè cháng

【释义】古道:远古朴实淳厚的风尚。热肠:热心肠。形容真挚热情,乐于助人。

【例句】她的诚恳、坦率、善解人意、～,很快就会解除你的拘束。

近义 解衣推食　慷慨仗义

反义 冷若冰霜　视同路人

古怪刁钻　gǔ guài diāo zuān

见167页"刁钻古怪"。

古木参天 gǔ mù cān tiān

【释义】古:经历多年的。参天:(树木等)高耸云天。形容古树高入云天。

【例句】道旁,～,苍翠欲滴。

古今中外 gǔ jīn zhōng wài

【释义】总括古代、现在、国内、国外。

【用法】常用来形容普遍。

【例句】这是～都未解决过的重大科研课题。

近义 古往今来

古色古香 gǔ sè gǔ xiāng

【释义】形容书画、器物和建筑等富于古雅的色彩和情调。也作"古香古色"。

【用法】常用于称赞物品、艺术品或居室布置很有古雅风格。

【例句】我们在导游的带领下,走进了一间～的房子。

古圣先贤 gǔ shèng xiān xián

【释义】泛指古代杰出的有成就有影响的人。

【例句】从前写文章的人说到义理时,往往只是指～已经说过的道理。

古往今来 gǔ wǎng jīn lái

【释义】从古到今。也作"今来古往"。

【例句】～,有多少风华少年,在酒色财气的迷惘中浪费了最宝贵的青春。

近义 古今中外

古为今用 gǔ wéi jīn yòng

【释义】批判地继承古代文化遗产,使之为今天所用。

【例句】我们要本着～的指导思想去研究古代文化。

反义 以古非今

古稀之年 gǔ xī zhī nián

【释义】古稀:指七十岁。指人七十岁的年龄。

【例句】老伯到了～,身体还这么健壮,真是难得。

古香古色 gǔ xiāng gǔ sè

见253页"古色古香"。

股肱耳目 gǔ gōng ěr mù

【释义】股:大腿。肱:胳膊从肘到肩的部分。比喻辅佐帝王的大臣。

【用法】现用于比喻十分亲近的得力助手。

【例句】诸葛亮可以说是刘备的～。

提示 "肱"不读 hóng。

股掌之间 gǔ zhǎng zhī jiān

见253页"股掌之上"。

股掌之上 gǔ zhǎng zhī shàng

【释义】股:大腿。大腿和手掌上面。比喻在操纵、控制的范围以内。也作"股掌之间"。

【例句】市场如魔方变幻莫测,唯有产品的高质量才能玩魔方于～。

骨鲠在喉 gǔ gěng zài hóu

【释义】鲠:鱼骨,鱼刺。鱼、肉等的小骨卡在喉咙里。比喻心中有话没有说出来,非常难受。

【例句】他看到别人将纸屑扔到大街上,就如～,非要劝诫一番才觉得心里好受。

提示 "鲠"不能写成"哽"。

骨肉相连 gǔ ròu xiāng lián

【释义】像骨头和肉一样相互连接着。比喻关系密切,不可分离。

【例句】他没日没夜地思念自己的家,思

G

念自己～的亲人。

骨肉至亲　gǔ ròu zhì qīn

【释义】至亲：关系最近的亲属。指有直接血缘关系的亲属。也比喻最亲近的人。

【例句】究竟是怎样残忍的人，忍心这样伤害自己的～。

骨瘦如柴　gǔ shòu rú chái

【释义】瘦得像干柴。

【用法】形容非常瘦，多用于人。

【例句】在父亲最后的日子里，他被肝病折磨得～日夜呻吟。

近义 瘦骨伶仃

反义 大腹便便　脑满肠肥

蛊惑人心　gǔ huò rén xīn

【释义】蛊：传说中的一种毒虫。指迷惑、毒害人的思想。

【例句】我们要对那些～的言论高度重视，及时抵制。

近义 造谣惑众　妖言惑众

提示 "蛊"不能写成"鼓"。

鼓舌如簧　gǔ shé rú huáng

【释义】比喻人花言巧语，喋喋不休。

【用法】常用作贬义。

【例句】那个上门的推销员，为了推销其产品，真是能说会道、～。

毂击肩摩　gǔ jī jiān mó

【释义】毂：车轮中心插轴的圆孔。车轮碰车轮，肩膀擦肩膀。

【用法】用于形容行人车马众多，往来拥挤。

【例句】上海有些老弄堂里面，熙来攘往、～。

近义 摩肩接踵　水泄不通

反义 冷冷清清

固步自封　gù bù zì fēng

见 254 页"故步自封"。

固若金汤　gù ruò jīn tāng

【释义】金汤：指用金属造的城墙和用滚烫的水灌成的护城河。指坚固得如同金城和汤池。

【用法】用于形容城池或阵地等非常坚固，不易攻破。

【例句】曾以为～、四十多年不曾失守的大堤，却被滔滔江水一举摧毁。

反义 危如累卵

固执己见　gù zhí jǐ jiàn

【释义】固：坚持。坚持自己的意见，不肯改变。

【用法】多指不肯改变错误的见解或不正确的观点。

【例句】他们几个之间偶尔也有争论，但从来没有哪个～。

近义 一意孤行

故步自封　gù bù zì fēng

【释义】故步：原来的步子，老步子。自封：自己限制自己。指停留在老路上，把自己封闭在原地。也作"固步自封"。

【用法】用于比喻安于现状，不求进步。

【例句】他总是～，不肯面对日新月异的世界，真是老顽固。

近义 墨守成规　因循守旧

反义 革故鼎新　推陈出新

故伎重演　gù jì chóng yǎn

【释义】故：旧的。伎：花招，伎俩。旧花招、老手腕又重新施展出来。形容玩弄老花招，反复地骗人。

【例句】这一次，他又～，可惜没有人再相

信他了。

近义 袭人故智

反义 花样翻新

故弄玄虚   gù nòng xuán xū

【释义】故:有意。玄虚:指难以捉摸的花招。故意玩弄使人迷惑的欺骗手段。

【例句】这本来是个简单的问题,但是主持人～,嘉宾们也不知如何回答了。

近义 装神弄鬼   弄虚作假

反义 实事求是

故态复萌   gù tài fù méng

【释义】故态:老脾气,老样子。萌:发生。指旧习气或老毛病重新表现出来。

【用法】常用于描述坏习惯结束一段时期后又再产生。

【例句】他才规矩了半个月,又～,真是江山易改,本性难移啊。

近义 旧病复发   故伎重演

反义 脱胎换骨   痛改前非

顾此失彼   gù cǐ shī bǐ

【释义】顾:照管。顾了这个,丢了那个。

【用法】用于形容无法全面照顾或难以兼顾。

【例句】我们在考虑问题时,要充分考虑事物的全面性,决不能～。

近义 挂一漏万   左支右绌

反义 面面俱到

顾名思义   gù míng sī yì

【释义】顾:看。看到名称就联想到它的含义。

【用法】多用于解释名实相副的事物方面。

【例句】川剧,～,是流传于四川及其周边地区的一种地方戏剧。

近义 名副其实

反义 词不达意

顾盼生姿   gù pàn shēng zī

【释义】姿:姿色,姿态。回首抬眼之间就有美妙的姿色。形容眉目传神,姿态动人。

【用法】多用于描写女性眼神。

【例句】她那双眼～,流光溢彩,美丽极了。

近义 眉目传神

顾盼自雄   gù pàn zì xióng

【释义】顾、盼:看。左顾右盼,自视不凡。形容自以为了不起的样子。

【用法】多用于书面语。含贬义。

【例句】小何看得出来,主任同他讲话的样子,完全是一副居高临下,～的姿态。

近义 目空一切   自命不凡   自高自大

反义 自惭形秽

顾全大局   gù quán dà jú

【释义】大局:全局,整体。照顾整个局面,使各方面不受损害。

【例句】他～,服从整体的安排,勤勤恳恳、任劳任怨地完成上级交给的各项工作。

反义 不识大体

顾小失大   gù xiǎo shī dà

【释义】因贪图小利而损失大利。

【用法】多用作贬义。

【例句】其实明眼人一看就知道这是一个不平等合约,那家公司～,完全得不偿失。

顾影弄姿   gù yǐng nòng zī

见 610 页"搔首弄姿"。

顾影自怜　gù yǐng zì lián

【释义】怜：怜惜；喜爱。望着自己的影子，自己怜惜自己。形容孤独失意。也指自我欣赏。

【例句】她在那次地震中失去家人，逢年过节便～。/每日清晨梳妆，看着镜中青春美丽的自己，她总不免～一番。

近义　形单影只　孤芳自赏

反义　自惭形秽　自轻自贱

提示　"顾"不能写成"故"。

顾左右而言他　gù zuǒ yòu ér yán tā

【释义】顾：回过头来看。言：说。他：其他。指左看看右看看，有意避开主题而说别的。

【用法】用于形容不好正面回答问题而支吾其词的样子。

【例句】一说到这个项目的资金去向，他便～，想以此混过去。

瓜分豆剖　guā fēn dòu pōu

见 177 页"豆剖瓜分"。

瓜熟蒂落　guā shú dì luò

【释义】蒂：瓜果跟枝茎相连的部分。瓜熟了，瓜蒂就会脱落。也比喻条件或时机成熟，事情自然成功。

【用法】可用于描述女人怀孕到了生产之期自然会分娩，或等待事情酝酿成熟。

【例句】你与其费尽心思天天操心这件事，不如让它顺其自然～好了。/脐带，作为～的一个证明，对于脱离母体后的新生命来说，实在是没有多大用处。

近义　水到渠成

反义　揠苗助长

瓜田李下　guā tián lǐ xià

【释义】经过瓜田不弯腰拔鞋跟，走过李树下，不抬手整帽子，避免偷瓜摘李的嫌疑。比喻容易引起嫌疑的地方。也作"李下瓜田"。

【例句】考试时东张西望，窃窃私语，就难免有～的嫌疑。

刮目相待　guā mù xiāng dài

见 256 页"刮目相看"。

刮目相看　guā mù xiāng kàn

【释义】刮目：指彻底改变眼光。用新的眼光来看待发展中的人或事。也作"刮目相待"。

【例句】这篇文章的发表，让人对她的才气～。

近义　另眼相看

反义 视同一律

寡不敌众 guǎ bù dí zhòng

【释义】寡:少。敌:抵挡。人少的一方抵挡不住人多的一方。

【用法】多用于打斗或战争方面。

【例句】周瑜虽处于有利的地势,仍然怕～,于是下令撤回船只。

近义 众寡悬殊

反义 势均力敌　以少胜多

寡廉鲜耻 guǎ lián xiǎn chǐ

【释义】寡、鲜:少。廉:廉洁。不廉洁,不知羞耻。形容人没有操守,不知廉耻。

【用法】用于指人做了没有操守的事,不知羞耻,多用于民族败类和道德败坏的人。

【例句】我们是正经人家,犯不着跟这种～的人去理论,总有人会来收拾他的。

近义 厚颜无耻　恬不知耻

反义 高风亮节　洁身自好

提示 "鲜"不读 xiān。

寡情少义 guǎ qíng shǎo yì

【释义】形容人冷酷无情、刻薄自私。

【例句】他平时就是～的人,做出这样自私的事情也不足为奇了。

反义 深情厚谊

寡言少语 guǎ yán shǎo yǔ

【释义】寡:少。指很少说话,不爱说话。

【例句】此人三十来岁,～,在华工中颇有信誉。

近义 沉默寡言

挂羊头,卖狗肉 guà yáng.tóu mài gǒu ròu

【释义】门上挂着羊头,店内卖的却是狗肉。比喻用好的名义做幌子,实际上做坏事。也作"悬羊头,卖狗肉"。

【用法】用于比喻名实不相符。

【例句】对市场上那些～的商家,消费者必须提高警惕,以免上当。

反义 货真价实

挂一漏万 guà yī lòu wàn

【释义】挂:列举。提到一个,漏掉万个。形容列举得很不完全,遗漏极多。

【用法】常用作谦辞。

【例句】这只是一个粗略的统计,～之处,在所难免。

近义 顾此失彼

反义 巨细靡遗　滴水不漏

拐弯抹角 guǎi wān mò jiǎo

【释义】拐弯:行路转方向。抹角:绕过拐角。指沿着弯弯曲曲的路走。比喻说话、写文章绕弯子,不直截了当。也作"转弯抹角"。

【例句】这是一条深巷,他们～地才找到了阿强的住处。/如果对方说话很直,不会～,你也应该坦诚、实在。

近义 隐晦曲折

反义 直截了当　单刀直入

怪模怪样 guài mú guài yàng

【释义】装束打扮奇特,或举止态度怪异。

【例句】商店里进来一个女人,打扮得～的。/一个女看守～地朝他们走过来。

关怀备至　guān huái bèi zhì

【释义】备至:极其周到。关心得非常周到。

【用法】常指长辈对小辈的关心。

【例句】班主任李老师在生活上对每个同学都～。

近义 关心备至
反义 漠不关心

关门大吉　guān mén dà jí

【释义】指商店倒闭或企业破产停业。

【例句】这家餐厅的地点不好,顾客总是寥寥无几,不久就～了。

关山迢递　guān shān tiáo dì

【释义】关山:关口和山岳。迢递:遥远的样子。形容关口和山岳相连,路途极其遥远。

【用法】用于形容路途遥远且险阻甚多。

【例句】此去～,兄长一路可要多保重呀!

近义 天各一方
反义 近在咫尺

提示 "迢"不读 zhāo。

关心备至　guān xīn bèi zhì

【释义】备至:极其周到。形容对各个方面都极其关心。

【用法】用于人和事情等,范围较广。

【例句】刚开完会,他就匆匆来到医院,找医生,问病情,到病房,忙不停,可见他对长春的病～。

近义 关怀备至
反义 漠不关心

观者如堵　guān zhě rú dǔ

【释义】堵:墙。形容观看的人多,密集得如同围墙一般。

【用法】多用于书面语。含褒义。

【例句】会后,数十辆整饰一新的汽车做

环城游行,所到之处,市民夹道欢迎,～。

官复原职　guān fù yuán zhí

【释义】官员因故曾被罢免或贬职,后又恢复原来的职务。

【例句】在审理杀人案中,秦涧泉觉察到,与知府关系密切的望月庄十分可疑。秦涧泉正要深追之际,一纸公文将代知县的他罢免,原县令～。

官样文章　guān yàng wén zhāng

【释义】本指官场上有固定格式和套语的例行公文。引申为徒具形式、没有实际意义的虚文滥调。

【例句】厂长在大会上念的这些～,职工早就听得不耐烦了。

冠盖如云　guān gài rú yún

【释义】冠、盖:古代官员的礼帽和车盖,借指官吏。形容很多官吏士绅聚会云集。

【用法】多用于历史。

【例句】剪彩仪式到的客人,简直是古语所谓～,洋洋大观。

近义 门庭若市
反义 门可罗雀

冠履倒置　guān lǚ dào zhì

【释义】帽子穿在脚上,鞋子戴在头上。比喻上下位置颠倒或尊卑不分。

【例句】他那样没啥能耐的人竟然身居要职,真是～。

冠冕堂皇　guān miǎn táng huáng

【释义】冠冕:古代帝王、官员戴的帽子,借指有身份,体面。堂皇:很有气派。形容故意显得外表庄严体面或正大的样子,实际上并非如此。

【例句】他的论调虽然听起来～,但实际上却是错误百出。

近义 堂而皇之

鳏寡孤独　guān guǎ gū dú

【释义】鳏:丧妻或无妻的男人。寡:死了丈夫的女人。孤:幼年丧父或父母双亡的孩子。独:年老没有子女的人。泛指丧失劳动力而又无依靠的人。

【例句】孔子所憧憬的社会,是一个人人都关心别人胜于关心自己的社会,～都有所养的社会。

近义 孤苦伶仃

管窥蠡测　guǎn kuī lí cè

【释义】管:竹管。窥:从孔隙中看。蠡:瓢。测:测量。从竹管里看天,用瓢测量海水。比喻眼界狭窄、片面,见识短浅。

【例句】小张对于自己一知半解的事情大发议论,无疑是～,无法令人信服。

近义 管中窥豹　坐井观天　一孔之见

反义 洞若观火　高瞻远瞩　见多识广

管中窥豹　guǎn zhōng kuī bào

【释义】管:竹管。窥:从孔隙中看。从竹管中看豹,只能见到豹身上的一块斑纹。比喻只见到事物的一小部分。

【用法】有时跟"可见一斑"连用,比喻从观察到的部分,可以推测全貌。也可用作谦辞。

【例句】来成都只参观天府广场,只能

瞧,还不能了解成都的全貌。/～,可见一斑,通过这座罕见的战国武将墓,我们可以看到当时的经济、社会和军事面貌。/我的意见只是～,可能缺乏整体性及客观性。

近义 以管窥天　坐井观天

反义 一览无余

冠绝一时　guàn jué yī shí

【释义】冠绝:遥遥领先。指在某一时期内超出同辈,首屈一指。

【例句】鲁迅先生的学问文章～。

光彩夺目　guāng cǎi duó mù

【释义】夺目:耀眼。光泽色彩鲜艳耀眼。

【用法】常用来指织物,装饰等色泽鲜艳、明亮,使人眼花缭乱。

【例句】绿色的瓦和红色的柱子,在金色的阳光照射下～。

近义 光辉灿烂

反义 暗淡无光　黯然失色

光彩照人　guāng cǎi zhào rén

【释义】光彩:光辉。形容人或事物十分美好或艺术成就辉煌,引人注目,使人敬仰。

【例句】梅兰芳大师之所以久负盛名,靠的是他在舞台上塑造的～的艺术形象。

光风霁月　guāng fēng jì yuè

【释义】光风:雨后初晴时的风。霁:雨雪停止。雨过天晴,风清月明。比喻人胸襟开阔,心地坦白,品德高尚。也作"霁月光风"。

【例句】他这一生光明磊落,襟怀有如～。

光怪陆离　guāng guài lù lí

【释义】光怪:光彩怪异。陆离:色彩繁杂。指形状奇怪,色彩繁杂。

【用法】用于形容景色五光十色,奇形怪状或事情五花八门,离奇古怪。

【例句】一闭上眼,就有许多恐怖的景象在脑海中出现,～,怵目惊心。/在经过了一系列的～的世界杯新现象后,一个回归了传统但又绝对新鲜的决赛展开了。

近义 五光十色

光辉灿烂　guāng huī càn làn

【释义】光亮耀眼,色彩鲜明夺目。形容事业、前程伟大辉煌。

【用法】一般用作褒义。

【例句】古埃及人是非洲大陆最古老的民族,曾创造了～的文化。

近义 灿烂辉煌　光芒万丈

反义 漆黑一团

光可鉴人　guāng kě jiàn rén

【释义】鉴:照。光亮得可以照见人影。形容头发油光发亮或器物表面光洁明亮。

【例句】宽大的大厅内窗明壁净,铺着地砖的地面擦洗得～,一尘不染。

近义 油光可鉴

光芒万丈　guāng máng wàn zhàng

【释义】光芒:四射的光辉。形容事物灿烂辉煌,大放异彩。

【用法】可形容著名诗文、思想体系,也可形容前程远大的新生事物。

【例句】新中国如～的旭日,在世界的东方冉冉升起。

近义 光辉灿烂

反义 漆黑一团

光明磊落　guāng míng lěi luò

【释义】光明:(胸襟)坦白,没有私念。磊落:(心地)正大,不存私心。形容人襟怀坦白,没有私心。

【用法】用于形容人公正无私。含褒义。

【例句】他平素～、热心工作、精于治学、敦厚友爱,是一位令人敬佩的学者。

近义 光明正大　磊落不凡

反义 阴险狡诈　鬼鬼祟祟

光明正大　guāng míng zhèng dà

【释义】光明:(胸襟)坦白,没有私念。正大:(言行)正当,不存私念。形容人襟怀坦白,行为正派。

【用法】用于形容人言行正派高尚。含褒义。

【例句】你做的这些事情是～的,完全可以说出来。

近义 堂堂正正　光明磊落

反义 偷偷摸摸　鬼头鬼脑

光前裕后　guāng qián yù hòu

【释义】光:光大。裕:使富足。给前人增光,为后代造福。

【用法】用于形容人功业卓著。

【例句】为家乡捐资建学校,是一件～的好事。

近义 光宗耀祖

光天化日　guāng tiān huà rì

【释义】光天:阳光照耀的天空。化日:即治日,太平的日子,避唐高宗李治讳改。原指太平盛世,现指大白天。比喻人人都看得很清楚的场合。

【用法】常用在贬义语境中,用于形容坏人行事猖狂。

【例句】～之下,他竟然敢当街抢劫,真是胆大至极。

近义 青天白日

反义 昏天黑地

光耀门楣　guāng yào mén méi

【释义】光耀:光大。门楣:门第,家庭。

指伸门第荣耀，为家庭增光。

【例句】旧社会家庭教育的目的是望子成龙,希望一朝发迹,～,荣宗耀祖。

近义 光宗耀祖

光阴荏苒　guāng yīn rěn rǎn

【释义】荏苒:时间一点一点地流逝。指时间渐渐地过去了。

【用法】用于书面语。

【例句】～,斗换星移,不知不觉已经十年过去了。

近义 光阴似箭

反义 昏天黑地

光阴似箭　guāng yīn sì jiàn

【释义】时光像射出的箭一样飞快地流逝。

【用法】用于形容时间过得极快。

【例句】～,岁月如梭,一晃四年过去了,到毕业道别的时候了。

近义 白驹过隙　日月如梭　光阴荏苒

光宗耀祖　guāng zōng yào zǔ

【释义】耀:显扬。为宗族增光,使祖先荣耀。形容功成名就,光耀门庭。

【例句】他发誓,为了～,一定要把这事干出个名堂来。

近义 光前裕后　光耀门楣　扬名显亲

反义 辱门败户

广而告之　guǎng ér gào zhī

【释义】广泛宣传,使公众都知道。

【用法】泛指一切不针对特定对象的公告,包括公益广告、商业广告等。

【例句】那些电子服务的创建者应当将它们～,而且应当拥有耐心,总有一天方便易行的方法能够得到人们的欢迎。

广开言路　guǎng kāi yán lù

【释义】广:扩大。开:开辟、打开。言路:向领导进言的途径。指领导尽量给下属或群众创造发表意见的条件。

【例句】我们要～,让各方面的意见、要求、批评和建议充分地反映出来。

反义 闭目塞听　独断专行

广陵绝响　guǎng líng jué xiǎng

【释义】广陵:古代"扬州"的别称,此处指琴曲《广陵散》,即扬州一代流传的乐曲。比喻失传的技艺、学问等。

【例句】民间的糖人艺术,再不抢救,就要成～了。

广漠无垠　guǎng mò wú yín

【释义】广漠:广大空旷。垠:界限,边际。指广大空旷,无边无际。

【用法】用于形容地域辽阔。

【例句】在这～的戈壁里,出现伊犁这样富饶美丽的绿洲,是由于伊犁河的哺育和灌溉。

广庭大众　guǎng tíng dà zhòng

见147页"大庭广众"。

广土众民　guǎng tǔ zhòng mín

【释义】广阔的土地和众多的人民。也指扩展土地,增加人口。

【用法】多用于国家。

【例句】如此～的国家说财政经济无办法,要去掠夺别国的资源,真是没有道理。

近义 地大物博

反义 小国寡民

广种薄收　guǎng zhòng bó shōu

【释义】农业上一种粗放的经营方式,大

G

面积播种,单位面积产量较低。比喻实行的很广泛,但收效甚微。

【例句】究其原因,主要是该地区水土流失严重,坡耕地比重高,一直采用传统的~的种植方式。/这些互联网公司将所有的网游产品都拿来运营,最终也可能是~。

归根到底　guī gēn dào dǐ

见262页"归根结底"。

归根结底　guī gēn jié dǐ

【释义】归:归结。根:根本。结:结束,了结。底:根源,也作"柢"(树根)。指归结到根本上。也作"归根到底"。

【用法】常用作总结一切的用语。

【例句】当今世界的各种竞争,~就是人才的竞争:得人才者成事业,得人才者雄天下。

归心似箭　guī xīn sì jiàn

【释义】回家的念头就像射出去的箭一样。

【用法】用于形容回家的心情万分急切。

【例句】一到放假,她就~,恨不能插了翅膀立刻就飞到家里去。

反义 乐不思蜀

归真返璞　guī zhēn fǎn pú

见200页"返璞归真"。

龟年鹤寿　guī nián hè shòu

【释义】龟、鹤:相传都是长寿的动物。比喻人长寿。

【用法】多用作祝寿之词。

【例句】我们衷心祝愿老爷爷身体健康,~。

规矩绳墨　guī jǔ shéng mò

见262页"规矩准绳"。

规矩准绳　guī jǔ zhǔn shéng

【释义】规:画圆或校正圆形的工具。矩:画方或校正方形的工具。准、绳:水准仪和墨线,测定平、直的工具。比喻标准、法度。也作"规矩绳墨"。

【例句】希望先生能够早日把《国语的文法》做好寄来,使国语的文学有个~。

规行矩步　guī xíng jǔ bù

【释义】规、矩:圆规和曲尺,引申为准则、法度。指步履端正。比喻言行谨慎,举动合乎礼仪或法度。也比喻迂腐、拘谨,墨守成规,不知变通。

【例句】他们两位从来没有接触过昆曲,老师引着他们向左走,他们就~地跟着走下去了。/一个人如果处处~,谨小慎微,不敢承担风险,就不会有所创新。

近义 墨守成规　循规蹈矩

反义 目无王法　标新立异

诡计多端　guǐ jì duō duān

【释义】诡计:狡诈的计策。端:方面。指狡诈的计谋多种多样,即鬼主意多。

【用法】含贬义。

【例句】站在法庭上的是那个谈吐自如、~、唇枪舌剑的大律师乔杰栋。

近义 诡计莫测　鬼蜮伎俩

反义 心无城府　光明磊落

提示 "诡"不写作"鬼"。

鬼斧神工　guǐ fǔ shén gōng

【释义】斧:斧凿技术。工:技巧。指像鬼师高超的斧凿技术,像神匠精湛的技巧。形容工艺品、绘画、雕塑、建筑物等技艺高超。也形容自然景物奇绝。

【用法】形容技艺之精巧像鬼神制造,所指的既可是人工的东西,也可以是自然景物。

【例句】这一处处～、天造地设的胜地佳境,过去"藏在深闺人未识",如今接连被开发了。/这件雕塑作品写尽残酷,包围参孙的故军,脸上的骄矜、狂暴、惊惧、狰狞种种神情,栩栩如生,堪称～之作。

近义　神施鬼设　巧夺天工

反义　粗制滥造

鬼鬼祟祟　guǐ guǐ suì suì

【释义】鬼:躲躲闪闪,不光明。祟:迷信指鬼怪或鬼怪害人,借指不正当的行动。形容行为诡秘,不光明正大,怕人发现。

【用法】用于形容人偷偷摸摸的行为或隐秘的行动。

【例句】陆虞侯受高太尉的指使,要在草料场害死林冲,陆虞侯的～引起了店小二的怀疑,赶忙报告林冲。/小捷玛～地溜到了床前,挠了爸爸脚心几下。

近义　偷偷摸摸

反义　堂堂正正

提示　"祟"不读 cóng,不写作"崇"。

鬼话连篇　guǐ huà lián piān

【释义】谎话一篇接一篇。

【用法】用于形容大量撒谎。

【例句】他最爱瞎掰,经常～。

近义　谎话连篇

反义　实话实说

鬼哭狼嚎　guǐ kū láng háo

【释义】嚎:大叫。像鬼那样哭泣,像狼那样嚎叫。形容大声哭叫,悲惨凄厉。也泛指声音大而恐怖。

【用法】一般用作贬义。

【例句】这一仗打得敌军飞魂散魄,～。

近义　鬼哭神号　鬼哭神愁

反义　欢天喜地　莺歌燕舞

鬼迷心窍　guǐ mí xīn qiào

【释义】迷:迷惑。心窍:认识和思维的能力。指让鬼迷住了心窍。

【用法】用于形容人受迷惑,犯糊涂。

【例句】她真是～,竟然相信这个骗子的话,把所有的钱都借给了他。

鬼使神差　guǐ shǐ shén chāi

【释义】差:指使,派遣。好像鬼神暗中支使一般。也作"神差鬼使"。

【用法】用于形容事出意外或人不由自主。

【例句】在这最关键的时刻犹如～,我居然出现了失误。

近义　情不自禁

鬼头鬼脑　guǐ tóu guǐ nǎo

【释义】鬼:躲躲闪闪。形容举止诡秘,行动不光明正大或样子不正派。

【例句】一个矮小的身影,从胡同口～地闪出来。

近义　贼头鼠脑

反义　光明正大

鬼蜮伎俩　guǐ yù jì liǎng

【释义】蜮:传说能在水里暗中害人的怪物。伎俩:不正当的手段、花招。比喻用心险恶、暗中害人的阴险手段。

【例句】他揭露了邪教头目的～,使他们原形毕露。

近义　阴谋诡计

提示　"蜮"不读 huò;"伎"不读 zhī。

刿目怵心　guì mù chù xīn

【释义】刿:伤。怵:惊动。指触目惊心。

【用法】用于形容严重的情况令人震惊。

【例句】这本书记录了南京大屠杀的那段历史,字字令人～。

近义 触目惊心

提示 "怵"不读 shù。

桂子飘香　guì zǐ piāo xiāng

【释义】桂花散发浓香。形容中秋前后特有的佳景。

【用法】用于书面语。

【例句】又到了～、蟹肥菊黄的金秋时节。

衮衮诸公　gǔn gǔn zhū gōng

【释义】衮衮:连续不断,众多。诸:众,许多。公:对上了年纪的男子的尊称。诸公:敬辞,总称所指的若干男子。称众多身居高位而无所作为的官僚。

【用法】带有讽刺意味。

【例句】学校示威,工人罢工,当然要惹恼那些～。

近义 诸公要人

反义 芸芸众生

提示 "衮"不读 āi,也不能写成"哀"。

滚瓜烂熟　gǔn guā làn shú

【释义】滚圆的瓜熟透了。形容阅读、背诵特别纯熟、流利。

【例句】说到读书,倘一味背诵,～,却不细心琢磨,还不是浪费精力。

近义 倒背如流

反义 吞吞吐吐　结结巴巴

滚滚红尘　gǔn gǔn hóng chén

【释义】滚滚:形容急速地翻腾。红尘:指繁华的社会,泛指人间。指热闹繁华的社会。也指喧嚣的人世间。

【例句】苏童在《黄雀记》里描摹了一幅宛若梦境的浮世画卷,给当下～中的心带来一丝清凉和安宁。/为了实现不同的人生理想,人们在～中奔波忙碌。

国仇家恨　guó chóu jiā hèn

【释义】因国家受侵略、家庭被破坏而产生的仇恨。也作"国恨家仇"。

【例句】他为了报～,毅然参加了抗日游击队。

国而忘家　guó ér wàng jiā

【释义】只想到国事而忘记了家庭。

【用法】用作褒义。

【例句】当时改革的人,个个似乎都有一种～,公而忘私的气概。

近义 公而忘私

反义 损公肥私

国富民强　guó fù mín qiáng

见 464 页"民富国强"。

国恨家仇　guó hèn jiā chóu

见 264 页"国仇家恨"。

国计民生　guó jì mín shēng

【释义】指国家的经济和人民的生活。

【例句】《焦点访谈》推出特别节目《秩序命脉》,聚焦了十个关系～的案件。

国将不国　guó jiāng bù guó

【释义】国家将不成为国家了。

【用法】用于指国家局势危急。

【例句】清朝晚期，屈辱纷至沓来，江山千疮百孔，～，民族危在旦夕，人民落入灾难的深渊。

近义　国步艰难

国破家亡　guó pò jiā wáng

【释义】国家残破，家人离散。

【用法】国家面临危难之时，可用此语。

【例句】在～，民族蒙受奇耻大辱的危急情况下，哪一个热血男儿能不起来抗争？

近义　山河破碎

反义　国泰民安

国色天香　guó sè tiān xiāng

【释义】花国绝色，天外奇香。原形容牡丹花色香俱美。现多形容女子容貌极美。也作"天香国色"。

【例句】～并非当选世界小姐的唯一条件，气质、谈吐、学识都是评选的要素。

近义　天姿国色　倾国倾城

反义　其貌不扬　奇丑无比

国泰民安　guó tài mín ān

【释义】泰：安宁。国家太平，人民安乐。

【例句】任何一个国家的人民都厌恶烽火连天的生活，～、风调雨顺才是大家所向往的。

近义　国富民强　政通人和

反义　民穷财尽　国破家亡

果不其然　guǒ bù qí rán

【释义】其：语气助词。然：如此。果真是这样或果然不出所料。

【例句】看到被撬坏的门，老朱心里咯噔一下，～，家里值钱的东西被偷个一干二净。

近义　不出所料

反义　不期然而然

裹足不前　guǒ zú bù qián

【释义】裹：缠住，包裹。指脚像被裹住了一样，停步不前。

【释义】用于形容因害怕或有所顾虑而停步不进。

【例句】小玲是个容易退却的人，一遇挫折，立刻～。

近义　停滞不前　畏缩不前

反义　勇往直前　义无反顾

过独木桥　guò dú mù qiáo

【释义】独木桥：用一根木头搭成的桥，比喻艰险的途径。指走过一根木头搭成的桥。

【用法】用于比喻选择了唯一的一条艰难的道路。

【例句】那些年，高考真正是千军万马～，有幸挤过者不到10%。

反义　走阳关道

过关斩将　guò guān zhǎn jiàng

【释义】闯过关隘，杀掉守将。《三国演义》第27回记载，关羽被俘降曹，得知刘备下落后一路连闯东岭关等五关，斩杀前来阻拦的孔秀等六将，与刘备相聚。比喻值得骄傲的业绩。也比喻克服重重艰难险阻或战胜众多对手。也作"过五关斩六将"。

【例句】中国女队一路～，屡战屡胜，夺得桂冠。

过河拆桥　guò hé chāi qiáo

【释义】自己过了河，就把桥拆掉。

【用法】用于比喻达到目的后，就把曾经帮助过自己的人一脚踢开。

【例句】商场如战场，有的人为达到目的

往往不择手段,～的故事时有耳闻。

近义 得鱼忘筌　兔死狗烹

反义 投桃报李　饮水思源

过江之鲫 guò jiāng zhī jì

【释义】像经过江河的鲫鱼那样多。

【用法】用于形容数量多。

【例句】"姚明团队"美国合作公司市场部经理桑德斯透露:要送钱给姚明赚的公司多如～。

过街老鼠 guò jiē lǎo shǔ

【释义】窜过街道的老鼠(人人看见了都喊打)。比喻人人痛恨的坏人坏事。

【例句】我对前一天贵报对足球队员们的批评不满意。他们绝对不是～,只不过犯了一次错误而已。

过目不忘 guò mù bù wàng

【释义】过目:看一遍。看过一遍就不会忘记。

【用法】用于形容记忆力极强。

【例句】她小时候很聪明,记性很好,～。

近义 过目成诵

过甚其词 guò shèn qí cí

【释义】过甚:过分,夸大。话说得过分,不合实际。

【例句】当时你对她说的那番话,实在有些～。

近义 言过其实

反义 恰如其分

过屠门而大嚼 guò tú mén ér dà jiáo

【释义】屠门:肉铺。经过肉铺时嘴里没肉也大嚼一番。比喻愿望得不到实现时,只好用空想或不实际的办法来安慰自己。

【例句】两年前,他曾用～来形容自己对这套字画的喜爱之情。

近义 聊以自慰

过五关斩六将 guò wǔ guān zhǎn liù jiàng

见265页"过关斩将"。

过眼云烟 guò yǎn yún yān

【释义】从眼前飘过的浮云和轻烟。比喻没有分量、不值得重视的身外之物或很快就消失的事物。

【例句】功名利禄、富贵荣华在他眼里不过是～。

近义 昙花一现　富贵浮云

反义 天长地久　天荒地老

过犹不及 guò yóu bù jí

【释义】犹:如同。事情做得过了头,跟做得不够一样。

【用法】指做事必须恰如其分。

【例句】说你节食过度,你就暴饮暴食,两者～,都会严重伤害身体健康。

近义 矫枉过正　过为已甚

反义 恰到好处　适可而止

H

海北天南　*hǎi běi tiān nán*

【释义】形容距离遥远。也形容地区各不相同或谈话漫无边际。

【例句】这个油田的工人来自～。/大家热热闹闹地坐在一起，毫无拘束地东拉西扯着，～地聊着。

近义 天涯海角　五湖四海　海阔天空

反义 近在咫尺

海底捞月　*hǎi dǐ lāo yuè*

【释义】从海底捞月亮。比喻白费力气，根本达不到目的。也作"水中捞月"。

【用法】用于难以实现的事情。

【例句】他费尽周折要造一台永动机，结果还是～一场空。

近义 海底捞针　竹篮打水

反义 行之有效

海底捞针　*hǎi dǐ lāo zhēn*

【释义】比喻根本做不到，白费力气。也作"大海捞针"。

【用法】事情没有成功的希望，可用此语。

【例句】要想在这深山密林中找人，简直就是～。

近义 海底捞月　竹篮打水

反义 瓮中捉鳖

海角天涯　*hǎi jiǎo tiān yá*

见705页"天涯海角"。

海枯石烂　*hǎi kū shí làn*

【释义】大海枯干，石头风化成尘土。形容历时极为长久，变化极大。

【用法】用于指经历极长的时间。多用于誓言，表示意志坚定，永远不变。

【例句】这个故事告诉我们，真正的爱情就应当～，地老天荒。

近义 海誓山盟　地老天荒

反义 背信弃义　朝秦暮楚

海阔凭鱼跃，天高任鸟飞

hǎi kuò píng yú yuè, tiān gāo rèn niǎo fēi

【释义】大海辽阔，任随鱼儿跳跃；天宇空旷，听凭鸟儿飞翔。比喻无拘无束的自由境界或充分施展抱负。

【例句】～，让这些志在远方的孩子们，尽情地发挥吧。

海阔天空　*hǎi kuò tiān kōng*

【释义】像大海一样辽阔，像天空一样边际。形容空间或境界广阔。也比喻说话、写文章或想象漫无边际。

【例句】风华正茂的少年心中自有～。/在座的各位来宾都在～地闲聊。

近义 海北天南

反义 一隅之地

海内存知己，天涯若比邻

hǎi nèi cún zhī jǐ, tiān yá ruò bǐ lín

【释义】海内：四海之内，古代指全国，

H

今也指全世界。知己:知心朋友。天涯:天边,指遥远的地方。比邻:近邻。四海之内有知心的朋友,虽然远在天边,却仍感到像近邻一样亲密。

【用法】用于形容志趣相同,感情不渝的好朋友。

【例句】～! 无论你走到哪里,我们的心都是连在一起的。

海市蜃楼　hǎi shì shèn lóu

【释义】蜃:大蛤蜊。光线经过不同密度的空气层,发生显著折射或全反射时,把远处景物显示在空中或地面而形成的各种奇异幻景,这种自然现象常发生在海边和沙漠地区。古人误认为是蜃吐气而成,所以叫海市蜃楼,也叫蜃景。

【用法】比喻虚幻的事物。

【例句】庙岛南侧海面上,隐隐约约出现了两个小岛。10分钟后,岛的轮廓越来越清楚,一幅～的胜景出现了。/ 她那些不切实际的美好愿望,只不过是～而已。

近义 空中楼阁　镜中水月

海誓山盟　hǎi shì shān méng

【释义】盟:宣誓缔约。男女相爱时所立的誓言和盟约,表示爱情要像山和海一样永恒不变。也作“山盟海誓”。

【例句】真正的爱情又何须什么～,坚贞的心能战胜一切惊涛骇浪!

近义 指天誓日　信誓旦旦

海水不可斗量　hǎi shuǐ bù kě dǒu liáng

【释义】斗:旧时量粮食的工具,多为方形,木制或竹制。海水的总量不可能用斗量出来。形容人的能力、前途不可估量。

【用法】常与“人不可貌相”连用,形容不

能只凭表面来评判一个人。

【例句】别看他其貌不扬,却身怀绝技,真是人不可貌相,～。

近义 海水难量

海外奇谈　hǎi wài qí tán

【释义】海外:指异国。指毫无根据、稀奇古怪的言论或传说。

【用法】用于指荒唐和不着边际的传闻。

【例句】他说有一个外国小姑娘有两个大脑,左右眼可同时阅读不同书籍,真是～。

近义 奇谈怪论

反义 言之有据

海晏河清　hǎi yàn hé qīng

见280页“河清海晏”。

骇人听闻　hài rén tīng wén

【释义】骇:惊惧。使人听了非常震惊。

【用法】多用于指社会上发生的坏事。

【例句】那个凶手以一种～的残忍手段连续作案多起,搞得人心惶惶。

近义 耸人听闻　危言耸听

反义 喜闻乐见　不足为奇

害群之马　hài qún zhī mǎ

【释义】危害马群的马。比喻危害集体的人。

【例句】每一个热爱集体的人都不能容忍那种～。

近义 城狐社鼠　不逞之徒

反义 干城之将

酣畅淋漓　hān chàng lín lí

【释义】酣畅:饮酒尽兴,引申指畅快、痛快。淋漓:尽情,畅快。形容非常畅快。

【用法】多指文艺作品刻画人物、抒发感情非常充分,笔调十分流畅。

【例句】他的耿耿丹心在这首诗中表现得～。

近义 淋漓尽致

憨态可掬　hān tài kě jū

【释义】憨态:天真而略显傻气的神态。掬:两手捧(东西)。指天真而略显傻气的神态显露出来,好像可以用手捧住。

【用法】常用于指憨态表露无遗。

【例句】出生不久的小海鸥,脖子上还带着茸茸的胎毛,热情地向来人行注目礼,～,惹人喜爱。

邯郸学步　hán dān xué bù

【释义】比喻生硬地照搬模仿,不但学不到人家的本领,反而连自己本有的长处也丢掉了。

【典故】战国时期,燕国寿陵有个少年,听说赵国邯郸人走路姿势很漂亮,便来到邯郸学习邯郸人走路。结果,他不但没有学到赵国人走路的姿势,还把自己原来走路的姿势也忘记了,最后只好爬着回去。《庄子·秋水》

【例句】学习别人的成功经验,一定要结合自己的实际情况,决不能～,生搬硬套。

近义 东施效颦　鹦鹉学舌

反义 标新立异　独辟蹊径

含苞待放　hán bāo dài fàng

【释义】苞:花蕾。放:花开。形容花儿含着花蕾将要开放。

【用法】常用于形容少女的青春美丽。

【例句】温暖的阳光下,几株碧桃～。/时装模特大都是～的青春少女。

反义 落英纷飞

含哺鼓腹　hán bǔ gǔ fù

【释义】哺:指食物。鼓:敲击。口含食物,敲击肚子。形容太平时代无忧无虑的生活。

【用法】常用于书面语。

【例句】通过改革开放,这个贫困地区的老百姓过上了～的生活。

含垢忍辱　hán gòu rěn rǔ

见 583 页"忍辱含垢"。

含糊其词　hán hú qí cí

【释义】含糊:不清晰,不明确。词:话语。故意把话说得含含糊糊,使人不明白。

【例句】她不想把事情的实情告诉大家,只是～地敷衍了几句。

近义 闪烁其词

反义 直截了当　开门见山　单刀直入

含蓼问疾　hán liǎo wèn jí

【释义】蓼:一种苦味水草。不顾辛苦,慰问疾病。旧时比喻君主安抚军民,跟百姓同甘共苦。

【用法】现多用于描述国家领导人物。

【例句】周总理来到地震灾区,不顾自己的身体,～,灾区人民十分感动。

反义 高高在上

含情脉脉　hán qíng mò mò

【释义】脉脉:默默地用眼神或行动表达情意。形容满含深情的样子。也作"脉脉含情"。

【用法】常用于描述女性。

【例句】她微微抬起头,～地看了他一眼。

近义 温情脉脉

含沙射影　hán shā shè yǐng

【释义】传说一种叫蜮(yù)的怪物能在水中含沙射人的影子,使被射中的人生病甚至死亡。比喻暗中攻击、诽谤或陷害人。也作"射影含沙"。

【用法】可用于斥责别人暗中加害的。

【例句】这两篇文章～地攻击了几位位高权重的大人物。

近义 指桑骂槐

反义 推诚相与

含笑九泉　hán xiào jiǔ quán

【释义】面带笑容离开人间。表示死而无憾。

【用法】指活着的人做的某事,可以让死者在地下感到欣慰。

【例句】他想,这次如果能以身殉国,那也～了。

近义 含笑入地

反义 死不瞑目

含辛茹苦　hán xīn rú kǔ

【释义】辛:辣。茹:吃。形容经受艰辛,吃尽苦头。

【用法】常忍受和经历了千辛万苦。

【例句】这位"老少年"为着救国运动,宁愿～,抛弃他个人的一切幸福。

近义 饱经风霜

含血喷人　hán xuè pēn rén

【释义】比喻捏造事实,污蔑别人。

【例句】由于他的～,致使朋友遭受不白之冤,这种行径为其亲友所唾弃不齿。

近义 血口喷人　造谣中伤

反义 与人为善　隐恶扬善

含饴弄孙　hán yí nòng sūn

【释义】饴:麦芽糖。弄:逗哄。嘴里含着

麦芽糖逗小孙子。

【用法】用于形容老年人的闲适生活。

【例句】老人家回到家乡后，本可以～，乐享天年，但他闲不住，老想着再做点什么事情。

近义 抱子弄孙

含英咀华　*hán yīng jǔ huá*

【释义】英、华：花。咀：嚼。口中含着花细细咀嚼。比喻琢磨、体味或领会诗文的精华。

【用法】常用来描述琢磨和领会文章的精华。

【例句】钩玄提要，～，对于接受文学遗产，会有非常重要的作用。

反义 囫囵吞枣　生吞活剥

提示 "咀"不读 zuǐ。

含冤负屈　*hán yuān fù qū*

【释义】遭受委曲，忍受冤枉。

【例句】粉碎"江青反革命集团"后，党和人民为～的同志彻底平反了。

近义 含冤莫白

含冤莫白　*hán yuān mò bái*

【释义】受了冤屈，无从昭雪。

【例句】他对媒体说，我～，被加上了渎职的罪名，我一定要讨回自己的公道。

近义 含冤负屈

寒耕热耘　*hán gēng rè yún*

【释义】寒冷时耕地，炎热时除草。泛指做四季农活。也作"寒耕暑耘"。

【例句】这个偏僻的小山村未被开发之前，村民们～，过着与世隔绝的生活。

寒耕暑耘　*hán gēng shǔ yún*

见 271 页"寒耕热耘"。

寒来暑往　*hán lái shǔ wǎng*

【释义】暑天已经过去，寒天将到来。泛指四季更替。也作"暑往寒来"。

【用法】用于形容时光流逝。

【例句】她利用业余时间去敬老院看望孤寡老人，～，风雨无阻。

近义 寒暑易节　春去秋来

罕譬而喻　*hǎn pì ér yù*

【释义】罕：稀少。譬：比喻。喻：明白，通晓。用很少的比方就能让人明白。形容说话简明易懂。

【用法】用于人的言谈方面。

【例句】她的演讲～，既浅显，又深刻。

汉官威仪　*hàn guān wēi yí*

【释义】汉：代指中国。汉族朝廷的礼仪、服饰制度。泛指华夏正统的皇室礼仪、典章制度。

【用法】用于书面语。含褒义。

【例句】松赞干布来到唐廷，望见丹墀（chí）两旁的旌旗百官，听到雄壮的君越，一下子被～折服了。

汗流浃背　*hàn liú jiā bèi*

【释义】浃：湿透。流出来的汗水湿透了背上的衣服。

【用法】常用于口语，形容汗出得多。

【例句】攀登一段陡峭的山路之后，大家都已～，腰酸背痛。

近义 挥汗如雨　汗如雨下

提示 "浃"不能写成"夹"。

汗马功劳　*hàn mǎ gōng láo*

【释义】汗马：战马奔驰出汗，形容劳苦征战。指战争中立下的功绩。

【用法】现多指参与某件大事并做出巨大贡献。

【例句】这十年来，他为公司争取到不少业务，立下了～。

近义 丰功伟绩

反义 横草之功　一事无成

汗牛充栋　hàn niú chōng dòng

【释义】汗牛：使牛累得出汗。栋：屋的正梁，借指房屋。用牛运输，牛累得出汗，堆放屋中，顶到屋脊。形容书籍极多。

【用法】只能用于形容书籍多。

【例句】国家图书馆藏书很多，真可谓～，不可胜数。

近义 浩如烟海

反义 寥寥无几

汗如雨下　hàn rú yǔ xià

【释义】汗珠像下雨似的往下掉。形容出汗很多。

【例句】她没注意到那块石头绊了一跤，浑身一颤，～。

近义 挥汗成雨　汗流浃背

汗颜无地　hàn yán wú dì

【释义】汗颜：脸上出汗。无地：无地自容。形容极其羞惭，无地自容。

【例句】他认识到自己的错后，深感～。

近义 无地自容

反义 恬不知耻

悍然不顾　hàn rán bù gù

【释义】悍然：蛮横的样子。蛮横地不顾一切。

【用法】对他人劝告采取抵制的态度，甚而变本加厉去做不对的事，可用此语。

【例句】凡是正义的军队，都是遵守红十字宗旨的。只有法西斯强盗才～红十字的道义。

近义 专横跋扈

撼人心魄　hàn rén xīn pò

【释义】撼：震动。心魄：心灵。指震动人的心灵，使人的心里不平静。

【例句】那种闪耀着人类光辉的精神，依然～。

撼天动地　hàn tiān dòng dì

【释义】震动了天和地。

【用法】形容声音响亮或声势浩大。

【例句】震耳欲聋的雷声还在轰鸣，紧接着～的霹雳又已炸响。/《火烧赤壁》中～的场面，可曾激起你阅读《三国演义》的愿望？

反义 震天动地

行行出状元　háng háng chū zhuàng yuán

【释义】行：工商业中的类别，泛指职业。状元：科举考试中的殿试第一名，借指精通某种事务的人。每种职业都可能出杰出的人才。

【例句】职业不分高低贵贱，只要肯努力，～。

行家里手　háng jiā lǐ shǒu

【释义】里手：内行。指精通某种业务

的人。

【用法】用作褒义。

【例句】凡是通过学习和实践成为本职工作的～，都称得上自学成才。

行伍出身 háng wǔ chū shēn

【释义】行伍：我国古代兵制，五人为伍，五伍为行，因以指军队的行列，泛指军队。出身：个人早期的经历。指有当过士兵的经历。

【例句】这个支队长，～，曾经当过红军的团级指挥员。

沆瀣一气 hàng xiè yī qì

【释义】沆瀣：夜间的水汽，露水。原指露水混成一片。比喻气味相投的人勾结在一起。

【典故】唐僖宗时，书生崔瀣参加科举考试，他的老师、主考官崔沆录取了他，当时有人说："座主门生，沆瀣一气。"意思是，他们师生两人像是夜间的水气、雾露连在一起。后来有人听说崔瀣中举后高升，于是便把"沆瀣一气"的说法暗指他俩的私人关系。（宋·钱易《南部新书·戊集》）

【用法】今多含贬义。

【例句】反动的清政府和殖民者～，共同镇压了起义军。

近义 同流合污 串通一气

反义 志同道合 洁身自好

号啕大哭 háo táo dà kū

【释义】号啕：大声哭。形容放声痛哭。

【例句】得知爱女含冤惨死，向来泪不轻挥的他忍不住老泪纵横，～。

近义 痛哭流涕

反义 捧腹大笑

毫不介意 háo bù jiè yì

【释义】毫：一点儿。介意：在意（多用于否定词后）。指一点儿也不在意。

【例句】小姑娘依然对我～，自管把头伸向窗外。

毫不留情 háo bù liú qíng

【释义】毫：一点儿。留情：由于照顾情面而宽恕或原谅。指决不因情面而宽恕别人。

【用法】多形容坚持原则。

【例句】妈妈～地说："这下服气了吧？把试卷拿去，重做一次。"

毫发毕肖 háo fà bì xiào

【释义】毫发：毫毛和头发。毕：完全。肖：相像。形容描绘人物景物非常逼真。

【例句】纯客观地描写景物，即使是～，也毫无生机、灵气可言。

近义 惟妙惟肖

毫发不爽 háo fà bù shuǎng

【释义】毫：细毛。发：头发。毫发：指极微小的量。爽：差，差错。一点儿差错或失误也没有。形容非常精确，一点也不差。也作"毫厘不爽"。

【例句】总理的记忆力惊人，竟还留有李四光当年的印象，～。

近义 纤毫不爽 不失黍累 不差毫发

反义 大相径庭 天差地别

毫发无损 háo fà wú sǔn

【释义】毫发：毫毛和头发。损：损伤。指毫毛和头发都没损伤。

【用法】形容没受到一点儿损伤。

【例句】乌里韦的车队遭到炸弹袭击,4名路人被炸死,所幸他本人～,继续赶往会场。

毫厘不爽　háo lí bù shuǎng
见 273 页"毫发不爽"。

毫厘千里　háo lí qiān lǐ
见 95 页"差之毫厘,谬以千里"。

毫无二致　háo wú èr zhì
【释义】二致:两样。丝毫没有两样。形容完全相同。
【例句】对这个问题,你们俩的看法实在是～。
近义 一模一样　如出一辙
反义 截然不同　天差地远

豪放不羁　háo fàng bù jī
【释义】羁:拘束。形容人性情豪爽奔放,不受拘束。
【例句】他的哥哥,为人慷慨侠义,～,喜欢喝酒,十分健谈。
近义 豪迈不羁　任达不拘
反义 畏首畏尾　束手束脚

豪情壮志　háo qíng zhuàng zhì
【释义】豪迈的情怀,远大的志向。
【例句】这首诗不仅表现了作者立功边塞的～,而且有边塞生活的亲身见闻。
近义 雄心壮志
反义 胸无大志　万念俱灰

豪言壮语　háo yán zhuàng yǔ
【释义】豪迈而充满英雄气概的言语。
【例句】他们不仅有革命英雄主义的～,而且有艰苦奋斗的实干精神。
反义 唉声叹气

好好先生　hǎo hǎo xiān shēng
【释义】指没有原则,不分是非曲直,对谁都说"好"而不得罪他人以求相安无事的人。也指善良人或好人。
【例句】他是个有名的～,对什么事都说好。/ 他是一个胆小谦和的～。

好景不长　hǎo jǐng bù cháng
【释义】美好的光景不会长久存在。多表示对过去美好情景消逝的惋惜和感伤。
【例句】旅游这棵"摇钱树"为村民带来了财富,但～,之后更多的是给村寨造成了许多令人遗憾的破坏。

好评如潮　hǎo píng rú cháo
【释义】好的评价如同潮水一般涌来。
【用法】形容备受赞美和欢迎。
【例句】卢瓦索的绝活儿是清淡健康的蔬菜佳肴,脂肪和糖的含量尽可能低,很受食客欢迎,～。

好肉剜疮　hǎo ròu wān chuāng
【释义】剜:挖掉。比喻无事生非,自寻烦恼。
【用法】多用于书面语。含贬义。
【例句】他这样做完全是平白无故～,真是让人费解。
近义 无事生非

好事多磨　hǎo shì duō mó
【释义】磨:磨难,挫折。美好的事情在实现或成功之前常常会经历许多波折。
【例句】没想到这件事又变得复杂了,真是～。
近义 好事多悭
反义 一帆风顺

好言好语　hǎo yán hǎo yǔ

【释义】好：美，善。用和善的语气说话。也指出于善意的话。

【例句】小明这次考试没考好，他的父母并没有指责，而是～地与他共同寻找失败的原因。/ 她用微笑和～去对待客户，终于拿下了这个订单。

近义 好声好气

好自为之　hǎo zì wéi zhī

【释义】自己好好地处置事情。

【用法】用于对别人的规劝，也是对某人不屑时气愤地扔给对方的话。意思是，要好好对待事情，好好做人。

【例句】离开父母后，一切你～吧。

号令如山　hào lìng rú shān

【释义】号令：军令，命令。号令一发布就坚决执行。形容军纪严明。

【用法】后面多带有描述行动的接续部分。

【例句】首长命令四连赶在拂晓前到达目的地。～，全连官兵快马加鞭，火速朝目的地进发。

好吃懒做　hào chī lǎn zuò

【释义】喜欢吃喝，不愿做事。

【例句】孔乙己善良迂腐而又～。

近义 好逸恶劳

好大喜功　hào dà xǐ gōng

【释义】指封建帝王喜欢用兵以炫耀武功。后泛指喜好做大事立大功。

【用法】用于指不管条件行不行，一心想做大事，立大功。多含贬义。

【例句】～的人常常不愿脚踏实地做

实事。

近义 好高骛远

反义 稳扎稳打　不求闻达

好高骛远　hào gāo wù yuǎn

【释义】骛：马快跑，引申指追求。不切实际地追求过高或过远的目标。

【用法】多用在不自量力，不踏实做事的人方面。

【例句】学习不能～、急于求成，一定要把基础打牢。

近义 好大喜功

反义 脚踏实地

提示 "骛"字下半不能写成"鸟"。

好生之德　hào shēng zhī dé

【释义】好生：爱惜人和动物的生命，不忍杀生。指爱惜生命的仁德。

【用法】含褒义。

【例句】每人都应心存～，不要任意虐待残杀动物。

近义 好生恶杀　慈悲为怀

反义 草菅人命　嗜杀成性

好事之徒　hào shì zhī tú

【释义】徒：某一类人。指爱管闲事或喜欢惹事的人。

【用法】含贬义。

【例句】这部电视剧中的人物和情节本来就是虚构的，但偏有～要去考证落实。

好为人师　hào wéi rén shī

【释义】为：做。指喜欢当别人的老师。

【用法】描述人以教育者自居，不谦虚。

【例句】他自满，～，好教训别人、指挥别人。

近义 自以为是

反义 不耻下问

好学不倦　hào xué bù juàn

【释义】好:爱好。倦:厌倦。爱好学习,从不厌倦。

【用法】含褒义。

【例句】孔子有圣德,～。周游列国,弟子满天下。

近义 学而不厌

反义 一曝十寒

好逸恶劳　hào yì wù láo

【释义】逸:安逸,舒适。恶:讨厌,憎恨。贪图安逸,厌恶劳动。

【用法】用于形容人非常懒惰。

【例句】我们要养成勤勉的好习惯,不可～。

近义 好吃懒做　游手好闲

反义 刻苦自励　吃苦耐劳

好勇斗狠　hào yǒng dòu hěn

【释义】狠:凶恶。喜欢逞强斗殴。形容人凶恶好斗。

【例句】对那些～的人,我们最好敬而远之。

近义 争强好胜

反义 与人为善

好整以暇　hào zhěng yǐ xiá

【释义】整:严整,整齐。暇:空闲,从容。形容既严整有序又从容不迫。

【用法】起初用于形容军队,后也可以用于个人。

【例句】面对那个国家纷繁复杂的形势,他的工作～,充分展现了当代外交官的风采。

浩浩荡荡　hào hào dàng dàng

【释义】原指水势浩大壮阔。也形容气势雄伟,规模巨大。

【用法】"浩荡"的重叠式,有浩大、壮大、广阔等义。可形容水势、风力、声势等很大。

【例句】巨大的泥石流将肥沃的土壤变成了泥浆,～地流入了江中。/ 军队～地开赴前线作战。

近义 波澜壮阔

浩然之气　hào rán zhī qì

【释义】浩然:盛大的样子。指正气,正大刚直的精神、气节。

【用法】含褒义。

【例句】包公为官清正,刚正不阿,一身～。

浩如烟海　hào rú yān hǎi

【释义】浩:广大,众多。烟海:雾气弥漫的大海。指广大繁多如茫茫烟海。

【用法】多形容书籍、文献、资料等非常丰富。

【例句】编目的目的主要是提供检索工具,使读者在～、门类繁多的藏书中便捷地找到自己所需要的书。

近义 多如牛毛　汗牛充栋

反义 寥若晨星

皓齿明眸　hào chǐ míng móu

【释义】皓:洁白。眸:眼珠,也指眼睛。指洁白的牙齿,明亮的眼睛。也作"明眸皓齿"。

【用法】多形容女子容貌美丽。

【例句】她年轻时～,非常漂亮。

近义 皓齿朱唇

H

皓首穷经　hào shǒu qióng jīng

【释义】皓首：白头（指年老）。穷：穷尽。经：经典。指钻研经典一直到老。

【用法】常用于形容勤奋苦学一生。

【例句】在这样的政策影响下，儒家学说与功名利禄紧密地挂上了钩。一方面诱使知识分子～，死啃书本，走读书做官的路；另一方面也促使一些深受儒家伦理道德熏陶的"君子"在从政时推行"德治"。

皓月当空　hào yuè dāng kōng

【释义】皓月：明亮的月亮。明亮的月亮悬挂在万里无云的夜空上。

【例句】中秋之夜，～，让人更添思乡之情。

呵壁问天　hē bì wèn tiān

【释义】呵：大声呵斥。问天：向天发问。形容文人不得志而发牢骚。

【用法】多用于文人。

【例句】他面对黑暗势力，～，写下了满怀愤慨的诗句。

喝西北风　hē xī běi fēng

【释义】原为道家所宣扬的一种境界，即不食人间烟火，只靠呼吸空气生存。现指没吃饭，饿肚子。也形容没有东西吃，空着肚子过日子。

【用法】多用于口语。

【例句】你指望等到他来弄饭，那我们今天都要～。／你把人都得罪了，我们销售部～去？

合二为一　hé èr wéi yī

【释义】合：结合到一起。指两者结合到一起成为一体。

【例句】柏林墙终被推倒，分裂45年的德国终于～。

合浦珠还　hé pǔ zhū huán

【释义】合浦：汉代郡名，在今广西合浦。比喻去而复返或失而复得。

【典故】合浦盛产珍珠，东汉时由于官吏滥采而使珍珠蚌迁走，渔民们没有生活来源，不少人因此而饿死。后来孟尝做太守，革除弊端，蚌也返回，百姓重新从事采珠业，合浦又成了盛产珍珠的地方。（《后汉书·循吏传·孟尝》）。

【例句】他丢失的那份珍贵的资料找到了，～，喜出望外。

近义 失而复得

反义 不翼而飞

合情合理　hé qíng hé lǐ

【释义】符合情理。

【例句】我们提出的这些改革方式是基于实际情况考虑的，是～的。

近义 入情入理

反义 不合情理

何乐而不为　hé lè ér bù wéi

【释义】为什么不乐意做呢？用反问的语气表示没有理由不去做或很乐意做。

【用法】用于加强语气。

【例句】既有优厚的物质待遇，又有良好的工作条件，你～呢？

何其相似乃尔　hé qí xiāng sì nǎi ěr

【释义】何其：多么。相似：相像。乃尔：（书）如此，像这样。指对比的两者多么相像啊，竟然相像到如此程度。

【用法】多带有感叹的意味。

【例句】大自然总是把珍贵的金属藏在地底下，不让人知道。只有当你历尽艰辛、开采不息的时候，你才可能挖到芝麻大的那么一点点。这与获取知识的情形～。

何去何从　hé qù hé cóng

【释义】何：哪里。去：离开。从：跟从，依从。指离开哪里，到哪里去。形容心中惶惑，无所适从。

【用法】多指在重大问题上的抉择：决定去向，做不做或怎么办等。

【例句】即将毕业，我真的不知道要～。／改革走到了一个十字路口，到底～，我们面临着艰难的抉择。

何足挂齿　hé zú guà chǐ

【释义】足：值得。挂齿：提及，谈起。哪里值得一提？表示事情很小，不值一提。

【用法】常用作客套话，指事情不值得一提。

【例句】我们是同学，帮你补课这点小事～。

近义　何足道哉　不足挂齿

反义　大书特书

何足为奇　hé zú wéi qí

【释义】何：表示反问的代词，意思是"哪里"。足：足以。为：当作。奇：惊奇。指哪有什么值得惊奇的。

【用法】用于形容不稀罕。

【例句】胡屠户说道："他家就是我卖肉的主顾，一年就是无事，肉也要用四五千斤，银子～。"

和蔼可亲　hé ǎi kě qīn

【释义】态度温和，使人容易亲近。

【例句】他～，愿意帮助你解决一切问题，就和一个相识多年的老朋友一样。

近义　平易近人　和颜悦色

反义　凶神恶煞　气势汹汹

和璧隋珠　hé bì suí zhū

【释义】和璧：和氏璧，最初为楚国人卞和获得。隋珠：隋侯珠，相传隋侯救了大蛇，大蛇从江中衔来大珠报答。指世上稀有的珠宝。

【用法】用于比喻极珍贵的东西。

【例句】这支钢笔是父亲的遗物，在她看来，比～还要珍贵。

近义　稀世珍宝

反义　一钱不值

和而不同　hé ér bù tóng

【释义】和：和睦。同：苟同。和睦地相处，但不随便附和。

【用法】多用于意见、见解等。含褒义。

【例句】我们提倡在同事和朋友之间，～，相帮共勉，一起进步。

近义 周而不比
反义 同流合污

和风细雨 hé fēng xì yǔ

【释义】和风:温和的风,多指春天的微风。形容春天的习习微风,蒙蒙细雨。比喻态度温和,方式和缓、不粗暴。

【用法】常用于比喻和缓、不粗暴的说服教育方式。

【例句】孩子在成长过程中难免犯错,家长不是动辄打骂,而是～地教导,也许更有利孩子的成长。

反义 暴风骤雨　急风暴雨

和光同尘 hé guāng tóng chén

【释义】和:平和,平抑。本义为掩抑光芒,使之与尘土没有什么区别。后比喻混同世俗、不露锋芒、与世无争的消极处世态度。

【例句】他只想在现实社会中～与世无争地生活,演好自己的角色。

近义 不露圭角　随波逐流

和睦相处 hé mù xiāng chǔ

【释义】邻国或邻居之间和平友好地相交往。

【用法】多用于人际关系。

【例句】我们希望不同地区、不同信仰、不同文化和不同民族的人民都能～。

近义 和平共处
反义 互相残杀　尔虞我诈

和盘托出 hé pán tuō chū

【释义】和:连带。指连带把放东西的盘子都端出来。比喻将真情全部说出或把东西全部拿出,毫不保留。

【用法】比喻说话或做事毫无保留。

【例句】教练把失利的原因和面前严峻的态势～。/聊到兴头上,老人干脆～了自己收藏的宝贝。

近义 畅所欲言　言无不尽
反义 吞吞吐吐　守口如瓶

和气致祥 hé qì zhì xiáng

【释义】和气:古人认为天地间阴阳交合而成的气,后也指和睦融洽。致:招致。和睦融洽的气氛能招致吉祥。

【例句】古人说,～,乖气致戾。我们在待人接物上决不能蛮不讲理。

近义 和气生财
反义 乖气致戾

和颜悦色 hé yán yuè sè

【释义】颜:面容。悦:喜悦。色:脸色。温和的面容,喜悦的神色。形容态度和蔼亲切。

【用法】"颜""色"都不能理解成"色彩"。

【例句】张老师总是～、不厌其烦地替学生解答疑难问题。

近义 平易近人
反义 正颜厉色　横眉怒目

和衣而卧 hé yī ér wò

【释义】和:连带。指穿着衣服睡觉。

【例句】清脆的闹钟惊醒了～的她。

和衷共济 hé zhōng gòng jì

【释义】衷:内心。和衷:同心同德。济:渡河。比喻同心协力,共同克服困难。

【用法】多用在互相勉励、同心协力,以求达到成功或互相帮助以解决困难的事上。

【例句】同事们～,通力协作,终于摆脱了困境。

近义 风雨同舟　齐心协力

H

反义 同室操戈

河东狮吼　hé dōng shī hǒu

【释义】河东:古郡名(今山西西南部),河东柳姓为望族,这里暗指陈季常的蛮横的妻子柳氏。狮吼:原为佛教用语,比喻威严。指河东的狮子吼叫,威风吓人。比喻悍妇对丈夫发威。

【用法】现也泛指女人发威。

【例句】他刚刚回家,就听到太太～,吓得他赶紧向太太交代今天的行踪。

近义 季常之惧

反义 夫唱妇随　温柔贤淑

河汾门下　hé fén mén xià

【释义】河汾:指河汾地区,在今山西西南。门下:隋末大儒王通,在黄河、汾水之间开办学校,求学的人有一千多,房玄龄、魏徵等初唐政治家都是他的门徒,当时被称为"河汾门下"。后用于形容名师门下人才辈出。

【用法】多用于教师、学者等。

【例句】这位老教授带出了一批又一批思想、有担当的人才,真可谓～。

河清海晏　hé qīng hǎi yàn

【释义】河:指黄河。晏:平静。黄河水清澈,海水平静。比喻天下太平。也作"海晏河清"。

【例句】改革开放以来,国家～,百姓安居乐业。

近义 太平盛世　国泰民安

反义 兵荒马乱

河鱼之疾　hé yú zhī jí

【释义】河鱼:腹疾的隐称,因鱼腐烂是从腹中开始而得名。指腹泻。

【用法】多用于书面语。

【例句】前几天他染上了～,在医院待了几天,今天才出院。

涸泽而渔　hé zé ér yú

见 346 页"竭泽而渔"。

涸辙之鲋　hé zhé zhī fù

【释义】涸辙:干的车轮印儿。鲋:鲫鱼。干涸了的车辙中的鲫鱼。比喻处在困境中亟待救助的人或物。

【例句】贫困山区的失学儿童犹如～,亟待希望工程的救助。

近义 釜底游鱼

提示 "涸"不读 gù。

荷枪实弹　hè qiāng shí dàn

【释义】荷:扛。实:充满,装满。扛着枪,子弹上了膛。形容军队、警察等全副武装,高度戒备。也作"持枪实弹"。

【例句】冲要的马路和街道忽然密布了～的武装岗哨。

反义 赤手空拳　手无寸铁

提示 "荷"不读 hé。

赫赫有名　hè hè yǒu míng

【释义】赫赫:显著盛大的样子。形容声名显赫,尽人皆知。

【例句】唐朝是中国历史上～的王朝,声威远播,灿烂辉煌。

近义 大名鼎鼎　赫赫扬扬

反义 默默无闻　不见经传

赫然在目　hè rán zài mù

【释义】赫然:形容事物很显著的样子。指某事物突然很明显地呈现在眼前。

【例句】树梢上的鸟巢和小鸟～,恰如一个特写镜头,直逼眼底。

鹤发童颜　hè fà tóng yán

【释义】像白鹤羽毛那样雪白的头发，像孩童一般红润的脸色。形容老年人气色好，有精神。也作"童颜鹤发"。

【例句】我看见一些～的科学家，奋发挺进，拾级而上。

近义 返老还童

反义 老态龙钟

鹤立鸡群　hè lì jī qún

【释义】像鹤站在鸡群之中一样。比喻一个人的某方面在一群人里头显得很突出。

【用法】多指外在看得见的，如身高、相貌、成绩等。

【例句】霍尔金娜有着高挑的身材，在众多体操女选手中犹如～。

近义 出类拔萃

反义 滥竽充数

黑白不分　hēi bái bù fēn

【释义】黑白：比喻是非、善恶。比喻是非不明，好坏不分。

【例句】在这个问题的认识上，他们家简直是是非颠倒，～，毫无正义可言。

近义 不分皂白

反义 黑白分明　爱憎分明

黑白分明　hēi bái fēn míng

【释义】黑白两种颜色对比鲜明。比喻好坏是非区分得很清楚。

【例句】他是一个～的人。

近义 爱憎分明　泾渭分明

反义 黑白不分　颠倒黑白　混淆黑白

黑灯瞎火　hēi dēng xiā huǒ

【释义】黑乎乎的一片，一点亮光都没有。

【用法】多形容夜色浓重。

【例句】你这个时候走什么，～的，怕会有危险。

反义 灯火辉煌

黑更半夜　hēi gēng bàn yè

【释义】更：旧时一夜分成五更，每更大约两小时。指深夜。

【例句】他听到儿子生病的消息，～顶着瓢泼大雨，深一脚浅一脚地赶回来了。

近义 三更半夜　深更半夜

黑云压城　hēi yún yā chéng

【释义】浓厚的云笼罩城市上空，像要把整个城压毁似的。

【用法】多形容战争的紧张气氛，也用于形容邪恶势力猖獗一时的形势。

【例句】美英兵临城下，～的伊拉克首都巴格达笼罩在一片战争的阴云中。

恨入骨髓　hèn rù gǔ suǐ

见 282 页"恨之入骨"。

恨铁不成钢　hèn tiě bù chéng gāng

【释义】恨：遗憾，抱怨。指抱怨没把铁炼成钢。形容对自己寄予厚望的人不争气、不长进感到焦急和不满，急切地望他变好。

【用法】形容对子女、学生不长进感到不满，希望他们成才，可用此语。

【例句】小明不求上进，成绩一直不好，爸爸真是～。

恨之入骨　hèn zhī rù gǔ

【释义】之：代词，指恨的对象。骨：骨髓。指恨进骨头里了。也作"恨入骨髓"。

【用法】形容对某人痛恨到了极点。

【例句】日本侵略者在中国罪恶滔天，老百姓对他们是～。

近义　怨入骨髓

反义　视作心肝　情深似海

哼哈二将　hēng hā èr jiàng

【释义】哼哈二将是佛教所称的金刚力士，是守护庙门的两个门神，形象威武勇猛。《封神演义》把他们描写成有法术的督运粮草的官儿，一个鼻中哼出白气，一个口中哈出黄气。后用来比喻有权势者手下得力而盛气凌人的人。也指狼狈为奸的两个人。

【用法】含贬义。

【例句】王洪兴和李富贵都是陈军的打手，人称陈门～。

恒河沙数　héng hé shā shù

【释义】恒河：南亚大河，流经印度和孟加拉国。数：数目。像恒河里的沙子数目那样多。形容数量多得无法计算。

【用法】常用于表示同样的东西数量甚多，并不值得稀罕。

【例句】唐代乃中国诗歌史上一个伟大的高峰，那时的诗人如～，不可胜记；仅留存至今的《全唐诗》收录的诗歌就达48900余首。

近义　多如牛毛

反义　寥若晨星

横冲直撞　héng chōng zhí zhuàng

【释义】乱冲乱撞，毫无顾忌。

【用法】多指车辆、人和动物等。

【例句】奔腾的河流，像脱缰的野马，在山谷间～。

近义　狼奔豕突

反义　鹅行鸭步

横刀夺爱　héng dāo duó ài

【释义】比喻横插一脚夺走所爱之人或物。

【例句】自今年1月以来，一名神秘男子打来的骚扰电话便缠上了陈洋一家。原来这名男子误认为陈洋是～的第三者。

横戈跃马　héng gē yuè mǎ

【释义】戈：古代兵器，平刃长柄。兵器横扫，战马飞跃。

【用法】用于形容沙场拼杀的情景。

【例句】《破阵子》描写抗金部队壮盛的军容，～的战斗生活，以及收复祖国河山的畅想。

横空出世　héng kōng chū shì

【释义】横空：横亘空中，半空中。出世：出现，产生于世。横亘空中，当空出现。也指人或事物应运而生。

【例句】偶一抬头，往高处望去，但见峭壁～，山路夹在壁缝间。/也许是被压抑过久的学生需要一个叛逆的代言人，所以造就了"小燕子"的～。

横眉立目　héng méi lì mù

见283页"横眉怒目"。

横眉怒目 héng méi nù mù

【释义】竖着眉，瞪起眼。形容态度凶狠或强硬严厉的神情。也作"横眉立目"。

【用法】用于描述人气愤或强横的样子。

【例句】这家伙～，好像一口要把对方吞掉。

反义 慈眉善目　和颜悦色

横七竖八 héng qī shù bā

【释义】有的横着，有的竖着。形容杂乱无章。

【用法】可用于人躺着、东西摆放得纵横杂乱。

【例句】河岸边～躺着几块断碑残碣。

近义 杂乱无章　横三竖四

反义 整整齐齐

横扫千军 héng sǎo qiān jūn

【释义】横扫：扫荡、扫除。形容气势很盛，一举消灭了大量敌人。

【用法】现也用于比喻竞技场上一举击败所有对手。

【例句】刘邓大军以～之势，很快就解放了大西南。/志在～的卫冕冠军德国队，在这次世界杯上却表现不佳。

近义 风卷残云

横生枝节 héng shēng zhī jié

【释义】横：旁侧。树木从旁边生出了枝节。比喻意外地制造一些麻烦而干扰主要问题的顺利解决。

【用法】意外地发生一些新问题，可用此语。

【例句】现在必须尽快把手续办妥，免得～。

近义 节外生枝

反义 不蔓不枝

横行霸道 héng xíng bà dào

【释义】霸道：蛮横。胡作非为，蛮不讲理。

【用法】多用于人。含贬义。

【例句】明朝末年，宦官们～，肆无忌惮。

近义 横行无忌　作威作福

反义 安分守己　循规蹈矩

横行天下 héng xíng tiān xià

【释义】横行：纵横驰骋，毫无阻挡。形容遍行天下，不受阻碍。也形容东征西战，到处称强，没有敌手。

【例句】你这种年青人我见不少了，懂一点武功就以为可以～，其实行走江湖是一件很痛苦的事。

横行无忌 héng xíng wú jì

【释义】忌：怕，畏惧。胡作非为，无所顾忌。

【用法】用于指依仗暴力，毫无顾忌地干坏事。

【例句】她倚了夫家之势，又会谄媚太后，得其欢心，便骄奢淫逸，与太平公主一样～。

近义 横行霸道

反义 安分守己　循规蹈矩

横征暴敛 héng zhēng bào liǎn

【释义】横：蛮横。征：指征税。敛：搜刮。蛮横地强征捐税，残暴地搜刮民财。

【用法】专用于形容政府暴虐，不顾老百姓生死，只求搜刮钱财。

【例句】当统治者昏庸腐朽，～，使得人民无法生活下去的时候，人民就揭竿而起。

近义 敲骨吸髓

反义 轻徭薄赋

轰动一时　hōng dòng yī shí

【释义】轰动:同时惊动很多人。在一个时期内惊动了很多人。

【用法】用于形容影响很大。

【例句】他的小说出版后,成为～的畅销书,他也因此一举成名。

近义　名噪一时

轰轰烈烈　hōng hōng liè liè

【释义】轰轰:象声词,形容巨大的声音连续作响。烈烈:火势凶猛的样子。形容声势浩大,气魄雄伟。

【例句】年轻人都渴望～地干一番事业。

近义　声势浩大　风起云涌

反义　偃旗息鼓　死气沉沉

哄堂大笑　hōng táng dà xiào

【释义】形容满屋的人或所有在场的人同时大笑。

【用法】用于描述公共场合中引发众人发笑。

【例句】小丑的滑稽表演引起了～。

反义　鸦雀无声

烘云托月　hōng yún tuō yuè

【释义】烘:渲染。托:衬托。指作画时用水墨或淡的色彩点染云彩来衬托月亮,使月亮显明。

【用法】现作为一种创作手法,指在文学艺术创作中不从正面描绘,而从侧面加以点染,以烘托所描绘的事物。

【例句】作者在一些不为人注意的地方,运用～的手法,使人物的形象更加突出。

红白喜事　hóng bái xǐ shì

【释义】红:指喜庆之事。白:指凶丧之事。男婚女嫁是喜事,高寿的人病逝的丧事叫喜丧,统称红白喜事。泛称嫁娶丧葬一类的事情。

【用法】一般用于口语。

【例句】村委会倡议村民们～不要铺张浪费。

红男绿女　hóng nán lǜ nǚ

【释义】指衣着鲜艳华丽的青年男女。

【例句】一群～为古城的街道增添了一抹色彩。

红日三竿　hóng rì sān gān

【释义】太阳已经离地三竹竿高了。指时间不早了。

【例句】～了,你却还在睡觉,真是个懒虫。

近义　日高三丈

反义　半夜三更

红瘦绿肥　hóng shòu lǜ féi

见 440 页“绿肥红瘦”。

红杏出墙　hóng xìng chū qiáng

【释义】红色的杏花穿出墙外。本形容春意盎然。现多指妻子有婚外恋情。

【例句】他无法原谅妻子的～,最终还是离婚了。

红颜薄命　hóng yán bó mìng

【释义】红颜:指貌美的女子。薄命:指命运不好,多指短命。旧时指女子容貌美丽但遭遇不幸。

【例句】她虽有倾国倾城的容貌,可惜～,遇人不淑。

红装素裹　hóng zhuāng sù guǒ

【释义】红装:妇女妆饰多用红色,指女子的盛装;比喻红日照耀。素裹:白色的装束,比喻大雪覆盖。形容雪后天晴,红日和白雪交相映照的艳丽景色。

【例句】雪后初晴，一片～，煞是好看。

闳中肆外　*hóng zhōng sì wài*

【释义】闳：宏大。肆：奔放，淋漓尽致。指文章内容丰富，文笔奔放。

【用法】一般用于书面语。

【例句】这篇文章可称得上是～，不仅内容丰富，文笔也十分流畅。

洪福齐天　*hóng fú qí tiān*

【释义】洪：大。齐天：与天同高。形容人的福气大。

【用法】多用作对帝王或地位高的人的称誉之词。

【例句】老教授身体健康，儿女们又各有出息并百般孝顺，真是～啊。

近义 福如东海

反义 命如纸薄

洪水猛兽　*hóng shuǐ měng shòu*

【释义】洪水：暴涨的大水。猛兽：凶猛的野兽。比喻极大的灾害。

【例句】由于网络综合征等现象频现报端，一时间网络被社会普遍认为是未成年人的～。

近义 天灾人祸

鸿鹄之志　*hóng hú zhī zhì*

【释义】鸿鹄：天鹅。因为天鹅飞得很高，所以常用来比喻志向远大的人。比喻远大的志向。

【用法】常用作称赞他人志向高远的用语。

【例句】许多历史上的伟人，都是自小就立下～且努力去实践，长大后才得以成就一番事业。

近义 凌云之志　雄心壮志　鸿业远图

反义 胸无大志

鸿篇巨制　*hóng piān jù zhì*

【释义】鸿、巨：大。制：撰著，著作。指内容丰富、规模宏大的著作。

【用法】隐含赞美文章著作的意味。含褒义。

【例句】历代文学作品卷帙浩繁，但能够流传下来的～却不多。

反义 只言片语

鸿儒硕学　*hóng rú shuò xué*

【释义】鸿儒：大儒。硕学：博学，指很有学问的人。学识渊博、造诣很高的学者。

【例句】参加这次研讨会的人都是各个领域的～。

鸿雁哀鸣　hóng yàn āi míng

【释义】鸿雁求食的叫声,极其凄厉。形容灾难之后凄惨的景象。

【例句】地震发生后,整个城市一片～的凄惨景象。

鸿业远图　hóng yè yuǎn tú

【释义】宏伟的事业,远大的抱负。

【用法】指人的理想。

【例句】若国家的政策不好,那年轻人又哪来的舞台施展～呢?

【近义】鸿鹄之志

侯服玉食　hóu fú yù shí

【释义】侯服:王侯之服。玉食:珍美食品。穿王侯的衣服,吃珍贵的食物。形容豪华奢侈的生活。

【例句】他从小过惯了～的生活,自然吃不了苦。

【近义】锦衣玉食

【反义】粗衣粝食

侯门似海　hóu mén sì hǎi

【释义】侯:封建时代五等爵位(公、侯、伯、子、男)的第二级(侯爵)。侯门:王侯的门庭,泛指达官贵人的门庭。指达官贵人的门禁森严,不让人随便出入。

【用法】用于形容门禁森严,一般人难以进入。

【例句】～,平民百姓哪能随便出入!

后兵先礼　hòu bīng xiān lǐ

见 787 页"先礼后兵"。

后发制人　hòu fā zhì rén

【释义】发:发动;行动。制:制伏,制胜。先让一步,使自己处于有利地位,然后反击战胜对方。

【用法】常指在战略和策略上,先让对方动手,然后才反击和制伏。

【例句】他一向出手稳健,在围棋界素有"以柔克刚,～"的美誉。

【近义】以退为攻

【反义】先发制人

后顾之忧　hòu gù zhī yōu

【释义】顾:回头看。忧:忧虑,担心。指作战时或外出时,还有需要回头照顾的忧患。

【用法】泛指来自后方的或家里的可虑之事。

【例句】这个街道的社区办起了"小学生暑假班",解决了双职工家庭的～。

后患无穷　hòu huàn wú qióng

【释义】后患:指遗留下来的祸患。穷:穷尽。留下的祸患,没有穷尽。

【用法】用于指做某事会使以后有无穷的祸患。

【例句】这条河的污染问题若不及时解决,拖延下去将～。

【近义】养虎遗患

【反义】斩草除根

后悔莫及　hòu huǐ mò jí

【释义】莫及:赶不上,来不及。事后懊悔,已来不及了。

【用法】用于描述错失良机或有了过失后的心情。

【例句】这句话才出口,她就觉得很失礼,～。

【近义】悔之晚矣

后会有期　hòu huì yǒu qī

【释义】会:相会,见面。期:时候,日子。

H

以后还有相见的时候。

【用法】多用作分别时安慰对方的客套话。

【例句】山高水远，～，兄弟俩暂时各奔前程。

反义 后会无期

后继无人 hòu jì wú rén

【释义】继：继承。没有后人来继承前人的事业。

【用法】用于形容事业缺少接班人。

【例句】这位老中医的医术没有得到应有的重视，而且～。

反义 后继有人

后继有人 hòu jì yǒu rén

【释义】继：继承。前人的事业已经有了后人来继承。

【用法】用于形容事业有接班人。

【例句】我们要确保社会主义事业～，就必须做好人才的培养工作。

反义 后继无人

后来居上 hòu lái jū shàng

【释义】居：处在。原指资历浅的新官位居资格老的元老旧臣之上。现用于称赞后起的超过先前的。

【用法】可用于人，也可用于事。

【例句】日本能够～的重要原因之一就是他们广泛采用世界各国的先进技术，为己所用。

近义 青出于蓝

后浪推前浪 hòu làng tuī qián làng

【释义】后面的浪头推动前面的浪头不断前进。比喻新事物推动或代替旧事物，永不停息地向前发展。也比喻新人超越

旧人。

【用法】用来形容信任的成长或新生事物的发展。

【例句】文坛上人才辈出，大有～之势。

后起之秀 hòu qǐ zhī xiù

【释义】秀：优秀的人物。后出现的或新成长起来的优秀人物。

【用法】用于形容出类拔萃的新人。

【例句】在航天航空领域里，我国又涌现出一批～。

近义 后进领袖

后生可畏 hòu shēng kě wèi

【释义】后生：青年人，晚辈。畏：敬佩。青年人作为新生力量将超越前辈，值得敬畏。多用来赞扬有作为、有才干的年轻人。

【用法】年纪大的人，眼见年轻人做出成绩，想称赞他，可用此语。但年轻人不能用此语称赞他人。

【例句】小将们竟将棋坛老将掀下马来，真是～。

近义 青出于蓝

反义 少不更事　苗而不秀

后台老板 hòu tái lǎo bǎn

【释义】后台：剧场中在舞台后面的部分。

老板：旧称组织戏班的人。指戏班的班主。借指背后操纵、支持的人或集团。

【例句】切尔西队拥有一位"挥霍无度"的～，这让"蓝军"还可以在冬季转会市场上继续网罗球星。

厚此薄彼　hòu cǐ bó bǐ

【释义】厚：与"薄"相对，重视，优待。指优待或重视这一方，慢待或轻视那一方。

【用法】用于指对人或事不同等看待。

【例句】导演在整体节奏的掌握上很有分寸，既没有～的现象，也没有刻意将剧情"注水"。

反义　一视同仁

厚德载福　hòu dé zài fú

【释义】厚：深厚。载：充满。有德行的人一定多福。

【用法】多用于书面语。含褒义。

【例句】～就是规劝人们多积德，不作恶。

厚古薄今　hòu gǔ bó jīn

【释义】厚：与"薄"相对，重视，推崇。在学术研究等方面重视或推崇古代的，轻视或鄙薄现当代的。

【例句】～跟科学研究中实事求是的精神是不相容的。

近义　是古非今　贵远贱近

反义　厚今薄古

厚积薄发　hòu jī bó fā

【释义】厚积：指大量地、充分地积蓄。薄发：指少量地、慢慢地放出。指积存多，用得少。形容只有基础雄厚，发出的力量才大。也形容准备充分才能办好事情。

【用法】用于指写作、著述，强调积累知识

的重要。

【例句】这些年他潜心于学术研究，～，发表了一系列论文。

厚今薄古　hòu jīn bó gǔ

【释义】厚：与"薄"相对，重视，推崇。在学术研究等方面重视或推崇现当代的，轻视或鄙薄古代的。

【例句】他在研究中国史学时常常～。

反义　厚古薄今　贵远贱近　是古非今

厚颜无耻　hòu yán wú chǐ

【释义】颜：脸面。脸皮很厚，不知羞耻。

【例句】～的人常常为了达到目的而不择手段。

近义　恬不知耻　寡廉鲜耻

呼风唤雨　hū fēng huàn yǔ

【释义】呼叫风就会刮风，呼唤雨就会下雨。原形容神仙道士等法力超凡。现比喻能够支配自然或左右某种局面。有时也比喻进行煽动性的活动。

【用法】指人滥用权力，要啥有啥，可用此语，此时含贬义。

【例句】科学高度发展，神话中那种～，我们也可以做到。/这个曾经在这一片～的黑社会头子，受到了法律的制裁。

近义　兴风作浪

反义　息事宁人

呼朋引类　hū péng yǐn lèi

【释义】引：招引。类：指同类。招引志趣相投的人。

【用法】多指坏人互相勾结。含贬义。

【例句】这伙人常常～来这儿饮酒赌博。

近义　沆瀣一气　朋比为奸

反义　群而不党　和而不同

H

呼天抢地　hū tiān qiāng dì

【释义】抢：碰，撞。大声呼天，用头撞地。形容极度悲痛。

【例句】从世界各地赶往空难地点的遇难者家属们～，痛不欲生。

近义 呼天唤地

反义 兴高采烈

呼吸相通　hū xī xiāng tōng

【释义】呼气吸气，相互贯通。比喻思想一致，关系密切，利害相通。

【例句】领导只有和群众～，才能做好基层工作。

近义 休戚与共

呼幺喝六　hū yāo hè liù

【释义】呼、喝：叫喊。幺、六：骰子的点子。形容赌博时希望中彩而高声大叫的情形。也形容大声呵斥，盛气凌人的举动。

【用法】含贬义。

【例句】他对下级～，高傲的样子令人作呕。

近义 呼卢喝雉

呼之即来，挥之即去

hū zhī jí lái,huī zhī jí qù

【释义】即：就，立刻。挥：挥手。叫他来就来，叫他走就走。形容被任意指使或任意支使人。

【例句】她不想成为他～的工具。

呼之欲出　hū zhī yù chū

【释义】欲：要。叫喊一声他就会出来。形容艺术作品中的人物形象极其生动逼真。也指某事即将揭晓或出现。

【例句】敦煌壁画上的人物形象栩栩如生，～。／经过一番调查，真相～。

近义 跃然纸上　栩栩如生

囫囵吞枣　hú lún tūn zǎo

【释义】囫囵：整个的、完整的。把枣整个儿吞下去。比喻学习等不加分析地全盘接受。

【用法】多用于学习上，指对知识不加理解，笼统接受。

【例句】读书不可～，不求甚解。

近义 生吞活剥

反义 析毫剖厘　条分缕析

狐假虎威　hú jiǎ hǔ wēi

【释义】假：借用，凭借。狐狸假借老虎的威风。原意是讽喻封建统治者的糊涂，受人利用而不自知。后来比喻倚仗某种势力行事。

【典故】老虎捉到狐狸，要吃它，狐狸说："天帝命令我做百兽之长，你吃我是违背天命。如果你不信，就跟在我后面走，看百兽见了我敢不逃跑?"老虎听了它的话,跟在它后面,果然见百兽看见它们都跑了。老虎不知道百兽是怕自己,还认为是怕狐狸。比喻仰仗别人的威势或倚仗别人的威力来欺压人。(《战国策·楚策一》)

【用法】多用于形容本身没什么势力,倚仗别人的威势办事(多为坏事)。含贬义。

【例句】那个投靠了日本人的袁老八,平日里～,欺压百姓,是个十恶不赦的民族败类。

近义 狗仗人势　假虎张威　仗势欺人

反义 抑强扶弱　除暴安良

狐狸尾巴　hú lí wěi bā

【释义】像狐狸的尾巴那样藏不住。传说狐狸能变成人来迷惑人,但它的尾巴却不能变,因此狐狸尾巴就成了它原形的标志或辨认它的证据。比喻某人的本来面目或骗人的把戏。

【例句】他的这番话未免说得太露骨,已经明明白白把他的～露出来了。

狐朋狗党　hú péng gǒu dǎng

见 290 页"狐群狗党"。

狐朋狗友　hú péng gǒu yǒu

【释义】朋、友:均指朋友。比喻游手好闲,不务正业的朋友。

【用法】指不干正经事的朋友,可以指一个,也可以指一帮。含贬义。

【例句】这个青年不务正业,整天和～混在一起,惹是生非。

近义 狐群狗党

反义 群英荟萃

狐群狗党　hú qún gǒu dǎng

【释义】比喻勾结在一起的坏人。也作"狐朋狗党"。

【用法】多指一群不法之徒。

【例句】让人气愤的是,他们这伙～整天吃喝玩乐,滋事生非。

近义 狐朋狗友

反义 群英荟萃

狐死首丘　hú sǐ shǒu qiū

【释义】首丘:头向着山。传说狐狸死时头必朝向自己生长的山丘。比喻不忘根本。也比喻怀念故乡。

【例句】叶落归根,～,游子岂能不思念故里?

近义 归正首丘　叶落归根

狐疑不决　hú yí bù jué

【释义】狐疑:狐性多疑,犹豫。决:决断。形容遇事犹豫不决。

【例句】男子汉大丈夫做事要有主见且果断,不要～。

近义 犹豫不决

反义 当机立断

胡编乱造　hú biān luàn zào

【释义】胡:随意乱来。胡乱编造。指凭空任意编造(谎言或事情)。

【例句】在老师的逼问下,他只好～了几个理由,企图蒙混过关。

近义 胡说八道　胡说乱道
反义 实话实说　实事求是

胡搅蛮缠　hú jiǎo mán chán

【释义】胡乱纠缠,不讲道理。

【例句】那家伙开口闭口"我不清楚",动不动"我头疼",～,颇难对付。

近义 蛮横无理　蛮不讲理
反义 通情达理

胡说八道　hú shuō bā dào

【释义】毫无根据或没有道理地瞎说。

【用法】常用于口语。

【例句】你不了解情况,就不要～。

近义 打胡乱说　胡言乱语　信口雌黄

胡思乱想　hú sī luàn xiǎng

【释义】不切实际、毫无根据地瞎想。

【用法】常用于指人思想不集中,或好作纷乱的幻想。

【例句】思考不是漫无边际的～。

反义 冥思苦想

胡言乱语　hú yán luàn yǔ

【释义】没有根据地随意乱说。也指没有根据或毫无道理的话。

【例句】对于不知道的事,就不要～。/你别听他的～,他是有点喝醉酒了。

近义 胡说八道　打胡乱说

胡作非为　hú zuò fēi wéi

【释义】无视法律或法纪,任意干坏事。

【用法】无所顾忌地干坏事,语义较重。

【例句】目无法纪、～的人肯定没有好下场。

近义 恣意妄为　肆无忌惮　为非作歹

反义 循规蹈矩　折矩周规

鹄形菜色　hú xíng cài sè

【释义】鹄形:形容人枯瘦的样子。菜色:指人因靠吃菜充饥而营养不良、黄中发青的脸色。形容人面黄肌瘦的样子。

【例句】他看到这个贫困家庭里的几个孩子个个衣衫褴褛,～,难受极了。

近义 鸟面鹄形　鸠形鹄面　面黄肌瘦
反义 肥头大耳

湖光山色　hú guāng shān sè

【释义】光:风光。色:景色。湖中的风光,山中的景色。形容湖与山彼此映衬的秀丽景色。

【例句】不少名人的题咏,词工句丽,书法精湛,为～平添了许多风韵。

糊里糊涂　hú lǐ hú tú

【释义】认识模糊,不明事理。也形容思想处于模糊不清的状态。

【例句】他刚进来,也不知是怎么回事,就跟着～地起哄。

近义 浑浑噩噩　稀里糊涂
反义 明明白白

虎背熊腰　hǔ bèi xióng yāo

【释义】指背宽厚如虎,腰粗壮如熊。形容人身体魁梧健壮。

【例句】这个小伙子虽然才十七岁,却～,身材很魁梧。

虎踞龙盘　hǔ jù lóng pán

【释义】踞:蹲或坐。盘:盘曲。像龙盘曲,像虎蹲坐。形容地形险要而雄伟。也作"虎踞龙蟠""龙盘虎踞"。

【例句】南京背负钟山,面临大江,形势险

要,自古被称为～之地。

虎踞龙蟠　hǔ jù lóng pán

见291页"虎踞龙盘"。

虎口拔牙　hǔ kǒu bá yá

【释义】在老虎嘴里拔牙齿。比喻冒着极大危险去做十分艰巨的工作。

【用法】冒着生命危险去夺取或制伏某一对象或目标,可用此语。

【例句】这次夜袭犹如～,是一项通过军事行动来完成的政治任务。

虎口余生　hǔ kǒu yú shēng

【释义】虎口:比喻危险的境地。老虎嘴里幸存下来的生命。比喻经历大灾大难,侥幸生还。

【用法】用于指人身处险境,理应必死,但最后脱离险境。

【例句】他在那次围捕中能够～,已经是万幸。

近义　死里逃生

反义　在劫难逃

虎落平川　hǔ luò píng chuān

【释义】落:流落。平川:地势平坦的地方。老虎离开藏身的深山,流落到了平坦的地方。比喻强有力的人物失去依托,陷入困境。

【例句】我看他好比～,英雄无用武之地。

近义　孤雁失群

反义　放虎归山

虎入羊群　hǔ rù yáng qún

【释义】老虎冲进羊群。比喻强者闯入弱者中为所欲为。

【用法】一般用作贬义。

【例句】海盗攀上了客轮,犹如～;杀烧抢掠,不恶不作。

近义　鹊入鸦群　狐入鸡舍

虎视眈眈　hǔ shì dān dān

【释义】眈眈:注视的样子。像老虎那样贪婪而凶狠地注视着。形容居心不良,恶狠狠地盯着,伺机下手。

【用法】多用于窥伺时机进攻的情形。

【例句】战国末年,秦国对其他各诸侯国的领土～。

近义　潜图问鼎　逐逐眈眈

提示　"眈眈"不能写成"耽耽"。

虎头虎脑　hǔ tóu hǔ nǎo

【释义】形容健壮憨厚的样子。

【用法】一般用于形容儿童,表示很可爱。

【例句】这个～的男孩聪明好学,成绩优异。

虎头蛇尾　hǔ tóu shé wěi

【释义】头大得像老虎,尾巴细得像蛇。比喻做事起初声势很大,后来劲头很小或有始无终。也比喻一些东西头大尾小,极不相称。

【用法】一般用作贬义。

【例句】任何一项工作,都要善始善终,绝不能～。

近义 龙头蛇尾

反义 善始善终

虎穴龙潭　hǔ xué lóng tán

见 435 页"龙潭虎穴"。

互争短长　hù zhēng duǎn cháng

【释义】争:争夺。为争夺领先地位而展开的斗争。

【用法】适用于两人、两队或两个集团的斗争上。

【例句】本届的西班牙足球联赛,是巴塞罗那和皇家马德里两队～。

户枢不蠹　hù shū bù dù

【释义】户:门。枢:门上的转轴。蠹:蛀蚀。指门经常开闭,门轴经常转动,就不会被虫蛀坏。

【用法】用于比喻经常运动着的东西不易被腐蚀。

【例句】流水不腐,～。人的身体也是这样,要经常锻炼才能保持健康的体魄。

户限为穿　hù xiàn wéi chuān

【释义】户限:门槛。穿:透、破。门槛都踏破了。形容来往的人很多。

【例句】连续几周这家商场人潮涌动,大有～之势。

近义 宾客盈门

反义 门可罗雀

怙恶不悛　hù è bù quān

【释义】怙:依恃。悛:悔改。一贯作恶,不肯悔改。

【用法】多用在宣布恶人罪恶重大,以及施行重刑的理由方面。

【例句】那些肆虐一方的流氓盗窃团伙、黑社会势力、车匪路霸和作恶多端、～的犯罪分子必须坚决镇压。

反义 洗心革面　痛改前非

提示 "悛"不能读成 jùn。

花好月圆　huā hǎo yuè yuán

【释义】花儿正在盛开,月亮圆满无缺。指良辰美景。比喻爱情美好圆满。

【用法】多用作新婚祝辞。

【例句】我在贺卡上写下了"～,白头偕老"八个字。

近义 鹊笑鸠舞

反义 花残月缺

花红柳绿　huā hóng liǔ lǜ

【释义】红红的花儿,绿绿的柳条。泛指春天美丽的景色。也形容颜色鲜艳纷繁。

【例句】公园里,～,处处洋溢着春天的气息。/ 姑娘们打扮得～。

花花公子　huā huā gōng zǐ

【释义】指穿着华丽、轻狂浪荡、只会吃喝

H

玩乐的富家子弟。

【用法】一般用作贬义。

【例句】他是个仗官托势的～，你要少和他来往。

近义 纨绔子弟

花花绿绿　huā huā lǜ lǜ

【释义】形容色彩艳丽纷繁。

【例句】这个游乐场布置得～，当然讨得孩子们的欢心。

近义 绚烂多彩

花花世界　huā huā shì jiè

【释义】像花一样五彩缤纷的世界。指热闹繁华的地方或灯红酒绿、寻欢作乐的场所。也泛指人世间。

【例句】有一些人看到了～，看到了金钱美色，受不起引诱，他们就动摇起来，以致犯罪。/ 我们俩同在一起观看这～，已有三十五年了。

花甲之年　huā jiǎ zhī nián

【释义】花甲：古人用天干（甲乙丙丁戊己庚辛壬癸）和地支（子丑寅卯辰巳午未申酉戌亥）互相配合作为纪年，六十年为一花甲，也叫一个甲子。故花甲之年指人60岁。

【例句】再过十几天李教授就进入～了，也到退休的时候了。

近义 耳顺之年

花前月下　huā qián yuè xià

【释义】花丛前，月光下。指景色优美的场所。

【用法】现多指恋人们幽会的地方。

【例句】当年谈恋爱时，她没享受过～的温馨与甜蜜。

花拳绣腿　huā quán xiù tuǐ

【释义】打花拳，踢绣腿。指姿势好看而搏斗时不中用的拳术。比喻外表好看却无实用价值的措施、行为。

【例句】不要以为武术套路是～，打斗进攻还是有一些套路的。/她是个不太细心的人，别人用一阵～就骗得了她的信任。

花容月貌　huā róng yuè mào

【释义】如花似月的容貌。

【用法】用于形容女子容貌美丽。

【例句】她是天生的～，但病魔将她折磨得异常憔悴。

近义 玉貌花容

反义 面目可憎

花天酒地　huā tiān jiǔ dì

【释义】花：喻指美女。指有美女美酒的地方。

【用法】旧指妓院酒楼等场所。现指人沉迷于酒色，过着荒淫腐化的生活。

【例句】那几个纨绔子弟，整日～，满街招摇。

近义 醉生梦死　灯红酒绿

花团锦簇　huā tuán jǐn cù

【释义】锦:有彩色花纹的丝织品。簇:丛聚,汇集成团。像聚集到一起的花朵与锦绣。形容花儿盛开,聚集成团。

【用法】也可用于描述五彩缤纷,色彩艳丽的景象。

【例句】南方人见过梨花盛开的景象,那雪白的花一团一团,~,压枝欲低,与雪压冬林的景象极为神似。/祖父最喜欢花木,因此我们家的庭院经常青葱满目,~。

近义 繁花似锦　花簇锦攒

反义 枯枝败叶　朴实无华

花言巧语　huā yán qiǎo yǔ

【释义】花:不真实的,用来迷惑人的。巧:虚浮不实的。指华丽动听而没有实际内容的言辞。

【用法】今多指虚伪动听的谎言。

【例句】他堂堂一位大将军,没能耐在战场上打仗,却想用~来诱骗敌人。

近义 甜言蜜语　甘言好辞

反义 药石之言　肺腑之言

花样年华　huā yàng nián huá

【释义】年华:年岁,时光。形容像花儿一样美好的时光或年岁。

【用法】主要指青年时期。

【例句】与母亲在一起的日子,才是我生命中的~。/~的科琳娜4岁开始学芭蕾,7岁开始体操训练,12岁便进入罗马尼亚国家队。

花枝招展　huā zhī zhāo zhǎn

【释义】招展:迎风摆动。开着花的树枝迎风摇摆,妖媚多姿。形容景色美丽。

也比喻女子打扮得十分俏丽。

【用法】多用于形容年轻女人的装扮。有时带贬义。

【例句】春天像姑娘,~的,笑着,走着。/你看你,去参加会议干吗打扮得~的!

近义 浓妆艳抹

反义 朴素大方

华而不实　huá ér bù shí

【释义】华:义同“花”,开花。实:果实,结果实。只开花不结果。比喻外表好看,却没有实在内容。也比喻虚浮而不踏实。

【例句】我们反对堆砌辞藻、~的文风。

近义 秀而不实　金玉其外,败絮其中

反义 秀外慧中　朴实无华

哗众取宠　huá zhòng qǔ chǒng

【释义】哗:虚夸。宠:喜爱。用浮夸的言行博取众人的好感或支持。

【用法】形容人轻浮好虚荣,可用此语。一般用作贬义。

【例句】张教授作风踏实,绝不是那种~、爱出风头的人。

反义 实事求是　脚踏实地

化腐朽为神奇　huà fǔ xiǔ wéi shén qí

【释义】化:使变化。腐朽:陈腐,腐败。神奇:非常奇妙。指让陈腐无用的东西变为奇妙的有用的东西。

【例句】毛主席对成语的创新,确有~之功效。

化干戈为玉帛　huà gān gē wéi yù bó

【释义】干戈:古代兵器,借指战争。玉帛:玉器和丝织品,古代诸侯会盟朝聘时所用的礼品,借指友好交往。指变战争

H

为和平。

【用法】现多用来指变争执、争斗为友好。

【例句】昭君出塞，匈奴与汉朝～，友好相处了好几百年。

反义 大动干戈　兵戎相见

化零为整　huà líng wéi zhěng

【释义】把零散的集中起来成为一个整体。

【用法】可指财富，也可指人力。

【例句】一有时间就多写，～，许多零碎时间妥善地利用起来，不就是一个大整数。

反义 化整为零

化为灰烬　huà wéi huī jìn

【释义】化：变化。灰烬：物品燃烧后的灰和烧剩下的东西。指变成灰了。

【例句】垃圾堆里一个没灭的烟头，都有可能使一栋房子～。

化为泡影　huà wéi pào yǐng

【释义】化：变化。泡：水泡。影：影子。指变成像水泡、影子那样，很快消失。形容希望完全落空，或事物转眼就没有了。

【用法】多用于指原有的希望落空了。

【例句】无情的洪水把农民希望有个好收成的梦想～。

近义 化为乌有

化为乌有　huà wéi wū yǒu

【释义】乌有：虚幻，没有。《史记·司马相如列传》载，汉代司马相如作《子虚赋》，虚构三人对话，其中一人名为"乌有先生"，意思是根本没有此人。现指事物全部消失或希望等完全落空。

【用法】多用于指原本的东西或事情变得没有了或失去了。

【例句】他担心这一事件会使他四年的劳

动成果～。

近义 化为泡影

化险为夷　huà xiǎn wéi yí

【释义】夷：平易，平安。原指化险阻为平坦。后多指使危险转变为平安。

【例句】他错将油门当成刹车踩了下去，车飞快地撞向后墙，在这关键时刻，他急忙使出开自动挡车的技术，终于～。

近义 转危为安

反义 否极泰来

化整为零　huà zhěng wéi líng

【释义】把一个整体分成许多零散部分。

【用法】本为战术上的用语，现也用在一般事物上。

【例句】在形势不利的情况下，游击队～，分散活动，避免了和敌人正面交锋，保存了实力。

反义 化零为整

划一不二　huà yī bù èr

【释义】划一：统一。指价格一致，不打折扣。也形容刻板。

【用法】用于形容人做事方面。

【例句】他这个人～，一点儿也不能通融。

近义 说一不二

画饼充饥　huà bǐng chōng jī

【释义】画个饼子来解饿。比喻只有虚名没有实惠。也比喻用空想来自我安慰。

【例句】经理给下属允诺了一个～的诺言。／在封建社会，盼望清官来反对封建暴政的愿望近于～。

近义 指雁为羹　望梅止渴

反义 务真求实

画地而趋 huà dì ér qū

【释义】趋:疾走。画定某地某处,让人限于此范围内进退。比喻拘束或不知变通。

【用法】多用于人。含贬义。

【例句】他这个人～,固执死板。

画地为牢 huà dì wéi láo

【释义】在地上画个圈儿作为牢狱。相传上古刑律宽缓,令犯人立在圈中以示惩罚。比喻严格限定活动范围,不准逾越。

【例句】科学研究活动不能～,必须放开手脚,接触实际。

【近义】画地为狱

【反义】任其驰骋

画虎类狗 huà hǔ lèi gǒu

【释义】类:类似,像。画虎不成功,反倒画得像条狗。比喻好高骛远,目标实现不了反而闹笑话。也比喻模仿失真,结果弄得不伦不类。也作"画虎类犬"。

【用法】一般用作贬义。

【例句】他冒充行家里手,结果～,惹人笑话。

【近义】东施效颦

【反义】神肖酷似

画虎类犬 huà hǔ lèi quǎn

见297页"画虎类狗"。

画龙点睛 huà lóng diǎn jīng

【释义】睛:眼珠。画好龙的全身后再给点上眼珠儿。比喻在写作或讲话的关键之处用精辟的词句点明主旨,使内容更加生动传神。

【例句】一个好题目,常常对作品有～之妙,激发人们阅读的兴趣。

【近义】锦上添花

【反义】弄巧成拙　画蛇添足　多此一举

画蛇添足 huà shé tiān zú

【释义】画好蛇后又给蛇添上脚。比喻做多余的事,不但无益,反而弄巧成拙。

【典故】战国时,楚国人有人赏他手下人一壶酒,因酒少人多,大家决定来一个画蛇比赛,先画成者饮酒。有一人先画完蛇,正准备拿起酒壶喝酒,却看到别人都没画好,就又在画好的蛇身上添四只脚。此时,另一人的蛇已画好,就夺过他手中的酒壶说:"蛇本来没有脚,你怎么能给它添上脚呢?"说完就喝起酒来。(《战国策·齐策二》)

【例句】文章明明写完了,后面又加上一个结尾,实在是～。

H

近义 多此一举　节外生枝
反义 画龙点睛

画中有诗　huà zhōng yǒu shī

【释义】画里富有诗意。

【用法】用于形容画画得很好。

【例句】一个画家要有很高的文学修养，才能达到～的艺术境界。

近义 诗中有画

话不投机　huà bù tóu jī

【释义】投机：见解相同。指意见或看法不一致，说不到一起。

【用法】多用于指二人谈话或交往。

【例句】两位昔日的好朋友五年后再见面，已是～，各自都陷入沉默。

近义 语不投机

反义 一拍即合　酒逢知己

话里有话　huà lǐ yǒu huà

【释义】话里暗含有别的意思。形容语带双关，意在言外。

【例句】他听得出这～，心里也自然明白了几分。

怀才不遇　huái cái bù yù

【释义】有才学得不到施展的机会或得不到赏识任用。

【用法】常指人不得志。

【例句】他在国外长期～，回国后得到党和政府的信任和重用。

近义 生不逢辰　报国无门

反义 飞黄腾达　如鱼得水

怀恨在心　huái hèn zài xīn

【释义】怀：包藏。把怨恨记在心里。指心中记仇，将伺机报复。

【例句】他以前因被张经理免去主任的职务，对张经理～。

近义 咬牙切齿

反义 不计前嫌

怀瑾握瑜　huái jǐn wò yú

【释义】瑾、瑜：美玉，比喻美德。怀里揣着瑾，手中握着瑜。比喻人具有高尚纯洁的品德与情操。也作"抱瑜握瑾"。

【用法】含褒义。

【例句】在封建社会，有很多～的贤才都遭到排挤、诬陷和打击。

近义 抱玉握珠

欢声雷动　huān shēng léi dòng

【释义】欢呼声像雷声震动一样。形容欢乐的场面十分热烈。

【用法】可用于描述任何热烈、欢乐的群众场面。

【例句】我军所到之处，敌人望风披靡，人民～。

近义 欢声如雷　锣鼓喧天

反义 万籁俱寂　鸦雀无声

欢声笑语　huān shēng xiào yǔ

【释义】欢乐的谈论和笑声。

【例句】这堂讨论课上洋溢着一片～。

近义 语笑喧阗

反义 唉声叹气

欢天喜地　huān tiān xǐ dì

【释义】形容非常高兴。

【例句】六一儿童节，孩子们～地庆祝自己的节日。

近义 兴高采烈

反义 快快不乐　闷闷不乐　郁郁寡欢

欢欣鼓舞　huān xīn gǔ wǔ

【释义】欢欣：喜悦。鼓舞：振奋。形容非

常高兴,精神振奋。

【用法】一般用于个人或群体。

【例句】听到前方传来捷报,战士们无不～。

近义 兴高采烈　喜气洋洋

反义 意志消沉　灰心丧气

还顾之忧　huán gù zhī yōu

【释义】还顾:回过头来照看。指身在前方或在前进过程中,还担心后方会出现问题或乱子。

【用法】指后勤问题。

【例句】社区想方设法为双职工家庭解决～。

近义 后顾之忧

还以颜色　huán yǐ yán sè

【释义】还:回报别人对自己的行动。以:用。颜色:指显示给人看的厉害的行动。指别人怎么对待我,我就怎样回报他(多不是善意的行动)。

【例句】鹰队的拉特里夫抢到前场篮板后,在姚明头上大力灌篮,紧接着姚明也～,在拉特里夫头顶灌篮得分。

环肥燕瘦　huán féi yàn shòu

【释义】唐玄宗贵妃杨玉环体态丰满,汉成帝皇后赵飞燕身材苗条。指女子体态不同,但各有风韵。

【用法】可用于选美等场合。

【例句】他结识过不少漂亮女性,～,北美南秀,但唯独没有结识过一个有才华的女性。

环环相扣　huán huán xiāng kòu

【释义】环:环节。指一个环节与一个环节互相联结,紧密扣合。

【用法】常用于形容文章结构严谨,或论证严密。

【例句】课文紧紧围绕两个铁球着地的问题展开叙述,脉络清晰,～,层次井然。

缓兵之计　huǎn bīng zhī jì

【释义】缓:延缓,推迟。指使敌人推迟进攻的计策。

【用法】现多指使事态缓和同时积极设法应对的策略。

【例句】此次我们主动撤退,只是我军的一种～。/ 谈判只是目前状况下的～。

近义 权宜之计

缓步代车　huǎn bù dài chē

见 4 页"安步当车"。

换汤不换药　huàn tāng bù huàn yào

【释义】汤:指汤药,也指熬成的中药水。更换了汤剂的名称,而实际用药仍是原来的。比喻形式或名称虽有改变,但实质未变。

【例句】现在不少腐败行为变了花样,但～。

近义 万变不离其宗

反义 改头换面

涣然冰释　huàn rán bīng shì

【释义】涣然:消散的样子。冰释:像冰遇热一样融化。比喻疑问、误会、隔阂等迅速消除。

【例句】他们通过沟通交流,彼此间的误会～。

近义 冰消瓦解　烟消云散

患得患失　huàn dé huàn shī

【释义】患:忧虑,担心。没有得到时担心

得不到,得到后又担心失去。形容斤斤计较个人的利害得失。

【用法】指一个人由于过分重视利禄,因而得失心很重。

【例句】一个人如果没有～的念头,心情也就自然而然地舒坦了。

近义 斤斤计较　锱铢必较

反义 豁然大度

患难与共　huàn nàn yǔ gòng

【释义】忧患与灾难共同承担。形容利害一致,关系密切。

【例句】几个厂家联手合作,～,终于打开了产品销售的新局面。

近义 休戚与共　休戚相关　同甘共苦

反义 貌合神离　同床异梦

患难之交　huàn nàn zhī jiāo

【释义】交:结交,交情。共同经历过忧患与灾难的亲密朋友。

【例句】他们两个是～,感情深如亲兄弟。

近义 莫逆之交

反义 狐朋狗友

焕然一新　huàn rán yī xīn

【释义】焕然:鲜明、有光彩的样子。鲜明光亮,呈现出崭新的面貌或气象。

【例句】这套房经过半个月的装修,已经～了。

近义 面目一新

反义 依然如故

荒诞不经　huāng dàn bù jīng

【释义】荒诞:荒唐离奇。经:正常。荒唐离奇,非常不合常理。

【用法】常用于言论方面。

【例句】我被刚才惊险、离奇、戏剧性的一幕惊呆了。如果不是亲眼所见,我会怀疑这是小说里～的故事。

近义 荒谬绝伦　荒诞无稽

反义 确凿不移　千真万确

荒诞无稽　huāng dàn wú jī

【释义】荒诞:荒唐离奇。稽:考核,考查。指极其荒唐,不可考查。

【用法】常用于言论方面。

【例句】这种～的传闻,根本不应该相信。

近义 大谬不然　荒诞不经　荒谬绝伦

反义 信而有征　千真万确

荒谬绝伦　huāng miù jué lún

【释义】伦:同类。荒唐、错误到了没有可以与之相比的程度。

【用法】常用于言论、事情。

【例句】生了病不看医生不吃药,邪教的这种主张真是～,不知害死了多少人。

近义 荒诞不经　荒诞无稽

反义 入情入理

荒山秃岭　huāng shān tū lǐng

【释义】荒:荒芜。秃:山无草木。指十分荒凉、光秃秃的山岭。

【例句】不科学的采伐,没有护林和育林,森林地带也会变成～。

近义 荒山野岭

荒时暴月　huāng shí bào yuè

【释义】荒:庄稼无收或严重歉收。暴:凶。指遭受水旱灾荒的时候或青黄不接的季节。

【用法】多指灾荒。

【例句】那时候的农民,遇到～,只得向亲友乞哀告怜,借得几斗几升,敷衍三日五日。

近义 青黄不接

反义 五谷丰登

荒无人烟　huāng wú rén yān

【释义】荒:荒凉。人烟:住户的炊烟,借指人家。偏僻荒凉,没有人家。

【例句】探险队跋涉在～的雪域高原。

近义 渺无人烟　人烟稀少　杳无人迹

反义 人烟稠密

荒淫无耻　huāng yín wú chǐ

【释义】荒淫:贪恋酒色。生活糜烂淫乱,不知羞耻。

【例句】封建社会,许多官吏欺压人民,～,毫不悔改,却要人民称他们为好官。

近义 荒淫无道

荒淫无度　huāng yín wú dù

【释义】荒淫:贪恋酒色。无度:没有节制。指放荡淫乱,毫无节制。

【例句】传说勾践计谋中还有重要一项,就是把越国美女西施进献给夫差,诱使夫差～,慵理国事。

慌不择路　huāng bù zé lù

【释义】情急惊慌时顾不上选择逃走的道路。

【例句】快到目的地时,罗施曼已精疲力竭,碰巧又被英军一支巡逻队发现,他～,一头扎进路旁的灌木丛里。

慌手慌脚　huāng shǒu huāng jiǎo

【释义】手脚慌乱的样子。

【用法】常用于形容做事慌张忙乱。

【例句】老太太突然昏倒在地,大家～的,不知该怎么办才好。

近义 手忙脚乱　慌慌张张

反义 从容不迫

皇亲国戚　huáng qīn guó qī

【释义】国:指朝廷,即皇帝。皇帝的亲属和亲戚。比喻极有权势的人。

【用法】带讽刺意味。

【例句】我不管你是什么～,只要是触犯了法律,就要受到惩罚。

黄道吉日　huáng dào jí rì

【释义】旧时迷信星命之说,认为青龙、明堂、金匮、天德、玉堂、司命等六辰都是吉神。六辰值日的日子,诸事皆宜,不避凶忌,称为"黄道吉日"。现指迷信的人认为宜于办事的好日子。

【例句】两人的婚期,男方父母选定在八月初八,说这是个～。

黄发垂髫　huáng fà chuí tiáo

【释义】黄发:老年人头发由黑转黄,指老年。垂髫:古代指男孩子头发扎起来下垂着,指幼年。借指老人和儿童。

【例句】如今,公园成了～的乐园。老人在这里晨练、打牌,孩子在这里嬉戏游玩。

黄花晚节　huáng huā wǎn jié

【释义】黄花:指傲霜耐寒的菊花,常用于表示人有节操。晚节:晚年的操行。比喻晚年仍能保持高尚的操行。

【用法】常用于描述人年事已高,但对国家民族仍热切爱护,坚贞不屈。

【例句】老先生能在经济大潮的冲击下安心做学问,～,令人敬佩。

反义 晚节不保

黄金时代　huáng jīn shí dài

【释义】黄金:比喻宝贵。指最宝贵或最为繁荣昌盛的时期。

【例句】战国时期是中国学术史上百家争鸣的～。/ 我的～很短,可怀念的又只有这三件事。

近义 锦瑟年华

黄口小儿　huáng kǒu xiǎo ér

【释义】黄口:雏鸟,雏鸟的嘴为黄色;借指儿童。指无知的年轻人。多用于讥讽或斥责。

【用法】常用来讥讽无知的年轻人。

【例句】那个乳臭未干的～,遇到困难只会撒泼哭闹。

黄粱美梦　huáng liáng měi mèng

见302页"黄粱梦"。

黄粱梦　huáng liáng mèng

【释义】黄粱:黄小米,指黄小米饭。唐代沈既济《枕中记》记载,穷书生卢生在邯郸,有道士吕翁借给他一个枕头。旅店主人煮小米饭时,他枕着入睡,梦中享尽荣华富贵,醒来时小米饭还没煮熟。比喻虚幻的好事或完全不能实现的欲望。也作"黄粱美梦""一枕黄粱"。

【例句】你最好别再空想了,没有行动的理想只会是～。

近义　南柯一梦

黄毛丫头　huáng máo yā tóu

【释义】黄毛:黄发,代指年幼的人。丫头:旧时女孩头上常梳丫形发髻,代称女孩。指年轻的女孩子。

【用法】含戏谑或轻侮的意味。

【例句】他想不到所有这些事情都是这个貌不惊人、乳臭未干的～干的。

黄袍加身　huáng páo jiā shēn

【释义】黄袍:古代帝王穿的龙袍。《宋史·太祖本纪》载,五代后周赵匡胤在陈桥驿发动兵变,诸将替他披上黄袍,拥立为帝,即宋太祖。后指通过政变夺取政权,登上皇位。

【用法】原为褒义,后用作贬义。

【例句】袁世凯演了一出～的闹剧,但最后在全国人民的声讨中,自取灭亡了。

黄雀在后　huáng què zài hòu

【释义】(螳螂准备捕蝉)黄雀在后面准备啄螳螂。比喻伺机从后面袭击。也比喻有后顾之忧。

【用法】常与"螳螂捕蝉"连用。

【例句】所谓"援湘"北军不肯开赴前方作战,仅负警戒后方之责,显然具有"～"的野心。

近义　坐收渔利　鹬蚌相争,渔翁得利

黄土一抔　huáng tǔ yī póu

见879页"一抔黄土"。

黄钟毁弃　huáng zhōng huǐ qì

【释义】黄钟:古代贵重的打击乐器。黄钟被毁弃。比喻有才德的人得不到任用。

【用法】多用于叹息当权者昏庸,有抱负有才能的人被弃置不用。

【例句】一个国家如果不选拔人才,而是压抑人才,～,那一定发展不起来。

近义　自毁长城

反义　瓦釜雷鸣

惶惶不可终日　huáng huáng bù kě zhōng rì

【释义】惶惶:急躁、慌乱、心神不定的样子。终:完。惊慌恐惧得连一天都过不下去。形容惊恐到极点。

【例句】这个逃窜犯怕被警察抓获,东躲西藏,～。

近义　惶恐不安　惴惴不安

反义　处之泰然

惶恐不安　huáng kǒng bù ān

【释义】惊慌、害怕得不得安宁。

【用法】指人惊慌而恐惧,语义较重。

【例句】我第一次离开家乡到了一个陌生的城市，开始那段时间，终日～，无所适从。

近义 人心惶惶　惴惴不安

反义 处之泰然　泰然自若

恍然大悟　huǎng rán dà wù

【释义】恍然：猛然醒悟的样子。悟：理解，明白。猛地一下子明白过来。

【用法】用于描述受某人某事的启发，忽然醒悟过来，明白事情的原委。

【例句】他看到罗马角斗士的石膏像才～，原来自己不知不觉地走进了塑像陈列室。

近义 茅塞顿开　豁然开朗

反义 大惑不解　百思不解

恍如隔世　huǎng rú gé shì

【释义】恍如：仿佛，好像。世：古代称三十年为一世。指仿佛隔了一世。

【用法】多用作对人事变迁、环境变化等的感慨。

【例句】他几十年来远离故乡，今日归乡与亲人团聚，～，感慨万千。

近义 隔世之感

灰飞烟灭　huī fēi yān miè

【释义】如灰一样飞散，像烟一样飞逝。形容消失殆尽，彻底不存在了。

【用法】用于形容完全地物毁人亡。

【例句】激光聚集起来，可以产生几千万度的高温，可以使最难熔化的金属顷刻间～。

近义 烟消云散　风流云散

灰头土脸　huī tóu tǔ liǎn

【释义】形容满头满脸沾上尘土，面容污秽的样子。也形容神色懊丧或消沉。

【用法】多形容人的神态。

【例句】卡车启动了，她才发现车上只有她一个女人，其他是一群～的男人。／天气这么好，开心点吧，何必这么～的。

灰心丧气　huī xīn sàng qì

【释义】灰：消沉。丧：失去。指（因遭到困难、失败）意志消沉，精神不振。

【用法】侧重于指人情绪低落，打不起精神。

【例句】女排姑娘们没有在厄运面前屈服，她们既不怨天尤人，也不～。

近义 心灰意懒　垂头丧气

反义 踌躇满志

挥汗如雨　huī hàn rú yǔ

【释义】挥：用手抹掉。指用手抹汗，洒下的汗像下雨一样。

【用法】原形容人多，现形容汗水多。

【例句】行军路上，炽热的太阳晒得战士头晕眼花，～。

近义 汗如雨下

挥毫泼墨　huī háo pō mò

【释义】挥：挥舞。毫：指毛笔。泼墨：国画的一种画法，用笔蘸墨汁大片地洒在纸上或绢上，画出物体形象，像把墨汁泼上去一样。指提笔作画。

【例句】收集整理资料，撰写书稿累了，他就坐到画桌前～。

挥霍无度　huī huò wú dù

【释义】任意花钱，没有节制。

【例句】他平时～，不到十年，家业就被挥霍一空了。

近义 挥金如土

挥金如土　huī jīn rú tǔ

【释义】挥：散出，指使用。指挥霍金钱如

同撒土。

【用法】形容任意挥霍毫不在乎。

【例句】他曾经是～的富翁,但由于生意的失败却成了一文莫名的穷汉。

近义 一掷千金　挥霍无度

挥洒自如　huī sǎ zì rú

【释义】挥:挥笔。洒:洒墨。自如:操作得心应手,不拘束。形容写作、绘画等运笔不受拘束,非常流利自然。也形容处事干练洒脱。

【例句】经常这么练笔,真正写作起来才可以～。/ 李婷和孙甜甜在网球场上配合默契,扣杀凌厉,～,气势非凡。

近义 运用自如　得心应手

反义 东扶西倒　捉襟见肘

回肠荡气　huí cháng dàng qì

【释义】荡:激荡。回:回旋。指使肠旋转,使气流动。形容往事、乐曲、文辞等优美动人。也作“荡气回肠”。

【用法】常用于形容优美的爱情故事、文艺作品、乐曲。

【例句】这首歌曲的旋律优美动人,令人～。

回肠九转　huí cháng jiǔ zhuàn

【释义】回:转动。九:形容次数多。好像肠子在旋转。形容内心痛苦,焦虑至极。

【例句】父亲走后,他～,脑子里翻腾滚转着父亲的那番话。

回嗔作喜　huí chēn zuò xǐ

【释义】回:掉转,改变。嗔:生气。由发怒变为高兴。

【用法】多用于书面语。

【例句】爸爸给她买了根冰棒,小女孩立

刻～。

近义 破涕为笑

回光返照　huí guāng fǎn zhào

【释义】回:反转。日落时,光线反射使天空又短时发亮。比喻人临死前忽然神志清醒或兴奋。也比喻事物灭亡之前表面状况一时好转。

【例句】他这几天突然清醒起来,大家都明白这是～,心中不免悲痛。/ 骈体文盛行于六朝,以后衰落下来,到了唐末宋初,它又～了一阵子。

提示 “返”不能写成“反”。

回禄之灾　huí lù zhī zāi

【释义】回禄:传说中的火神。指火灾。

【用法】多用于书面语。

【例句】万历二十五年六月,皇宫失火,皇极、太极等宫殿被烧毁,位于皇极门两庑的史馆也遭～,已成的文稿与档案全部损失。

近义 祝融之灾

回天乏术　huí tiān fá shù

【释义】回天:使天旋转,指扭转局面。乏:缺乏。无法让天旋转。指无法挽回人的生命或颓败的局势。

【用法】用于比喻局势或病情严重,已无法挽救。

【例句】她全身器官衰竭,医生虽努力医治,仍～。

近义 无力回天

反义 扭转乾坤　回天之力

回天之力　huí tiān zhī lì

【释义】天:旧指皇帝。原指劝止天子错误行为的能力。现指挽回生命的能力或扭转严重局势的能力。

【用法】多用否定式。

【例句】癌症的治疗效果与病情发现的早晚息息相关,一旦耽误了时间,水平再高的医生也无～。

近义 扭转乾坤

反义 回天乏术

回味无穷   huí wèi wú qióng

【释义】回味:吃过东西以后的余味。穷:完、尽。吃过好东西后余味无穷。形容事以后,回想起来觉得意味深长。

【用法】常用于有趣的往事或文章上。

【例句】读了他的诗,仿佛品饮珍藏多年的花雕酒一样,使人沉醉,～。

近义 耐人寻味

反义 索然乏味

回心转意   huí xīn zhuǎn yì

【释义】回:掉转。改变原来的想法和态度,不再坚持原来的主张。

【用法】多用于指放弃前嫌,重归旧好。

【例句】她不肯～,看来还要在错误的道路上走下去。

近义 弃旧图新

反义 执迷不悟

悔不当初   huǐ bù dāng chū

【释义】后悔开始时不该这么做或早该那么做。

【用法】常用在“早知今日”之后,有悔恨的意味。

【例句】得到这个结果,他脸上露出～的神情。

近义 悔之莫及

悔过自新   huǐ guò zì xīn

【释义】悔过:追悔自己的过错。自新:自觉改正错误,成为新人。指悔改错误,重新做人。

【例句】小王若真的因为贪污公款被捕,那是罪有应得,希望她～。

近义 改过自新

反义 死不悔改   执迷不悟

悔恨交加   huǐ hèn jiāo jiā

【释义】恨:遗憾。交加:一起出现。形容非常懊悔、痛心。

【例句】得知事情的结局,他～,通宵难眠。

近义 悔不当初

反义 问心无愧

悔之晚矣   huǐ zhī wǎn yǐ

【释义】指后悔已经晚了。

【用法】常用在句末。

【例句】对待这样错综复杂的事情,你不能意气用事,否则,将～。

近义 追悔莫及

毁家纾难   huǐ jiā shū nàn

【释义】纾:缓和,解除。难:危难。捐献全部家产,解救国家危难。

【例句】陈先生是位～的爱国志士。

近义 忧国忘家   救亡图存

反义 卖国求荣

毁于一旦   huǐ yú yī dàn

【释义】毁:毁坏,毁灭。一旦:一天之间(形容时间短)。指(得来不易的或时间久远的东西)一下就毁掉了。

【例句】在决赛中,德国队控制了大部分比赛时间,但不慎的一次失误,将他们的努力～。

毁誉参半   huǐ yù cān bàn

【释义】毁:诋毁。誉:赞扬。指非议和赞

誉各占一半。

【用法】用于表示对人或事物的评价没有一致的意见。

【例句】厂里的人对他的这种创新～。

近义 毁誉不一

讳疾忌医　huì jí jì yī

【释义】讳:隐瞒。忌:怕,畏惧。隐瞒病情,害怕医治。比喻掩饰自己的缺点和错误,害怕批评,不愿改正。

【用法】含贬义。

【例句】这篇文章批评了那些企图掩盖错误、～的人。

近义 文过饰非

讳莫如深　huì mò rú shēn

【释义】讳:忌讳,隐讳。莫:表示“没有谁”或“没有哪一种东西”。如:如此,这样。深:指程度很深。指忌讳某件事情没有像这样深的。

【用法】原指事件重大,因而隐瞒不说。后指把事情紧紧隐瞒住,不能提及。

【例句】孩子究竟为什么出事,他家里的人～。

近义 守口如瓶

反义 和盘托出　直言不讳

诲人不倦　huì rén bù juàn

【释义】诲:教导。教导别人极有耐心,不知疲倦。

【用法】多用于形容教育界对工作负责,教导有方。

【例句】老校长那种满腔热情、～的精神深深地感动了全校师生。

近义 不厌其烦

诲淫诲盗　huì yín huì dào

【释义】诲:诱导。淫:淫乱。指教唆人去做淫乱、盗窃的事。

【例句】某些所谓“反腐”电视剧,对腐败分子的淫荡生活过分渲染,让人觉得这和大街上那些贴着“法制文学”标签,却大肆～的小报本质是一样的。

绘声绘色　huì shēng huì sè

【释义】绘:描绘。指把声音和色彩都描绘出来了。也作“绘影绘声”。

【用法】用于形容叙述、描写生动逼真。

【例句】他那～的叙述,把我们的思绪带到了炮火连天的战场。

近义 有声有色　惟妙惟肖　活灵活现

反义 平铺直叙

绘影绘声　huì yǐng huì shēng

见 306 页“绘声绘色”。

秽语污言　huì yǔ wū yán

见 756 页“污言秽语”。

慧眼识珠　huì yǎn shí zhū

【释义】慧眼:原是佛教用语,指能看到过去和未来的眼力。今指敏锐的眼光。珠:珍珠。指慧眼能识别出珠子。比喻具有敏锐眼光的人能识别出人才。

【用法】用于称赞人善于识别人才。

【例句】出版商韦布～,立即答应为马克·吐温出书。

昏昏欲睡　hūn hūn yù shuì

【释义】头脑昏昏沉沉,只想睡觉。形容精神萎靡或非常疲倦。

【例句】平平板板的音乐,只能够是催眠

曲,令人～罢了。

昏迷不醒　hūn mí bù xǐng

【释义】神志昏沉,不省人事。

【例句】流血和过度疲劳,使他～,脸色煞白。

昏天黑地　hūn tiān hēi dì

【释义】天色昏暗或缺乏光线,一片漆黑。形容神志不清,糊里糊涂。也形容生活荒唐颓废,行为放荡不羁。也形容社会黑暗。

【例句】忽然街上的电灯不知什么缘故,霎时间全部熄灭,变成一个～的世界。/ 王妃看到了这一幕,不觉血往上涌,眼前立刻～。/ 家里出那么大事情,他却还是～的,一天到晚,躲在赌场里胡闹。/ 当时的重庆,～,贪污腐化、横行不法的国民党统治着一切。

近义　乌天黑地　天昏地暗
反义　天朗气清

昏头昏脑　hūn tóu hūn nǎo

【释义】形容头脑发昏,糊里糊涂。

【例句】他一天到晚忙得～的,哪顾得上这件事。

近义　浑浑噩噩　萎靡不振
反义　心明眼亮

昏庸无道　hūn yōng wú dào

【释义】昏庸:糊涂而愚蠢。道:方法。形容官员糊涂又愚蠢,完全没有治理国家或地方的能力。

【例句】广安位于渠河西岸,交通便利,但知县～,武备松弛。

浑浑噩噩　hún hún è è

【释义】浑浑:浑厚朴实的样子。噩噩:庄严肃穆的样子。原形容诗文书画的笔力厚重风格质朴。今形容人不思进取,糊里糊涂,愚昧无知。

【例句】一个人能够这样活着,即使活上一年,也胜似那～的一辈子。

近义　糊里糊涂　昏头昏脑

浑然不觉　hún rán bù jué

【释义】浑然:完全地,全然。指完全没有感觉到或意识到。

【例句】棕熊皮坚肉厚,被抓被咬～毫无损伤。

浑然天成　hún rán tiān chéng

【释义】浑然:完整不可分割的样子。天成:天然形成。完全融合在一起,像天然生成的一样。

【用法】多用于形容诗文结构严密自然或

遣词用典无斧凿痕迹。

【例句】这些珍品皆～，没有丝毫的人工雕琢。/ 这位诗人为诗用事，～，不见痕迹。

近义 浑然一体

反义 格格不入

浑然一体　hún rán yī tǐ

【释义】浑然：完整不可分割的样子。融合成一个不可分割的整体。

【例句】这五个大字，笔力雄厚苍劲，与那高耸云天气势磅礴的雄关，～，煞是壮观。

近义 浑然天成

反义 支离破碎　格格不入

浑身是胆　hún shēn shì dǎn

【释义】形容胆量大，无所畏惧。

【例句】武松～，赤手空拳打死了凶猛的老虎。

近义 胆大如斗　胆大包天

反义 胆小如鼠

浑身解数　hún shēn xiè shù

【释义】解数：武术的架势、招式，泛指手段、本事。指全身所有的本领。

【用法】有时用作贬义，含有调侃、谐谑意味。

【例句】鱼，大约也使尽了～，才死里逃生。/ 她主持的访谈节目成功之后，感到时机已成熟，便使尽～，接近新上任的局长，想借局长的力量，得到自己所追求的东西。

提示 "解"不读 jiě。

浑水摸鱼　hún shuǐ mō yú

【释义】浑：浑浊。指趁着水浑浊之际抓鱼。比喻趁混乱之机捞取利益。也作"混水摸鱼"。

【用法】含贬义。

【例句】他不是～的人，不肯随便去摸个教授头衔。

近义 趁火打劫

混水摸鱼　hún shuǐ mō yú

见 308 页"浑水摸鱼"。

魂不附体　hún bù fù tǐ

【释义】魂：灵魂。灵魂脱离了肉体。形容惊恐万分，不能自主。

【用法】常用于形容受到极大诱惑或刺激后，不能克制自己。

【例句】叶公看见真龙来了，顿时吓得～，面无人色。

近义 魂不守舍　魂飞天外　魂飞魄散

反义 神色自若

魂不守舍　hún bù shǒu shè

【释义】灵魂离开了躯壳，形容精神恍惚，心神不定。也形容惊恐万分。

【用法】现多指心神不定，较少用来形容惊恐万分。

【例句】今天上课时,小明～,什么也没听进去。/窗外突然闪过一个人影,把我吓得～。

近义 魂不附体 神不守舍

魂飞魄散 hún fēi pò sàn

【释义】魂、魄:迷信认为附在人体内并能离开人体而存在的精神与灵气。魂魄从身上飞散了。形容惊恐万分,失去常态。也形容人临死时神志不清、人事不省。

【例句】黑夜中,身后越来越清晰的脚步声把李萍吓得～。

近义 魂不附体 魂飞天外 亡魂失魄

反义 泰然自若 神色自若

魂牵梦萦 hún qiān mèng yíng

【释义】牵、萦:缠绕,挂心。在心中牵挂、在梦中萦绕。

【用法】形容思念情切。

【例句】老华侨们终于回到了几十年来一直～的故乡。

近义 朝思暮想

混世魔王 hùn shì mó wáng

【释义】混世:混迹于人世。魔王:佛教用语,指专做破坏活动的恶鬼,比喻非常凶暴的恶人。比喻扰乱人世,给人民带来严重危害的恶人。

【用法】现多指放荡不羁,无法无天的人。

【例句】张宗昌做了三年的山东～。/他有一个草根祸胎的儿子,是家里的～。

混为一谈 hùn wéi yī tán

【释义】混:混杂,掺杂。把本应区别开来的事物混杂在一起来谈论,说成是同样的事物。

【用法】含贬义。多用否定式。

【例句】这两件事性质完全不同,不能～。

近义 相提并论

反义 不可同日而语

混淆黑白 hùn xiáo hēi bái

【释义】混淆:使界限模糊。指让黑和白搅在一起混杂不清。

【用法】用于形容故意颠倒黑白,使人辨别不清。

【例句】明明是这伙人先打人,等警察来时,反说对方先打人。如此～,围观群众虽心知肚明,却不敢说话。

近义 颠倒黑白

混淆视听 hùn xiáo shì tīng

【释义】混淆:使界限模糊。视听:看到的和听到的。指用假象或谎言迷惑人的耳目,使人难辨真伪。

【例句】拿假货冒充真品～,这一现象在民间收藏中最为盛行。

混淆是非 hùn xiáo shì fēi

【释义】混淆:使界限模糊。是非:对的和错的。指让对的和错的搅在一起混杂不清。

【用法】形容故意颠倒是非。

【例句】派出所在处理这件事上,并非如张强所说～,而是实事求是的。

近义 颠倒是非

活蹦乱跳 huó bèng luàn tiào

【释义】蹦:跳。指欢蹦跳跃。

【用法】用于形容小孩儿、小动物生气勃勃的样子。

【例句】他走起路来像个大人模样,却还是掩盖不住他那副嫩气和～的劲儿。/渔港里,出海渔船返回时,大部分鱼已奄奄一息,只有一位渔民的鱼却条条～。

活灵活现　huó líng huó xiàn

【释义】描述的或模仿的人或事物生动逼真,活生生的好像就在眼前。也作"活龙活现"。

【例句】画家仅寥寥数笔,就把一匹奔驰的骏马～地描绘出来了。

近义　惟妙惟肖　栩栩如生　穷形尽相

活龙活现　huó lóng huó xiàn

见310页"活灵活现"。

火耕水耨　huǒ gēng shuǐ nòu

【释义】火耕:放火烧去杂草,垦田种植谷物。水耨:将水灌入农田以消灭杂草。指一种原始的耕种方法。

【用法】多用于书面语。

【例句】在二十一世纪的今天,这里竟还是～,穴居野处,实在令人难以相信。

近义　刀耕火种

火海刀山　huǒ hǎi dāo shān

见157页"刀山火海"。

火冒三丈　huǒ mào sān zhàng

【释义】火:怒气。怒火上升三丈高。

【用法】用于形容十分愤怒。

【例句】哪吒～,把手伸进龙王的衣服里,去揭他身上的鳞片。

近义　怒气冲天

反义　心平气和

火伞高张　huǒ sǎn gāo zhāng

【释义】太阳像张开的一柄火伞,架在空中。形容夏天烈日当空,十分炎热。

【例句】在这～的中午,大地到处都是滚烫滚烫的。一阵风吹来,地上卷起一股热浪,火烧火燎的,让人难以呼吸。

近义　赤日炎炎　烈日当空

火上加油　huǒ shàng jiā yóu

见310页"火上浇油"。

火上浇油　huǒ shàng jiāo yóu

【释义】往火上添油。比喻使情况更加严重。也作"火上加油"。

【用法】可用于指使气氛更加热烈、使人更加愤怒或助长事态往不好的方向发展。

【例句】山城的八月,天气最热,加上伏旱,就更是～了。/他现在已经够恼火的了;不要再给他～,不然的话,他会对我们大发脾气的。

近义　撮盐入火

反义　息事宁人

火烧火燎　huǒ shāo huǒ liǎo

【释义】燎:烧焦。比喻身上灼热难受或心中焦躁不安。

【用法】用于描述皮肤或心情。

【例句】发起高烧来,全身～的,口干舌燥,十分难受。/孩子走丢了,全家人急得～。

近义　心急如焚

火烧眉毛　huǒ shāo méi máo

【释义】火烧到眉毛上了。比喻事到眼前,非常急迫。

【用法】多用于口语。

【例句】明天就该去医院结账了。拿什么去结? 我都愁死了。可是他,～了也不急。

近义　迫在眉睫

火树银花　huǒ shù yín huā

【释义】火树:挂满彩灯而火红的树。银花:闪闪发光的银白色的花。形容灯火辉煌或焰火绚丽的夜景。

【例句】节日的夜晚,到处～。

近义 灯火辉煌
反义 漆黑一团

火眼金睛　huǒ yǎn jīn jīng

【释义】睛:眼珠。原指《西游记》中孙悟空能识别妖魔鬼怪的眼睛。后指目光犀利、能识别真伪的眼睛。
【用法】常用于夸奖人心明眼亮,有洞察一切的眼力。
【例句】尽管犯罪嫌疑人的作案手段十分高明,但最终难逃公安机关的～,等待他的将是法律的严惩。

火中取栗　huǒ zhōng qǔ lì

【释义】17世纪法国寓言诗人拉·封丹写的寓言故事《猴子与猫》中载,猫受狡猾

的猴子欺骗,从炉火中取出烤栗子,结果烧掉了爪上的毛而栗子却被猴子吃了。比喻被利用替人冒险,吃了苦头却一无所获。也指冒险行事,使自己蒙受损失。
【例句】利用外籍雇佣军为其～,已成为霸权主义者当前对外侵略扩张的一个重要手段。

货真价实　huò zhēn jià shí

【释义】货物是真正优质的,价钱也是实在公平的。形容真实地道,丝毫不假。
【用法】原是商家招揽生意的用语,现在引申指真实。
【例句】他那间小店的东西～,所以生意兴隆。/ 政府惩办了这个～的"蛀虫"。
近义 名副其实
反义 假冒伪劣　鱼目混珠　滥竽充数

获益匪浅　huò yì fěi qiǎn

【释义】获:得到。匪:非,即"不是"。指得到的有益的东西不少。
【例句】从我丈夫的温和沉静的性格中,我～。

祸不单行　huò bù dān xíng

【释义】祸:灾难,祸事。指不幸的事接连发生。
【用法】常与"福无双至"连用。
【例句】然而～,先是哥哥辞世,继而父亲又撒手人寰。
反义 福无双至

祸从天降　huò cóng tiān jiàng

【释义】灾祸从天上落下。形容意外的灾祸突然到来。
【用法】多指意外的灾难,可以是天灾,也可以是人祸。
【例句】真是～,一场龙卷风将辛辛苦苦

H

才盖起来的房屋夷为平地。

近义 飞来横祸

反义 喜从天降

祸福相倚　huò fú xiāng yǐ

【释义】倚:靠着。灾祸与幸福相互依存,互相转化。

【例句】一个文人受到批判讨伐,固然是痛苦的事,但～,也有因此得到盛誉而名满宇内的。

祸国殃民　huò guó yāng mín

【释义】祸:损害。殃:使受灾害。使国家受害,老百姓遭殃。

【用法】常指当权者或集团。

【例句】人民严惩了～的贪污腐败分子。

近义 蠹国害民

反义 富国安民

祸起萧墙　huò qǐ xiāo qiáng

【释义】萧墙:古代宫室内作为屏风的矮墙,借指内部。祸乱发生于内部。也作"萧墙祸起"。

【用法】用于描述身边的人带来灾祸。

【例句】一大家人个个心怀异志,必将～。

近义 变生肘腋

反义 敌国外患

豁达大度　huò dá dà dù

【释义】豁达:性格开朗。大度:气量大。形容胸襟开阔,宽宏大量。

【用法】用于赞美他人性格。

【例句】他是一位～、心胸开阔的学者。

近义 恢廓大度　宽宏大量

反义 心胸狭窄

豁然贯通　huò rán guàn tōng

【释义】豁然:开阔通达的样子。贯通:全面透彻地了解。形容一下子就彻底明白通晓了。

【用法】多用来形容学习、研究方面。

【例句】这是个心有灵犀的聪明孩子,你只需稍加点拨,他就～了。

近义 豁然开朗

反义 百思不解　大惑不解

豁然开朗　huò rán kāi lǎng

【释义】豁然:开阔敞亮的样子。形容由狭窄昏暗一下变得宽敞明亮。也形容一下子明白了某种道理,心情十分舒畅。

【例句】在无边的黑暗里,他眼前～,看见了黎明前的曙光。/ 他的一席话让我～。

近义 豁然贯通　茅塞顿开

反义 大惑不解　百思不解

H

J

击节称快 jī jié chēng kuài

【释义】击节：打拍子，表示赞赏。称快：表示快意。指打着拍子叫好。

【用法】用于指对文艺作品、文艺表演等表示赞赏而道好。

【例句】相声、小品常常使人捧腹大笑，令人～。

近义 击节叹赏

击节叹赏 jī jié tàn shǎng

【释义】节：节拍。打着拍子欣赏诗文或艺术作品。

【用法】用于指对人的行为、言论、技艺等表示赞赏。

【例句】他的钢琴演奏如此优美，听的人无不～。

近义 击节称快

击玉敲金 jī yù qiāo jīn

【释义】如敲击金玉的声音。形容说的话非常正确或声音非常好听。

【例句】他说的那番话，句句斩钉截铁，言言～。

饥不择食 jī bù zé shí

【释义】择：选择。饥饿时顾不得挑选食物，什么都吃。比喻需要急迫或无奈时，顾不得选择。

【例句】一天没吃饭了，小强一副～的样子。／学习科学技术，要有选择地一步一步地学，循序渐进，不能～，什么都想学，结果什么也学不好。

近义 慌不择路　寒不择衣

反义 挑肥拣瘦

饥餐渴饮 jī cān kě yǐn

【释义】餐：吃。饮：喝。指肚子饿了就吃，口渴了就喝。

【用法】多用于形容旅途中的艰辛。

【例句】国庆七天大假，我们一行五人结伴去稻城旅游，一路上翻山越岭，～，虽辛苦一点，但心情十分愉快。

饥肠辘辘 jī cháng lù lù

【释义】辘辘：车轮滚动声，这里指肚内响动。饿得肚子咕咕叫。

【用法】用于形容饿到了极点。

【例句】两个月的野外勘测生活，让他几次尝到了～的滋味。

近义 饥火烧肠

饥而忘食 jī ér wàng shí

【释义】而：却，表转折。指肚子饿了却忘记吃饭。

【用法】形容心情十分忧虑或工作特别忙碌。

【例句】为了如期完成任务，他夜以继日，～。

饥寒交迫　jī hán jiāo pò

【释义】齐：一齐，同时。迫：逼迫。指饥饿和寒冷一齐袭来。

【用法】形容衣食短缺，生活极端困苦。

【例句】小女孩一直过着～的生活，没有欢乐，没有人疼爱，她多么渴望得到温暖，得到食物。

近义 啼饥号寒

反义 丰衣足食　饱食暖衣

饥虎扑食　jī hǔ pū shí

见189页"饿虎扑食"。

机不可失　jī bù kě shī

【释义】机：机会，时机。失：失掉，错过。指难得的机会不要轻易丢掉。

【用法】常与"时不再来"连用，表示时机一错过就不会再来了。

【例句】这是你挑战冠军的最后一次机会，～，赶紧报名参赛吧。

近义 时不可失

反义 坐失良机

机关算尽　jī guān suàn jìn

见314页"机关用尽"。

机关用尽　jī guān yòng jìn

【释义】机关：指周密而巧妙的计谋。什么样的计谋都用完了。形容为了达到某种目的而挖空心思，用尽了心机。也作"机关算尽"。

【用法】含贬义。

【例句】为了将国家的财产装入自己的腰包，那个贪污犯～，但最后还是逃不过法

律的制裁。

近义 绞尽脑汁　挖空心思　费尽心机

反义 无计可施

鸡飞蛋打　jī fēi dàn dǎ

【释义】鸡飞走了，蛋也打破了。比喻两头落空，一无所获。

【例句】他这人好赌，败尽了家产，气走了老婆，真是～，人财两空。

近义 赔了夫人又折兵

反义 一箭双雕　一举两得

鸡飞狗跳　jī fēi gǒu tiào

【释义】鸡吓飞了，狗吓得跳起来了。形容惊惶失措的混乱情况。

【例句】何老太把附近如何落下炮弹，如何吓得大家～的情形，对司令详细说了。

鸡口牛后　jī kǒu niú hòu

【释义】鸡口：鸡的嘴巴。牛后：牛的臀部。指鸡的嘴巴、牛的臀部。意思是鸡口虽小能啄食，牛后虽大，只能出粪。比喻宁肯小而自主，不愿大而任人左右。

【用法】常用于比喻宁在局面小的地方自主，不愿在局面大的地方受人支配。

【例句】他说：古有～之说，与其在省城任人支配，不如去小县城充分发挥个人的才能。

近义 鸡尸牛从

鸡零狗碎　jī líng gǒu suì

【释义】指零零碎碎，不成整体。

【用法】用于指零碎之物或琐碎之事。

【例句】往后带东西几次并一次，不要～的。

近义 鸡毛蒜皮　七零八落

反义 莘莘大端

鸡毛蒜皮 jī máo suàn pí

【释义】鸡的毛，大蒜的皮。比喻无关紧要的小事和毫无价值的东西。

【用法】多用作贬义。

【例句】在日常生活中不计较～的小事，有利于人的身心健康。/ 他们是为了报答你的恩情，才送给你这些东西，你倒说是～。

近义 鸡零狗碎

反义 荦荦大端

鸡鸣狗盗 jī míng gǒu dào

【释义】学雄鸡啼鸣，装狗进行偷盗。后用于借指低微卑贱的技能。也泛指小偷小摸的行为。

【典故】战国时，齐国的孟尝君被秦国扣留，他的一个门客装狗入秦宫偷得白狐裘，送给秦王的宠姬，使孟尝君获得释放；回国途中，另一门客学鸡叫引得其他鸡一齐鸣叫起来，骗过了守关之人，孟尝君得以过函谷关门，逃回了齐国。（《史记·孟尝君列传》）

【用法】本指卑微的技能。现多用作贬义，指卑劣的行径或卑鄙阴暗之人。

【例句】他惯用～的伎俩，不是窃听对手的谈话，就是偷看别人的文件。/ 他是一个正直诚实的人，却交了几个～的朋友。

近义 偷鸡摸狗

反义 光明正大

鸡犬不惊 jī quǎn bù jīng

【释义】犬：狗。连鸡狗都没受到惊扰。形容纪律严明，秋毫不犯。也指平安无事。

【用法】一般用作褒义。

【例句】红军纪律严明，转战途中所到之处～，深得民心。

近义 秋毫无犯

反义 鸡犬不宁

鸡犬不留 jī quǎn bù liú

【释义】连鸡狗都不留下。形容斩尽杀绝。

【用法】常用于形容侵略者的残暴行径。

【例句】一天夜里，鬼子进到村里，疯狂杀戮，～，残忍到了极点。

反义 秋毫无犯

鸡犬不宁 jī quǎn bù níng

【释义】犬：狗。连鸡狗都不得安宁。形容骚扰得非常厉害。

【例句】南街的那一帮小青年不务正业，弄得那一带～。

近义 六畜不安

反义 鸡犬不惊

鸡犬升天 jī quǎn shēng tiān

【释义】比喻一个人得势，和他有关的人也跟着沾光。

J

【用法】常与"一人得道"连用。

【例句】他当了县令以后,全家都神气活现起来,大有一人得道,～之势。

近义 淮南鸡犬

鸡尸牛从　jī shī niú cóng

【释义】尸:鸡中之主。从:牛子。意为宁愿当鸡群之王,也不做牛的随从。

【用法】比喻宁愿在小的地方当首领,也不愿在大的地方当随从。

【例句】这是一个追求个性发展的时代,俗语说"～",许多大学生都愿意下基层去寻找一个真正能发挥自己才能的地方。

近义 鸡口牛后

鸡鹜争食　jī wù zhēng shí

【释义】鹜:鸭子。鸡跟鸭子在一起相互争夺食物。比喻小人争权夺利。

【用法】多用于书面语。含贬义。

【例句】她看不惯那些人为工资、职称而～,不愿同流合污,总是远远地避开他们。

积不相能　jī bù xiāng néng

【释义】积:积久,长期。相:相互。能:亲善,和睦。指长期以来就不和睦。

【用法】多用于两者之间。常用于书面语。

【例句】其实举人老爷和赵秀才～,他们本不能有"共患难"的情谊。

近义 势如水火

积草屯粮　jī cǎo tún liáng

【释义】积:贮积;储存。屯:积聚。储存积聚草料和粮食,做好战争准备。

【例句】现在双方都在～,一场大战看来是不可避免了。

近义 积甲山齐

积非成是　jī fēi chéng shì

【释义】错误的东西积年累月地维持下去,反而逐渐被当成正确的东西看待。

【例句】在语言发展的过程中,确实存在～的现象。

近义 将错就错

积厚流光　jī hòu liú guāng

【释义】光:通"广",广远。根基深厚,影响广远。积累的功业越深厚,则流传给人的恩德越广。

【用法】多用于事业。

【例句】儒家学说虽然有些糟粕,但整个内容不失博大精深,千百年来～,其影响是深远的。

积毁销骨　jī huǐ xiāo gǔ

【释义】积:聚。毁:毁谤。销:熔化。一次又一次的毁谤,积累下来足以致人于死地。

【用法】常与"众口铄金"连用,比喻毁谤中伤的可怕。

【例句】众口铄金,～,那位影星终于因为人言可畏而自杀了。

近义 众口铄金

积久弊生　jī jiǔ bì shēng

【释义】事物长久不改进,便会发生弊端。

【用法】多用于分析弊端发生的原因方面。

【例句】公司这几项制度必须得改,否则就会～。

积劳成疾　jī láo chéng jí

【释义】积:累积。因长期过度劳累而

串病

【例句】周恩来总理为共和国常年劳苦,日夜工作,以致～。

近义 心力交瘁

积年累月 jī nián lěi yuè

【释义】积、累:聚集。年年月月累加在一起,形容经历的时间很长。

【用法】常用于形容事物经过很长时间形成。

【例句】他～的刻苦研究终于换来了丰硕的科研成果。

近义 经年累月 长年累月

反义 一朝一夕

积善余庆 jī shàn yú qìng

【释义】积:积累。善:善事。余庆:指先代的遗泽。积德行善之家,恩泽及于子孙。

【例句】多种点树,也是行善积德,造福乡亲,说不定可以～。

反义 积恶余殃

积少成多 jī shǎo chéng duō

【释义】积:积累。一点一滴地积累,就会由少变多。

【用法】多用于知识、学问、财富等方面。

【例句】学习知识要处处留心,～。

近义 积土成山 积微成著 集腋成裘

积土成山 jī tǔ chéng shān

【释义】积:堆积。土堆积起来可以垒成一座山。比喻一点一滴地积累,就会由少变多,从小变大。

【例句】知识是不断积累得来的,努力学习,～,就会成为一个知识渊博的人。

近义 积少成多 积水成渊 聚沙成塔

积微成著 jī wēi chéng zhù

【释义】微:细微。著:显著。微不足道的事物,经过长期积累,就会变得显著。

【用法】多用于事物。含褒义。

【例句】只有关注细节,从点滴做起,积小成大,～,才能在平凡的岗位上做出不平凡的业绩。

近义 积少成多 积土成山 积羽沉舟

积习难改 jī xí nán gǎi

【释义】习:习惯。长期养成的习惯很难改变。

【例句】青少年很容易沾染上一些不良嗜好,如不及时改正,～,就会走上犯罪的道路。

近义 积重难返

反义 痛改前非

积薪厝火 jī xīn cuò huǒ

【释义】积:堆积。薪:柴。厝:放置。指把火种放置在堆积的柴火边。

【用法】表示潜伏着极大的祸患。

【例句】为了获取不法利润而不惜以假充真,以坏充好,这种做法犹如～,终将自食恶果。

积羽沉舟 jī yǔ chén zhōu

【释义】积:堆积。沉:沉没。羽毛虽轻,堆积多了也能使船沉没。比喻微小的东西汇集起来,可以产生巨大的影响。也比喻坏事虽小,积累起来也会成为大祸。

【例句】小问题也要引起重视,～,说不定哪天就会酿成大乱子。

近义 积微成著 群轻折轴

积重难返 jī zhòng nán fǎn

【释义】积:长期累积下来。重:深。反:回。指积习深重,很难改变过来。也指长期积累的问题不易解决。

【用法】多指恶习、社会弊端等。

【例句】改革初期我们遇到的阻力很大,传统观念～,但最终我们还是走出了一条光明大道。

近义 积习难改

反义 痛改前非

畸轻畸重 jī qīng jī zhòng

【释义】畸:偏离,偏颇。有时偏轻,有时偏重。形容发展不平衡或态度有偏向。

【例句】之前没有充分地调查研究,没有全局观念,在处理问题上就容易产生～的现象。

反义 中庸之道　不偏不倚

提示 "畸"不读 qí。

激昂慷慨 jī áng kāng kǎi

见 383 页"慷慨激昂"。

激浊扬清 jī zhuó yáng qīng

【释义】激:冲除。指冲去浊水,使清水涌流。比喻清除坏的,发扬好的。

【例句】作者在他的新书中,～,大声疾呼,渴望国力强盛。

反义 藏污纳垢

及锋而试 jí fēng ér shì

【释义】及:趁着,当。锋:锋利。趁着锋利时试用它。原指乘军队士气旺盛时作战。现引申为趁人有为时任用或乘有利时机行动。

【例句】李成才从海外留学归来,我认为应当～,给他用武之地。/ 现在敌人远道而来,疲惫不堪,我军士气正足,正当～,打他个措手不及。

近义 趁热打铁

吉光片羽 jí guāng piàn yǔ

【释义】吉光:古代传说中的神马,它的毛皮入水数日不沉,入火不焦。片羽:一片毛,神马身上的一块毛皮。比喻残存的极其珍贵的艺术珍品。

【用法】常用于指残余仅存的古代文物。

【例句】保存至今的宋代善本书,都被人们视为～。

近义 无价之宝　凤毛麟角

反义 竹头木屑

吉人天相 jí rén tiān xiàng

【释义】吉人:善良的人。相:保佑。善良的人会得到上天保佑。

【用法】本义含迷信思想,后用作表示安慰的话语。

【例句】你能平安归来,真是～啊!

近义 善有善报

吉日良辰 jí rì liáng chén

【释义】吉日:吉利的日子。良辰:美好的时刻。好日子,好时辰。也作"良辰吉日"。

【例句】农历九月初九是重阳节,～,老人们结伴外出郊游,个个笑逐颜开。

吉少凶多 jí shǎo xiōng duō

见 824 页"凶多吉少"。

吉祥如意 jí xiáng rú yì

【释义】吉祥:吉利。如意:符合心意。指万事吉利,事事顺心。

【用法】多用作祝福语。

【例句】新年刚过,传统佳节又到,祝大家春节愉快,～。

吉星高照　jí xīng gāo zhào

【释义】吉星:吉祥之星。吉祥之星在高空照耀。比喻交了好运,一切顺利。

【例句】他这几年在生意场上事事顺利,真是～。

吉凶祸福　jí xiōng huò fú

【释义】吉:吉利。凶:不幸。祸:灾祸。福:幸福。指各种不同的遭遇。

【例句】这次社区教育的主题是希望居民正确对待生老病死、～等问题,树立科学的世界观和人生观。

吉凶未卜　jí xiōng wèi bǔ

【释义】凶:凶险。卜:预测。指是吉利还是凶险,还不能预测。

【用法】用于指祸福难以预测,多指情况不妙。

【例句】印度尼西亚强烈地震引起海啸,造成巨大伤亡。我的一位好病友恰在该地区度假,～,令人担心。

岌岌可危　jí jí kě wēi

【释义】岌岌:形容十分危险即将倒塌的样子。形容形势非常危险,快要倾覆或灭亡。

【用法】形容事物或局势危险的用语。不适用于形容人。

【例句】这家工厂～,再不改革就要倒闭了。

近义 危在旦夕　危如累卵　千钧一发

反义 安如磐石　稳如泰山

极乐世界　jí lè shì jiè

【释义】佛经中指阿弥陀佛所居住的西方乐土,认为这里可获得一切欢乐,摆脱人间一切苦恼。

【用法】泛指快乐美好,没有烦恼的理想境地。

【例句】鲜花、美酒、成功与祝福令他快乐无比,仿佛进入了～。

近义 世外桃源

反义 人间地狱

极目远眺　jí mù yuǎn tiào

【释义】极目:尽目力之所及。极:尽,穷尽。指尽视力所及向远处看。

【例句】我～,在海平线上,一层浅褐色的雾气,朦朦胧胧。

近义 极目四望

极目四望　jí mù sì wàng

【释义】极:尽,穷尽。四:四方,四面。指尽视力所及向四周看。

【例句】登上缙云山的狮子峰,～,四周的群山,尽收眼底。

近义 极目远眺

即景生情　jí jǐng shēng qíng

【释义】即景:眼前的景物。对眼前的情景有所感触而产生某种感情。

【例句】一些老红军重游旧战场，～，不禁泪流满面，缅怀献出生命的战友。

近义 触景生情

佶屈聱牙　jí qū áo yá

【释义】佶屈：曲折不顺。聱牙：拗口。指曲折不顺畅，读起不顺口。也作"诘屈聱牙"。

【用法】用于指文辞艰涩难懂，语句拗口。

【例句】这一批翻译作品采取直译的方式，无论语法还是用词都远离汉语实际，～，读来十分吃力。

近义 隐晦曲折

反义 文从字顺

诘屈聱牙　jí qū áo yá

见 320 页"佶屈聱牙"。

急不可待　jí bù kě dài

【释义】急迫得不能再等待。形容心情急切或形势紧迫。也作"急不可耐"。

【例句】刚到家，他就～地打开电视，观看足球世界杯决赛。

近义 迫不及待　刻不容缓

反义 慢条斯理　来日方长

急不可耐　jí bù kě nài

见 320 页"急不可待"。

急不择言　jí bù zé yán

【释义】急迫得来不及选择词语。

【用法】多形容说话十分急迫或紧张。

【例句】他心里十分难过，所以～地说了些话伤害了你，请不要放在心上。

反义 不慌不忙　从容不迫

急风暴雨　jí fēng bào yǔ

【释义】急：急骤。暴：凶猛。指急剧而猛烈的狂风大雨。

【用法】用于形容来势凶猛，行动疾速或声势浩大。

【例句】尼日利亚球队是靠～式的进攻方式在世界足坛扬名的。／冷战结束后，欧洲大陆发生了～似的变化，顷刻间成为世界上新的动荡中心。

近义 暴风骤雨　狂风暴雨

反义 和风细雨

急公好义　jí gōng hào yì

【释义】热心公益事业，喜欢见义勇为。

【用法】含褒义。

【例句】他～的事迹见报以后，收到了许多热情洋溢的赞扬信。

近义 助人为乐

反义 唯利是图　自私自利

急功近利　jí gōng jìn lì

【释义】急：急切，急于。功：成效，成功。近：眼前的。利：利益。指急于取得成效，贪求眼前的利益。

【用法】用于形容不做长远打算，只图短期效益。

【例句】大家一窝蜂地买百科全书，买各种英语词典，这反映出目前教育界和家长对教育的一种～的实用主义倾向。

近义 贪功求名　急于事功

反义 高瞻远瞩　深谋远虑

急管繁弦　jí guǎn fán xián

【释义】急：快。繁：杂。形容各种乐器同时演奏的热闹情景。

【用法】用于乐器演奏。

【例句】爱乐乐团的演出别具特色，～之中显得那样优雅从容。

近义 八音迭奏

急就章　jí jiù zhāng

【释义】原为汉代史游所作的教学童识字的书《急就篇》的别名。后比喻为应付而仓促完成的文章或工作。

【例句】他这篇论文是个把月赶出来的～，其中错误百出，他却还为自己的"神速"洋洋自得。

急来抱佛脚　jí lái bào fó jiǎo

【释义】平时不为善，临难才求助于佛。比喻事到临头才急忙求助或才准备。

【用法】多用作贬义。

【例句】一个作家要是凭空给自己指定了题目然后开始去搜集材料，更是～。

急流勇进　jí liú yǒng jìn

【释义】急流：湍急的水流。勇：果敢，果断。指船在湍急的流水中果敢地前进。比喻在艰难困苦中迎着困难而上。

【用法】用于描述在斗争中不畏风浪、果敢前进。

【例句】科教兴国，需要造就一大批具有～、锐意进取、敢于改革、不断创新的人民教师。

近义　知难而进

反义　功成身退　急流勇退

急流勇退　jí liú yǒng tuì

【释义】急流：湍急的水流。在急流中果断退却。比喻在顺利或得意时应及早引退，保住声誉。

【用法】多用于劝人不可贪恋眼前的名位利益，及时隐退，可免日后招致祸患。

【例句】山口百惠在她红极之时～，她的影迷歌迷至今仍然十分怀念她。

近义　功成身退

反义　急流勇进

急起直追　jí qǐ zhí zhuī

见210页"奋起直追"。

急如星火　jí rú xīng huǒ

【释义】星火：流星的光迹。急迫得像一闪而过的流星一样。

【用法】用于极为急迫的事情或形势。

【例句】接到洪水险情报告，人民解放军～地赶赴抗洪抢险第一线。

近义　十万火急

反义　慢条斯理

急于求成　jí yú qiú chéng

【释义】急：急切地。想马上取得成效。形容迫切地希望成功，想很快达到目的。

【用法】含只顾追求速度而不顾其他之意。一般用作贬义。

【例句】做学问需要有科学的方法和踏实的工作态度，～是不行的。

近义　迫不及待　急功近利

反义　从容不迫

急于事功　jí yú shì gōng

【释义】急于：要想马上实现。功：成功。指做事想马上取得成功。

【例句】同他详谈了半天，发觉他有～的倾向，我便劝他把眼光放远点，不要急功近利。

近义　急功近利

急中生智　jí zhōng shēng zhì

【释义】智：智谋，办法。危急时突然想出了应对的办法。

【例句】眼瞅着敌人就要抓住他，小雨来～，一头扎进水里，从敌人的眼皮底下溜走了。

近义　情急智生　人急智生

J

急转直下　jí zhuǎn zhí xià

【释义】急:急促,迅猛。直下:顺势而下。形容事情突然转变,并很快顺势发展下去。

【用法】常用于形容形势、文笔等。

【例句】法国队在上半场局势控制得很好,但到下半场时局势却～,连输两分。

近义 一泻千里

反义 扶摇直上

疾恶如仇　jí è rú chóu

【释义】疾:痛恨。恨坏人坏事如同痛恨仇敌一样。也作"嫉恶如仇"。

【用法】用于形容正义感十分强烈。

【例句】这个～的姑娘,最见不得邪恶和阴谋。

近义 深恶痛绝

反义 从善如流

疾风劲草　jí fēng jìng cǎo

见 322 页"疾风知劲草"。

疾风知劲草　jí fēng zhī jìng cǎo

【释义】疾:急速,猛烈。劲:强劲有力。在猛烈的大风中,才知道哪些草是坚韧的。比喻严峻而危险的考验才能显示出坚强不屈的品格。也作"疾风劲草"。

【例句】俗话说,～。经过艰苦的二万五千里长征,他已成为坚强的共产主义战士。

近义 路遥知马力

疾雷不及掩耳　jí léi bù jí yǎn ěr

见 839 页"迅雷不及掩耳"。

疾声大呼　jí shēng dà hū

见 146 页"大声疾呼"。

疾首蹙额　jí shǒu cù é

【释义】疾首:头痛。蹙额:皱眉头。令人头痛,让人皱眉头。

【用法】用于形容厌恶、憎恨的样子。

【例句】公园里随处乱扔的杂物让人～。

近义 深恶痛绝

疾言厉色　jí yán lì sè

【释义】厉:严肃,严厉。指说话急躁,神色严厉。

【用法】用于形容人发怒时又急又凶的神态。

【例句】他听得进不同意见,从未见他～,强加于人。

近义 声色俱厉　正颜厉色

反义 巧言令色　和颜悦色

集大成　jí dà chéng

【释义】将各个方面汇集在一起,自成体系或自成一格,达到完备的地步。

【例句】韩非是法家的～者。

集思广益　jí sī guǎng yì

【释义】广:增广,扩大。益:好处。集中大家的意见和智慧,以取得更大的效益。

【例句】讨论可以使我们～,加深对事物的认识。

近义 群策群力

反义 独断专行　孤行己意

集腋成裘　jí yè chéng qiú

【释义】腋:腋下,指狐狸腋下的毛皮。裘:皮衣。把许多块狐狸腋下的毛皮聚集起来就能缝成一件皮衣。比喻积少成多,聚小成大。

【例句】她注意节省开支,几年下来,～,

攒了一笔不小的数目。

近义 积少成多　聚沙成塔

嫉恶如仇　jí è rú chóu

见 322 页"疾恶如仇"。

嫉贤妒能　jí xián dù néng

见 182 页"妒贤嫉能"。

几次三番　jǐ cì sān fān

【释义】番:次,回。不止一次两次。形容次数多。

【例句】企业要进行较大投资或大型的合作,都要经过几个回合的洽谈,～的论证。

近义 三番两次

己所不欲,勿施于人
jǐ suǒ bù yù, wù shī yú rén

【释义】欲:想,愿意。勿:不要。施:加。自己不愿意要的,不要强加给别人。

【例句】中国古话说:～。我们反对外来干涉,怎么还会去干涉别人的内政呢?

挤眉弄眼　jǐ méi nòng yǎn

【释义】弄眼:使眼色。指挤眉毛,使眼色。

【用法】用于指向人传情和示意。

【例句】动物园的那只猴子很顽皮,常向游人～。/ 我见他向旁边那人～,想来他们是蛇鼠一窝。

近义 眉来眼去

济济一堂　jǐ jǐ yī táng

【释义】济济:众多的样子。堂:大厅。形容许多人聚集在一起。

【用法】含褒义。

【例句】劳模表彰大会上,来自全国各地的代表～。

近义 汇聚一堂　高朋满座

掎角之势　jǐ jiǎo zhī shì

【释义】掎:拉住,指拉住腿。角:指抓住角。作战时分兵牵制或合兵夹击的形势。

【例句】北山支麓,逼近谯楼,他们镇守时,于山麓坚筑小堡,为～。

近义 掎角之援
反义 腹背受敌

戟指怒目　jǐ zhǐ nù mù

【释义】戟:古代兵器,长柄一端装有金属枪尖,旁附月牙形锋刃。戟指:竖起食指和中指指着人,手的形状像戟的样子。怒目:瞪圆两眼怒视的样子。指用手指指着人,瞪圆双眼。

【用法】用于形容怒骂的样子。

【例句】吉鸿昌～道:"你觉得当中国人丢脸,我觉得当中国人光荣!"

计出万全　jì chū wàn quán

【释义】万全:绝对安全。形容计划非常稳当周密,绝不会发生意外。

【例句】这个方案可说是～,成功的把握很大。

近义 万全之策　万无一失
反义 漏洞百出

计穷力屈　jì qióng lì qū

【释义】穷、屈:竭;尽。计策使完,力量用尽。

【用法】用于指没有一点办法了。

【例句】他没想到这个计划实施起来困难重重,最后终于～,只得听从……

近义 一筹莫展　无计可施

计日程功　jì rì chéng gōng

【释义】计:算。程:估量。功:成效。工

作的进度或功效可以按日计算。形容进度快,有把握如期获得成功。

【例句】家乡这些年的建设速度相当快,可以说是～的。

计日而待　jì rì ér dài

【释义】计:计算。待:等待。指可以计算着日期来等待。

【用法】用于指为期不远。

【例句】你成绩这么优异,考取大学是可以～的。

近义 指日可待

反义 遥遥无期

计无所出　jì wú suǒ chū

【释义】计:计策,主意。想不出办法。

【例句】对于医生来说,最痛苦的莫过于眼睁睁着患者受罪却～。

近义 无计可施　一筹莫展

记忆犹新　jì yì yóu xīn

【释义】犹:还,仍然。过去的事,仍然记得清清楚楚,就像刚刚发生的一样。

【例句】虽然已经过去了十几年,但我仍然对那个场景～。

近义 历历在目　言犹在耳

反义 浮光掠影　时过境迁

技高一筹　jì gāo yī chóu

【释义】技:技能,本事。筹:竹、木等制成的小棍或小片,用于计数。指技能、本事高明一点。

【用法】多指技艺、办法、意见、计谋高于别人。

【例句】这样的想象,合情合理,可谓～。

技惊四座　jì jīng sì zuò

【释义】技:技艺、技能。惊:使吃惊、惊异。座:座位,指在座的人。指技艺使四周在座的人吃惊。

【用法】用于形容技艺高超。

【例句】他～的远射均引得观众喝彩声一片。

技压群芳　jì yā qún fāng

【释义】技:技艺,才艺。压:压倒。群芳:本指各种美丽芳香的花草,比喻众多的美女。指才艺压倒众多的美女。

【例句】近年来,印度佳丽在世界举办的选美活动中～,夺得了世界小姐、环球小姐、亚太小姐等一项项桂冠。

济世之才　jì shì zhī cái

【释义】济:救助,拯救。世:时世。才:才能。指具有拯救国家的才能。

【用法】多用于指治理国家的政治才能。

【例句】改革开放以来,各方面的建设都有巨大的发展,还需更多的～。

既成事实　jì chéng shì shí

【释义】既:已经。已经形成的事实。

【用法】常表示一事与他事的并存关系。

【例句】除了接受～,他还有什么办法?

近义 木已成舟

既来之,则安之　jì lái zhī, zé ān zhī

【释义】既:已经。来之:使之来。安之:使之安。本指已经使远方的人来了,就要使他安心定居。后指既然已经来了,就要安下心来。

【例句】～,有这位名医给你治疗,你就放心住下吧。

既往不咎　jì wǎng bu jiū

【释义】既:已经。咎:责备,怪罪。对过去犯过的错误,不再责备、追究。

【例句】我们决定～,给你一个将功补过的机会。

近义 成事不说

反义 睚眦必报

提示 "咎"不能写成"究"。

霁月光风　jì yuè guāng fēng

见259页"光风霁月"。

继往开来　jì wǎng kāi lái

【释义】继:继承。往:过去。来:未来。继承前人的事业,开辟未来的道路。

【用法】多用于指传统、事业、学识的承继开创。

【例句】在中国京剧艺术发展史上,梅兰芳是一位承前启后、～的表演艺术家。

近义 承前启后　承上启下

反义 后继无人

寄人篱下　jì rén lí xià

【释义】寄:依附,依赖。篱:篱笆。原指著述因袭他人,现指像鸟雀一样依附在别人的篱笆下。

【用法】用于比喻依附别人过日子,不能独立。

【释义】林黛玉在贾府常有～的感觉。

近义 仰人鼻息　傍人门户

反义 自立门户

寂然无声　jì rán wú shēng

【释义】寂然:寂静的样子。指寂静得没有一点声音。

【用法】多用于描述人群或人群集中场所的安静。

【例句】教室里～,没有人举手,没有人说话。

近义 万籁无声　万籁俱寂　鸦雀无声

加官晋爵　jiā guān jìn jué

【释义】加:晋升,提升。爵:爵位。指晋升官职,提高爵位。

【用法】旧指官吏升迁,现泛指职务提升。

【例句】那些阿谀逢迎的人,屡屡受到重用,～,这是令人十分担忧的事。

家财万贯　jiā cái wàn guàn

见731页"万贯家财"。

家长里短　jiā cháng lǐ duǎn

【释义】指家务琐事。

【例句】她的作品专写俗人,～,买菜做饭,甚至撒泼打架,涉笔无不成趣。

近义 柴米油盐

家常便饭　jiā cháng biàn fàn

【释义】便:简单的、平常的。家中日常的饭菜。比喻极其普通常见的事情。

【例句】单身一人,工作又忙,冻饺、馒头、方便面等都是他的～。/ 由于工作需要,出差对爸爸来说成了～。

近义 司空见惯　屡见不鲜

反义 千载难逢　旷古未闻

家成业就　jiā chéng yè jiù

【释义】结婚成家,在事业上有所成就。

【例句】严老先生在退休之初,还在为发展这个家庭做了不竭的努力,当几个孩子～之后,才开始享受一下晚年的清福。

家道中落　jiā dào zhōng luò

【释义】落:败落,衰败。指富有的人家家

J

业衰败,境况没有从前富裕。

【例句】自他的祖父去世后,他们家便~。

反义 家道中兴

家给人足 jiā jǐ rén zú

【释义】给:(吃的、用的)充足,丰足。家家衣食充裕,人人生活富足。

【例句】那几年各地风调雨顺,~,出现了历史上少有的人民富裕、社会安定的局面。

近义 丰衣足食

反义 家破人亡

家贫如洗 jiā pín rú xǐ

【释义】家里贫穷得像大水冲洗过一样,一无所有。

【用法】用于形容穷到了极点。

【例句】前年他父亲不幸去世,母亲也病卧在床,无任何经济来源,~。

近义 家徒四壁 一贫如洗

反义 腰缠万贯

家破人亡 jiā pò rén wáng

【释义】家庭被破坏,亲人死去。形容家庭遭受极其惨痛的变故。

【用法】常与"妻离子散"连用。

【例句】由于战争,广大百姓处于~、妻离子散的悲惨境地。

近义 流离失所 灭门绝户

反义 家给人足 安居乐业

家徒四壁 jiā tú sì bì

【释义】徒:只、空。家中空空荡荡,只有四面墙壁。

【用法】用于形容极其贫穷,一无所有。

【例句】没想到老先生~,除了几个书架的书籍外,别无长物。

近义 家贫如洗 一贫如洗

反义 家财万贯 堆金积玉 金玉满堂

家学渊源 jiā xué yuān yuán

【释义】家学:家族世代相传的学问。渊源:水源,比喻事物的本源。指家传的学问有很深的根基。

【用法】用于形容学有根底。

【例句】陈寅恪的祖父陈宝箴曾官清末湖南巡抚,是戊戌维新的积极支持者,父亲陈三立是清末民初的诗人。~,使他在国学上深有根基。

近义 世代书香

家喻户晓 jiā yù hù xiǎo

【释义】喻:明白。晓:知道。家家户户都知道,明白。形容人人皆知。

【用法】多指知名人物、重大事情是家家知道的。

【例句】哪吒闹海的故事在民间~。

近义 妇孺皆知 众所周知

反义 默默无闻 闻所未闻

嘉言善行 jiā yán shàn xíng

见 326 页"嘉言懿行"。

嘉言懿行 jiā yán yì xíng

【释义】嘉:美好。懿:良善。美好的言论,良善的行为。也作"嘉言善行"。

【例句】德育课上,老师常用古今优秀人物的~教育学生。

戛然而止 jiá rán ér zhǐ

【释义】形容声音突然停止。

【例句】全曲结束,鼓乐声~,全场立刻爆发出雷鸣般的掌声。

提示 "戛"不作"嘎"。

假公济私 jiǎ gōng jì sī

【释义】假:借。济:增益。借用公家名义或力量,牟取私人利益。

【用法】常用于表示利用职务上的权力以及方便来牟取私人利益。

【例句】有些人～,借出差之机大肆游山玩水,挥霍国家钱财。

近义 损公肥私

反义 公而忘私　大公无私

假力于人　jiǎ lì yú rén

【释义】假:借。借助别人的力量办事。

【例句】这个任务很繁重,找一个人承担有困难,也许还得～。

近义 假手旁人　假手于人

反义 单打独斗

假冒伪劣　jiǎ mào wěi liè

【释义】假:假装。冒:冒充。伪:虚假。劣:低劣。指产品或商品冒用其他品牌进行伪造或质量低劣。

【例句】～商品在这里成了"过街老鼠"。

反义 货真价实

假仁假义　jiǎ rén jiǎ yì

【释义】假:虚假。仁:仁爱。义:道义。指虚假的仁义。

【用法】用于指伪装的仁慈善良。

【例句】你别再装好人了,我们都不会相信你那些～的话了。

近义 虚情假意

反义 开诚布公　诚心诚意

假手于人　jiǎ shǒu yú rén

【释义】假:借。凭借别人的力量办事。

【例句】要自己做记录,把调查的结果记下来,～是不行的。

近义 假力于人

反义 亲力亲为

假戏真做　jiǎ xì zhēn zuò

【释义】指戏演得逼真。泛指把假的事当成真的来做。

【例句】他～,表演非常感人。/ 他俩本来是闹着玩的,不想～,竟真的打了起来。

近义 弄假成真

假以时日　jiǎ yǐ shí rì

【释义】假:借与,给予。时日:较长时间。指给予较长的时间。

【例句】如果传媒为我们呈现的是一些积极的健康的东西,～,风气会有改变的。

价廉物美　jià lián wù měi

见 775 页"物美价廉"。

价值连城　jià zhí lián chéng

【释义】连城:连成一片的许多城池。价值抵得上连成一片的许多城池。

【用法】用于形容物品极其珍贵。

【例句】博物馆里展示的许多出土文物都是～的稀世珍品。

近义 无价之宝

反义 一钱不值

驾鹤西去　jià hè xī qù

【释义】驾:驾驶。鹤:黄鹤,传说中仙人所乘的鹤。指乘坐黄鹤向西飞去。表示人去世。

【用法】多指老人去世。

【例句】著名国画家赵蕴玉因突发脑出血～,赵老三幅近期遗作立即被抢购一空。

驾轻就熟　jià qīng jiù shú

【释义】驾:赶车。就:走上。赶着轻便的马车走熟路。比喻对事情熟悉,做起来容易。

【用法】多用于说话做事,因有经验而更加顺手。

【例句】他思维敏捷,经验丰富,这份工作对他来说应该是～的事。

J

近义 轻车熟路　得心应手
反义 半路出家

嫁祸于人　jià huò yú rén

【释义】嫁：转移。把灾祸转移到别人身上。

【例句】无论资本主义国家怎样～，都避免不了经济危机的发生。

近义 以邻为壑
反义 与人为善

稼穑艰难　jià sè jiān nán

【释义】稼：种植。穑：收获。指从事农业劳动十分艰辛。

【用法】多用于指富家子弟不知生活艰难。

【例句】她从小生活在大都市里，五谷不分，也不知～。

尖酸刻薄　jiān suān kè bó

【释义】尖酸：说话带刺，使人难受。刻薄：冷酷无情。形容说话挖苦带刺，待人冷酷无情。

【用法】用于描述人说话苛刻，不忠厚。

【例句】她的话语～，一下子刺伤了他的

自尊心。

反义 心慈话软

尖嘴猴腮　jiān zuǐ hóu sāi

【释义】腮：面颊的下半部。尖嘴巴，瘦面颊。形容人长相丑陋。

【用法】含贬义。

【例句】这个人～，贼眉鼠眼，一看就不是好人。

近义 獐头鼠目
反义 眉清目秀

坚壁清野　jiān bì qīng yě

【释义】壁：城墙，营垒。坚壁：加固防御工事。清野：转移四野的居民、物资。作战时对付入侵者的一种有效方法，使他们既攻不下营垒，又抢不到物资。

【例句】民兵们配合抗日部队扒城破路，～，有力地打击了日本侵略者。

近义 空室清野

坚不可摧　jiān bù kě cuī

【释义】坚：坚固。摧：摧毁。指十分坚固，不可摧毁。

【用法】用于形容物体坚固或力量和意志力强大。

【例句】敌人吹嘘自己的防线～，但在我军炮火的攻击下，立刻土崩瓦解了。

近义 牢不可破
反义 无坚不摧

坚持不懈　jiān chí bù xiè

【释义】懈：松懈。坚持到底，没有丝毫的松懈。指坚持到底，毫不松懈。

【用法】用于形容做事有恒心有毅力。

【例句】近年来她～地刻苦自学，现在已

拿到本科文凭了。

近义 坚定不移　锲而不舍

反义 半途而废

坚甲利兵　jiān jiǎ lì bīng

【释义】甲:铠甲。兵:武器。坚固的铠甲,锐利的兵器。指武器精良,兵力精锐的部队。

【用法】常借指坚强善战的军队。

【例句】在当今和平时代,一个国家仍然必须有～,不断强化国防力量。

近义 强兵劲旅

反义 残兵败将　散兵游勇

坚苦卓绝　jiān kǔ zhuó jué

【释义】坚苦:坚忍刻苦。卓绝:程度达到极点,超过一般。指坚忍刻苦的精神超乎寻常。

【例句】中国共产党凭着全体党员～的斗争精神,团结全国各族人民,建立了新中国。

近义 艰苦卓绝

坚强不屈　jiān qiáng bù qū

【释义】屈:屈服。坚定刚强,不屈服。

【用法】用于指在巨大压力面前意志不屈服。

【例句】狼牙山上响起了五位壮士豪迈的口号声:"打倒日本帝国主义!"这是英雄的中国人民～的声音!

近义 坚贞不屈

反义 卑躬屈膝

坚忍不拔　jiān rěn bù bá

【释义】坚忍:(在艰苦困难的情况下)坚持而不动摇。拔:移动。形容意志坚定不可动摇。

【用法】多指精神、意志、品质等。

【例句】海伦·凯勒奋发图强,～,终于成为一位著名的作家和教育家。

近义 坚定不移

近义 坚定不移　坚韧不拔

坚韧不拔　jiān rèn bù bá

【释义】坚韧:坚固有韧性。拔:移动,改变。坚强而有韧性,毫不动摇。形容信念坚定,意志顽强,不可动摇。

【例句】我们必须具有～的精神,才能到达成功的彼岸。

近义 坚忍不拔

反义 摇摆不定

坚如磐石　jiān rú pán shí

【释义】磐石:大石头。像大石头一样坚固。形容非常坚固,不可动摇。

【用法】多指友谊、信念等。

【例句】我们两人之间的友谊～。

近义 安如泰山

反义 摇摇欲坠

坚贞不屈　jiān zhēn bù qū

【释义】贞:气节,节操。坚守气节和节操,不向敌人或恶势力屈服。

【用法】常用于歌颂坚守节操的人。

【例句】井冈山的毛竹,同井冈山人一样～。

近义 坚强不屈　坚贞不移　坚贞不渝

反义 卑躬屈膝

坚贞不渝　jiān zhēn bù yú

【释义】坚:坚守。贞:气节,节操。渝:改变。指坚守气节或节操,始终不改变。

【例句】敌人软硬兼施,一方面严刑逼供,一方面金钱利诱。可他们～,坚守自己的信仰不投降。

近义 坚贞不屈

间不容发　jiān bù róng fà

【释义】间:两物中间。容:容纳。发:头发。两物中间容不下一根头发。形容事物之间距离极小。也形容形势极其紧迫、危急。

【例句】王安石晚年诗律尤为精严,选词用字～。/ 战场上刀光剑影,险象环生,生死～。

近义 千钧一发

反义 从容不迫

肩摩毂击　jiān mó gǔ jī

【释义】摩:接触,摩擦。毂:车轴中心圆孔可插轴的部分,借指车轮。击:碰撞。指肩膀与肩膀相碰,车轮与车轮相撞。也作"摩肩击毂"。

【用法】用于形容来往的人与车马很多。

【例句】成都文殊坊,一到节假日就热闹非凡,去的路上～,几乎水泄不通。

近义 比肩继踵　摩肩接踵

反义 阒无一人

肩摩踵接　jiān mó zhǒng jiē

见 472 页"摩肩接踵"。

艰苦奋斗　jiān kǔ fèn dòu

【释义】在艰难困苦的条件下竭尽全力去工作或斗争。

【用法】常用于形容人有吃苦耐劳的能力。有时用作劝勉之语。

【例句】虽然现在生活水平提高了,社会发展进步了,但不骄不躁、～的光荣传统我们还应继续保持。

近义 奋发图强

反义 好逸恶劳

【提示】"艰"不能写成"坚"。

艰苦朴素　jiān kǔ pǔ sù

【释义】朴素:节俭,不奢侈。指吃苦耐劳,勤俭节约的作风。

【例句】他在读书期间一直是～,从不乱花一分钱。

近义 勤俭节约

反义 铺张浪费　穷奢极侈

艰苦卓绝　jiān kǔ zhuó jué

【释义】卓绝:程度达到极点,超过所有的。形容无比艰难困苦。

【用法】多指生活、环境、斗争十分艰苦。

【例句】中国人民在中国共产党的领导下,经过～的斗争,终于推翻了压在人民头上的三座大山。

近义 艰难竭蹶　艰难困苦

艰难竭蹶　jiān nán jié jué

【释义】艰难:艰苦困难。竭蹶:原指走路艰难,跌跌撞撞的样子,后指经济困难。形容经济条件极差,生活十分困苦。

【例句】此种农民,每年劳动结果,自己可得一半。于～之中,存聊以卒岁之想。

近义 艰苦卓绝

艰难曲折　jiān nán qū zhé

【释义】曲折:周折。困难和周折。

【例句】人生道路上的种种～只能磨砺有志者百折不挠的精神。

近义 艰难困苦

反义 万事亨通

艰难险阻　jiān nán xiǎn zǔ

【释义】险阻:道路险恶而有阻碍。指所遇到的困难、曲折、危险和阻碍。

【用法】用于形容前进道路上的艰辛。

【例句】抗战这些年,全国人民经历了说不尽的～。

近义 荆棘载途

反义 一帆风顺

监守自盗 jiān shǒu zì dào

【释义】监守:监督看守。盗窃者就是看管财物的人。

【例句】故宫的玉器、瓷器、字画等等文物,历经外来势力的掠夺以及清政府的～,残剩下来的是很少了。

近义 知法犯法

反义 克己奉公

兼程而进 jiān chéng ér jìn

【释义】兼程:一天走两天的路。用加倍的速度赶路前进。

【例句】从他担任总经理开始,公司发展迅猛,2010 年产值就上亿元,随后～,又上一层楼。

近义 突飞猛进

兼而有之 jiān ér yǒu zhī

【释义】兼:本义为一手执两把禾,引申为同时进行几桩事情或占有几样东西。而:连词,连接语义相承的成分。之:代词,代替人或事物。指同时具有几种事物或情况。

【用法】多指同时具有几种好的事物。含褒义。

【例句】勤劳和勇敢是中国人身上～的两种美德。

兼容并包 jiān róng bìng bāo

【释义】容:容纳。包:包容。把相关的各方面的东西都容纳、包含起来。

【例句】学习知识要～,博采众家,集思广益。

近义 兼收并蓄

反义 爬罗剔抉

兼收并蓄 jiān shōu bìng xù

【释义】蓄:储存,积蓄。把各种内容不同、性质各异的事物都包罗接收进来。

【例句】美国将各国的文化～,加强了文化的多元性。

近义 兼容并包

反义 爬罗剔抉

兼听则明,偏信则暗

jiān tīng zé míng, piān xìn zé àn

【释义】明:明辨,明白。暗:昏暗,糊涂。听取多方面的意见,就能明辨是非;只听信一方面的意见,就会糊里糊涂。

【例句】我们在行使职权时,一定要牢记～的道理。

反义 偏听偏信

缄口不语 jiān kǒu bù yǔ

【释义】缄:封闭。闭起嘴不说话。

【例句】在歪风邪气面前,我们一定要勇于批判,决不能～,做好好先生。

近义 缄口结舌　噤若寒蝉

反义 侃侃而谈　夸夸其谈

俭以养德 jiǎn yǐ yǎng dé

【释义】俭:节省。养:培养。指节省的习惯可以培养美德。

【例句】无论如何,勤俭都是好的习惯。经济条件差点,俭以励志;经济条件好点,～。

剪枝竭流 jiǎn zhī jié liú

【释义】枝:枝叶。流:支流。去掉树枝,使支流干涸。比喻不从根本上解决问题。

J

【例句】这些修修补补的工作都只是～，不能解决根本问题。

剪烛西窗　jiǎn zhú xī chuāng

【释义】剪：用剪刀铰。烛：指烛心。原指思念远方妻子，盼望相聚夜语。后泛指同亲友相逢聚谈。

【例句】姐妹们正～，畅谈心曲。

简截了当　jiǎn jié liǎo dàng

【释义】简截：简单直截。了当：明白。指言语文字明白简单，不枝不蔓。也形容行动干脆爽快，不绕弯子。

【例句】在这种紧急场合，说话做事，都应该力求～，开门见山。

反义 拖泥带水

简明扼要　jiǎn míng è yào

【释义】扼：抓住。指说话或写文章简单明了，抓住要点。

【例句】在会上发言应该用语准确，～。

近义 言简意赅　短小精悍
反义 长篇大论

见财起意　jiàn cái qǐ yì

【释义】见：看到。起：产生。指看到财物就产生歹意。

【例句】小偷、窃贼，很多时候都是～。俗话说："财帛不外露"，那是有一定道理的。

见多识广　jiàn duō shí guǎng

【释义】见过的多，知道的广。形容见识广博，经验丰富。

【用法】含褒义。

【例句】别看他是一个貌不惊人的老头，但却～，到过许多国家和地区。

近义 博学多才　经多见广
反义 孤陋寡闻

见风使舵　jiàn fēng shǐ duò

【释义】舵：船上控制方向的装置。指观察风向转动船舵（以掌握航行方向）。比喻人跟着情势转变态度或立场。

【用法】多描述人看眼色或势头行事。含贬义。

【例句】他这种人靠不住，平时做事～，见利忘义。

近义 见机行事　八面玲珑　随风转舵
反义 一成不变

见缝插针　jiàn fèng chā zhēn

【释义】缝：缝隙。插：刺入，挤进。指看到缝隙就将针刺入。比喻抓紧机会利用一切空间和时间。

【例句】本已狭窄的路，因为大小车辆～各不相让，造成该路段经常堵车。/周末，在做家务活的间隙，她～地背诵英语单词。

见怪不怪　jiàn guài bù guài

【释义】看见奇怪的事或现象也不以为怪，能泰然处之。

【用法】用于形容遇事沉得住气，不惊恐。

【例句】与她相处几十年了，我对她夸张的言行早已～了。

近义 以怪为常
反义 大惊小怪　少见多怪

见惯不惊　jiàn guàn bù jīng

【释义】看习惯了，就不觉得惊奇了。

【例句】动物吃植物，你是～了吧？植物吃动物，你见过吗？

近义 习以为常
反义 少见多怪

见机行事　jiàn jī xíng shì

【释义】机：时机，机会。指看当时情况

办事。

【用法】多用于嘱咐人根据当时具体情况灵活处理。

【例句】我们要善于～,根据实际情况灵活机动地处理问题。

近义 相机行事

反义 刻舟求剑

见景生情 jiàn jǐng shēng qíng

【释义】看见眼前的景物而触发某种思绪或感情。

【例句】～,《故乡》这幅油画唤起了他对自己家乡的深深眷恋之情。

近义 触景生情

见利忘义 jiàn lì wàng yì

【释义】见:看到。义:道义。指看到私利就忘掉道义。形容人自私,贪图个人利益。

【用法】多指贪图钱财。

【例句】有些商人利令智昏,以假充真,甚至把腐败食品、有毒物品,改头换面,投放市场。真是～,令人痛恨。

反义 见利忘义

见貌辨色 jiàn mào biàn sè

【释义】观察面部表情,辨别脸色。形容察言观色,随机应变。也作"鉴貌辨色"。

【例句】此人善于～,很讨一些人的欢喜。

近义 察言观色

见钱眼开 jiàn qián yǎn kāi

【释义】开:张开。指看见钱财眼睛都睁大了。

【用法】用于形容人贪财好利。

【例句】有人说他～,只要能赚钱,什么原则都不要了。

近义 财迷心窍

见仁见智 jiàn rén jiàn zhì

【释义】仁者看见,认为其仁;智者见了,则认为其智。表示对同一事物,不同立场的人从不同的角度去看,得出的结论不同。也作"仁者见仁,智者见智"。

【用法】多用在表示个人的见解,各有根据及道理,不必要求依照谁的情形上。

【例句】这个问题争论了半天,仍是～,始终未能达成共识。

反义 众口一词

见死不救 jiàn sǐ bù jiù

【释义】见到他人面临死亡威胁,而不去帮助或援救。

【用法】用于形容冷酷无情。

【例句】我们提倡雷锋精神,反对为富不仁,～。

近义 隔岸观火

反义 舍己为人 见义勇为

见所未见 jiàn suǒ wèi jiàn

【释义】见到从来没有见过的。形容十分稀罕,所见真顺为山。

【用法】常与"闻所未闻"连用,以加强语义。

【例句】这里的塑料大棚内,都已种上各种～、闻所未闻的精细蔬菜品种,仅番茄

J

就有 32 种。

近义 闻所未闻

反义 司空见惯

见兔放鹰　jiàn tù fàng yīng

【释义】见到兔子才放出猎鹰。喻指看准了才采取行动。

【例句】～,是他在生意场上一贯坚持的做法。这使他规避了许多风险。

见兔顾犬　jiàn tù gù quǎn

【释义】顾:回头看。指见到兔子才回头唤狗(去追捕)。喻指事到临头才紧急采取措施。

【用法】多用于劝勉。

【例句】那种"平时不烧香,临考抱佛脚"的做法,犹如～,虽也可以考个及格,但所学知识是不牢固的。

近义 亡羊补牢

反义 未雨绸缪

见危授命　jiàn wēi shòu mìng

【释义】危:危险,危难。授命:献出生命。在危急关头勇于献出生命。

【例句】解放军战士在洪水来临时～,是值得我们尊敬的人。

近义 临危致命　奋不顾身

反义 袖手旁观　明哲保身

见微知著　jiàn wēi zhī zhù

【释义】微:微小。著:明显。看到一点苗头或隐患,就能知道事情的实质和发展趋势。

【例句】思想政治工作者应当善于～,做到防微杜渐,把不好的倾向消灭在萌芽状态。

近义 一叶知秋

见贤思齐　jiàn xián sī qí

【释义】贤:才德兼备的人。思齐:想着要看齐。看到才德兼备的人,就想向他学习,与他一样。

【用法】常用于描述人追求进步者。

【例句】我们要～,学习别人的长处,不断提高自己。

近义 见善则迁

见笑大方　jiàn xiào dà fāng

【释义】大方:见多识广的人,泛指有某种专长的人或内行人。被内行所笑话。

【用法】多用于谦称自己不敢发表批评意见,以免被人笑话。也可形容人不懂装懂。

【例句】你要是对这个话题不太懂就别乱说,以免～。

近义 贻笑大方

反义 推崇备至

见义勇为　jiàn yì yǒng wéi

【释义】看到合乎正义的事情就勇敢地去做。

【例句】看到歹徒伤害无辜,他挺身而出,这种～的精神,值得我们学习。

近义 急公好义

反义 见死不救　袖手旁观

见异思迁　jiàn yì sī qiān

【释义】迁:改变。看到别的事物就想改变原来的主意。

【用法】用于形容人意志不坚定或喜爱不专一。

【例句】他这人～,最后落得毕生一事无成。

近义 朝三暮四　朝秦暮楚

反义 矢志不移 一心一意

建功立业 jiàn gōng lì yè

【释义】建：建立，创建。立：建树，成就。指创建功勋，成就事业。

【用法】多用于指人有远大抱负。

【例句】打好学习基础，胸怀远大目标，脚踏实地地苦干，才能～。

剑拔弩张 jiàn bá nǔ zhāng

【释义】弩：古代一种用机械力量射箭的弓。剑已出鞘，弓也拉开了。形容气氛、形势紧张，一触即发。

【用法】可用于指形势紧张或人际关系紧张。

【例句】巴勒斯坦和以色列边境常常出现～的形势。/如果在人生舞台上，彼此多一点仁慈、温情，少一点冷漠、～，那么，在和谐的氛围中，人际关系定会得到净化。

近义 一触即发

剑胆琴心 jiàn dǎn qín xīn

【释义】剑胆：比喻胆识很高。琴心：比喻心意儒雅。比喻既有英雄胆识，又有儒雅的情致，刚柔相济。也作"琴心剑胆"。

【用法】旧小说多用于形容能文能武的才子。含褒义。

【例句】他～，又具有雄才伟略，可以说是一位出类拔萃的领导者。

剑走偏锋 jiàn zǒu piān fēng

【释义】偏锋：从侧面着手的方法。指不采用正面攻防为主的常规剑法，而采用闪避游斗等非常规的剑法。

【用法】用于比喻行事或思维不按正常的规律，而是另辟蹊径。

【例句】台湾作家林海音写秋天独辟蹊径，～，从气味中走进秋天。

健步如飞 jiàn bù rú fēi

【释义】健步：脚步快而有力。步伐轻快，好像飞行一般。

【用法】用于形容走路矫健快速。

【例句】发现前面目标出现，他～，紧跟上去。

近义 大步流星 举步如飞 举步生风

反义 步履维艰 举步维艰

渐入佳境 jiàn rù jiā jìng

【释义】佳境：美好的境界。指逐渐进入美好境界。

【用法】常喻指情况渐渐好起来或兴味逐渐浓厚起来。

【例句】我初读此书，翻阅第一回，觉得没味，便撂在一旁；隔了多日，偶然再翻第二回，却觉得～，后来竟至不能释手。

鉴貌辨色 jiàn mào biàn sè

见 333 页"见貌辨色"。

鉴往知来 jiàn wǎng zhī lái

【释义】鉴：仔细审察。仔细审察过去，就可推知未来。

J

【例句】古与今是相互联系与贯通的,考察历史,规划当今,推知未来,可以增强自觉性,减少盲目性,所以～在任何时候都是必需的。

箭无虚发　jiàn wú xū fā
【释义】虚:空。射箭本领高,每发必中。
【例句】马超～,船上驾舟之人,应弦落水。
近义 弹无虚发　百发百中

箭在弦上　jiàn zài xián shàng
【释义】箭已安放在弓弦上(势在必发)。也作"如箭在弦"。
【用法】比喻事情已经到了不得不做或话已经到了不得不说的时候。
【例句】双方冲突已～,必须迅速应对。

江东父老　jiāng dōng fù lǎo
【释义】江东:古指芜湖、南京以下的长江南岸地区。泛指故乡的父兄之辈。
【用法】多用于有愧而无颜相见的情形下。
【例句】他在监狱里终于认识到自己对不起父母,也无颜见～。

江河日下　jiāng hé rì xià
【释义】江河的水一天天地向下游流去。比喻事物一天天衰落或情况一天天坏下去。
【用法】用于描述事业或精力日渐衰败。
【例句】受经济危机的影响,该公司的营业情况～。
近义 每况愈下
反义 欣欣向荣　蒸蒸日上

江湖骗子　jiāng hú piàn zi
【释义】江湖:四方各地。原指四方流浪,

靠卖假药、算命等谋生的人。后喻指专门招摇撞骗的家伙。
【例句】他最瞧不起以打拳舞棍来招徕顾客贩卖膏药的人。他认为这些～亵渎了中华武功。

江郎才尽　jiāng láng cái jìn

【释义】江郎:南朝梁代文学家江淹,年轻时才华出众,到了晚年文思衰退,当时人说他"才尽"。比喻人的才思枯竭或才气已尽。
【用法】多用于书面语。
【例句】我以前写文章时妙语连珠,现在却搜肠刮肚找不出合适的词语来,真是～啊!
近义 黔驴技穷
反义 初露锋芒　出类拔萃

江山如画　jiāng shān rú huà
【释义】江河山岳美如图画。形容自然风景十分优美。
【用法】多用于指国家山河美好,风景如画。
【例句】我们的祖国～,让人赞叹不已。

江山易改,本性难移

jiāng shān yì gǎi, běn xìng nán yí

【释义】移:变化,改变。山河的面貌容易改变,而人的本性却很难改变。

【例句】你总是这样不爱收拾,屡次说你,你总不听。真是～!

江心补漏 jiāng xīn bǔ lòu

【释义】船到江心才去补漏洞。比喻补救太迟,已无济于事。

【例句】"少壮不努力,老大徒伤悲",这是说年轻时要及时努力学习,否则,到年老时才来补救,那就像～一样,为时已晚了。

近义 临渴掘井

反义 未雨绸缪　防患未然

江洋大盗 jiāng yáng dà dào

【释义】江洋:江湖河海。盗:强盗。指在江湖河海上抢劫行凶的强盗。

【用法】现泛指大盗。

【例句】持此身份证的人是一名～,曾在北京、上海等地流窜作案。

将错就错 jiāng cuò jiù cuò

【释义】将:顺着。就:迁就。事情已经做错了,还顺着错误继续做下去。

【例句】当初演出海报上把他的名字写错了,不想一演就出了名,他就～了。

反义 亡羊补牢

将功补过 jiāng gōng bǔ guò

【释义】将:用。补:补偿。用功劳补偿过失。

【例句】守门员在上半场因为疏忽让对方进了一个球,但下半场他～,扑救了两个必进之球。/过去我做得不好的地方,请

你包涵,从今以后定～。

近义 将功赎罪

将功赎罪 jiāng gōng shú zuì

【释义】将:用。赎:抵偿。用功劳抵偿罪过。

【用法】指弥补罪过,语义较重。

【例句】凡是加入"鲨鱼"集团的人,只要停止作恶,悔过自新,脱离犯罪集团,政府准许他们～。

近义 将功补过

反义 罪加一等

将机就机 jiāng jī jiù jī

【释义】利用可乘之机做某事。

【用法】有借机行事之意。

【例句】既然事情已经发展至此,我们何不来个顺水推舟,～?

近义 将计就计

将计就计 jiāng jì jiù jì

【释义】将:随顺。利用对方的计策,反过去向对方施计。

【例句】群英会上,蒋干假意来降,周瑜～,骗得曹操痛失两员水上大将。

近义 将机就机

将勤补拙 jiāng qín bǔ zhuō

【释义】将:用。拙:笨拙,愚笨。用勤奋来弥补笨拙。

【例句】我知道自己不如别人聪明,但是,笨鸟先飞,～,还是能赶上去的。

近义 勤能补拙

将心比心 jiāng xīn bǐ xīn

【释义】将:用。用自己的心情和处境去设想对方。

【用法】常用于指设身处地体谅别人。

【例句】他能够～,设身处地为人家着想,体贴人家。

近义 设身处地　推己及人

将信将疑　jiāng xìn jiāng yí

【释义】将:且,又。有些相信,又有些怀疑。指还不能完全相信。

【用法】多用于书面语。

【例句】这个人平时说话就不实在,这件事从他嘴里说出来,大家都～。

近义 半信半疑

反义 深信不疑

将欲取之,必先与之　jiāng yù qǔ zhī,bì xiān yǔ zhī

【释义】将:要。欲:想。与:给。指要想取得它,必定先要给予它。

【例句】常有这样的情形,就是只有丧失,才能不丧失,这是"～"的原则。

匠心独运　jiàng xīn dú yùn

【释义】匠心:巧妙的心思。运:运用。独创性地运用巧妙的心思。

【用法】多指文学、艺术、设计上的精巧构思。

【例句】人们选择和布置这么一个场面来作为迎春的高潮,真是～!

近义 别具匠心

反义 鹦鹉学舌　步人后尘

降格以求　jiàng gé yǐ qiú

【释义】格:规格,标准。降低标准去寻求或要求。

【用法】多指不坚持原来的要求和标准。

【例句】大学毕业生,若对自己估计太高,在求职上不切实际,就很难达到目的。如果～,从实际出发,恐怕机会更多,求职问题也更容易解决。

降志辱身　jiàng zhì rǔ shēn

【释义】降:降低。辱:辱没。指降低志向,辱没身份。

【用法】多用于违心地与世俗同流合污,委曲求全地混迹于社会。

【例句】朱自清当年一身重病,但不肯～,宁可饿死,也不领美国救济粮。

将遇良才　jiàng yù liáng cái

【释义】将:将领。良才:高才。指能人碰上能人,双方本领相当。

【用法】多用于指势均力敌的双方。含褒义。

【例句】棋逢对手,～,用这两句话来形容这届世界杯决赛再合适不过了。

近义 棋逢敌手　旗鼓相当　势均力敌

交淡若水　jiāo dàn ruò shuǐ

【释义】交情淡泊如水。指君子之交,重在道义。

【例句】他们～,但彼此信任,真可谓君子之交。

近义 君子之交

交口称誉　jiāo kǒu chēng yù

【释义】交口:异口同声。异口同声地赞扬。

【例句】一年之后,附近几个村庄的牧童们没有一个笛子有他吹得好,连大人们也～。

近义 有口皆碑　赞不绝口

反义 众口铄金

交浅言深　jiāo qiǎn yán shēn

【释义】交浅:相交不深。指对相交不深的人说心里话。指说话有失分寸。

【例句】我因过去同他少接触,缺乏了解,有些意见想说,又怕～,过于冒昧。

交头接耳　jiāo tóu jiē ěr

【释义】头挨着头，嘴凑在耳边（低声说话）。也作"接耳交头"。

【用法】有时特指考试作弊的一种方式。

【例句】会议开得太沉闷，不少人在下面～。/有86人被取消当年考试资格，其中～互对答案者4人。

近义　窃窃私语

反义　大喊大叫　大声疾呼

交相辉映　jiāo xiāng huī yìng

【释义】各种色彩、光亮等相互映照。

【例句】房间里地面上满铺地毯，几种大小不同的圆形图案，同天花板上的油画～，浑然一体。

娇生惯养　jiāo shēng guàn yǎng

【释义】娇：宠爱，溺爱。惯：纵容，姑息。在宠爱、纵容中生长。

【例句】对孩子不要～，要培养他们吃苦耐劳的精神和承受挫折的能力。

近义　养尊处优

反义　饱经风霜

提示　"娇"不能写成"骄"；"惯"不能写成"贯"。

娇小玲珑　jiāo xiǎo líng lóng

【释义】娇小：小巧可爱。玲珑：聪明伶俐。身材小巧，灵活敏捷。

【用法】用于形容女子体态娇媚灵巧，伶俐可爱。

【例句】这个女孩～，模样逗人喜爱。

近义　小巧玲珑

反义　虎背熊腰

骄兵必败　jiāo bīng bì bài

【释义】骄：恃强轻敌。指恃强轻敌的军队必定吃败仗。

【用法】原用于军队，现引申用于一切竞技比赛。

【例句】球赛也与打仗一样，～，千万不能轻敌。

反义　哀兵必胜

骄奢淫逸　jiāo shē yín yì

【释义】骄：骄横。奢：奢侈。淫：荒淫。逸：放荡。指骄横奢侈，荒淫放荡。

【用法】用于形容作风恶劣，生活腐化。

【例句】古罗马军团曾经是当时世界上一支强大的军队，后来却因为～而使战斗力丧失殆尽，在战场上屡遭败绩。

近义　花天酒地　穷奢极欲

反义　清心寡欲　克勤克俭

胶柱鼓瑟　jiāo zhù gǔ sè

【释义】柱：瑟上架弦调音的短木。鼓：弹奏。瑟：古乐器。奏瑟时用胶粘住瑟上的柱，音调不能变换。比喻拘泥固执，不知变通。

【用法】用于指因不知事物的特点而不知变通。

【例句】学习要融会贯通，灵活运用，不能～、生搬硬套。

近义　刻舟求剑　守株待兔

反义　随机应变

焦金铄石　jiāo jīn shuò shí

【释义】烧焦金属，熔化石头。形容温度极高，气候炎热。

【例句】探险队冒着～般的炎热，深入到沙漠腹地。

近义　焦沙烂石

反义　凝冰裂地

焦沙烂石　jiāo shā làn shí

【释义】将沙烧焦，石烧烂。形容气候

酷热。

【例句】这里的气候有些极端,冷的时候凝冰裂地,热的时候则～。

近义 焦金铄石

反义 凝冰裂地

焦头烂额 jiāo tóu làn é

【释义】焦头:烧焦头部。烂额:烧伤额部。指头部和额部被烧焦、灼烂。比喻受到严重打击而惨败。也形容忙得不知如何是好,非常窘迫和狼狈。

【典故】从前,有人看见一户人家的厨房很可能失火,就建议把烟囱改弯,把柴草搬远一点。但这家的主人没有听取建议。不久,果然失火了。邻居们都赶来救火,不少人头和前额都被烧伤了。火扑灭后,主人设宴感谢那些被烧伤的人,却没有感谢当初劝他改烟囱、搬柴草的人。于是有人议论道:“今论功而请宾,最先劝防火的人无恩泽,焦头烂额的为上宾!”(汉·桓谭《新论·见征》)

【用法】常用在单音动词加“得”后面的补语。

【例句】他失业后妻子又生病住院,沉重的生活负担已把他弄得～。

近义 狼狈不堪

狡兔三窟 jiǎo tù sān kū

【释义】窟:洞穴,窝。狡猾的兔子有三个

窝。比喻避祸藏身的地方多。

【用法】用于比喻做好多种准备,便于应对各种突发事件。

【例句】面对犯罪分子屡屡作案的嚣张气焰,这位老公安坚定地说:“～,哪怕他有十窟,我们也要将他捉拿归案。”

狡兔死,良狗烹 jiǎo tù sǐ, liáng gǒu pēng

见 723 页“兔死狗烹”。

绞尽脑汁 jiǎo jìn nǎo zhī

【释义】绞:拧,挤压。比喻费尽了心机,想尽了办法。

【例句】这道题目很难,我～也想不出正确的解答方法。

近义 挖空心思　费尽心机　搜索枯肠

矫矫不群 jiǎo jiǎo bù qún

【释义】矫矫:翘然出众的样子。形容高超出众,不同一般。

【用法】常用于指才华出众,在集体中显得不平凡。

【例句】他当学生时就显露出～的才能,很受老师的器重。

近义 出类拔萃

矫揉造作 jiǎo róu zào zuò

【释义】矫:矫正。揉:使直变曲。造作:人为的做作。形容故意做作,很不自然。

【用法】现也用于形容某人以不自然的动作去取悦他人,表现自己,或过分打扮、标新立异。

【例句】这部戏没什么卖点。老套而沉闷的故事,朴实木讷的镜头,～的表演,我真不知道该看什么。

近义 装模作样

反义 落落大方

矫枉过正 jiǎo wǎng guò zhèng

【释义】矫:矫正。枉:弯曲。矫正弯的东西超过正常状态,而弯向另一边。比喻纠正偏差、错误过了头,而陷入另一种偏差、错误之中。

【用法】用于描述纠正错误或过失,超过了合理的限度。

【例句】强调减轻中小学生作业负担是必要的,但是完全不做作业,就未免～了。

近义 过犹不及

反义 恰如其分　适可而止

脚踏实地 jiǎo tà shí dì

【释义】脚踏在地上。比喻做事踏实认真,不浮躁。

【例句】要考试出成绩,平时就要～做好功课,如此,才会有好运跟随。

近义 兢兢业业

反义 好高骛远

搅海翻江 jiǎo hǎi fān jiāng

【释义】搅动大海,翻动江河。

【用法】用于形容力量壮大或声势浩大。

【例句】乐曲声和谐激越,在窄小空间回荡,产生一种万马奔腾、～的气势。

近义 翻江倒海

叫苦不迭 jiào kǔ bù dié

【释义】不迭:不止。不停地叫苦。

【例句】刚刚被一场大雨给浇得透心凉,现在又狂风大作,瑟瑟发抖的他不禁～。

近义 叫苦连天

反义 喜不自胜

提示 "迭"不能写成"叠"。

叫苦连天 jiào kǔ lián tiān

【释义】大声不停地叫苦。

【用法】用于形容陷入极度的困境中。

【例句】封建社会,繁重的苛捐杂税使农民～。

近义 叫苦不迭

反义 喜不自胜

教学相长 jiào xué xiāng zhǎng

【释义】相:相互。长:增长,长进。指教与学互相促进,共同提高。

【例句】教师要有勇气向学生学习,不断为自己"充电",真正做到～。

阶下囚 jiē xià qiú

【释义】阶:台阶。在公堂台阶下受审的囚犯。泛指在押的犯人或俘虏。

【例句】贪婪和私心毁灭了一代"奇才",昨日的"冰球沙皇"成了今日的～。

皆大欢喜 jiē dà huān xǐ

【释义】皆:全,都。人人满意,全都高兴。

【用法】常用于形容结局圆满。

【例句】这个出人意料的结果使全班同学～。

近义 尽如人意

结结巴巴 jiē jiē bā bā

【释义】形容人说话吞吞吐吐不流畅。

J

【例句】因为准备不足,加上紧张,他演讲从头到尾都～。

近义 吞吞吐吐

反义 伶牙俐齿

接耳交头　jiē ěr jiāo tóu

见 339 页"交头接耳"。

接二连三　jiē èr lián sān

【释义】接:接连。连:连接。指一个接着一个。

【用法】用于形容连续不断。

【例句】奥运会上中国健儿勇夺金牌的消息～地传来。

近义 接踵而至　接连不断　络绎不绝

接踵而至　jiē zhǒng ér zhì

【释义】接踵:后面人的脚接到前面人的脚跟。指脚跟脚地到来。比喻连续不断地到来或发生。

【用法】可形容人或动物相继而来,也可形容事物或情况紧接发生。

【例句】自利马窦来到我国后,西方人～。/ 自从他成名以后,约稿信～。

近义 纷至沓来　络绎不绝

揭竿而起　jiē gān ér qǐ

【释义】揭:举起。竿:竹竿,代指旗帜。高举旗帜,奋起反抗。原形容秦末农民起义时的情况。后泛指人民起义。

【例句】秦朝末年,陈胜、吴广～,加速了秦王朝的灭亡。

揭天卷地　jiē tiān juǎn dì

【释义】揭:揭起,掀开。卷:卷起,裹住。指把天掀开,把地卷起。

【用法】常用于形容风雨雷电极其猛烈。

【例句】窗外只有～的风雷呼啸声。

嗟来之食　jiē lái zhī shí

【释义】嗟:招呼声,相当于"喂"。原指怜悯饥饿的人,呼其来食。后用来表示带有侮辱性的或不怀好意的施舍。

【典故】春秋时齐国发生饥荒,黔敖准备了食物放在路边,以便让饥民吃。有个饥民走来,黔敖朝他喊道:"嗟!来食!"那个饥民说:"予唯不食嗟来之食,以至于斯也!"尽管黔敖向他道歉,那饥民仍然不吃,最后饿死了。(《礼记·檀弓下》)

【例句】有个姓胡的回国留学生找不到工作,又无别的专长,加之心高气傲,不愿接受～,终于凄惨地死于九眼桥洞侧。

街谈巷议　jiē tán xiàng yì

【释义】巷:胡同。大街小巷里人们的言谈议论。

【用法】泛指民间的舆论。

【例句】一时间～,全城流播。

近义 道听途说

街头巷尾　jiē tóu xiàng wěi

【释义】大街小巷。

【用法】泛指各处,各个角落。

【例句】元宵节那天,～到处张灯结彩,热闹非凡。

近义 大街小巷　街巷阡陌　前街后巷

街巷阡陌　jiē xiàng qiān mò

【释义】阡陌:小路。泛指大街小巷各个地方。

【例句】新春佳节,～,处处热闹非凡。

近义 大街小巷　街头巷尾

孑轮不返 *jié lún bù fǎn*

见 972 页"只轮不返"。

孑然一身 *jié rán yī shēn*

【释义】孑然:孤独的样子。孤孤单单一个人。

【用法】常用于描述孤身一人,无妻室儿女,或没有嫁娶,或亲人不在身边。

【例句】求学在外,～,凡事都得自己料理。

近义 形单影只 茕茕孑立

反义 成群结队

节哀顺变 *jié āi shùn biàn*

【释义】节:节制,抑制。顺:顺应。节制悲哀,顺应变故。

【用法】用作慰唁死者家属的话。

【例句】哀悼会上,人们纷纷前来安慰张茜,要她～。

节节败退 *jié jié bài tuì*

【释义】节节:逐节,连续不断。败退:失败而后退。指接连不断吃败仗而后退。

【例句】1944 年 6 月 6 日,盟军在诺曼底登陆,第二次世界大战发生了转折性的变化,德国军队开始～。

反义 节节胜利

节节胜利 *jié jié shèng lì*

【释义】节节:逐节,一个接一个。指连续不断打败敌人或对手而取得胜利。

【例句】在世界杯足球赛中,法国队～,连续战胜对手,夺得世界冠军。

反义 节节败退

节外生枝 *jié wài shēng zhī*

【释义】枝节外又生出权枝。比喻在原有问题之外又生出新问题。

【用法】多指故意设置障碍使事情不能顺利进行。

【例句】眼看就要到目的地了,偏偏～,车子出故障了。/眼看合约都快谈成了,对方却～地提出新要求。

近义 横生枝节

反义 不蔓不枝

节衣缩食 *jié yī suō shí*

【释义】节:节约。缩:缩减。指节省穿戴,减少吃喝。

【用法】用于指生活省吃俭用。

【例句】他的父母亲～,供他读书。

近义 省吃俭用

反义 铺张浪费

劫富济贫 *jié fù jì pín*

【释义】劫:夺取。济:救济。夺取富人的财产,救济贫穷的人。

J

【用法】多用于指侠客、义士、农民起义军等。

【例句】那时他常常梦想着:他将来长大成人以后要做一个～的剑侠。

近义 打富济贫　除暴安良

反义 为虎作伥　助纣为虐

劫后余生　jié hòu yú shēng

【释义】劫:灾难。指经历大灾大难以后幸存下来。

【用法】多用于指人及有生命的动植物。

【例句】看到那么多亲朋好友站在面前,～的她流露出幸福笑意:活着真好。/这～的四钵秧苗,袁隆平倍加珍惜。

近义 大难不死　忧患余生

洁己奉公　jié jǐ fèng gōng

【释义】保持自身廉洁,一心奉行公事。

【例句】他算得上是一个～,为民着想的好官了。

洁身自爱　jié shēn zì ài

见 344 页"洁身自好"。

洁身自好　jié shēn zì hào

【释义】洁:清洁,干净。身:自身。自好:自重,自爱。指使自身保持干净自重自爱。也指怕招惹是非,只顾自己。也作"洁身自爱"。

【用法】可正反两用:用于正面,具有"保全自己"之意,含褒义;用于反面,具有"只顾自己"之意,含贬义。

【例句】腐败的根源在哪里呢?是不是要求每个官员都～就能杜绝腐败呢?/在关系他人安危的紧急关头,明哲保身、～,是一种极端自私的表现。

近义 明哲保身

提示 "好"不读 hǎo。

结草衔环　jié cǎo xián huán

【释义】结草:把草结成绳子。指将草打结,嘴含玉环。比喻受人恩惠,至死不忘报答。也作"衔环结草"。

【典故】这里包含两个感恩图报的故事。结草典故:晋国大夫魏颗之父死,魏颗把父的宠姜改嫁,而未让其殉葬。后来魏颗与秦打仗时,宠姜的亡父显灵"结草以亢(抗)杜回",杜回被绊倒而当了俘虏。(《左传·宣公十五年》)衔环典故:东汉杨宝救了一只黄雀,后来某夜有一黄衣童子用白环四枚相报,谓"令君子孙洁白,位登三事,当如此环矣"。(《后汉书·杨震传》)

【例句】老田对救了他命的恩人说:"你的救命之恩,我～也会报答你的!"

近义 感恩戴德

反义 忘恩负义

结党聚群　jié dǎng jù qún

见 344 页"结党连群"。

结党连群　jié dǎng lián qún

【释义】党:由私人利害关系结成的集团。结成团伙,连成一群。也作"结党聚群"。

【用法】含贬义。

【例句】当此之时,一伙亡命之徒趁机～,聚众闹事。

结党营私　jié dǎng yíng sī

【释义】党:由私人利害关系结成的集团。结成团伙,牟取私利。

【例句】封建官吏们～,盘剥百姓,弄得民不聊生。

近义 朋比为奸　朋党比周

结发夫妻　jié fà fū qī

【释义】结发:束发,指初成年。初成年结

成的夫妻。后指原配的夫妻。

【例句】他们两个是～,同甘共苦,一眨眼就是三十多年。

桀骜不驯 jié ào bù xùn

【释义】桀:凶悍。骜:马不驯良。驯:驯服。比喻性格倔强暴烈,不服管教。也比喻态度傲慢,不恭顺。

【用法】常用于指人或动物。如果用于指物,则专指江河泛滥肆虐。

【例句】这个人虽然一向～,但却是一个难得的人才。/本报记者与近万名群众一起,目睹了往日～的江水被拦腰斩断的壮观场面。

近义 颐指气使

反义 百依百顺　俯首帖耳

捷报频传 jié bào pín chuán

【释义】捷报:胜利的消息。频:连续。胜利的消息接连传来。

【用法】用于形容喜事很多。

【例句】在奥运会上,中国健儿～,金牌总数位居世界第一。

近义 节节胜利

反义 节节败退

捷足先登 jié zú xiān dēng

【释义】捷:快,敏捷。登:从低处到高处,达到。指脚步快,先登上。

【用法】用于指行动迅速的人率先达到目的。

【例句】科学的巅峰,只有那些不畏艰险、勤于攀登的人才会～。

反义 甘居人后

截长补短 jié cháng bǔ duǎn

【释义】截:割断。把长的部分截下来去补充短的。比喻以多余补不足,用长处补短处。

【例句】几年来买卖有盈有亏,～多少还是有些利润的。

近义 取长补短　绝长补短　断长续短

截然不同 jié rán bù tóng

【释义】截然:明显分开的样子。形容两种事物一点也不相同,表示区别十分明显。

【例句】孩子眼中的世界,与成人眼中的世界～。

近义 迥然不同

反义 一模一样　毫无二致

竭诚相待 jié chéng xiāng dài

【释义】竭:竭尽。诚:真心。竭尽诚心对待别人。

【例句】对于来我国旅游观光的国际友人或海外侨胞,我们将～,提供优质服务。

近义 坦诚相待

竭尽全力 jié jìn quán lì

【释义】竭:尽,完。竭尽:使尽,用完。指使尽全部力量。

【例句】马克思逝世时,他的《资本论》还没完成。恩格斯～完成了《资本论》最后两卷的出版工作。

近义 尽心竭力　竭精殚力

竭精殚力 jié jīng dān lì

【释义】殚:尽。用尽全部精力。

【用法】用于指办事全力以赴,非常认真。

【例句】十年来他～,不断追求,终于使自己的艺术造诣升华到了一个新的境界。

近义 竭尽全力

竭力尽能 jié lì jìn néng

【释义】用尽所有的能力。

【例句】为了抢救这个垂危的病人，医生们～，充分发扬了救死扶伤的人道主义精神。

近义 全力以赴　尽其所能

竭泽而渔　jié zé ér yú

【释义】竭泽：排干池水。渔：捕鱼。排干池水捕鱼。比喻只顾眼前利益，不作长远打算。也作"涸泽而渔"。

【用法】多用于书面语。

【例句】保护环境刻不容缓，那种急功近利、～的行为，必将受到大自然的无情惩罚。

近义 杀鸡取卵　焚林而田
反义 留有余地

竭智尽忠　jié zhì jìn zhōng

【释义】竭：尽。智慧和忠诚全部献出来了。也作"竭忠尽智"。

【用法】用于形容尽心尽力。

【例句】"出师未捷身先死"的诸葛亮对于蜀国可谓～了。

近义 尽心竭力
反义 敷衍塞责　敷衍了事

竭忠尽智　jié zhōng jìn zhì

见346页"竭智尽忠"。

解甲归田　jiě jiǎ guī tián

【释义】解：脱去。甲：古代作战时穿的护身衣。脱掉战衣，回家种田。

【用法】用于指将士退伍回家。也泛指普通人卸职回家。

【例句】这位老红军戎马大半生，直到晚年才～，过上了平民生活。/这位足球名将曾表示，世界杯结束后将～。

解甲投戈　jiě jiǎ tóu gē

【释义】解：脱去。甲：盔甲。戈：古代的一种兵器。脱去盔甲，放下兵器。

【用法】用于比喻停止战斗。

【例句】厌战的敌军士兵中，～、开小差的人不少。

解铃还须系铃人　jiě líng hái xū xì líng rén

见346页"解铃系铃"。

解铃系铃　jiě líng xì líng

【释义】系：缚，系上。要解下老虎颈上的铃还得靠把铃系上去的人。比喻谁惹出的麻烦，仍由谁去解决。也作"解铃还须系铃人"。

【典故】泰钦法灯禅师很年轻就开悟了，性情豪放不羁，别人都看不起他，只有法眼一个人看重他。有一天，法眼问众人："老虎戴了金铃，谁能把它解下来？"众人不知怎么回答。这时泰钦法灯禅师刚好来到，法眼又问这个问题，泰钦法灯禅师回答："在老虎脖子绑铃的那个人能解铃。"法眼说："你们是不能小看他的。"（明·瞿汝稷《指月录》）

【例句】这本珍贵的图书，是他批准借出去的，现到期收不回来。～，还得请他去索回。

近义 心病还须心药治

提示 "系"不读作 jì。

解囊相助　jiě náng xiāng zhù

【释义】囊：口袋。解开口袋掏钱帮助别人。指以财物慷慨资助别人。

【用法】用于形容无私地帮助别人。

【例句】大家纷纷～，帮助失学儿童重返校园。

近义 慷慨解囊

戒骄戒躁　jiè jiāo jiè zào

【释义】戒：警惕。躁：性急，急躁。指防备骄傲，警惕急躁。

【用法】常用于提示自己不要产生骄傲和急躁的情绪。

【例句】我们要～，永远保持谦虚进取的精神。

近义 不骄不躁　虚怀若谷

反义 骄傲自大　不可一世

提示 "躁"不读 cào，不能写作"燥"。

借刀杀人　jiè dāo shā rén

【释义】借别人的刀去杀人。比喻自己不出面，调唆或利用别人去害人。

【例句】这个凶手非常狡诈，他～，却还假装好人去报警。

近义 假手于人

借风使船　jiè fēng shǐ chuán

【释义】借风使船风向哪里吹，船往哪里行。比喻凭借别人的力量以达到自己的目的。

【用法】用于比喻顺势行事。

【例句】引进资金和设备是～的好办法。

近义 借水行舟

借古讽今　jiè gǔ fěng jīn

【释义】借：假托。讽：讽刺。假借古事来影射、讽刺现实。

【用法】常用于表达不满。

【例句】～，针砭时事，是很多杂文的共同特点。

借花献佛　jiè huā xiàn fó

【释义】献：恭敬庄严地送给。指借用别人的花供奉给神佛。比喻拿别人的东西做人情。

【用法】多用于应酬方面。

【例句】今天我用段总经理的酒敬你，算是～吧。

借鸡生蛋　jiè jī shēng dàn

【释义】比喻利用别人或别的事物，实现自己的目标。

【用法】多用于商业中，指借用他人的资金、技术等资源，来发展自己、生成效益。

【例句】这些企业～，通过纺织电子商务网涉足电子商务领域。

借酒浇愁　jiè jiǔ jiāo chóu

【释义】借饮酒来排除郁积在心中的愁闷。

【例句】他看不惯同事们的做法，却又无力回天，只有～。

借尸还魂　jiè shī huán hún

【释义】迷信认为人死后灵魂可以附在他人尸体上复活。比喻已经没落或消灭的事物借另一种形式重新出现。

【例句】我们应该警惕不劳而获的思想在市场经济中～。

借题发挥　jiè tí fā huī

【释义】发挥:充分表达某种意思或道理。借谈论别的题目来表达自己的真正的意见或发表与此事无关的议论。也指借做某事为理由而做别的事情。

【例句】讨论课上,老师要求学生们不要～,要认真探讨正题。

近义　旁敲侧击

反义　就事论事

巾帼英雄　jīn guó yīng xióng

【释义】巾帼:女子的头巾和首饰,借指妇女。指勇敢而有英雄气概的女人。

【用法】专用于指女性中的杰出人物。

【例句】秋瑾亲手组织武装革命,真称得起～,妇女的先锋。

近义　女中豪杰

斤斤计较　jīn jīn jì jiào

【释义】斤斤:看得清楚的样子,引申为琐屑细小。形容过分计较无关紧要或琐碎的小事。

【用法】所指范围广,泛指各种琐细之事。

【例句】在生活中要宽宏大量,不要～,患得患失。

近义　锱铢必较　　患得患失

反义　置而不问

今不如昔　jīn bù rú xī

【释义】昔:过去。现在不如过去。

【例句】当大家感叹他依然年轻时,只有他自己颇有～的感觉。

今愁古恨　jīn chóu gǔ hèn

【释义】恨:遗憾。古今的愁闷和遗憾。形容感慨很多。

【用法】多用于书面语。

【例句】回顾几十年来的艰难,～一起涌上心头,他感慨万千。

近义　新愁旧恨

今非昔比　jīn fēi xī bǐ

【释义】昔:过去。指现在不是从前所能相比的。

【用法】用于指人、环境、社会等变化很大。

【例句】他从打工仔变成了大老板,已是～了。

近义　日新月异

反义　依然如故

今来古往　jīn lái gǔ wǎng

见 253 页"古往今来"。

今生今世　jīn shēng jīn shì

【释义】世:人的一生,一辈子。这一生,这一世。指有生之年。

【例句】他以为～不会再踏上日本的土地了。

今是昨非　jīn shì zuó fēi

【释义】是:正确,对。非:错误。现在对,而过去错了。形容悔恨以往的过错。

【用法】常用作对过去做错了事的忏悔语。

【例句】经过几年的劳动教养,他大有～之感,决心重新做人。

近义 迷途知返

今夕何夕 jīn xī hé xī

【释义】夕:夜。今夜是什么样的夜?指今夜是良辰,十分值得珍惜。

【用法】多用于赞叹好时光。

【例句】四十年前的中学同学聚首一堂,大家都有～之感。

金榜题名 jīn bǎng tí míng

【释义】金榜:科举时代通过殿试而发的榜。旧指殿试得中,题名榜上。今指被大学录取。

【例句】小王去年高考名落孙山,经过一年复读,今年有望～。

近义 蟾宫折桂

反义 名落孙山

金碧辉煌 jīn bì huī huáng

【释义】金:金黄色。碧:青绿色。辉煌:光辉灿烂。指金黄碧绿,光辉灿烂。

【用法】多用于形容建筑物装饰华丽、光彩夺目。

【例句】霞光万道,映射在海面上,形成了一个～的世界。/佛香阁下面的一排排～的宫殿,就是排云殿。

近义 富丽堂皇

反义 蓬门荜户

金蝉脱壳 jīn chán tuō qiào

【释义】金蝉:黄色知了。蝉变为成虫时脱去原来的外壳。比喻用伪装迷惑对方借以脱身。

【例句】海底的乌贼在遇到危险时,常常使用～之计,喷出一股浓黑的汁液作掩护,然后溜之大吉。

金城汤池 jīn chéng tāng chí

【释义】汤:热水,开水。池:护城河。像用金属铸造的城墙,如开水那样沸热的护城河。形容坚固不易攻破的城池。

【例句】敌人号称～的防御工事已被我军攻破。

近义 铜墙铁壁

金刚怒目 jīn gāng nù mù

【释义】怒目:睁大眼睛,眼珠突出。面目像金刚一样,眼珠突出。

【用法】用于形容面貌威猛可畏。

【例句】面对～的座山雕和他手下的一大伙土匪,杨子荣镇定自若,侃侃而谈。

近义 张牙舞爪

反义 慈眉善目

金戈铁马　jīn gē tiě mǎ

【释义】金戈:金属制作的戈。铁马:披有铁甲的马。挥动金戈,骑着铁马。指战争或戎马生涯。

【用法】常用于形容威武雄壮的军队。

【例句】读着岳飞的《满江红》,遥想他当年～、驰骋沙场的英姿,不禁为这位千古英雄扼腕叹息。/ 想当年,他率领的这支人马,～,气吞万里如虎。

金鼓齐鸣　jīn gǔ qí míng

【释义】金钟战鼓一齐响起。

【用法】用于形容战斗气氛紧张激烈。

【例句】战场上～,杀声震天,李自成的农民起义军把明朝官军打得落花流水。

近义 刀光剑影

反义 偃旗息鼓

金鸡独立　jīn jī dú lì

【释义】原指武术的一种解数或某种技艺的一种身段。现泛指用一条腿站立的姿势。

【例句】芙蓉鸟睡觉的姿态很美。它站立着,一只脚蜷起,像～,眼睛闭得很紧。

金科玉律　jīn kē yù lǜ

【释义】科、律:法律条文。原指尽善尽美的法律条文。现多指必须遵守的准则或不可变更的信条。

【用法】含褒义。有时也含讽刺意味。

【例句】这些哲理是前人宝贵的经验总结,简直可以作为我们生活的～了。

近义 清规戒律

反义 陈规陋习

金口难开　jīn kǒu nán kāi

【释义】金口:佛教称佛之口舌如金刚坚固不坏,因称“金口”。指像金刚一样坚固的口很难张开。比喻极不愿开口。

【用法】引申为所说的话,极不易得。

【例句】中青队终于推着行李车鱼贯而出了,迎接他们的是不停的闪光灯和不断的发问,但中青队员～,所有人都选择了沉默。

金口玉言　jīn kǒu yù yán

【释义】指尊贵的嘴中说出的尊贵的话语。

【用法】原指封建时代帝王说的话,后泛指不可更改的话。

【例句】错了就要改,专家的话也不是～。

近义 说一不二

金兰之契 jīn lán zhī qì

【释义】金:金属,比喻坚固。兰:兰花,比喻香。金兰:指深厚的友情。原指像金子和兰花一样牢固而融洽的友谊,后也指如兄弟姐妹般的情谊。

【例句】人们对刘备、关羽、张飞三人誓同生死的～是极为赞颂的。

金马玉堂 jīn mǎ yù táng

【释义】金马:汉代的金马门,是学士待诏的地方。玉堂:玉堂殿,供待诏学士议事的地方。旧指翰林院或翰林学士。现多为官宦显赫的代称。

【例句】生活在～中的她,对于这个世界的隐秘一面是无法了解的,就算她是王室的成员,也有许多王室的内幕和秘密是他所无法了解的。

金迷纸醉 jīn mí zhǐ zuì

见 977 页"纸醉金迷"。

金瓯无缺 jīn ōu wú quē

【释义】金瓯:盛酒器,比喻国土。比喻国土完整。

【例句】晚清政府腐败无能,处处割地赔款,使～的国土千孔百疮。

反义 残山剩水

金盆洗手 jīn pén xǐ shǒu

【释义】洗手:指盗贼等改邪归正。指在金属盆中洗手(表示不再干坏事),这是盗贼改邪归正的一种仪式。比喻改邪归正,不再干坏事。

【用法】借指退出本行业、罢手不干。

【例句】不久,曾俊成决定退出赌博业,从此～,不当赌王。/这位此前已经～宣称退出影视圈的知名影星也出现在新闻发布会现场。

金石之交 jīn shí zhī jiāo

【释义】金:金属。石:石头。交:交情。指金石一般坚固的友情。

【用法】常用于比喻友情牢不可破、坚贞不渝。

【例句】他们两人从小一起长大,又一同去当兵,可以说是～。

近义 莫逆之交　生死之交

反义 一面之交

金童玉女 jīn tóng yù nǚ

【释义】道家指服侍仙人的童男童女。后泛指天真的男女儿童。

【例句】看着～般的一对儿女,母亲欣慰地笑了。

金屋藏娇 jīn wū cáng jiāo

【释义】金屋:华贵富丽的房屋。娇:原指汉武帝刘彻的表妹陈阿娇。汉武帝儿时喜欢姑母的女儿阿娇,说要建金屋让她居住。后指以华丽的房屋让所爱的妻妾居住,也指纳妾。

【例句】这个贪污腐败分子多处～,终于被绳之以法了。

金无足赤,人无完人

jīn wú zú chì,rén wú wán rén

【释义】足赤:纯金。完人:没有缺点的人。没有全纯的金子,没有十全十美的人。

【用法】用于指对人的要求要实事求是,不能不切实际地苛求。

【例句】～,和朋友、同事、上下级相交,要有宽容的胸襟。

金玉良言 jīn yù liáng yán

【释义】金:黄金。玉:美玉。良:美好。指黄金美玉一般珍贵的话。

J

【用法】喻指有益的劝导或宝贵的意见。

【例句】古人说:"良药苦口利于病,忠言逆耳利于行。"大家给我提出的宝贵意见,实为～,我当珍惜并付诸行动。

近义 肺腑之言

反义 花言巧语

金玉满堂 jīn yù mǎn táng

【释义】指黄金宝石满堂都是。形容财富很多。也比喻富有才学。也作"满堂金玉"。

【例句】他家虽然～,可是却有个不成器的儿子,偌大家业,不过十年就被挥霍空了。

近义 堆金积玉

反义 家徒四壁

金玉其外 jīn yù qí wài

【释义】金玉:金子和玉石,泛指珍宝,比喻华美。外:外表。指像金玉一样华丽的外表。比喻人或事物外表好看,里头一团糟。

【用法】常与"败絮其中"连用。

【例句】这位传奇式的黑骏马,连同他那为本市经济发展"做出巨大贡献"的华美公司,在～的表象中,实际上已经摇摇欲坠,处处绽露出其中的败絮来。

金枝玉叶 jīn zhī yù yè

【释义】原形容花树枝叶美好。后指帝王的子孙后代或出身高贵的人。

【用法】现多用于指娇嫩柔弱的女人。

【例句】没想到在外打工多年的小李娶了这样一位～的妻子。

近义 千金之躯

金字招牌 jīn zì zhāo pái

【释义】商店用金粉涂字的招牌。比喻影响大、价值高的名声或称号。也比喻冠冕堂皇的名义或称号。

【例句】北京全聚德烤鸭店是个～,享誉全国。/ 有些人打着艺术家的～,并不等于就真懂艺术。

津津乐道 jīn jīn lè dào

【释义】津津:趣味浓厚的样子。乐道:乐于谈论。形容很感兴趣地谈论。

【例句】包公虽然在一千多年前就故去了,但他的事迹至今仍为人们～。

近义 津津有味

津津有味　jīn jīn yǒu wèi

【释义】津津:滋味浓烈。味:滋味,兴味。形容滋味浓烈,兴味浓厚。

【用法】用于形容有滋有味地吃,也形容很有兴味地看或说。

【例句】舅舅把我抱上杨梅树,我盘坐在树上～地吃起杨梅来。/他面带笑容～地观赏这场球赛。

近义 津津乐道　兴致勃勃

反义 味同嚼蜡　索然无味　枯燥无味

矜名嫉能　jīn míng jí néng

【释义】矜:自夸。嫉:嫉妒。夸耀自己的名声而嫉妒贤能。

【例句】领导干部应当谦虚谨慎、选贤举能,而不应唯我独尊、～。

筋疲力尽　jīn pí lì jìn

【释义】筋、力:指体力。形容非常疲乏,一点力气也没有了。

【用法】常用于描述经过一番劳动或打斗,体力耗尽,极度疲乏的状态。

【例句】拉了一天的砖车,傍晚时他已～。

近义 心力交瘁　骨软筋麻

反义 精神抖擞

襟怀坦白　jīn huái tǎn bái

【释义】襟怀:胸襟,胸怀。坦白:开朗,直率。形容胸怀坦荡,光明磊落。

【例句】真正的共产党员,应该～,胸怀天下。

近义 光明磊落　光明正大

反义 心怀叵测　两面三刀

紧箍咒　jǐn gū zhòu

【释义】《西游记》里,观音菩萨传给唐僧用来制伏孙悟空的咒语,能使孙悟空头

上戴的金箍紧缩,让孙悟空头痛难忍。比喻束缚人的框框。

【例句】自然的存在状况及其客观性就是套在人类头上的"～",时时刻刻校正和惩罚人类对自然所犯下的错误。

紧锣密鼓　jǐn luó mì gǔ

【释义】戏剧开场前敲得很密的锣鼓。比喻公开活动前的紧张准备。

【用法】用于形容忙碌、紧张。多含贬义。

【例句】辩论赛马上就要开始了,几位辩论选手都在～地准备着。

锦囊妙计　jǐn náng miào jì

【释义】锦:有彩色花纹的丝织品。囊:袋子。妙:奇妙。计:计策。指锦缎袋子中装着神妙的计策。旧小说中常描写足智多谋、神机妙算的人预先将计策置于袋中,交给相关的人,于紧急危难时打开使用。现泛指妙计。

【用法】用于指危急时能解决问题的巧妙办法。

【例句】可以肯定,他们的教练必有～,不信赛场上去看。

近义 神机妙算

反义 一筹莫展　无计可施

锦上添花　jǐn shàng tiān huā

【释义】锦：有彩色花纹的丝织品。在锦上面再绣花。比喻使美好的事物更加美好。

【用法】用于形容好上加好，美上加美。

【例句】你们的到来使我们的宴会～。

近义 精益求精

反义 雪上加霜

锦心绣口　jǐn xīn xiù kǒu

【释义】锦：有彩色花纹的丝织品。绣：指绣有花纹、像的纺织品。形容才思横溢，文辞优美。

【用法】用于形容人会说话，说出的话会让别人高兴，又不觉得是奉承。

【例句】你看了他这些著作和演讲，你会惊叹于世界上竟有这样雄才大略、～的人。

近义 满腹经纶

锦绣河山　jǐn xiù hé shān

【释义】锦绣：精美的丝织品，比喻美丽。河山：江河与山脉，指代国家的疆土。指像锦绣一样美丽的山川。

【例句】峨眉山、黄山、泰山；漓江、西湖、九寨沟……数不尽的山山水水，组成了美丽如画的～。

锦绣前程　jǐn xiù qián chéng

【释义】锦绣：精美的丝织品。指像精美丝织品般的前途。

【用法】用于比喻无限美好的前途。

【例句】他这个心存侥幸的想法，竟断送了自己本该拥有的～。

近义 前程万里

反义 穷途末路

锦衣玉食　jǐn yī yù shí

【释义】锦衣：华美的服装。玉食：珍馐美味的饮食。形容衣着华丽，饮食精美。

【用法】用于描述奢侈、豪华的生活。

【例句】那些整天过着～般生活的孩子如得不到正确的教育与引导，将来很可能难以成才。

近义 侯服玉食　鲜衣美食

反义 粗衣粝食　恶衣恶食

谨慎小心　jǐn shèn xiǎo xīn

见 801 页"小心谨慎"。

谨小慎微　jǐn xiǎo shèn wēi

【释义】谨：谨慎。微：细小。对细微的事物也谨慎小心地对待。

【用法】用于形容一举一动过分小心，流于畏缩。

【例句】他这个人向来～，无论什么事，从不自作主张。

近义 谨言慎行　小心翼翼

反义 胆大妄为　粗心大意

谨言慎行　jǐn yán shèn xíng

【释义】谨、慎：谨慎，小心。指小心说话，谨慎行事。

【例句】为人师表，必须～，以免产生不良效果，影响学生。

尽力而为　jìn lì ér wéi

【释义】尽：全部用出。为：做。用全力

量来做。

【用法】用于形容做某事竭尽全力。

【例句】虽然这件事难度比较大,但我会
~的,您放心。

近义 尽心尽力

反义 敷衍了事

尽人皆知　jìn rén jiē zhī

【释义】尽人:人人,所有的人。皆:都。
所有的人都知道。

【用法】与"家喻户晓"的意思基本一样,
有时可通用或连用。

【例句】这件事已经~,你就别瞒我了。

近义 家喻户晓　众所周知

反义 默默无闻

尽如人意　jìn rú rén yì

【释义】尽:完全。如:符合。意:心意。
指完全合乎人的心愿。

【用法】用于形容极其满意。

【例句】这件事他办得~,得到同行们的
一致赞扬。

近义 称心如意

反义 不如人意　大失所望

尽善尽美　jìn shàn jìn měi

【释义】尽:达到极限。善:完善。美:完
美。指极其完善,极其完美。

【用法】用于形容做事完善,达到极致。

【例句】经过反复修改,这篇文章已经是
~,挑不出什么毛病了。

近义 十全十美

反义 一无是处

尽收眼底　jìn shōu yǎn dǐ

【释义】尽:全部,所有的。收:收进。眼
底:眼面前,眼里。指(景物)全部收入
眼中。

【用法】一般用于看景物。

【例句】远处,千佛山、英雄山,座座山
峰~。

近义 一览无余

尽态极妍　jìn tài jí yán

【释义】尽、极:达到极限。妍:美丽。形
容人或事物把美态艳质全部表现出来,
达到了极点。

【例句】公园里的菊花竞相开放,~。

近义 曲尽其妙

反义 丑态毕露　丑态百出

尽心竭力　jìn xīn jié lì

【释义】尽:完。竭:尽。指(为别人)费尽
心思,费尽力气。

【用法】用于形容办事极其认真负责。

【例句】虽然成功的希望不大,但他还是
~地去做、去争取。

近义 尽心尽力　悉心毕力

反义 敷衍了事　敷衍塞责

尽心尽力　jìn xīn jìn lì

【释义】费尽心力。

【例句】老李只要答应你的事,一定会~
地去做。

近义 尽心竭力　悉心毕力

反义 敷衍了事　敷衍塞责

尽信书不如无书　jìn xìn shū bù rú wú shū

【释义】尽:完全。书:原指《尚书》,后泛
指书籍。原指完全相信《尚书》,不如没
有《尚书》。后用于告诫人不要迷信书本。

【用法】多用于引语。

【例句】我们提倡埋头读书研究,并不是
要人去当书呆子,读书不能读死书,这就
是古人说的"~"。

J

尽在不言中　jìn zài bù yán zhōng

【释义】不言:不说出,不表露出来。意思都在没有说出或没有表露出来的里面。

【用法】用于形容意味深长或胸中有数,自不待言。

【例句】你叫她怎么个直说? 她没有异议,这本身就足以说明问题了,答案～啊!

进寸退尺　jìn cùn tuì chǐ

【释义】进一寸,退一尺。原意是用兵时宁可退守,也不冒险前进。比喻得少失多,得不偿失。

【用法】多用于书面语。含贬义。

【例句】不顾实际情况一味追求高速度,只会～,得不偿失。

近义 得不偿失

进退两难　jìn tuì liǎng nán

【释义】既不能前进也不能后退。形容处境困难。

【用法】用于描述不能进不能退的尴尬处境。

【例句】由于资金不足,这项工程很快陷入～的境地。

近义 进退维谷　左右为难　骑虎难下
　　进退无门

反义 进退自如

进退维谷　jìn tuì wéi gǔ

【释义】维:文言助词。谷:比喻穷困之境。前进难,退后也有问题。

【用法】用于描述无论进还是退,都无法摆脱困境的境地。

【例句】站在人生的十字路口上,他感到自己陷入了～的境地。

近义 进退两难　左右为难　骑虎难下

反义 进退自如

进退无门　jìn tuì wú mén

【释义】门:出路。前进、后退都没有出路。形容处境十分困难。

【例句】他没想到自己的结局竟是众叛亲离、～。

近义 进退两难　进退维谷

反义 进退自如

进退自如　jìn tuì zì rú

【释义】进:前进。退:后退。自如:活动无阻。指前进后退毫无阻碍。

【用法】用于形容行动方便。

【例句】面对德国队猛烈的攻势,瑞士队反而不急不躁,守中有攻,～。

反义 进退两难　进退维谷　骑虎难下　进退无门

近水楼台　jìn shuǐ lóu tái

【释义】靠近水边的楼台。比喻因接近某些人或事物而首先得到便利或好处。

【用法】常与“先得月”连用。

【例句】李明在图书馆工作,～,可以看到

最新的书刊。

近义 向阳花木
反义 近火先焦

近悦远来 jìn yuè yuǎn lái

【释义】邻近的人受仁政之惠而喜悦,远方的人闻风赶来归附。

【用法】原是孔子行王道的主张,后多指政治和社会影响。

【例句】这里宽容和谐的人文环境使得～。

近义 远至迩安

近在眉睫 jìn zài méi jié

【释义】眉睫:眉毛和眼睫毛。近得像在眼前一样。形容距离很近。

【用法】现多用于形容事情紧迫。

【例句】如果不采取有效措施给予保护,东北虎这一珍贵的野生物种的灭绝将～。

近义 近在咫尺　迫在眉睫
反义 远在天边

近在咫尺 jìn zài zhǐ chǐ

【释义】咫:古代长度单位,周制为八寸。形容距离极近。

【例句】在随后的保级比赛中,他又把一个～的球射失。

近义 近在眉睫　迫在眉睫
反义 天南地北

近朱者赤,近墨者黑

jìn zhū zhě chì, jìn mò zhě hēi

【释义】朱:朱砂。赤:红色。靠近朱砂的容易染成红色,靠近墨的容易染成黑色。比喻接近好人可使人变好,接近坏人可使人变坏。也指受环境的影响而改变习性。

【用法】也可单用"近朱者赤"或"近墨者黑"。

【例句】他老觉得自己的儿子和这群人走得太近不是明智之举,～。

晋身之阶 jìn shēn zhī jiē

【释义】晋身:提高地位。阶:阶梯。使身体能够上升的阶梯。旧指谋求官位或升官的门路。

【例句】这些行为都说明他不过是个以艺术为～,把艺术作为商品出售的商人。

噤若寒蝉 jìn ruò hán chán

【释义】噤:闭口不做声。若:好像。蝉:昆虫,也叫知了。指一声不吭,像冷天不再叫的知了。比喻不敢说话。

【用法】侧重指因为害怕或有所顾虑而不敢说话。

【例句】在那段特殊时间里,对一些敏感的话题,人们更是～。

近义 缄口结舌　哑口无言
反义 畅所欲言　侃侃而谈

泾渭不分 jīng wèi bù fēn

【释义】泾、渭:泾河、渭河,在甘肃、陕西境内,泾河水清,渭河水浊。比喻是非、好坏不分。

【用法】用于人对事物的态度。

【例句】他本来在这个问题上就～,以此写成的文章也不具有参考性了。

近义 莫为莫辨　是非不分
反义 是非分明　泾渭分明

泾渭分明 jīng wèi fēn míng

【释义】泾、渭:泾河、渭河,在甘肃、陕西境内。渭河水浊,泾河水清,泾水流入渭水时,清浊分得很清楚。比喻界限清楚,是非、好坏分明。

【用法】所指对象多,适用范围大,书面语

色彩浓。

【例句】赌博不是娱乐,娱乐不能赌博,两者之间～。

近义 一清二楚　黑白分明

反义 泾渭不分　黑白不分

经久不衰　jīng jiǔ bù shuāi

【释义】经久:经历时间长。衰:衰弱,衰败。指时间虽久,但不衰败。

【用法】用于指某些东西受人喜爱、长时间流行,或文艺作品的魅力长时间不衰减。

【例句】年轻人喜欢穿牛仔裤,甚至中年人也喜欢穿,这就是牛仔裤问世以来～的原因。/这篇文章篇幅不长,情节也简单,为什么会有这样～的魅力呢?

经久不忘　jīng jiǔ bù wàng

【释义】经久:经历时间长。忘:遗忘。指长时间不被遗忘。

【用法】多指知识或重大事件。

【例句】大家边玩边做,兴味盎然,不知不觉中学到了知识,而且深深地印在脑海里,～。

经久不息　jīng jiǔ bù xī

【释义】经久:经过很长的时间。息:停止。经过很长的时间不停息。形容持续时间长。

【用法】多指掌声或欢呼声。

【例句】人群沸腾起来了,欢呼声～。

反义 戛然而止

经年累月　jīng nián lěi yuè

【释义】经:经历。累:积累。指经历很多年月。

【用法】用于形容时间非常长久。

【例句】珠蚌答道:“仅仅外貌漂亮有什么用呢? 我～精心孕育的是名贵珍珠啊!”

近义 长年累月

经史子集　jīng shǐ zǐ jí

【释义】我国传统图书分类法的四大部类。“经部”包括儒家经典和语言文字方面的书;“史部”包括各种历史书和地理书;“子部”包括诸子百家的著作;“集部”包括诗词文赋的总集别集。

【用法】现泛指各种古籍图书。

【例句】一般人有那么一种错觉,好像一定要是正经八百的～,才能有校勘的问题。

经世济民　jīng shì jì mín

【释义】经:治理,经管。世:世间,世事。济:救助,接济。指治理国家,救助百姓。

【例句】昔日的旧知识分子,不为良相,即为良臣,均意在～。

经世奇才　jīng shì qí cái

【释义】经世:治理天下。治理天下的卓越才能。

【用法】含褒义。

【例句】人们预料,这位新任总理有着～,能迅速扭转混乱的局势。

反义 凡夫俗子

经天纬地　jīng tiān wěi dì

【释义】经、纬:织物上的纵线、横线,比喻规划、治理。规划、治理天地,即谋划天下之事。

【用法】多用来形容人才能极大。

【例句】历史有时候非常好玩,以诸葛亮～之才,初出茅庐第一计,是给人家处理家务事

近义 治国安民　经纬天下

经一事,长一智 jīng yī shì, zhǎng yī zhì

【释义】亲身经历了某件事情,就能增长关于这方面的知识。

【用法】多指对办过的事吸取经验教训。

【例句】～,到实际中去锻炼,有助于青年们较快地成长起来。

近义 吃一堑,长一智

荆钗布裙 jīng chāi bù qún

【释义】钗:别在发髻上的首饰。头发以荆为钗,裙子以粗布缝制。

【用法】形容妇女生活简朴。

【例句】她虽～,但谈吐不俗,举止落落大方。

近义 粗衣布服　荆钗布袄

反义 穿金带玉　珠围翠绕

荆棘丛生 jīng jí cóng shēng

【释义】荆棘:丛生的多刺灌木。丛:聚集成堆。带刺的灌木成堆地生长。比喻前进的道路上困难很多。

【例句】通向成功的道路虽然～,但也挡不住我们前进的步伐!

近义 荆棘载途

荆棘载途 jīng jí zài tú

【释义】荆棘:丛生多刺的小灌木。载:充满。途:道路。指沿途都是荆棘。比喻环境恶劣,困难重重。

【用法】多用于正义事业。

【例句】长征的道路～,前有阻击,后有追兵。但中国工农红军,不畏艰险,行程二万五千里,胜利到达陕北。

近义 荆棘丛生　荆天棘地

荆天棘地 jīng tiān jí dì

【释义】荆棘:丛生的多刺灌木。天地间充满了荆棘。比喻极其困难,障碍重重。

【例句】他为了让全家团聚可谓历尽～,百折不回。

近义 荆棘载途

惊弓之鸟 jīng gōng zhī niǎo

【释义】受过箭伤听到弓弦声就惊慌的鸟。比喻受过惊吓而心有余悸、一有动静就惶恐不安的人。也作"伤弓之鸟"。

【例句】生活中诸多打击已使她成为～,最怕没有心理准备的意外。

惊鸿一瞥 jīng hóng yī piē

【释义】惊鸿:惊飞的鸿雁。瞥:快速看一下。一瞥:用眼一看,比喻极短的时间。指受惊飞起的鸿雁用翅飞快地看了一下。现指美女或所仰慕的女子动人心魄的目光。

J

【用法】现也用于形容出现时间极短(露了一下脸)。

【例句】影迷们早早地等在场外,只为看到奥斯卡最佳女主角奖获得者——凯特·布兰切特的～。/《英雄》把主要的笔墨放在了飞雪与残剑的身上,而无名是属于～的压阵人物。

惊慌失措　jīng huāng shī cuò

【释义】惊慌:害怕慌张。失措:举动失常,失去办法。形容危急时害怕慌乱,不知如何是好。

【例句】面对～的乘客,机长镇定自若。

近义 仓皇失措　张皇失措

反义 镇定自若　泰然自若

惊魂未定　jīng hún wèi dìng

【释义】形容受惊吓后,心情还没有平静下来。

【例句】刚刚躲过了一场车祸,他～。

近义 心有余悸

反义 从容不迫　若无其事

惊绝称奇　jīng jué chēng qí

【释义】惊:惊异。绝:极。称:称赞。奇:奇妙。指感到奇妙惊异之极。

【用法】用于事物或现象。

【例句】就是这条河,流向几十米之外,便化作一道令世人～、闻名遐迩的大瀑布。

近义 称奇道绝

惊恐万状　jīng kǒng wàn zhuàng

【释义】万状:很多种样子,表示程度深。形容惊慌、恐惧到了极点。

【用法】语义较重。

【例句】敌人～,敌军舰队乱作一团。

近义 胆战心惊

反义 不动声色

惊世骇俗　jīng shì hài sú

【释义】惊:惊异。世:世人。骇:惊吓。俗:时俗。指令世人、时俗惊吓。

【用法】指言行举止怪异出奇而令人震惊的,含贬义;指文学艺术作品美妙绝伦而令世人震惊的,含褒义。

【例句】在这个行为艺术展上,节目和作品怪诞,有些行为艺术家的～之举不是常人可想象的。/长着一双剪刀手的机器人爱德华,他的剪刀所过之处,留下的都是～的佳作。

近义 惊世震俗

惊涛骇浪　jīng tāo hài làng

【释义】骇:使人惊惧。凶猛得使人害怕的大风浪。比喻险恶的环境和遭遇或尖锐激烈的斗争。

【例句】风用可怕的声音吼叫着,在大海上掀起～。/生活不总是平静的,有时也会有～。

近义 狂涛骇浪

反义 风平浪静

惊天地,泣鬼神　jīng tiān dì, qì guǐ shén

【释义】泣:小声哭。指震惊了上天和大地,感动了鬼神。

【用法】用于形容文学作品感人至深或英雄壮举可歌可泣。含褒义。

【例句】最闻名的要算南唐李后主的《虞美人》"春花秋月何时了"那首词了。那首词可谓～,千古传诵不衰。/刘胡兰在云周西村英勇就义,她的壮烈牺牲～。

惊天动地　jīng tiān dòng dì

【释义】震动上天,摇撼大地。

【用法】用于形容声音巨大、声势浩大、事

业伟大、影响巨大等。

【例句】嘹亮的冲锋号响了,～的喊杀声由远而近。/许多外国商人看到虎门销烟这～的场面,都非常震惊。/改革开放是一场～的革命,使古老的华夏大地发生了翻天覆地的变化。

近义 震天动地　沸天震地

反义 无声无息　万籁俱寂

惊喜交加　jīng xǐ jiāo jiā

【释义】交加:同时一起来。震惊和喜悦的心情交融在一起。

【例句】他为这本著作倾尽了半生的精力,当终于拿到成书时,他～,几乎无法自持。

近义 惊喜若狂

反义 悲痛欲绝

惊心动魄　jīng xīn dòng pò

【释义】惊:震惊。动:震撼。魄:心灵。指事物的惊险、壮观或巨大刺激使人内心震动极大。

【用法】现多用于形容场面极其惊险,令人心惊。

【例句】我们全体的国民正合力用自己的血,自己的肉,自己的生命,写作～的光芒万丈的伟大诗篇。/ 火山爆发是一种～的壮观景象。

近义 触目惊心

反义 平淡无奇

兢兢业业　jīng jīng yè yè

【释义】兢兢:小心谨慎的样子。业业:恐惧的样子。形容小心谨慎,认真踏实。

【例句】他在档案管理这个岗位上～,一干就是几十年。

近义 脚踏实地

反义 敷衍了事　敷衍塞责

精兵简政　jīng bīng jiǎn zhèng

【释义】精:精简。兵:军人,引申指人员。简:简化。政:国家的管理工作,引申指国家机构。指精简人员,简化机构。

【例句】这次人事制度改革就是要～,提高工作效率。

反义 人浮于事

精兵强将　jīng bīng qiáng jiàng

【释义】精:精良。强:(本领)高强。指训练有素的士兵,本领高强的将领。形容各种组织人员配备精良。

【用法】用于形容军队强大。

【例句】平西王吴三桂谋反心切,派出～四处寻找明朝皇帝留下的宝藏,以图迅速筹集到足够的军饷。

近义 精兵猛将

精诚所至,金石为开

jīng chéng suǒ zhì, jīn shí wéi kāi

【释义】精诚:真诚。至:到。金石:金属与石头。诚心所至,像金石那样坚硬的东西都被打开。形容真诚和坚决足以改变人或事物。

【例句】～,这种执著的精神,连天帝也感动了,派神把其家前的大山移走了。

精诚团结 jīng chéng tuán jié

【释义】精诚:真诚。真心诚意团结一致。

【例句】全体职工～,努力工作,我们的企业才能生存、发展。

近义 风雨同舟　齐心协力

反义 四分五裂　分道扬镳

精打细算 jīng dǎ xì suàn

【释义】精密地计划,详细地计算。指在使用人力、物力时计算得很精细。

【用法】常用于形容人会妥善安排,不浪费。含褒义。

【例句】虽然家里富裕了,但他还是～地过日子。

近义 克勤克俭

反义 大手大脚　铺张浪费

精雕细刻 jīng diāo xì kè

【释义】精心细致地雕刻。形容反复雕琢、加工艺术品。也作“精雕细琢”。

【用法】用于比喻办事周到细致。

【例句】这些文物上的花纹～,显示出高超的制作工艺。／任何稿件,到了老王手里,他都会～地修改、润色,直到满意为止。

反义 粗制滥造

精雕细琢 jīng diāo xì zhuó

见362页“精雕细刻”。

精耕细作 jīng gēng xì zuò

【释义】精心细致地耕作。

【用法】现也可用于农业外的其他行业,指耐心细致地工作。

【例句】种庄稼一定要～,否则会影响农作物的收成。／在信息爆炸的网络时代,我们更要坚持自己的信念与价值观,在一些传统的领域中～。

反义 刀耕火种

精金百炼 jīng jīn bǎi liàn

【释义】精金:精炼的金属。精金需要千百次冶炼。

【用法】用于比喻人要经过各种锤炼和考验,才能成才。

【例句】青年人应当到实践中去经受艰苦的磨炼,才能成为真正的有用之才,所谓“～”就是这个道理。

精金美玉 jīng jīn měi yù

【释义】精金:精炼的金。纯金美玉。比喻纯洁完美。

【用法】常用于比喻人品很纯洁,或者某些物品很精美。

【例句】中国艺术的熏陶,造就了她那颗～般的心。

近义 良金美玉

精进勇猛 jīng jìn yǒng měng

见926页“勇猛精进”。

精美绝伦 jīng měi jué lún

【释义】精美:精致美好。绝伦:没有可以相比的。指精致漂亮,无与伦比。

【用法】多指珠宝、包装、工艺品等精致漂亮。

【例句】当我急急地去橱窗最里边取珠宝时,衣袖碰落了一个碟子,6枚～的钻石戒指滚落到了地上。

近义 精妙绝伦

精妙绝伦 jīng miào jué lún

【释义】精:精致,精巧。妙:巧妙。绝伦:独一无二,无可相比的。指精致巧妙,无与伦比。

【用法】多指书法、手法、脚法等精巧美妙。

J

【例句】这件瓷器代表着中国古陶瓷制作的高超水平,在器型、制造和着色工艺上都堪称～。

近义 精妙入神　精美绝伦

反义 粗制滥造

精明强干　jīng míng qiáng gàn

【释义】精明:精细聪明。机敏聪明,做事干练。

【例句】这些干警个个～,富有实战经验。

近义 精明干练

反义 糊涂透顶

精疲力竭　jīng pí lì jié

【释义】指精神疲乏,气力用尽。

【用法】用于描述极度疲劳,不想动的样子。

【例句】现在我已～了,你非要和我下棋,那我只好舍命陪君子了。

近义 疲惫不堪　筋疲力尽

反义 精神抖擞

精神抖擞　jīng shén dǒu sǒu

【释义】抖擞:振作。形容情绪饱满,精神振作。

【例句】阅兵式上,将士们个个～。

近义 精神焕发　容光焕发

反义 无精打采　精疲力竭

精神焕发　jīng shén huàn fā

【释义】焕发:光彩四射。形容精神抖擞,神采飞扬。

【例句】她脸红红的,～,一脸兴奋的样子。

近义 精神抖擞　容光焕发　神采飞扬

反义 无精打采　萎靡不振

精神恍惚　jīng shén huǎng hū

【释义】精神:意识。恍惚:神志不清。指人神志不清。

【例句】父亲去世不久,母亲又相继离去,这对她的打击太大了。她终日～,不能做任何事情。

精卫填海　jīng wèi tián hǎi

【释义】精卫衔来木石,决心填平大海。比喻仇恨极深,立志报复。现比喻按既定的目标坚忍不拔地奋斗到底。

【典故】炎帝的小女儿女娃去东海游玩,溺水身亡,再也没有回来,其身化为一种鸟。此鸟叫声如在唤"精卫",于是叫精卫鸟。精卫鸟经常叼着西山上的树枝和石块,用来填塞东海,以解自己溺亡之恨。(《山海经·北山经》)

【例句】日寇铁蹄下的中国人民～、浴血抗争,表现出崇高的民族精神。/ 他们正以～的精神在戈壁滩上改沙造绿。

近义 愚公移山

精益求精　jīng yì qiú jīng

【释义】精:完美。益:更加。已经很好了,还要求更好。

【用法】多指对技术、学问等的钻研。

【例句】白求恩大夫对技术～的精神,永远值得我们学习。

近义 精雕细刻

反义 粗制滥造　马马虎虎

精忠报国　jīng zhōng bào guó

【释义】精忠:赤诚忠心。报:报效。指赤诚忠心,报效国家。

【例句】岳飞的母亲在儿子的背上刺下"～"四个字,而岳飞也真正做到了。

鲸吞蚕食　jīng tūn cán shí

见90页"蚕食鲸吞"。

鲸吞虎噬　jīng tūn hǔ shì

【释义】像鲸和老虎一样吞食。多比喻吞并土地财物。

【用法】多用于形容以强凌弱，侵吞国土方面。

【例句】孙中山心里很清楚，要结束侵略者对中国的～局面，必须推翻清政府的统治。

近义 鲸吞蚕食

井底之蛙　jǐng dǐ zhī wā

【释义】生活在井底下的青蛙，它只能看见井口那么大的一片天。比喻眼界狭隘、见识短浅的人。也作"坎井之蛙"。

【例句】作为新一代青年，要眼界开阔，胸怀大志，决不能做～。

近义 一孔之见　井蛙醯鸡

反义 见多识广

井井有条　jǐng jǐng yǒu tiáo

【释义】井井：整齐有序的样子。形容有条有理，整齐不乱。

【用法】多指事情或文章安排得很有条理，不乱。

【例句】《史记》叙三千年史事，～，蔚然大观。

近义 有条有理　井然有序

反义 杂乱无章　颠三倒四

井然有序　jǐng rán yǒu xù

【释义】井然：整齐不乱的样子。整齐不乱，次序分明。

【用法】多指文章、事情按次序进行，不混乱。

【例句】句与句之间顺从畅达，文气贯通，就能很好地把作者的思想感情有条不紊、～地表达出来。/售票窗前，人们～地排着队。

近义 井井有条

反义 杂乱无章　颠三倒四

井水不犯河水　jǐng shuǐ bù fàn hé shuǐ

【释义】犯：干扰，侵犯。比喻各有界限，两者互不干扰。

【例句】咱俩不是一条道上的，以后就各走各的路，～。

近义 界限分明

反义 泾渭不分

径情直遂　jìng qíng zhí suì

【释义】径情：任意，随心。遂：成功。随着意愿，顺利地得到成功。

【例句】事物是往返曲折的，不是～的。

近义 一帆风顺　天从人愿

反义 艰难曲折　荆棘径情

竞短争长 jìng duǎn zhēng cháng

【释义】竞相争长比短。

【用法】用于指与人比较高低优劣。

【例句】与人相处，应当谦虚宽容，不必～，互不服气。

近义 争强好胜

竞今疏古 jìng jīn shū gǔ

【释义】竞：趋。疏：疏远。趋向今时，疏远古代。指厚今薄古。

【例句】理论研究一味地～，正像厚古薄今一样，都是偏颇的。

近义 厚今薄古

反义 厚古薄今

敬而远之 jìng ér yuǎn zhī

【释义】敬：尊敬。而：连词，表转折。远：不接近。指表示尊敬，但不愿接近。

【用法】常用于让人畏惧的人或事。

【例句】对那种油腔滑调、华而不实的人，我们还是～为好。

敬老慈幼 jìng lǎo cí yòu

【释义】慈：爱护。尊敬老人，爱护幼儿。

【例句】她这个人虽然没有做过什么大善事，但是平时～，乐于助人，也是很值得尊敬的。

近义 尊老爱幼

敬若神明 jìng ruò shén míng

【释义】若：好像。神明：神的总称。像敬重神明一样尊敬对方。

【用法】多用作贬义。

【例句】小王每次和经理说话时都带着一种～的语气。

近义 奉如神明

敬上爱下 jìng shàng ài xià

【释义】上：地位在自己之上的人。下：地位在自己之下的人。尊敬地位在自己之上的人，爱护地位在自己之下的人。

【用法】用于指对人谦恭有礼。

【例句】她的父亲从小就培养她～、不卑不亢的品格。

敬谢不敏 jìng xiè bù mǐn

【释义】敬：恭敬。谢：原指道歉，谢罪，现用于指拒绝、推辞。敏：聪明。指恭敬地辞谢，表示自己没有能力做。

【用法】现多用作谦词，表示自己能力不够，推辞不做。

【例句】你们所需要的人才，要求高，本人难当此任，只好～了。

静观默察 jìng guān mò chá

【释义】冷静地、不动声色地仔细观察。

【例句】画家画人物，也是～，烂熟于心，然后凝神结想，一挥而就。

静如处子,动如脱兔

jìng rú chǔ zǐ,dòng rú tuō tù

【释义】处子：未出嫁的女子。脱兔：奔逃的兔子。军队未行动时像未出嫁的姑娘那样沉静、持重，一行动就像飞跑的兔子那样敏捷、迅速。

【用法】原用于指军队，现使用范围广，形容行动有章法。

【例句】谁能让孩子～，谁就掌握了教育的秘密。

镜花水月 jìng huā shuǐ yuè

【释义】镜子里的花，水中的月亮。比喻可望而不可即的虚幻景象。也比喻空灵的意境。

【例句】有人说考上大学对他来讲是～，但经过努力，他终于成功了。／我特别喜欢席慕蓉诗中那种～般轻盈优美的意境。

近义 梦幻泡影　海市蜃楼

迥然不同　jiǒng rán bù tóng

【释义】迥然：差得很远的样子。指差别很大，完全不同。

【用法】多用于形容两种事物毫无共同之处。

【例句】他们两个人的性格不一样，生活情趣也～。

近义 截然不同　大相径庭
反义 毫无二致　一模一样

炯炯有神　jiǒng jiǒng yǒu shén

【释义】炯炯：光亮的样子。形容眼睛明亮，很有神采。

【例句】这张照片上，周恩来总理显得神采奕奕，双目～。

近义 目光炯炯　目光如炬

纠缠不清　jiū chán bù qīng

【释义】缠绕在一起，理不清楚。

【用法】用于形容纷乱，使人不易分辨清楚。

【例句】这个问题与许多人事搅在一起～，要解决好还真不容易。

近义 牵扯不清
反义 一刀两断

鸠形鹄面　jiū xíng hú miàn

【释义】鸠形：形状像斑鸠，腹部低陷，胸骨突起。鹄面：脸面像黄鹄，嘴尖，脸颊无肉。形容人身体枯瘦，面容憔悴。

【例句】那是一个～、衣衫褴褛的少年，立在太阳下，和仆人低低讲话。

近义 鹄形菜色　鸟面鹄形
反义 脑满肠肥　大腹便便

鸠占鹊巢　jiū zhàn què cháo

见 569 页"鹊巢鸠占"。

赳赳武夫　jiū jiū wǔ fū

【释义】赳赳：威武雄壮的样子。武夫：有勇力的人，也指军人。指威武雄壮的武士。

【用法】用于指勇士，多指军人。

【例句】这么一个～，却有一副菩萨心肠。他把自己的积蓄，都用在了孤老和孤儿身上。

反义 文弱书生

九鼎大吕　jiǔ dǐng dà lǚ

【释义】九鼎：夏禹时铸的九个鼎，象征九州。大吕：周代大钟。两者都是国宝。比喻非常宝贵，为天下看重的事物。

【例句】此文物如～，极其珍贵。

近义 黄钟大吕

九鼎一言　jiǔ dǐng yī yán

见 890 页"一言九鼎"。

九故十亲　jiǔ gù shí qīn

见 645 页"十亲九故"。

九九归一　jiǔ jiǔ guī yī

【释义】归：回归，返回。指珠算中归除（两位或两位以上除数的除法）和还原的口诀。比喻绕来绕去最后又还了原。也比喻归根结底，总而言之一句话。也作"九九归原"。

【用法】常用作引语。

【例句】他每天清晨起来锻炼身体，总是围着屋子周边转圈，转过去，转过来，～，最后还是回到了出发点。／～，就是要靠产品开发和质量过硬来开拓市场。

九九归原　jiǔ jiǔ guī yuán

见 366 页"九九归一"。

九牛二虎之力　jiǔ niú èr hǔ zhī lì

【释义】能拖住九头牛的尾巴和刺杀两只老虎的力量。比喻极大的力气或很多的精力。

【例句】他费了～，终于把这件事办妥了。

反义　缚鸡之力　吹灰之力

九牛一毛　jiǔ niú yī máo

【释义】九：虚数，表示多。很多条牛身上的一根毛。比喻极大数量中微不足道的

小数目。

【用法】指大数量中的极少一点，侧重点是微少。

【例句】人生奇怪的事很多，我所遇见的不过～而已。

近义　沧海一粟　太仓一粟

反义　多如牛毛

九泉之下　jiǔ quán zhī xià

【释义】九泉：黄泉，地下的泉水，指人死后埋葬的地穴。指地下，迷信的人称阴间。代指死后。

【例句】母亲临终前对他说："只要你能自立自强，我在～也安心了。"

近义　在天之灵

九世之仇　jiǔ shì zhī chóu

【释义】九世：九代。九代的仇恨。

【用法】用于指深仇大恨。

【例句】齐哀公遭纪侯陷害，被周天子处死，后齐襄公灭纪国，报了～。

近义　深仇大恨

反义　恩山义海

九死一生　jiǔ sǐ yī shēng

【释义】九：不表实数，言其多。指死的可能大，活的可能小。

【用法】用于形容经历无数的或极大的危险而幸存下来。

【例句】真是祸从天降——车祸发生在去海埂的路上。这是我与命运的第一次抗争——重伤的我，居然～。

近义　劫后余生　死里逃生

九五之尊　jiǔ wǔ zhī zūn

【释义】九五：指帝位。尊：尊严，尊贵。指帝王的尊位。

【例句】乾隆帝绘画水平有限，技巧可称

粗简,但是以～的身份亲自捉笔绘事,在中国艺术发展历程中毕竟屈指可数。

九霄云外　jiǔ xiāo yún wài

【释义】九霄:天空的最高处。指九重天之外。古人认为天有九层,九重之外则是天空极高的地方。形容很远很远的地方。

【用法】常与"抛到""丢到"连用,表示无影无踪。

【例句】只要有球赛看,他能把所有的事情都抛到～。

近义 九天云外

反义 近在咫尺

久病成医　jiǔ bìng chéng yī

【释义】病久了对医理就熟悉了。

【用法】有时也可比喻对某方面的事见识多了就能成为这方面的行家。

【例句】～,他这个老病号,各科的医药护理知识都非常丰富。

久而久之　jiǔ ér jiǔ zhī

【释义】久:长久。而:连词,连接语言相承的成分。之:(代词)虚用,无所指。指经历了相当长久的时间。

【例句】由于长期伏案工作,～,他的颈椎都弯了。

近义 日久天长

久旱逢甘雨　jiǔ hàn féng gān yǔ

【释义】逢:遇到。干旱了很久,遇到一场好雨。比喻渴望已久的东西,终于如愿以偿。

【例句】妻子终于怀孕了,这对求子心切的老王来说,真是～啊!

久经风霜　jiǔ jīng fēng shuāng

【释义】比喻经过长期艰难困苦的磨炼。

【释义】用于形容人经验丰富。

【例句】王大爷是个～的老人,他的经历本身就是一部传奇小说。

近义 饱经风霜　饱经沧桑

久经沙场　jiǔ jīng shā chǎng

【释义】久:长久。经:经历。沙场:平而宽广的沙地,古指战场。指长久经历战场生活。

【用法】用于形容职业军人有丰富的作战经验,或长期从事某项工作的人有丰富的实践经验。

【例句】这位～的将军"山崩于前不变色,海啸于后不动心"。/法国队被塞内加尔队打进一球后,～的齐达内还没有什么不安的表现。

酒池肉林　jiǔ chí ròu lín

【释义】古代传说,殷纣以酒为池,以肉为林,为长夜之饮。后形容生活极端奢侈糜烂。

【用法】含贬义。

【例句】商纣王沉溺于～,荒淫无度,最终导致亡国。

近义 金迷纸醉　穷奢极侈

反义 艰苦朴素

酒酣耳热　jiǔ hān ěr rè

【释义】酣:酣畅。指饮酒尽兴,耳根发热。

【用法】形容酒兴很浓。

【例句】朋友相聚,饮酒助兴。你一杯,我一杯,～之时,话就更多了。

酒囊饭袋　jiǔ náng fàn dài

【释义】囊:口袋。盛酒和装饭的口袋。比喻只会吃喝,不会干事的人。

【例句】一个人既无知识又无技术,还好吃懒做,就会被人看成～。

近义 衣架饭囊　行尸走肉

酒肉朋友　jiǔ ròu péng yǒu
【释义】只知一起吃吃喝喝，可以同欢乐，而不能共患难的朋友。
【例句】朋友和事业各有重要处，不过，～太多，则未必有助于事业发展。
近义 狐朋狗友
反义 生死之交

酒色财气　jiǔ sè cái qì
【释义】指嗜好喝酒、喜好女色、贪图钱财、逞强斗气。（旧时以此为人生四戒。）
【例句】古人把～视作人生四戒，在今天仍有教育意义。君不见，不少贪官落马都是栽在这四个字上吗？

酒色之徒　jiǔ sè zhī tú
【释义】嗜酒好色的人。
【例句】他为人很有原则，从来不与～交朋友。
反义 正人君子

酒足饭饱　jiǔ zú fàn bǎo
【释义】酒喝醉了，饭吃饱了。
【例句】～之后，他便开始讲那天发生的事情了。
近义 大吃大喝

旧病复发　jiù bìng fù fā
【释义】老毛病重新发作。
【用法】用于比喻重犯原来犯过的错误。
【例句】老师的批评刚过去一个多月，他就～，又开始迟到了。
近义 重蹈覆辙

旧愁新恨　jiù chóu xīn hèn
【释义】旧有的愁苦和新增的怨恨。也作"新愁旧恨"。

【用法】常用于形容不愉快的事都聚集到一起了。
【例句】～一起涌上心头，她越发伤心，忍不住大哭起来。

旧地重游　jiù dì chóng yóu
【释义】重新来到曾经居住或到过的地方。
【例句】二十年之后他～，看着车水马龙的繁华街道不禁赞叹："发展可真快啊！"

旧调重弹　jiù diào chóng tán
【释义】调：调子，曲调。陈旧的曲调又再弹奏。比喻把过去的主张或陈旧的理论重新搬出来。
【用法】可用于指再次提及过去的建议、希望、计划等。
【例句】从会议发表的联合公报和大会主席声明来看，内容多属～，虚多实少。
近义 老生常谈
反义 改弦易辙　改弦更张

旧恨新仇　jiù hèn xīn chóu
见815页"新仇旧恨"。

旧瓶装新酒　jiù píng zhuāng xīn jiǔ
【释义】用旧的瓶子装新鲜的酒。比喻用旧的形式表现新的内容。
【例句】我们把京剧、秦腔作为我们第三次公演的主要内容。对我们而言，这还是一次艺术上～的尝试。
反义 换汤不换药

旧事重提　jiù shì chóng tí
【释义】把旧日的事情又重新提起。
【例句】两国边界的争端不过是～，但这次的背景却要复杂得多。
近义 旧调重弹

咎由自取　jiù yóu zì qǔ

【释义】咎:罪过,灾祸。罪过、灾祸是由自己招来的。

【例句】他贪赃枉法,被判无期徒刑,实在是～。

近义 自食其果　罪有应得　自取其咎
反义 祸从天降

救火扬沸　jiù huǒ yáng fèi

【释义】救:制止。沸:滚水。这是成语“抱薪救火”“扬汤止沸”的省并。抱着柴草去灭火;从锅中舀起开水再倒回去,想制止水的沸腾。比喻用错误的方法去制止灾祸,反而使灾祸扩大或蔓延。

【例句】封建皇帝试图任用酷吏来整肃天下,其实不过是～罢了。

近义 抱薪救火　纵风止燎　扬汤止沸

救苦救难　jiù kǔ jiù nàn

【释义】救:救助。苦:苦难。难:灾难。指救助受苦遭灾的人。

【用法】泛指拯救众人的痛苦和灾难,范围大,有时带有迷信色彩。

【例句】观音菩萨被民间迷信地奉为～的偶像。可是,在危急时刻,解救百姓的往往是我们的英雄子弟兵。

近义 救困扶危

救死扶伤　jiù sǐ fú shāng

【释义】抢救生命垂危的人,扶助受伤的人。

【例句】～是医生的天职。

近义 治病救人
反义 见死不救

救亡图存　jiù wáng tú cún

【释义】图:谋求。拯救祖国的危亡,谋求民族的生存。

【例句】抗日战争是中国人民为～而进行的正义战争。

近义 毁家纾难
反义 卖国求荣

就地取材　jiù dì qǔ cái

【释义】就:随,因。就地:就在原地。就在原地选取需要的材料。

【用法】常用于指就在本地选取中意的人才或事物。

【例句】根据当地的资源,他们～,创办了这家水泥厂。

近义 本山取土
反义 楚材晋用　他山之石

就事论事　jiù shì lùn shì

【释义】就:依照。依照事情本身的情况来谈论事情,不涉及其他。也指只评事情的现象,不涉及事情的本质和故事的指导思想。

【例句】科学研究不能～,要透过现象看本质。

反义 借题发挥

拘俗守常　jū sú shǒu cháng

【释义】拘:拘泥,束缚。俗、常:世俗的、平常的见解。拘泥于世俗的、平常的见解。

【例句】～,循规蹈矩,严格地说,这不能算是一个称职的工作人员。

近义 拘文牵俗

居安思危　jū ān sī wēi

【释义】处于安定的环境中要想到可能产生的危险或困难。

【用法】用于指要时刻提高警惕,预防灾祸。

【例句】面对当前的国际形势,我们要～,

加强国防建设。

近义 安不忘危　忧盛危明

反义 乐以忘忧

居高临下 jū gāo lín xià

【释义】临:俯视。站在高处,俯视下方。形容处于有利的地位。

【用法】也引申形容高高在上(的态度)。用作贬义。

【例句】到了狼牙山峰顶,五位壮士～,继续向紧跟在身后的敌人射击。/在《傅雷家书》中,我们看不到～的教训,完全是艺术家之间,不,是挚友之间的倾心交谈。

近义 高高在上　高屋建瓴

居功自傲 jū gōng zì ào

【释义】居功:自恃有功。自以为有功劳而骄傲自大。

【用法】一般用于对人进行批评。

【例句】他严于律己,从不～,深得领导的赏识与器重。

近义 居功自恃

反义 谦虚谨慎　功成不居

居官守法 jū guān shǒu fǎ

【释义】居:担任。指做官要遵守法律法规。

【用法】多用于书面语。

【例句】建立现代法制社会,领导干部们都应该做～的模范。

反义 贪赃枉法

居无定所 jū wú dìng suǒ

【释义】居:居住。定:固定的。所:住所。指没固定的住所。

【用法】用于形容生活困难,漂泊不定。

【例句】杜甫老年孤苦伶仃,～,晚景甚是凄凉。

居心不良 jū xīn bù liáng

【释义】居心:怀着某种念头(多用作贬义)。良:好。指心怀歹意。

【例句】没想到他混进项目组纯粹是～,想借此大捞一把。

近义 居心叵测

居心叵测 jū xīn pǒ cè

【释义】居心:怀着某种念头(多用作贬义)。叵:不可。测:揣测。指存心险恶,不可推测。

【用法】用于形容人心术不正而不易察觉,语义较重。

【例句】那些人～,你要防着点。

近义 居心不良　心怀鬼胎

反义 襟怀坦白

鞠躬尽瘁 jū gōng jìn cuì

【释义】鞠躬:小心谨慎的样子。尽:全部用出。瘁:过度劳累。指不辞辛劳,献出自己全部精力。

【用法】旧指大臣们为帝王效忠;今指全心全意为人民服务的高尚情操。常与"死而后已"连用。

【例句】焦裕禄为了改造兰考恶劣的自然环境而耗费了毕生的精力,真是～,死而后已。

局促不安 jú cù bù ān

【释义】局促:拘束,拘谨。安:安定,安

宁。指拘谨不自然的样子。

【用法】用于描述因心里紧张而不安的神态。

【例句】爱莲第一次到我家,见到父母、兄嫂一大家子人,害羞的她不由得~起来,低着头不敢看大家。

近义 坐立不安 忐忑不安

反义 落落大方 无拘无束

举案齐眉 jǔ àn qí méi

【释义】举:托起,举起。案:古时用的短足木盘。齐:平行,高度一样。眉:眉毛。指托起食盘与眉毛一样高。(古时男尊女卑,妻子给丈夫端饭去,不能抬眼看丈夫,端饭的食盘要举得与眉毛平行,以表示尊敬。)也作"齐眉举案"。

【用法】用于形容夫妻相互敬爱。

【例句】他们夫唱妇随、~的故事也在华人社会中传为佳话。

近义 相敬如宾 互敬互爱

反义 视同路人

举不胜举 jǔ bù shèng jǔ

【释义】胜:尽。列举也列举不完。

【用法】用于列举,形容类似之事太多。

【例句】电影院、会议场所、公共场所吞云吐雾,随地吐痰等等不文明不道德的行为~。

近义 不可胜数

反义 屈指可数 寥寥无几

举步生风 jǔ bù shēng fēng

【释义】举步:迈步。生:产生。指迈步快走,脚下生风。

【用法】用于形容走得很快,步伐有力。

【例句】仪仗队的健儿们队容严整,~。

近义 举步如飞 健步如飞

举步维艰 jǔ bù wéi jiān

【释义】举步:抬脚迈步。维:语助词,无义。艰:困难。指抬脚迈步十分困难。

【用法】用于比喻在某种困难处境下前进困难。

【例句】走路不小心,把脚给崴了,一动就疼,弄得我~。/与电视新闻比起来,在缺乏了活生生的图像辅助的情况下,电台新闻节目~就势所难免了。

近义 步履维艰

反义 健步如飞

举措失当 jǔ cuò shī dàng

【释义】举措:举动,措施。失当:不恰当。举动、措施不得当。

【例句】这家公司的决策层由于对市场的认识不足,~,而使自己濒临窘境。

近义 南辕北辙

反义 恰如其分

举国若狂 jǔ guó ruò kuáng

【释义】举国:全国。若:好像。全国上下群情振奋,像疯狂了一样。

【例句】中国女排夺得五连冠的消息传来,~,欢声雷动。

举国上下 jǔ guó shàng xià

【释义】举国:全国。全国上上下下的人。

【例句】现在我们～万众一心,都在为了中国的现代化,为了中国的改革、开放、进步而奋斗。

举目千里　jǔ mù qiān lǐ

【释义】举:抬起。抬起头来可以看到很远的地方。

【用法】用于形容视野开阔辽远。

【例句】登上这座全城最高的塔楼,～,足以俯仰天地。

近义　极目千里

举目四望　jǔ mù sì wàng

【释义】举目:抬眼。四望:向四周远看。指抬眼环顾四周。

【例句】我～,茫茫的一片草塘,哪里有什么河呀?

近义　举目远眺

举目无亲　jǔ mù wú qīn

【释义】举:抬起。抬头张望,看不到一个亲人。

【用法】用于形容人地生疏、孤独无依。

【例句】初来乍到,～,他不禁想起家来。

近义　六亲无靠　无依无靠

举目远眺　jǔ mù yuǎn tiào

【释义】举目:抬眼。眺:远望。指抬眼向远处望。

【例句】我～,目送如珍珠般的湖泊在视野中慢慢隐去,依依不舍。

近义　举目四望

举棋不定　jǔ qí bù dìng

【释义】举:拿起。棋:棋子。定:决定。指拿起棋子不能决定下在何处。比喻做事拿不定主意。

【用法】多用于在平行的两项中选择不定时。

【例句】是上清华,还是上北大,何亮～。

近义　犹豫不决

反义　当机立断

举轻若重　jǔ qīng ruò zhòng

【释义】举:托起。若:好像。指托起轻便之物如同举重物。

【用法】用于比喻把无足轻重的小事看得很严重。

【例句】他胜在豁达,放得下,拿得起,举泰山如茶几。你则～,别人批评一句,你会牢记许久。

反义　举重若轻

举世闻名　jǔ shì wén míng

【释义】举:全。世:世界,天下。闻名:听到名声。指全世界都知其名声。

【用法】形容名声极大。

【例句】李冰筑成了～的都江堰工程,为人民创造了福利。

近义　闻名遐迩

举世无匹　jǔ shì wú pǐ

【释义】举世:全世界。匹:相当,相配。指全世界没有与之相当的。

【例句】敦煌莫高窟——祖国西北边陲的一颗明珠,～的宗教艺术宝库。

近义　举世无双

举世无双　jǔ shì wú shuāng

【释义】举:全。指全世界没有第二个。

【用法】用于形容独一无二,绝无仅有。

【例句】中国的长城是～的历史遗迹。

近义　盖世无双　天下无双　举世无匹

反义　无独有偶

J

举世瞩目　jǔ shì zhǔ mù

【释义】举:全。瞩目:注目,注视。全世界的人都在关注着。

【用法】用于形容事关重大,世人注目。

【例句】这次国际横穿南极科学探险活动～。

举手投足　jǔ shǒu tóu zú

【释义】举:抬,上举。投:动,投入。指抬一下手,动一下脚。形容一举一动。也指人的行为举止。

【用法】常与"之劳"连用,形容办成事情轻而易举。

【例句】这件事对他来说很简单,只是～之劳。/ 这人很文雅,～都给人留下了深刻的印象。

举手之劳　jǔ shǒu zhī láo

【释义】举:抬起。一动手就能办到的一点劳动。

【用法】用于形容轻而易举。

【例句】这情势张无忌早已看出,这时要取三僧性命自是～。

近义 易如反掌　轻而易举

反义 难于登天

举贤使能　jǔ xián shǐ néng

【释义】举:起用。使:任用。起用贤人,任用能人。

【例句】只有出以公心,～,彻底改变任人唯亲的那套做法,我们的公司才能走出目前的困境。

近义 称贤使能　选贤任能

举一反三　jǔ yī fǎn sān

【释义】反:转换,类推。原指举出一角可

类推而知其他三角。后指从一件事类推而知道同类的其他事。

【用法】用于比喻善于学习,能触类旁通。

【例句】这位教授教学很有经验,总能让学生～,触类旁通。

近义 触类旁通　闻一知十

反义 一窍不通

举止大方　jǔ zhǐ dà fāng

【释义】举止:指姿态和风度。形容姿态风度自然得体。

【例句】参加选美的姑娘们,个个容貌秀丽,～。

举止失措　jǔ zhǐ shī cuò

【释义】举止:行动,举动。措:安置。举动失常,不知如何办才好。

【用法】用于形容十分慌张。

【例句】他头一次参加这样的会议,过于紧张而有些～是可以理解的。

近义 手足无措

反义 举止大方　从容不迫

举重若轻　jǔ zhòng ruò qīng

【释义】若:好像。举起沉重的东西好像是举很轻的东西。比喻能轻松自如地担当重任或处理难题。

【用法】一般用作褒义。

【例句】别的女人觉得痛苦冤抑的工作,她～地应付了过去。

近义 游刃有余

反义 举轻若重

举足轻重　jǔ zú qīng zhòng

【释义】举:抬。指一抬脚就会影响轻重平衡。形容一举一动就可以左右局势。

【用法】多指身份、地位特殊的人所采取

的态度或决定,对全局都会有重要影响。

【例句】一个优秀的领导者对一个企业的前途起着～的作用。

近义 至关重大

反义 无足轻重　无关紧要

踽踽独行　jǔ jǔ dú xíng

【释义】踽踽:孤独的样子。指孤单一人独自行走。

【例句】走到中央路,忽然看见徐先生凄凉落寞地在街头～。

拒谏饰非　jù jiàn shì fēi

【释义】谏:规劝(君主、尊长或朋友)。饰:遮掩。非:错误。拒绝别人的规劝,掩饰自己的错误。也作"饰非拒谏"。

【例句】任何领导都应虚心接受群众的意见,不能～。

近义 文过饰非

反义 从谏如流

拒人于千里之外　jù rén yú qiān lǐ zhī wài

【释义】拒:阻挡。在千里之外就把人挡住。

【用法】用于形容态度非常傲慢,不愿跟人接近或无商量的余地。

【例句】知道了事情的来龙去脉,他辞色之间也就平和了许多,不像前天～了。

具体而微　jù tǐ ér wēi

【释义】具:具备,齐备。微:小。事物的主要内容或基本结构全都具备,只是局面、规模较小。

【例句】这个模型是该城市的缩影,～,一

目了然。

据理力争　jù lǐ lì zhēng

【释义】根据事理,尽力争辩或争取。

【用法】多用于指合乎事理的一方为求达到目的尽力争取。

【例句】只要与国计民生休戚相关的事,他在职责上,无论怎样都要～。

近义 力排众议

反义 无理取闹

据为己有　jù wéi jǐ yǒu

【释义】据:占据。把公共的或别人的东西占来作为自己的。

【例句】有些人自私自利,经常把集体的财产～。

近义 攫为己有

聚精会神　jù jīng huì shén

【释义】聚、会:聚集,集合。原指集中众人的智慧。后形容注意力高度集中。

【例句】当我进去时,他正～地在看一本书。

近义 专心致志　全神贯注
反义 心不在焉

聚沙成塔　jù shā chéng tǎ

【释义】聚：堆聚。把细沙堆聚成了宝塔。比喻积少成多。

【用法】常用于勉人多积蓄，勿轻视少数。

【例句】一块钱、两块钱虽然少，但～，积蓄起来就是一个不小的数目。

近义 积土成山　积水成渊　集腋成裘

聚讼纷纭　jù sòng fēn yún

【释义】讼：争辩是非。纷纭：多而杂乱。许多人纷纷争论，各说不一。

【用法】含贬义。

【例句】这位大名鼎鼎的诗人算不算古典主义这一派，到现在也还～，没有定论。

近义 各执己见
反义 异口同声

聚蚊成雷　jù wén chéng léi

【释义】众多蚊子聚在一起，声音就像打雷一样。比喻流言纷起，令人生畏。

【用法】有聚小成大的意思。用作贬义。

【例句】"雅舍"的蚊风之盛，真是前所未见的"～"！每当黄昏时候，满屋里磕头碰脑的全是蚊子。／关于他生活作风问题的流言越来越多，有如～，最后他不得不辞职。

近义 众口铄金

聚众滋事　jù zhòng zī shì

【释义】聚集一帮人到处惹事，制造纠纷。

【用法】用作贬义。

【例句】对于那些～的流氓团伙，必须坚决予以沉重的打击。

捐弃前嫌　juān qì qián xián

【释义】捐弃：抛弃，抛开。嫌：嫌怨，怨恨。指抛弃过去的怨恨，即不计较过去的恩恩怨怨。

【例句】石志雄和杜长河在战友墓前～，重归于好。

捐躯报国　juān qū bào guó

【释义】捐：舍弃。牺牲自己的生命来报效国家。

【例句】听到老连长已～的消息，战士们个个痛哭失声。

近义 杀身报国　捐躯济难

涓滴归公　juān dī guī gōng

【释义】涓滴：极少的一点水，比喻极小或极少的东西。极少量的财物都上缴给公家。

【用法】用于形容丝毫不占公家便宜。

【例句】我们这次义卖活动的所得款项均～。

近义 点滴归公
反义 中饱私囊

卷土重来　juǎn tǔ chóng lái

【释义】卷土：众多人马奔驰时卷起尘土。指卷起尘土重新回来。形容遭受挫折或失败后集结力量，重新恢复势力。

【典故】秦末，楚汉相争，垓下之战，楚军大败。项羽从家乡带出来的士兵，到乌江边只剩下二十八名了。乌江亭长请项羽赶紧渡江，站稳脚跟，再图霸业。项羽长叹道："既然上天要我亡，我还过江干什么？八千士兵都战死了，我还有什么脸面回去见江东父老。"于是拔剑自刎了。后来，唐代诗人杜牧专门对此事赋《题乌江亭》诗："胜败兵家事不期，包羞忍辱是男儿。江东子弟多才俊，卷土重

米术可知。"(唐·杜牧《樊川文集·题乌江亭》)

【用法】适用范围大,可用于正面,也可用于反面,现多用于反面。

【例句】将军料定敌人会～,做好了应战的各种准备。

近义 东山再起 死灰复燃

反义 一蹶不振

提示 "卷"不读 juàn。

卷帙浩繁 juàn zhì hào fán

【释义】卷帙:书籍,篇章。书籍或书籍的篇章极多。

【例句】我所见到较早的、～的连环画册,是李鞠侪的《石头记画册》。

倦鸟知还 juàn niǎo zhī huán

【释义】倦:疲倦。疲倦的鸟知道飞回自己的巢。比喻在外奔波的游子,身心疲惫,希望回家休息。

【用法】多用于在外漂泊的人。

【例句】～,在外奔波了几十年,如今老了,更加想念家乡。

近义 倦鸟投林

反义 乐而忘返

决雌雄 jué cí xióng

【释义】决:决定。雌雄:动物的雌性和雄性,比喻胜负、高下。决战一次,分出高低胜负。也作"决一雌雄""一决雌雄"。

【用法】常用于竞技、比赛或战斗中。

【例句】队员们不甘心失败,发誓要在下一场比赛中与对方～。

近义 决一死战 决一胜负

反义 坐以待毙

决胜千里 jué shèng qiān lǐ

【释义】决定千里之外战役的胜利。形容

将帅雄才大略,指挥若定。

【用法】用于形容卓越的军事运筹才能。

【例句】张良博学睿智,使阴谋阳谋,运筹策于帷帐之中,～,助刘邦谋得天下,于沙场叱咤风云。

决一雌雄 jué yī cí xióng

见 377 页"决雌雄"。

决一死战 jué yī sǐ zhàn

【释义】决:决斗。拼死一战以决胜负。

【用法】多指战争中或竞技体育场上双方最后做你死我活的拼杀。

【例句】在 2018 年的世界杯上,法国队在决赛中与异军突起的克罗地亚队～后,获得冠军。

近义 决一雌雄

反义 坐以待毙

绝笔之作 jué bǐ zhī zuò

【释义】死前最后所作的诗文书画作品。

【例句】1903 年,永远的旅行家高更在大溪地完成了他的～。这张画的名字很长,叫"我们是谁? 从哪里来? 要往何处去?"。

绝长补短 jué cháng bǔ duǎn

【释义】绝:断,截取。从长的地方截取部分补在短的地方。指事物长短相济,以多补少。

【用法】多用于书面语。

【例句】～,才能均衡发展。

近义 截长补短 取长补短 断长续短

绝尘拔俗 jué chén bá sú

【释义】冠绝尘世,超越凡俗。

【用法】用于形容出类拔萃,无与伦比。

【例句】他热爱生活,喜欢和普通人打交道,但他的作品却表现出一种～的风貌。

J

绝处逢生　jué chù féng shēng

【释义】绝:尽,没有出路。逢:遇到。在毫无出路的情况下得到生路。

【用法】用于比喻在绝境中获得了生机。

【例句】正当哈利走投无路想悄然返回老家的时候,竟收到普奈曼铁路公司的一封信,告知他已被录用,这真是～,他高兴得跳了起来。

近义　枯木逢春

反义　走投无路

绝代佳人　jué dài jiā rén

【释义】绝代:冠绝当代。佳人:美人。当世无双的美人。

【用法】用于形容极为美丽的女子。

【例句】西施是春秋末期越国的一位～。

近义　国色天香

绝顶聪明　jué dǐng cōng míng

【释义】绝顶:非常,极端。形容非常聪明。

【例句】你是～的人,我什么都不说,你也会明白的。

反义　愚昧无知

绝后光前　jué hòu guāng qián

【释义】绝后:今后不会再有。光前:扩充了前人不及的。做出了前人不及、后人难为的事。

【用法】用于形容成就和行为非凡。

【例句】鲁迅先生的《阿Q正传》在中国文学史上具有某种～的意义。

近义　空前绝后

绝口不提　jué kǒu bù tí

【释义】绝口:因回避而不开口。提:说起,谈到。指闭口不提及(某事)。

【用法】用于指回避问题。

【例句】秦王双手捧住和氏璧,一边看一边称赞,～十五座城的事。

反义　直言不讳

绝妙好辞　jué miào hǎo cí

【释义】绝妙:极其美妙。辞:文辞,言辞。指极其美妙的文辞。

【例句】这副对联词巧意新,堪称～。

绝世超伦　jué shì chāo lún

【释义】绝世:当代所仅有。伦:同辈,同类。指在当代独一无二,在同辈中出类拔萃。也作“绝世无伦”。

【用法】多形容才学或才艺举世无双。

【例句】在世界乒坛上,邓亚萍的技艺曾是～的,她曾多次夺得世界第一。

近义　绝无仅有　出类拔萃

绝世出尘　jué shì chū chén

【释义】绝弃尘世。多指一种脱离现实社会的空想。

【例句】气功也许可以开发人的潜在功能,但并不意味着可以得道成仙,～。

近义　绝俗离世

绝世无伦　jué shì wú lún

见378页“绝世超伦”。

绝无仅有　jué wú jǐn yǒu

【释义】绝:绝对,完全。只有这一个,此外绝对没有了。

【用法】用于形容极其少有。

【例句】万里长城雄伟壮丽,是世界上～的伟大工程。

近义　独一无二　盖世无双

反义　比比皆是

提示　“绝”不能写成“决”。

掘室求鼠 jué shì qiú shǔ

【释义】挖掘房舍以搜寻老鼠。

【用法】用于比喻做事因小失大。

【例句】做事情要分清主次,权衡利弊,不要去干那种～、杀鸡取卵的事情。

近义 杀鸡取卵

倔头强脑 juè tóu jiàng nǎo

【释义】倔:态度生硬。强:固执。形容说话、行动生硬的样子。

【例句】当时我就觉得后面进来的一男一女～,不大顺眼。果不其然,就是两个惯偷。

军不血刃 jūn bù xuè rèn

见 49 页"兵不血刃"。

军不厌诈 jūn bù yàn zhà

见 50 页"兵不厌诈"。

军多将广 jūn duō jiàng guǎng

见 50 页"兵多将广"。

军令如山 jūn lìng rú shān

【释义】军事命令像山一样不可动摇,必须执行。

【例句】士兵都知道象阵厉害,不敢前进,只因～,不得不硬着头皮,勉强上前。

君临天下 jūn lín tiān xià

【释义】君临:原指君主统辖,后泛指统治或主宰。天下:指中国或世界。指称雄于世界,主宰世界。

【例句】斗争的结果是更优秀的留下来,直至最优秀的两队脱颖而出,最后,从他们之中诞生～的新一代霸主。这就是足球。

君子协定 jūn zǐ xié dìng

【释义】不经过书面共同签字,只经过口头承诺或交换函件而达成的协定。也是"事先约定"的套话。

【例句】咱们订个～,什么时候你不想和我合作了,就放我回家休息。

君子一言,驷马难追

jūn zǐ yī yán, sì mǎ nán zhuī

【释义】驷:同拉一辆车的四匹马。君子说出的话,四匹马拉的车也难以追回。

【用法】用于比喻话一说出口,就无法收回。

【例句】既然如此,我们也就只好～了。

君子之交淡如水 jūn zǐ zhī jiāo dàn rú shuǐ

【释义】君子的交情像水一样淡。指君子之间建立在道义基础上的交情高雅纯洁,不尚虚华。

【例句】人的思想品德表现在各个方面,～,便是革命者的崇高品德在交友往来中的具体体现。

J

K

开诚布公　kāi chéng bù gōng

【释义】开诚:敞开胸怀,表示诚心。布:宣布。公:公道。态度真诚,坦白无私。

【用法】多用于将真实情况不加隐瞒地向大家宣布,以免猜疑。

【例句】这次会谈的气氛尽管有些紧张,但总的看是在友好和～的气氛中进行的,因为双方都希望通过对话来解决问题。

近义 开诚相见　推心置腹

反义 尔虞我诈

开诚相见　kāi chéng xiāng jiàn

【释义】开诚:敞开胸怀,表示诚心。真心实意地待人。

【用法】一般用作褒义。

【例句】我们的社会需要这种淳朴、人与人之间～的气氛。

近义 开诚布公　坦怀相待

反义 钩心斗角　虚情假意

开花结果　kāi huā jié guǒ

【释义】开出了花朵,结出了果实。指播种经营后有了收获。

【用法】泛指做出了成绩,收到了成效。

【例句】本系"投石问路",不料～,《人间四月天》入围艾美奖。

反义 苗而不秀

开怀畅饮　kāi huái chàng yǐn

【释义】开怀:敞开胸怀。畅:尽情,痛快。指无所拘束,尽情喝酒。

【例句】今天,我们在这里聚会,望大家～,尽兴而归。

开卷有益　kāi juàn yǒu yì

【释义】卷:书本。开卷:打开书本,指读书。阅读就有好处。

【例句】这本书的主要特点是融知识性、学术性和实用性为一体,选择最新、实用性最强和最有权威性的资料,使各类读者都能～。

反义 不学无术　无心向学

提示 "卷"不能写成"券"。

开门见山　kāi mén jiàn shān

【释义】指打开门就看见山。比喻说话、写文章一开头就进入主题,不绕弯子。

【用法】口语色彩较浓。

【例句】我外祖母住在乡下,那里风景优美,～、出门见河,真是山清水秀啊! / 在文章的开头,作者～地提出了自己的论点。

近义 单刀直入　直截了当

反义 转弯抹角　旁敲侧击

开门揖盗　kāi mén yī dào

【释义】揖:拱手作礼。指打开大门拱手作揖恭请强盗进来。

【用法】用于比喻自引坏人进屋,招来祸患。含贬义。

【例句】有些坏人,打着上门服务的幌子来敲你的门,你要是不加警惕随意开门,就无异于～,引狼入室了。

近义 引狼入室

反义 转弯抹角 旁敲侧击

开山之作 kāi shān zhī zuò

【释义】开山:佛教用语,指最初在某处建立寺院。比喻某一学术领域的第一部作品。

【例句】据悉,该套丛书的权威性和前瞻性,称得上是正在创建的三星堆学的～。

开山祖师 kāi shān zǔ shī

【释义】开山:指在名山创立寺院。祖师:第一代创业和尚。原指开创寺院的和尚。后借指某一事业的创始人。

【例句】东汉人蔡伦首创用树皮、麻头、破布等为原料造纸,成为造纸术的～。

近义 不祧之祖

开台锣鼓 kāi tái luó gǔ

【释义】开台:开锣,戏已开始。指戏已开始,锣鼓齐响。

【用法】用于比喻事物的开头。

【例句】～一响,就意味着戏要正式开演了。/主持人的发言只是～,真正的主角还未登场亮相。

开天辟地 kāi tiān pì dì

【释义】古代神话传说,盘古氏开天辟地才有了世界。指打通天,劈开地。本指人类历史的开始。也指创建伟大事业。

【用法】用于比喻有史以来第一次。

【例句】神话故事中,～的盘古,生时顶天

立地一万八千年。/感谢九泉之下的先烈们,是他们～、披荆斩棘,创建了共和国。/中国诞生了共产党,这是～的大事件。

近义 史无前例

开源节流 kāi yuán jié liú

【释义】开:开发。源:水源,资源。节:节省。流:水流。指开发水源,节省水流。

【用法】用于比喻开发资源以增加收入,节省用度以减少浪费。

【例句】这个地区的财政管理需要～,才能有长远发展。/～是我们最好的理财之道。

近义 强本节用

反义 铺张浪费

开云见日 kāi yún jiàn rì

【释义】开:散开。拨开云雾,见到太阳。比喻黑暗已经过去,光明已经到来。

【用法】常用于比喻误会消除。

【例句】中国解放了,劳动人民～,看到了美好幸福的前景。/他们俩决定～地谈一谈。

开宗明义 kāi zōng míng yì

【释义】开宗:阐发宗旨。明义:说明意思。指阐发主旨,说明道理。

K

【用法】原为《孝经》第一章的篇名,此章说明《孝经》全书宗旨。后比喻说话写文章一开始就说明主旨。

【例句】当我们谈起中国传统文化与现代经济发展这个话题时,戴先生～地阐述了自己的观点。/作者在论文的开头就～,指出了问题的症结。

近义 开门见山　直截了当

反义 旁敲侧击

慨然应允　kǎi rán yīng yǔn

【释义】慨然:慷慨地。应允:答应(做)。指很爽快地答应(做)。

【例句】她认为编写一部适合中学生的词典是有价值的,邀我参加,我也就～了。

堪称一绝　kān chēng yī jué

【释义】堪:能够,可以。称:称作。绝:独一无二。指可以称得上是独一无二的。

【用法】用于形容技能、技巧等高超绝伦。

【例句】王丽书法特别出色,李明的棋艺～,两人春兰秋菊,各有所长。

坎井之蛙　kǎn jǐng zhī wā

见 364 页"井底之蛙"。

坎坷不平　kǎn kě bù píng

【释义】坎坷:道路坑坑洼洼。道路高低不平。

【用法】常用于比喻人生经历曲折。

【例句】我家门口正在改造的那段路～,一不小心就容易跌跤。/人们常常提到他～的一生和他跟恶势力顽强斗争的英雄事迹。

侃侃而谈　kǎn kǎn ér tán

【释义】侃侃:从容不迫的样子。指从容不迫有条有理地说着。

【用法】用于形容人从容不迫很有兴致地谈论,有"高谈阔论"的附加意义。

【例句】在演讲比赛时,她不拿稿子也能～。

近义 娓娓道来　应对如流

反义 吞吞吐吐　支吾其词

提示 "侃"不能写成"砍""坎"。

看风使舵　kàn fēng shǐ duò

【释义】看风向改变帆篷方向。

【用法】用于比喻顺应形势改变方向、态度等。含贬义。

【例句】在他的笔下,布力菲是个善于～、诡计多端的伪君子。

近义 顺风使船　随风转舵

反义 刻舟求剑　恪守不渝　按图索骥

看破红尘　kàn pò hóng chén

【释义】看破:看穿。红尘:本指热闹地方飞扬的尘土,旧时也指繁华的社会,佛家指人世间。指看穿了人世间的一切。

【用法】多用于指对世间无所留恋的悲观厌世的态度。含贬义。

【例句】那些～,隐居遁世的人,都是有缘故的。

看人眉睫　kàn rén méi jié

【释义】看:观察。眉睫:眉毛和睫毛。指看他人脸色(行事)。

【用法】用于形容做事无主见,按他人意图行事。

【例句】她常常～行事,缺乏独立自主的意识。

近义 仰人鼻息

反义 不亢不卑

康庄大道　kāng zhuāng dà dào

【释义】康庄:(道路)宽阔平坦、四通八达。

宽阔平坦的大路。

【用法】用于比喻光明美好的前途。

【例句】现在农村的变化非常大，主要是有了通向乡村的一条条～。／这条路子，正是中国农村走向现代化的～。

近义 阳关大道

反义 羊肠小道

慷慨悲歌 kāng kǎi bēi gē

【释义】慷慨：情绪激昂。情绪激昂地悲壮歌唱，以抒发悲壮情怀。

【例句】那副肃穆、庄严的神情，使人想起～奔赴战场的壮士。

慷慨陈词 kāng kǎi chén cí

【释义】慷慨：情绪激昂。陈词：陈述意见。情绪激昂地陈述自己的意见。

【用法】一般用作褒义。

【例句】我国大使在会议上～，痛斥美国少数议员对我国人权状况别有用心地造谣中伤。

近义 义正词严 慷慨淋漓

反义 张口结舌

慷慨赴义 kāng kǎi fù yì

见 383 页"慷慨就义"。

慷慨激昂 kāng kǎi jī áng

【释义】慷慨：充满正气，情绪激昂。激昂：激动昂扬。形容情绪、语调激动昂扬，充满正气。也作"激昂慷慨"。

【例句】他们不禁被动员大会上战士们～的情绪感染了。

近义 热血沸腾

慷慨解囊 kāng kǎi jiě náng

【释义】慷慨：豪爽大方，不吝啬。解囊：解开钱袋。大方地拿出钱来资助别人。

【用法】用于形容人大方豪爽，毫不吝惜金钱。

【例句】郭先生乐善好施，常常～帮助贫困的人。

近义 乐善好施 解囊相助

反义 一钱如命 一毛不拔

慷慨就义 kāng kǎi jiù yì

【释义】慷慨：情绪激昂。就义：为正义去死。情绪激昂地为正义事业而牺牲。也作"慷慨赴义"。

【例句】刘胡兰～时，还未满 15 岁。

近义 从容就义

慷慨淋漓 kāng kǎi lín lí

【释义】淋漓：畅快。形容说话、写文章意气昂扬，言辞畅快。

【例句】闻一多先生大无畏地在群众大会上～地指着特务说："你们站出来！你们站出来！"

近义 慷慨陈词

靠天吃饭 kào tiān chī fàn

【释义】靠：依靠，依赖。靠天的恩赐得到饭吃。原指落后的农业生产，收成完全取决于自然条件。后指全靠外界条件维持生活,不思改进。

【例句】要打消～的思想,把自己看作企业的主人。

苛捐杂税 kē juān zá shuì

【释义】苛:苛刻,严厉。杂:繁杂。苛刻繁杂的捐税。

【例句】宋代包拯做了几任地方官,每到一个地方,都取消了一些～,清理了一些冤案。

近义 横征暴敛

反义 轻徭薄赋

科班出身 kē bān chū shēn

【释义】科班:旧时招收儿童,培养成戏曲演员的训练班。比喻有受过正规教育或训练的资历。

【例句】奥利拉坦言自己并非～,但他却为管理高科技企业树立了全新的风格。

磕头碰脑 kē tóu pèng nǎo

【释义】磕:碰,碰撞。碰:撞,相撞。指碰了头部撞了脑袋。形容人多,相挤相碰,或东西多,人跟东西相碰。

【用法】也可用于比喻发生冲突,闹矛盾。

【例句】公共汽车上载人太多,一遇刹车,车上的人不免～的。/屋子太窄,四面墙都摆放了家具,走动时不免～的。/家里兄弟姐妹多,难免有～的时候,这时,大哥就出来调停。

磕头如捣 kē tóu rú dǎo

【释义】磕头:旧时礼节,双手扶地,两腿下跪,头触地。捣:撞击。形容连续不断地磕头。

【用法】多为有求于人或谢罪时的动作。

【例句】黄三～,嘴里喊着"饶命"。他在乞求老大放他一马,饶他不死。

可操左券 kě cāo zuǒ quàn

【释义】古代称契约为券,用竹、木等做成,分左右两片,立约双方各拿一片。左片叫左券,常用作索取偿还财物的凭证。比喻成功有把握。

【例句】他设想,如果全国那么多所中学各订一份《时事周刊》,那么该刊物销路就～,前途大有可为。

近义 胜券在握

可乘之机 kě chéng zhī jī

【释义】乘:凭借,利用。机:机会。可以利用的别人不防备的机会。

【例句】比赛进行到下半场最后五分钟时,八一队终于找到了～,8号队员一个射门成功取胜。

反义 无隙可乘

可歌可泣 kě gē kě qì

【释义】可:值得。歌:歌颂,赞美。泣:流泪,小声地哭。值得为之歌颂,值得为之流泪。

【用法】多用来指英勇悲壮的事迹感人至深。

【例句】抗震救灾中,涌现出许多～的英雄事迹。

可见一斑 kě jiàn yī bān

【释义】斑:杂色的花纹或斑点。指能够看见一个斑点,进而推想整体。

【用法】常与"管中窥豹"连用,指见到局部可以推知整体。

【例句】20世纪70年代在山东临沂银雀山汉墓中发现的《孙膑兵法》残简,虽然只有一万多字,但他的军事思想还是～。
近义 管中窥豹　一叶知秋

可圈可点　kě quān kě diǎn
【释义】圈:画圈儿做记号。圈、点:在书或文稿上加圆圈或加点,表示此处是写得好的或是值得注意的语句。指某事值得肯定或被认可。
【例句】来自马来西亚的10岁女孩李馨巧凭借电影《激战》赢得最佳女主角奖。评委的评语是:"与张家辉的对手戏～,很出色,是演艺界的新星。"

可望而不可即　kě wàng ér bù kě jí
【释义】即:接近。可以望得见却不能接近。
【用法】用于形容看来可以实现而实际难以实现。
【例句】海市蜃楼是一种～的奇妙自然现象。/焚书坑儒后一段很长的时期,百家争鸣的学术自由都是"白云在青天,～"的事。
近义 望尘莫及
反义 垂手而得

可想而知　kě xiǎng ér zhī
【释义】可:可以。想:想象,推测。指可以从推测知道。
【例句】得知母亲的死讯,老舍那追念、怀想、痛悼之情～。
近义 不言而喻　显而易见
反义 百思不解

克敌制胜　kè dí zhì shèng
【释义】克:战胜。制胜:取胜。打败敌人,取得胜利。
【用法】用于军事,也用于竞技比赛。
【例句】目前球队正在寻找～的方法,以

进一步提高冲金的实力。
近义 出奇制胜
反义 一败涂地

克己奉公　kè jǐ fèng gōng
【释义】克:约束,克制。奉:尊重,遵守。指约束自己,奉行公事。
【用法】用于形容严于律己,一心为公。
【例句】大公无私、积极努力、～、埋头苦干的精神永远是值得尊敬的。
近义 廉洁奉公
反义 营私舞弊　损人利己　假公济私

克俭克勤　kè jiǎn kè qín
见385页"克勤克俭"。

克勤克俭　kè qín kè jiǎn
【释义】克:能够。既能够勤劳,又能够节俭。也作"克俭克勤"。
【例句】年轻人要养成艰苦朴素、～的习惯。
近义 省吃俭用　勤俭节约
反义 挥霍无度　铺张浪费
提示 "克"不能写成"刻"。

刻不容缓　kè bù róng huǎn
【释义】刻:片刻。容:允许。缓:迟延。指片刻也不允许拖延。
【用法】用于形容情况紧急,形势紧迫。
【例句】保护环境,珍爱家园,已经是一件～的事情。
近义 迫不及待　迫在眉睫　急如星火
反义 旷日持久
提示 "刻"不能写成"克"。

刻骨仇恨　kè gǔ chóu hèn
【释义】刻骨:形容感受深切难忘。永远

记在心头的深仇大恨。

【例句】怀着对国民党反动派的～,他奔赴解放战争的前线。

近义 血海深仇

反义 恩重如山

刻骨镂心 kè gǔ lòu xīn

见 386 页"刻骨铭心"。

刻骨铭心 kè gǔ míng xīn

【释义】刻、铭:在器物上刻字记载。指雕刻在骨头上,铭记在心灵中。也作"刻骨镂心"。

【用法】用于比喻感受至深,永记难忘。多用作感激的话。

【例句】黄老师的恩德如同海岳,对我来说,已是～永世难忘!

近义 刻肌刻骨　没齿不忘

反义 过眼烟云

刻画入微 kè huà rù wēi

【释义】刻画:用文字描写或用其他艺术手段表现(人物形象、性格)。形容描写得极深刻细致。

【例句】梅兰芳善于运用歌唱、念白身段、舞蹈等技巧,把人物的心理状态～。

反义 粗枝大叶

刻肌刻骨 kè jī kè gǔ

【释义】刻:比喻深切印入。肌:肌肉,指外表。骨:骨骼,指内里。比喻从里到外感受深切。

【例句】看了这部影片后,我陷入了沉思,相同的际遇,相同的命运,～,感受实在太深了!

近义 没齿不忘　刻骨铭心

反义 置之脑后

刻意求工 kè yì qiú gōng

【释义】刻意:用尽心思。求:追求。工:精巧。指用尽心思追求精巧完美。

【例句】他长于工笔画,在他的笔下,哪怕是一草一木,都～,一丝不苟。

刻舟求剑 kè zhōu qiú jiàn

【释义】刻:刻画,作标志。舟:船。求:寻求,寻找。指从船上刻有记号处去寻找落水的宝剑。

【典故】一个楚国人过江时剑掉到水中,他急忙在船身上刻了记号,船靠岸时,从刻记号的地方下水去找剑,结果自然找不到。众人都笑他太荒唐。(《吕氏春秋·察今》)

【用法】用于比喻拘泥成例,脱离实际,不知变通。

【例句】我们必须根据新情况来采取新办法,不能～,泥古不化。

近义 按图索骥　守株待兔

反义 随机应变　通权达变

恪尽职守 kè jìn zhí shǒu

【释义】恪:谨慎而恭敬。职守:工作岗位。指恭谨地全力做好本职工作。

【用法】用于形容办事尽心,忠于职责。

【例句】李市长强调,每位工作人员都要

～，各司其职，把中医药国际大会办好。

恪守不渝　kè shǒu bù yú

【释义】恪守：严格遵守。渝：改变。指严格遵守，绝不改变。

【用法】多用于某种规定、原则、合同、条约等的严格遵守，也用于诺言的兑现。

【例句】与朋友交，贵在诚信。我一向对许下的诺言都～。

近义 坚定不移

反义 背信弃义

溘然长逝　kè rán cháng shì

【释义】溘然：忽然，突然。逝：逝世，死去。（人）忽然逝世。

【例句】那位老华侨归国不到一年，竟～，但终归了却了叶落归根的心愿。

近义 奄然而逝

空洞无物　kōng dòng wú wù

【释义】空洞：没有内容。指空空洞洞没有东西。

【用法】多指文章、言谈没有什么内容或不切实际。

【例句】读书时，如果头脑里仅留下一副框架，而没有具体的内容去充实，就会～，一片空白。

近义 空空如也　言之无物

反义 言之有物

空谷足音　kōng gǔ zú yīn

【释义】足音：脚步声。在空旷寂静的山谷里听到人的脚步声。比喻极为难得的音信、事物等。

【例句】那位坐着的老人，听见我的脚步声便转过头来，如闻～，脸上露出极端惊讶的神色。　／与姐姐失散多年，突然知

道地的下落，确如～，使人兴奋不已。

近义 足音跫然

反义 纷至沓来

空空如也　kōng kōng rú yě

【释义】空空：空空洞洞。如：形容词词尾，"……的样子"。也：助词，无实义。指空空的什么也没有。

【例句】面对饭馆，打开钱袋却～，她只好低头走开了。

近义 一无所有　空洞无物

空口无凭　kōng kǒu wú píng

【释义】只是用嘴说说，没有事实根据或书面凭证。

【例句】虽然你答应半个月后还我钱，但～，你最好立张借据给我，才能让我放心。

近义 口说无凭

反义 有案可稽　白纸黑字

空前绝后　kōng qián jué hòu

【释义】空前：以前没有。绝后：今后不再有。指过去未曾有过，今后也不会有。

【用法】用于形容超然古今，独一无二。

【例句】万里长城的修建在人类历史上称得上是～。／齐白石的艺术成就相当高，尤其是画虾，艺术价值～。

近义 超前绝后

反义 比比皆是

空头支票　kōng tóu zhī piào

【释义】支票：向银行支取或划拨存款的票据。指票面金额超过存款余额或透支限额而不能兑现的支票。

【用法】用于比喻不能实践的诺言。

【例句】爸爸答应了好多次，要带我去游泳，可是，他尽开～，一次也没兑现。

空无所有　kōng wú suǒ yǒu

见 887 页"一无所有"。

空穴来风　kōng xué lái fēng

【释义】穴:洞穴。来:招来,招引。有了洞穴才有风进来。比喻某种消息和传闻不是完全没有原因的。现多指消息和传说毫无根据。

【用法】多用于否定句,前面常有"不是""并非""绝非"等词。

【例句】张旭草书风格的形成绝非～或事出偶然。／一些媒体有根据的说法,让人觉得这事并非～。

近义　无风起浪　无中生有

反义　事出有因　捕风捉影

空有其表　kōng yǒu qí biǎo

见 830 页"虚有其表"。

空中楼阁　kōng zhōng lóu gé

【释义】楼阁:楼和阁,泛指楼房。指建造在半空中的楼阁。比喻虚幻的事物。

【用法】常用于形容脱离实际的空想、理论、计划等。

【例句】泰晤士河两岸的尖顶教堂和高层建筑都被掩盖起来,只剩下一些～。／大家知道,文化不是～,它是依附于人的。／这些想法全是～,在现有的条件下是无法实现的。

近义　海市蜃楼　镜花水月

孔武有力　kǒng wǔ yǒu lì

【释义】孔:很。武:勇猛,威武。指很威武而且有力量。

【例句】他长得比一般美国军人颀长些,而且肩膀很宽,看上去个～的硬汉子。

反义　弱不禁风

口碑载道　kǒu bēi zài dào

【释义】口碑:众人口头的赞颂,像文字刻在石碑上一样。载道:遍布道路。形容到处都是赞颂的声音。

【例句】一提到李冰父子创建的都江堰水利工程,即使在今天也还是～。

近义　交口称誉　有口皆碑　颂声载道

反义　怨声载道　声名狼藉

口不二价　kǒu bù èr jià

见 846 页"言无二价"。

口不应心　kǒu bù yìng xīn

【释义】应:相应,符合。嘴里说的和心里想的不一致。

【例句】她说话常常～,让人不好捉摸。

近义　口是心非

反义　心口如一

口出不逊　kǒu chū bù xùn

【释义】逊:恭顺,谦逊。说出的话非常不谦恭。

【例句】在船上,他以为小海是个傻瓜,～,气得小海一头扎进海里,差点淹死。

近义　出言不逊

提示　"逊"不读 sūn。

口出狂言　kǒu chū kuáng yán

【释义】狂言:狂妄的话。指嘴里说出狂妄的话。

【用法】用于形容狂妄傲慢,说话不谦逊。

【例句】他总是不分场合～,一定会吃亏的。

近义　出言不逊

口耳相传　kǒu ěr xiāng chuán

【释义】口说耳听,递相传授。

【例句】民歌不借助于记谱法或其他手段,主要依靠人民群众～。

近义 口口相传

口耳之学　kǒu ěr zhī xué

【释义】学：学习。指听来就说的一种学习。

【用法】原指小人的学习，后指从道听途说中得到的肤浅知识。

【例句】学习过程是知识积累的过程，那是需要付出艰辛劳动的。听到一点就拿来夸夸其谈，那只不过是～而已，肤浅得很。

口服心服　kǒu fú xīn fú

见806页"心服口服"。

口干舌燥　kǒu gān shé zào

【释义】非常干渴。

【用法】多形容天热或说话很多，费尽口舌。

【例句】这几天气温很高，热得路上的行人～，只想喝水。

近义 舌敝唇焦

口惠而实不至　kǒu huì ér shí bù zhì

【释义】惠：实惠，指给人好处。至：到。只在口头答应给别人好处，但实际上并不兑现。

【例句】他给群众许了不少愿，但都是～，群众十分不满。

口角春风　kǒu jiǎo chūn fēng

【释义】口角：嘴边，指言语。替别人说好话，就像从嘴里吐出春风一样。形容能说会道。

【用法】旧时常用于请人代为推荐之词。

【例句】小李想跟着陈老师学绘画，你在陈老师面前～，为他讲几句好话吧。／

惯做媒的刘婆为人～，就是《水浒传》中的王婆恐怕也比不上她。

口口声声　kǒu kǒu shēng shēng

【释义】口口：一口又一口。声声：一声又一声。指一次又一次地陈说、表白，或将某种说明挂在口头。

【例句】他～说是宝山坏了他的事，任随怎么解释他也不信。

口口相传　kǒu kǒu xiāng chuán

【释义】不见于文字，只是口头传授。

【例句】由于"水书"主要靠手抄、～，流传至今，流失比较严重。

近义 口耳相传

口蜜腹剑　kǒu mì fù jiàn

【释义】蜜：蜂蜜，此处指甜。剑：兵器。指嘴像蜜糖一样甜，腹中却藏有一把剑。

【典故】唐天宝年间，阴险狡诈的丞相李林甫，因善于察言观色，逢迎拍马，受到唐玄宗的重用，执掌朝政大权十七年。此人表面厚道、善良，满嘴甜言蜜语，实际上却是满肚子坏水。当时有人评论他是"口有蜜、腹有剑"。（《资治通鉴·唐玄宗天宝年间》）

【用法】用于比喻为人奸险，嘴甜心毒。

【例句】勇敢机智的三姐妹打倒了～的老狼。／马奶奶语重心长地劝诫我们，有些人～，不可不防啊！

近义 佛口蛇心　笑里藏刀
反义 心慈面软

口若悬河　kǒu ruò xuán hé

【释义】若：如，像。悬：挂。指嘴像悬挂在空中的河流，飞流直下。形容说话滔滔不绝。

【用法】也用于称赞人能言会道。

K

【例句】在那晚的宴会上,何先生一反常态,不仅～,而且手舞足蹈。／他平时沉默寡言,可是一走上讲台,就～,滔滔不绝。

近义 滔滔不绝　侃侃而谈

反义 沉默寡言　哑口无言

口尚乳臭　kǒu shàng rǔ xiù

【释义】尚:还。臭:气味。口里还有奶腥气。比喻年轻经历不多,缺乏经验。

【用法】用于年轻人,含有轻蔑意味。

【例句】别看他们～,在改革开放的潮流中,却干出了一番不凡的事业。

近义 乳臭未干

反义 老于世故

提示 "臭"不读 chòu,也不能理解成"香臭"的"臭"。

口是心非　kǒu shì xīn fēi

【释义】是:对。嘴里说的是一套,心里想的是另一套。

【用法】用于形容内心口头不一致。

【例句】做人要堂堂正正,表里一致,不要～。

近义 心口不一　表里不一　口不应心

反义 心口如一　表里如一

口说无凭　kǒu shuō wú píng

【释义】凭:凭据,凭证。单靠口说,不能作为凭据。

【例句】对这件非常重要的事情,大家担心～,都同意签一个协议。

近义 空口无凭

反义 有案可稽

口诵心惟　kǒu sòng xīn wéi

【释义】诵:朗诵,诵读。惟:思维,思考。指口中诵读,心中思考。

【用法】用于指学习时边读边想。

【例句】对于有些文学作品的欣赏,应该～,细加品位,才能领略其妙处。

反义 囫囵吞枣　生吞活剥

口吐珠玑　kǒu tǔ zhū jī

【释义】珠玑:珍珠。圆的叫珠,不圆的叫玑。指口里吐出珍珠。

【用法】用于比喻说话很有文采。

【例句】袁咏极有口才,说话幽默风趣,常常～。

反义 笨嘴拙舌

口血未干　kǒu xuè wèi gān

【释义】口血:古代结盟时要喝牲畜血或以血涂口旁,以示守信。嘴上涂的血还未干。形容刚刚订立盟约。

【用法】多用来指责对方背弃盟约。

【例句】就边界问题两国签订了协议,但～,边界上又发生了武装冲突。

近义 墨迹未干

口燥唇干　kǒu zào chún gān

【释义】口腔、嘴唇都干了。也作"唇焦口燥"。

【用法】用于形容话讲得太多。

【例句】针对他的错误,我苦口婆心地说了大半天,已经～,可是他仍然无动于衷,毫无悔改之意。

近义 唇焦舌敝

提示 "燥"不能写成"躁"。

口直心快　kǒu zhí xīn kuài

见 814 页"心直口快"。

口中雌黄　kǒu zhōng cí huáng

【释义】雌黄:即鸡冠石,过去写字用黄纸,写错了就用雌黄涂抹后重写。随口

更改说得不恰当的话

【用法】用于比喻言论前后矛盾，没有一定见解。

【例句】在这里说话可不能～，请你用证据说明你刚才讲的话是真的。

近义 信口雌黄

口诛笔伐　kǒu zhū bǐ fá

【释义】口：指言论。诛：谴责。笔：指文字。伐：声讨。用言论或文字对坏人坏事进行揭露和声讨。

【例句】中国人民对日本侵略者的罪行～。

近义 大张挞伐

反义 树碑立传　歌功颂德　交口称赞

提示 "伐"不能写成"罚"。

扣人心弦　kòu rén xīn xián

【释义】扣：叩击，拨动。弦：乐器上能拨动发声的线。指拨动人们心上的弦（因受感动而引起内心的共鸣）。

【用法】用于形容剧情、文艺表演、体育比赛等精彩，深深打动人心。

【例句】海伦开始连个别音节都发不清，

到后来，对莎士比亚剧本里～的诗句也能表达自如。

近义 回肠荡气

提示 "弦"不读 xuán。

枯木逢春　kū mù féng chūn

【释义】枯树遇到春天又发新芽。比喻濒临死亡或身处绝境而重获生机。也作"枯树逢春"。

【用法】常用于比喻垂危病人或事物重获生机。

【例句】大家都以为那棵杨柳树枯萎了，谁知到了春天又抽出了嫩芽，这种现象就是～吧。／在党和政府的大力关怀下，一些濒于失传的地方戏曲曲目现在～，又在文艺百花园里绽开绚丽的花朵。

近义 枯木生花　旱苗得雨

反义 雪上加霜　朽木死灰

枯木死灰　kū mù sǐ huī

见 240 页"槁木死灰"。

枯木朽株　kū mù xiǔ zhū

【释义】株：树桩。干枯的树干，朽烂的树桩。比喻老弱病残或衰微的力量。

【例句】在庭院的后面有一颗上百年的铁树，如今却成了～，多可惜啊！／谢老谦虚地对校长说："我年老体衰，已是～，还是让年富力强的人干吧。"

近义 老弱病残

反义 年富力强

枯树逢春　kū shù féng chūn

见 391 页"枯木逢春"。

枯树开花　kū shù kāi huā

【释义】使枯死的树木开了花。比喻起死回生。

【用法】多指传统文化。

【例句】在党的文艺政策贯彻落实以后，许多行将绝灭的艺术剧种犹如～，又重新获得了生机。

枯燥无味　kū zào wú wèi

【释义】枯燥：单调。单调呆板，毫无趣味。

【例句】～的代数方程式，却使他充满了幸福，成为他唯一的乐趣。

近义　味同嚼蜡　索然无味

反义　津津有味　妙趣横生

提示　"燥"不能写成"躁"。

哭天喊地　kū tiān hǎn dì

【释义】对着天地痛苦号叫。

【例句】父亲不幸去世了，未成年的孩子～，悲痛欲绝。

哭笑不得　kū xiào bù dé

【释义】得：能，可能。指哭也不是，笑也不是。

【用法】用于形容处境尴尬，不知如何是好。

【例句】猴子忽然跳到孩子面前，摘下他的帽子戴在自己的头上，很快地爬上桅杆。水手们大笑起来，只有那个孩子～。

近义　啼笑皆非

苦不堪言　kǔ bù kān yán

【释义】痛苦得不能用言语来表达。

【例句】他身体多病，又加上中年丧妻失子，真是～。

反义　乐不可支

苦海无边　kǔ hǎi wú biān

【释义】苦海：佛教用语，比喻困苦的环境。指苦难像大海无边无际。

【用法】常与"回头是岸"连用，表示只要真正觉悟，就能脱离苦海，多用来劝人弃恶从善。单用时，则表示在生活或情感的重压下的一种无奈、无助。

【例句】丈夫死了，孩子又小。在困境中苦苦挣扎的素云，常常会生出～的感叹来。她多想在一个厚实的肩膀上靠一靠啊!

反义　苦尽甘来

苦尽甘来　kǔ jìn gān lái

【释义】尽：终结。甘：甜，美好。艰难困苦的生活已经结束，幸福美好的生活即将来临。

【用法】用于形容人从逆境入佳境，或经过一段困苦的生活后，安定美好的生活已露端倪。

【例句】这对夫妇经历了下岗失业的磨难，如今有了十家美容连锁店，生意都挺红火，他们的日子真可谓～了。

近义　否极泰来

反义　苦海无边

苦口婆心　kǔ kǒu pó xīn

【释义】苦口：不辞烦劳反复耐心劝说。婆心：像老婆婆一样慈善的心肠。劝说不辞烦劳，用心像老太太那样慈爱。

【用法】用于形容恳切耐心地再三规劝。

【例句】张老师常常～地劝导她的学生要珍惜光阴，勤奋学习。

近义　语重心长

苦思冥想 kǔ sī míng xiǎng

【释义】苦:竭力地。冥:深沉地。绞尽脑汁,深沉地思索。也作"冥思苦想"。

【例句】如果你只关在屋子里~,搜索枯肠,是绝对写不出好作品来的。

近义 苦心孤诣　搜索枯肠

反义 不假思索　无所用心

苦心孤诣 kǔ xīn gū yì

【释义】苦心:用心劳苦。孤诣:独自达到的境地。指费尽心思,精心研究学问或技艺,达到别人达不到的境地。也指为寻找解决问题的办法而费尽心思。

【例句】他~,耗尽了毕生的精力,终于摘取了化学王冠上的这颗明珠。/这次宣传活动非常成功,多亏了老曹~的策划。

近义 殚精竭虑　煞费苦心　呕心沥血

反义 无所用心　漫不经心　满不在乎

提示 "诣"不读 zhǐ,也不能写成"旨""指"。

苦心经营 kǔ xīn jīng yíng

【释义】苦心:费尽心思。经营:筹划管理,也泛指计划组织等。指费尽心思管理。

【用法】常用于指辛苦管理(经济事业)、精心打造(队伍)、精心培育(婚姻爱情)。

【例句】由于拒交所谓的市场管理费,他多年~的商店就被一群恶霸砸了。/布拉特先生永远眯缝着的笑眼里迸发一丝杀机,就将郑梦准~的"梦之队"击毙。/这次事件虽然给双方造成了很大的压力,但双方都没有因此放弃~起来的爱情,而且合力冲破重重阻力结为夫妻。

近义 惨淡经营

苦中作乐 kǔ zhōng zuò lè

【释义】苦:困苦。作乐:取乐。指在困苦当中自寻快乐。

【例句】男人们在繁重的劳动间隙,说说笑话,开开玩笑,也算是~吧!

夸大其词 kuā dà qí cí

【释义】措词夸张,超过了实际。指说话或写文章用语夸张,扩大了事实。

【用法】侧重"夸大",与事实不符,语义稍重。

【例句】冬冬给爸妈汇报在校表现时,讲成绩喜欢~,说缺点常常含糊其词。

近义 言过其实

反义 恰如其分

夸父逐日 kuā fù zhú rì

【释义】夸父:古代神话传说中的英雄人物。指夸父追赶太阳。表示人们征服自然的强烈愿望和坚强决心。也比喻不自量力。

【用法】可正反两用。比喻决心大时,含褒义;比喻自不量力时,含贬义。

【例句】我赞美这项大工程的修建者们,他们有着愚公移山的精神,有着~的决心,有着精卫填海的大无畏精神。/如果一个只有小学文化水平的人想造出导弹,这无异于~。

夸夸其谈 kuā kuā qí tán

【释义】夸夸:极其夸张。其:他的。谈:言谈。指极其夸张他自己的言谈。

【用法】用于形容谈话、写文章浮夸,不切

实际。

【例句】干工作要脚踏实地，～是不会有收获的。

近义 高谈阔论　大吹大擂

反义 沉默寡言　默不作声

胯下之辱　kuà xià zhī rǔ

【释义】胯：腰的两侧和大腿之间的部分。从胯下钻过去的耻辱。指难忘的奇耻大辱。

【例句】韩信能忍～，是因为不愿用自己壮志未酬之躯去换一条泼皮无赖的命。

快刀斩乱麻　kuài dāo zhǎn luàn má

【释义】斩：砍断。指锋利的刀砍断纷乱的麻丝。比喻用果断的办法解决错综复杂的问题。

【例句】吴经理是个痛快人，喜欢用～的

方式处理一切问题。

近义 干脆利落

反义 拖泥带水

快马加鞭　kuài mǎ jiā biān

【释义】快：快速。加：添加，增多。鞭：鞭打，鞭策。指对快速奔跑的马再抽几鞭子。

【用法】用于比喻快上加快，飞速前进。

【例句】大伙已经苦战了几个通宵了，再要大家～，我实在不忍心。

快人快事　kuài rén kuài shì

【释义】快人：爽快的人。快事：令人痛快的事。指爽快的人办事痛快。

【用法】用于形容人性格爽快，办事不拖沓。

【例句】史明～，跟他打交道，省时，痛快。

快人快语　kuài rén kuài yǔ

【释义】快：爽快，直爽。指爽快人说爽快话。

【用法】用于形容人性格直爽，说话不绕弯。

【例句】宋大帅为人十分豪爽，～，替他做事的人，对他都心悦诚服。

近义 心直口快

脍炙人口　kuài zhì rén kǒu

【释义】脍：细切的鱼、肉。炙：烤肉。美味的食品人人爱吃。比喻美妙的诗文人人称赞和传诵。

【用法】可用于赞赏诗文，也可用于称赞美味。

【例句】朱自清先生是一代散文大师，有许多～的名篇，而且风格各异。

近义 交口称赞　家传户诵

反义 淡而无味　味同嚼蜡

提示 "炙"不能写成"灸"。

宽大为怀　kuān dà wéi huái

【释义】宽大:对人宽容厚道。怀:胸怀。指以宽大的胸怀待人接物。

【用法】多用于冒犯了自己的人或犯了错误的人。

【例句】人是不可能不犯错误的,特别是年轻人。对于犯了错误的人,我们应～,给予帮助,促其尽快改正。

近义　宽以待人

宽宏大度　kuān hóng dà dù

见395页“宽宏大量”。

宽洪大度　kuān hóng dà dù

见395页“宽宏大量”。

宽宏大量　kuān hóng dà liàng

【释义】宽宏:(度量)大。量:气量,度量。形容人度量大。也作“宽洪大量”“宽洪大度”“宽宏大度”。

【例句】他是一个毫无自私自利之心、～、才华横溢的人,是个超时代的人物。

近义　宽大为怀　豁达大度

反义　鼠腹鸡肠　睚眦必报　斤斤计较

宽洪大量　kuān hóng dà liàng

见395页“宽宏大量”。

宽猛相济　kuān měng xiāng jì

【释义】宽:宽大,宽松。猛:严厉,严明。济:补充,调剂。指宽大与严厉相互调剂。

【例句】刚柔并用、～,是领导者难得掌握的领导艺术。

宽严得体　kuān yán dé tǐ

【释义】宽:宽大,宽松。严:严格,严厉。得体:指(言语、行动等)得当。指宽松与严厉恰如其分。

【例句】教师教育学生应当～,学生不懂

要耐心教导,学生违规要严厉批评。

宽以待人　kuān yǐ dài rén

【释义】宽:宽厚,宽容。以:用。用宽厚和宽容的态度对待别人。

【用法】多用于一般的人。

【例句】他一生光明磊落,谦虚谨慎,严于律己,～。

反义　严于律己

狂放不羁　kuáng fàng bù jī

【释义】狂放:任性放纵。羁:拘束,约束。指人放纵自己,不加约束。

【例句】尽管～的天才诗人难免有不被世人理解的孤独和苦闷,然而李白仍然那样自负和自尊。

近义　放浪形骸

反义　循规蹈矩

狂风暴雨　kuáng fēng bào yǔ

【释义】狂风:猛烈的风。指猛烈的风,急骤的雨。

【用法】用于比喻动荡、险恶的局势或猛烈的声势。

【例句】一千多年来,赵州桥经历了无数次～、洪水地震,至今依然屹立在华北平原上,成为世界桥梁建筑史上的一大奇迹。/革命的～时代啊! 一个人一生能经历几回呢?

近义　暴风骤雨　急风暴雨　飘风暴雨

反义　和风细雨

狂风恶浪　kuáng fēng è làng

【释义】恶浪:凶猛的浪头。比喻形势或处境非常险恶、危急。也比喻敌人险恶的破坏活动。

【例句】平日风平浪静的芬兰湾一时卷起

K

～,高达六七米的大浪扑向客轮。／大兴安岭留给她的是爽直豁达的心胸、一副能抵御～的臂膀和一千多首诗词。

近义 狂风暴雨

反义 风平浪静

狂轰滥炸　kuáng hōng làn zhà

【释义】狂:猛烈。轰:攻击。滥:过分。炸:轰炸。指猛烈的轰炸。

【用法】用于指竞技场上向对方猛烈进攻。也指在舆论上对(谁)猛烈批评。

【例句】今晨,志愿军司令部遭到敌人～。／爱尔兰和喀麦隆各打了半场好球。上半场喀麦隆气势如虹,下半场却是爱尔兰围着喀麦隆大门～。／这家公司新产品的广告铺天盖地,四处～。

狂涛骇浪　kuáng tāo hài làng

【释义】狂涛:汹涌的波涛。骇浪:使人惊骇的风浪。比喻环境险恶或斗争激烈。

【例句】他和其他几位同志当时也是漂流震荡于这种～之中。

近义 惊涛骇浪

狂妄自大　kuáng wàng zì dà

【释义】狂妄:极端的自高自大。狂妄傲慢,自以为了不起。

【用法】用于形容极端自高自大。

【例句】这个人仗恃家里很有钱,平时十分～。

近义 高傲自大

反义 妄自菲薄

旷夫怨女　kuàng fū yuàn nǚ

【释义】旷夫:未娶妻的男子。怨女:未嫁的女子。指未婚嫁的成年男女。

【例句】几个大龄青年,经婚介所介绍认识后成婚,结束了～的单身生活。

旷古绝伦　kuàng gǔ jué lún

【释义】旷古:从古到今。绝伦:没有可类比的。指自古没有,当今无双。

【用法】用于形容独一无二。

【例句】这位～的一代伟人,深受亿万人民的敬爱。

旷古奇闻　kuàng gǔ qí wén

【释义】旷古:从古至今。奇闻:奇异的事情。自古以来从未听到过的奇异的事情。

【例句】这一～成了家家户户茶余饭后闲谈的话题。

旷古未闻　kuàng gǔ wèi wén

【释义】旷古:从古至今。闻:听到。自古以来没有听到过。

【例句】许许多多的事情我从来没有听说过,真是～。

旷日持久　kuàng rì chí jiǔ

【释义】旷:耽误,荒废。持:持续,拖延。荒废时间,拖延很久。

【例句】这场～的官司终于有了结局。

反义 指日可待　速战速决

旷世奇才　kuàng shì qí cái

【释义】旷世:世所未有。奇才:罕见的人才。指当代罕见的杰出人才。

【用法】用于夸赞人的才华。

【例句】这位～不但在艺术上取得辉煌的成就,在航空科学上也有建树,他还是世界第一架扑翼机的设计者。

岿然不动　kuī rán bù dòng

【释义】岿然:高大独立的样子。像高山

一样耸立，不可动摇。形容稳固不可动摇。也作"嵬然不动"。

【用法】可形容高峻的大山、高大的建筑物，也可形容人的高大形象。

【例句】这座千年古塔在大风暴雨中～。/爱因斯坦被作为这个时代～的偶像。

近义 巍然屹立

反义 摇摇欲坠

崆然独存 kuī rán dú cún

【释义】崆然：高大独立的样子。形容经过变乱而唯一保存下来的事物或人。

【例句】西安的许多古迹已经被毁坏，唯有大雁塔～。

跬步千里 kuǐ bù qiān lǐ

【释义】跬步：半步。指半步虽小，可至千里。

【用法】用于比喻不间断地努力，总可以获得成功。

【例句】读书从识字开始，一个字一个字地认，一句一句地学，～，就可能获得丰富的知识。

溃不成军 kuì bù chéng jūn

【释义】溃：溃败，溃散。形容军队被打得七零八落，不成队伍。

【用法】用于形容军队或竞技场上被对方打得惨败。

【例句】号称"双枪军"的川军被杀得～，拼命往北边山后逃跑。

近义 一败涂地

昆山片玉 kūn shān piàn yù

【释义】昆山：昆仑山。昆仑山中的一片玉。本是自谦之辞。指自己是许多贤能中的一个。后比喻难得的杰出人才或事物。

【例句】由于历时久远，几经沧桑，印制精美的宋版书犹如～，很难见得到了。

近义 桂林一枝

困兽犹斗 kùn shòu yóu dòu

【释义】犹：还要。斗：搏斗。被围困的野兽还要尽力搏斗一番。比喻陷于绝境的失败者还会拼命反抗。

【用法】用于指在绝境中作最后挣扎。

【例句】常言道，～，何况是生性坚毅不屈、好斗喜搏的强壮老虎。/敌军～，凭借居高临下的地势和坚固的明岗暗堡，发誓拼个鱼死网破。

近义 垂死挣扎　狗急跳墙　负隅顽抗

反义 束手就擒　坐以待毙

L

拉大旗作虎皮　lā dà qí zuò hǔ pí

【释义】拉:打起。作:当作。指打着大的旗帜当作老虎皮。

【用法】用于比喻拿有权势、有威望者的旗号作为幌子,以吓唬别人,保护自己。

【例句】有些腐败分子搬出所谓的"后台",是～,故意给反贪干部制造出一个强大的假想敌,施"打退不如吓退"之计。

拉拉扯扯　lā lā chě chě

【释义】拉拉:用手牵拉。扯扯:用手拽拉,牵扯。指用手牵拉拽扯。

【用法】用于表示关系亲密或关系不正常。

【例句】他俩亲密得很,经常～地走在一起。/这两个人鬼鬼祟祟的,常跟不三不四的人～,让人看着极不顺眼。

拉三扯四　lā sān chě sì

【释义】扯:硬拽。指谈话或议论随意牵扯其他不相干的人和事。

【例句】你要说什么就说什么,不要这样～的。

来龙去脉　lái lóng qù mài

【释义】龙:山脉起伏的中心地。脉:溪流。山形地势像龙一样连贯着。本是迷信的人讲风水的话。后比喻人、物的来历或事情的前因后果。

【用法】用于指事物的因由线索。

【例句】过于性急地想一下子把一切事情的～都知道得清清楚楚,那是不切实际的想法。/在学习过程中,要弄清一件事情的～,或写好一篇作文,有个重要基础就是观察。

近义 前因后果　来踪去迹

来日方长　lái rì fāng cháng

【释义】来日:未来的日子。方:正。未来的日子还很长。

【用法】用于指事有可为,将来还有机会。

【例句】那件事情还没到解决的时候,别着急,～呢。/别放弃,你正当青春年少,～,前途无量!

近义 日久天长

反义 时不再来

来势汹汹　lái shì xiōng xiōng

【释义】来势:到来的气势。汹汹:气势很盛。形容来势十分凶猛。

【用法】常用于描述一群寻衅打斗的人或一场即将发生的大灾难等。

【例句】在～的明军面前,努尔哈赤确定了"凭你几路来,我只一路去"的作战方针。/病魔真是～,基本上是每年大发作一次。

近义 气势汹汹

反义 善气迎人

来者不拒　lái zhě bù jù

【释义】对前来相求的人或送来的物品等概不拒绝。

【例句】对外资不能盲目引入,要区分对待,绝不能～。

近义 有求必应

反义 拒之门外

来者不善　lái zhě bù shàn

【释义】来者:来的人。善:善意,友好。指来的人没有善意。意指对立面的来人不怀好意,要加以提防。

【用法】常与"善者不来"连用,表示强调。

【例句】杨雅玲的闯来让我们大感意外,几个男人生气极了,因为～,她要揭他们的老底。

来者可追　lái zhě kě zhuī

【释义】追:赶上。指不要执着于过去的错失,将来的事情还可补救。

【用法】多用于劝勉。可作句子。

【例句】这次虽然受挫,但～,千万不要灰心。

近义 亡羊补牢　知过能改　迷途知返

反义 执迷不悟　迷而不返　一意孤行

来之不易　lái zhī bù yì

【释义】来之:使之来。易:轻易,容易。好不容易才得来。

【用法】用于指事情的成功或财物的取得很不容易。

【例句】虽然库尔尼科娃和李惠芝在本次大赛中被列为双打2号种子,但她们昨日的胜利真可谓～,因为她们在这之前从未合作过。

反义 轻而易举　唾手可得

癞蛤蟆想吃天鹅肉

lài há má xiǎng chī tiān é ròu

【释义】癞蛤蟆:蟾蜍,俗称癞蛤宝。天鹅:珍鸟。指丑陋的蟾蜍想吃美丽的天鹅的肉。比喻不切实际,异想天开地做根本办不到的事。

【用法】用于指不自量力,口语色彩较浓。

【例句】冷言冷语向袁隆平扑来,什么"搞杂交水稻是对遗传学的无知""～,想得美!",但袁隆平不为所动。

近义 异想天开

兰艾同焚　lán ài tóng fén

【释义】兰:香草,比喻美的。艾:臭草,比喻丑的。兰草和艾草一同烧掉。比喻美的和丑的一同毁灭。

【用法】比喻性较强。含贬义。

【例句】像这样不加区分地一概否定,岂不是～,把精华也否定了吗?

近义 芝艾俱尽　玉石俱焚

兰桂齐芳　lán guì qí fāng

【释义】兰:兰花。桂:桂花。兰花桂花齐

L

吐芳香。比喻子孙昌盛显达。

【例句】秋天，一走进王大妈的花园，就会有一股香气扑鼻而来，因为～。/这个家族诗书相传，～，出了不少人才。

拦路打劫　lán lù dǎ jié

【释义】拦路：阻挡去路。打劫：抢夺。指（人）拦住去路抢夺他人财物，或（动物）半路出其不意获取猎物。

【例句】有些不法分子，专门在交通要道上～，给过往行人的生命财产带来极大的威胁。/虎甲虫的幼虫善于～，它们潜伏在沙土下面，只把头露出来，遇到害虫从面前路过，就出其不意地将它一口咬住，吃个痛快。

蓝田生玉　lán tián shēng yù

【释义】蓝田：县名，在陕西，古时以出产美玉著名。蓝田产美玉。比喻贤父生贤子。

【用法】常用于赞扬父母素质好、子女优。

【例句】郭先生这般优秀，～是不无道理。

近义　将门虎子　骥子龙文

反义　虎父犬子　不肖子孙

提示　"蓝"不能写成"篮""兰"。

揽权怙势　lǎn quán hù shì

【释义】揽：把持。怙：依靠，仗恃。指把持权柄，依仗势力。

【例句】杨玉环得到唐明皇的宠爱后，杨家兄妹便～，气焰极盛。

提示　"怙"不能写成"枯"。

揽权纳贿　lǎn quán nà huì

【释义】揽：把持。纳：接纳。贿：贿赂。指把持权势，接受贿赂。

【例句】那些～营私舞弊的人受到法律的制裁，是罪有应得的。

烂醉如泥　làn zuì rú ní

【释义】烂醉：大醉。酒醉得像一摊烂泥。

【例句】他嗜酒如命，每饮必～，以至丢掉了工作，生活无靠。

近义　酩酊大醉

滥竽充数　làn yú chōng shù

【释义】滥：多而杂的。竽：古代一种簧管乐器。充数：凑数。不会吹竽的人混在吹竽的队伍里充数。

【典故】齐宣王派人吹竽，一定要三百人一起吹。不会吹竽的南郭先生混在为齐宣王吹竽的乐队里凑数，得到的待遇与其他人一样。后来湣王继位，喜欢听一个一个地吹奏，南郭先生就逃走了。（《韩非子·内储说上》）

【用法】用于比喻没有真才实学却混入行家队伍里充数或以次充好。

【例句】我们要严把产品质量关，不能让不合格产品～。/我们是支优秀的队伍，不能让任何人～。

近义　鱼目混珠

反义　宁缺毋滥

提示　"竽"不能写成"竿"或"芋"。

郎才女貌　láng cái nǚ mào

【释义】郎：旧时女子对丈夫或情人的称呼。

才：才华。貌：容貌。指男有才华，女有姿容。

【用法】比喻男女双方非常般配。

【例句】陈老觉得这对新人～，互敬互爱，表示愿意为他们主婚。

狼狈不堪　láng bèi bù kān

【释义】狼狈：困顿、受窘的样子。不堪：用在消极意义的词后面，表示程度深。指窘迫极了。

【用法】用于形容处境困难，十分难堪。

【例句】很显然，缺少了梅西的阿根廷队像丢了魂似的，被对手打得～。

近义 焦头烂额　丢盔卸甲

狼狈为奸　láng bèi wéi jiān

【释义】狼狈：旧说为两种野兽，狈的前腿极短，走路时要趴在狼身上，它们常合伙伤害牲畜。比喻坏人相互勾结干坏事。

【用法】用于指两方面或两个人相互勾结干坏事，语义范围较广。

【例句】他们俩～，干了不少坏事，最终还是被绳之以法。

近义 朋比为奸　沆瀣一气

反义 同心协力　同心同德

狼奔豕突　láng bēn shǐ tū

【释义】奔：奔跑。豕：猪。突：猛冲，冲撞。指像狼一样地奔跑，猪一样地横冲直撞。形容成群的坏人乱撞乱窜。也作"豕突狼奔"。

【用法】多用于形容坏人逃跑时惊慌失措或作恶时横冲直撞。

【例句】敌人貌似强大，一旦遭到人民军队的反击，他们就惊恐万状，～地四处逃窜。／日本鬼子每闯进一个地方就如～，奸淫烧杀，无恶不作，百姓恨之入骨。

近义 狐奔鼠窜

狼吞虎咽　láng tūn hǔ yàn

【释义】咽：吞食。像虎狼吞咽食物一样。

【用法】用于形容吃东西又猛又急，也可引申形容学习如饥似渴、不仔细品味。

【例句】他实在是饿极了，不到一刻钟工夫，一桌饭菜便被他～地吃光了。／《一双绣花鞋》曾经以手抄本的形式在人群中传阅，小王曾在一个晚上～地一口气将它看完。

近义 风卷残云

反义 细嚼慢咽

狼心狗肺　láng xīn gǒu fèi

【释义】形容心肠像狼和狗一样凶狠、恶毒、贪婪。

【例句】她误把那个～的人当作好人，差点误了大事。

近义 蛇蝎心肠

反义 赤子之心

狼烟四起　láng yān sì qǐ

【释义】狼烟：烧狼粪腾起的烟。古代边塞报警的烽火。指狼粪烧起的浓烟从四面八方冒出，四处都是报警的烽火。

【用法】用于形容外敌侵犯，战乱不已或外来侵害，祸患不止。

【例句】隋炀帝横征暴敛，使得民不聊生，以至～。／铝合金的玻璃门三天两头被

L

击碎,紧接着服务生被拐走,乐师半夜被殴打,弄得歌厅～,无法正常营业。

近义 烽火连天

反义 平安无事　国泰民安

狼子野心　láng zǐ yě xīn

【释义】狼子:狼崽子。狼崽子从小就有凶残的本性。比喻凶暴的人恶性难改,必有狂妄的欲望和狠毒的用心。

【用法】用于描述野心家对领土、权力或名利、财富的大而非分的欲望。

【例句】我们要认清帝国主义的～,不要被一些假象迷惑了。

近义 野心勃勃

反义 一片忠心　耿耿忠心

琅琅上口　láng láng shàng kǒu

【释义】琅琅:形容金石相击声、响亮的读书声等。指诗文文辞流畅,便于口诵。

【例句】戏剧文学的语言要求明朗动听,～,清亮入耳。

反义 佶屈聱牙

锒铛入狱　láng dāng rù yù

【释义】锒铛:刑具,即铁锁链。狱:监狱。指带上铁锁链关进牢房。

【例句】他若遵纪守法,何至于～?

朗朗上口　lǎng lǎng shàng kǒu

【释义】朗朗:形容声音清晰响亮。上口:顺口。指清脆的声音顺口而出。

【用法】用于形容诵读熟练顺口,也指诗文写得流利或有韵律,读起来顺口。

【例句】他每次经过学校的教室时,都能听到学生们～的读书声,清脆响亮。/有些古诗,不能全懂,只要能～就行。

反义 佶屈聱牙

朗目疏眉　lǎng mù shū méi

【释义】朗目:明亮的眼睛。疏眉:眉宇开阔。眼睛明亮,眉宇清秀。

【用法】用于形容人的容貌。

【例句】大厅里突然走进来一个青年,身材瘦削,～,风度翩翩。

近义 眉清目秀

浪迹江湖　làng jì jiāng hú

【释义】浪迹:流浪,到处漂泊。江湖:四方。流浪的足迹遍及四方各地。

【用法】用于指生活不定,四处漂泊。

【例句】他不甘心就这样～一辈子。

近义 浪迹天涯　萍踪浪迹

反义 安家落户　安居乐业

浪迹天下　làng jì tiān xià

见402页"浪迹天涯"。

浪迹天涯　làng jì tiān yá

【释义】浪迹:流浪,到处漂泊。涯:边。流浪的足迹遍及天下。指到处流浪,行踪不定。也作"浪迹天下"。

【用法】用于指流浪到极远的地方或足迹遍天下。

【例句】他带回来的唯一财物,就是那漂泊异乡～的悲惨往事和种种见闻。

近义 浪迹江湖　萍踪浪迹

反义 安家落户　安居乐业

浪子回头　làng zǐ huí tóu

【释义】浪子:终日游荡不务正业的年轻人。回头:改邪归正。指浪子悔过自新,改邪归正。

【用法】现常用于比喻误入歧途、做了坏事的青少年改邪归正,重新做人。

【例句】通过这些活动,让犯人回顾自己的过去,忏悔自己所犯的罪行,启发他们

L

～,再造人生。

近义 迷途知返

反义 执迷不悟

劳而不获 láo ér bù huò

【释义】付出了劳动,但没有收获。

【例句】洪水冲毁了稻田,颗粒无收,农民～。

反义 不劳而获

劳而无功 láo ér wú gōng

【释义】劳:劳累。功:成效。付出了劳动,但没有收到应有的成效。

【例句】此后法国队虽多次组织进攻,射门机会也多于对方,但均～。

近义 徒劳无益 徒劳无功

反义 劳苦功高

劳苦功高 láo kǔ gōng gāo

【释义】劳苦:劳累辛苦。劳累辛苦,立下了大功。

【用法】多用于别人完成工作之后,作为称赞的用语。

【例句】你们连队的战士们在极短时间内完成了这件艰苦工作,真是～啊!

近义 汗马功劳

反义 劳而无功

劳民伤财 láo mín shāng cái

【释义】劳民:使人民劳苦。伤:耗费。指劳累了百姓,耗费了钱财。

【用法】用于形容滥用人力物力。

【例句】搬来搬去,～,于实际有何意义?

近义 费财劳民

反义 休养生息

劳师动众 láo shī dòng zhòng

见 818 页"兴师动众"。

劳燕分飞 láo yàn fēn fēi

【释义】劳:伯劳鸟。燕:燕子。伯劳和燕子分别飞走。比喻人分离。

【用法】多用于夫妻和情侣。

【例句】他俩虽因变故而～,心中却仍彼此挂念着。

近义 雁影分飞 镜破钗分 各奔东西

反义 双宿双飞 破镜重圆 比翼双飞

提示 "劳"不能理解成"劳苦"。

劳逸结合 láo yì jié hé

【释义】劳:劳动,工作。逸:休息。工作和休息相结合。指既要积极工作,又要适当休息。

【例句】学习之余要多活动,～,才有利于身心健康。

牢不可破 láo bù kě pò

【释义】牢:坚固。破:打碎。非常牢固,不可动摇或摧毁。

【例句】我们之间的友谊是～的。

近义 坚不可摧 坚如磐石

反义 不堪一击 不攻自破

牢骚满腹 láo sāo mǎn fù

见 448 页"满腹牢骚"。

老成持重　lǎo chéng chí zhòng

【释义】老成：阅历多而老练成熟。持重：谨慎，稳重。指老练成熟，谨慎稳重。

【用法】用于形容人经验丰富，办事稳重可靠。

【例句】他虽年青，为人却～。

近义 老成练达

反义 少不更事

老成练达　lǎo chéng liàn dá

【释义】老成：阅历多而老练成熟。练达：熟练通达。指老练成熟，通达事理。也作"练达老成"。

【用法】用于形容阅历多，通晓人情世故。

【例句】他经验丰富，～，与人相处，很有分寸。

近义 老成持重

反义 少不更事

老当益壮　lǎo dāng yì zhuàng

【释义】当：应当。益：更加。壮：雄壮。指年纪虽大，但志气更加豪壮。

【用法】用于指老年人志高气壮，干劲更大。也可形容人虽老，但身体和精神更好。

【例句】杜甫在《江汉》中写道："落日心犹壮，秋风病欲苏。"这正是晚年杜甫～、一心报国的写照。/这位～的作家，还在写作园地辛勤耕耘。/人老是自然规律，但只要保养得当，仍然可以～，发挥余热。

近义 老骥伏枥

反义 老气横秋　未老先衰

老调重弹　lǎo diào chóng tán

【释义】老：旧。调：调子，曲调。弹：奏，弹奏。指把过去的曲调重新弹奏起来。

【用法】比喻将过去的见解、主张、观点、理论或陈旧的言论重新搬出来，还是老一套。

【例句】这种做法不过是略变花样，实际是～罢了。

近义 故技重演

反义 推陈出新

老骥伏枥　lǎo jì fú lì

【释义】骥：骏马。枥：马槽。老骏马伏在马槽上，仍想驰骋千里。比喻有志于建功立业的人年纪虽老，但仍怀有雄心壮志。

【用法】多用于形容壮心不已的老年人。

【例句】赵老先生快八十岁了，仍笔耕不辍，这真是～，志在千里！

近义 老当益壮

反义 老气横秋　未老先衰

老奸巨猾　lǎo jiān jù huá

【释义】奸：奸诈。猾：狡猾。形容十分奸诈狡猾。

【例句】这个犯罪嫌疑人～，具有反侦察经验，公安人员费了很大周折才把他抓到。

近义 阴险狡诈　老谋深算

反义 老实巴交

老泪纵横　lǎo lèi zòng héng

【释义】老：老者，年老。纵横：横一条竖一条。指老年人（十分悲痛、激动或兴奋）满面泪水。

【用法】用于形容极度悲伤或激动。

【例句】当刘师傅从王警官手中接过失踪多年的儿子时，不禁～。

老马识途　lǎo mǎ shí tú

【释义】途：道路。老马认识走过的路。比喻阅历多的人经验丰富，熟悉情况，能起引导作用。也作"识途老马"。

【例句】其实,任何人在某个行业里做久了,都会有一些心得,～是理所当然的事。

近义 老成见到

反义 少不更事 初出茅庐

老谋深算 lǎo móu shēn suàn

【释义】老:周密。深:久远。谋:筹划。算:打算。指周密的筹划,深远的打算。

【用法】用于形容考虑问题精明老练,善于心计。

【例句】他叔叔是一个～的人,与人交往从来不会吃亏。

近义 足智多谋 深谋远虑

反义 计无所出 束手无策

老牛拉破车 lǎo niú lā pò chē

见405页"老牛破车"。

老牛破车 lǎo niú pò chē

【释义】老牛拉着破烂的车子。形容做事慢腾腾,工作效率极低。也作"老牛拉破车"。

【用法】形容年老力衰做事慢慢腾腾,或设备陈旧,生产效率低,均可用此语。

【例句】他做事一向慢慢腾腾的,像～。/工厂的那些机器虽然还能开动,但～,运转十分缓慢。

近义 慢条斯理

反义 快马加鞭

老牛舐犊 lǎo niú shì dú

【释义】舐:舔。犊:小牛。指老牛用舌头舔小牛。

【用法】用于比喻父母疼爱子女。

【例句】小女儿身患绝症离去,父母悲痛欲绝。～之情,令在场所有人无不动容。

近义 舐犊情深

老气横秋 lǎo qì héng qiū

【释义】老气:老年人的气概。横:充溢。横秋:充满秋天的天空。原形容老练而自负的神态。后多形容青年人少年老成,没有朝气。

【例句】他～地用食指弹了弹烟灰,还真带出一些老大哥的派头。

近义 暮气沉沉 老态龙钟

反义 朝气蓬勃

老弱病残 lǎo ruò bìng cán

【释义】军队中年老、体弱、伤残的人。泛指年老体弱的人。

【例句】大地震之后,那里的～得到很好的照顾。

近义 老弱残兵

反义 兵强马壮

老弱残兵 lǎo ruò cán bīng

【释义】老:年老。弱:衰弱。残:伤残。

L

指已失去战斗力的兵士。

【用法】现多指由于年老体弱而在工作中发挥作用较小的人。

【例句】在决战时刻,连长估计自己手下这几个～抵挡不过敌人,于是想了一个巧妙的作战方案。/ 当大水再次扑来时,解放军官兵们已经把我们这些～送到安全地带。

近义 老弱病残

反义 兵强马壮

老少无欺　lǎo shào wú qī

【释义】对老人和小孩子都不欺骗。

【例句】我们做生意本着～的宗旨,所以顾客多,生意兴隆。

近义 童叟无欺

老生常谈　lǎo shēng cháng tán

【释义】老生:年老的读书人。原指老书生的平凡议论。今指很平常的老话。

【用法】用于形容说的话陈旧无新意。

【例句】王小明喜欢谈论大道理,不过都是些～,毫无新意。

近义 老调重弹　陈词滥调

反义 标新立异　真知灼见

老死不相往来　lǎo sǐ bù xiāng wǎng lái

【释义】老:年老。死:死亡。相:互相,彼此。往来:交往。指到老至死相互也没有交往。

【用法】泛指互不交往、互不相通。

【例句】城市建设的一个显著特点是高楼林立。人们居住在高楼中,一门关尽,虽相邻咫尺,却～。

老态龙钟　lǎo tài lóng zhōng

【释义】龙钟:行动不灵便的样子。形容

年老体衰而行动不灵便的样子。

【用法】用于形容人。

【例句】这时,他摆出了一副～、疲惫不堪的样子。

近义 老气横秋

反义 老当益壮　童颜鹤发　朝气蓬勃

老羞成怒　lǎo xiū chéng nù

【释义】老:极,很。羞:羞愧。怒:愤怒。指极为羞愧转而变成愤怒。

【例句】工头仗势欺人,克扣工人的工资,工友联合起来,揭穿其丑恶行径,工头～,以解雇相威胁。

近义 恼羞成怒

老有所为　lǎo yǒu suǒ wéi

【释义】为:作为。指老年人仍能有所作为。意指年纪虽老而志不衰,继续奉献余热。

【例句】江医生虽然年过古稀,但身体健康,不想闲居家中,总想～,因此,他一直坐诊专家门诊。

老有所养　lǎo yǒu suǒ yǎng

【释义】养:供养,奉养。指老年人有人奉养。

【例句】国家和政府都很关心低保老人和孤身老人,特别是社区里的街道办,更是采取各种措施,使他们～,乐享天年。

老有所终　lǎo yǒu suǒ zhōng

【释义】终:归宿。指让年老的人有个好的归宿。

【例句】王市长说:“老年人,奉献了一生,在他们晚年的时候,我们要让他们老有所乐,～。”

老于世故　lǎo yú shì gù

【释义】老:老练。世故:处世经验。指处

世老练,待人接物富于经验。

【用法】用于形容人阅历丰富,善于处世。多含贬义。

【例句】李智从小在外闯荡,丰富的人生经历使他～,即使有人冒犯了他,他也不会把愤怒挂在脸上。

近义 老成练达

反义 少不更事 胸无城府

乐不可言 lè bù kě yán

【释义】高兴得无法用言语来表达。

【例句】小二听到这个消息后,～。

近义 乐不可支 喜不自胜 欣喜若狂

反义 痛不欲生 悲痛欲绝

乐不可支 lè bù kě zhī

【释义】乐:快乐。支:支持,支撑。指快乐得几乎不能支持。

【用法】用于形容快乐达到了极点。

【例句】《充满魅力的乐园》一课,那么有趣,会让你～。

近义 喜不自胜 乐不可言

反义 悲不自胜 痛不欲生

乐不思蜀 lè bù sī shǔ

【释义】乐:快乐。思:想念,思念。蜀:三国时的蜀汉。本指沉湎于安乐,不思念自己的祖国。后泛指乐而忘归或乐而忘本。

【典故】三国时,魏灭蜀,蜀主刘禅投降司马昭后被带到魏都洛阳。一次,司马昭请刘禅喝酒,有意安排表演蜀国歌舞。刘禅身边的人都十分伤感,刘禅却嬉笑自如。后来,司马昭问他是否很想念蜀地,刘禅回答说:"此间乐,不思蜀。"(《三国志·蜀书·后主传》裴松之注引《汉晋春秋》)

【例句】王奶奶对她孙子说:"你到美国后,千万不能～,忘记生你养你的故乡啊!"

近义 乐而忘返

反义 归心似箭

乐此不疲 lè cǐ bù pí

【释义】乐:乐于。因喜欢做某事而不知疲倦。

【用法】用于形容对某事特别爱好而沉浸其中。

【例句】他们把求知当成人生乐事,才这样～。

近义 乐在其中 其乐无穷

反义 视为畏途

乐而忘返 lè ér wàng fǎn

【释义】返:回,归。快乐得忘了回去。形容留恋某种场合,舍不得离开。也作"乐而忘归"。

【用法】常用于指对美景流连忘返。

【例句】黄山的奇峰、异石、苍松、云海,让游客们～。

近义 流连忘返 乐不思蜀

反义 归心似箭

乐而忘归 lè ér wàng guī

见 407 页"乐而忘返"。

乐极生悲 lè jí shēng bēi

【释义】极:顶点,极限。快乐到极点的时候,转而发生令人悲伤的事。

【用法】劝诫人行乐应当有一定的节制。

【例句】请你控制一下你的情绪,以免～。

近义 物极必反

反义 转悲为喜　否极泰来

乐善好施　lè shàn hào shī

【释义】乐:乐于,乐意。善:好事,善行。好:喜好,爱好。施:施舍。指爱做好事,喜欢施舍。

【用法】用于形容慷慨解囊,乐于助人。

【例句】这位老太太一生～,得到过她帮助的人不计其数。

提示 "好"不读 hǎo。

乐天知命　lè tiān zhī mìng

【释义】乐:乐于。天:天意。知:明白,知晓。命:命运。指乐于顺应天意,安于自己的命运。

【例句】那时,学校里的人们,虽是月薪十五六元的小职员,也没有一个不是～的。

近义 知足常乐

反义 好高骛远

乐以忘忧　lè yǐ wàng yōu

【释义】乐:快乐。忧:忧愁。指快乐起来就忘记了忧愁。

【例句】立芳新近失去了老伴,十分悲伤。她的子女轮流陪伴,千方百计想让她能～,尽快从悲伤中走出来。

乐于助人　lè yú zhù rén

【释义】因帮助别人而感到快乐。

【例句】李奶奶一向与人为善,～,受到邻里们的尊敬和爱戴。

乐在其中　lè zài qí zhōng

【释义】乐:快乐,乐趣。其:那,那个。指乐趣就在那里面。

【用法】用于形容自找乐趣,自得其乐。

【例句】虽然做挑山工很累,但她～。

近义 自得其乐　乐此不疲

雷打不动　léi dǎ bù dòng

【释义】响雷击打也不动摇。形容(确定了的事情)不可更动。

【用法】多指规定、约定、习惯等不变动。

【例句】他凌晨五点起床,然后锻炼,～。

近义 坚定不移

近义 风雨无阻

雷电交加　léi diàn jiāo jiā

【释义】交加:(两种事物)同时出现。指雷鸣电闪齐作。

【例句】这是一个～、暴雨如注、可怕风暴猛烈袭来的夜晚。

雷厉风行　léi lì fēng xíng

【释义】厉:猛烈。像打雷一样猛烈,像刮风一样迅速。

【用法】用于比喻声势威猛,行动果断。

【例句】田校长工作认真负责,严守纪律,～,对下级平易近人。/他到了学校,～,每天带着训育员,早午晚三次查堂查斋。

近义 大刀阔斧

反义 慢条斯理　拖泥带水

雷霆万钧　léi tíng wàn jūn

【释义】霆:暴雷,霹雳。钧:古代重量单位,三十斤为一钧。形容如暴雷般猛烈,有万钧的重压。

【用法】用于比喻威力极大,势不可挡。

【例句】巨浪那～的冲击力,已足以所向披靡。

近义 排山倒海　倒海翻江·

反义 强弩之末　气息奄奄

雷霆之怒　léi tíng zhī nù

【释义】雷霆:暴雷。怒:愤怒。指像打暴雷似的愤怒。

【用法】用于指突然发作的盛怒。

【例句】今天,他在一个网吧找到了几天不回家的儿子,气极了。经过好一番劝说,他那～才慢慢平息下来。

近义 暴跳如雷

反义 心平气和

累牍连篇　léi dú lián piān

见 418 页"连篇累牍"。

累卵之危　léi luǎn zhī wēi

【释义】累卵:堆积的蛋。堆积的蛋,容易打碎。比喻极其危险。

【例句】目前,他的处境犹如～。

近义 危如累卵　危如朝露

反义 稳如泰山

累足成步　léi zú chéng bù

【释义】比喻不断积累,便能成功。

【例句】十几年来,她不断收集资料,～,为写好这部书打下了坚实的基础。

磊磊落落　léi léi luò luò

【释义】磊磊:(心地)光明正大。形容心地坦白,光明正大。

【例句】他阅历丰富,不论做什么工作都～,出以公心,所以十分受人尊敬。

磊落不凡　léi luò bù fán

【释义】磊落:胸怀坦荡。不凡:不平常。心胸坦荡,不同一般。

【例句】从这件小事上可以看出他～。

近义 光明磊落

泪流满面　lèi liú mǎn miàn

【释义】眼泪流得满脸都是。

【用法】用于形容非常悲伤或十分感动。

【例句】纪念章的另一面刻的是正在逃跑的彼得,丢失了佩剑和帽子,～。

近义 泪如泉涌　泪如雨下

反义 笑容满面　笑逐颜开

泪如泉涌　lèi rú quán yǒng

【释义】眼泪像泉水一样涌出来。

【用法】用于形容极其悲痛或异常激动。

【例句】半年里,父母相继去世。谈到这人生的重大不幸,她～。/看着被解救回来的孩子,郑英咚的一声给民警跪下,连声称谢,～。

近义 泪流满面　泪如雨下

反义 破涕为笑　笑容满面　笑逐颜开

泪如雨下　lèi rú yǔ xià

【释义】泪水像下雨一样流下。

【用法】用于形容遇伤心事,十分悲伤。

【例句】听到父亲不幸去世的消息,我止不住地～。

近义 泪流满面　泪如泉涌　泣下如雨

反义 破涕为笑　笑容满面　笑逐颜开

冷嘲热讽　lěng cháo rè fěng

【释义】冷:冷漠,引申为严峻、尖锐。嘲:讥笑。热:温度高,引申为辛辣。尖锐、辛辣的嘲笑和讥讽。

【例句】同桌的～让我十分难受。

近义 冷言冷语　冷嘲热骂

反义 语重心长

冷酷无情　lěng kù wú qíng

【释义】冷酷:冷淡苛刻。冷漠苛刻,没有

L

感情。

【例句】他只是外表冷漠,但内心并非是～的人。

冷如霜雪　lěng rú shuāng xuě

见410页"冷若冰霜"。

冷若冰霜　lěng ruò bīng shuāng

【释义】冷:冷漠,不热情。若:好像。指像冰霜一样冷冰冰的。也作"冷如霜雪"。

【用法】用于指待人接物冷漠,毫无热情,使人不易接近。

【例句】那位女神一定是艳如桃李、～的。/他表面上～,其实是一个热心肠的人。

近义　冷心冷面

反义　和颜悦色　热情洋溢

冷水浇头　lěng shuǐ jiāo tóu

【释义】冷水:温度低的水。比喻受到意外的打击或希望突然破灭。

【例句】春芳听他这么一说,好似～,凉了半截。

冷言冷语　lěng yán lěng yǔ

【释义】冷:冷漠。指冷冰冰而又尖酸刻薄的话。

【例句】他披挂上阵,尚未站稳脚跟,～便扑面而来。

近义　冷嘲热讽　冷语冰人

反义　甜言蜜语

冷眼旁观　lěng yǎn páng guān

【释义】冷眼:冷静的、冷淡的眼光。指用冷静或冷淡的态度从旁观看。

【用法】多指对某事态度冷淡,不参与其中。

【例句】在两人唇枪舌剑的过程中,老张始终一言不发,～。

近义　袖手旁观

反义　古道热肠　见义勇为

冷语冰人　lěng yǔ bīng rén

【释义】冷语:冷淡的言语。指用冷酷无情的言语伤害别人。

【例句】有意见你尽管当面说,何必这样～,伤害大家的感情?

近义　冷言冷语

离愁别苦　lí chóu bié kǔ

【释义】离:分离。别:分别。指离别的忧愁、痛苦。

【用法】用于形容亲人挚友之间离别的伤感。

【例句】他的诗,哀怨悲泣,尽是～。

离经叛道　lí jīng pàn dào

【释义】离:背离。经:儒家典范著作,泛指经典。道:儒学师承的传统,泛指某种规范。原指不遵循经书所说的道理,背离儒家的道统。现泛指背离占主导地位的思想或传统。

【用法】多用于指责他人背离义理、正道方面。

【例句】我们要勇于创新,不要怕别人说你～。

近义　大逆不道

反义　循规蹈矩

离鸾别凤　lí luán bié fèng

【释义】鸾:传说中凤凰一类的鸟。比喻夫妻分离。

【例句】因为爱人工作在另一个城市,小高只有过着～的生活。

近义 孤鸿寡鹄　别鹤孤鸾　单鹄寡凫

离群索居　lí qún suǒ jū

【释义】索:孤独。居:生活。离开同伴而孤独地生活。

【用法】用于人或动物。

【例句】鲁滨逊乘船出海,突遇暴风雨,后来漂流到了一个孤岛上,从此～,在岛上生活了十几年。

近义 避世离俗　遁世离群

反义 高朋满座　门庭若市

离题万里　lí tí wàn lǐ

【释义】离:离开。题:题目,主题,题旨。万里:泛指很远。距距离题旨有万里远。

【用法】用于指说话、写文章离开主题说到一边去了。

【例句】冯先生的话听起来似乎～,但细细品味,才能嚼出下笔如神的味道。

近义 文不对题

反义 开门见山　一针见血

离心离德　lí xīn lí dé

【释义】心:思想。德:心意,信念。指背离了共同的思想和信念。

【用法】用于形容人心不齐。

【例句】全体成员不可～,各怀异志,应当齐心协力,团结拼搏。

近义 貌合神离　同床异梦

反义 同心同德

梨园弟子　lí yuán dì zǐ

【释义】梨园:唐玄宗时教练宫廷歌舞艺人的地方。原为对唐玄宗时的梨园歌舞艺人的统称。后泛指戏曲演员。也作"梨园子弟"。

【例句】据《新唐书·礼乐志》记载,当年随唐玄宗到华清宫演练的～有数百人之多。/"～"代表着献身于"国粹"——京剧等艺术事业的众多艺术家。

提示"梨"不能写成"犁"。

梨园子弟　lí yuán zǐ dì

见 411 页《梨园弟子》。

犁庭扫穴　lí tíng sǎo xué

【释义】犁:耕。庭:庭院。穴:巢穴。耕平庭院,扫清巢穴。比喻彻底消灭敌方。也作"扫穴犁庭"。

【例句】明朝的万历皇帝决定～,一举歼灭努尔哈赤。

黎民百姓　lí mín bǎi xìng

【释义】黎:众。指人民大众。

【例句】我国"药王"孙思邈,在乡间为～行医,医术高明。

反义 王公贵戚

礼轻情意重　lǐ qīng qíng yì zhòng

【释义】礼物虽然微薄,但送礼人的心意很厚重。

【例句】他这礼物虽然微薄,但俗话说"千里送鹅毛,～",你还是收下吧。

礼尚往来　lǐ shàng wǎng lái

【释义】礼:礼节。尚:注重。在礼节上讲究有来有往。

【用法】现也指你对我怎么样,我也对你怎么样。主要侧重往来对等。

【例句】他认为,要和同事搞好关系,～是必要的。/在人际交往中,往往是你对我好,我也对你好;你对我不好,我对你也不好。这也是一种～吧!

近义 投桃报李

L

礼无不答　lǐ wú bù dá

【释义】答:还报。原指行礼时,受礼后一定要还报。后也指接信后一定要复信。

【用法】多用于客气话。

【例句】中华民族是礼仪之邦,～乃人之常情。

礼贤下士　lǐ xián xià shì

【释义】礼:以礼相待。贤:贤能,有德才的人。下士:降低自己的身份结交有见识和能力的人。指以礼相待贤德之人,屈己对待有识之士。

【用法】用于形容身居高位者敬重有德才的人。

【例句】陈市长求贤若渴,～,对人才可以说是"有用无类"。

近义 敬贤爱士

反义 妒贤嫉能

李代桃僵　lǐ dài táo jiāng

【释义】李:李树。桃:桃树。僵:枯死。指李树代替桃树死去。原指树木尚且能

患难相助,讽喻兄弟却不能同甘共苦。

【用法】今多比喻代人受过或替人代劳。

【例句】你想要～,拿姐姐以前写的作业来交,这是不对的。

反义 嫁祸于人　诿过于人

李下瓜田　lǐ xià guā tián

见 256 页"瓜田李下"。

里出外进　lǐ chū wài jìn

【释义】里边的向外突出,处边的向内倾斜。

【用法】用于形容不平整,参差不齐。

【例句】小孩子偏食,造成营养不均,牙齿容易长得～,参差不齐。

里勾外连　lǐ gōu wài lián

【释义】勾:勾通。连:连接。内外勾结。也作"里勾外联"。

【用法】含贬义。用于指斥人共同干坏事。

【例句】他们～,窃取国家机密后,企图越境逃窜,却被我公安人员全部抓获了。

里勾外联　lǐ gōu wài lián

见 412 页"里勾外连"。

里应外合　lǐ yìng wài hé

【释义】应:接应,呼应。合:配合。指外面攻打,里面接应。

【用法】泛指内外配合。

【例句】咱们马上计划一下,给他们来个～、一网打尽。

反义 孤军深入

理屈词穷 lǐ qū cí qióng

【释义】理:道理,理由。屈:亏。穷:尽。道理站不住脚,辩解的话也没有了。

【例句】辩论会上,她被对方问得～,无言以对。

近义 哑口无言　张口结舌

反义 理直气壮　振振有词

理所当然 lǐ suǒ dāng rán

【释义】理:道理,情理。当然:应该这样。从道理或情理上讲应该这样。

【例句】黄色就～地受到了独尊,最后,竟成为帝王的垄断色了。

近义 天经地义　名正言顺

反义 岂有此理　师出无名

理正词直 lǐ zhèng cí zhí

见131页"词正理直"。

理直气壮 lǐ zhí qì zhuàng

【释义】直:正确,合理。壮:旺盛。理由正确充分,因而说话做事有气势或心里无愧,无所畏惧。

【例句】当自身的合法权益受到损害时,就应当～地拿起"法律利剑",用法律找回"上帝"的权利。

近义 义正词严

反义 理屈词穷

力薄才疏 lì bó cái shū

【释义】疏:少。能力薄弱,才干有限。

【用法】常作自谦之辞。

【例句】我～,恐怕担当不起这项重任。

力不从心 lì bù cóng xīn

【释义】从:顺从。心里想做,但力量或能力够不上。

【例句】老艺人由于年迈体弱,～,难以承担此任,不久离开了人世。

近义 无能为力　力所不及

反义 从心所欲

力不能支 lì bù néng zhī

【释义】力量不能支撑。

【例句】面对城市生活的高消费,她深感～。

近义 力所不及　力不胜任

反义 力所能及

力不胜任 lì bù shèng rèn

【释义】胜:担当得起,承受得住。能力不足,不能担当所负的责任。

【例句】他年纪轻轻,这样的重担是他～的。

近义 力所不及　力不能支

反义 力所能及

力济九区 lì jì jiǔ qū

【释义】济:救助,接济。九区:即九州,泛指全国。尽力接济全国老百姓。

【例句】抗战期间,海外侨胞慷慨解囊,～。

力竭声嘶 lì jié shēng sī

见639页"声嘶力竭"。

力可拔山 lì kě bá shān

【释义】力气甚大,连山也能拔起来。

L

【用法】用于形容勇力过人。

【例句】在重量级的举重比赛上,她连连打破世界纪录,～之誉当之无愧。

近义 力能扛鼎

力能扛鼎 lì néng gāng dǐng

【释义】扛:举。鼎:古代炊具,多用青铜制成。力气很大,能把鼎举起来。

【用法】用于指体力过人。后也比喻笔力雄健。

【例句】据史书上说,西楚霸王项羽力大无比,～。/古人评价米芾之笔～,五百年来没有这样的人。

近义 力可拔山

力排众议 lì pái zhòng yì

【释义】力:竭力。排:排除。议:议论,意见。竭力排除各种不同的意见,以便维护自己主张的正确性。

【例句】刘市长作了认真的调查研究,～,支持这项工程,使群众不再为水患所苦。

近义 据理力争

力屈势穷 lì qū shì qióng

【释义】指力量枯竭,势力瓦解。

【例句】敌人已～,走投无路。

力所不及 lì suǒ bù jí

【释义】及:达到。凭自己的能力不能做到或无法达到。

【例句】企业发展首先应把核心主业做大做强做精,要避免～地跨行业盲目投资和从事大量关联交易。

近义 力不胜任　力不能支

反义 力所能及　从心所欲

力所能及 lì suǒ néng jí

【释义】及:达到。凭自己的能力所能做

到的或所能达到的。

【例句】他从小就开始帮母亲干一些～的农活。

反义 力所不及　力不胜任　力不能支

力透纸背 lì tòu zhǐ bèi

【释义】透:穿过,穿透。指笔力能透过纸张。形容书法、绘画笔力刚劲。也形容诗文立意深刻有力。

【例句】这件书法作品,笔力遒劲,～,堪称佳作。/她这篇文章～,叫人看了震撼不已。

力图自强 lì tú zì qiáng

【释义】力图:极力谋求,竭力打算。极力奋发使自己强大起来。

【例句】翁同龢是晚清政坛上的重要人物,甲午战争中坚持抗日,反对投降,戊戌运动中～,促进变法,对国家和民族做过贡献。

近义 自强不息

力挽狂澜 lì wǎn kuáng lán

【释义】力:尽力。挽:挽回,扭转。狂澜:汹涌的大浪,原指尽力把汹涌的波涛挽回来。现用于比喻尽力扭转危急险恶的局势或制止不正的风气。

【用法】用于指竭尽全力扭转险恶的局势。

【例句】处于历史大变动时期的当今教皇,以老迈之躯～,希望维系基督教的生存与发展,想来也无可厚非。/如果不是奥尼尔关键时刻～,他效力的球队恐怕难以获得本场比赛的胜利。

近义 扭转乾坤

力争上游 lì zhēng shàng yóu

【释义】力:竭力,尽力。上游:河流发源地及其附近地区。指竭力争取位居上流。

【用法】用于指努力争取先进,或争取位
居前列。

【例句】在比赛中,我们鼓足干劲,～。

近义 奋勇当先　力图上进　一马当先

反义 甘拜下风　甘居下游　甘居人后

历尽沧桑　lì jìn cāng sāng

【释义】历尽:多次经历或遭受。沧桑:沧
海桑田。指变化很大。

【用法】常用于形容人经历了许多变故。

【例句】老人对这部～而流传下来的古乐
谱十分珍爱,不仅识得乐谱,而且还能够
吟唱。

近义 饱经风霜

历历分明　lì lì fēn míng

【释义】历历:清清楚楚的样子。形容事
物或情景十分清晰地显现在眼前。

【例句】这件往事,如今都～地显现在
眼前。

近义 历历可辨

历历可见　lì lì kě jiàn

【释义】历历:清清楚楚的样子。一一看
得清清楚楚。

【例句】这条小溪里的水清澈得令人叫
绝,游鱼碎石,～。

近义 历历在目　历历可数　历历如画

反义 模模糊糊

历历可数　lì lì kě shǔ

【释义】历历:清清楚楚的样子。可以一
个个清清楚楚地数得出来。形容看到的
众多景物真切分明。

【例句】小树林中的一棵棵树～,全部向上
伸展挣扎,又似乎是月光将它们拔高了。

近义 历历可见　历历在目　历历如画

反义 模模糊糊

历历如画　lì lì rú huà

【释义】历历:清楚分明的样子。清清楚
楚的,就像图画呈现在眼前一样。

【例句】书中胜境在我的脑海里,～。

近义 历历在目　历历可见　历历可数

反义 模模糊糊

历历在目　lì lì zài mù

【释义】历历:清楚分明的样子。形容非
常清楚地展现在眼前。

【例句】中国旧戏剧,不用布景,只用手势、
眼神等动作让观众感到似乎周围景物～。

近义 历历如画　历历可见　历历可数

反义 模模糊糊　若隐若现

历乱无章　lì luàn wú zhāng

【释义】指事物混乱不堪的样子。

【用法】用于形容物体紊乱或处理事务没
有次序等。

【例句】陈大爷家里的东西～,就像个杂
货摊子一样。

近义 杂乱无章

反义 井然有序

厉兵秣马　lì bīng mò mǎ

见 474 页"秣马厉兵"。

厉精更始　lì jīng gēng shǐ

【释义】厉:也作"励",振奋。更始:除旧
布新。振奋起精神,除旧布新。

【例句】一个领导干部假如不能～,那就
会无所作为。

近义 革故鼎新

反义 抱残守缺

厉行节约　lì xíng jié yuē

【释义】厉:严格。行:实行。严格实行
节约。

L

【例句】我家并不富裕,所以我必须～,绝不浪费。

反义 铺张浪费

立地成佛　lì dì chéng fó

【释义】立地:立刻。佛:佛教徒称修行圆满的人。指(只要弃恶从善)就能立即成佛。

【用法】常与"放下屠刀"连用,用于劝人弃恶从善。

【例句】那些恶贯满盈的坏人,是不可能放下屠刀,～的。

近义 悔过自新

反义 执迷不悟

立竿见影　lì gān jiàn yǐng

【释义】在阳光下竖立竹竿,立刻就能看到它的影子。

【用法】用于比喻立即见效。

【例句】注射剂十分灵验,～,病人止住了疼痛,恢复了神智。

近义 吹糠见米　手到病除

反义 徒劳无功　枉费心机　劳而无功

立功赎罪　lì gōng shú zuì

【释义】赎:抵消,弥补。立下功劳来抵消所犯的罪过。

【例句】这对你来说是个～的机会。

近义 戴罪立功　将功补过

反义 罪上加罪

立国安邦　lì guó ān bāng

【释义】立:建立。邦:国家。建立国家,安定天下。

【例句】民族文化说到底是一个民族在世界上～的根基。

立命安身　lì mìng ān shēn

见 6 页"安身立命"。

立身处世　lì shēn chǔ shì

【释义】立身:做人。处世:与世人相处。指在社会上立足及待人接物的种种活动。也作"立身行事"。

【例句】《水浒传》中人物描写的最大的一个特点,就是从阶级意识去描写人物的～。

立身行事　lì shēn xíng shì

见 416 页"立身处世"。

立身扬名　lì shēn yáng míng

【释义】立身:做人。扬:传播。指自己立足于社会,传扬声名。

【例句】在当时,古希腊对那些在艺术、文学或者战斗中使自己～的人们必然的报酬是财富和名望。

立于不败之地　lì yú bù bài zhī dì

【释义】立于:处在。使自己处在不会失败的境地。

【例句】只有顺应时代的潮流,利用技术更新拓展自己的业务,才能～。

近义 稳操胜券

立锥之地　lì zhuī zhī dì

【释义】立锥:插锥子。指插锥尖的地方。

形容极小的地方，也比喻容身之处。

【用法】多用否定式，作"无"的宾语。

【例句】他告诉我，那个时候到海外去冒险的人，一般都是穷无～的人，再不然就是富于野心的人。

近义 弹丸之地　立足之地

反义 田连阡陌

立足之地 lì zú zhī dì

【释义】立足：站脚。站脚的地方。形容容身之处。也比喻能住下去或生存下去的地方。

【用法】多用否定式，作"无"的宾语。

【例句】一个企业如果失去了市场，它就没有了～。

励精图治 lì jīng tú zhì

【释义】励：振作。图：谋划。振作精神，想方设法把国家治理好。

【例句】唐太宗即位后～，开创了历史上的"贞观之治"。

近义 发愤图强

反义 玩物丧志

利令智昏 lì lìng zhì hūn

【释义】令：使。智：理智。昏：糊涂。贪图私利使头脑发昏，丧失理智。

【例句】在商品经济大潮中，少数人～，为了赚钱不惜违法犯罪。

近义 利欲熏心　见利忘义

反义 见利思义

利益均沾 lì yì jūn zhān

【释义】利益：好处。均：都，全。沾：得到（好处）。指有好处时，大家都有份。

【例句】中国近代史是一部屈辱史，帝国列强提出"门户开放，～"的口号，企图瓜分中国。中国人民不甘屈辱，奋起反抗，使

中国近代史，又成了中国人民的抗争史。

利诱威胁 lì yòu wēi xié

见742页"威胁利诱"。

利欲熏心 lì yù xūn xīn

【释义】利：名利。欲：欲望。熏：熏染，污染。贪图名利的欲望迷住了心窍。

【用法】形容人被名誉、财物所迷。

【例句】有些人仍是～，竟不顾法令，做出违法乱纪的事。

近义 唯利是图　利令智昏　见利忘义

反义 清心寡欲　淡泊名利

沥胆披肝 lì dǎn pī gān

【释义】将肝胆披露，以表忠诚之意。

【用法】用于描述对人表示忠诚，无私念。

【例句】这些年轻的军人发誓：对国家民族的大业，一定～，即使舍弃生命也在所不惜。

近义 赤胆忠心

例行公事 lì xíng gōng shì

【释义】按照惯例处理公事。

【用法】多指只讲形式不求实效的工作。

【例句】第一次见面，对方似较冷淡，颇有些～的味道。

近义 奉行故事

连城之价 lián chéng zhī jià

【释义】连城：连成一片的许多座城。毗连诸城的价值。形容物品十分珍贵，有极高的价值。

【例句】这个烟壶虽小，却渗透着一个民族的文化传统、心理特征、审美习尚、技艺水平和时代风貌，所以在国际市场上常常标以～。

近义 价值连城

反义 一钱不值

L

连绵不断 lián mián bù duàn

【释义】连绵:接连。指延伸或持续不停。也作"连绵不绝"。

【用法】多用于山脉、河流、景色、雨雪、音响、活动等。

【例句】长江三峡的两岸山峰～,山势奇绝。/入秋以来,雨天很多,给人带来凉爽。～的秋雨,使道路泥泞,又给行人平添了几分不便。

近义 源源不断　绵绵不绝

反义 断断续续

连绵不绝 lián mián bù jué

见418页"连绵不断"。

连绵起伏 lián mián qǐ fú

【释义】连绵:连续不断的样子。起伏:高低不平。连续不断而且起伏不平。

【用法】多用于指山脉、景色。

【例句】～的丘陵,好像一个个安放在大地上的巨型馒头。

近义 绵延起伏

连篇累牍 lián piān lěi dú

【释义】篇、牍:古代写字用的木片叫"牍",把这些写有文字的木片用绳子或皮条连接在一起叫"篇"。累:重叠,累积。指一篇又一篇,一页又一页。也作"累牍连篇"。

【用法】用于形容篇幅过多,文辞冗长。

【例句】报刊上的文章要尽可能做到简明扼要,不能～,否则毫无趣味。

近义 长篇累牍　长篇大论

反义 片言只语　言简意赅　短小精悍

连锁反应 lián suǒ fǎn yìng

【释义】连锁:像锁链似的一环扣一环。

比喻若干个相关的事物,只要一个发生变化,其他都跟着发生变化。

【例句】汽车业的问题造成其他行业也出现了经济上的～。

连中三元 lián zhòng sān yuán

【释义】连:接连。三元:科举制度时,分别把乡试、会试、殿试的第一名叫作解元、会元、状元,合称"三元"。旧时指在乡试、会试、殿试中接连考中第一名。后泛指接连三次获得第一名。比喻接连击中三次。

【例句】这场足球比赛以甲队～获胜而告终。/～的战士朱友恒同志不管自己胸前的一大片血迹,咬紧牙关冲出工事,用火箭筒打坏了敌人的装甲车。

近义 连拔头筹

怜贫惜老 lián pín xī lǎo

见778页"惜老怜贫"。

怜香惜玉 lián xiāng xī yù

【释义】怜:怜爱,疼爱。惜:怜惜,爱惜。香:香花。玉:美玉。香花、美玉喻指美好的女子。指怜爱香花,爱惜美玉。比喻男子对女子怜惜疼爱。

【用法】只适用于形容对女性的怜爱方面。

【例句】在曹雪芹的笔下,贾宝玉是一个天生的情种,最懂得～。

反义 摧兰折玉　辣手摧花

怜新弃旧 lián xīn qì jiù

【释义】怜:喜爱。弃:厌弃。爱怜新人,厌弃旧人。也作"怜新厌旧"。

【用法】多用于男子对爱情不专一。

【例句】这么多年来才把他认识清楚,原

来他是个～的人。

近义 喜新厌旧

怜新厌旧　lián xīn yàn jiù

见 418 页"怜新弃旧"。

廉洁奉公　lián jié fèng gōng

【释义】廉洁:不损公肥私,不贪污。奉:尊重,遵守。不贪污,以公事为重。

【例句】领导干部,首先是高级干部,要以身作则,做艰苦奋斗、～的表率。

近义 克己奉公　大公无私

反义 假公济私　贪赃枉法

廉顽立懦　lián wán lì nuò

见 726 页"顽廉懦立"。

敛气屏息　liǎn qì bǐng xī

【释义】敛:收起。屏:抑止。指收住呼吸,抑止出气。

【用法】用于形容小心翼翼、悄无声息的样子。

【例句】游人一个紧挨着一个,小心翼翼,全神贯注,～。

练达老成　liàn dá lǎo chéng

见 404 页"老成练达"。

恋恋不舍　liàn liàn bù shě

【释义】恋恋:依恋、留恋的样子。舍:放弃,分离。形容十分留恋,舍不得离开。也作"恋恋难舍"。

【用法】多用来指舍不得离开某个地方。

【例句】今天,就要离开长城站了,大家都～。

近义 难舍难分　依依不舍

反义 一刀两断

恋恋难舍　liàn liàn nán shě

见 419 页"恋恋不舍"。

良辰吉日　liáng chén jí rì

见 318 页"吉日良辰"。

良辰美景　liáng chén měi jǐng

【释义】良:美好。辰:时刻,时光。美好的时光和迷人的景物。

【例句】如此～,真让人陶醉!

近义 花好月圆　吉日良辰　良宵美景

反义 花残月缺　月黑风高

良师益友　liáng shī yì yǒu

【释义】能使人受到教益和帮助的好老师、好朋友。

【例句】我后来所以还喜欢读点书,全靠我幸运地遇上了校内外的许多～。

近义 良师诤友　贤师良友

反义 狐群狗党

良师诤友　liáng shī zhèng yǒu

【释义】良:好。诤:敢于直言。指很好的老师和能够直言相劝的朋友。也指能使人获得教益和帮助的人。

【例句】他是总理,我们却觉得他是文艺界的"～"。凡是我们做得对的,有点成绩,他总是热情地给予支持和鼓励。

近义 良师益友

L

反义 狐群狗党

良药苦口　liáng yào kǔ kǒu

【释义】"良药苦口利于病"的缩略语。能治好病的药吃起来是苦的。比喻诚恳尖锐的批评听起来使人不舒服，但有益于改正缺点和错误。

【用法】多用于劝诫或帮助犯错误的人。

【例句】大家的批评虽然尖锐一点，但～，对你改正错误是有好处的。

近义 忠言逆耳

反义 甜言蜜语　花言巧语

良莠不齐　liáng yǒu bù qí

【释义】良：好。莠：狗尾草，比喻品质坏的人。好苗和野草混杂。比喻好人坏人混杂，或好的坏的东西混杂。也作"良莠不一"。

【用法】用于表示水平、程度不相等。

【例句】在出入境的乘客中，～，各种人都有。

近义 鱼龙混杂　泥沙俱下

反义 泾渭分明

良莠不一　liáng yǒu bù yī

见 420 页"良莠不齐"。

梁上君子　liáng shàng jūn zǐ

【释义】梁：屋梁。汉代陈寔的家里，夜间

来了窃贼，陈寔称他是"梁上君子"。指窃贼。

【例句】前不久，他家的两台笔记本电脑都被～偷走了。

反义 正人君子　谦谦君子　仁人君子

粮尽援绝　liáng jìn yuán jué

【释义】援：援助。指粮食吃完，后援断绝。

【用法】用于形容处境极端困难。除用于战斗，也用于旅游、登山、勘探等诸种可能遇险的活动。

【例句】官兵日夜进攻，义军仍坚守山头，直到子弹打光，～才撤退。

近义 弹尽援绝

两败俱伤　liǎng bài jù shāng

【释义】俱：全，都。伤：损伤。争斗的双方都受到损伤。

【用法】用于比喻相克的两种事物互不相容。

【例句】两大手机运营商竞争日益白热化，最终必然是～。

近义 同归于尽

反义 两全其美

两害相权取其轻　liǎng hài xiāng quán qǔ qí qīng

【释义】害：伤害，害处。权：衡量，权衡。指两种伤害中，权衡伤害的轻重，选取其中伤害最轻的。这是一种无奈又必须做出的选择。

【例句】这两位候选人看起来都没有特别的能力能管好公司，大家投他的票是～。

两虎相斗　liǎng hǔ xiāng dòu

【释义】比喻两个强者之间的争斗。也作"两虎相争"。

【例句】在传统观念中往往认为～，必有一伤或两败俱伤，所以，做买卖应以和为贵。

两虎相争　liǎng hǔ xiāng zhēng

见 421 页"两虎相斗"。

两肋插刀　liǎng lèi chā dāo

【释义】两肋：胸部的两侧。两边肋骨插上刀。指为朋友敢于冒险，甚至牺牲性命。

【用法】用于形容重情义、讲义气。

【例句】郁老师乐于助人，颇有侠义古风，常常为真正的朋友～。

近义　赴汤蹈火

两面三刀　liǎng miàn sān dāo

【释义】两面：当面和背面。指当面一套，背面一套。

【用法】用于比喻玩两面派手法。

【例句】他当面答应得好好的，怎么背地

里拆我的台？这分明是～的小人嘛！

近义　口是心非　阳奉阴违

反义　表里如一

两全其美　liǎng quán qí měi

【释义】全：顾全，成全。美：满意，美满。做一件事顾全了两个方面，使双方都很满意。

【释义】新设备的使用既节约了时间，又提高了质量，这真是～。

近义　一举两得

反义　两败俱伤　玉石俱焚

两手空空　liǎng shǒu kōng kōng

【释义】手里什么也没有。指没有一点钱或财产。

【用法】用于指一无所有，也指一无所获。

【例句】如今回到家乡的他，和他几十年前离乡时一样，依然是孑然一身，～。／卫冕冠军德国队，竟然在小组赛中～，早早回家了。

近义　赤手空拳

两鼠斗穴　liǎng shǔ dòu xué

【释义】穴：洞穴。两只老鼠在洞穴中打架。比喻两军狭路相逢，没有退路，只有勇猛善战才能取胜。

【用法】多用于战争。

【例句】两军在山口相遇，犹如～，战斗非常激烈。

两相情愿　liǎng xiāng qíng yuàn

【释义】两相：双方。情愿：心里愿意。双方都愿意。

【用法】多用于人际交往，特别是男女婚恋，也用于交易双方。

【例句】男女交往，谈情说爱，乃至结婚，

L

都应～，来不得半点勉强。/我卖房，他买我房，～。

反义 一厢情愿

两小无猜　liǎng xiǎo wú cāi

【释义】猜：猜疑，避嫌。男女幼时在一起玩耍天真无邪，互不猜忌。

【例句】父亲随外祖父学戏时，和母亲～，朝夕相处。

近义 青梅竹马

两袖清风　liǎng xiù qīng fēng

【释义】两只衣袖里灌满清风，别无他物。原指人迎风潇洒的姿态，后多比喻做官廉洁。

【例句】他尽管为官数十年，告老归乡时却仍然是～。

近义 清正廉洁　廉洁奉公
反义 贪赃枉法

两叶掩目　liǎng yè yǎn mù

【释义】叶：树叶。掩：遮盖。指两片树叶遮住了双眼。

【用法】比喻受蒙蔽，看不清事物的本来面目。

【例句】骗子常常给人以假相，嘴上甜言蜜语，脸上笑容可掬。善良的人们若被他们的花言巧语迷惑，～，很容易上当受骗。

近义 一叶蔽目

量才录用　liàng cái lù yòng

【释义】量：估量，衡量。才：能力，才干。根据人的才能高低安排任用。

【例句】我公司对职员～，做到人尽其才。

近义 量能授官

量力而行　liàng lì ér xíng

【释义】量：估量，衡量。行：做，办事。估量自己的能力大小去办事。

【用法】用于指实事求是地做事。

【例句】为人处世应～，以免增加无谓的困扰。

近义 度德量力　量力而为　量体裁衣
反义 自不量力　不自量力　螳臂当车

量能授官　liàng néng shòu guān

【释义】量：估量，衡量。能：能力，才能。授：授予。根据人的才能大小而授予他官职。

【例句】在举贤才问题上，他们主张"～，因功赐爵"。

近义 量才录用

量入为出　liàng rù wéi chū

【释义】量：估计。入：收入。出：支出。根据收入的多少来确定支出的额度。

【例句】一贯大手大脚的小明最近也知道～，不乱花钱了。

近义 量体裁衣
反义 寅吃卯粮　入不敷出　铺张浪费

量体裁衣　liàng tǐ cái yī

【释义】体：身体，身材。根据人的身材裁制衣裳。

【用法】用于比喻按照实际情况办事，不

主观行事。

【例句】这种～地培养和使用人才的方法是比较科学的,也是从实际出发、符合实际需要的。

近义 量力而行　量入为出

反义 削足适履

量小力微　liàng xiǎo lì wēi

【释义】数量小,力量也微薄。

【例句】我们几个人想要振兴公司是～的,还得团结公司的全体职工一起努力。

聊表寸心　liáo biǎo cùn xīn

【释义】聊:略微。表:表示。寸心:微小的心意。指略微表示一点心意。

【用法】多用于向他人表示感激的情意。

【例句】在这新春佳节到来之际,一点小礼物,～,请收下。

聊胜于无　liáo shèng yú wú

【释义】聊:略微,稍微。比完全没有稍微好一点。

【用法】可用于表述已有的与希望的距离很大,但又不肯舍弃。

【例句】对于急待收割的麦田,一辆联合收割机实在算不得什么,但对于电视台摄影记者,这辆～的联合收割机使欢迎仪式的报道补上了最后一个镜头。

近义 不无小补

反义 多如牛毛

聊以解嘲　liáo yǐ jiě cháo

【释义】聊:姑且。解:消除。嘲:嘲笑。姑且用言语和行动消除别人对自己的嘲笑。含有自己安慰自己的意思。

【例句】她也只好说这～的话了。

近义 聊以自慰

聊以塞责　liáo yǐ sè zé

【释义】聊:姑且。塞:搪塞。姑且用来搪塞自己应该担负的责任。

【例句】调查会上,肇事者很勉强地说了几句～的话。

近义 敷衍了事　敷衍塞责

反义 尽心竭力　兢兢业业

聊以自慰　liáo yǐ zì wèi

【释义】聊:姑且。自慰:自我安慰。指姑且用于自我安慰。

【例句】我希望这本书能给人一种知识,一种启迪。如能这样的话,笔者也就～了。

聊以卒岁　liáo yǐ zú suì

【释义】聊:姑且,暂且。卒:终,完结。岁:年。指勉强度过一年。

【用法】用于形容生活贫困、艰难。

【例句】他家人口多,收入低,全年收入,～罢了。

寥寥可数　liáo liáo kě shǔ

【释义】寥寥:稀少。形容数量很少,一下子便数得清。

【例句】纵观现代文学的画廊,堪称典型的艺术形象～。

近义 寥若晨星　寥寥无几

反义 多如牛毛　不计其数

寥寥无几　liáo liáo wú jǐ

【释义】寥寥:稀疏,稀少。无:没有。数量稀少,没几个。

【例句】经过初试这一关,剩下的人已经～。

近义 寥若晨星　屈指可数

反义 多如牛毛　成千上万　不计其数

寥若晨星 liáo ruò chén xīng

【释义】寥：稀疏，稀少。若：好像。指像早上的星星一样稀少。

【用法】用于形容数量不多。

【例句】近年来，热闹的文坛上已罕见他的足迹，关于他作品的研究更是～。

近义　寥寥无几　寥寥可数

反义　多如牛毛　数不胜数　恒河沙数

燎原之火 liáo yuán zhī huǒ

【释义】燎：燃烧。原：原野。在原野里燃烧的大火。比喻气势壮阔的不可遏止的力量。

【用法】多用来指革命运动。

【例句】毛泽东点燃了武装革命的～，开辟了农村包围城市、武装夺取政权的崭新道路。

近义　星火燎原

了不相干 liǎo bù xiāng gān

【释义】了不：全不，一点不。干：关涉。彼此完全没有关系。

【例句】这件事与我的工作～，我也就没有花太多的精力去管它了。

了然于胸 liǎo rán yú xiōng

【释义】了然：明白、清楚的样子。心里非常明白。

【例句】我们所在的太阳系，初期可能曾经有过好几个液态水世界，行星学家对此已～。

了如指掌 liǎo rú zhǐ zhǎng

【释义】了：清楚，明白。指掌：指着自己的手掌。对情况非常清楚，了解得像指着自己的手掌给人看一样。

【用法】用于形容对事物了解得非常清楚。

【例句】他的一举一动我们无不～。

近义　洞若观火　明察秋毫

反义　不甚了了　一无所知

提示　"了"不能理解成"了解"，"指"不能理解成"手指"。

了身达命 liǎo shēn dá mìng

【释义】了：了悟。达：通晓。了悟人生，通晓命运。也指安身立命。

【例句】燕青机巧心灵，多见广识，～。／那个贪官想趁他气数未尽之时，找个～之处。

了无长处 liǎo wú cháng chù

【释义】了：完全。长处：特长，优点。指完全没有长处。

【例句】我一生～，只有祖宗遗传给我的一身傲骨。

了无意义 liǎo wú yì yì

【释义】了无：一点也没有。意义：价值，作用。指没有一点意义。

【用法】用于形容所做之事毫无作用或价值。

【例句】把时光消磨在赌博里，于人生～。

料事如神 liào shì rú shén

【释义】料：预料，估计。预料事情像神仙一样准确。

【用法】用于形容对未来的事情估计得非常准确。

【例句】在农业渔业领域，计算机技术就像～的诸葛亮，准确地预报着各类病虫害的情况和鱼类的产量。

近义　未卜先知　神机妙算

反义　事难逆料　深不可测

列祖列宗 liè zǔ liè zōng

【释义】列：各。指历代各位祖先。

【例句】做人要清清白白,做生意更不能坑蒙拐骗,否则,我就愧对此地的父老,愧对～!

劣迹斑斑　liè jī bān bān

【释义】劣迹:恶劣的行径。斑斑:很多斑点。指恶劣的行径很多,可以一桩桩一件件指出。

【例句】他这个人,在近二十年里可谓是～,入狱就有三次,时间最长的是七年。

近义　劣迹昭著

劣迹昭著　liè jī zhāo zhù

【释义】劣迹:恶劣的行径。昭著:显著。指恶劣的行径十分显著。

【例句】中华人民共和国成立之初,对于国民党时期的工作人员,只要有一技之长而不是～的分子,都基本留用了。

近义　劣迹斑斑

烈火真金　liè huǒ zhēn jīn

【释义】"烈火见真金"的缩略语。在烈火中冶炼出真正的金子。比喻经得起任何考验,不改本色。

【例句】在这次抗洪救灾中,人民军队再次显示出～的英雄本色。

烈士徇名　liè shì xùn míng

【释义】烈士:有气节有壮志的人。徇:古通"殉",为维护或追求某种东西而献出生命。忠贞好义的人为保全名誉而献出生命。

【例句】他很早就将～作为自己的人生准则。

反义　贪夫徇财

裂石穿云　liè shí chuān yún

见124页"穿云裂石"。

裂土分茅　liè tǔ fēn máo

【释义】裂土:分封土地。分茅:分封诸侯。古代分封诸侯时,用白茅裹着泥土授予被封者,象征授予土地和权力。指分封土地和侯位。也作"分茅裂土"。

【例句】～,建立众多的诸侯国以拱卫王室,这是西周建国的基本做法之一。

提示　"裂"不能写成"列"。

林林总总　lín lín zǒng zǒng

【释义】林林、总总:众多的样子。形容杂乱众多。

【用法】可用于指人或事物。

【例句】在～的这类故事中,有一个是说鲁班学习海龙王宫殿的建筑艺术。

近义　形形色色　五花八门　丰富多彩

反义　寥寥无几　寥若晨星　屈指可数

林下风度　lín xià fēng dù

见425页"林下风气"。

林下风气　lín xià fēng qì

【释义】林下:幽僻的地方。风气:风度,神采。魏晋之时,阮籍、嵇康等七人常宴集于竹林之下。竹林下名士的风度和气质。后形容娴雅超俗的风度和气质。也作"林下风度"。

【用法】专用于称颂女性。

【例句】薛涛虽然出身卑下,却有～,所以她的诗词受到人们的喜爱。

临财不苟　lín cái bù gǒu

【释义】临:面临,面对。苟:苟且,随便。面对钱财不随便取用。

【用法】用于形容不为钱财诱惑,能廉洁自律。

【例句】大丈夫不是不爱财,但能～。

反义　临财苟得

临机应变　lín jī yìng biàn

【释义】临：面临，面对。机：机会，时机。变：应变。面临机会，制定应变计划。

【例句】说到和她周旋，～，我不如你。

近义 随机应变

临机辄断　lín jī zhé duàn

【释义】辄：就。面对事情就做出决断。

【用法】用于形容遇事果断。

【例句】企业的经营必须～，采取应该采取的对策，如此，才能开创新的发展之道。

近义 当机立断

临渴掘井　lín kě jué jǐng

【释义】临：临到。渴：干渴。掘：挖掘。指临到口渴才去挖井。

【用法】用于比喻平时不做准备，事到临头才想办法。

【例句】学习是一个循序渐进的过程，必须不断努力，勤奋积累，方能运用自如。那种～，急时抱佛脚的办法是不足取的。

近义 临阵磨枪　临时抱佛脚

反义 未雨绸缪　曲突徙薪　防患未然

临深履冰　lín shēn lǚ bīng

见 426 页"临深履薄"。

临深履薄　lín shēn lǚ bó

【释义】"如临深渊，如履薄冰"的略语。临：面临。深：深渊。履：踩。薄：薄冰。面临深渊，脚踩薄冰。比喻心有戒备，十分谨慎小心。也作"临深履冰"。

【例句】探索的精神既包含对真理所抱持的犹如～的谦卑态度，也体现着求索真理、生死以之的顽强意志。

近义 如临深渊　如履薄冰　小心谨慎

反义 如履平地

临时抱佛脚　lín shí bào fó jiǎo

【释义】临到事情发生时才抱住神佛的脚求拜。

【用法】用于比喻平时不做准备，事情急了才仓促上阵。

【例句】为了应付迫在眉睫的任务，我～，每天到舞蹈学校去学几种舞步。

近义 临渴掘井

反义 有备无患　未雨绸缪

临危不惧　lín wēi bù jù

【释义】临：面临。危：危难。惧：害怕。面临危难一点也不害怕。

【用法】用于形容没有私心，勇敢面对。

【例句】为保卫国家财产，他～，同歹徒进行生死搏斗。

近义 临难无慑　临危不乱

反义 惊惶失措　贪生怕死　谈虎色变

临危不乱　lín wēi bù luàn

【释义】临：面临。危：危险，危难。乱：慌乱。指面对危险或危难不慌不乱。

【用法】用于形容头脑冷静,心绪平稳。

【例句】朝中李、武两家争夺皇权的斗争依旧暗潮涌动,武则天～,泰然处之。

近义 临危不惧

反义 惊惶失措

临危受命　lín wēi shòu mìng

【释义】临:面临。危:危险,危难。受命:接受任务、命令。指在危难之际接受任务、命令。

【例句】转机于 2003 年开始,当时罗伯特•格林布拉特～,担任这档节目的总监。

临危授命　lín wēi shòu mìng

【释义】临:到。危:危难。授:传授。在危难之时,肯献出生命。也作"临危致命"。

【例句】在他们～的时候,一定是心胸开朗,了无牵挂的。

近义 见危授命　临难不避

反义 临阵脱逃　临危自计

临危致命　lín wēi zhì mìng

见 427 页"临危授命"。

临渊羡鱼　lín yuān xiàn yú

【释义】渊:深水潭。羡:羡慕,希望得到。面对深潭,希望得到里面的鱼。比喻只有愿望,不去实干,就无济于事。

【用法】常与"不如退而结网"连用,表示与其空想,不如实干。

【例句】他们在别人～的时候退而结网、埋头研究,及时地向世人献出他们的学术收获。

近义 临河美鱼

反义 退而结网

临阵磨枪　lín zhèn mó qiāng

【释义】临:到。阵:战场。枪:泛指长矛、大刀一类武器。到了战场快要打仗时,才去磨枪。

【用法】用于比喻事到临头才做准备。

【例句】事实上,很多高校在毕业班开设的就业指导课只能起到～的作用。

近义 临渴掘井　临渊结网

反义 未雨绸缪　防患未然

临阵脱逃　lín zhèn tuō táo

【释义】临:到。阵:战场。脱:脱离,离开。军人在上阵打仗时逃跑。比喻事到临头逃避退缩。

【例句】抗洪救灾就是特殊的战场。我们只能迎难而上,决不能～。

近义 逃之夭夭

反义 一马当先　身先士卒

淋漓尽致　lín lí jìn zhì

【释义】淋漓:畅快、尽情的样子。尽致:达到极点。指畅快到了极点。形容文章或说话把事物的情态表达得详尽透彻。

【用法】可用于指(人的才华等)完完全全、毫无保留地表露出来。

【例句】小作者优美的语言、精当的用词,把日出时美丽而又神秘的景象表现得～。/江凯文个人首张音乐大碟将一个崭新的音乐才子形象～地展现在歌迷面前。

近义 酣畅淋漓　痛快淋漓

反义 词不达意　言不尽意

提示 "致"不能写成"至"。

琳琅满目　lín láng mǎn mù

【释义】琳琅:美玉,比喻珍奇的物品或美

L

好的诗文。眼前都是美玉。原指见到的都是名士。后比喻精美的物品或美妙的诗文很多。

【用法】用于描述物品(书籍、工艺品、商品等等)。

【例句】北极不仅有许多珍禽异兽,而且还是一个～的巨大资源宝库。/商场里商品真多,食品、服装、玩具,～。

近义 目不暇接　美不胜收

反义 满目疮痍

鳞次栉比　lín cì zhì bǐ

【释义】次:依次。栉:梳子。比:排列。像梳齿和鱼鳞那样密密麻麻地排列着。

【用法】多用于形容房屋和船只密集。

【例句】河堤的杨柳～地生长着,远远看去像是一片绿色的幕布。

近义 密密麻麻　密密层层

反义 参差不齐　稀疏错落

麟凤龟龙　lín fèng guī lóng

【释义】麟:麒麟,传说中的祥瑞之兽。凤:凤凰,传说中的百鸟之王。龟:乌龟。龙:蛟龙。这四种动物,古人认为是通灵性的动物,简称"四灵"。用于指珍稀物品。也比喻出类拔萃之人。

【例句】他们用最优厚的待遇,在全国范围内广召～。

麟子凤雏　lín zǐ fèng chú

【释义】雏:幼禽。指幼小的麒麟和凤凰。比喻才德非凡的年轻人。也作"凤雏麟子"。

【例句】她自小就表现出～的气质。

伶仃孤苦　líng dīng gū kǔ

见 251 页"孤苦伶仃"。

伶牙利嘴　líng yá lì zuǐ

见 428 页"伶牙俐齿"。

伶牙俐齿　líng yá lì chǐ

【释义】伶、俐:机灵,乖巧。口齿伶俐。形容口才好,能说会道。也作"伶牙利嘴"。

【例句】我家的小侄儿才三岁,说起话来却～,逗得我们大人好开心。

近义 能说会道　辩口利舌　能言善辩

反义 拙口钝辞　笨嘴拙舌

提示 "伶"不能写成"玲"。

灵丹妙药　líng dān miào yào

【释义】灵:灵验。丹:按配方制成的颗粒状或粉末状的成药。妙:有特效。指灵验的有特效的好药。

【用法】用于比喻能解决一切问题的有神效的好办法。

【例句】或许是巧合吧,葫芦往往是神仙用来装～的。/改革不能一蹴而就,没有一剂～能够解决所有存在的问题。

近义 锦囊妙计　神机妙算

灵机一动　líng jī yī dòng

【释义】灵机:灵巧的心机。形容灵敏机智,突然间想出好办法。

【用法】需要当机立断之时,或有问题需要解决之时突然想到好办法,可用此语。

【例句】她忽然～,又把小行李卷抢出来,重新检查。

近义 计上心头

反义 处心积虑

提示 "灵"不能写成"临"。

玲珑剔透　líng lóng tī tòu

【释义】玲珑:细致精巧。剔透:孔穴明

L

晰。形容玉石、器物等细致精巧,孔穴明晰,结构奇巧。也形容人聪明伶俐。

【例句】尖塔可以上去,～,有凌云之势。/小冯家一对双胞胎姐妹,娇小活泼,～,十分可爱。

近义 小巧玲珑　鬼斧神工

反义 笨手笨脚　呆头呆脑

提示 "玲"不能写成"铃""伶"。

凌弱暴寡　líng ruò bào guǎ

【释义】凌:凌辱,欺压。暴:暴虐,虐待。寡:孤寡。指欺压弱小,虐待孤寡。

【例句】孔子主张维护周王的权威和周王朝的大统一,反对～。

凌云之志　líng yún zhī zhì

【释义】凌云:直上云霄。直上云霄的志向。

【用法】用于形容崇高的志向。

【例句】他有时甚至自己驾驶飞机,遨游蓝天,一抒～。/这首诗歌表现了诗人的～和敢与恶鬼抗争之志!

近义 壮志凌云

零敲碎打　líng qiāo suì dǎ

【释义】指以断断续续、零零碎碎的方式进行或处理。

【例句】这种～的生产方式形不成有规模效益的产品结构。

提示 "碎"不读 cuì。

另开生面　lìng kāi shēng miàn

见 47 页"别开生面"。

另辟蹊径　lìng pì xī jìng

【释义】辟:开辟。蹊径:小路,引申指途径。指另外开辟途径。

【用法】用于形容另谋出路或另搞一套。

【例句】上世纪末起,四川清音市场急剧萎缩,观众越来越少。于是她～,走演谐剧、小品、方言剧的新路。

近义 另起炉灶

另起炉灶　lìng qǐ lú zào

【释义】另外再垒起炉灶。比喻重新做起。也比喻另立门户或放弃原来的另搞一套。

【例句】磁力火车不能利用现有的普通铁路,因而需要～,开辟新线。

近义 重整旗鼓　弃旧图新　另辟蹊径

反义 一如既往　一成不变

另请高明　lìng qǐng gāo míng

【释义】高明:指学问或技能高的人。另外寻求学问或技能高的人。

【用法】多用作自己因不愿干或干不了而推辞的客套话。

【例句】我不懂电器技术,你要修理计算机,还是～。

另眼相看　lìng yǎn xiāng kàn

【释义】另眼:不同的眼光。用另一种不同一般的眼光看待。

【用法】表示用尊重、同情等眼光看待,含褒义;表示用轻视、鄙弃等眼光看待,含贬义。

【例句】他开始对这位摆棋摊子的老王～了:棋艺不错,看来自己也不是他的对手。/汪显声一贯给人以平易近人的印象,自从他的丑行曝光后,人们才知道他是一个衣冠禽兽,不免对他～,嗤之以鼻。

近义 刮目相看　青眼相加

反义 一视同仁　等闲视之

令人齿冷　lìng rén chǐ lěng

【释义】齿冷:耻笑(笑则张口,时间长了,

L

牙齿就会感到冷)。指让人耻笑。

【用法】用于表示对某人极端鄙视。

【例句】如果给自己一个虚假的外包装,罩上一层层耀眼的光环,若是有一天原形毕露,就更～。

反义　肃然起敬

令人发指　lìng rén fà zhǐ

【释义】令:使。发指:头发竖起。使人头发直立。

【用法】用于形容愤怒到了极点。

【例句】从电视上看到这些活生生的镜头,深感歹徒的暴行～。

近义　怒发冲冠　怒气冲天　令人切齿

令人叫绝　lìng rén jiào jué

【释义】绝:极,最。叫绝:称赞事物好到极点。指让人叫好称绝。

【用法】用于形容事物珍稀奇特,世所罕见,令人赞赏。

【例句】尤其～的是,在南美的沙漠地区有一种步行仙人掌,其根部都是软刺,凭借风力可以朝着有水的地方匍匐前进,到达目的地才止步。

令人喷饭　lìng rén pēn fàn

【释义】令:使。吃饭时,因笑不可忍,把嘴里的饭都喷了出来。

【用法】用于形容事情、行为或话语非常可笑。

【例句】赵本山的小品,语言精彩,那些逗乐的话～。

近义　忍俊不禁　令人捧腹

令人捧腹　lìng rén pěng fù

【释义】令:使。捧腹:捧着肚子,形容大笑。指(好笑的事)让人捂着肚子大笑。

【用法】用于形容大笑的样子。

【例句】他模仿名人的言谈,诙谐生动,～。

近义　令人喷饭

令人切齿　lìng rén qiè chǐ

【释义】使人咬牙切齿。

【用法】用于形容十分痛恨。

【例句】这种人作为党的干部,却堕落为腐败分子,实在～。

近义　令人发指

令人神往　lìng rén shén wǎng

【释义】神往:一心向往。指让人心里非常向往。

【用法】用于形容对令人欣羡的景物和境界的渴求。

【例句】森林中丰富的动植物资源、奇妙瑰丽的景观变化,十分～。

近义　望眼欲穿

令人瞩目　lìng rén zhǔ mù

【释义】瞩:注视。使人注视。

【用法】一般用作褒义。

【例句】依托神奇独特的自然景观和绚丽多彩的风俗民情,新疆旅游业的发展～。

近义　众目睽睽

反义　不屑一顾

令人作呕　lìng rén zuò ǒu

【释义】令:使。作呕:恶心,想呕吐。指使人恶心想吐。

【用法】多用于对可恨、可厌的人或事产生的厌恶。

【例句】他那副装腔作势、故作姿态的样子,真～。

反义　赏心悦目

令行禁止　lìng xíng jìn zhǐ

【释义】令:命令。行:执行,行动。禁:禁令。止:停止。指命令做的马上执行,禁止做的马上停止。

【用法】用于形容法令严正,纪律严明。

【例句】学生参加军训,除在思想品德方面受到教育熏陶外,部队纪律严明、～的优良作风,也是必须认真学习的。

近义 令出如山 令出惟行 言出法随

溜之大吉 liū zhī dà jí

【释义】溜:悄悄地离开。偷偷溜走,算是上上等吉利。

【用法】含诙谐意,是对以一走了之摆脱困境的诙谐说法。

【例句】他必须摆脱这一切～,重新开始生活。

近义 三十六计,走为上计 逃之夭夭

提示 "溜"不能写成"蹓"。

留连忘返 liú lián wàng fǎn

见 432 页"流连忘返"。

留有余地 liú yǒu yú dì

【释义】余地:可供回旋的地方。指留下可供回旋的地方。

【用法】用于指说话、办事不死板,不走极端,留有退路。

【例句】凡事都～,这使他的工作进行得很顺利又有实效。

反义 不留余地

流芳百世 liú fāng bǎi shì

【释义】流:流传,传播。芳:香,指好名声。百世:古人以三十年为一世,指时间极为久远。美名永远流传到后世。

【用法】用于指人对社会、国家、民族有大功大业,足为后世人所敬仰称赞。

【例句】北魏地理学家郦道元用心考察各地山川河流之后,写出了一部～的《水经注》。

近义 万古流芳 青史留名 名垂青史

反义 遗臭万年 臭名远扬 声名狼藉

流风余韵 liú fēng yú yùn

【释义】流:流传。余:剩下。前代流传下来的风俗、韵事。

【例句】如果从孔子算起,中国"士"的传统至少已延续了两千五百多年,而且～至今未绝。

近义 遗风余韵

流光溢彩 liú guāng yì cǎi

【释义】流:流露,散播。溢:洋溢。指光芒四射,五彩缤纷。

【用法】用于形容五光十色的美丽景象。

【例句】一幅～而又清澈明丽的滕王阁秋景图展示在读者面前。

流金铄石 liú jīn shuò shí

【释义】流、铄:销熔,熔化。金属和石头都被熔化了。也作"铄石流金"。

【用法】用于形容天气酷热。

【例句】近几天,这里的天气奇热,～,连空气似乎都窒息了。

反义 滴水成冰

流离颠沛 liú lí diān pèi

见 165 页"颠沛流离"。

流离失所 liú lí shī suǒ

【释义】流离:流转离散。失所:失去安身之处。流转离散,无处安身。

【用法】侧重于指无处安身,这里住一日,那里住一晚。

【例句】全球仍有很多人因战乱～,无家可归。

近义 流离转徙 颠沛流离

反义 安身立命 安居乐业

L

流离转徙 liú lí zhuǎn xǐ

【释义】流离:离家到处流浪。徙:迁移。到处流浪,不断地从一处迁移到另一处。

【例句】1937年,战火和饥荒逼得他们～,逃到了西安。

近义 流离失所

反义 安居乐业

流连忘返 liú lián wàng fǎn

【释义】流连:留恋不止。返:回,归。原指沉迷于游乐忘了回去。后泛指留恋而舍不得离去。也作"留连忘返"。

【例句】桂林山水的美景使人～。

近义 乐而忘归　乐不思蜀　恋恋不舍

反义 归心似箭

流落他乡 liú luò tā xiāng

【释义】被迫离开家乡,漂泊外地。

【例句】这种～的酸甜苦辣,又有谁能理解,谁能同情?

近义 流离失所　流落天涯

反义 安居乐业

流落天涯 liú luò tiān yá

【释义】流落:因生活所迫而留居他乡。天涯:形容极远的地方。穷困潦倒,离开家乡,到外漂泊。

【例句】战争结束后,～的同胞纷纷返回家园。

近义 流落他乡

反义 安居乐业

流年不利 liú nián bù lì

【释义】流年:旧时算命看相的人称一年中所行之"运"。利:吉利。指人长年里处于不吉利的状态。谓时运不佳。

【例句】他虽然十年间身处逆境,～,但倚恃个人的顽强奋斗,终究否极泰来,转败为胜。

近义 时运不济　命运多舛

反义 春风得意　青云直上

流水不腐 liú shuǐ bù fǔ

【释义】腐:腐烂。指流动的水不会腐烂发臭。

【用法】常与"户枢不蠹"连用,比喻经常运动的事物是不易受侵蚀的。

【例句】"～,户枢不蠹",是说它们在不停的运动中抵抗了微生物或其他生物的侵蚀。

近义 户枢不蠹

流水无情 liú shuǐ wú qíng

【释义】流水:流动的水。情:情意。指流水一去不返,毫无情意。

【用法】用于比喻时光流逝毫不留情。常与"落花有意"连用,表示一方有意,另一方无意。

【例句】人的一生多么漫长,可是～,不珍惜光阴,将会带来无尽的悔恨。

流星赶月 liú xīng gǎn yuè

【释义】形容速度快,行动迅速。

【例句】老田头在县城里得到消息以后,便～般地赶回村里去送信。

近义 风驰电掣

反义 鹅行鸭步

流血漂卤 liú xuè piāo lǔ

【释义】卤:通"橹",大盾牌。漂:漂浮。流出的鲜血可以使盾牌浮起。

【用法】用于形容战场上伤亡极多。

【例句】这场战争打得非常惨烈,战场上伏尸百万,～。

近义 流血成河

流言飞语　liú yán fēi yǔ

见433页"流言蜚语"。

流言蜚语　liú yán fēi yǔ

【释义】流言:风传的话。蜚语:无根据的话。指没有根据的话。也作"流言飞语"。

【用法】多指背后散布的诽谤或谣言。

【例句】在这个小镇上,～传播得比电报还快。

近义 飞短流长　闲言碎语　风言风语

反义 言之凿凿

提示 "蜚"不能写成"诽"。

柳暗花明　liǔ àn huā míng

【释义】暗:指浓阴蔽日。明:明丽。绿柳成荫、繁花似锦。比喻在困境中看到希望。

【用法】用于描述事情由困难转入顺利。

【例句】时值阳春三月,一路上莺歌燕舞,～,让人心旷神怡。/ 经过大家共同努力,公司很快摆脱了山穷水尽的困境,出现了～的转机。

近义 峰回路转

反义 山穷水尽

六朝金粉　liù cháo jīn fěn

【释义】六朝:指建都于建康(金陵,今南京市)的六个朝代,即三国吴、东晋和南朝的宋、齐、梁、陈。金粉:指古代妇女妆饰用的脂粉。指六朝时金陵的奢侈豪华景象。后也比喻女子的仪容、妆饰。

【例句】在南京曲折而幽深的小巷里挂一盏古老的花灯,真能引发人们对～的幽思。/ 秦淮河的水是碧阴阴的,看起来厚而不腻,是～所凝吗?

六根清净　liù gēn qīng jìng

【释义】六根:佛教以眼为视之根、耳为听之根、鼻为嗅之根、舌为味之根、身为触之根、言为思之根。清净:无事烦扰。本为佛家语。佛教认为,六根与色、声、香、味、触、法六尘相连,会产生种种欲念,导致种种罪孽,因此主张六根清净,意即与六尘都不挨边,做到一尘不染。

【用法】泛指没有任何欲念,不为世事烦恼。

【例句】慧能大师勤修苦练,凤根深厚,智慧如海,面对这一切,当然是一尘不染,～。

近义 耳根清净

提示 "净"不能写成"静"。

六亲不认　liù qīn bù rèn

【释义】六亲:六种亲属。历来说法不一,但都指至亲(一说指父、子、兄、弟、夫、妇;一说指父、母、兄、弟、妻、子),泛指所有亲属。认:承认。指至亲也不相认。

【用法】形容人绝情寡义,不顾亲情时,含贬义;形容不讲情面,不徇私情时,含褒义。

【例句】他花天酒地,挥霍无度,以至～,连赡养父母的责任也不尽了。/ 张厂长执行起厂规厂纪来活像个黑脸包公,泾渭分明,～。

近义 铁面无私　寡情绝义

反义 与人为善

六亲无靠　liù qīn wú kào

【释义】六亲:六种亲属,历来说法不一,但都指至亲,泛指所有亲属。指没有什么亲属可以投靠。

【用法】用于形容人孤苦伶仃。

【例句】她父母都死于这次地震,现在,她已～,真可怜!

近义 举目无亲　无依无靠

六神不安　liù shén bù ān
见 434 页"六神无主"。

六神无主　liù shén wú zhǔ
【释义】六神:道教认为人的心、肺、肝、肾、脾、胆六脏各有神灵主宰,统称"六神"。无主:没有主意。指惊慌着急,心情纷乱,弄得一时没有主张。也作"六神不安"。
【用法】用于形容心慌意乱,不知所措。
【例句】大家面对突如其来的变故都～,不知如何应对。

近义 心神不定　神不守舍
反义 从容不迫　处之泰然　若无其事

六月飞霜　liù yuè fēi shuāng
【释义】指六月天霜雪飞舞。后用于比喻冤狱、冤情。也作"飞霜六月"。
【例句】这一哭真有三年不雨之冤,～之惨!

近义 沉冤莫白

龙飞凤舞　lóng fēi fèng wǔ

【释义】龙:传说中的神异动物。凤:凤凰,传说中的百鸟之王。雄为凤,雌为凰。像蛟龙腾飞、凤凰起舞一样。
【用法】用于形容山脉蜿蜒气势奔放,也形容书法笔势舒展活泼。
【例句】这五花山究竟有多少个山头? 极目眺望,只见～似的一片。/ 谢导多才多艺,一笔草书～,气势不凡。

龙马精神　lóng mǎ jīng shén
【释义】龙马:《周礼》上说"马八尺以上为龙",因以龙马称骏马。像骏马一样活跃,有生气。形容昂扬旺盛的精神。
【用法】多用于称誉老年人身心健旺。
【例句】万老先生虽然年逾花甲,但～不减当年。

近义 精神抖擞　意气风发　老当益壮
反义 萎靡不振　老态龙钟　老气横秋

龙盘虎踞　lóng pán hǔ jù
见 291 页"虎踞龙盘"。

龙蛇混杂　lóng shé hùn zá
【释义】比喻好人和坏人混在一起。
【例句】羊城是岭南第一大埠,人多了也就难免～,什么人都会有。

近义 鱼龙混杂　良莠不齐　泥沙俱下
反义 泾渭分明

龙生九子　lóng shēng jiǔ zǐ
【释义】古代传说,一龙生了九条小龙,形状不一,性格各异,爱好不同。
【用法】用于比喻同胞兄弟性格、志趣各不相同。
【例句】他们虽然是孪生兄弟,除形貌相似外,性格爱好却很不相同,恰如～,各有差异。

龙潭虎穴　lóng tán hǔ xué

【释义】潭:深水池。穴:洞穴。龙潜藏的深池,虎藏身的洞穴。比喻极其险恶的地方。也作"虎穴龙潭"。

【用法】常用于形容匪穴,隐藏危险分子的处所。

【例句】为了把这伙毒贩一网打尽,黄警官决心当卧底,只身去探～。

近义 刀山火海

提示 "潭"不能写成"谭""坛"。

龙腾虎跃　lóng téng hǔ yuè

【释义】腾:飞跃。跃:跳跃。指像龙一样飞腾,虎一样跳跃。

【用法】用于形容动作矫健,威武雄壮,十分活跃,富有生气。

【例句】随着阵阵喊声,只见大家举拳抬腿,躲闪踢打,～,手上啪啪作响,脚下咚咚有声。/三军官兵～,拉开了科技练兵的帷幕。/他的心情十分爽朗,坚信只要度过这段困难日子,局势就会好转,任自己～。

近义 生龙活虎　英姿勃勃
反义 死气沉沉

龙头蛇尾　lóng tóu shé wěi

【释义】头大像龙,尾细如蛇。

【用法】比喻做事开始声势大,后来劲头小,甚至有始无终。

【例句】他做事向来～,无法坚持始终。

近义 虎头蛇尾

龙骧虎步　lóng xiāng hǔ bù

【释义】龙:骏马。骧:马昂着头的样子。像骏马昂着头,像猛虎迈着步。

【用法】用于形容人昂首阔步,威武雄壮的样子。

【例句】作为健力宝的公关特使,李宁～,天马行空,自由驰骋于京、津、沪等地,促销大见成效。

近义 器宇轩昂　龙行虎步

龙骧虎视　lóng xiāng hǔ shì

【释义】龙:骏马。骧:马昂着头的样子。像骏马那样昂着头,像猛虎那样注视着。

【用法】用于形容人气势威武,目光有神。

【例句】看他气度不凡,有～之气。

龙行虎步　lóng xíng hǔ bù

【释义】行动像龙虎一样雄健。

【用法】用于形容人仪容庄严,步履矫健。

【例句】他演船老大出身的高爷爷,真是～,挥洒裕如。

近义 龙骧虎步

L

龙吟虎啸 lóng yín hǔ xiào

【释义】吟:鸣,叫。啸:(兽)拉长声音叫。指像龙一样长叫,虎一样长啸。

【用法】原指同类事物相互感应,今多形容声音嘹亮。

【例句】他那高亢的歌声真像～,离半里多路都听得真真切切。

近义 虎啸风生

反义 噤若寒蝉

龙争虎斗 lóng zhēng hǔ dòu

【释义】争:争斗。指龙相争,虎相斗。

【用法】用于形容双方势均力敌,斗争或竞赛紧张激烈。

【例句】潼关地势险要,自古就是～的战场。/ 奥运会上,各国运动员～,竞争激烈。

近义 逐鹿中原 明争暗斗

反义 握手言和

笼中之鸟 lóng zhōng zhī niǎo

【释义】关在笼子里的鸟。

【用法】用于比喻受困而失去自由的人。

【例句】经过公安干警们的精心策划,那个逃犯好像～,釜底枯鱼,顷刻就会被逮住。

隆情厚谊 lóng qíng hòu yì

【释义】深厚的感情。

【用法】多用于获得帮助,感激对方情谊深厚方面。

【例句】这种～,世上少有,令我异常感谢。

近义 深情厚谊

反义 寡恩少义

笼络人心 lǒng luò rén xīn

【释义】笼络:笼、络本是束缚牲畜的用具,引申为控制、拉拢。指用手段拉拢人,收买人心。

【例句】她很会～,常常给人以和善的笑容,关心体贴的话语,使你对她产生好感。

楼台亭阁 lóu tái tíng gé

见 710 页"亭台楼阁"。

镂骨铭心 lòu gǔ míng xīn

【释义】刻在骨头上,记在心中。形容永远不忘。

【用法】常用于表示永不忘记所接受的资助、恩德。

【例句】蒙娜丽莎那自然温存、高深莫测的一笑,不知使多少人神摇意夺、～。

近义 刻骨铭心

反义 置之脑后 过眼烟云

漏洞百出 lòu dòng bǎi chū

【释义】说话、做事不合情理或不能自圆其说的地方很多。

【例句】在这个～的诉状面前,法庭经过三次审讯,终于作出了老林无罪的判决。/ 他沉默了半个钟头之后,只得顺着首长诱导,编造了一段～的谎言。

近义 破绽百出

反义 无懈可击 天衣无缝

漏尽钟鸣 lòu jìn zhōng míng

见 985 页"钟鸣漏尽"。

漏网之鱼 lòu wǎng zhī yú

【释义】捕鱼时从网中漏掉的鱼。

【用法】比喻侥幸逃脱制裁的罪犯或敌人。

【例句】严打中的这条～最终还是被公安干警逮住了。

反义 瓮中之鳖 网中之鱼

提示 "鱼"不能写成"渔"。

露出马脚　lòu chū mǎ jiǎo

【释义】露:显露。比喻显露出事实真相。

【例句】贪官们最初接受他人贿赂还胆战心惊,后来多次受贿都未曾～,他们就心存侥幸了。

庐山真面目　lú shān zhēn miàn mù

【释义】庐山:我国文化名山,在江西九江。借指事物的本来面目或事实的真相。

【例句】今天才算意外地看穿了这个家伙的～!

近义 真相毕露

炉火纯青　lú huǒ chún qīng

【释义】纯青:青色,这里指炉火的热度达到最高点,火焰从红色转成青色。相传道家炼丹,炉中的火焰出现青色时即为火候到家。

【用法】用于比喻功夫、技艺、学问、办事等达到纯熟、完美的境界。

【例句】袁技术员的炼钢炼铁技术已到了～的地步。

近义 出神入化　登峰造极

反义 平淡无奇

提示 "青"不能写成"清"。

卤莽灭裂　lǔ mǎng miè liè

见437页"鲁莽灭裂"。

鲁莽灭裂　lǔ mǎng miè liè

【释义】鲁莽:粗鲁,莽撞。灭裂:轻率,苟且。做事草率苟且,粗鲁莽撞,不负责任。也作"卤莽灭裂"。

【例句】做事时一定要三思而后行,不要～,做出那种放而不收的事。

近义 粗心大意　粗枝大叶

反义 小心慎行

鲁鱼亥豕　lǔ yú hài shǐ

【释义】把"鲁"字写成"鱼"字,把"亥"字写成"豕"字。因为鲁和鱼、亥和豕在古代篆书中,字形十分相似,因而容易误写。后以"鲁鱼亥豕"表示书籍刊刻、传抄、印刷中的文字错误。

【例句】许多盗版书,粗制滥造,～,贻误读者。

近义 乌焉成马

陆海潘江　lù hǎi pān jiāng

【释义】陆、潘:晋代文学家陆机和潘岳。原为称颂陆机的才华像海,潘岳的才华如江。后用于称颂文人才思广深,或指文才出众、学识渊博的人。

【用法】多用于指有学识的人。含褒义。

【例句】这位年轻的作家才华横溢,气度不凡,真可谓～。

鹿死谁手　lù sǐ shéi shǒu

【释义】鹿:争逐捕猎的对象,比喻政权。原指政权最终不知会落在谁的手中。后泛指竞赛中不知最后的胜利属于谁。

【用法】多用作"未知""不知"的宾语。

【例句】这一届美国总统竞选,不知～。/

L

在这次竞赛中,强手如林,究竟～,很难预料。

近义 雌雄未决

反义 稳操胜券　胜券在握

绿林好汉　lù lín hǎo hàn

【释义】绿林:山名,在今湖北大洪山一带,是西汉末年王匡、王凤等领导的农民起义军聚集的地方。后用"绿林"泛指聚集山林反抗官府或抢劫财物的集团。好汉:勇敢坚强的男子。原指聚集山林造反的绿林军。后泛指占山为王的强悍之士。也作"绿林英雄"。

【例句】武侠小说常以～为主要人物,写他们反抗官府行侠仗义、劫富济贫的故事。

提示 "绿"不读 lù。

绿林英雄　lù lín yīng xióng

见 438 页"绿林好汉"。

碌碌无为　lù lù wú wéi

【释义】碌碌:平庸无能的样子。能力平庸,无所作为。

【例句】如果不是父亲的鞭策,他现在可能仍在小村庄里～地生活。

近义 无所作为　一无所为　一事无成

反义 大有作为　出类拔萃

路不拾遗　lù bù shí yí

【释义】遗:失物。掉在路上的东西没人拾为己有。也作"道不拾遗"。

【用法】形容社会风气良好。

【例句】～、夜不闭户,正是社会治安良好的最佳写照。

近义 夜不闭户

路绝人稀　lù jué rén xī

【释义】绝:阻绝,断绝。稀:稀少。道路不通,人烟稀少。

【例句】这里已是高寒地点,～,满目荒凉。

路人皆知　lù rén jiē zhī

【释义】路人:行路的人。皆:都。指路上的行人都知道。

【用法】常与"司马昭之心(想称帝的野心)"连用。含贬义。

【例句】汤某想当校长,这在系里是～的事。

路遥知马力　lù yáo zhī mǎ lì

【释义】路:路途,路程。遥:遥远。马力:马的耐力。指路程遥远才能知道马的耐力强弱。

【用法】常与"日久见人心"连用,表示经过长期的考察,才能见出一个人心思的好坏,了解其力量的大小。

【例句】游击战争没有正规战争那样迅速的成效和显赫的名声,但是"～,日久见人心",在长期和残酷的战争中,游击战争将表现其很大的威力,实在是非同小可的事业。

路转峰回　lù zhuǎn fēng huí

见 218 页"峰回路转"。

勠力同心　lù lì tóng xīn

【释义】勠力:并力,合力。同心:齐心。齐心合力,团结一致。

【例句】我们将联合起来,～,把本届奥运会办成有史以来最出色和最安全的奥运会。

近义 同心协力　齐心协力

提示 "勠"不能写成"戮"。

露才扬己　lù cái yáng jǐ

【释义】露:显露,表露。扬:显示,表现。显露才能,表现自己。

【例句】他认为只有～，才能让别人了解自己，赏识自己。

露宿风餐　lù sù fēng cān
见 211 页"风餐露宿"。

驴唇不对马嘴　lǘ chún bù duì mǎ zuǐ
【释义】比喻前言不搭后语，或答非所问，或事物两下不相合。
【用法】多用于话语，也用于事物。
【例句】他乱编了一通，～，真是欲盖弥彰。
近义 牛头不对马嘴

驴鸣犬吠　lǘ míng quǎn fèi
【释义】犬吠：狗叫。像毛驴和狗鸣叫一样。形容文章写得拙劣。
【用法】仅限于形容诗文。
【例句】像这种～的文章，千万不要出版，以免误人子弟啊！

驴年马月　lǘ nián mǎ yuè
【释义】十二生肖中没有驴，所以没有"驴年"。指不知何年何月。
【用法】表示遥遥无期，难以指望。
【例句】这件事即便有点希望，也不知～能兑现！
近义 猴年马月

旅进旅退　lǚ jìn lǚ tuì
【释义】旅：共同。与众人共进共退。形容没有主见，跟着别人走。
【用法】多用作贬义。
【例句】难道我们的领路人也跟着他～吗？／他的见解独特，从不人云亦云，～。

屡败屡战　lǚ bài lǚ zhàn
【释义】屡：一次又一次。屡次失败却仍坚持战斗。

【例句】我们要经受得住失败，～，总有一天胜利会属于我们。

屡次三番　lǚ cì sān fān
【释义】屡次：次数很多。三番：许多次，一次又一次。形容次数很多，即反复多次。
【例句】妈妈～叮嘱我要虚心向先进人物学习。
近义 接二连三

屡见不鲜　lǚ jiàn bù xiān
【释义】屡：多次。鲜：新鲜，新奇。指经常见到，不足为奇。也作"数见不鲜"。
【用法】用于多次出现或普遍见到的事。
【例句】不规范的字在报纸杂志和电视字幕中～。
近义 司空见惯
反义 见所未见

屡教不改　lǚ jiào bù gǎi
【释义】屡：一次又一次。经过多次教育，仍然不肯改正。
【用法】一般用于犯罪分子或犯罪行为。
【例句】这些犯错误的人，除了极少数坚持错误、～的以外，大多数是可以教育改正的。
近义 执迷不悟
反义 痛改前非　知过必改　幡然悔悟

屡试不第　lǚ shì bù dì
【释义】试：考试。第：及第，即考中。指多次考试都未考中。
【例句】范进从 20 岁起～，一旦中举，竟然欢喜得疯了。
近义 名落孙山

屡试不爽　lǚ shì bù shuǎng
【释义】屡：一次又一次。爽：差错。经过多次试验，均无差错。

【例句】暴涨必然暴跌，股市这句～的至理名言又在邮市应验了。

屡战屡败 lǚ zhàn lǚ bài

【释义】屡：一次又一次。多次战斗都失败。

【例句】在～之后，敌军便流窜到附近的大山里去了。

反义 屡战屡胜

屡战屡胜 lǚ zhàn lǚ shèng

【释义】屡：一次又一次。多次战斗都胜利。

【例句】项羽～，却由盛而衰，这是一个令人值得深思的问题啊！

反义 屡战屡败

履厚席丰 lǚ hòu xí fēng

见 780 页"席丰履厚"。

履险如夷 lǚ xiǎn rú yí

【释义】履：行走。如：好像。夷：平地。走在险峻的地方像走在平地上一样。也作"履险若夷"。

【用法】用于比喻身处险境毫不畏惧，也比喻经历危险却很平安。

【例句】训练有素的消防队员攀登危楼，～。

近义 如履平地　临危不惧

履险若夷 lǚ xiǎn ruò yí

见 440 页"履险如夷"。

绿暗红稀 lǜ àn hóng xī

【释义】形容暮春时节绿叶繁茂而红花凋谢的景象。

【例句】这首诗描绘的是一幅～的美景。

近义 绿肥红瘦

绿草如茵 lǜ cǎo rú yīn

【释义】茵：垫子。形容草地像铺了一张绿色的垫子一样。

【用法】常用于描写春、夏两季的草地。

【例句】这里～，百花争妍，宛如一座绚丽多姿的植物园。

近义 碧草如茵

绿肥红瘦 lǜ féi hóng shòu

【释义】肥：比喻茂盛。瘦：比喻零落。比喻暮春时节绿叶茂盛而红花凋谢的景象。也作"红瘦绿肥"。

【例句】六月的桂林，～，江水盈盈，美极了！

近义 绿暗红稀

绿水青山 lǜ shuǐ qīng shān

见 549 页"青山绿水"。

鸾凤分飞 luán fèng fēn fēi

【释义】鸾：凤凰一类的鸟。凤：凤凰，传说中的神鸟。指鸾鸟和凤凰分开飞去。

比喻夫妻离散。

【例句】在那动荡的年月里,他们～,直到抗战胜利,才得以团聚。

鸾凤和鸣 luán fèng hè míng

【释义】鸾:传说中凤凰一类的鸟。和:和谐地跟着唱。指鸾鸟和凤凰相互应和鸣叫。比喻夫妻关系和睦。

【用法】常用作结婚贺词。

【例句】送上一对吉祥鸟,祝福二位新人～、幸福美满。

近义 琴瑟和谐

反义 琴瑟不调

鸾飘凤泊 luán piāo fèng bó

【释义】鸾:传说中凤凰一类的鸟。像鸾鸟和凤凰一样飞扬、停留,比喻书法笔势飘逸洒脱。或像鸾鸟和凤凰一样漂泊,比喻漂泊无定或离散。也作"凤泊鸾飘"。

【用法】现多照字面意思使用,指夫妻离散。

【例句】自那次大地震后,这对夫妇离散十年,～,如今终于团聚,可喜可贺啊!

近义 劳燕分飞　鸾凤分飞

反义 形影不离

鸾翔凤翥 luán xiáng fèng zhù

【释义】鸾:传说中凤凰一类的鸟。翥:飞举。鸾鸟和凤凰飞舞于天空之上。

【用法】用于比喻书法笔势飞动飘逸。

【例句】刘老师的笔法～,真不愧为当今有名的书法家啊!

近义 龙飞凤舞

卵与石斗 luǎn yǔ shí dòu

【释义】卵:蛋。蛋和石头争斗。比喻不自量力,自取灭亡。

【用法】用于力量悬殊的两方。

【例句】这场比赛甲方犹如～,必败无疑。

近义 弱不敌强

反义 势均力敌

乱点鸳鸯 luàn diǎn yuān yāng

【释义】乱:任意,随便。鸳鸯:水鸟,雌雄成对生活在一起。比喻夫妻。指胡乱配对,错配姻缘。

【例句】由于封建家长～而逃婚甚至殉情的事,古今都有。

乱箭攒心 luàn jiàn cuán xīn

【释义】乱:杂乱。攒:聚集。指杂乱的箭一起射在心口上。

【用法】用于比喻内心极其痛苦。

【例句】爷孙二人外出游玩,遭遇车祸,不幸身亡。老奶奶闻讯,顿觉～,昏倒在地。

乱七八糟 luàn qī bā zāo

【释义】乱:没有条理。糟:糟糕。形容糟糟的。

【用法】可用于形容东西杂乱、做事胡乱或心绪混乱。

【例句】这段时间她特别忙,以至没有时间处理家务,屋子里～的。/～地写了几十万字,并不能算作长篇小说。/小雪被绑架了,报不报案呢,他一时没了主意,心里～的。

近义 杂七杂八　乌七八糟

反义 有条不紊　有条有理　井井有条

乱作一团 luàn zuò yī tuán

【释义】混杂在一起。

【用法】用于形容十分混乱。

【例句】这篇文章不但融入了儒、道士、和尚的糟粕,还密密地插入鬼话,真是～了!/听到这突如其来的消息,舞场就像一个刚捅开的马蜂窝,～。

L

掠人之美　lüè rén zhī měi

【释义】掠：夺取，抢夺。美：美好的（功劳、声誉、成就等）。指夺取他人的功劳、美名等为己有。

【用法】有时也作自谦之语，前面加"不敢"二字。

【例句】在这个问题的研究上，前人已发表过不少见解，也出了不少成果，但本人绝不敢～。一得之愚是自己辛勤劳动的结晶。

反义　成人之美

略高一筹　lüè gāo yī chóu

见442页"略胜一筹"。

略迹原情　lüè jì yuán qíng

【释义】略：省略，略去。原：原谅；探究。撇开表面的事实，从情理上加以原谅。或撇开表面的事实，探求事物的本源。

【例句】对小刘这件事，已～，大家不要再去怪罪他。／她的文史著述，知人论世、～，平心放眼，表现出罕见的热忱与胆识。

略见一斑　lüè jiàn yī bān

【释义】略：大致，大概。斑：斑点，斑纹。指（从竹管里看豹）只看见豹皮上的斑纹。

【用法】用于比喻只看到事物的某一方面，但不全面。

【例句】进农家乐，喝盖碗茶，吃小吃，看足球……成都人亲近自然、开放、乐天的性格由此～。

提示　"一斑"不能理解成"一般"，也不能写成"一般"。

略胜一筹　lüè shèng yī chóu

【释义】略：略微，稍微。筹：筹码，记数的用具。稍微超过一码。两相比较，稍微强一点。也作"稍胜一筹""略高一筹"。

【例句】漫游过西洋文化之林的学者们，

终于感到中国文化精神～。

近义　道高一尺，魔高一丈

反义　稍逊一筹

略知一二　lüè zhī yī èr

【释义】略：稍微。一二：指为数不多。稍微知道一点儿。

【用法】不限指知识，多指人或事的情况，意为数量少（对"多"而言）。有时也用作自谦之语。

【例句】我出生在洪湖，不敢说对洪湖了如指掌，但可以说～。

近义　略知皮毛

论功封赏　lùn gōng fēng shǎng

见442页"论功行赏"。

论功行赏　lùn gōng xíng shǎng

【释义】论：评定。赏：奖赏。评定功劳的大小，分别给予不同的奖赏。也作"论功封赏"。

【例句】这项重点工程竣工后，要～。

近义　赏罚严明　论功行封

反义　赏不当功　赏罚不明

论今说古　lùn jīn shuō gǔ

【释义】既要议论当今，又要评说古代。

【用法】用于形容话题广泛，无所不谈。

【例句】她连忙谦虚地说："本人才疏学浅，哪里敢～。"

近义　谈天说地

罗掘一空　luó jué yī kōng

【释义】罗：张网捕鸟。掘：挖掘鼠洞。罗掘：用尽一切办法筹措钱物。形容财物已被搜刮干净。

【用法】多用于书面语。含贬义。

【例句】为了集资办厂，他把家里的东西～，都变卖成了现款。

罗雀掘鼠 luó què jué shǔ

【释义】罗:张网捕鸟。掘:挖洞。粮食已尽而张网捕雀、挖洞捉鼠以充饥。比喻用尽一切办法筹措钱物。

【例句】为了支付律师费用,被告的家属～,才凑够了代理诉讼费。

近义 罗掘俱穷　东挪西凑

反义 物阜民丰　绰绰有余

锣鼓喧天 luó gǔ xuān tiān

【释义】喧:喧闹,声音大而杂乱。敲锣打鼓,声音震天。原形容古代战场上鸣锣击鼓的声势震人。现形容欢乐、喜庆的气氛。

【例句】山坡后面,～,早早地撞出了两彪军马。/ 街头～,人们正在庆祝胜利。

近义 敲锣打鼓

反义 悄然无声

荦荦大端 luò luò dà duān

【释义】荦荦:清楚、分明的样子。指主要的项目,明显的要点。

【例句】今天的报告,只是～,细节以后再讲吧。

洛阳纸贵 luò yáng zhǐ guì

【释义】洛阳:地名,今属河南,西晋建都于此。指洛阳纸张因需求的人多,一时间价格昂贵。比喻文章、著作风行一时,广为流传。

【典故】晋代文学家左思在写名著《三都赋》时,日夜冥思苦想,在家中的任何地方都放了纸和笔,只要想到妙词佳句,马上就记下来,用了十年心血,终于写成。当《三都赋》问世后,立即在都城洛阳引起轰动。人民争相传抄,使得洛阳的纸价因此贵了起来。(《晋书·左思传》)

【用法】可用于称赞别人文章写得好。

【例句】人说～,谁知今年闹得长安扇子也贵了。/ 译本《巴黎茶花女遗事》在当时确实是一时～,风行海内。

近义 脍炙人口　家喻户晓

反义 无人问津　曲高和寡

络绎不绝 luò yì bù jué

【释义】络绎:连续不断的样子。指前后相接,连续不断。

【用法】用于形容来往车马人群很多。

【例句】前来参观凡尔赛宫的游人～。

近义 川流不息　源源不断

反义 断断续续

落花流水 luò huā liú shuǐ

【释义】落下的花瓣随着流水漂走。形容暮春的衰败景象。

【用法】现多形容惨败。

【例句】她是一位伤感多情的诗人,哪怕是看到～的景象也要叹息几天。/ 在苏德战场上,苏联红军把德国法西斯军队打得～。

近义 狼狈不堪　一败涂地

反义 春意盎然　万紫千红　得胜回朝

落花有意 luò huā yǒu yì

【释义】落:零落、飘零。意:情意。零落的花(对流水)有情意。指一厢情愿。

【用法】常与"流水无情"连用,描述男女间的爱情,表示一方有意,另一方无情。

【例句】爱情是双方的事,如果只是～,就变成一厢情愿了。

落荒而逃 luò huāng ér táo

【释义】荒:荒野。离开战场,逃向荒野。形容战败后惊慌逃命。也泛指做事失败后溜走。

【例句】这次战役中,农民军仓猝迎战,损失很大,只好～。/ 她只是像一个挨了打的狗，夹着尾巴～了。

近义 狼狈不堪　一败涂地

反义 得胜回朝

落井下石　luò jǐng xià shí

见 719 页"投井下石"。

落落大方　luò luò dà fāng

【释义】落落：心胸豁达坦率。大方：不拘束。形容举止洒脱自然，不拘谨。

【例句】曹先生为人是蛮好的，他夫人为人处世也～。

近义 举止大方　雍容大雅

反义 忸怩作态　扭扭捏捏　矫揉造作

落落寡合　luò luò guǎ hé

【释义】落落：孤独的样子，不合群。寡：少。合：合群。形容性格孤僻或见解孤立，与别人很少合得来。

【例句】铁子为人～，和他做朋友的人很少。

落落寡欢　luò luò guǎ huān

【释义】落落：孤独。寡：少。欢：欢乐，欢

笑。形容人孤僻少笑容。

【例句】他经常独自一人在校园中漫步，一副～的样子。

落入俗套　luò rù sú tào

【释义】俗套：庸俗陈旧的格调、套式。指陷进陈旧的老套式中。

【用法】用于形容没有创意，多指文艺作品。

【例句】这是部浪漫喜剧，看起来轻松愉快，有很好的喜剧效果，且不～。

落拓不羁　luò tuò bù jī

【释义】落拓：行为放浪。羁：马笼头，比喻约束。形容人行为放浪，不受拘束。

【例句】昔日那游戏风尘、～的木道人根本已不存在了。

落叶归根　luò yè guī gēn

见 860 页"叶落归根"。

落英缤纷　luò yīng bīn fēn

【释义】落：坠落，掉落。英：花。缤纷：繁乱。指掉落的花繁多而凌乱。

【例句】平时祖父严禁摘花，直到～时节，方才叫人摘取。

M

麻痹大意　*má bì dà yì*

【释义】麻痹：一种身体某部分失去知觉或功能丧失的疾病。失去警惕，粗心大意。

【释义】用于指不经心、丧失警惕，语义较重。

【例句】驾车时一定要注意安全，千万不能～。／昨天逛商店时，妈妈～，钱包被偷了。

近义 粗心大意　掉以轻心

反义 全神贯注　聚精会神

麻木不仁　*má mù bù rén*

【释义】不仁：失去感觉。肢体麻痹，感觉丧失。麻木：身体某部位感觉完全丧失。比喻思想不敏锐，反应迟钝。不仁：肢体失去知觉。指肢体麻痹，失去感觉。

【用法】用于比喻对外界事物反应迟钝，漠不关心。

【例句】生活的坎坷磨难，使她渐渐变得～了。／同学之间要真诚友爱，互相帮助，不要漠不关心，～。

近义 漠不关心　无动于衷　冷若冰霜

反义 古道热肠　满腔热忱　关怀备至

马不停蹄　*mǎ bù tíng tí*

【释义】马不停下脚步。

【用法】用于比喻一刻也不停留，一直前进。

【例句】他刚出差回来，又～地赶去厂里了解生产情况。

近义 日夜兼程

反义 裹足不前　停滞不前

马齿徒增　*mǎ chǐ tú zēng*

【释义】马齿：马的牙齿随年龄而增长，看马齿就知道马的年龄。徒：白白地。比喻一年一年白白度过。

【用法】常用于谦称自己虚度年华，没有成就。

【例句】我们一定要努力学习，不能～，虚度光阴。

近义 时光虚掷　老大无成

反义 老有所为　不虚此生

马到成功　*mǎ dào chéng gōng*

【释义】马：战马。到：到达。战马一到立即取胜。形容事情顺利，很快取得成果。

【用法】常与"旗开得胜"连用，形容事情或工作立即成功。

【例句】你今天旗开得胜，～，值得庆贺。

近义 旗开得胜

反义 出师不利

马放南山 mǎ fàng nán shān

【释义】比喻天下太平，不再作战。

【例句】历史的经验告诉我们，和平时期切不可～、刀枪入库，一定要居安思危，防患于未然。

近义 归马放牛

反义 穷兵黩武

马革裹尸 mǎ gé guǒ shī

【释义】马革：马的皮革。裹：包裹，包缠。尸：尸体。指马皮将尸体包裹起来。表示军人战死沙场。

【例句】如果这场仗赢了，就算我耗尽力气、～又有什么好遗憾的？

马工枚速 mǎ gōng méi sù

【释义】马：司马相如。工：好，精工。枚：枚皋。速：快。司马相如文章写得好，枚皋文章写得快。后用于指各有所长。

【用法】多用于指作家的作品。

【例句】你们两位～，各有所长，不必谦虚。

马路新闻 mǎ lù xīn wén

【释义】马路：供车马行走的道路。马路上的新闻。指流传很广但未经证实的消息。

【例句】自从吃了脚鱼可以防治癌症的～传开之后，南湾脚鱼更是名声大振。

近义 小道消息　道路之言

马马虎虎 mǎ mǎ hū hū

【释义】形容做事草率，不认真、不仔细。也指勉强凑合。

【例句】终身大事要慎重，怎么能～？／我们不能够用我们还可以～过得去来安慰自己。

近义 粗心大意

反义 一丝不苟

马首是瞻 mǎ shǒu shì zhān

【释义】是：指示代词，复指"马首"。瞻：看。古代作战时士兵看着主将的马头决定进退。泛指跟随别人行动或听从别人指挥。

【用法】用于比喻追随或听从。

【例句】市场唯大众～，将大众敬称为"上帝"。

近义 惟命是从　亦步亦趋

马仰人翻 mǎ yǎng rén fān

见581页"人仰马翻"。

埋名隐姓 mái míng yǐn xìng

见921页"隐姓埋名"。

埋没人才 mái mò rén cái

【释义】埋没：掩埋。使人显不出来，无法发挥才能。

【例句】这种做法，使用人者和被人用者都不负责，严重～和压抑人才。

提示"没"不读 méi。

埋头苦干　mái tóu kǔ gàn

【释义】埋头:不抬头地。指低着头卖力地干。

【用法】形容工作学习专心、勤奋。

【例句】她是一位汽车专业方面的行家,又是一个任劳任怨、～的总经理。

近义　兢兢业业

买椟还珠　mǎi dú huán zhū

【释义】椟:木匣子。还:退回。珠:珍珠。买下装珍珠的木匣子,退还了珍珠。

【典故】楚国有人到郑国去卖珍珠,他把珍珠置放在一个精美的木兰小匣子里,木匣外用玫瑰装饰,用珠玉点缀,用翡翠鸟的羽毛编成。郑国人"买其椟而还其珠"。(《韩非子·外储说左上》)

【用法】用于比喻没有眼光,舍本逐末,取舍失当。

【例句】如果把商品包装看得比商品本身更有价值,这就有点～的味道了。

近义　舍本逐末　本末倒置

麦穗两歧　mài suì liǎng qí

【释义】歧:岔道,引申为分岔。一株麦子长出两个穗子。指丰收。也作"麦秀两歧"。

【用法】用于指农业收成好。

【例句】这些年政策好,又风调雨顺。所以～,六畜兴旺,农民生活越来越好。

反义　去末归本

麦秀两歧　mài xiù liǎng qí

见447页"麦穗两歧"。

卖儿鬻女　mài ér yù nǚ

见946页"鬻儿卖女"。

卖官鬻爵　mài guān yù jué

【释义】鬻:卖。爵:爵位。旧时指当权者出卖官职、爵位,聚敛财富。

【例句】清朝后期,高门显贵～,荒淫无度。

卖国求荣　mài guó qiú róng

【释义】求:追求,谋取。荣:荣华富贵。指出卖国家和民族的利益,以谋取个人的荣华富贵。

【例句】他的所作所为充分暴露了他～的嘴脸,应该遭到人们的鄙视。

近义　卖主求荣　卖友求荣

反义　精忠报国

卖身投靠　mài shēn tóu kào

【释义】卖:出卖。身:自身。投靠:投奔依靠。指出卖自己,投靠有权有势者。

【用法】用于比喻丧失人格,充当他人的工具。

【例句】在日伪期间,有骨气的中国人都决不会去当汉奸,～日本人。

脉络贯通　mài luò guàn tōng

【释义】脉络:人体的经络,引申为条理、线索。脉络连贯畅通。

【用法】用于指事物条理清楚,前后连贯。

【例句】整个生产和销售的运行机制应该～,畅行无阻。

M

蛮不讲理　mán bù jiǎng lǐ

【释义】蛮:蛮横。理:道理。指蛮横而不讲道理。

【例句】他又不是野人,不可能这样～!

瞒上欺下　mán shàng qī xià

【释义】瞒:隐瞒,欺骗。欺:欺压。瞒哄地位在上的人,欺压下属和百姓。

【例句】凡遇事不替老百姓着想、～的干部一定都是心怀鬼胎、图谋不轨的。

【近义】欺上瞒下

瞒天过海　mán tiān guò hǎi

【释义】瞒:隐瞒。过:渡过。指不让天知道就过了大海。

【用法】用于比喻用欺骗手段,暗中行动。

【例句】他自以为能够～,从中渔利,殊不知他的上级对此早有觉察。

【近义】瞒天昧地

【反义】光明磊落　招摇过市

瞒天昧地　mán tiān mèi dì

见 455 页"昧地谩天"。

瞒心昧己　mán xīn mèi jǐ

【释义】瞒:欺骗。昧:隐藏。指违背良心做坏事。也作"昧己瞒心"。

【例句】咱们经商各凭良心,不准～。

【近义】丧尽天良　丧心病狂

满不在乎　mǎn bù zài hū

【释义】满:全。在乎:介意,在意。指完全不把事情放在心上。

【用法】用于形容对事物极其不重视。

【例句】小婷婷走进了幼儿园的大门,一副新奇而又～的样子。

满城风雨　mǎn chéng fēng yǔ

【释义】满:全。原指秋天的景色。后比喻某事迅速传遍,引起轰动,人们到处议论纷纷。

【例句】这个消息很快在干部和群众中传开了,闹得～,沸沸扬扬。

【近义】议论纷纷　众说纷纭

【反义】风平浪静　烟消云散

满腹狐疑　mǎn fù hú yí

【释义】狐疑:怀疑,多疑。狐狸狡猾多疑,故称狐疑。指一肚子的怀疑。

【用法】用于形容疑惑重重,摸不清底细。

【例句】放下电话,我不由得～,他究竟是什么用意,何种居心?

【近义】疑神疑鬼

满腹经纶　mǎn fù jīng lún

【释义】满:全。经纶:整理过的蚕丝,比喻规划、治理国家的才能本领。形容人饱学且有才能。

【例句】吴老师～,讲课生动幽默,给学生留下了深刻的印象。

【近义】才高八斗　学富五车　满腹珠玑

【反义】才疏学浅　胸无点墨　不学无术

【提示】"纶"不能写成"伦"。

满腹牢骚　mǎn fù láo sāo

【释义】牢骚:烦闷不满的言论、情绪。满肚子的牢骚。形容极为不满。也作"牢骚满腹"。

【例句】老板对他的批评使他～,他总觉得自己受到了不公正对待。

【近义】愤愤不平　怒气冲冲

【反义】心平气和

满腹疑团　mǎn fù yí tuán

【释义】一肚子弄不清的疑问。

【用法】用于指很多弄不清的问题。

【例句】虽然他对这个报告～,但最终还

是签了字。

近义 满腹狐疑

反义 坚信不疑

满坑满谷 mǎn kēng mǎn gǔ

【释义】满:充满。坑:坑洞。谷:狭长的山谷。指充满了坑洞,充满了山谷。

【用法】用于形容遍地都是,数量极多。

【例句】工地上的建筑材料～,分门别类地堆放在地上,供工人随时选用。

近义 比比皆是

满门抄斩 mǎn mén chāo zhǎn

【释义】满门:全家。抄没财产,全家人被处死刑。

【例句】霍光死后,霍家的后代谋反被揭发,汉宣帝下令将霍家～。

近义 斩尽杀绝 斩草除根

满面春风 mǎn miàn chūn fēng

【释义】春风:春天的风,比喻愉快的神色。指脸上洋溢着愉悦,如和煦的春风。也作"春风满面"。

【例句】秦仲义穿得很讲究,～地走了进来。

近义 春风得意

反义 愁眉不展

满面红光 mǎn miàn hóng guāng

【释义】满面:整个面部。形容心情舒畅,精神健旺的样子。

【例句】看他～的样子,就知道他身体状况很好。

近义 容光焕发

反义 面容憔悴

满目疮痍 mǎn mù chuāng yí

见 125 页"疮痍满目"。

满腔热忱 mǎn qiāng rè chén

【释义】满:整个。满腔:充满胸膛,充满心中。热忱:热情。心中充满热烈而真挚的感情。

【例句】共产党员对人民群众应该～,而不能漠不关心。

近义 一腔热血

反义 冷若冰霜 漠不关心 麻木不仁

满堂金玉 mǎn táng jīn yù

见 352 页"金玉满堂"。

满园春色 mǎn yuán chūn sè

见 129 页"春色满园"。

满载而归 mǎn zài ér guī

【释义】载:装载。归:归来。满满地装载着东西回来。

【用法】用于形容收获很丰富。

【例句】两年的学习生活结束了,游老师～,如虎添翼,在学校管理和教育改革第一线干得更带劲了。

反义 空手而归 宝山空回 一无所获

漫不经心 màn bù jīng xīn

【释义】漫:随便,不受约束。经心:留心,在意。随随便便,一点儿不在意。

【用法】多指自身的举止神情。

【例句】他们带着那种迁就的微笑,～地用筷子挑上几根荠菜。

近义 掉以轻心

反义 全神贯注 专心致志 聚精会神

提示"漫"不能写成"慢"。

漫山遍野 màn shān biàn yě

【释义】漫:满。遍:到处。遍布山岭和田野。

【用法】用于形容数量多,范围广。

M

M

【例句】一时间,这里～种满果树,既绿了荒山,又有了财源。

近义 比比皆是　盈千累万

反义 寥寥无几　一星半点

漫天讨价　màn tiān tǎo jià

【释义】形容商人不老实,索取货价在货值以上。

【例句】最近一家拍卖行要拍我的画,底价我喊 20 万元,有人笑我～虚张声势。

近义 漫天要价

漫天要价　màn tiān yào jià

【释义】漫:满。要:索取。指没有限度地把售价抬得很高。

【用法】也引申指提出的条件或要求过高。

【例句】一些摊主～,顾客一定要小心。

近义 漫天讨价

漫无边际　màn wú biān jì

【释义】漫:没有限制,不受约束。非常广阔,无边无际。

【用法】常用于形容思考、谈话或写文章等没有中心,离题很远。

【例句】思考,不能是～的胡思乱想。

近义 不着边际　漫无止境

漫无止境　màn wú zhǐ jìng

【释义】形容事物没有边界。

【用法】常用于形容没有尽头或结果。

【例句】此事～,不知何时才有结果。

近义 漫无边际

慢条斯理　màn tiáo sī lǐ

【释义】形容人说话、做事慢吞吞的,不慌不忙。

【例句】吉德瓦尼太太～的语句中透着

忧伤。

近义 从容不迫　蜗行牛步

反义 风风火火　雷厉风行　急不可待
迫不及待

芒刺在背　máng cì zài bèi

【释义】芒刺:植物茎叶、果实上的细刺。芒刺扎在背上。形容心中惶恐,坐立不安。

【用法】用于指极度不安。

【例句】这篇文章使一些人至今如～而难以释然。

近义 忐忑不安　如坐针毡

反义 泰然自若　悠然自得

忙里偷闲　máng lǐ tōu xián

【释义】偷闲:挤出空闲时间。在繁忙的情况下挤出一点空闲时间。

【例句】钱先生～,陪家人到郊外玩了一天。

盲人摸象　máng rén mō xiàng

【释义】盲人:失去视力的人。摸:触摸。象:大象。指几个失去视力的人各以自己所触摸的部位说出大象的样子,因而各说不一。也作“盲人说象”。

【用法】用于比喻以偏概全,认识片面。

【例句】没有历史感的文学研究是见树不见林,是～,这种“研究”必然要陷入肤浅的片面性之中。

近义 以偏概全　坐井观天

盲人说象 *máng rén shuō xiàng*

见 450 页"盲人摸象"。

盲人瞎马 *máng rén xiā mǎ*

【释义】盲人骑着瞎马。比喻现状危险到极点。

【例句】经过这次挫折,李经理懂得了生产必须与市场需要联系起来,～般地经营将一事无成。

近义 危如累卵　泥船渡河　半夜临池
反义 安如泰山　胸有成竹

茫然费解 *máng rán fèi jiě*

【释义】茫然:迷茫、模糊的样子。费解:不好理解。指某物某事使人迷惑难懂。

【例句】这首朦胧诗写得太晦涩,叫人～。

茫然若失 *máng rán ruò shī*

【释义】茫然:迷茫、模糊的样子。若:好像。心神不宁,好像失去了什么似的。

【例句】我把小宇的信念了好几遍,心中～。

近义 爽然若失　怅然若失
若有所失
反义 怡然自得

茫然自失 *máng rán zì shī*

【释义】茫然:失意的样子。心神恍惚,自感如有所失。

【用法】用于描述怅惘失意的样子。

【例句】看到决赛的名单上没有自己的名字,他～,悻悻而返。

茫无头绪 *máng wú tóu xù*

【释义】茫:模糊不清,纷乱。指摸不着事情的一点线索,不知从何着手。

【例句】这件事情到底该怎么办,他还～。

近义 错综复杂　扑朔迷离
反义 有条有理

猫鼠同眠 *māo shǔ tóng mián*

【释义】眠:睡。猫和老鼠睡在一起。

【用法】用于比喻上级纵容下属做坏事,或上下一气,同流合污。

【例句】董家大院的管家为人光明正大,坚持原则,从不～。

近义 狼狈为奸

毛骨悚然 *máo gǔ sǒng rán*

【释义】毛:汗毛、头发。骨:骨头。悚然:恐惧的样子。汗毛竖起,脊梁骨发冷。形容极端惊恐。

【用法】用于描述人处在阴森的环境中或见到恐惧场景时极端惊骇的状态。

M

【例句】鲨鱼很多，虽说隔着一层玻璃，但无遮拦地暴露在面前，还是令人～。

近义 不寒而栗

反义 面无惧色

提示 "悚"不读 shù。

毛手毛脚 máo shǒu máo jiǎo

【释义】毛：粗率。指动作毛糙。

【用法】用于形容做事粗心大意，不细致。

【例句】这孩子做事总是～的。

毛遂自荐 máo suì zì jiàn

【释义】毛遂：战国时赵国平原君的门客。荐：推举，介绍。指毛遂自己推荐自己。后借指自告奋勇推荐自己。

【典故】秦国出兵攻打赵国，围了赵都邯郸，情况紧急。平原君奉命到楚国求救，毛遂自动请求同去。到了楚国后，平原君与楚王谈合纵抗秦而无结果。毛遂挺身而出，陈述利害，楚王才同意派春申君领兵救赵。（《史记·平原君虞卿列传》）

【例句】美国演员约翰·嘉德那曾在北师大学过四年中文，并系统学习过话剧表演，他～加入话剧《我们曾经错过》剧组任男主角。

近义 自告奋勇　挺身而出

反义 推三阻四　相互推诿

茅塞顿开 máo sè dùn kāi

【释义】茅塞：被茅草塞住。顿：顿时，立刻。原来心里像被茅草塞住一样，现在一下子打开了。

【用法】形容忽然理解、领会。

【例句】朋友们的话，令我～。

近义 豁然开朗　恍然大悟

反义 一窍不通　大惑不解

茅室土阶 máo shì tǔ jiē

【释义】茅草屋顶，泥土台阶。形容居住的房屋十分简陋。

【例句】我爷爷住在大山深处的～，那里显出一种古朴的风味。

提示 "茅"不能写成"矛"。

冒名顶替 mào míng dǐng tì

【释义】冒：假充。假冒别人的姓名，代替他去做事或窃取其权利、利益。

【例句】这个～的骗子终于现出了原形。

近义 假名托姓

冒天下之大不韪 mào tiān xià zhī dà bù wěi

【释义】冒：不顾，冒犯。韪：是，对。指不顾天下人反对，公然去干天下人都认为不对的事情。

【例句】这些天真烂漫的女子曲棍球队队员，竟敢～，穿着拖鞋去白宫见总统，难怪媒体传来骂声。

近义 悍然不顾

耄耋之年 mào dié zhī nián

【释义】耄：八九十岁。耋：七八十岁。年：年纪。指七八十岁的年纪。

【例句】进入□后，才人能渐渐体味到了晚年生活的孤独与无奈。

貌合神离　mào hé shén lí

【释义】貌：外表。神：内心。表面上关系密切，实际上心思不同，各有打算；或表面相似，实质不一样。也作"貌合心离"。

【用法】用于指表面一致，实际背离之意，可用于夫妻、朋友。

【例句】她因无法忍受婚后那种～的夫妻关系，于是和她丈夫分手了。

近义　同床异梦　离心离德

反义　心心相印　同心同德　情投意合

提示　"合"不能写成"和"。

貌合心离　mào hé xīn lí

见453页"貌合神离"。

没大没小　méi dà méi xiǎo

【释义】指辈分小的或地位低的人对长辈不讲礼貌，不尊重。

【例句】阿真嫂抱怨说："如今的年轻人，～的，连父母亲的名字也随便喊。"

没精打采　méi jīng dǎ cǎi

见760页"无精打采"。

没头没脑　méi tóu méi nǎo

【释义】指无缘无故，不明来由。也指动作不顾一切。

【例句】她听了平儿～的半句话，接不上第二句，平儿已经走远了。／这个售货员恼羞成怒地抓起点心朝孟姐～地打来。

近义　糊里糊涂

眉飞色舞　méi fēi sè wǔ

【释义】色：脸色。指眉毛飞扬，神色飞舞。

【用法】用于描述人极其得意或兴奋的神态。

【例句】汶哥～地跑来告诉我，他接到大学录取通知书了。

近义　喜形于色　眉开眼笑

反义　愁眉苦脸　愁眉不展　愁眉锁眼

眉开眼笑　méi kāi yǎn xiào

【释义】眉头舒展，眼含笑意。

【用法】用于描述满脸高兴、欢乐的神情。

【例句】小红把这两本书拿到灯下一看，不觉～，手舞足蹈起来。

近义　眉飞色舞　喜眉笑眼

反义　愁眉苦脸　愁眉锁眼　愁眉不展

眉来眼去　méi lái yǎn qù

【释义】相互用眉眼传情。也用来形容暗中勾结。

【用法】多含贬义。

【例句】这对恋人在公众面前～，一点不分场合。／那时他已经和李龙三～，并且还串通惯偷王老五，准备对这座古墓进行搜索，但他们的行为早已在警察人员的监视之中了。

近义　暗送秋波　眉目传情

眉目不清　méi mù bù qīng

【释义】眉目：本指眉毛眼睛，这里指条理、头绪。指事物没有头绪，情况不明或文章没有条理。

【例句】案子调查了几天，依然～。／这是什么文章！没有段落，看不清层次。真是～，条理不明。

眉目传情　méi mù chuán qíng

【释义】用眉毛和眼睛来传递情意。

【用法】用于男女之间相互传情。

【例句】他们两人在无法交谈的场合只能用～来表达爱慕之意。

近义 眉来眼去

眉目如画　méi mù rú huà

【释义】眉目:眉毛和眼睛,借指容貌。形容容貌非常美丽。

【例句】这母女俩～,都很漂亮。

近义 眉清目秀

眉清目秀　méi qīng mù xiù

【释义】眉、目:泛指容貌。清秀:秀气,不粗犷。指眉毛清秀,眼睛美丽。

【用法】用于形容相貌清秀。

【例句】这个小姑娘长得～,天真活泼,说起话来,口齿伶俐。

近义 眉目如画　朗目疏眉　眉清目朗

反义 尖嘴猴腮　獐头鼠目

媒妁之言　méi shuò zhī yán

见227页"父母之命,媒妁之言"。

梅开二度　méi kāi èr dù

【释义】梅:梅花。开:开放。度:次。指梅花第二次开放。比喻再次取得成功。

【例句】第68分钟,意大利老将佐拉门前抢点攻入了个人本赛季的第7粒球。第84分钟,佐拉～,将比分扩大为2∶0。

每况愈下　měi kuàng yù xià

【释义】况:状况。愈:更加。原意是指越从猪的小腿下端来检验,越能看出猪的肥瘦。后用指情况越来越坏。

【例句】这个地区的地表水和地下水由于受到污染,所以水质～,持续恶化。

近义 江河日下　桑榆暮景　日落西山

反义 蒸蒸日上　欣欣向荣　如火如荼

美不胜收　měi bù shèng shōu

【释义】胜:能够。收:接受。美好的事物太多,一时来不及一一接受或欣赏。

【用法】多用于形容美景或他人陈设物品极为丰富,一时看不过来。

【例句】近处是两池碧波,沿池的铜雕塑风姿多态,～。

近义 琳琅满目　目不暇接

反义 不堪入目

美轮美奂　měi lún měi huàn

【释义】美:美好,美观。轮:高大。奂:鲜明、华丽。原形容房屋高大华丽。现也形容装饰、布置等美好漂亮。

【例句】除了莫扎特之外,这座可爱迷人的奥地利城市还有着装饰～的教堂以及全欧洲最大的、完好无缺的中世纪城堡。

近义 富丽堂皇　金碧辉煌

反义 断壁残垣　破烂不堪

提示 "轮"不能写成"仑""伦"。

美人迟暮　měi rén chí mù

【释义】迟暮:比喻人的晚年,暮年。原意是有作为的人也将逐渐衰老。比喻因日趋衰落而感到悲伤怨恨。

【用法】用于感叹时光易逝,盛年难再。

【例句】这一大段西风落叶的场景描写,透露出作者内心的～之感。

美如冠玉　měi rú guān yù

【释义】美:美貌。冠:帽子。指美貌如像帽子上装饰的美玉。

【用法】用于形容男子秀美。

【例句】16岁的秦俊杰眉清目秀,饰演的小皇子～。

美味佳肴　měi wèi jiā yáo

【释义】美:鲜美。味:味道。佳:美好。

肴:菜肴。指味道鲜美的菜肴。

【例句】如果没有舌头向人们报告各种食品的味道，那么一切～全都味同嚼蜡了。

美意延年 měi yì yán nián

【释义】美意:乐观、愉快的心情。指心情舒畅能延长寿命。

【用法】常用于对人的祝颂之辞。

【例句】文先生乐观豁达、～,虽已八十高龄,却不知老之将至。

近义 延年益寿

美玉无瑕 měi yù wú xiá

【释义】瑕:玉上的斑点,比喻微小的缺点。比喻完美无缺。

【例句】这个故事描写的风俗绝不是～,读了却让人神清气爽。

近义 十全十美

美中不足 měi zhōng bù zú

【释义】不足:不够,达不到。指美好之中还有不够之处。

【用法】用于形容事物美好,但还有缺陷。

【例句】谈起自己在这部新剧中的表演,她感觉仍有～之处。

近义 白璧微瑕

反义 白璧无瑕　十全十美　完美无缺

昧地谩天 mèi dì mán tiān

【释义】昧:隐瞒。谩:欺骗。骗天瞒地。指隐瞒实情,说谎骗人。也作"昧地瞒天""瞒天昧地"。

【例句】听到这个消息后,我才明白他原来是个～、谄佞奸邪的人。

昧地瞒天 mèi dì mán tiān

见455页"昧地谩天"。

昧己瞒心 mèi jǐ mán xīn

见448页"瞒心昧己"。

门不夜关 mén bù yè guān

【释义】夜晚睡觉不需要关门。

【用法】形容社会安定。

【例句】这里民风纯朴,自古就是～、道不拾遗。

近义 夜不闭户

门当户对 mén dāng hù duì

【释义】门、户:门户,即门第。当:相当,相称。对:对等,相配。指门第相当,地位相配。

【用法】用于指结亲的两家社会地位、经济状况乃至文化程度相称。也泛指人际交往的双方各方面相当。

【例句】凭她自己当时的条件,在讲究～的时代,能嫁给裴先生这样的人家算是很不错了。/位于人际关系两端的人,"～"是非常重要的。因为传播是双向的,传播双方都有自己的生命空间。

门到户说 mén dào hù shuō

【释义】门、户:指家庭。挨家挨户地去解说。

【例句】最可恨的是谣言总是在背后传播,你不能确知别人是否造了谣,即使确知,也不可能～地去解释和澄清。

门户之见 mén hù zhī jiàn

【释义】门户:比喻派系、派别。见:看法,意见。学术或艺术等领域因派别而产生的成见。

【例句】我们有些学术问题的批评和讨论,缺乏学习、包容,反而变成了～,意气之争。

M

近义　一家之言　一孔之见　管窥之见
反义　博采众长　远见卓识　真知灼见

门禁森严　mén jìn sēn yán

【释义】门禁:门口的戒备防范。森严:整齐严肃。门前戒备很严,不能随意进出。
【用法】多用于有权势的人家。
【例句】林公馆～,不能随便进去。
近义　戒备森严

门可罗雀　mén kě luó què

【释义】罗雀:张网捕鸟。大门口前可以张网捕鸟。
【用法】用于形容门庭冷落,宾客稀少。
【例句】一时间,这家本是～的民办医院,突然病员纷至沓来,业务量猛增。
近义　门庭冷落
反义　门庭若市　高朋满座

门庭若市　mén tíng ruò shì

【释义】庭:院子。市:集市。门前和院子里热闹得像集市一样。
【用法】用于形容来往的人很多,很热闹。
【例句】他家里经常～,非常热闹。
近义　车水马龙　高朋满座　宾客如云
反义　门可罗雀　门庭冷落

扪心无愧　mén xīn wú kuì

见 754 页"问心无愧"。

扪心自问　mén xīn zì wèn

【释义】扪:摸。摸着胸口问自己。
【用法】用于指自我反省、自我检查。
【例句】最近他常常～,难道过去的经历让他变得多愁善感了?
近义　反躬自省　反求诸己
提示　"扪"不能写成"闷"。

闷闷不乐　mèn mèn bù lè

【释义】闷闷:心烦,不舒畅。形容心里烦闷,不高兴。
【用法】用于指因事情不如意而导致心情不舒畅。
【例句】这次考试没考好,小红一直～。
近义　郁郁寡欢　快快不乐
反义　兴高采烈　欢天喜地　心花怒放

蒙混过关　méng hùn guò guān

【释义】蒙混:用欺骗的手段使人相信虚假的事物。关:关口。指用欺骗伪装手段混过去。
【用法】用于指企图掩盖罪行,逃避惩罚或弄虚作假过考试关。
【例句】他怀着侥幸心理,将车祸责任推给死者,企图～,逃避惩罚。/有些大学生平时不努力,考试时舞弊,以求～,获取文凭。

蒙昧无知　méng mèi wú zhī

【释义】蒙昧:愚昧,不懂事理。无知:缺乏知识。指缺乏知识,不明事理。
【例句】有人杀死了坏人,以为自己为民除了害,而不知正触犯了法律。真是～啊!
近义　愚昧无知
反义　知书达理

蒙在鼓里 méng zài gǔ lǐ

【释义】蒙:蒙蔽。指好像被包在鼓里一样。

【用法】用于比喻受人蒙蔽,不明真相。

【例句】直到老探长被判刑,一直～的当地居民才惊异地发现,原来老探长竟是美国一个跨州珠宝盗窃集团的大头目。

梦笔生花 mèng bǐ shēng huā

【释义】比喻受到某种启发而才思大进,发挥出杰出的写作才能或创造才能。

【典故】相传南朝有名的文士纪少瑜幼年时,才华并不出众,但是他非常刻苦用功,他的诚心感动了文神。有一天,他看书不知不觉睡着了,梦见著名的文人把一支笔送给了他,并告诉他用这支笔能够写出最漂亮的文章。纪少瑜梦醒之后,果然在枕边发现一支非同寻常的毛笔。从此,纪少瑜的文章大有长进,终于成了一位著名的作家。(唐·李延寿《南史·纪少瑜传》)

【用法】用于强调人丰富的才思、华美的文笔来自灵感。

【例句】纳什突然来了灵感,～,才思潮涌,其中一个最耀眼的亮点就是日后被称为"纳什均衡"的非合作博弈均衡的概念。

梦魂颠倒 mèng hún diān dǎo

见631页"神魂颠倒"。

梦见周公 mèng jiàn zhōu gōng

【释义】梦见:梦中见到。周公:西周政治家。原为孔子仰慕周公之语。后用作瞌睡的代称。

【例句】他上课时没精打采,不一会儿就～了。

梦寐以求 mèng mèi yǐ qiú

【释义】寐:睡着了。睡梦中都在追求。

【用法】用于形容期待或追求十分迫切。

【例句】在荧屏上一展风流是她一直以来～的,如今竟如愿以偿!

近义 朝思暮想 大旱望云

弥留之际 mí liú zhī jì

【释义】弥留:本指久病不愈,后多指病危将死的状况。际:时候。病危将死的时候。

【例句】杜甫在他生命～,还僵卧在破船上写出了长诗《风疾身中伏枕书怀》,念念不忘国家的灾难。

弥天大谎 mí tiān dà huǎng

【释义】弥天:满天,形容极大。极大的谎话。

【例句】谁敢撒这个丧尽天良的～啊?

近义 瞒天大谎

反义 由衷之言

弥天大祸 mí tiān dà huò

【释义】弥天:满天,形容极大。极大的灾祸。

【例句】此时他已经明白自己闯下了～。何去何从?他选择的居然是三十六计,走为上计。

近义 灭顶之灾

反义 吉星高照

弥天大罪 mí tiān dà zuì

见695页"滔天罪行"。

迷而不返 mí ér bù fǎn

【释义】迷:迷失。返:返回。指迷失了道路不知返回。

【用法】用于比喻犯了错误却不知道

M

改正。

【例句】有过，改了就好，如果～，那就错上加错了。

近义　执迷不悟

反义　迷途知返

迷离恍惚　mí lí huǎng hū

【释义】迷离：模糊不明。恍惚：（记得、听得、看得）不真切；不清楚。迷迷糊糊，很难分辨清楚。也作"迷离惝恍"。

【例句】置身在蜂拥而来观赏预展的时髦人物中间，他显出一副～的神色。

迷离惝恍　mí lí tǎng huǎng

见458页"迷离恍惚"。

迷人眼目　mí rén yǎn mù

【释义】迷人：迷惑人。迷惑人的视线，让人分不清真假。

【用法】用于指玩弄花招骗人。

【例句】那个现场显然是罪犯为了～而伪造的，我们不能上当。

迷途知返　mí tú zhī fǎn

【释义】返：返回。指迷失了道路知道返回。

【用法】用于比喻犯了错误以后能够察觉，知道改正。

【例句】世上没有不犯错误、不走错路的人，重要的一点在于～。

近义　悬崖勒马　改邪归正

反义　迷而不返　执迷不悟

米珠薪桂　mǐ zhū xīn guì

【释义】珠：珍珠。薪：柴。桂：肉桂，珍贵药材。米贵得像珍珠，柴贵得像桂木。

【用法】用于形容物价太高。

【例句】他们那里近几年也是荒年，～，怎么可以轻易容留人呢？

反义　物美价廉

靡靡之音　mǐ mǐ zhī yīn

【释义】靡靡：柔弱，萎靡不振。指柔弱、颓废、淫荡的音乐。

【例句】聂耳的曲子有力地征服了当时某种"～"。

近义　郑卫之音　淫词艳曲　北鄙之音

反义　雅正之音　正声雅音　雅颂之声

秘而不宣　mì ér bù xuān

【释义】秘：不公开的。宣：公开说出。守住秘密，不公开宣布。

【例句】捐赠的来龙去脉一直～，博物馆一直没有正式公布。

近义　守口如瓶

反义　公诸同好　不打自招　无胫而走

密不通风　mì bù tōng fēng

【释义】比喻极其拥挤或防范得十分严

密,连风也无法透过。

【例句】瞬息之间,闪光和吼声都没有了,还是一张～的灰色的幔!

密缕细针　mì lǚ xì zhēn

见783页"细针密缕"。

密云不雨　mì yún bù yǔ

【释义】阴云密布,却没有下雨。

【用法】比喻事情已酝酿成熟,但尚未实现。

【例句】这几天仍然是～的天气。/以武力解决争端的局势已经形成,目前虽然～,但火药味已经很浓了。

绵薄之力　mián bó zhī lì

【释义】绵、薄:薄弱。力:力量。指微薄的力量。

【用法】多用作谦辞。

【例句】我决定尽自己的～,搞一个"人才工程",专门救助那些贫困的大学生。

绵里藏针　mián lǐ cáng zhēn

【释义】绵:丝绵。藏:隐藏。指丝绵里隐藏着针。

【用法】用于比喻外表温和,内心刻毒。

【例句】她刚才的这番话好像在赞叹,其实用意不善,如～捏不得,一捏即刺手。

绵力薄材　mián lì bó cái

【释义】绵:软弱,薄弱。能力很小,才能有限。

【用法】多用作谦辞。

【例句】他～,的确不能担当此项重任。

免开尊口　miǎn kāi zūn kǒu

【释义】免:免除,不要。尊:敬辞,尊贵。指请对方不要开口(一种委婉的说法)。

【用法】有时带讽刺意味。

【例句】对于此类问题,你似乎可以～。

勉为其难　miǎn wéi qí nán

【释义】勉:勉强。为:做。勉强去做力不能及或不乐意干的事。

【例句】只要大家同意,我就～。

近义 强人所难

面不改色　miàn bù gǎi sè

【释义】面:脸。改:改变。脸上不改变神色。

【用法】用于形容遇到危险或意外时从容镇定,不动声色。

【例句】石导游爬上山顶后～,还指给我们看德夯山水,讲美丽传说。

近义 神色自若　泰然自若

反义 面如土色　面无人色　大惊失色

面红耳赤　miàn hóng ěr chì

【释义】面:脸。赤:红。脸和耳朵都红了。

【用法】用于描述急躁、羞愧、发怒或用力时脸色涨红的样子。

【例句】在众人面前说话的时候,你是否会～、心跳加速?

反义 面不改色

面黄肌瘦　miàn huáng jī shòu

【释义】面:脸。脸色发黄,身体消瘦。

【用法】用于形容人营养不良或体弱多病的样子。

M

【例句】母亲看着儿子～的样子,心中非常难受。

近义 槁项黄馘　面有菜色
反义 红光满面　容光焕发

面面俱到　miàn miàn jù dào

【释义】面面:多个方面。俱:全,都。各个方面都照顾得十分周到。也指顾及各方面而重点不突出。

【用法】可用作褒义,也可用作贬义。

【例句】农业部门为了打造这么一份～、细致入微的准则花了不少心血。/ 与～而没有聚焦的零散信息相比较,专论、专题、专版的阅读价值要高得多。

近义 包罗万象
反义 顾此失彼　挂一漏万

面面俱圆　miàn miàn jù yuán

【释义】形容在应酬中各方面都很圆滑。

【用法】应付人事时,使用圆滑手腕,不得罪任何一方面的,可用此语。

【例句】做这一行生意,是不能不～的。

近义 八面玲珑
反义 处处碰壁

面面相窥　miàn miàn xiāng kuī

见 460 页"面面相觑"。

面面相觑　miàn miàn xiāng qù

【释义】觑:看,瞧。你看着我,我看着你,不知如何是好的样子。也作"面面相窥"。

【用法】用于形容因惊异、无可奈何、不知所措、束手无策等而互相望着。

【例句】我们被这突如其来的闷棍打得～。

近义 瞠目结舌　相顾失色
提示 "觑"不读 xū。

面命耳提　miàn mìng ěr tí

见 192 页"耳提面命"。

面目可憎　miàn mù kě zēng

【释义】憎:厌恶。形容人的容貌或事物的样子令人讨厌。

【用法】多用于人。含贬义。

【例句】他是一个～、语言乏味,没有一点生活情趣的人。

近义 獐头鼠目
反义 眉清目秀

面目全非　miàn mù quán fēi

【释义】面目:面貌。非:不一样。指面貌完全不同,已经失去了原样。

【用法】用于形容变化极大。

【例句】昔日满山荒凉的土地而今早已～:在一块块改造成的梯田中,玉米、大豆、烤烟和瓜果长势正旺。

近义 改头换面
反义 依然如故　一成不变

面目一新　miàn mù yī xīn

【释义】面目:面貌。面貌一下子变新了。形容事物有了新的可喜的进步或变化。

【用法】用作褒义。

【例句】通过大师的演奏,每件熟悉的作品都～。

近义 焕然一新　万象更新

反义 依然如故　一如既往

面如土色　miàn rú tǔ sè

【释义】脸色像泥土一样。形容极端惊恐而变了脸色。

【用法】常表示极度恐惧。

【例句】官绅一个个吓得～，跪下来磕头求饶。

近义 色若死灰　面无人色

反义 面不改色　神色不惊

面授机宜　miàn shòu jī yí

【释义】授：给予，传授。机宜：针对时机处事的办法、对策。当面传授适应时机应当采取的对策、方针等。

【例句】详细的情形会由杨经理～。

近义 耳提面命

提示 "授"不能写成"受"。

面无人色　miàn wú rén sè

【释义】人色：正常人的脸色，指血色。指脸上没有正常人应有的血色。

【用法】多用于形容身体虚弱或受惊吓，面无血色。

【例句】他～地躺在病床上输着点滴。/那惹了祸的兄弟俩～，不敢抬头，浑身簌簌打寒战。

近义 面如土色　色若死灰

反义 面不改色　神色不惊

面有菜色　miàn yǒu cài sè

【释义】菜色：靠吃野菜充饥而露出的营养不良的脸色。指脸上露出发青发黄的颜色。

【用法】用于形容人因饥饿而呈现的憔悴的样子。

【例句】他被警察找到时，头发像枯草，～，简直不像人样子了。

近义 面黄肌瘦

反义 容光焕发　红光满面

面有难色　miàn yǒu nán sè

【释义】面：脸。难色：为难的表情。指脸上有为难的神色。

【例句】普龙要中奇三天之内调出五千万人民币，中奇～，但不敢拒绝。

苗而不秀　miáo ér bù xiù

【释义】苗：初生的植物，苗子。秀：草木抽穗开花。指光长苗子不开花。比喻人资质虽好，但无成就。也比喻人虚有其名，华而不实。

【例句】从小聪明，但～者多的是。/专家而无专长，这种～的"专家"，还是少一些的好。

近义 秀而不实

渺不足道　miǎo bù zú dào

【释义】渺：渺小。道：说。渺小得不值得一提。

【例句】我这几年对单位的贡献很小，可以说是～。

近义 微不足道

渺无边际　miǎo wú biān jì

【释义】渺：渺茫。边际：边缘。指无边无际。

【用法】用于形容非常辽阔。

【例句】飞机飞临高空,从窗口望去,一片云海,～。

渺无人烟　miǎo wú rén yān

【释义】渺:广阔遥远而模糊不清。人烟:人家住户。迷茫一片,没有人家。

【用法】用于形容十分荒凉偏远。

【例句】地下核试验成功的消息,不断从这～的戈壁荒漠中传出。

近义 荒无人烟

反义 人烟稠密

妙笔生花　miào bǐ shēng huā

见 634 页"生花妙笔"。

妙不可言　miào bù kě yán

【释义】妙:奇妙,美妙。言:说,表达。指美妙得不能用言语表达。

【例句】周围天池八景,各具情致,～。

近义 妙不可述　不可言传

反义 兴味索然　枯燥无味

妙处不传　miào chù bù chuán

【释义】传:言传。精微奥妙之处无法用言语表达。

【用法】多用于书面语。

【例句】人体科学精微深湛,～,只有在实践中反复探讨,才能逐步领悟到一些道理。

妙趣横生　miào qù héng shēng

【释义】妙:奇妙,美妙。趣:情趣,意趣。横生:本指杂草纵横错乱地生长,引申指层出不穷地表露。指美妙的情趣层出不穷。

【用法】常用于形容文章、演说和艺术作品等充满情趣,或动作神态滑稽有趣。

【例句】老舍先生不愧为幽默大师,一篇谈读书的短文竟写得如此～!/猴儿活泼可爱,它们的神态动作～,令观众捧腹。

近义 风趣横生　饶有风趣

反义 味同嚼蜡　枯燥无味

妙手回春　miào shǒu huí chūn

【释义】妙手:技艺高超的人。回春:使春天重新回来。指神奇的双手使春天又回来了。

【用法】用于赞扬医生医术高明。

【例句】中国医生～的高超医术和高尚医德,在非洲传为佳话。

近义 着手成春　起死回生

妙手空空　miào shǒu kōng kōng

【释义】原为唐代传奇中的剑侠名,叫空空儿。后借指小偷。也指处境穷困,手中一无所有,特指无钱。

【例句】他做生意连连赔本,弄得个～,苦不堪言。

妙手偶得　miào shǒu ǒu dé

【释义】妙手:技艺高超的人。偶得:偶然得到。指文学艺术造诣高的人常常因一时的灵感而得到意外成果。

【例句】同一位艺术家,既有～的杰作,也有率尔应酬的败笔,可见艺术价值与艺术地位并不完全对应。

近义 神来之笔

反义 苦思冥想　搜肠刮肚

妙语解颐　miào yǔ jiě yí

【释义】颐:面颊。解颐:开颜欢笑。精妙有趣的语言使人开颜欢笑。

【例句】这段相声风趣幽默,真正是～。

近义 妙喻取譬　妙语连珠
反义 语言无味
提示 "颐"不能写成"熙"。

妙语连珠　miào yǔ lián zhū

【释义】连珠:串珠,像珠子一样一个接一个串接着。指美妙的话语如成串的珠子。形容巧妙风趣的话一句接一句。

【用法】用于赞美人讲话精彩,妙语很多。

【例句】他的作品文笔犀利,～,人们争相传诵。

近义 妙语取譬

灭此朝食　miè cǐ zhāo shí

【释义】灭:消灭。此:这,这些(指敌人)。朝食:吃早饭。指消灭这些敌人再吃早饭。

【用法】用于描述急于成事的迫切心情。

【例句】往后的发展,在一切内外条件的影响下,无疑地将比过去有大大的增高速度的可能。……然而不应该打算明天就会成功。"～"的心情是可以理解的,但行动计划则要仔细制订。

灭顶之灾　miè dǐng zhī zāi

【释义】灭顶:淹没头顶。灾:灾难。指被水淹死的灾难。

【用法】用于比喻致命的、毁灭性的灾难。

【例句】有的科学家认为,在白垩纪末期,地球上出现了可怕的寒冷期,所有生物都遭到了～。

近义 弥天大祸

灭绝人性　miè jué rén xìng

【释义】灭绝:完全丧失。指完全丧失了人的理性。

【用法】用于形容人像野兽一样凶暴残忍。

【例句】殖民者对土著民族～的杀害、压迫,书中没作任何揭露和批判。

灭门之灾　miè mén zhī zāi

【释义】灭门:全家人遭杀害。灾:灾祸。指全家人遭杀身之祸。

【例句】这位天才的化学家却遭遇～,实在是令人扼腕啊!

民安物阜　mín ān wù fù

见 774 页"物阜民丰"。

民胞物与　mín bāo wù yǔ

【释义】胞:同胞。与:同类,朋友。人民都是我的同胞,万物都是我的朋友。指博爱一切人和物。

【用法】用于书面语。含褒义。

【例句】我们有必要吸取前人的智慧,大力阐扬～的精神。

近义 视民如伤　仁民爱物
反义 草菅人命　荼毒生灵

民变蜂起　mín biàn fēng qǐ

【释义】变:哗变。民变:民众的起义或反抗运动。蜂起:像蜂飞一样成群地起来。指广大人民的反抗斗争到处轰轰烈烈兴起。

【例句】在国民党的独裁统治下,到处民生凋敝、民怨沸腾、～。

民不堪命　mín bù kān mìng

【释义】堪:能够。老百姓不能够活命。

【用法】多用于苛虐的政令,沉重的负担。

【例句】阿房宫的瑰丽、豪华、奢侈和秦始皇的骄横和怨,～都淋漓尽致地写在这篇赋中了。

近义 民不聊生　生灵涂炭

M

民不聊生　mín bù liáo shēng

【释义】聊：依赖，凭借。生：生活。指人民失掉了赖以生存的条件，无法生活。

【用法】常指由于暴政、战乱等造成人民生活困苦。

【例句】在那个战乱频繁、～的年代，孤儿寡母是很难维持生计的。

近义　民不堪命　生灵涂炭

反义　丰衣足食　国泰民安

民富国强　mín fù guó qiáng

【释义】百姓富裕，国家强盛。也作"国富民强"。

【例句】要使我们的国家实现～，需要全国各族人民的共同努力。

近义　民殷国富

民穷财尽　mín qióng cái jìn

【释义】尽：完，没有了。人民生活穷困，财物被搜刮完了。

【用法】用于形容政治腐败，经济衰退。

【例句】西欧和东欧曾经都被第二次世界大战弄得荒芜不堪、～。

近义　民生凋敝

反义　物阜民安

民生凋敝　mín shēng diāo bì

【释义】民生：人民的生计。凋敝：衰败，困苦。指社会经济衰败，人民生活困苦。

【例句】那时候的国统区，金圆券一天贬值几次，弄得～、民怨沸腾。

近义　民不聊生　民穷财尽

反义　国泰民安　安居乐业

民为邦本　mín wéi bāng běn

【释义】民：人民。邦：国家。本：根本。指人民是国家的根本。

【例句】"～，本固邦宁。"人民生活安定，国家才能安宁。要使人民生活安定，必须妥善解决有关人民生活的切身问题。

民殷国富　mín yīn guó fù

【释义】殷：殷实。富：富裕。人民富足，国家富裕。

【例句】发展经济主要是为了～。

近义　民富国强

民怨沸腾　mín yuàn fèi téng

【释义】民：人民。怨：怨恨。沸腾：像水到沸点时一样翻滚，喻指情绪高涨。指百姓的怨恨像开水那样翻滚。

【用法】用于形容百姓怨恨的情绪达到极点。

【例句】秦始皇以全国的人力和物力，连接原有的秦、燕、赵的长城，并加以增补，引起了～。

近义　怨声载道　怨气冲天

反义　普天同庆　人心所向

民脂民膏　mín zhī mín gāo

【释义】脂、膏：油脂，借指血汗。指人民用血汗换来的财富。

【例句】抗日战争胜利后，国民党反动政府发动内战，榨取～，造成经济全面崩溃。

提示　"膏"不能写成"盖"。

名不副实　míng bù fù shí

【释义】副：相称，相等。名声或名称与实际不符合，有名无实。

【例句】往日风沙弥漫、灾害频繁、～的"北大仓"，如今又见草林葱绿、粮多畜旺的繁荣景象。

近义　有名无实　徒有虚名

反义 名副其实　名实相副　名不虚传

名不虚传 míng bù xū chuán

【释义】传:流传,传播。流传开来的名声不虚假。

【用法】形容确实很好。

【例句】好一座威武的雄关!果然～。

近义 名下无虚　名副其实　名实相副

反义 徒有虚名　名不副实　虚有其名

名成身退 míng chéng shēn tuì

见246页"功成身退"。

名垂后世 míng chuí hòu shì

【释义】垂:流传。后世:后代。名声流传到后代。

【用法】用于指功业卓著,人民爱戴的人物及其事迹。

【例句】老一代革命家的丰功伟绩,必将～,为人民所永志不忘。

近义 流芳千古

反义 遗臭万年

名垂千古 míng chuí qiān gǔ

【释义】垂:流传。千古:千年万代,指长远的时间。好名声永远流传。

【例句】李白将一生才情寄托与山水月色,写出了许多～的佳句名篇。

名垂青史 míng chuí qīng shǐ

【释义】垂:流传。青史:古代在竹简上记事,故称史书为"青史"。名字和事迹载入史书,永远流传。

【例句】林则徐因虎门销烟而～,是"第一个睁开眼睛看世界"的中国人。

近义 功垂竹帛　流芳百世　青史留名

反义 遗臭万年　名不见经传

名存实亡 míng cún shí wáng

【释义】名:名义。实:实际。名义上还存在,实际上已经消亡。

【例句】在农民起义军的打击下,腐朽的东汉王朝已经～了。

反义 名实相副

名副其实 míng fù qí shí

【释义】副:相称,符合。名声或名称跟实际内容相符合。

【用法】表示没有虚假,内文一致的用语。

【例句】她的梦想马上就要实现了,很快就会成为～的演员了。

近义 名实相副　名不虚传

反义 名不副实　徒有虚名　名高难副

名高难副 míng gāo nán fù

【释义】副:相称,符合。名声超过才能,实际与名声不符合。

【例句】尽管她获得了全国"三八"红旗手的光荣称号,她还是谦虚地说:"～,今后还需继续努力。"

近义 名过其实

反义 名实相副

名过其实 míng guò qí shí

【释义】名声或名称超过实际。

【用法】用于强调虚有其名。

【例句】他刚办了一个小小的瓷砖厂便称他为企业家,未免～。

近义 名高难副

反义 名副其实　名实相副

名缰利锁 míng jiāng lì suǒ

【释义】名:名声,名位。缰:缰绳。利:利益。锁:锁链。指名和利像缰绳像锁链(会把人束缚住)。

M

【例句】好男儿志在四方,有什么～能束缚其志呢?

名利双收　míng lì shuāng shōu

【释义】名:名位,名声。利:利禄,利益。名和利同时获得。

【例句】面对赞语,有人想到的是功成名就、～,有人想到的是甘于寂寞、不断超越。

名列前茅　míng liè qián máo

【释义】前茅:古时用白茅当报警用的旌旗,行军时举着走在队伍前头,故称。比喻名次排列在前面。

【用法】多用于指成绩优异。

【例句】前几天试卷评选中,她的分数～,怎么发榜时却没有她呢?

近义 首屈一指　数一数二

反义 名落孙山

提示 "茅"不能写成"矛"。

名落孙山　míng luò sūn shān

【释义】名:名字。落:掉在后面,参加考试或选拔未被录取。

【例句】这次家庭变故直接导致了我的学习成绩下降,以至于让我高考时～。

近义 屡试不第

反义 金榜题名　名列前茅

名满天下　míng mǎn tiān xià

【释义】名声传遍天下。

【用法】用于形容声名非常大。

【例句】河北承德因拥有现存最大的皇家园林避暑山庄而～。

反义 默默无闻

名门世族　míng mén shì zú

【释义】门:门阀,家族。有名望的世家大族。也作"名门望族"。

【例句】她嫂子出身于～。

名门望族　míng mén wàng zú

见 466 页"名门世族"。

名目繁多　míng mù fán duō

【释义】名目:事物的名称。繁多:(种类)多。指事物的名称、种类很多。

【例句】三峡那些～的自然景物,有的是历史的遗迹,而更多的是人们想象的产物。

名山大川　míng shān dà chuān

【释义】名:著名。川:河流。著名的高山与河流。

【用法】一般用作褒义。

【例句】一到这些～、异地胜景,总会有一种奇怪的力量震荡着我。

近义 锦绣河山

反义 穷山恶水

M

名声在外　míng shēng zài wài

【释义】名声:在社会上流传的评价。外:外边,外界。指名气在外面。

【用法】指外界的评价很高(内部不然)。也指外面的名声好听(其实不然)。

【例句】有些人是墙内开花墙外香,～,单位上不受重视,外界知道的人却不少。/一些景观～,其实到那里一看,却常常令人失望。

名实相副　míng shí xiāng fù

【释义】副:相称,符合。名称或名声与实际相符合。

【例句】香港是～的购物天堂。

近义　名副其实

反义　徒有虚名　名不副实　名过其实

名闻遐迩　míng wén xiá ěr

【释义】名:名声。闻:听到。遐迩:远近。名声远近都能听到。

【用法】用于形容名声非常大。

【例句】他的先人于明朝末年就开设了这家药铺,自制的各种丸散膏丹～。

近义　举世闻名　声名显赫

反义　默默无闻

名下无虚　míng xià wú xū

【释义】名下:盛名之下。无:没有。盛名之下没有虚假。原指负有盛名的人确有真才实学。后指名不虚传。

【用法】用于赞扬。含褒义。

【例句】这枝五色笔货真价实,～。

近义　名不虚传

反义　徒有虚名　名高难副　有名无实

名噪一时　míng zào yī shí

【释义】名:名声。噪:广为传扬。名声一个时期广为传扬。

【用法】多用来称过去在社会上声名显赫,大家都知道的人物。

【例句】他曾是一位～的大企业家。

近义　名震一时

提示　"噪"不能写成"躁"。

名正言顺　míng zhèng yán shùn

【释义】名:名分,名义。正:正当,摆正。言:说话。顺:顺理。指名分正了,就能顺理成章地(行事)。

【例句】据《南方日报》报道,猎头公司很快就～地在深圳出现,并合法为各类企业挖人。

反义　名不正则言不顺

名重一时　míng zhòng yī shí

【释义】名:名声,名气。重:看重,重视。一时:一个时期。指名声在一个时期被看重。

【用法】形容在一个时期里名声很大。

【例句】大建筑学家梁思成与才女林徽因,是20世纪30年代～的人物。

明辨是非　míng biàn shì fēi

【释义】明辨:辨别清楚。明白清楚地分辨出正确与错误。

【例句】我希望你明智的心中,还能保存一点冷静的～的理智。

明查暗访　míng chá àn fǎng

见467页"明察暗访"。

明察暗访　míng chá àn fǎng

【释义】察:观察,调查。访:查询。公开观察调查,暗中访问。指多方面了解。也作"明查暗访"。

【例句】交通部要求各级交通管理部门组

M

织人员采取～的方式深入基层,监督检查安全隐患。

明察秋毫　*míng chá qiū háo*

【释义】明:明亮,明澈。察:看,审视。秋毫:秋天鸟兽身上刚长出的茸毛。指明亮的眼睛能看出秋天鸟兽身上刚长出的茸毛。

【用法】形容目光锐利,洞察一切。

【例句】青蛙的眼睛对运动的物体简直是～。/ 作为一个思想家,他应具有对事物比较深刻的理解力和～的洞察力。

近义 洞若观火　洞幽察微

反义 雾里看花　视而不见

明火持杖　*míng huǒ chí zhàng*

见 468 页"明火执仗"。

明火执仗　*míng huǒ zhí zhàng*

【释义】明:明亮。火:火把。执:拿着。仗:兵器。指点明火把,拿着武器。指公开抢劫。也作"明火持杖"。

【用法】可用于形容无所顾忌地(公开干坏事)。

【例句】那群～、祸国殃民的恶霸最终还是被绳之以法。

近义 明目张胆

反义 鬼鬼祟祟

明镜高悬　*míng jìng gāo xuán*

【释义】明镜:明亮的镜子。悬:挂。指明亮的镜子高高地挂起。

【用法】用于称颂法官明察善恶、执法严明。

【例句】我们的审判长～,执法如山。/ 多数人还是希望拥有一双～的慧眼。

近义 铁面无私

明来暗往　*míng lái àn wǎng*

【释义】公开或暗地里来往,形容关系密切,来往频繁。

【用法】多含贬义。

【例句】这二人各有所需,～,狼狈为奸。

明媒正娶　*míng méi zhèng qǔ*

【释义】明:光明正大。媒:媒人。正:指合乎礼仪。旧指经过媒人说合,父母同意,以传统仪式迎娶的正式婚姻。

【例句】这里人家的婚嫁极少～,花轿吹鼓手是挣不到他们的钱的。

近义 明媒正礼

反义 窃玉偷香

明眸皓齿　*míng móu hào chǐ*

见 276 页"皓齿明眸"。

明眸善睐　*míng móu shàn lài*

【释义】眸:眼珠,借指眼睛。睐:向旁边看。明亮美丽的眼睛善于左顾右盼。

【用法】多形容女子美貌。

【例句】女主角那双～的眼睛让这部影片增色不少。

近义 眉清目秀

提示 "睐"不读 lái。

明目张胆　*míng mù zhāng dǎn*

【释义】明目:睁亮眼睛。张胆:放开胆量。指睁亮眼睛,放开胆量。原指有胆有识,敢作敢为。现多用来形容公开地、无所顾忌地干坏事。

【例句】卖衣服的服务员正在招呼顾客,那个小偷竟敢～地偷衣服,结果被逮了正着。

近义 肆无忌惮　无所顾忌　恣意妄为

反义 鬼鬼祟祟　偷偷摸摸

M

明枪暗箭 míng qiāng àn jiàn

【释义】明:明处。暗:暗中。指从明处来的枪,从暗处射的箭。

【用法】比喻公开的攻击与暗地的伤害。

【例句】他为了祖国的解放事业奋斗了半个多世纪,流亡多年,躲过了不计其数的～。

近义 明争暗斗

明人不做暗事 míng rén bù zuò àn shì

【释义】光明正大的人不做偷偷摸摸、见不得人的事。

【例句】～,这件事由我负责,有什么意见我们可以当面谈。

明日黄花 míng rì huáng huā

【释义】明日:特指重阳节的第二天。黄花:菊花。指重阳节后逐渐枯萎的、没什么观赏价值的菊花。

【用法】用于比喻过时新闻或好景不再的事物。

【例句】民族音乐渊源于民众之中,有着浓厚的民众基础,绝非～。

近义 隔年皇历　陈年旧事

反义 应时对景

提示 不能写成“昨日黄花”。

明若观火 míng ruò guān huǒ

见 175 页“洞若观火”。

明升暗降 míng shēng àn jiàng

【释义】升:升官。表面上升了官,实际上削弱了权力。

【例句】自他升为副专员后,遇事总要请示,自己做不了半点主,心里总有点窝囊,于是感叹:这简直是～啊!

明效大验 míng xiào dà yàn

【释义】明:明显。大:巨大。效、验:效果。指很显著的效果。

【例句】改革开放以来,其～就是中国的经济突飞猛进,人民的生活大大改善。

明月清风 míng yuè qīng fēng

见 553 页“清风明月”。

明哲保身 míng zhé bǎo shēn

【释义】明哲:明智,通达事理。身:自身,自己。原指通达事理的人善于保全自己。现指不坚持原则,只顾保住个人利益的处世态度。

【用法】可用于处于复杂的环境,为求不被卷入是非圈子的情形。

【例句】事不关己,高高挂起;明知不对,少说为佳;～,但求无过:这是十分不可取的处世态度。

近义 独善其身

反义 同流合污

明争暗斗 míng zhēng àn dòu

【释义】明里暗里都在进行争斗。

【用法】用作贬义。

【例句】几千年来,围绕这块镶金玉玺,演出了一幕幕刀光剑影、～的闹剧,使“传国玺”蒙上了一层更为神秘的色彩。

近义 钩心斗角　明枪暗箭

反义 相安无事　肝胆相照

明正典刑 míng zhèng diǎn xíng

【释义】明:公开。正:治罪,正法。典:典章,法则。刑:刑法。指按照法律公开治罪。

【例句】对于那些贩毒吸毒、杀人抢劫者,当～,予以从重处罚。

M

明知故犯　míng zhī gù fàn

【释义】故：故意。明明知道这样做不对，却故意违犯。

【例句】所用范围大，除触犯法律法令外，还包括违规违纪的事，道德所不容许的事，以及错误等。

【例句】考试不准偷看别人答卷，小超却～，所以被驱逐出考场。

近义　知法犯法

反义　奉公守法

明知故问　míng zhī gù wèn

【释义】故：故意。指明明知晓却故意询问。

【用法】指无疑而问或有意为难。

【例句】为了证实自己想法正确，他～，以便从老师的回答中得到印证。/你～，成心羞辱人，我拒绝回答。

明珠暗投　míng zhū àn tóu

【释义】明珠：夜光珠。指明亮的珍珠在黑暗中投掷出去（行人因为疑忌而不拾取）。比喻珍贵的物品落到不识货的人手中。也比喻有才德的人得不到重用或误入歧途。也作"明珠投暗"。

【例句】他这首诗题在此处，真是～，有谁赏鉴？/我随身携带的英文版《三个火枪手》落到了小偷的手里，真是～。/她沉思着：这孩子是个读书之料，不能让他再～。

近义　怀才不遇　误入歧途

反义　敝帚自珍　善贾而沽

明珠投暗　míng zhū tóu àn

见 470 页"明珠暗投"。

鸣鼓而攻之　míng gǔ ér gōng zhī

【释义】鸣鼓：击鼓。攻：讨伐。大张旗鼓地讨伐、谴责。

【例句】对于遮掩、抹杀历史罪恶乃至翻案的企图，必以～，保持应有的警惕。

近义　大张挞伐　群起而攻之

反义　啧啧称赞　击节叹赏

鸣金收兵　míng jīn shōu bīng

【释义】鸣金：敲铜锣（古时作战收兵的信号）。收兵：撤回军队。敲响铜锣，停止战斗，撤回军营。

【用法】指事情暂告一段落或全部结束。

【例句】今年，大学毕业生就业大战提前打响。还不到 11 月，有的用人单位已经怀揣录取名单，～了。

鸣锣开道　míng luó kāi dào

【释义】鸣锣：敲锣。古代官吏出行，差役在前头敲锣，令行人让道。现比喻为某事物的出现制造舆论，扩大影响。

【例句】在古代，大凡官员出街，一定是～的。/汽笛一声长鸣，好像为他～。

近义　摇旗呐喊

反义　偃旗息鼓

鸣冤叫屈　míng yuān jiào qū

【释义】鸣、叫：喊叫，指申诉。为自己或别人申诉冤屈。

【例句】巴金写《家》这部小说的主要目的是为了向腐朽的封建制度提出控诉，替横遭摧残的年轻生命～。

冥思苦想　míng sī kǔ xiǎng

见 393 页"苦思冥想"。

冥顽不灵　míng wán bù líng

【释义】冥顽：愚昧顽固。不灵：不聪明。形容愚昧无知而又顽固不化。

【例句】你用什么方法说服了那个～的

族长？

近义 愚不可及　顽固不化
反义 聪明睿智　聪明伶俐

命蹇时乖　mìng jiǎn shí guāi

【释义】命：命运。蹇：困苦，不顺利。时：时机，时运。乖：不顺遂。指命运不顺，时运不佳。

【例句】比起王东的春风得意，张伟则有些～，颇为不顺。

命里注定　mìng lǐ zhù dìng

见471页"命中注定"。

命若悬丝　mìng ruò xuán sī

见471页"命悬一线"。

命途多舛　mìng tú duō chuǎn

【释义】命途：指平生的遭遇、经历。舛：不顺遂，不幸。形容人经历坎坷或人生的遭遇多有不幸。

【例句】菟云虽～，却乐观豁达。

命悬一线　mìng xuán yī xiàn

【释义】命：生命。若：好像。悬：悬挂。丝：丝线。指生命好像悬挂在一根丝线上。也作"命若悬丝"。

【用法】形容生命极其危险或前途、职业、前景等有断送的危险。

【例句】一场严重的车祸，使三人身负重伤，～。／在被哥斯达黎加逼平后，土耳其的世界杯前途～。

命在旦夕　mìng zài dàn xī

【释义】旦：早晨。夕：傍晚。生命在早晚之间。形容生命垂危，即将死亡。

【例句】忽然接到～的远方老父的来信后，她心里悲痛万分。

命中注定　mìng zhōng zhù dìng

【释义】命：命运。注定：预先决定。宿命论者认为人的一切遭遇都是命运预先决定了的。也作"命里注定"。

【例句】我从来不相信～，但我却笃信生活中有情分和缘分。

谬以千里　miù yǐ qiān lǐ

【释义】谬：谬误，差错。指错到千里外了。意指十分错误。

【用法】常与"差之毫厘"连用，表示差一点点，就能造成很大的错误。用于强调不能有丝毫差错。

【例句】反对者们以为他真相信读经可以救国，真是～了！

谬种流传　miù zhǒng liú chuán

【释义】谬种：荒谬的种子，指错误的言论、著作或学术流派等。荒谬错误的东西流传下来或传播开去。

【例句】我早下决心要毁掉所有不满意的作品，不愿～。

近义 以讹传讹
反义 流芳百世

摸门不着　mō mén bù zháo

【释义】找不着门道。也作"摸头不着"。

【用法】用于比喻弄不清原因或找不到方法，莫名其妙。

【例句】张大妈的一句问话让小高～，一时不知道怎样回答。

摸头不着　mō tóu bù zháo

见471页"摸门不着"。

摸着石头过河　mō zhe shí tou guò hé

【释义】用手触摸着石头踩过河去。

【用法】比喻摸索着一步一步向前进。

【例句】工业题材一直是电视剧创作中的难点，就像我国的国企改革一样，是～。

模棱两可　mó léng liǎng kě

【释义】模棱：(态度、意见等)含糊、不明确。两可：这样也可以，那样也可以。指对正反两面，既不肯定，也不否定。

【用法】形容对事没有明确的态度或主张。

【例句】他不敢坚持一个一定的主张，就不得不采取些～、含混的语句了。

近义　含糊其词　不置可否

反义　旗帜鲜明　毫不含糊

摩顶放踵　mó dǐng fàng zhǒng

【释义】摩：摩擦，摩伤。顶：头顶。放：至，到。踵：脚后跟。从头顶到脚后跟都擦伤了。

【用法】形容不辞辛苦，不顾安危。

【例句】当别人只为自己的利益费尽心机之时，这位英雄却在为人类而～。

近义　筚路蓝缕　不辞辛劳

反义　无所事事　坐享其成

摩肩击毂　mó jiān jī gǔ

见 330 页"肩摩毂击"。

摩肩接踵　mó jiān jiē zhǒng

【释义】摩：摩擦。接：接连。踵：脚后跟。肩膀挨肩膀，脚碰着脚。也作"肩摩踵接"。

【用法】用于形容人多拥挤。

【例句】人们冒着凛冽寒风，扶老携幼，～来到会场吊唁，祭奠这位舍生忘死的英雄民警。

近义　比肩继踵　人山人海

反义　杳无人迹　路绝人稀

摩拳擦掌　mó quán cā zhǎng

【释义】摩：摩擦。指摩着拳头，擦着手掌。

【用法】用于描述行动之前精神振奋、跃跃欲试的样子。

【例句】经过一个月左右的休整，球员们开始～，准备在新年的第一个大满贯赛事——澳大利亚网球公开赛上一显身手。

近义　跃跃欲试　秣马厉兵

反义　按兵不动　无动于衷

磨穿铁砚　mó chuān tiě yàn

【释义】磨：研磨。穿：透，破。砚：砚台。指磨墨把铁砚台都磨穿了。

【用法】比喻顽强不懈地坚持学习。

【例句】"十年寒窗，～"这句话，描写了古人顽强苦读，坚持不懈的精神。

磨刀擦枪　mó dāo cā qiāng

【释义】形容作战前的准备工作正在进行。

【例句】健儿们也在纷纷～，准备再次扬威在草原上。

近义　秣马厉兵　摩拳擦掌

磨刀霍霍　mó dāo huò huò

【释义】霍霍：象声词，磨刀声。指磨砺刀具霍霍有声。本指准备杀猪宰羊。后指为动手杀人或发动战争而加紧准备。

【用法】多用作贬义。

【例句】敌人已在那里～，我们也得有所准备，不能坐以待毙。

反义　解甲归田　刀枪入库

魔高一尺，道高一丈

mó gāo yī chǐ, dào gāo yī zhàng

见 158 页"道高一尺，魔高一丈"。

末大必折　mò dà bì zhé

【释义】末：树梢。树梢粗大了，树的主干

必然会折断。比喻部属势力过大，就会造成危害。

【用法】用于书面语。含褒义。

【例句】古代君王知道"～，尾大不掉"的道理。

近义 尾大不掉　末大不掉

反义 强干弱枝

末大不掉　mò dà bù diào

见 745 页"尾大不掉"。

没齿不忘　mò chǐ bù wàng

【释义】没齿：终生，一辈子。指一辈子都不会忘记。也作"没齿难忘""没世不忘"。

【用法】表示感恩戴德，终身不忘。

【例句】巴伊巴科夫来到克拉娃墓前，献上一束鲜花，喃喃自语道："亲爱的，你为我所做的一切，我都牢记在心，～，谢谢你了！"

近义 刻骨铭心

反义 置之脑后　忘恩负义

没齿难忘　mò chǐ nán wàng

见 473 页"没齿不忘"。

没世不忘　mò shì bù wàng

见 473 页"没齿不忘"。

脉脉含情　mò mò hán qíng

见 270 页"含情脉脉"。

莫测高深　mò cè gāo shēn

【释义】莫：没有谁。测：揣测，测量。没有人或无法揣测高深的程度。也作"高深莫测"。

【用法】多指言行使人难以了解或理解。

【例句】此人总装出一副～的样子，让人捉摸不透他的学问到底有多大。

近义 神秘莫测

莫可名状　mò kě míng zhuàng

【释义】名：说出。状：形容，描绘。不能用语言形容，ящ以描述。

【例句】目睹他这种无耻的行径，一种～的恶心使我几乎不能忍受。

莫可奈何　mò kě nài hé

见 761 页"无可奈何"。

莫可指数　mò kě zhǐ shǔ

【释义】莫：不，不能。可：可能。指数：扳着手指头数。指扳着指头也数不过来。

【用法】形容数量极多。

【例句】如果你问天上的星星有多少，我要说，那是～的。

莫名其妙　mò míng qí miào

【释义】莫：没有谁。名：说出，说明。没有谁能说出它的奥妙。

【用法】多用于指事情奇怪或人的行为古怪，使人无法理解。也可用于斥责人无知或胡闹。

【例句】一天，语文老师拿来厚厚一个大本子对我说："你的作文要印成书了。"我有些～。/这事不归我管，你干吗找我闹，～！

反义 洞若观火

莫逆于心　mò nì yú xīn

【释义】莫逆：彼此心意相通，没有抵触或违逆。指情感一致，心意相投。

【例句】当时他们师徒之间，一定相视而笑，～。

近义 情投意合

反义 貌合神离

M

莫逆之交　mò nì zhī jiāo

【释义】莫逆：没有违逆或抵触。交：交情，友谊。指能推心置腹、心意相通的知心朋友。也作"莫逆之友"。

【例句】两人自年轻时代起，即因政治观点相近，成了～。

近义　刎颈之交　生死之交　金石之交

反义　一面之交　泛泛之交

莫逆之友　mò nì zhī yǒu

见 474 页"莫逆之交"。

莫予毒也　mò yú dú yě

【释义】莫：没有能，无人能。予：我。毒：毒害，危害。指没有人能危害我了。

【用法】比喻可以不受制约地为所欲为。

【例句】中华民族的历史任务是团结抗战以求解放，投降派欲反其道而行之，无论他们如何得势，如何兴高采烈，以为天下"～"，他们的命运是最后一定要受到全国人民的制裁的。

莫衷一是　mò zhōng yī shì

【释义】莫：不能。衷：折中，断定。是：对，正确。不能断定哪个对。

【用法】用于形容说法很多，意见分歧，不能得出一致的结论。

【例句】人们对这部电影的评论褒贬有之，众说纷纭，～。

秣马厉兵　mò mǎ lì bīng

【释义】秣：喂。厉：磨砺。兵：兵器。磨快兵器，喂饱战马。也作"厉兵秣马"。

【用法】用于指做好战斗或行动前的准备工作。

【例句】参加本届全国运动会的代表团各运动队正～，投入夏训，准备在决赛中创

造优异成绩。

近义　摩拳擦掌　磨刀擦枪

反义　刀枪入库　解甲投戈

提示　"厉"不能写成"砺"。

漠不关心　mò bù guān xīn

【释义】漠：冷淡。形容态度冷淡，毫不关心。

【用法】多用于应该关心而不去关心的事上。

【例句】调查者发现，在亏损的国有企业中，对企业效益～的现象还比较多。

近义　麻木不仁　不闻不问

反义　体贴入微　无微不至

提示　"漠"不能写成"莫"。

漠然置之　mò rán zhì zhī

【释义】漠然：冷淡的样子。置：放。指不在意地将它搁置在一边。

【用法】形容对人对事态度冷淡，不理不睬。

【例句】诸如此类史料，不止专家学者感兴趣，一般读者大概也不会～。

近义　漠不关心　置之不理

墨迹未干　mò jì wèi gān

【释义】墨迹：墨色的痕迹。写在纸上的墨迹还没有干。形容协定、条约等订立不久。也作"墨汁未干"。

【用法】多用于指责对方不守信用。

【例句】协议～，便成了一纸空文。

近义　口血未干

墨守陈规　mò shǒu chén guī

见 474 页"墨守成规"。

墨守成规　mò shǒu chéng guī

【释义】墨守：战国时墨翟善于守城，故称善于防守为"墨翟之守"或"墨守"。成

规:现成的或久已通行的规章。指固执地遵守现成的法规。也作"墨守陈规"。

【用法】比喻因循守旧,不肯改进。

【例句】他在艺术上极力主张革新创造,反对～。

近义　奉行故事　因循守旧　故步自封

反义　因时制宜　推陈出新

提示　"墨"不能写成"默"。

墨汁未干　mò zhī wèi gān

见 474 页"墨迹未干"。

默不作声　mò bù zuò shēng

【释义】作声:发出声音。默默地不出声。

【例句】晓丽躺在床上,一动不动,两眼瞪得大大的,望着天花板～。

近义　默默无言

默默无闻　mò mò wú wén

【释义】默默:不出声,无声无息。闻:名声。形容不出名,没有人知道。

【例句】经过包装,这个～的酒吧歌手一炮走红,成了大歌星。

近义　不见经传　湮没无闻

反义　赫赫有名　大名鼎鼎　名闻遐迩

默默无言　mò mò wú yán

【释义】默默:不言不语。不声不响的样子。

【例句】不知为什么两人只是～地举杯,直至皎月临窗。

近义　一言不发

反义　夸夸其谈　喋喋不休

谋财害命　móu cái hài mìng

【释义】谋:图谋。为了图谋钱财而杀害别人性命。

【例句】无端地空耗别人的时间,其实是无异于～。

近义　杀人越货

反义　仗义疏财

谋事在人　móu shì zài rén

【释义】谋事:谋划事情。在:在于。指谋划事情在于人的努力。

【用法】常与"成事在天"连用,指事情能否成功在于天意。

【例句】既然～,那么我们的计划一定要与客观实际相符才行。

木本水源　mù běn shuǐ yuán

【释义】木:树。本:树的根。源:水流的源头。树木的根,流水的源头。比喻事物的根本或事情的原因。

【例句】他认为人生于天地之间,都有～。

近义　来龙去脉　前因后果

木人石心　mù rén shí xīn

【释义】木头人,石头心肝。

【用法】比喻人意志坚定,不受诱惑。也比喻人冷酷无情。

【例句】面对敌人的高官厚禄,他犹如～。

近义　木心石腹

木心石腹　mù xīn shí fù

【释义】指人心肠硬,不为情感所动。

【用法】形容人冷酷无情。

【例句】他表面上好像很冷漠,但绝不是一个～的人。

近义　木人石心

木秀于林　mù xiù yú lín

【释义】木:树。秀:秀丽。于:介词,比。林:成片的树木。指一棵树比一片树林还秀丽。

【用法】比喻个人才华、仪表、地位超越众人。

M

【例句】库尔尼科娃是著名的网坛美女，～，很受商家的赏识。她的广告收入大大高于打网球的收入。

近义 鹤立鸡群　出类拔萃

木已成舟　mù yǐ chéng zhōu

【释义】舟：船。木头已经做成了船。

【用法】比喻事情已成定局，无法再挽回或不可能再改变。

【例句】我一切都明白了，面对这～的事实，我只能选择同意。

近义 生米煮成熟饭　覆水难收

反义 亡羊补牢

目不见睫　mù bù jiàn jié

【释义】目：眼睛。眼睛看不见自己的眼睫毛。

【用法】比喻看不到自己的过失，没有自知之明。

【例句】人要有自知之明，不要犯～的错误。

反义 自知之明

目不交睫　mù bù jiāo jié

【释义】交：合拢。睫：睫毛。上下眼睑的睫毛不能交合，即不合眼。

【用法】用于形容夜晚没有睡觉。

【例句】为了取得这场战役的胜利，司令部的将军们～，彻夜研究作战方案。

目不窥园　mù bù kuī yuán

【释义】窥：从小孔或缝隙里看。园：花园，指供游玩娱乐的地方。原指汉代董仲舒潜心治学，无暇观赏园中景色。后形容专心致志，不为其他事分心。

【例句】为了能尽快完成科研课题，近三个月以来，他～，废寝忘食地钻研着。

近义 专心致志

反义 心猿意马

目不忍睹　mù bù rěn dǔ

【释义】目：眼睛。忍：忍心。睹：看。指不忍心看下去。

【用法】形容情状悲惨。

【例句】歹徒在虎子身上乱砍了十几刀，他满脸是血，浑身是伤，躺在血泊中，令人～。

目不忍视　mù bù rěn shì

【释义】目：眼睛。视：看。眼睛不忍看。

【用法】用于形容景象很悲惨。

【例句】自从父母双亡后，她终日以泪洗面，弄得容颜憔悴，形销骨立，让人～，可怜万分。

近义 惨不忍睹

反义 赏心悦目

目不识丁　mù bù shí dīng

【释义】目：眼睛。丁：指简单的字。据说"丁"应写作"个"，因为字形相近而误。后来形容人连一个简单的字也不认识。

【例句】王大爷虽然～，却通情达理。

近义 目不知书　不识之无　一字不识

反义 识文断字

目不暇给　mù bù xiá jǐ

见476页"目不暇接"。

目不暇接　mù bù xiá jiē

【释义】目：眼睛。暇：空闲。接：接应。指眼睛来不及接收。也作"目不暇给"。

【用法】形容可看的东西、景物太多、太美，一时看不过来。

【例句】展厅里的各种景象新鲜而又庄严，使他～，驰魂夺魄。

近义 应接不暇　眼花缭乱
反义 一目了然

目不斜视　mù bù xié shì

【释义】目：眼睛。视：看。两眼不向两边看。

【用法】形容品行端正，为人正派。

【例句】那站岗的哨兵威武挺立，～，犹如雕像般庄严。

近义 目不转睛
反义 左顾右盼

目不知书　mù bù zhī shū

【释义】目：眼睛。指不会读书写文章。

【例句】李大爷虽然～，却能口占作诗，颇有点才气。

近义 目不识丁
反义 识文断字

目不转睛　mù bù zhuǎn jīng

【释义】睛：眼珠。眼睛不眨，眼珠一点儿也不动。

【用法】形容凝神注视，注意力高度集中。

【例句】埃及观众们～地观看中国剪纸艺人们的现场表演，不时发出赞叹声。

近义 目不斜视
反义 左顾右盼　东张西望

目瞪口呆　mù dèng kǒu dāi

【释义】睁大眼睛发愣，张着嘴说不出话来。

【用法】形容人因惊讶、害怕等茫然发愣的样子。

【例句】这两个小男孩被眼前的困难吓得～了。

近义 瞠目结舌
反义 神色自若

提示 "瞪"不读 dēng。

目光短浅　mù guāng duǎn qiǎn

【释义】目光：眼光。指眼睛只看到眼前这么近。

【用法】形容没有远见。

【例句】一个～的人，常常为了眼前的利益而斤斤计较，结果因小失大，得不偿失。

近义 鼠目寸光
反义 目光远大

目光炯炯　mù guāng jiǒng jiǒng

【释义】炯炯：明亮的样子。眼光亮晶晶。

【用法】用于形容眼睛明亮有神。

【例句】他～有英气，胆力过人。

目光如豆　mù guāng rú dòu

【释义】目光：眼光。豆：豆子。眼光像豆子那样小。

【用法】形容眼光短浅，没有远见。

【例句】他～，难有大的作为。

近义 鼠目寸光　肉眼愚眉
反义 目光如炬

目光如炬　mù guāng rú jù

【释义】目光：眼光。炬：火把。指眼光像火炬那样明亮，那么炽热。

【用法】用于形容目光炯炯有神或见识远大。

【例句】谈起对未来的建设,他神采奕奕,
～,豪情满怀。/～的他,对 IT 业的发展
前景充满信心。
反义 目光如豆
提示 "炬"不能写成"巨"。

目光如鼠　mù guāng rú shǔ

【释义】目光:眼光。指眼光像老鼠一样
短浅,也像老鼠一样鬼祟。
【用法】形容人无远见或鬼祟。
【例句】他～,只图眼前利益。/他～,进
屋就东瞧西看,像贼似的。

目空一切　mù kōng yī qiè

【释义】一切都不放在眼里。
【用法】用于形容极其狂妄自大。
【例句】即使有很大的本事,也要谦虚谨
慎,不可～,骄傲自大。
近义 目中无人　不可一世　眼空四海
趾高气扬
反义 虚怀若谷

目迷五色　mù mí wǔ sè

【释义】五色:各种颜色。指色彩繁杂,迷
乱了眼睛,使人看不清楚。
【用法】比喻事物错综复杂,令人分辨
不清。
【例句】社会上骗人的花招真多,让不少
老年人～,不辨真伪,上当受骗。
反义 心明眼亮
提示 "迷"不能写成"谜"。

目送手挥　mù sòng shǒu huī

【释义】目送:目光追随飞鸟。手挥:挥动
手指弹琴。原形容手眼并用,得心应手
的神态。后形容诗文书画挥洒自如。
【例句】这位画家～,不一会儿,一幅骏马

图便展现在人们眼前。
反义 得心应手

目无法纪　mù wú fǎ jì

见 478 页"目无王法"。

目无全牛　mù wú quán niú

【释义】全牛:完整的牛。眼里看到的不
是整头的牛。原意是只看到牛的骨骼间
隙,熟知牛体的结构。后形容技艺达到
精湛纯熟的地步。也形容办事精明熟练。
【例句】对于着眼于了解文化的人来说,
读书既要"胸有成竹、～",还要能"小中
见大"。
近义 得心应手　游刃有余

目无王法　mù wú wáng fǎ

【释义】无:没有。眼里没有国家的法律、
政策法令。也作"目无法纪"。
【用法】形容人胆大妄为,无法无天。
【例句】他生平最恨的就是权贵子弟～。
近义 无法无天

目无下尘　mù wú xià chén

【释义】下尘:下风,指地位、名望比较低
的。形容为人骄傲,看不起群众。
【例句】他常常居官自傲,～,所以亲朋好
友都对他敬而远之。
近义 目空一切　不可一世
反义 虚怀若谷

目无余子　mù wú yú zǐ

【释义】余子:其余的人。不把其余的人
放在眼里。
【用法】形容骄傲自大,看不起人。
【例句】文如其乐,都有一种～,不屑与世
苟同的风骨。
近义 目中无人　眼底无人

反义 平易近人

目无尊长　mù wú zūn zhǎng

【释义】尊长:地位高、年纪大的人。眼睛里没有尊长。

【用法】形容态度傲慢,狂妄无礼。

【例句】涛涛被宠坏了,说话做事～,应该好好教育教育了。

近义 没大没小

目中无人　mù zhōng wú rén

【释义】目:眼睛。指眼里没有人。

【用法】形容狂妄自大,不把别人放在眼里。

【例句】从小被宠爱、娇惯的孩子,容易形成～的以自我为中心的扭曲性格。

近义 目空一切　目无余子　旁若无人

反义 虚怀若谷

沐猴而冠　mù hóu ér guàn

【释义】沐猴:猕猴。冠:戴帽子。猕猴戴上帽子,装扮成人样。也作"沐猴衣冠"。

【用法】比喻装扮得像个人物,但只是虚有仪表或地位而已。

【例句】别看他衣冠楚楚,装出文质彬彬的模样,这只不过是～罢了。

近义 衣冠禽兽　虚有其表

反义 仁人君子　表里如一

沐猴衣冠　mù hóu yì guàn

见 479 页"沐猴而冠"。

沐雨栉风　mù yǔ zhì fēng

见 982 页"栉风沐雨"。

幕天席地　mù tiān xí dì

【释义】幕:帐篷。席:铺垫。指把天当作帐篷,把地当作床铺。

【用法】用于形容露宿野外。

【例句】石油工人常年工作在野外,～,生活十分艰苦。

近义 风餐露宿

慕名而来　mù míng ér lái

【释义】慕名:仰慕名声。因仰慕某人名声而来拜见他。

【用法】多用作客套语。

【例句】他千里迢迢～,就是想拜您老为师。

暮鼓晨钟　mù gǔ chén zhōng

见 103 页"晨钟暮鼓"。

暮气沉沉　mù qì chén chén

【释义】暮气:形容不振作的精神状态。沉沉:深沉的样子。形容精神萎靡不振,缺乏朝气。

【例句】美华总是～的,大家都不太喜欢她。

近义 萎靡不振　死气沉沉

反义 朝气蓬勃　生气勃勃

暮色苍茫　mù sè cāng máng

【释义】暮:傍晚。傍晚天色昏暗,眼前的景物模糊不清。

【例句】～之中,还有三五个游客在这河堤上漫步。

反义 晨光熹微

N

拿刀动杖 *ná dāo dòng zhàng*

【释义】刀、杖：兵器。指使用兵器，动用武力。

【例句】你这么大年纪了，～干什么，有什么话不好说呢？

拿腔拿调 *ná qiāng ná diào*

【释义】腔：说话的腔调。说话时故意装出特殊的腔调、语气。

【用法】多用于口语。

【例句】这些人唱戏唱惯了，都不熟悉话剧，排练时，念起台词来～的，甚为别扭。

拿腔作势 *ná qiāng zuò shì*

【释义】腔：腔调。势：姿势。故意装腔调，摆架子。

【用法】用于人。含贬义。

【例句】无论我怎样邀请，她总是～，不肯来参加我的生日会。

近义 装腔作势

拿手好戏 *ná shǒu hǎo xì*

【释义】拿手：拿得出手，指特别擅长。原指演得最出色的戏。后比喻最擅长的本领。

【例句】《贵妃醉酒》《霸王别姬》是梅兰芳的～。／黑线姬鼠，能像运动员跨高栏一样，跳越一二尺高的障碍物。潜水游泳更是它的～。

近义 看家本领

反义 百无所长

拿贼见赃 *ná zéi jiàn zāng*

【释义】拿：捉拿。赃：赃物。指捉拿盗贼要见到赃物。

【用法】比喻给人定罪应当有证据。

【例句】魏云在超市购物，由于习惯不时将手放进衣袋里，保安误认为他将东西装进了衣袋，前去盘问。他说："～，你凭什么盘问我？"

纳谏如流 *nà jiàn rú liú*

【释义】纳：接受。谏：规劝君主、尊长或朋友，使之改正错误。接受规劝，像流水一样迅速自然。

【用法】用于指乐意或善于听取正确的意见。

【例句】他虚怀若谷，～，所以改进很快。

近义 从谏如流

乃心王室 *nǎi xīn wáng shì*

【释义】乃：你的。王室：朝廷。你的心系念朝廷。指忠于朝廷。

【例句】汉末，英雄并起，各矫命专制，唯独曹操～。

耐人寻味 *nài rén xún wèi*

【释义】耐：经得起。寻味：仔细体会，反

复品味。指禁得起人们仔细体味。

【用法】用于形容意味深长，值得体味。

【例句】虽然画面着墨不多，却收到了～的效果。

近义 意味深长

反义 兴味索然　平淡无味　索然寡味

男扮女装　nán bàn nǚ zhuāng

【释义】男人装扮成女人。

【例句】张国荣在《霸王别姬》中出手不凡，把一个～的旧戏曲艺人的复杂情感和心态表现得淋漓尽致！

反义 女扮男装

男盗女娼　nán dào nǚ chāng

【释义】男做盗贼，女为娼妓。

【用法】比喻思想腐朽，道德败坏。常用来鄙薄人满肚子坏水。

【例句】这个伪君子！谁不知道他满口仁义道德，一肚子～！

男耕女织　nán gēng nǚ zhī

【释义】男人耕田，女人织布。

【用法】用于形容男女辛勤劳动。

【例句】村子里～，没有游手好闲的人。

男女平等　nán nǚ píng děng

【释义】男性和女性在社会上和家庭里地位平等。

【例句】促进～，是中国社会发展的一项基本目标。

反义 男尊女卑

男尊女卑　nán zūn nǚ bēi

【释义】尊：尊贵。卑：卑贱。男人尊贵，女人卑贱。这是以男性为中心的封建伦理观念。

【例句】～是以男性为中心的封建伦理观

念，必须从根本上加以改变。

近义 重男轻女

反义 男女平等

南橘北枳　nán jú běi zhǐ

【释义】橘：橘子树。枳：像橘树，又叫枸橘。指南方的橘树，生长在北边则成为枳。

【用法】比喻在不同环境中，即使是同一物种也会发生变异。

【例句】不同的地域有不同的水土，生长的植物也会不同，～，就是如此。

南柯一梦　nán kē yī mèng

【释义】南柯：梦境中槐安国郡名，也指梦境。指在南柯郡做了一场美梦。比喻梦境一场空。

【典故】相传唐代淳于棼梦梦入大槐安国做了南柯郡太守，享尽荣华富贵，醒来发现大槐安国是庭前大槐树下的蚂蚁洞，南柯郡是槐树南边树下的另一个蚂蚁洞。（唐·李公佐《南柯太守传》）

【例句】有些人一心想发财，结果误入歧途，醒悟时犹如～，后悔莫及。

近义 黄粱一梦

反义 梦想成真

南来北往　nán lái běi wǎng

【释义】从南边来，到北方去。

【用法】泛指行人来来往往。

【例句】商店披着节日的盛装，人们满面春风地～。

近义 车水马龙　络绎不绝

南腔北调　nán qiāng běi diào

【释义】腔：唱腔。调：曲调。指南方的腔调，北方的调子。指戏曲的不同腔调。

【用法】引申指说话的口音不纯，南北方

言夹杂。

【例句】县城成了"不夜城",穿着花花绿绿的生意人川流不息,～的叫卖声昼夜不停。

近义 怪腔怪调

反义 字正腔圆

南辕北辙　nán yuán běi zhé

【释义】辕:车辕,车前驾牲口用的两根直木。辙:车辙,车轮压过的痕迹。指打算去南方,车子却往北走。

【典故】战国时,魏王想去攻打赵国。季梁听说了,就讲了一个故事来劝阻魏王。他说:"我刚才看见一个人坐车往北方去,他却说要去楚国。我问他:'楚国在南方,你怎么朝北走呢?'他说:'我的马很能走路。'我说:'虽然有好马,但这不是到楚国的路啊!'他说他有很多路费。我说:'这不行,你走错方向了。'他又说:'我的车夫技术高超。'你看,这人行路的条件越好,离楚国却越远了。"季梁劝阻魏王的意思是:魏王如果想通过侵略他国来达到称霸的目的,就如同去楚国却往北走一样。(《战国策·魏策四》)

【用法】比喻行动与愿望背道而驰。现在经常用于指两者完全不同。

【例句】有些事物同天气变化一样,有许多不可预知的因素,这就可能使我们的事前判断与后来的实际情况～。/他在数学上的见解,却与父亲～,背道而驰。

近义 背道而驰

反义 殊途同归

提示 "辙"不能写成"辄"。

南征北伐　nán zhēng běi fá

见482页"南征北战"。

南征北讨　nán zhēng běi tǎo

见482页"南征北战"。

南征北战　nán zhēng běi zhàn

【释义】征:征伐。指去南边征讨,去北边征战。形容经历的战斗很多。也作"南征北伐""南征北讨"。

【用法】现也可形容为了工作,四处奔波。

【例句】参加座谈会的这些老战士～几十年,为我国的国防建设贡献了青春年华。/在此次特大贩毒案侦破中,宜宾禁毒支队缉毒警察～,内审外调,实施大小行动十七次,取得赫赫战果。

近义 东征西讨

难分难解　nán fēn nán jiě

【释义】解:分开。指双方相持不下,难以结束或解决。也形容双方关系异常亲密,难以分离。也作"难解难分"。

【用法】多指双方之间的竞争或争吵、打斗。

【例句】首场比赛,广东队和山东队打得～,广东队依然以62:51保持领先优势。/小夫妻俩即将分别,～。

近义 难舍难分

难分难舍　nán fēn nán shě

见483页"难舍难分"。

难解难分 nán jiě nán fēn
见 482 页"难分难解"。

难能可贵 nán néng kě guì
【释义】难:不易。能:能够,可:值得。贵:宝贵,珍视。指难以做到的事居然做到了,十分难得,十分可贵。
【例句】更～的是,他深察世故人情,很能体谅人。

难舍难分 nán shě nán fēn
【释义】舍:分离。形容双方感情深厚,不忍心分离。也作"难分难舍"。
【例句】每次,他总是欢天喜地接到她,又～地在村头老苦楝子树下送她。
近义 难分难解
提示 "难"不读 nàn。

难兄难弟 nán xiōng nán dì
【释义】难:艰难,为难。做哥哥为难,做弟弟也为难。原指兄弟二人或事物都一样好,难分高下。
【典故】东汉陈元方的儿子和陈季方的儿子是堂兄弟,都夸耀自己父亲的功德,争个不休,就去问祖父陈寔(shí)。陈寔说:"元方难为弟,季方难为兄。"意思是元方好得做他弟弟难,季方好得做他哥哥难。(《世说新语·德行》)
【用法】今多反用,讥讽两人同样坏。
【例句】你们俩,一个不通文理,一个不达时务,真是～。
提示 另见 484 页"难兄难弟",两者的"难"读音不同,意义也不同。

难言之隐 nán yán zhī yǐn
【释义】难:难于。言:说。隐:隐秘的事。

指难以明说的隐情。
【用法】多指内心有隐情,难于说出口。
【例句】飘然找到孟母,请她说出让人信服的理由。孟母似有～。
近义 难以启齿 有口难说

难以启齿 nán yǐ qǐ chǐ
【释义】难以:难于。启齿:开口。指不好开口。
【用法】多指对他人有所求或涉及个人隐私,羞于说出口。
【例句】这件家庭丑事,要在法庭上说出来,真让她～。
近义 难言之隐

难以为继 nán yǐ wéi jì
【释义】难以:不容易。为:将。继:继续。指难于继续下去。
【用法】多指生活难以维持下去。
【例句】全市仅有一两家曲艺场,也是风声大雨点小,听客寥寥无几,恐怕长此以往都～。

难以言表 nán yǐ yán biǎo
【释义】难以:不容易。言:言语。表:表达。指很难用言语表达。
【例句】眼看着许多父母,因无钱而忍痛放弃对孩子的治疗,李幼侬夫妇内心的痛苦～。

难以逾越 nán yǐ yú yuè
【释义】难以:不容易。逾越:超越。指不容易超越。
【用法】用于形容事物已达到极限,再向前一步也十分困难。
【例句】半决赛,对于法国队来说,似乎是一道～的鸿沟,他们最终也只拿到了第三名。

难以置信　nán yǐ zhì xìn

【释义】难以：不容易。置信：相信。指很难让人相信。

【用法】用于强调事物太奇特，或事情太出人意料。

【例句】阿伯特看着花，～地微微摇了摇头："我不知道世上竟有这么好看的东西。"/当真把我牵连到了这件不光彩的事上面，一时实在令人～。

难以捉摸　nán yǐ zhuō mō

【释义】难以：不容易。捉摸：猜测，预料（多用于否定）。指不容易猜测。

【用法】用于形容人或事物变幻无常，很难预料。

【例句】近来，天气忽冷忽热，令人～，叫人很不适应。

难于上青天　nán yú shàng qīng tiān

【释义】难：艰难，困难。于：介词，表比较。上：登上。青天：蓝色的天空。指比登天还难。

【用法】用于形容非常困难。

【例句】这篇论文的选题对一个学生来说似乎大了一点，但我知道，写这篇论文只是要锻炼我寻找资料、处理资料的能力。从这个角度出发，做起来就不是什么～的事了。

喃喃细语　nán nán xì yǔ

见 486 页"呢喃细语"。

难兄难弟　nàn xiōng nàn dì

【释义】难：苦难，患难。指彼此共患难或处于同样困境的人。

【例句】我们俩都来自山区，都吃过不少苦，有共同的经历，实在是～啊！

【近义】患难之交

【反义】泛泛之交　狐朋狗友

【提示】另见 483 页"难兄难弟"，两者的"难"读音不同，意义也不同。

囊空如洗　náng kōng rú xǐ

【释义】囊：口袋。如：像。口袋里空空的，像洗净了一样。形容穷得一个钱也没有。

【用法】可用于描述贫穷、一时拮据、袋里钱花光了。

【例句】兄妹俩经过长途跋涉抵达太平洋彼岸的时候，已成了～、一文不名的穷光蛋。

【近义】囊中羞涩　身无分文

【反义】腰缠万贯

囊萤积雪　náng yíng jī xuě

【释义】囊：口袋。萤：萤火虫。映：映照，反映。雪：白雪。指夏夜把萤火虫装在绢袋里照明读书，冬天坐在雪堆旁借其反射的微光照映念书。

【用法】用于形容人勤奋好学，刻苦攻读。

【例句】贫穷并不能让我停止求学，即使～，我也要坚持下去。

【近义】凿壁偷光　悬梁刺股

囊中羞涩　_náng zhōng xiū sè_

【释义】囊:口袋。羞涩:难为情,不好意思。指口袋中无钱,很难为情。

【用法】用于形容贫穷或一时拮据。

【例句】为了学二胡,他独自一人待在哈尔滨,由于～,他每天仅靠吃方便面维持生活,这样坚持了三年。

近义　囊空如洗

反义　腰缠万贯

哎哎不休　_náo náo bù xiū_

【释义】哎哎:说话絮絮叨叨地。休:止。絮絮叨叨地说起来没个完。

【例句】在旅游途中,一向沉默寡言的小马却一直～,大家都感到很吃惊。

近义　喋喋不休

反义　默不作声

提示　"哎"不读 _nǔ_。

恼羞成怒　_nǎo xiū chéng nù_

【释义】恼:恼恨。羞:羞愧。由于恼恨、羞愧而发怒。

【例句】0∶0的平局让切尔西队主教练～,指责热刺队一味防守"不是在踢足球"。

近义　气急败坏

脑满肠肥　_nǎo mǎn cháng féi_

【释义】形容不劳而食的人吃得很饱、养得很胖的样子。

【用法】含贬义。

【例句】这个～的市侩忽然引起了我极大的憎恶。

近义　大腹便便　　肥头大耳

反义　形销骨立　骨瘦如柴　瘦骨伶仃

讷口少言　_nè kǒu shǎo yán_

【释义】讷口:口才笨拙。指口才笨拙,不多说话。

【用法】用于形容不善言谈。

【例句】欣宇性格内向,～。

内柔外刚　_nèi róu wài gāng_

【释义】柔:柔弱,脆弱。刚:刚强,强大。内心或内部脆弱,外表或外部刚强。也作"外刚内柔"。

【例句】小柯外柔内刚,小桐却～,二人相得益彰!

反义　外柔内刚

内外夹攻　_nèi wài jiā gōng_

【释义】夹:从不同的两个方面钳住。从内部和外部两个方面配合同时进攻。

【例句】这一轮他如何带领队友应付辽宁队三个主攻手的～,费了不少心思。

近义　腹背受敌

内外交困　_nèi wài jiāo kùn_

【释义】交:一齐,同时。内部和外部同时遇到困难。

【用法】多指国内的政治经济等方面和对外关系方面都处于十分困难的地步。

【例句】第一次世界大战后,意大利～,政局混乱。

近义　内忧外患

内忧外患　_nèi yōu wài huàn_

【释义】忧:忧虑。患:祸患。指内令人担忧,外部又有祸患。

【用法】多指国内的动乱和外来的侵略,也指个人或家庭所处内外交困的困境。

【例句】在中国处于～,贫困落后境地之时,孙中山第一个喊出了"振兴中华"的响亮口号。/ 他在最艰难的日子里,妻子却突然因车祸去世,留下了六个未成年的孩子,这真是～,雪上加霜。

近义 内外交困

能歌善舞　néng gē shàn wǔ

【释义】能:能够。歌:唱歌。善:擅长。舞:舞蹈。指很会唱歌,又擅长跳舞蹈。

【用法】用于形容人活跃,有艺术才华。

【例句】公司新来的同事更是了不得,不仅～,还会作曲编舞。

能工巧匠　néng gōng qiǎo jiàng

【释义】手艺技能高超的人。

【例句】他天生腿跛,虽然是个残疾人,却是个生活中的巨人,是有名的～。

近义 能人巧匠

能屈能伸　néng qū néng shēn

【释义】屈:弯曲。伸:伸直。指能够弯曲,也能伸展。

【用法】多指人在失意时能忍让克制,在得意时能施展才干、抱负。

【例句】尺蠖是一种小虫,～。/ 当忍则忍、～才是大丈夫。

近义 能进能退

反义 宁折不弯　刚直不阿

能说会道　néng shuō huì dào

【释义】道:说,讲。善于用言辞表达,很会说话。

【例句】他爷爷～,在当地是出了名的。

近义 能言善辩

反义 笨嘴拙舌　笨口拙舌

能文能武　néng wén néng wǔ

【释义】指文武双全。也指既有文化,又能劳动。

【例句】我早年对他的印象是个～、多才多艺的人。

近义 允文允武　文武双全

能言巧辩　néng yán qiǎo biàn

见 486 页"能言善辩"。

能言善辩　néng yán shàn biàn

【释义】言:说。善:擅长。辩:辩论。很会说话,擅长辩论。也作"能言巧辩"。

【例句】希腊人热衷政治,～,据说这与古希腊雅典人的辩才有一些关系。

近义 能说会道

反义 笨嘴拙舌　笨口拙舌

能者多劳　néng zhě duō láo

【释义】能者:能力强的人。劳:劳累,劳苦。能力强的人多干事,劳累也多。

【用法】多用于对人的赞誉或奉承。

【例句】胡先生真是太能干了,整天没空,正如俗话说得好,～。

呢喃细语　ní nán xì yǔ

【释义】呢喃:象声词,低语声。形容小声说话。也作"喃喃细语"。

【例句】两岸高大的杨树在随风摇曳,柳树在～,不停地哄着小河入睡。

泥牛入海　ní niú rù hǎi

【释义】泥塑的牛进入大海里。比喻一去不返,杳无消息。

【例句】他撰写过许多学术文稿投寄有关刊物,但总是～无消息。

近义 杳无音信　石沉大海

反义 青鸟佳音

泥沙俱下　ní shā jù xià

【释义】俱:一起,都。泥土和沙子一起被冲下来。比喻好坏不同的人或事物混杂在一起。

【用法】常与"鱼龙混杂"连用。

【例句】黄河、金沙江波涛滚滚,～。/在商品经济的大潮中,难免有鱼龙混杂、～的现象,一些人因此出现心理困惑。

近义 良莠不齐　龙蛇混杂　鱼龙混杂

反义 泾渭分明　黑白分明

泥塑木雕　ní sù mù diāo

【释义】塑:塑造。雕:雕刻。用泥土塑的或用木头刻的偶像。比喻人表情、动作呆板或静止不动。

【用法】多指突发事件使人惊惧失常时的神情。

【例句】突然的打击使我茫然不知所措,我～般地呆立着。

近义 呆若木鸡　呆头呆脑

反义 活灵活现　生龙活虎

你死我活　nǐ sǐ wǒ huó

【释义】不是你死,就是我活。

【用法】用于形容斗争激烈,或双方势不两立。

【例句】拳击场上,双方打得～,一旦分出胜负,彼此又握手拥抱。

泥古不化　nì gǔ bù huà

【释义】泥:拘泥。化:变化。拘泥于古代的陈规或陈说,而不知结合具体情况加以变通。

【例句】石涛在艺术上反对～,主张"借古以开今"的革新精神。

近义 食古不化

逆来顺受　nì lái shùn shòu

【释义】逆:不顺。顺:顺从。受:忍受。指与意愿相反之事来临却顺从地接受。

【用法】用于指对恶劣的环境或不公的、无礼的对待采取顺从的态度。

【例句】高衙内害得林冲刺配沧州,对这样的压迫陷害,林冲只是～。

近义 忍气吞声　委曲求全　唾面自干

反义 针锋相对　以牙还牙

逆流而上　nì liú ér shàng

【释义】逆:倒,相反。指与水流方向相反向上行。

【用法】用于比喻迎着阻力、困难前行。

【例句】人的一生不可能事事顺心,总会遇到困难遭受挫折。这时,是～还是知难而退,就看自己的毅力了。

逆水行舟　nì shuǐ xíng zhōu

【释义】逆:向着相反的方向。向着与水流相反的方向行船。比喻在前进过程中必须努力发奋,否则就要退步。

【用法】常与"不进则退"连用,比喻不奋力前进,就会倒退。

【例句】船上重载,～,若想完成运输任务,只好靠人力拉纤。/ 商海如～,不进则退。

近义 逆水而上

反义 顺水推舟

匿影藏形　nì yǐng cáng xíng

【释义】匿:隐藏。形:形迹。指隐藏形

迹,不露真相。

【用法】用于形容躲藏起来,不公开活动。

【例句】～是很多名人追求清静的一种方式。

近义 潜形匿迹　隐姓埋名

反义 暴露无遗　出头露面

拈花惹草　niān huā rě cǎo

【释义】拈:用手指夹取。惹:招惹。指夹取花朵挑弄小草。比喻(男子)勾引挑逗异性,搞不正当的男女关系。

【例句】给他介绍女朋友?他总得改掉那～的德性吧,不然就害了人家。

近义 寻花问柳

反义 正人君子　坐怀不乱

提示 "拈"不读 zhān。

拈轻怕重　niān qīng pà zhòng

【释义】拈:用手指头夹取。拣轻活做,怕挑重担。

【用法】用于形容对工作缺乏责任感。

【例句】他对工作很负责任,从不～,总是把轻担子推给人家,自己挑重的。

近义 避重就轻　挑肥拣瘦

反义 吃苦耐劳　任劳任怨

提示 "拈"不读 zhān。

拈酸吃醋　niān suān chī cù

【释义】比喻在男女关系上产生嫉妒不快的情绪。

【例句】这本书稿内容低俗,写的几乎是～的事情,不宜出版。

近义 争风吃醋

提示 "拈"不读 zhān。

年复一年　nián fù yī nián

【释义】年:地球绕太阳一圈的时间。复:

又。指一年又一年。

【例句】这样日复一日,～,他们吃了多少苦,流了多少汗,全是为了别人的方便。

年富力强　nián fù lì qiáng

【释义】年富:未来的年岁多,指青壮年时期。力:精力。年纪轻,精力旺盛。

【用法】多用于中年人。

【例句】青年文艺工作者～,思想敏锐,是文艺事业的未来。

近义 年轻力壮

反义 年迈力衰　风烛残年

年高德劭　nián gāo dé shào

【释义】劭:美好。年岁高,品德好。

【例句】这件事情要请自己的亲眷朋友或者邻里～、靠得住的人做证人。

近义 德高望重　年高望重

反义 资浅望轻　德浅行薄

年轻力壮　nián qīng lì zhuàng

【释义】壮:健壮。年纪轻,身体好,力气大。

【用法】只适用于年轻人。

【例句】这群年轻人个个～,都是当兵的好汉子。

近义 年富力强

反义 年老力衰

年深日久　nián shēn rì jiǔ

【释义】深:深远。久:长久。指经过的时间很长。

【例句】这座令人惊叹的蚁山是千千万万蚂蚁以惊人的毅力,无休止地劳动,～垒成的。

近义 成年累月

念念不忘 niàn niàn bù wàng

【释义】念念:时刻思念。总是在思念,一刻也不忘记。

【例句】他成为香港富商之后,就～要为祖国、为家乡创办一所培养人才的大学。

近义 没齿不忘 耿耿于怀

反义 置之脑后

念念有词 niàn niàn yǒu cí

【释义】念念:连续不停地念诵。旧时迷信的人小声念咒语或说祈祷的话。也指人不停地自言自语。

【用法】多形容人嘟嘟囔囔地说个不停。

【例句】见围观的人越来越多,那人更得意了,口中～,手在空中乱比划,煞有介事。/ 他在廊沿下走来走去,口里～的,不知说什么。

近义 喃喃自语 自言自语

鸟尽弓藏 niǎo jìn gōng cáng

【释义】尽:完。藏:收存。鸟打光了,弓就收藏起来。比喻事情成功后,就把出过力的人抛弃或杀死。

【用法】常与"兔死狗烹"连用,强调语义。

【例句】将军担心的是:一旦义军被剿,他自己对朝廷已没有用处,～、兔死狗烹的时候就要到来。

近义 兔死狗烹 过河拆桥

反义 没齿不忘 感恩戴德

鸟面鹄形 niǎo miàn hú xíng

【释义】鹄:天鹅。像鸟一样的瘦脸,像天鹅一样的长颈。

【用法】用于形容人面容枯瘦,身体瘦削。

【例句】在那段困难时期,由于物质严重缺乏,老李家的孩子又多,都饿成了～的样子。

近义 鸠形鹄面

鸟语花香 niǎo yǔ huā xiāng

【释义】鸟儿鸣叫,花儿飘香。

【用法】多形容春天魅人的景象。

【例句】这座建筑立于一座小山丘的斜坡上,四周树木茂密,绿草如茵,～,空气清新。

近义 莺歌燕舞 莺啼燕语

反义 春意阑珊

捏手捏脚　niē shǒu niē jiǎo

【释义】指放轻手脚,不弄出声响。也指动手动脚。

【例句】那小偷～地进到了房间,却没有人觉察。/ 他俩在公众面前还～的,真是不懂礼法。

近义 蹑手蹑脚　轻手轻脚

反义 大步流星

蹑手蹑脚　niè shǒu niè jiǎo

【释义】蹑:放轻(脚步)。指轻手轻脚。

【用法】用于形容走路脚步很轻,以免惊动他人。

【例句】我在井边发现了一只小青蛙,就～地靠近观察它。

近义 捏手捏脚

反义 大步流星

凝神屏气　níng shén bǐng qì

见 51 页"屏气凝神"。

宁缺毋滥　nìng quē wú làn

【释义】宁:宁可。毋:不要。滥:不加选择,过度。宁可暂时缺空,也不要降低标准凑数。

【例句】本次评选将本着公平、公正、公开和～的原则。

反义 多多益善

提示　"毋"不能写成"母","滥"不能写成"烂"。

宁死不屈　nìng sǐ bù qū

【释义】宁:宁可。屈:屈服。宁可牺牲生命,也不屈服。

【例句】他心里充满了对～的战友们的

尊敬。

近义 百折不挠　九死不悔

反义 屈膝投降　苟且偷安

宁为玉碎,不为瓦全

nìng wéi yù suì, bù wéi wǎ quán

【释义】宁:宁可。玉:玉器。碎:粉碎。瓦:瓦器。全:保全。指宁肯作为玉器被粉碎,也不愿作为瓦器得保全。比喻宁可死去,也不屈服,或宁可破裂,也不妥协。

【例句】咱们～。能突围就突围,万一出不去,跟他们拼到底吧! /我抱着～的态度,等待他的进一步行动。

牛刀割鸡　niú dāo gē jī

【释义】牛刀:宰牛的刀。用宰牛的刀来杀鸡。

【用法】用于比喻大材小用。

【例句】纪博士在一家小公司做前台接洽员,这真是～。

近义 牛鼎烹鸡

牛刀小试　niú dāo xiǎo shì

【释义】小:稍微。试:试验,尝试。用宰牛的刀在小生物上试一下。也作"小试牛刀"。

【用法】比喻有大本领而先在小事情上略微施展一下。

【例句】钱老亲自在香港创办华润公司的成功实践,仅是～而已。

近义 初露锋芒　小试锋芒　崭露头角

反义 大显身手　大展宏图

牛鼎烹鸡　niú dǐng pēng jī

【释义】鼎:古代炊器。烹:煮。用能够煮整头牛的鼎来烹煮一只鸡。

【用法】用于比喻大材小用。

【例句】调动一台大吊车来搬动这么小的设备,岂不是～?

近义 牛刀割鸡

牛高马大 niú gāo mǎ dà

见 574 页"人高马大"。

牛鬼蛇神 niú guǐ shé shén

【释义】鬼:鬼怪。神:神灵。指牛头的鬼怪、蛇身的神灵。佛教中有鬼首如牛头,铁蛇铁狗,吐火奔逐,故以牛鬼蛇神为阴间鬼卒形象。

【用法】比喻社会上形形色色的坏人。

【例句】在"文化大革命"中,许多学术权威被当作"～"关进"牛棚"。

近义 魑魅魍魉 妖魔鬼怪

反义 正人君子

牛郎织女 niú láng zhī nǚ

【释义】牵牛星(俗称牛郎星)和织女星,是隔银河相对的两个星座。神话传说中的一对夫妇。天帝孙女(织女)私嫁给牛郎后,织锦中断。天帝大怒,责令两人分离,每年农历七月七日夜才能在天河上相会一次。比喻长期分居两地的夫妻。

【例句】民间至今还流传着～渡天河一年一度相会的神话。/ 他们新婚不久就过着～的生活。

牛毛细雨 niú máo xì yǔ

【释义】形容极细的小雨。

【例句】麦场刚打完,天上就断断续续地下起了～。

近义 和风细雨

反义 倾盆大雨 瓢泼大雨

牛溲马勃 niú sōu mǎ bó

【释义】牛溲:牛尿,一说车前草,利小便。马勃:马屁勃,一种菌类,可治恶疮。二者都是廉价的草药。比喻不值价的东西。

【例句】大家认为是～的包装袋,她却当作宝贝收集起来。

牛头不对马嘴 niú tóu bù duì mǎ zuǐ

【释义】比喻答非所问或事物彼此不相符。

【例句】黄大叔听朱阿姨说得～,好几次都想打断她的话。

近义 驴唇不对马嘴

牛头马面 niú tóu mǎ miàn

【释义】传说地狱里的两个鬼卒,一个头颅似牛,一个面目像马。

【用法】借指各种阴险丑恶的人。

【例句】小时候,奶奶讲的～的故事,至今都还留在他脑海里。/一想起恐怖电影中的～,他都吓得睡不着了。

近义 牛鬼蛇神

扭扭捏捏 niǔ niǔ niē niē

【释义】走路时身体故意摇摆晃动。形容言谈举止不大方或故意做作。

【用法】用于指人。含贬义。

【例句】他走路的姿势不好看,～的。/她～了大半天,才说出一句话来!

近义 忸怩作态

反义 大大方方

扭转乾坤 niǔ zhuǎn qián kūn

【释义】乾坤:八卦中的两卦,代表天和地,代指天地。把天地扭转过来。比喻

N

人为改变已成的局面,使之发生根本的变化。

【用法】常用于指使国家、社会发生彻底变化。

【例句】他的胆识和远见,以及～的伟人风范令人敬佩。

近义 改天换地　翻天覆地

忸怩作态　niǔ ní zuò tài

【释义】忸怩:不好意思或不大方的样子。故意做出不好意思或不大方的样子。

【用法】用于形容故意做作。

【例句】看柳老画画,总有一种清朗之感,毫无～,故作矜持,也不拖泥带水。

近义 矫揉造作　扭扭捏捏
反义 大大方方

浓墨重彩　nóng mò zhòng cǎi

【释义】浓:浓厚。墨:墨汁。重:浓重。彩:色彩。指浓重的笔墨,浓厚的色彩。

【用法】用于对重点人物、事件的描写或叙述时,用浓重的笔墨加以渲染。

【例句】编剧高锋说,该剧将～地描写乾隆皇帝即位初期如何振兴朝纲,为日后的"乾隆盛世"打下坚实基础。

浓妆艳抹　nóng zhuāng yàn mǒ

【释义】浓:颜色深。艳:色彩鲜明。妆、抹:打扮。形容女子面部化妆,色彩浓重艳丽。

【用法】常用作贬义。

【例句】她经常～,香气扑鼻。

近义 浓妆艳裹　浓妆艳饰　弄粉调朱
反义 衣不重彩　衣不完采

弄粉调朱　nòng fěn tiáo zhū

【释义】粉、朱:粉色和红色的脂粉。摆弄脂粉,修饰容貌。也作"调朱弄粉"。

【例句】我看着小侄女～的模样,忍不住笑了。

近义 浓妆艳裹　浓妆艳饰　浓妆艳抹
反义 衣不重彩　衣不完采

弄假成真　nòng jiǎ chéng zhēn

【释义】弄:做。本是假做的,结果弄成了真的。

【例句】杨大妈见自己作为缓兵之计的一出假戏险些要被李大妈～,不禁又气又急。

近义 假戏真做

弄巧成拙　nòng qiǎo chéng zhuō

【释义】弄:耍弄。巧:聪明。拙:愚笨。本想耍弄聪明,结果反而做了蠢事。

【例句】在这种情况下,急于求成可能会～。

近义 画蛇添足
反义 歪打正着　画龙点睛

弄瓦之喜　nòng wǎ zhī xǐ

【释义】弄:玩弄,耍弄。瓦:古时纺织的纺锤。弄瓦:指古时候,生了女孩,就把纺线用的纺锤给她玩。喜:喜事。指生下女孩。

【例句】听说老兄添了一个小孙女,～,恭喜! 恭喜!

弄虚作假　nòng xū zuò jiǎ

【释义】通过耍花招、搞假象欺骗人。

【例句】那种投机取巧、偷工减料、～的人必然被大家所唾弃。

近义 瞒上欺下　瞒天昧地
反义 实事求是　脚踏实地

弄璋之喜　nòng zhāng zhī xǐ

【释义】弄:玩弄,耍弄。璋:一种玉器,似半圭。喜:喜事。指生下男孩(古人把璋给男孩子玩)。

【例句】古时候,如果哪家有～,便会大为庆贺。

奴颜婢膝 nú yán bì xī

【释义】奴:奴才。颜:表情。婢:婢女。膝:膝盖,指屈膝下跪。形容像奴婢一样低声下气、谄媚讨好的样子。

【例句】～与愚盲自大都于学术发展没有好处。

近义 卑躬屈膝 奴颜媚骨 阿谀奉承

反义 不亢不卑 刚正不阿 正气昂扬

奴颜媚骨 nú yán mèi gǔ

【释义】奴:奴才。颜:表情。媚:讨好,巴结。奴才的面孔,献媚的骨头。形容低三下四、谄媚讨好的样子。

【例句】宋庆龄不愿见到～之徒。

近义 奴颜婢膝 卑躬屈膝

反义 刚正不阿 正气凛然

驽马恋栈豆 nú mǎ liàn zhàn dòu

【释义】驽马:劣马。恋:留恋。栈:棚,槽。豆:豆料。劣马只会留恋马厩里的豆料。比喻才能低下的人只顾眼前小利,贪恋禄位。

【用法】用于指人。含贬义。

【例句】在改革大潮中,许多人也不再～了,决心出去闯一闯。

驽马十驾 nú mǎ shí jià

【释义】驽马:劣马。骏马一天的路程,驽马虽慢,但努力不懈,走十天也可以到达。比喻智力低的人只要刻苦学习,也能追上资质高的人。

【例句】什么聪明过人,我不过是～罢了。

怒不可遏 nù bù kě è

【释义】遏:阻止,抑制。愤怒得无法抑制。

【用法】用于形容愤怒到了极点。

【例句】老虎先是感到迷惘,随后变得～,挥动一只爪子朝阿里劈面打来。

近义 怒火中烧 怒发冲冠 怒气冲冲

反义 平心静气 心平气和

怒发冲冠 nù fà chōng guān

【释义】冠:帽子。愤怒得头发直竖,好像把帽子都顶起来了。

【用法】用于形容非常愤怒。

【例句】有些批评家看见书中夹着许多中西典故,不禁～,大骂作者自作聪明,把小说当作骈体文来做。

近义 怒不可遏 怒火中烧 怒气冲冲

反义 心平气和 平心静气

怒火冲天 nù huǒ chōng tiān

见 494 页"怒气冲天"。

怒火中烧 nù huǒ zhōng shāo

【释义】中:心中。怒火在心中燃烧。

【用法】用于形容愤怒至极。

【例句】他看见一个歹徒正晃着手枪威逼旅客掏钱,不禁～,猛扑过去,将歹徒打翻在地。

近义 怒不可遏 怒发冲冠 怒气冲冲

反义 心平气和 平心静气

怒目而视 nù mù ér shì

【释义】怒目:瞪着发怒的眼睛。视:看。愤怒地瞪着眼睛看。

【例句】在这件事情上,原来～的两个人,这时却似乎有了一些共同的语言,因"和谈"而讲和了。

N

反义 和颜悦色

怒目切齿　nù mù qiè chǐ

【释义】怒目:愤怒地瞪着眼睛。切齿:咬紧牙齿。瞪大眼睛,咬紧牙齿。

【用法】用于形容愤怒到极点。

【例句】谈到这些,壮族老人和两三个壮族年轻人都～。

近义 怒目横眉　怒发冲冠

反义 喜笑颜开

怒气冲冲　nù qì chōng chōng

【释义】怒气:愤怒的情绪。冲冲:感情激动的样子。盛怒的样子。

【例句】他～地说当了个冤大头!

近义 怒不可遏　怒发冲冠　怒火中烧

怒气冲天　nù qì chōng tiān

【释义】怒气:愤怒的情绪。怒气冲上了天空。也作“怒火冲天”。

【用法】形容愤怒到了极点。

【例句】他滔滔不绝、～的讲述引起周围群众的同情和愤怒。

近义 怒发冲冠

反义 欣喜若狂

怒形于色　nù xíng yú sè

【释义】形:显露。色:脸色。内心的愤怒在脸色上显露出来。

【例句】愤激的青年演说者,～的人群,使整个浮雕充满了痛恨卖国贼、激动人心的气氛。

近义 怒不可遏　怒目切齿

反义 喜不自胜　喜形于色

女扮男装　nǚ bàn nán zhuāng

【释义】女人装扮成男人。

【例句】听说她在抗日战争时期～,带兵打仗,能使双枪,百步穿杨。

反义 男扮女装

女中丈夫　nǚ zhōng zhàng fū

【释义】丈夫:有志气有作为的男子。女子中具有男子汉气概的人。

【用法】常用于指女中豪杰。

【例句】此时,这位身体健壮的～看上去却毫无丈夫气概,倒是更像一位母性型的农妇。

近义 巾帼须眉

O

呕心沥血　ǒu xīn lì xuè

【释义】呕:吐。沥:滴。原指剖开心,用流出的血当墨汁用。现形容费尽心思。

【用法】多用于文艺创作。

【例句】李贺写作态度极为严肃认真,到了～的程度。

近义 殚精竭虑　苦心孤诣　呕心吐胆

反义 无所用心　聊以塞责

呕心吐胆　ǒu xīn tǔ dǎn

【释义】呕:吐。形容用尽心血,历尽辛苦。

【例句】她几十年如一日,～,在艺术上不断探索和创新。

近义 呕心沥血　处心积虑　殚精竭虑　苦心孤诣

反义 聊以塞责　无所用心

偶一为之　ǒu yī wéi zhī

【释义】偶:偶尔。为:做。偶尔做一次。

【例句】千百年来,写过竹枝词的诗人虽然不绝于世,都不过～。

反义 三番五次　几次三番

偶语弃市　ǒu yǔ qì shì

【释义】偶语:两人相聚议论。弃市:执行死刑后暴尸街头。指在暴政下,人们相聚议论就被杀害。

【用法】用于书面语。

【例句】在秦始皇的暴政下,人民的自由完全被剥夺,诸如集会有禁,文字成狱,～。

藕断丝连　ǒu duàn sī lián

【释义】藕已折断,但丝还连着。比喻表面上断绝关系,实际上仍有牵连。

【用法】多指男女之间的情意难断。

【例句】两人虽然已经离婚,却依旧情意绵绵,还一起外出旅行,可谓～。

近义 难舍难分

反义 一刀两断　恩断义绝

P

拍案称奇 *pāi àn chēng qí*
见 496 页"拍案惊奇"。

拍案而起 *pāi àn ér qǐ*
【释义】案:几案,长形的桌子。猛拍桌子一下子站起来。
【用法】用于形容无比愤怒。
【例句】闻一多～,横眉怒对国民党的手枪,宁可倒下去,也不愿屈服。
近义 愤然作色　义愤填膺
反义 悠然自若

拍案叫绝 *pāi àn jiào jué*
【释义】案:几案,长形的桌子。绝:妙,好。拍着桌子叫好。
【用法】用于形容极力喝彩,高声赞美。
【例句】有时,一幅漫画配一个好题目,就能令人～。
近义 拍案惊奇　交口称誉　赞不绝口
反义 嗤之以鼻

拍案惊奇 *pāi àn jīng qí*
【释义】案:几案,长形的桌子。奇:精彩,绝妙。指情不自禁地拍着桌子称奇叫好。也作"拍案称奇"。
【用法】形容文艺作品、杂技戏曲以及各种技能方法之绝妙、精彩。
【例句】中国京剧在世界各地演出,令外国友人大开眼界～。
近义 拍案叫绝

拍手称快 *pāi shǒu chēng kuài*

【释义】快:痛快,高兴。指鼓掌表示快意。
【用法】用于形容正义得到伸张或事情的结局令人满意。
【例句】当这批毒贩受到应有的惩处后,群众无不～。
近义 大快人心　抚掌大笑
反义 叫苦不迭　叫苦连天

排斥异己 *pái chì yì jǐ*
【释义】排斥:排挤斥逐。异己:见解、立场与自己不同的人。排挤打击与自己的立场、观点不同的人。也作"排除异己"。
【例句】无论过去和现在,仇恨、分裂、混乱、～等对民族的命运都具有危害作用。

近义 党同伐异　诛锄异己
反义 一视同仁　无偏无党

排除万难　pái chú wàn nán

【释义】排除:清除,克服。万难:泛指各种困难。排除重重阻碍,克服各种各样的困难。

【用法】用作褒义。

【例句】专访介绍了一位在好莱坞闯出一片天的年轻人如何～,向理想迈进,最终在国际影坛绽放异彩的故事。

近义 披荆斩棘
反义 瞻前顾后

排除异己　pái chú yì jǐ

见496页"排斥异己"。

排难解纷　pái nàn jiě fēn

【释义】排:排除。难:危难。解:解决。纷:纠纷。原指为人排除危难,消除纷争。现多指为人排除困难,调解纠纷。

【例句】作为军人,他不崇武却善于～,化解矛盾。

近义 排忧解难
反义 搬弄是非　挑拨离间

提示 "难"不读 nán。

排山倒海　pái shān dǎo hǎi

【释义】排:推开。倒:翻倒。推开高山,掀翻大海。

【用法】用于形容气势凶猛,力量强大。

【例句】壶口瀑布声形粗犷,气势壮观,以其～的雄姿闻名中外。

近义 翻江倒海　翻天覆地
提示 "倒"不读 dào。

排山压卵　pái shān yā luǎn

【释义】排:推。卵:蛋。推动山石压蛋。比喻促使和助长祸害的到来。

【例句】这一行动,就好像～,他们几个人的性命,恐怕是难以保住了。

排忧解难　pái yōu jiě nàn

【释义】排:除去。难:困难。排除忧虑,解决困难。

【例句】他夜以继日,为党和国家～,为人民辛勤操劳,身患癌症后仍坚持工作。

近义 排难解纷
提示 "难"不读 nán。

徘徊不前　pái huái bù qián

【释义】徘徊:在一个地方来回地走。在一个地方来回地走,而不向前迈步。

【用法】用于形容犹豫不决或停止在原有水平。

【例句】去年全国粮食大丰收,突破了几年来粮食生产～的局面。

徘徊歧路　pái huái qí lù

【释义】徘徊:在一个地方来回地走。歧路:岔路。在岔道口来回走。

【用法】用于比喻犹豫不决。

【例句】我们不是～的懦夫,我们是揭示生存意义的先行者。

近义 举棋不定　犹豫不决
反义 当机立断　毅然决然
提示 "歧"不读 zhī。

攀高接贵　pān gāo jiē guì

【释义】攀:抓住东西往上爬。接:靠近。高:高枝。贵:贵人。指爬上高枝儿,靠近贵人。

【用法】比喻巴结、依靠有权势的人。

【例句】有的人长着一双势利眼,谁有权势他就投靠谁,～,令人不齿!

攀龙附凤　pān lóng fù fèng

【释义】攀:抓住东西往上爬。龙、凤:比喻有权势的人。附:依附。原指依附帝王或皇亲国戚以求提高地位、成就功业。后泛指依附或投靠有权势的人。也作"附凤攀龙"。

【例句】他不谙投机钻营术,更不～。

近义 攀高接贵　趋炎附势

反义 洁身自好　刚正不阿

盘根错节　pán gēn cuò jié

【释义】盘:盘曲,盘绕。错:交错,错杂。节:枝节,枝丫。树根盘绕,枝节交错。

【用法】用于形容事情错综复杂,不好处置。

【例句】他感到这条路的弯曲可能和头顶的树枝一样～,令人望而生畏。/ 由于错综复杂的问题和～的利害关系,至今她已失去不少支持。

近义 犬牙交错　错综复杂

盘根究底　pán gēn jiū dǐ

见 499 页"刨根问底"。

盘根问底　pán gēn wèn dǐ

见 499 页"刨根问底"。

判若两人　pàn ruò liǎng rén

【释义】判:区别。区别明显得像两个人。

【用法】用于形容同一个人前后的言行、个人形象、性格特征的变化巨大。

【例句】重返人世后他们怀有转世投生感,在个性上与以前～。

近义 截然不同　天差地别

反义 大同小异　依然故我

判若云泥　pàn ruò yún ní

【释义】判:差异,区别。区别很清楚,一像天空的云彩,一像地下的泥土。

【用法】用于形容差别极大,可指人也指物,是两人或两件事物之间的对比。

【例句】在技术改造和设备更新后,这个厂顿改旧观,与过去相比,简直是～。

近义 判若天渊　天差地远

反义 不相上下　伯仲之间

滂沱大雨　pāng tuó dà yǔ

【释义】滂沱:形容雨下得很大。指下得很大的雨。

【例句】～已经冲掉了不少蔷薇花瓣。

近义 倾盆大雨

提示 "滂"不读 páng。

庞然大物　páng rán dà wù

【释义】庞然:高大的样子。外表上又高又大的东西。

【例句】除了海獭体形最小外,海洋中的哺乳动物都是～。

反义 娇小玲珑

旁观者清　páng guān zhě qīng

【释义】旁:旁边。观:看。清:清醒。指(下棋的人迷惘)在一旁看棋的人清醒。

【用法】比喻局外人往往比当事人清醒。

【例句】对弈的人常常会走出一些昏着儿,而观战的人却能一下看出。这正好印证了一句古话:"当局者迷,～。"

旁门左道　páng mén zuǒ dào

见 1005 页"左道旁门"。

旁敲侧击　páng qiāo cè jī

【释义】从旁边和侧面敲打。比喻说话或写文章从侧面表达，而不从正面直接阐明本意。

【用法】用间接方法获得实情、查探内情或审讯犯罪嫌疑人，均可用此语。

【例句】引导被访者接受访问，可采取开门见山、～、投石问路、引水归渠等方法去启发。

近义　拐弯抹角

反义　直截了当　直言不讳

旁若无人　páng ruò wú rén

【释义】旁边就像没有人一样。

【用法】用于形容态度从容、自然或高傲，目中无人。

【例句】十岁的迪迪尽管在几位竞争者中年龄最小，却显得最沉稳，～地坐在地上喝水。／在国际舞台上，中国跳水曾经一枝独秀，犹如～的独舞者。

近义　目中无人　目空一切

旁征博引　páng zhēng bó yǐn

【释义】旁：不同角度、渠道。征：搜集。博：广泛。指广泛地搜集并大量引用材料作依据或例证。

【例句】由于他知识丰富，讲课时～，运用自如，使教学效果产生了艺术魅力。

近义　引经据典

反义　理屈词穷

提示　"征"不能写成"证"。

抛头露面　pāo tóu lù miàn

【释义】抛、露：暴露。面：脸。指将头和脸显露于外。旧指妇女出现在大庭广众之中（封建道德认为是丢脸的事）。现指公开在公共场合露面。

【用法】多含贬义。

【例句】他实在不愿意惠之在大庭广众面前～，劝她打消当模特儿的念头。／我怕见生人，怕办杂事，怕～，但是到了非我去不可的时候，我便不得不去。

近义　出头露面

反义　藏形匿迹

提示　"露"不读作 lòu。

抛砖引玉　pāo zhuān yǐn yù

【释义】抛出砖，引来玉。比喻用自己粗浅的文字或不成熟的意见，引出别人的佳作或高见。

【用法】常用作谦辞。

【例句】他希望自己的一家之言能起到～的作用。

近义　以蚓投鱼　投砾引珠

刨根问底　páo gēn wèn dǐ

【释义】刨：挖掘。挖掘根由，追问底细。也作"盘根究底""盘根问底"。

【用法】比喻追究（人、事、物的）根源或内情。

【例句】对女儿的工作情况，妈妈问得极详细，几乎每一个细节都要～。

近义 拔树寻根　寻根究底

庖丁解牛　páo dīng jiě niú

【释义】庖丁:厨师。解:肢解,分割。《庄子·养生主》中描述庖丁为文惠君解牛,技术极其高超,达到了出神入化的境界。后用于比喻长期实践,掌握事物的客观规律,做得得心应手。

【例句】这位自行车生产车间的主任,拆卸、安装自行车如～,令人啧啧称奇。

提示 "庖"不能写成"疱",不读 bāo。

咆哮如雷　páo xiào rú léi

【释义】咆哮:(猛兽)怒吼。指怒吼如像雷鸣。

【用法】用于指人暴怒狂叫。也可形容洪水的轰鸣。

【例句】他性格暴躁,只要谁触怒了他,就～,怎么也控制不住。/连日的暴雨,引起山洪暴发。洪水一路奔腾直下,～。

袍笏登场　páo hù dēng chǎng

【释义】袍:袍子,中式长衣。笏:古代官员上朝记事的板子。登场:出场。指身穿长袍,手拿朝板出场。原指上台演戏,后比喻上台做官。

【用法】多含讽刺意。

【例句】军阀们你争我夺,连年战事不息,其目的都是为了～。

炮火连天　pào huǒ lián tiān

【释义】炮火:炮弹与炮弹爆炸的火焰。连:连接。指炮弹爆炸的火光映红了天。

【用法】形容炮火十分猛烈。

【例句】现在这里～,老百姓都跑光了,根本就买不到任何东西。

近义 枪林弹雨　硝烟弹雨

赔了夫人又折兵　péi le fū rén yòu zhé bīng

【释义】赔:输掉。折:损失。比喻想占便宜反而遭到双重损失。

【典故】东吴孙权听从周瑜的计谋,骗刘备到东吴与自己的妹妹联姻,以便扣为人质,讨还荆州。结果刘备按诸葛亮之计,真的和孙权的妹妹成亲并带夫人逃离东吴。周瑜领兵追赶又被伏兵打败,落得个"周郎妙计安天下,赔了夫人又折兵"的下场。(《三国演义》)

【例句】很多人都为他这一招捏一把汗,担心弄不好会～。

近义 鸡飞蛋打

反义 一箭双雕　一举两得

喷薄欲出　pēn bó yù chū

【释义】喷薄:喷发,有力向上涌的样子。

欲:即将。形容水涌起或太阳初升时霞光喷涌四射的样子。

【例句】清晨,我刚登上山顶,便见到一轮～的朝阳从地平线上升起。

近义 如日东升

反义 日薄西山

怦然心动　pēng rán xīn dòng

【释义】怦:象声词,形容心跳。动:触动。指内心有所触动而心跳不止。

【用法】用于形容受外界事物的刺激,思想感情产生波动。

【例句】这处楼盘环境优雅,建筑质量上乘,价格也合理,怎不令看房者～?

朋比为奸　péng bǐ wéi jiān

【释义】朋比:互相勾结。为:做。奸:指奸邪不正的事。坏人相互串通,一起做坏事。

【用法】含贬义。

【例句】诗中对那些～的邪佞之徒作了绝妙的讽刺,对黑暗的现实表示了强烈的不满。

近义 朋党比周　结党营私　狼狈为奸

朋党比周　péng dǎng bǐ zhōu

【释义】朋党:指为争权夺利、排除异己而结合起来的集团。比周:勾结起来干坏事。指互相勾结,排斥异己,谋取私利。

【用法】含贬义。

【例句】在我们党内绝不允许拉帮结伙,～,以谋私利。

近义 朋比为奸　结党营私

蓬荜生辉　péng bì shēng huī

见 501 页“蓬荜增辉”。

蓬荜增辉　péng bì zēng huī

【释义】蓬:草名,蓬蒿类。荜:荆条、竹子之类。蓬荜:“蓬门荜户”的省略,指用草、树枝等做成的门窗。辉:光辉,光彩。指穷人家因贵人的光临或因贵重物品的点缀而增光添彩。也作“蓬荜生辉”。

【用法】常用作对他人的光临或赠物的一种称谢之辞。不能用来指对方的居室,如“使你家蓬荜增辉”。

【例句】家父八十大寿,诸位长辈前来祝福,使寒舍顿感～。/这幅精美的字画,定让～,谢谢。

蓬户瓮牖　péng hù wèng yǒu

【释义】蓬:蓬草。户:门。瓮:一种口小腹大的陶缸。牖:窗户。用蓬草编成门,用破坛子做成窗。借指穷苦人家简陋的房屋。

【例句】他自豪地说:“别看我这～之家,还接待过不少贵客呢!”

近义 蓬门荜户

蓬门荜户　péng mén bì hù

【释义】蓬:蓬草。荜:通“筚”,用荆条、竹子等编成的篱笆或其他遮挡物。户:门。用蓬草、荆条等编成的篱笆门。指穷苦人家简陋的住房。

【用法】常用作谦辞。

【例句】我家～,难以接待嘉宾。

近义 蓬户瓮牖

反义 朱门绣户

蓬头垢面　péng tóu gòu miàn

【释义】蓬:蓬松,散乱。垢:污垢,脏污。头发蓬乱,满脸污垢。

【用法】用于形容人面容肮脏或不振作的样子。

【例句】他～、衣衫褴褛地回来了,唯独那

件"重力探矿仪"一直带在身边。

近义 囚首垢面

反义 油头粉面

鹏程万里　péng chéng wàn lǐ

【释义】鹏:传说中的大鸟。程:里程,路程。《庄子·逍遥游》:"鹏之徙于南冥也,水击三千里,抟(tuán)扶摇而上者九万里。"鹏鸟一次飞行的路程有九万里。形容前程远大。

【例句】离开本职工作,一切都是零;立足本职工作,即使从零开始,也能～。

近义 前程似锦

反义 日暮途穷

捧腹大笑　pěng fù dà xiào

【释义】捧腹:用手捂住肚子。指捂着肚子大笑。

【用法】用于描述放声大笑,笑得不能抑制的样子。

【例句】马戏团的动物和表演,常常令人～。

反义 号啕大哭　痛哭流涕

披肝沥胆　pī gān lì dǎn

【释义】披:剖开。沥:滴下。指剖开肝脏,滴下胆汁。也作"披肝露胆""剖肝沥胆"。

【用法】比喻真诚相见,竭诚效力。

【例句】我们深为这位世纪老人一生为祖国能源工业的创办和发展而～的精神所感动。

近义 剖心析肝　推心置腹

反义 尔虞我诈　两面三刀

披肝露胆　pī gān lù dǎn

见 502 页"披肝沥胆"。

披挂上阵　pī guà shàng zhèn

【释义】披挂:旧指穿戴盔甲,后也泛指穿戴衣装。阵:阵地。指穿戴好盔甲上阵作战。

【用法】多比喻(运动员)穿戴整齐,参加比赛。也比喻接受新任务,走上岗位。

【例句】2001 年我正式退役带队,联赛前始前朱刚突然逝世,我只好又～。/八月通知我教这门课,九月我就～了。

披红挂彩　pī hóng guà cǎi

【释义】披红:披上红绸。挂彩:挂上彩绸。指把红绸披在身上,将彩绸挂在门上或身上。

【用法】用于庆贺节日或喜事,表示庆贺或慰劳等。

【例句】秧歌队～,鼓乐队锣鼓喧天。人们在欢庆申办奥运会成功。

披枷带锁　pī jiā dài suǒ

见 502 页"披枷戴锁"。

披枷戴锁　pī jiā dài suǒ

【释义】披:覆在肩上。枷:旧时套在罪犯脖子上的木制刑具。锁:锁链,用来束缚罪犯手脚的铁链。指犯人身上戴着刑具。也作"披枷带锁"。

【用法】比喻给以束缚。

【例句】林冲一路上～,备受折磨。/有些家伙正在往我们灵魂上泼脏水,给我们的灵魂～。

披甲戴盔 pī jiǎ dài kuī

【释义】披:穿上。甲:铠甲,古时军人穿的护身服。盔:头盔,古时军人护头的帽子。指穿上铠甲,戴上头盔。

【用法】用于形容全副武装。

【例句】向阳的山坡上,林色鲜翠;背阳的山坡上,森森然像埋伏在那里～的兵阵。

近义 披坚执锐

披坚执锐 pī jiān zhí ruì

【释义】披:披着。坚:指铠甲。锐:指兵器。穿上坚固的铠甲,拿起锋利的武器。

【用法】比喻全副武装。含褒义。

【例句】消防战士个个～,严阵以待。

近义 披甲戴盔　秣马厉兵

反义 手无寸铁

披荆斩棘 pī jīng zhǎn jí

【释义】披:拨开,劈开。荆、棘:丛生多刺的植物。劈开、砍断道路上的荆棘。比喻战胜、克服在开创事业过程中或前进

道路上的重重困难和障碍。

【用法】常用于创办一份事业上,表示初期要克服许多困难,得来不易。

【例句】艰苦奋斗既是一种崇高的节操,又是一种～、开拓进取的巨大力量。

近义 勇往直前

反义 畏缩不前

提示 "棘"不能写成"刺",也不读 cì 或 là。

披麻戴孝 pī má dài xiào

【释义】披:覆在肩背上。麻:指麻制丧服。孝:指丧服。身穿麻布衣服,头缠白布巾。旧俗子女为父母居丧,要服重孝,如身穿粗麻布孝服,腰系麻绳等。

【用法】多用于子孙为直系尊亲长辈或臣子为君主的去世吊孝。

【例句】一只宠物狗被人打死,宠物狗主人居然逼那人为狗～,这种行为也实在荒谬。

近义 拽布拖麻

披沙拣金 pī shā jiǎn jīn

【释义】披:拨开,分开。拣:挑选,选取。指除去沙砾,选取金子。

【用法】比喻从大量的事物中选取精华。

【例句】毫无疑问,这一工作是大量而艰苦的,～,可能又是其乐无穷的。

近义 沙里淘金　去粗取精

反义 泥沙俱下

披头散发 pī tóu sàn fà

【释义】披:散开。一头长发凌乱地披着。形容仪容不整。

P

【用法】一般用于描述人的外貌。

【例句】昔日美貌绝伦的皇后变成了骨瘦如柴、～的样子。

近义 蓬头垢面

反义 油头粉面

提示 "散"不读 sǎn，"发"不读 fā。

披星戴月　pī xīng dài yuè

【释义】身披星光，头顶月色。形容早出晚归，辛勤劳动，或昼夜赶路，旅途劳顿。

【例句】全村干部群众～，苦干一年，使村里的经济状况基本恢复到了灾前水平。

近义 日夜兼程　早出晚归

被发文身　pī fà wén shēn

【释义】被：通"披"，披散，散开。文：刺画花纹。披散着头发，在身上刺画花纹。原指古代吴越一带的习俗。后泛指未开化地带的风俗。

【用法】用于书面语。

【例句】至今，世界上仍有一些原始部落的人们保留着～的习俗。

提示 "被"不读 bèi，"发"不读 fā。

被发左衽　pī fà zuǒ rèn

【释义】被：通"披"，散，散开。衽：衣襟。左衽：衣襟向左掩，系古代某些少数民族的服式。披散着头发，穿着古朴式样的衣装。

【例句】我国古代东方、北方少数民族的装束是～的。

提示 "被"不读 bèi，"发"不读 fā。

劈波斩浪　pī bō zhǎn làng

【释义】劈：砍开，破开。斩：斩断。指人或船只在水中冲开波浪，破浪前进。

【用法】比喻排除困难，勇往直前。

【例句】它叫作飞翼船，是因为它不用～，能像直升机一样在空中飞翔或漂浮，能飞速行驶。/哪怕前进的道路上有着崇山峻岭、惊涛骇浪，他都要披荆斩棘、～，不达目的誓不罢休。

劈头盖脸　pī tóu gài liǎn

【释义】劈：正对着，冲着。盖：盖住，罩住。冲着头和脸压下来。

【用法】用于形容来势直接而凶猛。多指打骂。

【例句】突然，一阵狂风急雨～地袭来，吓得我立即关上车门。/韩磊爸嫌他把家里的事抖搂出去，便对他～一顿暴打。

皮开肉绽　pí kāi ròu zhàn

【释义】绽：裂开。指皮肉都已裂开。形容伤势严重。

【用法】多指被打得很厉害。

【例句】德军把一位被打得～的美国士兵推出来示众。

近义 遍体鳞伤　体无完肤

反义 安然无恙　完好无损

皮里春秋　pí lǐ chūn qiū

见 504 页"皮里阳秋"。

皮里阳秋　pí lǐ yáng qiū

【释义】皮里：指肚子里，内心。阳秋：指东周时鲁国史书《春秋》。相传经孔子删定的鲁国史书，对历史人物和事件往往暗含褒贬而不直言，这种写法称为《春秋》笔法。晋人因避晋简文帝之母郑阿春讳，改称《春秋》为《阳秋》。指内心自有褒贬而口头上不说出来。也作"皮里春秋"。

【例句】这篇文章不到一千五百字，用一

段~、富于暗示性的文字开场。

反义 直言不讳　直抒胸臆

皮相之见 pí xiàng zhī jiàn

【释义】相：看。皮相：只看到表面。见：见解，见识。指肤浅观察得来的见解。

【用法】用于指浅薄的见解。

【例句】仅仅说某书可读、某书不当读，往往属~，主要的在于如何读法。

反义 鞭辟入里

提示 "相"不读 xiāng。

皮之不存，毛将焉附

pí zhī bù cún, máo jiāng yān fù

【释义】存：存在。焉：哪里。附：依附。指皮都不存在了，毛又依附在哪里？

【用法】比喻事物失去赖以生存的基础就没法再存在。

【例句】~，没有土地，又怎么搞农业呢？

虮蜉撼大树 pí fú hàn dà shù

【释义】虮蜉：大蚂蚁。撼：摇动。指蚂蚁妄想摇动大树。比喻力量很小而想动摇强大的事物，不自量力。

【例句】他谴责分裂分子是跳梁小丑，搞分裂是~，逆历史潮流而动，不会有好下场。

近义 螳臂当车　不自量力

反义 量力而行

提示 "虮"不读 bǐ，也不能写成"浮"。

疲惫不堪 pí bèi bù kān

【释义】疲惫：十分疲乏、疲倦。不堪：经受不起。疲倦得受不了。

【用法】形容过度疲乏。

【例句】这几天的强化训练把队员累得个个~。

疲于奔命 pí yú bēn mìng

【释义】疲：疲乏。于：介词，表原因，相当于"由于"。奔命：奉命奔走。指被逼奔跑，疲惫不堪。

【用法】现也指事情繁多，忙于对付。

【例句】最近公司要去广交会办展览，事特别多，上上下下~，总算是把展品弄齐了。

反义 无所事事　清闲自在

琵琶别抱 pí pá bié bào

【释义】面对别人抱琵琶。喻指妇女改嫁或另就他人。也作"别抱琵琶"。

【例句】他父亲和母亲的感情非常好，即使他父亲死得很早，他母亲也从未有过~的念头。

匹夫有责 pǐ fū yǒu zé

【释义】匹夫：古指平民百姓中的男子，今泛指一个平常人。责：责任。指平常百姓都有责任。意指每个人都有责任。

【用法】常与"国家兴亡"连用。

【例句】国家兴亡，~，我们怎能让日本鬼子在我们的国土上猖狂。

匹夫之勇 pǐ fū zhī yǒng

【释义】匹夫：泛指单个的普通人。指不

P

用智谋而单凭个人蛮干的勇敢。

【例句】见义勇为需要一腔热血,也需要冷静和智慧,并非～。

近义 血气之勇

反义 智勇双全

匹马单枪　pǐ mǎ dān qiāng

见152页"单枪匹马"。

匹马只轮　pǐ mǎ zhī lún

【释义】一匹战马,一辆战车。形容极少的装备。

【例句】战争是残酷的,战败者的损失尤为惨重,有时连～也不能保全。

否极泰来　pǐ jí tài lái

【释义】否、泰:《周易》中的两个卦名。"泰"指天地相交、相合,象征顺利;反之叫"否",象征不顺、失利、遭挫等。极:尽,到尽头。坏的到了尽头,好的就来了。这是人们关于事物循环发展的一种观念。

【例句】在失望中挣扎着的人们,哪个不希望有朝一日能够时来运转、～。

反义 泰极而否　盛极必衰

提示 "否"不读 fǒu。

屁滚尿流　pì gǔn niào liú

【释义】形容极度惊慌或狼狈不堪之状。也形容极度惊喜兴奋的样子。

【用法】用于口语。

【例句】这只老虎虽然不咬人,但足可以把人吓得～。/ 听到投的标书中标了,他惊喜得～。

反义 从容不迫

偏听偏信　piān tīng piān xìn

【释义】偏:偏重,注重一方。信:相信,信任。指只听取一方的意见就相信了。

【用法】用于形容片面听信一面之词。

【例句】一个领导人如果～,就会处事不公,还会给别有用心的人以可乘之机。

反义 无偏无倚

偏听则蔽　piān tīng zé bì

【释义】偏:不全面。只听一面之词,就容易受蒙蔽。

【例句】～,我们应该广泛听取群众意见。

翩翩起舞　piān piān qǐ wǔ

【释义】翩翩:飘逸飞动的样子。形容轻快地跳起舞来。

【例句】在欢快的桑巴舞曲伴奏下,他们～,热情奔放,全场洋溢着节日的喜庆气氛。

提示 "翩"不能写成"偏"。

翩翩少年　piān piān shào nián

【释义】翩翩:形容举止洒脱。指言谈举止自然大方的青年男子。

【用法】只用于指青年男子。

【例句】那位来自天山脚下的～在舞台上深情地唱起了天山牧歌。

胼手胝足　pián shǒu zhī zú

【释义】胼、胝:趼子(长期摩擦长出的硬皮),在手上叫胼,在脚上叫胝。指手和脚都长了趼子。

【例句】越来越多的农民不再是～、栉风沐雨的种田人,已经成为一代有文化、懂经营的新型劳动者。

提示 "胼"不读 bìng;"胝"不读 dǐ。

片甲不回　piàn jiǎ bù huí

见507页"片甲不留"。

片甲不留　piàn jiǎ bù liú

【释义】甲:古时军队打仗用的护身衣服,借指将士。一个将士也没留下。也作"片甲不回"。

【用法】表示全军覆没。

【例句】敌人打败了,就得追下去,非杀得他们～不算完。

近义　只轮不返　全军覆没

片瓦无存　piàn wǎ wú cún

【释义】连一片整瓦都不存在了。

【用法】形容房屋遭受严重毁坏。常用于天灾人祸之后。

【例句】一场台风过后,小村庄已是～。

近义　残垣断壁

反义　完好无损　毫发无损

片言九鼎　piàn yán jiǔ dǐng

见 890 页"一言九鼎"。

片言只字　piàn yán zhī zì

【释义】片言:三言两语。只:单个的。指零散的文字材料。也指简短的文字。

【例句】如心轻轻拉开抽屉找姑婆遗言,可是老人并无留下～。

近义　三言两语

反义　长篇大论　鸿篇巨制　连篇累牍

片纸只字　piàn zhǐ zhī zì

【释义】片:零碎的。只:单个的。指写有一个字的文字材料。

【例句】老人突发脑出血,进医院时已深度昏迷,辞世时没留下～。

飘风暴雨　piāo fēng bào yǔ

【释义】飘风:暴风。来势迅急而猛烈的大风雨。也作"飘风骤雨"。

【例句】刚才的～让大家惊吓得不知所措了。

近义　暴风骤雨　急风暴雨　狂风暴雨

反义　和风细雨

飘风急雨　piāo fēng jí yǔ

【释义】飘风:急骤的旋风。急剧而猛烈的大风雨。

【用法】形容来势迅猛或声势浩大。

【例句】炮火从三个方向一起向城内轰击,其势如～,不可阻挡。

近义　暴风骤雨　急风暴雨

飘风骤雨　piāo fēng zhòu yǔ

见 507 页"飘风暴雨"。

飘飘欲仙　piāo piāo yù xiān

【释义】欲:将要。形容轻飘飘地往上飘浮,好像要成仙一样。

【例句】从山顶往下看,云在脚下飘浮,人在云中漫游,宛如仙子般腾云驾雾,～。

近义　飘然欲仙　腾云驾雾

贫病交攻　pín bìng jiāo gōng

见 507 页"贫病交迫"。

贫病交迫　pín bìng jiāo pò

【释义】交迫:交相逼迫。贫穷和疾病一齐袭来。也作"贫病交攻""贫病交侵"。

【例句】他早年生活困难,常常～。

贫病交侵　pín bìng jiāo qīn

见 507 页"贫病交迫"。

贫富悬殊　pín fù xuán shū

【释义】贫:贫穷。富:富有。悬殊:相差很远。指贫穷和富有之间差距很大。

【例句】～的问题还较为突出地存在,中

央十分重视,决心缩小贫富差距,让大家
走上共同富裕的道路。

贫贱不能移   pín jiàn bù néng yí

【释义】贫:贫穷。贱:低下。移:改变。
指家境贫穷,地位低下,但不能改变其
意志。

【用法】常与"富贵不能淫"连用。

【例句】若能不做物欲的奴隶,以平常心
对待荣华富贵,就能做到既安于贫贱,又
安于富贵,进而做到"富贵不能淫,～",
达到一种崇高的精神境界。

反义 人穷志短

贫贱之交   pín jiàn zhī jiāo

【释义】贱:社会地位低下。交:朋友。生
活贫困时结交的朋友。

【例句】作为他多年的～,了解到他现在
不得意的心情,我心里自然也很难过。

近义 患难之交

反义 酒肉朋友

贫嘴薄舌   pín zuǐ bó shé

【释义】薄:尖酸刻薄。絮叨讨厌的嘴,尖
酸刻薄的舌头。

【用法】用于描述人耍嘴皮子,话多而尖
酸刻薄。

【例句】她是个～的丫头,到哪儿都不受
欢迎。

近义 油嘴滑舌

提示 "薄"不能写成"簿"。

颦眉蹙额   pín méi cù é

【释义】哀愁时双眉紧蹙的样子。

【例句】她那～的样子让人怜爱。

近义 愁眉不展

反义 眉开眼笑

品头论足   pǐn tóu lùn zú

见 510 页"评头论足"。

品学兼优   pǐn xué jiān yōu

【释义】品:品行。学:学业。兼:并,皆。
品行和学业都很优秀。

【例句】化学老师因为这学生～,也很乐
意接受这个玩笑。

品竹弹丝   pǐn zhú tán sī

【释义】品:吹奏。竹:指管乐,如箫、笛之
类。丝:指弦乐,如琴、筝之类。吹奏弹
拨各种乐器。

【用法】用于书面语。

【例句】她聪明伶俐,多才多艺,～样样
都会。

牝鸡司晨   pìn jī sī chén

【释义】牝:雌。司:掌管。司晨:负责报
晓。由母鸡来负责报晓。古代认为母鸡
啼叫是不祥的预兆。旧时比喻妇人擅权
乱政。

【用法】后专用于指女性掌握大权。

【例句】从封建正统的观点看来,女性当
皇帝自然是乾坤颠倒,～了。

近义 垂帘听政

牝牡骊黄   pìn mǔ lí huáng

【释义】牝牡:雌雄。骊:黑色。本指寻求
骏马时不必拘泥于马的雌雄和毛色。后
比喻事物的表面现象。

【用法】常用在说人不知好坏,只求适合
自己心意的事上。

【例句】这个人～,合他心意的,他连家财
给了人家也可以。

提示 "牝"不读 bì。

平安无事　píng ān wú shì

【释义】平稳安全,没有发生什么事情。

【用法】用于形容人身安全或社会治安状况良好。

【例句】在那兵荒马乱的时候,她竟然～地回来了。

近义 安然无恙

平白无故　píng bái wú gù

【释义】平白:凭空。故:缘故,缘由。指没有任何原因、任何理由。

【例句】作为父母有责任让自己的孩子知道国庆节是一个重要的日子,现在的和平生活并不是～而来的。

近义 无缘无故

反义 事出有因

平步青云　píng bù qīng yún

【释义】平步:平地步行。青云:高空,指很高的地位。指从平地步入高空。比喻一下上升到很高的地位。

【用法】多用于一朝得志,事业一旦成功,或从很低职位升至很高职位。

【例句】在封建社会,读书人一旦中举,那就～。

近义 青云直上　一步登天

反义 一落千丈

平淡无奇　píng dàn wú qí

【释义】平平常常,没有奇特的地方。

【例句】大家因为时常见到听到接触到,都觉得那些事物～,不足介意。

反义 不同凡响　稀奇古怪　异乎寻常

平淡无味　píng dàn wú wèi

见154页"淡而无味"。

平地风波　píng dì fēng bō

【释义】风波:喻指事故或纠纷。比喻突然发生的事故或纠纷。

【例句】王大爷没料到自己一句话引来～,把自己扯进了一场官司中。

近义 晴天霹雳　平地一声雷　平地波澜

反义 平安无事　风平浪静

平地楼台　píng dì lóu tái

【释义】平地:平坦的土地。楼台:楼房亭台,泛指楼房。指在平地上建起了楼房。

【用法】比喻从头开始创建起来的事业。

【例句】中国南极考察队用自己的双手建起了南极考察站,～,可真不容易呀!

平地一声雷　píng dì yī shēng léi

【释义】平地:平坦之地。指平坦的地面上响起了一声雷声。

【用法】比喻突发重大事件,或者是重大变动,或者是重大喜事。

【例句】1976年秋天,～,"江青反革命集团"垮台了! / 母亲突然去世的消息有如～,把小青都震蒙了。

近义 平地风波　晴天霹雳

反义 平安无事　风平浪静

平分秋色　píng fēn qiū sè

【释义】秋色:秋天的景色。平均分开秋光的一半。本指中秋或秋分这一天。后指双方各得一半或不相上下。

【用法】用于指双方在胜负、权力等事物上的分配势均力敌。

【例句】柔道赛场今天较量的结果是,中、韩选手在女子柔道中～。

近义 伯仲之间　旗鼓相当

反义 独占鳌头

平铺直叙 píng pū zhí xù

【释义】铺:铺陈。叙:叙述。指平平地铺陈,直接地叙述。

【用法】形容说话写文章没有起伏变化,简单平淡地述说下去。

【例句】这部电视剧的叙述风格寓激情于平实而从容之中,但又没有～的毛病。

近义 平淡无奇

反义 波澜起伏 一波三折

平起平坐 píng qǐ píng zuò

【释义】平:平行,平等。指同时站起,同时坐下。比喻地位、权力、级别相等,身价相当,资格相同。

【用法】一般用于双方,有时也用于多方。

【例句】在意大利,足球作为一个产业已与许多重要行业～。

近义 分庭抗礼

反义 甘拜下风

平头百姓 píng tóu bǎi xìng

【释义】平头:光着头,不戴官帽,表明是平民身份。指普通百姓。

【例句】时势造英雄,项羽、刘邦等人都是

应时而起,从～成为叱咤一时的风云人物。

反义 达官贵人 权豪势要

平心而论 píng xīn ér lùn

【释义】平心:心情平和。论:评论。心平气和地给予客观评判或评论。

【用法】用于没有偏袒、公正地说话。

【例句】～,这场比赛的比分如果打平应该是比较合理的。

反义 心浮气躁

平心静气 píng xīn jìng qì

【释义】心平气和,态度冷静。

【例句】艺术家在创造的时候,他必须是很～的。

近义 心平气和

反义 心急火燎 气急败坏

平易近人 píng yì jìn rén

【释义】平易:和蔼可亲,也指文字平实易懂。态度谦逊和蔼,使人容易接近。(文字)浅显通俗,容易了解。

【用法】用于人,形容态度和蔼,容易亲近;用于文字,形容浅显易懂,容易了解;用于事物,形容质朴无华,容易接受。

【例句】越是大作家越～,巴老就如一位平常的老爷爷一样让人感到亲切。/这种古体诗的工力比近体诗深,但是～,人们更容易接受。/上海的民居是～的,老城厢尽是板壁小楼。

反义 盛气凌人

评头论足 píng tóu lùn zú

【释义】评:评论,评判。品:品评,评论。指从头到脚加以评论。也作"品头论足"。

【用法】原指随意评论妇女的容貌。现多指对人或事说长道短，多方挑剔。

【例句】安琪是个漂亮姑娘，走到哪里，都有人对她～。/王文全当了处长，常招来一些嫉妒者在背后对他的工作～。

凭空捏造　píng kōng niē zào

【释义】凭空：无依据地。捏造：假造事实。指毫无依据地编造。

【例句】法庭上作证是要讲证据的，信口开河，～，是要负法律责任的。

萍水相逢　píng shuǐ xiāng féng

【释义】萍：浮萍。逢：遇见。指像在水中漂浮不定的浮萍偶尔相遇。

【用法】比喻素不相识的人偶然相遇。

【例句】影片描写了这两个～的艺人的不幸遭遇，和他们的相互帮助以及他们之间的纯真的感情。

近义　一面之交

反义　莫逆之交

萍踪浪迹　píng zōng làng jì

【释义】萍，浮萍。踪：踪迹。浪：波浪。迹：痕迹。指浮萍的踪迹，波浪的痕迹。

【用法】比喻四处漂泊，行踪不定。

【例句】游牧民族的生活，似～，居无定所。如今有了现代通信工具，联系他们就容易了。

泼天大祸　pō tiān dà huò

【释义】泼天：铺天的。形容非常大的祸事。

【例句】没想到，他在会上的一番发言竟闯了～。

近义　滔天大祸

婆婆妈妈　pó po mā mā

【释义】形容办事拖泥带水，不干脆利落。也形容言语啰唆或感情脆弱。

【例句】我讨厌这种～，叮嘱了又叮嘱。/这么点小事就掉泪，你也太～了。

婆娑起舞　pó suō qǐ wǔ

【释义】婆娑：盘旋（多指舞蹈）。起：跳起。轻快地跳舞。

【用法】形容舞姿翩跹，也形容枝叶迎风摇曳。

【例句】五四青年节，许多青年来到湖边举行晚会，他们在手风琴的伴奏下，放声歌唱，～。/高高的白杨，树叶浓绿硕大，迎着秋风，～。

迫不得已　pò bù dé yǐ

【释义】迫：逼迫。不得已：无可奈何。指被逼迫得无可奈何。

【用法】形容出于无奈，不得不这样做。

【例句】海上漂泊七天六夜，他们在～时喝海水，吃鱼饵。

近义　无可奈何　事出无奈

反义　甘心情愿

迫不及待　pò bù jí dài

【释义】迫：紧迫，紧急。待：等待。急迫得不能再等待。

【用法】用于形容紧急的情况或急切的心情。

【例句】虽然比赛还没有开始，但是观众们早已～了。

近义　急不可待

反义　慢条斯理　平心静气　从容不迫

提示　"及"不能写成"急"。

迫在眉睫　pò zài méi jié

【释义】迫:逼近,迫近。睫:眼睫毛。指紧迫得在眉毛与睫毛之间。

【用法】比喻事情临到眼前,十分紧迫。

【例句】随着岁月的流逝,一些传统建筑的风貌也渐渐衰败,保护已～。

近义 燃眉之急

反义 从容不迫

破釜沉舟　pò fǔ chén zhōu

【释义】釜:古代一种用陶土烧制的锅。打破锅,沉掉船。比喻不留退路,下定决心一拼到底。

【典故】项羽当上将军后,派兵渡过漳河,援救巨鹿。稍有胜利,他又统领全军渡河,渡河后"皆沉船,破釜甑,烧庐舍"(沉掉全部船只,砸毁饭锅、甑子,烧掉军营房舍),只带三日粮,以此表示决一死战,不胜不回。结果大败秦军。(《史记·项羽本纪》)

【用法】比喻倾尽全力做一件事,成功或失败,都在此一举。

【例句】我们要以～的决心完成这生死攸关的任务。

近义 济河焚舟　孤注一掷

反义 举棋不定　优柔寡断

提示"釜"不能写成"斧"。

破罐破摔　pò guàn pò shuāi

【释义】指破碎的罐子摔出去让它更破烂。

【用法】比喻受了挫折或打击,不求上进,任其向坏的方向发展下去。

【例句】待到大势已去,越输越多之后,他们便～,干脆放弃进攻了。

近义 自暴自弃

破镜重圆　pò jìng chóng yuán

【释义】断裂的镜子重新合拢。比喻夫妻失散后又重新团聚或夫妻离异后又重新和好。

【典故】南朝时,陈国将亡,驸马徐德言料与妻乐昌公主必分离,因破铜镜一面,二人各执其半,约他年正月十五日卖镜于市,以期再见。陈亡后,公主没入杨素家。徐后于约定之日见人叫卖破镜,遂出半镜相合。因题诗曰:"镜与人俱去,镜归人不归;无复嫦娥影,空留明月辉。"公主得诗,涕泣不食。杨素知此事后,遂使德言与公主团圆,终老江南。(唐·孟棨《本事诗·情感》)

【例句】这对分别二十多年的夫妻～了。/ 起初,他还抱有与妻子可以～的希望。

近义 言归于好　握手言欢

破旧立新　pò jiù lì xīn

【释义】破除旧的,建立新的。

【例句】改革也是一场革命,也需要～。

近义 革故鼎新　吐故纳新

反义 抱残守缺　因循守旧

破口大骂　pò kǒu dà mà

【释义】破:张开。满嘴恶语地大声怒骂。

【用法】常用于指因恼怒而出恶语。

【例句】村里的李大娘真是刁蛮,无论谁惹到她,她立即就～。

近义 出口伤人 出言不逊

反义 彬彬有礼

破烂不堪 pò làn bù kān

【释义】不堪:表示程度深。破烂得不成样子。

【例句】这本英语词典恐怕用了半个世纪了吧,不然怎么如此～呢?

破门而出 pò mén ér chū

【释义】打破门冲了出去。比喻摆脱束缚或限制。也比喻坏人迫不及待地跳出来干坏事。

【例句】听到警车声,歹徒～,企图逃跑,但最终还是束手就擒了。

近义 夺门而出

反义 破门而入

破门而入 pò mén ér rù

【释义】破门:用猛力砸开或撞开门。用猛力把门弄开,迅速进入。

【例句】海潮又像海盗一样从大东沟汹涌而来,～。

反义 夺门而出 破门而出

破题儿第一遭 pò tí er dì yī zāo

【释义】破题:唐宋诗赋起首两句,明清八股文的第一股,用一两句话点破题意,称为"破题"。遭:次,回。指一开头就点破题意。

【用法】比喻首次做某件事。

【例句】他是我们单位有名的老夫子,很难在公众场合露面。这次他居然登台表演,真是～,难得。

近义 破天荒

破涕为笑 pò tì wéi xiào

【释义】破:解除。涕:眼泪。止住泪水,露出笑容。指转悲为喜。

【例句】《水浒传》在行文方面,竭尽腾挪跌宕的能事,使读者忽而愤怒,忽而～。

近义 转悲为喜

提示 "涕"不读 tí,不能解释成"鼻涕",也不能写成"啼"。

破天荒 pò tiān huāng

【释义】破:打破,突破。天荒:没有开垦过的土地。指打破了从未开垦之地。

【用法】比喻前所未有之事,第一次出现了。

【例句】在强手如林的美国物理学界,物理学会的会长由一名女性担任,这是～的事情。/免除农业税在我国农业发展史上是～的事情。

近义 破题儿第一遭 亘古未有

反义 史不绝书

破绽百出 pò zhàn bǎi chū

【释义】绽:裂开,裂缝。破绽:漏洞,毛病。百:指次数多。形容说话、做事漏洞非常多。

【用法】一般用作贬义。

【例句】歹徒见武警战士如神兵天降,显得惊慌失措,说话吞吞吐吐,～。

近义 漏洞百出

反义 天衣无缝 无懈可击 滴水不漏

破竹之势 pò zhú zhī shì

【释义】破竹:劈竹子。就像劈竹子那样,头上几节一劈开,底下跟着都裂开了。比喻解决问题快,毫无阻碍。也比喻不可阻挡的气势。

【例句】他的研究工作进展迅速,有～。/

我军以～大举南进,没多久就打过了长江。

近义 排山倒海

反义 强弩之末

剖肝沥胆　pōu gān lì dǎn

见502页"披肝沥胆"。

剖心析肝　pōu xīn xī gān

【释义】剖:破开。析:分开。把心肝剖开来。

【用法】用于指赤诚相待。

【例句】钱厂长对职工～,所以职工们都很尊敬他。

近义 披肝沥胆　输肝剖胆　推心置腹

扑朔迷离　pū shuò mí lí

【释义】扑朔:扑腾、乱动的样子。迷离:眼睛半开半睁。《木兰诗》:"雄兔脚扑朔,雌兔眼迷离。双兔傍地走,安能辨我是雄雌?"原意为捏住兔子的耳朵把它提起来,雄兔脚乱扑腾雌兔则眼半闭,不难辨别;可它们在地上同时跑动时,就分辨不出雌雄了。

【用法】用于比喻事情错综复杂,不易分辨清楚。

【例句】这个迷宫分为上、中、下三层,其中洞中有洞、洞连洞、洞洞相通,迂回曲折,～,若没有导游或灯光引导,游客则难出迷宫。/作者不是简单地陈述,而是以老道、幽默的文笔使小说情节～,悬念迭起,勾起人阅读的强烈兴趣。

近义 错综复杂

反义 一清二楚　昭然若揭

铺天盖地　pū tiān gài dì

【释义】铺:铺满。盖:覆盖。指铺满天空,覆盖大地。

【用法】形容来势凶猛,到处都是。也形容数量奇多,并大量地同时出现或涌来。

【例句】一个炸雷刚过,大雨就～地倾泻下来。/我从未见过这～的彩蝶随风起舞。/打开电视,广告～而来。

近义 遮天盖地

铺张浪费　pū zhāng làng fèi

【释义】铺张:为求形式好看而过分讲究排场。过分讲究排场而浪费人力财物。

【例句】他做官几十年来,生活俭朴,从不～。

近义 大手大脚

反义 省吃俭用　克勤克俭

铺张扬厉　pū zhāng yáng lì

【释义】铺张:铺陈夸张。扬厉:发扬光大。原指极力宣扬。后用于形容过分夸张,讲究排场。

【例句】这部小说里写有慈禧太后做寿时,

张之洞各衙署悬灯结彩、～、费资巨万的史实。

匍匐之救　pú fú zhī jiù

【释义】匍匐：趴在地上，用膝部前行。指不顾一切竭尽全力的救助。

【用法】用于书面语。含褒义。

【例句】四川汶川大地震发生后，全国其他省市纷纷给予～，伸出了援助之手。

菩萨心肠　pú sà xīn cháng

【释义】与菩萨一样的心肠。

【用法】比喻仁慈善良之心。

【例句】人和人之间没点～怎么行呢？

蒲柳之姿　pú liǔ zhī zī

【释义】蒲柳：植物名，即水杨，秋天凋零得很早。姿：通"资"，天资，资质。比喻衰弱的体质。

【例句】她因为缺少锻炼，所以如～，弱不禁风。

近义　弱不禁风　弱不胜衣

反义　身强力壮　身轻体健　虎背熊腰

璞玉浑金　pú yù hún jīn

【释义】璞玉：未经琢磨的玉。浑金：未经冶炼的金。没有经过琢磨的玉，没有经过提炼的金。泛指天然浑朴的精美之器。

【用法】比喻未经修饰雕琢的天然美质或纯真品质。

【例句】他的这部自传体小说具有一种淳朴自然、～的魅力。

近义　良金美玉

朴实无华　pǔ shí wú huá

【释义】质朴实在，不浮华。

【用法】侧重指品质，形容人老实真诚。

【例句】这部小说只是平铺直叙、～地记述了会见的事情。

近义　朴素无华

朴素无华　pǔ sù wú huá

【释义】朴素：俭朴，不加修饰。华：奢华，华丽。形容衣着素净不艳丽。也形容文辞朴实不华丽。

【用法】侧重指外表，形容不奢侈，衣着不艳丽。

【例句】她崇尚自然，从不刻意打扮，给人一种～的感觉。／译文清新自然，～。

近义　朴实无华

反义　珠光宝气

普天同庆　pǔ tiān tóng qìng

【释义】普：遍，全。普天：全天下。全天下的人共同庆祝。

【例句】在这～的国庆佳节，天安门广场被装点得格外美丽。

近义　举国若狂

普天之下　pǔ tiān zhī xià

【释义】普：遍，广泛。遍天之下，全天下。指全国或全世界。

【例句】希望把子女教育好，让他们长大成人，有所作为，这是～父母的一片赤诚心愿。

P

Q

七步之才　qī bù zhī cái

【释义】才:才能。在走七步的时间内吟成一首诗的才能。

【用法】用于形容人文思敏捷。含褒义。

【例句】他有文才,上高中时就被同学们称为"～"。

近义 才华横溢　文不加点

七长八短　qī cháng bā duǎn

【释义】七、八:不实指具体数量,表示相对应的数量较多。指有七个长,八个短。

【用法】用于形容人或物在高低、长短等方面的不整齐,有很大差距。

【例句】直到开学的头一天,才陆续来了几个孩子,～,都没有上过学。

近义 参差不齐

反义 整齐划一

七颠八倒　qī diān bā dǎo

【释义】形容杂乱无章,纷乱不堪。也形容神魂颠倒,失去常态;晕头转向,不明所以。也指语言颠三倒四。

【用法】形容人行为失常的用语。

【例句】贾家的丫鬟们见凤姐不在,大多偷闲歇力,乱乱吵吵,闹得～,不成事体。/ 他是个财迷,见了钱立即就～了。/我们被他异常的举动搞得～的。/ 她今天一定受到了刺激,说话总是～的。

近义 颠三倒四

反义 井然有序

七零八落　qī líng bā luò

【释义】零:零散,散乱。落:零落,稀疏。形容零散、散乱、不整齐的样子。也形容破败、残破的样子。

【例句】这一路剧烈的颠簸震荡把旅客的包袱甩得～。/ 第一辆肇事汽车桑塔纳已经被撞得～。

近义 七零八碎　五零四散

七零八碎　qī líng bā suì

【释义】形容零散杂乱的样子。也形容残破不堪的样子。

【用法】用于描述事物破碎不堪时,含无法收拾残余局面的意思。

【例句】屋子中间的大圆桌上摆着～的各种物件。/她曾经坐过的绿茵般的草地已被沉重的炮车碾得～。

近义 七零八落

七拼八凑 qī pīn bā còu

【释义】七、八:不实指具体数量,表示相对应的数量较多。拼、凑:拼合。指把一些零散的人或事物聚合在一起。

【用法】表示尽了最大的努力把原本很少的东西聚集在一起,或把一些人或物勉强聚合在一起,凑够一定的数量。

【例句】村里的乡亲～,终于凑了五百多元。但这点钱能做什么,住院费还差着一大截呢!/二顺子在四处转了一圈,～,找了百十来号人,男女老少都有,算是可以应付上面的检查了。

近义 东拼西凑

七窍生烟 qī qiào shēng yān

【释义】窍:孔。七窍:指人的两眼、两耳、两鼻孔和口。指好像耳目口鼻都要生出火烟来。

【用法】常用来形容人气愤至极。

【例句】我被这人那厚颜无耻的语气激得～。

近义 暴跳如雷 火冒三丈
反义 心平气和 平心静气

七擒七纵 qī qín qī zòng

【释义】擒:捉获。纵:放走。指将敌军首领捕获七次,又释放了七次。

【用法】多指对敌方实行攻心战术,不断地捉获,又不断地释放,最终使其心甘情愿地投诚。

【例句】历史上诸葛亮征讨南方。其中～的故事,被罗贯中写进了《三国演义》,成为该书极为精彩的片断。

七情六欲 qī qíng liù yù

【释义】七情:人所具有的喜、怒、哀、惧、爱、恶、欲七种情感。六欲:人的六种欲望,包括生、死、耳(听觉)、目(视觉)、口(味觉)、鼻(嗅觉)。指人的各种感情和欲望。

【用法】常用在描写人们的感情上。

【例句】这本书虽然写的只是一只小鸭,但充满人生的～,多弦外之音。

近义 五情六欲
反义 四大皆空

七上八下 qī shàng bā xià

【释义】原指水桶上下运动不停,后形容心中慌乱不安。

【用法】常与"心里""心中"等词语配合使用,一般不单独使用。

【例句】午饭后,他心里一直～,猜不透总经理为什么忽然找他。

近义 心神不定 忐忑不安
反义 镇定自若 若无其事

七十二行 qī shí èr háng

【释义】七十二:虚指数,代指各种。泛指工、农、商等各行各业。

【例句】人们为了工作,为了生活,在社会生活的～里,找到自己的位置,找到适合自己大显身手的平台。

近义 各行各业 三十六行

Q

七手八脚　qī shǒu bā jiǎo

【释义】许多人一齐动手。形容人多而动作忙乱。

【用法】强调参与的人很多，场面热闹杂乱。

【例句】他们～地把箱子等行李搬下楼去了。／眼看暴雨就要来临，大家～地把麦子装上车，并用帆布扎扎实实地盖好。

反义　有条不紊

七折八扣　qī zhé bā kòu

【释义】折、扣：购买货物时按所标的价格打折、减除一定数额。指以各种理由扣除应付或应得的数额。

【例句】商场正在搞特价销售，他心里盘算，照商家的宣传，～，这套家具至少可省下两千来块钱。／大伟这个月耽误太多，业绩不佳，劳资部算账，～，工资肯定要减掉一半。

反义　分文不减

七嘴八舌　qī zuǐ bā shé

【释义】你一句，我一句，纷纷发表各自的意见。

【用法】用于形容人多嘴杂。

【例句】老师还没说完，同学们就～地议

论起来了。

近义　众说纷纭　七言八语

反义　异口同声　众口一词

妻儿老小　qī ér lǎo xiǎo

【释义】指父、母、妻、子等全体家庭成员。

【例句】从此，他携带～吃住在山上，冬季垒石坝，修梯田；春夏育苗栽树种花。

妻离子散　qī lí zǐ sàn

【释义】夫妻分离，子女散失。

【用法】形容一家人被迫分离或逃散。

【例句】他们万万没有想到，会落下个～、家破人亡的结局。

近义　家破人亡

反义　破镜重圆

凄风苦雨　qī fēng kǔ yǔ

【释义】凄风：凄厉的寒风。苦雨：久下不停的雨。指又是风又是雨。

【用法】常用来形容天气恶劣，也比喻处境悲惨凄凉。

【例句】他在～中徘徊于北影门外近一小时才离开了。／母子二人半饥半饿，在～里，流浪了好些年。

近义　风雨凄凄　风雨晦暝

反义　风和日丽　和风细雨

期期艾艾　qī qī ài ài

【释义】西汉人周昌口吃，讲起话来常重说"期期"；三国魏人邓艾也口吃，自称其名时也多重复说"艾艾"(事见《史记·张丞相列传》《世说新语·言语》)。后把"期期""艾艾"连用，形容人口吃，说话结结巴巴。

【例句】他一着急，说话便～的，半天都说不出一句完整的话来。

近义　结结巴巴　支支吾吾　笨口拙舌

反义 口齿伶俐　口若悬河　滔滔不绝
侃侃而谈

欺君罔上　qī jūn wǎng shàng

【释义】罔:蒙蔽。指欺骗君主,蒙蔽长上。

【用法】旧时指欺骗君王。现在也可以表示对上司的欺骗。

【例句】杨国忠指责李林甫～,企图取而代之,但他本人与李林甫,实在不相上下。

欺人太甚　qī rén tài shèn

【释义】甚:过分。指欺负人到了令人难以容忍的地步。

【例句】轿车司机蛮不讲理,不仅不抢救伤员,反而出手段打指责他的群众,实在是～。

近义 咄咄逼人

欺软怕硬　qī ruǎn pà yìng

【释义】软:软弱的人。硬:强硬的人。欺负软弱的,害怕强硬的。

【例句】我们可以经常看到动物会有的～、恃强凌弱的这些现象。

近义 茹柔吐刚　欺善怕恶

反义 软硬不吃　扶弱抑强

欺上瞒下　qī shàng mán xià

【释义】欺:欺骗。瞒:隐瞒,蒙蔽。对上欺骗,对下隐瞒。

【用法】指采用欺骗隐瞒等手段来谋求私利或捞取政治资本。

【例句】这样做既了解下情,遏制了～、弄虚作假的不正之风,又密切了干群关系。

近义 瞒上欺下

欺世盗名　qī shì dào míng

【释义】世:世人。盗:窃取。名:名声,名誉。欺骗世人,窃取声名。

【例句】如果毕加索真的有过这番"真言",那就意味着他后期一直在有意识地～。

近义 沽名钓誉　追名逐利

反义 淡泊名利

漆黑一团　qī hēi yī tuán

【释义】四处漆黑,没有一点亮光。

【用法】常用于形容社会一片黑暗,没有一点光明。也比喻糊里糊涂,什么也不知道。

【例句】当我走进这间～的屋子时,全身顿时冒出冷汗。/ 自高考落榜之后,小强就觉得前途～,看不到希望。这种心态是不正确的。/ 你如果不读点历史书,对中国的古代史和近代史就是～。

近义 不见天日　暗无天日

反义 光辉灿烂

Q

齐大非偶 qí dà fēi ǒu

【释义】齐:春秋时齐国。偶:配偶。春秋时期,齐是大国,郑是小国,相差悬殊,不适合成为配偶。后用于指对方门第显赫,自己地位卑微,门不当户不对,不敢高攀。

【用法】用于书面语。

【例句】像我这个出身贫寒的子弟,与她是～,匹配不上的。

近义 门第悬殊

反义 秦晋之好　门当户对

齐东野语 qí dōng yě yǔ

【释义】齐东:齐国(在今山东北部)的东部。野语:乡下人的话。借指道听途说、不足为凭的话。

【用法】用于书面语。含贬义。

【例句】这事也许是～,我没有考查过它的真伪。

近义 道听途说　无稽之谈

反义 至理名言　不刊之论

齐家治国 qí jiā zhì guó

【释义】齐:管理。指管理好自己的家庭,治理好自己的诸侯国。

【例句】那个时代的知识分子虽然有～、平定天下的政治理想,企图通过出仕来实现自己的人生价值,却难以如愿。

齐眉举案 qí méi jǔ àn

见 372 页"举案齐眉"。

齐头并进 qí tóu bìng jìn

【释义】并进:并排前进。指不分先后一齐前进。

【用法】可指人或车马等一起并排行进,也指几件事同时进行。

【例句】两匹马在赛场上竞争得非常激

烈,几乎一直～,只是在最后一刻,棕色马才略为超出对手一个马头的距离。

近义 并驾齐驱

反义 分道扬镳

齐心合力 qí xīn hé lì

见 520 页"齐心协力"。

齐心协力 qí xīn xié lì

【释义】齐心:同心,指认识一致。协:和、合、同。思想一致,共同努力。也作"齐心合力"。

【用法】用于形容众人一心,共同努力(做某件事)。

【例句】祖国的统一、民族的团结、炎黄子孙的～,对保卫祖国、建设祖国,具有重大的意义!

近义 和衷共济　同心同德　勠力同心同心协力

反义 各行其是　钩心斗角　离心离德

其乐融融 qí lè róng róng

【释义】融融:快乐的样子。形容快乐和谐的景象。

【用法】表示人与人之间融洽和睦的关系,侧重于描写快乐的情景。

【例句】文娟有个勤劳的父亲,一个慈爱的母亲和一个可爱的弟弟,一家四口～。

近义 其乐无穷

其乐无穷 qí lè wú qióng

【释义】其:其中。乐:乐趣。穷:穷尽,完结。其中的乐趣没有穷尽。形容某事或某活动充满了乐趣。

【用法】多形容人认识到其价值,因而主观感觉到具有无穷的乐趣。

【例句】他认为钓鱼～。

近义 其乐融融　乐不可支

反义 索然寡欢

其貌不扬　qí mào bù yáng

【释义】其:他的或它的。扬:显明,出众。指人容貌平常。

【用法】现在多用于形容人容貌不好看。

【例句】那位～却又不畏权势、为民请命的知县,是丑角人物画廊中一个独特的艺术形象。

反义 仪表堂堂　一表人才　一表非凡

其奈我何　qí nài wǒ hé

【释义】其:语气词,这里表示一种反诘语气。奈……何:拿……怎么样。指能把我怎么样呢?

【用法】多用于反诘,表示其他人没有办法对付我,常带有一种极其自负的语气。

【例句】段祺瑞的倒行逆施,引起了国人的公愤,他的部属劝他暂时引退,以避锋芒,段却不识时务地扬言:"我不辞职,小民～!"

其势汹汹　qí shì xiōng xiōng

【释义】汹汹:声势盛大的样子。指来势凶猛。

【用法】含贬义。

【例句】两个拳师对阵,聪明的拳师往往退让一步,留心观察对方的破绽,愚蠢的拳师则～,一上场就使出看家本领,结果却往往被退让者打倒。

近义 气势汹汹　势不可挡

其味无穷　qí wèi wú qióng

【释义】味:意味,韵味。穷:穷尽。指它的意味让人回味不尽。

【用法】多用于指作品的构思、情节、语言等含意深邃或情趣浓厚,使人回味不尽。

【例句】这首诗寓意深刻、～。

近义 意味深长

反义 索然无味

奇耻大辱　qí chǐ dà rǔ

【释义】奇:罕见的,少有的。指极大的耻辱。

【例句】九一八事变后,日本侵略者入侵中国,这是中华民族的～,我们应该永远记住这段历史。

奇风异俗　qí fēng yì sú

【释义】奇、异:奇特,奇异。指奇特的风情习俗。

【例句】从他的书中,我知道了大自然中许多有趣的东西——珍禽异兽独特的习性,原始部落的～。

奇花异草　qí huā yì cǎo

【释义】奇特罕见的花草。

【例句】这一路上全是～,修竹乔松。

近义 奇葩异卉

奇货可居　qí huò kě jū

【释义】奇货:珍奇的物品。居:囤积。指商家把难得的东西储存起来,等待高价出售。

【用法】用于比喻以某种独特的技能,或凭借某人某物作为求取名利、地位的本钱。

【例句】他出了大价钱想买下这幅字画,可老板以为～,就是不卖。

近义 囤积居奇

奇葩异卉　qí pā yì huì

【释义】指珍奇罕见的花卉。

【例句】每年暮春三月,蝴蝶泉～争奇斗艳,各种蝶类千里迢迢赶来,云集于此。

近义 奇花异草

奇山异水　qí shān yì shuǐ

【释义】奇异独特的山水。

【例句】《水经注》里所记的～，或令我惊心动魄，或让我游目骋怀。

奇谈怪论　qí tán guài lùn

【释义】奇、怪：稀奇古怪，不同平常。指稀奇古怪的言论。

【例句】那些给社会带来了严重的负面影响的～，不容忽视。

反义 至理名言

奇文共赏　qí wén gòng shǎng

【释义】奇：新奇。赏：欣赏，鉴赏。指新奇的文章大家共同欣赏。

【用法】现在多用作反语，指对见解荒谬的文章共同来见识评判。

【例句】他们常常闭门对坐一室，～，疑义与析。/此书违背常识，颠倒时代，把战国时期的人和事当作春秋时期的史实，并以此为基础宏论滔滔，大加发挥评判，真可谓～，贻笑大方了。

近义 赏奇析疑

奇形怪状　qí xíng guài zhuàng

【释义】奇：奇异，奇特。怪：怪异。泛指奇奇怪怪的形状。

【例句】这个幽暗的洞穴内有很多～的钟乳石。

近义 千奇百怪　奇形异状

奇珍异宝　qí zhēn yì bǎo

【释义】奇：罕见的。异：奇异。指珍奇罕见的宝物。

【例句】圆明园收藏着最珍贵的历史文物，都是难得一见的～。

奇装异服　qí zhuāng yì fú

【释义】奇：特殊的，罕见的。异：特别，与众不同。指与现时社会上一般人衣着式样不同的服装。

【用法】原来表示服饰华丽，现在使用时往往带有贬义，含有故意与众不同的意思。

【例句】先锋派人物的～自然吸引了众人的目光，但人们对此却评说各异。

反义 素装常服

歧路亡羊　qí lù wáng yáng

【释义】歧路：岔道。亡：走失。尽是岔道，不知道羊是从哪里走失的。比喻事理复杂多变，容易使人迷失方向，误入歧途。

【例句】他在这种环境下工作，常常不知所措，好比～。

近义 目迷五色　如堕烟海

崎岖不平　qí qū bù píng

【释义】崎岖：山路不平。路面高高低低，极不平坦。

【例句】这里到处是高山峡谷，加上公路～，这辆小轿车艰难地行驶着。

骑虎难下　qí hǔ nán xià

【释义】骑在虎背上,不可以下去,一下去就有被吃掉的危险。

【典故】南北朝时,北周宣帝病死,他的儿子宇文阐继位,即静帝。当时宇文阐年仅八岁,朝中大权实际落入他的外祖父杨坚手中,杨坚的妻子独孤氏劝杨坚乘势夺取帝位,说:"国家大事已成这种局面,你就像骑在虎背上一样,再也不能下来了。"杨坚听从了这个建议,随即废了静帝,自己当了皇帝,改国号为隋。(《隋书·文献独孤皇后传》)

【用法】用于比喻事情中途遇到困难,迫于形势,不能中止,进退两难。

【例句】这笔生意我们已交了三分之二的定金,如果终止合同就会全部损失,真是～。

近义 进退两难　进退维谷

反义 进退自如

骑驴找驴　qí lǘ zhǎo lǘ

见 523 页"骑马找马"。

骑马找马　qí mǎ zhǎo mǎ

【释义】骑着马,又去别处寻找马。比喻为了得到更满意的,先找到较适合的以备更换。也作"骑驴找驴"。

【用法】中性词,仅指想谋求别的所得。

【例句】这段时间她简直是忙晕了,经常处于～的状况。/为了多挣些钱,他得一边找事,还得一边拉散座,～,不能闲着。

棋逢对手　qí féng duì shǒu

【释义】逢:相遇,遭遇。对手:实力相当的竞赛对方。指下棋遇上了实力相当的对手。

【用法】用于比喻双方实力不相上下。

【例句】这局棋下了近五个小时还没分出胜负,这简直就是～。/他俩在体操方面先后都拿过全国比赛冠军,今天在这里交锋,～,有好戏看了。

近义 势均力敌　旗鼓相当

反义 棋高一着

棋高一着　qí gāo yī zhāo

【释义】着:下棋落子。指棋艺比对手高出一筹。

【用法】用于比喻本领、力量超过对方,使对方无法对抗。

【例句】中国围棋队与日本围棋队的较量非常激烈,显然中国队的战将要～,最终战胜了对手。

提示 "着"不读 zhuó。

旗鼓相当　qí gǔ xiāng dāng

【释义】旗鼓:指古代作战时用来发号施令的军旗和战鼓。相当:相配,不相上下。指两军对垒,互相对峙。

【用法】比喻双方的力量、气势、实力不相上下,势均力敌。

【例句】双方～,战役一打响,彼此不相上下。/这次排球赛可谓强手如林,光是实力和中国队～的就有巴西、秘鲁、美国、俄罗斯等球队。

近义 势均力敌　棋逢对手

反义 众寡悬殊　天壤之别　天差地远

旗开得胜　qí kāi dé shèng

【释义】旗:古代作战时发号施令的工具。军中的战旗一展开就取得了胜利。

【用法】用于比喻一举成功,或事情一开始就很顺利。常与"马到成功"连用。

【例句】小组赛一结束,我们就出线了,真是～。/第一次试验就获得成功,真是～。

近义 马到成功　首战告捷
反义 出师不利

旗帜鲜明　qí zhì xiān míng

【释义】鲜明:色彩耀眼。旗帜的色彩鲜艳明丽。形容军容整肃。也形容人的态度或立场明确,不含糊。

【例句】将军看着山下排列的阵势～、枪刀森布、严整朋威,心里非常高兴。/ 我们要～地反对和抵制各种邪教组织。

反义 依违两可

乞哀告怜　qǐ āi gào lián

【释义】乞:向人讨。哀:怜悯。告:请求。乞求别人的怜悯和帮助。

【例句】那个乞丐真是可怜!～得来的一点点面包还没来得及吃,却被路边的流浪狗又叼走了。

近义 摇尾乞怜

岂有此理　qǐ yǒu cǐ lǐ

【释义】岂:哪里,表示反诘的疑问副词。指哪里有这样的道理。

【用法】用于对不合理的事的愤慨、谴责。

【例句】真是～! 侵略别人的国家,还标榜自己是为了拯救别人,要别人对自己感恩戴德,这难道不是典型的强盗逻辑吗?

反义 理所当然

杞人忧天　qǐ rén yōu tiān

【释义】杞:周代诸侯国之一,在今河南杞县。杞国有人担心天会掉下来。也作"杞人之忧"。

【用法】比喻完全不必要的或毫无根据的忧虑和担心。

【例句】有些人一看到某些不良的社会风气就担心要出大乱子,这未免～了吧。

近义 庸人自扰

提示 "忧"不能写成"优""犹"。

杞人之忧　qǐ rén zhī yōu

见 524 页"杞人忧天"。

起承转合　qǐ chéng zhuǎn hé

【释义】起:指文章的开端。承:承接上文加以申述。转:转折,从正反多方面立论。合:结束全文。指诗文创作的结构章法。

【用法】可用于指诗文的结构章法,也用于比喻某种固定呆板的公式。

【例句】好的小说,必有自然的～,起伏跌宕。

起伏连绵　qǐ fú lián mián

【释义】起伏:一起一落。连绵:接连不断。指高低不平,延续不断,一直延伸到远方。

【用法】多形容具体的事物,如山脉、地形或植物等。

【例句】沿岸的松树、白桦树和杨树～。

近义 连绵不绝

起死回生　qǐ sǐ huí shēng

【释义】起:使起来。回生:复活。指把生命垂危的病人救活过来。

【用法】形容医术高明或技术高明。也指手段高强,能把处于毁灭境地的事物挽救过来。

【例句】那个小女孩服下草药后不久，竟奇迹般地～了。/ 这个公司要想～，只有彻底改组领导班子。

近义 妙手回春　死而复生

反义 不可救药　回天乏术

起早摸黑　qǐ zǎo mō hēi

见 525 页"起早贪黑"。

起早贪黑　qǐ zǎo tān hēi

【释义】贪：贪恋。一大早就起身，天已黑还舍不得休息。也作"起早摸黑"。

【用法】用于形容人辛勤劳动。

【例句】他们全年的生计靠一个夏天～画像所得来维持。

绮襦纨绔　qǐ rú wán kù

【释义】绮襦：有花纹的丝质上衣。纨绔：用细绢做的裤子。泛称富贵子弟。

【例句】这种～少年，成天只知道吃喝玩乐。

近义 纨绔子弟

反义 平民百姓

气冲斗牛　qì chōng dǒu niú

见 525 页"气冲牛斗"。

气冲牛斗　qì chōng niú dǒu

【释义】牛斗：二十八宿中的牛宿和斗宿，即牵牛星和北斗星，借指天空。指气势直冲星空。也作"气冲斗牛"。

【用法】形容气势旺盛或怒气冲天。

【例句】关兴知道马忠是害父仇人，～，举起青龙刀向马忠砍去。

近义 气贯长虹　气吞山河　气冲霄汉

气冲霄汉　qì chōng xiāo hàn

【释义】气：指精神，勇气。霄汉：云霄和天河，泛指天空。形容人的气魄雄壮，豪气直冲天际。

【例句】登上珠穆朗玛峰的登山队员，挥动着五星红旗，面对浩瀚的天际，远眺巍峨的群山，～的豪情洋溢在每一个健儿的脸上。

近义 气冲牛斗

反义 气息奄奄

气喘如牛　qì chuǎn rú niú

【释义】像牛那样大声喘气。

【用法】形容呼吸急促，大声喘气的样子。

【例句】他～，一跑进屋就拿了条大毛巾擦脑门子上的汗。

近义 气喘吁吁　上气不接下气

气喘吁吁　qì chuǎn xū xū

【释义】吁吁：象声词，出气的声音。呼吸急促，上气不接下气的样子。

【用法】形容喘息急促的样子。

【例句】他竟径自从台下跑到台上，然后～地站到了麦克风跟前。

近义 气喘如牛　上气不接下气

气定神闲　qì dìng shén xián

【释义】气:气息。定:安定。神:神态。闲:安详。指呼吸安定,神态安闲。

【用法】用于形容人镇定自若的样子。

【例句】被捕时,她～,没有露出半点惊慌的神色。

反义 气急败坏

气度不凡　qì dù bù fán

【释义】气度:气概。凡:平凡。指人的气魄风度很不平常,不同于一般人。

【用法】只用于具有非凡气质的男子。

【例句】～的导演临时充当了现场英语和粤语的翻译。

近义 风度翩翩　气宇轩昂

气愤填膺　qì fèn tián yīng

【释义】气愤:愤恨。填:塞满。膺:胸口。指愤怒的情感充满了胸膛。

【用法】常用来形容人愤怒到了极点。

【例句】目睹日军惨无人道的屠杀,他～,咬牙切齿地低呼:"血债要用血来偿还。"

近义 满腔怒火

反义 无动于衷

气贯长虹　qì guàn cháng hóng

【释义】气:气势,气概。贯:穿,贯穿。虹:雨后天空出现的彩虹。指正气磅礴,像要贯穿天上的彩虹一样。

【例句】不少红军将士在长征途中壮烈牺牲了,他们的英雄气概～,永垂不朽。

近义 气冲霄汉　气壮山河

气急败坏　qì jí bài huài

【释义】气急:呼吸急促。败坏:形容狼狈。形容上气不接下气,十分狼狈的样子。

【用法】用于形容非常着急、慌张或恼怒。

【例句】看他～的样子,一定发生什么不顺心的事了。

近义 恼羞成怒

反义 气定神闲

气势恢弘　qì shì huī hóng

【释义】气势:(人或事物)表现出的某种力量和气魄。恢弘:宏大、宽阔。指气势开阔宏大。

【用法】多用于形容山川、建筑、场面等。

【例句】这是一个～的城堡。

近义 气势磅礴

气势磅礴　qì shì páng bó

【释义】磅礴:辽阔无边际的样子。形容气势雄伟壮大。

【用法】多用于山川、原野等自然景观以及文章,展现其气势。

【例句】一道宽80多米,高70多米的大瀑布似银河决口,从九天奔泻而下,拍石击水,发出轰然巨响,犹如万马失蹄、千军扑地,～。/《孟子》长于言辞,其文～,论证严密。

近义 气势恢弘　气吞山河

气势汹汹　qì shì xiōng xiōng

【释义】气势:表现出的力量和态势。汹汹:声势很盛的样子。形容声势凶猛或盛怒时凶神恶煞的样子。

【用法】除指人气势很盛,还可以用来形容虎、熊、狼、狗一类凶猛动物的气势,或波涛、风暴等自然现象的威力。

【例句】不要只看到敌人～,其实是外强中干,秋后的蚂蚱。

近义 来势汹汹

气吞山河　qì tūn shān hé

【释义】气:气势。吞:吞没。指气势可以吞没高山大河。

【用法】用于人、歌声、演奏、战斗场面等,形容气魄豪迈雄壮。

【例句】《国际歌》的歌声,～,震撼寰宇,它宣告旧世界必然灭亡。

近义 气势磅礴　气壮山河

反义 萎靡不振　气息奄奄

气味相投　qì wèi xiāng tóu

【释义】气味:指性格、趣味。投:投合,吻合。指兴趣情调相互投合。

【用法】可用作褒义和贬义。用作贬义时,义与"臭味相投"同。

【例句】老张与老李都是钓鱼迷,大概由于～吧,他们经常在星期日骑车结伴远游。

气息奄奄　qì xī yǎn yǎn

【释义】气息:人呼吸时的气流。奄奄:气息微弱的样子。指气息微弱。

【用法】形容人或动物气息微弱濒临死亡,事物衰败没落临近灭亡。

【例句】鲸到头来精疲力竭,终于～,浮出海面。/朝阳产业和夕阳产业,一个生气勃勃,一个～,其生命力是不可相提并论的。

近义 奄奄一息

反义 生机勃勃　生龙活虎

气象万千　qì xiàng wàn qiān

【释义】气象:景象,情景。万千:形容事物所表现的方面多(多指抽象的)。指景象多种多样。

【用法】形容自然景象多种多样,富于变化或社会景象多种多样,蓬蓬勃勃。

【例句】论宏伟,西湖比不上太湖烟霞万顷,～。/中国特色社会主义伟大事业,处处～。

气焰嚣张　qì yàn xiāo zhāng

【释义】气焰:比喻人的气势、态度。嚣张:放肆,猖狂。形容人的言行非常放肆,态度极为猖狂。

【用法】含贬义。

【例句】趁投降派～之时,出其不意发起反击是有利的。

近义 气焰熏天

气焰熏天　qì yàn xūn tiān

【释义】气焰:指人的威风和气势。熏天:熏炙天空。形容威势极盛,傲慢嚣张到极点。

【用法】含贬义。

【例句】此时康太守正是～,寻常的候补道台都不在他眼里。

近义 气焰嚣张

气宇轩昂　qì yǔ xuān áng

见 529 页"器宇轩昂"。

气壮如牛　qì zhuàng rú niú

【释义】形容人气势很盛,但使人觉得笨拙。

【例句】坐在棋盘前的李大爷貌似～,稳如泰山,实则内心非常犹豫。

近义 色厉内荏

反义 胆小如鼠

气壮山河　qì zhuàng shān hé

【释义】气:气概,气势。壮:壮丽,宏伟。形容气概像高山大河那样雄伟豪迈。

【例句】抗日战争时期,八路军的五位壮士在这里用自己的生命谱写了一曲～的抗日颂歌。

近义 气吞山河　气贯长虹

反义 气息奄奄　萎靡不振

弃暗投明　qì àn tóu míng

【释义】弃:舍弃,引申为离开。指离开黑暗,投奔光明。

【用法】用于比喻脱离邪恶一方,投向正义一方。

【例句】守城的敌军已经感到只有～,投向解放军,才是唯一的生路。

近义 改邪归正　弃旧图新

反义 执迷不悟

弃甲曳兵　qì jiǎ yè bīng

【释义】甲:铠甲,古代打仗穿的护身服装,多用金属制成。曳:拖着。兵:兵器。指丢掉了铠甲,倒拖着兵器。

【用法】形容打了败仗,狼狈逃窜的样子。

【例句】在《民报》坚决有力的进攻下,《新民丛报》终于～,完全失败,最后不得不宣告停刊。

近义 倒戈卸甲　丢盔卸甲

提示 "曳"不能写成"曵"。

弃旧图新　qì jiù tú xīn

【释义】弃:抛弃。图:谋求。指舍弃旧的东西,求取新的东西。

【用法】多指由坏的转向好的,由邪路走上正路。

【例句】对于犯过错误的同志,应采取规劝态度,使之幡然悔悟,～。

近义 送旧迎新　弃暗投明

弃如敝屣　qì rú bì xǐ

【释义】弃:丢弃,扔掉。敝:破败,破烂。屣:鞋。指像扔破烂鞋子一样把某种东西扔掉。

【用法】用于比喻将物或人毫不可惜地抛弃。

【例句】西方先进文化固然值得借鉴,西学东渐也理当提倡,但万不能对自己的瑰丽文化～。

近义 视如敝屣　弃如弁髦

反义 视如珍宝

提示 "屣"不能写成"履"。

弃文从武　qì wén cóng wǔ

【释义】弃:舍弃。从:从事。指放弃文笔生涯,投身军旅生活。

【例句】唐代初年开疆拓土的大规模军事行动,给文人墨客带来了新的契机,一时之间诗人们纷纷～,投身疆场,以图建功立业。

近义 投笔从戎

弃瑕录用　qì xiá lù yòng

【释义】弃:舍弃。瑕:玉上的瑕疵,指错误。录用:任用。指原谅从前犯有过失的人,对他仍然予以任用。

【例句】这位民营企业家招收了一些刑满释放人员在他的企业中工作。他的用人原则是～,重在今后的表现。

近义 不计前嫌

泣不成声　qì bù chéng shēng

【释义】泣:低声哭。哭得气都被噎住,发不出声音。

【用法】用于形容十分悲伤。

【例句】听着那悲怆的曲调,在场的好多人～。

近义 痛哭流涕

泣下如雨　qì xià rú yǔ

【释义】泣:眼泪。哭泣时眼泪像雨点一样落下。

【用法】用于形容极度悲痛。

【例句】听到战友牺牲的消息,他徘徊在岸边,面对苍茫河水,～。

近义 泪如雨下　泣涕如雨

契若金兰　qì ruò jīn lán

【释义】契:默契,知交。若:如,像。金兰:金子和兰草。《周易·系辞上》:"二人同心,其断如金。同心之言,其臭(气味)如兰。"金子比喻其坚贞,兰草比喻其

芳洁。比喻交谊深厚。指两人知交,友谊深厚,情同手足。

【例句】大难临头,各奔前程,即便是～者,亦分道扬镳。

器宇不凡　qì yǔ bù fán

【释义】器宇:指人的气度、仪表。不凡:不平常。形容人的气质风度出众。

【例句】他～,给人们留下了难忘的印象。

近义 器宇轩昂

器宇轩昂　qì yǔ xuān áng

【释义】器宇:指人的仪表、气度。轩昂:精神饱满的样子。形容人精神饱满,气度不凡。也作"气宇轩昂"。

【例句】他看见老朋友背后有一个年轻人,生得～、威风凛凛。

近义 器宇不凡

掐头去尾　qiā tóu qù wěi

【释义】除去开头与结尾,仅保留中间的部分。

【用法】常用于写作,说话。比喻作较大的压缩,除去无用的或不重要的部分。

【例句】抄袭者从网上将有关的文章下载,～,再掺进一些套话,就完成了论文的写作。

恰到好处　qià dào hǎo chù

【释义】恰:恰好,正好。(说话、办事等)恰好达到了最适当的地步。

【用法】用于指很合适,不温不火,不早不晚、不偏不倚。

【例句】该片从服装、化妆、道具到演员的表演都～地体现了法国电影的独特魅力。

近义 恰如其分

反义 画蛇添足

Q

恰如其分　qià rú qí fèn

【释义】恰：恰好，正好。分：分寸，指适当的程度。恰巧像它的分寸。指言行举措等正符合恰当的限度。

【例句】报告扼要概括了过去一年取得的巨大成就，～、让人信服。／小王对这篇文章的批评～。

近义 恰到好处

反义 夸大其词

提示 "分"不读 fēn。

千变万化　qiān biàn wàn huà

【释义】形容变化极多，有各种各样的变化。

【例句】天空中的云彩绚丽多姿，～，常被人们称为"大自然的图画"。

近义 变化多端　千变万状

反义 一成不变

千差万别　qiān chā wàn bié

【释义】形容事物存在各式各样的差异。

【例句】世界上湖泊的种类有很多，它们的成因各不相同，大小也～。

千疮百孔　qiān chuāng bǎi kǒng

见 21 页"百孔千疮"。

千愁万绪　qiān chóu wàn xù

【释义】千、万：不实指，泛指很多。绪：头绪。形容忧愁既多而又纷乱。

【例句】无情的打击差点摧垮了他，一时间～涌上心头。

近义 千愁万恨

千锤百炼　qiān chuí bǎi liàn

【释义】千、百：比喻很多。锤、炼：指对生铁进行煅烧、锤打，去除杂质，成为精钢的加工工艺。指千百次地锤炼。

【用法】指人，比喻经受多次实践考验（而成才）；用于写作，比喻文章经过反复修改（成为精品）。

【例句】高水平的艺术品是经过～才使读者、听众、观众得到最大享受的。／中国女队能有今天的超群实力，全靠平日～。

近义 百炼成钢

反义 粗制滥造

千刀万剐　qiān dāo wàn guǎ

【释义】千、万：比喻很多。剐：割肉离骨，是古代处决犯人的一种酷刑（用刀子将人肉一条条割下，直至死亡），又称为凌迟。

【用法】现多用作咒骂人不得好死的话。

【例句】在古代，有～这种酷刑。／围观的人越聚越多，纷纷痛骂凶犯残忍、毫无人性，应当～。

提示 "剐"不读 guō。

千恩万谢　qiān ēn wàn xiè

【释义】恩：感恩，称颂感谢别人给予的好处。一而再而三地感谢。

【用法】用于形容万分感激。

【例句】丢失了宠物狗的他～地放下电话，立刻根据来电人提供的线索去领回。

近义 感恩戴德　感激涕零

千帆竞发　qiān fān jìng fā

【释义】竞:争着。数不清的船只竞相开发。形容事物生机勃勃地向前发展。也形容朝气蓬勃的局面。

【例句】休渔期结束了,河面上～,穿梭不息。/祝他们在～的商海中乘风扬帆,激流勇进。/我们的事业正呈现出～的喜人前景。

千方百计　qiān fāng bǎi jì

【释义】方:办法。计:计谋。形容想尽或用尽一切办法和计谋。

【例句】世界上有些珍奇动物,尽管人们～去保护,仍然处于濒临灭绝的境地。

近义　想方设法

反义　无计可施

千夫所指　qiān fū suǒ zhǐ

【释义】千夫:千人,泛指公众。指:指责,指斥。被公众所指责。

【用法】形容激起公愤,被众人唾骂痛恨。

【例句】就因为做错了这一件事,他成为～的罪人。

近义　众矢之的

千古长存　qiān gǔ cháng cún

【释义】千古:长远的年代。长:永久。指千年万代永久保存。

【用法】可用于指具体的事物,如石刻、书册、画卷等,也可指抽象的事物,如精神、功绩等。

【例句】西柏坡的伟大精神,将～,与人民事业同在。

近义　千古不磨

千古传诵　qiān gǔ chuán sòng

【释义】千古:长远的年代。传诵:辗转传播唱诵。指永远流传咏诵。

【用法】多用于形容诗歌一类的优秀文学作品永久传世。

【例句】陆游的诗《示儿》以及其他爱国诗篇永远流传人间,～。

近义　千古杰作　千古绝唱

反义　湮没无闻

千古杰作　qiān gǔ jié zuò

【释义】千古:长远的年代。杰作:超过一般水平的好作品。指永远流传下来的优秀作品。

【例句】满眼奇山秀水,真是大自然的～。

近义　千古传诵　千古绝唱

千古绝唱　qiān gǔ jué chàng

【释义】千古:指年代久远,时间长。绝唱:指诗文等创作达到最高造诣。指千古流传的最优秀的作品。

【用法】多用于形容文学创作的最高造诣或最好的作品。

【例句】李白这一曲～,道出了当时蜀道的崎岖险恶。

近义　千古传诵　千古杰作

千呼万唤　qiān hū wàn huàn

Q

【释义】指再三呼唤、催促。

【例句】曾经～也不愿"出山"的企业，现在争先恐后地抢占冰雪节的"黄金时空"。

近义 再三催促

反义 招之即来

千回百折 qiān huí bǎi zhé

【释义】回:回环,回旋。折:曲折。指有许多回转曲折之处。

【用法】可形容路径多处曲折回转,也比喻事物发展运动有曲折反复的过程。

【例句】绍兴鉴湖那～的湖面,永远向你展示着一幅幅水乡风光。

近义 千回百转　迂回曲折

反义 一帆风顺

千回百转 qiān huí bǎi zhuǎn

【释义】回:回环,回旋。转:旋转。形容回环往复,经过很多周折或旋绕不断。

【例句】我的故乡依偎在～、万古奔流的松花江畔。

近义 千回百折　迂回曲折

反义 一帆风顺

千家万户 qiān jiā wàn hù

【释义】成千上万的人家,极言其多。

【例句】这种商品的名字走进了～,走进了千万人的心中。

近义 千门万户

千娇百媚 qiān jiāo bǎi mèi

【释义】娇:美好可爱。媚:妩媚动人。形容女性美丽的容貌和优美动人的姿态。

【例句】这画上的女子眼波流动,顾盼生情,神态秀敏,～,就像真人似的。

近义 风姿绰约

千斤重担 qiān jīn zhòng dàn

【释义】上千斤的沉重担子。

【用法】比喻承受的责任重大。

【例句】当企业改制,处于存亡攸关的重要时刻,他毅然担起了这副～。

近义 任重道远

千金买骨 qiān jīn mǎi gǔ

见 532 页"千金市骨"。

千金买笑 qiān jīn mǎi xiào

【释义】千金:极言钱多。为博取美女欢心,不惜花费千金。

【用法】用来形容纵情声色,挥金如土的奢侈生活。

【例句】情人节的高额消费不禁让人置疑:情人节,到底是"浪漫日"还是～的"浪费日"?

千金市骨 qiān jīn shì gǔ

【释义】市:买。用千金买千里马的骨头。也作"千金买骨"。

【用法】比喻求贤若渴。

【例句】很多～的历史故事,至今仍然脍炙人口,广为流传。

千金一诺 qiān jīn yī nuò

见 878 页"一诺千金"。

千金一笑 qiān jīn yī xiào

见 888 页"一笑千金"。

千金一掷 qiān jīn yī zhì

见 894 页"一掷千金"。

千军万马 qiān jūn wàn mǎ

【释义】成千上万的兵马。也作"万马千军"。

【用法】形容兵马极多,阵容强大。

【例句】杨虎城这个指挥～的将军,无端地被关了十二个年头。/冲锋在前的惊涛骇浪，如～，以排山倒海之势压向壶口。

近义 兵多将广

反义 单枪匹马

千钧一发　qiān jūn yī fà

【释义】钧：古代的重量单位，约合今三十斤。一发：一根头发。指千钧重的东西系在一根头发上。

【用法】比喻形势非常危急。

【例句】面对那～的危险境地，在我的帮助下，他得救了。

近义 危如累卵　危在旦夕　燃眉之急

反义 稳如泰山

千钧重负　qiān jūn zhòng fù

【释义】钧：古代的重量单位，一钧为三十斤。指上千钧的重担。

【用法】形容负担极为沉重，常比喻重大的责任。

【例句】探子匆匆赶回来报告，说敌军已经绕城远去，大家才卸去～，长长地舒了一口气。

近义 千斤重担

千里鹅毛　qiān lǐ é máo

【释义】千里：形容路远。鹅毛：指物轻。从千里之外赠以鹅毛。表示礼物虽轻而情意深厚。也作"千里赠鹅毛""千里送鹅毛"。

【例句】他曾经支教过的山寨里的学生，给他寄来了一件他们亲手绣的民族服，～。孩子们的一片心意令他感动万分。

近义 礼轻义重

千里送鹅毛　qiān lǐ sòng é máo

见 533 页"千里鹅毛"。

千里迢迢　qiān lǐ tiáo tiáo

【释义】迢迢：遥远的样子。形容路途十分遥远。也作"万里迢迢"。

【例句】李教授已年老体弱，还～赶去北京参加全国学术讨论会。

近义 天涯海角

反义 近在咫尺

千里赠鹅毛　qiān lǐ zèng é máo

见 533 页"千里鹅毛"。

千里之堤，溃于蚁穴

qiān lǐ zhī dī，kuì yú yǐ xué

【释义】溃：溃决。蚁穴：蚂蚁洞。指千里长的大堤，由于有蚂蚁洞而决口。

【用法】比喻小的地方不谨慎而酿成大祸或造成严重后果。

【例句】领导干部时时刻刻都要廉洁自

律,从细微处防范侵蚀,须知～的道理。

千里之行,始于足下

qiān lǐ zhī xíng, shǐ yú zú xià

【释义】行:古代指路程。于:从。指千里远的路程是从迈第一步开始的。

【用法】比喻实现远大目标,都是要从头开始,由小到大,逐渐积累而成。

【例句】～。学习是不断积累知识的过程,必须打好坚实的基础。

千虑一得　qiān lǜ yī dé

【释义】虑:思虑,考虑。得:得当,适宜。指平凡人的反复考虑也会有可取之处。

【用法】多用为发表自己见解时的自谦之语。

【例句】虽然我提出的建议并非锦囊妙计,但～,总有几点可用作参考吧。

反义 千虑一失

千虑一失　qiān lǜ yī shī

【释义】虑:思虑,考虑。失:过失,失误。指聪明人的再三考虑也会有疏漏的地方。

【例句】一般来说,他能纵观全局地考虑问题,但～,有时也可能产生片面性。

反义 千虑一得

千门万户　qiān mén wàn hù

【释义】指众多的门户。也指众多的人家。

【例句】艺术之宫是重楼复室、～,绝不仅仅是一大间敞厅。 / 除夕之夜,～张灯结彩,喜气洋洋。

近义 千家万户

千难万难　qiān nán wàn nán

【释义】千万种困难。

【用法】形容困难很多。也形容历尽众多磨难。

【例句】即使遇到～,武老师总是尽力承担,而且从不口出怨言。 / 这是我一年多来梦寐以求的事情,历尽～成为现实时,又有一股余悸在心头。

近义 千难万险

千难万险　qiān nán wàn xiǎn

【释义】形容困难和危险极多。

【例句】赛后,中国姑娘全哭了,她们战胜了～,第一次打进了世界女篮锦标赛的决赛。

近义 千难万难

千年万载　qiān nián wàn zǎi

【释义】载:年。千年万年。

【用法】形容年代久远。

【例句】这些珍宝凝结着大自然～点滴孕育的精华。

近义 千秋万代　千秋万岁

反义 一朝一夕

千篇一律　qiān piān yī lù

【释义】一律:一个样子。指一千篇文章都是一个样子。形容文章雷同,公式化。

【用法】可指按同一模式办事。

【例句】人们对于这种～、千品一腔的广告,产生了逆反情绪。 / 云腿很好吃,肉多,油也足,可惜我的做法～,总是蒸。

近义 千人一面

反义 五花八门

千奇百怪 qiān qí bǎi guài

【释义】千、百:比喻很多。指奇特怪异而多样。

【用法】可形容形状十分奇特古怪,也可指奇奇怪怪的事物或现象。

【例句】海滩上有拣不完的美丽的贝壳,大小各异,颜色不一,形状～。/世间上的事～,你见过用舌头作画的人吗?

近义 奇形怪状

千秋功罪 qiān qiū gōng zuì

【释义】千秋:一千年,泛指很长久的时间。功罪:功绩与罪过。指历史上的功过。

【例句】这页历史,已翻过近百年了,～,早有定论。

千秋万代 qiān qiū wàn dài

【释义】秋:年。指一千年一万代。

【用法】用于形容时代久远,也指世世代代。

【例句】战国时代,李冰父子率领蜀中百姓修造的都江堰水利工程,为川西平原提供了充足的农田灌溉用水,至今仍然发挥着巨大的作用,泽惠～。

近义 千年万载

反义 一朝一夕

千人一面 qiān rén yī miàn

【释义】一面:同一个面孔。指所有的人都是同样的面孔。

【用法】用于指文学作品中的人物形象雷同,也指文学创作的公式化。

【例句】他是在用心作诗,所以他的作品决不会使人产生那种～的雷同感和单调感。

近义 千篇一律

反义 千人千面

千山万壑 qiān shān wàn hè

【释义】壑:深沟。许许多多的山和沟。

【用法】用于形容地势险峻。

【例句】在中华大地上,腾越～的长城,以其宏大的气势,悠久的历史,昭垂后世。

反义 一马平川

千山万水 qiān shān wàn shuǐ

见 735 页"万水千山"。

千丝万缕 qiān sī wàn lǚ

【释义】缕:线。千根丝,万条线。形容事

物之间的关系极其复杂或联系极为紧密。

【例句】草原植被的构成是大自然精妙的杰作,～的编织,像一张巨大的网把沙土覆盖、固定。

近义 盘根错节　错综复杂

反义 简单明了

千条万端　qiān tiáo wàn duān

【释义】端:端绪,头绪。形容事物、事理细密繁多。

【例句】我舅舅的错误虽然～,但从本质上讲,人还是挺善良的。

近义 千头万绪　千条万绪

千头万绪　qiān tóu wàn xù

【释义】头、绪:头绪,端绪。指很多很多头绪。

【用法】多形容事情纷繁复杂。

【例句】当前各方面工作～,最重要、最根本的,就是要千方百计地把经济搞上去。

近义 千条万端　千丝万缕

千辛万苦　qiān xīn wàn kǔ

【释义】千、万:比喻很多。指许许多多的艰难困苦。

【用法】常作"经历、遭受"一类动词的宾语。

【例句】他们跑遍千山万水,历尽～,费尽千言万语,才使得厂里的产品走俏大江南北。

近义 含辛茹苦

反义 轻而易举

千言万语　qiān yán wàn yǔ

【释义】千、万:比喻很多。形容很多很多话。

【例句】离别时,他好像有～,却又说不出来。

反义 三言两语

千岩万壑　qiān yán wàn hè

【释义】千、万:不确指具体数量,极言其多。壑:山涧。指许多山岩和山沟。

【用法】形容山岭重叠、沟谷纵横的地貌。

【例句】人们游览于兴文石林的～间,那巨大的天坑、深邃的溶洞、陡峭的山峰,奇特的石林风光令人们对大自然的鬼斧神工叹为观止。

反义 一马平川

千载难逢　qiān zǎi nán féng

【释义】载:年。逢:遇到。指一千年也很难遇到。

【用法】多形容机会非常难得与可贵。

【例句】对一些名气不大的演员,能够上春晚,就是～的机会。

近义 千载一时　千载难遇

反义 司空见惯

千载一时　qiān zǎi yī shí

【释义】载:年。时:时机。一千年才有这

么一次好机会。

【用法】形容机会非常难得。

【例句】这次艺术节是一个～的好机会,既能展示咱自己的东西,又能跟国际接轨。

近义 千载难逢

反义 司空见惯

千真万确 qiān zhēn wàn què

【释义】千、万:表示强调。指非常真实可信。

【用法】用于强调消息、事情非常真实确切。

【例句】那晚他怎么也睡不着,他相信自己的眼睛,～是看见了不明飞行物。

近义 不容置疑 确凿不移

千姿百态 qiān zī bǎi tài

【释义】千、百:比喻多。形容姿态各种各样,丰富多彩。

【用法】用于形容自然界的生物和各种现象,以及社会生活和各种事物。

【例句】即使在海拔四五千米的青藏高原上,也生长着～的耐寒杂草。/ 难能可贵的是,这位摄影师为蝴蝶拍了不少～的特写镜头,可供各种报刊选用。

阡陌纵横 qiān mò zòng héng

【释义】阡:南北方向的道路。陌:东西方向的道路。纵横:横一条竖一条的。形容四面八方的道路相互汇合交错。

【例句】这个小镇的交通非常便利,～的道路,横贯镇中的河道,构成了它通往邻近县镇的交通网络。

近义 纵横交错

迁怒于人 qiān nù yú rén

【释义】迁:转移。于:到。指将怒气转移到别人身上,即拿别人出气。

【例句】我们应该具有团队的协作精神,在工作中要严于律己,宽以待人,不能够盛气凌人,更不能～。

迁善改过 qiān shàn gǎi guò

【释义】迁善:向善。改正过失,诚心向善。

【例句】他认为许多历史故事反映了古人的生活智慧,是精华,能使人～,应发扬光大。

近义 改恶从善

牵肠挂肚 qiān cháng guà dù

【释义】牵连着自己的肝肠肚腹。形容非常挂念,放不下心来。

【用法】多用于对人,特别是对亲人、好友的牵挂。

【例句】多年以后,这种剪不断理还乱的乡土情结让知青们魂萦梦绕,～。

近义 切切在心 念念不忘

反义 无牵无挂 置诸脑后

牵强附会 qiān qiǎng fù huì

【释义】牵强:勉强把没有关系或关系很远的事物拉在一起。附会:把没有关系的事物说成有关系。形容生拉硬扯,勉强比附。

【用法】指把不相干的事或话硬扯在一起。

Q

【例句】个别新编历史剧,不顾历史事实,～地编造人物和故事情节,这是历史题材创作的一大误区。

近义 穿凿附会　生拉硬扯　生搬硬套

反义 顺理成章

提示 "强"不读 qiáng。

牵一发而动全身　qiān yī fà ér dòng quán shēn

【释义】一发:一根头发。指牵动一根头发而引起全身的动作。

【用法】用于指事情,比喻触动极小的部分就会影响全局。

【例句】郑洞国知道,锦州是整个东北的咽喉之地,～,锦州一失,长春便危在旦夕。

谦谦君子　qiān qiān jūn zǐ

【释义】谦谦:谦逊的样子。君子:有德行才干的人。指谦虚谨慎、能严格要求自己、品德高尚的人。

【例句】他的身上完美地体现了～之风,令人敬仰。

近义 仁义君子

反义 市井小人

谦虚谨慎　qiān xū jǐn shèn

【释义】谦虚:虚心,不骄傲自满。谨慎:小心,慎重而不随便马虎。虚心待人,慎重从事。

【例句】她良好的学习成绩,～的为人,赢得了同学们的信赖。

反义 骄傲自满　自高自大

前车之鉴　qián chē zhī jiàn

【释义】鉴:镜子,引申为鉴戒。指前面的车子倾覆了,后面的车子正好以此为戒。

【用法】用于比喻把前人的失败教训当作鉴戒。

【例句】那家公司有了～,早已预料到有争议,于是,同时提供了另一种选择。

近义 覆车之戒　前事不忘,后事之师

反义 重蹈覆辙

前程似锦　qián chéng sì jǐn

【释义】锦:锦绣一类的丝织品,比喻美好的事物。形容前途像锦绣一样美好灿烂。

【例句】他很有歌唱天赋,曾获省、市、县级歌手大赛的多个奖项,某著名老歌唱家还说他～。

近义 前程万里

前程万里　qián chéng wàn lǐ

【释义】形容人将来的成就很大,前途不可限量。

【例句】广州人的眼里,桃花象征着宏图大展,～。

近义 前程似锦　鹏程万里

反义 前景黯淡

前俯后仰　qián fǔ hòu yǎng

【释义】俯:低下身子。仰:仰起身子。指身体前后弯曲晃动。

【用法】用于形容站立不稳或挣扎的样子。

【例句】车子颠簸得厉害,车上站着的人不时～,甚至有人跌倒在地。/它们～地挣扎了一番,终于不动了。

近义 前仰后合

前赴后继　qián fù hòu jì

【释义】赴:到,去。前面的人上去,后面的人紧跟上去。

【用法】用于形容英勇斗争,奋力向前。

【例句】他们～,不断创业,星星点点地积累,年年月月地扩大。

近义 前仆后继

反义 畏葸不前

前功尽弃 qián gōng jìn qì

【释义】功:功劳,成绩。尽:全部。弃:废弃,毁弃。以前的成绩全部废弃。指以前的努力全都白费。

【例句】这位工程师认为建盐田港太难了,犹如逆水行舟,停下来便会～。

近义 功亏一篑 付之东流

反义 大功告成

前呼后拥 qián hū hòu yōng

【释义】前面有人吆喝着开路,后面有人簇拥着伺候。

【用法】多用于形容权贵出行时随从众多的显赫声势。

【例句】白胡子老头笑容可掬,在人们的～下走出了机场大厅。

反义 轻车简从

前倨后恭 qián jù hòu gōng

【释义】倨:傲慢。恭:恭敬。先前傲慢,后来恭顺。

【用法】常用于形容人势利。

【例句】这位店主,看见何生穿得寒酸,便怠慢他;后来何生考中举人,便极力奉承。～,十足一个嫌贫爱富的小人。

近义 前倨后卑

反义 前恭后倨

前仆后继 qián pū hòu jì

【释义】仆:倒下。继:跟着。前面的人倒下,后面的人继续跟上。形容不怕牺牲,

奋勇向前,斗争后继有人。

【用法】用于指后来者循着先烈的足迹前进,强调不怕牺牲的精神。

【例句】共产党人～不怕流血牺牲的大无畏精神,使他坚定了革命到底的信念。

近义 前赴后继

反义 畏葸不前

前事不忘,后事之师

qián shì bù wàng,hòu shì zhī shī

【释义】师:学习的榜样。指不忘记过去的经验教训,可以作为今后办事的借鉴。

【例句】我们要善于总结经验,以改进自己的工作,古人说～,正是我们应该牢牢记取的。

近义 前车之鉴

前思后想 qián sī hòu xiǎng

见 677 页"思前想后"。

前所未闻 qián suǒ wèi wén

【释义】所未闻:没有听说过的东西。"所"相当于"……的东西"。指事情特别罕见,从前根本没有听说过。

【例句】改革开放给这个穷困的小山村带来了新气象,许多～的新鲜事都接二连三地发生了。

近义 闻所未闻

前所未有　qián suǒ wèi yǒu

【释义】历史上从来没有过。

【例句】人类正越来越向微观世界深入，人们认识、改造微观世界的水平提高到了～的高度。

近义 前无古人

前无古人　qián wú gǔ rén

【释义】前人从来没有这样做过的，前所未有的。

【用法】常与"后无来者"连用，表示"空前绝后"的意思，带有夸张的意味。

【例句】东晋文学家陶渊明在临终前为自己写下挽歌《拟挽歌辞三首》。这在中国诗歌史上恐怕是～的事吧。

近义 前所未有

前仰后合　qián yǎng hòu hé

【释义】身体往前仰，往后弯。

【用法】用于形容人身体前后晃动，站立不稳的样子(多指大笑时)。

【例句】我敢保证这几则笑话会让你笑得～。

近义 前俯后仰

前因后果　qián yīn hòu guǒ

【释义】起因和结果。泛指事情发展的全过程。

【例句】母亲边哭边诉，断断续续把事情的～都告诉了女儿。

近义 来龙去脉

钱可通神　qián kě tōng shén

【释义】通：沟通，打动。形容钱可买通一切。

【用法】用于指金钱魔力之大。

【例句】司马迁写《货殖列传》的一个原因是指斥～的世风。

钳口结舌　qián kǒu jié shé

【释义】钳口：闭口。结舌：不敢说话。指闭住嘴巴，约束住舌头。

【用法】形容因惊讶或害怕而说不出话来。

【例句】在法庭上，证人却～了，法官明白他是害怕遭到报复。

近义 张口结舌

反义 口若悬河

潜形匿迹　qián xíng nì jì

【释义】潜：隐藏。匿：隐匿，隐藏。迹：形迹。躲藏隐匿起来，不出头露面。

【用法】形容行事隐秘，不暴露目标或露出痕迹。

【例句】据传，丹吉尔东南十几公里处的"海格立斯洞穴"是大力神～之处，至今游人不断，烟火不息。

近义 藏形匿影

反义 抛头露面

潜移默化　qián yí mò huà

【释义】潜：暗中。移：改变。默：无声无息。化：变化。指人的思想或品性受环境或别人的影响、熏染，不知不觉地发生变化。

【例句】她出生于梨园世家，～中也喜爱上了京剧表演艺术。

近义 耳濡目染

反义 涅而不缁

黔驴技穷　qián lǘ jì qióng

【释义】技穷：技能、本领已施展光。黔地的驴的本领已用完了。用于借指仅有的一点儿本领也用完了。

【典故】从前,黔地没有驴,有好事者从外地运来一头驴,放进山里。一天,一只老虎看见这头又高又大的驴,以为是神,就躲在一边偷偷观察,后来又慢慢靠近。恰好驴子大叫一声,把老虎吓跑了。后来,老虎见驴子并没有来吃掉自己,又慢慢靠近驴子。见驴并没有新的动作,于是老虎就故意碰撞、逗惹驴。驴子不耐烦了,就扬起蹄子踢老虎。老虎心想驴不过如此,于是猛扑过去,咬死驴子,饱餐了一顿。(唐·柳宗元《三戒·黔之驴》)

【用法】多含贬义。

【例句】敌人已经露出了马脚,他们已经～,无计可施了。

近义 无计可施　江郎才尽

反义 神通广大　大显神通

黔驴之技 qián lú zhī jì

【释义】黔地驴子的本领。

【用法】比喻虚有其表,本领有限。

【例句】就他那两下子,至多是～,竟然也想蒙混过关。

浅尝辄止 qiǎn cháng zhé zhǐ

【释义】浅:指略微。辄:就。指略微尝试一下就停止了。

【用法】用于指学习、做事不肯下功夫深入钻研。

【例句】王国维没有～,他徘徊在林中小径,继续追索着尼采、叔本华哲学的精髓。

近义 半途而废　蜻蜓点水

反义 穷本极源　钻坚研微

浅见寡闻 qiǎn jiàn guǎ wén

【释义】浅:浅薄,肤浅。寡:少。见闻不广,所知不多。形容见识浅薄。

【例句】这位高傲的外国人不得不为自己的～而哑然失笑。

近义 孤陋寡闻　短见薄识

反义 见多识广

浅斟低唱 qiǎn zhēn dī chàng

【释义】浅:轻轻地。斟:倒酒。指一边轻轻地倒酒,一边听人低声唱歌。

【用法】形容一种悠闲自在的生活。

【例句】旧中国的一些文人墨客,过惯了～的闲适生活。若要他们金戈铁马,驰骋疆场,他们就力不从心了。

枪林弹雨 qiāng lín dàn yǔ

【释义】枪支如林,子弹像下雨一样。

【用法】形容炮火密集、战斗激烈的战场。

【例句】在反法西斯战争中的紧要关头,他挺身而出,出入于～之中,拯救了七百多名绝望的士兵,自己却壮烈牺牲了。

近义 硝烟弹雨

强干弱枝 qiáng gàn ruò zhī

【释义】强:使……强壮。干:树干。弱:削弱。指使树的主干强盛,削弱枝叶。

【用法】比喻减少次要部分,以突出主干。

【例句】文章要突出主题,就需～,对于重要的章节需要做浓墨重彩的描写,而那些无关紧要的文字则尽量减少。

近义 强本抑末

反义 弱干强枝

强将手下无弱兵　qiáng jiàng shǒu xià wú ruò bīng

【释义】好的将领手下没有懦弱的士兵。

【用法】比喻能人的下属本领也很高强。

【例句】中国乒乓球队总教练蔡振华是久经沙场的战将，～，他的队员们个个力扫千军，在国际大赛中屡夺奖牌。

强弩之末　qiáng nǔ zhī mò

【释义】强：强劲。弩：古代一种利用机械力量射箭的弓箭。末：指箭射出去后所经历的最末阶段。指强弩射出的箭，已达末程。

【用法】用于比喻力量已经微弱。

【例句】此刻，面对已成～的敌人，他们不退反进。

近义 再衰三竭

反义 势不可当

强中更有强中手　qiáng zhōng gèng yǒu qiáng zhōng shǒu

【释义】手段高强的人中还有手段更高强的，能干人之中还有更能干的。

【例句】市场竞争如同逆水行船，不进则退，～。

近义 山外有山　天外有天

墙倒众人推　qiáng dǎo zhòng rén tuī

【释义】墙已倒塌，众人还去推上一把。

【用法】比喻人在失势或倒霉时，备受欺负。

【例句】要一分为二看问题，不能～。

近义 投井下石

强不知以为知　qiáng bù zhī yǐ wéi zhī

【释义】强：勉强，硬要。知：懂得。硬要不懂装懂。

【例句】我们年轻人血气方刚，好勇斗狠，每每爱～，这应该克制。

近义 不懂装懂

提示 "强"不读 qiáng。

强词夺理　qiǎng cí duó lǐ

【释义】强：勉强，硬要。夺：争，争夺。借助言辞强辩，把没道理硬说成有道理。

【用法】用于形容无理强辩。含贬义。

【例句】作者运用他逻辑学家的特长，嘲弄了某些似是而非的歪理和～。

近义 蛮不讲理　振振有词

反义 义正词严　据理力争

提示 "强"不读 qiáng。

强人所难　qiǎng rén suǒ nán

【释义】强：勉强。勉强别人去做不能做到或不愿意做的事情。

【例句】各人有各人的嗜好，不要～。

近义 勉为其难

反义 心甘情愿

提示 "强"不读 qiáng。

强颜欢笑　qiǎng yán huān xiào

【释义】强：勉强。颜：脸色。强颜：勉强做出……的表情或模样。勉强地装出笑容来。

【例句】尽管她外表上～，但她对自己"命中注定"的悲惨生活感到极其痛苦。

提示 "强"不读 qiáng。

强作解人　qiǎng zuò jiě rén

【释义】强：勉强，硬要。解人：能理解领会的人。硬要把自己装扮成能解释疑难或通晓某一事理的人。

【用法】形容人不明真意而妄发议论。

【例句】那些把毕加索后期创作分析得头头是道,赞美得天花乱坠的人都不过是在～,谬托知己,自欺欺人。

提示　"强"不读 qiáng。

跷足而待　qiāo zú ér dài

【释义】跷足:举足。抬起脚来等候。

【用法】形容短时间内即可见成效。

【例句】只要这个广告一打出去,货物供不应求的局面定可～。

近义　指日可待
反义　旷日持久

敲骨吸髓　qiāo gǔ xī suǐ

【释义】髓:骨髓。本指砸开骨头,吸取骨髓。后指残酷地压榨剥削。

【例句】种植园主大量使用黑人奴隶,进行～地剥削。

敲山震虎　qiāo shān zhèn hǔ

【释义】震:使……震惊。指敲动山林使老虎震惊。

【用法】比喻故意有所动作,使对方行动。

【例句】这个绰号叫猴子的贼王是很少出手的,王志刚想了许多办法也没能引他出手,王志刚只好～了。

近义　打草惊蛇

敲诈勒索　qiāo zhà lè suǒ

【释义】诈:欺诈。索:索取。指利用权势或其他不正当手段,借故进行威胁、要挟,强行索取或骗取别人钱财。

【例句】该团伙为非作歹,～,无恶不作,终究会被绳之以法的。

近义　巧取豪夺

乔迁之喜　qiáo qiān zhī xǐ

【释义】乔:乔木,高大的树木。乔迁:原指鸟儿从低矮的山谷飞迁到高大的乔木上,现指人搬家或升迁。

【用法】多用作祝贺别人迁入新居或职位升迁的贺词。

【例句】宾朋们都聚集在新居前面,点燃鞭炮,祝贺他的～。/恭贺老王～的同事,不依不饶,非要他干了这杯酒,预祝他明年职位更升一级。

乔松之寿　qiáo sōng zhī shòu

【释义】乔、松:指传说中的仙人王乔和赤松子。借指长寿。

【例句】张大爷今年已九十岁了,但他身体还挺硬朗,无疑是～。

近义　寿比南山　寿元无量

乔装打扮　qiáo zhuāng dǎ bàn

【释义】乔装:改变服装、面貌。打扮:化装。指改变服饰装扮成另外模样,以隐瞒自己的身份。

【例句】为了跟踪越狱出逃的虎子,李警官～成"卷毛"。

近义　改头换面
反义　原形毕露

Q

翘首企足　qiáo shǒu qǐ zú

【释义】翘首:抬起头。企足:踮起脚跟。抬起头,踮起脚跟。

【用法】形容热切盼望的样子。

【例句】我不敢久留,怕耽误他作画,因为他的每件新作,均为举世所～。

近义 翘首以待

提示 "翘"不读 qiào。

翘首以待　qiáo shǒu yǐ dài

【释义】翘首:抬起头。抬起头来等待。

【用法】形容急切盼望的样子。

【例句】那些没买到蟹子的人,有的失望而去,有的～。

近义 翘首企足

提示 "翘"不读 qiào。

翘足而待　qiáo zú ér dài

【释义】翘足:抬起脚。指一抬脚的短时间内即可等到。

【用法】形容很快就能等到。

【例句】这个案件并不复杂,案底揭穿之日也是～的,谁知中途会有这一大的变故呢?

近义 指日可待

巧夺天工　qiǎo duó tiān gōng

【释义】巧:精巧。夺:胜过。天工:天然的精巧。指人工的精巧胜过天然。

【用法】用于形容技艺极其精湛。

【例句】大佛雕刻的精细,充分显示出古代劳动人民～的技艺。

近义 运斤成风　鬼斧神工

反义 粗制滥造

巧发奇中　qiǎo fā qí zhòng

【释义】发:射箭。指神箭手射箭,箭能很神奇地射中靶心。

【用法】用于指人言谈巧妙切中事理或估量世事很准确。

【例句】他天资聪明,善于～,常常让与他交谈过的人都很佩服他。/ 在危急关头,总经理～,挽回了公司潜在的巨大损失。

近义 言必有中

反义 不知所云

提示 "中"不读 zhōng。

巧妇难为无米之炊

qiǎo fù nán wéi wú mǐ zhī chuī

【释义】巧:聪明能干。为:做。炊:烧火做饭。再聪明能干的妇女,没有米也做不出饭来。

【用法】比喻缺少必要的条件,再能干的人也办不成事。

【例句】那时家境困难,母亲面对～的尴尬,能让我们兄妹四人吃饱、吃好、长大,已经是很不容易的事情了。

巧立名目　qiǎo lì míng mù

【释义】立:确立,确定。名目:名称项目。想方设法定出种种名目,以达到某种不正当的目的。

【例句】有些垄断行业～地乱收费,影响极坏,应该立即制止。

近义 弄虚作假

反义 实事求是

巧取豪夺　qiǎo qǔ háo duó

【释义】巧取:以欺骗的手段获取。豪夺:以强力抢夺。通过欺骗或强力手段夺取他人的财物、权利等。

【例句】如果从小就想占便宜,将来长大了,就有可能利用职务～,贪污腐化。

近义 敲诈勒索

反义 秋毫无犯

巧舌如簧　qiǎo shé rú huáng

【释义】巧舌:舌头非常灵动(这里指说虚假动听的话语)。簧:管乐器中用来发声的簧片(指动听的音乐)。指舌头灵动得像管乐器中的簧片一样。

【用法】形容假话说得动听,很能迷惑人。含贬义。

【例句】尽管她～,我也丝毫不为所动。

近义 如簧之舌　花言巧语

反义 笨嘴拙舌

巧言利口　qiǎo yán lì kǒu

【释义】巧:虚伪。虚伪动听的言辞,锋利的口辩。

【例句】大家都不屑于小马依靠～而得到的提升。

巧言令色　qiǎo yán lìng sè

【释义】巧言:动听的假话。令:美好。令色:和蔼可亲的面孔。形容花言巧语,假装和善。

【例句】此人～,不可轻信。

近义 口蜜腹剑

反义 疾言厉色

悄无声息　qiǎo wú shēng xī

【释义】悄:寂静无声。声息:声音。静悄悄的,没有一点声音。

【例句】嗅着报春花那沁人心脾的清香,我突然意识到春天已～地来临了。

切磋琢磨　qiē cuō zhuó mó

【释义】切:加工兽骨。磋:加工象牙。琢:加工玉。磨:加工石材。原指古代对兽骨、象牙、玉、石头进行加工,制成器物

的方法。

【用法】比喻相互讨论,相互砥砺,取长补短,共同进步。

【例句】为了提高新版译文的质量,大家～,有时甚至争论得面红耳赤。

近义 如切如磋　取长补短

反义 不相为谋

提示 "切"不读 qiè,也不能写成"砌""彻"。

切齿拊心　qiè chǐ fǔ xīn

【释义】切齿:咬紧牙齿。拊:拍打。指咬紧牙齿,拍击胸口。

【用法】用于形容对某件事或某人痛恨至极。

【例句】犯罪分子残害妇女儿童的罪恶行径让人～。

近义 切齿痛恨

提示 "切"不读 qiē。

切齿之仇　qiè chǐ zhī chóu

【释义】切齿:咬紧牙齿。极感愤怒痛心的仇恨。

【例句】他们两家父辈之间并无～。

近义 不共戴天

提示 "切"不读 qiē。

切肤之痛　qiè fū zhī tòng

【释义】切肤:切身,亲身。指亲身经受的痛苦。

【例句】她把这段骨肉分离的～深深地埋在了心里。

近义 感同身受

提示 "切"不读 qiē。

切中时弊　qiè zhòng shí bì

【释义】切中:正好击中。弊:弊端,弊病。

指批评时事,能切合社会的弊病。也作
"切中时病"。

【例句】这自言自语式的台词十分巧妙且
～,发人深思。

提示 "切"不读 qiē。

切中时病 qiè zhòng shí bìng

见 545 页"切中时弊"。

窃窃私语 qiè qiè sī yǔ

【释义】窃窃:细碎的样子。私:私下,暗
地里。私下小声交谈。

【例句】听讲座的时候,他俩坐在墙犄角
儿～。

近义 交头接耳 喁喁私语

反义 高谈阔论

锲而不舍 qiè ér bù shě

【释义】锲:刻。舍:放弃,停止。雕刻一
件东西,一直刻下去不放手。

【用法】用于比喻坚持不懈。也指有恒
心,有毅力。

【例句】虽然最初的舞蹈生涯并不很成
功,但她在艺术上有～的精神,最终获得
了成功。

近义 持之以恒 坚持不懈

反义 半途而废 浅尝辄止 一曝十寒

亲临其境 qīn lín qí jìng

见 626 页"身临其境"。

亲密无间 qīn mì wú jiàn

【释义】亲密:感情好,关系密切。间:空
隙,缝隙。形容互相之间的感情非常融
洽,没有隔阂。

【例句】在 56 个民族聚集的社会主义大
家庭里,我们是一个～的整体。

近义 情同手足

反义 视同路人 积不相能

提示 "间"不读 jiān。

亲如手足 qīn rú shǒu zú

【释义】亲:亲密。手足:比喻兄弟。亲密
得如同兄弟一样。

【用法】不能用于与自己具有亲属关系的
人,如兄弟、父母、子女。

【例句】他们都是叱咤风云的伟人,都是
久经沙场的勇士,都是～的战友。

近义 情同手足 情同骨肉

亲痛仇快 qīn tòng chóu kuài

【释义】亲:指自己人。仇:指敌人。快:
高兴。使亲人痛心,使仇人高兴。

【例句】他这人经常干些～的事情,也不
知安的什么心。

钦差大臣 qīn chāi dà chén

【释义】封建时代由皇帝亲自派出去办理
重大公务的官员。现在也指由上级机关
派往下面督察工作,拥有较大权力的人,
往往含有讽刺意味。

【例句】1840 年,腐朽的清政府与英国侵
略者签订了屈辱的卖国条约,被派往广
州禁烟的～林则徐成了替罪羊,被充军
到新疆。

秦晋之好 qín jìn zhī hǎo

【释义】春秋时秦、晋两国国君几代都互
相通婚,后称两姓联姻婚配。也作"秦晋
之盟"。

【例句】现在,这两家公司老总儿女喜结
～,优势互补,携手开拓市场。

近义 种玉之缘 朱陈之好

秦晋之盟 qín jìn zhī méng

见 546 页"秦晋之好"。

秦镜高悬 qín jìng gāo xuán

【释义】秦镜：又称明镜。悬：挂。高挂着明察善恶的镜子。

【用法】用于比喻执法者公正严明。

【例句】就在挂有～大匾的公堂上，这位老实巴交的樵夫被打得皮开肉绽，不招也得招了。

近义 执法如山

反义 徇私枉法

秦楼楚馆 qín lóu chǔ guǎn

【释义】秦楼：春秋时，秦穆公女弄玉善吹箫，穆公为筑重楼以居之，名曰凤楼，后世称秦楼。楚馆：楚灵王筑章华宫，选美人细腰者居之，人称楚馆。旧时指歌舞场所和妓院。

【例句】他是一个洁身自好的人，从不去～畅饮酣歌通宵遣兴。

近义 柳巷花街

琴棋书画 qín qí shū huà

【释义】指四种技艺：弹琴、下棋、书法、绘画。这是古代文人引以为高雅的事。

【例句】如今政治清明，环境宽松，人们的兴趣爱好多样：～，花草虫鱼，打牌玩球，旅游观光。

琴瑟不调 qín sè bù tiáo

【释义】琴、瑟：古代两种常配合演奏的弦乐器名。调：协调，和谐。指琴瑟合奏时不协调不和谐。

【用法】比喻政令不当，失去调节。现多用于比喻夫妇不和谐。

【例句】这个制度应该改革了，因为已出现～的局面了。／据史记载，郭暧尝与升平公主～。

反义 琴瑟调和　琴瑟和谐

琴瑟和谐 qín sè hé xié

【释义】琴、瑟：古代两种常配合演奏的弦乐器名。比喻夫妇情笃和美。

【例句】赵四小姐在逆境中陪伴张学良数十年，与张学良可谓～，情深意笃。

反义 琴瑟不调

琴心剑胆 qín xīn jiàn dǎn

见 335 页"剑胆琴心"。

勤能补拙 qín néng bǔ zhuō

【释义】拙：笨拙。勤奋能够弥补先天的不足。

【例句】小琴说："我没有什么特别的天赋和超常的聪明，～是我的信条。"

近义 笨鸟先飞

提示 "拙"不能写成"苗"。

擒贼擒王 qín zéi qín wáng

【释义】擒：捉拿，抓。王：首领，头目。抓贼要先抓住贼的头领。

【用法】常用于比喻处理事情要抓住关键。

【例句】铲除黑恶势力，首先要狠狠打击黑恶团伙的头目。～，这是人所共知的道理。

寝不安席 qǐn bù ān xí

【释义】寝：睡觉。席：枕席。不能在枕席上安然地休息、睡觉。

【用法】形容心中有事不能安然入睡。常与"食不甘味"连用，强调语义。

【例句】为了寻找一个合适的、得力的人才，他常常～，食不甘味。

近义 寝食不安　坐卧不宁

寝食不安 qǐn shí bù ān

【释义】寝：躺卧，指睡觉。睡不好觉，吃不

Q

好饭。形容内心十分忧虑担心的样子。

【例句】他整日不说话，坐卧不宁，～，不断唉声叹气，特别爱发脾气。

近义 寝不安席

反义 高枕无忧

沁人肺腑 qìn rén fèi fǔ

【释义】沁：渗入。肺腑：比喻人的内心。渗透到人的内脏。多比喻感人极深。

【例句】棕榈树叶在微风中轻轻摇曳，温润的空气里荡漾着一丝～的清甜。

近义 感人肺腑 沁人心脾

沁人心脾 qìn rén xīn pí

【释义】沁：浸入，渗入。心脾：泛指人的内脏。渗入人的内脏。指吸入自然界清新、芳香的空气（多指花的香味），或饮用清凉饮料，使人感到舒适。

【用法】常形容优秀的文学作品或乐曲，给人以清新的感受。

【例句】今晚空气特别清爽，真所谓"～"。/ 他的诗情感深沉、意蕴绵邈、精巧流畅、～，有着丰富多彩的乡土色调、人情风习和民族韵味。

近义 沁人肺腑

青出于蓝 qīng chū yú lán

【释义】青：靛青，深蓝色的染料。蓝：蓼蓝，一种含有靛青素的植物。靛青从蓼蓝中提炼出来的，但颜色比蓝草更深。也作"青出于蓝而胜于蓝"。

【用法】用于比喻学生超过老师或后人超过前人。

【例句】温州人为何能在短短几年时间里把别人的"绝活"学到手，并且～，后来居上？

近义 冰寒于水

青出于蓝而胜于蓝

qīng chū yú lán ér shèng yú lán

见 548 页"青出于蓝"。

青红皂白 qīng hóng zào bái

【释义】皂：黑色。指蓝、红、黑、白几种不同的颜色。

【用法】常与"不分"连用，比喻不分是非、情由。

【例句】倘若我们不分～地消灭所有细菌，那我们就会将整个人类的健康推向危险的深渊。

近义 是非曲直

青黄不接 qīng huáng bù jiē

【释义】青：田里的青苗，未成熟的庄稼。黄：成熟的谷物。指陈粮已经吃完，而新

谷尚未成熟。

【用法】比喻人力、物力、财力暂时中断，接继不上。

【例句】根据当前蔬菜~的实际，要积极采取措施搞活市场。/ 四川男篮已度过~的困难时期，全队以新秀为主，水平蒸蒸日上。

近义 后继无人 左支右绌

反义 财力充裕 源源不断

青梅竹马 qīng méi zhú mǎ

【释义】青梅：青的梅子。竹马：小孩子拖在胯下当马骑玩的竹竿。指一块儿吃青梅、玩竹马。

【用法】用于形容男女小的时候嬉戏玩耍，天真无邪，借指从小一起长大的亲密玩伴。

【例句】他和妻子是一对~的恩爱夫妻。

近义 两小无猜

反义 素昧平生

青面獠牙 qīng miàn liáo yá

【释义】青面：铁青的面孔。獠牙：露在嘴外的长牙。青色面孔，嘴角露出长牙。

【用法】形容面目狰狞凶恶。

【例句】这个杀人魔王是一个~、半人半兽的怪物。

近义 凶神恶煞

反义 慈眉善目

青山绿水 qīng shān lǜ shuǐ

【释义】青山：青葱的山。绿水：碧绿的水。形容景色秀丽。也作"绿水青山"。

【例句】这座优美的建筑融入~之间，为这座古城的风景线添上了亮丽的一笔。

青史留名 qīng shǐ liú míng

【释义】青：指竹。青史：指史书。古代在没有纸之前，一般采用竹简记事，故称史籍为青史。指在史书上留下名字，永远为后人纪念。

【例句】在抗击外敌和解放家乡的战争中，淮河儿女用自己的鲜血~。

近义 流芳百世 名垂千古

反义 遗臭万年

青天白日 qīng tiān bái rì

【释义】青天：晴朗的天空。指白天。

【用法】含强调意，指光天化日，显而易见的环境。

【例句】这是一种幻觉，就像是在~做起噩梦一样。/ 围观的人都破口大骂他是无耻禽兽，~下欺负那个卖艺人。

近义 光天化日

青云直上　qīng yún zhí shàng

【释义】青云:指青天,高空。直上:直线上升。向着青天飞腾直上。

【用法】用于比喻人的官职地位上升很快。

【例句】有上千万的集邮爱好者都想购买那枚金猴自然连翻筋斗、～的邮票。/尽管他往往自身难保,却很懂得教别人怎样利用形势～。

近义 平步青云　一步登天

反义 一落千丈

轻财好施　qīng cái hào shī

【释义】轻:轻视,把……看得轻。好:喜好,喜欢。施:施舍。轻视钱财,喜欢施舍。

【例句】他没有一点读书人的架子,能够了解粗人穷人的心情,也～。

近义 乐善好施　仗义疏财

反义 贪得无厌

提示 "好"不读 hǎo。

轻财好义　qīng cái hào yì

见550页"轻财重义"。

轻财仗义　qīng cái zhàng yì

见550页"轻财重义"。

轻财重义　qīng cái zhòng yì

【释义】轻:轻视,把……看得轻。重:看重。义:道义。轻视财利而看重道义。也作"轻财好义""轻财仗义"。

【例句】陈先生一生～,把数万金的家产,不上十年便花得精光。

近义 仗义疏财

轻车简从　qīng chē jiǎn cóng

【释义】轻车:车上所载不重。简从:随从不多。指有地位的人出门时,行装简单,随从不多。

【例句】他从不讲排场,到基层检查工作,总是～。

近义 轻装简从

反义 前呼后拥　鸣锣开道

轻车熟路　qīng chē shú lù

【释义】驾驶轻便的车子,走熟悉的道路。

【用法】用于比喻对事情非常熟悉,做起来很容易。

【例句】文化馆里能写会画的人很多,布置会场又是～,由文化馆担当此任,一定不负众望。

近义 得心应手

反义 举步维艰

轻而易举　qīng ér yì jǔ

【释义】重量很轻,十分容易举起来。

【用法】用于形容办事容易,毫不费力。

【例句】企鹅在水里游泳速度极快,最高每秒可达到 10 米,1 小时就能游 36 千米,能～地超过潜艇。

近义 不费吹灰之力

轻歌曼舞　qīng gē màn wǔ

【释义】曼:柔美。指轻快的歌声,柔美的舞蹈。

【例句】鸟儿说,但愿光阴莫虚度,满村长

成参天树,参天树上连高巢,高巢里～。

轻举妄动　qīng jǔ wàng dòng

【释义】轻:轻率。妄:胡乱,任意。指不经过慎重考虑就轻率地盲目行动。

【用法】多用于口语。

【例句】他先声夺人,旨在告诫公司内那些有意向他挑战的人不要～。

近义 轻率妄为　草率行事

反义 三思而行

轻虑浅谋　qīng lù qiǎn móu

【释义】轻虑:考虑轻率而不慎重。浅谋:谋划浅陋,不深远。指考虑谋划事情草率而肤浅。

【例句】他是一个没有远大理想的人,所以考虑事情也是～的。

反义 深谋远虑　深思熟虑

轻描淡写　qīng miáo dàn xiě

【释义】写:摹画,描摹。原指绘画时用浅淡颜色轻轻描绘。比喻说话或作文时避开关键或重要的问题,不给以应有的重视。

【例句】只见那位大画家～地用笔勾画了几下,我的肖像就出现在我的眼前了。/ 古典散文中那些平白如话、～的情境总有神奇而层出不穷的意韵。

近义 一笔带过　蜻蜓点水

反义 浓墨重彩　大书特书

提示 “写”不能理解成“书写”。

轻诺寡信　qīng nuò guǎ xìn

【释义】轻:轻易,轻率。诺:答应,许诺。寡:少。信:守信,信守诺言。随便许诺,却很少守信用。

【例句】～,就可能永远失信于人。

近义 言而无信　自食其言

反义 一诺千金　言而有信

提示 “诺”不能写成“喏”。

轻裘缓带　qīng qiú huǎn dài

【释义】裘:皮大衣。缓带:宽松的腰带。指轻暖的皮袍,宽松的衣带。

【用法】形容人过着悠闲而随意的生活。

【例句】唐代诗人王维过着一种半官半隐的生活,～,居住在辋川别墅,留下了许多脍炙人口的杰作。

近义 峨冠博带

轻若鸿毛　qīng ruò hóng máo

见551页“轻于鸿毛”。

轻世傲物　qīng shì ào wù

【释义】轻:轻视。物:人。藐视世俗,对世俗的一切事物都不放在眼里。

【例句】据说唐寅为人放浪不羁,～。

轻手轻脚　qīng shǒu qīng jiǎo

【释义】形容手脚的动作非常轻,响声非常小。

【例句】他有些清瘦,说话声音不大,走路做事也是～的。

近义 蹑手蹑脚

轻言细语　qīng yán xì yǔ

【释义】细:音量小,声音低微。形容说话时声音小而柔和。

【例句】她是戏剧女高音,但说话～,一副腼腆的样子,与台上的风格判若两人。

轻于鸿毛　qīng yú hóng máo

【释义】鸿:鸿雁,大雁。比大雁的毛还轻。也作“轻若鸿毛”。

【用法】用于比喻毫无价值或很不重要。

Q

【例句】毛泽东在纪念革命烈士张思德同志的文章中说，为人民利益而献身，其价值重于泰山；为反动派卖命而死，其价值～。

反义 重于泰山

轻重倒置 qīng zhòng dào zhì

【释义】倒：颠倒。置：放，摆。把重要的和不重要的弄颠倒了。

【用法】专用于形容人做事不当。

【例句】父亲怒斥儿子，是因为儿子不想读书想去打工。父亲认为这是～的想法，儿子现在的主要任务是学习而不是工作。

近义 轻重失宜　本末倒置

提示"倒"不读 dǎo。

轻重缓急 qīng zhòng huǎn jí

【释义】缓：慢，不急。指事情的主次、先后顺序。

【例句】革命文艺是整个革命事业的一部分，是齿轮和螺丝钉，和别的更重要的部分比较起来，自然有～、第一第二之分。

轻重失宜 qīng zhòng shī yí

【释义】对重要的和不重要的事情的处置不适当。

【例句】无论怎么说，在对那两件事情的处理上，他的做法是显得～的。

近义 轻重倒置

轻装上阵 qīng zhuāng shàng zhèn

【释义】指不穿盔甲上阵作战。

【用法】用于比喻消除思想顾虑或解除各种桎梏，积极投入工作。

【例句】比赛前，王老师鼓励小兵放下所有的包袱，～。

倾巢出动 qīng cháo chū dòng

【释义】倾：全，尽。巢：鸟窝。整窝鸟全都出来了。

【用法】用于比喻出动全部人马。往往带有贬义。

【例句】这次这个犯罪团伙～，结果被一网打尽。

反义 按兵不动

倾城倾国 qīng chéng qīng guó

【释义】倾：使……倾覆、倾倒。指使一个国家、一个城市的人都倾倒。也作"倾国倾城"。

【用法】用于形容女子极其美貌。

近义 如花似玉　国色天香

反义 其貌不扬

倾肝吐胆 qīng gān tǔ dǎn

见 553 页"倾心吐胆"。

倾国倾城 qīng guó qīng chéng

见 552 页"倾城倾国"。

倾家荡产 qīng jiā dàng chǎn

【释义】倾：倒出。荡：弄光。指把全部家

产弄得精光。

【例句】他还妄想靠传销发财,结果被弄得～,血本无归。

近义 倾家竭产

反义 成家立业 兴家立业

倾囊相赠 qīng náng xiāng zèng

【释义】把口袋里的钱全数赠予他人。

【例句】对朋友在经济上的困难,她总是～,自己却不图任何回报。

近义 慷慨解囊

反义 一毛不拔

倾盆大雨 qīng pén dà yǔ

【释义】倾盆:打翻了水盆。雨势很大,像从盆子里倾倒出来一样。

【用法】用于形容又大又急的暴雨。

【例句】刹那间,四边黑云陡合,～。

近义 滂沱大雨 大雨如注

反义 牛毛细雨

倾心吐胆 qīng xīn tǔ dǎn

【释义】倾:倒,倒出。指讲心里话,坦诚待人。也作"倾肝吐胆"。

【例句】他俩是多年的好朋友,一见面便～,无所不谈。

卿卿我我 qīng qīng wǒ wǒ

【释义】卿:古代的第二人称代词,相当于"你"。卿卿:称呼你为你。第一个"卿"用作动词,表示"称……为卿"。我我:称呼我为我。第一个"我"也用作动词,表示"称……为我"。"称你为你,称我为我"是一种相互之间十分亲密的称呼。

【用法】用于形容男女相爱、情意缠绵。

【例句】他们的婚恋没有多少花前月下、～,但是他们情深意笃,熟悉他们的人都

称道不已。

近义 儿女情长

清白无辜 qīng bái wú gū

【释义】清白:形容品行纯洁,没有污点。辜:罪,罪过。形容品行端正纯洁,没有罪过。

【例句】后来这件事水落石出,父亲是～的。

清词丽句 qīng cí lì jù

【释义】清新美丽的诗词词句。

【用法】形容诗歌文章语句优美。

【例句】晚唐艳丽的诗风代替了盛唐的～,统治者沉溺于醉生梦死的享乐之中,不知亡国之祸将至。

清风明月 qīng fēng míng yuè

【释义】清凉的风,明朗的月色。也作"明月清风"。

【用法】形容环境清幽宁静。也指清雅闲适的意境。

【例句】这里～、鸟语花香,环境真是太优美了。/ 他们的作品趋向～缠绵蜜意,手法上显得飘浮,缺乏力度和厚重感。

清歌妙舞 qīng gē miào wǔ

【释义】清亮的歌声,美妙的舞姿。

【用法】形容歌舞优美,动听悦目。

【例句】京剧表演艺术家梅兰芳的～能够在黄金大院的银幕前听到和看到了。

清规戒律 qīng guī jiè lù

【释义】清规:佛教、道教徒修习应当遵守的规则。戒律:指佛教、道教信徒不许违犯的戒条。指佛教寺庙、道教宫观订立的规条和戒律。

Q

【用法】泛指繁琐、不合理的规章制度。

【例句】她父亲的～很多,所以,她绝对是不可以听戏和看电影的。/ 说艺术没有～和说艺术有自身的规范、准则,恐怕都同样正确。

近义 金科玉律

清净无为　qīng jìng wú wéi

见554页"清静无为"。

清静无为　qīng jìng wú wéi

【释义】原指道家所提倡的克制物欲,顺应自然,清神净心。后泛指一切听其自然,凡事不受外界干扰,也不刻意去追求的生活态度。也作"清净无为"。

【例句】道家认为"道"是天地万物的根源和创造者,主张～,反对斗争。/ 世事的无常使得古来许多贤哲主张退隐自守,～,无动于衷。

清廉正直　qīng lián zhèng zhí

【释义】清明、廉洁、公正、刚直。

【用法】形容人的美好品质,尤其是身居领导职位的人应具有的优秀品质。

【例句】我们党内有很多人民的好干部,他们一生～,从不为自己谋私利。

反义 贪赃枉法

清平世界　qīng píng shì jiè

【释义】清平:太平。指太平的社会。

【用法】形容风气清明、形势安定的社会。

【例句】尽管现在是～,但出门在外还是要多长一点心眼,切勿轻信"好心人"的甜言蜜语。

近义 太平盛世

反义 兵荒马乱

清心寡欲　qīng xīn guǎ yù

【释义】清心:使心境清静。寡欲:减少欲望。指保持心地清静,克制自己的欲望。

【例句】长寿的秘诀,除了在生活上简单以外,往往还需要～,尽量减少内心的烦恼。

近义 淡泊名利

反义 利欲熏心　穷奢极欲

蜻蜓点水　qīng tíng diǎn shuǐ

【释义】点:向下一触即起。蜻蜓尾部刚接触水面就立即飞起。比喻只轻微地触及事物的表面。

【用法】常用于形容做事肤浅浮泛,不认真,不深入。

【例句】她的舞姿袅袅婷婷,就如～,燕子穿花,很迷人。/ 如果每部书都浅读下去,对每一个问题都是～,印象不深,这样收获是不大的。

近义 走马看花　浮光掠影　浅尝辄止

反义 钻坚研微　穷原竟委

情不自禁　qíng bù zì jīn

【释义】情:感情。禁:抑制,控制。指情感激动,抑制不住自己。也作"情不自已"。

【例句】他久久地遥望着茫茫大海的西边,心潮起伏,～地念诵起从心底喷涌而出的诗句。

近义 不由自主

提示 "禁"不读 jìn。

情不自已 qíng bù zì yǐ

见 554 页"情不自禁"。

情窦初开 qíng dòu chū kāi

【释义】窦:孔穴。情窦:原指通达天理,顺畅人情的孔道,后指男女相爱的情欲。指刚刚萌生向往爱情的心愿。

【用法】只用于指少男少女,且多指少女。

【例句】现在一些学生中存在的早恋现象,只是他们青春期～的表现,老师和家长必须善于正确引导,而不能简单草率地处理。

情何以堪 qíng hé yǐ kān

【释义】情:感情。何以:用反问的语气表示不能。堪:经得起,忍受。指感情怎么经受得起,意思是感情上不能忍受。但反问的语气要重一些。

【用法】用于指负面事件对感情的打击很大。

【例句】儿子被拐卖,妻子精神失常了,如此打击,让人～!

情急智生 qíng jí zhì shēng

【释义】情况急迫时突然想出聪明的办法。

【例句】这时,小罗～,把那个歪把儿电棒向旁边晃了一晃,看见了歹徒。

近义 急中生智

情景交融 qíng jǐng jiāo róng

【释义】情:指作者内心的情感。景:客观

外界的景物。交融:相互融合。指文学作品中将客观景物的描写与作者感情的抒发紧密结合,融汇在一起。

【例句】"落花人独立,微雨燕双飞",词中对江南春雨情景的描绘,与作者孤寂心态的刻画,可以说是达到了～的境界。

情理难容 qíng lǐ nán róng

【释义】情理:人情事理。容:容忍,宽容。从人情和事理两方面来说都不能容忍宽恕。

【用法】形容人做事极其荒谬,违反常情,从人情事理上无法忍受。

【例句】亲生父母遗弃自己的女儿,～。

近义 不近人情 天理难容

反义 合情合理 情有可原

情深似海 qíng shēn sì hǎi

【释义】情谊像大海一样深厚。

【例句】我与师兄患难与共,～。

近义 情深义重

情深义重 qíng shēn yì zhòng

【释义】义:道义。情、义深重。指把情感和恩义都看得很重。

【例句】学生们感谢这位～的老师,都来到他家看望。

近义 情深似海

反义 虚情假意

情随事迁 qíng suí shì qiān

【释义】思想情感随着事情的变迁而发生变化。

【例句】那两本书,后来大抵带在身边,只是～,已没有翻译的意思了。

情同骨肉 qíng tóng gǔ ròu

【释义】骨肉:指父母兄弟等亲人。形容

Q

感情深厚,如同亲人一样。

【用法】用于朋友、战友、军民之间,以及老辈对小辈的感情。

【例句】她的第一个得意学生与她～。

近义 亲如手足　情同手足

反义 势如水火

情同手足　qíng tóng shǒu zú

【释义】手足:比喻兄弟。形容交情很深,如同兄弟一样。

【用法】用于男性朋友、战友。

【例句】中国人民和非洲人民～,一贯互相支持,互相帮助。

近义 情同骨肉

反义 势如水火

情投意合　qíng tóu yì hé

【释义】投:投合。合:契合。双方情意相投,意气相合。

【用法】强调感情融洽,兴趣一致。

【例句】她俩自结识以来便～,犹如姐妹一样。

近义 同声相应　同气相求

反义 貌合神离

情见乎词　qíng xiàn hū cí

见556页"情见乎辞"。

情见乎辞　qíng xiàn hū cí

【释义】见:通"现",显露,表现。乎:于。辞:文辞。思想感情表现在文辞中。也作"情见乎词"。

【例句】～,屈原忧国忧民的深情在《离骚》中表现得淋漓尽致。

提示 "见"不读 jiàn。

情见势屈　qíng xiàn shì qū

【释义】见:通"现",显露,暴露。势:势

头,气势。屈:受挫,亏损不利。窘况日益显露,气势日见衰竭。

【例句】比赛对手已～,看来他们输定了。

提示 "见"不读 jiàn。

情有独钟　qíng yǒu dú zhōng

【释义】钟:(情感等)集中。形容人的感情专注在某一点上(而对其余的不感兴趣)。

【用法】钟情的对象广泛:某人、某物、某地、某季节、某角色等。

【例句】也许是因为我出生在"秋分"这一天,所以对秋天～。

情有可原　qíng yǒu kě yuán

【释义】原:原宥,原谅。指从情理或情节来看,可以宽恕原谅。

【例句】他父亲为图吉利,这样要求似乎也～。

近义 无可非议

反义 情理难容

情真意切　qíng zhēn yì qiè

【释义】感情真挚,心意殷切。

【例句】咱们的女秀才为老书记起草了一篇～、文采飞扬的悼词。

情之所钟　qíng zhī suǒ zhōng

【释义】钟:汇聚,专注。指感情特别专注或钟情于某事,难以排遣。

【例句】他这一生,真正～的,当然还是写作。

近义 一心一意　情有独钟

反义 三心二意

晴天霹雳　qíng tiān pī lì

【释义】霹雳:炸雷,响雷。晴朗的天空中响起了炸雷。

【用法】用于比喻突然发生了意外的巨大变故，令人震惊。

【例句】白天的几个～真是把我镇住了，暴风雨也令我感到有些害怕。/ 这个～给她的打击太沉重了，她的心上人竟然是个小偷。

近义 平地风雷

反义 风和日丽

擎天架海　qíng tiān jià hǎi

【释义】擎：举，托。架：跨越，横跨。托起青天，跨过大海。

【用法】形容本领非凡超人。

【例句】岳飞虽然有～的本领，但不能避免屈死风波亭的结局。

擎天之柱　qíng tiān zhī zhù

【释义】擎：支撑。指能支撑天的大柱子。

【用法】用于比喻能支撑大局，担当重任的人物。

【例句】大会堂周围，16 束雪白的探照灯光如～，直射苍穹。/ 他是公司的文武全才，算得上是～。

请君入瓮　qǐng jūn rù wèng

【释义】君：您，对人的尊称。瓮：大坛子。请你进入大坛子里面去。比喻以其人之道还治其人之身。也借指设计好圈套引人上当。

【典故】唐朝武则天执政时，酷吏来俊臣奉密令审查另一酷吏周兴的罪行。来俊

臣不动声色地问周兴：若遇上犯人不认罪，当用什么法子？周兴说：这很容易，取一个大坛子来，四周燃起炭火，然后叫犯人到坛子里去，他还有什么敢不承认的。来俊臣便依法炮制，准备好大坛子和炭火，对周兴说："我奉密令审理你的问题，请兄入此瓮。"周兴忙叩头认罪。（《新唐书·周兴传》）

【例句】他向来让别人钻他的圈套，真不料这回是演了一回"～"的把戏。

庆父不死，鲁难未已　qìng fù bù sǐ, lǔ nàn wèi yǐ

【释义】庆父：人名，春秋时代鲁国公子，多次制造鲁国内乱，先后杀了鲁国的两个国君。已：停止。指庆父不死，鲁国的祸乱不会停止。

【用法】比喻不除去制造祸乱的罪魁祸首，祸乱就不可能平息。

【例句】～。有人说：腐败不除，矿难不已。

近义 擒贼先擒王

提示 "父"不读 fù。

罄竹难书　qìng zhú nán shū

【释义】罄：用尽。竹：竹简，在没有纸之前，古人用来书写文章。书：写。指用尽竹简也书写不完（其罪恶）。

【用法】只能用于罪恶累累，不能用于成绩多多。

【例句】日本军国主义惨无人道，无恶不作，在中国犯下的滔天大罪～。

近义 擢发难数

提示 "罄"不能写成"磬"。

穷兵黩武　qióng bīng dú wǔ

【释义】穷：用尽，耗尽。黩：轻慢，不慎重

对待。指用尽所有兵力,肆意发动战争。

【用法】含贬义,不能用于正义的一方。

【例句】～的君王,最终必自食恶果,如法国的路易十四,即是最好的铁证。

反义 马放南山　偃武修文

提示 "黩"不读 mài。

穷愁潦倒　qióng chóu liáo dǎo

【释义】穷愁:穷困愁苦。潦倒:颓丧、不得志的样子。指贫寒困窘、愁苦失意。

【例句】郑先生的一生算得上是历尽艰辛、～的一生。

近义 穷困潦倒　穷途末路

反义 春风得意　飞黄腾达　一帆风顺

穷当益坚　qióng dāng yì jiān

【释义】穷:不得志。益:更加。指处境困难,意志应当更坚定。

【用法】强调在困境中更要坚定信念,有不改变初衷之意。

【例句】～,中国人民有勇气、有骨气,再大的困难也算不了什么!

近义 自强不息

反义 人穷志短　自暴自弃

穷而后工　qióng ér hòu gōng

【释义】穷:不得志,困窘。工:工致,精美。指文人在处境艰难时反而能写出很好的作品来。

【例句】一个经历了大风大浪的作家对社会生活有了深刻的了解,创作出优秀的作品来,而这种体验却是豪门大宅的富贵子弟所没有的,因此古人云～,是颇有见地的说法。

提示 "穷"不能理解成"贫穷"。

穷根究底　qióng gēn jiū dǐ

见 837 页"寻根究底"。

穷极无聊　qióng jí wú liáo

【释义】穷极:极端困窘。无聊:无所依托。原指极端困厄,无所依靠。后形容无所事事,极端无聊。

【例句】莉莎在舞蹈上找到了摆脱～生活的出路。/ 我偶尔写信与她开玩笑,也只是～,取乐解闷而已。

近义 百无聊赖

反义 自得其乐

提示 "穷"不能解释作"穷困"。

穷寇莫追　qióng kòu mò zhuī

见 558 页"穷寇勿追"。

穷寇勿追　qióng kòu wù zhuī

【释义】穷寇:走投无路的敌人,泛指已经失败的残余的敌人。不要追逼无路可逃的残敌。意思是以免穷寇拼死反扑,给追赶的一方造成不利。也作"穷寇莫追"。

【用法】多用于劝诫。

【例句】古代兵书上虽然有"～"的说法,但不能拘泥,对顽敌应穷追不舍,务必将其全部消灭。

穷年累月　qióng nián lěi yuè

【释义】穷年:终年,一年到头。累月:持续几个月。指一年到头不间断。

【用法】形容连续不断,时间长久。

【例句】这项研究的每一个细节,都需要有经验的人～地考察与非同寻常的研究。

近义 年深月久

反义 弹指之间

穷鸟入怀　qióng niǎo rù huái

【释义】穷:走投无路。无处栖身的鸟投入人的怀抱。也作"穷鸟投人"。

【用法】用于比喻处境困窘而不得已投靠别人。

【例句】曹三娃没有固定的职业,四处流浪,后来到常掌柜家做杂役,算是～,暂时有了个安身处。

近义 走投无路　穷猿投林

穷鸟投人　qióng niǎo tóu rén

见 559 页"穷鸟入怀"。

穷山恶水　qióng shān è shuǐ

【释义】穷山:荒山。恶水:激流汹涌、容易造成水患的河流。形容自然条件恶劣,物产不丰富的地方。

【例句】这里因～带来的贫穷落后现象,将被生机勃勃的兴旺发达景象所取代。

近义 深山穷谷　穷乡僻壤

反义 鱼米之乡

穷山僻壤　qióng shān pì rǎng

见 559 页"穷乡僻壤"。

穷奢极侈　qióng shē jí chǐ

见 559 页"穷奢极欲"。

穷奢极欲　qióng shē jí yù

【释义】穷、极:穷尽,竭尽。极尽奢侈,极度享受。也作"穷奢极侈"。

【用法】用于指豪华荒淫的生活方式。

【例句】在过去,许多纨绔子弟往往因为～、挥霍无度,最后导致倾家荡产。

近义 挥霍无度　纸醉金迷

反义 清心寡欲

穷途末路　qióng tú mò lù

【释义】穷途:绝路,走不通的路。末路:路的尽头。形容面临绝境,无路可走。

【用法】强调已经到了道路的尽头,由此而引申出没有发展前途的意思。

【例句】他把艺术当作在黑暗长夜中辗转于～中的人类的栖居圣地。

近义 山穷水尽

穷乡僻壤　qióng xiāng pì rǎng

【释义】穷乡:荒远的乡村。僻:偏僻。壤:土地。指荒凉贫穷而偏僻的地方。也作"穷山僻壤"。

【例句】他的朋友中既有京城的高级干部、知识分子,也有～的平民百姓。

反义 通都大邑

提示 "穷"不能理解成"贫穷"。

穷形尽相　qióng xíng jìn xiàng

【释义】穷、尽:穷尽。形、相:形象,相貌。形状外貌完全被刻画出来。原指文学作品对事物的描绘逼真入微,表露尽致。现多形容丑态毕露。

【例句】他用了很多恰当的词语来～地描摹贾府长幼的笑态。/《儒林外史》语言准确而精炼,富有形象性,常常用三言两

Q

语便使人物～。

近义 惟妙惟肖　活灵活现

穷凶极恶 qióng xiōng jí è

【释义】穷、极：极端。指干尽凶残恶毒之事。

【用法】形容极端残暴恶毒。

【例句】当人民生命财产受到严重威胁的关键时刻，他面对～的持刀歹徒，毫不畏惧，挺身而出。

近义 暴戾恣睢

反义 温柔敦厚

穷原竟委 qióng yuán jìng wěi

【释义】穷：寻求到尽头。原：通"源"，起源。竟：探究。委：指水流末尾。指探索水的源头，追寻水的末流。

【用法】用于指探寻事情的始末。

【例句】研究问题一定要～，才能把握它的本质。

近义 追本穷源

反义 不求甚解　蜻蜓点水

穷猿投林 qióng yuán tóu lín

【释义】穷猿：处于危境的猿猴。投：奔向。比喻人处于困境中，急于寻找栖身之地。

【例句】因为那时国难当头，他从东北流转到云南，～，能谋上个职业糊口就不错了。

近义 穷鸟入怀

提示 "穷"不能理解为"贫穷"。

穷源溯流 qióng yuán sù liú

【释义】向根源处追寻探索，求出其因果。

【例句】这本书参考了大量现代文献，旁征博引，～，分析清晰，独具匠心。

近义 寻根究底

反义 浅尝辄止

穷则思变 qióng zé sī biàn

【释义】穷：尽头。思：考虑。变：变革。原指事情到了尽头就要想法改变。现指在最艰难困苦的时候就要想法改变现状，寻找出路。

【用法】多指"贫穷"使人想改变现状。

【例句】～，英格兰足球联盟因此从改名上做起了文章，以图吸引更多的关注。/这群年轻人～，希望用自己的努力改变家乡的落后面貌。

近义 穷极思变

反义 坐以待毙

穷追不舍 qióng zhuī bù shě

【释义】穷追：一直追到底。指紧紧追赶，一直不放弃。

【例句】数不清的五彩斑斓的小鱼，为了躲开那些对它们～的以小鱼为食的大鱼，流星似的窜进崖洞。

穷追猛打 qióng zhuī měng dǎ

【释义】紧紧追赶，狠狠打击。

【用法】现多用于对某一问题进行彻底追究。

【例句】记者对此问题还是～，但她以私事为由拒绝回答。

近义 穷追不舍

茕茕孑立 qióng qióng jié lì

【释义】茕茕：孤单无依靠的样子。孑立：孤立。孤零零一人站在那里。

【用法】用于形容孤苦伶仃，无依无靠。

【例句】张大爷是空巢老人，～的，多亏社区居委会想得周到，每天安排一个护工照料一下。

近义 形影相吊

琼浆玉液　qióng jiāng yù yè

【释义】琼:美玉,泛指精美的东西。琼浆:指美酒。玉液:玉之精华,指美酒。

【用法】可指美酒或味道甘美的饮料。

【例句】他在沙漠中跋涉,经过一天的劳累,喝上一杯清水也赛过了～。

琼楼玉宇　qióng lóu yù yǔ

【释义】琼:美玉。宇:屋舍。指用美玉装饰的楼台房屋。

【用法】多指古代传说中神仙居住的月宫,也形容华丽精美的建筑。

【例句】这些光彩夺目的房屋真像月宫里的～!/对着皇城里那一片～、玉树琼花,他们痛快地饮了几杯。

近义 仙山琼阁　瑶台银阙

反义 茅室土阶

琼枝玉叶　qióng zhī yù yè

【释义】比喻皇室的子孙孙。

【例句】她们曾经是～,后来却都成了平民。

近义 金枝玉叶

秋风扫落叶　qiū fēng sǎo luò yè

【释义】秋风把落下的树叶一扫而光。

【用法】比喻强大的力量迅速地摧毁腐朽势力。也形容一下子扫荡干净。

【例句】盟军在欧洲战场的胜利,从根本上扭转了第二次世界大战的战略形势,如～一般,日本侵略军随即也在亚洲遭到毁灭性的重创。

近义 风卷残云

秋高气爽　qiū gāo qì shuǎng

【释义】秋天,天空晴朗,空气清爽。

【例句】范仲淹写《岳阳楼记》是九月十五日,正是～的好天气。

秋毫无犯　qiū háo wú fàn

【释义】秋毫:动物秋天换的绒毛,质地纤细,比喻非常细微的东西。犯:侵犯。指最微小的东西都不侵犯。

【用法】用于形容军队纪律严明,对百姓的东西丝毫不加损害。

【例句】解放军进城以后,风餐露宿,秩序井然,买卖公平,～。

近义 鸡犬不惊

反义 巧取豪夺　鸡犬不留　寸草不留

秋毫之末　qiū háo zhī mò

【释义】秋毫:鸟、兽在秋天长出的新毛。末:末梢。指鸟、兽在秋天长出的新毛的末端,非常尖细。

【用法】用于比喻极其微小的东西。

【例句】我想,无论在哪里,总要为人民做点有益的事,哪怕细小得如～。

秋后算账　qiū hòu suàn zhàng

【释义】原指秋收以后结算账目,后比喻事情结束后对反对自己的人进行清算。

【例句】在这个地方,惟有一点是值得称许的,是发言者从没害怕过被～。

秋水伊人　qiū shuǐ yī rén

【释义】秋水:秋天清澈的河水,比喻眼睛,引申为盼望。伊人:那个人。指心中所怀念的那个人。

【用法】多指女性。

【例句】他们在网上认识已久,已经是无

话不谈的知心朋友了,今天首次相会,想不到～竟是一老一少的两个网迷。

近义 微乎其微

囚首垢面 qiú shǒu gòu miàn

【释义】囚:犯人。囚首:像犯人一样头发蓬乱。垢:脏。垢面:面部肮脏。形容很久没有梳头和洗脸,像囚犯的样子。

【例句】他虽然刮了胡子,却没有理发,配上他灰黄的脸色,颇有些～的形象。

近义 蓬头垢面

求马于唐肆 qiú mǎ yú táng sì

【释义】求:寻求。唐:空、虚,空旷。肆:集市。到空无一物的集市去买马。

【用法】用于比喻行事因途径不对而一无所获。

【例句】集市已经散了,她还要去买菜,无异于～。

求名求利 qiú míng qiú lì

【释义】指追求名誉和金钱。

【例句】我相信他会原谅我,他不会是因～而来到这里的。

近义 追名逐利

反义 不求名利

求亲靠友 qiú qīn kào yǒu

【释义】求:求助。靠:投靠。指投靠亲戚朋友。

【例句】他当时的处境也确实艰难,人地两生,连～都不可能,只好沿街行乞。

近义 寄人篱下

反义 自谋生路

求全责备 qiú quán zé bèi

【释义】求、责:要求。全、备:齐全,完备。

指对人对事苛求其完美无缺,尽善尽美。

【用法】所要求的对象包括他人和自己以及事情。

【例句】对艺术家不要～,他在某一领域做出突出贡献就够了。

近义 责人以全　吹毛求疵

求人不如求己 qiú rén bù rú qiú jǐ

【释义】求:请求,要求。与其求助于他人,不如靠自己努力设法。

【用法】用于指自力更生,不仰仗他人。

【例句】俗话说～,他决定靠自己去找丢失的那条小狗。

求仁得仁 qiú rén dé rén

【释义】求:追求,寻。仁:仁爱,仁德。追求仁德就得到仁德。

【用法】比喻如愿以偿。

【例句】这下我是～了,一切都已满足,再没有其他奢望。

近义 如愿以偿

反义 事与愿违　适得其反

求同存异 qiú tóng cún yì

【释义】求:寻求。异:不同之处。指找出共同之点,保留不同之点。

【例句】大家经过协商,～,终于达成了项目的合作协议。

求贤若渴 qiú xián ruò kě

【释义】求贤:寻求有才德的人。若渴:像渴了想要饮水。指想得到有才德的人就像渴了急欲饮水一般。

【用法】用于形容迫切地延揽人才。

【例句】我读《曹操文集》,深被曹操的雄才大略和～的精神所感染。

反义 嫉贤妒能

求益反损　qiú yì fǎn sǔn

【释义】求:追求,图谋。益:增益,增加。反:反而,反倒。损:损失,减损。企图有所增加,结果反而有所减少。

【用法】用于指追求更好的结果,反而弄巧成拙。

【例句】他决定在竞争中见好就收,以免～。

近义 欲益反损

求之不得　qiú zhī bù dé

【释义】原指想追求而不能得到。现在指想找都找不到(多用于意外得到时)。

【用法】多表示希望得到而最终如愿以偿。

【例句】能进入这个团体当演员,是艺术人才～的。/ 我想母亲应该非常高兴,因为这本来正是母亲～的好事。

近义 梦寐以求

反义 如愿以偿

区区小事　qū qū xiǎo shì

【释义】区区:渺小,微不足道。指无足轻重、微不足道的事。

【例句】我是一个很大度的人,从不为～而计较。

曲尽其妙　qū jìn qí miào

【释义】曲:曲折,指委婉含蓄。尽:穷尽。妙:美妙,美好。委婉含蓄地将事物的妙处全都表现出来。

【用法】用于形容某件艺术作品的精美,也用于形容表达能力强,技巧娴熟。

【例句】厨艺比赛的作品,已经完全超出了食品的概念,在色彩、造型上～,将中华民族的饮食文化情韵展现得淋漓尽致。

近义 妙不可言　出神入化

反义 粗制滥造

提示 “曲”不读 qǔ。

曲径通幽　qū jìng tōng yōu

【释义】曲径:弯曲的小路。幽:幽静。指弯弯曲曲的小路一直通向那幽雅清静的去处。

【用法】用于形容园林非常清幽。

【例句】向前看,水窄如线,三回六转,～。

提示 “曲”不读 qǔ。

曲突徙薪　qū tū xǐ xīn

【释义】曲:使弯曲。突:烟囱。徙:迁移。薪:柴。把烟囱改成弯的,搬开灶旁的木柴,即预防火灾的意思。

【用法】比喻事先采取措施,防止危险发生。

【例句】他们明白只有研究风险,及早～,风险才可能减少到最低限度。

近义 防患未然　未雨绸缪

反义 临渴掘井　江心补漏

提示"曲"不读 qǔ；"徒"不读 tú，也不能写成"徒"。

曲意逢迎　qū yì féng yíng

【释义】曲意：压抑自己的意愿、意志。逢迎：迎合，迁就。指违背自己的本意去迎合奉承别人。也作"曲意奉迎"。

【用法】表示违背自己的意愿去迎合别人，往往带有虚假的意味，同时也可能是一种不得已的行为。

【例句】成熟是一个人阅尽人间沧桑的一种大度从容，是一种做人处事善于自控的圆润状态。它刚直不阿，不媚俗，不盲从，不违心～。

近义 阿谀奉承　阿谀逢迎

反义 刚正不阿

提示"曲"不读 qǔ。

曲意奉迎　qū yì fèng yíng

见 564 页"曲意逢迎"。

屈打成招　qū dǎ chéng zhāo

【释义】屈：冤屈，冤枉。招：招供，招认。指严刑拷打，使无辜者被迫认罪。

【例句】元代关汉卿创作的杂剧《窦娥冤》讲述了窦娥被恶棍诬陷，被官府～，无辜被害的悲惨故事，是中国古代文学著名的四大悲剧之一。

反义 不打自招

屈高就下　qū gāo jiù xià

【释义】屈：委屈。就：靠近，迁就。指地位高的人降低自己身份，俯就地位低的人。

【用法】多用于形容别人放得下架子。一般不用于自己。

【例句】我只是一个普通职员，怎好让您～来拜访我呢？

近义 屈尊降贵

反义 盛气凌人

屈指可数　qū zhǐ kě shǔ

【释义】屈：弯曲。指弯着手指头就可数出来。

【用法】用于形容数量很少，多用于时间、人和物。

【例句】自从父亲退休后，来往的只有～的几位多年旧友了。

近义 寥寥无几　寥若晨星

反义 成千上万　不计其数　不可胜数

提示"屈"不能写成"曲"；"数"不读 shù。

趋吉避凶　qū jí bì xiōng

【释义】趋：奔赴，奔向。奔向吉利，避开凶险。指谋求安吉，避开灾难。

【例句】我奶奶做事特别讲究～，事前总要请人"指点指点"。

近义 趋利避害

趋利避害　qū lì bì hài

【释义】趋：奔赴，奔向。指谋取利益，躲避祸害。

【用法】现在多用于表示利用有益的，避开有害的。

【例句】利用气象条件～，已成为军事家指挥战争时必须注意的重大问题。

近义 趋吉避凶

趋炎附势　qū yán fù shì

【释义】趋：奔向，迎合。附：依附。炎、势：比喻权势。指奔走权门，投靠依附有权势的人。

【例句】这种不～的正直态度，正是大艺术家密勒的成功奥秘。

近义 攀龙附凤　依草附木

反义 刚直不阿

【提示】"趋"不能写成"驱"。

趋之若鹜　qū zhī ruò wù

【释义】趋:奔走。鹜:鸭子。指像鸭子一样成群地跑过去。

【用法】用于比喻争先恐后地追逐某事。含贬义。

【例句】16世纪美洲发现金矿的消息一传出,欧洲人便～,来到美洲以圆发财之梦。

近义　竞相奔走　如蚁附膻

反义　退避三舍　敬而远之

【提示】"鹜"不能写成"骛"。

曲高和寡　qǔ gāo hè guǎ

【释义】曲:曲子,乐曲。高:高雅。和:应和,和谐地跟着唱。寡:少。指曲调高深,能够跟着唱的人很少。

【用法】旧指知音难寻,现在比喻言论或文艺作品不通俗,能理解或欣赏的人很少。

【例句】以交响乐、芭蕾舞、歌剧和我国京昆艺术为代表的高雅艺术,已不再是过去～的阳春白雪,现在已觅到了亿万知音。

近义　阳春白雪

反义　下里巴人

【提示】"曲"不读 qū;"和"不读 hé。

曲终人散　qǔ zhōng rén sàn

【释义】乐曲演奏完了,听众也就散了。

【用法】泛指事情结束,参加者或当事人各自散去。

【例句】一段情感～,新的梦想又在前方。

【提示】"曲"不念 qū。

曲终奏雅　qǔ zhōng zòu yǎ

【释义】曲:乐曲,歌曲。奏:演奏。雅:雅乐,雅正的乐音。乐曲到终结时奏出雅正的音乐。

【用法】用于比喻文章或艺术表演到结尾更加精彩。

【例句】这部片子结尾前,声调铿锵抑扬有致,涵义深长,扣人心弦,真可谓功力非凡,～。

【提示】"曲"不读 qū。

取长补短　qǔ cháng bǔ duǎn

【释义】长:长处。短:短处。吸取别人长处以弥补自己的短处。也泛指取彼之长,补此之短。

【例句】不同学派之间要互相尊重,～。

近义　截长补短　绝长补短　舍短取长

取而代之　qǔ ér dài zhī

【释义】取:夺取。代:代替。表示夺取别人的权利、地位而由自己代替。

【用法】用于表示用某一种事物去替代另一种事物。

【例句】欧元的发行,统一了欧洲货币,提高了欧盟的经济实力,大大冲击了美元作为世界货币的地位,真有～之势。

取精用弘　qǔ jīng yòng hóng

【释义】精:精华。用:采用。弘:大。指广泛地取用事物的精华。

【用法】用于形容从大量的素材中凝练、提取其精华。

【例句】一篇高质量的学术论文,应该是建立在广泛地占有第一手材料的基础上的,～是论文写作成功的诀窍。

近义 广收博采

取其精华,去其糟粕
qǔ qí jīng huá, qù qí zāo pò

【释义】精华:事物整体中最美好、重要的部分。去:除掉。糟粕:原指酿酒、制豆腐后剩下的酒糟、豆渣一类的东西,后也指事物中繁杂无用的东西。指吸取事物精美有用的部分,舍弃没有用的东西。

【例句】我们读书要有一种批判的眼光,要～,对古代作品是如此,对当代作品也不例外。

近义 去芜存精　去粗取精
反义 买椟还珠

取义成仁　qǔ yì chéng rén

见 106 页"成仁取义"。

取之不尽,用之不竭
qǔ zhī bù jìn, yòng zhī bù jié

【释义】竭:完。指取不尽,用不完。

【用法】用于形容极其丰富。

【例句】只要善于发现、仔细观察、注意积累,作文就有～的材料。

去粗取精　qù cū qǔ jīng

【释义】去:去掉,除去。粗:粗糙的东西。精:精华。去掉粗糙的部分,吸取其精华。

【例句】写总结时要分析材料,以便有所取舍,进行～的工作。

近义 披沙拣金　去芜存精

去日无多　qù rì wú duō

【释义】去日:离去的日子。指离开的时间已经不多了。

【用法】多指病重,将不久于人世。

【例句】他的妻子病情日益严重,已～。

反义 来日方长

去如黄鹤　qù rú huáng hè

【释义】如同仙人骑着黄鹤一般,飞走之后再没回来。

【用法】形容人突然走得无影无踪。

【例句】他离家赴美已两年有余,至今音讯皆无,～,不知身在何处。

去题万里　qù tí wàn lǐ

【释义】写文章开始依着题目下笔,但越往下写离题越远。

【例句】会议的主题是讨论水资源污染的问题,但他发言总是～。

近义 离题万里

去伪存真　qù wěi cún zhēn

【释义】去:去掉,除去。去掉虚假的,留下客观真实的。

【例句】他们对中西天文学均采取～的科学态度。

权贵显要　quán guì xiǎn yào

【释义】有权势、地位和重要官职的人。

【例句】这不是一般的茶话会,有资格参加的都是些～。

近义 权豪势要
反义 平头百姓

权豪势要　quán háo shì yào

【释义】指有权力的豪门，有势力的要人。

【例句】当今是讲法律的社会，即便出身于～之家，如果犯了法，同样要受到法律制裁。

近义 权贵显要

反义 平头百姓

权衡轻重　quán héng qīng zhòng

【释义】权衡：秤砣、秤杆。用作动词，表示称量。指称量哪个轻，哪个重。

【用法】用于比喻衡量轻重、主次，考虑利害、得失。

【例句】事关重大，他们要反复～之后才敢决定。

权倾天下　quán qīng tiān xià

【释义】倾：压倒，盖过。权力盖过天下。

【用法】用于形容权势极大。

【例句】当时，她只不过是一名普通干部，并没有像后来那样～，颐指气使。

权宜之计　quán yí zhī jì

【释义】权：权且，暂且。宜：适宜。为应付某种情况而暂时采取的变通办法。

【例句】那时，左宗棠不可能全面地治理沙漠，种树开渠虽是～，却成了一次难能可贵的尝试。

反义 百年大计　长久之计

全副武装　quán fù wǔ zhuāng

【释义】全副：全套的，整套的。形容武器、弹药等一应装备已披挂在身，做好了临战准备。

【例句】哨兵们一个个～，荷枪实弹。

全军覆没　quán jūn fù mò

【释义】覆没：船翻沉，喻指丧失殆尽。整个军队被全部消灭。

【用法】比喻彻底失败。

【例句】这一仗打得很漂亮，我军让敌军在极短时间内就～了。/从今年股市行情来看，爸爸的投资多半将～。

近义 一败涂地　片甲不留

反义 得胜回朝

提示 "覆"不能写成"复"。

全力以赴　quán lì yǐ fù

【释义】以：介词，把，将。赴：到(某处)去，前往。指把全部力量或精力都投进去。

【用法】多用作褒义。

【例句】调查组成员表示要继续～，查清问题。

近义 竭尽全力

反义 留有余地

全身远害　quán shēn yuǎn hài

【释义】全：保全，使完整良好。远：远离，使……远。保全生命或名节，远离灾难、危险。

【例句】他～，总算保全了自己。

全神贯注　quán shén guàn zhù

【释义】神：精神，精力。贯注：集中在一点。全部精力集中于一点。

【用法】形容注意力高度集中。

【例句】他坐在球场边上，～地注视着局势的发展。

近义 聚精会神　专心致志

反义 心不在焉　心猿意马

全始全终 quán shǐ quán zhōng

【释义】事情从开始到结束都很圆满或一致。

【例句】这件事情虽然一开始进行得很顺利，但我还是担心不能～。

近义 善始善终　有始有终

反义 有始无终　有头无尾

全心全意 quán xīn quán yì

【释义】全：完全，全部。指一心一意，全身心投入，无其他想法。

【用法】往往含有"无限忠诚"的意义，用作褒义。

【例句】我们要～为人民服务，不能脱离群众。

近义 一心无二　一心一意

反义 三心二意

拳脚相向 quán jiǎo xiāng xiàng

【释义】相向：对着别人。指对他人拳打脚踢。

【例句】有些人毫无教养，跟人一语不合便～。

近义 拳脚交加

拳拳服膺 quán quán fú yīng

【释义】拳拳：诚恳的样子。膺：胸。服膺：谨记在心。指对某事心悦诚服，真诚恳切地谨记在心。

【例句】对于先生的谆谆教诲，我～，并在学习和工作中努力实行。

近义 刻骨铭心

反义 置之脑后

犬马之劳 quǎn mǎ zhī láo

【释义】像犬马那样卑贱而不足道的力量。用于谦称自己的能耐、本事。

【用法】常与"效""献"等连用，表示心甘情愿为别人奔走效劳。

【例句】贺师长如此宽宏大量，不计私仇旧怨，小林敢不竭尽全力以效～吗？

近义 鞍前马后　执鞭随镫

犬马之养 quǎn mǎ zhī yǎng

【释义】犬马：狗和马，泛指畜生、禽兽。养：奉养，孝养。指供养父母的谦辞。

【例句】他现在富裕了，想尽～却不可能，因为他父母已双亡了。

犬牙交错 quǎn yá jiāo cuò

【释义】犬牙：狗的牙齿。交错：交叉杂乱。指参差不齐，像狗的牙齿一样。形容土地交界处交叉错杂。

【用法】现多指事物错落交叉或局面错综复杂。

【例句】环州田与夏境～，是一个难打难守之地，所以最好还是不要攻打。/当时，两支军队在城内城外展开了～的拉锯战，战况极为惨烈。

近义 纵横交错

反义 齐整划一

犬牙相制 quǎn yá xiāng zhì

【释义】犬牙：狗牙。制：制约，牵制。形容地界连接的地方像狗的牙齿那样参差交错，可以互相牵制、制约。

【例句】古代帝王分封给其子弟的封地往往是～的。

劝百讽一　quàn bǎi fěng yī

【释义】劝:勉励,鼓励。讽:用委婉含蓄的话劝谏。本是扬雄非难司马相如之语,指司马相如作赋虽意在讽谏,但因过分讲究辞藻,铺张过多,结果适得其反。今指教人作恶的地方多,告诫人警惕的地方少。也作"讽一劝百"。

【例句】在报上公开发表这篇批评官僚主义的文章,能起到~的作用。

劝善惩恶　quàn shàn chéng è

【释义】劝:鼓励、劝勉。惩:惩治。指鼓励为善者,惩罚作恶者。后引申为伸张正义,打击邪恶。

【例句】包公是老百姓心目中~、扶危济困的法官典型。

近义　抑恶扬善

缺吃少穿　quē chī shǎo chuān

【释义】指衣食困乏。

【用法】用于形容十分贫困。

【例句】那时候,他的父亲死了,母亲领着他过日子,经常~。

反义　丰衣足食　饱食暖衣

缺一不可　quē yī bù kě

【释义】缺:缺少。缺少一样也不行。

【例句】能在科学事业中做出成就,勤奋和机遇~。

却之不恭　què zhī bù gōng

【释义】却:拒绝,推辞。之:代词,指代推却的东西。恭:恭敬。指拒绝别人的礼物或邀请就显得不恭敬。

【用法】多用作接受别人馈赠或邀请的客套话。

【例句】他送来如此重的礼,我是受之有

愧,可是又~呀!

近义　盛情难却

鹊巢鸠占　què cháo jiū zhàn

【释义】鹊:喜鹊。鸠:斑鸠,不善筑巢。喜鹊的窝被斑鸠占了。比喻侵占别人的房屋、土地、产业等。也作"鸠占鹊巢"。

【例句】本来是留给老李的职位,怎知董事长的亲戚来了个~,可把老李气坏了。

提示　"鹊"不能写成"雀"。

群策群力　qún cè qún lì

【释义】群:众多的人。策:谋划。力:用作动词,表示出力。指大家共同想办法,共同出力量。

【用法】强调发挥众人的智慧和力量,表示参与的人数多。

【例句】不管事情有多难,只要调动起大家的积极性,~,共同奋斗,这些问题都能迎刃而解。

近义　集思广益　齐心协力

反义　单枪匹马

群龙无首　qún lóng wú shǒu

【释义】首:头领。指一群龙没有个首领。

【用法】用于比喻一群人没有人来领导。

【例句】要完成这样一个大工程,不能~,

应立即选个领头人才行啊！

近义 各自为政　一盘散沙

反义 众星拱月

群魔乱舞　qún mó luàn wǔ

【释义】一群恶魔在胡乱狂舞。比喻坏人聚成团体，疯狂活动。

【例句】清朝末年，不少有识之士，面对中国社会～的黑暗现实，忧国忧民，感奋而起。

群起而攻之　qún qǐ ér gōng zhī

【释义】群：众多的人。起：奋起。指众人一齐起来攻击他。

【用法】用于指某人干了坏事或说话做事不得体，大家一齐起来攻击。

【例句】商纣王暴虐无道，周武王率领诸侯联军讨伐暴君，天下的老百姓也～，接应武王的部队，商王的军队很快就土崩瓦解了。/会议上，他发了一句牢骚。其他与会人～。

近义 鸣鼓而攻之

群贤毕至　qún xián bì zhì

【释义】贤：有才能德行的人。毕：全，都。所有的贤者都到齐了。

【用法】形容人才荟萃，济济一堂。

【例句】在今天的盛会上，中外学者～，共同探讨了生态平衡和环境保护的问题，收到学术论文近百篇。

R

燃眉之急　rán méi zhī jí

【释义】燃:烧。指像火烧眉毛那样紧急。比喻情况非常急迫。

【用法】常作动词"解、救"的宾语,强调需要解急、救急。

【例句】他的及时帮助,解决了我的～。

近义 当务之急　迫在眉睫

染指于鼎　rǎn zhǐ yú dǐng

【释义】染:沾染。鼎:古代用青铜制成的炊器,多为圆形,三足两耳。指把手指伸进鼎里蘸点汤。

【用法】比喻谋取非分的利益。

【例句】她身为银行出纳,每天经手巨额现金,却为讨好男友而～,最终沦为贪污犯。

攘人之美　rǎng rén zhī měi

【释义】攘:窃取、夺取。夺取别人的好处。

【例句】你们不要夸我,这件事本来就不是我做的,我岂能～。

近义 掠人之美

攘往熙来　rǎng wǎng xī lái

见 779 页"熙来攘往"。

让礼一寸　ràng lǐ yī cùn

【释义】在礼节上退让一些。指遇事先退让一步以争取主动。

【用法】常与"得礼一尺"连用。含褒义。

【例句】待人接物～,也能让自己得理一尺。

让枣推梨　ràng zǎo tuī lí

【释义】推让枣和梨。指兄弟间的礼让。旧时常用于形容谦让友爱。

【用法】用于人的处事方法。含褒义。

【例句】这家人很会教育小孩,兄弟之间～,关系十分融洽。

惹火烧身　rě huǒ shāo shēn

见 919 页"引火烧身"。

惹是生非　rě shì shēng fēi

【释义】惹:招惹,引发。生:引起,引发。招惹是非,引起纠纷或争端。

【例句】父母总是担心孩子在外面～,所以对孩子的管教特别严厉。

近义 招是惹非

反义 息事宁人　安分守己

热炒热卖　rè chǎo rè mài

【释义】本指饭馆里的炒菜现做现卖。比喻临时应急现学某种知识或技能,马上使用应付。

【例句】由于人员缺乏,他刚到队几天,也被～派上场了。

近义 现炒现卖

热锅上的蚂蚁　rè guō shàng de mǎ yǐ

【释义】形容惶急不安的样子。

【例句】听说哥哥被警察抓起来了，他急得像～。

热火朝天　rè huǒ cháo tiān

【释义】形容群众性的活动情绪热烈，气氛高涨，就像炽热的火焰朝天燃烧一样。

【例句】建筑工地上，工人们干得～的。

近义 如火如荼

反义 死气沉沉

热泪盈眶　rè lèi yíng kuàng

【释义】热泪：因高兴、激动或悲伤而流的眼泪。盈：充满。指热泪涌满了眼眶。

【用法】用于形容情绪非常激动。

【例句】火车渐渐远去，望着母亲越来越模糊的身影，我～。／拿到大学录取通知书的那一刻，他激动得～。

热闹非凡　rè nào fēi fán

【释义】非凡：不一般。形容非常热烈喧闹。

【例句】购物中心开业那天，店门前锣鼓喧天，～。

近义 沸反盈天

热气腾腾　rè qì téng téng

【释义】腾腾：气体不断上升的样子。指温度高，热气不断地上涌。

【用法】常用于形容气氛热烈，情绪高涨。

【例句】著名风景区海螺沟内有不少温泉，热水从岩石中流出来，即使是寒冷的冬天也～，十分暖和。／球场上运动员奋力拼搏，观众席上摇旗擂鼓助威，好一片～的景象。

反义 死气沉沉　冷冷清清

热情洋溢　rè qíng yáng yì

【释义】洋溢：盛大、充沛而流露于外。热烈的情感充分地显露出来。

【例句】校长一席～的讲话，大大地鼓舞了全校师生的士气。

近义 满腔热忱

反义 冷若冰霜

热血沸腾　rè xuè fèi téng

【释义】沸腾：液体达到一定温度时急剧转化为气体的现象。比喻情绪高涨。指周身的热血都沸腾起来了。

【用法】比喻情绪高涨、激动。

【例句】抗日战争爆发了。中国的天空在燃烧，大地在流血。不甘心做亡国奴的亿万人民满腔怒火～。

反义 心如死灰

提示 "沸"不读 fú。

人不可貌相　rén bù kě mào xiàng

【释义】貌：容貌，相貌。相：看相，察看人的相貌以推测判断其吉凶贵贱穷达。不可仅凭外貌来判断一个人的高下优劣。

【用法】常与"海水不可斗量"连用。

【例句】别看他平时蔫不拉叽的，不大爱

说话,但到了关键时刻,他提出的建议倒颇有见地,真是～,海水不可斗量。

【提示】"相"不读 xiāng。

人不人,鬼不鬼　rén bù rén, guǐ bù guǐ

【释义】人不像人,鬼不像鬼。

【用法】形容人模样丑陋难看或人品低劣。

【例句】这姑娘原本长得挺标致的,上了江湖医生的当,去做了整容手术,弄得～的。

人不自安　rén bù zì ān

【释义】每个人心中都不安稳踏实。

【用法】用于形容人心惶惶,恐惧不安。

【例句】有段时间,关于盐荒的谣言四起,搞得～。

【近义】人人自危

人才辈出　rén cái bèi chū

【释义】辈出:一批一批接连地出现。指有才干的人连续大量涌现。

【例句】我国文学界～,群英荟萃。

【近义】人才济济　人才荟萃

【反义】人才零落

人才荟萃　rén cái huì cuì

【释义】荟萃:会集,聚集。形容人才多而集中。

【用法】强调众多人才聚集在一起,为某一共同目标而努力奋斗。

【例句】现代社会知识密集,技术密集,～。

【近义】人才济济　人才辈出

人才济济　rén cái jǐ jǐ

【释义】济济:众多的样子。有才能的人很多。

【例句】中国的科研领域里,呈现出很多优秀的专业人才,真是～啊!

【近义】人才荟萃　人才辈出

【提示】"济"不读 jì。

人财两空　rén cái liǎng kōng

【释义】空:尽,没有。人和财物都失去了。

【用法】多形容心术不正者受到的损失。

【例句】张老汉本想趁打发女儿狠收一笔彩礼,结果却弄得～。

【近义】鸡飞蛋打

【反义】两全其美

人地生疏　rén dì shēng shū

【释义】指初到一个地方,对那里的情况和当地的人都不熟悉。也作"人生地不熟"。

【例句】我在上海～,你可得多关照啊。

【近义】人生面不熟

【反义】熟门熟路

人定胜天　rén dìng shèng tiān

【释义】人定:人谋,人的主观努力。指人力能够战胜自然。

【例句】洪灾虽然冲毁了我们的家园,但是我们一定要有～的信心,决不能被困难吓倒。

【近义】事在人为

【反义】天意难违

【提示】"定"不能理解成"一定""必定"。

人多势众　rén duō shì zhòng

【释义】人数多,势力大。

【例句】他们仗着～,强词夺理,以势压人。

【反义】势单力薄　形单影只

人多嘴杂　rén duō zuǐ zá

【释义】杂:嘈杂。形容在人多的情况下,难免意见纷纭而不统一,说什么的都有。

【用法】多用作贬义。

R

【例句】见记者前来采访，街上的行人很快围了上来，你一言我一语，～，反而把一件很简单的事情说得让人摸不着头绪。

近义 七嘴八舌

人而无信，不知其可

rén ér wú xìn, bù zhī qí kě

【释义】信：信用。可：可以。做人而不讲求信用，真不知道那怎么可以。

【用法】常用来告诫人做人不能不讲信用。

【例句】孩子要从小进行诚信教育，教会他们～。

人非草木　rén fēi cǎo mù

【释义】人不是野草和树木，意即人是有知觉、有感情的。

【例句】～，你帮了我，我肯定会好好报答你的。

人非圣贤，孰能无过

rén fēi shèng xián, shú néng wú guò

【释义】圣贤：圣人和贤人，旧时指道德品质高尚、才智超群的人。孰：谁。过：过失。指一般人都不是圣人和贤人，谁能够没有过错呢？

【用法】全句是反问语气，经常与"过而能改，善莫大焉"连用，表示原谅别人的错误。

【例句】我们应该允许人犯错误，工作中的疏失在所难免，～，对犯错误的人，要满腔热情地帮助他们改正。

人逢喜事精神爽　rén féng xǐ shì jīng shén shuǎng

【释义】爽：爽快，舒畅。人遇到喜庆的事，精神分外的好，心情也格外舒畅。

【例句】自从迁入新居后，老王每天都乐呵呵的，～，真是一点也不假。

人浮于事　rén fú yú shì

【释义】浮：超过。工作人员的数目超过工作的需要。

【用法】用于指事少人多。一般用作贬义。

【例句】他决定出去闯一闯，不想再在这个～的单位浪费时间。

近义 十羊九牧

反义 人尽其才

人高马大　rén gāo mǎ dà

【释义】形容人身材魁梧，体形高大。也作"牛高马大"。

【例句】小鞠属貌不惊人的寻常凡夫，多少～、虎背熊腰的歹徒都低估了他，结果都败在了他的手下。

人各有志　rén gè yǒu zhì

【释义】每个人各有自己的志向。

【例句】～，谁说大学生就不能在乡下种田？

人海茫茫　rén hǎi máng máng

【释义】人海：由人汇聚成的海洋，形容人极多。茫茫：无边无际。指世上的人像茫茫的大海一样多得难以数计。

【例句】我们能在～中相遇是一种缘分，所以更要懂得珍惜。

近义 人山人海

人喊马嘶 rén hǎn mǎ sī

【释义】人在喊叫，马在嘶鸣。

【用法】多形容街市嘈杂喧闹的情景。

【例句】又到了置办年货的时节，农村的集市上～，热闹非凡。

近义 人欢马叫

反义 鸦雀无声

人欢马叫 rén huān mǎ jiào

【释义】人在欢呼，马在嘶鸣。

【用法】多用于形容欣欣向荣的欢腾景象。

【例句】又到了收割的季节，田野上～，一片丰收的景象。

近义 人喊马嘶

人急智生 rén jí zhì shēng

【释义】人在紧急关头会突然想出解决问题的好办法。

【例句】下大雨时，他碰巧拿着一根棍子和一块布，～，用棍子撑了布，遮住头顶，居然到家没有被淋得像落汤鸡。

近义 急中生智

反义 惊惶失措

人迹罕至 rén jì hǎn zhì

【释义】迹：脚迹，脚印。罕：稀少，很少。指人的足迹很少到达。

【用法】多用于形容地方偏远荒凉。

【例句】神农架是一片～的神秘原始森林。

近义 荒无人烟

反义 人烟稠密

人间地狱 rén jiān dì yù

【释义】地狱：为鬼魂特设的地下牢狱。佛教教义认为，人做了坏事，死后会被送到地狱中经受各种苦难折磨。指人世间的地狱。

【用法】比喻极其黑暗悲惨的生活环境。

【例句】这所老房子在抗日战争时期是日军集中营，在当时可以说是～。

近义 暗无天日

反义 人间天堂

人间天堂 rén jiān tiān táng

【释义】天堂：与"地狱"相对，指天上最幸福美好的地方。中国古代传说认为那里是神仙居住的地方，人去世后其灵魂会飞升到那里。指人世间的天堂。

【用法】比喻人间最美丽幸福的地方。

【例句】如今的苏、杭大地更加美丽富饶，这块原来就被人们称之为～的地方，现在更是山河秀美、人寿年丰。

反义 人间地狱

人杰地灵 rén jié dì líng

【释义】杰：杰出，才干出众超群。灵：灵秀。指杰出的人物出生或到过的地方成为名胜之区，即人使地增色，地因人而著名。也指灵秀之地多出杰出的人物。也作"地灵人杰"。

【例句】天府之国不仅美丽富饶，而且～。

反义 地瘠民贫

人尽其才 rén jìn qí cái

【释义】尽：全部用出。每个人都充分发挥出自己的才能。

【用法】一般用作褒义。

【例句】如果能够～，物尽其用，那么我们

R

的国家就会发展得更快。

近义 各尽所能

反义 大材小用　怀才不遇

人困马乏 rén kùn mǎ fá

【释义】困、乏：缺乏，疲倦。人也累了，马也困乏。

【用法】多形容队伍体力不支，疲劳不堪。

【例句】茶队奔波了一天，到达驿站时早已～，疲惫不堪。

近义 车殆马烦

反义 精神十足

人来人往 rén lái rén wǎng

【释义】来来往往的人多，接连不断。

【例句】大街上，车水马龙，～。

近义 熙来攘往　熙熙攘攘

反义 人迹罕至

人老珠黄 rén lǎo zhū huáng

【释义】比喻妇女老了就像珍珠因年代久而变黄一样不再值钱，容易被人嫌弃。

【用法】多用于年老的女性。

【例句】她暗自感叹：再漂亮的人也有～的那一天。

人满为患 rén mǎn wéi huàn

【释义】患：祸害，灾难。人多得超过了容纳的限度，成了灾患。

【例句】看看街市上川流不息的人群，想想火车站内摩肩接踵的拥挤，到处～。

反义 杳无人烟

人面兽心 rén miàn shòu xīn

【释义】虽然长着人的相貌，却有着野兽

般的心肠。

【用法】多形容人品性恶劣，内心狠毒。

【例句】为了钱财，这个～的家伙竟然杀死了自己的母亲。

近义 衣冠禽兽

反义 正人君子

人面桃花 rén miàn táo huā

【释义】原指年轻女子的面容与鲜艳的桃花相辉映。后来泛指一见钟情而又不能重见的美丽姑娘。

【用法】常用于表达一种无缘相会而忧伤的情感。

【例句】去年今日，～，他心中充满对她的追忆。

人命关天 rén mìng guān tiān

【释义】关天：关系到上天，形容关系重大。事情与人的性命相关，极其重大。

【例句】这件案子～，调查时千万不能掉以轻心。

近义 生死攸关

人命危浅 rén mìng wēi qiǎn

【释义】人命:人的生命(此指寿命)。危:危险。浅:不久,时间短。指寿命已不长了,随时都面临着死亡。

【用法】可指人的寿命不长,也可形容旧事物行将消亡。

【例句】父亲来信说,病重的祖父近日总有日薄西山、～的感叹,大约离世不远了。/说资本主义的思想体系已日薄西山,～,恐怕为时过早。

人模狗样 rén mú gǒu yàng

【释义】形容举止、形象不像样的人装出一本正经的样子。

【用法】含讥讽或诙谐意。

【例句】这个年轻人拿着别人的学术成果,到处～地做演讲。

人怕出名猪怕壮 rén pà chū míng zhū pà zhuàng

【释义】人害怕出名(会招惹麻烦),猪害怕肥壮了(要被送去宰杀)。

【用法】常用于告诫人出名后做事不要过分张扬或要小心避祸。

【例句】越是名家,越要洁身自好,越要注意自己的公众形象,俗话说～,这话是有道理的。

人弃我取 rén qì wǒ qǔ

【释义】人家不要的东西,我却很重视。

【用法】多指经商要善于抓住行情及时机,以获取丰厚利润。

【例句】做生意或是投资,不能总是随大流,偶尔一些～的行为,会有大收获。

反义 人取我与

人情冷暖 rén qíng lěng nuǎn

【释义】人情:指社会上的人情世故。冷:冷淡。暖:热情。指人与人之间关系的变化,在别人失意时就对他冷淡,在别人得意时就对他热情。

【例句】他们俩一块在那座空荡荡的房子里,谴责～、世态炎凉。

近义 世态炎凉

人情世故 rén qíng shì gù

【释义】人情:人之常情。世故:待人接物的道理。指人与人之间交往的习俗和社会上的掌故时尚。也指为人处世的道理、经验。

【例句】他虽然是天津人,熟悉那里的～,山川地貌,但由于久居美国,对家乡的很多东西仍有陌生之感。/你太年轻,还不太了解～。

近义 世态人情

人穷志不穷 rén qióng zhì bù qióng

【释义】穷:困窘。志:志向,志气。人虽然陷于困顿窘迫的境地,但仍能保持远大的志向和高尚的道德情操。

【例句】我十分同情他的处境,也十分佩服他那种～的骨气。

近义 人穷志坚

反义 人穷志短

人穷志短 rén qióng zhì duǎn

【释义】人处在贫困艰难之时,往往会缺少勇气和远大的志向。

【例句】他来自偏远的农村,虽家境贫穷,却从不干～的事情。

反义 人穷志不穷 人穷志坚

人去楼空 rén qù lóu kōng

【释义】去:离去,离开。人已离去,只留

下空荡荡的楼阁。

【用法】用于描述人离去后产生的凄清景象或感觉。

【例句】听说他离开了这座城市，我一时怔住，不免有～之感。／丈夫去世，～，她不仅把家庭聚会取消了，而且连好友做东帮她办生日宴也被她婉拒。

人人自危　rén rén zì wēi

【释义】每个人都感到自身有危险而惶惶不安。

【用法】形容情势紧张，事态严重。一般用作贬义。

【例句】持续不断的暴力活动，让伊拉克民众～。

近义　人不自安

人山人海　rén shān rén hǎi

【释义】人堆成了山海。形容聚集的人极多。

【用法】一般用于公共场所。

【例句】一到夏天，广场上总是～，非常热闹。

近义　川流不息

反义　荒无人烟

人神共愤　rén shén gòng fèn

【释义】人和神都很愤恨。

【用法】形容民愤极大。

【例句】这帮法西斯强盗，烧杀掳掠，奸淫妇女，无所不为，天怒人怨、～。

人生地不熟　rén shēng dì bù shú

见 573 页"人地生疏"。

人生何处不相逢　rén shēng hé chù bù xiāng féng

【释义】指人与人分手后总是有机会再见面的。

【例句】我这次旧地重游，又见到老朋友，心里格外高兴，真是～啊。

人生如梦　rén shēng rú mèng

【释义】人生如同一场梦。形容世事无定，人生短促。

【例句】庄生的蝶梦和所有这些类似的梦，无非都表达了一种～的思想。

近义　人生如寄

人生如寄　rén shēng rú jì

【释义】寄：寄居，暂住。形容人生短促，犹如暂时寄居世间。

【释义】多含伤感情绪。用于书面语。

【例句】这次空难，他一下子失去了所有亲人。悲伤之余，他慨叹世事沧桑，～。

近义　人生如梦

人生在世　rén shēng zài shì

【释义】人生活在这个世界上。

【例句】他从个人的生活历程中得出了～须依靠个人奋斗而且强者必胜的经验和信念。

人声鼎沸　rén shēng dǐng fèi

【释义】鼎：古代三足两耳煮东西的炊具。人群发出的声音像水在锅里沸腾一样。

【用法】形容人声嘈杂喧闹。

【例句】今晚的花灯会～,热闹非凡。

近义 沸反盈天

反义 万籁俱寂　鸦雀无声

人事不省　rén shì bù xǐng

见 80 页"不省人事"。

人寿年丰　rén shòu nián fēng

【释义】寿:长寿。年丰:年成丰登。指人享长寿,年成丰收。

【用法】形容太平盛世,人民生活极其幸福。

【例句】风调雨顺,～,每个人脸上都洋溢着幸福的笑容。

近义 丰衣足食

反义 饥寒交迫

人死留名　rén sǐ liú míng

【释义】指人生前建立功勋业绩,死后留美名于后世。

【用法】常用于勉励人们应该珍视自己的荣誉。

【例句】常言道:雁过留声,～,凡是为人民做过好事,立过功勋的人,人民是永远不会忘记的。

人所共知　rén suǒ gòng zhī

【释义】人人都知道。

【例句】太阳是太阳系的中心,是现今～的事,然而在欧洲的中世纪,这被认为是异端邪说。

近义 尽人皆知

反义 人所不知

人同此心　rén tóng cǐ xīn

【释义】指对某些事情,人们的感受和心理状态大致相同。

【用法】常与"心同此理"或"情同此理"连用,表示众人的心思、愿望相同。

【例句】祖国一定要统一,两岸同胞～。

人头攒动　rén tóu cuán dòng

【释义】攒:聚集,聚拢。形容聚在一起的人很多,只看见头在动的情景。

【用法】用于形容人多,场面热闹。

【例句】那古镇中的"美食一条街""服装一条街""裁剪一条街",真是～,热闹非凡。

人亡物在　rén wáng wù zài

【释义】人已死去,但他用过的东西还保存着。也作"物在人亡"。

【用法】形容看见死者的遗留物品而生出怀念之情。

【例句】他住过的房间依然保留着,他读过的书还插在书架上,～,更引起我深深的悲伤。

近义 物是人非

人微言轻　rén wēi yán qīng

【释义】微:卑微。指人的地位低,言论主张不受他人重视。

【用法】说话没有分量,可用此语。

【例句】很可惜,因为他～,他的很多颇有见地的观点根本没有人理睬。

近义 身轻言微

反义 一言九鼎

人为刀俎,我为鱼肉

rén wéi dāo zǔ, wǒ wéi yú ròu

【释义】刀俎:切肉的刀和砧板。指别人是刀和砧板,我是被宰的鱼和肉。

【用法】比喻别人掌握生杀大权,自己处于被宰割的地位。

【例句】由于半封建半殖民地的旧中国贫穷落后,所以受到西方列强的欺凌,那时真是～啊!

R

【提示】"为"不读 wèi。

人无远虑,必有近忧
rén wú yuǎn lǜ, bì yǒu jìn yōu

【释义】虑:考虑,谋划。忧:忧愁,忧患。人要是没有长远的谋划,就会有近在眼前的忧患。

【例句】～,我们要有忧患意识,对事不能太无忧无虑。

人心不古　rén xīn bù gǔ

【释义】古:指古代淳朴的世风民情。现在的人思想感情不如古人那样真挚纯朴。

【用法】用于贬斥社会风气的败坏。

【例句】这些天的不幸遭遇让老人连连感叹世风日下,～。

【近义】世风日下

【反义】古道热肠

人心不足蛇吞象　rén xīn bù zú shé tūn xiàng

【释义】心:贪心。足:满足。指人的贪心无法满足,就像蛇想吞吃大象一样。

【用法】带有讽刺意味。

【例句】大妈说:"人啊,还是要知足,不要～。好多人就吃亏在不知足上面。"

【近义】贪得无厌

人心涣散　rén xīn huàn sàn

【释义】涣散:散漫,松懈。形容人心不齐,缺少向心力和凝聚力。

【例句】公司连年亏损,搞得～。

人心惶惶　rén xīn huáng huáng

【释义】惶惶:惊恐不安的样子。形容众人惶恐不安。

【例句】去年,这里大旱,闹得～。

【近义】惶恐不安

人心叵测　rén xīn pǒ cè

【释义】叵:不可。人的心地不可探测。形容人心险恶。

【用法】形容人的行为善恶,难以预先防范,可用此语。

【例句】社会很复杂,～,你独自在外,要格外小心。

人心所向　rén xīn suǒ xiàng

【释义】大众所向往和拥护的。

【例句】改革开放,是大势所趋,～。

【近义】众望所归

人心向背　rén xīn xiàng bèi

【释义】向:归向,拥护。背:背离,反对。指人心是归向还是背离,即指人们是拥护还是反对。

【例句】～是决定一个人、一个政党能否站得住脚的重要因素。

人烟稠密　rén yān chóu mì

【释义】烟:炊烟。人烟:指人家,住户。稠密:多而密。指住户众多,人口密集。

【用法】用于形容热闹,繁华。

【例句】别看这是个县城,但～,交通便利,经济发达,人均收入很高。

【近义】人烟辐辏

【反义】荒无人烟　人烟稀少

人烟稀少　rén yān xī shǎo

【释义】人烟:人家的炊烟,指住户。人户的炊烟稀少,居民不多,比较荒凉。

【例句】他虽然住在～的小岛上,但并不觉得寂寞。

【近义】荒无人烟

【反义】人烟稠密

R

人言可畏　rén yán kě wèi

【释义】指人们的议论或流言蜚语是可怕的。

【用法】常用于口语。

【例句】她深知～,所以凡事都谨慎小心,尽量不给他人留下话柄。

近义 积毁销骨

人言啧啧　rén yán zé zé

【释义】啧啧:形容咂嘴和说话声(表示不满)。指众人不满意地议论纷纷。

【例句】他只不过在自己的诗里,对某地区的领导者稍有微词而已,谁知道居然～,仿佛他闯了什么大祸似的。

人仰马翻　rén yǎng mǎ fān

【释义】人和马都仰翻在地。形容在交战中大败的狼狈样。也形容人混乱或忙乱后一片狼藉的样子。也作"马仰人翻"。

【例句】我军一个伏击,打得敌人～。/赵家一家大小,日夜忙碌,早已弄得筋疲力尽,～。

近义 溃不成军

人一己百　rén yī jǐ bǎi

【释义】别人花一分力气,自己花百倍的力气。

【用法】用于比喻以百倍的努力赶上别人。

【例句】他虽然基础差,但只要有～的精神,我相信他也会很快赶上大家的。

人有旦夕祸福　rén yǒu dàn xī huò fú

【释义】旦:早晨。夕:晚上。旦夕:早晚之间,形容时间很短。指人有可能在突然之间遭到不幸或得到幸福。

【用法】形容世事难以预料。常与"天有不测风云"连用,语义偏重于"祸"。

【例句】唉,～,谁能说得准呢? 譬如我吧,今晚上脱了鞋,就能保明早准穿上?

人欲横流　rén yù héng liú

【释义】人欲:人的欲望。横流:泛滥,引申为放纵恣肆的意思。指人的欲望恣意泛滥,不加约束。

【例句】在太平盛世的今天,若让～,一些人将会为了一己私欲,不惜铤而走险,最终落得身败名裂的下场。

人云亦云　rén yún yì yún

【释义】云:说。人家说什么,自己也跟着说什么。

【用法】用于形容人没有主见。

【例句】虽然是非曲直自有公论,但是现在的世人,总是～的居多。

近义 随声附和　鹦鹉学舌

反义 不敢苟同

人赃俱获　rén zāng jù huò

【释义】人:指贪污或盗窃的犯罪嫌疑人。赃:非法所得的赃款或赃物。俱:都。获:抓获,缴获。指犯罪嫌疑人和非法所得的赃款、赃物都已抓获和缴获。

【用法】形容证据确凿,无可狡辩。

【例句】此案～,业已进入司法程序。

人之常情　rén zhī cháng qíng

【释义】一般人通常都有的感情或想法。也指情理或事理上常见的情况。

【用法】一般用于人或事。

【例句】因考试结果不理想而伤心,这也是～。/礼尚往来,是～。

近义 入情入理

R

反义 不近人情

人中狮子　rén zhōng shī zi

【释义】比喻出类拔萃的人。

【用法】用于指人。含褒义。

【例句】诸葛亮可称得上是～。

近义 人中骐骥　人中之龙

人众胜天　rén zhòng shèng tiān

【释义】人多力量大，能够战胜自然。

【用法】多用于书面语。

【例句】只要我们齐心协力，众志成城，～，洪水一定会被我们拒于堤坝之外。

近义 人多势众

人自为战　rén zì wéi zhàn

【释义】为战：作战。指人人主动拼死作战。也指人人能独立作战或独立开展工作。

【例句】在激烈的斗争中，战士们～，英勇杀敌，很快取得了这次战争的胜利。／一个没有活力的科研单位会被淘汰，虽有活力但各行其是、～的单位，也会被淘汰。

提示"为"不读 wèi。

仁民爱物　rén mín ài wù

【释义】仁：仁爱。从爱众人而兼及其他生物。

【例句】我军住在百姓家里时，～，深受百姓拥护。

反义 鱼肉百姓

仁人君子　rén rén jūn zǐ

【释义】仁人：有仁爱之心的人。君子：指乐于助人的人，或道德高尚的人。指有道德的、人品高尚的人。

【用法】多指热心助人的好心人。

【例句】凡是～，都具同情心，对那些孤苦无依的人，对那些身患重病而无钱医治的人，都会伸出援助之手。

仁人志士　rén rén zhì shì

见 981 页"志士仁人"。

仁心仁术　rén xīn rén shù

【释义】心地仁慈，医术高明。

【用法】专用于赞扬医生。

【例句】周医生不仅～，而且对待病人像对待自己家人一样，颇受患者的喜爱与尊敬。

仁义道德　rén yì dào dé

【释义】仁义：仁爱和正义。道德：道义和好的德行。本指儒家标榜的道德规范，后泛指社会的整套道德标准。

【用法】现常与"满口"连用，用于讥讽口是心非的伪君子。

【例句】有些满口讲着～的人，其实是伪君子。

反义 寡廉鲜耻

仁义之师　rén yì zhī shī

【释义】师：军队。指伸张正义，讨伐邪恶势力的军队。

【例句】人民解放军是人民的子弟兵，在这次捕捉逃犯解救人质的战斗中，官兵们展现了他们作为～的光辉形象。

仁者见仁，智者见智

rén zhě jiàn rén, zhì zhě jiàn zhì

见 333 页"见仁见智"。

仁至义尽　rén zhì yì jìn

【释义】仁：仁爱。义：情义。至：到达极点。尽：到头。指对人在仁、义两方面都已非常尽心。

【用法】用于指对别人的关心、帮助已经竭尽全力。

【例句】我待他已经是～了，他自己不争气，我有什么办法。

近义 情至义尽

反义 忘恩负义　以怨报德

忍饥受饿　rěn jī shòu è

【释义】忍受饥饿。形容食不果腹，极其贫困。

【例句】在旧社会，穷人～，挨打受气，生活在水深火热中！

近义 忍饥挨饿

忍俊不禁　rěn jùn bù jīn

【释义】忍俊：含笑。不禁：不能自制。指克制不住或忍不住发笑。

【例句】读《阿凡提的故事》，真令人～。

近义 喜不自胜　哑然失笑

反义 强颜欢笑

提示 "禁"不读 jìn。

忍气吞声　rěn qì tūn shēng

【释义】忍气：受了气而忍耐不发。吞声：把话咽下不说出来。形容受了气而强力忍耐，不说什么话。

【用法】用于指受了气，主要指打骂、敲诈等让人伤心的事。

【例句】她在婆家很受歧视，常常～，暗自流泪。

近义 饮恨吞声

反义 据理力争

忍辱负重　rěn rǔ fù zhòng

【释义】负：负担，担当。忍受屈辱，肩挑重任。

【用法】可用于描述为了完成艰巨的任务，或某一涉及大家利益的事，而不得不忍受耻辱。

【例句】中华民族是一个勤奋好学、～而又奋发图强的民族。

近义 忍辱含垢

反义 忍无可忍

忍辱含垢　rěn rǔ hán gòu

【释义】忍辱：忍受耻辱。含：包容，忍受。垢：污垢，引申为污蔑。形容（为了完成某一使命）甘愿忍受污蔑和耻辱。也作"含垢忍辱"。

【例句】十年的～，十年的卧薪尝胆，他总算成为这个领域的领头人。

近义 忍辱负重　负屈衔冤

忍辱偷生　rěn rǔ tōu shēng

【释义】忍：忍受。偷生：苟且地活着。指忍受耻辱，勉强活着。

【例句】小梅被陈小龙挟持侮辱，十分痛苦，只为了保护她所爱的人不被陈小龙伤害，她～，对陈小龙百依百顺。

忍痛割爱　rěn tòng gē ài

【释义】忍：忍受。割爱：放弃心爱的东西。指忍受着痛苦放弃心爱的东西。

R

【用法】形容在不得已的情况下做某种让步或放弃。

【例句】这本书原是我最喜爱的,但是妹妹也很喜欢,我只好～给了她。

忍无可忍　rěn wú kě rěn

【释义】要忍受也没法儿忍受。

【用法】用于形容忍耐达到极限。

【例句】他肆意妄为的做法让大家～。/豆子一上场,什么事都还没有做,观众的喉咙就开始痒,嘴就开始咧开,直至～,大笑出声。

【近义】按捺不住

【反义】忍气吞声　委曲求全

R

认贼作父　rèn zéi zuò fù

【释义】贼:盗贼。把仇敌当作父亲。比喻丧失立场。

【用法】指完全投靠敌人,是一种无耻的行为。

【例句】他投降了日寇,～,遭到人民的唾弃。

【近义】认敌为友

任劳任怨　rèn láo rèn yuàn

【释义】任:担当,承担。劳:劳苦,辛劳。怨:抱怨,埋怨。做事不辞劳苦,不怕别人埋怨。

【例句】他对待工作一向勤勤恳恳,～。

【近义】不辞劳苦

【反义】怨天尤人

【提示】"任"不能写成"认"。

任其自流　rèn qí zì liú

【释义】任:任随。自流:河水自然流淌,不加管束。指让河水自然流淌,不加阻断。

【用法】用于指对人、对事不加约束或引导,听任其自由发展。

【例句】他对女儿的放肆行为不管不顾,～。

【近义】放任自流　任其自然

任人唯亲　rèn rén wéi qīn

【释义】任:任用,使用。唯:只,仅。任用跟自己关系密切的人,而不管他德才如何。

【例句】在用人上他从不搞～。

【反义】任人唯贤

任人唯贤　rèn rén wéi xián

【释义】任:任用。贤:有德才的人。任用德才兼备的人,而不管他跟自己的关系是否密切。

【例句】这位上司向来公私分明,选用工作人员也是～,不搞裙带关系。

【近义】任贤使能　举贤使能

【反义】任人唯亲

任贤使能　rèn xián shǐ néng

【释义】任:任用,使用。贤:有才德的人。能:能人,有才干的人。任用有德行有才能的人。

【例句】～是我们一贯倡导的用人路线。

【近义】任人唯贤

【反义】任人唯亲

任性妄为　rèn xìng wàng wéi

【释义】凭着自己的性情爱好,做出不近人情的事。

【用法】指斥做事荒谬,行为乖戾的人,可用此语。

【例句】她从小被宠溺坏了,长大后总是～,不把任何人放在眼里。

近义 胡作非为

反义 循规蹈矩

任重道远　rèn zhòng dào yuǎn

【释义】任:包袱,负担。道:道路,路途。指负担沉重而又路途遥远。

【用法】比喻责任重大,需要长期艰苦奋斗。

【例句】人民教师肩负着培养接班人的重担,～。/青年人～,要继承的不是财产,而是前辈们留下的尚未完成的事业。

近义 负重致远

日薄西山　rì bó xī shān

【释义】薄:迫近。指太阳快要下山了。比喻衰老的人临近死亡或事物接近衰亡。

【用法】多用于形容气势颓败,前景黯淡。

【例句】老人家已是～了,你快去看看吧。

近义 日落西山

反义 朝气蓬勃

提示 "薄"不读 báo。

日不暇给　rì bù xiá jǐ

【释义】日:时日,时光。暇:空闲。给:充裕,丰足。指每天都没有空闲。

【用法】用于形容事情繁多。

【例句】我们整天忙得不可开交,虽然～,但过得很充实。

近义 夜以继日

反义 无所事事

提示 "给"不读 gěi,也不能理解成"给予"。

日不移晷　rì bù yí guǐ

【释义】晷:日影,比喻时间。太阳影子都没有移动。

【用法】用于形容时间极短。

【例句】他登山时手脚极快,～,便到了半山腰。

近义 日不移影

日长一线　rì cháng yī xiàn

【释义】指冬至以后白昼渐长。

【例句】现在已经～了,只有几个月就要高考了,你要好好温习,争取考出好成绩。

日锻月炼　rì duàn yuè liàn

【释义】日日月月磨炼。

【用法】比喻长期下苦功钻研探索,以求达到精熟。

【例句】我们现在的读书人要学习古人那种～的精神。

日复一日　rì fù yī rì

【释义】复:再,又。指过了一天又一天。

【用法】经常与"年复一年"连用,形容时光流逝。

【例句】这样～,年复一年,他们默默地吃了许多苦,流了许多汗,全是为了别人的方便。

近义 年复一年

日高三丈　rì gāo sān zhàng

【释义】日上三竿。形容天已大亮,时候不早。

【例句】他整天不务正业,～才起床。

近义 日上三竿

日积月累　rì jī yuè lěi

【释义】一天一天,一月一月地不断积累。

【用法】形容长期积累。

【例句】只要我们平时能事事留心,眼勤手勤,～,就会成为充实你写作的材料库。

近义 积少成多　日增月益

日计不足,岁计有余

rì jì bù zú, suì jì yǒu yú

【释义】岁:年。余:多余。按天计算,数量不算多;成年累计,数量就多了。

【用法】比喻日积月累,积少成多。

【例句】学贵有恒,～,只要持之以恒,就一定会有收获。

近义 日积月累

日进斗金　rì jìn dǒu jīn

【释义】每天能收进成斗的黄金。

【用法】形容收益丰厚。

【例句】这家酒楼的生意好得不得了,简直是～。

近义 腰缠万贯

反义 阮囊羞涩　入不敷出

日久见人心　rì jiǔ jiàn rén xīn

【释义】相处的日子久了,自然能见到一个人的心思好坏。

【用法】常与“路遥知马力”连用,表示经过长期的考察,才能见出一个人心思的好坏,了解他力量的大小。

【例句】所谓“路遥知马力,～”,只有相处久了,才能真正了解一个人。

日久生变　rì jiǔ shēng biàn

【释义】日:时间,日子。变:变故。时间长了会发生变故。

【例句】虽然双方达成了口头协议,但他怕～,所以,以最快的速度与对方签订了合同。

反义 人心叵测

日久天长　rì jiǔ tiān cháng

【释义】日:指时间。指时间长,日子久。

【例句】一个人对待感情是否忠诚,需要

～才看得出来。

近义 天长地久　长年累月

反义 一朝一夕　弹指之间

日就月将　rì jiù yuè jiāng

【释义】就:成就。将:进,渐进。指每天都有所成就,每月都有所进步。

【用法】用于形容学习或事业日积月累,不断长进。

【例句】学习外语不能靠临时突击,～,长期坚持,才能学好。

近义 日积月累

反义 一蹴而就

日理万机　rì lǐ wàn jī

【释义】理:处理。机:事务,特指国家政务。万机:指繁多的事务。每天处理大量要务。

【用法】形容政务繁忙。

【例句】由于工作繁忙,～,周总理的健康每况愈下,终于病倒。

近义 宵衣旰食

反义 无所事事

日落西山　rì luò xī shān

【释义】太阳迫近西山,快要落下。

【用法】比喻人到老年将死或事物接近衰亡。

【例句】他们公司的效益一年不如一年,怕是要～了。

近义 日薄西山

反义 如日方升

日暮途穷　rì mù tú qióng

【释义】暮:傍晚,日落之时。穷:尽头,到头。天黑下去了,路走到尽头了。

【用法】比喻到了末日。

【例句】他家的生活很困难,已到了～的境地。

近义 道尽途穷

反义 前程似锦

日上三竿 rì shàng sān gān

【释义】太阳升起来离地已有三根竹竿那么高。

【用法】多用来形容人起床晚。

【例句】他失业在家,无所事事,常常～还不起床。

近义 日高三丈 日巳三竿

反义 夕阳西下

日甚一日 rì shèn yī rì

【释义】甚:超过,胜过。指一天比一天严重。

【用法】多用来形容情况日趋严重。

【例句】辛亥革命过后,民族危在旦夕、国家山河破碎、民众苦不聊生,～。

日试万言 rì shì wàn yán

【释义】一日写上万字的文章。形容富有才华,思路敏捷。

【用法】用于人。含褒义。

【例句】我这位好友,虽不敢说～,倚马可待,却也是下笔如有神。

日思夜想 rì sī yè xiǎng

【释义】思、想:思念,想念。形容时时刻刻都在想念,无时无刻不在思念。

【例句】诗中的女主人公此时此刻正独立苍茫,翘首远望,期盼着～的出征在外的丈夫归来。

近义 朝思暮想

日下无双 rì xià wú shuāng

【释义】日:旧时比喻帝王。日下:旧时比喻京城。京城里没有第二人可比。

【用法】用于形容才能出众。

【例句】他的品德才学卓尔不群,～。

近义 天下无双

日新月异 rì xīn yuè yì

【释义】每天每月都有新的变化。

【用法】多形容进步、发展很快。

【例句】在这个～、瞬息万变的年代,有一样东西是永恒不变、经久不衰的,那就是真情。

近义 与日俱进 一日千里

反义 一成不变

日行千里 rì xíng qiān lǐ

【释义】一天能走一千里。

【用法】用于形容速度快。

【例句】传说汗血宝马能够～。

近义 一日千里 风驰电掣

反义 步履维艰 蜗行牛步

日削月朘 rì xuē yuè juān

【释义】朘:缩小,减少。日日削减,月月缩小。

【用法】用于形容逐渐缩小。

【例句】在旧社会,广大百姓在贪官污吏的层层剥削下,收入～,日子过得更加清贫。

反义 日增月益 日积月累

日夜兼程 rì yè jiān chéng

【释义】兼程:一天走两天的路。白天黑夜不停地拼命赶路。

【例句】解放军战士～,终于在规定的时间内赶到了前线。

近义 马不停蹄 倍道兼行

日月经天 rì yuè jīng tiān

【释义】经:经过。太阳月亮每天都经过

R

天空。

【用法】比喻历久不衰、永恒不变。现也比喻事情明显,有目共睹。

【例句】～,江河行地,这是自然规律。/厂长的这个决定绝对是正确的,如～一般,工人们有目共睹。

近义 江河行地　河海带地

日月如梭　rì yuè rú suō

【释义】梭:织布机上牵引纬线使与经线交织的工具,叫梭子。指太阳和月亮的运行像穿梭似的。

【用法】多用于比喻时光过得飞快。

【例句】光阴似箭,～,我们要珍惜自己的青春年华。

近义 光阴似箭　白驹过隙

反义 度日如年

日月逾迈　rì yuè yú mài

【释义】逾:超越。迈:向前行进。形容岁月消逝。

【例句】春去秋来,～,转眼间他俩已携手走过四十载。

近义 日征月迈

日昃忘食　rì zè wàng shí

【释义】昃:太阳偏西。太阳西斜仍未想起进餐。形容专心致志,孜孜不懈。

【例句】为了早日完成科研项目,张教授～地工作着。

日增月益　rì zēng yuè yì

【释义】益:增益,增加。一天天一月月地增多。指随着时间的过去不断增加。

【例句】我们公司近年来的收入可谓～,这与每一位员工的努力是分不开的。

近义 日积月累　铢积寸累　日益月滋

日臻完善　rì zhēn wán shàn

【释义】日臻:一天一天地达到。完善:完备美好。指逐步达到尽善尽美的境地。

【例句】随着遗传工程技术的～,总有一天,它会给人类带来巨大的福音。

戎马倥偬　róng mǎ kǒng zǒng

【释义】戎马:战马,借指军事。倥偬:急迫匆忙。指南征北战,军务繁忙。

【例句】他半生～,经历风波,却从来不向命运低头。

提示 "倥偬"不读 kōng cōng。

戎马生涯　róng mǎ shēng yá

【释义】戎马:军马,借指从军、作战。生涯:长期从事某种职业性的生活。

【用法】指行军作战的军旅生活。

【例句】彭德怀同志很早就参加革命,在几十年的～中,为祖国的解放建立了不朽的功勋。

荣归故里　róng guī gù lǐ

【释义】荣归:光荣地归来。故里:故乡,老家。指风风光光地回到故乡。

【用法】泛指一切有脸面的人,如富商、名流及有所成就的人。

【例句】母亲大宴宾客,让大家来看看她

～的儿子媳妇和长孙。

近义 衣锦还乡　衣锦荣归

荣华富贵　róng huá fù guì

【释义】荣华:昌盛显达,指有身份有地位。形容有钱有势,兴旺显耀。也形容奢华的生活。也作"富贵荣华"。

【例句】她从不热衷于～,只是追求为人类造福。/自从中了头彩,他们一家人就过上了～的生活。

反义 穷困潦倒

荣辱不惊　róng rǔ bù jīng

【释义】荣辱:光荣和耻辱。惊:惊异。指无论是得到荣誉还是遭受耻辱都不惊异。

【用法】形容人不把荣辱放在心上。

【例句】他一生光明磊落,襟怀坦荡,～,以大局为重,从不计较个人名利得失。

荣辱与共　róng rǔ yǔ gòng

【释义】荣辱:光荣和耻辱。与共:在一起。指无论是得到荣誉还是遭受耻辱都共同享有或承受。

【用法】用于形容不论在顺境还是逆境中都能同甘共苦。

【例句】有一次,孙中山向侨胞阐述国与民休戚相关,～的道理。

近义 风雨同舟　同舟共济

容光焕发　róng guāng huàn fā

【释义】容光:面容显露的神采。焕发:光彩四射的样子。指脸上放出光彩。

【用法】形容人身体健康,精神饱满。

【例句】江南的明媚春光和上海近郊特有的风景,赋予了这群年轻指挥员～的风采。

近义 神采奕奕　神采飞扬　精神焕发

反义 槁项黄馘

融会贯通　róng huì guàn tōng

【释义】融会:融合。贯通:贯穿。参考并综合多方面的知识或道理而得到全面的透彻的领悟。

【例句】学习知识要善于～。

近义 豁然贯通

反义 生吞活剥　囫囵吞枣

提示 "会"不能写成"汇"。

融融泄泄　róng róng yì yì

【释义】融融:和乐的样子。泄泄:融洽的样子。十分和洽欢乐的样子。

【例句】除夕夜,家家都是热热闹闹,～的。

提示 "泄"不读 xiè。

冗词赘句　rǒng cí zhuì jù

【释义】冗、赘:多余的,无用的。指诗文中多余无用的话。

【用法】用于形容语言文字不简洁。

【例句】写文章语句要简练,不要出现～。

柔肠寸断　róu cháng cùn duàn

【释义】柔肠:柔软的肠子,比喻缠绵的情怀。寸断:一寸一寸地断,断成一截一截的。形容极度伤心。

【例句】妈妈在一旁安慰因失去儿子而～的张奶奶。

近义 柔肠百结

柔能克刚　róu néng kè gāng

【释义】克:制服。刚:刚强的,与"柔"相对。指柔弱的能克制刚强的。也作"柔能制刚"。

【用法】多指用温和的方式能制服强者。

【例句】对方在那里暴跳如雷,她却静静

地站立一旁,心平气和地辩解着。她深信～,最终暴跳者会平息下来,心平气和地讲理。

反义 以暴制暴

柔情蜜意　róu qíng mì yì

【释义】温柔甜蜜的情意。

【用法】多指恋人之间的感情。

【例句】张明对姚红很崇拜,很爱护,也很友好,可是彼此间只是朋友关系,并没有什么～。

近义 温情脉脉

反义 铁石心肠

肉眼凡胎　ròu yǎn fán tāi

【释义】肉眼:本指佛经中所说天眼、肉眼、慧眼、法眼、佛眼等五眼中见近不见远、见前不见后、见明不见暗的肉身之眼。泛指普通人的眼光、眼力。凡胎:凡人之胎,喻指普通人。比喻眼力一般、见识平平的普通人。

【例句】在文学上他绝对是一个～,没有丝毫审美鉴赏能力。

近义 凡夫俗子　肉眼愚眉

反义 仙风道骨

如臂使指　rú bì shǐ zhǐ

【释义】臂:手臂,臂膀。使:使唤,支配。指:手指。形容指挥如意,得心应手,像手臂支配手指一样。

【用法】一般用作褒义。

【例句】许行长人品好,威信高,对全行工作的指导调度也是～。

近义 得心应手

反义 事成骑虎

如痴如呆　rú chī rú dāi

【释义】好像痴呆了一样。形容专心到了痴迷程度。

【用法】有时也形容受到某种震动或刺激后极端痛苦或高兴的神态。

【例句】他是个篮球迷,每天都会对着电视机～地观看篮球比赛。/小邓听见自己被录取的消息后,便～地一个劲儿往家赶。

如痴如醉　rú chī rú zuì

见 596 页"如醉如痴"。

如持左券　rú chí zuǒ quàn

【释义】持:拿。券:古代指契约,用竹子制成,分左右两片,双方各执其一,左边的半片叫左券,由债权人收藏,作为索债、兑现的凭据。好像手里持有左券。

【用法】用于比喻对事情的成功非常有把握。

【例句】这次谈判他们计虑周详,胜利～。

近义 稳操胜券

提示"券"不读 juàn,下面从"刀"不从"力"。

如出一口　rú chū yī kǒu

【释义】像从一张嘴里说出来似的。

【用法】形容众人说的都一样。

【例句】关于事件的经过,他们的说法～。

近义 众口一词

如出一辙　rú chū yī zhé

【释义】辙:车辙,车轮碾出的印迹。好像从同一个车辙出来。

【用法】用于形容事情非常相似。

【例句】这两件劫案的作案方式～。

近义 大同小异

反义 截然不同

如椽之笔 rú chuán zhī bǐ

【释义】椽:椽子,安在屋梁上支撑瓦片构成屋顶的木条、竹条。像椽子一样的大笔。比喻雄健浑厚的笔力。

【用法】多用于形容记录大事的手笔。

【例句】在波澜壮阔的抗日战争中,中国人民以～谱写了一部惊天地、泣鬼神的全民族抗战的史诗。

近义 笔大如椽

如此而已 rú cǐ ér yǐ

【释义】如此:像这样。而已:罢了。就是这样罢了,再没有别的。

【例句】他的屋里只有一张方桌、两条板凳、一个土炕,～。

近义 不过尔尔

如堕烟海 rú duò yān hǎi

【释义】堕:坠入。烟海:烟雾弥漫的大海。指好像掉进了烟雾弥漫的大海里一样。

【用法】比喻迷失了方向,摸不着头绪。

【例句】在计算机课上,老师在台上讲操作程序,他在下面～,十句倒有九句不懂。

近义 雾里看花　如坐云雾

反义 豁然开朗

如法炮制 rú fǎ páo zhì

【释义】如法:依法,按照一定的方法。炮制:用烘、炒等方法将中药材制成成药。依照成法炮制药剂。

【用法】比喻按照老法子办事。

【例句】你们依照这张配药单,～,便可以了。/没有蜡笔,姐姐用水彩作画,我也～。

近义 依样画葫芦　依葫芦画瓢

反义 别出心裁　独辟蹊径

提示 "炮"不读 pào。

如风过耳 rú fēng guò ěr

【释义】好像风从耳边吹过一样。

【用法】比喻事情与自己不相关,丝毫不放在心上。

【例句】这个人真有点冥顽不化,大家苦口婆心地提了那么多意见,他倒好,～,没有一点接受的意思。

如虎添翼 rú hǔ tiān yì

【释义】添:添上,加上。翼:翅膀。形容强者得到援助后更加强大,恶者得到援助后更加凶恶,如同老虎添了翅膀一般。

【例句】外援的引进让这支球队～。

如花似锦 rú huā sì jǐn

【释义】锦:有彩色花纹的丝织品。形容人的前程或事物的美好。

【用法】比喻性较强。含贬义。

【例句】晚宴上,姑娘们个个穿得～。/青少年,～的年华,充满着多少希望和梦想。

如花似玉 rú huā sì yù

【释义】形容女子姿容美艳,像鲜花和美玉那样。

【例句】中学毕业,我的妹妹已出落得～。

近义 花容月貌　玉貌花容

R

反义 面目狰狞

如簧之舌　rú huáng zhī shé

【释义】簧：乐器中发声的薄片。像簧片一样的舌头。

【用法】比喻能说会道、能言善辩的口才。

【例句】张某是个口才极好的部门经理，凭借～让他的部员们唯命是从。

近义 巧言如簧

如火如荼　rú huǒ rú tú

【释义】荼：茅、芦等类植物开的白花。指像火一样红，似荼一样白。原形容军容之盛。现用来形容旺盛、热烈或激烈。

【例句】洪灾过后，老百姓的生产自救工作搞得～。

近义 方兴未艾

反义 无声无息

提示 "荼"不读 chá，也不能写成"茶"。

如获至宝　rú huò zhì bǎo

【释义】至宝：最珍贵的宝物。如同获得了最珍贵的宝物。

【例句】望着他们～、欢呼雀跃的样子，我心

里不由得一阵发酸，不就是一盒水彩笔吗？农村孩子们的要求竟是这么简单！

反义 如获石田

如饥似渴　rú jī sì kě

【释义】像饿了想吃饭，渴了想喝水那样。

【用法】用于形容要求非常迫切。

【例句】我～地把两百多页的文章一口气读完了。

近义 迫不及待

反义 不慌不忙

如箭在弦　rú jiàn zài xián

见 336 页"箭在弦上"。

如胶似漆　rú jiāo sì qī

【释义】形容极其亲密，难舍难分，像漆和胶黏合在一起一样。

【用法】多指男女欢爱的亲昵情状。

【例句】这对～的夫妇令旁人羡慕不已。

近义 亲密无间

反义 反目成仇

如解倒悬　rú jiě dào xuán

【释义】解：解救。倒悬：指人头朝下、脚朝上倒挂着。像解救被倒吊着的人。

【用法】比喻把人从危困的处境中解救出来。

【例句】他的雪中送炭～，帮我闯过了难关。

近义 解民倒悬

如开茅塞　rú kāi máo sè

【释义】像打开被茅草堵塞的道路一样。形容受到启发，使闭塞的思路忽然畅通或对迷惘不解的问题立刻理解、明白了。

【例句】这个疑团困扰我太久了，感谢您

的耐心讲解,使我～。

近义 茅塞顿开

如狼似虎　rú láng sì hǔ

【释义】形容人像虎、狼一样。

【用法】多用来比喻人的凶狠残暴。

【例句】这帮家伙在市场上横行霸道,对商家小贩～,强收所谓的"保护费"。

近义 穷凶极恶　豺狼成性

反义 大慈大悲

如雷轰顶　rú léi hōng dǐng

【释义】轰:轰鸣,鸣响。顶:头顶。像雷在头顶上炸响。

【用法】比喻受到突然而猛烈的打击。

【例句】得知前线惨败、全军覆没,他～,电报纸翩然飘落在地。

如雷贯耳　rú léi guàn ěr

【释义】贯:贯穿,进入。像雷声进入耳朵一样。

【用法】形容受到强烈的刺激和震动。也形容人的名声很大。

【例句】当时,钟老的声调十分平和,而我听起来却～,整个心灵都受到震撼。/您的大名我早就～,今天终于有幸见上了。

如临大敌　rú lín dà dí

【释义】临:面对。指像面临强大的敌人一样。

【用法】形容把问题看得过于严重,十分紧张。

【例句】萧岚成绩不好,高考临近,她～,十分紧张。

反义 临危不惧

如临其境　rú lín qí jìng

【释义】临:来到,到达。指好像亲身到达那种环境一样。

【用法】形容文艺作品生动逼真,引人入胜。

【例句】老舍先生对趵突泉的描写,使我们～。

如临深渊　rú lín shēn yuān

【释义】临:面临,面对。渊:深水潭。好像到了深水潭的边上。

【用法】比喻身处险境而十分警惕,小心谨慎。

【例句】他前段因粗心险些丢了工作,至今仍战战兢兢,～。

近义 如履薄冰　临深履薄

如履薄冰　rú lǚ bó bīng

【释义】履:踩,踏。像走在薄薄的冰层上一样。

【用法】比喻身处险境而十分警惕,小心谨慎。

【例句】这件事关乎上千人的性命,我们～,不敢有丝毫懈怠。

近义 如临深渊　临深履薄

如履平地　rú lǚ píng dì

【释义】履:踩,踏。像走在平地上一样。形容行走安稳便易。

【用法】比喻行事轻松顺畅,毫不费力,没有阻碍。

【例句】他动作灵活,走起山路来～。/这项任务大家都觉得有些力不从心,唯独他～。

如芒在背　rú máng zài bèi

【释义】芒:芒刺,植物茎叶、果壳上的小刺。像芒刺扎在脊背。形容心里极度不安,很不自在。

【例句】他目不转睛地盯着我,让我～,坐

R

立不安。

如梦初醒　rú mèng chū xǐng

【释义】好像刚从梦中醒过来。

【用法】用于描述刚刚从糊涂、错误的认识中觉醒过来的状态。

【例句】听罢小张的一番话,老王才～,方知自己上了当,他只恨自己当初为什么那么贪心,害得错失良机。

近义 如醉方醒

如鸟兽散　rú niǎo shòu sàn

【释义】像受惊的鸟兽一样四处逃散。

【用法】含贬义。

【例句】我军的冲锋号刚一吹响,敌人就吓得～。

近义 逃之夭夭

反义 云合雾集

如弃敝屣　rú qì bì xǐ

【释义】敝屣:破旧的鞋子。像扔掉破鞋子那样。

【用法】用于形容毫不可惜。

【例句】他抛弃了她,～,她伤心不已。

如泣如诉　rú qì rú sù

【释义】泣:哭泣。好像在哭泣,又好像在诉说。

【用法】形容声音凄切悲凉。

【例句】她那凄凉的身世遭遇和～的琴声,把观众感动得鼻子发酸,眼圈发红。

近义 泣不成声

如切如磋　rú qiē rú cuō

【释义】切、磋:将骨、角等材料磨制成器。好像把骨、角打磨加工成器那样。

【用法】用于比喻共同商讨,互相砥砺。

【例句】你们应该学会互相砥砺,～,才能

上进!

近义 切磋琢磨

提示 "切"不读 qiè。

如日方升　rú rì fāng shēng

【释义】中天:天空中央。指好像太阳升在天空的正中。指中午时分。

【用法】常用于形容事物正处在极盛阶段,多指事业。

【例句】谢晋导演发现了他,从此他的演艺事业～。

近义 如火如荼

反义 江河日下

如日中天　rú rì zhōng tiān

【释义】好像太阳正处于正午时刻。形容事物正发展到兴旺的阶段。

【用法】多用于指事业。

【例句】你的事业正～,为什么要选择放弃?

近义 方兴未艾

如入无人之境　rú rù wú rén zhī jìng

【释义】好像进入了没有人的地方。多形容所向披靡,所到之处没有遇上有力的抵抗和阻挡。

【例句】赵云一骑马飞入绍军,左冲右突,～。

近义 所向无敌
反义 望风而逃 望风披靡

如丧考妣 rú sàng kǎo bǐ
【释义】丧:死,死去。考妣:对父母死后的称谓,父曰考,母曰妣(古时也用来称在世的父母)。指像死了父母一样。
【用法】形容极端着急和伤心。今多用作贬义。
【例句】这也难怪她哭得～,因为死者生前待她如己出。
近义 痛不欲生
反义 喜形于色
提示 "丧"不读 sāng。

如食哀梨 rú shí āi lí
【释义】哀梨:传说哀仲家的梨,味道极好。好像吃到哀梨一样。比喻言辞、文章爽利。
【例句】那篇文章语言优美,构思巧妙,读起来～。

如释重负 rú shì zhòng fù
【释义】释:放下。负:负担。指像放下沉重的担子一样。
【用法】形容解除思想负担后的轻松。
【例句】听说哥哥找到了好工作,父亲惊喜交集,～,长长地舒了一口气。
近义 轻装上阵
反义 如牛负重

如数家珍 rú shǔ jiā zhēn
【释义】数:数说,列举。家珍:家藏的宝物。像数自家中的珍宝一样。
【用法】用于描述对所列举的事物或叙述的故事十分熟悉。
【例句】提起北京的焦圈、小窝头,四川的麻婆豆腐、大伞蒸牛肉、毛肚火锅,她～。

近义 如指诸掌
提示 "数"不读 shù。

如汤沃雪 rú tāng wò xuě
【释义】汤:沸水。沃:浇。像沸水浇在雪上,雪很快就融化。
【用法】形容事情极容易解决。
【例句】那里山多路险,多盗匪,并无重兵把守,只要大部队一到,自然就～了。
近义 轻而易举 探囊取物
反义 难上加难

如兄如弟 rú xiōng rú dì
【释义】比喻彼此亲密无间,如同兄弟一样。
【例句】多年一起打拼的经历,早已让他俩情谊深厚,～。
近义 情同手足

如蚁附膻 rú yǐ fù shān
【释义】附:依傍。膻:羊臊气。像蚂蚁附着在有膻味的东西上。
【用法】形容许多人纷纷追求某种恶劣的事物或依附有钱有势的人。
【例句】这些地痞流氓都追随着有权有势之人,～,如蝇逐臭。
近义 趋炎附势 如蝇逐臭

如意郎君 rú yì láng jūn
【释义】如意:符合心意。郎君:妇女对丈夫的称呼。指称心如意的丈夫。
【例句】他仪态端庄、彬彬有礼,是表姐的～。

如意算盘 rú yì suàn pán
【释义】算盘:盘算,打算。符合自己心意的算计。
【用法】多指只从好的一方面着想的

R

打算。

【例句】你倒会打～！十三个半月的工钱,只付三个月。

如蝇逐臭　rú yíng zhú chòu

【释义】逐:追逐,追赶。像苍蝇那样追逐有臭味的东西。

【用法】讽刺热心追求邪恶之物,或指趋炎附势追逐名利的丑恶行为。

【例句】有伤风化的事如不及时制止,就会有人～仿效之。

近义 如蚁附膻

如影随形　rú yǐng suí xíng

【释义】随:跟随,追随。形:形体。好像影子老是跟着身体一样。

【用法】形容两个人或两个事物常在一起,彼此关系十分紧密,难以分开。

【例句】随着这位歌手的走红,质疑的声音也～。

近义 形影不离　一步一趋

反义 销声匿迹

如鱼得水　rú yú dé shuǐ

【释义】好像鱼得到水一样。形容遇到的人跟自己很投合或所处的环境对自己很适合。

【例句】他们俩搭伴,简直是～,配合默契。

近义 如虎添翼

反义 寸步难行

如愿以偿　rú yuàn yǐ cháng

【释义】如愿:符合意愿、愿望。以:而。偿:实现,满足。像所希望的那样得到满足,指愿望完满得到实现。

【例句】通过不懈努力,他终于～地考上了心仪的大学。

近义 求仁得仁　心想事成

反义 事与愿违　适得其反

如运诸掌　rú yùn zhū zhǎng

【释义】运:活动。诸:之于。好像运转于手掌之中。形容办某事极其简单而容易。

【例句】先生有着深厚的文学造诣,让他去指导学生,一定是～。

近义 易如反掌

如醉方醒　rú zuì fāng xǐng

【释义】方:刚才。像酒醉刚醒一般。比喻刚从沉迷中醒悟过来。

【例句】直到翻墙落地,马英才～,想不到死到临头竟逃出一条活命。

近义 如梦初醒

如醉如痴　rú zuì rú chī

【释义】痴:痴呆。形容因专注入迷、陶醉或惊恐而神思恍惚或发呆的样子。也作"如痴如醉"。

【例句】他～地沉浸在小说世界里。

近义 神魂颠倒

反义 恍然大悟

如坐春风　rú zuò chūn fēng

【释义】好像置身于和暖的春风里。

【用法】常用于形容受到良师的教诲、熏陶。

【例句】跟着这位老先生学习书法,不仅可以学到专业知识,还能学到许多为人的道理,让人有～的感觉。

反义 如坐针毡

如坐云雾　rú zuò yún wù

【释义】云雾:比喻遮蔽或障碍的东西。如同坐在云雾之中,看不清周围的景象。

【用法】比喻迷惑不解。

【例句】老师在台上眉飞色舞,学生在台下～,一堂课下来,脑子仍然是一盆糨糊。

近义 如堕烟海

如坐针毡　rú zuò zhēn zhān

【释义】针毡:安插有针的毡子。像坐在有针的毡子上一样(难受)。

【用法】形容因有所忧虑而坐卧不安,心神不宁。

【例句】他妻子难产,急得他～。

近义 坐立不安

反义 泰然自若

茹古涵今　rú gǔ hán jīn

【释义】茹、涵:包含,容纳。包容古今。

【用法】用于形容学识广博。

【例句】这位史学教授的学问可谓～,渊深而博大。

茹毛饮血　rú máo yǐn xuè

【释义】茹:吃。指原始人不会用火,连毛带血地生吃禽兽。

【例句】自从我们的祖先发明了火,他们就不再过着～的生活。

孺子可教　rú zǐ kě jiào

【释义】孺子:儿童。教:教育。指年轻人可以接受教诲。

【用法】常用于赞扬年轻人有培养前途。

【例句】这孩子聪明伶俐,简单的口算谁也比不上他那么快,朋友们都高兴地拍着他的头说:"～。"

乳臭未干　rǔ xiù wèi gān

【释义】乳臭:奶腥味。臭:气味。指奶腥味还未消失干净。

【用法】用于讽刺人年幼无知。

【例句】这些歹徒见好事儿让两个～的小

子给搅了,顿时恼羞成怒。

提示 "臭"不读 chòu。

辱门败户　rǔ mén bài hù

【释义】辱:羞辱,使受辱。败:败坏,使败落。败坏门风,使家庭蒙受羞辱。

【例句】父母认为他若是为了一个青楼女子断送前程,是～的事情。

反义 光宗耀祖　扬名显亲

入不敷出　rù bù fū chū

【释义】敷:足,足够。收入不够开支。

【例句】他家人口多,收入少,常常是～。

近义 捉襟见肘

反义 绰绰有余

入国问俗　rù guó wèn sú

【释义】进入别的国家,先问清当地的风俗习惯,以免犯忌。

【例句】我们要～,尊重别国的风俗习惯。

近义 入境问境

入门问讳　rù mén wèn huì

【释义】古代去拜访人,先问清他父祖的名,以便谈话时避讳。也泛指问清楚有什么忌讳。

【例句】在去一个新地方前,最好事先～,以免造成不必要的麻烦。

入木三分　rù mù sān fēn

【释义】墨迹透入木板达三分深。

R

【用法】原形容书法笔力强劲。后来常用于比喻见解、议论或描写深刻。

【例句】陶泽如担纲主演《大鸿米店》，将阴鸷(zhì)顽劣狠毒的五龙刻画得～。

反义 皮相之见

入幕之宾　rù mù zhī bīn

【释义】幕:帷幕,幕帐。宾:宾客。指参与机要的幕僚,也称关系非常亲近的人。

【例句】他对李先生非常敬重,成了～。

入情入理　rù qíng rù lǐ

【释义】入:切合,符合。合乎情理。

【例句】他的话～,很有说服力。

近义 合情合理

入室操戈　rù shì cāo gē

【释义】原指进入我的屋子拿起我的兵器进攻我。后比喻就对方的论点,找出纰漏,反驳对方。

【例句】这场辩论赛异常精彩,正方口若悬河,～,令反方哑口无言。

近义 以子之矛,攻子之盾
反义 共御外侮

入土为安　rù tǔ wéi ān

【释义】入土:把灵柩埋入坟墓。古人死后,家属往往先将灵柩暂存一处,待择好坟地、料理好丧事,再正式下葬。表示正式下葬后,死者才算得其正所,家属也才得以心境安定。

【例句】人已经去了,哭是哭不活的,大热天的,赶紧让她～吧!

入乡随俗　rù xiāng suí sú

【释义】俗:习俗,风土人情。到一个地方就遵从当地的风俗习惯。也作"随乡入乡"。

【例句】一入美国,不分男女老幼,穿运动衫裤上街的比比皆是。就连我也～,穿起了运动衫裤。

阮囊羞涩　ruǎn náng xiū sè

【释义】囊:口袋。形容手中拮据,经济困难。

【例句】她特别喜欢买衣服,要不是常常感到～,她家里恐怕早已变成服装店了。

近义 囊中羞涩

软磨硬泡　ruǎn mó yìng pào

【释义】磨:纠缠。泡:故意消磨时间。为使对方答应自己的要求,采用各种手段纠缠。

【例句】城建局几次下文让迁址改建,都让他们～地拖了下来。

软弱可欺　ruǎn ruò kě qī

【释义】缺乏力量,不坚强,容易被欺负。

【例句】抗美援朝的壮举结束了中国在世界上～的形象。

近义 软弱无能

软弱无力　ruǎn ruò wú lì

【释义】指身体衰弱而打不起精神,缺乏力气。比喻处事不够坚决有力,缺少力度。

【例句】他身体大不如前了,常常工作一天下来便～,什么事都不想干。/他在对那件事情的处理上显得有些～。

软弱无能　ruǎn ruò wú néng

【释义】性格懦弱而不坚强,能力低下而缺少才干。

【例句】她们妯娌中间,就数她最～。

近义 软弱可欺

软硬不吃　ruǎn yìng bù chī

【释义】对软硬两种手段都不接受。

【用法】常指人态度强硬,难以对付驾驭。

【例句】小王就是这么个性子,～,六亲不认,除了三姑,谁的话都当耳边风。

软硬兼施 ruǎn yìng jiān shī

【释义】兼施:同时施展使用。软的和硬的办法、手段同时用上。

【用法】含贬义。

【例句】我抵抗不住母亲的～,最终屈服了。

近义 恩威并用

锐不可当 ruì bù kě dāng

【释义】锐:锐利,锐气。当:抵挡,阻挡。指锐气不可阻挡。

【用法】形容来势凶猛,不可阻挡。

【例句】我军以～的气势接连攻克了敌人五个阵地。

近义 势不可当 势如破竹

瑞雪兆丰年 ruì xuě zhào fēng nián

【释义】瑞:祥瑞,吉祥,吉利。瑞雪:指应时的冬雪。因冬雪能杀虫保温,给土地补充水分,有利于农作物过冬和生长,故称。兆:预兆,预示。年:收成。应时的冬雪预兆着(来年的)好收成。也作"雪兆丰年"。

【例句】俗语道:"～",明年的小麦定会有好收成。

若合符节 ruò hé fú jié

【释义】若:好像,似乎。符节:古代朝廷传达命令、调兵遣将的凭证,由两部分合成,双方各执一半,合之以验真假。像并合符节一样。

【用法】比喻两者完全吻合一致。

【例句】老张善于揣摩领导的心思,你看他的行动就与他科长的想法～,没有半点偏差。

若即若离 ruò jí ruò lí

【释义】若:好像,似乎。即:走近,靠近。好像接近,又好像远离。

【用法】多用于形容(人)跟人的关系不紧密。

【例句】他们相识一年多了,但她对他的态度始终～的,让他苦恼极了。

近义 不即不离

提示"即"不能写成"及"。

若明若暗 ruò míng ruò àn

【释义】若:好像,似乎。好像明亮,又好像昏暗。

【用法】形容对问题或情况有所认识却不十分清楚。

【例句】目前考古学对人类发展的认识,有的问题还处于～的状态,需要我们提供更多更完整的出土文物。

近义 若有若无

反义 一目了然

若烹小鲜 ruò pēng xiǎo xiān

【释义】若:好像,似乎。烹:烧煮。鲜:活鱼。像烹煮小鲜鱼一样。

【用法】用于比喻轻而易举。

【例句】对他来说,单手举起一个大汉简直是～。

近义 轻而易举

若无其事 ruò wú qí shì

【释义】若:如同,好像。好像没有那回事似的。

【用法】形容遇事态度镇静,不动声色。也形容无动于衷、漠不关心的态度。

【例句】他背地里干了坏事,表面上却装出一副～的样子,以为大家都不知道。

R

快考试了,他还是一副～的样子,父母都
为他担心不已。

近义 泰然自若

反义 六神无主　心事重重

若隐若现　ruò yǐn ruò xiàn

【释义】若:好像,似乎。隐:隐没不见。
现:显现出来。好像隐没不见,又好像显
现出来。

【用法】形容隐隐约约,时隐时现。

【例句】山村在浓雾中～。

近义 若有若无

反义 清清楚楚

若有若无　ruò yǒu ruò wú

【释义】形容事物或情况的存在与否难以
捉摸判断。

【例句】天空中飘着几朵～的薄云。

近义 若隐若现　若明若暗

若有所失　ruò yǒu suǒ shī

【释义】若:好像,似乎。感觉好像丢掉了
什么。

【用法】形容神情怅惘、心神不定的样子。

【例句】火车开走了,人群走散了,他还在

站台上～地一动不动。

近义 爽然若失　怅然若失　茫然若失

反义 怡然自得

若有所思　ruò yǒu suǒ sī

【释义】好像在想什么似的。形容陷入沉
思的样子。

【例句】老人看着破败的工厂,～。

近义 浮想联翩　苦思冥想

反义 无牵无挂　心无挂碍

弱不禁风　ruò bù jīn fēng

【释义】弱:虚弱。禁:禁受,承受。虚弱
得经不起风吹。

【用法】形容体质虚弱不堪。

【例句】她觉得自己愈是表演得～,楚楚
动人,就愈会赢得他人的爱怜。

近义 弱不胜衣

提示"禁"不读 jìn,也不能写成"经"。

弱不胜衣　ruò bù shèng yī

【释义】弱:虚弱。胜:承受,担当。虚弱
得连身上穿的衣服都承受不起。

【用法】形容体质极端单薄虚弱。

【例句】大病过后,小莲瘦得可怜,一副～
的样子。

近义 弱不禁风

反义 身强力壮

弱肉强食　ruò ròu qiáng shí

【释义】指动物中弱者被强者吃掉。泛指
弱者被强者欺凌、吞并。

【例句】市场的竞争就像自然界,～,非常
残酷,非常现实。

S

撒手尘寰　sā shǒu chén huán

【释义】撒手：放开手，松手。尘寰：尘世，人世间。指人死亡，离开了尘世。也作"撒手人寰"。

【用法】死亡的别称，只适用于指成年人。

【例句】身心交瘁的莫扎特～，乐曲最后部分是由莫扎特的学生续写成的。

近义 溘然长逝　与世长辞　寿终正寝　玉殒香消　命赴黄泉　一命呜呼

提示 "撒"不读 sǎ。

撒手人寰　sā shǒu rén huán

见 601 页"撒手尘寰"。

飒爽英姿　sà shuǎng yīng zī

【释义】飒爽：豪迈而矫健，非常有精神的样子。英姿：英勇威武的姿态。指豪迈矫健的英俊姿态。也作"英姿飒爽"。

【用法】用于形容人的精神饱满。

【例句】他身着戎装，～。

近义 英姿焕发　容光焕发

反义 萎靡不振

提示 "飒"不读 sǎ。

塞翁失马　sài wēng shī mǎ

【释义】塞：边塞。翁：老头儿。指塞翁丢了马，怎么知道不是福气呢？比喻虽然暂时受了损失，却可能因此得到好处。也指坏事在一定条件下可以变为好事。

【典故】边塞上有一位老人丢失了一匹马，别人来慰问，老头说："怎么知道这不是好事呢？"过了几个月，那匹马竟带了另一匹骏马一起回来。邻居们又来祝贺，老头说："怎么知道这不是坏事呢？"果然，老头的儿子不久因骑那匹骏马而摔断了腿。大伙儿又上门慰问，老头又说："怎么知道这不是好事呢？"一年后，北方民族大举入侵，边塞上的青壮年都应征御敌，十死八九，而老头的儿子因足跛未应征入伍而保全了性命。(《淮南子

·人间训》）

【用法】多用于安慰失物或失意的人，有时也作自慰用。多与"安知非福"连用。

【例句】他被暗恋的对象无理地拒绝了，我安慰他说："～，安知非福，天涯何处无芳草？"

近义 因祸得福

三百六十行　sān bǎi liù shí háng

【释义】行：行业，行当。泛指各行各业。也作"七十二行"。

【例句】俗话说得好，～，行行出状元，只要我们热爱本职工作，刻苦钻研，就能做出成绩。

【用法】用于指社会的各个工种。

近义 各行各业

提示 "行"不读 xíng。

三步一岗，五步一哨

sān bù yī gǎng, wǔ bù yī shào

【释义】间隔三步或五步就有一个哨位。

【用法】用于形容戒备森严的情景。

【例句】人群周围，～，戒备森严。

三差两错　sān chā liǎng cuò

【释义】差：差错，过失。泛指偶然或意外的差错或闪失。

【用法】多用于指偶然的差错。

【例句】今天真倒霉，～地把钱包丢了。

近义 三长两短　山高水低

三长两短　sān cháng liǎng duǎn

【释义】指意外的灾祸、事故。特指人的死亡。

【用法】常用作不幸死亡的委婉语。

【例句】嫂子要有个～，你要负责哦！

近义 三差两错　山高水低

反义 安然无恙

三朝元老　sān cháo yuán lǎo

【释义】元老：年老而有声望的大臣。原指历事三朝的重臣。后也指连续为几个不同政权效力者。

【用法】现多用于形容资格老的人。

【例句】老李是建厂初期来的，现在三十年过去了，他仍在厂里勤恳工作，是我厂的～啊！

三从四德　sān cóng sì dé

【释义】三从：在家从父，出嫁从夫，夫死从子。四德：也叫四行，分别是妇德、妇言、妇容、妇功。指封建社会里压迫、束缚妇女的封建礼教。

【例句】我祖母从小接受的就是～的教育。

三寸不烂之舌　sān cùn bù làn zhī shé

【释义】指能言善辩的口才。也作"三寸舌"。

【用法】形容一个人有辩才，善于辞令。

【例句】毛遂凭自己的～说服楚王，拯救了赵国。

近义 能说会道　巧舌如簧　辩才无碍

反义 笨口拙舌　拙嘴笨舌　拙口钝腮

三寸金莲　sān cùn jīn lián

【释义】金莲：金质的莲花。比喻女子缠过的脚小得像三寸的金莲花。

【用法】封建时代美称妇人脚小的用语。现多用作贬义。

【例句】封建时代，妇女的脚要缠得像～那样，真是苦不堪言。

提示 "莲"不能写成"连"。

三寸舌　sān cùn shé

见 602 页"三寸不烂之舌"。

三等九格　sān děng jiǔ gé

见 605 页"三六九等"。

三番两次　sān fān liǎng cì

见 603 页"三番五次"。

三番五次　sān fān wǔ cì

【释义】三、五：表示次数多。番：次数，遍数。形容反复多次。也作"三番两次"。

【例句】治学严谨的王教授～地发问："抗干扰真的解决了吗?"

近义 几次三番　三翻四覆

三翻四覆　sān fān sì fù

【释义】翻：转。指多次或反复无常。

【例句】他经过～地考虑，最后决定还是承认错误。

近义 几次三番　三番五次

提示 "覆"不能写成"复"。

三分鼎足　sān fēn dǐng zú

【释义】鼎：古代炊具，多用青铜制成，一般有两耳、三足。指三分天下，像鼎的三足并立的局面。

【用法】多用于形容形势。

【例句】～已定。曹孟德占了中原，孙仲谋占了江东，刘玄德占了西蜀。

近义 三分天下　鼎足而立　鼎足之势

反义 一统天下

三分似人，七分似鬼

sān fēn sì rén, qī fēn sì guǐ

见 603 页"三分像人，七分像鬼"。

三分像人，七分像鬼

sān fēn xiàng rén, qī fēn xiàng guǐ

【释义】形容人的相貌丑陋，也指人遭疾病或其他折磨后不成样子。也作"三分似人，七分似鬼"。

【用法】多指人长相难看，用作贬义。

【例句】朱世远见女婿～，心里不悦。

三坟五典　sān fén wǔ diǎn

【释义】坟、典：典籍，经典。三坟：传说中伏羲、神农、黄帝时代的书。五典：传说中少昊（hào）、颛顼（zhuānxū）、高辛、唐尧、虞舜时代的书。泛指我国古代最早的文献典籍。

【用法】多用于书面语。

【例句】～是我国古代文化的重要组成部分。

三纲五常　sān gāng wǔ cháng

【释义】纲：秩序，法度。三纲：指父为子纲、君为臣纲、夫为妻纲。常：伦理道德的准则。五常：说法不一，通常指仁、义、礼、智、信。是我国封建时代统治阶级所提倡的人与人之间的伦理道德标准。

【用法】泛指封建伦理道德。

【例句】～是封建礼教的产物。

三更半夜　sān gēng bàn yè

见28页"半夜三更"。

三姑六婆　sān gū liù pó

【释义】三姑:指尼姑、道姑、卦姑(占卦的)。六婆:指牙婆(以介绍人口买卖为业并从中取利的妇女)、媒婆、师婆(女巫)、虔婆(鸨母)、药婆(给人治病的妇女)、稳婆(以接生为业的妇女)。旧时三姑六婆往往借着这类身份干坏事,因此通常用"三姑六婆"泛指不务正业的妇女。

【用法】一般用作贬义。

【例句】这位大嫂很不自重,尽干些～的事。

反义 良家妇女

三顾茅庐　sān gù máo lú

【释义】顾:拜访,看望。茅庐:草房。指刘备三次到诸葛亮的茅屋拜访,求他出山帮助的事。

【典故】东汉末年,诸葛亮隐居在隆中(今湖北襄阳附近)乡下的茅庐里。刘备为了请诸葛亮出山帮助自己打天下,接连三次到诸葛亮居住的草屋去拜访,最后终于感动了诸葛亮。后来,在诸葛亮的辅佐下,刘备建立了蜀汉政权。(《三国演义》第三十七回)

【用法】用来比喻对贤才的渴慕和诚心诚

意一再邀请。

【例句】王校长再三请你到学校主持教务,真有～之诚意,你怎能不去助他一臂之力呢?

近义 礼贤下士　求贤若渴

反义 傲贤慢士

三皇五帝　sān huáng wǔ dì

【释义】指传说中远古时代的帝王。但是说法不一。通常称伏羲(xī)、燧人、神农为三皇,或称天皇、地皇、人皇为三皇。五帝通常指黄帝、颛顼(Zhuān Xū)、帝喾(Dì Kù)、唐尧、虞舜。

【用法】常用于泛指远古时代。

【例句】从～到如今,中华民族的历史源远流长。

三缄其口　sān jiān qí kǒu

【释义】缄:封,闭。指嘴上加了三道封条。形容说话十分谨慎,绝不轻易开口。

【用法】多用于形容因对某事保密而不肯或不敢开口。

【例句】对这件事的处理结果,他一直～。

近义 缄口无言　守口如瓶

反义 脱口而出　口若悬河

三教九流　sān jiào jiǔ liú

【释义】三教:指儒教、佛教、道教。九流:指儒家、道家、阴阳家、法家、名家、墨家、纵横家、杂家、农家。

【用法】泛指宗教、学术中各种流派或社会上各种行业。也用来泛称江湖上各色人物。现在更多指后者,含贬义。

【例句】社会上～的人都有,因此交友时一定要谨慎。

提示"教"不读 jiāo。

三句话不离本行　sān jù huà bù lí běn háng

【释义】行:行当,职业。指一开口总要谈到与自己从事的行业有关的话。

【用法】用来形容一个人总是谈论职业内的事。

【例句】老王每到一处,开口～,立刻扯到园艺栽培上。

三令五申　sān lìng wǔ shēn

【释义】三、五:表示次数多。令:命令。申:说明,陈述。指再三地命令和告诫。

【用法】多用于形容政府或上级多次命令和告诫下属。

【例句】政府虽～禁止摆设路边摊,但许多人还是要摆。

反义 放任自流

三六九等　sān liù jiǔ děng

【释义】泛指许多等级,种种差别。也作"三等九格"。

【用法】多用于指把人分等看待。

【例句】王政是势利眼,经常把人分为～。

三年五载　sān nián wǔ zǎi

【释义】载:年。指三五年的时间。

【用法】形容时间较长。

【例句】摸着门道,花草养活了,而且～老活着,开花,多么有意思呀!

三朋四友　sān péng sì yǒu

【释义】泛指各色朋友。

【用法】现多形容朋友众多。

【例句】他经常邀约～去各地旅游。

三妻四妾　sān qī sì qiè

【释义】指旧时男子妻妾很多。

【用法】现多用来讥讽男人的荒淫。

【例句】旧时代的达官贵人,有几个不是～的?

近义 妻妾成群

三千珠履　sān qiān zhū lǚ

【释义】珠履:鞋子上有珠子作为装饰。形容豪门的食客众多、生活奢华。

【典故】战国时期,赵国使臣到楚国春申君这里来访问,想向楚国夸耀赵国的富有。赵国使臣特意用玳瑁簪子绾插冠髻,亮出用珠玉装饰的剑鞘,请求招来春申君的门客会面。结果春申君三千门客里的上等宾客都穿着宝珠做的鞋子来见赵国使臣,使赵国使臣自惭形秽。(《史记·春申君列传》)

【用法】现多用于形容宾客众多且豪华奢侈。

【例句】战国时期,春申君的门下～,真是显赫啊!

三人成虎　sān rén chéng hǔ

【释义】只要有三个人说城里有老虎,听者就信以为真。

【用法】用来比喻谣言或讹传一再传播,就能使人信以为真。一般用作贬义。

【例句】网络上常常上演～的闹剧,千万不可轻信。

近义 众口铄金

三人行,必有我师　sān rén xíng, bì yǒu wǒ shī

【释义】几个人一起行走,其中一定有可

以做我老师的。

【用法】比喻到处都有值得学习的人。

【例句】～,我一定尽可能地学习他人的优点。

近义 博采众长　学无常师

三日打鱼,两日晒网

sān rì dǎ yú, liǎng rì shài wǎng

见607页"三天打鱼,两天晒网"。

三三两两　sān sān liǎng liǎng

【释义】三个一群,两个一伙。

【用法】形容人员零散。

【例句】张记饭庄里的酒席散了,鱼贯而出的人们～走向自己的目的地。

近义 三五成群　三三五五

反义 成群结队　人山人海

三山五岳　sān shān wǔ yuè

【释义】三山:传说中位于海上的方丈、蓬莱、瀛洲三座仙山。五岳:五大名山的总称,指东岳泰山、南岳衡山、西岳华山、北岳恒山、中岳嵩山。泛指崇山峻岭。

【用法】现多泛指名山,也指各地,形容范围大。

【例句】母亲的贺信,飞越～,来到我的手中。

三生有幸　sān shēng yǒu xìng

【释义】三生:佛教指前生、今生、来生。三生都很幸运,表示难得的好运气。

【用法】多用作结识他人时的客套话。

【例句】能结识这三位文化人真是～,这顿饭我请了。

三十而立　sān shí ér lì

【释义】立:指立业,建立自己的事业。三十岁而能自立于社会。指人在三十岁左右有所成就。

【用法】多用于形容人开始成熟。

【例句】我深感这位～的年轻人,在市场经济的发展事业中,确有独到的眼光。

近义 而立之年

三十六策,走为上策

sān shí liù cè, zǒu wéi shàng cè

见606页"三十六计,走为上计"。

三十六计,走为上计

sān shí liù jì, zǒu wéi shàng jì

【释义】三十六计:泛指全部计策。走:逃走,出走。指无力与敌人对抗或处于困境时,别无良策,只有以出逃或出走为最好的选择。也作"三十六策,走为上策"。

【用法】常用于危难之际劝说某人离开。

【例句】我打不过他,～。

三思而行　sān sī ér xíng

【释义】三思:再三考虑。经过反复考虑,然后才去做。也形容行动慎重。

【用法】常用于规劝某人不要冒失从事,应考虑清楚,再着手去干。

【例句】遇事要～,不能莽撞行事。

近义 谨言慎行　深思熟虑

反义 草率行事　轻举妄动

三天打鱼,两天晒网

sān tiān dǎ yú, liǎng tiān shài wǎng

【释义】一共五天,有三天是打鱼,两天是晒渔网。比喻对学习、工作没有恒心,经常中断,不能长期坚持。也作"三日打鱼,两日晒网"。

【用法】现一般用作贬义。

【例句】体育锻炼非常重要,我们要每天坚持,不要～。

近义 一曝十寒

反义 持之以恒 锲而不舍

三天两头 sān tiān liǎng tóu

【释义】指隔一天,或几乎每天。

【用法】形容时间间隔短。

【例句】他几乎～都要去看家乡戏。

近义 隔三岔五

三头两面 sān tóu liǎng miàn

【释义】形容人诡媚狡诈。

【用法】多用于指人善于逢迎。

【例句】这人～,会巴结逢迎。

三头六臂 sān tóu liù bì

【释义】三个头颅六条臂膀。原指佛的法相。后比喻了不起的本领。

【用法】用来形容本领、能力非常强。

【例句】纵使歹徒有～,警方也会将他们逮捕法办。

近义 神通广大 手眼通天 呼风唤雨

反义 百无一能 黔驴技穷 束手无策

三推六问 sān tuī liù wèn

【释义】三、六:表示次数多。推、问:审问。指多次审讯。

【用法】形容反复审讯。

【例句】看到《窦娥冤》中的窦娥被告到官府,～,屈打成招,我的心情很难过。

三位一体 sān wèi yī tǐ

【释义】比喻三个人、三件事或三个方面联成一个整体。

【用法】一般形容紧密结合的三者。

【例句】这个机构是党、政、军～的。

三五成群 sān wǔ chéng qún

【释义】三个一伙,五个一群。指三个五个地聚集在一起。

【用法】常形容人群分散。

【例句】晚饭过后,大家～地到广场上乘凉。

近义 三三两两

三心二意 sān xīn èr yì

【释义】心里既想着这样,又想着那样。形容犹豫不决,意志不坚定或用心不专一。

【用法】用作贬义。

【例句】做学问不能～,要专心致志。

近义 犹豫不决 朝三暮四 心猿意马

反义 全心全意 一心一意 一心无二 专心致志

三省吾身 sān xǐng wú shēn

【释义】省:反省,省察。指时时认真反省自己的过失。

【典故】春秋时期,孔子的学生曾参勤奋

S

好学,深得孔子的喜爱,同学问他为什么进步那么快。曾参说:"我每天都要多次问自己:替别人办事是否尽力?与朋友交往有没有不诚实的地方?先生教的知识是否学好?如果发现做得不妥就立即改正。"(《论语·学而》)

【用法】常用于强调自我修炼、反省。

【例句】一个人要不断地进步,就应有～的精神。

近义 五日三省

提示 "省"不读 shěng。

三言两语　sān yán liǎng yǔ

【释义】指很简短的几句话。

【用法】常用于形容说话简明扼要。

【例句】老王～就把这个问题说清楚了。

近义 一言半语　只言片语

反义 长篇大论　喋喋不休　千言万语

三阳开泰　sān yáng kāi tài

【释义】阳:指春天开始。开泰:开通顺畅,亨通。指冬去春来,阴消阳长,有吉祥亨通

之象。

【用法】多用来祝颂新春佳节。

【例句】～,六合同春。

三元及第　sān yuán jí dì

【释义】元:科举时代乡试、会试、殿试的第一名。及第:科举应试中选。指从乡试到殿试都考中第一名。

【用法】多指人成绩优异。

【例句】这个孩子眉清目秀,将来定会～,有所作为。

三折肱为良医　sān zhé gōng wéi liáng yī

【释义】折:断。肱:胳膊。多次折断胳膊,自己也就成为好医生了。

【用法】多指对某事实践多,经验也就丰富了。

【例句】你是～,现在也算半个专家了。

近义 熟能生巧

三贞九烈　sān zhēn jiǔ liè

【释义】三、九:表示程度深。贞:贞节,指妇女不改嫁、不失身的品德。烈:刚烈有气节,不惜以死来保全名誉。形容严格恪守封建礼教的女子。

【用法】多用于封建社会时赞誉妇女的贞烈。

【例句】在封建社会里,妇女必须遵从～,否则就会招致闲言碎语。

三足鼎立　sān zú dǐng lì

【释义】鼎:古代用青铜制成的炊器,多为三足两耳。指就像鼎的三脚并立那样。

【用法】形容三方相峙并立、互相牵制、抗衡的局面。

【例句】在女排E组中，意大利、俄罗斯、古巴～。

近义 三分鼎足　鼎足之势

散兵游勇　sǎn bīng yóu yǒng

【释义】散：分散的、离散的。游：游荡的、流动的。勇：清代指地方临时招募、不属军队正式编制的兵卒。指失去统率的溃散的士兵。

【用法】现多指没有组织而自由行动的个人。

【例句】要把这些～组织起来，的确是件不容易的事情。

提示 "散"不读sàn。

桑田沧海　sāng tián cāng hǎi

见92页"沧海桑田"。

桑榆暮景　sāng yú mù jǐng

【释义】桑榆：桑树和榆树。指落日的余晖照在桑树、榆树的树梢上。比喻老年的时光。也作"桑榆晚景"。

【用法】专用于形容老年人的晚年景况。

【例句】母亲以种花、养鱼来度过～。

近义 风烛残年

反义 年富力强

桑榆晚景　sāng yú wǎn jǐng

见609页"桑榆暮景"。

丧家之犬　sàng jiā zhī quǎn

【释义】丧：丧失。原指有丧事的人家的狗，因主人忙于丧事而得不到喂养。后指无家可归的狗。

【用法】比喻失去依靠无处投奔的人，含贬义。

【例句】自从他依仗的上司东窗事发，他也就落得个～的下场。

丧尽天良　sàng jìn tiān liáng

【释义】丧：丧失。天良：天赋的善心，良心。指完全失去了人性，形容极端残忍、狠毒。

【用法】常用于形容丧心病狂以怨报德、骨肉相残等悖逆天理的事。

【例句】老百姓气愤地说："对这三个～的东西，枪毙太便宜了，应该千刀万剐！"

近义 丧心病狂

反义 天良未泯

丧权辱国　sàng quán rǔ guó

【释义】丧：丧失。指丧失主权，使国家蒙受耻辱。

【用法】常用于形容执政者媚外，不惜签订对国家民族不利的条约，以图苟安一时，结果招致国家受损、人民受辱。

【例句】《辛丑条约》是～的不平等条约。

近义 卖国求荣　屈节辱命

丧心病狂　sàng xīn bìng kuáng

【释义】丧：失去。心：理智。病：心理上发生的不正常状态。狂：疯狂。指丧失了理智，像发了疯一样。

【用法】形容人的行为凶残至极。

【例句】对～的亡命之徒，还有什么话可说，只有对他们绳之以法。

近义 丧尽天良　穷凶极恶

搔首踟蹰　sāo shǒu chí chú

【释义】搔：挠，用指甲轻刮。踟蹰：徘徊不前。指搔着头皮，迟疑不决。形容因心情焦急、惶惑而徘徊往复的样子。

【用法】常用于形容无法决定某事,踌躇不定。

【例句】小明～,久久无法决定去留。

搔首弄姿　sāo shǒu nòng zī

【释义】搔:挠。弄:卖弄。形容故意忸怩作态,卖弄风姿。也作"顾影弄姿"。

【用法】只适用于以媚态招惹异性的妇女。

【例句】女孩的行为应该大大方方,不要～。

近义 卖弄风骚

反义 落落大方

骚人墨客　sāo rén mò kè

【释义】骚人:诗人,因屈原作《离骚》而称。墨客:文人。指诗人、作家等风雅的文人。

【用法】常用于泛指一般爱好诗词歌赋的文人。

【例句】杭州西湖的夜晚,许多～时常聚集在那儿饮酒作诗。

近义 文人雅士

扫地出门　sǎo dì chū mén

【释义】将尘埃、垃圾扫出家门。

【用法】用于指剥夺全部财产并赶出家门。也指彻底清除出去。

【例句】打土豪,分田地,广大农民兴高采烈地将地主阶级的威风～。

近义 扫地以尽

扫地无余　sǎo dì wú yú

【释义】像扫一样,毫无存留。

【用法】形容破坏或清除得一干二净。

【例句】这些劣质产品有害大众健康,必

须～。

扫眉才子　sǎo méi cái zǐ

【释义】扫眉:画眉。描画眉毛的才子。旧时指有文才的女子。

【用法】用于女性。含褒义。

【例句】薛涛能诗善文,被诗家誉为～。

扫穴犁庭　sǎo xué lí tíng

见 411 页"犁庭扫穴"。

色彩斑斓　sè cǎi bān lán

【释义】色彩:颜色。斑斓:灿烂多彩。指颜色多样,错杂灿烂。

【用法】形容色彩灿烂的样子,也形容生活或文学作品等所包含的内容丰富多彩。

【例句】～、朝气蓬勃的春天到了。

近义 五光十色　五颜六色　五彩缤纷
多姿多彩

色胆包天　sè dǎn bāo tiān

【释义】色胆:为满足色欲表现出的胆量。包天:形容极大。指贪色犯奸的胆量极大。

【用法】形容贪恋淫欲胆量很大的人。含贬义。

【例句】对那些贪赃枉法、～、触犯刑律的贪官应该绳之以法。

近义 色胆迷天

反义 坐怀不乱

色厉内荏　sè lì nèi rěn

【释义】色:表情。厉:严厉。荏:怯弱。指表面严厉而内心怯懦。也作"外厉内荏"。

【用法】形容外表凶恶而内心虚弱怯懦的人。

S

【例句】别看他那副气势汹汹的样子，其实他～，心里害怕极了。

近义 外强中干　羊质虎皮

反义 外柔内刚　绵里藏针

色若死灰　sè ruò sǐ huī

【释义】色：脸色。死灰：熄灭的火灰。指脸色惨白如死灰。

【用法】用于形容人惊恐失神的样子。

【例句】她看起来～，不知发生了什么事情。

近义 面如土色

色衰爱驰　sè shuāi ài chí

【释义】色：美色。驰：减退。指女子因美色衰退而使受到的宠爱减退。

【用法】用于女性。含贬义。

【例句】女人如果以美色取悦于人，总有一天会～遭到遗弃。

森罗万象　sēn luó wàn xiàng

【释义】森：繁密，众多的样子。罗：罗列。象：事物，气象。指宇宙间纷然罗列的万千气象。

【用法】形容纷繁复杂的各种事物、现象。

【例句】宇宙间的～，都是值得我们去研究的。

近义 包罗万象　气象万千

反义 千篇一律

森严壁垒　sēn yán bì lěi

见 43 页"壁垒森严"。

僧多粥少　sēng duō zhōu shǎo

【释义】僧：和尚。指化斋的和尚多，可分的粥少。也作"粥少僧多"。

【用法】比喻人多东西少，不够分配。

【例句】在～的情况下，坚持考核标准，择优晋升。

杀敌致果　shā dí zhì guǒ

【释义】致：使达到。果：果决。指勇敢杀敌，建立战功。

【用法】用于书面语。含褒义。

【例句】我们一定要进行严格的军事训练，这样才能在实战中～，保证战争的胜利。

近义 克敌制胜

杀富济贫　shā fù jì pín

见 138 页"打富济贫"。

杀鸡给猴看　shā jī gěi hóu kàn

见 612 页"杀鸡吓猴"。

杀鸡取卵　shā jī qǔ luǎn

【释义】卵：蛋。指为了取蛋而杀掉鸡。

【典故】从前，有一个蠢人见鸡每天下一个金蛋，便迫不及待地把鸡杀掉，想一下子取出全部金蛋而暴富，结果却一无所得。（《伊索寓言·生金蛋的鸡》）

【用法】比喻只图眼前好处而损害长远利益的行为。

【例句】有些地区对自然资源采取乱伐、竭泽而渔的做法是愚蠢的。

近义 竭泽而渔　饮鸩止渴　因小失大

杀机四伏　shā jī sì fú

【释义】杀机：杀人的征兆。引申指扼杀、打击、抢夺等。四：四处，到处。伏：隐藏。指到处都存在着杀人的征兆。

【用法】比喻四处都存在着危险。

【例句】残酷的市场竞争虽然～，但也非常公平。

近义 危机四伏

杀鸡吓猴　shā jī xià hóu

【释义】吓：惊吓，使害怕。指通过杀鸡使猴子感到害怕。也作"杀鸡给猴看"。

【用法】比喻惩罚一个人来吓唬或警诫其他的人。

【例句】执法部门对犯罪人员严惩不贷，起到了～的作用，使那些处在犯罪边缘的人幡然醒悟。

近义 杀一儆百

反义 赏一劝百

杀气腾腾　shā qì téng téng

【释义】杀气：凶恶的气势。腾腾：气势旺盛的样子。形容凶狠的气势很盛，凶神恶煞的样子。

【用法】可以形容人或队伍，也可以形容气氛、语言等。用作贬义。

【例句】这两名歹徒纠集了三个帮凶～地闯进银行，试图抢劫。

近义 气势汹汹　凶神恶煞

反义 心平气和　和颜悦色　和蔼可亲

杀人不见血　shā rén bù jiàn xiě

【释义】杀了人却看不见一点血迹。

【用法】形容害人的手段非常阴险毒辣，不露一点痕迹。

【例句】流言，也是一种～的武器，阮玲玉便是不堪流言中伤而自杀的。

杀人不眨眼　shā rén bù zhǎ yǎn

【释义】杀人时连眼都不眨一下。指极其凶狠残忍，杀人成性。

【用法】形容嗜杀成性者。

【例句】那个～的刽子手，得到了应有的惩罚。

提示"眨"不读 fàn。

杀人偿命，欠债还钱　shā rén cháng mìng, qiàn zhài huán qián

【释义】偿：抵偿，偿还。杀人者要抵命，欠债者要还钱。

【用法】比喻理所当然，理当如此。

【例句】在中国人的传统观念里，～，是天经地义的。

杀人可恕，情理难容　shā rén kě shù, qíng lǐ nán róng

【释义】恕：宽恕，饶恕。杀人者如果可以被宽恕，在情理上是说不过去的。

【用法】指必须对杀人者严惩不贷。也可表示杀人之事都可宽恕，唯此事情理难容。

【例句】贱贼！我和你无什么冤仇，你怎么这般害我？正是～。

杀人灭口　shā rén miè kǒu

【释义】口：口供。将知情者杀掉以隐瞒

事实真相。

【用法】指消灭证据。

【例句】为了防止凶手～,目击证人正受警方严密保护。

杀人如麻　shā rén rú má

【释义】杀死的人像乱麻一样数不清。形容杀人非常多。

【用法】用作贬义。

【例句】侵略者进城后,～,见房就烧。

近义 杀人盈野

杀人越货　shā rén yuè huò

【释义】越:抢夺。杀害人的性命,抢夺人的财物。

【用法】形容匪盗行径。用作贬义。

【例句】在这人烟稀少的地方,常听说有～的传闻,令人不寒而栗。

近义 谋财害命　打家劫舍

杀身成仁　shā shēn chéng rén

【释义】成:成全,成就。仁:仁德,仁义。本指牺牲自己的生命以成全儒家提倡的仁德。也作"舍身成仁"。

【用法】现多泛指为正义或崇高的理想而牺牲生命的行为。

【例句】先烈们抛头颅,洒热血,不惜～,最终赢得了胜利。

近义 舍生取义　视死如归

反义 苟且偷生　贪生怕死

提示 "身"不能写成"生"。

杀手锏　shā shǒu jiǎn

【释义】锏:古代一种长条形的金属兵器,有四棱,无刃,上端略小,下端有手柄。

指锏术中可致敌死亡的绝招。

【用法】现多比喻极厉害的一手。

【例句】他们一贯视为～的坦克在巷战中失去了威力。

杀一儆百　shā yī jǐng bǎi

【释义】儆:警诫,让人自己觉悟而不犯错误。杀一个人来警诫许多人。也作"杀一警百"。

【用法】现多泛指惩罚一个人来警诫许多人。

【例句】对这件事的处理就应该斩草除根,～。

近义 杀鸡吓猴　以儆效尤　惩一儆百

杀一警百　shā yī jǐng bǎi

见 613 页"杀一儆百"。

沙里淘金　shā lǐ táo jīn

【释义】淘:用水冲洗,去除杂质。指淘汰沙砾,提取黄金。

【用法】比喻从大量的材料中选取精华,极其难得。也形容费力多而成效小。

【例句】这几篇获奖作品,是从几千件来稿中～精选出来的。/为找一句话,而去翻遍有关的所有资料,这种～的做法值吗?

近义 披沙拣金　去粗取精

铩羽而归　shā yǔ ér guī

【释义】铩:摧残,伤害。铩羽:摧落羽毛。指被摧落羽毛后逃回。比喻遭受失败或挫折后不光彩地返回。

【用法】用于形容失败归来。

【例句】中国足球队在本届世界杯上颗粒

未收,～。

傻头傻脑 shǎ tóu shǎ nǎo

【释义】指人痴呆不明事理的样子。

【用法】形容一个人思想糊涂,愚笨痴呆。

【例句】她没有在任何地方～地采取冒险行动。

近义 呆头呆脑

煞费苦心 shà fèi kǔ xīn

【释义】煞:很、极。指费尽心思。

【用法】常用于形容思索之苦。

【例句】他～编造的谎言被人当场揭穿了。

近义 挖空心思 冥思苦想

反义 无所用心 掉以轻心

煞有介事 shà yǒu jiè shì

【释义】煞:很、极。介事:那样的事。江浙方言,常跟"像"连用,指好像真有这回事似的。

【用法】多形容装模作样,好像有什么了不起似的。

【例句】你别装模作样～似的,其实你根本没起作用。

歃血为盟 shà xuè wéi méng

【释义】歃血:古代订盟的一种仪式,口吸牲畜血或嘴唇涂上牲畜血表示诚意。盟:缔结同盟时所订立的誓约或条约,也指结拜的弟兄。也作"歃血为誓"。

【用法】多指缔结盟约,也指结拜为盟兄弟。

【例句】两个曾经～的兄弟今日却反目成仇。

歃血为誓 shà xuè wéi shì

见 614 页"歃血为盟"。

山崩地裂 shān bēng dì liè

【释义】崩:倒塌,崩裂。指山岳倒塌,大地裂开。也作"地裂山崩"。

【用法】形容巨大的声响,也比喻突然发生的重大变故。

【例句】一声～般的巨响,三十层的高楼垮了。

近义 山崩地坼 山崩地陷

反义 岿然不动

山重水复 shān chóng shuǐ fù

【释义】山峦重叠,河流环绕。指山、水交错的自然景观。

【用法】形容重重山河阻隔,也比喻重重阻碍。

【例句】在～的西山界,不时有零星村落点缀其间。

山高水长 shān gāo shuǐ cháng

【释义】指人品德高尚,影响深远。也指恩情十分深厚。

【用法】多形容某人品德高尚。含褒义。

【例句】她～的高尚品德对后世影响深远。/他父亲一人养育他们姊妹几个的恩情有如～。

近义 德高望重 恩重如山

山高水低 shān gāo shuǐ dī

【释义】指意外发生的不幸事情。

【用法】多指死亡。

【例句】刘老伯最近身体不好,为防～,医生告诫家属预先要做好准备。

近义 三长两短

反义 安然无恙

山高水险 shān gāo shuǐ xiǎn

【释义】指前进路上的种种艰难险阻。

【用法】常用于形容路程遥远而艰难。

【例句】川藏公路～，你开车要小心。

近义 艰难险阻

山高月小 shān gāo yuè xiǎo

【释义】指天气晴朗时秋夜所见的景色。

【用法】只能用于描述秋夜有山有水之处的月景。

【例句】秋夜，我们在大屿山上，只见～，一时心旷神怡。

山光水色 shān guāng shuǐ sè

【释义】指山水的风光景色。

【用法】形容山水秀丽。

【例句】那几天，有的是满湖烟雨，～，俱是一片迷蒙。

山呼海啸 shān hū hǎi xiào

【释义】山在呼号，海在咆哮。

【用法】形容气势盛大而猛烈。

【例句】在～般的轰鸣中，无数的断鳞残甲，化作腥风血雨，在深渊中奔腾。

近义 山摇地动

山回路转 shān huí lù zhuǎn

见 218 页"峰回路转"。

山盟海誓 shān méng hǎi shì

见 268 页"海誓山盟"。

山鸣谷应 shān míng gǔ yìng

【释义】高山鸣响，深谷回应。

【用法】形容声音回荡，也形容此呼彼应。

【例句】精疲力竭的巨松，摇晃着遍体鳞伤的身躯，轰然倒下了，天惊地动，～。

近义 同声相应

山明水秀 shān míng shuǐ xiù

【释义】山色清明，水色秀丽。也作"水秀山明"。

【用法】形容景色优美。

【例句】一遇见银柳，就会想起～、风景如画的杭州西湖。

近义 山清水秀

反义 穷山恶水

山南海北 shān nán hǎi běi

【释义】指很远的地方，或相隔遥远。也比喻谈话无中心，漫无边际地乱说。

【用法】形容距离很远。

【例句】毕业后同学们各奔东西，～，见面的机会就少了。

近义 天各一方

反义 近在咫尺

山栖谷饮 shān qī gǔ yǐn

【释义】在山谷中居住，喝着山谷里的水。

【用法】多形容隐居生活。

【例句】父亲很想过～的生活，但这只是一种幻想而已。

山清水秀 shān qīng shuǐ xiù

【释义】清：清静，寂静。秀：秀丽。指山色清净，水色秀丽。

【用法】形容风景优美。

【例句】因为这一带有山洼地，冬天蔽风，不太冷；夏天～，树木成荫，风景非常优美。

近义 山明水秀

反义 穷山恶水

S

山穷水尽　*shān qióng shuǐ jìn*

【释义】穷:到尽头。水:河流。山和水都走到了尽头,前面再没路可走了。也作"水尽山穷""山穷水绝"。

【用法】比喻无路可走,陷入绝境。

【例句】当你的思绪到了～的地步,你不妨出去走走,或许会有转机。

近义 日暮穷途　穷途末路　走投无路

反义 绝处逢生　枯木逢春　柳暗花明

山穷水绝　*shān qióng shuǐ jué*

见616页"山穷水尽"。

山颓木坏　*shān tuí mù huài*

【释义】山:泰山。颓:倒塌。木:梁木。泰山倒塌了,房梁折断了。

【用法】多比喻伟人的逝世。

【例句】总理去世,～,举国上下沉浸在无比的哀痛之中。

山外有山　*shān wài yǒu shān*

【释义】山的外面还有别的山。比喻某一境界之外还有更高的境界。

【用法】多用于勉励人的用语。

【例句】不要为取得这些成绩而骄傲,～,还要不断努力才行啊。

近义 天外有天　强中更有强中手

山摇地动　*shān yáo dì dòng*

【释义】高山和大地都在摇晃。也作"地动山摇"。

【用法】形容震动强烈或声势浩大。

【例句】顷刻间～,汶川大地震发生了。

近义 天崩地裂

反义 风平浪静

山阴道上　*shān yīn dào shàng*

【释义】山阴:今浙江绍兴。原指一路风景优美,看不过来。后指好东西很多,来不及应付。

【用法】用于书面语,比喻性较强。常与"应接不暇"连用。

【例句】花果山百花齐放的景象炫人眼目,正是～,应接不暇。

山雨欲来风满楼　*shān yǔ yù lái fēng mǎn lóu*

【释义】欲:将要。山雨快要来临时满楼大风呼啸。

【用法】多用来比喻重大事件或战争爆发前的紧张气氛。

【例句】边境线上,两国都在频繁调兵,大有～之势。

山珍海味　*shān zhēn hǎi wèi*

【释义】山珍:山林中的珍异食品。海味:海洋中的珍贵海产品。泛指丰盛的佳肴。

【用法】常用于形容极名贵的酒席。

【例句】宴会上,～,应有尽有。

近义 美味佳肴

反义 粗茶淡饭　家常便饭

删繁就简　*shān fán jiù jiǎn*

【释义】删:除去。就:趋向。删去多余的文字或内容使之简明扼要。

【用法】多用于文字的修改。

【例句】要把这些内容编入字典,就必须～。

提示"繁"不能写成"烦"。

姗姗来迟　shān shān lái chí

【释义】姗姗：行走缓慢从容的样子。形容不慌不忙来得很晚。

【用法】常形容在约会中迟到的人。

【例句】老王～，害得大家在候机楼等了半个小时。

煽风点火　shān fēng diǎn huǒ

【释义】扇起风，使点燃的火烧旺起来。比喻鼓动别人做某种事。

【用法】多指唆使别人干坏事。含贬义。

【例句】我们不能相信小轩的话，她是在～，目的是鼓动不明真相的人闹事。

近义　推波助澜　兴风作浪

反义　息事宁人

潸然泪下　shān rán lèi xià

【释义】潸然：流泪的样子。感情被深深触动而流下眼泪。

【用法】形容伤心流泪，程度比悲痛欲绝稍轻。

【例句】她听到母亲的死讯，不禁～。

近义　怆然泪下

反义　笑逐颜开

闪烁其词　shǎn shuò qí cí

【释义】闪烁：光一闪一闪。词：言辞，话语。指说话吞吞吐吐，遮遮掩掩。

【用法】多形容说话不直截了当，不肯说出真相。

【例句】小明知道为人应当坦率，但考虑到后果，又不得不～。

近义　含糊其辞　吞吞吐吐　支吾其词

反义　直抒己见　直言不讳

善罢甘休　shàn bà gān xiū

【释义】好好地了结纠纷，不再纠缠下去。

【用法】多用于否定和反诘（不会～；岂能～）

【例句】你把他得罪了，可要当心，他决不会～的。

近义　息事宁人

善财难舍　shàn cái nán shě

【释义】善财：也称善财童子，佛教菩萨，后取"善"之"爱惜"意，指爱惜钱财。舍：施舍。指不愿施舍钱财做善事。

【用法】常用于形容人富有而不肯救济社会。

【例句】他很大方，不会～。

反义　博施济众

善男信女　shàn nán xìn nǚ

【释义】佛教用语，原指皈依佛法的男女。后泛指信奉佛教的人们。

【用法】常用来称居士以外的一般信奉者，冠上否定词时则有不是好欺侮之意。

【例句】每逢观音生日，就有许多～前去

文殊院拜佛。

善气迎人　shàn qì yíng rén

【释义】气：气息。以和善之气待人。

【用法】形容和蔼可亲的样子。

【例句】他为人温和热诚，～。

近义 和蔼可亲

反义 恶气迎人

善始善终　shàn shǐ shàn zhōng

【释义】善：好。指很好地开头，圆满地结束。

【用法】形容一个人办事认真，能很好地坚持到底。

【例句】他做事你尽管放心，他从来都是～的。

近义 有始有终　有头有尾

反义 有始无终　有头无尾　半途而废　虎头蛇尾

善有善报　shàn yǒu shàn bào

【释义】报：报答，报应。行善、做好事必定会得到好的回报。

【用法】常与"恶有恶报"连用，用于劝诫人。

【例句】～，恶有恶报，善恶未报，时候未到。

善自为谋　shàn zì wèi móu

【释义】自为：为自己。"自"是介词"为"的宾语。谋：谋划，打算。善于为自己打算。

【用法】多指善于保护自己。

【例句】张民对一起打工的同乡说："我将去北京闯闯，你们就～吧。"

提示"为"不读 wéi。

伤风败俗　shāng fēng bài sú

【释义】风、俗：风气，习俗。败：破坏，败坏。指破坏良好的风俗，败坏风气。

【用法】多用来谴责道德败坏的行为。

【例句】啊，她这身打扮，简直～，村里人都看不下去啦！

近义 有伤风化

伤弓之鸟　shāng gōng zhī niǎo

见 359 页"惊弓之鸟"。

伤筋动骨　shāng jīn dòng gǔ

【释义】指筋骨受伤。比喻蒙受重大的损害或经历大的折腾。

【用法】常用于形容有重大改动。

【例句】～，一百天才能好。／股票的暴跌，使他～，一时难以恢复元气。

近义 创巨痛深

伤时感事　shāng shí gǎn shì

【释义】对时势或事情有所感慨和伤痛。

【用法】常用于形容有感于政治黑暗，内忧外患，或世界大局动荡不安。

【例句】"安史之乱"前后，杜甫创作了许多～的诗篇。

近义 忧国忧民

伤天害理　shāng tiān hài lǐ

【释义】违背天然准则，败坏伦理道德。指做事残忍狠毒，灭绝人性。

【用法】常用来斥责道德败坏的行为。

【例句】敌人这种～、倒行逆施的恶行，更加激起广大人民的怒火。

近义 丧尽天良

伤心惨目　shāng xīn cǎn mù

【释义】景象非常悲惨，使人不忍心看。

【用法】形容心里悲痛，惨不忍睹。

【例句】经历了百年不遇的洪水，家园可谓～。

近义 惨不忍睹

赏罚分明　shǎng fá fēn míng

【释义】该奖赏的奖赏，该惩罚的惩罚，界限清楚，毫不含糊。也作"赏罚严明"。

【用法】用作褒义。

【例句】车间领导不仅派任务要合理，而且要～，才能树立威信。

反义 赏罚不当　赏罚不明

赏罚严明　shǎng fá yán míng

见619页"赏罚分明"。

赏心乐事　shǎng xīn lè shì

【释义】指欢畅的心情和愉快的事情。

【用法】多形容做自己喜欢的事而心情轻松欢畅。

【例句】业余时间，种种花，养养鱼，确实是～。

赏心悦目　shǎng xīn yuè mù

【释义】赏心：因有所赏玩而产生的愉悦的心情。悦目：看着愉快，好看。指因欣赏美好的情景而心情舒畅。

【用法】用于形容美好的景物。一般人作主语，如果主语是景物，则表达为"令人赏心悦目"。

【例句】在闷热的天气里乘坐以星空为顶篷的车，真是件～的事情。

近义 爽心悦目　心旷神怡
反义 触目惊心　不堪入目

赏信必罚　shǎng xìn bì fá

见816页"信赏必罚"。

赏信罚必　shǎng xìn fá bì

见816页"信赏必罚"。

上谄下渎　shàng chǎn xià dú

【释义】谄：谄媚，巴结奉承。渎：轻慢。指对上谄媚，对下轻慢。

【用法】用于人。含贬义。

【例句】小明～的处事作风给大家留下了不好的印象。

上谄下骄　shàng chǎn xià jiāo

【释义】对上级逢迎的人，对下属就一定骄横。

【用法】用于人。含贬义。

【例句】黄主任～，我们的日子不好过。

上乘之作　shàng chéng zhī zuò

【释义】上乘：本佛教用语，就是"大乘"（大乘是公元一、二世纪流行的佛教派别，自以为可以普度众生，所以称为大乘）。一般借指文学艺术的高妙境界或上品，也泛指事物质量好或水平高。

【用法】多指质量高的作品和优秀著作。

【例句】许多谜语,皆系雅俗共赏的～。

上蹿下跳　shàng cuān xià tiào

【释义】蹿:向上或向前跳。形容动物到处蹿蹦。也比喻人为了达到某种目的而到处活动。也作"上蹿下跳"。

【用法】用于人的时候含贬义。

【例句】小老鼠～,寻找美食。/他是个～的小丑,到处煽风点火,唯恐天下不乱。

上蹿下跳　shàng cuàn xià tiào

见620页"上蹿下跳"。

上当受骗　shàng dàng shòu piàn

见665页"受骗上当"。

上刀山,下火海　shàng dāo shān, xià huǒ hǎi

【释义】指置身于非常艰难危险的境地。

【用法】形容事情艰难。

【例句】若有用得着我的时候,请尽管吩咐,就是～,我也在所不辞!

近义 龙潭虎穴

上方宝剑　shàng fāng bǎo jiàn

见621页"尚方宝剑"。

上纲上线　shàng gāng shàng xiàn

【释义】纲:提网的总绳,比喻事物最主要的部分。线:路线,特指政治路线。把问题提到政治路线的高度来看待。

【用法】多形容不怀好意地小题大做。含贬义。

【例句】随便给人～,这种现象已是过去的事了。

上和下睦　shàng hé xià mù

【释义】和、睦:相处得好。上级和下级或长辈和晚辈相处得很好。

【用法】用于人际关系。含褒义。

【例句】我们这个小团体从来是很和谐的,～,团结友爱,因此,每项工作都完成得很好。

上梁不正下梁歪　shàng liáng bù zhèng xià liáng wāi

【释义】梁:屋子的横梁。比喻上面的人行为不正,下面的人也就跟着学坏。

【用法】用作贬义。

【例句】～,看见经理这样干,部分职工也跟着干。

上气不接下气　shàng qì bù jiē xià qì

【释义】下一口气接不上上一口气。

【用法】形容喘不过气来的样子。

【例句】老杨哮喘病犯了,～地对儿子说:"你立即回到工作岗位上勤奋工作。"

近义 气喘吁吁　气喘如牛

上驷之材　shàng sì zhī cái

【释义】驷:同拉一辆车的四匹马。指非常优异的人才。

【用法】用于称赞别人有很高的才能。

【例句】他是～,对工厂必会有大贡献。

反义 下乘之才

上天入地　shàng tiān rù dì

【释义】升上天空,钻入地下。

【用法】形容神通广大。也形容找遍天下。

【例句】孙悟空练就了～七十二变的本

领。/他是一个普通的民警,下定决心就是～也要帮助她找到被拐卖的孩子。

上天无路,入地无门

shàng tiān wú lù,rù dì wú mén

【释义】指走投无路、无法可施的窘迫困境。

【用法】形容陷入绝境。

【例句】如果在这荒无人烟的沙漠中迷了路,那可是～。

近义 进退两难　走投无路

上无片瓦,下无立锥之地

shàng wú piàn wǎ,xià wú lì zhuī zhī dì

【释义】上面没有一片瓦,下面连插一把锥子的地方都没有。

【用法】形容一无所有,贫穷到极点。

【例句】旧中国的劳苦大众～。

近义 一贫如洗　家徒四壁

反义 腰缠万贯

上下其手　shàng xià qí shǒu

【释义】指玩弄手法,颠倒是非。

【用法】比喻暗中勾结,随意玩弄手法,串通作弊。含贬义。

【例句】你们一定要防止企业内部～,共同犯罪。

近义 徇私舞弊

反义 光明正大

上下一心　shàng xià yī xīn

【释义】上上下下一条心。

【用法】形容思想一致。

【例句】现在全村百姓～,争取在三年内彻底改变贫穷落后的面貌。

近义 同心协力

反义 离心离德

上行下效　shàng xíng xià xiào

【释义】效:仿效,效法。上面或上辈的人怎样做,下面或下辈的人就学着怎样做。

【例句】自从母亲戒肥肉后,姐姐～,也跟着把肥肉戒了。

近义 如法炮制　鹦鹉学舌

上知天文,下知地理

shàng zhī tiān wén,xià zhī dì lǐ

【释义】形容学问渊博,无所不知。

【用法】常用来夸赞某人知识渊博。

【例句】您真有学问,～。

尚方宝剑　shàng fāng bǎo jiàn

【释义】尚方:制作或储藏御用器物的官署。指尚方署特制的御用宝剑(持有皇帝所赐的尚方宝剑,有代表皇帝行事的权力)。也作"上方宝剑"。

【用法】比喻政策条例、上级指示、上级赋予的权力等。

【例句】张国焘拿着共产国际这把"～"阻止起来,贺龙身挎双枪闯入前敌委员会开会的房子,向张国焘发火质问。

稍胜一筹　shāo shèng yī chóu

见442页"略胜一筹"。

稍逊一筹　shāo xùn yī chóu

【释义】稍:略,略微。逊:差,不如,比不上。筹:筹码,计数的工具。指略差一点。

【用法】形容比较起来稍微差一点。含贬义。

【例句】后起的模仿者比创始者～。

近义 略逊一筹

反义 略胜一筹

稍纵即逝　shāo zòng jí shì

【释义】稍：稍微，略微。纵：放，放开。逝：消失。稍微松开一下就会失去。

【用法】形容机会或时间等稍不注意把握就会失去。

【例句】机会如白驹过隙，～。

近义　白驹过隙　电光石火

少安毋躁　shǎo ān wú zào

【释义】少：略微。毋：不要。耐心等待一下，不要急躁。

【用法】多用于口语。

【例句】你们扬州方面的代表～，暂时不要过来。

近义　安之若素　安步当车

反义　气急败坏　心急如焚

提示　"少"不读 shào，"躁"不能写成"燥"。

少见多怪　shǎo jiàn duō guài

【释义】指人因见闻少而对遇到的平常的事情也感到奇怪、诧异。

【用法】多用于嘲讽别人孤陋寡闻。

【例句】要改变～的毛病，最好的办法就是多学习，多实践。

近义　大惊小怪　蜀犬吠日

反义　见多识广　见惯不惊　屡见不鲜

少头无尾　shǎo tóu wú wěi

【释义】指首尾不全。也指不完整，不系统或办事不周到。

【用法】多用于口语。含贬义。

【例句】这孩子的表达能力实在太差，讲个故事也总是～的。

少言寡语　shǎo yán guǎ yǔ

【释义】寡：少。不爱说话，沉默寡言。

【用法】形容说话不多。

【例句】这孩子平常～，性格内向，把自己埋得很深，要接近她的内心太难了。

近义　沉默寡言

反义　滔滔不绝

少不更事　shào bù gēng shì

【释义】少：年纪轻。更：经历。指人年纪轻，经历的事不多，缺乏经验。也作"少不经事"。

【用法】常用于年幼之辈因冒犯年长之人而道歉，请求不要见怪。

【例句】我的弟弟～，昨天失言冒犯，请您原谅！

近义　乳臭未干　初出茅庐　羽翼未丰

反义　少年老成　老成持重　老成练达

提示　"更"不读 gèng，"少"不读 shǎo。

少不经事　shào bù jīng shì

见 622 页"少不更事"。

少年得志　shào nián dé zhì

【释义】少年：人十岁左右到十五六岁的阶段。得志：实现志愿。指年纪轻时便实现了抱负。

【用法】形容人很年轻便做出了突出的成绩，出人头地。

【例句】我接到老王的请柬，想起当年他数学竞赛获奖时～的情景，恍若隔世。

反义　白首空归

少年老成　shào nián lǎo chéng

【释义】少年：人十岁左右到十五六岁的阶段。老成：老练成熟。原指人虽年纪轻，但举止稳重，处事老练。现有时也指年轻人缺乏朝气。

【用法】原用于称赞青年人，现也可用来

讥讽做事过于持重,暮气沉沉的人。

【例句】这个孩子～,难得啊。

近义 老成持重　老成练达

反义 少不更事

少壮不努力,老大徒伤悲

shào zhuàng bù nǔ lì, lǎo dà tú shāng bēi

【释义】少壮:年轻力壮。老大:年岁大了。徒:白白地。年轻时不努力,到了老年悲伤也没有用了。

【用法】常用于鼓励青年及时立志向上。

【例句】青少年一定要珍惜时光,努力学习,否则就会有～的结局。

召父杜母　shào fù dù mǔ

【释义】召:指召信臣,西汉南阳太守。杜:指杜诗,东汉南阳太守。旧时常用于颂扬官吏的政绩。

【典故】汉代时,召信臣和杜诗先后出任南阳太守,都是体恤百姓、勤政廉洁的官吏。召信臣在任时,修渠坝十数处,使三万顷田地得到灌溉,百姓安居乐业;杜诗在任时,造水排,铸农器,爱惜民力,社会安定,百姓富足。百姓称颂说:“前有召父,后有杜母。”(《汉书·召信臣传》《后汉书·杜诗传》)

【例句】李县长为官清廉,爱护百姓,当地人都称他为当代的～。

舌敝唇焦　shé bì chún jiāo

【释义】敝:破。焦:干。指说话说得把嘴唇说干,舌头磨破。也作“唇焦舌敝”。

【用法】形容说话太多。

【例句】张老师说得～,可是没多少人听懂。

近义 口燥唇干

提示 “敝”不能写成“蔽”。

舌敝耳聋　shé bì ěr lóng

【释义】敝:破。指讲话的人把舌头都讲破了,听的人把耳朵都讲聋了。形容议论繁杂。也指舌头不灵便,听力也很差。

【用法】常用来形容老年人的迟钝。

【例句】辩论长达四个小时,搞得～,比跑马拉松还累人。/ 他老人家已经是～了,但他仍然没有停止工作,这种精神实在让我们佩服。

舌剑唇枪　shé jiàn chún qiāng

见129页“唇枪舌剑”。

舌挢不下　shé jiǎo bù xià

【释义】挢:翘起。指舌头翘起久久放不下来。

【用法】形容极为惊讶或害怕。多用于书面语。

【例句】看到这一幕,他～,久久不能平静。

舌战群儒　shé zhàn qún rú

【释义】舌战:激烈辩论。儒:旧时指读书人。指与众多有学识的人激烈论争,并驳倒对方。

【典故】东汉末年,刘表去世,刘琮投降曹操,形势对刘备与孙权极为不利。刘备派诸葛亮随鲁肃一起前往东吴去说服孙权联合抗曹。诸葛亮在孙权的殿前先后把张昭、虞翻、步骘、陆绩的投降主义驳得体无完肤,孙权终于同意联刘抗曹。(《三国演义》第四十三回)

【用法】多用于褒赞能言善辩的人。

【例句】在全国大学生辩论会决赛上,四

川大学代表队面对全国各地的辩论高手、～,表现得十分精彩。

蛇蝎心肠 shé xiē xīn cháng

【释义】蝎:蝎子,一种有毒的虫。像蛇蝎一样的心肠。

【用法】比喻人的心肠凶狠毒辣。含贬义。

【例句】他所憎恶的小人们,到底怀着怎样一副～。

近义 狼心狗肺

反义 菩萨心肠

舍本逐末 shě běn zhú mò

【释义】舍:舍弃。逐:追逐,追求。做事不从根本的、主要的部分入手,而在枝节上下功夫。指轻重主次倒置。

【用法】比喻做事不抓主要问题,而去追求细枝末节。

【例句】写文章只追求形式,而不注意内容,那是～。

近义 买椟还珠   本末倒置

反义 崇本抑末   提纲挈领

舍短取长 shě duǎn qǔ cháng

【释义】舍:舍弃。指不计较别人的短处或缺点,取其长处或优点而加以使用。

【用法】形容抛弃缺点吸收优点。

【例句】使用干部也是一种艺术,必须～。

近义 取长补短

舍己从人 shě jǐ cóng rén

【释义】舍:放弃。从:顺从。原指放弃个人的意见,尊重公论。后指舍弃自己的利益或主张,顺从别人。

【用法】多用于指态度、主张。

【例句】没想到在关键的时候,你竟然～,不能坚持自己正确的看法。

舍己救人 shě jǐ jiù rén

【释义】舍:舍弃,放弃。指不惜牺牲自己的生命去拯救别人。

【用法】用于人。含褒义。

【例句】罗盛教烈士奋不顾身、～的英雄壮举,使青春的价值得到了最辉煌的体现。

近义 舍己为人   从井救人

舍己为人 shě jǐ wèi rén

【释义】舍:舍弃,放弃。为:帮助。指舍弃自己的利益去帮助别人。

【用法】一般用来称颂人的崇高品质。含褒义。

【例句】这位正直、善良、～的男子汉,一直让大家怀念。

近义 舍己救人   从井救人

反义 损人利己

舍近求远 shě jìn qiú yuǎn

【释义】舍:舍弃,放弃。指舍弃近的不取却到远处寻找。

【用法】比喻做事走弯路或追求不切实际的东西。

【例句】黄瓜这东西我们这边多的是,你不必～到处去买。

近义 弃易求难

反义 就地取材

舍身成仁 shě shēn chéng rén

见 613 页"杀身成仁"。

舍生取义 shě shēng qǔ yì

【释义】舍:舍弃,放弃。生:生命。取:求取。义:正义。指舍弃生命,选择正义。

【用法】形容为了维护正义而牺牲自己生命的行为。

【例句】江姐～、视死如归的英雄气概,令我们钦佩。

近义 杀身成仁 成仁取义 舍身求法

反义 苟且偷生 贪生舍义

舍生忘死 shě shēng wàng sǐ

【释义】舍:舍弃,放弃。舍弃生命,忘却死亡,不把自己的生死放在心上。

【用法】形容不顾个人安危。

【例句】武警战士发扬我军优良作风,顶风雨、战酷暑,～,做出了突出贡献。

近义 奋不顾身 视死如归 舍己救人

反义 贪生怕死 苟且偷生

舍我其谁 shě wǒ qí shéi

【释义】舍:舍去,除去。指除我,还有谁呢?

【用法】形容自视甚高,当仁不让。也形容狂妄自负。

【例句】他平日就很要强,面临重大任务时,常常会表现出～的气概。/不要以为自己学历高,就摆出一副～的架势,这会叫人反感。

近义 非我莫属 目中无人

设身处地 shè shēn chǔ dì

【释义】设:设想。身:己,自己。处:处于,位于。设想自己处在别人的位置或境遇中。

【用法】形容从别人的角度或立场上为别人着想。

【例句】经常～为别人着想,你身边的好朋友一定很多。

近义 将心比心

涉笔成趣 shè bǐ chéng qù

【释义】涉笔:动笔,着笔。趣:情趣、意趣。指一动笔就可以创作出很有意趣的作品。

【用法】形容艺术修养很高。

【例句】齐白石先生画艺高超,举凡花卉草木,鸟兽虫鱼,尽管着墨不多,无不～。

涉海凿河 shè hǎi záo hé

【释义】涉:渡过。指渡过海去开凿河道。

【用法】多比喻事情无法成功。

【例句】像他这样～地去做事,不会有结果的。

射石饮羽 shè shí yǐn yǔ

【释义】饮:隐没。羽:箭尾的羽毛。箭射到石头里,连箭尾的羽毛也陷没了。形容臂力过人。

【用法】多形容技艺高超的人。

【例句】这个山寨的头目虽不能～,但十八般武艺,也大多能够上手。

射影含沙 shè yǐng hán shā

见270页"含沙射影"。

身败名裂 shēn bài míng liè

【释义】身:身份,地位。败:败坏,毁坏。指身份丧失,名誉扫地。

【用法】形容(干了坏事或犯了大错误后)遭到彻彻底底的失败。

【例句】有些官员,往往因受贿,弄得个～。

近义 身名俱灭 声名狼藉 声名扫地 臭名昭著

反义 身显名扬 功成名就

身不由己 shēn bù yóu jǐ

【释义】由:由着,顺从,听从。指身体不能由自己做主。

【用法】形容行动受制于别人或环境。

【例句】他回忆这段苦涩的经历,深感并不能用～这几个字来推卸自己的责任。

近义 不由自主

反义 自由自在

提示"己"不能写成"已"。

身单力薄　shēn dān lì bó

【释义】单：弱。身体瘦弱，力量薄弱。

【用法】形容人单势孤，身体屡弱。

【例句】小明长得～，不是当运动员的料。

近义 势单力薄

反义 身强力壮

身怀绝技　shēn huái jué jì

【释义】怀：拥有，具有。绝技：别人不易掌握的技艺。指自身具备高超的他人难以掌握的技艺。

【用法】形容人技艺高超。

【例句】这个村子～的老人多的是。

身怀六甲　shēn huái liù jiǎ

【释义】六甲：传说为天帝造物的日子，即甲子、甲寅、甲辰、甲午、甲申、甲戌。指妇女怀孕。

【用法】女子有了身孕的别称。

【例句】她～，已快到生产的时候了。

身价百倍　shēn jià bǎi bèi

【释义】身价：自身价值，指一个人的社会地位，也指某物的价值。指身价提高一百倍。

【用法】形容人的地位或某物的价值一下子大大提高了。

【例句】有些演艺界人士参加了央视春节联欢晚会，似乎就～。

身经百战　shēn jīng bǎi zhàn

【释义】身：自身，自己。经：经历。指亲身参加了很多次战斗。

【用法】常用来形容人经验丰富。含褒义。

【例句】他～，临阵决断，有勇有谋。

身临其境　shēn lín qí jìng

【释义】身：自身，亲身。临：到。指亲自到了那个境地。也作"亲临其境"。

【用法】形容感受深切。

【例句】你不～，根本就感受不到他的演讲有多么精彩。

身名俱灭　shēn míng jù miè

【释义】身名：身体和名誉。指生命和名誉全部毁灭。

【用法】用作贬义。

【例句】贪官不自重，弄得个～。

近义 身败名裂

反义 功成名就　身显名扬

提示"俱"不能写成"具"。

身强力壮　shēn qiáng lì zhuàng

【释义】身体强壮有力。

【用法】多形容健壮的男士。

【例句】这位～的小伙子，经常帮军属张大娘担水，劈柴。

近义 年富力强

反义 骨瘦如柴　弱不禁风

身轻言微　shēn qīng yán wēi

【释义】身：身份。指职位低下，说话不被人重视。

【用法】用于人。含贬义。

【例句】你～，何必再多说。

身首异处　shēn shǒu yì chù

【释义】身：躯体。首：头。异处：不同的地方。身体和头颅分在两处。指被杀头。

【用法】现多泛指被害或遇难。

【例句】证人看见死者时，死者已经～。

近义 首足异处

身体力行 shēn tǐ lì xíng

【释义】身:亲身。体:体验。力:努力。指亲身体验,努力实行。

【用法】多用来表示不仅在口头上主张、赞同或接受,而且也努力去做。

【例句】他曾提出"教育救国"的主张,并～十余年。

近义 躬行实践

提示 "身体"不是一个词,"体"不能理解成躯体或肢体。

身外之物 shēn wài zhī wù

【释义】个人身体以外的东西,指财产、名誉、地位、权力等。

【用法】多表示无足轻重的意思。

【例句】钱财都是～,不要把它看得过重。

身无长物 shēn wú cháng wù

【释义】长物:多余的东西。人除自身外,东西非常少。

【典故】东晋时,王忱见王恭座上铺有竹席,便向王恭讨要。王恭随后让人把竹席给王忱送去,自己只能坐在草席上。王忱听说后,惊讶地说:"吾本谓卿多,故求耳。"王恭对曰:"丈人不悉恭,恭作人无长物。"(《世说新语·德行》)

【用法】形容贫寒。

【例句】唐朝著名音乐家李龟年,晚年横遭离乱,漂泊江南,～,唯有琵琶。

近义 别无长物 一无长物

反义 绰有余裕 丰衣足食

提示 "长"旧读 zhàng,但不读 zhǎng。

身无分文 shēn wú fēn wén

【释义】文:一枚钱为一文。指身上没有

一文钱。

【用法】形容一贫如洗。

【例句】他北上求职,却遭遇小偷,～,幸好路人相助,使他渡过了难关。

近义 一钱不名 一贫如洗 穷困潦倒

反义 腰缠万贯

身先士卒 shēn xiān shì zú

【释义】先:先行,走在前面。指作战时将帅亲自带头,冲在士兵前面。

【用法】现多比喻领导带头走在群众前面。

【例句】许世友手举驳壳枪冲杀在前,～,给部队以极大的鼓舞。/领导干部要～,不要坐在办公室指挥。

近义 一马当先 以身作则

身显名扬 shēn xiǎn míng yáng

【释义】显:显露,显现。扬:广为人知。指出人头地,声名远扬。

【用法】一般用作褒义。

【例句】他的儿子品学兼优,将来一定会～。

近义 功成名就

反义 身名俱灭 身败名裂

身陷囹圄 shēn xiàn líng yǔ

【释义】囹圄:监狱。指被关进监狱。

【用法】形容身受束缚或身处困境。

【例句】正当父亲～,生死难卜之际,救星突然出现了。

身心交病 shēn xīn jiāo bìng

见 627 页"身心交瘁"。

身心交瘁 shēn xīn jiāo cuì

【释义】身心:身体和精神。交:并,皆,

都。瘁:困顿,劳累。指身体和精神过度劳累。也作"身心交病"。

【用法】形容身体衰弱,精神不振。

【例句】这位～的中年男子,痛悔地用拳头捶打着自己已见丝丝白发的头颅。

近义 心力交瘁

提示 "瘁"不能写成"碎"。

身在曹营心在汉　shēn zài cáo yíng xīn zài hàn

【释义】曹营:三国魏曹操的营垒。汉:指蜀汉刘备阵营。原指三国时蜀汉刘备的部将关羽身陷曹营而心怀故主。用于指坚持节操,忠于故主。现多指人虽在这里,心却向着那里。

【典故】公元200年,曹操征刘备,刘备战败。关羽与刘备失散后,不得已降了曹操。曹操对关羽优礼有加,三日一小宴,五日一大宴,封侯赐爵。但关羽不为所动,最后挂印封金,不辞而别,过五关斩六将,与刘备、张飞相聚。(《三国演义》第二十五至二十七回)

【用法】现多用作贬义。

【例句】身为车间主任的他,～,居然在外搞起了第二职业。

身在福中不知福　shēn zài fú zhōng bù zhī fú

【释义】指处在优越、理想的境况中自己却不知道。

【用法】形容对优裕生活的不知足。

【例句】你妈妈对你真好,你不能～。

近义 不知好歹

身做身当　shēn zuò shēn dāng

【释义】身:自身,自己。当:担当,承担。自己做事自己承担。

【用法】多形容处事。

【例句】哥哥,我～,哪敢连累你呢。

近义 一人做事一人当

参横斗转　shēn héng dǒu zhuǎn

见176页"斗转参横"。

莘莘学子　shēn shēn xué zǐ

【释义】莘莘:形容众多。指众多的学子。

【用法】不能单指一个人。

【例句】海外的～纷纷学成回国,投身于祖国的建设大业。

深不可测　shēn bù kě cè

【释义】深得难以测量。

【用法】形容道理深奥难懂或人心隐晦,捉摸不透。

【例句】这个溶洞～,你最好别进去。/他这人捉摸不透,～。

近义 高深莫测

反义 一目了然　浅显易懂

深藏不露　shēn cáng bù lù

【释义】露:暴露。指深深地隐藏起来,不表露在外面。

【用法】多比喻人有真才实学而不爱在人前表现。

【例句】近读《全唐文补遗》,得知李婉顺生平,既惊叹其惊世才华,又为其～,无著述传世而深为叹惜

提示 "露"不读作lòu。

深藏若虚　shēn cáng ruò xū

【释义】虚:空。把宝贵的东西收藏起来,好像没这些东西似的。比喻人有知识有才能,但不爱在人面前表现。

【用法】常用于形容有才学的学者,对人对事谦虚而不炫耀。

【例句】王工程师技能出众,平时～,所以得到大家的敬重。
反义 锋芒毕露

深仇大恨 shēn chóu dà hèn
【释义】极深极大的仇恨。
【用法】形容对立的双方矛盾不可缓和,宿怨深重。
【例句】我们之间没有～,这点小误会就别放在心上了。
近义 血海深仇
反义 恩山义海　恩重如山

深居简出 shēn jū jiǎn chū
【释义】简:少。本指动物避居深山,很少出来。
【用法】现多形容人总是待在家里,很少出门。
【例句】功成名就的他,早已过上～的生活。
近义 足不出户

深谋远虑 shēn móu yuǎn lǜ
【释义】计划周密,考虑深远。
【用法】形容人做事预先有周密计划和长远考虑,用作褒义。
【例句】诸葛亮的～,才使得他的空城计得以成功。
近义 深识远虑　深思熟虑
反义 轻虑浅谋

深情厚谊 shēn qíng hòu yì
【释义】深情:深厚的感情。谊:情谊,友谊。深厚的感情与友谊。
【用法】一般用作褒义。
【例句】红军与大巴山人民结下了～。
近义 情同手足

反义 寡恩少义　无情无义
提示"谊"不能写成"意"。

深入浅出 shēn rù qiǎn chū
【释义】用浅显的语言或文字,来解释深奥的学术理论与知识。
【用法】形容文章或言论的内容很深刻,措辞却浅显易懂。
【例句】他学识渊博,谈吐风雅,讲起革命道理来～、生动形象。
近义 浅显易懂　言近旨远
反义 高深莫测

深入人心 shēn rù rén xīn
【释义】深深地进入人们的心里。指思想、理论、学说、主张等深为人们理解和接受。
【用法】多用于评价思想、言论、路线、政策等。
【例句】所到之处,没有一个单位、一个领导干部摆宴席,因为上级的约法三章已经～。

深思熟虑 shēn sī shú lǜ
【释义】深思:深刻地思考。熟:仔细、周密。深入细致而周密地思索考虑。
【用法】形容经过反复细致慎重地思考然后才决定做某事。
【例句】我的这个决定,是经过～之后才做的。
近义 深谋远虑　深识远虑　深思远虑
反义 轻虑浅谋

深思远虑 shēn sī yuǎn lǜ
【释义】深思:深刻地思考。想得很深,考虑得很远。

【用法】形容计划周到,具有远见。

【例句】像你这样～,做事一定会成功。

近义 深谋远虑　深思熟虑　深识远虑
反义 轻虑浅谋

深文巧诋　shēn wén qiǎo dǐ

【释义】深文:苛刻地制定或援用法律条文。巧诋:用巧妙的手段攻击诋毁别人。指以巧妙手段罗织罪名,陷人于罪。

【用法】用作贬义。

【例句】他做人不厚道,对自己不利的人常常～。

近义 深文周纳

深文周纳　shēn wén zhōu nà

【释义】深文:苛细地制定或援用法律条文。周:周密,不放松。纳:使陷入。指苛细地援用法律条文,陷人于罪。也指不根据事实,牵强附会给人强加罪名。

【用法】用作贬义。

【例句】假使是这样,那么对韩非的非难,殊不免有类～。

近义 深文巧诋

深恶痛绝　shēn wù tòng jué

【释义】深、绝:极其,表示程度深。恶、痛:厌恶,痛恨。厌恶、痛恨到极点。

【用法】形容对人或事感到非常讨厌憎恨。

【例句】全国人民都对腐败的贪官～。

近义 痛心疾首

提示 "恶"不读è。

深信不疑　shēn xìn bù yí

【释义】非常相信,毫不怀疑。

【用法】形容对人对事非常相信。

【例句】对于吴老师的话,我向来～。

近义 毫不怀疑

反义 半信半疑　将信将疑

神兵天降　shén bīng tiān jiàng

【释义】神兵:天兵,迷信说法指秉承天意有天神相助之兵。本指天兵从天而降。

【用法】现多指精锐的兵力奇迹般地突然出现。

【例句】女特警火速赶到现场。闹事者见～,不由慌忙逃窜。

神不守舍　shén bù shǒu shè

【释义】神:神魂,精神。迷信认为附在人体内并能离开人体而存在的精神与灵气。舍:房舍,比喻人的躯体。指灵魂离开了躯壳。

【用法】形容精神恍惚,心神不定。

【例句】他担心警察抓他,只得这里躲一躲,那里藏一藏,整天坐立不安,～。

近义 魂不附体　魂不守舍
反义 聚精会神　凝神静气

神不知鬼不觉　shén bù zhī guǐ bù jué

【释义】觉:觉察,发觉。指做一件事没有谁知道。

【用法】形容做事极为隐秘,不被人察觉。

【例句】我们三人自以为～,可还是露出了马脚。／李自成和刘宗敏等～地率领着队伍过了洛南,埋伏在华山东麓的深山密林中。

神采飞扬　shén cǎi fēi yáng

【释义】神采:人面部的神气和光彩。形容人容光焕发,兴致高昂。

【用法】用于人,含褒义。

【例句】父亲正与一位将军谈话,～,兴致勃勃。

近义 容光焕发　神采奕奕　精神焕发

反义 垂头丧气　无精打采　心灰意冷

神采奕奕　shén cǎi yì yì

【释义】神采:人面部的神气和光彩。奕奕:精神饱满的样子。形容人精神旺盛,容光焕发。

【用法】用于人,含褒义。

【例句】～的朱老师面带微笑,快步走进课堂。

近义 容光焕发　神采飞扬　精神焕发
　　 精神抖擞

反义 无精打采　垂头丧气　萎靡不振

提示 "奕"不能写成"弈"。

神差鬼使　shén chāi guǐ shǐ

见263页"鬼使神差"。

神出鬼没　shén chū guǐ mò

【释义】出:出现。没:消失。指像鬼神那样忽然出现,又忽然消失。

【用法】原比喻用兵神奇,变化莫测。现多形容行踪诡秘,出没无常。

【例句】先前听说他走了,可今天他又～地回来了。

近义 出没无常　神秘莫测　行踪诡秘
　　 出没无定

神乎其神　shén hū qí shén

【释义】乎:语气词,表感叹。其:那样。神秘奇妙到了极点。

【用法】形容非常神奇,也比喻故弄玄虚,故作神秘。

【例句】师母这双慧眼,真是～,识破了他的伎俩。／消费者一定要警惕有些～的广告宣传。

近义 出神入化

反义 不足为奇　平淡无奇

神魂颠倒　shén hún diān dǎo

【释义】神魂:精神,神志。颠倒:错乱。形容心神不定,神志恍惚。也作"梦魂颠倒"。

【用法】用于指对某人某事过分倾心、迷恋,以致精神不正常。多用作贬义。

【例句】如果一个学生对偶像的崇拜到了～的地步,那家长就应该引起重视了。

近义 梦魂颠倒　神不守舍　神魂飘荡
　　 神思恍惚

神魂飘荡　shén hún piāo dàng

【释义】神魂:精神,神志。心神恍惚,难以把握。

【用法】用于人的状态,形容精神飘忽。

【例句】他喝高了,不觉～,一会儿不知南北,一会儿不知东西。

近义 神魂颠倒

神机妙算　shén jī miào suàn

【释义】神机:非凡的机智。算:推测、预测。指惊人的机智,巧妙的预测。

【用法】形容有预见性,善于估计客观情势以决定策略。

【例句】那些所谓的风水先生自称～,其实是吹牛。

神来之笔　shén lái zhī bǐ

【释义】指创作时似受神灵启示而产生的极佳文句。

【用法】多形容作品、文句的意境和技法精彩绝伦。

【例句】这篇文章的这几句话真是～。

近义　生花妙笔

神气活现　shén qì huó xiàn

【释义】神气:神情意态;得意或傲慢的样子。活现:形象逼真地显现。

【用法】指神情意态逼真地显现出来。也形容自以为了不起而表现出的得意傲慢、目中无人的样子(含贬义)。

【例句】象鼻山的形态,很像一头巨象～地伸鼻吸水。/在新德里街头,会看到各式高级进口轿车,开车的都是～的专职司机。

近义　趾高气扬　神气十足

反义　垂头丧气

神气十足　shén qì shí zú

【释义】神气:自以为优越而得意或傲慢。指自以为了不起而表现出的趾高气扬的样子。

【用法】形容得意或傲慢的样子,多用作贬义。

【例句】新来的领导～地走进我们办公室,老师们都埋头批改作业,谁也没在意他的到来。

近义　神气活现　趾高气扬

反义　垂头丧气

神清气爽　shén qīng qì shuǎng

【释义】指人神志清醒,心情舒畅。也指人长得清秀,气质爽朗。

【用法】用作褒义。

【例句】刚游览了半个中国的王爷爷,显得～。/他长得眉清目秀,～。

反义　头昏脑涨

神色不惊　shén sè bù jīng

【释义】在紧张或危险状态下,神气和面容不变。形容极为镇静。

【用法】多形容人的神情。

【例句】手榴弹在他身旁冒着烟,他却～,飞起一脚,就把手榴弹踢到山下去了。

近义　神色自若

反义　惊恐万状

神色自若　shén sè zì ruò

【释义】自若:自然,不变常态。神态从容自然,面不改色。指遇事不惊,泰然自若。

【用法】一般用作褒义。

【例句】面对敌人的审问,刘胡兰～,毫不慌张。

近义　泰然自若　谈笑自若　坦然自若　神色不惊

反义　惊慌失措

神施鬼设　shén shī guǐ shè

【释义】施:实行。设:设计,安排。指神灵所设计造作。形容构思、安排极其高妙。

【用法】多用于形容文艺作品构思巧妙。

【例句】细味杜诗,皆以古人语句补缀为诗,平稳妥帖,若～。

近义　鬼斧神工　巧夺天工

神思恍惚　shén sī huǎng hū

【释义】神思:精神,心绪。恍惚:神志不清。心神不定,精神不集中。

【用法】形容人神情不安定。

【例句】她悲愤过度,一度～,我们原拟对她的访问只好作罢。

近义　神魂颠倒

神通广大　shén tōng guǎng dà

【释义】原是佛教用语,指其神通法力的广大无边。

【用法】现多形容人本领高超,无所不能。

【例句】老王～,别人难以办到的事,他总有办法达到目的。

近义 三头六臂

反义 一筹莫展　黔驴技穷

神闲意定　shén xián yì dìng

【释义】神情悠闲安详,心绪平静专一。

【用法】用于形容人的神情心绪,含褒义。

【例句】当命悬一线时,她依然～。

审时度势　shěn shí duó shì

【释义】审:审察,审视。度:估计,估量。指仔细研究当前时势,估计形势的发展趋势。

【用法】用于形容分析局势。

【例句】在国内加快高教改革的今天,中学生家长应冷静地～,规划好孩子的成才之路,正确看待中学生出国留学热。

近义 度德量力

提示 "度"不读 dù。

甚嚣尘上　shèn xiāo chén shàng

【释义】甚:很。嚣:喧闹。尘:尘土。指人声喧嚷,尘土飞扬。原形容军营忙于备战的状态。

【用法】现多形容某些非法活动、某种言论或流言一时十分嚣张。含贬义。

【例句】"读书无用"的论调曾一度～。

近义 喧嚣一时

慎言笃行　shèn yán dǔ xíng

【释义】慎:谨慎。笃:忠实,一心一意。指出言谨慎,做事诚实。

【用法】形容人的言行。含褒义。

【例句】先生正襟危坐,～,是叫人肃然起敬的。

慎终如始　shèn zhōng rú shǐ

【释义】谨慎到最后都像开始一样。指谨慎不懈,始终如一。

【用法】形容始终要谨慎从事。

【例句】只要～,就能做好事情。

近义 善始善终

反义 虎头蛇尾　有始无终

慎终追远　shèn zhōng zhuī yuǎn

【释义】终:父母丧。远:祖先。指办理丧事要依照礼法,追念祖宗要有诚心。

【用法】形容重视孝道的用语。

【例句】尽孝不单是父母在世时的事,还要做到～。

升斗之禄　shēng dǒu zhī lù

【释义】一升一斗的俸禄。形容微薄的官俸。

【用法】多用于书面语。

【例句】张教授可不是那种为～而折腰的人。

升堂入室　shēng táng rù shì

【释义】堂:古代宫室的前屋。室:古代宫室的后屋。指登上厅堂进入内室。也作"登堂入室"。

【用法】常用于形容学问造诣已进入高深的境界。

【例句】他们决定不～,只在门外谈一谈。/他研究数学,早已～,写下的有关论文恐怕当今无人企及。

反义 浅尝辄止

S

生搬硬套　shēng bān yìng tào

【释义】生、硬:生硬,勉强。搬:搬取。套:袭用,套用。指不顾实际情况机械地照搬照用别人的经验或办法等。

【用法】一般用作贬义。

【例句】不从实际出发,～别人的学习经验是不可取的。

近义 生吞活剥

反义 融会贯通

生不逢时　shēng bù féng shí

【释义】逢:遇上,碰上。出生没有遇上好时辰。指时运不济,碰不到好时机,或慨叹得不到赏识,不被人重视。

【用法】用作贬义。

【例句】他们～,遇上了国家动荡的年代,失去了上学读书的大好时机。

近义 时运不济　时不我予

反义 生适逢辰

生财有道　shēng cái yǒu dào

【释义】生财:创造积累财富。道:方法、途径。指对赚钱的事情很有门道、方法。

【用法】形容人善于做生意的用语。

【例句】他读书不多,但～,不几年就成了大款。

反义 谋生乏术

生栋覆屋　shēng dòng fù wū

【释义】生:没有加工过的,新的。栋:屋中的正梁。覆:倾覆。指用新砍伐的树木做正梁,容易变形,房屋容易倒塌。

【用法】形容急于求成,自取其祸。

【例句】建房乃百年大计,～当力避。

生动活泼　shēng dòng huó pō

【释义】生动:具有活力,能感动人的。指充满生机活力而不呆板。

【用法】多形容内容和形式的丰富、活跃。

【例句】李老师上课～,同学们很喜欢听他的课。

生而知之　shēng ér zhī zhī

【释义】不用学习,生来就知道。指天资聪慧。

【用法】形容人的本能。

【例句】人非～者,孰能无惑。

近义 不学而能

反义 学而知之

生发未燥　shēng fà wèi zào

【释义】生下来头发还没干的时候。指年幼的时候。

【用法】用于书面语。

【例句】他们认识于～之时,两小无猜,青梅竹马。

近义 乳臭未干

生花妙笔　shēng huā miào bǐ

【释义】笔管上生出花朵,文章写得非常妙。也作"妙笔生花"。

【用法】形容杰出的写作才能。

【例句】他笔下的人物个个栩栩如生,可谓～。

近义 笔下生花

反义 江郎才尽

生机勃勃　shēng jī bó bó

【释义】生机:生命力,活力。勃勃:旺盛的样子。形容富有朝气,充满活力。也作"生气勃勃"。

【用法】多形容景物、现象充满生命力。

【例句】过了正月,树枝光滑圆润,枝头缀满花苞,～。/我们的时代～,日新月异。

近义　生意盎然
反义　死气沉沉

生寄死归　shēng jì sǐ guī

【释义】寄：寄寓，暂住。归：归宿。指人活着时是在作客，死去才是归宿。后表现为对人生的达观态度。
【用法】旧时用于形容一些人把生死看得很轻。
【例句】他得知自己身患绝症后，虽然口头上说"～，不必在意"，但精神上却完全垮了。

生拉硬扯　shēng lā yìng chě

【释义】生、硬：生硬地，勉强地。拉、扯：牵扯，牵引。用力牵扯，强使人听从自己。比喻牵强附会。也作"生拉硬拽"。
【用法】多用于口语。含贬义。
【例句】他对这件事的处理，实在显得～，缺乏说服力。
近义　牵强附会

生拉硬拽　shēng lā yìng zhuài

见635页"生拉硬扯"。

生老病死　shēng lǎo bìng sǐ

【释义】佛教认为出生、衰老、疾病、死亡是人生的"四苦"。后泛指社会生活中生育、养老、医疗、殡葬等重大生活现象。
【用法】常形容人生中的重大变故。
【例句】～是人生必然经历的，应以平常心态对待。

生离死别　shēng lí sǐ bié

【释义】死别：永别。指很难再见面的别离或永久的别离。

【用法】多用在可能无法再见的分别场景中，表现对分别的悲伤。
【例句】～是痛苦的，但生活还要继续，必须坚强。
近义　生死永别

生灵涂炭　shēng líng tú tàn

【释义】生灵：生民，人民，百姓。涂：泥沼。炭：炭火。指百姓像陷入泥沼、坠入火坑一样。也作"生民涂炭"。
【用法】多形容（战乱时期）人民遭受巨大灾难，处在极端困苦的环境中。
【例句】法西斯恶魔灭绝人性滥施淫威，导致～，尸横遍野，把人间变成惨绝人寰的地狱。
近义　民不聊生
反义　安居乐业

生龙活虎　shēng lóng huó hǔ

【释义】像充满生气的蛟龙和富于活力的猛虎。形容活泼矫健，富有生气和活力。
【用法】多形容人有生气。
【例句】战士们一个个～，一拳一脚整齐

有力,一招一式准确熟练。

近义 龙腾虎跃　生气勃勃

反义 老气横秋　死气沉沉

生米煮成熟饭　shēng mǐ zhǔ chéng shú fàn

【释义】比喻事情已经做成,再也无法挽回、改变。

【用法】多用作俗语。

【例句】这件事已～,无法挽回了。

近义 木已成舟

生民涂炭　shēng mín tú tàn

见635页"生灵涂炭"。

生气勃勃　shēng qì bó bó

见634页"生机勃勃"。

生杀予夺　shēng shā yǔ duó

【释义】生:让人活。杀:夺去人的生命。予:给予。夺:剥夺,夺去。指统治者掌握生死、赏罚的大权。

【用法】现多形容领导掌握着下级赏罚、去留、升降等命运的权力。

【例句】审判工作是关系～和是非曲直的大事,不能轻率。

近义 大权在握　六辔在手

生生世世　shēng shēng shì shì

【释义】原为佛教用语,佛教认为众生不断轮回,生了死,死了又转生。现在指今生、来世,以至永生永世,一代又一代。

【用法】多用于誓言。

【例句】在经过许多磨难之后,他们终于结为夫妻,在成婚的日子,他们相对祝愿,愿～为夫妻。

生死存亡　shēng sǐ cún wáng

【释义】存:存活,活下来。生存或者死亡。多形容情势极端危急,面临生死成败的抉择。

【用法】多用来指紧急、关键的时刻。

【例句】面对～的关头,大家一定要头脑清醒,与敌人血战到底。

近义 生死关头　生死攸关　存亡绝续　存亡继绝　危急存亡

生死关头　shēng sǐ guān tóu

【释义】关头:关口,节骨眼,起决定性作用的时机或转折点。指决定生死成败的关键时刻。

【用法】形容极其紧急的契机或时刻。

【例句】在那～,他想到的不是别人,而是儿童福利院的老师和孩子们!

近义 生死存亡

生死肉骨　shēng sǐ ròu gǔ

【释义】生、肉:用作动词。指使死者复生,使白骨长肉。

【用法】形容恩惠极其深厚。

【例句】你这样成全我,真是～,我永远也不会忘记。

生死攸关　shēng sǐ yōu guān

【释义】攸:所。关:关系。指关系到人的生存和死亡的(事态或举措)。

【用法】形容事情的紧急和重大。

【例句】遵义会议在党的历史上是一个～的转折点。

近义 生死存亡

反义 无关紧要

生死与共　shēng sǐ yǔ gòng

【释义】与共:共同,一起。指同生共死。

【用法】形容情谊深厚,生死相依。

【例句】他俩是患难之交,～的好朋友。

近义 生死之交　相依为命

反义 离心离德　同床异梦

生死之交　shēng sǐ zhī jiāo

【释义】交:交情,交谊。指同生共死的交情或朋友。

【用法】形容友谊极其深厚。

【例句】一场海难使他们共同度过了一个惊心动魄的不眠之夜,他们～从此延续了一生。

近义 刎颈之交　患难之交　生死与共

反义 一面之交　泛泛之交

生吞活剥　shēng tūn huó bō

【释义】吞:整个儿咽下。剥:去掉皮或壳。原指生的吞下去,活的剥开来(贝壳类)。形容那时人类还过着野兽般的生活。

【典故】唐朝初年,枣强县尉张怀庆喜欢抄袭著名文人的文章。当朝大臣李义府曾写了一首五言诗,原文是:"镂月成歌扇,裁云作舞衣。自怜回雪影,好取洛川归。"张怀庆将这首诗改头换面,在每句的前头加上两个字,变成一首七言诗:"生情镂月成歌扇,出性裁云作舞衣。照镜自怜回雪影,来时好取洛川归。"人们读了张怀庆的这首诗,无不哗然大笑。有人讥讽他这种手段是:"活剥张昌龄,生吞郭正一!"张、郭都是当时以文词闻名的朝中要人,唐高宗的诏书和朝廷文告多半出自他们的手笔。(《大唐新语·谱谑》)

【用法】现多比喻生硬地接受或机械地搬用别人的理论、经验、方法等。

【例句】下笔写作前,小凤去图书馆翻了翻书,便～地套用进去,因此他的文章有明显的模仿痕迹。

近义 囫囵吞枣　生搬硬套　食而不化

反义 融会贯通　穷原竟委　寻根究底

生于忧患,死于安乐

shēng yú yōu huàn, sǐ yú ān lè

【释义】指经常处于忧愁患难能使人勤奋,从而得以生存;长期处于安逸快乐的环境,则使人怠惰而致死。

【用法】多用于引语。

【例句】历史上,越王勾践卧薪尝胆的故事,深刻地揭示了"～"的真理。

声出金石　shēng chū jīn shí

【释义】金石:古代打击乐器。指声音好像是乐器发出的。

【用法】多形容歌声悦耳动听。

【例句】我的老师唱歌非常好听,犹如～。

声东击西　shēng dōng jī xī

【释义】声:声张。声东:在东面虚张声势。击西:在西面实施攻击。表面上宣扬要攻打东方,实际上却攻打了西方。指作战时一种迷惑敌人、出奇制胜的战术。

【用法】常用于形容虚张声势、麻痹对手。

【例句】在官渡之战的交锋阶段,曹操～,攻其不备,打了袁绍一个措手不及。

近义 指东打西　调虎离山

声遏行云　shēng è xíng yún

见795页"响遏行云"。

声价十倍　shēng jià shí bèi

【释义】声价:声望与地位。指声誉与社会地位提高了十倍。

【用法】形容人的声誉和地位陡然提高。

【例句】由于他在文坛的地位很高,凡经他评价过的作品,便会～。

声泪俱下　shēng lèi jù xià

【释义】声:陈述。俱:都。指一边诉说,一边哭泣。

S

【用法】形容十分激愤悲恸的情状。

【例句】看他说得～,所有在场的人无不动容。

近义　痛哭流涕

反义　喜笑颜开

声名狼藉　shēng míng láng jí

【释义】声名:名声,声誉。狼藉:散乱不整齐的样子,引申为破败不可收拾。形容人的名誉坏到极点。

【用法】形容人行为恶劣,污迹昭彰。

【例句】由于走私外国香烟,东窗事发,船长被罢免职务,～。

近义　臭名昭著　名誉扫地　身败名裂

反义　声名鹊起　誉满天下　闻名遐迩　　　名扬四海

提示　"藉"不能写成"籍"。

声名显赫　shēng míng xiǎn hè

【释义】声名:名声,名气。显:盛大。指名气很大,在社会上有极高的知名度。

【用法】形容名声盛大。多用作褒义。

【例句】霍去病率八百骁骑大破匈奴,年仅十八岁便受封,消息传出,天下震动,～。

近义　声振寰宇　名闻遐迩

反义　默默无闻　不见经传

声气相求　shēng qì xiāng qiú

【释义】气:气息。本指相同的声音彼此应和,相同的气息互相融合,即同类之物相互感应吸引。

【用法】现多形容志同道合,意气相投。

【例句】东盟国家除了越南和他～之外,其他国家都不响应菲律宾的主张。

近义　声应气求　同声相应　同气相求　　声气相投　意气相投

声情并茂　shēng qíng bìng mào

【释义】茂:草木茂盛,引申为丰富、精彩。指唱歌或演奏时音色优美、感情充沛,两者同时具备,达到很高的艺术水平。

【用法】多用于形容人的演唱。

【例句】京剧字正腔圆,～,是颇受群众欢迎的剧种。

近义　声态并作

声色狗马　shēng sè gǒu mǎ

见 638 页"声色犬马"。

声色俱厉　shēng sè jù lì

【释义】色:脸色,表情。厉:严厉。指说话的声音和面部的表情都很严厉。

【用法】多形容责骂人时十分愤怒。

【例句】在一次大会上,他一反平时的温文尔雅,～地批评有些干部贪图享乐。

近义　疾言厉色　正颜厉色

反义　和颜悦色

声色犬马　shēng sè quǎn mǎ

【释义】声色:歌舞和女色。犬马:养狗骑马。指荒淫无耻的生活。也作"声色狗马"。

【用法】形容生活腐朽享乐。含贬义。

【例句】张三整天过着～的生活,不努力上进,堕落是必然的。

近义　灯红酒绿　酒池肉林

声势浩大　shēng shì hào dà

【释义】声势:声威和气势。指声威和气势非常盛大。

【用法】形容气势宏大。

【例句】～的队伍迈着整齐的步伐向主席台走来。

近义　轰轰烈烈　大张旗鼓

反义 无声无息

声嘶力竭 shēng sī lì jié

【释义】嘶：沙哑。竭：尽。指嗓子喊哑，力气用尽。也作"力竭声嘶"。

【用法】形容拼命大喊、呼号的情状。

【例句】小明半夜突然被惊醒，只听得有人～地大喊："快救火啊！"

近义 大声疾呼

声威大震 shēng wēi dà zhèn

【释义】声威：名声和威望。震：震惊。名声和威望使人大为震惊。形容声势极大。

【用法】用于人或团体。

【例句】李自成的队伍不断壮大，真是兵强马壮，横扫千军，～。

近义 遐迩闻名
反义 无声无息

声闻过情 shēng wén guò qíng

【释义】声闻：名誉。情：实情，真实情况。指声名超过实际情况。

【用法】多用于客观评价。

【例句】他这个明星，是被人吹捧起来的，～，名不副实。

近义 徒有虚名
反义 名副其实

声应气求 shēng yìng qì qiú

【释义】应：应和，呼应。求：寻求，寻找。本指相同的声音彼此应和，相同的气息互相投合，即同类的事物相互感应吸引。

【用法】多形容彼此志趣、意气相互投合。

【例句】由于～，各家书坊往往是文化人休闲聊天的好去处。

近义 同声相应　同气相求　声气相求
提示 "应"不读 yīng。

声誉鹊起 shēng yù què qǐ

【释义】声誉：声望和名誉。鹊起：像鸟雀一样腾起。指声望名誉一下子兴起。

【用法】强调从不知名到知名的过程极为迅速。

【例句】随着《啼笑因缘》的出版，张恨水～，名震四方。

近义 声名鹊起
提示 "鹊"不能写作"雀"。

声誉卓著 shēng yù zhuó zhù

【释义】声誉：声望和名誉。指名气很大，远近的人都知道。

【用法】多用于形容名声。含褒义。

【例句】王律师～，是一个完全可以信赖的人。

反义 名位不彰

声振寰宇 shēng zhèn huán yǔ

【释义】声：名声，声誉。振：摇动。寰宇：寰球，全世界。指名声极大，在社会上享有盛誉。

【用法】形容声威极盛。

【例句】邵逸夫是著名的慈善家，～。

近义 声名显赫
反义 默默无闻

声振林木 shēng zhèn lín mù

【释义】振：摇动。指声音摇动了林中的树木。

【用法】多形容歌声或乐器声高亢响亮。

【例句】长笛伴着歌声，高亢优美，～。

声罪致讨 shēng zuì zhì tǎo

【释义】声：宣扬。致：表达。指宣扬对方的罪行，发动对他的攻击。形容公开地对人攻击。

【用法】用于书面语。含贬义。

【例句】单位同事间不宜～。

绳锯木断　shéng jù mù duàn

【释义】以绳为锯，也能把木头锯断。比喻力量虽小，只要坚持不懈，事情就能成功。

【用法】强调做事持之以恒。含褒义。

【例句】一日一钱，千日千钱，～，水滴石穿。

近义　水滴石穿

S

绳趋尺步　shéng qū chǐ bù

【释义】绳：木工用来定曲直的墨线。趋：小跑，快步走。尺：丈量长短的尺子。步：步行。指沿着墨线行，照着尺度走。

【用法】形容举止行动都循规蹈矩，毫不随便。

【例句】老王是一厂之长，他从来都是～。

近义　循规蹈矩

绳之以法　shéng zhī yǐ fǎ

【释义】绳：准绳，木工的墨线，引申为约束、惩处。指以法律为准绳，给予制裁或处治。

【用法】强调用法律来制裁。

【例句】难道我就不想把那个坏蛋～吗？

近义　严惩不贷

反义　逍遥法外

省吃俭用　shěng chī jiǎn yòng

【释义】省、俭：俭省，不浪费。用：用度，花费。指生活中节衣缩食，不铺张浪费。

【用法】形容十分简朴、节约。

【例句】父母尽管平时～，这一次也破例拿出几百元为至亲好友摆了两桌酒席。

近义　节衣缩食　克勤克俭

反义　大手大脚　铺张浪费　挥金如土

胜败乃兵家常事　shèng bài nǎi bīng jiā cháng shì

【释义】兵家：军事家，用兵打仗的人。常：经常的。指胜利或失败是打仗的人常有的事。

【用法】现多形容参加各种竞赛常有胜有负。

【例句】我想～，临阵偶然失利，情有可原，不必丧气。

胜券在握　shèng quàn zài wò

【释义】券：券契，票据。胜券：获胜的把握。指获胜的把握已在掌握之中。

【用法】形容有完全取胜的把握。

【例句】赛跑将达终点，他遥遥领先，已是～。

近义　如操左券　稳操胜算

提示　"券"不读 juǎn，下从"刀"，不能写成"力"。

胜任愉快　shèng rèn yú kuài

【释义】胜任：能力足以担任。愉快：快意，舒畅。指能承担重任，又令人满意地完成任务。

【用法】强调能够完成使命。多用于书

面语。

【例句】他有丰富的施工经验，负责这项工程，是完全能够～的。

近义 力能胜任　游刃有余

反义 力不从心　力不胜任

盛极必衰　shèng jí bì shuāi

【释义】盛：兴盛，兴旺。极：到顶点。衰：衰亡，衰败，没落。指兴盛到顶点就会走向衰落。

【用法】多用于形容事物从极好的一面转向极坏的一面。

【例句】他明白～的道理，所以在公司发展如日中天时逐步改变经营方向。

近义 泰极而否

反义 否极泰来

盛况空前　shèng kuàng kōng qián

【释义】盛况：盛大热烈的情景或场面。空前：前所未有。指以前从来没有过的盛大热烈的情况。

【用法】形容热闹至极。

【例句】这部电影上映时，称得上～。

近义 前所未有

盛名之下，其实难副

shèng míng zhī xià, qí shí nán fù

【释义】盛名：很大的名声。其：他的。实：实际。副：符合，相称。指一个人名声极大，但实际情况跟他的名声很难相称。

【用法】形容名过其实。

【例句】这个问题他也不懂，在这一领域他其实是～。

近义 名不副实

反义 名副其实

盛气凌人　shèng qì líng rén

【释义】盛气：骄横的气势。凌：欺压。指傲慢的气势逼人。

【用法】形容一个人态度嚣张，气焰逼人。含贬义。

【例句】面对顾客一副～的样子，这位服务生不卑不亢，站立一旁。

近义 目中无人　仗势欺人　咄咄逼人

反义 平易近人　谦虚谨慎

盛情难却　shèng qíng nán què

【释义】盛情：深厚的情意。却：推却，推辞，拒绝。指深厚的情意难以推辞拒绝。

【用法】用于交往。

【例句】同事们再三要为我饯行，～，我只好接受了。

尸骨未寒　shī gǔ wèi hán

【释义】尸骨：死者的遗骨。寒：冷。指死者的遗骨尚未冰冷。

【用法】形容死者刚去世不久。

【例句】父亲的～，大哥就开始争房产。

尸横遍野　shī héng biàn yě

【释义】横：横陈，杂乱交错地摆满。指郊野遍布尸体。形容死的人很多，来不及掩埋或无人掩埋。

【用法】多用于形容战争或灾难的残酷和惨烈。

【例句】1928 年，关中发生了大旱灾，接着伤寒、霍乱流行蔓延，～。

尸居余气　shī jū yú qì

【释义】尸：尸体。居：坐，卧。余：剩余。气：气息。指人像尸体一样躺在那里，仅存一点气息。形容人已奄奄一息，即将死去。也形容行将灭亡的势力。

S

S

【用法】现多形容人暮气沉沉,无所作为。

【例句】振作起来吧,不要因为一次失败变成～的样子。

尸位素餐　shī wèi sù cān

【释义】尸位:空占职位而不做事。素餐:不劳而食。指官吏空占职位,白受俸禄而不尽职。

【用法】用作讥讽词,讽刺空占职位,只拿钱不做事的行为;也用作谦词,说自己未尽职守。

【例句】说来惭愧,我只不过是～,哪里称得上有功啊。

近义　窃位素餐　无功受禄

失败是成功之母　shī bài shì chéng gōng zhī mǔ

【释义】失败是成功的先导。指从失败中吸取教训,就能变失败为胜利。

【用法】多用于劝诫人。

【例句】～,我们不应害怕失败,而要从失败中吸取教训。

失道寡助　shī dào guǎ zhù

【释义】道:道义(道德和正义)。寡:少。助:帮助。指违背道义的人,帮助他的人将很少。

【用法】形容失去人心必然陷于孤立。

【例句】无数历史故事告诉我们一个道理:得道多助,～。

反义　得道多助

失而复得　shī ér fù dé

【释义】失去后又重新得到。

【用法】形容失而又得到。

【例句】看着这～的国画,蒋老师感慨万千,热泪纵横。

反义　得而复失

失魂落魄　shī hún luò pò

【释义】指丧失了魂魄。

【用法】形容心神不定、惊慌忧虑、行动失常的样子。

【例句】高考落榜后,她天天～的,我心里非常着急。

近义　亡魂失魄

反义　安魂定魄　镇定自若

失惊打怪　shī jīng dǎ guài

【释义】惊:吃惊。形容对不足为怪的事情表现得大惊小怪。

【用法】用于人。多用于口语。

【例句】发生这种事很正常,用不着～。

近义　大惊小怪

失声痛哭　shī shēng tòng kū

见 715 页"痛哭失声。"

失之东隅,收之桑榆　shī zhī dōng yú,shōu zhī sāng yú

【释义】东隅:东方日出处,借指早晨。桑榆:西方日落处,借指黄昏。虽然在早晨失去了,但晚上又会回来。

【用法】比喻在此时此地蒙受损失,却又在彼时彼地得到了补偿。

【例句】不要再为这事的失败难受了,要记住～,重新振作起来吧!

失之毫厘,差之千里　shī zhī háo lí,chā zhī qiān lǐ

见 95 页"差之毫厘,谬以千里"。

失之交臂　shī zhī jiāo bì

【释义】失:错过,未能把握住。交臂:因彼此走得很靠近而胳膊碰胳膊。指当面错过,失掉好机会。

【用法】形容当面错过机会。含贬义。

【例句】他与得奖的机会～,真是太遗憾了。

近义 坐失良机

反义 机不可失　适逢其会

师出无名　shī chū wú míng

【释义】师:军队。名:名义,理由。指出兵打仗却没有正当理由。也作"兵出无名"。

【用法】现多形容做某件事缺乏正当理由。

【例句】这种为实现自己的霸权而进行的战争,～,是绝不会得到爱好和平的世界人民支持的。

反义 师出有名

师出有名　shī chū yǒu míng

【释义】师:军队。名:名义,理由。指出兵打仗有正当理由。

【用法】现多形容做某件事有正当理由。

【例句】我们在这种情况下予以反击,～,一定会胜利。

近义 名正言顺　师直为壮

反义 师出无名

师道尊严　shī dào zūn yán

【释义】师道:为师之道。尊,尊贵。严,庄严。原指老师受到尊敬,他所传授的道理和知识才能受到尊重。

【用法】现多形容为师者地位崇高。

【例句】～是中华民族的传统美德,应该被提倡。

师心自用　shī xīn zì yòng

【释义】师心:以己意为师,只相信自己。自用:自以为是。指固执己见,自以为是。

【用法】形容不肯接受别人的正确意见。含贬义。

【例句】求学问切不可～,应多向前辈学习,才能不断进步。

近义 好为人师　刚愎自用

反义 从善如流　谦虚谨慎

师直为壮　shī zhí wéi zhuàng

【释义】师:出兵。直:理直,理由正当。壮:旺盛,有力量。指出兵有正当的理由,士气就旺盛,有战斗力,能取胜。

【用法】形容正义之师。

【例句】～,在这场保卫战中,我们一定能战胜貌似强大的入侵之敌。

诗礼传家　shī lǐ chuán jiā

【释义】诗:《诗经》。礼:《周礼》、《仪礼》和《礼记》。诗礼:《诗》《书》等儒家典籍。指以儒家经典及其道德规范世代相传。

【用法】用于书面语。

【例句】他家是世代书香门第,～,没想到竟出了个没廉耻的人。

近义 诗礼人家　书香门第

诗礼人家　shī lǐ rén jiā

【释义】诗:《诗经》。礼:《周礼》、《仪礼》和《礼记》。诗礼:《诗》《书》等儒家典籍。指世代读诗书讲礼仪的人家。也作"诗礼之家"。

【用法】形容读书人的家。

【例句】好个叶太太,到底是～出身,懂规矩礼法。

近义 诗礼传家　书香门第

诗礼之家　shī lǐ zhī jiā

见643页"诗礼人家"。

诗情画意　shī qíng huà yì

【释义】如诗画一般的美好意境或情趣。

【用法】多用于形容优美的风景或文学作品。

【例句】这种巧夺天工的设计与建筑，融山色湖光于一体，构成一幅具有～、美不胜收的风景画卷。

近义 画中有诗　诗中有画

诗中有画　shī zhōng yǒu huà

【释义】形容诗歌对景物的描写形象逼真，使读者如置身图画之中。也形容诗歌意境深邃优美。

【用法】多用于评论诗歌创作。

【例句】中国画以"画中有诗，～"的独特风格闻名世界。

近义 画中有诗

虱处裈中　shī chǔ kūn zhōng

【释义】裈：专指有裆的裤子。虱子处身于裤子里。

【用法】旧时自命旷达的人用来比喻世俗生活的拘束局促。

【例句】他死死地守在家门口，什么地方都不肯去，也不敢去，说句不大客气的话，就像～，一辈子就生活在夹缝里面。

十八般武艺　shí bā bān wǔ yì

【释义】指十八种使用刀、枪、剑、戟等古代兵器和徒手格斗的本领。

【用法】现喻指多种武艺和技能。

【例句】他～，样样皆能，文武全才。

近义 文武双全

反义 一无所长

十病九痛　shí bìng jiǔ tòng

【释义】指身体衰弱，经常生病。

【用法】用于人。含贬义。

【例句】父亲～，全家的生活靠母亲一人维持。

十步之内，必有芳草

shí bù zhī nèi, bì yǒu fāng cǎo

【释义】在十步以内就有芳香的花草。

【用法】比喻处处都有人才。

【例句】我不禁暗暗称奇，不料这荜门圭窦中，有这样明白事理的女子，真是～。

十荡十决　shí dàng shí jué

【释义】荡：冲杀。决：突破。十次冲杀，十次突破敌阵。

【用法】形容作战勇猛，每战必胜。

【例句】陈毅率领新四军在江南一带～，屡建战功。

十冬腊月　shí dōng là yuè

【释义】即农历十月、十一月（冬月）、十二月（腊月）。指天气严寒的季节。

【用法】多用于书面语。

【例句】他有一遇风寒就犯感冒的老毛病，～，不给暖气，这不是要他的命吗？

近义　数九寒天

反义　五黄六月

十恶不赦　shí è bù shè

【释义】十恶：古代刑律中，定谋反、谋大逆、谋叛、恶逆、不道、大不敬、不孝、不睦、不义、内乱为十恶。赦：赦免。指罪大恶极，不可饶恕。

【用法】用作贬义。

【例句】他犯的是～的大罪，完全没必要同情他！

近义　死有余辜　罪大恶极　罪不容诛

提示　"恶"不读 wù。

十行俱下　shí háng jù xià

【释义】看书时一眼同时看十行文字。

【用法】形容读书敏捷。

【例句】她那双眼睛能～，真不简单啊！

近义　一目十行

十拿九稳　shí ná jiǔ wěn

【释义】拿：把握。十分之中有九分成功的概率。

【用法】形容办事很有把握。含褒义。

【例句】小林做事一向谨慎，如果没有缜密的计划，～的成功率，绝不贸然行事。

近义　万无一失　稳操胜券

十年寒窗　shí nián hán chuāng

【释义】十年：表示时间长。寒窗：指艰苦的读书生活。原指科举时代读书人常年在窗下刻苦攻读，准备应试。

【用法】现多形容学生长期艰苦努力的学习生活。

【例句】科举时代，士子们～，图的是进士及第，升官发财。

近义　十年磨剑

十年树木，百年树人

shí nián shù mù, bǎi nián shù rén

【释义】树：种植，培植。木：树木。指培植树木需要十年，培育人才需要百年。也作"百年树人"。

【用法】常用于指培养人才是长久之计。也形容培养人才很不容易。

【例句】～，办好教育是我们的当务之急，也是我们的百年大计。

十亲九故　shí qīn jiǔ gù

【释义】故：老朋友。指众多亲友。也作"九故十亲"。

【用法】形容亲戚朋友很多。

【例句】他家世代都在同一个城市，逢年过节，～应接不暇。

十全十美　shí quán shí měi

【释义】全：完备。美：美好，完美。比喻方方面面一点缺点也没有，十分完美。

【用法】常用于形容人或一般事物。含褒义。

【例句】我敢保证我们公司产品都是～的，你放心用好了。

近义　完美无缺　尽善尽美

反义　美中不足　一无是处

十生九死　shí shēng jiǔ sǐ

【释义】指经历极大危险而幸存。

【用法】形容历尽艰险。

【例句】他经过～的磨难，终于完成了

S

S

任务。

近义 九死一生

十室九空　shí shì jiǔ kōng

【释义】室：房屋，人家。空：里面没有东西。指十户人家九户是空的。

【用法】多形容天灾人祸使得人民离家逃亡或死亡的惨状。

【例句】由于连年旱灾，村民逃荒去了，乡镇～，满目荒凉。

十万火急　shí wàn huǒ jí

【释义】旧时递送紧急文书常常标注的批语。形容非常紧急，刻不容缓。

【用法】多用于军令、公文、电报。

【例句】中国古代有用鸡毛插在信上，表示～的习惯。/全城人的生命都系在这一封信上，你要赶快送出去，～，一刻也不能耽误！

近义 急如星火　刻不容缓

十有八九　shí yǒu bā jiǔ

【释义】十份里面占了八九份。指绝大多数，差不离。

【用法】形容可能性极大。

【例句】这件事～是小刚搞的鬼。

十指连心　shí zhǐ lián xīn

【释义】指十个手指的感觉都很灵敏，直

接通向心脏。

【用法】常用于形容骨肉一体的亲密关系。

【例句】尽管竹签插进了江姐的手指，～地疼啊！但她还是咬紧牙关，没有向敌人透露半点消息。/ 听到亲人遇险的消息，小菲十分着急，毕竟～哪！

十指如椎　shí zhǐ rú chuí

【释义】椎：通"槌"，短木棍。指十只手指像槌子一样粗。

【用法】多形容劳动者手指粗大。

【例句】他～，不适合做这么细巧的工作。

反义 玉手纤纤

十字路口　shí zì lù kǒu

【释义】两条路纵横交叉的地方。

【用法】用于比喻在重大问题上需要对去向做出选择的境地。

【例句】马上就要高中毕业了，是继续读大学还是从此踏入社会，他觉得自己正站在人生的～。

什袭而藏　shí xí ér cáng

【释义】什：通"十"，形容多；袭：量词。什袭：十层。指把物品层层包裹起来。

【用法】形容极珍重地收藏物品。

【例句】你送我的这张照片，对我来说比什么都珍贵，我一定～。

近义 什袭珍藏

提示 "什"不读"shén"。

石沉大海　shí chén dà hǎi

【释义】像石头沉入大海里一样，不见踪影。也作"石投大海"。

【用法】比喻毫无反响或杳无音信。

【例句】阿芳每次投到报社的稿子都如

～,毫无回音。

近义 泥牛入海　杳如黄鹤

石破天惊　shí pò tiān jīng

【释义】石头破裂,上天也被惊动。原形容箜篌(古代弦乐器)的声音高亢激越,像裂石穿空,有惊天动地的气势。

【用法】比喻(文章、言论)不同凡响。也比喻(某事或某人的作为)使人震惊。

【例句】她在如泣如诉的演唱中,时而如缕缕游丝,若断若续;时而如仲夏惊雷,～。/ 朝野政党易位,是今年某国政坛上发生的～的事件。/ 他发表了一通～的演说,在整个高校引起了轰动。

石投大海　shí tóu dà hǎi

见 646 页"石沉大海"。

时不可失　shí bù kě shī

【释义】时:时机。失:失去,错过。指紧紧抓住时机,不能随便放过。

【用法】形容及时抓住时机。

【例句】这是最后一次机会了,～,你们赶快拿定主意吧!

近义 机不可失

时不我待　shí bù wǒ dài

【释义】待:等待。我待:待我。时间不会等待我们。指要珍惜并充分利用时间。

【用法】形容抓紧时间。

【例句】～,我们要珍惜在学校学习的分分秒秒,掌握科学文化知识。

近义 岁不我与　时不再来

时绌举赢　shí chù jǔ yíng

【释义】绌:不足。举:行动。赢:多余。指在困难的时候做奢侈的事情。

【用法】多用于书面语。含贬义。

【例句】在如此困难的情况下,如果不能量入为出,非要摆阔气,这样～,日子是很难过的啊!

时乖运蹇　shí guāi yùn jiǎn

【释义】时:机缘,时机。运:运气,命运。乖、蹇:不顺利。指没有机缘,时运不济。

【用法】形容时运不好。含贬义。

【例句】自从父亲亡故之后,～,他便流落江湖了。

近义 生不逢时　时运不济

反义 时来运转

时过境迁　shí guò jìng qiān

【释义】境:境况。迁:变动,变迁。指随着时间的推移,境况也随之变化。

【用法】形容事情随着时间的变化而变化。

【例句】～,不能按照老办法去做事了。

近义 时移俗易

反义 一如既往

时来运转　shí lái yùn zhuǎn

【释义】时:时机,机缘。运:运气,命运。时机到来,运气转好。指遇到机会,处境由逆境变为顺境。

【用法】用作褒义。

【例句】最近这两年,我渐渐～,做什么都很顺利。/ 这是我～的好机会,我一定要好好把握。

近义 时通运泰

反义 时乖运蹇

时移俗易　shí yí sú yì

【释义】时:时代。俗:习俗。移、易:改变。指时代变了,社会风气也随之变了。

【用法】形容时世、风俗都起了变化。

【例句】如今真是～,仅我们村就有四户

男方"嫁"给了女方。

近义 时移世易

时隐时现　shí yǐn shí xiàn

【释义】时：有时候。一会儿隐没，一会儿出现。

【用法】形容事物忽明忽暗的景象。

【例句】汽车在树木葱茏的山路上盘旋前进，～。

时雨春风　shí yǔ chūn fēng

【释义】指能使万物生长的及时的雨和春天的风。比喻良好教育的普遍深入。

【用法】常用于称颂师长的教诲。

【例句】张老师的一席话犹如～，让我深受教育。

时运不济　shí yùn bù jì

【释义】时运：机缘和命运。济：帮助，帮衬，有益。指遭遇逆境，命运不好。

【用法】形容运气不好。含贬义。

【例句】张医生真是～，连一个小小的手术都出了医疗事故。

近义 时乖运蹇

反义 时运亨通

时运亨通　shí yùn hēng tōng

【释义】时运：机缘和命运。亨：通达，顺利。指时运良好，诸事顺利。

【用法】形容运气好。含褒义。

【例句】他经过多年的奋斗，终于～，被提拔了。

反义 时运不济

识时务者为俊杰　shí shí wù zhě wéi jùn jié

【释义】识：认清。时务：当前事物发展的趋势或时代潮流。俊杰：才干出众的人。

指能认清当前形势或时代潮流的，才是聪明人或英雄豪杰。

【用法】多用于好心规劝看不清时事，依旧执迷不悟的人。

【例句】敌人想用所谓～的言论来动摇我方将领拼死决战的信念，那真是做梦！

识途老马　shí tú lǎo mǎ

见404页"老马识途"。

识文断字　shí wén duàn zì

【释义】识：认识。文：字。断：判断，判明。指能识字，有文化。

【用法】多用于口语。

【例句】那些年，他的儿子是村里唯一一个能～的。

反义 目不识丁　胸无点墨

实繁有徒　shí fán yǒu tú

【释义】繁：多。徒：徒众，群众。指实在有不少这样的人。

【用法】用作贬义。

【例句】出门办事要小心谨慎，社会上偷扒盗窃、欺哄诈骗者～。

实话实说　shí huà shí shuō

【释义】说实求是的话，不弄虚作假。

【用法】形容为人诚实。

【例句】对这件事，奶奶起初不敢对桑桑～，怕伤了她的自尊。

反义 言过其实　谎话连篇

实事求是　shí shì qiú shì

【释义】实事：弄清事情的实情、真相。求是：求得正确的结论。本指根据实际情况求得正确答案。也指依据客观实际，采取相应的措施和办法。

【用法】形容说话办事从实际情况出发。

含褒义。

【例句】我们本着～的精神，允许解释，消除误会。

反义 弄虚作假　颠倒黑白

实心实意　shí xīn shí yì

【释义】真诚实在的心意。

【用法】形容一片真心。

【例句】我们应该～地帮助同学。

近义 诚心诚意　真心实意

反义 虚情假意

实至名归　shí zhì míng guī

【释义】实：实际情况，事实。名：名声，名分。比喻人有真实本领，声誉自然会随之而来。

【用法】形容人技能高超，因而获得美誉。含褒义。

【例句】从个人技术统计看，中国队获得冠军完全是当之无愧，～。

近义 名副其实

反义 名不副实

拾金不昧　shí jīn bù mèi

【释义】金：钱财或贵重物品。昧：隐藏，隐瞒。指拾到财物，不藏起来据为己有。

【用法】用作褒义。

【例句】对孩子们～的行为，老师要大力

表扬。

反义 见财起意

拾人涕唾　shí rén tì tuò

【释义】涕唾：鼻涕和唾沫。比喻抄袭、重复别人的话，没有自己的见解和主张。

【用法】用作贬义。

【例句】我们以为小柯有高见宏论，哪知却是～，真让人失望！

近义 拾人牙慧

拾人牙慧　shí rén yá huì

【释义】拾：拾取。牙慧：即"牙后慧"，指言谈中吐露出的智慧。比喻因袭别人说过的话或文章。

【用法】用作贬义。

【例句】他喜欢～，怎知用得不恰当，反而闹了笑话。

近义 拾人涕唾　人云亦云　鹦鹉学舌

提示 "慧"不能写成"惠"。

食不二味　shí bù èr wèi

【释义】食：吃，进食。味：菜肴的种类。指吃饭没有两种菜肴。也作"食不兼味"。

【用法】形容饮食俭朴。

【例句】如今尽管非常富有了，她还是～，很节俭。

近义 食不兼肉

反义 食前方丈　食日万钱

食不甘味　shí bù gān wèi

【释义】食：吃，进食。甘味：认为味道美好。吃东西时感觉不到其滋味鲜美。

【用法】形容忧虑不安，吃东西也不香。

【例句】总理为了国家大事，常常是寝不安席，～。

近义 卧不安席　食不下咽

食不果腹　shí bù guǒ fù

【释义】食:食物,饮食。果腹:肚子吃饱后圆鼓鼓的样子。指吃不饱肚子。

【用法】形容生活贫困。

【例句】那时候,人民生活非常贫困,常常是衣不蔽体、～。

提示"果"不能写成"裹"。

食不兼味　shí bù jiān wèi

见 649 页"食不二味"。

食不下咽　shí bù xià yàn

【释义】下咽:吞下去。指吃东西吞不下去。

【用法】形容心事沉重,吃不下饭。

【例句】看着小红每天～的样子,妈妈心痛极了。

近义 食不甘味

反义 狼吞虎咽

食不厌精,脍不厌细

shí bù yàn jīng, kuài bù yàn xì

【释义】厌:满足。精:舂得很细的好米。脍:细切的鱼、肉。指粮食舂得越精越好,鱼肉切得越细越好。

【用法】形容对饭菜非常讲究。

【例句】我外婆对吃的食物很讲究,可以说是达到了～的程度。

食而不化　shí ér bù huà

【释义】食:吃。化:消化。吃下东西不能消化。比喻学过的知识不能透彻理解,融会贯通。

【用法】常用于评价学习效果。

【例句】因为小明对生词～,造出的句子令大家啼笑皆非。

近义 囫囵吞枣　生吞活剥

反义 融会贯通

食古不化　shí gǔ bù huà

【释义】食:进食。古:指古代的文化知识。化:消化。指学了古代的文化知识而不善于理解和运用,如同吃了食物不消化,一味拘泥陈法而不知灵活变通。泛指拘泥不知变通。

【用法】常用于形容人做事刻板,墨守成规,不懂变通。

【例句】你怎么可以委任这种～的人做本公司的推销部主任呢?

近义 泥古不化　生搬硬套

反义 古为今用　融会贯通

食前方丈　shí qián fāng zhàng

【释义】方丈:一丈见方。指吃饭时食物摆满了一丈见方的地方。

【用法】形容饮食奢侈。

【例句】即便物质非常丰富了,也要提倡节俭,切忌～,铺张浪费。

近义 食日万钱

反义 食不二味

食言而肥　shí yán ér féi

【释义】食言:失信。肥:捞到好处。指违背诺言,只图对自己有利。

【用法】形容不守信用。含贬义。

【例句】对方～,严重损害了我公司的利益。

近义 背信弃义　自食其言

反义 一诺千金　言而有信

食之无肉,弃之有味

shí zhī wú ròu, qì zhī yǒu wèi

见 650 页"食之无味,弃之可惜"。

食之无味,弃之可惜

shí zhī wú wèi, qì zhī kě xī

【释义】弃:扔掉。指吃着它没有味道,扔

掉它又觉得可惜。也作"食之无肉,弃之有味"。

【用法】形容虽然作用不大,但也舍不得就此放手。

【例句】我正干着的这个活儿对我来说,就像鸡肋一样,～。

食指浩繁　shí zhǐ hào fán

【释义】食指:手的第二指,古时以手指计人口。浩繁:浩大众多。指家庭人口多。

【用法】多用于形容个人负担甚重,不易维持家庭生活开支。

【例句】我家～,赚钱的只有我一个,每月入不敷出,将来的生活真不堪设想啊!

史不绝书　shǐ bù jué shū

【释义】书:书写,记载。指史册上不断有记载。

【用法】形容同样的事在历史上经常发生。

【例句】在封建社会,统治集团间的互相残杀,层出不穷,～。

近义 数见不鲜

反义 史无前例　前所未有　亘古未有

史无前例　shǐ wú qián lì

【释义】历史上从来没有这样的先例。

【用法】形容前所未有。

【例句】朱老师认为现在的享用娱乐是～的。

近义 前所未有　亘古未有

反义 史不绝书　数见不鲜

矢口否认　shǐ kǒu fǒu rèn

【释义】矢:发誓。一口咬定,完全不承认。

【用法】多用作贬义。

【例句】在场的旁听者已注意到,在他～

挪用公款之时,腿在不断发抖。

近义 矢口抵赖

矢志不移　shǐ zhì bù yí

见651页"矢志不渝"。

矢志不渝　shǐ zhì bù yú

【释义】矢:发誓。矢志:发誓立志。渝:改变。指立誓坚决不改变选定的志向。也作"矢志不移"。

【用法】形容永不变心。含褒义。

【例句】他～地搞科学实验。

反义 变心易虑　见异思迁

豕交兽畜　shǐ jiāo shòu xù

【释义】豕:猪。畜:饲养。指与人相交像对待畜养的猪和其他兽类一样。

【用法】形容待人没有礼貌。含贬义。

【例句】他生性高傲,～,让人实在受不了。

豕突狼奔　shǐ tū láng bēn

见401页"狼奔豕突"。

使臂使指　shǐ bì shǐ zhǐ

【释义】像使用自己的手臂和手指一样。

【用法】形容指挥自如。含褒义。

【例句】张司令指挥作战～,人称常胜将军。

使贪使愚　shǐ tān shǐ yú

【释义】原指古代用兵之术,即利用贪夫的逐利和愚夫的不考虑死亡,使之奋力作战。比喻利用人的短处来为自己服务。

【用法】用于人。含贬义。

【例句】～,真不光彩!

使蚊负山　shǐ wén fù shān

【释义】使:派,令;负:背。指派蚊子去背山。

【用法】形容力不胜任。

【例句】你让他负责这项工程相当于～，害人害己呐！

使羊将狼　shǐ yáng jiàng láng

【释义】将：统率，指挥。指派羊去指挥狼。比喻以力弱者统率力强者。

【用法】形容不足以统众。

【例句】任命软弱的小李当领队正如～，这次活动难以成功。

提示　"将"不能读成"jiāng"。

始料不及　shǐ liào bù jí

【释义】料：料想，估计。及：到。起初没能意料到。指事情的结果在预料之外。

【用法】形容出乎意料。

【例句】事情的发展竟会是这样，的确是～的。

近义　出人意料

反义　始料所及

始料所及　shǐ liào suǒ jí

【释义】料：料想，估计。及：到。指当初已料想到。

【用法】形容在意料之中。

【例句】人事的变化，往往非～。

反义　始料不及　出人意料

始乱终弃　shǐ luàn zhōng qì

【释义】始：开始。乱：淫乱。终：最后。弃：抛弃，遗弃。指开始时是玩弄别人，后来又抛弃别人。

【用法】多指玩弄女性的恶劣行径。含贬义。

【例句】她在唱词中表达了自己被丈夫～的心酸。

反义　忠贞不贰　忠贞不渝

始终不懈　shǐ zhōng bù xiè

【释义】自始至终，一直不松懈。

【用法】用作褒义。

【例句】创作者和表演者不可没有使命感，提高自身的文化素质和艺术修养是当务之急，而且应～。

近义　始终如一

反义　一曝十寒

提示　"懈"不读"jiě"。

始终不渝　shǐ zhōng bù yú

【释义】渝：改变，变更。指自始至终，一直不改变。

【用法】多用于形容感情、意志、态度、信仰等方面。

【例句】这对夫妇相濡以沫长达半个多世纪，爱情～，实在令人敬慕。

近义　始终如一

反义　朝三暮四　朝秦暮楚

始终如一　shǐ zhōng rú yī

【释义】自始至终都一样。

【用法】多用于形容良好的品德或好的行为坚持不变。

【例句】我们一定要按照这条路线专心致志地、～地干下去。

近义　始终不渝

反义　朝三暮四　朝秦暮楚

始作俑者　shǐ zuò yǒng zhě

【释义】始：最初。俑：古代用作殉葬的木偶或陶偶。原指最初发明用俑殉葬的人。

【用法】比喻第一个做某种坏事的人，或恶劣风气的肇始者。含贬义。

【例句】他们承认自己是这次事件的～，对造成的后果负有责任。

士为知己者死　shì wèi zhī jǐ zhě sǐ

【释义】知己者：了解自己、信任自己的人。指愿意为了赏识自己、栽培自己的知心朋友不惜牺牲自己的生命。

【典故】豫让是春秋晋国智氏的家臣。公元前453年,晋国赵氏联合韩氏、魏氏在晋阳打败智氏,智氏宗主智伯瑶被杀,头颅被赵襄子做成酒器使用。豫让为报答智伯瑶知遇之恩,伏桥如厕、吞炭漆身,多次行刺赵襄子,最后自刎而死,留下了"士为知己者死"的千古绝唱。(《史记·刺客列传》)

【用法】用于形容处事。含褒义。

【例句】他这首诗流露了怀才不遇的情绪,同时也表现出了～的思想。

世代书香　shì dài shū xiāng

【释义】书香:读书的风气、习尚。指世代代代都是读书人家。

【用法】形容书香门第。

【例句】她出身于～。

近义 书香门第

世代相传　shì dài xiāng chuán

【释义】指世世代代祖祖辈辈传下来。

【用法】多用于形容某种传说、传统、技艺或珍宝等。

【例句】这个神话故事～,打动了很多听众的心。

世代簪缨　shì dài zān yīng

【释义】簪缨:簪子和系在领下的帽带,都是古代达官贵人的冠饰。指累世都是做高官的仕宦之家。

【用法】多用于书面语。含褒义。

【例句】他娘家是大明开国功臣信国公之后,也算得是～之族。

世道人情　shì dào rén qíng

见653页"世态人情"。

世道人心　shì dào rén xīn

【释义】泛指社会的道德风尚和人们的思想情感等。

【用法】多用于书面语。

【例句】就当前的～而言,能够做到路不拾遗的君子,恐怕为数不多。

世风日下　shì fēng rì xià

【释义】世风:社会风气。下:下降,变坏。指社会风气日益恶化,越来越不好。

【用法】用作贬义。

【例句】他笔下的郭老太爷,是一个终日叹息～、一代不如一代的人物。

近义 世道日衰　人心不古

提示 "世"不能写成"市"。

世事无常　shì shì wú cháng

【释义】世:社会,人间。常:不变的。指世上的事情是变化不定的。

【用法】形容世间万物的难以捉摸。

【例句】我想,誓言之美,不在于它能对抗～,而在于今生今世,有那么一瞬间,我们曾经愿意相信它能。

世俗之见　shì sú zhī jiàn

【释义】指世人的庸俗见解。

【用法】用于形容观点。含贬义。

【例句】这些～不值一谈。/你不要以～衡量穷人,以为他们一点骨气也没有。

世态人情　shì tài rén qíng

【释义】世态:世间的人情世故。指社会风尚和为人处世之道。也作"世道人情"。

【用法】用于形容社会状况。

【例句】小品文跟其他杂文一样,都要直面人生,洞察～,加以反映。

世态炎凉　shì tài yán liáng

【释义】世态：世间的人情世故。炎：亲热。凉：冷淡无情。指世间一些人在别人得势时便奉迎巴结，失势时便疏远冷淡的现象。

【用法】形容趋炎附势，态度好坏转变快速。含贬义。

【例句】他飞黄腾达时，人们对他都极力逢迎，当知道他失意了，立刻改变了面孔，真是～啊！

近义　人情冷暖　世情冷暖

提示　"世"不能写成"事"。

世外桃源　shì wài táo yuán

【释义】世外：尘世之外。原指东晋陶渊明在《桃花源记》中借助于想象虚构的一个位于桃花林尽头，与世隔绝，没有捐税战乱，人们全都安居乐业的好地方。后喻指超脱现实社会、不受外界影响的或理想中的美好之地。

【用法】常用于形容生活安宁幽静的地方或美好的理想世界。

【例句】这里虽然交通不便，但是山清水秀、民风淳朴，真是～啊！

世异时移　shì yì shí yí

【释义】世、时：时代，社会。异、移：不同，变化。指社会变了，时代也不同了。

【用法】形容社会变化。

【例句】～，现在的年轻人不喜欢旧时包办的婚姻了。

近义　世殊时异

市井小人　shì jǐng xiǎo rén

【释义】市井：古代城市中的集市、市场之类的买卖场所。指平庸鄙俗、志趣不高的人。也作"市井之徒"。

【用法】含轻视意。

【例句】像她这种～，只知图利，哪管什么仁义道德。

反义　仁人君子

市井之徒　shì jǐng zhī tú

见654页"市井小人"。

市无二价　shì wú èr jià

【释义】买卖没有两种价钱。指买卖公道，不相欺诈。

【用法】形容民风淳厚，社会风气良好。含褒义。

【例句】他当政时，这一带强不凌弱，众不暴寡，交易双方也～。

势不可当　shì bù kě dāng

【释义】当：抵挡。指来势猛烈，不可抵挡。也作"势不可挡"。

【用法】多形容自然现象或社会现象。

【例句】在改革开放大潮的推动下，福州郊区的城市化进程已～。

近义　势如破竹　锐不可当

势不可挡　shì bù kě dǎng

见654页"势不可当"。

势不两立　shì bù liǎng lì

【释义】势：情势，事情在一定阶段上的状

况和发展趋势。立:存在。表示根据情势,对立的双方不能并存。

【用法】形容矛盾十分尖锐,不可调和。

【例句】科学和迷信是～,无法并存的。/尽管比赛的两个球队之间有矛盾,但还没达到～的程度。

近义　誓不两立　不共戴天

反义　并行不悖

势单力薄　shì dān lì bó

【释义】势:势力。薄:轻微。指势力孤单,力量单薄。

【用法】形容处境孤立,寡不敌众。

【例句】面对山下数以万计、装备精良的敌军,他们十个人实在是太～了。

近义　势孤力寡

反义　人多势众

势均力敌　shì jūn lì dí

【释义】均:均衡,不分高低强弱。敌:对等,相当。指双方力量相当,不分高低。

【用法】用于形容矛盾冲突的双方难分上下。

【例句】乒乓球比赛的参赛双方～,打了几个平手。

近义　旗鼓相当　棋逢对手

反义　众寡悬殊　势单力薄

势如破竹　shì rú pò zhú

【释义】势:情势,形势。形势的发展就像劈竹子,头几节劈开以后,下面各节就顺着刀势分开了。形容胜利一个紧接着一个,毫无阻碍。

【用法】多用于打仗和比赛。

【例句】中国人民解放军渡长江,取南京,浩浩荡荡～,直扑川东大门。

近义　锐不可当　势不可当

反义　势穷力竭　强弩之末

势在必得　shì zài bì dé

【释义】指在必须得到的情势下,非得到不可。

【用法】形容人一定要得到某事物的坚定不移的气势。

【例句】包总对这幅画是一副～的架势。

势在必行　shì zài bì xíng

【释义】势:情势。行:做。指某件事已经处在非做不可的情势下了。

【用法】形容必然的趋势。

【例句】改革已经～,大家都要积极行动起来,投入时代的浪潮。

事半功倍　shì bàn gōng bèi

【释义】事:工作,做事。功:成效,功效。指出一半的气力而收到加倍的功效。

【用法】形容费力小而收效大。含褒义。

【例句】若能找到一种杀伤力更高的菌株,以小的用量达到原来的效果,就等于～。

近义　乘高决水　一举两得

反义　事倍功半

事倍功半　shì bèi gōng bàn

【释义】事:工作,做事。功:功效,成效。指出成倍的力,只收到一半的成效。

【用法】形容费力大而收效小。含贬义。

【例句】做工作,要讲究方法,否则就会～。

近义 得不偿失
反义 事半功倍

事必躬亲　shì bì gōng qīn

【释义】躬:自身。亲:亲自。指凡事一定亲自去做。

【用法】形容对待事情认真负责,含褒义。也指不放心别人能干好,含贬义。

【例句】《红高粱》是张艺谋执导的第一部片子,在外景地他～,每天只睡两三个小时。/母亲总嫌我们笨手笨脚,于是独揽家政大权,～,到头来弄得自己腰酸腿疼的。

近义 身体力行
反义 游手好闲　好吃懒做

事不关己　shì bù guān jǐ

【释义】关:关系,牵涉。指事情跟自己毫无关系。

【用法】常用来形容人的自私心理。

【例句】这封信一下就把孙权和曹操直接对立起来,使得本来～的孙权不得不介入这场战争。

近义 漠不相关
反义 息息相关

事不宜迟　shì bù yí chí

【释义】宜:应该。迟:拖延。指事情要抓紧时间做,不应该拖延。

【用法】用于形容事情紧急。

【例句】时间很紧,～,要立刻办理这件事。

近义 刻不容缓
反义 来日方长

事出有因　shì chū yǒu yīn

【释义】出:发生。因:原因。指事情的发生是有原因的。

【用法】带有一些让人原谅的感情色彩。

【例句】最近他心情不太好,那是～:他爸爸生病住院了。

近义 无风不起浪
反义 空穴来风　无风起浪　无中生有　无缘无故　平白无故

事过境迁　shì guò jìng qiān

【释义】境:境况,情况。迁:变迁,变化。指事情过去了,客观环境也改变了。

【用法】强调时间和环境的变化。

【例句】～,记忆力又衰退,更不免有记错讲错的事。

反义 依然如故

事后诸葛亮　shì hòu zhū gě liàng

【释义】诸葛亮:三国时蜀汉丞相,以足智多谋、料事如神著称。指事过之后才自称有先见之明的人。

【用法】用于形容人。含讽刺义。

【例句】别说我是～,当初我就认为不能那样办,你们就是不听。

事无常师　shì wú cháng shī

【释义】指处事没有固定不变的准则,要择善而从。

【用法】多用于书面语。

【例句】世无常贵,～。

事无巨细　shì wú jù xì

【释义】巨:大。细:小。指事情不分大小。

【用法】形容什么事都管。

【例句】我这个车间主任,官不大,但～都得亲自过问。

事与愿违　shì yǔ yuàn wéi

【释义】愿:意愿,愿望。违:违背,不合。指事情的发展与主观愿望相违背。

【用法】形容事情不称心。

【例句】他本想考第一名,结果～。

近义 适得其反　大失所望

反义 如愿以偿　天从人愿　求仁得仁
心想事成

事在人为　shì zài rén wéi

【释义】指事情能否成功,取决于人是否
努力去做。

【用法】常用于勉励人不要灰心丧气,只
要肯努力,便可改变不利形势。

【例句】天下的事情,～,努力干下去,总
会有所收获。

近义 成事在人

反义 听天由命

饰非拒谏　shì fēi jù jiàn

见 375 页"拒谏饰非"。

视而不见　shì ér bù jiàn

【释义】视:看。指看见了却如同没有看见。

【用法】形容漠不关心,麻木不仁。常与
"听而不闻"连用。

【例句】除了使自己称心的事外,别的事
他们就一概～,充耳不闻了。

近义 熟视无睹

视如敝屣　shì rú bì xǐ

【释义】视:看待。敝:破旧。屣:鞋。指
把事物看得像破旧的鞋子一样。

【用法】形容轻视到了极点。可用作"视
……如敝屣"的结构。

【例句】知道自己精挑细选后送给他的礼
物被～,小雅很是伤心。

近义 弃如敝屣　视如草芥

反义 视如拱璧　视如珍宝

视如草芥　shì rú cǎo jiè

【释义】草芥:不知名的小草。指把事物

看成像小草一样。

【用法】形容极为轻视。

【例句】作为一位剑神,这股傲气是绝对
不可缺少的,就凭着这股傲气,他们甚至
可以把自己的生命～。

近义 视如敝屣　视如粪土

视如寇仇　shì rú kòu chóu

【释义】视:看待。寇仇:仇敌。指把对方
看成仇敌一样。

【用法】形容极端仇视。

【例句】同事之间有利害冲突时,应本着
团结友爱的精神,互谅互让,绝不能～,
明争暗斗。

反义 视为知己

提示 "寇"不能写成"冠"。

视若路人　shì ruò lù rén

见 658 页"视同路人"。

视若无睹　shì ruò wú dǔ

【释义】睹:看见。指虽然看见了却像没
有看见一样。

【用法】形容对眼前事物漠不关心。含
贬义。

【例句】小偷正在行窃,他却～。

近义 视而不见　熟视无睹

视死如归　shì sǐ rú guī

【释义】视:看待,对待。归:回家。指把
死看作像回家一样。

【用法】多形容为了正义事业,不怕牺牲
生命。含褒义。

【例句】他～的英雄气概使对他行刑的敌
人都感到害怕了。

近义 舍生忘死

反义 贪生怕死

视同儿戏　shì tóng ér xì

【释义】视:看待。儿戏:儿童的游戏。指把事情看作儿童的游戏一样。也作"视若儿戏"。

【用法】形容对重要的事情极不重视,极不严肃认真。

【例句】她心里明白,她的病情已经到了危急关头,再也不能～了。

近义 等闲视之

反义 奉为圭臬　郑重其事

视同路人　shì tóng lù rén

【释义】把亲友或熟人看成像不认识的路人一样。也作"视若路人"。

【用法】形容对人极其冷漠、疏远。

【例句】有些人相处很久却～,而有些人相见几小时便可引为知己。

反义 亲如手足

视为畏途　shì wéi wèi tú

【释义】视:看待。畏途:危险可怕的路途。指看成危险可怕的道路。

【用法】形容将事情看得极其危险,不敢去做。

【例句】唐代,阳关以西即被人们～。/如果把学习外语～,那永远也掌握不了这门外语。

近义 望而生畏

视有如无　shì yǒu rú wú

见 658 页"视有若无"。

视有若无　shì yǒu ruò wú

【释义】视:看。若:如,像。指把存在的东西看作好像不存在一样。也作"视有如无"。

【用法】(用于自身)表示谦逊。(用于对人)表示傲慢。(用于对事)表示不当一回事。

【例句】孔夫子尽管很有学问,他却～:他问礼于老聃(dān),访乐于苌弘,问敂(qī)器于守庙。/他高视阔步地向讲坛走去,尽管有人向他点头致意,他却～。/他～的态度激起了路人的愤慨。

拭目以待　shì mù yǐ dài

【释义】拭:擦拭。指擦亮眼睛等待着观看。

【用法】形容非常关注和期待事态的动向及结果。

【例句】县教育局如何处理这次校车事故,给家长和学生们一个满意的答复,我们～。

提示 "拭"不能写成"试"。

是非分明　shì fēi fēn míng

【释义】是:正确。非:错误。指把正确的和错误的分得很清楚。

【用法】用作褒义。

【例句】我们对王老都很敬重,他～,胸襟坦荡,尊重知识,尊重人才。

反义 是非不分　颠倒是非　混淆黑白

是非曲直　shì fēi qū zhí

【释义】正确的与错误的,有理的与无理的。泛指对事理的评断。

【用法】多用于双方发生谁对谁错的争论时。

【例句】～,自有公论,我们没有必要再争辩下去。

是古非今　shì gǔ fēi jīn

【释义】是:认为正确。非:认为错误。认为古代的好,现在的都不好。

【用法】形容保守复古。

【例句】我们要尊重历史、尊重科学，切忌～。

近义 厚古薄今

反义 厚今薄古

是可忍,孰不可忍 shì kě rěn,shú bù kě rěn

【释义】是：这，这个。忍：容忍，忍耐。孰：什么。指如果这都可以容忍，那还有什么不可以容忍呢？

【用法】表示绝不能容忍。

【例句】没想到他竟敢诬陷到我的头上，～！

近义 忍无可忍

提示 孰,不能写成"敦""熟"。

是是非非 shì shì fēi fēi

【释义】是是：肯定正确的。非非：否定错误的。原指能辨别是非曲直。现在指世间纠结在一起的好的事物与坏的事物。

【用法】形容种种是非。

【例句】我不会随便卷入演艺圈的～，我只站在岸边冷眼旁观。

近义 善善恶恶

适得其反 shì dé qí fǎn

【释义】适：恰好。恰好得到与主观愿望相反的结果。

【用法】形容希望与结果相反。含贬义。

【例句】他们对此事也曾存在过幻想，谁知事与愿违，结果～。

近义 事与愿违

反义 如愿以偿 求仁得仁 天从人愿

适可而止 shì kě ér zhǐ

【释义】适：至，到。止：停止，停下。指到了适当的程度就停下来。

【用法】形容做事不要过头。含褒义。

【例句】医生建议他不要偏食或吃太刺激的食物，喝酒也要～，以保持身体健康。

反义 得陇望蜀 得寸进尺

恃才傲物 shì cái ào wù

【释义】恃：依仗。傲：轻视。物：别人，众人。指依仗自己的才能而骄傲自大，轻视别人。

【用法】形容自恃才高，傲气凌人。含贬义。

【例句】自汉魏以来，崇己抑人是文学批评中的主要错误倾向，文人名士～，"文人相轻"的不良习气很严重。

反义 虚怀若谷

提示 "恃"不能写成"侍"。

恃宠而骄 shì chǒng ér jiāo

【释义】指倚仗得到有权势者的偏爱而骄傲起来。

【用法】多用作贬义。

【例句】现在她～,等到她到失宠的那天，有她好看的。

恃强凌弱 shì qiáng líng ruò

【释义】恃：仗恃，倚仗。凌：欺凌，欺侮。指倚仗着自己强大的势力，欺侮弱小。

【用法】用作贬义。

【例句】这兄弟俩虽然有"野蛮体魄"，但从不～。

近义 以强凌弱

室不崇坛 shì bù chóng tán

【释义】指就在平地上盖房子，不用台阶。

【用法】形容生活不奢侈。

【例句】我姨夫虽然是这一带有名的富商，但他生活俭朴，～。

室迩人远 shì ěr rén yuǎn

【释义】迩：近。指房屋就在近处，可是房

屋的主人却离得远了。

【用法】多用于思念远别的人或悼念死者。

【例句】老王听说他母亲仙逝,马上赶回家,却只见～,凄寂异常。

近义 室迩人遐

室怒市色　shì nù shì sè

【释义】室:家。市:在外面。色:脸色。指生家中人的气,却以怒色对待市人。

【用法】形容迁怒于人。含贬义。

【例句】他在家里遇到了烦心事,到了单位却对手下发火,这不是～吗?

室如悬磬　shì rú xuán qìng

【释义】悬:挂;磬:古代一种石制乐器,中空。指屋子就像悬吊着的空器皿一样。

【用法】形容穷得什么也没有。

【例句】当年我们全家逃难到陕西时,～,一贫如洗,那段艰难岁月总算熬过来了。

近义 家徒四壁

舐犊情深　shì dú qíng shēn

【释义】舐:用舌头舔。犊:小牛。指老牛舔小牛以示对它深切的爱。也作"舐犊之情"。

【用法】比喻父母对儿女关心、疼爱的感情非常深。

【例句】傅雷的这封家书言辞恳切,充分显示了父亲的～和翻译家的文化修养。

近义 老牛舐犊

提 示 "舐"不能写成"舔"。"犊"不能写成"渎"。

舐犊之情　shì dú zhī qíng

见 660 页"舐犊情深"。

舐糠及米　shì kāng jí mǐ

【释义】舐:用舌头舔东西。指舔米外的

糠,一直舔到里面的米。

【用法】形容由表及里,逐步进逼。

【例句】对于官僚主义的腐败,如果任其蔓延发展,～,就危险了。

誓不两立　shì bù liǎng lì

【释义】两立:双方并立,同时存在。指发誓决不与敌对的人并立于世间。

【用法】形容双方矛盾或仇恨很深,无法化解。

【例句】他自己也不明白为什么有这样两个～的学生?

近义 势不两立　不共戴天

反义 情投意合　和平共处

誓死不屈　shì sǐ bù qū

【释义】指宁死也不肯屈服。

【用法】形容很有气节。

【例句】那位年轻的战士怒目而视,昂首挺胸,表现出～的决心。

近义 宁死不屈

反义 贪生怕死

噬脐莫及　shì qí mò jí

【释义】噬:咬。脐:肚脐。指咬自己的肚脐是够不着的。

【用法】比喻后悔已经来不及了。多用于劝诫。

【例句】如果你不停止跟这群坏人来往,将来弄到身败名裂,就～了。

近义 追悔莫及

反义 亡羊补牢

收回成命　shōu huí chéng mìng

【释义】收回已发布的命令、指示或决定,停止执行。

【用法】多用于庄重场合。

【例句】在一年后的满街抗议声中，国王不得不～，释放了那批人。

反义 驷不及舌

收视反听　shōu shì fǎn tīng

【释义】收：收回。反：返还。收回视线，返还听觉，即不视不听。指不为外物所惊扰。也指排除外界事物干扰，集中精力思考问题。

【用法】形容专心致志，心无旁骛。

【例句】关于这次争论，虽～，也还是不得要领。

手不释卷　shǒu bù shì juàn

【释义】释：放下。卷：书卷，书本。指手中拿着书本不肯放下。

【用法】形容勤读不倦。

【例句】看他～的样子，原来是个小说迷哩。

近义 手不辍卷　目不窥园

手到病除　shǒu dào bìng chú

【释义】除：痊愈。指一伸手诊脉处方，病就痊愈了。

【用法】形容医术高明，能妙手回春。也形容本领高强，能解决问题。

【例句】他是一位名医，从医数十年，别人治不好的疑难怪症，他却能～。/不管机器出了什么故障，只要去找厂里的机修工老王，无不～。

近义 妙手回春

手到擒来　shǒu dào qín lái

【释义】擒：擒拿，捉拿。指一伸手就捉住。

【用法】形容做事很有把握或毫不费力就能成功。

【例句】等我们的大部队迂回到敌人的后面，敌人就会变成坛子里的王八，～。

近义 轻而易举　易如反掌　瓮中捉鳖

反义 大海捞针

手疾眼快　shǒu jí yǎn kuài

【释义】疾：快。指手快眼也快。也作"眼疾手快"。

【用法】形容动作灵活迅速，反应敏捷。

【例句】魔术师刘谦真是～，手里的硬币一晃就不见了。

反义 笨手笨脚

手脚无措　shǒu jiǎo wú cuò

见662页"手足无措"。

手忙脚乱　shǒu máng jiǎo luàn

【释义】指手脚忙碌而慌乱。

【用法】形容做事慌张，没有条理。也形容惊慌失措。

【例句】来往船只很多，他操纵自如，毫不～。/空袭警报一拉响，他就～地抓起衣服朝防空洞跑去。

近义 慌手慌脚　七手八脚　手足无措

反义 从容不迫　有条不紊

手起刀落　shǒu qǐ dāo luò

【释义】指手一举起，刀就落下。

【用法】形容用刀动作迅速。

【例句】小刚练得一手好武功，只见～，一根木棍就劈成两半。

手如柔荑　shǒu rú róu yí

【释义】荑：初长出来的茅草。指手像柔荑那样柔软滑腻。

【用法】形容手生得美。

【例句】她～，真叫人羡慕。

S

手无寸铁　shǒu wú cùn tiě

【释义】寸铁:短兵器。指手中没有短兵器。

【用法】形容没有拿任何武器。

【例句】～,怎么去打击敌人?

近义　赤手空拳

反义　荷枪实弹

手无缚鸡之力　shǒu wú fù jī zhī lì

【释义】缚:捆,扎。指手连捆一只鸡的力气都没有。

【用法】形容人力气很小。

【例句】他家中留有～的老妻,还有不通人情世故的孺子,实在放心不下。

近义　弱不禁风

反义　拔山盖世

手舞足蹈　shǒu wǔ zú dǎo

【释义】舞:舞动,挥舞。蹈:顿足踏地。指两手舞动,两只脚也跳了起来。

【用法】形容喜悦到极点,很激动的样子。

【例句】他生性豪放,嗓门粗大,带有诗人那种特有的冲动和热烈的气质,说到高兴处还要～。

近义　欢天喜地　欣喜若狂　兴高采烈

反义　闷闷不乐　怏怏不乐

手下留情　shǒu xià liú qíng

【释义】情:情义,情面。指经手处理问题时,给有关的当事人留下一点情面和余地,不把事情做绝。

【用法】多用于请求。

【例句】汉武帝没有杀掉司马迁,已算是～,不过,施以宫刑,也实在是够残忍的了。

近义　高抬贵手

反义　毫不留情

手眼通天　shǒu yǎn tōng tiān

【释义】手眼:手段,特指人处世所用的不正当的方法。通天:上通天界,比喻能直接与最高层领导人取得联系。指人使用手段,打通了与上层的关系。

【用法】形容人善于钻营,很有手腕。

【例句】他果然～,这么难办的事情也安排得妥妥当当。

近义　神通广大

手足重茧　shǒu zú chóng jiǎn

【释义】指工作不停,手掌和脚底都磨得长了很厚的茧疤。

【用法】形容工作十分辛劳。

【例句】你从我们～中就可以看出我们生活得不易。

近义　手足胼胝

手足胼胝　shǒu zú pián zhī

【释义】胼胝:手脚所生的厚茧。指手掌、脚掌都长起老茧。

【用法】形容辛勤劳动。

【例句】为了尽快让灾区人民重返家园,援建工人们～也甘心。

近义　手足重茧

手足无措　shǒu zú wú cuò

【释义】措:安放。指手和脚不知放在哪里好。也作“手脚无措”“无所措手足”。

【用法】形容举动慌乱或没有办法应付。

【例句】当时她眼睁睁地看着父母的遗体,简直～。

近义　不知所措

反义　神色自若　处之泰然

手足异处　shǒu zú yì chù

【释义】指手和脚不在一处。指被杀。

【用法】用于人。含贬义。

【例句】吕布反复无常,最后落得个～的下场。

手足之情 shǒu zú zhī qíng

【释义】手足:比喻兄弟。指兄弟之间血肉关系的感情。

【用法】形容感情亲密。

【例句】这种不顾～的人,万万不可与之共事,否则会吃大亏。

守节不移 shǒu jié bù yí

【释义】节:节操,气节。移:改变。指坚守节操而不改变。

【用法】用于处世。

【例句】作为一个实业家,艰苦创业易,创业成功难;开拓发展易,～难。

守经达权 shǒu jīng dá quán

【释义】经:正道,原则。权:权宜,变通。指遵守常规而又通权达变,善于灵活处理。

【用法】形容坚持原则而能变通、不固执。

【例句】张老一生～,让人佩服。

守口如瓶 shǒu kǒu rú píng

【释义】不随便乱说话,像塞紧瓶口的瓶子一样。

【用法】形容说话极为谨慎或严守秘密。

【例句】十来天了,他对此事仍然～,一字不漏。

近义 三缄其口 缄口不言

反义 口无遮拦 不打自招 和盘托出

守身如玉 shǒu shēn rú yù

【释义】守身:保持自身的品德和节操。指像保护玉的洁白无瑕那样保持自身的品德和节操。

【用法】形容人坚守贞洁。含褒义。

【例句】这位女孩～,要找到真爱。

近义 守节不移 束身自好

反义 自甘堕落 水性杨花

守正不挠 shǒu zhèng bù náo

【释义】正:正道。挠:弯曲,偏袒。指坚守正道,不徇私情。

【用法】形容公正而不偏私。含褒义。

【例句】作为人民的法官,必须执法如山,～。

近义 刚正不阿 廉正不阿

反义 曲意逢迎 贪赃枉法

守株待兔 shǒu zhū dài tù

【释义】株:树桩,树木露出地面的根茎部分。指守在树旁等兔来。

【典故】相传战国时宋国有个农民,他的田地中有一截树桩。一天,一只跑得飞快的野兔撞在了树桩上,扭断了脖子死了。于是,农民便放下他的农具日日夜

夜守在树桩旁边,希望能再得到一只兔子。然而野兔是不可能再次得到了,而他也被其他宋国人所耻笑。(《韩非子·五蠹》)

【用法】比喻死守狭隘的经验,不知变通。也比喻不主动地努力而心存侥幸地坐等意外的收获。含贬义。

【例句】要想成功,就不能抱有～的想法。/ 珊瑚虫采取～式的猎食方法,人们也许担心它会挨饿吧。

近义 刻舟求剑 胶柱鼓瑟

反义 通权达变 随机应变

首当其冲 shǒu dāng qí chōng

【释义】首:最先。当:对着。冲:要冲,交通要道。本指处在冲要的位置。

【用法】比喻首先受到攻击或遭遇灾难。

【例句】在抗震救灾前线,解放军官兵～,英勇参加救援的战斗。

首屈一指 shǒu qū yī zhǐ

【释义】首:首先。屈指计算时,首先弯下大拇指。表示第一名或首位。

【用法】形容最好的,最优秀的。

【例句】首尔大学作为韩国～的国立综合大学,政府对它的经费投入远远高于其他大学。

近义 数一数二 名列前茅

首善之区 shǒu shàn zhī qū

【释义】首:第一。善:好。指堪称模范的最好的地区。指首都。

【用法】多用于书面语。

【例句】这里到底是～,街市繁华,道路整洁。

首鼠两端 shǒu shǔ liǎng duān

【释义】首鼠:踌躇不决、欲进又退的样子。两端:两头。指左右摇摆,迟疑不决。

【用法】形容在两者之间犹豫不决的样子。

【例句】你要清楚你最大的缺点就是做事情总是～的。

近义 瞻前顾后

首尾相应 shǒu wěi xiāng yìng

【释义】应:应和,接应。头和尾互相呼应。原指作战时部队紧密配合,互相接应。

【用法】可用于形容诗文的结构严谨。含褒义。

【例句】写作文讲究～。

提示 "应"不读 yīng。

首战告捷 shǒu zhàn gào jié

【释义】告捷:取得胜利。指第一仗就取得胜利。

【用法】形容事情进行得十分顺利,一开始就取得满意的结果。

【例句】他之所以特别高兴,是因为他的部队用～的战绩证明了他的思想是对的。

近义 旗开得胜

反义 出师不利

首足异处 shǒu zú yì chù

【释义】指头和脚分开在不同的地方。

【用法】形容遭受杀戮而死亡。

【例句】他～的惨死状况让我们目不忍睹。

近义 身首异处

寿比南山 shòu bǐ nán shān

【释义】寿:寿命。南山:终南山。意为寿命像终南山那样长久。

【用法】用作祝人长寿的吉祥语。

【例句】在庆祝李老师九十大寿的宴会上,学生们衷心祝愿他老人家～。

近义 乔松之寿　寿元无量　龟龄鹤寿

寿山福海　shòu shān fú hǎi

【释义】指寿命像山那样高,福分像海那样深。

【用法】形容长寿多福。多用作祝贺语。

【例句】沈老看着生日蛋糕上"～"四个字时,很满足地笑了。

近义 乔松之寿

寿元无量　shòu yuán wú liàng

【释义】寿元:寿命。无量:没有限量。指寿命没有限量。

【用法】祝颂长寿的用语。

【例句】在妈妈七十岁的生日宴会上,我们祝愿她老人家～。

近义 乔松之寿　寿比南山

寿终正寝　shòu zhōng zhèng qǐn

【释义】寿终:生命结束。正寝:旧式住宅的正屋,人死后,停灵于正屋。指年老安然死于家里。

【用法】比喻事物消亡。常带讽刺意味。也比喻事情结束。

【例句】毛老先生于昨天～,享年九十岁。/这种期刊的发行量一直在萎缩,渐渐～了。

近义 与世长辞　终其天年　撒手尘寰
反义 死于非命

受宠若惊　shòu chǒng ruò jīng

【释义】宠:宠爱,赏识。指因受到过分的宠爱、赏识而意外的惊喜和不安。

【用法】谦词,多用于自谦。

【例句】昨天,经理突然改变过去对我们员工训话的方式,这真还让我们有些～了。

近义 宠辱若惊
反义 宠辱不惊

受骗上当　shòu piàn shàng dàng

【释义】蒙受欺骗,上了他人的圈套。也作"上当受骗"。

【例句】他想暗示柳莺莺及早同刘宝山划清界限,断绝往来,避免～。

受益匪浅　shòu yì fěi qiǎn

【释义】受益:得到教诲、帮助、好处。匪:非;不。表示得到很大的教益或帮助。

【用法】形容有很大的收获。常作自谦词。

【例句】我和刘先生交往已有十多年了,我从他的言谈中学到了许多好的东西,～。

受之有愧　shòu zhī yǒu kuì

【释义】接受它而感到惭愧。

【用法】多用作接受别人馈赠或奖励时的客套语。

【例句】我救这小孩的命是偶然的事,接受他父母的这笔奖金,我～。

反义 受之无愧

受制于人　shòu zhì yú rén

【释义】受:遭受。制:控制。指被别人控制。

【用法】形容处于被动局面。

【例句】与发达国家相比,中国信息产业远远落在后面,我们必须迎头赶上去,否则,会处处～。

授人以柄　shòu rén yǐ bǐng

【释义】授:交付,给予。指把剑柄交给别人。

【用法】比喻将权力交给别人或让人抓住缺点、失误,使自己被动。

【例句】我们说话做事要谨慎小心,千万不可自相矛盾,以免～。

授受不亲　shòu shòu bù qīn

【释义】授:给予。受:接受。亲:亲自。旧指男女不能相互亲手递送物品,是儒家束缚男女的封建礼教。

【例句】男女～的成规,早就被抛进历史的垃圾堆了!

瘦骨伶仃　shòu gǔ líng dīng

【释义】伶仃:孤独无靠的样子。指人或动物极度消瘦,像皮包着骨头一样。

【用法】形容瘦弱孤单。

【例句】在乡里享有盛名的孙炎姑,其实是个～、面容清癯的老人。

近义 骨瘦如柴　形销骨立

反义 大腹便便　脑满肠肥　肥头大耳

书香门第　shū xiāng mén dì

【释义】书香:读书的风气、习尚。指世代读书,相沿不变的人家。

【例句】他既非出身于官宦世家,又非出身于～。

近义 诗礼人家　诗礼传家　世代书香

反义 蓬门荜户

殊途同归　shū tú tóng guī

【释义】殊:不同的。途:道路。归:归宿,目的地。指走不同的道路到达同一个目的地。

【用法】比喻用不同的方法达到同一目的或得到同样的结果。

【例句】他俩各自采取办法,最后～,都解决了面对的难题。

近义 异曲同工

反义 大相径庭

殊形诡状　shū xíng guǐ zhuàng

【释义】殊:不同,特别。诡:奇异,怪异。指形状奇奇怪怪的。

【用法】用于形容物体的外形。

【例句】这些～的假山让人望而生畏。

近义 奇形怪状

反义 司空见惯

菽水承欢　shū shuǐ chéng huān

【释义】菽:豆。菽水:普通饮食。指侍奉父母,使父母欢乐。比喻为人之子应尽孝道。

【用法】只适用于子女,表示对父母尽孝。

【例句】父母辛苦一辈子,我将尽力做到～,让他们安度晚年。

近义 寸草春晖

反义 忤逆不孝

疏不间亲　shū bù jiàn qīn

【释义】疏:疏远。间:参与,离间。亲:亲近。指关系疏远者不参与关系亲近者之间的事情。

【例句】这遗产如何分配要由你们兄妹俩自己商量,～,我们是不能说什么的。

近义 远不间亲

反义 以疏间亲

疏财仗义　shū cái zhàng yì

【释义】疏:分散。疏财:散去钱财。仗义:主持正义。指为了正义拿出自己的钱财来济困扶贫。也作"仗义疏财"。

【用法】形容人讲义气。含褒义。

【例句】他不很富足,却一向～,因此很受人们的敬重。

近义 轻财重义　慷慨解囊　博施济众
反义 爱财如命

疏而不漏　shū ér bù lòu

【释义】疏:稀疏,不密。喻指法网虽宽大,然而绝不遗漏一个作恶之人。也指内容简要而无遗漏。

【用法】比喻天道公平,多用于劝诫人。

【例句】法网恢恢,～。谁敢以身试法,必将严惩不贷。

疏密有致　shū mì yǒu zhì

【释义】疏:稀疏。密:稠密。致:情趣。指或稀疏或稠密,富有情趣。

【用法】多形容自然风光中的树木花草、园林布局中的水榭山亭,或绘画中的山水房舍,疏密相间极富情趣。

【例句】绿叶丛中～地开着点点黄花。

近义 疏密有章

输肝剖胆　shū gān pōu dǎn

【释义】输:捐献,献纳。指尽心竭力对待。

【用法】形容非常忠诚。

【例句】历经数十载的风风雨雨,童老对党和人民的事业～,尽忠尽义。

近义 披肝沥胆　剖心析肝

熟能生巧　shú néng shēng qiǎo

【释义】熟:熟练。巧:巧妙,技巧。指熟练了就能产生巧办法,或找出窍门。

【用法】常用于勉励人勤奋做事、学习等。

【例句】不论学习什么,初学时一定困难,但只要肯努力钻研,自然就～了。

近义 耳熟能详　游刃有余

熟视无睹　shú shì wú dǔ

【释义】熟视:经常看见。指看惯了就像没有看见一样。

【用法】形容对应该关心的事物漠不关心或漫不经心。含贬义。

【例句】任何一个正直的人对于危害人民生命财产安全的事都不能～。

近义 视而不见

暑往寒来　shǔ wǎng hán lái

见 271 页"寒来暑往"。

蜀犬吠日　shǔ quǎn fèi rì

【释义】蜀:古蜀国,主要指今四川地区。吠:狗叫。指蜀地多云雾,日照少,那里的狗不常见太阳,每逢日出,狗都叫起来。

【用法】比喻少见多怪。含贬义。

【例句】中国有自己的国情,市场经济也不是资本主义的专利,对"中国特色的社会主义"不必～。

近义 粤犬吠雪

反义 见惯不惊　恬不为怪

鼠目寸光　shǔ mù cùn guāng

【释义】指像老鼠一样只看得见眼前那么近的光。

【用法】形容没有远见。含贬义。

【例句】看问题不能～,要有长远打算。/为了目前的小利而破坏生态环境是～的表现。

近义 目光如豆　目光短浅

反义 目光远大　远见卓识　高瞻远瞩

S

S

鼠目獐头　shǔ mù zhāng tóu

见961页"獐头鼠目"。

鼠窃狗盗　shǔ qiè gǒu dào

【释义】窃、盗：偷。像鼠和狗那样偷盗。原指小偷小摸的行为。也作"鼠窃狗偷"。

【用法】现多比喻进行不光明的活动。

【例句】他不想与那伙～之徒为伍了。

近义 小偷小摸

鼠窃狗偷　shǔ qiè gǒu tōu

见668页"鼠窃狗盗"。

数不胜数　shǔ bù shèng shǔ

【释义】数：计数，统计。胜：尽。指数也数不尽。

【用法】形容数量非常多，难以统计。

【例句】爱国精神表现在中外文学里已经是层出不穷，～了。

近义 不可胜数　更仆难数　指不胜屈

反义 屈指可数　寥若晨星

提示 "数"不读 shù。

数典忘祖　shǔ diǎn wàng zǔ

【释义】典：史册、掌故、历史事迹等。指数说着旧典，却忘记了自己祖先的事。

【用法】比喻人忘本或对本国本民族的历史无知。含贬义。

【例句】我们要学习和了解中华民族悠久的历史文化知识，不能做一个～的人。

近义 叛祖忘宗

反义 饮水思源

数短论长　shǔ duǎn lùn cháng

【释义】数：数说。指说长道短，妄加评论。

【例句】他实在受不了万奶奶的闲言碎语，～。

近义 说长道短

提示 "数"不读 shù。

数九寒天　shǔ jiǔ hán tiān

【释义】数九：我国从农历冬至起，每九天为一个单位，来表示气候的变化，因共数九个九天，故称"数九"。泛指一年中最寒冷的日子。

【用法】形容极其寒冷。

【例句】一听到这个消息，就像～被别人在身上浇了一桶凉水，他打了个冷战。

提示 "数"不读 shù。

数一数二　shǔ yī shǔ èr

【释义】数：比较起来，计算起来。指比较起来不算第一也能算第二。也指依次数说，逐条列举。

【用法】多形容突出拔尖。

【例句】她是我国～的舞蹈家。／他一面吩咐开船，一面～地记录每一座山形和水系名称。

提示 "数"不读 shù。

束马悬车　shù mǎ xuán chē

【释义】束：捆。悬：悬挂。指行走山路时，将马脚包住，将车子挂牢，以防跌倒。

【用法】形容山路艰险难走。

【例句】自古有"蜀道难，难于上青天"的说法，也许古人走蜀道都会～吧。

束身自好　shù shēn zì hào

【释义】束身：约束自身，不放纵。自好：自爱。指保持自身纯洁，不与坏人坏事同流合污。

【用法】用作褒义。

【例句】她将要来城里几天，陪伴一位～的长辈。

近义 洁身自爱

束手待毙　shù shǒu dài bì

【释义】束手：捆住自己的手。待：等待。

毙:死。指捆住自己的双手等待死亡。

【用法】比喻面临危难时不积极设法解救而坐等败亡。

【例句】总算幸运,在危急万分、～的最后关头,他终于得到了乘坐飞机去西昌的通知。

近义 坐以待毙　束手就擒

反义 垂死挣扎　死里逃生

束手就擒　shù shǒu jiù qín

【释义】束手:捆住自己的手,指停止抵抗。就:走向,接受。擒:捉住。指自缚其手,让人捉拿。

【用法】形容不作抵抗或因无法脱身而甘当俘虏。

【例句】那个小偷听说眼前这人就是便衣警察,吓得目瞪口呆,只好～。

近义 束手待毙　坐以待毙

反义 垂死挣扎

束手旁观　shù shǒu páng guān

见829页"袖手旁观"。

束手束脚　shù shǒu shù jiǎo

见688页"缩手缩脚"。

束手无策　shù shǒu wú cè

【释义】束:捆绑。策:计策,办法。指就像双手被捆住一样无法解脱。

【用法】形容遇到问题或困难却毫无解决的办法。

【例句】面对房檐上的马蜂窝,我们都～,只好打电话向消防队求助。

近义 无计可施　一筹莫展

反义 急中生智　神通广大

束之高阁　shù zhī gāo gé

【释义】束:捆、扎。阁:放东西、物件的架子。指把东西捆扎起来放在高高的架子上。

【用法】比喻弃置不用。不用于人,只用于事或物。

【例句】大学时的教科书,我早～了。/这件事,我早～了,你不提,我还真不想说。

近义 置之不理

反义 物尽其用

束装就道　shù zhuāng jiù dào

【释义】指整顿行李物品,准备出门上道。

【用法】用于到远方去,准备启程时。

【例句】他～,准备到英国读书去了。

反义 行装甫卸

述而不作　shù ér bù zuò

【释义】述:陈述。作:创作。指只阐述前人的理论、学说,而自己并不提出新的见解。

【例句】他发表的文章很多,可惜多是～,没什么价值。

近义 照本宣科

反义 自我作古

树碑立传　shù bēi lì zhuàn

【释义】树:建立。传:传记,记述人物生平事迹的文字。立传:给某人写传记。原指将某人的生平事迹刻到碑上或写成传记加以颂扬,使之流传久远。

【用法】现多比喻树立个人威信或抬高个人声望。含贬义。

【例句】那些怀着无限敬仰之情为毕加索～的人,不过是在强作解人,谬托知己。

近义 歌功颂德

反义 口诛笔伐

提示 "传"不读chuán。

树大根深　shù dà gēn shēn

【释义】指树长得高大,根就扎得深入。

【用法】比喻势力强大,根基牢固。

S

【例句】《红楼梦》中薛、王、贾、史四大家族～,但也难逃覆亡的命运。

近义 根深蒂固　根深叶茂

反义 枯木朽株

树大招风　shù dà zhāo fēng

【释义】招:招惹,招致。指树长得高大易遭受风的袭击。

【用法】比喻人名声大或目标大后容易招致别人嫉妒,引来事端。

【例句】武家船行业务蒸蒸日上,然而～,惹来不少外人的垂涎和嫉妒。

近义 众矢之的

反义 不见经传　无名小卒

树倒猢狲散　shù dǎo hú sūn sàn

【释义】猢狲:猴子。指大树倒了,树上的猴子也就散了。

【用法】比喻有权势的人一倒台,依附者随即纷纷散去。含贬义。

【例句】过去王府的众多清客,随着王爷的倒台,也就～了。

近义 如鸟兽散

树欲静而风不止　shù yù jìng ér fēng bù zhǐ

【释义】指树想静下来而风却不停地吹动它。

【用法】比喻客观事物的发展不以人的意志为转移。

【例句】和平是广大人民渴望的,但总有人要战争不要和平,真是～。

树之风声　shù zhī fēng shēng

【释义】树:建立。风:教化。声:风气。指建立好的教化,宣扬好的风气。

【用法】多用于社会生活。

【例句】～,才能教化民众。

数以千计　shù yǐ qiān jì

【释义】数:数目。指以千来计算。

【用法】形容极多。

【例句】莫高窟不但保存着无数宏伟瑰丽的壁画,同时也保存着～的优美彩塑。

率兽食人　shuài shòu shí rén

【释义】指带领着野兽去吃人。

【用法】比喻统治者施行暴政,虐害人民。含贬义。

【例句】执政者如果不能体察人民的疾苦而一味追求声色犬马的享受,无疑是～。

近义 鱼肉百姓　荼毒生灵

反义 爱民如子　仁民爱物

率先垂范　shuài xiān chuí fàn

【释义】率先:首先,带头。垂范:给后人

留下范例。指首先做出榜样,带头做出示范。

【用法】多作敬词,用于对方。含褒义。

【例句】教官的精心施教,～,给了学员以极大的鼓舞。

双管齐下　shuāng guǎn qí xià

【释义】管:毛笔。本指绘画时两手各执一笔,两管笔同时作画。

【用法】比喻两件事同时进行或两种方法同时采用。

【例句】他的病情非常严重,需要内服外用,～,才能见效。

近义 齐头并进　左右开弓

双栖双宿　shuāng qī shuāng sù

见671页“双宿双飞”。

双宿双飞　shuāng sù shuāng fēi

【释义】比喻情人共同生活,一如飞鸟,形影不离。也作“双栖双宿”。

【用法】多用于形容夫妻亲密相处。

【例句】他们夫妻二人自从结婚起便～,感情一直很好。

近义 比翼齐飞

反义 劳燕分飞　鸾凤分飞

双瞳剪水　shuāng tóng jiǎn shuǐ

【释义】瞳:眼睛。形容人的两只眼睛清

澈明亮。

【用法】多用于书面语。

【例句】看她眉似远山含黛,又兼～,真是楚楚动人。

双喜临门　shuāng xǐ lín mén

【释义】两件喜事一起降临家门。

【用法】形容好事成双。

【例句】丫姑家既盖新房,又招女婿的,这真是～。

近义 好事成双

反义 祸不单行

爽然若失　shuǎng rán ruò shī

【释义】爽然:茫然,不知所从的样子。指茫茫然好像丢失了什么东西一样。

【用法】形容神思恍惚,空虚怅惘的样子。

【例句】提到毕业,自然是大家都盼望的,但一到毕业,却又有些～。

近义 怅然若失　茫然若失　若有所失

反义 怡然自得

爽心悦目　shuǎng xīn yuè mù

【释义】爽心:使心境开朗愉快。悦目:好看,看着愉快。指眼前的景物看去使人心情舒畅。

【用法】形容心情愉快。含褒义。

【例句】在这千年万代无边的戈壁荒滩上,如今已经出现了无数令人～的绿洲。

近义 赏心悦目

水到渠成　shuǐ dào qú chéng

【释义】渠:水道。指水流到的地方,自然形成沟渠。

【用法】比喻条件成熟,事情自然成功。也比喻顺着事理发展,结果自然合乎情理。

【例句】学术水平达到相应的水准,提升教授是～的事。/故事结束后用了一大段文字直接歌颂这个士兵,将故事的意义加以拓展和升华,是～的结果。

近义 瓜熟蒂落　功到自然成

反义 揠苗助长

水滴石穿　shuǐ dī shí chuān

【释义】指水不断滴在石头上,终将石头穿透。也作"滴水穿石"。

【用法】比喻坚持不懈,集细微之力也能成功。

【例句】没有多年的勤奋苦练,没有～的工夫,她的书法不可能练得这样好。

近义 绳锯木断　铁杵成针

反义 一曝十寒

水火不相容　shuǐ huǒ bù xiāng róng

【释义】容:容受,容纳。指水与火相互对立,互不容纳。

【用法】比喻彼此关系不可调和。

【例句】医者治病靠药力,道者治病靠神力,医、道两门,～。

近义 冰炭不相容　格格不入

反义 水乳交融

水火无情　shuǐ huǒ wú qíng

【释义】无情:不讲情面。指水灾和火灾来势凶猛,没有情面可讲。

【用法】形容水火灾害可怕。

【例句】真是～,一颗小小的烟头竟使这座大楼变为废墟。

水尽山穷　shuǐ jìn shān qióng

见 616 页"山穷水尽"。

水来土掩　shuǐ lái tǔ yǎn

【释义】指大水来了,用泥土堵住。

【用法】比喻针对具体情况,采取相应的措施和办法。

【例句】面对任何困扰,他总是有办法兵来将挡,～,大事化小、小事化无。

水落石出　shuǐ luò shí chū

【释义】指水落下去,水底的石头就显露出来。

【用法】比喻事情真相大白。

【例句】人类总有一天会揭开金字塔神秘的面纱,把它的来历查个～。

近义 真相大白　原形毕露

反义 真假莫辨

水米无交　shuǐ mǐ wú jiāo

【释义】交:交往,往来。指没有饮水借火的交往。指互不关涉,毫不相干。也比喻为官清廉,无所取于民。

【用法】多用于形容人。

【例句】他与我～,今日才得相见。/他在此为政三年,与百姓却～。

近义 素昧平生

水磨功夫　shuǐ mó gōng fū

【释义】水磨:加水细磨。指细致精密的功夫。

【用法】形容工作细致,费时很多。

【例句】为了摸清这群毒贩的情况,侦察员们下了～去执行任务。

近义 磨杵成针

反义 粗枝大叶

水木清华　shuǐ mù qīng huá

【释义】木：树。清华：清丽华美。指园林里池水花木清幽美丽。

【用法】形容园林环境优美。

【例句】这个花园虽然不大，但曲水长流，环抱着翠柏修竹，却显得～，很是玲珑可爱。

水清无鱼　shuǐ qīng wú yú

见 674 页"水至清则无鱼"。

水乳交融　shuǐ rǔ jiāo róng

【释义】交融：融合在一起。指水和奶汁融合在一起。

【用法】比喻结合非常紧密。也比喻关系十分融洽。

【例句】一篇好的评论需要观点和材料～，高度统一。/小两口相敬相爱，彼此体贴，倒也～，美满和谐。

反义 水火不相容　冰炭不相容　格格不入

水深火热　shuǐ shēn huǒ rè

【释义】指好像在深水中、在烈火里一般。

【典故】春秋时，一天齐宣王问孟子："齐国、燕国都是大国，彼此旗鼓相当，为什么齐国打败了燕国，燕国的老百姓却不支持本国的军队，反而拥护我们齐国的军队呢？"孟子回答说："这是因为在燕国国君统治下，燕国人民陷入了悲惨的困境，他们迫切要求摆脱那种比水还深，比火还热的痛苦生活。所以人心就转向了。此外，没有别的原因。"（《孟子·梁惠王下》）

【用法】比喻国家灾难深重。也比喻个人生活、处境异常艰难痛苦。

【例句】在～的抗战期间，我努力肩负起父与母双重职责，抚育两个孩子。/中国历代的农民，在封建制度的剥削和压迫下，过着～的生活。

近义 生灵涂炭

反义 安居乐业

水天一色　shuǐ tiān yī sè

【释义】指水面好像与天相接，同为一色。

【用法】形容水天相接的辽阔景象。

【例句】青海湖～，波光激潋，流云雁影倒映湖中，十分迷人。

近义 水光接天

水土不服　shuǐ tǔ bù fú

见 61 页"不服水土"。

水泄不通　shuǐ xiè bù tōng

【释义】泄：排泄，排出。指连水都流不出去。

【用法】形容极其拥挤或包围得很严密。

【例句】地铁试车那天，北京宣武门外人山人海，～。

近义 密不透风

反义 畅通无阻　四通八达

水性杨花　shuǐ xìng yáng huā

【释义】指像水一样随性流动，如杨花一样随风飘扬。

【用法】比喻女子作风轻浮，用情不专一。含贬义。

【例句】我曾一再提醒你，像她那样～的女人，千万不要同她交好。

反义 忠贞不贰

水秀山明　shuǐ xiù shān míng

见 615 页"山明水秀"。

S

S

水涨船高　shuǐ zhǎng chuán gāo

【释义】涨:升高。指水位上升,船也随之升高。

【用法】比喻事物随其所凭借的基础的提高而相应提高。

【例句】随着父母收入的增加,我的生活费和零花钱也～地增加了。

近义 风大浪高

水至清则无鱼　shuǐ zhì qīng zé wú yú

【释义】至:最,极。清:清澈,清亮。指水过于清澈,鱼就不能藏身存活。也作"水清无鱼"。

【用法】比喻人过于苛察精明,不能容人,就会没有伙伴。

【例句】他是一个孤僻的人,常常孤芳自赏,自命清高,结果是～,没有任何朋友。/ 人上一百,形形色色,哪有什么清一色的队伍呢?～,人至察则无徒。

水中捞月　shuǐ zhōng lāo yuè

见 267 页"海底捞月"。

顺风扯帆　shùn fēng chě fān

【释义】指顺着风向扯起船帆。

【用法】比喻顺应趋势办事。

【例句】在海上行驶时,要使船速更快,～是关键。/ 说到底,他的变革不过是～罢了。

近义 看风使舵　见风使舵　顺风吹火随风转舵　顺水推舟

顺风吹火　shùn fēng chuī huǒ

【释义】指顺着风势吹火。

【用法】比喻乘便行事,并不费力。

【例句】他主动向大家提出自己退出乐队的请求,大家也就～同意了他的请求。

近义 顺风扯帆　看风使舵　见风使舵随风转舵　顺水推舟

顺风转舵　shùn fēng zhuǎn duò

【释义】指顺着风向掉转舵位。

【用法】比喻随着形势的变化,改变自己的态度。多含贬义。

【例句】老郁是个精明人,总会～,迎合别人的心理。

近义 见机行事　春风使舵

顺理成章　shùn lǐ chéng zhāng

【释义】理:条理,事理。章:章法。原指写作顺着条理,便会自成章法。

【用法】现多形容事物发展合情合理。

【例句】那篇文章立论明确,层次清楚,～。/ 再过两三年条件成熟了,将公司股票挂牌上市也就～了。

顺其自然　shùn qí zì rán

【释义】顺:随顺,顺应。指顺应事物自身的发展趋势,不人为去干预。

【例句】教育孩子要像老舍先生一样,～、因势利导。

顺手牵羊　shùn shǒu qiān yáng

【释义】指顺手把别人的羊牵走了。

【用法】比喻乘机行窃,顺手拿走别人的东西的行为。含贬义。

【例句】红姑娘在找照片时,无意中发现了那对玛瑙,便～把它拿走了。

近义 浑水摸鱼　趁火打劫

反义 明目张胆　明火执仗

顺水人情　shùn shuǐ rén qíng

【释义】指利用机会顺便给人的好处。也

指不费力的人情。

【例句】这事本来就准备这样解决的，提前答应他，做个～。

顺水推舟　shùn shuǐ tuī zhōu

【释义】舟：船。指顺着水流的方向推船。

【用法】比喻顺应情势说话办事。

【例句】他若留我，乐得～；他若不留，我也不走。

近义 因势利导　因利乘便　顺风扯帆

反义 逆水行舟

顺藤摸瓜　shùn téng mō guā

【释义】指顺着瓜藤去摸瓜。

【用法】比喻顺着发现的线索追究根底，以获取更大的收获。

【例句】一经发现可疑人和可疑事，要～，一追到底。

近义 按图索骥

顺之者昌，逆之者亡

shùn zhī zhě chāng, nì zhī zhě wáng

【释义】顺：顺从。昌：昌盛。逆：违背。之：代词，他。指依顺他的就能昌盛，违抗他的就遭灭亡。

【用法】本形容天道和自然规律不能违背。后亦指强大的或邪恶的势力不可抗拒。

【例句】某些超级大国十分霸道，～，对伊拉克动武就是一例。

瞬息万变　shùn xī wàn biàn

【释义】瞬息：一眨眼一呼吸的短暂时间。指在极短的时间内变化极多、极快。

【用法】多用于形容环境或时势的变化。

【例句】只有具备预见性，才能在～的市场中不失时宜地把握战机。

近义 变幻莫测　变化无常

反义 一成不变

说白道黑　shuō bái dào hēi

见 676 页"说黑道白"。

说长道短　shuō cháng dào duǎn

【释义】长：长处，优点。短：短处，缺点。随意议论别人的是非好坏。

【用法】形容嘴多。含贬义。

【例句】她是一个喜欢走家串户、专好～、刺探别人家里私事和隐秘的女人。

近义 数短论长

说到做到　shuō dào zuò dào

【释义】指对说过的话或作出的承诺，都能切实地办到或兑现。

【用法】形容言行一致。

【例句】姐姐是个爽快人，～，给我买了件暗红色的羽绒马甲。

近义 说话算数

说东道西　shuō dōng dào xī

【释义】说东家道西家。指说说这说那，随意谈论。

【用法】形容信口议论，话语极多。含贬义。

【例句】这件事与你无关，你就不要～的了。

近义 品头题足　说三道四

说好说歹　shuō hǎo shuō dǎi

【释义】指从正反、好坏两方面来说服。

【用法】多用于口语。

【例句】这人顽固得很，～，他怎么也不信。

说黑道白 shuō hēi dào bái

【释义】指说长道短，乱加评论，信口雌黄。也作"说白道黑"。

【用法】用作贬义。

【例句】她是一个很诚实的孩子，从不～。

说话算话 shuō huà suàn huà

见 676 页"说话算数"。

说话算数 shuō huà suàn shù

【释义】算数：承认有效力。指说过的话都要认账，都承认有效力。也作"说话算话"。

【用法】形容不说不负责任的话。

【例句】老板果然～，从第二个月开始她拿到了比先前略高的薪水。

近义 说到做到

说三道四 shuō sān dào sì

【释义】指不负责任地随意地说这说那，乱加谈论。

【用法】用作贬义。

【例句】你是公司的职员，怎能对公司的领导～呢？

近义 说东道西　说长道短

说是谈非 shuō shì tán fēi

【释义】评说是非。指搬弄口舌。

【用法】用作贬义。

【例句】她父母真是没眼力，把她嫁在这样的环境里，让别人～。

说一不二 shuō yī bù èr

【释义】指说怎么样就一定怎么样，绝不会改变。

【用法】形容说话算数。

【例句】警卫员知道总司令命令～的。

近义 言行一致　言必有信

反义 出尔反尔　反复无常

铄石流金 shuò shí liú jīn

见 431 页"流金铄石"。

硕大无朋 shuò dà wú péng

【释义】指非常壮大，没有能和它相比的。

【用法】形容事物极大。

【例句】大兴安岭是一个～的绿色聚宝盆。

反义 微乎其微

硕果仅存 shuò guǒ jǐn cún

【释义】硕：大。指树上唯一留存下来的大果子。

【用法】比喻经过淘汰或变迁留存下的稀少可贵的人或物。

【例句】拍卖会上的那件艺术品是卡蜜儿～的一部分，难怪价格这么高。

近义 鲁殿灵光　凤毛麟角　绝无仅有

反义 硕果累累　不胜枚举　不计其数

数见不鲜 shuò jiàn bù xiān

见 439 页"屡见不鲜"。

司空见惯 sī kōng jiàn guàn

【释义】司空：古代负责工程的官名。原指司空看惯了奢华绮靡的场面，认为是平常事。

【典故】唐代中期，诗人刘禹锡卸任和州刺史后回京，司空李绅仰慕他的文才，邀他到家里喝酒。酒过数巡，李绅让家中的歌姬表演歌舞助兴。刘禹锡当场赋诗一首，诗云："髻梳头宫样妆，春风一曲杜韦娘。司空见惯浑闲事，断尽江南刺史肠。"（《太平广记》引唐·孟棨《本事诗·情感》）

【用法】形容某事经常看到，不足为奇。

【例句】现在，在网上购物已经是～的事了。

近义 数见不鲜　不足为奇　习以为常
　　　屡见不鲜　见惯不惊
反义 少见多怪　闻所未闻
提示 "惯"不能写成"贯"。

司马青衫　sī mǎ qīng shān
【释义】司马:古官名。指唐代诗人白居易被贬为江州司马时,在船中听到琵琶演奏,因同情相怜,备受感动,泪湿衣衫。
【用法】形容极度悲伤。
【例句】看到因战争而流落街头的孤儿,他有一种～之感。

丝恩发怨　sī ēn fà yuàn
【释义】指像细丝那样的恩情,头发那样的仇怨。
【用法】用于书面语。
【例句】人世间给予她的～,无不在她那敏感的心里留下深深的印痕。

丝丝入扣　sī sī rù kòu
【释义】丝:每一根丝线。扣:通"筘",即杼(zhù),织布机上主要机件之一,状如梳子,用来确定经纱的密度,保持经纱的位置,并把纬纱打紧。指织布时每一根丝都从筘齿中通过。
【用法】形容做事周密、细致,一一合拍。也形容艺术表现手法紧密、细致。
【例句】这个小品的情节安排得～,收到了较好的艺术效果。
近义 环环相扣

私恩小惠　sī ēn xiǎo huì
【释义】私恩:私下给予或得到的好处。惠:给人财物。指给人一点好处借以达到某种目的。
【例句】他从来都不把这些～放在心上。

近义 小恩小惠

私相授受　sī xiāng shòu shòu
【释义】授:给予;受:接受。指私下里不是公开的给予和接受。
【用法】多用于书面语。
【例句】用公共财物～的人,应该受到法律的制裁。

私心杂念　sī xīn zá niàn
【释义】私心:自私之心。杂念:不纯的念头。指为个人或小集团利益打算的意图或念头。
【用法】多用于口语。含贬义。
【例句】我们要抛开一切～,上下齐努力,拧成一股绳,尽快查明案情,力争早日破获此案。

思前想后　sī qián xiǎng hòu
【释义】思、想:考虑。前:前因。后:后果。指反复地考虑事情发生的缘由和后果。也作"前思后想"。
【用法】形容前前后后地反复考虑盘算。
【例句】他这个人做事非常谨慎,总是～,周密安排。

思如泉涌　sī rú quán yǎng
【释义】指才思像泉水般涌出。
【用法】形容才思丰富敏捷。
【例句】他回想起当年的知青生活就～,落笔成章。

思绪万千　sī xù wàn qiān
【释义】思绪:思想的头绪。指思绪极其繁多。
【用法】形容内心受到深深的触动,想起许多往事。

【例句】罗杰～,他想起发现澳大利亚的伟大航海家库克船长。他的船也触过礁,当时的情况和现在完全一样。
反义 心如止水

斯文扫地　sī wén sǎo dì

【释义】斯文:指文化或文人。扫地:比喻名誉、地位完全丧失。指文化或文人得不到尊重。也指文人自甘堕落。
【用法】用作贬义。
【例句】眼看那么多典籍被烧掉、古迹被摧毁,老教授们连连感叹:"真是～,～!"/堂堂教师,如果嗜酒成性、赌博成瘾,那真是～!
近义 名誉扫地　有辱斯文
反义 显亲扬名
提示 "斯"不能写成"师"。

撕肝裂胆　sī gān liè dǎn

【释义】指肝胆都像被撕裂一样。
【用法】形容极端伤心。
【例句】小萝卜头发着高烧,时断时续地说胡话,听了令人～。

死不悔改　sǐ bù huǐ gǎi

【释义】指到死也不肯改过悔悟。
【用法】形容极其顽固,坚持错误。
【例句】被抓到之后,这个无赖～,还口出恶言。
反义 幡然悔悟

死不瞑目　sǐ bù míng mù

【释义】瞑目:闭上眼睛。指人死了也不闭上眼睛。
【用法】形容虽死而心犹未甘。
【例句】我发誓要亲手杀了这个卖国贼,否则～!
近义 抱恨终天
反义 死而无怨

死不足惜　sǐ bù zú xī

【释义】足:足够,值得。指即使死去,也不值得惋惜。
【用法】多形容坏人或小人物的死。
【例句】他这样的大恶人真应该遭天打雷劈,～。

死得其所　sǐ dé qí suǒ

【释义】所:处所,地方。指死得有价值,有意义。
【用法】形容一个人死得有意义。含褒义。
【例句】张思德为人民利益而死,就是～。
反义 死有余辜

死而不朽　sǐ ér bù xiǔ

【释义】指死了却不腐朽。
【用法】比喻人虽然死了而声名、事业长存。
【例句】他是完美的艺人,他的贡献和传奇将～。

死而复生　sǐ ér fù shēng

【释义】指死去后又活过来。
【用法】形容身陷绝境或遭受灭顶之灾后又重获生机。
【例句】他的心脏已停止跳动,不能～了。
近义 起死回生
反义 与世长辞

死而后已　sǐ ér hòu yǐ

【释义】已:停止,止息。指死了才停息。
【用法】多称颂人尽心尽力地致力于某事,一直到死为止。含褒义。
【例句】他这种鞠躬尽瘁、～的革命精神,给我们作出了光辉榜样。
近义 鞠躬尽瘁

死灰复燃　sǐ huī fù rán

【释义】死灰:物体燃烧过后的灰烬。复:再,又。指熄灭的灰烬又重新燃烧起来。

【用法】比喻已经停息的事物又重新活动起来。也比喻失势的力量重又兴起。

【例句】对糟粕自然要摒弃,不能任其沉渣泛起,～。/一度绝迹的街头赌博,近来又～了。

近义 东山再起　卷土重来

反义 一蹶不振

死里逃生　sǐ lǐ táo shēng

【释义】指从极危险的境况下脱逃,保全了性命。

【用法】形容人脱离危险。

【例句】你大病痊愈,～,真得感谢医生的治疗啊。

近义 绝处逢生　劫后余生　虎口余生　九死一生　死中求生

死皮赖脸　sǐ pí lài liǎn

【释义】指脸皮厚,没羞没臊地一味纠缠。

【用法】形容不知羞耻的样子。含贬义。

【例句】小亮完全能自食其力,却不好好干活,～地三天两头来缠他舅舅要米要豆子。

近义 死乞白赖

死乞白赖　sǐ qǐ bái lài

【释义】指死缠着乞讨,平白无故地要赖。也形容没完没了地纠缠。也作"死气白赖"。

【用法】用于人。含贬义。

【例句】他～地硬把别人的东西拿走了。

近义 死皮赖脸

死气白赖　sǐ qì bái lài

见679页"死乞白赖"。

死气沉沉　sǐ qì chén chén

【释义】沉沉:深沉。形容气氛极为沉闷,没有生气。也形容人的意志颓废消沉,缺乏活力。

【例句】这座古庙连暮鼓晨钟也听不见,～的。/母亲看到高考落榜后变得～的儿子,心碎了。

近义 万马齐喑

反义 生气勃勃

死去活来　sǐ qù huó lái

【释义】指因极度的疼痛或悲伤昏死过去,又苏醒过来。

【用法】多形容备受折磨或极度悲伤。

【例句】他被捕后,尽管被敌人的刑讯逼供弄得～,也没泄露党的机密。/母亲长年卧病在床,得到父亲战场上牺牲的消息后哭得～,不到三月也去世了。

近义 痛不欲生

反义 不痛不痒

死生有命　sǐ shēng yǒu mìng

【释义】指生和死都是命中注定的。

【例句】～,富贵在天。

死无葬身之地　sǐ wú zàng shēn zhī dì

【释义】指死后连个埋葬尸体的地方也找不到。

【用法】形容结局极度悲惨。

【例句】庄宗听后老大不快,自言自语说:"如果这样,我们就～了"。

死心塌地　sǐ xīn tā dì

【释义】塌地:心里安定、踏实。指心中踏实,不存疑虑。

【用法】形容一心一意绝不改变。也形容心甘情愿。

【例句】从今以后,我们就～跟着您。/ 她～要嫁给这样一个才貌一般的男人。/ 他表示要和你大战一场,那时如果被擒,才～投降。

近义　至死不渝

反义　举棋不定　犹豫不决

死有余辜　sǐ yǒu yú gū

【释义】余:多余的,剩余的。辜:罪恶。指就算是处死,也抵偿不了所造成的罪恶。

【用法】形容罪大恶极。含贬义。

【例句】像希特勒这样的战犯,真是～!

近义　罪大恶极　罪不容诛　十恶不赦

反义　死得其所

死于非命　sǐ yú fēi mìng

【释义】非命:横死,指意外的灾祸。指未尽天年便遭受意外的灾祸而死亡。

【例句】因交通事故而～的人数近年在逐渐增加。

反义　寿终正寝

死中求生　sǐ zhōng qiú shēng

【释义】指在临近死亡的绝境中求生路。

【用法】形容努力挣扎以求生路。

【例句】她具有超凡的舞蹈天才,在短短的两分钟里就淋漓尽致地表演出～的天鹅形象。

近义　死里逃生

四不拗六　sì bù niù liù

【释义】拗:不顺从。指少数人违反不了多数人的意见。

【例句】～,他提出的改革意见最终被否决了。

四大皆空　sì dà jiē kōng

【释义】四大:古代印度哲学认为地、水、火、风是构成宇宙的元素,称之为"四大";佛教借用其说,把坚、湿、暖、动四种性能称为"四大"。空:空幻,虚幻。泛指世间一切都是虚无空幻的。

【用法】多用来形容看破红尘,心境超脱豁达。

【例句】历来认为,出家人都是慈悲为怀,～。

近义　心无杂念　六根清净

四分五裂　sì fēn wǔ liè

【释义】形容分散破碎,不完整、不集中、不统一、不团结的状况。

【用法】用作贬义。

【例句】南梁王朝经过"侯景之乱",从此内部便～了。/ 看到家中～的局面,老人气得晕了过去。

近义　支离破碎　分崩离析

反义　完好无缺

四海承风　sì hǎi chéng fēng

【释义】四海:全国各地。承:承受。风:教化。指天下都承受教化。

【用法】形容政教通行天下。

【例句】传说上古时期,君王舜清明仁爱,选用贤臣,因此～。

四海鼎沸　sì hǎi dǐng fèi

【释义】四海:古人以为中国四周都是大海,故以四海代指全中国。鼎:古代煮食物的器皿,三足(或四足)两耳。鼎沸:比喻局势不安定,像鼎中的水一样沸腾。

【用法】形容天下大乱。

【例句】如果一代君王不重用敢于直谏的

大臣,则必将人心尽失,～,国事更不可收拾!

反义 四海升平

四海升平 sì hǎi shēng píng

【释义】四海:古人以为中国四周都是大海,故以四海代指全中国。升平:太平。

【用法】形容天下太平。

【例句】如今,～,万民欢乐,一派欣欣向荣的景象。

反义 四海鼎沸

四海为家 sì hǎi wéi jiā

【释义】四海:指代全中国。为:当成。指占有四海,统治全国,以全中国为家。也指漂泊无定所,到处都可以当成家安身。

【用法】常用于形容居无定所者。

【例句】要治理天下,应该以～,今天走南,明天闯北,没有固定不变的道理。/从此他独自一人,无牵无挂,～。

近义 浪迹天涯

反义 安土重迁

四海一家 sì hǎi yī jiā

【释义】指四海之内,就像一家人。

【用法】形容天下一统。

【例句】这位伟大政治家毕生的理想就是～,天下太平。

四海之内皆兄弟 sì hǎi zhī nèi jiē xiōng dì

【释义】指全中国的人都好像兄弟一样。表示推诚待人,将天下人都当作兄弟看待。

【用法】形容亲如一家。

【例句】～,天下百姓是一家。

四郊多垒 sì jiāo duō lěi

【释义】垒:营垒。指都城四郊敌人的营垒很多,敌军逼近,情势危急。

【用法】形容竞争的对手很多。

【例句】～,形势不容乐观。

四脚朝天 sì jiǎo cháo tiān

【释义】四脚:四肢。指仰面跌倒。也形容死去。

【例句】那只可怜的小鸟叫声未绝,早被大鹏一嘴啄得～。/说完这句话,钟老太便～,一声不言语了。

四邻八舍 sì lín bā shè

【释义】邻、舍:邻舍,邻居。泛指前后左右的邻居。

【例句】陈师傅是金陵城里挑剃头挑子的,为人豪爽大方,～的孤寡老人剃头一律不收钱。

近义 左邻右舍

四面八方 sì miàn bā fāng

【释义】四面:指东、南、西、北四个方向。八方:指东、南、西、北和东南、东北、西南、西北八个方向。泛指周围各个方向或各个地方。

【用法】常用来形容范围广。

【例句】这批学生来自～,穿着、言语差异很大。

近义 五湖四海

四面楚歌 sì miàn chǔ gē

【释义】楚歌:楚地(指长江中下游一带)的民歌。指到处都是楚国人的歌声。

【典故】秦朝灭亡后,项羽和刘邦为争夺政权进行了大规模的楚汉战争。公元前202年末,楚军兵败撤至垓下(今安徽灵璧),被汉军重重包围。一天夜里,项羽听见周围的汉军营里都在唱楚国的民歌,大吃一惊,心想汉军里怎么有这么多楚国人,怀疑他的楚地已全被汉军占领了,顿时感到大势已去。第二天,项羽带着残部八百余人,向南突围,逃到乌江边,身边只剩少量士兵,汉军又大量追杀而来。项羽自感败局已定,于是拔剑自刎于江边。(《史记·项羽本纪》)

【用法】形容陷于四面受敌、孤立无援的绝境。

【例句】抗日战争进行到最后一年,日军已是～。

近义 四面受敌

反义 旗开得胜

四面受敌　sì miàn shòu dí

【释义】指四面都受到敌人攻击。

【用法】形容处于困境。

【例句】尽管～,部队的士气仍然很高。

近义 四面楚歌

四平八稳　sì píng bā wěn

【释义】指物体位置很平稳。

【用法】形容说话、做事稳妥(褒义)。也形容做事只求不出差错,缺乏创新精神(贬义)。

【例句】郑鸣做事一向～,很让人放心。/～、得过且过,是他的生活态度,这是怎样一种平庸的生活态度呀!

四清六活　sì qīng liù huó

【释义】四清:眼、耳、鼻、舌的感觉分明清晰。六活:对儒家礼、乐、射、御、书、数六种技能灵活掌握。

【用法】形容为人精明,做事机灵干练。多含褒义。

【例句】这几个都是行事沉稳,～的人。

四时八节　sì shí bā jié

【释义】四时:春、夏、秋、冬。八节:立春、春分、立夏、夏至、立秋、秋分、立冬、冬至。泛指一年四季中各个节气。

【例句】这里物产丰富,随着～的顺序各种蔬果翻新上市。

四时气备　sì shí qì bèi

【释义】四时:春、夏、秋、冬。指四时之气都具备。

【用法】形容人的气度弘远。

【例句】此人寡言少语而～。

四体不勤　sì tǐ bù qín

【释义】四体:手脚四肢。不勤:不劳动。指不从事生产劳动或形容人懒惰不勤劳。

【例句】旧时的读书人,多是～,菽麦不辨的书呆子。

四通八达　sì tōng bā dá

【释义】达:畅通无阻。指四面八方都畅通无阻。

【用法】形容交通十分便利。

【例句】上海的交通～,有铁路、公路、航线通往全国各地。

近义　畅通无阻

似曾相识　sì céng xiāng shí

【释义】似:好像。曾:曾经。相识:彼此认识。指好像曾经见过,并不陌生,但印象不够真切。

【用法】用于形容所见到的人或事物。

【例句】我目不转睛地注视着这～的风景。/那次在征文颁奖会上,我俩初次见面,就感觉～,谈天说地,侃山论海,像多年的老朋友。

反义　素昧平生　素不相识

似懂非懂　sì dǒng fēi dǒng

【释义】似:好像。非:没有。指好像懂了,又好像没懂。

【用法】形容没有完全明白。

【例句】学习上遇到～的问题,我们应打破砂锅问到底,不能不懂装懂。

似是而非　sì shì ér fēi

【释义】似:好像。是:对,正确。而:连词,表示转折。非:不对,错误。指好像是对的,而实际上是错的;好像是真的,而实际上是假的。

【例句】这篇论文里充满了～的观点。

驷不及舌　sì bù jí shé

【释义】驷:四匹马拉的车。及:赶上,追上。舌:这里指话语。指四匹马拉的车也追不上舌头(说出的话)。即话一旦说出口便难以收回。

【用法】形容说话应慎重。

【例句】当酒醒之后,他悔恨自己～地把心中的秘密全部暴露出来了。

近义　驷马难追

驷马高车　sì mǎ gāo chē

【释义】驷马:一车所驾的四匹马。指套着四匹马的高盖车。也作"高车驷马"。

【用法】形容显赫富贵者。

【例句】远远看见贾庄～,前呼后拥。

驷马难追　sì mǎ nán zhuī

见890页"一言既出,驷马难追"。

肆无忌惮　sì wú jì dàn

【释义】肆:放肆。忌:顾忌。惮:害怕,畏惧。指任意妄为,毫无一点顾忌和害怕。

【用法】形容行为放肆,为所欲为。含贬义。

【例句】敌人的战斗机～地向藏岭山、砚池山投弹扫射。

近义　肆行无忌　无法无天　胡作非为　胆大妄为

反义　循规蹈矩

肆行无忌　sì xíng wú jì

【释义】肆行:恣意妄为。无忌:没有顾忌。

【用法】形容行为放肆,无所顾忌。含贬义。

【例句】他～的行径逃不过公安人员的眼睛,最终还是被绳之以法。

近义　肆无忌惮　无法无天　胡作非为

反义　安分守己　循规蹈矩

耸壑昂霄　sǒng hè áng xiāo

【释义】耸:高起。壑:坑谷。指从坑谷耸起,直上云霄。

【用法】形容出人头地。

【例句】有朝一日～，可不能忘了父老乡亲。

耸人听闻　sǒng rén tīng wén

【释义】耸：惊恐，惊动。指听后使人感到非常震惊。

【用法】形容言语不真实，力求夸张以使人惊骇。

【例句】高速公路上的两车只是轻微地擦刮，却被他说成了～的重大车祸。

近义　骇人听闻　危言耸听

送故迎新　sòng gù yíng xīn

【释义】原指地方官吏送旧官，迎新官。

【用法】现多形容应酬频繁。

【例句】唐朝末年，朝令夕改，地方官员调动频繁，～费用巨大。

送往迎来　sòng wǎng yíng lái

【释义】送走要离去的人，迎接来到的人。原指对来往的人都以礼相待。

【用法】现多形容应酬频繁。

【例句】公司刚刚成立，他行政事务缠身，大小会议，～，耗费了许多精力。

颂古非今　sòng gǔ fēi jīn

【释义】颂：歌颂，颂扬。非：否定。指赞颂古代的，否定现代的。

【例句】我们对于古代的东西既不能全盘否定，也不能～。

近义　是古非今

反义　厚今薄古

搜肠刮肚　sōu cháng guā dù

【释义】指在肠子里搜寻，刮空肚子。

【用法】形容冥思苦想，尽力思索。

【例句】他正在～地想寻找一个能够恰当进行描述的字眼。

近义　搜索枯肠　挖空心思

搜索枯肠　sōu suǒ kū cháng

【释义】搜索：搜寻，求索。枯肠：干枯的肠子，指思路枯竭。

【用法】形容绞尽脑汁，竭力思索。

【例句】这位诗人～也想不出一个满意的句子。

近义　搜肠刮肚　绞尽脑汁　挖空心思

反义　文思泉涌

俗不可耐　sú bù kě nài

【释义】俗：俗气，庸俗。耐：忍受，忍耐。指庸俗得使人无法忍受。

【用法】用作贬义。

【例句】她今天的这身打扮～。

反义　雅人深致

夙世冤家　sù shì yuān jiā

【释义】夙世：佛教所说的前生。指前世的冤家对头。也表示两人关系极其亲昵。

【例句】他俩真是～，一见面就打架。

夙兴夜寐　sù xīng yè mèi

【释义】夙：早。兴：起来。寐：睡着。指早起晚睡。

【用法】形容勤劳不息。

【例句】为了人民能过上好日子，无数焦裕禄、孔繁森式的好干部，～，呕心沥血，功载青史，被人们传颂。

近义　夙夜匪懈

提示　"夙"不能写成"宿"。"兴"不读 xìng。

夙夜匪懈　sù yè fěi xiè

【释义】夙夜：早晚。匪：不。指从早到晚都不怠惰。

【用法】形容一心尽职。多用于书面语，含褒义。

【例句】他为了完成这部著作，三年来～，付出了很多精力。

近义 夙兴夜寐

反义 饱食终日

肃然起敬 sù rán qǐ jìng

【释义】肃然：恭敬的样子。起敬：产生敬佩的心情。指表现出敬重的神态和流露出钦佩的感情。

【例句】他虽然远远地落后了，但仍然坚持跑完全程，这种精神让我～。

素不相能 sù bù xiāng néng

【释义】素：平时。相：互相。能：和睦，交好。指两者间平时一直不和睦。

【用法】用于人。含贬义。

【例句】他不再傲慢，主动去拜访～的小王。

素不相识 sù bù xiāng shí

【释义】素：平素，向来。向来互不认识。指从未有过交往。

【例句】傅雷夫妇的骨灰是由一位～的女青年和傅雷亲属、保姆共同努力保存下来的。

近义 素昧平生　素不识荆

素昧平生 sù mèi píng shēng

【释义】素：平素，向来。昧：不明白，不了解。平生：平素。指一向不相识，不了解。

【例句】我与他～，毫无交往，今天相见却如故人。

近义 素不相识　素不识荆

提示 "昧"不能写成"味"。

速战速决 sù zhàn sù jué

【释义】决：解决，消灭（敌人）。指快速地进行并结束战斗。

【用法】比喻在极短时间内迅速解决问题。多形容雷厉风行的工作作风。

【例句】为了迎接国庆节，我们必须～，把大街小巷的彩灯在两天内通通安装好。

溯流徂源 sù liú cú yuán

【释义】溯：逆流而上。徂：往，到。指往河流而上，直抵源头。

【用法】形容追根究底。

【例句】凭着对任何事物都想要～的习惯，他们也要对非西方文化作出理性和科学的判断。

近义 探本穷源　探源溯流　寻根究底

提示 "徂"不能写成"阻"。

酸甜苦辣 suān tián kǔ là

【释义】泛指各种味道。

【用法】比喻生活中的幸福、痛苦等种种遭遇和感受。

【例句】人生的～，在他的作品中留下了不可磨灭的印迹。／这些年轻人都是在蜜糖罐子里长大的，没尝过多少人生的～。

随波逐流 suí bō zhú liú

【释义】随、逐：追随，尾随。指随着波浪起伏，跟着流水漂荡。

【用法】比喻没有自己的立场和主见，只是随着潮流走。

【例句】我们遇事要有主见，绝不能～。

近义 与世沉浮　随俗浮沉

提示 "逐"不能写成"遂"。

S

随风倒舵　suí fēng dǎo duò

见 686 页"随风转舵"。

随风转舵　suí fēng zhuǎn duò

【释义】指顺着风向掉转舵位。也作"随风倒舵"。

【用法】比喻见机行事，随情势而转变态度。多含贬义。

【例句】既为政客，～的本事对于这位青年政要来说，还是有的。

近义 看风使舵　见风使舵　顺风扯帆　顺风吹火　相机行事

随行就市　suí háng jiù shì

【释义】随：顺从。行、市：行情。就：迁就，将就。指价格随市场的行情而变动。

【例句】这个商场的价格～，便宜实惠，特别符合广大市民的胃口。

提示 "行"不读 xíng。

随机应变　suí jī yìng biàn

【释义】随：随顺，顺应。机：时机。应：应付，适应。指随时机或情况的变化，灵活地做出相应的反应。

【用法】多用作褒义。

【例句】与社会上的人打交道，总要～，能屈能伸，才不会吃亏。

近义 见机行事　相机行事

提示 "应"不读 yīng。

随声附和　suí shēng fù hè

【释义】随声：跟着别人的话音。附和：跟着别人说。指别人说什么，自己就跟着说什么。

【用法】形容缺少主见，一味盲从。

【例句】董事长提议加薪，他的秘书立即～。

近义 人云亦云

提示 "和"不读 hé。

随俗浮沉　suí sú fú chén

【释义】俗：世俗，世风。指随着世风或沉或浮。

【用法】形容处世不坚守自己的立场观点，一味地顺从世俗。

【例句】他对自己的心地清白、不～是有点自负的。

近义 与世沉浮　随波逐流

随乡入乡　suí xiāng rù xiāng

见 598 页"入乡随俗"。

随心所欲　suí xīn suǒ yù

【释义】指一切都由着自己的心意，想怎么做就怎么做。也作"从心所欲"。

【用法】原无贬义，现多用作贬义。

【例句】她做事向来～，从不考虑后果。

近义 为所欲为

随遇而安　suí yù ér ān

【释义】随：顺从，顺应。遇：境遇，环境。安：安然，恬然。指能顺应各种不同的境遇，在任何情况下都能安然自得，感到满足。

【用法】多用作褒义。

【例句】爷爷心胸开阔，～，退休后精神状态也很好。

岁不我与　suì bù wǒ yǔ

【释义】岁：岁月，光阴。与：待，等待。不我与：不等待我。指时间不会等待我。

【用法】形容时间不多，须抓紧时机。

【例句】马上就要高考了，～，必须抓紧时间复习，其他的杂事只得放一放。

近义　时不我待

岁寒三友　suì hán sān yǒu

【释义】岁寒：冬季。指松、竹、梅三种经受得住酷寒考验的植物。松、竹经冬不凋，梅花迎寒开放。古人认为其有骨气，引以为友。

【用法】骚人墨客雅称松、竹、梅的用语。

【例句】祖母告诉我，～是老一辈革命家在艰苦环境下生命力顽强的象征。

岁寒知松柏　suì hán zhī sōng bǎi

【释义】指经过严冬，才知松柏耐寒。

【用法】比喻在艰难困苦的条件下，才能看出一个人的高尚情操。

【例句】～，小马是经过严峻考验的坚强战士。

近义　路遥知马力

岁月蹉跎　suì yuè cuō tuó

【释义】岁月：年月。蹉跎：本指失足，引申为失意或虚度光阴。指在失意中白白度过岁月。也作"蹉跎岁月"。

【用法】常指因失意或身处逆境而无奈地虚度时光。

【例句】公孙弘少年时曾为狱吏，因犯过错被免职，于是以养猪为生，～，直到四十余岁，才发愤读书，研读《春秋》、杂学，六十为官，后来还当上了丞相。

近义　虚度年华

反义　争分夺秒

岁月如流　suì yuè rú liú

【释义】岁月：时光。指时光如流水般迅速逝去。

【用法】形容时光飞逝。

【例句】真是～啊，现在我们都变老了。

近义　日月如梭　光阴似箭

反义　度日如年

碎尸万段　suì shī wàn duàn

【释义】碎：弄成小块。指将人的尸体用乱刀剁成万段。

【用法】形容对罪大恶极者极端仇恨。

【例句】人们恨不得将这个卖国贼～。

损兵折将　sǔn bīng zhé jiàng

【释义】折：折损，损失。指作战失利，兵士和将领都有损失伤亡。

【用法】形容作战遭到惨败。

【例句】赤壁之战使得曹操～无数，损失惨重。

反义　斩将搴旗

损公肥私　sǔn gōng féi sī

【释义】损：损害，使受损失。公：国家或集体的。肥：使受益，使得利。指损害国家或集体的利益而使私人得到好处。

【用法】用作贬义。

【例句】这封写给总公司的信，以确凿的事实列举了他的一些违法行为和～的做法。

S

损人利己 sǔn rén lì jǐ

【释义】损:损害,使受损失。利:受益,使得到好处。指损害别人的利益而使自己得到好处。

【用法】用作贬义。

【例句】～的那种人是很卑鄙的。

近义 损人益己 损人肥己

反义 先人后己 克己奉公 舍己为人

缩手缩脚 suō shǒu suō jiǎo

【释义】缩:收缩,蜷缩。指因寒冷或恐惧而四肢不能舒展的样子。也作"束手束脚"。

【用法】形容顾虑多、胆小怕事。

【例句】我们喊了很久,店家才拿了一盏灯,～地进来,嘴里还说:"好冷呀!"/不要因惧怕错误而畏首畏尾、～。

近义 缩头缩脑 畏首畏尾

反义 大刀阔斧 勇往直前

所见所闻 suǒ jiàn suǒ wén

【释义】指所看到的和听到的。

【例句】几天之内的～让我们大开眼界,感觉不虚此行。

所向披靡 suǒ xiàng pī mǐ

【释义】所向:风所吹向的地方。披靡:草木随风倒伏的样子。指风力所及之处,草木就纷纷倒伏。

【用法】比喻力量所达之处,势不可挡。

【例句】我军～,很快便把敌人全部歼灭了。

近义 所向无敌

反义 望风而逃 强弩之末

提示 "靡"不读 má 或 fēi,也不能写成"糜"。

所向无敌 suǒ xiàng wú dí

【释义】所向:指力量到达的地方。敌:对手,敌手。指力量所达到的地方,没有任何力量可与之匹敌。

【用法】形容势不可当,无往而不胜。

【例句】象棋大师刘剑青每次代表交通厅参赛,都～。

近义 所向披靡

反义 望风而逃

所向无前 suǒ xiàng wú qián

【释义】所向:指军队所指向的地方。无前:指没有阻挡。

【用法】多形容军队军威壮盛,势不可当。

【例句】这支经过严格训练的队伍,无论在战斗中,还是在建设中,都～。

所作所为 suǒ zuò suǒ wéi

【释义】为:做。泛指一个人或一个团体所做的一切。

【例句】他的～,究竟对得起谁?

提示 "为"不读 wèi。

索然寡味 suǒ rán guǎ wèi

见 688 页"索然无味"。

索然无味 suǒ rán wú wèi

【释义】索然:没有意味,没有兴趣的样子。也作"索然寡味"。

【用法】形容呆板枯燥,没有一点意趣和趣味。

【例句】今年天气特别寒冷,我们只能待在家里过一个～的元宵节。

近义 淡而无味 枯燥无味 味同嚼蜡

反义 意味深长 津津有味

T

他山之石　tā shān zhī shí

【释义】他:别的,其他的。指别处山上的石头,可用来打磨玉器。原比喻别国的贤才可作为本国的辅佐。

【用法】现比喻可借助的外力或可供自己借鉴、给自己以启迪的他人的经验与成功之道。

【例句】我们要把考察学习来的经验运用到我们的生产实践中,～,可以攻玉。

踏破铁鞋无觅处　tà pò tiě xié wú mì chù

【释义】觅:寻找。指把铁鞋都磨破了,却仍然找不到。

【用法】常与"得来全不费工夫"连用。比喻费很大力气都找不到的东西,却在偶然间毫不费力地找到了。

【例句】～,得来全不费工夫,找了几天的鞋子,居然在这里。

胎死腹中　tāi sǐ fù zhōng

【释义】本指胎儿还未足月就死在母腹中了。

【用法】现多比喻由于意外的原因使计划中途取消,不能实现。

【例句】他们办绘画兴趣班的事,因未能得到相关部门的支持,已～了。

台阁生风　tái gé shēng fēng

【释义】台阁:汉代指尚书台,后泛指中央政府机构。风:好的风气。指政府中形成了良好的风气。

【用法】多用于书面语。形容官风清正。

【例句】他为官清正,很有魄力,上任以来,～,出现了新的气象。

太仓一粟　tài cāng yī sù

【释义】太仓:古时京师储存粮食的大仓库。粟:小米。指大粮仓中的一粒小米。

【用法】比喻极其渺小,微不足道。

【例句】我们已发出了募捐通知,知会各同窗的朋友,多少大家集个成数出来,但恐～,无济于事。

近义　九牛一毛　沧海一粟

太平盛世　tài píng shèng shì

【释义】指社会安定、政治清明、经济兴盛的时代。

【例句】如今虽是～,也应做到安不忘危。

近义　天下太平

反义　兵荒马乱

太岁头上动土　tài suì tóu shàng dòng tǔ

【释义】太岁:传说中的神名。动土:破土动工兴建土木工程。指在太岁的头上动工搞修建。旧时迷信认为太岁之神在地，与天上木星的运行相应而行,兴建土木工程要避开太岁之神所在的方位,否则就会有灾祸。

【用法】现比喻触犯有权势或强横的人。

【例句】你敢在～? 他是干什么的,你也不打听打听!

太虚幻境　tài xū huàn jìng

【释义】太虚:天。指人想象中的天上仙境。

【用法】形容实际不存在的、虚无缥缈的境界。

【例句】贾宝玉梦游～,看到了许多人间不能见到的景象。

泰然处之　tài rán chǔ zhī

见 690 页"处之泰然"。

泰然自若　tài rán zì ruò

【释义】泰然:镇定安详的样子。自若:不改变常态,保持本来的风貌。指不以为意,神情如常。

【用法】形容遇事沉着镇定,毫不慌乱。

【例句】老渔夫在风浪中～地控制着他的小船。

近义 坦然自若　谈笑自若　神色自若

反义 不知所措　惊惶失措

泰山北斗　tài shān běi dǒu

【释义】指五岳之首的泰山和众星拱之的北斗。

【用法】比喻德高望重或成就卓越而为众人所敬仰的人物。

【例句】此后他名满天下,成了举世公认的科学界的～。

泰山鸿毛　tài shān hóng máo

【释义】比喻轻重相差极大,无可比较。

【用法】多形容人的价值。

【例句】岳飞和秦桧简直无法相提并论,他们的死有如～。

近义 天差地远

反义 半斤八两

泰山其颓　tài shān qí tuí

【释义】孔子将死时自称"哲人",把自己的死比作泰山崩塌。后用来比喻众所仰望的人去世。

【用法】多用作悼辞及挽联。

【例句】黄教授追思会上,杨先生敬献挽联:壮志未酬身先去,～待后生。

泰山压顶　tài shān yā dǐng

【释义】顶:头顶。指泰山压在头顶上。

【用法】比喻压力极大。也比喻冲击力极大。

【例句】有人说,"～不弯腰",能有如此承受能力的人,才能视压力为动力,永不倒下。/跟随而至的巨浪,又以～之势猛冲下来。

近义 五雷轰顶

泰山压卵　tài shān yā luǎn

【释义】指将泰山压在蛋上。

【用法】比喻力量悬殊,强大的一方必然摧毁弱小的一方。

【例句】我军所到,如～,很快就把敌人击溃了。

近义 以碫投卵

贪得无厌　tān dé wú yàn

【释义】厌:满足。指得到了还想再得到,

不知满足。

【用法】形容贪心永远没有满足的时候。含贬义。

【例句】～的财主得了一把金斧子,还想得到老爷爷点石成金的手指,老爷爷很生气,就把金斧子又变成了石头。

近义 欲壑难填 贪心不足

反义 一介不取

贪多务得 tān duō wù dé

【释义】贪:贪求。务:一定。指贪图多,一定要有所得。原形容人的求知欲望强,力图获取更多的知识。

【用法】现多形容占有欲很强,努力追求名、利一类的东西,务在必得。多含贬义。

【例句】一个人如果在物质上～,在精神上却一贫如洗,那是很可悲的。

近义 贪心不足

贪夫徇财 tān fū xùn cái

【释义】徇:通"殉",用生命来陪葬。指贪财的人愿意为了钱财而死。

【用法】形容人爱财如命。含贬义。

【例句】～,烈士徇名。

贪官污吏 tān guān wū lì

【释义】指贪赃枉法、胡作非为的官吏。

【例句】队伍准备渡过黄河,去消灭那些～和地方恶霸,解救受苦受难的老百姓。

近义 奸官污吏

贪生怕死 tān shēng pà sǐ

【释义】指贪恋生存,害怕死亡。

【用法】多形容为了活命而失去正义的原则。

【例句】面对武装到牙齿的敌人,我军战士没有一个因～而逃跑或投降的。

反义 视死如归 舍生忘死

贪天之功 tān tiān zhī gōng

【释义】贪:贪污,侵夺。指把天的功绩说成是自己的力量。

【用法】形容把不属于自己的功劳算到自己身上的行为。含贬义。

【例句】那个金杯是我们加班加点奋斗一年才得来的,他虽然身为领导,但也不能～,把奖杯捧回家去。

近义 掠人之美

反义 功成不居

贪小失大 tān xiǎo shī dà

见917页"因小失大"。

贪心不足 tān xīn bù zú

【释义】足:满足。指贪得无厌,不知满足。

【例句】造假者总是～蛇吞象,他们是不屑于为了一元两元钱去铤而走险,担惊受怕的。

近义 贪得无厌 欲壑难填

反义 心满意足

贪赃枉法 tān zāng wǎng fǎ

【释义】枉:歪曲,破坏。指贪污受贿,违法乱纪。

【例句】有些干部对党和人民的事业无所用心,甚至～。

近义 徇情枉法

反义 廉洁奉公 奉公守法

昙花一现 tán huā yī xiàn

【释义】昙花:梵语"优昙钵罗花"的简称。昙花花期很短,夜间开放,开花数小时即谢。指昙花开放后很快就凋谢。

【用法】比喻人、事物或某种现象一出现

便迅速消失。

【例句】各种时尚、流行总是～，不断变换。

近义 电光石火

反义 百世不磨

谈何容易　tán hé róng yì

【释义】何：哪里，表示反问。指说起来哪有这么容易。意思是不容易。

【用法】用于形容做起来不像嘴上谈的那样容易。

【例句】当一个优秀的表演艺术家～，没有严格的训练，没有多方面的知识和才能是不行的。

谈虎色变　tán hǔ sè biàn

【释义】色：脸色。指一谈到老虎，脸色都吓得变了。

【用法】比喻一提到可怕的事物或人就情绪紧张，畏惧变色。

【例句】人们对于癌症常常是～，其实很多癌症在早期是可以治愈的。

近义 闻风丧胆

谈天说地　tán tiān shuō dì

【释义】指天上的地下的都谈论到。

【用法】形容话题广泛，漫无边际地闲谈。

【例句】每到周末，我们哥几个就小聚一次，在一起～，十分快乐。

近义 论今说古　谈古论今

谈笑风生　tán xiào fēng shēng

【释义】风生：形容活泼风趣的情状。指谈话时有说有笑，生动风趣。

【例句】一位手里握着一只网球拍的年轻女士，与两三个男士一路～地走着。

反义 默默无语　相对无言

谈笑自如　tán xiào zì rú

见692页"谈笑自若"。

谈笑自若　tán xiào zì ruò

【释义】自若：自然，跟平常一样。指言谈欢笑都跟平时一样。也作"谈笑自如"。

【用法】形容在紧张或危急的情况下能不改常态，神色不变。

【例句】上面虽有倾盆大雨淋着，我们还是～，边走边谈，愈谈愈有味。

近义 神色自若　坦然自若　泰然自若

反义 大惊失色

弹冠相庆　tán guān xiāng qìng

【释义】弹冠：掸去帽子上的尘土。本指一个人当了官或升了官，他的同伙也为即将有官做而互相庆贺。

【用法】现多用来形容坏人得意的样子。含贬义。

【例句】这是一帮～的小丑，我不想和他们一般见识。

提示 "弹"不读 dàn。

弹指之间　tán zhǐ zhī jiān

【释义】弹指："一弹指"的省略。佛经中谓二十念为一瞬，二十瞬为一弹指。指极短的一瞬间。

【用法】形容时间短暂。

【例句】～,十五年过去了,当年戎装焕发的他,而今更加落拓潇洒。

近义 转瞬之间

忐忑不安　tǎn tè bù ān

【释义】指心里七上八下安定不下来。

【用法】形容心神不定。

【例句】调皮的小明打碎了家里的大花瓶,心里～。

近义 惴惴不安

反义 坦然自若　神色自若

坦然自若　tǎn rán zì ruò

【释义】坦然:安详镇定、坦诚大方的样子。自若:跟平常一样。指人没有顾虑或其他杂念,安详镇定、自然大方的样子。

【例句】面对旁人的无端指责,他觉得自己并没有什么过错,因此他表现得～,一点也不生气。

近义 泰然自若　神色自若

反义 惊慌失措　心神不宁　坐立不安
　　 寝食不安　忐忑不安

叹为观止　tàn wéi guān zhǐ

【释义】叹:赞叹,叹赏。观:看。止:止境。观止:看到的东西已达止境(顶点),意思是就可以不再看其他的了。形容看到的事物好到极点,尽善尽美,无以复加。

【用法】用作盛赞之词,赞美某件事物好到极点。

【例句】黄山的云海变幻无穷,令人～。

探本穷源　tàn běn qióng yuán

【释义】探:探求。本:原指树根,引申为

根本。穷:穷尽。源:水的源头,泛指事情的起始。指寻找根本,探索源头。

【用法】比喻追索事件的根源。

【例句】学校出现这种大欺小的现象,～,是因为这些学生受了网络游戏中暴力行为的影响。

近义 探源溯流

反义 不求甚解

探囊取物　tàn náng qǔ wù

【释义】探:手伸进去拿。囊:口袋。指伸手到口袋里取东西。

【用法】形容事情很容易办到。

【例句】阮氏三兄弟从小就在梁山泊长大,水性极好,让他们捉两条鱼上来,如同～,小事一桩!

近义 瓮中捉鳖　唾手可得　易如反掌

反义 难于上天

探奇访胜　tàn qí fǎng shèng

【释义】探:探寻。奇:奇特的风景。胜:名胜。指游览或探寻风景名胜。

【例句】柳宗元被贬官至永州,只要有空闲时间,他就四处～,游览山水,于是写出了脍炙人口的《永州八记》。

探头探脑　tàn tóu tàn nǎo

【释义】探：向前伸出。指不断地伸头张望、窥视。

【用法】形容鬼鬼祟祟、窥探张望的样子。

【例句】他～的可疑举动引起了警察的注意。

近义 伸头探脑

探赜索隐　tàn zé suǒ yǐn

【释义】探：探求，求索。赜：玄妙深奥的道理。索：探索，索求。隐：隐秘之事。指探索深奥隐微的事理。

【例句】对美洲土著文化～，是这本著作的方向。

近义 阐幽明微　钩深致远

唐哉皇哉　táng zāi huáng zāi

【释义】形容规模宏伟，气势盛大。

【用法】多用于形容建筑物。

【例句】故宫的建筑真是～。

堂而皇之　táng ér huáng zhī

【释义】"堂皇"的诙谐说法。堂皇：即堂隍，官署的大堂。

【用法】形容公开或不加掩饰（贬义）。也形容冠冕堂皇（贬义）。也形容大模大样。

【例句】调查发现，有相当数量的教师已～地把知识的传授与商品的价格放置一起，进行等价交换。／～地挂出"皇帝套房"的招牌，并公开表示要将其作为饭店的标志，这让我们闻到了某种异样的味道。／连"财主"都未曾享用的各种家用电器，如今已～地进入平常百姓家。

近义 冠冕堂皇

堂堂正正　táng táng zhèng zhèng

【释义】堂堂：威武盛大的样子。正正：整齐。原指阵容盛大整齐。

【用法】现多形容光明正大。

【例句】我是一名～的警察，绝对要制止你这种损害人民利益的行为。

近义 光明正大

反义 偷偷摸摸　鬼鬼祟祟

糖衣炮弹　táng yī pào dàn

【释义】糖衣：包在某些苦味药物表面使药物便于服下的糖质层。指用糖衣裹着的炮弹。

【用法】比喻经过伪装的，腐蚀引诱人的东西或手段。

【例句】有些人在战场上没有被敌人征服，但是却经不起～的诱惑。

螳臂当车　táng bì dāng chē

【释义】螳：螳螂。当：阻挡。指螳螂举起前腿，妄图挡住车子前进。

【用法】比喻自不量力，做自己根本办不到的事情。

【例句】任何人妄图阻挡历史车轮的前进，都只能是～，痴心妄想。

近义 以卵击石　蚍蜉撼树

反义 量力而行

螳螂捕蝉，黄雀在后

táng láng bǔ chán, huáng què zài hòu

【释义】指螳螂正一门心思捕蝉，却不知黄雀在背后正要啄它。

【典故】春秋时，吴王准备出兵攻楚，对众大臣说："我决心已定，谁敢来劝阻我，必处死。"有位年轻的侍从官，想出面劝阻，又不敢。他便带着弹弓、弹丸，在后园里接连转了三个早晨，衣服全被露水浸湿了。吴王见了很纳闷，便问："你这是何苦呢？"侍从官回答："后园有棵树，树上有一只蝉正在吸露水，却不知后面的螳蝉正想捉它，而螳螂后面又有一只黄雀正想捉螳螂，黄雀后面又有一个人正张开弹弓准备射黄雀。蝉、螳螂、黄雀都只看到眼前的利益，却不知道身后潜在的危险。"吴王听了，顿时醒悟，随即放弃了攻打楚国的计划。（汉·刘向《说苑·正谏》）

【用法】比喻只顾一心算计别人，却不知有人也在算计自己。也比喻贪图眼前小利，不知祸害就在自己的后面。

【例句】小王蹲在窗户底下偷听。他并不知道，～，二楼窗口有一双眼睛在注意着他。/市场竞争激烈残酷，大鱼吃小鱼，小鱼吃虾米，～的现象屡见不鲜。

近义　鹬蚌相争，渔翁得利

倘来之物　tǎng lái zhī wù

【释义】倘来：偶然、意外得到的。指意外得到或不应而得到的东西。

【例句】他很清楚，自己得到的荣誉不过是～，没有任何值得骄傲自满的理由。

滔滔不绝　tāo tāo bù jué

【释义】滔滔：源源不断、滚滚而至的样子。绝：尽，断。本形容浪涛滚滚、奔流不息的样子。

【用法】现形容说起话来一句接着一句，说得又快又多。

【例句】那首荆轲在易水河边唱的《易水歌》，也随着～的易水河流传了下来。/他凭空想了许多理由，～地说了很多空话。

近义　口若悬河　喋喋不休　源源不绝

反义　哑口无言　闭口不言　一言不发

滔天罪行　tāo tiān zuì xíng

【释义】滔天：漫天，弥天。指闯下的祸事很严重，像天一样大。也作"弥天大罪"。

【用法】形容罪行极大。

【例句】在那儿屠杀了我们 48 万名士兵和平民，使这座美丽的城市变成了一个血腥的坟场，这就是那个保卢斯元帅所犯下的～。

近义　罪恶滔天

韬光养晦　tāo guāng yǎng huì

【释义】韬：收藏，隐藏。光：光芒，锋芒。晦：昏暗，不清晰。指隐藏锋芒，不使其外露，等待时机。

【例句】越王勾践经过二十年的～，终于灭掉吴国。

近义　藏锋敛锷

反义　锋芒毕露

逃之夭夭　táo zhī yāo yāo

【释义】原作"桃之夭夭"，本形容桃树的

苗壮和桃花的繁茂艳丽。后因"桃"与"逃"同音，"夭夭"与"遥遥"谐音，遂以"逃之夭夭"戏指远遁，即逃得远远的。

【用法】"逃跑"的诙谐用法，形容逃得无踪无际。

【例句】小磷虾没有御敌武器，只好突然发光把敌人照得"眼花缭乱"，自己抓住良机～。

近义 溜之大吉

反义 插翅难逃

桃红柳绿　táo hóng liǔ lǜ

【释义】指桃花红，柳叶绿。

【用法】形容春天艳丽的春光。

【例句】春光明媚，～，到过龙泉山的人，怎么能忘记那里的美景。

近义 姹紫嫣红　万紫千红

桃李不言，下自成蹊

táo lǐ bù yán, xià zì chéng xī

【释义】蹊：小路。原指桃树、李树虽不用说话招引人，但因其花艳丽动人，果实甘美，人们争相来看，树下自然会形成小路。

【用法】比喻为人忠厚正直，无需夸夸其谈、自我吹嘘，也自然会受到人们的尊重和景仰，有强烈的感召力。

【例句】古人云："～。"数十年来，钟教授在"不言"之中，以其强大的人格力量吸引着也教育着一批又一批中外学子。

桃李满天下　táo lǐ mǎn tiān xià

【释义】桃李：桃树和李树，喻指门生或学生。比喻培养出的人才很多，遍布各地。

【用法】用于形容学校或教师。

【例句】作为全国最知名的高等学府，北京大学可谓～。

陶犬瓦鸡　táo quǎn wǎ jī

【释义】陶：陶土。指用陶土烧制的狗，瓦做成的鸡。

【用法】比喻毫无实用价值的东西。

【例句】他独自闭门造车搞所谓的创新，搞出来的东西不过是～，根本没有任何用处。

讨价还价　tǎo jià huán jià

【释义】指卖主要价高，买主给价低，双方反复争议。

【用法】比喻谈判时各方反复争议或接受任务时讲条件。

【例句】菜场上，卖菜的和买菜的正在～。／赵老师在工作中任劳任怨，从不～，真不愧是模范教师。

近义 斤斤计较　寸量铢称

特立独行　tè lì dú xíng

【释义】特：独，独特。指立身处世操守高洁，不随波逐流。也泛指特殊的、与众不同的行为。

【例句】他厚重的文化底蕴、～的个性、老辣幽默的文字，一扫少年作家在人们心目中的稚嫩印象。

反义 随波逐流

腾云驾雾　téng yún jià wù

【释义】指驾乘着云雾在空中飞行。

【用法】形容奔驰迅速。也形容头脑迷糊、身体轻飘的感觉。

【例句】假如你要到嘉陵江对岸去办事，可以乘坐架空索道车，像～似地飘过去，飞过去。／医生，我感到自己头重脚轻，如～一般，是不是身体出了什么问题？

提纲挈领　tí gāng qiè lǐng

【释义】纲:渔网的总绳。挈:提起。领:衣服的领子。指提起渔网的总绳,拎住衣服的领子。

【用法】比喻抓住事情的关键或把问题简明扼要地揭示出来。

【例句】我先把课文内容～地介绍一下。

近义　钩玄提要　振裘持领

提示　"挈"不能写成"契"。

提心吊胆　tí xīn diào dǎn

【释义】指心和胆好像悬吊着没有着落。

【用法】形容非常担心或害怕。

【例句】我渐渐对这条路有了戒心,一走到这里就觉得～。

近义　担惊受怕

反义　心安理得

啼饥号寒　tí jī háo hán

【释义】啼饥:因饥饿而啼哭。号寒:因受冻而哭叫。指因饥饿寒冷难以忍受而啼哭。

【用法】形容缺吃少穿,生活极端困苦。

【例句】那个时候,兵荒马乱,又碰上自然灾荒,老百姓～,成群结队地逃亡。

近义　饥寒交迫

反义　丰衣足食

提示　"号"不读 hào。

啼笑皆非　tí xiào jiē fēi

【释义】啼:啼哭。非:不是。指哭也不是,笑也不是。

【用法】形容行事或言论既令人难受又令人发笑,让人哭笑不得。

【例句】小敏常常喜欢别出心裁地搞出一些令人～的恶作剧。

近义　哭笑不得

醍醐灌顶　tí hú guàn dǐng

【释义】醍醐:由牛乳提炼的纯酥油,佛教中比喻最高的佛法。灌:浇。顶:头顶。原为佛教用语,指佛教仪式中,弟子入门须经本师用醍醐或水浇头顶。

【用法】现用于比喻给人灌输智慧,使人大彻大悟;也比喻精辟的道理,给人以启迪。

【例句】大师的一番话～似的使他清醒过来,一股强烈的冲动激励着他去向坎坷的命运斗争。

近义　如饮醍醐　如梦初醒

反义　云里雾里

体大思精　tǐ dà sī jīng

【释义】体:格局,规模。思:思虑,思考。形容长篇著作、设计规划等规模宏大,构思精密。

【例句】《中国文学史》这部书材料丰富、～,确实应该花时间用心读一读。

近义　博大精深

体态轻盈　tǐ tài qīng yíng

【释义】指身材窈窕,动作轻柔。

【用法】多用于形容身材苗条的美丽女子。

【例句】这少女～,舞姿翩翩。

体贴入微　tǐ tiē rù wēi

【释义】体贴:关心他人,替他人着想。指体谅关心他人直至细微之处。

【用法】形容对人关怀照顾得细致周到。

【例句】在这个车间工作的大部分是女工,车间主任对她们经常问寒问暖,～,情同亲姐妹。

近义 无微不至　关怀备至
反义 漠不关心　漠然处之

体无完肤　tǐ wú wán fū

【释义】指浑身没有一块完整无损的皮肤。

【用法】形容浑身伤痕累累。也比喻论点被批驳得一无是处或被冲击得不成样子。

【例句】凶残的敌人把小战士打得～。/两人为争取党内总统提名,互相攻讦,把对方骂了个～。

近义 遍体鳞伤

倜傥不群　tì tǎng bù qún

【释义】倜傥:洒脱,不拘束。不群:不同凡俗。形容人洒脱豪放,饱有才学,与众不同。

【用法】用于人。含褒义。

【例句】几年不见,他已成为一个～的青年了。

提示 "倜傥"不读 zhōu dǎng。

涕泪交流　tì lèi jiāo liú

【释义】涕泪:鼻涕眼泪。交流:合流,同时流淌。指鼻涕、眼泪同时流下。

【用法】形容极度哀痛。

【例句】当他得知远在家乡的父亲病危的消息以后,难过得～,哽咽着说不出话来。

近义 痛哭流涕

涕泗滂沱　tì sì pāng tuó

【释义】涕:眼泪。泗:鼻涕。滂沱:雨下得很大的样子。指眼泪、鼻涕涌流不住。

【用法】形容泪流满面的样子。

【例句】回想起四十年前的生离死别,老人仍旧十分悲伤,禁不住～。

替天行道　tì tiān xíng dào

【释义】天:旧时迷信,指自然界的主宰者。道:天理,公道。指代上天主持公道。

【用法】形容做正义的事业。

【例句】梁山好汉打出"～"的旗帜,反叛朝廷。

天崩地坼　tiān bēng dì chè

见 698 页"天崩地裂"。

天崩地裂　tiān bēng dì liè

【释义】指天塌下,地裂开。也作"天崩地坼"。

【用法】形容响声巨大,震天动地。也比喻重大的变故。

【例句】后山在炸石头,不时传来一声～般的巨响,震得人耳朵都快聋了。/当周总理逝世的噩耗传来时,真如～一般。

近义 天塌地陷

天不假年　tiān bù jiǎ nián

【释义】假:借给,给予。年:年岁,寿命。指上天不给予更长的寿命。

【用法】常用来惋惜一个人过早去世。

【例句】李贺这位才华横溢的诗人,在青年时代就写出了震撼人心的诗歌,可惜～,还不到三十岁就英年早逝了。

反义 天假之年

天差地远　tiān chā dì yuǎn

【释义】差:差距,差别。指像天和地一样相差极远。

【用法】形容差别很大。

【例句】今年的价钱,跌得实在太不像话了! 比起前几年来,真是～!

近义 天壤之别　天悬地隔

反义 毫无二致

天长地久　tiān cháng dì jiǔ

【释义】指像天和地一样长久和永恒。也作"地久天长"。

【用法】形容时间长久。

【例句】我们两个的情义,自然是巴不得能够～的了。

近义 天荒地老　日久天长

反义 一朝一夕

天赐良缘　tiān cì liáng yuán

【释义】缘:姻缘。指上天赐给的好姻缘。

【用法】多用于婚礼上对新婚夫妻的贺词。

【例句】婚礼主持人称赞这些新人的结合是～,祝他们幸福美满。

近义 天作之合

天从人愿　tiān cóng rén yuàn

【释义】从:顺从,听从。指上天顺从人的意愿。

【用法】形容事情的发展正合自己的心愿。

【例句】仿佛是～似的,风雨愈来愈大,天空愈来愈黑,正好掩护他安然脱离敌人的包围。

近义 心想事成　如愿以偿　求仁得仁

反义 事与愿违　适得其反

天打雷劈　tiān dǎ léi pī

【释义】遭天打被雷轰。指受到上天的惩罚。也作"天打五雷轰"。

【用法】多用于诅咒或发誓。

【例句】他赌咒发誓:"我在嫂子面前若有一句谎话,～!"

天打五雷轰　tiān dǎ wǔ léi hōng

见699页"天打雷劈"。

天道酬勤　tiān dào chóu qín

【释义】天道:天理,自然的法则。酬:报答,酬答。勤:勤奋。指上天会酬报勤奋的人。

【用法】形容肯下苦功的人必然会有收获和成就。

【例句】这部书稿,从构思到完稿的两年时间里,我争分夺秒,抓紧了八小时以外的所有时间。～,终于脱稿了。

天地不容　tiān dì bù róng

【释义】容:容忍。指天上、人间都不能容忍这种行为。

【用法】形容罪恶深重。

【例句】这些黑社会团伙成员所犯的罪行真是罄竹难书,到了～的地步,他们受到惩罚是罪有应得。

近义 天理难容

天翻地覆　tiān fān dì fù

【释义】覆:翻,翻过来。指天和地翻了个个儿。也作"地覆天翻""翻天覆地"。

【用法】形容变化巨大。也形容闹得很凶,秩序大乱。

【例句】改革开放后,人民生活发生了～的变化。/这一闹,把家闹得个～。

近义 沧海桑田　海沸山摇

反义 一成不变

天方夜谭 tiān fāng yè tán

【释义】天方:我国古代称中东阿拉伯地区。谭:通"谈",讲说。天方的夜晚讲的故事。原为一部阿拉伯民间故事集的译名,又译作《一千零一夜》,故事中不乏稀奇古怪、惊险巧合的情节。

【用法】比喻夸张荒诞、不足凭信的言论或事理。

【例句】他编造出两个～式的故事,只是想引起大家的注意。

天府之国 tiān fǔ zhī guó

【释义】天府:上天的府库。国:指地区。原指自然条件优越,物产富饶的地方。

【用法】现多特指四川省。

【例句】有了都江堰,旱涝无常的成都平原成了～。

天高地厚 tiān gāo dì hòu

【释义】像天那样高,像地那样厚。原指天地广大辽阔。

【用法】形容恩情深厚。也形容事物的艰巨复杂。

【例句】您的大恩大德～,我一辈子做牛做马也报答不完。/ 小小年纪,赤手空拳,竟敢跟我打斗,真不知～!

天高皇帝远 tiān gāo huáng dì yuǎn

【释义】指皇帝离得远,就像有天那样高的距离。

【用法】多比喻偏远地区中央权力达不到。

【例句】～,在那种地方,要收拾一个外来人,而且是他那样的弱者,那真是太容易了。

天高听卑 tiān gāo tīng bēi

【释义】天:天帝。卑:低下。古人认为天帝高高在上,却能听到人世间的语言而知其善恶。

【用法】用于颂扬帝王的圣明。多用于书面语。

【例句】～,贤明的唐太宗远在京城却了解民间的疾苦。

天各一方 tiān gè yī fāng

【释义】指各在天的一方。

【用法】形容相隔遥远。

【例句】父亲到南方打工,母亲在东北种地,儿子在西南上学,一家人就这样～。

近义 天涯海角

反义 近在咫尺

天公不作美 tiān gōng bù zuò měi

【释义】天公:上天,老天爷,迷信传说中大自然的主宰。作美:成全好事。指老天爷不成全人的好事。

【用法】形容因客观意外因素的影响,事情进展不顺利,未能如愿。

【例句】盼了那么久,而今终于要登泰山了,偏偏～,下起雨来。

天公地道 tiān gōng dì dào

【释义】指像天地一样公正无私。

【用法】形容十分公平合理。也形容理所当然。

【例句】酒后驾车撞伤了人,理应由肇事者赔付医疗费,这是～的事。/ 收费高,服务就应该好,这是～的事。

近义 理所当然

天寒地冻 tiān hán dì dòng

【释义】指天气寒冷,土地冻结。

【用法】形容非常寒冷。

【例句】北方早已～，南方却还是温暖如春。

近义 冰天雪地　折胶堕指

反义 赤日炎炎

天花乱坠　tiān huā luàn zhuì

【释义】天花：天上撒下的花。坠：落下。据南朝梁·释慧皎《高僧传》载，梁武帝时代云光法师讲经，感动了上天的花神，花神便把鲜花从天上撒下来。鲜花纷纷落地，五光十色，耀人眼目。人们便把这个故事概括为"天花乱坠"。形容话说得漂亮动听。

【用法】现多比喻言辞动听但不切实际。

【例句】古书上记载和尚在禅房里讲经，讲得～，百鸟全飞来了，猛兽也驯服了。／他回到乡下，把外面的世界说得～，可没几个人相信他的话。

近义 不着边际

反义 味同嚼蜡　平铺直叙

天荒地老　tiān huāng dì lǎo

【释义】荒：荒芜。老：衰老。指天都荒芜了，地都衰老了。也作"地老天荒"。

【用法】形容历时极为久远。

【例句】就算你永不再见我，我一样会爱你爱到～。

近义 天长地久　海枯石烂

反义 电光石火　俯仰之间

天昏地暗　tiān hūn dì àn

【释义】昏：昏暗，昏黑。指天色昏暗无光。

【用法】形容政治腐败或社会黑暗。也形容程度很深、厉害。

【例句】寒风卷着黄沙，鬼哭狼嚎地吹来，一时间～，日月无光。／是他在～的匈奴内战中，终于在马背上统一了匈奴。／女人醒转过来，抱着儿子的小尸骸哭得～。

近义 昏天黑地

反义 天朗气清

天机不可泄露　tiān jī bù kě xiè lòu

【释义】天机：神秘的天意，引申为事情的核心机密。原指上天的机密不可以泄露给人知道，后指某些机密事情，不到时机，不能公布。

【例句】别人询问他为何股市下跌时反而要大量买进，他眨了两下眼睛，故作神秘地说："～，此中奥妙不可与他人道也。"

反义 泄露天机

天假之年　tiān jiǎ zhī nián

【释义】假：借，给予。之：他。上天给他足够的年寿，指能享其天年。

【例句】如果～，他的成就一定更为可观。

反义 天不假年

天经地义　tiān jīng dì yì

【释义】经：常理，法则。义：正理。指天地间经久不变的常理。

【用法】形容正确的、不容怀疑和改变的法则或道理。也形容理所当然，自然如此。

【例句】直到地动学说成了～，罗马教皇才解除对《天体运行》一书的禁令。／男大当婚，女大当嫁，是～的事情，二十多岁的小伙子是该有女朋友了。

近义 理所当然

天朗气清　tiān lǎng qì qīng

【释义】指天气晴朗，空气清新。

【用法】多形容天气，也可形容时局。

【例句】今日～，正好去观赏桃花。

近义 晴空万里
反义 天昏地暗

天理良心　tiān lǐ liáng xīn

【释义】指不违背天道,本着善良的心意。

【用法】多用于人发誓的时候。

【例句】做事须有～,你这样对他是不对的。

反义 丧尽天良

天理难容　tiān lǐ nán róng

【释义】天理:公理,天道。指办事违背常理,让人不能容忍。

【用法】形容罪恶昭著。

【例句】她一把屎一把尿把你们拉扯大,现在她动不了了,你们眼看着她饿死不管,～,法律难容。

反义 天地不容

天理昭彰　tiān lǐ zhāo zhāng

【释义】天理:上天的公理。昭彰:昭示、明显。指人做的事,上天能主持公道,惩恶扬善,报应分明。

【例句】原以为这桩无头公案破不了啦,谁知事隔十年,罪犯却自投罗网,这岂不是～?

天伦之乐　tiān lún zhī lè

【释义】天伦:本指兄在前、弟在后的天然伦次,后指父子、兄弟、夫妻等家庭关系。形容家庭亲人团聚的欢乐。

【用法】专用于家庭欢聚时。

【例句】亲爱的朋友们,在你们全家团圆、共享～的时候,不要忘了我们的解放军战士还在站岗值班、无私奉献!

天罗地网　tiān luó dì wǎng

【释义】罗、网:本分别指捕鸟和捕鱼的网,泛指罗网。指遍张于天空地面的罗网。

【用法】比喻周围都设置了包围圈,被围者无路可逃。

【例句】畏罪潜逃的罪犯万万没有想到警察早已在此布下了～,等着他的到来。

近义 天网恢恢

天马行空　tiān mǎ xíng kōng

【释义】天马:传说中的神马。行空:腾空飞行。

【用法】形容文笔奔放,气势豪迈。也形容才思俊逸,不受拘束。

【例句】苏轼才思敏捷,行文～,气势奔放。／～的想象力,必须建立在丰富的知识上。

近义 挥洒自如

天南地北　tiān nán dì běi

【释义】指一个在天的南边,一个在地的北面。也作“天南海北”。

【用法】形容分散各地,相隔极远。也形容谈话范围很广,漫无边际。

【例句】我们班五十多个同学,毕业后,～,各在一方,从未相聚。／广场上,来自～互不相识的人们就这么亲切友好地交谈着。／大家一见面就谈起当年在学校时的情景,～无所不谈。

近义 天涯海角

反义 近在咫尺

天南海北 tiān nán hǎi běi

见 702 页"天南地北"。

天怒人怨 tiān nù rén yuàn

【释义】指上天震怒,人民怨恨。

【用法】形容为害深重或作恶多端,引起普遍的愤怒。

【例句】如此暴行,～,天理难容。

近义 怨声载道

反义 众口交赞

天女散花 tiān nǚ sàn huā

【释义】佛教故事。天女向诸菩萨散花,以花是否附着于身来验证诸菩萨的虔诚向道之心,如俗缘未尽,花即着身。

【用法】现用来比喻大雪纷飞的样子或抛洒碎物纷纷落下的绚丽景象。

【例句】青婷提起地上花篮,一边飘行,一边将鲜花扔向空中,犹如～,众人喝彩。

天壤之别 tiān rǎng zhī bié

【释义】壤:地。指天与地的差别。

【用法】形容差别巨大。

【例句】北方冬季的温度与南方相比简直是～。

近义 天差地远 天悬地隔 云泥之别

反义 毫无二致

天人之际 tiān rén zhī jì

【释义】天:自然规律。人:人事,人间事物。指自然和人事间的关系。

【例句】究～,通古今之变。

天上人间 tiān shàng rén jiān

【释义】一个在天上,一个在人间。旧指天上是神仙世界,人间则苦难重重。两种世界,苦乐悬殊。

【用法】现多比喻境遇完全不同。

【例句】富人一餐可以吃掉上万元,穷人一年也挣不了一万,真是～不能比!

天生丽质 tiān shēng lì zhì

【释义】丽质:秀丽的姿色。指天然生就的秀丽姿色。

【用法】多用于赞美聪明美丽的女性。

【例句】她唱功为一绝,长得也是～,扮相更佳,无人不赞。

天生尤物 tiān shēng yóu wù

【释义】尤:特异的,突出的。比喻艳丽女子宛如上天特别赐予的人。

【用法】专用于形容艳丽媚人的女子。

【例句】古代四大美人,真可称为～。

天塌地陷 tiān tā dì xiàn

【释义】指天坍塌,地下陷。

【用法】形容巨大的灾变。也形容巨大的声响。

【例句】听到儿子意外去世这一噩耗，她感到～，瘫倒在地上。／一阵机关枪响之后，紧接着就是～似的几声，门窗震动。

近义　天崩地裂

天外有天　tiān wài yǒu tiān

【释义】天的上面还有天。

【用法】常与"人外有人"连用。比喻某一境界之外还有更高的境界，因此不能妄自尊大。

【例句】我们真开了眼，觉得世界上的新鲜事物真是看不完、学不尽，楼外有楼，～，不豁出命去赶，这辈子永远落在世界后面！

近义　山外有山

天网恢恢　tiān wǎng huī huī

【释义】天网：天道之网。恢恢：广大的样子。指天道像一张宽广的大网，看起来很稀疏，但绝不会放过作恶的坏人。也作"天网恢恢，疏而不漏"。

【用法】形容作恶者最终逃脱不了法律的制裁。

【例句】人力无穷，～，他们的滔天大罪，终于被清算。

近义　天罗地网

反义　逍遥法外

提示　"恢恢"不能写成"灰灰"。

天网恢恢，疏而不漏

tiān wǎng huī huī, shū ér bù lòu

见704页"天网恢恢"。

天文数字　tiān wén shù zì

【释义】天文：指天文学。天文学上用的数字极大，通常在亿以上，因此称极大的数字为天文数字。

【用法】形容数字极大，不可想象。

【例句】五千元对这个深居山区的贫困家庭来说无异于～。

天无二日　tiān wú èr rì

【释义】指天上没有两个太阳。比喻事统于一，不能两大并存。

【用法】多用于书面语。常形容一国不能有两个国君。

【例句】～，民无二主。

天无绝人之路　tiān wú jué rén zhī lù

【释义】绝：断绝。指上天没有断绝人的生路。

【用法】多用作劝勉语。在人遭遇困境时，安慰人一定能够走出困境，获得救助；或鼓励人增强脱离困境的信心。

【例句】这群学生在荒山老林中迷了路，在森林中走了三天，又饥又困，原以为根本没法走出这片林莽了，谁知～，意外地碰见一位上山采药的大爷，终于获救了。

天下太平　tiān xià tài píng

【释义】指一个国家社会安定，秩序良好，没有发生什么动荡。

【例句】现在是～，一片欣欣向荣的景象。

近义　天下大治

反义　天下大乱

天下为公　tiān xià wéi gōng

【释义】天下是大家公有的。原指不把君位当成一家私有。后指一种权利平等的美好的社会政治理想。

【用法】多形容一心为公的人。

T

【例句】～,是孙中山先生的崇高理想。

反义 天下为家

天下无敌　tiān xià wú dí

【释义】敌:敌手,力量相匹敌的对手。指天下没有敌手。

【用法】形容战无不胜,没有对手。

【例句】电视剧中的这个男主角认为自己的武功～。

近义 所向无敌

天下无双　tiān xià wú shuāng

【释义】双:两个。指天下没有两个(相似的)。

【用法】形容出类拔萃。

【例句】中国散打运动员很轻易地以5:0的成绩战胜了俄罗斯名将,再一次以实力证明了中国武术～。

近义 独一无二

天下兴亡,匹夫有责

tiān xià xīng wáng, pǐ fū yǒu zé

【释义】匹夫:一个人,泛指普通人。指国家的兴盛与衰亡,每个普通人都有一份责任。

【例句】我奉告各位,～,只要国家得救,各位就牺牲了也值得呀!

天香国色　tiān xiāng guó sè

见265页"国色天香"。

天悬地隔　tiān xuán dì gé

【释义】悬:距离远。隔:间隔。形容两者相距极远,差别很大。

【例句】真是没想到一个娘肚子里跑出这样～的两个人来。

近义 天差地远　　天壤之别

天旋地转　tiān xuán dì zhuàn

【释义】指天地转动。

【用法】比喻时势发生重大变迁。也形容人头晕目眩的感觉。

【例句】她跟医生说,每次蹲着站起来的时候,就感到头晕眼花,～。

近义 地动山摇

天涯海角　tiān yá hǎi jiǎo

【释义】涯:边际。指天的尽头,海的角落。也作"海角天涯"。

【用法】形容极偏远的地方或彼此相隔极远。

【例句】就是远在～,现代化信息也能快速传递。

近义 天南地北

反义 近在咫尺

天衣无缝　tiān yī wú fèng

【释义】天衣:天上神仙制的衣服。指天仙制作的衣服没有缝。

【用法】比喻事物(多指事情、话语、诗文)周密,没有一点破绽和疏漏。

【例句】那人是个老行家,事情自然办得～。

近义 完美无缺

反义 破绽百出　　漏洞百出

提示 "缝"不读 féng。

天有不测风云　tiān yǒu bù cè fēng yún

【释义】测:测度,意料。不测:料想不到。本指自然界的风云变幻难以预料。

【用法】现多比喻人有难以预料的灾祸。常与"人有旦夕祸福"连用。

【例句】这实在是"～",她的男人是坚实人,谁知道年纪轻轻竟会断送在伤寒上?

近义 风云难测

天渊之隔 tiān yuān zhī gé

【释义】渊:地上的深潭。指天与地之间,相隔距离很远。

【用法】形容相隔极远,差别很大。

【例句】新旧社会两重天,人民的生活真有～。

近义 天壤之别

反义 毫厘之差

天缘奇遇 tiān yuán qí yù

【释义】天缘:天然的因缘,上天安排的缘分。奇遇:奇巧的遇合。指某些人相遇或男女结合为夫妻,是天意所安排。也指事属巧合。

【例句】他俩一见钟情,真是～。

近义 天作之合

天灾人祸 tiān zāi rén huò

【释义】指自然的灾害和人为的祸患。也用作骂人的话,犹言害人精。

【例句】就这么着,在战火中,在各种～中,他们都活了下来,而且长大了。/就是你这～的,把我女儿害死了。

天造地设 tiān zào dì shè

【释义】指上天创造,大地设立。赞美事物自然形成,合乎理想。

【用法】多形容自然景物天然生成。也形容像天然形成似的完美,多用于指男女般配或组合理想。

【例句】雄伟的华山,真是～的奇观!/虽然杨紫琼、任贤齐两人在《天鹰女侠》中首次搭档,但导演马楚成认为,两人的组合是～。

近义 浑然天成

天真烂漫 tiān zhēn làn màn

【释义】天真:心地单纯,真诚而不虚伪。烂漫:坦率自然。

【用法】多形容小孩子纯真自然,一点都不矫揉造作。

【例句】他在讲这些话时,两眼闪闪发光,带着一种孩子般的～的神情。

近义 天真无邪

反义 矫揉造作

天真无邪 tiān zhēn wú xié

【释义】天真:心地单纯,真诚而不虚伪。无邪:没有一点邪恶的成分。

【用法】形容善良纯真,自然而不做作。

【例句】他唇上已经留下一道黑胡子,笑得却还像少年时一样～。

近义 天真烂漫

反义 矫揉造作

天之骄子 tiān zhī jiāo zǐ

【释义】骄子:宠儿。指上天的宠儿。汉朝把北方的匈奴称作"天之骄子",谓其得天独厚,因此极为强大。

【用法】现多形容地位优越、生活很顺或特别幸运的人。也形容有所作为、令人骄傲的人。

【例句】这个一生青云直上,官运亨通,骄横放肆,目空一切的～,如今也输得精光,现出了惨相。

天诛地灭 tiān zhū dì miè

【释义】诛:杀。指被天地诛杀消灭。

【用法】形容罪恶深重,为天地所不容。多用于诅咒、发誓。

【例句】这个家伙作恶多端,禽兽不如,将来叫他～,不得好死。

天子门生　tiān zǐ mén shēng

【释义】指科举时代殿试时被皇帝亲试选取的进士。

【例句】宋代的进士都是～，宰相也无权审核进士。

天字第一号　tiān zì dì yī hào

【释义】南朝梁时周兴嗣编的《千字文》首句是"天地玄黄，宇宙洪荒"。旧时对于数目多和种类多的东西，常用《千字文》编号，"天"是首句的第一个字，因此"天字第一号"就是第一或第一类、第一号。

【用法】常比喻最大、最高或最强的事物。

【例句】全长 2536 米的岐岭隧道被冠以"～"工程，绝非是中外新闻媒介夸张的渲染。

天作之合　tiān zuò zhī hé

【释义】作：促成，成全。合：结合。指由上天撮合而成的姻缘。

【用法】多形容十分理想美满的婚姻。也形容自然形成的亲密关系。

【例句】他们一个才子一个佳人，两个的结合真是～。

近义 天缘奇遇

添油加醋　tiān yóu jiā cù

【释义】比喻在叙事或转述别人的话时，为了夸大或引起别人的注意，增添原来没有的内容。

【用法】多用作贬义。

【例句】有种人专喜欢探究人家的隐秘，然后再～，偷偷地传播出去。

近义 添枝加叶

反义 实事求是　恰如其分

添枝加叶　tiān zhī jiā yè

【释义】指在画好的树上又增添树的枝叶。

【用法】比喻在原有事实的基础上夸张渲染，添加原来没有的内容。

【例句】这件事经人们～，成了一个十分神奇的故事。

近义 添油加醋

田夫野老　tián fū yě lǎo

【释义】乡间农夫，山野父老。泛指乡间百姓。也作"田夫野叟"。

【例句】周作人写野花草的散文，色香味俱到，饱含～的亲切和童心的滋润。

田夫野叟　tián fū yě sǒu

见 707 页"田夫野老"。

田园风光　tián yuán fēng guāng

【释义】田园：田地和园圃，泛指乡村。风光：风景，景色。指清新、恬静而自然的乡村景色。

【例句】我家后面是菜园，占地宽广，中有一大堰塘，塘边柳树成荫，与菜地瓜棚相映，一派～。

恬不为怪　tián bù wéi guài

【释义】恬：安然。为：认为。指安然地看待某事，不认为奇怪。

【用法】形容对不良或异常的现象熟视无睹，以为当然。

【例句】对于社会上的不正之风，有些人深恶痛绝，有些人却已经见惯不惊，～了。

恬不知耻　tián bù zhī chǐ

【释义】恬：安然，无动于衷。指（干了坏事）安然，不知道可耻。

【用法】形容对自己卑劣的或不光彩的行为满不在乎,不以为耻。

【例句】干出这种见不得人的事,自己还四处张扬,真是～。

近义 厚颜无耻

提示 "恬"不读 guā。

甜言蜜语 tián yán mì yǔ

【释义】像蜜糖一样甜的话语。指为了打动讨好他人而说的美妙动听的话。

【例句】搞违法犯罪活动的人有时候会用～、小恩小惠来引诱迷惑人。

近义 花言巧语 甘言好辞

反义 苦口良药

挑肥拣瘦 tiāo féi jiǎn shòu

【释义】挑、拣:挑选,择取。指非常挑剔地选择,只选取对自己有利的。

【用法】多形容对工作、东西等十分挑剔。含贬义。

【例句】由于有一大家子人要养活,他干活从不～的,有钱挣就可以。

近义 拣精拣肥 挑三拣四

挑毛拣刺 tiāo máo jiǎn cì

【释义】指别人稍有不是,就百般挑剔。

【用法】比喻专门寻找别人的过失。含贬义。

【例句】要善于体谅别人,对人不要总是～的。

近义 吹毛求疵

挑三拣四 tiāo sān jiǎn sì

【释义】指挑挑拣拣,只选取对自己有利的。

【例句】白奶羊～地吃着嫩草尖儿,被露水洗净了的脸上有一种贵族小姐的傲慢

神情。

近义 挑肥拣瘦 拣精拣肥

条分缕析 tiáo fēn lǚ xī

【释义】缕:线。指一条一条地分析。

【用法】形容对事物剖析得有条有理,细致深入。

【例句】这篇枯燥深奥的文言文,经过郭老师～地讲解,我们基本上掌握了它的内容。

条条框框 tiáo tiáo kuàng kuàng

【释义】比喻束缚人们思想和行动的不合时宜的陈规旧律。

【例句】新来的总经理认为,要想彻底改革,就必须打破观念和体制的～,从各种不合时宜的桎梏中解放出来。

调三斡四 tiáo sān wò sì

【释义】调:挑拨。斡:旋转。指挑拨离间,搬弄是非。

【用法】形容人。含贬义。

【例句】她是个正经人,从不～的。

反义 调嘴弄舌

调朱弄粉 tiáo zhū nòng fěn

见 492 页"弄粉调朱"。

调嘴弄舌 tiáo zuǐ nòng shé

【释义】调嘴:耍嘴皮子。弄舌:传闲话。形容背地里说长道短,搬弄是非。

【用法】形容人。含贬义。

【例句】她整天正事不做,就爱～,街坊邻居都不爱跟她打交道。

近义 说长道短 调三斡四

挑拨离间 tiǎo bō lí jiàn

【释义】挑拨:搬弄是非,制造矛盾。离间:拆散,使分离。指挑起是非争端,制造隔阂,使人不团结、不和睦。

【用法】用于人。含贬义。

【例句】为了达到自己的目的,他常常在同事之间干些～的事。

近义 搬弄是非

提示 "挑"不读 tiāo;"间"不读 jiān。

跳梁小丑 tiào liáng xiǎo chǒu

【释义】跳梁:通"跳踉",蹦蹦跳跳,跳来跳去。小丑:卑鄙小人。指上蹿下跳、四处捣乱而又没有多大本事的无耻小人。

【用法】形容人。含贬义。

【例句】我们是不会让这些～得逞的。

铁案如山 tiě àn rú shān

【释义】铁案:证据确凿的案件或结论。指证据确凿的结论像山那样不能推翻。

【例句】不要忘了,你是在作案过程中被我们当场抓获的,～,想赖也赖不了的。

近义 铁证如山

反义 南山可移

铁板一块 tiě bǎn yī kuài

【释义】指像铁板那样结合得很紧密的整体。

【用法】比喻结合得很紧,不可分化瓦解。也比喻牢固不变。

【例句】朱元璋和这个集团的首脑人物,尽管在过去同生死,共患难,但并不是～。

近义 牢不可破

铁壁铜墙 tiě bì tóng qiáng

见 714 页"铜墙铁壁"。

铁杵磨成针 tiě chǔ mó chéng zhēn

【释义】指将铁棒磨成一根细针。

【用法】比喻只要有毅力,肯下苦功,事情就能成功。

【例句】王老师常以"～"来勉励同学们学习要坚持不懈才能成功。

铁画银钩 tiě huà yín gōu

【释义】形容毛笔字写得有劲,笔画钩捺犹如铁枝那般坚挺。

【用法】书法方面的用语。

【例句】叶老的书法～,十分独特,誉满全国。

近义 笔走龙蛇

反义 信笔涂鸦

铁面无私 tiě miàn wú sī

【释义】铁面:严肃刚正的面容。指不讲情面,不徇私情。

【用法】形容为官者公正严明,秉公办事。

【例句】历史上的包公～,被誉为"包青天"。

近义 大公无私

反义 徇情枉法

铁石心肠 tiě shí xīn cháng

【释义】指铁和石一样坚硬的心肠。

【用法】形容人心肠硬,不易为情感所动。

【例句】看着他那副悲戚戚的可怜样子,就是～的人,也难免牵动恻隐之心。

近义 木心石腹

反义 心慈面软

铁树开花 tiě shù kāi huā

【释义】铁树:树木名,一名苏铁,原产热带,不常开花。移到北方后,多年才开一次花。

【用法】比喻事情罕见或极难办成。

【例句】人们常用～,枯枝发芽来比喻聋哑人能听声说话的艰难程度。

反义 轻而易举

铁证如山 tiě zhèng rú shān

【释义】铁证:铁一样的证据。引申为真凭实据。指真凭实据像山一样不能推翻。

【用法】形容证据确凿,无法改变。

【例句】现在～,之前还气焰嚣张的他终于低头认罪了。

近义 铁案如山

铁中铮铮 tiě zhōng zhēng zhēng

【释义】指金属中敲起来当当响的材料。比喻才能出众的人物。

【用法】形容出类拔萃的人。

【例句】谁也没有预料到,她成了一名射击运动员,而且是～者。

听而不闻 tīng ér bù wén

【释义】而:却。闻:听见。指听了却没有听进去。

【用法】形容对事物注意力不集中或者不重视,不关心。

【例句】最重要的这句话,她竟～,瞪着眼朝身旁的椅子发怔。

近义 视而不见

听其自然 tīng qí zì rán

【释义】听:听随,听任。指任凭事物自然

变化或自由发展,不加干涉。

【例句】处理某些事情的最好办法,莫过于～。

近义 听之任之 放任自流

听天由命 tīng tiān yóu mìng

【释义】听:听凭,听从,任凭。天:天意。由:任由,顺从。命:命运。指听任上天安排,顺从命运摆布。

【用法】形容完全随顺事态的自然发展,不作主观努力。

【例句】购买体育彩票只是为体育事业做点贡献而已,管它中不中奖,～吧。

近义 听其自然

反义 事在人为

听之任之 tīng zhī rèn zhī

【释义】听、任:听任,任随。形容放任自流,听任其自然发展,不加干预。

【例句】如果对贾先生～,公司将蒙受巨大的名誉和经济损失。

近义 放任自流

亭台楼阁 tíng tái lóu gé

【释义】亭:亭子。台:高而平的建筑物。阁:一种近似于楼房的建筑物。统称各种供游览、休息的建筑物和园林。也作"楼台亭阁"。

【例句】这院子虽然算不得大庭园,但～,树木山石,却也点缀得幽雅不俗。

近义 琼楼玉宇

亭亭玉立 tíng tíng yù lì

【释义】亭亭:高耸直立的样子。玉立:指身材修长而漂亮。

【用法】形容少女体态修长或花木挺拔美丽。

【例句】这姑娘～地站在一棵柳树下。/
有的竹子看来出世还不久,却也～,别有
一番神采。

庭无留事　tíng wú liú shì

【释义】庭:公庭。指官府里没有积压下
来的事情。

【用法】形容办事敏捷,不拖拉。

【例句】他干练有才,昼决公务,～。

停滞不前　tíng zhì bù qián

【释义】滞:不流动。指停顿下来,不再
前进。

【例句】马克思主义一定要向前发展,要
随着实践的发展而发展,不能～。

挺身而出　tǐng shēn ér chū

【释义】挺身:挺直身子,形容勇敢无畏的
样子。指挺直身子,勇敢地站出来。

【用法】形容遇到危难或需要承担责任
时,勇敢地站出来。

【例句】在危急关头,为了保护人民生命
财产的安全,共产党员应该～。

近义 自告奋勇

反义 畏首畏尾　畏缩不前

铤而走险　tǐng ér zǒu xiǎn

【释义】铤:急走的样子。走险:在崎岖不
平的路上奔跑。指因无路可走而采取冒
险行动。

【用法】用于人。含贬义。

【例句】为了还债,他～,盗窃国家电缆,
最后还是受到了法律的制裁。

近义 顶风而行

提示 "铤"不能写成"挺"。

通都大邑　tōng dū dà yì

【释义】都:都市。邑:城镇。指四通八达
的大都会或大城市。

【例句】原来扬州在清朝时是～,城内盐
商巨贾、官宦人家甚多。

反义 穷乡僻壤

通风报信　tōng fēng bào xìn

【释义】通:通报,传递。风:风声,消息。
指把情况或消息偷偷透露给有关的人。

【例句】他得到这个情报后立刻往回走,
打算给那几个共产党员～。

通家之好　tōng jiā zhī hǎo

【释义】通家:世家。指两家之间世代交
情都很深。

【用法】用于交情很深的两个家庭。

【例句】他家与谢家是～,来往密切。

通力合作　tōng lì hé zuò

【释义】通力:一齐出力。指互相配合,一
齐出力(共同完成一项工作)。

【用法】形容齐心协力完成某事。

【例句】为了更好地完成上级交给的任
务,我们必须～。

通情达理　tōng qíng dá lǐ

【释义】通、达:通晓,了解。指通晓人情,明白事理。

【用法】形容说话、做事合乎人情事理。含褒义。

【例句】他很有礼貌,耐心和气,说的话都～,看来是个知识分子。

反义 蛮不讲理　蛮横无理

通衢大道　tōng qú dà dào

【释义】通衢:四通八达的道路。指四通八达的、宽阔的大道。

【例句】他们走在～上,却似在险峻的山路上爬行,步步泥泞。

反义 羊肠小道

通权达变　tōng quán dá biàn

【释义】权:权宜。达:通晓。指通晓权宜之计,明白变通之法。

【用法】形容人适应客观情况的变化,不拘常理常规地给以灵活的处置。

【例句】满朝大臣中没有一个人在做事干练和～上能够比得上杨嗣昌。

近义 随机应变

反义 不识时务　刻舟求剑

通同一气　tōng tóng yī qì

【释义】通同:串通。一气:声气相通。

【用法】形容互相串通,结成一伙。

【例句】他二人～与经理作对,这样很不利于公司的发展。

通宵达旦　tōng xiāo dá dàn

【释义】通宵:整夜。旦:天亮。指整整一夜直到天亮。

【例句】孙经理的办公室～亮着灯,他肯定又彻夜工作了。

近义 夜以继日

通幽洞微　tōng yōu dòng wēi

【释义】通:通晓。幽:幽深,引申为隐秘的。洞:洞察。微:细小的。指透彻了解那些隐秘、细微的(道理)。

【例句】一个优秀的社会科学研究者,需要具有～的本领,善于从只言片语中获取有用的材料,从看似平常之处切入实质问题。

同病相怜　tóng bìng xiāng lián

【释义】怜:爱惜,爱护。指疾患相同的人彼此有爱惜之心。

【用法】比喻遭遇相同的人能彼此理解,互相同情。

【例句】我的遭遇和你差不多,咱们算是～。

近义 患难与共

同仇敌忾　tóng chóu dí kài

【释义】同仇:共同对付仇敌。忾:愤恨,仇恨。指怀着共同的愤恨,一致对付敌人。

【用法】常用于激励同胞共同抵抗敌人侵略。

【例句】全团战士～，击退了敌人一次又一次的进攻。

近义 患难与共

反义 同室操戈

提示 "忾"不读 qì。

同床异梦 tóng chuáng yì mèng

【释义】指同睡在一张床上而做的梦各不相同。

【用法】比喻虽同做一件事或共同生活，但各有各的打算。

【例句】多年来自己最信任的人原来和自己竟是～，王经理伤心极了。

近义 貌合神离

反义 志同道合

同恶相济 tóng è xiāng jì

【释义】同恶：共同作恶的人。济：帮助。坏人互相勾结，狼狈为奸。

【用法】用作贬义。

【例句】不法分子～，对社会的危害性更大。

近义 同恶相求

同甘共苦 tóng gān gòng kǔ

【释义】指同享幸福欢乐，共担灾难痛苦。

【用法】形容人有福同享，患难与共。

【例句】干部应该和老百姓～，不能搞特殊化。

近义 患难与共 有福同享

同工异曲 tóng gōng yì qǔ

见 913 页"异曲同工"。

同归于尽 tóng guī yú jìn

【释义】尽：完尽，完结。指一同走向死亡或毁灭。

【用法】多用于敌对双方。

【例句】面对一群全副武装的敌人，她拉响了最后一颗手榴弹，和敌人～了。

近义 玉石俱焚

同流合污 tóng liú hé wū

【释义】流：流俗。污：污世。原指跟着世俗走，随波逐流。

【用法】现形容跟着坏人一起做坏事。含贬义。

【例句】《涉江》表现了诗人在困境中仍坚持理想，决不与世俗～的崇高人格。/ 结识了一伙狐朋狗友后，他便与他们～了。

近义 沆瀣一气

反义 洁身自爱

同门异户 tóng mén yì hù

【释义】指在同一个院落里又各有门户。

【用法】比喻同一个师承或流派，各自又有独立的特点。

【例句】他们都是同一个老师的学生，但是～，在理论上又各有自己的见解。

同气相求 tóng qì xiāng qiú

【释义】气：气味。求：寻求，追求。原指具有相同性质的事物互相感应。

【用法】现多比喻志趣相投的人自然结合在一起。

【例句】两岸人民系骨肉同胞，同根相连，～，无不翘首企盼两岸加强合作，中华早日振兴。

近义 同声相应

同日而语 tóng rì ér yǔ

【释义】放在同一时间说。指同等看待，相提并论。

【用法】多用于否定句式中。

【例句】虽然奥运会他的成绩与冠军还有很大差距,但跟以前相比已不可～了。

近义 混为一谈　相提并论

同生共死　tóng shēng gòng sǐ

【释义】指一同生,一起死。

【用法】形容情谊深厚,生死与共。

【例句】一对～的战友,肩并着肩,火热的手紧紧地握在一起。

同声相应　tóng shēng xiāng yìng

【释义】应:应和。原指相近的声音互相应和。

【用法】现比喻意见相同、志趣相合的人互相呼应,自然地结合在一起。

【例句】这两位～的诗友,其实早已成为谁也舍不下谁的知己了。

近义 同气相求　声应气求

提示 "应"不读 yīng。

同室操戈　tóng shì cāo gē

【释义】同室:同住在一个房子里,指自家人。操:拿。戈:古代的一种兵器。指一家人动起了刀枪。

【用法】比喻兄弟争斗,也泛指内部相争。

【例句】1941 年 1 月,日军已经大举侵华,蒋介石却～,制造了震惊中外的"皖南事变"。

近义 煮豆燃萁　自相残杀

反义 同舟共济　同仇敌忾　和衷共济

同心断金　tóng xīn duàn jīn

见 192 页"二人同心,其利断金"。

同心同德　tóng xīn tóng dé

【释义】心:心愿、心意。德:信念、认识。指具有同样的思想和信念。

【用法】形容思想和信念统一。含褒义。

【例句】只要我们大家团结一致,～,就一定能把眼前的难关渡过。

近义 同心协力　万众一心

反义 离心离德　各行其是

同心协力　tóng xīn xié lì

【释义】协:合,共。指心往一处想,劲往一处使。

【用法】形容团结一致,共同努力。

【例句】在任何一场灾害面前,坚决果断、～是唯一有效的应对方法。

近义 同心同德　齐心协力　勠力同心

反义 各行其是　钩心斗角

同舟共济　tóng zhōu gòng jì

【释义】济:渡河。指同乘一条船渡河。

【用法】比喻在困难的情况下,团结协作,共克难关。

【例句】大家都出门在外,应该互相帮助、～才对,怎么能互相争吵还大打出手呢?

近义 风雨同舟

反义 同室操戈　自相残杀

彤云密布　tóng yún mì bù

【释义】彤云:阴云。指阴云浓厚,布满天空。

【例句】鹅毛般的雪花,从～的天空中飘落下来。

铜墙铁壁　tóng qiáng tiě bì

【释义】比喻十分坚固、难以摧毁的事物。也作"铁壁铜墙"。

【例句】真正的～是什么?是群众,是千百万真心实意拥护革命的群众。

近义 金城汤池

反义 不堪一击

童叟无欺 tóng sǒu wú qī

【释义】叟:老头子。指对年幼的、年老的一样对待,都不欺骗。

【用法】常用于标榜经营诚实公平。

【例句】他招徕生意的唯一秘诀就是货真价实,～。

反义 欺天罔地

童心未泯 tóng xīn wèi mǐn

【释义】童心:小孩子天真纯朴的心。泯:泯灭,消灭。指(成人)还没有失去一片童心。

【用法】用于形容成年人还像小孩一样天真烂漫。

【例句】年逾八旬的爷爷,虽然饱尝人生冷暖的滋味,却～,善良依旧。

反义 老气横秋

童言无忌 tóng yán wú jì

【释义】忌:忌讳,顾忌。指小孩子说话没有顾忌。

【例句】四个小男孩个个"身怀绝技",他们与主持人的对话激起观众一次又一次笑声,真可谓～!

童颜鹤发 tóng yán hè fà

见281页"鹤发童颜"。

统筹兼顾 tǒng chóu jiān gù

【释义】筹:筹划,考虑。顾:顾及,照顾。指统一筹划,通盘考虑,把方方面面都同时照顾到,避免顾此失彼。

【用法】形容有全局观念。

【例句】作为一个单位的负责人,处理问题要以大局为重,～,合理安排。

反义 顾此失彼

痛不欲生 tòng bù yù shēng

【释义】痛:哀痛,悲痛。指悲痛得不想活下去。

【用法】形容伤心至极。

【例句】张老太与儿子相依为命,儿子突然的病逝使她～。

近义 悲痛欲绝

反义 喜出望外　乐不可支

痛定思痛 tòng dìng sī tòng

【释义】定:平静,安定。指悲痛的心情平静之后,再回想当时痛苦的情景。

【用法】常用于形容受过挫折后,认真总结经验吸取教训。

【例句】今天,是抗日战争胜利的纪念日,在这个重要的日子里,我们更应该～,居安思危。

痛改前非 tòng gǎi qián fēi

【释义】痛:彻底。非:不对之处,过错。指彻底改正以前的过错。

【例句】她还年轻,只要能够～,前途依然是美好的。

近义 改过自新

反义 怙恶不悛　屡教不改

痛哭流涕 tòng kū liú tì

【释义】痛哭:伤心地大哭。涕:眼泪。指放声大哭,泪流满面。

【用法】形容极其悲痛伤心。

【例句】想到母亲因为他而受重伤,他～。

近义 号啕大哭

反义 捧腹大笑

提示 "涕"不能理解成"鼻涕"。

痛哭失声 tòng kū shī shēng

【释义】失声:因悲痛过度而哽咽。指不

由自主地大哭起来。也作"失声痛哭"。

【用法】多形容过度悲伤。

【例句】看着他那枯瘦的身躯，想起他一生的遭遇，我忍不住～。

痛快淋漓　tòng kuài lín lí

【释义】淋漓：畅达而彻底的样子。形容尽情惬意，非常畅快。

【例句】文章简是简了，却走了神韵，失掉了原文强烈感染读者的～劲儿。

痛入骨髓　tòng rù gǔ suǐ

【释义】指痛到骨髓里。

【用法】形容悲伤或痛恨到极点。

【例句】人们见他那撕心裂肺、～的悲愤情景，没有不洒下同情之泪的。

近义　痛心疾首　痛心入骨

痛心疾首　tòng xīn jí shǒu

【释义】痛心：使人心痛。疾首：头痛。指又伤心又头痛。

【用法】形容痛恨到极点。

【例句】看到偌大一个国家，所有药品几乎全靠进口，国内的药厂、药店也几乎是外商所开，他真的感到～。

近义　痛入骨髓

痛痒相关　tòng yǎng xiāng guān

【释义】指彼此疾苦互相关联。

【用法】形容关系极为密切。

【例句】凡是国家利弊所在，彼此～。

偷工减料　tōu gōng jiǎn liào

【释义】偷工：擅自减掉应有的工序。减料：克扣应使用的材料或以次代好。指制造业中不顾质量而暗中削减工料工序。

【用法】做事贪图省事，马虎敷衍。

【例句】查处的许多豆腐渣工程，大多是由于层层转包～造成。/写调查报告，得按应用文的规格写，不能～。

近义　粗制滥造　敷衍了事

反义　一丝不苟　精工细作

偷鸡不着蚀把米　tōu jī bù zháo shí bǎ mǐ

【释义】蚀：损耗，损失。指鸡没有偷到，反而损失了一把用作诱饵的米。

【用法】比喻想占便宜不成，反倒吃了亏。

【例句】我们不也是"～"，惹了满身的麻烦？

偷鸡摸狗　tōu jī mō gǒu

【释义】摸：用手探取。指小偷小摸的行为。也指男子乱搞男女关系。

【例句】那些人看着从老百姓的身上榨不出什么油水，就干起了～的勾当。

近义　鼠窃狗盗

偷奸耍滑　tōu jiān shuǎ huá

【释义】指用狡猾的手段使自己不费力而得到好处。

【用法】用于人。含贬义。

【例句】他这人为人做事决不～，不学蒙骗之术，偏偏幸运之神却频频眷顾他。

偷梁换柱　tōu liáng huàn zhù

【释义】梁：屋梁。柱：房柱。指偷下屋梁来替换柱子。也作"抽梁换柱"。

【用法】比喻使用欺骗的手法暗中改变事物的内容或性质。

【例句】《红楼梦》中贾母、王熙凤等采用～之计，让宝钗冒充黛玉去和宝玉成亲。

近义　偷天换日　移花接木

偷天换日　tōu tiān huàn rì

【释义】比喻暗中玩弄手段，改变重大事

物的真相,以欺骗别人。

【例句】任他有～的本事,也难逃警方明察秋毫的法眼。

近义 偷梁换柱　移花接木

偷偷摸摸　tōu tōu mō mō

【释义】形容做事不光明正大,暗地里进行,不敢让人知道。

【例句】淞沪铁路是当时的英商怡和洋行出面,联合 23 家洋行买通地方当局,～建造起来的。

近义 鬼鬼祟祟

反义 光明正大　堂堂正正

头昏脑涨　tóu hūn nǎo zhàng

【释义】指头脑发昏。

【用法】形容繁忙或事情毫无头绪,使人厌烦。

【例句】这个问题太棘手了,把我弄得～。

近义 头昏眼花

头昏眼花　tóu hūn yǎn huā

【释义】指脑袋昏沉,眼睛模糊不清。

【例句】他转啊,转啊,转得～,猛一跤跌在桌面上,腰也扭了,腿也折了。

头角峥嵘　tóu jiǎo zhēng róng

【释义】头角:指不凡的气概或突出的才华。比喻人气宇轩昂,才干不凡。

【用法】用作褒义。

【例句】这个年轻人～,成就必在其父之上。

近义 出类拔萃

头面人物　tóu miàn rén wù

【释义】指在社会上有较大势力和声望的人物。

【例句】出席这次会议的,都是各界的～。

头破血流　tóu pò xuè liú

【释义】指头被打破了而流出血来。

【用法】形容人头部受伤的样子。也形容受到沉重打击或遭受惨败。

【例句】车祸使汽车严重受损,伤者被挤压在变形的驾驶室里,～,看来伤势不轻。/不顾实际情况蛮干,将会在现实面前碰得～,既损人又害己。

近义 焦头烂额　一败涂地

头上安头　tóu shàng ān tóu

【释义】指在头上再安上一个头。

【用法】比喻繁琐重复。

【例句】文章洋洋洒洒几千字,一个问题重三倒四地讲,让人感觉是～,叠床架屋,十分啰嗦。

近义 叠床架屋

头疼脑热　tóu téng nǎo rè

【释义】泛指常见的小病痛。

【例句】有个～的,他从来不吃药。

头痛医头,脚痛医脚
tóu tòng yī tóu, jiǎo tòng yī jiǎo

【释义】指只针对疼痛的部位医治,不追究病根。

【用法】比喻对问题不从根本上解决,只从表面或枝节上处理。

【例句】今天修修这,明天换换那,这样～,根本解决不了设备的根本问题。

头头是道　tóu tóu shì dào

【释义】头头:方方面面,各方面。指方方面面都是道理。

【用法】形容说话、做事有条有理。

【例句】他分析这篇范文～。

近义 有条有理

反义 杂乱无章

头痒搔跟　tóu yǎng sāo gēn

【释义】跟：脚跟。指头上发痒却搔脚跟。

【用法】比喻无济于事的行动。

【例句】你这样做就是～，根本解决不了问题。

头晕目眩　tóu yūn mù xuàn

【释义】晕：眩晕，头发昏。眩：眩晕，眼睛昏花。指头脑发昏，眼睛发花。

【例句】满屋里的东西都是耀眼铮亮，使人～。

近义　头昏眼花

提示　"眩"不读 xuán。

头重脚轻　tóu zhòng jiǎo qīng

【释义】指上面重，下面轻。

【用法】形容身子失去平衡，站立不稳。也形容基础不稳。还形容文章前后比例不协调。

【例句】小云病了一个月，也躺了一个月。今天，她想出去走走，没想到刚起身下地，就有一种～之感。/地基这么浅，上面要盖十几层高的楼房，～，不怕房子垮塌吗？/这篇文章，前面写得太多，结尾又太草率，给人以～之感。

投笔从戎　tóu bǐ cóng róng

【释义】投：丢掷，丢弃。从戎：参加军队。指文人从军。

【典故】东汉著名军事家、外交家班超年轻时家贫，常替官府抄写公文，换取微薄收入。当时，匈奴大举侵扰北部边境，班超心中很不平静。一天，他正埋头抄写，突然把笔一扔，感叹道："大丈夫当志在四方，要像傅介子、张骞那样，到西域去建功立业，怎么能长期埋头抄公文呢？"于是他毅然参军，随大将窦固讨伐匈奴，

立下卓著战功。后来又出使西域，在各国间奔走外交几十年，到老年才回国。（《后汉书·班超传》）

【用法】形容文人抛下笔杆从军。

【例句】1949 年底，那所学校有两百多个高中生卷进参军热潮，～。

近义　弃文就武

反义　偃武修文

提示　"戎"不能写成"戌"或"戍"。

投畀豺虎　tóu bì chái hǔ

【释义】投：扔。畀：给。指把坏人拉出来，扔去喂豺狼虎豹。

【用法】形容对坏人的强烈憎恨。

【例句】此人无恶不作，将之～，才能解我心头之恨。

投鞭断流　tóu biān duàn liú

【释义】投：扔。指把马鞭全部扔到江里就能截断水流。

【用法】形容人马众多，兵力强盛。

【例句】我人民解放军以～之势，一举跨越长江天险，捣毁了国民党老巢。

投机倒把　tóu jī dǎo bǎ

【释义】投机：利用时机谋取私利。倒把：利用物价的时差或地差搞转手买卖以牟取暴利。指以买空卖空、囤积居奇、套购转卖等手段牟取暴利。

【例句】做商人的要守法经营，勤劳致富，不能靠～发财。

近义　投机取巧

投机取巧　tóu jī qǔ qiǎo

【释义】投机：利用时机谋取私利。取巧：用狡诈的手段捞取好处。指利用时机和巧妙手段谋取私利。也指不踏实努力，

凭小聪明侥幸取得成功。

【用法】用作贬义。

【例句】做生意要规规矩矩,讲究信誉,靠～是发不了财的。/ 我们绝不赞成为了应付考试想出一些～的办法。

近义 投机倒把

投井下石 tóu jǐng xià shí

【释义】指见别人落入井里,不但不救,还要往里扔石头。也作"落井下石"。

【用法】比喻乘人之危,加以陷害。含贬义。

【例句】那位总统候选人～,乘机抛出黑材料,欲置政敌于死地。

近义 墙倒众人推 火上浇油

反义 从井救人

投袂而起 tóu mèi ér qǐ

【释义】投袂:拂动衣袖。指甩动衣袖,站立起来。

【用法】形容决心奋发的情态。多用于书面语。

【例句】如果我国领土遭到他国侵犯,我必将～,效死疆场,捍卫祖国。

投其所好 tóu qí suǒ hào

【释义】投:投合,迎合。好:爱好。指迎合别人的兴趣或爱好。

【用法】多用作贬义。

【例句】汉武帝喜欢汉赋,文人～,以作赋献赋当作求官的门径,汉赋因此大盛。

近义 曲意逢迎

反义 不卑不亢

提示 "好"不读 hǎo。

投石问路 tóu shí wèn lù

【释义】指行路时向前扔出石子,看看反应,借以探测情况,以便前进。

【用法】比喻先以某种行动进行试探。

【例句】此次演出并不着眼于个人的成败得失,而意在～。

投鼠忌器 tóu shǔ jì qì

【释义】投:向一定目标扔(东西)。忌:顾忌。器:器具。指要用东西打老鼠又怕打坏了它旁边的器具。

【用法】比喻做事情有顾忌,放不开手。

【例句】他大怒,但想到女儿受对方挟制,～,只有按下性子,先使个缓兵之计。

反义 肆无忌惮 无所顾忌

投桃报李 tóu táo bào lǐ

【释义】投:投赠,赠送。报:报答,回赠。指别人送给我桃子,我拿李子回敬别人。

【用法】比喻友好往来,相互赠答。

【例句】既然收了人家的礼品,就应该～,

张大千决定画一幅毕加索"永远不能画"的墨竹还赠。

近义 投桃之报　礼尚往来

反义 恩将仇报

投闲置散　tóu xián zhì sǎn

【释义】投、置:放。指投放在闲散的位置上。

【用法】形容不被任用或重用。多含贬义。

【例句】十几年来,我一直是编外人员,这种～的安排,今天终于得到了改变。

突飞猛进　tū fēi měng jìn

【释义】突、猛:迅急而有力。

【用法】形容知识、学问、科技或事业等提高、进步或进展得非常快。

【例句】内燃机的发明,促进了石油工业的～。

反义 停滞不前

突如其来　tū rú qí lái

【释义】突如:突然。指突然来到或发生。

【用法】形容事情来得突然,让人意想不到。

【例句】这～的噩耗犹如晴天霹雳,把在座所有人都惊呆了。

近义 从天而降

图财害命　tú cái hài mìng

【释义】图:贪图,谋取。指贪图钱财而杀人害命。

【例句】受害者家里没有丢失什么东西,连抽屉里的钱也没人动过。看来,凶手不是～,而是另有原因。

近义 谋财害命

图谋不轨　tú móu bù guǐ

【释义】图:图谋,谋划。轨:常规,法度。

不轨:不法行为。指暗地里谋划违犯法纪的行动。

【例句】一个在花园里长大的深闺小姐总不是什么～的危险人物吧。

图穷匕首见　tú qióng bǐ shǒu xiàn

【释义】图:地图。穷:到尽头。见:显现,显露。也作"图穷匕见"。

【典故】战国末年,刺客荆轲为燕太子丹行刺秦王,以献燕督亢地图为名,将匕首藏在卷着的图中,秦王"发图,图穷而匕首见"。(《战国策·燕策三》)

【用法】比喻事情发展到最后,终于显露出真相或本意。

【例句】事情最终～,他们的阴谋也彻底败露了。

近义 原形毕露

提示 "见"不读 jiàn。

图穷匕见　tú qióng bǐ xiàn

见 720 页"图穷匕首见"。

图文并茂　tú wén bìng mào

【释义】图:插图。文:文字叙述。并茂:两种事物同样丰富精美。指图画和文字都很优美。

【用法】常用于形容书籍、文章中的插图和文字和谐统一、相得益彰。

【例句】有报道说,在美国的一些学校里,几岁的孩子能利用计算机互联网研究恐龙、鸟类等问题,并写出～的小论文。

荼毒生灵　tú dú shēng líng

【释义】荼毒:毒害,残害。生灵:人民,百姓。指肆意残害百姓。

【用法】形容统治者等滥杀无辜,极不人道。含贬义。

【例句】后来玉皇大帝也怪法海多事,以至～,想要拿办他了。

【提示】"荼"不读chá,也不能写成"茶"。

徒费唇舌 tú fèi chún shé

【释义】徒:白白地。唇舌:喻指言辞。指白费了言辞。

【用法】形容说了也白说,完全无济于事。

【例句】这个道理也不是人人能够了解的,向他们辩白,也不过～。

【近义】白费口舌

徒劳无功 tú láo wú gōng

【释义】徒:徒然,白白地。指白费气力,没有成就或好处。

【例句】如果违背万年青的生长规律去培植它,最终只会～。

【近义】劳而无功

【反义】劳苦功高

徒乱人意 tú luàn rén yì

【释义】意:心情。指只会扰乱人的心情,除此之外没有任何用处。

【用法】多用于无奈。

【例句】有些事情不必马上告诉他,因为他又不回来,～,于事无补,这又何苦呢?

徒托空言 tú tuō kōng yán

【释义】指说了而不实行。

【用法】形容说得好听,但却无法实行或不肯去实行。

【例句】他这种～的人,你别相信他会替你解决困难。

【近义】徒设空文 信口开河

徒有其表 tú yǒu qí biǎo

【释义】徒:只,仅。表:外表。指仅仅有个好外表(实际则不行)。

【用法】用作贬义。

【例句】虽说是大学生,但实验室的工作都做不下来,真是～!

【近义】徒有虚名

徒有虚名 tú yǒu xū míng

【释义】徒:仅仅。虚名:空名,不实在的名声。指仅有名义而缺少实质内容,也指人只有虚名而没有真才实学。

【例句】当一个好医生,必须先有临床实践和经验,不会看病的医生就不是一个称职的医生,论文写得再多也是～。

【近义】声闻过情 有名无实 名不副实 徒有其表

【反义】名不虚传 名下无虚 名副其实

徒子徒孙 tú zǐ tú sūn

【释义】徒子:徒弟。徒孙:徒弟的徒弟。本指徒弟和徒孙。

【用法】喻指爪牙、党羽。

【例句】他老年时择一得意门生传衣钵,召集～开大会,称为"关山门"。/ 文学上一提起这句话,就有许多"文人学士"和"正人君子"来笑骂,接着又有许多他们的～来笑骂。

涂脂抹粉 tú zhī mǒ fěn

【释义】脂:胭脂。粉:香粉。本指女子打扮修饰容貌。

【用法】现多比喻对丑恶的东西加以掩饰和美化。

【例句】中学生应该把时间和精力用在学习上,不应该整天想着～,刻意打扮。/ 就在他因贪污受贿被立案侦查的前夕,某家报纸还登了一篇为他～的文章。

【近义】傅粉施朱 调朱弄粉

土崩瓦解 tǔ bēng wǎ jiě

【释义】瓦:陶器。指像土一样崩塌,像陶

器一样碎裂。

【用法】比喻分崩离析,四分五裂。也比喻彻底崩溃,无法支撑维系。

【例句】第二次世界大战结束后,世界殖民体系～,亚洲和非洲出现一大批获得独立的新兴民族国家。/刘翔像惊雷一样将欧美人百年来坚不可摧的"黑色碉堡"炸得～,树起中国田径的又一座里程碑。

近义 分崩离析　鱼烂土崩　瓦解云散
瓦解冰消

反义 牢不可破　坚不可摧

土扶成墙　tǔ fú chéng qiáng

【释义】指泥土互相扶助就能成为墙。

【用法】比喻人要团结互助。

【例句】只要我们团结一致,～,就能完成这项任务。

土豪劣绅　tǔ háo liè shēn

【释义】土豪:旧时指地方上有钱有势的家族或个人,后特指豪强恶霸。劣绅:品行恶劣的地主和退职官僚。泛指旧社会横行乡里、鱼肉百姓的恶势力。

【例句】旧社会的～横行霸道。

土积成山　tǔ jī chéng shān

【释义】指零星的土可以积累成山。

【用法】比喻积少成多。

【例句】～,知识就是靠坚持不懈地学习日积月累而来的。

土生土长　tǔ shēng tǔ zhǎng

【释义】土:本地的,当地的。指在当地出生成长的。

【例句】飞机在一两千米的高空飞行,我被天府之国的大好河山吸引住了。这是我～的地方。

吐胆倾心　tǔ dǎn qīng xīn

【用法】倾:倒出。指将埋藏在心底里的话全部讲出来。

【用法】比喻痛快地说出了心里话。

【例句】两年多没有见面的老战友,～地谈了整整一个晚上。

近义 吐肝露胆　赤诚相见

吐刚茹柔　tǔ gāng rú róu

【释义】刚:刚硬的。茹:吃。柔:软弱的。比喻欺软怕硬。

【用法】用于人。含贬义。

【例句】对～的人,我们的态度应强硬一点。

近义 欺软怕硬

吐故纳新　tǔ gù nà xīn

【释义】吐:呼出。故:旧的。纳:吸进,吸收。本指人体呼吸,吐出浊气,吸进清气。

【用法】现多比喻扬弃旧的、不好的,吸收新的、好的。

【例句】我们对每位教师定期进行培训,让他们不断接触新知识并能够改变旧观念,～。

近义 推陈出新　革故鼎新

反义 抱残守缺

吐丝自缚　tǔ sī zì fù

【释义】指像蚕吐丝作茧一样,把自己束缚住。

【用法】比喻自己束缚自己。含贬义。

【例句】那种不进行技术交流的做法,是～,故步自封。

近义 作茧自缚

兔起鹘落　tù qǐ hú luò

【释义】鹘:打猎用的猛禽。指兔子刚跳起来,鹘就飞扑下去。

【用法】形容动作敏捷。也比喻绘画或写文章迅捷流畅。

【例句】只见他振笔疾书，如～，不一会儿就写完了。

兔死狗烹　tù sǐ gǒu pēng

【释义】烹：煮。指野兔捕光了，猎狗都会被煮来吃掉。也作"狡兔死，走狗烹"。

【典故】春秋时代，越国灭了吴国之后，功臣范蠡逃到国外，给另一位功臣文种写信说："鸟打完了，好弓便被藏起来；兔子死光了，猎狗便被杀来煮着吃。越王这个人只可共患难，不可同安乐，你再不走，就有杀身之祸了。"文种不听，后来果然被杀害。（《史记·越王勾践世家》）

【用法】比喻事情成功后，把曾经效劳尽力的人杀掉的情况。

【例句】所谓～，那个国王就是用这个毒计来巩固自己的权位的。

近义　鸟尽弓藏

兔死狐悲　tù sǐ hú bēi

【释义】指兔子死了，狐狸感到伤悲。

【用法】比喻为同类的失败或死亡而感到悲伤。多用作贬义。

【例句】这个坏蛋平日穷凶极恶，如今见同伙被处决，不免～，心怀恐惧。

近义　物伤其类

反义　幸灾乐祸

推波助澜　tuī bō zhù lán

【释义】澜：大浪。指推动波浪，协助大浪。

【用法】比喻促使或助长事物发展（褒义）。也比喻助长其声势，从中煽动，扩大事端（贬义）。

【例句】他在报纸上发表文章，点名批评该市某机关工作作风不踏实，为新闻舆论监督～。／由于他从中挑拨，～，他们

闹得更厉害了。

近义　火上浇油

反义　息事宁人

推陈出新　tuī chén chū xīn

【释义】本指秋收后从仓中推去陈粮，换储新谷。

【用法】比喻除去旧事物的糟粕，取其精华，并使它向新的方向发展。

【例句】美术家和掐丝工人的合作，使景泰蓝器物～，博得多方人士的喜爱。

近义　除旧布新　弃旧图新　革故鼎新

反义　抱残守缺　故步自封　因循守旧

推诚相与　tuī chéng xiāng yǔ

【释义】指以诚心来结交朋友。

【例句】我对任何一个朋友都是～，就算吃了亏也不改初衷。

近义　推心置腹　推诚接物

反义　钩心斗角

推崇备至　tuī chóng bèi zhì

【释义】推崇：十分推重。备至：至极，到极点。指极其尊崇推重。

【例句】大家对这本书～，是因为书中内容确实震撼心灵。

推而广之　tuī ér guǎng zhī

【释义】广：扩展。指（将某事或某物）推

广开去,使它扩展到更大的范围。

【例句】这种教育理念应该～。

推己及人　tuī jǐ jí rén

【释义】推:推想,推断。指用自己的心思来推想别人的心思,即设身处地替别人着想。

【例句】他说为人要有真性情,要有同情心,能够～。

近义 将心比心　以己度人

推三推四　tuī sān tuī sì

见 724 页"推三阻四"。

推三阻四　tuī sān zǔ sì

【释义】推:推托。阻:阻止,阻挡。指用各种借口和理由推托拒绝。也作"推三推四"。

【例句】对困难～可不是他平时的作风。

推心置腹　tuī xīn zhì fù

【释义】指推出自己的赤心,置于别人腹中。

【用法】形容待人真诚。

【例句】他～地与我谈话,使我心中的疑虑完全消除了。

近义 披肝沥胆　剖心析肝　输肝剖胆

退避三舍　tuì bì sān shè

【释义】避:避开,避让。舍:春秋时行军三十里为一舍。指退师九十里以避让敌人。

【典故】春秋时,晋国公子重耳受迫害亡命他国,到楚国时,楚成王按诸侯的礼节来接待他。一天,楚成王突然问重耳:"如果有一天你回国当了君王,你将如何报答我呢?"重耳说:"你这里什么东西都有了,我还真不知道拿什么报答你呢!这样吧,假如我真的当了国君,而且有一天不得不同你兵戎相见,我愿意让军队

先退避三舍。"后来,重耳果然回国当了国君。有一次,为了援助宋国不得不同楚军交战,重耳履行诺言,命晋军一直后退了九十里才停下来。(《左传·僖公二十三年》《僖公二十八年》)

【用法】比喻对人让步,不与人相争。也表示回避。

【例句】我说不过你,只好～了。/完颜洪烈领着骑兵队伍呼啸而至,街上行人急忙～。

吞吞吐吐　tūn tūn tǔ tǔ

【释义】形容说话有顾虑,想说又不敢说或说话含混不清。

【例句】我已对你和盘托出,你又何必对我～呢?

近义 半吞半吐

反义 和盘托出

吞云吐雾　tūn yún tǔ wù

【释义】原形容修道的人不吃五谷,进行修炼养气的样子。

【用法】现多喻指吸烟。有讽刺意味。

【例句】她看见有人在公共场所～,心里有说不出的厌恶。

囤积居奇　tún jī jū qí

【释义】囤:积存。居:储藏。奇:稀罕或紧俏的东西。指囤积大量低价而紧俏的商品,等待高价出售以牟取暴利。

【例句】葛朗台～,投机倒把,几年时间便成了暴发户。

近义 奇货可居

拖泥带水　tuō ní dài shuǐ

【释义】浑身沾满泥和水。

【用法】比喻做事拖沓,不干脆利落。也形容说话写文章啰嗦不简洁。

【例句】查理办事情一向是痛快的,绝不像某些人那样～。/这篇习作内容集中,结构紧凑,特别是语言干净,没有～的叙述。

近义 婆婆妈妈

反义 不蔓不枝　干净利落

脱口而出　tuō kǒu ér chū

【释义】指不假思索,随口说出。

【例句】由于他文学基础好,说话时名言警句常常～。

近义 信口开河

反义 守口如瓶

脱胎换骨　tuō tāi huàn gǔ

【释义】原为道教用语。道家认为修炼得道的人,可脱胎成圣胎,换凡骨为仙骨,超凡脱俗而成仙。

【用法】现在用来比喻人或事物发生彻底的转变。多用作褒义。

【例句】他当年盗窃、抢劫,经过几年的监狱改造,居然～,像换了一个人似的。

近义 伐毛洗髓　洗心革面

反义 执迷不悟

脱颖而出　tuō yǐng ér chū

【释义】脱:脱露,显露。颖:锥子的尖。本指锥尖透过布袋显露出来。

【典故】战国时期,秦国包围赵都邯郸后,赵国派平原君赵胜到楚国请救兵。平原君打算从自己门客中挑选20位能文能武、智勇双全的人一道去,但选来选去,只挑中19人。这时,一位叫毛遂的门客自告奋勇站出来,表示愿一同前往。平原君说:"贤能的士人处在世界上,好比

锥子处在囊中,它的尖梢立即就要显现出来。如今,你在我的门下已经三年了,左右的人们没有称道你,我也没听到这样的赞语,这是因为你没有什么才能的缘故。你不能一同前往,你请留下!"毛遂回答说:"我不过今天才请求到囊中罢了。如果我早就处在囊中的话,我就会像禾穗的尖芒那样,整个锋芒都会挺露出来,不单单仅是尖梢露出来而已。"平原君最终带上毛遂一同前往,功成而返。(《史记・平原君列传》)

【用法】形容有实力、有才华的人一下子冒出来,崭露头角。

【例句】经过这次文学改革,一批青年作家～。

近义 崭露头角

反义 深藏若虚

唾面自干　tuò miàn zì gān

【释义】唾面:脸上被吐上唾沫。指脸上被人吐上唾沫,不擦掉而让其自干。

【用法】比喻受了侮辱,极度容忍,不加反抗。

【例句】他是一个胆小怕事的人,向来隐忍克己,～。

唾手可得　tuò shǒu kě dé

【释义】唾手:往手上吐唾沫,表示准备做某事。指稍稍动手就能得到。

【用法】形容极容易得到或办成。

【例句】为了自己的理想,他放弃了这个～的工作机会。

近义 探囊取物　垂手可得

W

挖空心思   wā kōng xīn sī

【释义】形容绞尽脑汁,想尽各种办法。

【例句】这是我～才想出的一个万全之策。

近义 绞尽脑汁 费尽心机

挖肉补疮   wā ròu bǔ chuāng

见 727 页"剜肉医疮"。

蛙鸣蝉噪   wā míng chán zào

【释义】鸣:(鸟兽或昆虫)叫。蝉:知了。噪:(虫或鸟)叫。指青蛙、知了的叫声喧闹杂乱。

【用法】比喻低俗拙劣的议论或文章。

【例句】他平静地对乔影说:"别理那些～,人正不怕影子歪嘛!"

【辨误】"鸣"不写作"呜"。"噪"不写作"燥"。

瓦釜雷鸣   wǎ fǔ léi míng

【释义】瓦釜:陶制的锅,喻指庸人。指沙锅发出雷鸣般的响声。

【用法】比喻无德无才的人受到重用而显赫一时。含贬义。

【例句】选拔人才不当,其结果可能产生～、黄钟毁弃的现象。

近义 小人得志

瓦合之卒   wǎ hé zhī zú

【释义】瓦合:用碎瓦拼合。卒:士兵。指像用碎瓦片拼凑起来的一群士兵。

【用法】比喻没有组织纪律的队伍。

【例句】这支队伍,多是～,不堪一击。

近义 乌合之众

反义 精英之师

瓦解冰消   wǎ jiě bīng xiāo

【释义】解:破碎,分解。消:消融。指像瓦一样破碎,像冰一样消融。也作"冰消瓦解"。

【用法】比喻某事物迅速彻底地崩溃或消亡。

【例句】一些非法传销组织,经过新闻媒体的反复曝光,特别是执法部门的严厉打击,纷纷～。

近义 土崩瓦解

反义 坚如磐石

瓦解云散   wǎ jiě yún sàn

【释义】解:破碎。指像瓦片碎裂,云彩飘散。

【用法】比喻崩溃、离散。

【例句】这一场突如其来的事故,使得原本幸福美满的家庭～。

近义 土崩瓦解

歪打正着   wāi dǎ zhèng zháo

【释义】着:表示到达目的。指本来打偏了,却碰巧击中目标。

【用法】比喻采用的方法本不恰当,却侥幸得到满意的结果。

【例句】售票员打错了他要的彩票号码，不料却～中了大奖。

反义 弄巧成拙

歪风邪气　wāi fēng xié qì

【释义】歪、邪：不正当，不正派。指不良的作风和风气。

【例句】全社会都要行动起来，坚决同破坏公共设施的～作斗争。

近义 歪门邪道

反义 弊绝风清

歪门邪道　wāi mén xié dào

【释义】门、道：方法或窍门。指不正当的、不正派的门路、方法。也作"邪门歪道"。

【例句】我们决不可靠～捞取好处。

近义 歪风邪气　旁门左道

外刚内柔　wài gāng nèi róu

见 485 页"内柔外刚"。

外宽内忌　wài kuān nèi jì

【释义】外：外表。宽：宽厚。忌：忌妒，怨恨。指表面上宽宏大量，内心非常嫉恨。

【用法】用于人。含贬义。

【例句】别看他好像什么都不在乎，实际上～。

近义 外巧内嫉

外厉内荏　wài lì nèi rěn

见 610 页"色厉内荏"。

外强中干　wài qiáng zhōng gān

【释义】强：强壮。中：内部，内心。干：枯竭，空虚。原指马的外表强壮，但体内已经衰竭。

【典故】春秋时，秦国和晋国之间发生了战争，晋惠公要使用郑国赠送的马来驾车。大臣庆郑劝告惠公说："自古以来，打仗时都要用本国的好马，因为它土生土长，熟悉道路，听从使唤。用外国的马，不好驾驭，一遇到意外，就会乱踢乱叫。而且这种马外表看起来好像很强壮，实际上并没有什么能耐，怎么能作战呢？"惠公没有听从庆郑的劝说。战斗打响后，晋国的车马便乱跑一气，很快陷入泥泞，进退不得。结果被秦军打得大败，晋惠公也被秦军活捉了。(《左传·僖公十五年》)

【用法】形容表面上强大，实际上非常虚弱。含贬义。

【例句】这些史料充分地表明，此时的清政府已经是～。

近义 色厉内荏　羊质虎皮

外柔内刚　wài róu nèi gāng

【释义】外：表面。柔：柔弱。刚：刚强。指表面柔弱，实际上内心却很刚强。

【例句】她是一个～的女子，比寻常男子更为坚毅。

反义 内柔外刚

外圆内方　wài yuán nèi fāng

【释义】指外部是圆形，内部却是方形。

【用法】形容人外表随和，内心正直。

【例句】和她相处了一段时间，才发现她是一个～的人。

反义 外方内圆

剜肉补疮　wān ròu bǔ chuāng

见 727 页"剜肉医疮"。

剜肉医疮　wān ròu yī chuāng

【释义】指挖取身上的好肉来填补伤口，也作"挖肉补疮""剜肉补疮"。

【用法】比喻用有害的方法来解救急难。

也比喻做事只想到有利的一面,而没有
考虑到有害的一面。

【例句】借高利贷来还债,等于～。

近义 饮鸩止渴

纨绔子弟　wán kù zǐ dì

【释义】纨绔:细绢做的裤子,泛指华丽的
服饰。子弟:年轻人。指衣着华丽的年
轻人。

【用法】多形容游手好闲、不务正业、只知
享受的富贵人家子弟。

【例句】他们几个都是整日无所事事、游
手好闲的～。

近义 花花公子　膏粱子弟

提示 "绔"不读 kuà。

完璧归赵　wán bì guī zhào

【释义】完:完整,使完好无缺。璧:正中
有孔的扁圆形玉器,此处指和氏璧。赵:
战国时期的赵国。指把和氏璧完好无损
地送归赵国。

【典故】战国时期,赵王得到一块价值连
城的和氏璧。秦昭王得知便派人来表示
愿以十五座城池换取和氏璧。当时秦强
赵弱,赵王不敢拒绝,又怕上当受骗。这
时,蔺相如自愿带着和氏璧前往秦国,他
说:"如果秦国划城池入赵国,我就将和

氏璧给他;如果没有划入,我就将和氏璧
原封不动地带回来。"蔺相如到秦国后,
见秦王不想将城池划入赵国,却想骗取
宝玉,就设计取回了和氏璧,将其完整地
带回了赵国。(《史记·廉颇蔺相如列
传》)

【用法】比喻把原物完好无损地归还
主人。

【例句】请放心,这件东西我一定会～。

近义 物归原主

反义 久假不归

完好无损　wán hǎo wú sǔn

【释义】指很完整,一点都没有损坏。

【例句】爸爸带回来的礼物,虽经过长途
运输,但依然～。

完美无缺　wán měi wú quē

【释义】指完备美好,没有缺点。也作"完
美无瑕"。

【例句】这件玉雕作品真是～!

近义 十全十美

完美无瑕　wán měi wú xiá

见 728 页"完美无缺"。

玩忽职守　wán hū zhí shǒu

【释义】玩忽:忽视。职守:工作岗位。指
因工作时不认真严肃而失职。

【用法】用于人。含贬义。

【例句】由于保安员的～,让公司损失了
数百万元的财产。

反义 尽心尽力　尽职尽责

玩火自焚　wán huǒ zì fén

【释义】玩:玩弄。焚:烧。指玩弄火的人
反把自己烧死了。

【用法】比喻任意冒险或做害人的事,最
终受害的还是自己。

【例句】帝国主义发动侵略战争，其结果必将是～。

近义 挽弩自射

玩世不恭 wán shì bù gōng

【释义】玩世：以消极、不认真的态度对待一切事情。不恭：不严肃。指不把现实社会放在眼里，对任何事情都采取玩弄和不严肃的态度。

【用法】原为中性词，今多含贬义。

【例句】他总是用那种～的口气讲话，让人听了很不舒服。

近义 游戏人生

反义 一本正经

玩岁愒日 wán suì kài rì

【释义】玩：喜爱。愒：贪图。指贪图安逸，荒废岁月。

【用法】用于人。含贬义。

【例句】他年轻的时候～，不学无术，现在后悔也来不及了。

近义 虚度年华

反义 寸阴尺璧

玩物丧志 wán wù sàng zhì

【释义】玩：欣赏。丧：失去。志：志气，进取心。指因迷恋、玩赏所喜爱的事物而不能自拔，丧失了积极进取的志气。

【用法】用作贬义。

【例句】要有远大的理想，切莫～。

顽固不化 wán gù bù huà

【释义】顽固：愚昧固陋。化：改变。指固执保守，不愿意接受新鲜事物。也指坚持错误，不肯悔改。

【例句】如果你依旧～，那么谁也帮不了你。/他这种毫无道理、～的做法，让人无法接受。

近义 至死不悟

反义 洗心革面

顽廉懦立 wán lián nuò lì

【释义】顽：贪婪的人。廉：廉洁。懦：懦弱的人。立：自立。指使贪婪的人变得廉洁，使懦弱的人自强自立。也作"廉顽立懦"。

【用法】形容感化力强。

【例句】他那高尚的革命情操，给人们以深刻的教育，真正收到了～的效果。

顽石点头 wán shí diǎn tóu

【释义】顽石：无知觉的石头。原指连顽石都点头赞同。传说晋朝高僧道生法师对着石头讲经，石头也点头信服。

【用法】比喻道理讲得透彻，说服力强，足以使人信服。

【例句】他刚才的一番话，能让～！

宛然如生　wǎn rán rú shēng

【释义】宛然：仿佛，好像。生：活着的。指好像活的一样。

【例句】老师为小朋友们做了一百件～的各种禽鸟纸玩具。

近义 栩栩如生

宛然在目　wǎn rán zài mù

【释义】宛然：仿佛，好像。形容过去的人或事物仿佛就在眼前。

【例句】读大师的文章，那些景物和人物的描述栩栩如生，～。

近义 历历在目

挽弩自射　wǎn nǔ zì shè

【释义】挽：拉开。弩：一种强弓。指拉开弓自己射自己。

【用法】比喻自己做事害自己。

【例句】他一意孤行，最终导致了～的可悲下场。

近义 玩火自焚

挽狂澜于既倒　wǎn kuáng lán yú jì dǎo

【释义】挽：挽回，扭转。狂澜：巨大的波浪，比喻动荡不定的局势或猛烈的潮流。倒：上下颠倒。指平复已经上下翻滚的巨大波浪。

【用法】比喻（在革命或事业处于危急时）能扭转已成的不利局面。

【例句】他总能一次次在历史的紧要关头～，在沧海横流中显出大无畏的英雄本色。

近义 力挽狂澜

莞尔而笑　wǎn ěr ér xiào

【释义】莞尔：微笑的样子。指微微一笑。

【例句】面对记者的追问，她只是～，不予回答。

近义 莞尔一笑

婉言谢绝　wǎn yán xiè jué

【释义】婉言：委婉的话。指用委婉的话加以拒绝。

【例句】他～了我们的邀请。

万般无奈　wàn bān wú nài

【释义】万般：极其，非常。无奈：无可奈何。指实在没有别的办法。

【用法】形容无可奈何。

【例句】在～的情况下，他只好同意母亲这么做了。

近义 迫不得已

万变不离其宗　wàn biàn bù lí qí zōng

【释义】宗：主旨，宗旨。指尽管形式上变化很多，但其本质或宗旨却始终没有改变。

【例句】文章的格式千变万化，但～，都是为了表情达意。

近义 换汤不换药

万不得已　wàn bù dé yǐ

【释义】万：极，很。不得已：不得不这样。指确实没有办法，不得不这个样子。

【例句】要不是～，我是不会和他一起出去的。

近义 迫不得已

反义 甘心情愿

万夫莫敌　wàn fū mò dí

【释义】夫：成年男子。敌：抵挡。指一万个人也抵挡不住。

【用法】形容非常勇猛。

【例句】大家都说他是一名～的猛将。

近义 天下无敌
反义 弱不禁风

万夫不当　wàn fū bù dāng

【释义】万夫：一万个男子。当：抵挡。指一万个人也抵挡不住。

【用法】形容勇猛非凡。

【例句】他凭着～之勇向敌人扑过去，谁都抵挡不住他。

近义 万夫莫敌

万古不变　wàn gǔ bù biàn

【释义】万古：千年万代，永远。指永远不变。

【例句】任何事物的发展，都不是～的。

近义 亘古不变　一成不变

万古长春　wàn gǔ cháng chūn

见731页"万古长青"。

万古长存　wàn gǔ cháng cún

【释义】万古：万代，永世。指某种好的精神或品德千秋万代永远留存。

【用法】用作褒义。

【例句】无数革命先烈为了新中国的建立献出了宝贵的生命，他们为人民利益勇于牺牲的精神将～。

近义 万古长青

反义 遗臭万年　昙花一现

万古长青　wàn gǔ cháng qīng

【释义】万古：万代，永世。指永远像松柏那样青翠。也作"万古长春"。

【用法】常用于祝愿美好的事物永远保持生命活力。含褒义。

【例句】祝愿你们的友谊～！

近义 永垂不朽　万古长存

反义 昙花一现

万古流芳　wàn gǔ liú fāng

【释义】万古：万代，永远。流：流传。芳：芳香，比喻美好的名声或品德。指美好的名声或品德永远流传。

【用法】用作褒义。

【例句】革命先烈的英勇事迹～。

近义 青史流芳　流芳百世

反义 遗臭万年

万古千秋　wàn gǔ qiān qiū

【释义】表示美好的事物永不衰退、消失。也指年代久远。

【例句】历经～的成都金沙遗址，终于重见天日。这一考古发现引起了中外考古学者的极大关注。

近义 千秋万代

反义 俯仰之间

万贯家财　wàn guàn jiā cái

【释义】贯：古代用绳索穿钱，一千文钱为一贯。指有一万贯的家财。形容家资富有。也作"家财万贯"。

【例句】人活着不是为了～，而是为了幸福快乐。

近义 万贯家私

反义 一贫如洗　一无所有

万贯家私　wàn guàn jiā sī

【释义】贯:古代用绳索穿钱,一千文钱为一贯。万贯:形容非常多。家私:家产。形容财产多,富有。

【例句】经过这件事,他终于发现,～买不到幸福快乐。

近义　万贯家财

反义　一贫如洗　一无所有

万壑争流　wàn hè zhēng liú

【释义】万:不实指一万,比喻很多。壑:深沟,借以指溪流。指无数溪流从山谷中竞相奔流而出。

【用法】形容山中美景。也形容你追我赶,竞争发展的大好局面。

【例句】放眼望去,千岩竞秀,～,满眼苍翠,仿佛置身于仙境之中。/经济的持续增长,使城市的各项建设呈现欣欣向荣、～的良好势态。

万家灯火　wàn jiā dēng huǒ

【释义】指千家万户都点上了灯。

【用法】形容夜晚灯火通明的景象。

【例句】从飞机舷窗下望,只见～,一片通明。

近义　灯火辉煌

反义　灯火阑珊

万箭穿心　wàn jiàn chuān xīn

见 732 页"万箭攒心"。

万箭攒心　wàn jiàn cuán xīn

【释义】攒:聚集。指仿佛一万支箭一起射向心头。也作"万箭穿心"。

【用法】形容内心痛苦之极。

【例句】听到这个消息,她犹如～般的痛苦。

近义　心如刀割

反义　兴高采烈

万劫不复　wàn jié bù fù

【释义】劫:佛教称世界若干万年要毁灭一次,然后重新开始,这样的一个周期为一劫。万劫:万世,永远。复:恢复。指永远不能恢复。

【例句】许多美丽的森林、湖泊和大草原都遭到了～的摧残。

近义　无可挽回

反义　百废俱兴

万苦千辛　wàn kǔ qiān xīn

见 536 页"千辛万苦"。

万籁俱寂　wàn lài jù jì

【释义】万籁:自然界万物发出的各种声响。寂:寂静。指一切声音都没有了。也作"万籁无声"。

【用法】形容环境非常寂静。

【例句】教堂的钟声突然响了,在～中显得格外悠长。

近义　鸦雀无声

反义　人声鼎沸

万籁无声　wàn lài wú shēng

见 732 页"万籁俱寂"。

万里长城　wàn lǐ cháng chéng

【释义】指我国古代修筑的长城。

【用法】比喻坚强雄厚的力量。也比喻难逾越的屏障。

【例句】～确实是人类创造的一个奇

迹。/由于误会和矛盾的不断加深，他们两人之间就好像隔着～似的。

近义 钢铁长城

万里长征 wàn lǐ cháng zhēng

【释义】长征：远征。指非常远的征程。

【用法】比喻为宏伟目标进行的长期、艰苦的奋斗。

【例句】他十多岁就参加了工农红军，跟随毛主席～。/想要夺取全国胜利，这只是～走完了第一步。

万里迢迢 wàn lǐ tiáo tiáo

见533页"千里迢迢"。

万里同风 wàn lǐ tóng fēng

【释义】指天下统一。

【例句】今四海一统，～，天下有道，莫斯之盛。

万流景仰 wàn liú jǐng yǎng

【释义】万流：各方面的人。指天下的人都尊敬、仰慕。

【例句】张老先生一辈子积德行善，乐于助人，赢得了～。

万马奔腾 wàn mǎ bēn téng

【释义】奔腾：奔跑跳跃。指像无数匹马一起奔跑跳跃。

【用法】形容气势雄劲，景象壮丽。也形容声势浩大，发展迅猛。

【例句】这些平静流淌的河水，几分钟之后，就变成了～、咆哮如雷的世界奇观。/改革开放以来，百业兴隆，我国经济呈现出～的局面。

近义 气势磅礴

万马齐喑 wàn mǎ qí yīn

【释义】喑：缄默，不做声。指千万匹马都沉寂无声。

【用法】比喻沉闷、窒息的局面。

【例句】改革开放的国策，结束了闭关锁国、～的局面，现代中国发生了一系列可喜的变化。

近义 死气沉沉

反义 百家争鸣

万马千军 wàn mǎ qiān jūn

见532页"千军万马"。

万目睽睽 wàn mù kuí kuí

见986页"众目睽睽"。

万念俱灰 wàn niàn jù huī

【释义】万念：各种想法、念头。俱：都。灰：灰烬。指一切念头都已破灭。

【用法】形容心灰意冷，极端失望。

【例句】当他听到这个噩耗，霎时间～。

近义 心灰意冷

反义 雄心勃勃

万签插架 wàn qiān chā jià

【释义】签：注明书名的牙制标签。架：书架。指数以万计的牙制标签插满了书架。

【用法】形容藏书极丰富。

W

【例句】王教授一生爱书，家中～。

万全之策　wàn quán zhī cè

【释义】万全：绝对周全。策：计谋，办法。指非常周全、稳妥的计谋或办法。也作"万全之计"。

【例句】我们必须早做准备，拿出一套～。

万全之计　wàn quán zhī jì

见 734 页"万全之策"。

万人空巷　wàn rén kōng xiàng

【释义】空巷：巷子里空荡荡没有人。指家家户户的人都从巷子里出来了，致使巷子里无人。

【用法】形容隆重的活动、节日或新奇事物轰动一时的盛况。

【例句】喜讯传来，整座城市～，人们兴高采烈地走上街头，在广场举行庆祝活动。

近义 人山人海

万矢之的　wàn shǐ zhī dì

见 986 页"众矢之的"。

万世师表　wàn shì shī biǎo

【释义】万世：很多世代，非常久远。师表：道德、学问值得学习的榜样。指儒家尊称孔子、孟子是永远值得尊敬、学习的榜样。

【例句】园中安置～孔子肖像与为民请命的包拯立像供人瞻仰。

万世一时　wàn shì yī shí

【释义】万世：万代，指极其久远的时间。时：时机。指千万年才遇上的一次时机。

【用法】形容机会难得。多用于书面语。

【例句】20 世纪初，世界的形势给中国新民主主义革命的发生提供了～的良机。

近义 千载难逢

万事大吉　wàn shì dà jí

【释义】万事：一切事情。吉：吉利，顺利。

【用法】形容一切事情都非常顺利。也指事情了结，没事了。

【例句】今年喜事多，事事顺利，真应了父亲年初的一句祝福语："～!"/办完了最后这道手续，便～了。

近义 万事亨通

反义 诸事不顺

万事亨通　wàn shì hēng tōng

【释义】亨通：通达，顺利。指做每件事都非常顺利。

【例句】她错误地认为只要有钱便～。

近义 万事大吉　万事如意

万事俱备，只欠东风

wàn shì jù bèi, zhǐ qiàn dōng fēng

【释义】万事：一切条件。俱：全，都。原指三国时孙、刘联军准备火攻曹操，一切条件都齐备了，只差东风还没刮起，不能放火。

【用法】比喻一切都已经准备妥当，只差最后一个重要条件了。

【例句】我们现在是～，只要机器一到，马上就可以投入生产。

万事如意　wàn shì rú yì

【释义】指一切事情都顺心。

【例句】祝大家在新的一年里身体健康，～。

近义 万事亨通

万事无成　wàn shì wú chéng

见 884 页"一事无成"。

万寿无疆　wàn shòu wú jiāng

【释义】万寿：万年长寿。疆：界限。指永远生存,寿命无止境。

【用法】常用于祝人健康长寿。也可用来称颂事物永存。

【例句】祝我们亲爱的母亲——伟大的祖国～。

近义　寿比南山

万水千山　wàn shuǐ qiān shān

【释义】指千重山,万道水。极言山水之多。也作"千山万水"。

【用法】比喻路途艰险而遥远。

【例句】黑颈鹤飞越～到草海,目的是躲避北方寒冷的冬天。/ 中国和非洲虽然远隔～,但中非人民的友谊源远流长。

反义　咫尺之间

万死不辞　wàn sǐ bù cí

【释义】万死：死一万次。辞：推辞。指即使是冒着死一万次的危险也决不推辞。

【用法】比喻愿意冒生命危险承担某项任务的决心。

【例句】为了人民群众的生命财产安全,他们可以赴汤蹈火,～!

近义　在所不辞

反义　贪生怕死

万头攒动　wàn tóu cuán dòng

【释义】攒：聚集,凑拢。指只看见那么多的脑袋在晃动。

【用法】形容非常多的人聚集在一起。

【例句】球赛开始了,场馆内～。

近义　人山人海

反义　空无一人

万无一失　wàn wú yī shī

【释义】失：失误,差错。指一万次中也不会有一次差错。

【用法】形容绝对有把握,不会出错。

【例句】此货品十分重要,运输过程中一定要确保～。

近义　百不失一　计出万全

万物复苏　wàn wù fù sū

【释义】一切生物又都苏醒了。指春天草木开始生长。

【例句】春天来了,～,小孩子们都跑到院子里尽情玩耍。

近义　大地回春　春暖花开

万物之灵　wàn wù zhī líng

【释义】万物：世上的一切生物。灵：灵性。指世上一切生物中最有灵性的。

【用法】特指人。

【例句】作为～的人,有什么奇迹不能创造呢?

万物更新　wàn wù gēng xīn

见 735 页"万象更新"。

万象更新　wàn xiàng gēng xīn

【释义】象：事物,景象。更：变更,改变。指宇宙间的一切景象都换了新貌。也作"万物更新"。

【用法】形容初春的景象或欣欣向荣的形势。

【例句】春回大地,～。

近义　焕然一新

反义　依然如故

万应灵丹　wàn yìng líng dān

【释义】万：比喻很多,指一切。应：满足

要求。灵丹：灵验有效的药。指能医好一切疾病的灵药。

【用法】比喻能解决任何问题的好办法。一般带有讽刺或诙谐的意味。

【例句】搞好学习，并没有什么～。只有脚踏实地，刻苦钻研，并掌握良好的学习方法，才能学好。

近义 灵丹妙药

提示 "应"不念 yīng。

万丈高楼平地起　wàn zhàng gāo lóu píng dì qǐ

【释义】指再高的楼房也必须从平坦的土地上开始建筑。

【用法】比喻要办成任何事情都要有扎实的基础。

【例句】～，只有夯实基础知识，以后才会在专业领域有所建树。

万众一心　wàn zhòng yī xīn

【释义】指千千万万的人一条心。

【用法】形容广大民众团结一致。

【例句】只要我们～，愿望就一定会实现。

近义 齐心协力　同心同德

万紫千红　wàn zǐ qiān hóng

【释义】万、千：形容很多。紫、红：代表花的颜色。形容百花盛开，艳丽多彩。

【用法】形容百花争艳的景象。也比喻繁荣兴旺的景象。

【例句】虽是秋日，菊花展上却是～，一派盎然生机。/改革开放后，我们的文艺界也迎来了一个～的春天。

近义 姹紫嫣红　百花齐放

反义 一花独放

汪洋大海　wāng yáng dà hǎi

【释义】汪洋：水势浩大的样子。指辽阔无边的海洋。

【用法】形容大海浩大无边。也比喻群众运动声势浩大。也形容很多，非常丰富。

【例句】我们的轮船，就像～中的一片叶子，在海上漂来漂去。/反动的侵略者，一旦陷入人民战争的～中，便寸步难行。/大片的菜花一望无际，像～似的，成群的蜜蜂忙得不知早晚。

汪洋恣肆　wāng yáng zì sì

【释义】汪洋：辽阔无边。恣肆：放纵，不受拘束。指纵横驰骋，不受拘束。

【用法】多形容人的气度或文章、书法气势磅礴，潇洒自如。

【例句】苏东坡的文章～，明白畅达，与欧阳修并称"欧苏"，为唐宋八大家之一。

近义 气势磅礴

亡国之音　wáng guó zhī yīn

【释义】音：音乐。指国家将要灭亡时充满愁思的音乐，也指消磨人意志的靡靡之音。

【例句】与那些～不同，聂耳创作的《义勇军进行曲》曲调昂扬，催人奋起。

亡魂失魄　wáng hún shī pò

【释义】指丢失了魂魄。

【用法】形容惊慌失措或心神不定。

【例句】听到这个消息,大家都～了。

近义 失魂落魄　魂飞魄散

反义 从容不迫　镇定自若

亡命之徒　wáng mìng zhī tú

【释义】亡命:原指失去名籍,后指逃亡。徒:某种人。原指改名换姓逃亡在外的人。后指冒险作恶、不顾性命的坏人。

【用法】用作贬义。

【例句】对如此丧心病狂的～,还有什么话好说,只有将他们绳之以法。

近义 不逞之徒

亡羊补牢　wáng yáng bǔ láo

【释义】亡:丢失。牢:关养牲畜的圈。指丢失了羊赶紧修补羊圈。

【用法】比喻在出了差错或受到损失之后及时补救(还来得及)。

【例句】～,努力学习,你考上大学应该没问题!

近义 见兔顾犬

反义 未雨绸缪

亡羊得牛　wáng yáng dé niú

【释义】亡:丢失。指丢了羊而得到牛。

【用法】比喻损失小而收获大。含褒义。

【例句】刘老汉回忆,当年他因扭伤了脚踝

而住进医院,就是在住院的那段日子里结识了这些生死之交,真是～啊。

反义 因小失大

王公大人　wáng gōng dà rén

【释义】王公:天子和诸侯。大人:旧时百姓对官员尊称。泛指达官贵人。

【例句】当时,他受人尊重的程度远远超过任何～。

近义 王公贵戚

反义 黎民百姓

王公贵戚　wáng gōng guì qī

【释义】戚:亲戚。皇帝高官及其亲属。泛指皇亲国戚。

【例句】李白来到京城,却不把～放在眼里,自然要遭到权贵们的排挤。

近义 王公大人

反义 黎民百姓

网开一面　wǎng kāi yī miàn

【释义】网:捕鸟兽时架设的罗网。指把捕捉禽兽的网打开一面。

【用法】比喻用宽大的态度对待,给人以出路。

【例句】对毒品犯罪必须严厉打击,绝不能～。

近义 宽宏大量

反义 严惩不贷

网漏吞舟　wǎng lòu tūn zhōu

【释义】网:渔网。漏:漏掉。吞舟:能吞下船的大鱼。指打鱼时网眼太大,漏掉了能吞下船的大鱼。

【用法】比喻法令不严,重要案犯得以逃脱法网。

【例句】如果不尽快抓获这几个无恶不作

的亡命之徒,那我们真是～。

枉尺直寻　wǎng chǐ zhí xún

【释义】枉:弯曲。直:伸直。寻:古代度量单位,八尺为一寻。指弯曲一尺,而能伸直一寻。

【用法】比喻在小的地方受一点损失或委屈,但在大的地方有所收获。

【例句】我们做事应多加思考,不要因小失大,～才是明智之举。

近义 以退为进

枉道事人　wǎng dào shì rén

【释义】枉:使……弯曲。事:侍奉。指违背正道侍奉国君。

【用法】形容不择手段地讨好他人。

【例句】他为了升官发财而～,遭到亲友们的唾弃。

近义 阿谀逢迎

反义 直言骨鲠

枉费心机　wǎng fèi xīn jī

【释义】枉:徒然、白白地。心机:心思。指白白地耗费心思。

【例句】你这样对她好,真是～,她才不买你的账呢!

近义 白费心思

枉己正人　wǎng jǐ zhèng rén

【释义】枉:弯曲,不正。正:纠正。指自己的行为不正,却要去纠正别人。

【例句】你当了班长,要以身作则,绝不能～。

近义 恕己责人

反义 以身作则

枉口拔舌　wǎng kǒu bá shé

【释义】枉口:乱说。拔舌:嚼舌。多指造

谣生事,恶意中伤。

【例句】是哪个嚼舌根的,无中生有,～,调唆你来欺负我?

惘然若失　wǎng rán ruò shī

【释义】惘然:失意的样子。指心中失意,如同失掉什么东西一样。

【例句】这次期末考试没有考好,他～,一连几日闷闷不乐。

近义 怅然若失

反义 踌躇满志

妄下雌黄　wàng xià cí huáng

【释义】妄:随便,胡乱。雌黄:一种黄褐色的颜料,古人抄书校书时常用来涂抹、改写文字。比喻毫无根据地胡乱窜改文字或乱发议论。

【例句】对于不懂的事情,我不能～。

近义 信口雌黄

反义 言必有据

妄言妄听　wàng yán wàng tīng

【释义】妄:胡乱,随便。随便说说,随便听听。指说的人和听的人都不认真对待。

【例句】台上说书的人信口胡说,台下的不住点头,～,也不必深究。

妄自菲薄　wàng zì fěi bó

【释义】妄:不切实际。菲薄:轻视,瞧不起。指过分地看不起自己。

【用法】形容过于自卑,自轻自贱。

【例句】我们不可以骄傲自大,但也不能～。

近义 自轻自贱

反义 妄自尊大　自命不凡

妄自尊大　wàng zì zūn dà

【释义】妄:狂妄。尊:认为高贵。指狂妄地以为自己很了不起。

【例句】只要你怀有丝毫的骄傲之心,就会带来无法挽回的后果,此时你决不能～。

近义 自高自大 夜郎自大
反义 妄自菲薄

忘恩负义 wàng ēn fù yì

【释义】恩:恩惠。负义:背弃信义。指忘记了别人的恩德,背弃道义,做出对不起别人的事。

【用法】用作贬义。

【例句】他真是个～、没心肝的家伙。

近义 负德孤恩 辜恩背义
反义 感恩戴德 结草衔环

忘乎所以 wàng hū suǒ yǐ

【释义】所以:事情的由来。指因为过度兴奋或得意而忘记了一切。

【用法】形容得意忘形。

【例句】他刚登了几回台,就～,以大明星自居了。

近义 得意忘形

忘年交 wàng nián jiāo

见739页"忘年之交"。

忘年之交 wàng nián zhī jiāo

【释义】忘年:不拘年岁、辈分。指忘掉年岁、辈分的差异而结成的朋友。也作"忘年交"。

【例句】张先生是他的恩师,也是他的～。

近义 忘年之契

望尘莫及 wàng chén mò jí

【释义】莫:不能。及:赶上。指望见前面的人带起的尘土却追赶不上。

【用法】比喻远远落后。可用作表示钦佩的谦辞。

【例句】现代最快的计算机每秒钟能完成

上亿次运算,这是人工计算所～的。

近义 瞠乎其后

望穿秋水 wàng chuān qiū shuǐ

【释义】秋水:秋天的水明净晶透,比喻人的眼睛。指把眼睛都望穿了。

【用法】形容盼望殷切。一般用于女性。

【例句】我从你那～的眼神里就看出你是在等你的心上人儿。

近义 望眼欲穿

望而却步 wàng ér què bù

【释义】却:退后。指看到危险、困难或力所不能及的事就往后退缩。

【例句】这件衣服已经贵到让人～的程度。

近义 望而生畏
反义 勇往直前

望而生畏 wàng ér shēng wèi

【释义】生:产生。畏:畏惧,害怕。指让人看着就害怕。

【例句】他的样子很凶,使人～。

近义 望而却步
反义 无所畏惧

望风而逃 wàng fēng ér táo

【释义】风:势头。指望见势头不对就逃跑了。

【用法】形容十分胆怯,不攻自溃。

【例句】看见路上巡逻的警车,正准备作案的歹徒～。

近义 望风披靡
反义 所向披靡 所向无敌

望风披靡 wàng fēng pī mǐ

【释义】披靡:伏倒,倒下。本指草木被风一吹就纷纷伏倒了。

【用法】形容军队丧失斗志,未交战就溃

逃了。

【例句】人民解放军所到之处,敌人～。

近义 望风而逃

反义 所向无敌　所向披靡

望衡对宇　wàng héng duì yǔ

【释义】衡:用横木作门,引申为门。宇:屋檐,引申为房屋。指门户相对,可以互相望见。

【用法】形容彼此住得很近。

【例句】这条弄堂有二十四户,～,两面可通。

近义 衡宇相望

反义 天涯海角

望梅止渴　wàng méi zhǐ kě

【释义】望:盼望。梅:梅树的果实。指口渴时没水,想着吃梅子的酸味,口中就会生出唾液,由此止住口渴。

【典故】一次曹操领部队行军,因沿路缺水,兵士们口渴难忍。曹操心生一计说:"前面有片很大的梅树林,结了许多梅子,又甜又酸可以解渴。"士兵们听了,想起梅子的味道,嘴里流出了口水,就不感到渴了。(《世说新语·假谲》)

【用法】比喻用空想或假象来安慰自己或别人。

【例句】你这种想法,只不过是～、自欺欺人罢了。

近义 指雁为羹　画饼充饥

望门投止　wàng mén tóu zhǐ

【释义】门:指人户。投止:投宿。指在急迫情况下,看见有人家就去投宿。

【用法】形容逃难中暂求栖身的窘迫情形。

【例句】他们兄弟几个在外隐姓埋名,到处漂泊,～。

望其项背　wàng qí xiàng bèi

【释义】项:颈项。背:后背。指已经看见了别人的颈项和后背。

【用法】比喻可以赶得上或能与之相比。

【例句】他的成就是我不能～的。

反义 瞠乎其后

望文生训　wàng wén shēng xùn

见 740 页"望文生义"。

望文生义　wàng wén shēng yì

【释义】文:文字,字面。义:含义,意义。指不理解某一词句的真正含义,只是从字面上作牵强附会的解释。也作"望文生训"。

【用法】一般用作贬义。

【例句】读书时,遇到不懂的词语,千万不要～,而是要认真查阅词典。

望闻问切　wàng wén wèn qiè

【释义】望:观察气色。闻:听声息。问:询问症状。切:用手诊脉或检查。中医用语,指中医诊断疾病的四种方法。

【例句】中医通过～给人看病。

望眼欲穿　wàng yǎn yù chuān

【释义】欲:将要。指眼睛都要望穿了。

【用法】形容盼望殷切。

【例句】她～地等待着父亲的归来。

近义 望穿秋水

望洋兴叹 wàng yáng xīng tàn

【释义】洋：北海。兴叹：发出感叹声。本指面对大海发出叹息，感叹自己的渺小。

【典故】有一年秋天涨水，大小河流的水都流入黄河，河面宽得两岸互望牛马都分辨不清。黄河之神河伯高兴起来，自认为天下他最伟大。他顺流往东来到北海，向东一看，北海无边无际，这时他才感到自己的渺小，掉转头来面对着北海之神而叹息。（《庄子·秋水》）

【用法】比喻做事时因力量不够或缺乏必要条件而感到无可奈何。现在，"望……兴叹"已成为一个格式，可构成"望楼兴叹""望车兴叹"等词语。

【例句】面对这个有着巨大前景的项目，因资金短缺，他也只好～。

近义 无能为力

反义 易如反掌

望子成龙 wàng zǐ chéng lóng

【释义】望：盼望。子：子女。龙：古代传说中能兴起云雨的动物，常被作为帝王的象征，后又引申为高贵、显赫的象征，或是某一类出类拔萃的人物。指殷切地期望子女成为出人头地的、有出息的人。也作"望子成名"。

【例句】补课班那诱人的广告语让一些～的家长无法抗拒，纷纷为孩子报了名。

望子成名 wàng zǐ chéng míng

见 741 页"望子成龙"。

危机四伏 wēi jī sì fú

【释义】危机：危险的根由。伏：潜伏，隐藏。指到处都潜藏着危险。

【例句】一个企业矛盾重重，～，就不能

进行正常的生产、经营。

近义 四面楚歌

反义 安如泰山

危急存亡 wēi jí cún wáng

【释义】指情况危险紧迫，关系到生死存亡。

【例句】在这～的紧要关头，我们要以大局为重。

近义 生死存亡

危如累卵 wēi rú lěi luǎn

【释义】累：摞，堆积。卵：蛋。指危险得如同垒起来的蛋，极容易倒塌打碎。

【用法】比喻情况十分危险，随时都可能发生灾难。

【例句】在当时那种～的局势下，人们有些惊慌失措了。

近义 危若朝露 累卵之危

反义 安如磐石 安如泰山

危若朝露 wēi ruò zhāo lù

【释义】朝露：早晨的露珠。指危险得就像早晨的露珠一样，太阳一出就会消失。

【用法】形容处境极危险。多用于人的身体状况或处境。

【例句】爷爷的病情严重，生命～。

近义 危如累卵 岌岌可危

反义 安如磐石 安如泰山

危言耸听 wēi yán sǒng tīng

【释义】危言：说吓人的话。耸听：使人听了害怕。指故意说些吓人的话，使人听了震惊。

【用法】形容言语夸大。

【例句】这是～还是确有其事？

近义 耸人听闻

W

W

危言危行　wēi yán wēi xíng

【释义】危:正直。指讲正直的话,做正直的事。

【用法】形容为人正直。含褒义。

【例句】他这个人一向~,受人尊敬。

近义　刚正不阿　危言正色

危言正色　wēi yán zhèng sè

【释义】危:正直。色:脸色。指正直的言论,严正的态度。

【例句】在工作上,他~,大家都很尊敬他。

近义　正言厉色　危言危行

反义　油腔滑调

危在旦夕　wēi zài dàn xī

【释义】旦夕:早晨和晚上,很短的时间。指危险将在短时间内发生。

【用法】形容危险就在眼前。

【例句】他全身大面积烧伤,生命~。

近义　朝不保夕

威逼利诱　wēi bī lì yòu

【释义】威逼:利用武力或权势恐吓逼迫。利诱:用利益引诱。指采取软硬兼施的办法,使人顺从自己。

【例句】敌人对她~达二十多次,她仍毅然不为所屈。

近义　软硬兼施

威而不猛　wēi ér bù měng

【释义】威:威仪。猛:粗暴。指有威仪但不粗暴。

【例句】爸爸是个~的男人。

威风八面　wēi fēng bā miàn

见12页“八面威风”。

威风凛凛　wēi fēng lǐn lǐn

【释义】威风:使人敬畏的声势或气派。凛凛:严肃,使人敬畏的样子。

【用法】形容气势威严,使人敬畏。

【例句】城堡正门上雕着两头~的狮子,因此被称为狮子门。

近义　八面威风

反义　威风扫地

威武不屈　wēi wǔ bù qū

【释义】威武:权势,武力。屈:屈服。指在强权、武力面前也决不屈服。

【用法】形容不畏强暴,大义凛然的精神。

【例句】面对敌人的屠刀,烈士们~,从容就义。

近义　坚贞不屈

威胁利诱　wēi xié lì yòu

【释义】威胁:用威力强迫或进逼。利诱:用利益引诱。指软硬兼施,使人屈服。也作“利诱威胁”。

【例句】在敌人的~下,他屈服了。

近义　软硬兼施

威信扫地　wēi xìn sǎo dì

【释义】威信:威望和信誉。扫地:扫落在地。指威望和信誉已经完全丧失。

【用法】用作贬义。

【例句】我这么做,会使他~。

近义　身败名裂

威震天下　wēi zhèn tiān xià

【释义】威:威望。震:震动。指威望震动天下。

【用法】形容极富声誉和名望。

【例句】中华武术源远流长,少林武功~,

其发源地河南少林寺自然使海内外武术爱好者趋之若鹜。

提示 “震”不写作“振”。

微不足道 wēi bù zú dào

【释义】足：值得。道：说。指微小得不值得一说。

【例句】对于他来说，这只是一件～的小事。

近义 卑不足道　不足挂齿

反义 举足轻重

微乎其微 wēi hū qí wēi

【释义】乎：用在形容词后面表示停顿。其：代词，它的。微：微小，少。指微小又微小。

【用法】形容极小或极少。

【例句】一个月过去了，失踪者生还的可能性已经～。

近义 微不足道

反义 硕大无朋

微言大义 wēi yán dà yì

【释义】微言：精要而含义深远的语言。大义：原指经书上的要义，后泛指大道理。指文章言辞精要，含义深刻。

【例句】这部杂文集的多数篇章都是精心之作。它们～，激浊扬清。

巍然屹立 wēi rán yì lì

【释义】巍然：雄伟高大的样子。屹立：山势高耸直立。比喻像高山一样耸立，稳固不可动摇。

【例句】人民英雄纪念碑～在天安门广场上，寄托着我们对人民英雄的崇敬之情。

近义 矗然耸立

韦编三绝 wéi biān sān jué

【释义】韦：熟牛皮。韦编：古代用竹简写书，用牛皮绳将竹简编连起来，称“韦编”。三：指多次。绝：断。本指孔子晚年很爱读《周易》，翻来覆去地读，竟使编连竹简的牛皮绳断了好多次。

【用法】形容读书勤奋刻苦。

【例句】我们提倡～的读书精神，更提倡学以致用，期待创新型人才的大量涌现。

为德不卒 wéi dé bù zú

【释义】卒：完结。指做好事不能坚持做到底。

【用法】多用于书面语。含贬义。

【例句】他并不是没有做过好事，而是～，没有保持下去。

为非作歹 wéi fēi zuò dǎi

【释义】为：做。非、歹：坏事。指做各种坏事。

【用法】用作贬义。

【例句】这些～的人，必将受到法律的制裁。

近义 胡作非为

反义 安分守己

为富不仁 wéi fù bù rén

【释义】为：谋求。仁：仁慈，善良。指只追求自己发财而对别人不仁慈。

【用法】用作贬义。

【例句】王老板整日过着奢侈的生活，却拖欠员工的工资，真是～。

为期不远 wéi qī bù yuǎn

【释义】期：预定的日子。指要不了多长时间。

【例句】他身体恢复情况很好，离出院～了。

近义 指日可待

反义 遥遥无期

为人师表　wéi rén shī biǎo

【释义】为:成为。师表:在品德、学识方面值得学习的榜样。指在品德学问上成为别人学习的榜样。

【用法】多指教师。

【例句】教师要～,就必须在方方面面为学生作出表率。

近义　率马以骥

反义　误人子弟

为善最乐　wéi shàn zuì lè

【释义】为:做。善:善事。指做好事最快乐。

【例句】他回答记者:"古人说过,～。我把钱捐给急需的人,心里真的很快乐。"

为所欲为　wéi suǒ yù wéi

【释义】欲:想。指想做什么就做什么。

【用法】常用作贬义。

【例句】即使老师不在教室,学生们也不应该～,要认真学习。

近义　恣意妄为

反义　安分守己

违法乱纪　wéi fǎ luàn jì

【释义】法:法令。纪:纪律。指违犯法令,破坏纪律。

【例句】她因～而被单位开除。

近义　作奸犯科

反义　安分守己

违心之论　wéi xīn zhī lùn

【释义】论:言论。指违背自己本来意愿的话。

【例句】我不能够站到讲台上,滔滔不绝地说些～。

反义　由衷之言

违信背约　wéi xìn bèi yuē

【释义】指不守信用,违背共同制订的条约。

【用法】用作贬义。

【例句】做人要讲诚信,不能～。

近义　背信弃义

反义　信誓旦旦

围魏救赵　wéi wèi jiù zhào

【释义】魏、赵:战国时期的魏国和赵国。指齐国围攻魏国都城,从而解救了被魏国围攻的赵国。

【典故】战国时,魏国围攻赵国的都城邯郸,赵国向齐国求救,齐将田忌、孙膑率兵救赵,趁魏国都城大梁空虚,引兵直攻大梁,并在魏军回救本国的途中,设埋伏大败魏军,解了赵国之围。(《史记·孙子吴起列传》)

【用法】用于指不与敌方正面作战,而采用攻击敌人后方据点的方法,达到预期的目的。

【例句】她将～的战术运用到了棋艺中,大家都很难赢她。

唯恐天下不乱　wéi kǒng tiān xià bù luàn

【释义】唯:只,单单。恐:担心,害怕。指就怕天下不发生动乱。

【用法】形容一些别有用心的人总希望出现混乱局面,以图谋不轨。

【例句】他是一个～的捣乱者。

唯利是图　wéi lì shì tú

【释义】唯:只,单单。利:利益,好处。是:代词,代指前面的"利"。图:贪图。指只贪图财利,别的什么都不顾。也作"惟利是图"。

【例句】她是一个～的奸商。

近义 利欲熏心

唯命是从 wéi mìng shì cóng

【释义】唯:只,单单。是:代词,代指前面的"命"。从:服从。指让做什么,就做什么。也作"惟命是从"。

【用法】形容绝对服从。

【例句】父亲的话,他向来是～。

近义 奉命唯谨 俯首帖耳

反义 桀骜不驯

唯命是听 wéi mìng shì tīng

【释义】唯:只,单单。命:命令。听:听从。指指一切听从命令,无条件服从。也作"惟命是听"。

【例句】他对领导的安排～,从来没有一点自己的想法。

近义 百依百顺 俯首帖耳

反义 桀骜不驯

唯唯诺诺 wéi wéi nuò nuò

【释义】唯、诺:表示同意的应答声。形容恭顺地附和别人的意见,自己毫无主见。

【例句】我不喜欢像她这种～没有主见的人。

近义 俯首帖耳

唯我独尊 wéi wǒ dú zūn

【释义】唯:只,单单。尊:尊贵。指只有自己最尊贵了不起。本为佛教推崇释迦牟尼的话。也作"惟我独尊"。

【用法】现多形容狂妄自大,目空一切。

【例句】她从不虚心学习,总是～,自以为是。

近义 狂妄自大

惟精惟一 wéi jīng wéi yī

【释义】惟:文言语气词。精:精研。一:专心。指要精研,要专心。

【用法】常用来勉励人认真学习。

【例句】我们读书的时候要专心致志,～。

近义 专心致志

惟利是图 wéi lì shì tú

见744页"唯利是图"。

惟妙惟肖 wéi miào wéi xiào

【释义】惟:文言语气词。妙:好,精妙。肖:相似,相像。形容描绘或模仿得非常逼真、传神。

【例句】这是一幅～的深秋山村早行图。

近义 活灵活现

惟命是从 wéi mìng shì cóng

见745页"唯命是从"。

惟命是听 wéi mìng shì tīng

见745页"唯命是听"。

惟我独尊 wéi wǒ dú zūn

见745页"唯我独尊"。

巋然不动 wéi rán bù dòng

见396页"岿然不动"。

尾大不掉 wěi dà bù diào

【释义】掉:摆动。指尾巴太大,就不易摆动了。也作"末大不掉"。

【用法】比喻机构上弱下强或组织庞大,指挥不灵。也比喻文章前轻后重,失去平衡。

【例句】有些单位,机构庞大,人浮于事,以致～,工作效率很低。/本想写一个短篇,可是,一气写下去收不住了,就成了现在这个～的东西。

近义 末大必折

委过于人　wěi guò yú rén

【释义】委:推诿。过:过失,过错。指把过失推给别人(以逃避责任)。

【例句】遇到问题,他总是勇于承担责任,从不～,因此深得下属的拥戴。

委靡不振　wěi mǐ bù zhèn

见 746 页"萎靡不振"。

委曲求全　wěi qū qiú quán

【释义】委曲:迁就,曲从。全:保全。指违反本心去勉强迁就,以求保全。

【用法】多形容为了顾全大局而暂时忍让。

【例句】都是为了这个家,她才如此～地过了几十年。

近义 委曲成全

提示　"曲"不能写成"屈"。

娓娓不倦　wěi wěi bù juàn

【释义】娓娓:勤勉而不疲倦的样子。形容兴味盎然,不知疲倦。

【例句】他们好奇得很,问了又问,鱼专家就～地谈了许多养鱼的事。

近义 娓娓而谈

反义 沉默寡言

娓娓动听　wěi wěi dòng tīng

【释义】娓娓:形容谈论不倦或说话动听。形容说话生动有趣,使人爱听。

【例句】她说起话来～,大家都很喜欢。

反义 不堪入耳

娓娓而谈　wěi wěi ér tán

【释义】娓娓:形容谈论不倦。指滔滔不绝地谈论,一点也不觉得疲倦。

【例句】提起妻子对自己事业的支持和为家庭付出的辛苦,他～,充满真情。

近义 侃侃而谈

反义 沉默寡言

萎靡不振　wěi mǐ bù zhèn

【释义】萎靡:颓唐的样子。形容人颓丧消沉,精神不振。也作"委靡不振"。

【例句】他无精打采地喘了一口粗气,然后像个病人一样～站在那里。

近义 无精打采　暮气沉沉

反义 精神抖擞　精神焕发

为国捐躯　wèi guó juān qū

【释义】捐:献出。躯:身体。指为国家献出生命。

【例句】那些～的战士们,都是最伟大的民族英雄。

近义 以身许国

为虎傅翼　wèi hǔ fù yì

【释义】为:给。傅:加上。翼:翅膀。指给老虎添加上翅膀。也作"为虎添翼"。

【用法】比喻助长坏人或敌人的势力。含贬义。

【例句】你这样做,无异于～,为违法乱纪者张目。

近义 为虎作伥　助纣为虐

为虎添翼　wèi hǔ tiān yì

见 746 页"为虎傅翼"。

为虎作伥　wèi hǔ zuò chāng

【释义】为:给,替。伥:伥鬼。指给老虎当伥鬼。古代传说,人被老虎吃掉后,魂魄就变成了伥鬼,专门引诱人来给老虎吃。

【用法】比喻给坏人当帮凶。

【例句】我们要分清善恶,～没有好下场。

近义 助纣为虐

为民除害　wèi mín chú hài

【释义】替老百姓铲除祸害。

【例句】我们决不能再让犯罪分子逍遥法外，一定要～！

近义 除暴安良

为民请命　wèi mín qǐng mìng

【释义】为：替。请命：请求保全生命或解除困苦。指替老百姓说话。

【例句】这位翩翩少年～，干出了一番轰轰烈烈的事业。

为人作嫁　wèi rén zuò jià

【释义】嫁：嫁衣。指给别人缝制嫁衣。

【用法】比喻空为别人辛苦忙碌。

【例句】都说编辑工作是～，但我觉得值。

近义 甘为人梯

为五斗米折腰　wèi wǔ dǒu mǐ zhé yāo

【释义】五斗米：指微薄的俸禄。折腰：弯腰行礼。指为微薄的俸禄而屈身事人。也作"五斗折腰"。

【用法】现多形容为微薄的收入而低三下四，缺乏骨气。

【例句】陶渊明的坚守是宁可饿死路边，也不～。

为渊驱鱼，为丛驱雀　wèi yuān qū yú, wèi cóng qū què

【释义】渊：深潭。驱：驱赶。丛：丛林。指将鱼赶到深渊里去，将鸟赶到丛林中去。

【用法】原比喻执政者执行残暴或错误的政策，使百姓都跑到敌方去了。现多比

喻不善于团结人，把可以依靠的力量推到对立的方面去。

【例句】一个失败的国君，～是常有的事。

未卜先知　wèi bǔ xiān zhī

【释义】卜：占卜，古代用龟、蓍、铜钱、牙牌等推断凶吉祸福。指没有占卜就先知道将要发生的事情。

【用法】形容有预见。

【例句】如果我有～的本事，我就不会让这件事情发生了。

近义 料事如神

反义 难以预料

未老先衰　wèi lǎo xiān shuāi

【释义】衰：衰老。指年龄并不大，却已经显出衰老的样子了。

【例句】这些人因劳累过度而～。

近义 望秋先零

反义 返老还童　　老当益壮

未能免俗　wèi néng miǎn sú

【释义】免：摆脱，免去。俗：习俗，惯例。指没能摆脱一般人的习俗，即按通常习俗办事。

【例句】人很难不被环境影响，我也～。

近义 入乡随俗

未雨绸缪　wèi yǔ chóu móu

【释义】雨：下雨。绸缪：用绳索紧密缠绕，引申指修补房屋。指趁还没有下雨，及时修补房屋门窗。

【用法】比喻事先做好应对准备。

【例句】过去种种防灾减灾的经验表明，～是对付洪水灾害最有效的手段。

近义 防患未然

反义 临阵磨枪　　临渴掘井

位居榜首　wèi jū bǎng shǒu

【释义】位:位次。居:处在,处于。榜:张贴的名单。首:第一。指位次排在第一名。

【例句】这次民主选举,他的票数～,被工人们推举为新厂长。

近义 独占鳌头

味如鸡肋　wèi rú jī lèi

【释义】味:味道。鸡肋:鸡的肋骨。指就像鸡的肋骨一样,吃起来没有味,丢掉又可惜。

【用法】比喻事物意义不大,但又难以舍弃。

【例句】这项工程施工难度大,利润不高,承接下来～。

近义 味同嚼蜡

味同嚼蜡　wèi tóng jiáo là

【释义】味道如同嚼蜡烛一样。

【用法】比喻食物毫无味道。也比喻事物毫无意味。多指文章或说话枯燥无味。

【例句】如果没有舌头向人们报告各种食品的味道,那么美味佳肴全都～了。/如果一首诗的意境不佳,叫人读来索然无味,～,那么,这样的诗还是不写的好。

近义 味如鸡肋

反义 津津有味

畏敌如虎　wèi dí rú hǔ

【释义】畏:害怕。指害怕敌人像害怕老虎一样。

【例句】老板～,我只好单独与对手周旋了。

近义 畏之如虎

反义 无所畏惧

畏首畏尾　wèi shǒu wèi wěi

【释义】畏:害怕。指又怕前,又怕后。

【用法】形容胆小怕事,顾虑重重。

【例句】你总是～,这样会一事无成的。

近义 缩手缩脚　前怕狼后怕虎

反义 无所畏惧

畏缩不前　wèi suō bù qián

【释义】畏:害怕。指因害怕而退缩,不敢前进。

【例句】遇到困难不能～。

近义 停滞不前

反义 勇往直前

蔚然成风　wèi rán chéng fēng

【释义】蔚然:茂盛,兴盛。风:风气。形容某种事物发展、盛行,形成了风气。

【例句】目前,这种消费方式已在全国各大城市～。

近义 蔚成风气

蔚为大观　wèi wéi dà guān

【释义】蔚:茂盛。大观:盛大的景象。形容众多的人或物、丰富多彩的景象,汇集成盛大雄伟的景观。也作“蔚为壮观”。

【例句】这次交易会上的商品丰富多彩,～。

近义 洋洋大观

蔚为壮观　wèi wéi zhuàng guān

见 748 页“蔚为大观”。

温故知新　wēn gù zhī xīn

【释义】温:温习。故:旧的。指温习旧知

识,可以获得新的理解和体会。

【例句】学习必须要坚持～的态度。

近义 鉴往知来

温良恭俭让　wēn liáng gōng jiǎn ràng

【释义】指儒家传统里倡导的温和、善良、恭敬、节俭、谦让这五种美德。

【用法】形容态度温和文雅,待人谦让有礼。也指处事温和,不作抗争。

【例句】学贯中西、德高望重的黄老先生,待人处事总是那么～,深得同行和学生的敬重。/旧秩序已经成为包袱,～那一套让人窒息。

温情脉脉　wēn qíng mò mò

【释义】温情:温柔的情意。脉脉:默默地用眼神或行动表达情意。

【用法】形容饱含感情、默默表露的样子。

【例句】她～地看着她的丈夫。

近义 含情脉脉

反义 冷若冰霜

温柔敦厚　wēn róu dūn hòu

【释义】敦厚:诚恳、宽厚。指性情温和,诚恳宽厚。

【用法】用作褒义。

【例句】她生性～而又行事严谨。

近义 温文尔雅

反义 尖酸刻薄

温文尔雅　wēn wén ěr yǎ

【释义】温文:态度温和而有礼貌。尔雅:文雅。指态度温和,举止文雅。也作"温文儒雅"。

【例句】这是一位眉清目秀、～的中年人。

近义 温柔敦厚　文质彬彬

反义 凶神恶煞

温文儒雅　wēn wén rú yǎ

见 749 页"温文尔雅"。

文不对题　wén bù duì tí

【释义】文:文章的内容。对:适合,合乎。题:标题。指文章的内容与题目的要求不合。也指所答非所问或谈话离开了主题。

【例句】他关于这个题目所说的话,大部分都是～。

近义 离题万里

文不加点　wén bù jiā diǎn

【释义】点:涂改。文章不用修改就一气呵成。也作"文无加点"。

【用法】形容文思敏捷,写作技巧纯熟。

【例句】她拿起笔,～,很快就写出了一首诗。

近义 一挥而就

文采风流　wén cǎi fēng liú

【释义】文采:才华。风流:英俊杰出。形容人才气出众,风雅潇洒。

【例句】这位年轻的作家～,受到许多读者的喜爱。

近义 风度翩翩

文从字顺　wén cóng zì shùn

【释义】文、字:指词语、语句。从、顺:妥帖,通顺。指文句通顺,用词妥帖。

【例句】她的这篇文章～,读起来朗朗上口。

反义 佶屈聱牙

文房四宝　wén fáng sì bǎo

【释义】文房:书房。指书房中的四种文具:纸、墨、笔、砚。

【例句】在茶庄里,他把多年收集的宋代酒器、明代花瓶、清代烟斗、～等一一展示出来。

文过饰非　wén guò shì fēi

【释义】文、饰：遮掩，掩饰。过、非：过失，错误。指用各种理由或借口掩饰自己的过失和失误。

【用法】用作贬义。

【例句】对待错误不能～，采取回避态度。

近义 文过遂非

反义 洗垢求瘢

文江学海　wén jiāng xué hǎi

【释义】指文章、学问有如长江和大海那样深广渊博。

【例句】～，浩瀚无边，我们不能稍有成就就沾沾自喜。

近义 学海无涯

反义 胸无点墨

文情并茂　wén qíng bìng mào

【释义】文：文采。情：感情。茂：丰富。形容文章写得很好，既有文采，又感情丰富。

【例句】这本书写得极其生动，可以说是～。

近义 声情并茂

文人相轻　wén rén xiāng qīng

【释义】文人：知识分子。相：互相。轻：轻视，看不起。指知识分子之间彼此轻视。

【例句】"不掩人长"，才能学习他人的长处；"不护己短"，才能找出自己的不足。这是医治～的良方。

文如其人　wén rú qí rén

【释义】指文章像作者本人一样。

【用法】形容文章的风格同作者的气质、品性相似。

【例句】她写的散文极其清秀，～。

近义 言为心声

文弱书生　wén ruò shū shēng

【释义】文弱：文雅而柔弱。书生：读书人，文人。指举止文雅，身体瘦弱的读书人。

【例句】想不到这位～，竟是地地道道的足球迷。

文山会海　wén shān huì hǎi

【释义】文：文件，公文。指文件堆如山，会议多如海。

【用法】形容某些机关、单位作风虚浮，文件、会议过多。

【例句】我们的干部要少务虚，多务实，讲求工作效率，不能整日陷在～之中。

文韬武略　wén tāo wǔ lüè

【释义】文：非军事的。韬：古代兵书《六韬》，内容分为文韬、武韬、龙韬、虎韬、豹韬、犬韬。此指计谋。武：军事。略：古代兵书《三略》，共三卷。此指策略。泛指文以治国、武以用兵的谋略。

【用法】比喻政治、军事等方面的谋略。

【例句】影片《英雄》对英雄的诠释是：真正的英雄，不是拔剑向天啸，十步之内取人项上头颅的大侠，而是有～，能让国家统一的人。

提示 "韬"不写作"滔"。

文恬武嬉　wén tián wǔ xī

【释义】恬：安闲，闲适。嬉：嬉戏，玩乐。指文官图安闲，武官贪玩乐。

【用法】用于形容文武官吏安于享乐，不以国事为务。含贬义。

【例句】抗战期间，国难当头，陪都重庆却是～，歌舞升平。

提示 "恬"不读 kuò 或 guā。"嬉"不读 xǐ。

文无定法 wén wú dìng fǎ

【释义】指写文章没有一定的章法，并不是非这样写不可。

【例句】～，多写就是最好的方法之一。

文无加点 wén wú jiā diǎn

见 749 页"文不加点"。

文武全才 wén wǔ quán cái

【释义】指文能治理国家、武能带兵打仗的人才。

【用法】形容具备了各方面才能的人。

【例句】他是一位难得的～。

近义 文武双全

反义 一无所能

文武双全 wén wǔ shuāng quán

【释义】指文才与武功同时具备，能文能武。

【用法】形容才能杰出而全面。

【例句】他是一位～的人才。

近义 智勇双全 能文能武

反义 不文不武

文武之道 wén wǔ zhī dào

【释义】文：周文王。武：周武王。两人都是古人所推崇的贤君。本指周文王、周武王的治国方略，泛指治理国家要宽严相济。也作"文武之道，一张一弛"。

【用法】比喻工作、生活要适当调节，劳逸结合。

【例句】身为作家的他很注重～，一张一弛，生活怡然自得。

文武之道，一张一弛

wén wǔ zhī dào，yī zhāng yī chí

见 751 页"文武之道"。

文以载道 wén yǐ zài dào

【释义】文：文章。以：用来。载：装载，引申为阐明，表达。道：道理，思想。指文章是用来阐明道理、表达思想的。

【例句】古人说"～"，就是说文章是要表达思想的。

提示 "载"不读 zǎi。

文章巨公 wén zhāng jù gōng

【释义】指写文章的名手、巨匠。

【用法】形容文才出众。含褒义。

【例句】谢老下笔千言，文不加点，不愧是～。

文质彬彬 wén zhì bīn bīn

【释义】文：文采，修养。质：本质，内容。彬彬：文才与内容配合适当。原指人外表文雅而内心质朴。

W

【用法】现多形容人举止文雅,很有礼貌。多用于男性。

【例句】这个人～,大家对他印象都非常好。

近义 温文尔雅

文治武功　wén zhì wǔ gōng

【释义】文治:用文化教育等治理国家。武功:用军事力量建业安邦。指在治国安邦中文武两方面的功绩。

【例句】在电视剧《贞观长歌》中,观众们看到了唐太宗在复杂斗争中所建立的～。

纹丝不动　wén sī bù dòng

【释义】纹丝:细纹,特别细微的痕迹。形容一点儿也不动。

【例句】他～地坐在地上,像雕像一般。

近义 一动不动

闻风而动　wén fēng ér dòng

【释义】闻:听到。风:风声,消息。指一听到风声或消息,就马上行动起来。

【用法】形容动作非常迅速。

【例句】学校号召向雷锋学习后,全体师生～。

近义 雷厉风行

反义 按兵不动

闻风而逃　wén fēng ér táo

【释义】闻:听到。风:风声,消息。指一听到风声就仓皇逃跑。

【用法】形容十分畏惧。

【例句】当警察赶到现场,不法之徒已～。

近义 望风而逃

闻风丧胆　wén fēng sàng dǎn

【释义】闻:听到。风:风声,消息。丧胆:吓破了胆。指一听到消息就吓破了胆。

【用法】形容对某种力量恐惧到了极点。

【例句】她是一名令歹徒～的优秀公安干警。

近义 丧魂落魄

反义 泰然自若

闻风远扬　wén fēng yuǎn yáng

【释义】闻:听到。风:风声,消息。远扬:远逃。指听到一些风声就逃到很远的地方。

【例句】这群不法之徒知道警察要来的消息便～了。

近义 闻风而逃

闻过则喜　wén guò zé xǐ

【释义】闻:听到。过:过失,过错。听到别人指出自己的过错就感到高兴。形容虚心接受批评。

【例句】我们本着～的精神,认真改进学习方法。

近义 知过必改

反义 知错不改

闻鸡起舞　wén jī qǐ wǔ

【释义】闻:听到。指听到公鸡啼叫就起床练武。也指黎明即起,锻炼身体。

【典故】东晋时期将领祖逖他年轻时就很有抱负,每次和好友刘琨谈论时局,总是慷慨激昂,满怀义愤。为了报效国家,他们在半夜一听到鸡鸣,就披衣起床,拔剑练武,刻苦锻炼。(《晋书·祖逖传》)

【用法】形容有志者及时刻苦发奋。

【例句】他每天五点起床练字,真的做到了～。

近义 鸡鸣而起

闻名不如见面　wén míng bù rú jiàn miàn

【释义】闻:听到。名:名声。指听到他的名声不如见到他本人。

【用法】可用于见面时表达仰慕对方的心情。

【例句】小王连说:"老兄真是个爽快人,～。"

闻所未闻　wén suǒ wèi wén

【释义】闻:听到。指听到了过去从来没有听说过的事。

【用法】形容事物新鲜稀罕。

【例句】老张采风归来,讲了很多我们～的趣事。

近义 前所未闻　见所见见

反义 司空见惯

闻一知十　wén yī zhī shí

【释义】闻:听到。指听到一点,就能类推出许多。

【用法】形容悟性很高,十分聪明。

【例句】这孩子是块难得的好料,天资聪颖,悟性很高,～深得老师的喜爱。

近义 举一反三

刎颈之交　wěn jǐng zhī jiāo

【释义】刎颈:割脖子。交:交情,友谊。

指情谊深厚、可以同生死共患难的朋友。

【例句】经历了这件事情以后,他们便成了～。

近义 莫逆之交　生死之交

反义 一面之交　点头之交

稳操胜券　wěn cāo shèng quàn

【释义】操:掌握。牢牢地把握住了取胜的计谋。也作"稳操胜算"。

【用法】形容有充分的取胜把握。

【例句】以目前的局面看,你已经～了。

近义 如持左券　胜券在握

反义 一筹莫展

稳操胜算　wěn cāo shèng suàn

见753页"稳操胜券"。

稳如泰山　wěn rú tài shān

见6页"安如泰山"。

稳扎稳打　wěn zhā wěn dǎ

【释义】扎:驻扎,扎营。打:打仗。指采取稳当而可靠的战术打仗。

【用法】比喻有步骤、有把握地做事。

【例句】这次比赛,中国队的战术是～。

近义 步步为营

反义 轻举妄动

问长问短　wèn cháng wèn duǎn

【释义】仔细询问各方面的情况。多表示关心。

【例句】他出差回来,同事们都围上来～。

近义 问寒问暖

反义 不闻不问

问道于盲　wèn dào yú máng

【释义】盲:盲人。指向盲人问路。

【用法】比喻向根本不懂或一无所知的人请教。

【例句】他对电脑操作并不了解,你向他请教,等于是～。

近义 缘木求鱼

问寒问暖　wèn hán wèn nuǎn

见 830 页"嘘寒问暖"。

问牛知马　wèn niú zhī mǎ

【释义】指询问了牛的价格,就可以大概推知马的价格。也作"问羊知马"。

【用法】比喻通过相关调查,推知事物真相。

【例句】这套房的卖价是不是高了,你可以对类似的房子做一个调查,～,就可以做出基本判断。

问心无愧　wèn xīn wú kuì

【释义】愧:惭愧。指摸着心口问自己,并不感到惭愧。也作"扪心无愧"。

【例句】只要我们努力了,即使没有做到最好,也～。

近义 心安理得

反义 嗟悔无及

问羊知马　wèn yáng zhī mǎ

见 754 页"问牛知马"。

瓮里醯鸡　wèng lǐ xī jī

【释义】瓮:坛子。醯鸡:蠛蠓,一种小虫,俗称蠛蠓蚊。指坛子里的蠛蠓。

【用法】比喻见识短浅的人。

【例句】现在的他就如～,对外面的世界完全不了解。

近义 井底之蛙

瓮牖绳枢　wèng yǒu shéng shū

【释义】瓮:坛子。牖:窗户。枢:门上的转轴。指用破坛子做窗户,用绳子做门的转轴。

【用法】形容住房简陋,家境贫穷。

【例句】他一直生活在～的贫困环境之中。

瓮中之鳖　wèng zhōng zhī biē

【释义】瓮:坛子。鳖:甲鱼。指被困在坛子里的甲鱼。

【用法】比喻已在掌握之中,逃脱不了的人或动物。

【例句】警察们布下了天罗地网,犯罪嫌疑人已成～。

近义 口中蚤虱

瓮中捉鳖　wèng zhōng zhuō biē

【释义】瓮:坛子。鳖:甲鱼。指在坛子里捉甲鱼。

【用法】比喻捕捉的对象无处逃遁,轻而易举就能捉到。

【例句】当罪犯踏进宾馆的房间时,不料被早已等候在那里的公安干警来了个～。

近义 探囊取物

蜗角虚名　wō jiǎo xū míng

【释义】蜗角:蜗牛的触角,比喻极细小的地方。虚名:空名。形容微不足道的空名。

【例句】他们竟为～,蝇头微利吵架,真是不值得。

近义 蝇利蜗名

蜗行牛步　wō xíng niú bù

【释义】指像蜗牛爬行,像老牛慢步。

【用法】比喻行动缓慢。

【例句】想要赶上世界先进水平,必须加快改革步伐,像这样～是不行的。

我见犹怜　wǒ jiàn yóu lián

【释义】怜:喜爱。指我看见了都十分喜爱,何况他人呢。

【用法】形容女子姿容秀美,惹人喜爱。

【例句】她的笑屬甜美可人，～的形象深受观众的喜爱。

我行我素　wǒ xíng wǒ sù

【释义】行：做。素：平常，向来。指不管别人怎么看，我仍按照自己平常的做法去做。

【用法】旧时为中性词，现多含贬义。

【例句】她对父母的忠告不以为然，依然～。

近义　随心所欲

卧不安席　wò bù ān xí

【释义】卧：睡觉。安：安稳，安宁。席：床铺。指躺在床上睡不安稳。也作"卧不安枕"。

【用法】形容心中焦虑，日夜不安。

【例句】最近爷爷的病情加重，她得知这个消息后～，食不甘味。

近义　食不甘味　寝食不安

反义　高枕无忧

卧不安枕　wò bù ān zhěn

见 755 页"卧不安席"。

卧床不起　wò chuáng bù qǐ

【释义】指病倒在床上，不能起身。

【用法】形容病情十分严重。

【例句】他的病情加重，现在已～。

卧薪尝胆　wò xīn cháng dǎn

【释义】薪：柴草。胆：动物的胆囊，味道很苦。指睡在柴草上，不时舔尝苦胆。

【用法】形容人刻苦自励，发愤图强。

【例句】经过几年的～，他终于走出了困境。

近义　枕戈尝胆

卧雪眠霜　wò xuě mián shuāng

【释义】眠：睡。指睡在霜雪之上。

【用法】形容漂泊生活的艰辛。

【例句】为了搜集到这种植物的新标本，他跋山涉水，～，行程两万余里。

近义　露宿风餐　栉风沐雨

反义　高枕大卧

握拳透爪　wò quán tòu zhǎo

【释义】爪：指甲。指紧握拳头，以致指甲透过了手掌。

【用法】形容极度愤怒的样子。

【例句】听到这个消息，他～，气冲冲地跑了出去。

近义　怒发冲冠

反义　心平气和

握蛇骑虎　wò shé qí hǔ

【释义】指毒蛇缠在手上，身骑在虎背上。

【用法】比喻处境非常险恶。

【例句】都怪我当初态度不坚决，才让自己陷入了今天这～的境地。

近义　险象环生

反义　平安无事

握手言欢　wò shǒu yán huān

【释义】指互相握手，言谈欢笑。

【用法】形容亲热友好。多指重新和好。

【例句】在法院的调解下，原、被告双方终于～。

近义　言归于好

反义 势不两立

乌飞兔走　wū fēi tù zǒu

【释义】乌:古代传说太阳中有三足乌,此处代指太阳。兔:古代传说月中有玉兔,此处代指月亮。指太阳、月亮飞快运行。

【用法】形容时光迅速流逝。

【例句】不觉～,学生时代就这样结束了。

近义 日月如梭

反义 度日如年

乌合之众　wū hé zhī zhòng

【释义】乌合:像乌鸦那样的聚合成群。指像乌鸦似的聚集在一起的人。也作"乌合之卒"。

【用法】比喻临时聚集在一起无组织无纪律的一群人。

【例句】这般～,一旦结成团伙,罪恶的行动就要开始了。

近义 瓦合之卒

反义 精兵强将

乌合之卒　wū hé zhī zú

见 756 页"乌合之众"。

乌七八糟　wū qī bā zāo

【释义】乌:黑。糟:杂乱。

【用法】形容肮脏而杂乱。也指内容低级、淫秽等。也指人行为不端、作风不好。

【例句】这片违章搭建的棚户区真是～,垃圾遍地,污水横流,已到了非治理不可的地步了。/网上不时出现的那些暴力、色情等～的内容,对我们青少年的负面影响是不容忽视的,应引起有关部门的足够重视。/王平不是一个～的人,他曾

荣获省先进工作者的称号,工作得到了同仁们的肯定。

近义 乱七八糟

乌烟瘴气　wū yān zhàng qì

【释义】乌:黑。瘴气:热带或亚热带山林中湿热而有害的空气。

【用法】形容烟雾弥漫,空气污浊。也比喻环境嘈杂,秩序混乱,风气败坏或社会黑暗。

【例句】他们几个又是抽烟又是喝酒,弄得满屋子～! /这些人卖烟开赌,把整个小镇弄得～。

近义 乱七八糟

污泥浊水　wū ní zhuó shuǐ

【释义】指污秽的泥和浑浊的水。

【用法】比喻各种腐朽落后或邪恶的东西。也比喻恶意中伤的污蔑不实之词。

【例句】取缔宣扬暴力、色情的书刊和音像制品,荡涤文化领域的～,是建设社会主义精神文明的一项重要任务。/面对那些别有用心的人迎面泼来的～,他十分坦然,坚信时间一定会还自己一个清白。

污言秽语　wū yán huì yǔ

【释义】污、秽:肮脏,污浊。泛指脏话,不文明的语言。也作"秽语污言"。

【例句】听到这些～,她的眼泪都气出来了。

屋如七星　wū rú qī xīng

【释义】指房屋到处是洞隙,犹如天上七星。

【用法】形容家境贫苦。

【例句】他住的地方十分简陋，～。

屋下架屋　wū xià jià wū

【释义】指在房子里边又修房子。

【用法】比喻重复他人的所作所为而无所创新。

【例句】服装设计讲究创新，～，是不能得到大家认可的。

【近义】床上安床　头上安头

无本之木，无源之水

wú běn zhī mù, wú yuán zhī shuǐ

【释义】本：树根。源：水流开始的地方。指没有根的树，没有源头的水。

【用法】形容没有基础的事物。

【例句】我们的理论研究成果是有事实依据的，不是～。

无边风月　wú biān fēng yuè

【释义】无边：没有边际。风月：清风明月。形容景色无限美好。也作"风月无边"。

【例句】水乡乌镇，～，令人向往。

无边无际　wú biān wú jì

【释义】际：边缘，边际。指没有边际。

【用法】形容极其辽阔广大。

【例句】如果把宇宙比喻为～的海洋的话，那么，银河系只是大海中的一个很小的小岛。

【近义】一望无际

无病呻吟　wú bìng shēn yín

【释义】呻吟：因病痛而发出的哼哼声。指没有病装病，故意发出痛苦的声音。

【用法】比喻没有忧虑的事情却长吁短叹。也比喻文艺作品缺乏真情实感，矫揉造作。

【例句】她～，只是想引起大家的注意。／文章要表现真情实感，不要～。

【近义】矫揉造作

无耻之尤　wú chǐ zhī yóu

【释义】尤：特别突出的。指无耻中最无耻的。

【用法】形容无耻到了极点。

【例句】他这么做，无疑被人们认为是～。

【近义】厚颜无耻

【反义】赧颜汗下

无出其右　wú chū qí yòu

【释义】出：超过，超出。右：上，古人将右边看成是尊位。指没有能超过他的。

【例句】中国篮球打进过世界前八，在亚洲更是～。

【近义】数一数二

无地自容　wú dì zì róng

【释义】容：容纳，躲藏。指没有地方可供自己躲藏起来。

【用法】形容尴尬、羞愧到极点。

【例句】我们的过错是无辞可辩的，我自己都觉得～。

【近义】置身无地

【反义】恬不知耻

无的放矢　wú dì fàng shǐ

【释义】的：靶子。矢：箭。指没有靶子乱放箭。

【用法】比喻说话或做事没有明确目标或不切实际。

W

【例句】这次会议,我们的发言不是～,而是有所指的,请大家都思考一下。

近义 对牛弹琴

反义 有的放矢　对症下药

无冬无夏　wú dōng wú xià

【释义】无:不管,无论。指无论冬天还是夏天。

【用法】形容不受时间限制,一年到头,从不间断。

【例句】他这十几年来,就这样为工作～地忙碌着,却没有任何怨言。

近义 无时无刻

无动于中　wú dòng yú zhōng

见 758 页"无动于衷"。

无动于衷　wú dòng yú zhōng

【释义】衷:内心。指心里一点也没有受到触动。也作"无动于中"。

【用法】形容内心冷漠,对事情毫不关心。

【例句】无论我怎么给她讲道理,她都～。

近义 不动声色

反义 百感交集　感同身受

无独有偶　wú dú yǒu ǒu

【释义】独:单独,一个。偶:两个,一对。指两项事物恰巧相同或类似。

【例句】小王说这是他最喜欢的一篇文章,～,这也是我最喜欢的。

无恶不作　wú è bù zuò

【释义】恶:坏事。指没有哪种坏事不干。

【用法】形容干尽了各种坏事。

【例句】他是一个～的罪犯。

近义 作恶多端

无法无天　wú fǎ wú tiān

【释义】法:法纪。天:天理,道理。指目无法纪,不顾天

【用法】形容毫无顾忌,胡作非为。

【例句】这些人无恶不作,简直是～。

近义 目无王法　肆无忌惮

反义 安分守己

无风不起浪　wú fēng bù qǐ làng

【释义】指没有风,水面上不会涌起波浪。

【用法】比喻事情发生总有其原因。

【例句】～,他们不会平白无故诬赖你的。

近义 事出有因

反义 无缘无故

无风起浪　wú fēng qǐ làng

【释义】指没有风也会掀起波浪。

【用法】比喻平白无故地生出是非来。

【例句】一个小职员敢这样～,是因为有人在背后指使她。

反义 事出有因

无根无蒂　wú gēn wú dì

【释义】蒂:花叶与枝茎连接的部分。指既没有根,也没有蒂。

【用法】比喻没有依凭或没有依靠。

【例句】新的艺术形成,没有一种是～,突然产生的。

近义 无依无靠

无功不受禄　wú gōng bù shòu lù

【释义】禄:俸禄,旧时官员的薪水。指没有功劳就不应该接受俸禄。

【用法】比喻不能接受无缘无故的报酬。

【例句】～,这份礼物请你拿回去。

反义 无功受禄

无功受禄　wú gōng shòu lù

【释义】禄:俸禄,旧时官员的薪水。指没有功劳却得到俸禄。

【用法】形容没有出力便得到报酬。

【例句】我不能～,这份奖金还是请你留给有功的人吧。

近义 尸位素餐

反义 论功行赏　无功不受禄

无关大局　wú guān dà jú

【释义】无关:没有关系,不牵涉。大局:整个局势。指对整个局面没有多大关系或影响。也作"无关大体"。

【例句】我们两个关系一直都很好,虽然最近出现了一些小摩擦,但都～。

近义 无关紧要　无关宏旨　无伤大雅

反义 举足轻重

无关大体　wú guān dà tǐ

见 759 页"无关大局"。

无关宏旨　wú guān hóng zhǐ

【释义】宏旨:主要宗旨。指事物属于细微小节,对重要的部分无碍。

【例句】比赛毕竟不是反侵略战争,打赢了并不能改变当时的屈辱处境,打输了也～。

近义 无关大局

反义 举足轻重

无关紧要　wú guān jǐn yào

【释义】紧要:重要。指不重要或关系不大。

【例句】她心不在焉地听着,好像这是～的事。

近义 无足轻重　无关大局　无关痛痒

反义 举足轻重

无关痛痒　wú guān tòng yǎng

【释义】痛痒:比喻切身相关的事。指与自身利益没有多大关系。

【用法】一般用于人或集体说话或写文章。

【例句】他这个人,总是喜欢说些～的,不着边际的话。

近义 无关紧要

反义 事关全局

无官一身轻　wú guān yī shēn qīng

【释义】轻:轻松,愉快。指除去官职或不当官后感到轻松愉快。

【例句】离休后安逸的生活,使他渐渐淡忘了工作的紧张,真正体会到～的感觉。

无稽谰言　wú jī lán yán

【释义】指凭空捏造、毫无根据的谣言。

【例句】关于那些～,你完全不必放在心上。

近义 无稽之谈

反义 言必有据

无稽之谈　wú jī zhī tán

【释义】稽:查考。谈:言谈。指没有根据、无从查考的言论。

【例句】姐姐这番话并非～,我们不妨去查一查。

近义 不经之谈　不根之谈　无稽谰言

反义 不刊之论

无疾而终　wú jí ér zhōng

【释义】疾:疾病。而:连词,把表方式的成分连接到动词上面。终:指人死。指没有疾病自然死去。

【用法】用于形容人、感情或事物自然

终结。

【例句】张王氏平静地活过 105 岁,～。/ 一年之后,我和余阳的感情～。

近义 寿终正寝

无计可施　wú jì kě shī

【释义】施:施展。指没有计策可以施展。

【用法】形容毫无办法。

【例句】现在,医院对他的病已～。

近义 无计奈何　计无所出　束手无策

无计奈何　wú jì nài hé

【释义】奈何:怎么办。指不知道该怎么办。

【例句】尽管奶奶无动于衷,小红仍不停地说着,因为除此之外她～。

近义 无可奈何　无计可施

无济于事　wú jì yú shì

【释义】济:帮助。指对于事情没有帮助。

【用法】多形容帮助的力量太小,对事情起不了作用。

【例句】考试结果已经出来了,你后悔也～,好好总结经验吧。

近义 于事无补

反义 不无小补

无家可归　wú jiā kě guī

【释义】归:回家。指没有家可以回去。

【用法】形容人流离失所,无处栖身。

【例句】一次特大风暴袭击了孟加拉国,30 万人被夺去生命,100 多万人～。

近义 流离失所

反义 安居乐业

无价之宝　wú jià zhī bǎo

【释义】指无法估定其价值的宝物。

【用法】形容极其珍贵的东西。

【例句】和氏璧是～。

近义 奇珍异宝　稀世之宝

反义 一文不值

无坚不摧　wú jiān bù cuī

【释义】坚:坚固。摧:摧毁。指能摧毁任何坚固的东西。

【用法】形容力量非常强大。

【例句】共产党领导下的人民军队攻无不克,～。

近义 所向披靡　攻无不克

反义 坚不可摧

无尽无穷　wú jìn wú qióng

见 763 页“无穷无尽”。

无尽无休　wú jìn wú xiū

【释义】尽:完。休:停止。指没完没了。

【例句】他们两个总是这样～地争吵,大家都很厌烦。

近义 无休无止

无精打采　wú jīng dǎ cǎi

【释义】采:精神。指打不起精神,提不起劲。也作“没精打采”。

【用法】形容不高兴,不振作。

【例句】被妈妈批评之后,小丽整晚都～的。

近义 垂头丧气

反义 精神抖擞　兴高采烈

无胫而走　wú jìng ér zǒu

见 66 页“不胫而走”。

无咎无誉　wú jiù wú yù

【释义】咎:过错。誉:美名。指既没有坏处可说,也没有好处可称。

【用法】多形容表现平常。

【例句】他当了几年局长,由于不管事,也

不问事,所以～,平平庸庸。

近义 无毁无誉

无拘无束 wú jū wú shù

【释义】拘:限制。束:约束。指不受任何约束,自由自在。

【例句】读书是一种～的精神解放。

近义 自由自在
反义 束手束脚

无可比拟 wú kě bǐ nǐ

【释义】比拟:相比。指没有什么可以相比的。

【用法】形容特别突出。

【例句】中国拥有别国～的旅游资源,对经济的促进作用不可限量。

近义 无与伦比
反义 不相上下

无可辩驳 wú kě biàn bó

【释义】辩驳:提出理由或根据来否认。指没有否定的理由或根据。

【用法】形容事实清楚,证据确凿。

【例句】现在真相大白,你～了。

无可非议 wú kě fēi yì

【释义】非议:责备,批评。指没有什么可以批评指责的。

【用法】形容言行合乎情理,完全正确。

【例句】他们在这次比赛中表现稳定出色,是～的。

近义 无可厚非

无可厚非 wú kě hòu fēi

【释义】厚:过分。非:批评,责备。指不应该过分地批评指责。

【用法】形容没有什么大错,或虽有缺点但可以原谅。

【例句】崇拜偶像,～,但要理智,不要过分迷恋。

近义 无可非议
反义 求全责备

无可讳言 wú kě huì yán

【释义】讳言:有顾忌,不敢或不愿直说。指说话用不着忌讳或隐瞒。

【例句】亚非各国在社会制度上的差异是～的。

近义 直言不讳
反义 闪烁其词　讳莫如深

无可救药 wú kě jiù yào

见 69 页"不可救药"。

无可奈何 wú kě nài hé

【释义】奈何:如何,怎么样。指没有办法。也作"莫可奈何"。

【用法】表示(对人或事)没有办法,不能把……怎么样。也表示心里不愿,但迫不得已。也表示无助、无望,不知如何是好。

【例句】小红军不肯走,陈赓同志～,只得骑上马走了。/我～地从妈妈手中接过伞,双脚不由自主地挪出了家门。/一只小麻雀呆呆地站在地上,～地拍打着翅膀。

近义 无计可施

无可匹敌 wú kě pǐ dí

【释义】匹敌:对等,相称。指没有谁可以与之对等。

【用法】形容力量强大,没有谁可以比得上。

【例句】亚里士多德在西方思想史上的成就是惊人而～的。

无可无不可 wú kě wú bù kě

【释义】无论怎样都行。表示没有一定的

选择或没有自己的主见。

【用法】形容人对事情无确定的意见。

【例句】去哪玩就由你们决定吧，我是
～的。

近义 模棱两可

反义 当机立断

无可争辩　wú kě zhēng biàn

【释义】争辩：争论，辩论。指没有什么可
争论的。也作"毋庸置辩"。

【用法】形容事实清楚，确定无疑。

【例句】中国经济快速、持续地增长，引起
了世界各国的关注。它以～的事实说
明，改革开放的路子非常正确，完全适合
中国国情。

无孔不入　wú kǒng bù rù

【释义】孔：小洞。指只要有小洞就钻进去。

【用法】比喻有空子就钻，有机会就利用。
含贬义。

【例句】这些奸商～，想尽各种办法欺骗
消费者。

反义 无隙可乘

无理取闹　wú lǐ qǔ nào

【释义】指毫无道理地制造纠纷，特意
捣乱。

【例句】她总是这样～，大家都已经习惯了。

近义 无事生非

反义 息事宁人

无力回天　wú lì huí tiān

【释义】指没有力量扭转难以挽回的
局面。

【例句】以公司现有的状况，恐怕谁来经
营也都～了！

反义 旋乾转坤

无米之炊　wú mǐ zhī chuī

【释义】炊：做饭。指没有米的炊事。

【用法】形容生活困难窘迫。也比喻不具
备必要的条件。

【例句】好心人们凑了点钱，以贴补他家
的～。/周奉决定做一件～的事：他没钱
却要去开一家装修公司。

近义 无源之水　无本之木

无名小卒　wú míng xiǎo zú

【释义】卒：士兵。指没有名气的小兵。

【用法】形容没有名气、不受重视的人。

【例句】她因唱了这部电影的主题曲而一
夜成名，从一个～迅速蹿红为一线歌手。

近义 无名之辈

反义 大名鼎鼎

无名英雄　wú míng yīng xióng

【释义】指姓名不为人们知道的英雄
人物。

【用法】多形容不计较个人得失、勤恳工
作、为人民奉献的普通人。

【例句】他是一个勤勤恳恳、扎扎实实、甘
当～的人。

反义 赫赫有名

无名之火 wú míng zhī huǒ

【释义】无名:说不出所以然来的。火:怒火。指心中有说不出原因的怒气。

【例句】他这几天心中烦闷,～竟借各种不相干的事发作。

反义 心平气和

无能为力 wú néng wéi lì

【释义】为力:使上力气。指使不上劲,用不上力量。

【用法】形容没有能力或能力达不到。

【例句】这件事情,我也想帮忙,但真的～。

近义 无能为役

无偏无党 wú piān wú dǎng

【释义】偏、党:偏袒。指公正,不偏袒任何一方。

【用法】形容秉公持正。

【例句】他对所有人都是～。

近义 不偏不倚

反义 厚此薄彼

无奇不有 wú qí bù yǒu

【释义】指什么稀奇古怪的事物都有。

【例句】她对我的攻击造谣,可谓～。

近义 千奇百怪

反义 平淡无奇

无牵无挂 wú qiān wú guà

【释义】指没有任何牵挂惦念。

【用法】形容没有拖累或挂念。

【例句】他只想往前走,仿佛走到什么地方他必能找回原来的自己,那个～、纯洁、要强、处处努力的祥子。

近义 无根无蒂

反义 牵肠挂肚

无巧不成书 wú qiǎo bù chéng shū

【释义】书:评书,说书人讲的长篇故事。指没有情节的巧合就构不成这样一段评书。

【用法】比喻事情非常凑巧。

【例句】真是～,我的钱包丢了,竟然被女儿捡到。

无亲无故 wú qīn wú gù

【释义】故:老朋友。指没有任何亲戚朋友。

【用法】形容十分孤单。

【例句】她一个单身人,带着一个孩子在外乡,～,真是可怜。

无情无义 wú qíng wú yì

【释义】情:感情。指不讲感情,没有情义。

【用法】形容冷酷无情。含贬义。

【例句】大家都说她是个～的人。

近义 绝情寡义

无穷无尽 wú qióng wú jìn

【释义】穷:尽头。指没有尽头,没有止境。也作"无尽无穷"。

【用法】形容多得很。

【例句】中华文化是一个巨大的、～的宝藏,永远都挖掘不完,吸引着人们不断地去研究探索。

近义 无边无际

反义 微乎其微

无拳无勇 wú quán wú yǒng

【释义】拳:拳术,指力量。勇:勇气。指没有力量,也没有勇气。

【例句】他是个～的书生,若是遇上劫匪,那就糟了。

W

无人问津 wú rén wèn jīn

【释义】津:渡口。本指没有人来打听渡口。

【用法】比喻没有人过问或关心。

【例句】生活水平提高,人们的口味改变,春节冻肉跌至10元以下,几乎～,吃大肉的人越来越少。

无人之境 wú rén zhī jìng

【释义】境:区域。指人迹罕至的地方,没有人居住的旷野之地。

【用法】比喻没有任何阻挡的地方。

【例句】他是一员猛将,冲入敌阵,如入～,面无惧色地同敌人搏斗。

近义 荒无人烟

反义 熙熙攘攘

无伤大体 wú shāng dà tǐ

见764页"无伤大雅"。

无伤大雅 wú shāng dà yǎ

【释义】伤:妨碍。大雅:风雅。指对事物主要的方面没有妨害。也作"无伤大体"。

【例句】这都是些～的事,你不必太在意。

近义 无关大局   无关大作

无声无息 wú shēng wú xī

【释义】息:气息。指没有一点声音和气息。

【用法】形容没有声响,不被人觉察。

【例句】她～地关上箱子,藏好钥匙。/在那部影片获奖后,他再没拍出什么有影响的作品,逐渐在影坛上～了。

近义 默默无闻   无声无臭

反义 大名鼎鼎

无声无臭 wú shēng wú xiù

【释义】臭:气味。指没有声音,没有气味。

【用法】形容没有名声,不为人知。

【例句】她是个～的歌手。

近义 无声无息

反义 举世闻名

提示 "臭"不读 chòu。

无师自通 wú shī zì tōng

【释义】师:老师。通:通晓,明白。指没有老师的传授、点拨,靠自己钻研,学会某种知识或技能。

【例句】她～,很快就掌握了这项技能。

无时无刻 wú shí wú kè

【释义】指每时每刻,从不间断。

【例句】这十年来,我～不在惦记着你。

近义 每时每刻   无冬无夏

无始无终 wú shǐ wú zhōng

【释义】始:开始。终:结束。指没有开始,也没有结束。

【例句】我们做事不能～,不负责任。

近义 没头没尾

反义 有始有终

无事不登三宝殿 wú shì bù dēng sān bǎo diàn

【释义】三宝殿:泛指佛殿。指没有事就不到三宝殿去拜佛。

【用法】比喻没有事情相求就不登门拜访。

【例句】～,今天我是专门来向您请教的。

无事生非 wú shì shēng fēi

【释义】非:是非,引申指纠纷、矛盾。指本来没有事却故意制造纠纷,惹出事端。

【用法】用作贬义。

【例句】她这个人，就爱～。

近义 无中生有

反义 安分守己

提示 "事"不能写成"是"。

无私无畏 wú sī wú wèi

【释义】畏：惧怕。指没有私心，无所畏惧。

【用法】形容光明磊落，没有什么可怕的。

【例句】我们要向周爷爷学习，做一个～的人。

无私有弊 wú sī yǒu bì

【释义】弊：欺诈蒙骗、占便宜的行为。指虽然是正大光明、公正无私，但由于处在让人怀疑的位置，因此容易引起别人猜疑，认为在舞弊。

【例句】我不能沾这件事的边，弄不好别人会猜疑的，到那时，～，我说也说不清了。

无思无虑 wú sī wú lù

【释义】指不考虑任何荣辱得失。

【用法】形容内心平静、怡然自得的样子。

【例句】看着小孩子～的在院子里玩耍着，家长们幸福地笑着。

近义 无忧无虑

反义 忧心忡忡

无所不包 wú suǒ bù bāo

【释义】包：包括。指没有什么不被包括。

【用法】形容包含的内容十分丰富。多用作褒义。

【例句】他经营的业务从餐饮到海滨浴场，可以说是～。

近义 包罗万象 无所不容

反义 空空如也

无所不及 wú suǒ bù jí

【释义】及：达到。指没有什么地方或境界不能到达。

【例句】互联网络以其即时和～的特性，极大地促进了社会进步和国际交融。

近义 无所不至

无所不可 wú suǒ bù kě

【释义】指没有什么不可以的。

【例句】穿什么，吃什么，他仿佛都能随遇而安，～。

无所不能 wú suǒ bù néng

【释义】指没有什么不能做的或做不到的。

【例句】我的舅父，多才多艺，人们夸他～。

反义 百无一能

无所不容 wú suǒ bù róng

【释义】容：包容，接纳。指没有什么不能容纳的。

【用法】形容什么都可以容纳，都能接受。

【例句】真不敢相信，他当真变得那么大度那么～了吗？

近义 无所不包

无所不通 wú suǒ bù tōng

【释义】通：精通，明白。指没有什么事不精通。

【用法】形容人学识渊博。

【例句】他是一位～的老教授。

近义 无所不知

反义 一窍不通

无所不为 wú suǒ bù wéi

【释义】为：做。指没什么事不做的，什么事都干得出来（多指干坏事）。

【用法】用作贬义。

【例句】他们是一群～的土匪。

近义 无恶不作 无所不至

W

反义 循规蹈矩

无所不晓 wú suǒ bù xiǎo

见 766 页"无所不知"。

无所不用其极 wú suǒ bù yòng qí jí

【释义】所:处所,地方。极:穷尽,全部。原指没有一处不尽心竭力。

【用法】现多形容任何极端的手段都使得出来,把坏事做尽。含贬义。

【例句】非法出版者为了牟利,想尽各种恶劣的盗版手段,简直～。

近义 无所不为

无所不有 wú suǒ bù yǒu

【释义】指没有什么没有的,什么东西都有。

【例句】社会上各种事千奇百怪,～。

近义 包罗万象　应有尽有

反义 一无所有

无所不在 wú suǒ bù zài

【释义】指没有不在的地方。即到处都存在,到处都有。

【例句】在人类生存的世界上,形形色色的诱惑是～的。

近义 俯仰皆是

无所不知 wú suǒ bù zhī

【释义】指没有不知道的。即什么都知道,什么都懂得。也作"无所不晓"。

【例句】文的必是琴棋书画～,武的必是十八般武艺件件精通。

近义 无所不通

反义 一窍不通

无所不至 wú suǒ bù zhì

【释义】至:到。指无一处没有到过,到过的地方很多。也指什么坏事都干得出来。

【例句】为采集药材,方圆百里山林,他是～,称得上是地地道道的"活地图"。／这人敲诈勒索,～,你可离他远点!

近义 无所不为

无所措手足 wú suǒ cuò shǒu zú

见 662 页"手足无措"。

无所顾忌 wú suǒ gù jì

【释义】顾:顾虑。忌:忌讳。指没有什么顾虑和忌讳。

【用法】形容不顾后果,想干什么就干什么。多含贬义。

【例句】在公共场所,他～地嗑着瓜子儿,扔瓜子壳。

近义 百无禁忌　肆无忌惮

反义 畏首畏尾

无所事事 wú suǒ shì shì

【释义】事事:做事情(前一个"事"是动词,后一个"事"是名词)。指闲着什么事情也不做。

【例句】～,昏昏度日,无疑会使自己变成庸俗之辈的。

近义 游手好闲　饱食终日　无所用心无所作为

反义 日理万机

无所适从 wú suǒ shì cóng

【释义】适从:依从,听从。指不知听从谁才好。

【用法】形容不知道该怎么办。

【例句】爸爸妈妈的意见不统一,我真是～,不知该听谁的好。

近义 左右为难

反义 知所适从

无所畏惧 wú suǒ wèi jù

【释义】畏惧:害怕。指没有什么可以惧怕的。

【用法】形容什么都不惧怕。含褒义。

【例句】强大的中国人民解放军是～的。

近义 临危不惧

反义 谨小慎微

无所用心 wú suǒ yòng xīn

【释义】用心:动脑筋。指做任何事情都不愿意动脑筋。

【用法】形容对什么事情都不关心。

【例句】这些纨绔子弟整日～,游手好闲。

近义 无所事事

反义 有所作为

无所作为 wú suǒ zuò wéi

【释义】作为:做出成绩。指没有或不去努力做出成绩。

【例句】对有进取心的人来说,时间是绝对有价值的,但对在社会上～,觉得生活单调的人来说就正好相反。

近义 无所事事

反义 大有作为

无往不利 wú wǎng bù lì

【释义】往:到、去。利:顺利。指无论到哪里,没有不顺利的。

【用法】形容处处都行得通,事情办得成。

【例句】直到现在他才发现,原来自己并不是～,无所不能的超人。

近义 战无不胜

反义 屡战屡败

无往不胜 wú wǎng bù shèng

【释义】指无论到哪里,没有不能取胜的。

也作"无往而不胜"。

【用法】形容在任何情况下都能成功。

【例句】只要能克制自己的愤怒,保持面带微笑的大将风度,那么将～。

近义 百战百胜

反义 屡战屡败

无往而不胜 wú wǎng ér bù shèng

见767页"无往不胜"。

无妄之灾 wú wàng zhī zāi

【释义】无妄:意外,无故。指平白无故遭受的灾祸。

【例句】她在院子里散步居然被车碰伤,这真是～。

近义 飞来横祸

反义 无妄之福

无微不至 wú wēi bù zhì

【释义】微:细微。至:到。指没有一处细微的地方不照顾到。

【用法】形容关心、照顾得十分周到。

【例句】他的妻子得知情况后,立即赶到他身边,～地照顾他。

近义 体贴入微

反义 漠不关心

无隙可乘 wú xì kě chéng

【释义】隙:裂缝,空子。乘:利用。指没有空子可钻或没有机会可以利用。也作"无懈可乘"。

【例句】朋友之间感情真挚,别人就会～。

近义 无懈可击

反义 有机可乘　无孔不入

无懈可乘 wú xiè kě chéng

见767页"无隙可乘"。

W

无懈可击　wú xiè kě jī

【释义】懈：松懈，引申指漏洞、破绽。击：攻击。指没有一点破绽或毛病可以被攻击或挑剔。

【用法】形容十分严密，找不到一点漏洞。

【例句】这场总决赛非常精彩，双方的守备几乎都～。

近义 天衣无缝　无隙可乘

反义 破绽百出

无一不备　wú yī bù bèi

【释义】备：完备，具备。没有一样不具备的。指十分完备。

【例句】从这几个方面来看，老舍先生的文章～，并不比别的理论家缺少了哪一样。

近义 应有尽有

反义 一无所有

无依无靠　wú yǐ wú kào

【释义】指没有任何依靠。

【用法】形容孤单，无人照顾。

【例句】请您一定要帮帮这个小女孩，她在这城市～，实在是可怜。

近义 孤苦伶仃

无以复加　wú yǐ fù jiā

【释义】复：再。指达到了极点，没有可以再增加的。

【用法】一般用作贬义。

【例句】她对母亲的不孝，已经到了～的地步。

近义 登峰造极

无以自解　wú yǐ zì jiě

【释义】指做错了事，无法解释。

【例句】小明两天没有交作业，面对老师的责问，他～。

无影无踪　wú yǐng wú zōng

【释义】踪：行踪，踪迹。指完全消失了，没有留下一点影子或踪迹。

【用法】形容彻底消失。

【例句】写诗的灵感转瞬即逝，犹如拂过海面的微风，风平浪静了，便～了。

近义 销声匿迹　杳无踪迹

无忧无虑　wú yōu wú lǜ

【释义】忧：忧愁。虑：顾虑，担心。指没有任何忧愁和担心。

【用法】形容心情安然、舒畅。

【例句】生活～的孩子是不会盼着自己快快长大的。

近义 无思无虑

反义 忧心忡忡

无庸赘述　wú yōng zhuì shù

见 769 页"毋庸赘述"。

无与伦比　wú yǔ lún bǐ

【释义】与：跟。伦：类。指没有能比得上的。

【用法】形容极为卓越。含褒义。

【例句】对我来说，这幸福是～的。

近义 无可比拟

反义 天外有天

无缘无故　wú yuán wú gù

【释义】缘、故：原因，理由。指没有任何原因。

【例句】任何事都不会～地发生。

近义 平白无故

反义 事出有因

无源之水,无本之木

wú yuán zhī shuǐ,wú běn zhī mù

【释义】源:源头。本:根。指没有源头的水流,没有根的树木。

【用法】比喻没有根据或依凭的事物。

【例句】理性的东西所以靠得住,正是由于它来源于感性,否则理性的东西就成了～,而只是主观自生的靠不住的东西了。

无中生有　wú zhōng shēng yǒu

【释义】把没有的事硬说成有的。指凭空捏造。

【例句】他听了周老爷的计策,便一心一意想～,以小化大。

近义　无事生非

反义　实事求是

无足轻重　wú zú qīng zhòng

【释义】足:足以,够得上。指不足以影响轻重。

【用法】比喻无关紧要,不值得重视。

【例句】一切受到名誉侵扰的人应该明白,现在你认为苦恼的事情,绝大多数都～。

近义　无关紧要

反义　举足轻重

毋庸讳言　wú yōng huì yán

【释义】指不必忌讳说,可以坦率地说。

【例句】～,和其他人相比,你做的工作实在是太少了。

近义　直言不讳

反义　讳莫如深

毋庸置辩　wú yōng zhì biàn

见762页"无可争辩"。

毋庸置疑　wú yōng zhì yí

【释义】毋庸:不用,无须。置疑:怀疑。指不用怀疑。

【例句】～,坚持适度的体育运动,能有效预防心脑血管疾病。

毋庸赘述　wú yōng zhuì shù

【释义】毋庸:不用,无须。赘:多余的。指不用啰唆地述说。也作"无庸赘述"。

【例句】这个道理浅显明白,你就～了。

吾膝如铁　wú xī rú tiě

【释义】指膝部如铁一样强硬,不能屈辱下跪。

【用法】比喻人倔强,有骨气。含褒义。

【例句】革命志士宁愿站着死,不愿跪着生,这无异于向敌人宣告:～,革命意志是不可征服的。

近义　坚贞不屈

反义　卑躬屈膝

吴牛喘月　wú niú chuǎn yuè

【释义】指江浙一带的牛怕热,见着月亮以为是太阳,就喘起来了。

【用法】比喻人神经过敏,因疑心而害怕。

【例句】这样你说害怕,那样你说不敢,真是～。

近义　杯弓蛇影

吴下阿蒙　wú xià ā méng

【释义】吴下:长江下游南岸一带,泛指吴地。阿蒙:三国时吴国名将吕蒙。吕蒙年轻时不爱学习,后听了孙权的劝告,发奋读书,鲁肃称赞他"学识英博,非复～"。

【用法】形容学识浅薄的人。

【例句】经过多年的学习,今天,她已非～。

近义 一介之才

反义 饱学之士

吴越同舟　wú yuè tóng zhōu

【释义】吴、越:春秋时两个互相仇视的诸侯国。指吴国人和越国人同乘一条船,遇到风波时,互相合作共度风险。

【用法】比喻在困难的环境中,同心协力,战胜困难。

【例句】他俩虽有一些隔阂,但在体育比赛中,却能～,力挫群雄。

五彩缤纷　wǔ cǎi bīn fēn

【释义】五彩:青、黄、赤、白、黑五种色,泛指各种颜色。缤纷:繁多而杂错。

【用法】形容色彩繁多鲜艳。也形容生活丰富多彩。

【例句】几千只蝴蝶翩翩起舞,被阳光一照,真是“～胜似花”。/那～的生活大舞台,不厌其烦地为世人演绎着一幕幕感人的悲欢离合。

近义 五彩斑斓

五大三粗　wǔ dà sān cū

【释义】形容人身材高大粗壮。

【例句】别看他长得～,做起事情却是十分细心。

五斗折腰　wǔ dǒu zhé yāo

见 770 页“为五斗米折腰”。

五风十雨　wǔ fēng shí yǔ

【释义】指五天刮一次风,十天下一场雨。

【用法】形容风调雨顺。

【例句】今年,黑龙江省～,粮食产量创了近些年新高。

近义 风调雨顺

反义 凶年饥岁

五谷丰登　wǔ gǔ fēng dēng

【释义】五谷:古代说法不一,一般指稻、麦、豆、小米、高粱,泛指各种粮食作物。丰登:丰收。指庄稼丰收。

【用法】形容年成好。

【例句】因实行科学种田,咱乡这几年～。

近义 年谷顺成

反义 颗粒无收

五光十色　wǔ guāng shí sè

【释义】形容颜色艳丽,种类繁多。

【例句】到了秋季,葡萄一大串一大串挂在绿叶下,有红的、白的、紫的、暗红的、淡绿的,～美丽极了。

近义 五颜六色　五彩缤纷

五行八作　wǔ háng bā zuō

【释义】行:行业。作:作坊。泛指各行各业(主要指手工业和商业)。

【例句】这个镇虽然不大,但～,相当齐全。

提示 "行"不念 xíng。"作"不念 zuò。

五行并下　wǔ háng bìng xià

【释义】行:行列。并下:同时进行。指(阅读时)五行文字同时看。

【用法】形容阅读速度极快。

【例句】快速扫读,谓之一目十行,这显然是夸张的;就是～,也实在难做到。

近义 一目十行

提示 "行"不念 xíng。

五湖四海　wǔ hú sì hǎi

【释义】五湖:我国的五大湖泊,通常指洞庭湖、鄱阳湖、太湖、巢湖、洪泽湖。四海:古人认为环绕中国四周的都是大海,称为四海。泛指全国各地。

【例句】我们都是来自～,为了一个共同的目标,走到一起来的。

近义 四面八方

五花八门　wǔ huā bā mén

【释义】指古代战术中变化很多的五行阵和八门阵。

【用法】比喻门类、花样繁多,变化多端。

【例句】他的想法千奇百怪,谈的话题也是～。

近义 形形色色

五黄六月　wǔ huáng liù yuè

【释义】五黄:农历五月麦子成熟变黄。泛指农历五六月间,天气炎热,庄稼即将成熟的时候。

【例句】虽说是灼热的～,站在楼顶上让飕飕的小风一吹,比秋天还凉爽。

近义 酷暑连天

反义 寒冬腊月

五劳七伤　wǔ láo qī shāng

【释义】五劳:中医指心、肝、脾、肺、肾五脏劳损。七伤:指大饱伤脾,大怒伤肝,强力举重和久坐湿地伤肾,形寒饮冷伤肺,忧愁思虑伤心,风雨寒暑伤形,恐惧不节伤志。泛指身体虚弱的各种疾病。

【例句】人活在世上,三灾八难,～,都难以避免。

五雷轰顶　wǔ léi hōng dǐng

【释义】五:泛指多。轰:爆炸。顶:头顶。指巨雷在头顶炸响。

【用法】比喻精神遭受强烈的打击或刺激。

【例句】她听到母亲去世的噩耗时犹

如～。

五零四散　wǔ líng sì sàn

【释义】指到处零落分散。

【用法】形容衰败、溃散或零乱的样子。

【例句】今夜突围出去，假若咱们的人马给打得～，那就各自找地方潜藏起来，然后想办法互通声气。

近义　七零八落

五马分尸　wǔ mǎ fēn shī

【释义】古代的一种酷刑，又称车裂。即用五匹马分别拴住人的头和四肢，然后驱马，将人撕裂开。泛指处以极刑。

【用法】比喻把完整的东西分割得很零碎。

【例句】他私通外国饶放不得，抓到时应该千刀万剐，～。/小明早已将那机器人～了。

近义　四分五裂

五内俱焚　wǔ nèi jù fén

【释义】五内：指心、肝、脾、肺、肾五脏。焚：烧。五脏像被火烧一样。

【用法】形容十分忧伤、焦虑。

【例句】她一想到姐姐得了癌症这件事，便感到无比沮丧，～。

近义　忧心如焚

反义　欣喜若狂

五日京兆　wǔ rì jīng zhào

【释义】京兆：京兆尹，古代京城所在地的行政长官。指还能在职五天的京兆尹。

【用法】比喻任职时间短。也形容即将离职，不作长远打算。

【例句】他刚上任不久就调离，真成了～了。/高天向上司打了辞职报告，这几天，抱着～的态度，很少来上班了。

五色无主　wǔ sè wú zhǔ

【释义】五色：泛指人的各种神色。无主：失去控制。指脸上青一阵白一阵地变化，无法自控。

【用法】形容极度恐惧、惊慌，神色不定。

【例句】他突然大吼，吓得幼儿园里的小朋友们～。

近义　六神无主

反义　镇定自若

五十步笑百步　wǔ shí bù xiào bǎi bù

【释义】指在战场上兵士逃跑，逃了五十步的人讥笑逃了一百步的人。

【用法】比喻缺点或错误程度虽有差别，而实质却一样。

【例句】其实史学家的相互攻讦，有时恰如～。

近义　半斤八两

五世同堂　wǔ shì tóng táng

【释义】指祖父母、父母、自己、子、孙都健在。

【例句】～的夏老,上下一百多口人,生活得其乐融融,真令人羡慕。

五体投地　wǔ tǐ tóu dì

【释义】五体:人的四肢和头部。投地:着地。指两手、两膝和额头一起着地,是佛教中最恭敬的礼节。

【用法】比喻敬佩、崇拜到了极点。

【例句】不少青少年学生都对王教授佩服得～。

近义 顶礼膜拜　心悦诚服

五味俱全　wǔ wèi jù quán

【释义】五味:指甜、酸、苦、辣、咸五种味道,泛指各种味道。俱:都。全:齐全。指各种味道齐全。

【用法】形容人内心感受复杂,什么感触都有。

【例句】重获自由的他心里真是～,感慨万千。

五颜六色　wǔ yán liù sè

【释义】指各种各样的颜色。

【用法】形容色彩繁多。

【例句】花园里盛开着～的花朵,真是美极了。

近义 五光十色

五脏六腑　wǔ zàng liù fǔ

【释义】五脏:肝、脾、肺、肾、心。六腑:胃、大肠、小肠、三焦、膀胱、胆。泛指人体的内脏器官。

【用法】比喻事物内部的各种情况。

【例句】一望那海天茫茫、空明澄碧的景色,仿佛可以把你的～都洗得干干净净。/作为财务主管,公司的～他都一清二楚,但他知道什么当讲,什么不当讲。

五洲四海　wǔ zhōu sì hǎi

【释义】泛指世界各地。

【例句】随着生活水平的提高,越来越多的中国人以旅游为目的,走出国门,走向～。

舞文弄法　wǔ wén nòng fǎ

【释义】舞、弄:玩弄。文、法:法律条文。指玩弄法律条文。

【用法】形容曲解法律条文以作弊的行为。

【例句】当官的扭曲作直,～,会使多少无辜的人受冤啊!

近义 徇私舞弊

反义 执法如山

舞文弄墨　wǔ wén nòng mò

【释义】舞、弄:玩弄。文、墨:文字、文笔。指耍弄笔杆(做文字工作),也指玩弄文字技巧。

【用法】形容玩弄文字技巧时含贬义。

【例句】一些～的人纷纷撰文,大谈诚信之重要,大骂不讲诚信之可恶。

W

/写碑的人偏要～，所以反而越舞越糊涂。

近义 舞文弄笔

勿谓言之不预　wù wèi yán zhī bù yù

【释义】谓：说。预：预先。指不要说事先没有打过招呼。

【用法】形容有言在先。

【例句】如有不法之徒胆敢阴谋捣乱，我们必将其绳之以法，～。

近义 有言在先
反义 言之不预

物腐虫生　wù fǔ chóng shēng

【释义】腐：腐烂。指东西腐烂了，才会长出虫子。

【用法】比喻祸患的由来必定有内部原因。也比喻事物发展的自然规律。

【例句】近来论坛上对于那些吟风弄月的，所谓唯美文学的攻击，是～的自然趋势。

反义 流水不腐

物阜民丰　wù fù mín fēng

【释义】物：物质。阜：丰富。指物资丰富，人民生活富足。也作"物阜民康""民安物阜"。

【例句】从台湾回乡省亲的李先生，看到故乡的巨大变化以及～的盛景，激动得老泪纵横，感叹不已。

近义 国泰民安
反义 民不聊生

物阜民康　wù fù mín kāng

见774页"物阜民丰"。

物各有主　wù gè yǒu zhǔ

【释义】物：东西。主：主人。指东西各有

其主。

【例句】爷爷的话一点不错，～，何况是家传珍宝呢，我一定要还给他。

近义 各有其主

物归原主　wù guī yuán zhǔ

【释义】归：归还。指把东西归还给原来的主人。

【例句】这些被没收的东西，现在又～了。

近义 完璧归赵
反义 久假不归

物华天宝　wù huá tiān bǎo

【释义】物华：万物的精华。天宝：天上的宝物。指极其珍贵的宝物。

【例句】成都是一座韵味十足的城市，它～，人杰地灵，十分好客。

近义 奇珍异宝

物换星移　wù huàn xīng yí

【释义】换：改变。指景物改变了，星辰的位置也移动了。

【用法】形容世事变迁，时间推移。

【例句】四十年来，～，世界发生了巨大的变化。

近义 寒暑易节　斗转星移

物极必反 wù jí bì fǎn

【释义】极：极端，顶点。反：向相反方向转化。指事物发展到顶点，就会向相反的方向转化。

【例句】凡事得有个度，否则就会～。

近义 物盛则衰

物尽其用 wù jìn qí yòng

【释义】物：东西。尽：全部用出。其：它的。用：作用。指让物（指自然界中与"人"相对的东西）的作用全部发挥出来。

【例句】我们公司内部要大力挖掘潜力，做到人尽其才，～，充分发挥各种资源的最大效力。

物竞天择 wù jìng tiān zé

【释义】竞：竞争。天择：自然选择。指自然界万物都为生存而互相竞争，能适应自然的，被选留下来。这是十九世纪英国生物学家达尔文进化论学说的重要观点。

【用法】原指生物演化发展的一般规律。后也用于说明人类历史发展规律。常与"适者生存"连用。

【例句】我们在这个问题上，千万不要忽略那著名的～、适者生存的法则

近义 优胜劣汰

物美价廉 wù měi jià lián

【释义】物：东西。美：好。廉：低。指货物质量好，价格便宜。也作"价廉物美"。

【例句】这家仓储式超市，以～著称，吸引了众多顾客。

近义 货真价实

物伤其类 wù shāng qí lèi

【释义】伤：感到悲伤。类：同类。指因同类遭受不幸而伤感。

【用法】常比喻人因同伙遭到打击而伤感。

【例句】晴雯一死，贾府上的其他丫环难免有～之痛。

近义 兔死狐悲

反义 幸灾乐祸

物是人非 wù shì rén fēi

【释义】物：景物。是：相同。非：不一样。指景物依旧，人事已非。

【用法】多表示对故人的怀念或对时局的感伤。

【例句】几十年后再回到家乡，已是～，真叫人感慨万千啊！

近义 物在人亡

物以类聚 wù yǐ lèi jù

【释义】类：类别。聚：聚集。指事物总是按类别聚在一起，不同类的则各自区分开来。

【用法】现多指坏人跟坏人常凑在一起。常与"人以群分"连用于加强语义。

【例句】李欣一脸轻蔑地看着他们，心想，真是～，人以群分，这伙赌棍聚在一起，准又要赌一个通宵。

近义 人以群分

物以稀为贵 wù yǐ xī wéi guì

【释义】以：因为。稀：稀少。贵：珍贵。指物品因为稀少而显得特别珍贵。

【例句】由于黄金在自然界蕴藏量极少，开采与提炼十分不易，～，它自然被拥上了货币的宝座。

W

物议沸腾 wù yì fèi téng

【释义】物议：众人的议论。指社会舆论十分强烈。

【例句】这条新闻一经播出，一时间～，大家都等待着它的后续报道。

近义 议论纷纷

反义 钳口不语

物欲横流 wù yù héng liú

【释义】物：物质。欲：欲望。横流：泛滥。指追求物质财富和物质享受的不良风气四处泛滥。

【例句】在日本，很多职业女性对～的社会感到厌倦。

物在人亡 wù zài rén wáng

见 579 页"人亡物在"。

误人子弟 wù rén zǐ dì

【释义】误：贻误，使受损害。子弟：年轻人，学生。指因没有才学、不负责任或方法不当而耽误求学的年轻人。

【用法】多用于教育者。含贬义。

【例句】你一个教师，整天胡思乱想，难道你不怕～吗？

误入歧途 wù rù qí tú

【释义】误：不是故意的。歧途：岔道，邪路。指不慎走上了错误的道路。

【例句】对于那些～的青少年，我们应该给他们更多的关心和帮助。

反义 迷途知返

恶湿居下 wù shī jū xià

【释义】恶：厌恶，讨厌。下：低洼处。指厌恶潮湿，却又偏偏到低洼近水的地方居住。

【用法】用于比喻行为与愿望相背离。

【例句】作为医生，他深知吸烟的危害，却抽烟不止，真所谓～。

提示 "恶"不读 è。

恶醉强酒 wù zuì qiǎng jiǔ

【释义】指害怕喝醉，却偏要喝酒。

【用法】比喻明知故犯。含贬义。

【例句】输了钱，你心痛，可是你还要去赌，这不是～么？

提示 "恶"不读 è。

雾里看花 wù lǐ kàn huā

【释义】指在雾中看花。

【用法】比喻对事物看不真切猜不透，有某种隔膜。

【例句】单凭这些零碎的情报来判断神秘而又有古老文化传统的中国所发生的事情，犹如～。

近义 醉中观月

反义 洞若观火

寤寐求之 wù mèi qiú zhī

【释义】指想要获得某一事物，念念不忘，睡梦中想着，醒来时也想着。

【用法】形容十分殷切希望得到某物。

【例句】窈窕淑女，～。

近义 梦寐以求

X

夕惕若厉 xī tì ruò lì

【释义】夕:晚上。惕:小心谨慎。若:如,像。厉:危险。指到了晚上,依然谨慎戒惧,如临险境,不敢懈怠。

【用法】形容每时每刻都十分警惕。

【例句】这几个年轻人被困在了森林里,他们深知只有处处小心,～,才有机会走出去。

近义 朝乾夕惕

夕阳西下 xī yáng xī xià

【释义】夕阳:傍晚的太阳。指傍晚时太阳从西边落下。

【用法】比喻人到晚年。

【例句】老朽已是～了。今后,国家的振兴就靠你们年轻人了。

反义 旭日东升

西风落叶 xī fēng luò yè

【释义】西风:秋风。指秋风一吹,树叶纷纷下落。

【用法】形容衰败没落的情景。

【例句】这一大段～的场景描写,透露出作者内心的美人迟暮之感。

近义 西风残照

反义 如日方升

西装革履 xī zhuāng gé lǚ

【释义】履:鞋子。指穿着西装和皮鞋。

【用法】形容衣着讲究。

【例句】你任何时候见到他,他都是～,风度翩翩,英俊潇洒。

吸风饮露 xī fēng yǐn lù

【释义】吸:吸入。饮:喝。指不吃饭,以空气和露水作食物。旧时常指神仙不食五谷。也指迷信的人幻想成仙而不食人间烟火。

【例句】人不食五谷,只靠～是活不下去的。

希奇古怪 xī qí gǔ guài

见 778 页"稀奇古怪"。

息事宁人 xī shì níng rén

【释义】息:平息。宁:使安定。平息事端,使人安定。指在争端或纠纷中采取退让的办法,使彼此相安无事。也指不分是非地和稀泥,以图减少麻烦。

【例句】他只怕事情会闹大,他到现在还相信～的办法是有用的。/她渐渐后悔,当初挨打之后抱着～的幻想,竟没有去公安机关报案。

反义 惹是生非　煽风点火

息息相关　xī xī xiāng guān

【释义】息息:一呼一吸。关:关联。指呼吸互相关联。也作"息息相通"。

【用法】比喻关系十分密切。

【例句】职业理想就是你未来职业生涯的一个奋斗目标,它与你的人生道路选择～。

近义 唇齿相依

反义 无关痛痒

息息相通　xī xī xiāng tōng

见 778 页"息息相关"。

悉心毕力　xī xīn bì lì

【释义】悉心:尽心。毕力:全力。指竭尽全部智慧和力量。

【例句】他一直很努力地打球,因为他觉得只有～做到最好,今后才能在国家队里为祖国赢得荣誉。

近义 尽心竭力

惜老怜贫　xī lǎo lián pín

【释义】惜:爱护,同情。怜:怜惜。指同情、怜惜老年人和穷苦人。也作"怜贫惜老"。

【用法】用作褒义。

【例句】齐老先生是一位令我们十分尊敬的老人,他人品齐天,学问盖世,一辈子～,积德行善。

近义 恤孤念寡　敬老怜贫

反义 欺贫爱富

惜墨如金　xī mò rú jīn

【释义】惜:爱惜。指爱惜笔墨像爱惜金子一样。本指作画时不轻易使用浓墨。

【用法】现多形容写字、绘画、做文章下笔慎重,力求精练。

【例句】进行文学创作,有时要挥毫泼墨,极尽渲染铺张之能事;有时需～,用笔洗练。

近义 字斟句酌

反义 率尔成章

惜香怜玉　xī xiāng lián yù

【释义】香、玉:借指女子。比喻对女子体贴爱护。

【例句】他虽然外表很严厉,但懂得～,对妻子体贴入微。

反义 辣手摧花

稀奇古怪　xī qí gǔ guài

【释义】稀奇:稀少新奇。古怪:奇异。指很少看见,令人诧异奇怪。也作"希奇古怪"。

【例句】我想做一名新闻记者,这样可以多看些～的人,～的事。

近义 千奇百怪

反义 平淡无奇

稀世之宝　xī shì zhī bǎo

【释义】稀:少。指世界上罕有的宝物。也作"稀世之珍"。

【例句】位于中国西南部的四川,是～大熊猫的故乡。

近义 奇珍异宝

稀世之珍　xī shì zhī zhēn

见 778 页"稀世之宝"。

熙来攘往 xī lái rǎng wǎng

【释义】熙:和乐。攘:纷乱。也作"攘往熙来"。

【用法】形容人来人往、杂沓纷乱的样子。

【例句】他坐在那里,看庙会的盛况,看～的人群。

近义 熙熙攘攘 人来人往

反义 杳无人迹

提示 "熙"的左上角不能写成"臣"。

熙熙攘攘 xī xī rǎng rǎng

【释义】熙熙:和谐、和乐的样子。攘攘:纷乱的样子。

【用法】形容人们来来往往,非常热闹。

【例句】过地下通道时,他看见一位白发苍苍的老奶奶,拄着拐棍,背个大包袱在～的人流中吃力地走着。

近义 熙来攘往 人来人往

反义 杳无人迹

提示 "熙"的左上角不能写成"臣"。

嘻皮笑脸 xī pí xiào liǎn

见779页"嬉皮笑脸"。

嬉皮笑脸 xī pí xiào liǎn

【释义】嬉:游戏,玩笑。指嬉笑顽皮。也作"嘻皮笑脸"。

【用法】形容嬉笑不严肃的样子。

【例句】看到他在课堂上一副～的样子,老师有点生气了。

近义 涎皮赖脸

反义 不苟言笑 一本正经

嬉笑怒骂 xī xiào nù mà

【释义】指借以表现各种感情的言辞,大多是嘲弄,责骂等。

【例句】～,皆成文章。

习而不察 xí ér bù chá

【释义】习:习惯。察:觉察。指长期习惯、熟悉某种事物,就不能觉察到其中的问题。

【例句】我们是不是已经开始对一些丑恶现象～、无知无觉了?

近义 熟视无睹 习焉不察

反义 见微知著

习非成是 xí fēi chéng shì

【释义】习:习惯。非:错误。是:正确。指习惯了某种错误的东西,就会把它当成正确的。

【例句】吸烟有害健康,这是科学的定论。可是有些瘾君子～,坚信"吸烟无害"的谬论,不愿戒烟。

近义 积非成是

习惯成自然 xí guàn chéng zì rán

【释义】指养成习惯以后,就变成自然的事了。

【例句】每晚睡前,我都要用热水烫脚半小时,也许是～吧,出差在外时,没条件烫脚,就迟迟不能入睡。

习焉不察 xí yān bù chá

【释义】习:习惯。焉:于此。察:觉察。指习惯于某种事物就觉察不出其中的问题。

【例句】他生活在那样的环境中,久而久之,～,对一些不良现象竟熟视无睹。

近义 习以为常 习而不察

习以成俗 xí yǐ chéng sú

【释义】俗:习惯,风俗。指长期沿用,便成了习惯。

【例句】书记星期天总是不休息,司机小

X

张已～了。

习以为常　xí yǐ wéi cháng

【释义】习:习惯。常:正常。指习惯了就觉得很正常。

【例句】科学家对科研道路上的各种困难早就～了。

近义 习焉不察　见惯不惊

反义 少见多怪

习与性成　xí yǔ xìng chéng

【释义】习:习惯。与:介词,跟。性:性格。成:形成。指长期的习惯就形成一定的性格。

【例句】这位少爷从小娇生惯养,养成了游手好闲的恶习,～呀!

席不暇暖　xí bù xiá nuǎn

【释义】席:坐席。暇:空闲。暖:热,暖和。指座位还没来得及坐热就走了。

【用法】形容整日奔波忙碌,没有一点休息时间。

【例句】她一直为一些生活上的琐事而忙碌着,常常～。

近义 日理万机

反义 无所事事

席地而坐　xí dì ér zuò

【释义】席:席子。原指在铺了席子的地上坐下。后泛指在地上坐下。

【例句】这些刚打完篮球赛的队员们,有的倚墙半躺,有的～,一个个满头大汗。

席丰履厚　xí fēng lǚ hòu

【释义】席:筵席。履:鞋子,泛指穿戴的东西。指吃的、穿的丰厚豪华。也作“履厚席丰”。

【用法】比喻家庭富有,生活优裕。

【例句】他从小就过着～的生活,现在哪受得了这种苦?

近义 家给人足

反义 一贫如洗

席珍待聘　xí zhēn dài pìn

【释义】席:铺陈。珍:宝玉。席珍:陈列出来的珍宝,比喻具有美善的才德。指怀才待用。

【用法】多用于人。

【例句】这位博士～,好几家用人单位都想他发来邀请函。

袭人故智　xí rén gù zhì

【释义】比喻照别人的方法做事,自己不动脑筋。

【用法】多用于形容人没有才能。

【例句】如果只是～,是不可能取得成功的。

近义 蹈常袭故

反义 自出机杼

洗肠涤胃　xǐ cháng dí wèi

【释义】指把肠和胃一起清洗干净。

【用法】比喻彻底改正错误。

【例句】经历了这件事情,他决定～,从此做一个有良知的人。

近义 洗心革面　洗心涤虑

反义 怙恶不悛

洗耳恭听　xǐ ěr gōng tīng

【释义】恭:恭敬。指把耳朵洗干净,恭敬、认真地听。

【用法】形容专心而恭敬地倾听别人讲话。

【例句】请谈谈您对这件事情的看法,我～。

近义 倾耳而听
反义 充耳不闻

洗垢求瘢 xǐ gòu qiú bān
【释义】垢：污垢。瘢：疤痕。指洗掉污垢，寻找疤痕。
【用法】比喻过分地挑剔别人的缺点或过失。
【例句】无论是对谁，他都喜欢～，恣意挑剔。
近义 吹毛求疵

洗手不干 xǐ shǒu bù gàn
【释义】指把手洗干净，不再做过去做的事了。
【用法】比喻不再从事某种职业或某种活动。
【例句】当个二流画家，我看不出会有什么好的发展，所以我打算～，另谋出路。

洗手奉职 xǐ shǒu fèng zhí
【释义】奉职：忠于职守。指做官廉洁奉公，忠于职守。
【用法】多形容官吏。
【例句】李书记多年来～，大家都很敬佩他。
近义 廉洁奉公

洗心涤虑 xǐ xīn dí lù
【释义】涤：清洗。虑：思虑。洗涤心胸，清除杂念。指彻底改变思想观念。
【用法】比喻彻底悔改，重新做人。
【例句】他能～，开始新的生活，大家都为他高兴。
近义 洗肠涤胃

反义 怙恶不悛

洗心革面 xǐ xīn gé miàn
【释义】指洗涤内心，改变面目。也作"革面洗心"。
【用法】比喻彻底悔改，重新做人。
【例句】他出狱后找了份工作，～，成了一个自食其力的劳动者。
近义 洗肠涤胃　脱胎换骨
反义 顽固不化

喜不自胜 xǐ bù zì shèng
【释义】胜：能够承受。指高兴得难以承受。
【用法】形容高兴到了极点。
【例句】接到大学录取通知书，她～。
近义 喜出望外
反义 悲不自胜　痛哭流涕

喜出望外 xǐ chū wàng wài

【释义】望：希望，意料。指因遇到意料之外的喜事而非常高兴。
【例句】他一时不知所措，没想到老师竟说出这般鼓励的话，倒让他～。
近义 大喜过望

反义 大失所望

喜从天降　xǐ cóng tiān jiàng
【释义】指喜事从天上落下来。
【用法】形容意想不到的喜事突然来临。
【例句】这个消息一传来,真是～,乡亲们纷纷来道贺。
近义 喜出望外
反义 祸从天降

喜眉笑眼　xǐ méi xiào yǎn
【释义】指喜悦挂在眉上,笑意含在眼里。
【用法】形容满面笑容,非常高兴。
【例句】人们都出来站在河边,～朝着对岸张望。
近义 眉开眼笑
反义 愁眉锁眼　愁眉苦脸

喜怒哀乐　xǐ nù āi lè
【释义】指喜悦、愤怒、悲伤、快乐。
【用法】形容人的各种思想感情。
【例句】人的一生充满了～。
提示 "乐"不读 yuè。

喜怒无常　xǐ nù wú cháng
【释义】无常:变化不定。指一会儿高兴,一会儿恼怒,变化不定。
【用法】形容人性情多变,叫人捉摸不透。
【例句】我在尽力控制自己的情绪,我不想被人家看出我～的弱点。
近义 反复无常

喜气洋洋　xǐ qì yáng yáng
【释义】洋洋:愉快、得意的样子。形容非常喜悦的样子。
【例句】听到这个喜讯,他们一家人都～,兴高采烈。
近义 兴高采烈

反义 怒气冲冲

喜上眉梢　xǐ shàng méi shāo
【释义】眉梢:眉头。指喜悦挂上眉尖。
【用法】形容喜悦的神情通过眉眼表现出来。
【例句】等了好久,人们终于看到船影,都～。
近义 喜笑颜开　喜形于色
反义 愁眉苦脸

喜闻乐见　xǐ wén lè jiàn
【释义】指喜欢听,乐意看。
【用法】形容很受欢迎。
【例句】小品是一种为群众所～的艺术形式。
近义 脍炙人口
提示 "乐"不读 yuè。

喜笑颜开　xǐ xiào yán kāi
【释义】颜:脸色。开:舒展。形容非常高兴,满面笑容。也作"喜逐颜开""笑逐颜开"。
【例句】第一次出来他是愁眉苦脸的,第二次出来却是～的样子了。
近义 喜上眉梢　喜形于色　眉开眼笑
反义 愁眉苦脸

喜新厌旧　xǐ xīn yàn jiù
【释义】指喜欢新的,厌弃旧的。

【用法】形容爱情不专一。也指喜好会改变。

【例句】对这种玩弄感情、～的人，早该和他一刀两断了。/观众都是～的，在五六年里让他们看同样的节目，他们肯定会腻味。

近义　怜新弃旧

反义　忠贞不渝

喜形于色　xǐ xíng yú sè

【释义】形：表现，流露。色：脸色，神情。内心的喜悦显露在脸上。

【用法】形容抑制不住内心喜悦。

【例句】一路上弟弟～，拿着奶奶买给他的玩具又蹦又跳的。

近义　眉开眼笑　喜上眉梢　喜笑颜开

反义　忧形于色　怒形于色

喜溢眉宇　xǐ yì méi yǔ

【释义】指人眉开眼笑，充满了欢乐之情。

【例句】收到了北京大学的录取通知书，丽丽～。

近义　眉开眼笑

反义　愁眉苦脸

喜忧参半　xǐ yōu cān bàn

【释义】参半：各占一半。指喜悦和忧愁各占一半。

【用法】形容心情复杂，有喜有忧。

【例句】我17岁那年，好不容易找到一份临时工作。母亲～：家里有了指望，但又为我的毛手毛脚操心。

喜逐颜开　xǐ zhú yán kāi

见782页"喜笑颜开"。

细大不捐　xì dà bù juān

【释义】细：小。捐：舍弃。指小的大的都

不舍弃。

【用法】形容兼收并蓄，毫无遗漏。

【例句】这本书收录了宋代的诗歌，～，长篇短制、断章残句，都有收录。

近义　细大无遗

细皮嫩肉　xì pí nèn ròu

【释义】指皮肤细腻白嫩。

【用法】形容皮肤很好。多用于婴幼儿、女孩。

【例句】真是一方水土养一方人，这里的女孩个个～，眉清目秀。

细水长流　xì shuǐ cháng liú

【释义】指细细的水长久地流。

【用法】比喻节约钱物，保持经常不缺。也比喻一点一滴，长期坚持不懈地做某事。

【例句】年轻人花钱常常不懂得～，没到月底就已囊空如洗了。/学习是～的过程，因为知识是逐渐积累起来的。

近义　源源不断

反义　挥霍无度

提示　"长"不读 zhǎng。

细微末节　xì wēi mò jié

见784页"细枝末节"。

细针密缕　xì zhēn mì lǚ

【释义】缕：线。指缝纫时针脚细密。也作"密缕细针"。

【用法】比喻思考、写作或处理事情细致周到。

【例句】世界上原有两种人：一种是大刀阔斧的人，一种是～的人。

反义　粗枝大叶

细枝末节　xì zhī mò jié

【释义】指细小的枝节。也作"细微末节"。

【用法】比喻事情或问题的细小而无关紧要的部分。

【例句】要知道,任何重大原则的分野,常常是潜伏在不被注意的～之间,有识者不可不察。

近义　微不足道

反义　举足轻重

虾兵蟹将　xiā bīng xiè jiàng

【释义】指神话传说中龙王的兵将。

【用法】比喻坏人手下大大小小的爪牙和喽啰。

【例句】这个为害一方的恶棍以及他收罗的～,终于被警方一网打尽。

瞎子摸鱼　xiā zi mō yú

【释义】指瞎子去捉鱼。比喻缺乏调查研究,做事盲目。

【例句】他虽留了几年学,但对专业技术,还是～一样。

狭路相逢　xiá lù xiāng féng

【释义】指在狭窄的路上相遇,避让不开。也作"相逢狭路"。

【用法】比喻仇人相遇,互不相让。

【例句】自古以来,～勇者胜。/他们两家是多年的仇人。今日～,谁也不愿退让一步。

近义　冤家路窄

瑕不掩瑜　xiá bù yǎn yú

【释义】瑕:玉上的斑点。瑜:玉的光彩。指玉上的斑点掩盖不了美玉的光彩。

【用法】比喻缺点掩盖不了优点,优点

为主。

【例句】这篇小说虽也有一些缺点和不足,但从总体上看,～。

近义　白璧微瑕

反义　瑜不掩瑕

瑕瑜互见　xiá yú hù jiàn

【释义】瑕:玉上的斑点。瑜:玉的光彩。指玉上的斑点和光彩同样都显露出来。

【用法】比喻缺点和优点同时存在。

【例句】周老先生这个人,综其平生,～。

近义　瑕瑜不掩

反义　白璧无瑕　完美无缺

下坂走丸　xià bǎn zǒu wán

【释义】坂:斜坡。走:跑。丸:弹丸。从斜坡上滚下弹丸。

【用法】比喻非常迅捷,毫无阻碍。

【例句】她很善于言谈,每次与人讨论问题,都如～。

下笔成文　xià bǐ chéng wén

【释义】指才思敏捷,文章写得很快。

【例句】周教授～,令我们佩服得五体投地。

近义　下笔千言

反义　江郎才尽

下笔成章　xià bǐ chéng zhāng

【释义】下笔:落笔。章:文章。指一挥笔就写成文章。

【用法】形容文思敏捷,富有才华。

【例句】李老师～,令学生们佩服不已。

近义　出口成章　下笔千言

反义　江郎才尽

下笔千言　xià bǐ qiān yán

【释义】言:一个方块字为一言。指一动笔就写成了很长的文章。

【用法】形容文思敏捷。

【例句】他少年博学,诗词书翰,无有不工。真是～,倚马可待。

近义 出口成章　下笔成章

反义 江郎才尽

下笔如有神　xià bǐ rú yǒu shén

【释义】指一动笔就文思泉涌,似有神灵相助。

【用法】形容文思敏捷,写文章又快又好。

【例句】只有读破万卷书,才有可能～。

下不为例　xià bù wéi lì

【释义】下:下一次。为:作为。例:先例。指下一次不能以此作为先例。表示只能通融这一次,绝没有下次。

【例句】许多同学因为不懂校规校纪而犯了错误,希望同学们以此为戒,～。

下车伊始　xià chē yī shǐ

【释义】伊:文言语气助词。始:开始。旧指新官刚上任。

【用法】现多用于指新到一个地方。

【例句】看样子,他又有想法了!果然,～,他就大发议论。

下里巴人　xià lǐ bā rén

【释义】下里、巴人:战国时期楚国流行的两支民间歌曲。泛指通俗、普及的文艺作品。

【例句】从阳春白雪到～,我们文艺工作者都不能忽视。

反义 阳春白雪

下落不明　xià luò bù míng

【释义】下落:着落,去处。形容不知要找的人或物在何处。

【例句】十年前,他为了逃债离开了家乡,至今～。

下马看花　xià mǎ kàn huā

【释义】指从马上下来仔细地观赏花朵。

【用法】多比喻工作中深入实际地调查研究。

【例句】群众真正需要的是～的领导干部。

反义 走马观花

下马威　xià mǎ wēi

【释义】下马:指官吏刚到任。威:威风。原指官吏初上任时,借故严厉处罚下属,以显示自己的威风。后泛指一开始就先给对方一点厉害以显威风。

【例句】我没想到这个容貌平静得如一潭秋水的姑娘,一开始就给我来了个～!

下气怡声　xià qì yí shēng

【释义】指口气谦卑,声气和悦。

【用法】形容十分恭顺。

【例句】我走上前去,～提出我的要求。

近义 低声下气

反义 高声大气

夏虫疑冰　xià chóng yí bīng

【释义】夏虫:只生活在夏季的昆虫。指夏虫怀疑冰的存在。

【用法】比喻知识短浅的人不懂得道理。

【例句】这种～之人,跟他讲道理有什么用呢?

夏虫语冰　xià chóng yǔ bīng

【释义】夏虫:只生活在夏季的昆虫。语:谈论。指夏天的虫子不能活到冬天,因而不能与它谈冰。

【用法】比喻见识短浅或受时间条件限制。

【例句】使其论现代战争,则如～,不知何物也。

X

夏炉冬扇　xià lú dōng shàn

【释义】指夏天送火炉，冬天送凉扇。

【用法】比喻做事不合时宜，徒劳无益。含贬义。

【例句】在几经研究，确定方案以后，他又瞎提建议，打乱了工作步骤，真是～，没有起到一点好作用！

夏雨雨人　xià yǔ yù rén

【释义】雨人：雨淋在人身上。指夏天的雨落到人身上，使人凉爽舒适。

【用法】比喻及时给人以教育或帮助。含褒义。

【例句】对于犯错误的青少年，我们更多的时候应该做到～，而不是对他们打击批评。

近义　春风风人

提示　第二个"雨"不读 yǔ。

仙风道骨　xiān fēng dào gǔ

【释义】风、骨：指人的品格。指神仙的风度，得道者的气质。也作"道骨仙风"。

【用法】比喻人神采飘逸，气度不凡。

【例句】见了面，这人果然一派～，令人肃然起敬。

近义　超凡绝俗

反义　肉眼凡胎

仙山楼阁　xiān shān lóu gé

【释义】阁：楼与楼之间的空中通道。指传说中神仙居住的地方。

【用法】比喻美妙神奇的幻境。

【例句】登上峰顶，在碧海蓝天映衬下，犹如～。

近义　瑶台阆苑　瑶台琼室

仙姿玉色　xiān zī yù sè

【释义】仙姿：像仙女一样的风姿。玉色：像美玉一样的容貌。形容女子容貌非常美。

【例句】之前只是听说这位姐姐很漂亮，今天见了她，果然是～。

近义　仙姿佚貌

反义　其貌不扬

先睹为快　xiān dǔ wéi kuài

【释义】睹：看见。快：快乐。指以能先看到为快乐。

【用法】形容盼望十分殷切。

【例句】大家都不愿放过这个～的大好机会，天还没亮就都来了。

先发制人　xiān fā zhì rén

【释义】发：发动。制：制伏。原指作战双方先动手的一方就能掌握主动，控制对方。现泛指先行动以制服对方。

【例句】你说得对，我们～，打他个措手不及。

近义　先声夺人

反义　后发制人

先公后私　xiān gōng hòu sī

【释义】指先办公事，后办私事。

【例句】时间一长，家庭琐事难免与公事冲突，有时她把～的次序颠倒了。

近义　先人后己

先见之明　xiān jiàn zhī míng

【释义】先见：预见。明：好的眼力。指有先看清问题发展趋势的眼力。

【用法】形容对事有预见性。

【例句】当代著名社会学家、人口学家马

寅初先生早在新中国成立时就看到了潜伏的人口问题,真是具有～。

近义 先知先觉

反义 后知后觉

先来后到　xiān lái hòu dào

【释义】指按照到来的先后排次序。

【例句】大家都在排队,你不应该违规,干什么都应该有个～!

先礼后兵　xiān lǐ hòu bīng

【释义】礼:礼貌。兵:指武力。指在与别人交涉时,先以礼貌相待,如果行不通,再采取强硬的手段。也作"后兵先礼"。

【例句】你可以"～",试探下他们是什么态度。

反义 不宣而战

先难后获　xiān nán hòu huò

【释义】难:劳苦。指先要劳苦而后有收获。

【用法】形容不坐享其成。

【例句】他抱定～的宗旨,始终自强不息,努力工作。

先人后己　xiān rén hòu jǐ

【释义】指先为别人着想,后考虑自己。

【例句】白求恩同志那种～的精神值得我们每一个同志学习。

近义 舍己为人

反义 损人利己

先入为主　xiān rù wéi zhǔ

【释义】入:接受。主:主要,主导。指先接受了某种思想、说法或印象,有了成见,就不容易再接受以后不同的思想或看法了。

【例句】他这人就有～的毛病,要想改变他的想法的确很难。

先声夺人　xiān shēng duó rén

【释义】声:声势,声威。夺人:挫伤对方士气。指先造声势以挫伤敌方士气。

【用法】比喻做事抢先一步,以声势压垮对方。

【例句】开赛不久,德国队就～,以头球撞开沙特队的大门,接下去就一发不可收拾,连破沙特队守门员的十指关。

近义 先发制人　先声后实

反义 后发制人

先声后实　xiān shēng hòu shí

【释义】声:声势,声威。实:实力。指先制造声势压倒敌人,然后再以实力攻击。

【用法】多用于军事方面。

【例句】这场战争,他用兵～,最终取得了胜利。

近义 先声夺人

先天不足　xiān tiān bù zú

【释义】先天:人或动物的胚胎时期(跟"后天"相对)。足:充足。指一出生体质就不好。

【用法】比喻事物的基础差。

【例句】早产的丽丽,跟其他孩子比起来的确有些～,常常生病。 / 一些民营企业本来就～,再加上多采用家族式的管理方式,因而限制了人才的引进,制约了企业的发展。

X

反义 得天独厚

先务之急　xiān wù zhī jí

【释义】先务:应该优先做的事情。指最着急要做的事情。

【例句】现在我们的～是要让大家把情绪稳定下来。

近义 燃眉之急

先下手为强　xiān xià shǒu wéi qiáng

【释义】下手:动手。为:连词,就。强:优越,好。指先动手就可以占到优势。

【例句】他果断地说:"这事就这么定了。～,抓住这个难得的商机!"

先意承旨　xiān yì chéng zhǐ

见 788 页"先意承志"。

先意承志　xiān yì chéng zhì

【释义】意、志:心意,意愿。承:秉承,顺承。指事先揣摩尊长的心意,秉承尊长的意愿办事。也作"先意承旨"。

【用法】旧时形容对君主的忠诚和对父母的孝顺。后多指揣摩别人心意,竭力逢迎。

【例句】我们今天提倡孝敬父母,与封建社会的"～",绝对服从是有区别的。/他不过是一个～,善于迎合上司的小人。

先斩后奏　xiān zhǎn hòu zòu

【释义】斩:砍头。奏:臣子向皇帝报告。原指古代的封疆大吏先把要犯处死,然后再上奏皇帝。

【用法】比喻不经请示便处理事情,然后再向上级报告。

【例句】在工作中遇到重大问题时,一定要及时上报,千万不能～。

近义 先行后闻

先知先觉　xiān zhī xiān jué

【释义】觉:觉悟。比众人先认识、先觉悟。指能较早地认识到事物的发展变化的人。

【例句】李大钊是一位革命的～者,他很早就开始宣扬马克思主义。

近义 先见之明

反义 后知后觉

纤尘不染　xiān chén bù rǎn

【释义】纤:细小。尘:灰尘。指一点灰尘也没有沾染上。

【用法】用于人时比喻没有沾染上任何坏思想和坏习气。

【例句】她非常爱干净,总是把屋子收拾得～。

近义 一尘不染

反义 乌烟瘴气

纤毫不爽　xiān háo bù shuǎng

【释义】纤毫:比喻非常细微的事物或部分。爽:差错。形容没有任何差错。

【例句】即使在黑暗中,我也能～地找到昔日住过的房间。

近义 毫发不爽

纤悉无遗　xiān xī wú yí

【释义】纤悉:细微,详尽。遗:遗漏。指全部包括,没有任何遗漏。

【例句】见了面,他把这件事情说得详详细细,～。

反义 挂一漏万

纤纤弱质　xiān xiān ruò zhì

【释义】比喻女子身材纤细,体质柔弱。

【例句】小王～的样子，大有林黛玉的感觉。

近义 弱不禁风

反义 趄趄雄风

鲜车怒马　xiān chē nù mǎ

【释义】指车的装饰豪华，驾车的马精壮。

【用法】形容生活奢侈。

【例句】对他那种～的生活，我不羡慕。

鲜艳夺目　xiān yàn duó mù

【释义】指鲜明艳丽，惹人注目。

【例句】走进商场，五光十色、～的各种时装令人眼花缭乱。

近义 光彩夺目

反义 黯然失色

鲜衣美食　xiān yī měi shí

【释义】指鲜艳的服饰，精美的食物。也作"丰衣美食"。

【用法】形容生活奢华。

【例句】她最终没有经得住～的诱惑，跟那位富商结了婚。

近义 锦衣玉食

反义 粗衣蛎食

闲花野草　xián huā yě cǎo

见 859 页"野草闲花"。

闲情逸趣　xián qíng yì qù

见 789 页"闲情逸致"。

闲情逸致　xián qíng yì zhì

【释义】闲：悠闲。逸：安逸。致：情趣。指悠闲的心情，安逸的兴致。也作"闲情逸趣"。

【用法】形容没有事务的烦恼，超脱而轻松。

【例句】妈妈最近很忙，没有～陪我出去玩。

近义 悠然自得

反义 心力交瘁

闲是闲非　xián shì xián fēi

【释义】指无关紧要的口角纠纷。

【例句】背后不谈论任何人的是非，这样也可以避免自己被卷入～。

闲言碎语　xián yán suì yǔ

【释义】指没有根据的话或议论别人是非的话。

【例句】我只想劝劝你，别往他家去得太勤。不然，人们的～会使你受不了。

近义 流言蜚语

闲云野鹤　xián yún yě hè

【释义】闲：闲散。野：野生。指飘浮不定的云和野生的无拘无束的鹤。

【用法】比喻闲散安逸脱离尘事牵绊的人。旧时多指隐士、道士等。

【例句】爷爷喜欢游山玩水，整日过着～般的生活。

近义 悠然自得

贤妻良母　xián qī liáng mǔ

【释义】贤:贤惠。良:好。指既是丈夫的贤惠妻子,又是儿女的好母亲。

【用法】用于女子。

【例句】妈妈在外面是女强人,在家里是～。

弦外有音　xián wài yǒu yīn

【释义】指琴声之外还有别的声音。

【用法】比喻有言外之意。

【例句】党委书记说的本来是一句普通的问候的话,但是超假归来的刘国庆,却觉得～。

近义 话中有话

弦外之音　xián wài zhī yīn

【释义】指停止弹拨琴弦后的余音。

【用法】比喻没有明说,而是间接透露出来的意思。

【例句】他这番话说得非常客气,但软绵绵的话语中的～已让人们感到了分量。

近义 言外之意

反义 直言不讳

涎皮赖脸　xián pí lài liǎn

【释义】指厚着脸皮与人纠缠。

【用法】形容令人厌烦的样子。

【例句】我们对这～的人简直没有办法。

近义 嬉皮笑脸

反义 一本正经

衔环结草　xián huán jié cǎo

见 344 页"结草衔环"。

衔枚疾走　xián méi jí zǒu

【释义】衔枚:古代进行突袭时,令军士口中衔着木棍,使不能说话作声。指行军迅速,一点声音也没有。

【用法】形容行军时又静又快。

【例句】我们乘夜袭击敌人,～,进入敌人阵地也未被发觉。

衔尾相随　xián wěi xiāng suí

【释义】衔:马嚼子。尾:马尾巴。原指马一匹紧跟一匹,前后相接单行前进。

【用法】后形容人行动时紧相跟随。

【例句】部队夜间行军,总要求战士们～,以防掉队或出险情。

嫌贫爱富　xián pín ài fù

【释义】嫌弃穷人,喜爱富人。指根据贫富程度来决定对人的好恶。也作"爱富嫌贫"。

【例句】她是个好姑娘。你可不能～!

近义 欺贫重富

反义 锄富济贫

显而易见　xiǎn ér yì jiàn

【释义】显:明显。指事情或道理非常明显,很容易看清楚。

【例句】～,这些人宣扬这种观点是有目的的。

近义 一目了然

反义 高深莫测

显露头角　xiǎn lù tóu jiǎo

【释义】头角:比喻人的气概和才华。指人有机会发展所长,得以显示出才干。

【用法】形容人获得机会施展才能。

【例句】因在这次比赛中出色的表现,她在歌坛～了。

近义 崭露锋芒

反义 不露身手

显亲扬名　xiǎn qīn yáng míng
见851页"扬名显亲"。

显山露水　xiǎn shān lù shuǐ
【释义】比喻出名,显露才能。
【用法】一般用于否定式。
【例句】古人云:"大勇若怯。"真正的勇者是不轻易～的。

险象环生　xiǎn xiàng huán shēng
【释义】险象:危险的情形。指危险的情形一个接一个地发生。
【用法】形容情况十分危急。
【例句】作为长篇小说,它巧妙地借鉴了中外优秀通俗小说的艺术手段,一波三折,～,悬念不断,高潮迭起。

反义 风平浪静

险遭不测　xiǎn zāo bù cè
【释义】指在危险中,差点丧失了生命。
【例句】这次事故,有几十名工人～。

鲜为人知　xiǎn wéi rén zhī
【释义】鲜:少。指很少被人知道。
【例句】塔克拉玛干,这片神秘的"死亡之海",还珍藏着多少～的故事呢?
提示　"鲜"不读 xiān 和 xuān。

现身说法　xiàn shēn shuō fǎ
【释义】原为佛教用语。指佛的神力广大,能根据不同的对象而现出种种身形,来宣讲佛法。
【用法】比喻用亲身经历为例证,对人阐明道理或进行劝导。
【例句】在大会上,他～,向大家阐明了在工作中玩忽职守的危害。

陷身囹圄　xiàn shēn líng yǔ
【释义】囹圄:监狱。指被拘禁关押进监狱,失去行动自由。
【用法】用于书面语。
【例句】革命者即使～,也仍然坚持斗争,从不屈服。

相安无事　xiāng ān wú shì
【释义】指双方和睦相处,没有矛盾、纠纷。
【例句】日子一天天过去,婆媳间一直～。

反义 相持不下

相差无几　xiāng chà wú jǐ
见793页"相去无几"。

相持不下　xiāng chí bù xià
【释义】持:对抗。相持:两方坚持对立。不下:用在动词后,表示动作没有结果或没有完成。指双方坚持对立,互不相让。
【用法】形容实力相当,各不相让。
【例句】双方～,会谈无果而终。

近义 势均力敌

相得甚欢　xiāng dé shèn huān
【释义】相得:彼此投合。指彼此相处融洽,十分愉快。
【例句】她们姐妹俩感情非常好,经常相约去喝茶聊天,～。

近义 情投意合

相得益彰　xiāng dé yì zhāng
【释义】益:更加。彰:明显。指互相配合、补充,使双方的长处和优点表现得更加明显。

【用法】形容二者互为作用,增加对方美感、价值等。

【例句】这本书文字优美,画面生动,二者真是～。

近义 相映成趣

相对无言　xiāng duì wú yán

【释义】指彼此面对面不说话。

【例句】面对这种尴尬的局面,我和姐姐也不知如何是好,～。

近义 面面相觑

相反相成　xiāng fǎn xiāng chéng

【释义】相:相互。反:对立、排斥。成:促成。指事物既相互对立,又相互促成。

【例句】战争与和平是～的。战争在一定条件下可以转化成和平,和平在一定条件下也可以转化成战争。

近义 相辅相成

相逢狭路　xiāng féng xiá lù

见784页"狭路相逢"。

相辅而行　xiāng fǔ ér xíng

【释义】辅:配合,帮助。互相协调,共同前进。指对有联系的两种事物应同时并重,不可偏废。

【例句】好的乐器与好的演奏家～,才能达到预期的效果。

近义 相辅相成

相辅相成　xiāng fǔ xiāng chéng

【释义】辅:辅助。指两种事物或两个方面互相辅助,互相促成。

【例句】自然和艺术虽然是两件事,但是彼此～,缺一不可。

近义 相辅而行

相煎何急　xiāng jiān hé jí

【释义】比喻兄弟之间互相残杀或迫害。

【典故】三国时,魏文帝曹丕想找个借口杀死其弟曹植,便命他七步之内做首诗,否则便处死他。曹植咏诗:"煮豆持作羹,漉菽以为汁。萁在釜下燃,豆在釜中泣。本是同根生,相煎何太急。"(《世说新语·文学》)

【用法】用作贬义。

【例句】你我情同手足,～?

近义 煮豆燃萁　自相残杀

反义 和睦相处

相见恨晚　xiāng jiàn hèn wǎn

【释义】恨:遗憾。指为彼此见面太晚而感到遗憾。也作"相知恨晚"。

【用法】形容初次见面就意气相投。

【例句】她们一见面就聊起没完,真有～的感觉。

近义 一见如故

相敬如宾　xiāng jìng rú bīn

【释义】宾:宾客。指夫妻间互相尊敬,像对待客人一样。

【用法】形容夫妇关系和睦,互相敬重。

【例句】夫妻之间应当互相信任,～。

近义 举案齐眉

反义 琴瑟不和

相亲相爱　xiāng qīn xiāng ài

【释义】指彼此间非常亲爱。

【用法】形容关系密切,感情深厚。

【例句】经历了多少风风雨雨,我们依然～。

近义 如胶似漆

反义 反目成仇

相去无几 xiāng qù wú jǐ

【释义】去：距离。指彼此间没有多大差距。也作"相差无几"。

【用法】形容差别不大。

【例句】这两件衣服，质量～，价格却如此悬殊！

近义 大同小异

反义 天壤之别

相忍为国 xiāng rěn wèi guó

【释义】忍：忍让，容忍。指为了国家的利益而作一定的让步。

【用法】用作褒义。

【例句】双方只要都有顾全大局，～的愿望，分歧就可以解决。

相濡以沫 xiāng rú yǐ mò

【释义】濡：浸润。沫：唾液。指泉水干涸后，鱼儿靠在一起用唾液相互润湿，以维持生命。

【用法】比喻人们在危难中以微薄之力互相帮助。

【例句】他不能离开，因为那里有他～的妻子和女儿。

近义 同甘共苦

反义 同室操戈

相生相克 xiāng shēng xiāng kè

【释义】生：生发。克：克制。指我国古代关于金、木、水、火、土五行互相作用，互相影响的说法。如木生火，火生土，土生金，金生水，水生木；木克土，土克水，水克火，火克金，金克木。

【用法】比喻两种事物互相依存，互相制约。

【例句】郭沫若认为，五行的～，本来都是从自然现象引导出来的，它的原始观点并非唯心的胡诌。

相视而笑 xiāng shì ér xiào

【释义】指互相看着发笑。

【用法】形容相互之间心意相通，十分默契。

【例句】小明上当了，他真的以为李老师找他，就跑去教室了。林心和李宇先生～，接着就捧腹大笑起来。

相视莫逆 xiāng shì mò nì

【释义】莫逆：彼此相好，情投意合。指互相情深意笃，无所违逆于心。

【例句】他二人～，心照不宣。

相提并论 xiāng tí bìng lùn

【释义】指把不同的人或事物不加区分地混在一起谈论或看待。

【例句】这两件事的性质不同，不能～。

近义 同日而语　等量齐观

相习成风 xiāng xí chéng fēng

【释义】习：沿袭。风：风气，风尚。指遵循某种做法，形成了风气。

【用法】多用作贬义。

【例句】人有一些怪癖，都因～，积非成是。

相形见绌 xiāng xíng jiàn chù

【释义】形：对比。绌：不足。指和同类事物相比之下，就显得远远不足。

【例句】对面的两家杂货店，一家是门庭若市，热闹非凡，相比之下，另一家就

～了。

近义 相形失色

反义 旗鼓相当

提示 "绌"不读 zhuō，也不能写成"拙"。

相形失色　xiāng xíng shī sè

【释义】形：对比。指相比之下，就显得不足。

【例句】张老师的歌唱得非常好，但面对那些专业歌手，他就～了。

近义 相形见绌

反义 相得益彰

相依为命　xiāng yī wéi mìng

【释义】依：依靠。指相互依靠着过日子。

【用法】形容互相依靠，谁也离不开谁。

【例句】他含泪离开家乡，离开～的奶奶。

近义 患难与共

相应不理　xiāng yìng bù lǐ

【释义】指不理睬对方的要求或不作回答。

【例句】她总是无理取闹，我只能～。

近义 置之不理

相映成趣　xiāng yìng chéng qù

【释义】映：映衬。趣：趣味。指互相映衬而更显示出趣味。

【例句】月亮那么美，草间的虫鸣又是那么动听，在这美好的夜晚，它们～。

近义 相映生辉

反义 相形失色

相知恨晚　xiāng zhī hèn wǎn

见 792 页"相见恨晚"。

香火兄弟　xiāng huǒ xiōng dì

【释义】指焚香结拜的兄弟。

【例句】在湖南长沙，我有一个～，我打算到他那里暂住几日。

香消玉减　xiāng xiāo yù jiǎn

【释义】香、玉：比喻女子身体。形容美女消瘦、憔悴。

【例句】美，也许成了她的包袱，她不想让自己～，也不想让人们看到她的龙钟老态。

香消玉殒　xiāng xiāo yù yǔn

【释义】香、玉：比喻女子身体。殒：死亡。比喻美女夭亡。

【例句】梦露于 40 年前就～了，但魅力犹在，许多化妆品、汽车以至牛仔裤都以她为品牌名。

近义 珠沉玉碎

降龙伏虎　xiáng lóng fú hǔ

【释义】降、伏：使驯服。原指用佛教的法力降伏蛟龙与猛虎。也作"伏虎降龙"。

【用法】现比喻战胜巨大困难或恶势力。

【例句】军民团结一心，以～的力量又一次战胜了特大洪峰的袭击，保住了大坝。

近义 降妖捉怪

反义 无拳无勇

提示 "降"不读 jiàng。

响彻云霄　xiǎng chè yún xiāo

【释义】响：回声。彻：穿透。指响声直达云端。

【用法】形容声音高昂响亮。

【例句】比赛马上就要开始了，赛场内口号声～。

近义 声震屋宇　响遏行云
反义 万籁俱寂
提示 "霄"不能写成"宵"。

响遏行云 xiǎng è xíng yún

【释义】响:声音。遏:阻止,遏止。指声音响彻天空,阻止了飘动的云团。也作"声遏行云"。

【用法】形容声音高昂嘹亮或演唱技艺高超绝妙。

【例句】他的歌声～,赢得了全场观众的欢呼声。

近义 响彻云霄

想当然 xiǎng dāng rán

【释义】指凭主观想象,认为事情大概是或应该是这样。

【例句】他仅仅根据一知半解,～地就在那里发号施令。

想方设法 xiǎng fāng shè fǎ

【释义】指想尽各种方法或策略。

【例句】面对今年如此巨大的灾情,我们～也要渡过眼前的难关。

近义 千方百计

想入非非 xiǎng rù fēi fēi

【释义】非非:佛教语,指一般认识不能达到的玄妙境界。原指思想、意念进入虚幻、玄妙境界。

【用法】现多形容完全脱离实际地胡思乱想。

【例句】你不要～,寄希望于别人是行不通的。

近义 异想天开
反义 脚踏实地

想望风采 xiǎng wàng fēng cǎi

【释义】风采:风度神采。指很想看到某人的仪表风度。

【用法】形容对人十分仰慕,渴望能有幸一见。

【例句】他久仰李教授大名,～。

近义 心驰神往

向壁虚造 xiàng bì xū zào

【释义】指面对着墙壁凭空捏造。

【用法】形容单凭主观臆想凭空捏造。

【例句】关于这种缺乏材料的报道,我又不愿～,结果只好不写。

近义 凭空捏造
反义 实事求是

向火乞儿 xiàng huǒ qǐ ér

【释义】向火:烤火。乞儿:乞丐。指围着火堆烤火的乞丐。

【用法】比喻趋炎附势、巴结权贵的人。

【例句】他喜欢听好话,周围都是趋炎附势的～。

向平之愿 xiàng píng zhī yuàn

【释义】向平:东汉时的向长,字子平。向

平的心愿。指父母希望完成子女的婚嫁之事。

【例句】看着子女都已长大，他盼望快快了结自己的～。

向隅而泣　xiàng yú ér qì

【释义】隅：墙角。泣：小声哭。指一个人面对墙角哭泣。

【用法】形容因孤独、绝望而悲泣。

【例句】此时，他已被家人抛弃，变为～的可怜虫。

提示　"隅"不能写成"偶"。

项背相望　xiàng bèi xiāng wàng

【释义】项：颈项。背：脊背。指前后相顾。

【用法】形容人很多，络绎不绝。

【例句】周末到公园散步的人～，络绎不绝。

近义　摩肩接踵

反义　杳无人迹

项庄舞剑　xiàng zhuāng wǔ jiàn

【释义】项庄：项羽手下的武将。据《史记·项羽本纪》载，项羽设鸿门宴款待刘邦，席间项庄起身舞剑，想借机刺杀刘邦。

【用法】比喻表面上有正当好听的名目，实际上另有所图。

【例句】很明显，他这样做是～。你可别掉以轻心！

近义　醉翁之意不在酒

相机而行　xiàng jī ér xíng

见 796 页"相机行事"。

相机行事　xiàng jī xíng shì

【释义】相机：看准机会。指看准有利的时机采取行动。也作"相机而行"。

【例句】看来想摆脱他，也只有听他把话讲完再～了。

近义　见机而作　相时而动

相貌堂堂　xiàng mào táng táng

【释义】堂堂：高大的样子。形容人的身材高大，仪表端庄。

【例句】从口气里她透露过，希望找到一个～的男子。

近义　一表人才

反义　其貌不扬

相时而动　xiàng shí ér dòng

【释义】指观察时机而采取行动。

【例句】你们迂回到敌人右侧，～，机动灵活地打击敌人。

近义　相机行事

象牙之塔　xiàng yá zhī tǎ

【释义】原为十九世纪法国文艺批评家圣佩韦批评同时代消极浪漫主义诗人维尼的话。比喻脱离现实生活的文艺家或学者的小天地。

【例句】艺术当然不仅仅是～里面的东西，它更应该被广大群众所接受。

像模像样　xiàng mú xiàng yàng

【释义】形容很像那个样子。

【例句】因停电被困在电梯里的几个人，～地坐在地上，正在跟一位先生练习印度的一种传统健身法——瑜伽。

橡皮钉子　xiàng pí dīng zi

【释义】指橡皮做的钉子。

【用法】比喻不冷不热、嘲讽顶撞的话。
【例句】他听出邻居小王是在挖苦他，也就回敬了一个～。

枵腹从公　xiāo fù cóng gōng
【释义】枵腹：空着肚子。指空着肚子处理公务。
【用法】形容废寝忘食，一心为公。
【例句】刘老先生感慨地说："像这样～、两袖清风的好干部，全县人民是不会忘记的！"
近义　宵衣旰食　废寝忘食
反义　饱食终日

哓哓不休　xiāo xiāo bù xiū
【释义】哓哓：争辩声。休：休止。指争论不止，吵个没完没了。
【用法】形容争辩不止。用作贬义。
【例句】他们俩唇枪舌剑，～，吵得大家不得安宁。
提示　"哓"不读 yáo 或 xiǎo。

逍遥法外　xiāo yáo fǎ wài
【释义】逍遥：自由自在，不受约束。指犯了法的人没有受到法律的制裁。
【例句】任何犯了法的人都不能～。
反义　法网难逃

逍遥自在　xiāo yáo zì zài
【释义】逍遥：自由自在，不受约束。指无拘无束，自由自在。
【例句】刚入伍的新兵们，由于平时～惯了，对于部队的军事化管理，一时还适应不过来。
近义　自由自在

消愁解闷　xiāo chóu jiě mèn
【释义】指消除忧愁，排解郁闷。

【例句】不开心的时候，就去旅行吧！既～，又能开眼界，长见识，比抽烟喝酒强多了。

宵旰忧劳　xiāo gàn yōu láo
【释义】宵：夜。旰：晚上。指整日劳苦，忧心忡忡。
【用法】形容勤于政事，非常辛苦。
【例句】我曾无数次目睹李书记～，忘我工作的场景。
近义　宵衣旰食

宵衣旰食　xiāo yī gàn shí
【释义】宵：夜晚。旰：迟，晚。指天不亮就穿衣起床，天黑了才吃饭。
【用法】形容十分勤劳。旧时多指帝王勤于政务。
【例句】他认为，只要能帮助大家解决困难，就算是～，也是值得的。
近义　宵旰忧劳

萧规曹随　xiāo guī cáo suí
【释义】萧：萧何。曹：曹参。随：继承。指西汉初期萧何当丞相时制定的政策法令，继任的曹参全盘继承。
【用法】比喻后人沿袭前人制定的规矩办事。
【例句】像这种自负盈亏的刊物如仍一成不变～，沿袭以往的路子是难以为继的。
近义　因循守旧
反义　除旧布新

萧墙祸起　xiāo qiáng huò qǐ
见 312 页"祸起萧墙"。

硝烟弹雨　xiāo yān dàn yǔ
【释义】硝烟：炸药爆炸后产生的烟雾。指硝烟弥漫，子弹如雨。

【用法】形容战斗非常激烈。

【例句】现在与战争年代相比，少了～，但同样需要浩然正气。

近义 枪林弹雨

反义 歌舞升平

销魂夺魄　xiāo hún duó pò

【释义】销：消失。指被夺去了魂魄。

【用法】形容因对人或事物过分仰慕、倾倒而无法控制住自己。

【例句】她那双原本令人～的眼睛，现在却变得暗淡无光了。

近义 神魂颠倒

销声匿迹　xiāo shēng nì jì

【释义】销：消失。匿：隐藏。指没有声音，踪迹全无。

【用法】形容生物藏匿。也形容人或事物消失。

【例句】北雁南飞，活跃在田间草myself的昆虫也都～。／ 这个牌子的护肤霜，自从有人揭露它含有致癌物以后，就在市场上～了。

近义 无影无踪

反义 出头露面

提示 "销"不能写成"消"。

小本经营　xiǎo běn jīng yíng

【释义】小本：本钱小。经营：管理（企业等）。指本钱小、利润少的买卖。

【用法】常形容事物规模较小。

【例句】改革开放以来，～的个体户在城乡发展很快。

小不忍则乱大谋　xiǎo bù rěn zé luàn dà móu

【释义】忍：容忍。谋：计划，决策。指在小问题上不忍耐就会扰乱整个计划。

【例句】有些事我们要冷静考虑，～。

近义 因小失大

小材大用　xiǎo cái dà yòng

【释义】指没有什么能力的人被重用。

【例句】从他的工作能力和工作态度来看，让他当经理，真是～了。

反义 大材小用

小惩大诫　xiǎo chéng dà jiè

【释义】惩：惩罚。诫：警告。指对人的小过失加以惩罚，使之接受教训，不犯大错误。

【例句】我认为在对这件事情的处理上，～是很有必要的。

小丑跳梁　xiǎo chǒu tiào liáng

【释义】小丑：微贱之辈。跳梁：兴风作浪。指起不了什么作用的小人兴风作浪。

【例句】这个总是跟你作对的人，只是～，成不了大气候。

小肚鸡肠　xiǎo dù jī cháng

【释义】指小肚子和鸡肠子。

【用法】比喻气量狭小。

【例句】～的人一定不会有什么大出息。

小恩小惠　xiǎo ēn xiǎo huì

【释义】恩、惠：好处。指为笼络人心而给的小恩惠。

【例句】有些人就是容易被～所买动。

反义 大恩大德

小家碧玉　xiǎo jiā bì yù

【释义】小家：小户人家。碧玉：原为宋代汝南王妾的名字，后指代平民家的姑娘。指小户人家美貌的年轻女子。

【例句】在他的眼里，她浑身透着～的清新气息。

反义 大家闺秀

小家子气 xiǎo jiā zi qì

【释义】小家子:小户人家。气:习气。指小户人家的习气。也作"小家子相"。

【用法】形容人举止、行为拘谨,不大方。也形容人吝啬。

【例句】小菊是个乡下姑娘,刚来我家时,还带着一股～,现在大方多了。/这次庆祝爷爷八十大寿,爷爷一再强调要简朴,不准大操大办。我们都说也不能太～,让人家笑话吧!

小家子相 xiǎo jiā zi xiàng

见799页"小家子气"。

小康之家 xiǎo kāng zhī jiā

【释义】指经济上比较宽裕,可以维持中等水平生活的人家。

【例句】这些人起码都是～,家里有房子有地。

近义 丰衣足食

小廉曲谨 xiǎo lián qū jǐn

【释义】曲:细小隐秘的地方。指在小事上廉洁谨慎。

【用法】形容故意做出谨慎廉洁的样子,以博取好名声的行为。

【例句】他这个人～,我们不能将这么重要的工作交给他去做。

小鸟依人 xiǎo niǎo yī rén

【释义】依:依偎。指像小鸟那样依傍着人。

【用法】现多比喻女子或小孩温柔可爱的情态。

【例句】她～般地靠着他的肩膀,深情地望着他。

小器易盈 xiǎo qì yì yíng

【释义】盈:满。小的器物容易装满。本指酒量小,容易醉。

【用法】现多比喻人容易自满。

【例句】她小有成绩,便沾沾自喜,真是～了。

近义 骄傲自满

反义 虚怀若谷

小桥流水 xiǎo qiáo liú shuǐ

【释义】形容景色宜人、环境幽雅的地方。

【例句】江南是个迷人的地方,杏花春雨,～。

小巧玲珑 xiǎo qiǎo líng lóng

【释义】小巧:小而精巧。玲珑:精巧细致的样子。

【用法】形容景物小而精致。也形容人或动物小巧可爱。

【例句】这里房屋庭院～,颇有江苏园林的风味。/这个姑娘长得～,挺招人喜爱。/仲春三月,～的燕子在明媚的春光中穿来穿去,自由飞翔。

近义 娇小玲珑

反义 硕大无朋

小人得志 xiǎo rén dé zhì

【释义】小人:品格卑劣之人。得志:志愿实现(多指满足名利的欲望)。指小人得到权势或利益。

【用法】多形容目中无人的狂妄作风。

【例句】这人以前和我们关系不错,可是一当上领导就摆出架子来,眼睛也长到脑门顶上去了,一副～的样子。

小时了了 xiǎo shí liǎo liǎo

【释义】了了:聪明伶俐,明白事理。指年幼时便聪明懂事。

【例句】古语说："～，大未必佳。"即使对聪明懂事的孩子，也应该注意进一步地培养教育。

反义 老不晓事

小试锋芒　xiǎo shì fēng máng

【释义】锋芒：刀剑的尖端，比喻本领、才干。指略为施展一下本领。

【例句】经过一个多月的休整，战士们早已憋足了劲，这次～，便歼灭敌人一个连。

近义 牛刀小试
反义 大显身手

小试牛刀　xiǎo shì niú dāo

见490页"牛刀小试"。

小试其技　xiǎo shì qí jì

【释义】指稍微表现一下本领。

【例句】导演这部电影，对他来说就是～。

近义 小试牛刀
反义 大显身手

小手小脚　xiǎo shǒu xiǎo jiǎo

【释义】指人做事没有魄力，缺乏胆识，不敢放手去做。也指办事小气，不大方。

【用法】用于口语。含贬义。

【例句】老王是个老实人，处理任何问题都谨小慎微，办事～的。老婆说他一辈子不出大问题，可也成不了大气候。／柳林请人吃饭，从来都是～的，绝不超过30元，人称"柳三十"。

近义 缩手缩脚
反义 大刀阔斧

小题大做　xiǎo tí dà zuò

【释义】题：题目。指拿小题目做大文章。

【用法】比喻把小事故意渲染，当成大事来处理。

【例句】我不过是感冒了，不必～去医院检查。

近义 借题发挥
反义 大事化小　大题小做

小往大来　xiǎo wǎng dà lái

【释义】指用微小的本钱牟取大利。

【例句】他极善于计算，认为请客也要讲究～的策略，请客的钱不是白花的。

近义 一本万利

小巫见大巫　xiǎo wū jiàn dà wū

【释义】巫：巫师，旧时以祈祷、降神、占卜等迷信活动为职业的人。指小巫师见到了大巫师，就觉得不如大巫师高明。

【用法】比喻两相比较，优劣高低相差悬殊。

【例句】拿浮山和黄山相比，只能是～了，但浮山也有自己的特点。

近义 相形见绌
反义 不相上下

小黠大痴　xiǎo xiá dà chī

【释义】黠：狡猾。痴：愚蠢。指小处精明，大处往往糊涂。

【用法】形容人爱耍小聪明，实际上很蠢笨。

【例句】他是应该聪明时不聪明，～，还自以为得意。

反义 大智若愚

小小不言　xiǎo xiǎo bù yán

【释义】小小：很小。指太小了，微不足道，不值得一提。

【例句】看她那可怜的样子，～的事情，我就不追究了。

近义 微不足道
反义 事关重大

小心谨慎　xiǎo xīn jǐn shèn

【释义】形容说话、做事非常慎重,不敢大意。也作"谨慎小心"。

【例句】我们处理具体事情要～,及时总结经验。

近义 小心翼翼

反义 粗心大意　粗枝大叶

小心翼翼　xiǎo xīn yì yì

【释义】翼翼:严肃谨慎的样子。形容十分小心、谨慎。

【例句】他做事总是～,生怕出了什么差错。

近义 小心谨慎

反义 粗心大意

小中见大　xiǎo zhōng jiàn dà

【释义】指从小地方可以看到大问题或引出大道理。

【例句】这件事可以～,看清他极端利己的真面目。

晓风残月　xiǎo fēng cán yuè

【释义】残月:天快亮时西沉的月亮。指

拂晓的凉风,快落山的月亮。

【用法】形容清晨冷落凄凉的景色。常用来抒写离别之情。也代指词曲或婉约派诗词的风格。

【例句】我从工地出来已经是凌晨五点多了,迎着～,回到了宿舍。

晓行夜宿　xiǎo xíng yè sù

【释义】晓:拂晓。指天亮就上路,直到夜晚才安歇。

【用法】形容旅途的辛劳。

【例句】他～,历经半个月,终于到了西藏。

近义 风餐露宿

晓以大义　xiǎo yǐ dà yì

【释义】晓:使人知道,让人明白。大义:大道理。指用大道理教育人。

【例句】对犯错误的青少年应～,使其改正缺点,重新做人。

近义 晓以利害

晓以利害　xiǎo yǐ lì hài

【释义】晓:使人知道,让人明白。指把利害关系给人讲明白。

【例句】只要～,他是会警醒的。

近义 晓以大义

孝子贤孙　xiào zǐ xián sūn

【释义】孝:孝顺。贤:贤良。指孝顺的儿孙。旧指遵从封建礼教绝对服从家中长辈的子孙。

【用法】泛指有孝行的子孙后辈。

【例句】国有宝,忠臣良将;家有宝,～。

反义 不肖子孙

笑比河清　xiào bǐ hé qīng

【释义】河:黄河。指笑容比黄河水变清澈更难见。

【用法】形容态度严肃,难见笑容。多比喻为官清正,执法严厉。

【例句】法官的职业使他变得过于严肃,真称得上是个～的人。

笑不可仰　xiào bù kě yǎng

【释义】指笑得直不起腰来。

【例句】当时不知道这些旧事的,没有反应,知道的人,都～。

笑而不答　xiào ér bù dá

【释义】指只报以微笑而不正面回答。

【例句】老师～,转身在黑板上写了一个大大的“妙”字。

笑里藏刀　xiào lǐ cáng dāo

【释义】指面带笑容,笑容里却藏着一把刀。

【用法】比喻表面和善,内心却阴险恶毒。

【例句】谁不知道他是一个～,极其阴险的人。

近义 口蜜腹剑

笑面夜叉　xiào miàn yè chā

【释义】夜叉:指佛经中一种形象凶恶的鬼,列为天龙八部神众之一。

【用法】比喻外貌和善而内心狠毒的人。

【例句】这人是个～,你最好少和他来往。

笑容可掬　xiào róng kě jū

【释义】掬:两手捧起。指笑容露出来,好像可以用双手捧起。

【用法】形容满脸堆笑、非常亲切的样子。

【例句】每次见到他们,都是一副～的样子。

近义 笑容满面

反义 愁眉苦脸

提示 “掬”不能写成“鞠”。

笑逐颜开　xiào zhú yán kāi

见 782 页“喜笑颜开”。

效颦学步　xiào pín xué bù

【释义】效颦:东施效颦。学步:邯郸学步。

【用法】比喻盲目模仿。

【例句】不了解具体情况,盲目模仿,～是注定不会成功的。

近义 东施效颦　邯郸学步

效死疆场　xiào sǐ jiāng chǎng

【释义】效死:舍命报效。指在战场上拼死报效国家。

【例句】热血男儿当为国～。

近义 为国捐躯

邪不敌正　xié bù dí zhèng

【释义】邪:妖术。敌:抵挡。指邪气不能压倒正气。

【例句】真所谓“～”,我们那一片区,原是烟赌盗窃丛生之地,他以一手之力完全肃清掉了。

近义 邪不干正

邪门歪道　xié mén wāi dào

见 727 页“歪门邪道”。

邪魔外道　xié mó wài dào

【释义】佛家指不合于佛教道义的邪说和行为。后泛指一切不正当的言行或途径。

【例句】～得来的东西,我不稀罕。

近义 歪门邪道

胁肩谄笑　xié jiān chǎn xiào

【释义】胁肩:缩拢双肩,表示恭敬。指耸起双肩,谄媚地笑。

【用法】形容巴结奉承别人的丑态。

【例句】他～的丑态,真叫人讨厌。

近义 摧眉折腰　阿谀逢迎

反义 刚直不阿

胁肩低眉　xié jiān dī méi

【释义】胁肩:缩拢双肩。低眉:低垂眉眼。

【用法】形容敬畏惧怕,做小伏低的样子。

【例句】他总喜欢装出一副～的样子,想博得大家的同情。

近义 摧眉折腰

胁肩累足　xié jiān lěi zú

【释义】胁肩:耸起或收拢双肩。累足:并起双脚。

【用法】形容畏惧的样子。

【例句】这家伙见了法警,～,平日的神气再也看不见了。

近义 抱头缩项

挟冰求温　xié bīng qiú wēn

【释义】指夹着冰块而想得到温暖。

【用法】比喻做事颠倒,行为和目的完全相反。

【例句】你想用这种做法去赢得她的好感,犹如～,结果只会使她更加瞧不起你。

近义 南辕北辙

挟权倚势　xié quán yǐ shì

【释义】挟:仗势。指凭借和倚仗权势。

【例句】他虽然是村长的儿子,但他并不～,在村里人缘很好。

挟山超海　xié shān chāo hǎi

【释义】挟:挟持,夹着。超:跨越。指夹

着泰山跨越北海。

【用法】比喻难以做到的事情。

【例句】这项工作对于我来说,就像～一样,是不可能完成的。

反义 轻而易举

挟天子令诸侯　xié tiān zǐ lìng zhū hóu

【释义】挟:挟制,强使服从。诸侯:帝王分封的列国统治者。指挟制皇帝,用皇帝的名义号令诸侯。

【用法】比喻借权势者的名义,发号施令。

【例句】东汉末年,曹操曾在乱世之中～。

近义 狐假虎威

斜风细雨　xié fēng xì yǔ

【释义】指细细的雨丝随着微风飘飘落下。

【用法】多形容春天烟雨迷蒙的景色。

【例句】我们迎着～,懒洋洋的迈不动脚步。

近义 和风细雨

反义 暴风骤雨

携手并肩　xié shǒu bìng jiān

【释义】指手拉手,肩靠肩。

【用法】形容十分亲密,行动一致。

【例句】情势紧急,我们只有～,共同努力,才能渡过难关。

泄漏天机　xiè lòu tiān jī

【释义】天机:神秘不可测的天意。指泄漏了神秘的天意。

【用法】形容走漏了不可以外泄的机密。

【例句】这次行动,只要不～,对方未必敢

贸然撞进去。

近义 走漏风声

反义 秘而不宣

卸磨杀驴　xiè mò shā lǘ

【释义】指磨完东西就把拉磨的驴子卸下来杀掉。

【用法】比喻事成之后就把曾经为之出过力的人抛弃。

【例句】凭我对他的了解，这事成之后，他就得～。

近义 过河拆桥

反义 饮水思源

谢天谢地　xiè tiān xiè dì

【释义】指感谢天地神灵。旧时人们迷信，误认为人的吉凶祸福是由天地神灵安排的，因而遇到吉祥或办事顺利时，就要烧香上供，感谢天地。

【用法】常用作问题终于得到解决后表示庆幸或感激的口头用语。

【例句】在繁华的闹市区里，我终于找到一间特价书店，～！

邂逅相遇　xiè hòu xiāng yù

【释义】邂逅：偶然遇见。指没有事先相约而偶然相遇。

【例句】没想到二十年没见的老同学，今天会在服装展销会上～。

近义 不期而遇

心安理得　xīn ān lǐ dé

【释义】指自信行事合乎情理，心里十分坦然。

【例句】你怎么能～地接受他送的东西呢？

近义 问心无愧

反义 问心有愧　忐忑不安

心安神泰　xīn ān shén tài

【释义】指心神安宁，泰然自若。

【例句】老人家～，起居有常，看不出有什么异样的地方。

近义 泰然自若

反义 心神不定

心谤腹非　xīn bàng fù fēi

【释义】非：谴责，诽谤。指口头上不说，心里却谴责诽谤。

【用法】形容暗地里反对。

【例句】现在看来，绝大多数人是拥护现行制度的，但～的人也是有的。

近义 口是心非

心不由主　xīn bù yóu zhǔ

【释义】指自己的意志不能由自己控制。

【例句】他明知道不做作业是不对的，但当小朋友来找他的时候，他又～地出去玩了。

近义 不由自主

心不在焉　xīn bù zài yān

【释义】焉：文言虚词，"这里"的意思。指心思不在这里。

【用法】形容思想不集中。

【例句】她上课时～,老师已经注意到她了。

近义 心猿意马

反义 聚精会神　全神贯注　心无旁骛

心长发短 xīn cháng fà duǎn

见 196 页"发短心长"。

心长力短 xīn cháng lì duǎn

【释义】力短:力量够不上。指虽然想帮忙,但力量不够。

【用法】形容力不从心。

【例句】仅靠一把斧头来对付这扇铁门,他实在是～,一筹莫展。

近义 有心无力

心潮澎湃 xīn cháo péng pài

【释义】澎湃:波涛互相撞击。指心情像浪涛互相撞击一样。

【用法】形容心情十分激动,难以平静。

【例句】看到这一幕,我忍不住热泪盈眶,～。

近义 心潮起伏

反义 心如止水　无动于衷

心潮起伏 xīn cháo qǐ fú

【释义】指心情像潮水一样起伏不定。

【用法】形容心情非常激动。

【例句】他望着久别重逢的哥哥,～。

近义 心潮澎湃

反义 心如止水

心驰神往 xīn chí shén wǎng

【释义】驰:(车、马等)飞跑。往:向往。指心神飞到向往的地方。

【用法】形容一心向往。

【例句】长江三峡多么美丽迷人,一直是

我～的地方。

近义 魂牵梦萦

心慈面软 xīn cí miàn ruǎn

【释义】指心地善良,态度温和。

【用法】形容心地慈善,容易同情或迁就人。

【例句】她待人一向～,你就不用担心了。

近义 心慈手软

反义 心狠手辣

心慈手软 xīn cí shǒu ruǎn

【释义】指心地和善,不忍下手(惩治)。

【用法】多形容对犯有错误或罪行的人怀有恻隐之心,处置不坚决、到位。

【例句】对这些胡作非为的犯罪分子,决不能～。

近义 心慈面软

反义 心狠手辣

心粗气浮 xīn cū qì fú

【释义】粗:粗疏,轻率。浮:浮躁。指做事轻率,不沉稳。

【例句】年轻人,有时候～是不可避免的。

近义 心浮气躁

心存芥蒂 xīn cún jiè dì

【释义】芥蒂:细小的梗塞物,喻指心中的嫌隙或不快。指对人或事心里积存有怨恨或不快。

【例句】他们二人是～,貌合神离。

近义 耿耿于怀

心存目想 xīn cún mù xiǎng

【释义】指凝目注视,用心思索。

【用法】多形容全神贯注地追忆往事。

【例句】画家在落笔之前都要～,成竹在胸。

心胆俱裂　xīn dǎn jù liè

【释义】俱:全,都。指心和胆都破裂了。

【用法】形容受到极大的惊吓或极度悲愤。

【例句】远在他乡的李梅听到父亲去世的消息,一时间～。

近义 五内俱焚

心荡神摇　xīn dàng shén yáo

【释义】指心神恍惚摇荡。

【用法】形容神魂颠倒,不能自持。

【例句】他去了一次电玩城,便～,再也不能静下心来读书。

心到神知　xīn dào shén zhī

【释义】指只要对神灵有虔敬的心,不用什么形式表示,神都会知道。

【用法】比喻只要尽到心意,对方就能领会。

【例句】王先生没再说什么,他想,～吧,便远远的,向上深深鞠了躬。

心烦技痒　xīn fán jì yǎng

【释义】烦:烦躁。技痒:想显示技艺。指有某种技能的人,一遇到机会就想显示。

【例句】一看见有人跳舞,当过舞蹈演员的李华就～。

心烦意乱　xīn fán yì luàn

【释义】指心情烦躁,思绪杂乱。

【例句】小李这几天～,书也看不进去了。

近义 心劳意攘

反义 心旷神怡

心服口服　xīn fú kǒu fú

【释义】指内心信服,嘴上也承认。也作"口服心服"。

【用法】形容完全信服。

【例句】她这番话,让大家～。

近义 心悦诚服

心腹大患　xīn fù dà huàn

见 806 页"心腹之患"。

心腹之患　xīn fù zhī huàn

【释义】心腹:心脏与腹部。患:祸害。比喻隐藏在内部的严重祸害。也作"心腹大患"。

【例句】这两个人各怀鬼胎,都视对方为～,想找机会整治对方。

近义 腹心之疾

反义 癣疥之疾

心腹之交　xīn fù zhī jiāo

【释义】心腹:亲信。指贴心的好朋友或信得过的人。

【例句】你我是～,我怎么能坑害你?

近义 莫逆之交

反义 点头之交

心腹之言　xīn fù zhī yán

【例句】指发自内心的真实话语。

【例句】听了她这番～,大家都陷入了沉思之中。

近义 肺腑之言

反义 花言巧语

心甘情愿　xīn gān qíng yuàn

【释义】指内心非常愿意,毫无勉强。也作"甘心情愿"。

【例句】他年龄比我大,资格比我老,却～地当配角,默默地在背后支持我。

心高气傲　xīn gāo qì ào

【释义】傲:傲慢。指心气很高,自认为高人一等,显得非常傲慢。

【例句】她这个人～,所以很多人都不喜

欢地。

近义 目空一切

反义 虚怀若谷

心广体胖 xīn guǎng tǐ pán

【释义】广:开阔。胖:舒泰。指心胸开阔,身体安泰舒适。也作"心宽体胖"。

【用法】形容人心情开朗或无所用心。

【例句】看这位老板～,你就能猜到他的生意正红火着。

近义 大腹便便

反义 心力交瘁

提示 "胖"不读 pàng,不应理解成"肥胖"。

心寒胆落 xīn hán dǎn luò

【释义】形容惊恐畏惧。

【例句】我军乘胜挺进,敌人～,狼狈溃逃。

近义 毛骨悚然

反义 临危不惧

心狠手辣 xīn hěn shǒu là

【释义】指人内心凶狠,手段毒辣。

【例句】凶手～,受害人被打得伤痕累累。

近义 残酷无情

反义 心慈面软　心慈手软

心花怒放 xīn huā nù fàng

【释义】怒放:盛开。指心里高兴得像鲜花盛开一样。

【用法】形容特别高兴。

【例句】听到这个好消息,她～,连连点头。

近义 欣喜若狂

反义 闷闷不乐

心怀鬼胎 xīn huái guǐ tāi

【释义】鬼胎:比喻不可告人的念头或事情。指心里藏着不可告人的事情或坏念头。

【例句】小姑娘哪里知道这个陌生人～,还十分感激他的关怀。

近义 居心叵测

反义 襟怀坦白

心怀叵测 xīn huái pǒ cè

【释义】叵:不可。指心里藏着不可测度的恶意。

【用法】形容居心险恶。

【例句】我们这次工作上的失误,给了那些～者一个造谣生事的机会。

近义 笑里藏刀

反义 胸怀坦荡

心慌意乱 xīn huāng yì luàn

【释义】指心里慌乱,没了主意。

【例句】当得知母亲病重时,她急得～。

近义 心烦意乱

反义 心旷神怡

心灰意懒 xīn huī yì lǎn

【释义】灰:失望。懒:懈怠,懒散。形容灰心丧气,意志消沉。也作"心灰意冷"。

【用法】形容思想消极。

【例句】连续两年高考落榜,他～,干什么事都提不起精神了。

近义 心慵意懒　灰心丧气

反义 雄心万丈

心灰意冷 xīn huī yì lěng

见807页"心灰意懒"。

心急火燎 xīn jí huǒ liǎo

【释义】燎:烧。指心里急得好像火烧一样。

【用法】形容非常着急。

【例句】天快黑了，车子还没有修好，大家都～地等待着。

近义 心急如焚

反义 心平气和

心急如焚　xīn jí rú fén

【释义】焚：火烧。指心里急得像火烧一样。

【用法】形容十分焦急。

【例句】因刚刚弄丢了一份重要的合同，她～，坐立不安。

近义 心急火燎

反义 心平气和

心坚石穿　xīn jiān shí chuān

【释义】指只要有坚定的意志，石头也能钻穿。

【用法】比喻只要下定决心，任何困难都可以克服。

【例句】～，就没有办不到的事。

近义 水滴穿石

心惊胆战　xīn jīng dǎn zhàn

【释义】战：发抖。形容内心极度惊惧恐慌。

【例句】这突然传来的尖叫声，让大家～。

近义 心惊肉跳

反义 无所畏惧

心惊肉跳　xīn jīng ròu tiào

【释义】指心神不安，惊慌恐惧。也作"心惊肉颤"。

【用法】形容惊恐不安的样子。

【例句】他一发怒，就让人～，不知所措。

近义 心惊胆战

反义 泰然自若

心惊肉颤　xīn jīng ròu zhàn

见 808 页"心惊肉跳"。

心旌摇摇　xīn jīng yáo yáo

【释义】旌：旗帜。指心神不定，情思起伏，就像旌旗一样随风飘摇。

【例句】听了老教授的一番话，他～。

反义 心如止水

心旌摇曳　xīn jīng yáo yè

【释义】旌：旗帜。摇曳：摆动。指心神像旗帜一样摇摆不定，不能自持。

【例句】面对金钱的诱惑，她不禁～。

反义 心如止水

心开目明　xīn kāi mù míng

【释义】指心灵开悟，见识明白。

【用法】形容从蒙昧困惑中解脱出来，懂得了道理。

【例句】李书记的一席话把大家说得～。

近义 豁然开朗

心口不一　xīn kǒu bù yī

【释义】指心里想的和嘴上说的不一致。

【用法】形容人虚伪，不诚实。

【例句】他这个人从来都是～的，他的话不可轻信。

近义 口是心非　表里不一

反义 心口如一　表里如一

心口如一　xīn kǒu rú yī

【释义】指心里想的和口里说的完全

一致。

【用法】形容诚实直爽。

【例句】小丽嘴上虽厉害,好在～,直截了当,是一个极爽快的人。

近义 表里如一

反义 心口不一　口是心非

心口相应　xīn kǒu xiāng yìng

【释义】相应:互相照应。指心里想的和嘴上说的相互照应。

【用法】形容心口并用,体会深刻。

【例句】朗读文章要口念心行,～。

心宽体胖　xīn kuān tǐ pán

见807页"心广体胖"。

心旷神怡　xīn kuàng shén yí

【释义】旷:开阔。怡:愉快。指心境开阔,精神愉快。

【用法】常用于欣赏自然景色时。

【例句】这样的美景,让我们～。

近义 赏心悦目

反义 心烦意乱　心劳意攘

心劳日拙　xīn láo rì zhuō

【释义】心劳:费尽心机。日:一天天。拙:笨拙,引申为窘困。原指弄虚作假的人尽管百般掩饰,却越来越窘困。

【用法】现多形容费尽心机,日子却越过越糟。

【例句】父亲说,中产阶级既不用为每日的面包发愁,也不被发大财、成大名的野心所苦,以致～。

反义 心逸日休

心劳意攘　xīn láo yì rǎng

【释义】劳:烦。攘:乱。指心情烦乱。

【例句】当你为一件难办的事情而～时,

可以做一些体育运动来缓解一下不太好的心情。

近义 心烦意乱

反义 心旷神怡

心力交瘁　xīn lì jiāo cuì

【释义】交:一起,同时。瘁:过度疲劳。指精神和身体同时都极度疲劳。

【例句】她～,一病就是两个月,卧床不起。

近义 身心交瘁

反义 心宽体胖

心灵手巧　xīn líng shǒu qiǎo

【释义】指心思灵敏,双手灵巧。

【用法】多形容能工巧匠在艺术构思和技艺手法方面的独特能力。含褒义。

【例句】她～,一下子就学会了织毛衣,而且织得又快又好。

反义 笨手笨脚

心领神会　xīn lǐng shén huì

【释义】领:领悟。会:会意,理解。指不用对方明说,心中就能领会和理解。

【例句】老师使了个眼色,他立刻～。

近义 心照不宣

反义 一无所知　茫然不知

心乱如麻　xīn luàn rú má

【释义】指心绪烦扰,如同一团乱麻。也作"心绪如麻"。

【例句】她在客厅里一会儿站,一会儿坐,可以看出,这会儿她已～。

近义 心慌意乱

反义 心平气和

心满意足　xīn mǎn yì zú

【释义】形容心中十分满意、满足。

【例句】我别无他求,只要你不再惹是生非,我就～了。

近义 称心如意

反义 大失所望

心明眼亮　xīn míng yǎn liàng

【释义】指心里明白，眼睛雪亮。

【用法】形容看问题敏锐，明辨是非，不受迷惑。

【例句】那人走南闯北，～，这件事交给他去办一定没问题。

近义 明察秋毫

心平气定　xīn píng qì dìng

【释义】指心平静，情绪安定。

【用法】形容思想集中，没有杂念。

【例句】我们读书时就应该～，专心致志。

反义 焦躁不安

心平气和　xīn píng qì hé

【释义】指心情平静，态度温和。

【例句】等你～了，我们再来协商这个问题。

近义 平心静气

反义 心急火燎　心急如焚

心去难留　xīn qù nán liú

【释义】去：离去。指心已经不在这里，就很难强留。

【例句】～，老李既然决心调离这里，我们就放他走吧。

心如刀割　xīn rú dāo gē

【释义】指内心痛苦得像刀割一样。

【用法】形容心情十分痛苦。

【例句】看到儿子受了重伤，母亲感到～。

近义 痛不欲生

反义 心花怒放

心如刀绞　xīn rú dāo jiǎo

【释义】绞：通"铰"，切削。指心里像有刀在切割一样。也作"心如刀搅"。

【用法】形容极其悲伤或痛苦。

【例句】周大勇～，痛恨自己没有办法把一切苦难都承担起来。

近义 肝肠寸断　万箭攒心

反义 心花怒放

心如刀搅　xīn rú dāo jiǎo

见 810 页"心如刀绞"。

心如古井　xīn rú gǔ jǐng

【释义】古井：年代久远的枯井。指内心像枯井一样寂静。

【例句】自从她丈夫因意外事故去世后，她便～，自己带着孩子生活了近三十年。

近义 心如止水

反义 心猿意马

心如木石　xīn rú mù shí

【释义】指心像树木和石头一样。

【用法】比喻心里像木石一样没有任何感觉和欲念。

【例句】她经常抱怨丈夫是个～的书呆子。

近义 心若死灰

心如铁石　xīn rú tiě shí

【释义】指心像铁石一样坚硬。

【用法】形容人意志坚定，不易改动。

【例句】无论我怎么求他，他都～，不为所动。

心如止水　xīn rú zhǐ shuǐ

【释义】止水：静止不流动的水。指内心像静止不动的水一样平静。

【例句】她这个人无欲无求，～，自然就不会有不自由的感觉了。

近义 心如古井

反义 心猿意马 心旌摇摇 心旌摇曳

心若死灰 xīn ruò sǐ huī

【释义】死灰：火熄灭后的冷灰。指心像冷灰一样。

【用法】原比喻心境静寂，不为外界事物诱惑。现多形容灰心失意的样子。

【例句】我纵然～，也难把往事轻易忘掉。

近义 心如止水

反义 心潮澎湃 心潮起伏

心神不定 xīn shén bù dìng

【释义】指精神状态不安定。也作"心神不宁"。

【用法】形容思想不集中，情绪不安定。

【例句】不知道是怎么回事，这几天姐姐总是～。

近义 心神恍惚

反义 平心静气

心神不宁 xīn shén bù níng

见 811 页"心神不定"。

心神恍惚 xīn shén huǎng hū

【释义】恍惚：精神不集中的样子。指心神不安定，精神不集中。

【例句】他听了这个消息，一连几日，觉得～，坐卧不宁。

近义 心神不定

反义 神闲气定

心事重重 xīn shì chóng chóng

【释义】心事：心里想的事情（多指为难的事）。重重：一层又一层。指心里想的事情很多。

【例句】13 岁的小雪～，满脸忧郁，看上去一点也没有她这个年龄的孩子应有的欢乐与童真。

【提示】"重"不读 zhòng。

心手相应 xīn shǒu xiāng yìng

【释义】应：配合。指心和手互相配合。心里怎么想，手就能怎么做。

【用法】多形容技艺精湛、娴熟。

【例句】只有下工夫多练习，才能做到～。

近义 得心应手

【提示】"相"不读 xiàng；"应"不读 yīng。

心术不正 xīn shù bù zhèng

【释义】心术：心计。指不正派，居心不良。

【例句】这个人向来～，你要多提防他。

近义 居心不良

反义 襟怀坦白

心无二用 xīn wú èr yòng

【释义】指心思不能同时用在两件事情上。

【用法】形容专心一意。

【例句】你提醒了我，～，这个时候我应该专心学习。

近义 一心一意

反义 心不在焉

心无旁骛 xīn wú páng wù

【释义】旁：别的。骛：追求。指心思没有别的追求。

【用法】形容心思集中，专心致志。

【例句】学习的时候，就应该全神贯注，～。

近义 心无二用

反义 三心二意

心细如发 xīn xì rú fà

【释义】发：头发。指心思细密得像头发一样。

【用法】形容考虑问题非常细致、周密。

【例句】她是个举止大方，明辨是非，遇事果断，而又～的女人。

近义 心思缜密

反义 粗心大意

心闲手敏　xīn xián shǒu mǐn

【释义】闲：通"娴"，熟练。指心既熟练，手又灵敏。

【用法】形容技艺娴熟，得心应手。

【例句】她～，琵琶弹得感情充沛，使人听了之后心神动摇，不能自已。

心想事成　xīn xiǎng shì chéng

【释义】内心所希望实现的事情都会实现。指愿望和理想都能成为现实。

【例句】祝你生活幸福，～。

近义 天从人愿　如愿以偿

反义 事与愿违

心向往之　xīn xiàng wǎng zhī

【释义】指对某人或事物心里很向往、仰慕。

【例句】西湖的美景，我早就～。

近义 心驰神往

心心念念　xīn xīn niàn niàn

【释义】心心：全部心思。念念：所有念头。指心里一直存着某种念头（想做某件事或想得到某样东西）。

【例句】彭老总时时刻刻，～地想在山村办一所希望小学。

心心相印　xīn xīn xiāng yìn

【释义】印：印证。原为佛教用语，禅宗指传授佛法时不用言语文字，而是心与心互相印证。

【用法】形容彼此心意相通，十分投合。

【例句】他们数年相交，早已～。

近义 心有灵犀一点通　情投意合

反义 貌合神离

提示 "相"不读 xiàng。

心雄万夫　xīn xióng wàn fū

【释义】雄：称雄。指一心要称雄于众人之上。

【用法】形容抱负远大。

【例句】他聪明好学，而且～，将来一定会有成就的。

心绪如麻　xīn xù rú má

见 809 页"心乱如麻"。

心血来潮　xīn xuè lái cháo

【释义】来潮：潮水上涨。原指神仙心里突然为某种预兆而产生心动。

【用法】现比喻心里突然产生某种想法。

【例句】放学的路上，明明忽然～，跑去爬山，结果把腿摔坏了。

近义 灵机一动

反义 深思熟虑

心痒难挠　xīn yǎng nán náo

【释义】挠：搔。指心里有痒，难以挠着。

【用法】形容心中有某种意念或情绪起伏不定，无法克制。

【例句】虽然坐在教室里听课，但看见操场上有人踢球，他～。

心逸日休　xīn yì rì xiū

【释义】逸：安闲。日：逐日。休：美好。指用不着操心，情况却越来越好。

【例句】张奶奶从年轻时就喜欢做善事，真是好人有好报，现在到老了尽享～。

反义 心劳日拙

心慵意懒　xīn yōng yì lǎn

【释义】慵、懒：懈怠，消沉。形容灰心丧

气,意志消沉。

【例句】他常常因为一点小事的不顺心而～。

近义 心灰意懒

反义 意气风发

心有灵犀 xīn yǒu líng xī

见813页"心有灵犀一点通"。

心有灵犀一点通 xīn yǒu líng xī yī diǎn tōng

【释义】灵犀:犀牛角。传说犀牛角中有一条白纹贯通两端,感应灵敏,故称犀牛角为灵犀。原比喻恋爱中的男女两心相通。现泛指彼此心意相通。也作"心有灵犀"。

【例句】身无彩凤双飞翼,～。/我们母女俩也有～的时候。

近义 心心相印

心有余而力不足 xīn yǒu yú ér lì bù zú

【释义】指心里很想做某事,但力量上不够,无法去做。也作"心余力绌"。

【例句】尽管他非常想帮忙,但这件事只凭他一个人也还是～。

近义 力不从心

反义 行有余力

心有余悸 xīn yǒu yú jì

【释义】悸:因害怕而心跳。指危险虽然已经过去,回想起来心里仍然感到很害怕。

【例句】那天晚上我多喝了一点酒,骑车回家的路上,险些被汽车撞到。今天回想那一幕,仍～。

近义 惊魂未定

反义 泰然自若

心余力绌 xīn yú lì chù

见813页"心有余而力不足"。

心猿意马 xīn yuán yì mǎ

【释义】指心思像猴跳马跑那样极不安定。

【用法】比喻心意散乱不专注。

【例句】小红上课时～,所以在被老师提问时张口结舌。

近义 心不在焉

反义 心无旁骛 心如止水

心悦诚服 xīn yuè chéng fú

【释义】悦:愉快。诚:真心,真诚。指由衷地高兴,真心地佩服。

【用法】形容真心诚意地信服或佩服某人或某事。

【例句】凡是到李教授那里去求教的人,都对他～。

近义 心服口服

反义 口服心不服

心照不宣 xīn zhào bù xuān

【释义】照:知道,明白。宣:公开说出。指彼此心里知道,但不公开说出来。

【用法】形容双方心领神会有默契。

【例句】我们～很有默契地再也没有提过这件事了。

近义 心领神会

心照神交 xīn zhào shén jiāo

【释义】照:明了。交:交融。指彼此的思想感情完全相通。

【例句】我们～,不必要那些客套性的礼节。

心知其意 xīn zhī qí yì

【释义】指深刻地领会了主要意思或掌握

了要领。

【例句】老师示范完,学生们立刻～。

心直口快　xīn zhí kǒu kuài

【释义】直:直爽。指性情直爽,心里怎么想就怎么说。也作"口直心快"。

【用法】形容人爽直,讲话不存顾忌。

【例句】她这个人～,说话从不绕弯。

近义 快人快语

反义 吞吞吐吐

心中无数　xīn zhōng wú shù

【释义】数:数目,掌握的实际情况。指不了解情况,心中没有把握。也作"胸中无数"。

【例句】对事情～,又不愿跟人商量,这是绝对不行的。

反义 心中有数　胸有成竹

心中有数　xīn zhōng yǒu shù

【释义】指基本了解情况,处理问题有一定把握。也作"胸中有数"。

【例句】大家别着急,我～,知道该怎么办。

近义 胸有成竹

反义 心中无数

心拙口夯　xīn zhuō kǒu bèn

【释义】夯:笨。指心既笨拙,口又不善讲。

【用法】用于人。多含贬义。

【例句】～的人不适宜做公关的工作。

心醉魂迷　xīn zuì hún mí

【释义】醉:陶醉。迷:沉醉。指心完全被迷住了。也作"心醉神迷"。

【用法】形容对人或事物十分迷恋。

【例句】他将那块宝石从保险柜中取出,坐在小圆桌前～地鉴赏起来。

心醉神迷　xīn zuì shén mí

见 814 页"心醉魂迷"。

欣然自得　xīn rán zì dé

【释义】欣然:高兴的样子。得:得意。

【用法】形容心情愉快,非常得意的样子。

【例句】她的脸上露出一副～的神情。

反义 愁眉苦脸

欣喜若狂　xīn xǐ ruò kuáng

【释义】欣喜:欢喜。若:好像。狂:发狂。指欢喜得像要发狂一样。

【用法】形容高兴到了极点。

【例句】听老师说周末要去春游,大家～。

近义 欢天喜地

反义 怒发冲冠

欣欣向荣　xīn xīn xiàng róng

【释义】欣欣:草木生机旺盛的样子。荣:

茂盛。形容草木生长茂盛。

【用法】现多比喻事业繁荣兴旺。

【例句】春天,到处都呈现～的景象。/社会主义建设～,蒸蒸日上。

近义 蒸蒸日上　生机盎然

反义 江河日下

新陈代谢 xīn chén dài xiè

【释义】陈:旧。代:替代。谢:凋落,衰亡。指生物体内新物质代替旧物质的过程。

【用法】比喻不断产生发展的新事物代替逐渐衰亡的旧事物。

【例句】水是人体～的重要媒介。/～是普遍存在的永远不可抵抗的规律。

近义 吐故纳新　推陈出新

反义 停滞不前

新仇旧恨 xīn chóu jiù hèn

【释义】指新添的仇和旧有的恨。也作"旧恨新仇"。

【用法】形容仇恨很多很深。

【例句】我们素不相识,又没有～,你为什么要找我的麻烦?

近义 深仇大恨

反义 大恩大德

新愁旧恨 xīn chóu jiù hèn

见 369 页"旧愁新恨"。

新发于硎 xīn fā yú xíng

【释义】发:磨。硎:磨刀石。指刀在磨刀石上刚磨好。

【用法】形容十分锋利。也比喻初次施展刚刚掌握的本领。

【例句】这把刀用了这么多年了,仍若～。/当今的青年作者,～,作品犹如雨后春笋,占据文坛。

近义 新硎初试

新官上任三把火 xīn guān shàng rèn sān bǎ huǒ

【释义】指官员新上任时,为了显示自己的才干或表示革新时政的决心,常常要做几件有影响的事情。

【例句】最近单位办公室新来一个主任,对迟到早退抓得很紧,真是～。

新婚燕尔 xīn hūn yàn ěr

【释义】燕尔:快乐的样子。指新婚愉快的情形。也作"燕尔新婚"。

【例句】他们现在～,根本不想理会那些令人烦恼的事情。

新来乍到 xīn lái zhà dào

见 121 页"初来乍到"。

新鲜血液 xīn xiān xuè yè

【释义】比喻富有朝气、充满活力的新生力量。

【例句】这些新战士一来,到处都是他们的欢声笑语,为部队补充了～。

新硎初试 xīn xíng chū shì

【释义】硎:磨刀石。指新磨好的刀初试锋芒。

【用法】比喻经过长期准备或训练后初次施展本领。

【例句】这次演讲我准备了很久,今天～,我非常有信心。

近义 新发于硎

薪尽火传 xīn jìn huǒ chuán

【释义】薪:柴草。指柴草烧尽了,火种却可留传下来。

【用法】比喻学问或技艺代代相传。

【例句】他已经永远离开我们了。～,我

们相信,他的作品是会永远传下去的。

近义 衣钵相传

反义 后继无人

馨香祷祝　xīn xiāng dǎo zhù

【释义】馨香:供奉神佛的香火。祷祝:祷告祝愿。指虔诚地焚香祈祷祝愿。

【用法】形容殷切地期望。

【例句】太好了! 这真是我们日夜～的。

信笔涂鸦　xìn bǐ tú yā

【释义】信笔:随便书写。涂鸦:形容字迹凌乱。也作"信手涂鸦"。

【用法】比喻字写得很难看或胡乱写画。

【例句】我对经济问题一窍不通,写起经济文章来,只是～。

信而有征　xìn ér yǒu zhēng

【释义】信:真实。征:通"证",证据。指真实而有证据。

【例句】关于这件艺术品,大家有种种猜测,但就是找不到～的说法。

近义 有凭有据

反义 捕风捉影

信及豚鱼　xìn jí tún yú

【释义】信:讲信用。及:达到。豚:小猪。指对猪、鱼等都能讲信用。

【用法】形容信用昭著。含褒义。

【例句】这家公司信誉卓著,几十年如一日,可以说是～。

信口雌黄　xìn kǒu cí huáng

【释义】信口:随口。雌黄:鸡冠石,橙黄色,古代用来作为涂改错字的颜料。

【用法】比喻不顾事实随便乱说或妄加评论。

【例句】在没有找到证据之前,你不要～。

近义 胡说八道　信口开河

反义 言之凿凿

信口开河　xìn kǒu kāi hé

【释义】信口:随口,不假思索地说。河:"合"的谐音字,闭嘴。开河:说话时嘴唇张合。

【用法】形容不假思索地随口乱说。

【例句】像他这种～的人,我们不必理会。

近义 胡说八道　信口雌黄

反义 言之凿凿

信马由缰　xìn mǎ yóu jiāng

【释义】信:任随。由:放任。指骑马时不勒缰绳,听凭马随便朝哪里走。

【用法】比喻漫无目的,随意闲逛。也比喻随意行动。

【例句】在家乡的山水间,我～,心情无比舒畅。/公司关门,家庭破裂,使我又回到从前那种～的生活。

近义 任其自然

信赏必罚　xìn shǎng bì fá

【释义】信:确实。必:一定。指有功必赏,有罪必罚。也作"赏信必罚""赏信罚必"。

【用法】形容赏罚严明。

【例句】作为领导者,一定要做到～,大家才能心服口服。

近义 赏罚分明

反义 赏罚不当　罚不当罪

信誓旦旦　xìn shì dàn dàn

【释义】信誓:诚实的誓言。旦旦:诚恳的样子。指誓言十分恳切诚挚。

【用法】形容人极力想表示诚信。

【例句】老板～说自己卖的全是正版光盘,结果被查出不少盗版产品。

近义 海誓山盟

信手拈来　xìn shǒu niān lái

【释义】信手:随手。指随手拈取过来。

【用法】多形容写诗作文不用多费心思就能熟练地运用各种材料和驾驭语言。

【例句】她～皆成文章,足见她作文功底的深厚。

近义 唾手可得

反义 煞费苦心

信手涂鸦　xìn shǒu tú yā

见 816 页"信笔涂鸦"。

信言不美　xìn yán bù měi

【释义】信言:真实的话。指真实的话没有经过修饰,所以不甜美动听。

【例句】～,但它的价值不是那些动听的假话所能比拟的。

信以为真　xìn yǐ wéi zhēn

【释义】相信了,以至当成了真的。指把假的当成真的相信。

【例句】他这个人一向不讲信用,他说的话你不要～。

近义 深信不疑

兴风作浪　xīng fēng zuò làng

【释义】兴、作:掀起。原指神话传说中妖魔施用邪术掀起风浪。

【用法】比喻挑起事端或进行破坏活动。

【例句】盗版激光唱片之所以能在市场上～,很重要的一个原因是正版激光唱片价格偏高。

近义 兴妖作怪

反义 风平浪静

兴国安邦　xīng guó ān bāng

【释义】兴:兴盛。安:安定。邦:国家。指使国家兴盛、安定。

【例句】我不晓得当初为什么叫作兴安岭,今天看来,它的确会有～的意义。

提示"兴"不读作 xìng。

兴利除弊　xīng lì chú bì

【释义】兴:创立。弊:弊端,害处。指兴办有利的事业,清除弊端。也作"兴利除害"。

【例句】为了～,我们还需要继续努力。

近义 除旧布新

提示"兴"不读 xìng。

兴利除害　xīng lì chú hài

见 817 页"兴利除弊"。

兴灭继绝　xīng miè jì jué

【释义】指复兴衰微、灭亡的国家和世家。也指振兴、保存已衰微的事物。

【例句】周武王～，天下的民心都归向他。

兴师动众　xīng shī dòng zhòng

【释义】兴、动：发动。旧指发动大批人马进行战争。也作"劳师动众"。

【用法】现形容为了做某件事而发动许多人。多含贬义。

【例句】他明明可以自己去处理这件事，何必这样～？

近义 大动干戈

反义 偃旗息鼓

兴师问罪　xīng shī wèn zuì

【释义】兴师：举兵。声讨。原指举兵讨伐，责问罪行。

【用法】现泛指发动众人谴责对方的过错。

【例句】他们哪里是来看望我的，这明明就是来～的。

近义 口诛笔伐

【用法】负荆请罪

兴衰成败　xīng shuāi chéng bài

【释义】指兴盛、衰落、成功和失败。泛指各种前途或结局。

【例句】能否抓住机遇，历来是关系企业发展～的大问题。

近义 兴衰荣辱

兴妖作怪　xīng yāo zuò guài

【释义】兴：兴起。妖：害。作怪：作祟。原指迷信中的妖怪施用妖术害人生事。

【用法】比喻坏人暗中捣乱、破坏、制造事端。

【例句】现在看来，这件事完全是李明那

小子在～了。

近义 兴风作浪　成精作怪

星驰电掣　xīng chí diàn chè

【释义】电掣：电光闪过。指像流星飞逝，像电光急闪。

【用法】形容非常迅猛。

【例句】她万分着急地说完这番话，霎时间～，不见踪影。

近义 风驰电掣

星火燎原　xīng huǒ liáo yuán

【释义】星：细小。燎：延烧。指很小的一点儿火花可以引起大火烧遍整个原野。也作"星星之火，可以燎原"。

【用法】比喻小乱子可以酿成大祸。也比喻新生事物迅速地由弱小发展壮大。

【例句】杀几头牛对他们来说不算什么，但是这件事情引起了后来的～。/因特网扩展到中国，仅仅几年时间，就呈～之势。

星离雨散　xīng lí yǔ sàn

【释义】比喻曾在一起的人都相继分离。

【用法】用于书面语。

【例句】我中学时代的老同学，早已～，各奔前程了。

星罗棋布　xīng luó qí bù

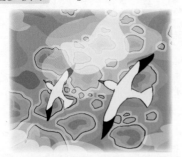

【释义】罗：罗列。布：分布。指像繁星罗列空中，像棋子布满棋盘。

【用法】形容数量多,分布广。

【例句】爱琴海的海岸线非常曲折,港湾众多,岛屿～。

近义 鳞次栉比

反义 寥若晨星

星星之火　xīng xīng zhī huǒ

【释义】指一点点小火星。

【用法】比喻微小的乱子或开始时微小,但有远大发展前途的新事物。

【例句】～,可以燎原。

反义 燎原烈火

星星之火,可以燎原

xīng xīng zhī huǒ,kě yǐ liáo yuán

见 818 页"星火燎原"。

星移斗转　xīng yí dǒu zhuǎn

见 176 页"斗转星移"。

惺惺惜惺惺　xīng xīng xī xīng xīng

见 819 页"惺惺相惜"。

惺惺相惜　xīng xīng xiāng xī

【释义】惺惺:聪慧的人。惜:爱惜。指聪明的人爱惜聪明的人。也作"惺惺惜惺惺"。

【用法】比喻同类的人互相爱惜或同情。

【例句】两位～的喜剧高手,在舞台完成了两人的首次合作。

提示 "惺"不可作"猩"。

惺惺作态　xīng xīng zuò tài

【释义】指装模作样,故作姿态。

【用法】形容虚情假意的样子。

【例句】他这次能来看望姐姐,并非～,而是诚心诚意。

近义 虚情假意

反义 真心实意

腥风血雨　xīng fēng xuè yǔ

【释义】指刮着腥味的风,下着如血的雨。也作"血雨腥风"。

【用法】形容残酷屠杀的惨状或极其险恶的时局。

【例句】在那个～的黑暗年代,当地群众冒着被杀头的危险,偷偷地把烈士们的遗体掩埋起来。

近义 血流成河

行百里者半九十　xíng bǎi lǐ zhě bàn jiǔ shí

【释义】指要走一百里路,走了九十里才算走了一半。

【用法】比喻事情越接近尾声或成功,就越困难,因而越要集中精力,坚持到底。

【例句】古人说得好:～。凡事缺乏坚持到底的韧劲,往往免不了功亏一篑。

行不苟合　xíng bù gǒu hé

【释义】苟合:不正当的结合。指为人正直,不愿与人同流合污。

【例句】屈原忠心爱国、～的品行,值得我们学习。

近义 刚正不阿

反义 趋炎附势

行成于思　xíng chéng yú sī

【释义】行:做事。成:成功。于:介词,从。思:思考。指做事能成功是由于反复思考,认真分析。

【例句】他再次提醒我:这事要慎重考虑,不要急于下结论,～嘛!

近义 三思而行

行将就木　xíng jiāng jiù mù

【释义】行将:即将。就木:进棺材。指快要进棺材了。

【用法】形容老年人寿命已不长,接近死亡了。

【例句】她不懂为什么妹妹的心境是那么苍老凄凉,好像是～的人了。

近义 枯木朽株　日薄西山

反义 欣欣向荣

行若狗彘　xíng ruò gǒu zhì

【释义】彘:猪。指行为像猪狗一样。

【用法】形容人的行为卑鄙无耻。含贬义。

【例句】他这个人一贯～,没人能看得起他。

近义 禽兽不如

行若无事　xíng ruò wú shì

【释义】行:行动,表现。若:好像。指表现得好像没有这么一回事一样。

【用法】形容遇事镇定如常。也形容对坏人坏事不闻不问,毫不在乎。

【例句】面对凶恶的持枪歹徒,他～,机敏地与其周旋,伺机逃脱。/对这种违反纪律的行为,我们可不能听之任之,～!

近义 泰然自若　若无其事

反义 手忙脚乱　惊慌失措

行色匆匆　xíng sè cōng cōng

【释义】行色:外出时的神情。形容外出时匆忙赶路或神态匆忙。

【例句】那么美的景色,可惜当时～,我都没来得及好好欣赏。

近义 风尘仆仆

反义 安步当车

行尸走肉　xíng shī zǒu ròu

【释义】指能行走而无灵魂的尸身。

【用法】比喻庸碌无能、精神空虚的人。

【例句】自从她丈夫去世后,她就如同～一般,过着毫无生机的日子。

近义 酒囊饭袋

反义 虽死犹生

行思坐想　xíng sī zuò xiǎng

【释义】指无论行走还是坐下都在思考。

【用法】形容无时无刻不在思考。

【例句】他～,废寝忘食,终于把这个问题想明白了。

近义 左思右想

行侠仗义　xíng xiá zhàng yì

【释义】指做侠客,讲义气。

【用法】形容能在关键时刻舍己救人。

【例句】他从小～,爱打抱不平。

行凶撒泼　xíng xiōng sā pō

【释义】撒泼:耍无赖,用蛮横无理的行动待人。指待人凶恶、蛮横无理。

【例句】她自己理亏,受到厂长批评后,便～,向厂长一头撞过去。

近义 无理取闹

反义 彬彬有礼

行易知难　xíng yì zhī nán

【释义】行:实行。知:懂得。指做起来容易,懂得其事理却很困难。

【例句】这项试验的确是～,东西是做出来了,但对它的机制还须做深入研究。

行有余力 xíng yǒu yú lì

【释义】指做完应该做的事后,还有多余的精力去做别的事情。

【例句】在～的范围里,我们可以提供多余的口粮给你们。其他的就帮不上忙了。

反义 心余力绌

行远自迩 xíng yuǎn zì ěr

【释义】迩:近。指要走远路,必须从近处开始迈步。

【用法】比喻学习、做事要由浅入深,循序渐进。

【例句】～,学习要从基础学起,然后逐步加深。

反义 一步登天

行云流水 xíng yún liú shuǐ

【释义】指天上飘浮的云,河里流淌的水。

【用法】形容诗文、书画、歌唱等自然流畅。

【例句】八岁时她已经能把贝多芬、门德尔松的协奏曲演奏得～一般。

近义 挥洒自如

行之有效 xíng zhī yǒu xiào

【释义】指实行某种办法或措施确有成效。

【例句】如若只是有而无～的措施,道路交通事故还可能继续增长。

近义 立竿见影

反义 劳而无功

行住坐卧 xíng zhù zuò wò

【释义】泛指人的一举一动。

【例句】你只看那猴儿,无论～,他总把个脑袋扎在胸坎子上,倒把脖儿扛起来。

行踪无定 xíng zōng wú dìng

【释义】指到处漂泊,没有固定的处所。

【例句】这些土匪～,四处劫掠。

近义 神出鬼没

形单影只 xíng dān yǐng zhī

【释义】形:身体。只:单独。指只有孤单一人和自己的影子。

【用法】形容孤孤单单,没有同伴。

【例句】如果有个孩子,她也不会这样～了。

近义 形影相吊

反义 成双成对

形迹可疑 xíng jì kě yí

【释义】形迹:人的举止和神色。指行为举止和神色都令人产生怀疑。

【例句】最近,她常发现有～的人跟踪她。

近义 行踪诡秘

形容枯槁 xíng róng kū gǎo

【释义】形容:外貌,模样。槁:干枯。指面容憔悴,身体消瘦。

【例句】大病一场之后,老李～,有气无力。

近义 形销骨立

形色仓皇 xíng sè cāng huáng

【释义】指动作匆忙,神色慌张。

【例句】她～地跑过来告诉大家,李老师在办公室里晕倒了。

近义 张皇失措

反义 神态自若

形势逼人 xíng shì bī rén

【释义】指形势发展非常快,迫使人们不得不更加努力。

【例句】现在人才辈出,竞争激烈,～,我们只有不断充实自己,才能在社会中谋得一席之地。

形同虚设 xíng tóng xū shè

【释义】指形式上虽然存在，但实际上已没有作用。

【例句】若制定好的规矩不认真执行，那规矩不就是～吗？

形销骨立 xíng xiāo gǔ lì

【释义】形销：形体消瘦。骨立：骨头凸露出来。指身体瘦成一副骨架子。

【用法】形容身体极为消瘦。

【例句】她离开长春的时候，病体枯槁，～。

近义 瘦骨伶仃

反义 脑满肠肥　大腹便便

形形色色 xíng xíng sè sè

【释义】形形：生出形体。色色：生出颜色。指事物种类繁杂，各式各样。

【例句】海面上有很多大大小小、～的船只。

近义 五花八门

反义 千篇一律

形影不离 xíng yǐng bù lí

【释义】指像形体和它的影子那样不能分离。

【用法】形容彼此关系密切。

【例句】她们两个是～的好朋友。

近义 形影相依　如影随形

反义 天各一方

形影相吊 xíng yǐng xiāng diào

【释义】吊：慰问。指只有身体和影子互相安慰。

【用法】形容孤独无依。

【例句】他独自一人来到上海，～，无依

无靠。

近义 形影相依　形单影只

形影相随 xíng yǐng xiāng suí

见822页"形影相依"。

形影相依 xíng yǐng xiāng yī

【释义】指形体和影子互相依恋。也作"形影相随"。

【用法】形容关系亲密，时刻不离。也形容非常孤单。

【例句】她从小和母亲～，母亲的一举一动都深深印在她的脑海里。/这位老人无儿无女，现在～，非常可怜。

近义 形影不离　形影相吊

兴高采烈 xìng gāo cǎi liè

【释义】采：神采，情绪。指兴致高涨，情绪热烈。

【用法】形容十分愉快的样子。

【例句】听到这个消息，会场顿时沸腾起来，人们都～地欢呼跳跃。

近义 兴致勃勃　欢天喜地

反义 无精打采　闷闷不乐

提示 "兴"不读 xīng。

兴会淋漓 xìng huì lín lí

【释义】兴会：兴致，情趣。淋漓：酣畅。

【用法】形容兴致很高，精神愉快。

【例句】主人把皮球往前远抛，小狗就～地往前跑，拼命把那个皮球抓着衔回来给它的主人。

近义 兴致勃勃

反义 兴味索然

提示 "兴"不读 xīng。

兴尽而返 xìng jìn ér fǎn

【释义】指玩乐结束，兴致得到满足，才回

家去。

【例句】我们在云南游玩了一个月,到假期结束了才～。

反义 败兴而归

兴味盎然　xìng wèi àng rán

【释义】兴味:兴趣,趣味。盎然:趣味洋溢。

【用法】形容兴趣浓厚。

【例句】上地理课时,老师就把他们带到海边,在海滩上做地形的沙盘。大家边玩边做,～。

反义 兴味索然

提示 "兴"不读 xīng。

兴味索然　xìng wèi suǒ rán

【释义】兴味:兴趣,趣味。索然:毫无兴趣的样子。

【用法】形容毫无兴趣。

【例句】好端端的一次同学聚会,让她这么一搅和,大家顿时～,纷纷起身告辞。

反义 兴味盎然

提示 "兴"不读 xīng。

兴致勃勃　xìng zhì bó bó

【释义】兴致:兴趣。勃勃:旺盛的样子。也作"兴致勃发"。

【用法】形容兴趣很浓。

【例句】尽管一整天漫长的会议刚刚结束,他们还是显得～,打算去新开的饭店尝尝。

近义 兴会淋漓

反义 兴致索然

提示 "兴"不读 xīng。

兴致勃发　xìng zhì bó fā

见 823 页"兴致勃勃"。

兴致索然　xìng zhì suǒ rán

【释义】兴致:兴趣。索然:没有兴趣的样子。

【用法】形容没有一点兴趣。

【例句】这几天,他好像生了病一样,对什么都～。

近义 兴尽意阑

反义 兴会淋漓　兴致勃勃

提示 "兴"不读 xīng。

杏花春雨　xìng huā chūn yǔ

【释义】指杏花芬芳,春雨霏霏。

【用法】形容初春的景色。

【例句】在人们心里,江南是个迷人的地方,～,小桥流水,永远是一首轻灵优美的抒情诗,一幅引人遐想的山水画。

杏脸桃腮　xìng liǎn táo sāi

【释义】指脸儿像杏花一样白,两腮像桃花一样红。

【用法】形容女子的容貌非常秀美。

【例句】她～,煞是可爱。

近义 艳如桃李

反义 面如土色　面黄肌瘦

幸免于难　xìng miǎn yú nàn

【释义】幸:侥幸。免:避免。于:介词,在。难:灾难。指侥幸地避免了灾难。

【例句】梁思成建议盟军不要轰炸保存古建筑和文物最多的奈良、京都,使得这两座日本古城～。

提示 "难"不读 nán。

幸灾乐祸　xìng zāi lè huò

【释义】幸:高兴,欢喜。指对别人遭受灾祸感到很高兴。

【例句】我这次考试没发挥好,她没有一句安慰的话,反而～。

反义 兔死狐悲

性命交关　xìng mìng jiāo guān

【释义】交关：相关。指关系到人的性命。也作"性命攸关"。

【用法】形容情况危急，关系重大。

【例句】胸外科手术，每一台都是～。

近义 人命关天

反义 无关宏旨

性命攸关　xìng mìng yōu guān

见 824 页"性命交关"。

性情中人　xìng qíng zhōng rén

【释义】性情：脾气，性格。指有血性，敢说敢做的人。

【例句】别看他年纪小，倒是个～。

性直口快　xìng zhí kǒu kuài

【释义】指性情直爽，有啥说啥。

【例句】她是个～的姑娘。

近义 心直口快

凶多吉少　xiōng duō jí shǎo

【释义】凶：不吉利。指危险多，吉利少。多指根据某种迹象估计情况不妙，可能会出现危险。也作"吉少凶多"。

【用法】用来表示对事态发展不乐观的估计。

【例句】你现在出去，肯定是～，他们不会轻易放过你的。

近义 九死一生

反义 吉星高照

凶神恶煞　xiōng shén è shà

【释义】煞：迷信说法中的凶神。指凶恶的鬼神。

【用法】比喻凶狠的人。也形容人凶狠可怕。

【例句】他不是一个～的人，他很慈祥，你不要害怕。

近义 面目狰狞

反义 慈眉善目　和蔼可亲

凶相毕露　xiōng xiàng bì lù

【释义】相：容貌，面目。毕：完全，全部。指凶恶的面目完全暴露出来。

【用法】多形容去掉了伪善，露出了凶恶的本来面目。

【例句】对他利诱没成功，敌人立刻～，改用严刑拷打来获取情报。

近义 面目狰狞

反义 笑容可掬

凶终隙末　xiōng zhōng xì mò

【释义】凶：不吉利，不幸。隙：嫌隙。终、末：告终，结尾。指原来是好朋友，却以不幸告终的，或因感情破裂结尾的。

【用法】比喻友情不能全始全终。

【例句】他二人之所以～，是由于价值观不同。

兄弟阋墙　xiōng dì xì qiáng

【释义】阋：争吵。墙：墙内。指兄弟在家里争吵。

【用法】喻指内部纠纷。

【例句】在封建大家族里，为权为钱，～不断。

汹涌澎湃　xiōng yǒng péng pài

【释义】汹涌：波涛翻滚上涌。澎湃：波浪撞击的声音。

【用法】形容波涛奔涌激荡的样子。也形容声势浩大，不可阻挡。也形容感情强烈，难以抑制。

【例句】当时正是河水暴涨，～。/随着～的社会主义经济建设高潮而来的，是将要出现一个文化建设的高潮。/他内心的激动是抑制不住的，～的感情在不知不觉中流露出来。

近义 波澜壮阔

反义 波澜不惊

胸怀大志 xiōng huái dà zhì

【释义】指胸中有远大的志向。

【例句】从这件事情我们就可以看出，他是个～的人。

近义 雄心壮志

反义 胸无大志

胸怀磊落 xiōng huái lěi luò

【释义】胸怀：襟怀，心胸。比喻做事、为人光明正大，没有不能告人之事。

【例句】他人缘很好，因为他待人诚恳，～。

近义 胸怀坦荡

反义 心胸狭窄

胸无城府 xiōng wú chéng fǔ

【释义】城府：比喻待人处事的心机。形容为人坦率真诚，不用心机。

【例句】他是个表里如一、～的人。

近义 襟怀坦白

反义 心怀叵测

胸无大志 xiōng wú dà zhì

【释义】指胸中没有远大的志向和理想。

【例句】少数青少年～，不求上进，成天泡网吧，打游戏。这样混下去，难以成才。

反义 胸怀大志

胸无点墨 xiōng wú diǎn mò

【释义】指胸中一点墨水也没有。也作"腹无点墨"。

【用法】比喻人毫无学识。

【例句】仅从外表，谁会看得出他是个～的人？

近义 目不识丁

反义 满腹经纶　学富五车

胸无宿物 xiōng wú sù wù

【释义】宿物：素有的、早就有的东西，喻指成见。比喻为人坦率，没有成见。

【用法】用于人。含褒义。

【例句】阿祥为人豪爽，～，和我是无话不谈的挚友。

近义 胸无城府

反义 居心叵测

胸有成略 xiōng yǒu chéng lüè

见 825 页"胸有成竹"。

胸有成竹 xiōng yǒu chéng zhú

【释义】指在画竹子之前心里已经有了一幅竹子的形象。也作"胸有成略""成竹在胸"。

【用法】比喻做事之前已有了通盘考虑。

【例句】只有刻苦学习,扎扎实实地掌握了基础知识,面对考试才能～。

近义 胸有丘壑　心中有数

反义 心中无数

胸有丘壑　xiōng yǒu qiū hè

【释义】壑:山谷。原指绘画、作文下笔之前已经对所描绘的事物有完整的把握。

【用法】比喻做事之前心里已有全盘考虑和安排。也比喻见多识广,有主见。

【例句】她做事一向～,我们都放心把工作交给她去做。/他是一个～、深藏不露的政治家。

近义 胸有成竹

胸中块垒　xiōng zhōng kuài lěi

【释义】指胸中郁结的不平之气。

【例句】他一时气结,～难以抒发。

胸中无数　xiōng zhōng wú shù

见 814 页"心中无数"。

雄才大略　xióng cái dà lüè

【释义】雄:杰出。略:谋略。指杰出的才能和远大的谋略。

【例句】他这个人有～,但是疑心太重,这一点对他事业的发展造成了不利的影响。

近义 雄才盖世

反义 庸懦无能

雄心勃勃　xióng xīn bó bó

【释义】雄心:远大的理想和抱负。勃勃:意愿强烈的样子。

【用法】形容具有实现远大理想和抱负的强烈意愿。

【例句】想当初,齐先生从海外学成归来,～,一心想振兴中国的医学工业。

反义 心灰意冷

雄心未死　xióng xīn wèi sǐ

【释义】比喻人的壮志并没有因为失败而消沉。

【例句】那时,许多共产党员因被叛徒出卖而落入敌人手中,但他们～,在狱中仍然坚持工作和学习。

反义 万念俱灰

雄心壮志　xióng xīn zhuàng zhì

【释义】指宏伟的志向和远大的抱负。

【例句】他这人从来没有什么～,也不想出人头地,只想老老实实地赚几个辛苦钱,把四个孩子拉扯大。

近义 豪情壮志　鸿鹄之志

反义 胸无大志

雄姿英发　xióng zī yīng fā

【释义】指威武雄壮的姿态,神采焕发。

【例句】那时,他二十二岁,风华正茂,～。

近义 英姿飒爽

熊心豹胆　xióng xīn bào dǎn

【释义】指熊的心脏和豹子的胆。

【用法】形容胆子非常大。

【例句】他吃了～啦,难道不知道高司令的厉害!

近义 胆大如斗

反义 胆小如鼠

休戚相关　xiū qī xiāng guān

【释义】休:欢乐,喜悦。戚:忧愁,悲伤。指彼此间欢乐和忧愁、幸福和灾祸相互关联。

【用法】形容彼此关系非常密切,利害一致。

【例句】妈妈所担负的家务,都是每日必需,与每个家庭成员的生活都～的。

近义 休戚与共　患难与共
反义 风马牛不相及

休戚与共　xiū qī yǔ gòng

【释义】休:欢乐,喜悦。戚:忧愁,悲伤。指彼此一起承受忧喜祸福。

【用法】形容彼此关系密切,同甘共苦。

【例句】我们一定会相濡以沫、～地共度美好的人生。

近义 患难与共　休戚相关

休养生息　xiū yǎng shēng xī

【释义】休养:休息保养。生息:人口繁殖。指国家经历了大的动荡或变革之后,减轻人民负担,安定群众生活,使经济得到恢复和发展。

【例句】这是多少战士牺牲了宝贵的生命,才赢得了胜利,换得了一个～的时间。

近义 养精蓄锐　与民休息
反义 劳民伤财　穷兵黩武

修旧利废　xiū jiù lì fèi

【释义】指把旧的东西修理好,把废物利用起来。泛指厉行节约。

【例句】小张为了给公司省资金,常常～。

修身养性　xiū shēn yǎng xìng

【释义】指修养心性,努力提高自己的品德修养。也作“修心养性”。

【例句】那里环境清幽,正是他～的好地方。

修饰边幅　xiū shì biān fú

【释义】修饰:整理打扮。边幅:布帛的边缘。形容人非常注意仪容和衣着。也比喻关注无关大局的小事。

【例句】他这人,不～,在几次公开场合都以一件极其普通的衬衣示人。

反义 不修边幅

修文偃武　xiū wén yǎn wǔ

见 850 页“偃武修文”。

修心养性　xiū xīn yǎng xìng

见 827 页“修身养性”。

修学务早　xiū xué wù zǎo

【释义】修学:研习学业。指学习知识应该趁年纪小的时候进行。

【例句】～,孩子们不要虚度了大好时光。

羞愧难当　xiū kuì nán dāng

【释义】当:面对着,向着。指因羞耻惭愧而难以面对。

【用法】形容极为羞愧。

【例句】想起自己之前做过的龌龊事,他感到～。

羞面见人　xiū miàn jiàn rén

【释义】指因羞愧而怕见到人。

【例句】胜败乃兵家常事,一次比赛不利,也不必～!

羞羞答答　xiū xiū dā dā

【释义】答答:害羞的样子。指非常害羞,不好意思。

【例句】蔷薇花～地绽开了笑脸。

反义 落落大方

羞与为伍　xiū yǔ wéi wǔ

【释义】羞:羞耻。与:介词,跟。为伍:在一起,作伙伴。指把与某些人相处视为羞耻的事。

【用法】形容不屑于和某些人在一起。

【例句】以走私起家的宏达公司想聘方达为技术顾问,方达～,断然拒绝。

朽木不雕　xiǔ mù bù diāo

【释义】指腐朽的木头不堪雕琢。

【用法】比喻人不可挽救或局面无法挽回。

【例句】众人劝说仍于事无补,看来他确实已经是～。

近义 枯林朽木

反义 孺子可教

朽木粪墙　xiǔ mù fèn qiáng

【释义】指腐朽的木头和脏土烂泥筑的墙壁,都是不能利用之物。

【用法】比喻不堪造就的人或无用的东西。

【例句】在我的众多学生中,总会有～,我实在无能为力。

近义 朽木之材

反义 可造之材

朽木死灰　xiǔ mù sǐ huī

【释义】朽木:腐烂的木头。死灰:冷却的灰。

【用法】比喻人毫无生气,意志消沉。

【例句】那时我思想消沉,如同～一般,要是不是你的帮助,我不知会变成什么样子。

秀出班行　xiù chū bān háng

【释义】秀:特异,优秀。班行:同辈,同列。指优秀超出同辈。

【用法】用于人。含褒义。

【例句】这次全国中学生数学竞赛,小赵～,夺得第一名。

秀而不实　xiù ér bù shí

【释义】秀:禾类植物花开。实:结果实。指只开花,不结果。

【用法】比喻只有一点表面的东西,而没有实际成就。

【例句】我看他心性浮躁,～,缺乏高级管理人员的基本素质,不宜再担任部门经理的职务。

近义 华而不实

反义 名副其实

秀色可餐　xiù sè kě cān

【释义】秀色:美丽的容颜或景色。餐:吃。指美丽的容貌或景色足以让人忘记饥饿。

【用法】形容女子容貌非常美丽。也形容景物秀美。

【例句】那时的达坂城里,的确随处可见清纯可爱、～的姑娘。/置身于神奇的九寨沟,你不能不为这千姿百态、～的人间仙境所倾倒,不能不为这大自然的鬼斧神工所折服。

秀外慧中　xiù wài huì zhōng

【释义】秀:秀美。慧:聪慧,聪明。指外貌秀美,内心聪明。

【用法】多用于形容女子。

【例句】她是个～的女人,在单位很受大

家尊敬。
反义 绣花枕头

袖手旁观　xiù shǒu páng guān

【释义】指把双手插在袖子里,在旁边观看。也作"束手旁观"。

【用法】比喻置身事外,不过问,不参与。

【例句】眼看同事小王和小李打得不可开交,他却选择～。

近义 冷眼旁观
反义 挺身而出

绣花枕头　xiù huā zhěn tóu

【释义】指绣了花的枕头(很好看)。

【用法】比喻只有漂亮的外表,而无真才实学的人。

【例句】公关部经理不仅要外貌端正,更要具有广博的知识,机智的应变能力以及出色的沟通能力,～是不能胜任这项工作的。

近义 华而不实　虚有其表

须眉交白　xū méi jiāo bái

【释义】须:胡须。交:都。指胡须、眉毛都白了。

【例句】老先生虽然～,却脸色红润,声音洪亮,做事利落,人们都不相信他已九十出头了。

虚怀若谷　xū huái ruò gǔ

【释义】谷:山谷。指胸怀像山谷一样深而宽广。

【用法】形容人胸怀宽广,能接纳别人不同的意见。

【例句】我们交朋友一定要以诚相待,～,互相信任尊重,关心支持。

虚情假意　xū qíng jiǎ yì

【释义】指虚假的情意。

【用法】形容虚伪做作,对人没有诚意。

【例句】他这个人,不会～,总是有什么就说什么。

近义 假仁假义
反义 真心实意　诚心诚意

虚位以待　xū wèi yǐ dài

【释义】虚:空着。位:位置,地方。指空着位子等候。也作"虚左以待""虚席以待"。

【用法】形容期待贤才。

【例句】像他这样的能人我们是～,希望来得越多越好。

虚无缥缈　xū wú piāo miǎo

【释义】缥缈:隐隐约约,若有若无。形容事物虚幻渺茫,难以捉摸。也比喻毫无根据或不现实的东西。

【例句】昨天,大约4万名游客云游泰山,在～中品得一份亦人亦仙的韵味。/现在有一些年轻人就喜欢夸夸其谈地讲一些～的东西。

近义 扑朔迷离
反义 确凿不移

虚席以待　xū xí yǐ dài

见829页"虚位以待"。

虚应故事　xū yìng gù shì

【释义】虚应:随便应付。故事:先例。指依照先例应付,敷衍了事。

【用法】形容办事不认真,敷衍了事。

【例句】在刚刚的会议上,我能看出,他不是～,确实是在认真地听。

近义 敷衍了事
反义 一丝不苟

虚有其表　xū yǒu qí biǎo

【释义】指空有好看的外表，而实际不行。也作"空有其表"。

【用法】形容有名无实的人或物。

【例句】现在许多化妆品～，包装过于繁杂，有的包装价格已远远超过化妆品内在的价格。

近义 有名无实

反义 名副其实

虚与委蛇　xū yǔ wēi yí

【释义】虚：假。委蛇：顺从的样子。指假意顺从，敷衍应酬。

【例句】他失望地离开了工厂，因为他听出厂长的话说得不那么由衷，不过是在～地随口附和罢了。

近义 敷衍塞责

提示 "委蛇"不读作 wěi shé。

虚张声势　xū zhāng shēng shì

【释义】指故意造出很大的声势，迷惑对方。

【例句】这次他绝不是在～，我们必须有所防范。

近义 装腔作势

反义 不动声色

虚左以待　xū zuǒ yǐ dài

见829页"虚位以待"。

嘘寒问暖　xū hán wèn nuǎn

【释义】嘘：呵气。嘘寒：呵出热气使寒冷的人暖和。问：问候。指问候冷热。也作"问寒问暖"。

【用法】形容对别人的生活十分关切。

【例句】弟弟一家离父母住处很近，经常对父母～，十分孝敬。

反义 漠不关心

栩栩如生　xǔ xǔ rú shēng

【释义】栩栩：生动活泼的样子。形容艺术形象非常生动逼真，像活的一样。

【用法】多用于形容绘画、雕刻等艺术品。

【例句】这幅绢画虽然已成残片，但仍可见画中的马精气十足，～。

近义 惟妙惟肖

旭日东升　xù rì dōng shēng

【释义】指初升的太阳从东方升起来。

【用法】比喻朝气勃勃，充满青春的活力。

【例句】在我们公司里，每天都是～，到处都有崭新的机会，可以编织各种梦想。

近义 朝气蓬勃

反义 日薄西山　夕阳西下

恤孤念寡　xù gū niàn guǎ

【释义】恤、念：哀悯，怜惜。指怜惜贫穷孤寡的人。

【例句】张老先生一辈子～，积德行善，是我们大家都非常尊敬的一位老人。

近义 惜老怜贫

絮絮叨叨　xù xù dāo dāo

【释义】形容人说话反反复复，絮叨不休。

【例句】就这一件小事,她～地说了三个小时。

近义 喋喋不休

反义 要言不烦

蓄谋已久 xù móu yǐ jiǔ

【释义】蓄:心里藏着。谋:计谋。指早就有这个(坏的)计谋。

【例句】兰子告诉我,要搞垮我,这是强子一伙～的,只是我从没察觉罢了。

蓄势待发 xù shì dài fā

【释义】蓄:积蓄。势:政治、经济、军事等方面的力量。

【用法】形容军队积蓄力量,等待进发。也形容积蓄力量,准备大发展。

【例句】在巴基斯坦境内,针对恐怖组织的一次军事行动正～。/经过两个月的准备,这些运动员们已经～,准备迎战奥运会。

轩昂自若 xuān áng zì ruò

【释义】轩昂:气度不凡。形容人的气度不凡,神态如常。

【例句】在这次会面中,他的那份～,征服了所有人。

近义 气度非凡

轩然大波 xuān rán dà bō

【释义】轩然:高高涌起的样子。指高高涌起的波涛。

【用法】比喻大的纠纷、风波或强烈的反响。

【例句】你等着看吧,这个会一结束,在全公司又得引起一场～。

近义 惊涛骇浪

反义 风平浪静

轩轩甚得 xuān xuān shèn dé

【释义】轩轩:意气高昂的样子。形容人意气高昂、洋洋自得。

【例句】当评委会宣布他获得本届电影节最佳男演员奖时,他不禁～地向同伴们挥手致意。

揎拳裸袖 xuān quán luǒ xiù

【释义】揎:卷起(衣袖)。裸:露出。指卷起袖子,伸出拳头。

【用法】形容怒气冲冲,准备打人的样子。

【例句】街口上围了一大群人,只见一个黑脸汉子站在中间,～,大声叫骂。

反义 心平气和

喧宾夺主 xuān bīn duó zhǔ

【释义】喧:喧闹。指客人的喧闹声压过了主人的声音。

【用法】比喻客人占了主人的位置或外来的、次要的事物压倒了原有的、主要的事物。

【例句】小学就应抓最基础的东西,门类太多反而容易～。

近义 反客为主

提示 "喧"不能写成"宣"。

玄酒瓠脯 xuán jiǔ hù fǔ

【释义】玄酒:古代祭祀时代替酒的水。瓠:瓠瓜,泛指蔬菜。瓠脯:以蔬菜代替的肉十和果品。指以白水为酒,以蔬菜代肉类菜品。

【用法】比喻生活清贫俭朴。用于书面语。

【例句】晚年,他皈依佛门过着～的生活。

玄圃积玉 xuán pǔ jī yù

【释义】玄圃:传说昆仑山顶神仙住的地

方。指玄圃园中积存的美玉。

【用法】比喻文章荟萃精华，字字珠玑。

【例句】这样漂亮的文章，真是～，世间稀有！

近义 绣虎雕龙

玄之又玄　xuán zhī yòu xuán

【释义】玄：玄妙，深奥。原为道家语，指道非常玄妙。

【用法】用于形容道理、言论玄妙，难以理解。

【例句】他说起话来转弯抹角，～，像在打哑谜。

悬灯结彩　xuán dēng jié cǎi

见960页"张灯结彩"。

悬而未决　xuán ér wèi jué

【释义】悬：搁置。决：解决。指问题被搁置起来，一直没有得到解决。

【例句】至今，我们还有三个问题～。

悬河泻水　xuán hé xiè shuǐ

【释义】悬河：瀑布。指像瀑布一样倾泻而下。

【用法】形容说话滔滔不绝或思路通畅无碍。

【例句】这位神采奕奕的老人为大家讲历史，如～，注而不竭。

近义 滔滔不绝

反义 缄口无言

悬壶济世　xuán hú jì shì

【释义】悬壶：行医。济：救济。世：世界。指行医救济世人。

【例句】父亲在任教之暇，还喜欢研究医书，对中医很有研究，只是从来没有～。

悬梁刺股　xuán liáng cì gǔ

【释义】股：大腿。指把头发束起来吊在屋梁上，用锥子刺大腿。也作"刺股悬梁"。

【用法】形容发愤刻苦学习。

【例句】看着他～的劲头，妈妈欣慰地笑了。

近义 囊萤积雪　凿壁偷光

反义 无心向学

悬崖绝壁　xuán yá jué bì

【释义】悬崖：高而陡的山崖。绝壁：极其陡峭不能攀爬的山崖。指高而陡峭的山崖。

【用法】形容山势险峻。

【例句】狼牙山的顶峰棋盘坨，三面都是～。

近义 崇山峻岭

反义 一马平川

悬崖勒马　xuán yá lè mǎ

【释义】指在悬崖边上勒住马停止前进。

【用法】比喻到了极危险的边缘及时醒悟回头。

【例句】如果你再不～，你就会有大麻烦了。

近义 迷途知返

反义 执迷不悟

悬羊头,卖狗肉 xuán yáng tóu mài gǒu ròu
见 257 页"挂羊头,卖狗肉"。

旋乾转坤 xuán qián zhuǎn kūn
【释义】乾、坤:《周易》八卦中的两个卦名,指阴阳,引申为天地、日月、男女等。指转换乾坤位置。
【用法】比喻根本性的变化。常用于指改变自然的、社会的面貌,或改变已成的局面。
【例句】推翻国民党反动统治,建立新中国,这是历史性的巨变,是～的巨变。

选贤用能 xuǎn xián yòng néng
见 833 页"选贤任能"。

选贤任能 xuǎn xián rèn néng
【释义】贤:有德才的人。能:有才能的人。指选择任用德才兼备的人。也作"选贤用能"。
【例句】在知识经济时代,需要大批专家参与管理,～的任务就显得十分重要。
近义 任人唯贤
反义 任人唯亲

烜赫一时 xuǎn hè yī shí
【释义】烜:盛大,昭著。指在一个时期内名声或势力很大。
【例句】他既是一位著名的书法家,也是一位～的政治家。
近义 名噪一时
反义 名垂青史
提示 "烜"不能写成"恒"。

炫异争奇 xuàn yì zhēng qí
【释义】炫:夸耀。指争相夸耀,看谁更奇异。
【例句】展览会上,上千种展品～,令人流连忘返。
近义 争奇斗异

炫玉贾石 xuàn yù gǔ shí
【释义】炫:显示。贾:卖。指给人看的是美玉,而卖给人的却是石头。
【用法】比喻骗人的无耻行径。
【例句】卖伪劣产品,坑消费群众,这是奸商的生财之道。这种人凭着～的手段敛财,真是无耻之极。
近义 挂羊头,卖狗肉
提示 "贾"不念 jiǎ。

炫玉自售 xuàn yù zì shòu
【释义】炫:夸耀。指夸耀自己的玉器让别人来买。
【用法】比喻自我夸耀以求得别人的赏识。
【例句】她这个人,一向喜欢～,却一直没有人买她的账。
近义 毛遂自荐
反义 深藏不露

绚丽多彩 xuàn lì duō cǎi
【释义】绚丽:灿烂美丽。形容景致、事物灿烂华丽,色彩丰富。
【例句】生命因梦想而～,迸发活力。
近义 五光十色　五彩缤纷
反义 黯淡无光

削壁千仞 xuē bì qiān rèn
【释义】削壁:直立的山崖,像刀削过一样。仞:古时七尺或八尺为一仞。千仞:形容非常高。
【用法】形容山崖极高,山势陡峭。
【例句】初看傲来峰～,仿佛上与天通。
近义 悬崖绝壁
反义 一马平川
提示 "削"不读 xiāo;"仞"不读 rěn。

X

削铁如泥　xuē tiě rú ní

【释义】指削铁如同削泥土一样容易。

【用法】形容刀、剑等极其锋利。

【例句】这把古剑，师傅精心保养，从不轻易示人，据说至今仍然锋利无比，～。

提示 "削"不读 xiāo。

削职为民　xuē zhí wéi mín

【释义】削：革除，撤销。指撤销官职，降为平民。

【例句】他曾要求～，回老家务农。

削足适履　xuē zú shì lǚ

【释义】足：脚。适：使……适合。履：鞋。指脚大鞋小，把脚削小，以适合鞋子的尺码。

【用法】比喻不顾具体情况生搬硬套。

【例句】完全照抄照搬西方时髦的理论术语去分析中国的文学作品，这无异于～。

近义 生搬硬套

反义 量体裁衣

穴处之徒　xué chǔ zhī tú

【释义】穴：洞。处：居。指居住在洞穴中的人。

【用法】比喻孤陋寡闻、见识浅薄的人。

【例句】跟这些鼠目寸光的～没有什么好说的。

穴居野处　xué jū yě chǔ

【释义】穴：洞穴。处：居住。指在洞穴居住，在荒野生活。原形容上古人类的生活状况。

【用法】现多形容艰苦的生活状况。

【例句】为了逃避警方追捕，他～，昼伏夜出，犹如丧家之犬。

提示 "处"不读 chù。

学而不厌　xué ér bù yàn

【释义】厌：满足。指学习努力而永不满足。

【用法】形容虚心好学。

【例句】张教授活到老，学到老，他这种～的精神很值得我们学习。

近义 好学不倦　皓首穷经

学而知之　xué ér zhī zhī

【释义】指通过学习才懂得道理，掌握知识。

【例句】人的才能虽有天生的差异，但主要还是后天通过学习而获得的。没有生而知之，只有～。

反义 生而知之

学非所用　xué fēi suǒ yòng

【释义】指所学的不是实际工作中用得着的。

【例句】～，用非所学，都会造成人才的浪费。

反义 学以致用

学富才高　xué fù cái gāo

【释义】指学识渊博，才能高强。

【例句】在场的一位～的教授，一下就道出了此次实验的关键。

近义 博学多才

反义 一无所知

学富五车　xué fù wǔ chē

【释义】学:学习。富:多。五车:五车书。指读了五车书。

【用法】形容书读得非常多,学识渊博。

【例句】古人以～为饱学,可我涉猎的书籍却少得可怜。

近义 才高八斗　学贯中西

反义 目不识丁　不学无术

学贯中西 xué guàn zhōng xī

【释义】贯:贯通。指学问能贯通中国和西方的各种知识。

【用法】形容学识渊博。

【例句】巴金～,文笔雄厚优雅,深受读者喜欢。

近义 学富五车　学究天人

反义 不学无术

学海无边 xué hǎi wú biān

见835页"学海无涯"。

学海无涯 xué hǎi wú yá

【释义】涯:边际。指学问的海洋是无边无际的。也作"学海无边"。

【用法】比喻学习知识永远没有止境。

【例句】看着年近七十岁的李教授每天还在翻看中外文献,我不禁感叹,真是～啊!

近义 学无止境

学界泰斗 xué jiè tài dǒu

【释义】泰斗:泰山和北斗星。形容学术界地位崇高的领袖人物。

【例句】他是～,受到大家的尊重。

学究天人 xué jiū tiān rén

【释义】究:探究,推求。天人:天道与人事,自然与社会。指有关自然和社会方面的学问都通晓。

【用法】形容学识渊博。

【例句】这位老教授～,受到全校师生的

爱戴。

近义 学贯中西

反义 不学无术

学无常师 xué wú cháng shī

【释义】常:固定。指求学没有固定的老师。即求学的人要以学有所长的各种人为老师。

【例句】～,我们科研工作者更应注重博采众长,开拓思路,努力寻求新的突破点。

学无止境 xué wú zhǐ jìng

【释义】止境:终点,尽头。指在学习知识上是没有终点的。

【例句】～,我们要活到老学到老。

近义 学海无涯

学以致用 xué yǐ zhì yòng

【释义】用:运用,应用。致:达到。用:使用。指学习的知识要应用于实际。

【例句】我们要做到学习理论与研究现实问题相结合,～。

反义 学非所用

雪案萤窗 xuě àn yíng chuāng

【释义】案:小桌子。雪案:晋代孙康家贫无钱买烛,冬夜常利用雪地的反光照着读书。萤窗:晋代车胤家贫无钱买油,夏夜捉萤火虫装在口袋里照明读书。

【用法】形容在艰苦环境中勤奋苦读。

【例句】学习就要有～的精神,怕吃苦是绝对不行的。

近义 悬梁刺股

雪窖冰天 xuě jiào bīng tiān

【释义】指雪满地窖,冰雪漫天。

【用法】形容十分寒冷的地区。

【例句】哈尔滨的冬天遍地白雪皑皑,积

雪很深。南方人很难适应这～的严冬。

近义 冰天雪地　天寒地冻

雪泥鸿爪　xuě ní hóng zhǎo

【释义】鸿:鸿雁。指鸿雁在融化着雪水的泥土上走过时留下的爪印。

【用法】比喻往事遗留下的痕迹。

【例句】三十年后再回到这所老宅,童年的景象多半只有～可寻。

雪上加霜　xuě shàng jiā shuāng

【释义】指雪上再添加霜,更加寒冷。

【用法】比喻一再遭受灾难或困难。

【例句】这个小女孩已经很可怜了,我们不能再～了。

近义 火上浇油　屋漏逢雨

反义 锦上添花

雪兆丰年　xuě zhào fēng nián

见599页"瑞雪兆丰年"。

雪中送炭　xuě zhōng sòng tàn

【释义】指在下雪天送炭给人取暖。

【用法】比喻别人急需的时候及时给予帮助。

【例句】对那些卧床不起的病人来说,这种上门服务简直是～!

反义 趁火打劫　乘人之危

血光之灾　xuè guāng zhī zāi

【释义】光:刀光。指杀身的灾祸。

【例句】就因为这一句话,她险些惹来～。

近义 杀身之祸

血海深仇　xuè hǎi shēn chóu

【释义】血海:杀人流血成海。形容仇恨极大、极深。

【例句】我们要把悲痛变成力量,我们要誓死报这～。

近义 深仇大恨

反义 恩重如山　恩同再造

血口喷人　xuè kǒu pēn rén

【释义】血口:含血的口。比喻用恶毒的语言诬陷、辱骂别人。

【例句】你根本就不知道事情的真相,请不要～。

近义 含血喷人

血流成河　xuè liú chéng hé

【释义】指鲜血流成了河。

【用法】形容死亡人数很多。

【例句】两万多同胞死于侵略者的屠刀之下,昔日和平宁静的小城顿时～,幸存者不过几十人。

近义 血流漂杵

反义 兵不血刃

血脉相通　xuè mài xiāng tōng

【释义】血脉:血统。指有血缘亲属关系。

【用法】比喻极亲近的关系。

【例句】诗和民间歌谣有着～的关系,很

多优秀诗人都很注意从民间歌谣吸取营养。

血盆大口 xuè pén dà kǒu

【释义】血盆:古代祭祀时盛血的盆子。指像血盆一样大的口。形容野兽凶残吞食时张开的大嘴巴。

【用法】比喻剥削者、侵略者蚕食鲸吞的巨大胃口。

【例句】狼张开~,要把鹰一口吞掉,雄鹰毫不示弱。 / 日本侵略者张开~,想把中国一口吞掉。

血气方刚 xuè qì fāng gāng

【释义】血气:元气,精力。方:正。刚:旺盛。形容年轻人精力旺盛。

【例句】十年了,他已经由原来的~变得成熟稳健了。

近义 年轻气盛

反义 老态龙钟

血染沙场 xuè rǎn shā chǎng

【释义】沙场:指战场。指鲜血染红了战场,即在战场上流血牺牲。

【例句】经过殊死争夺,我们终于控制了这个制高点,鬼子在阵前丢下了100余具尸体,我们也有几十名指战员~,为国捐躯。

血肉模糊 xuè ròu mó hú

【释义】指血和肉全都分不清楚。

【用法】形容死伤时的惨状。

【例句】在倒塌的房檐下面,他们发现压着两个大人和一个婴儿,大人~早已身亡,婴儿则安全地躺在一个空隙里。

反义 毫发不损

血肉相连 xuè ròu xiāng lián

【释义】指像血与肉连在一起不能分离。

【用法】比喻关系亲密,不可分离。

【例句】解放军和人民~,是人民的子弟兵。

血雨腥风 xuè yǔ xīng fēng

见819页"腥风血雨"。

谑而不虐 xuè ér bù nüè

【释义】谑:开玩笑。虐:过分。指开玩笑,但并不挖苦和捉弄人,使人难堪。

【例句】优秀的相声节目,有的尖锐泼辣,有的诙谐生动,然而都能做到~,韵味深长,引人入胜。

薰莸同器 xūn yóu tóng qì

【释义】薰:香草。莸:臭草。指香草和臭草装在一个器物里。

【用法】比喻善恶好坏混杂在一起。

【例句】作为家长,我们绝不能让孩子在~的环境中成长。

近义 黑白不分

反义 薰莸异器

寻根究底 xún gēn jiū dǐ

【释义】究:追究,追查。指寻求根由,探究底细。也作"穷根究底""追根究底"。

【用法】形容弄清事物的来龙去脉。

【例句】事情已经过去很久了,我们没有必要再~了。

近义 追本溯源

寻行数墨 xún háng shǔ mò

【释义】寻:顺着。行:字行。墨:字句。指一行行、一字字地诵读。

【用法】形容读书不顾全篇的主旨,而是拘泥于一字一句。

【例句】看着进步飞快的同学们,只知道~的他非常苦恼。

【提示】"行"不读 xíng。

寻山问水　xún shān wèn shuǐ

【释义】指到处游山玩水。

【例句】他们喜欢～，感受户外运动的痛快与惬意。

近义 登山临水　游山玩水

寻事生非　xún shì shēng fēi

【释义】指找寻事情来制造纠纷。

【例句】每当看到有人～，我都感到很不解。

近义 惹是生非

反义 安分守己

寻死觅活　xún sǐ mì huó

【释义】指闹着要死要活。

【用法】多形容因绝望而表现出的发狂或想自杀的行为。

【例句】噩耗传来，母亲～，家人都非常担心。

近义 痛不欲生

反义 欢天喜地

寻章摘句　xún zhāng zhāi jù

【释义】寻：搜寻，找寻。章：章节。摘：摘录。

【用法】指读书时搜寻好的章节，摘录好的词句。也形容指抄袭套用别人的章节、语句。

【例句】读书不能只注重～而不去深入了解文章的主旨。/这叫什么论文？不过是～、东拼西凑的大杂烩！

寻枝摘叶　xún zhī zhāi yè

【释义】比喻不重视主要的，只追求次要的东西。

【用法】多用于书面语。含贬义。

【例句】对于鲁迅的文学思想，必须进行全面研究，不可～。

寻踪觅迹　xún zōng mì jì

【释义】觅：寻找。指寻找访求人或事物的踪迹、下落。

【例句】他不惜跋山涉水，～，终于找到了这种小生物的巢穴。

近义 寻根究底

循常习故　xún cháng xí gù

【释义】常：一定的规则。故：先例。指遵守旧规，沿袭先例。

【用法】形容因袭保守，不愿意变革创新。

【例句】经我们调查发现，现在仍有些企业领导～，缺乏开拓精神。

近义 因循守旧　蹈常袭故

循规蹈矩　xún guī dǎo jǔ

【释义】循、蹈：遵循，依照。规：规则。矩：法度，规则。指遵守一定的规矩和准则，不随意超越。

【用法】比喻思想保守。

【例句】他是一个～的人。/我们把"怀疑一切"的新原则运用到每一门课上，引起那些～的老师极大的反感。

近义 安分守己　绳趋尺步

反义 胡作非为　肆无忌惮

循环往复　xún huán wǎng fù

【释义】循环：事物周而复始地运动或变化。往复：反复。指事物周而复始地进行，没有停息。

【例句】这辆古老的水车不知疲倦地～，吟唱着岁月之歌。

近义 周而复始

循名责实　xún míng zé shí

【释义】循：依照，根据。责：要求。指根据名称来考察实际内容，要求实际内容跟名称完全相符。

【例句】我们评价一项工作要～，看是否取得了实际效果。

近义　名实相符　名副其实

循序渐进　xún xù jiàn jìn

【释义】循：遵循，依照。序：步骤，顺序。指(学习或工作)遵循一定的步骤，逐步深入或提高。

【例句】学习知识要～，不要想着能一步登天。

近义　按部就班

反义　急于求成　一步登天

循循善诱　xún xún shàn yòu

【释义】循循：有次序的样子。诱：引导。指善于一步步地引导、教育。

【用法】多形容教育得法。

【例句】真正能够～的老师，才是能够教育出优秀学生的好老师。

近义　谆谆教诲

反义　揠苗助长

训练有素　xùn liàn yǒu sù

【释义】素：平素，向来。指平时一直有严格的训练，基本功扎实过硬。

【例句】我相信，只要～，我们一定能够有所作为。

迅雷不及掩耳　xùn léi bù jí yǎn ěr

【释义】迅：迅急。指迅急的雷声使人来不及捂住耳朵。也作"疾雷不及掩耳"。

【用法】比喻行动迅猛或变化突然，使人来不及防备。

【例句】我们对于这种～的手段都有些气愤。

近义　猝不及防

徇情枉法　xùn qíng wǎng fǎ

【释义】徇：曲从。情：私情。枉：歪曲破坏。指执法人员屈从于个人私情而做出破坏法律的事情。也作"徇私枉法"。

【例句】我们一定要做到秉公执法，义不容辞；～，法纪不容。

近义　贪赃枉法　营私舞弊

反义　铁面无私

徇私枉法　xùn sī wǎng fǎ

见839页"徇情枉法"。

徇私舞弊　xùn sī wǔ bì

【释义】徇：依从。私：私情。舞弊：用欺骗的方式做违法乱纪的事。指为了私情弄虚作假，做违法乱纪的事。

【例句】他在工程招标中～、收受贿赂，已被人告发。

近义　徇情枉法

反义　奉公守法　大公无私

殉义忘身　xùn yì wàng shēn

【释义】殉：为了某种目的而献身。指为追求正义而献出生命。

【例句】～是革命党人的本色。

近义　舍生取义　杀身成仁

反义　贪生怕死

Y

压肩叠背　yā jiān dié bèi

【释义】指肩并肩,背挨背。

【用法】形容人多拥挤。

【例句】菊展期间,人们～,络绎不绝。

鸦雀无声　yā què wú shēng

【释义】连乌鸦和麻雀都没有发出叫声。

【用法】形容非常安静,一点声音也没有。

【例句】听众席上～,同学们都在认真听老红军作报告。

近义 万籁俱寂

反义 人声鼎沸

牙白口清　yá bái kǒu qīng

【释义】形容把话说得清清楚楚。

【例句】老教授思维清晰,～。

牙牙学语　yá yá xué yǔ

【释义】牙牙:婴儿学说话的声音。形容婴儿学着说话。

【用法】专用于小孩子。

【例句】我儿子刚～,他说的话我很难听懂。

眦眦必报　yá zì bì bào

【释义】眦眦:发怒时瞪眼睛。报:报复。指连瞪过自己一眼那样的小怨恨都一定要报复。

【用法】形容人气量狭小。

【例句】他心胸狭窄,～。

近义 鼠肚鸡肠　斤斤计较

反义 宽宏大量　宰相肚里好撑船

哑口无言　yǎ kǒu wú yán

【释义】指像哑巴一样有口说不出话来。

【用法】形容因气愤、惊愕或理屈词穷而语塞的样子。

【例句】在铁的事实面前,他～,不得不认错。

近义 张口结舌　理屈词穷

反义 振振有词

哑然失笑　yǎ rán shī xiào

【释义】哑然:笑声。失笑:情不自禁地笑起来。指忍不住笑出声来。

【例句】看到李琳一本正经的样子,大家不禁～。

近义 忍俊不禁

反义 潸然泪下　泣不成声

提示"哑"旧读è。

雅俗共赏　yǎ sú gòng shǎng

【释义】雅俗:文雅和粗俗,此指文化高的人和没有文化或文化低的人。指不论文化水平高低,都能欣赏。

【用法】形容文艺作品既高雅又通俗,能

Y

为不同层次的人所接受。

【例句】立新的画～，很受大家欢迎。

反义 曲高和寡

揠苗助长　yà miáo zhù zhǎng

【释义】揠：拔。指用拔高禾苗的办法来帮助其生长。

【典故】春秋战国时期，宋国有一个人嫌地里的庄稼长得太慢，便跑到田间将禾苗一颗颗都往上拔高了一些。他回到家里对家人说："今天累极了，我已使田里的禾苗都长高了。"他儿子听后赶紧到田里去看个究竟，结果发现所有的禾苗都枯萎了。（《孟子·公孙丑上》）

【用法】比喻违反事物的发展规律，急于求成，结果适得其反。

【例句】做事要遵循事物发展的客观规律，切不可～，弄巧成拙。

近义 急功近利　欲速不达

反义 循序渐进

提示 "揠"不读 yàn。

烟波浩渺　yān bō hào miǎo

【释义】烟：雾气。浩渺：形容水面辽阔。指雾气笼罩的水面极其辽阔。

【例句】每当晨曦初露，西湖～，迷人极了。

烟雾尘天　yān wù chén tiān

【释义】尘：弥漫。指烟雾弥漫，遮住了天空。

【用法】形容吵闹得厉害。

【例句】正闹得～，老师走进了教室，顿时鸦雀无声。

近义 乌烟瘴气

烟霞痼疾　yān xiá gù jí

【释义】烟霞：指山水景物。痼疾：积久不易医治的疾病。指爱好山光水色、自然景物成为不可改变的癖好。

【例句】欢欢的～众人皆知，祖国的大好河山她几乎走了个遍。

近义 烟霞成癖

烟消云散　yān xiāo yún sàn

【释义】烟：云雾。散：消散。指像烟雾浮云很快就完全消散了。

【用法】形容事物、思绪等消失得干干净净，不见踪迹。

【例句】面对浩瀚的大海，小雯心中的郁闷早已～。

近义 云消雾散

反义 风起云涌

烟熏火燎　yān xūn huǒ liáo

【释义】指浓烟的熏烤。也比喻极为干渴。

【例句】连续半天的讲授，曾老师竟然没有喝一口水，我想他的喉咙一定～了。

近义 火烧火燎

提示 "熏"不能写成"燻"。

湮没无闻　yān mò wú wén

【释义】湮没：埋没。无闻：不为人所知。

Y

指名声、事迹被埋没,谁也不知道。

【例句】为了不让无名烈士的事迹～,老王用了十年的心血写出了《大青山抗日烈士事略》一书。

近义 默默无闻　无声无息

反义 尽人皆知　名扬四海　闻名遐迩

提示 "湮"不能写成"淹","没"不读 méi。

嫣然一笑　yān rán yī xiào

【释义】嫣然:笑得很美的样子。形容女子笑得妩媚可爱。

【典故】战国时,楚大夫登徒子对楚王非议宋玉:"宋玉这个人容貌俊美,举止娴雅,能言善辩,且生性好色,望大王不要让他出入后宫。"楚王以这番话问宋玉,宋玉回答说:"举止娴雅,容貌俊美,这是老天赐予的;能言善辩是从老师那里学来的。至于好色,绝无此事。"楚王要他说出不好色的理由。宋玉说:"天下的美女,要数楚国;楚国的美女,要数我家乡;我家乡的美女,莫过于东邻的女子。那女子身高增高一分显得太高,减去一分又显得太矮,抹上脂粉显得太白,涂上胭脂又显得太红,眉毛似翠鸟的羽毛,肌肤如洁白冰雪,腰如细绢,牙如海贝。她嫣然一笑,阳城、下蔡的公子都会失了分寸。可她在墙头偷看了我三年,我至今还未搭理过她。"(战国·宋玉《登徒子好色赋》)

【用法】专用于女子。

【例句】少女～,显得更加落落大方。

近义 莞尔一笑

延颈企踵　yán jǐng qǐ zhǒng

【释义】延颈:伸长脖子。企踵:抬起脚跟。指伸长脖子,抬起脚跟。

【用法】形容焦急地盼望。

【例句】老王～地盼着分别多年的大哥早日归来。

近义 延颈鹤望

延年益寿　yán nián yì shòu

【释义】年:岁数。益:增加。指延长寿命,增加岁数。

【例句】虫草一直被认为是～的保健品,但也要根据自己的身体情况选择服用。

严惩不贷　yán chéng bù dài

【释义】惩:处罚。贷:宽恕。指严厉惩办,决不宽恕。

【例句】对于那些怙恶不悛、作恶多端的罪犯,一定要～。

近义 绳之以法

反义 姑息养奸　从宽发落

提示 "贷"不能写成"货"。

严气正性　yán qì zhèng xìng

【释义】气:气质。性:性格。指秉性刚正不阿。

【例句】他是一个正直高尚,～的人。

严师益友　yán shī yì yǒu

【释义】指严于管教的老师,同时又是于己有良好影响的朋友。

【例句】张老师治学严谨,对学生既严格又宽厚,真是我们的～。

近义 良师益友

严丝合缝　yán sī hé fèng

【释义】严:严密。丝:缝隙。指缝隙完全密合。

【用法】形容看不出拼凑的痕迹。

【例句】北方的寒冬,家家门窗～,一点儿冷风也吹不进去。

【提示】"缝"不读 féng。

严刑峻法 yán xíng jùn fǎ

【释义】峻:严厉。指执行法律严厉,刑罚判得很重。

【例句】对贩卖毒品的犯罪分子,必须施行～。

严于律己 yán yú lǜ jǐ

【释义】律:约束。指严格地约束自己。

【用法】形容对自己的要求很严格。

【例句】每个党员都要发扬～,宽以待人的优良传统。

反义 宽以待人

严阵以待 yán zhèn yǐ dài

【释义】严阵:严整的阵势。以:介词,表示目的。待:等待。指摆好严整的阵势等待着。

【用法】形容做好充分的战斗准备,等待来犯之敌。也形容做好充分准备,等待行动。

【例句】面对敌人的挑衅,我边防军早已～。/～的医生们立即把她抬起来,进行抢救。

近义 枕戈待旦

反义 望风而逃

言必信,行必果 yán bì xìn, xíng bì guǒ

【释义】信:守信用。果:果断。指说话一定要守信用,做事一定要果断。

【例句】公司领导干部要取得群众的信任,必须做到～。

近义 言而有信

反义 背信弃义

言必有据 yán bì yǒu jù

【释义】言:说话,说的话。据:依据,根据。指说话或言论必定有所依据。

【例句】我们说话必须～,千万别道听途说。

近义 有凭有据

反义 捕风捉影

言必有中 yán bì yǒu zhòng

【释义】言:说的话。中:中肯。指不说则已,一说就必定中肯。

【用法】形容说话说到点子上。

【例句】院长是一个严肃认真的人,处理重大问题时,从不轻易表态,而一旦表态,～。

反义 离题万里

【提示】"中"不读 zhōng。

言不顾行 yán bù gù xíng

【释义】顾:照应。指说话与行动不相符。

【例句】从这件事就可以看出,老王这个人是怎样的～。

反义 言行一致

言不及私 yán bù jí sī

【释义】及:涉及。私:私事。指说话不涉及个人私事。

【用法】形容一心为公,完全不考虑个人利益。

【例句】王总做事公道,～。

近义 大公无私

反义 自私自利

言不及义 yán bù jí yì

【释义】及:涉及。义:正经的道理。指说话不正经,很无聊。

【用法】形容光说闲话废话。有时也作谦辞。

【例句】隔壁王大娘说话常常～,你别听

她的。

反义 一语破的

言不尽意　yán bù jìn yì

【释义】指言辞未能表达出全部意思。

【用法】形容说话意犹未尽。常用于书信结尾。

【例句】他虽讲了好半天，还觉得～，很想继续讲下去。

言不由衷　yán bù yóu zhōng

【释义】衷：内心。指说的话不是发自内心的。

【用法】形容心口不一。

【例句】这些话～，没几个人会相信的。

近义 口是心非

反义 言为心声　由衷之言

言出法随　yán chū fǎ suí

【释义】言：法令或命令。法：法律。随：跟随。指法令一经宣布就严格执行，如有违犯就依法处理。

【用法】形容执法如山，不徇私。

【例句】有谁破坏社会治安，一律～，决不徇私。

近义 秉公执法

反义 徇私舞弊

言传身带　yán chuán shēn dài

见844页"言传身教"。

言传身教　yán chuán shēn jiào

【释义】指一面用言语在口头上传授，一面用行动以身作则。也作"言传身带"。

【用法】形容言语行为起模范作用。

【例句】妈妈的～，我一辈子难忘。

近义 以身作则

言多必失　yán duō bì shī

【释义】言：说话。失：失误。指话说多了就难免出错。

【用法】多用于劝人说话要谨慎，不要随便乱说话。

【例句】爷爷经常告诉我们：处世戒多言，～。

近义 祸从口出

反义 沉默是金

言而无信　yán ér wú xìn

【释义】信：讲信用。指说话不讲信用。

【用法】用作贬义。

【例句】咱们一言为定，你不要～呀。

近义 自食其言

反义 言而有信

言而有信　yán ér yǒu xìn

【释义】信：讲信用。指说话算数，守信用。

【用法】用作褒义。

【例句】老领导最喜欢～的人。

近义 言出必行

反义 言而无信

言方行圆　yán fāng xíng yuán

【释义】指说话方正，而做事圆滑。

【用法】形容心口不一，言行相背。

【例句】这个人～，口正心邪，你要小心。

言归于好　yán guī yú hǎo

【释义】言：句首语气词。归：回到。指彼此关系重新和好。

【例句】兄妹俩虽有点争执，但毕竟手足情深，最终还是～了。

近义 握手言欢　重修盟好

言归正传　yán guī zhèng zhuàn

【释义】归：回到。正传：本题，正题。指

说话或写文章回到正题上来。评书和旧小说中常用的套语。

【例句】同学们,～,现在开始讨论今天的主题。

反义 离题万里

提示 "传"不读 chuán。

言过其实 yán guò qí shí

【释义】过:超过,越过。实:实际。原指言语浮夸,超过实际才能。

【用法】现多形容言辞夸大,不符合实际。

【例句】他夸夸其谈,～,你们不要轻信。

近义 夸大其词

反义 恰如其分

言简意赅 yán jiǎn yì gāi

【释义】赅:完备。指言语简明,意思完备。

【用法】形容说话写文章简明扼要。

【例句】写文章不能拖泥带水,要～。

近义 简明扼要 要言不烦

反义 长篇大论 拖泥带水

提示 "赅"不能写成"该",不读 hāi。

言简意少 yán jiǎn yì shǎo

【释义】简:简练。指语言简练,内容贫乏。

【例句】同学们要搞清楚,作文中的详略得当,并不是～。

反义 言简意赅

言近旨远 yán jìn zhǐ yuǎn

【释义】旨:题旨,所要表达的意思。指言语虽然浅显通俗,含意却很深远。

【例句】写文章当然要～,万不可堆砌一些谁也不懂的生词难字。

近义 微言大义

言人人殊 yán rén rén shū

【释义】殊:不同。指各人所说的都不一样。

【用法】形容对同一事情各有各的说法。

【例句】情况本来就复杂,各人看问题的方法、角度又不一样,难免～。

近义 各执一词 各抒己见

反义 众口一词

言谈举止 yán tán jǔ zhǐ

【释义】言谈:说话,交谈。举止:姿态和风度,举动。指人的言论和行为。

【例句】从他的～中可以看出他文化修养很高。

近义 音容笑貌

言听计从 yán tīng jì cóng

【释义】听:听从。从:顺从。指说的话、出的主意,都听从照办。也作"言听计用"。

【用法】形容对某个人非常信任、依从。

【例句】你千万不要做～的傀儡,一定要有自己的主见。

近义 百依百顺

反义 独立自主

言听计用 yán tīng jì yòng

见 845 页"言听计从"。

言外之意 yán wài zhī yì

【释义】指言语里暗含着的没有直接说出的意思。

【用法】形容有某种意思而没有明说。

【例句】胡老师的话你没听懂,～是叫你别干那件事。

近义 弦外之音

言为心声 yán wéi xīn shēng

【释义】言:言语。指言语是人们思想感情的反映和表达。

【例句】～,文如其人,语言是思想的直接

反映，又是心灵的一面镜子。

近义 文如其人

反义 言不由衷　心口不一

言无不尽　yán wú bù jìn

【释义】指只要话一出，就没有不说完的。

【用法】形容敞开没有顾忌地说。

【例句】大家应该向他们学习，知无不言，～，言者无罪，闻者足戒，有则改之，无则加勉。

言无二价　yán wú èr jià

【释义】原指卖商品时价格没有虚头，不讨价还价。后也泛指说出话来，不再改变。也作"口不二价"。

【用法】形容说话算数。

【例句】这家商店里的商品虽然～，但货真价实，信得过。/他的话一出，常常是～。

近义 说一不二

言行不符　yán xíng bù fú

【释义】符：吻合。指说的和做的不同。也作"言行不一"。

【用法】用于人。含贬义。

【例句】老李最爱说大话，～。

反义 言行一致

言行不一　yán xíng bù yī

见846页"言行不符"。

言行相诡　yán xíng xiāng guǐ

【释义】诡：违反。指言语与行为互相违背。

【用法】用于人。含贬义。

【例句】做人不可～。

近义 言行不一

反义 言行一致

言行一致　yán xíng yī zhì

【释义】指说的和做的相一致。

【用法】用于人。含褒义。

【例句】我们都喜欢王师傅，他助人为乐，～。

反义 言行不符　言行不一

言犹在耳　yán yóu zài ěr

【释义】言：话。犹：还。指说过的话还在耳边回响。

【用法】形容对别人说过的话记得十分清楚。

【例句】许先生虽已离世多年，但他当年的许多教诲～，让我受用终生。

近义 余音绕梁

反义 置诸脑后

言者无罪，闻者足戒

yán zhě wú zuì, wén zhě zú jiè

【释义】言者：说话的人。闻者：听话的人。足：足以，值得。戒：警惕。指尽管说话的人说得不正确或不完全正确，也是没有罪过的，听话的人仍然应该作为鉴戒，引起警惕。

【例句】～，对群众的意见，我们应当虚心接受。

提示"戒"不能写成"诫"。

言者谆谆，听者藐藐

yán zhě zhūn zhūn, tīng zhě miǎo miǎo

【释义】谆谆：教诲不倦的样子。藐藐：疏远的样子。指说话的人不厌其烦，听话的人不以为意。

【例句】如果是～，那么，再高明的教师也是无济于事的。

言之成理　yán zhī chéng lǐ

【释义】原指讲得头头是道，能自圆其说。

也作"言之有理"。

【用法】现多形容说的话合乎道理。

【例句】你要想说服王平,必须～。

近义　入情入理

反义　强词夺理

言之无物　yán zhī wú wù

【释义】物:内容。指文章或言论空洞,没有具体充实的内容。

【例句】有的文章～,读来乏味。

反义　言之有物

言之有理　yán zhī yǒu lǐ

见 846 页"言之成理"。

言之有物　yán zhī yǒu wù

【释义】物:内容。指文章或言论实在,内容具体。

【例句】这本书～,的确值得一读。

反义　言之无物

言之有序　yán zhī yǒu xù

【释义】指说话和写文章很有条理。

【例句】这篇科技论文论证充分,～。

近义　条分缕析

反义　颠三倒四

言之凿凿　yán zhī záo záo

【释义】凿凿:确凿,确实。指话讲得非常确实,不会产生疑问。

【例句】小红～的样子让老李不得不相信这件事是真的。

近义　言之有据　毋庸置疑

反义　捕风捉影

岩穴之士　yán xué zhī shì

【释义】穴:洞穴。指山岩洞穴里居住的人,多指隐士。

【用法】用于书面语。

【例句】许多～并非真的愿意隐居,他们只不过以隐居来逃避现实罢了。

沿波讨源　yán bō tǎo yuán

【释义】沿:顺着水道。讨:索取,探求。指循着水流,寻找源头。

【用法】比喻探讨事物的根源。

【例句】在学术研究上,文教授喜欢～,穷其根本。

近义　顺藤摸瓜　追本溯源

研几探赜　yán jī tàn zé

【释义】几:细微。赜:精微,深奥。指研究探讨深奥隐微的义理。

【例句】虽未能～,穷极幽隐,庶乎弘道设教可以无遗阙焉。

近义　研精阐微

研精阐微　yán jīng chǎn wēi

【释义】精、微:精妙、深微的义理。指研究阐发精深微妙的义理。

【例句】这本著作对易学～,有利于为广大研究者打开一扇走进易学的大门。

近义　研几探赜

研精覃思　yán jīng tán sī

【释义】覃思:深思。指认真研究,深入思索。

【用法】多用于做学问。

【例句】先生对商周历史与文化有深入研究,尤其对《诗经》更是～,所以他的这门课深受学生欢迎。

颜筋柳骨　yán jīn liǔ gǔ

【释义】颜、柳:唐代著名书法家颜真卿和柳公权。颜字刚劲雄浑,柳字挺拔秀媚,世称"颜筋柳骨"。

【用法】形容书法艺术造诣精深,兼有颜、

柳的风格。

【例句】大家都夸李老师的字很有些～。

奄奄一息　yǎn yǎn yī xī

【释义】奄奄：呼吸微弱的样子。息：气息。指只剩下微弱的一口气。

【用法】形容生命垂危。也比喻事物临近灭亡。

【例句】王奶奶已经～，儿女已开始为她准备后事。/原来红极一时的肥皂厂现在已经负债累累，～了。

近义 气息奄奄

反义 生龙活虎　生机勃勃　朝气蓬勃

掩耳盗铃　yǎn ěr dào líng

【释义】掩：捂住，遮盖。指捂住自己的耳朵去偷铃铛。

【典故】春秋时，晋国的智伯灭了范氏后，有人跑到范家去偷钟。因钟太重背不动，这人于是找来一把大槌，想把钟砸烂，一块一块地运走。不料砸钟时发出洪亮的钟声，他怕别人闻声都来抢钟，便赶紧用手捂住自己的耳朵，以为这样别人就听不到砸钟的声音了。(《吕氏春秋·自知》)

【用法】比喻自己欺骗自己，明摆着掩盖不了的事硬要设法掩盖。含贬义。

【例句】无论我们在学习中还是工作中，都应脚踏实地，～之举是要不得的。

近义 掩目捕雀　自欺欺人

掩口而笑　yǎn kǒu ér xiào

【释义】掩：捂住。指捂住嘴暗暗发笑。

【例句】朋友们听说我写了部小说，无不～，不知我会弄出个什么四不像来。

掩目捕雀　yǎn mù bǔ què

【释义】掩：蒙住。指蒙住眼睛捉麻雀。

【用法】比喻盲目做某件事或自欺欺人。

【例句】作为学生，我们应该踏踏实实地学好文化知识，不能～。

近义 掩耳盗铃　自欺欺人

掩人耳目　yǎn rén ěr mù

【释义】掩：遮掩。指遮住别人的耳朵和眼睛。

【用法】比喻用假象来蒙骗别人。

【例句】犯罪分子制造各种假象～，妄图使侦查人员误入歧途。

近义 弄虚作假

眼福不浅　yǎn fú bù qiǎn

【释义】指能眼见到许多珍奇事物，很有福气。

【例句】他亲眼目睹了乌兰诺娃那柔美的芭蕾舞姿，真是～。

近义 大饱眼福

眼高手低　yǎn gāo shǒu dī

【释义】指眼光高，能力低。

【用法】形容主观要求的标准高,实际能力却达不到。含贬义。

【例句】～的人,看别人做事好像很容易,一旦自己动手时,却又干不好。

近义 志大才疏

眼观六路 yǎn guān liù lù

【释义】六路:指上、下、四方。指用眼观察上下四周的情况。也作"眼观六路,耳听八方"。

【用法】形容敏锐机警,能全面观察和了解到各种情况和变化。

【例句】我们在处理日常事情时,应～,耳听八方,才不会上当受骗。

近义 耳听八方

眼观六路,耳听八方

yǎn guān liù lù,ěr tīng bā fāng

见849页"眼观六路"。

眼花缭乱 yǎn huā liáo luàn

【释义】花:昏花。缭乱:纷乱。指纷繁的色彩或众多的事物,使人眼睛昏花,看不清楚。也指对复杂纷繁的情况认识不清。

【例句】夜幕降临,马路两旁的霓虹灯五光十色,闪闪烁烁,令人～。

近义 目迷五色

反义 一目了然

眼疾手快 yǎn jí shǒu kuài

见661页"手疾眼快"。

眼见为实,耳听为虚

yǎn jiàn wéi shí,ěr tīng wéi xū

【释义】指亲眼见到的才是真实的,耳朵听到的是虚假的。

【例句】～,单凭你口说,我能相信么?

眼空四海 yǎn kōng sì hǎi

【释义】四海:指世界。指对其他所有人都看不起。

【用法】形容骄傲自大。

【例句】～、目中无人的人,是不会受到大家尊重的。

近义 目空一切

眼明手快 yǎn míng shǒu kuài

【释义】指眼力好,动作快捷。

【用法】形容反应敏捷。

【例句】王大爷～,一下把那个窃贼抓住了。

近义 手疾眼快

反义 笨手笨脚

眼张失落 yǎn zhāng shī luò

【释义】失落:失措,不知道怎么办。指瞪着眼睛,不知道怎么办。

【用法】形容神色慌张的样子。

【例句】李生走进来,～地看了个遍。

近义 惊慌失措   惶恐不安

反义 泰然处之   泰然自若

偃旗息鼓 yǎn qí xī gǔ

【释义】偃:放倒。息:停止。指放倒军旗,停击战鼓。

【典故】在一次战斗中,黄忠奉命劫曹操的粮草,被曹军包围。赵云久等见他不归,便带几十名轻骑出营探察,冲进包围圈救出黄忠。曹操亲自驱车猛追,直扑蜀营。赵云部将张翼见曹兵追来,欲闭门拒敌。赵云却大开营门,放倒旗杆,停止擂鼓,单枪匹马立于营门之外。曹军见此情景,疑有伏兵,只好匆匆撤退了。(《三国志·蜀志·赵云传》)

【用法】形容停止战斗。也形容停止或中止某项活动。

【例句】敌人当晚就～，逃得无影无踪。/
我放弃了竞选。我～，甘拜下风。

近义 鸣金收兵

反义 大张旗鼓

偃武修文　*yǎn wǔ xiū wén*

【释义】偃：停止。修：倡导，提倡。指停
止武备，提倡文教。也作"修文偃武"。

【例句】周武王征服商朝以后，～，归马于
华山之阳，放牛于桃林之野，一派和平
景象。

反义 穷兵黩武

宴安鸩毒　*yàn ān zhèn dú*

【释义】宴安：逸乐，安逸。鸩毒：毒酒。
鸩：传说中有剧毒的鸟，用它的羽毛泡制
的酒能毒死人。指贪图安逸就等于服毒
自杀。

【例句】古人云：～。她贪图享受，逐渐腐
化堕落，成为贪污分子，也就不奇怪了。

提示"鸩"不读 jiū。

雁过拔毛　*yàn guò bá máo*

【释义】指大雁飞过也要把它的毛拔下来。

【用法】比喻贪婪，不放过一切机会捞取
好处。

【例句】葛朗台是个～的吝啬鬼。

近义 贪得无厌　唯利是图

雁过留声　*yàn guò liú shēng*

【释义】指大雁飞过时留下鸣叫声。

【用法】常与"人过留名"连用。比喻人离
开或死后应留下好名声。

【例句】～，人要有志气，不能浑浑噩噩过
一生。

燕巢危幕　*yàn cháo wēi mù*

【释义】危：危险。幕：帐幕。指燕子在帐

幕上筑窝。

【用法】比喻处于非常危险的境地。

【例句】我们现在的处境是～，随时都有
被敌人发现的危险。

近义 鱼游釜中　燕雀处堂

燕尔新婚　*yàn ěr xīn hūn*

见 815 页"新婚燕尔"。

燕侣莺俦　*yàn lǚ yīng chóu*

【释义】侣、俦：伴侣。指像燕子相亲相
伴，像黄莺比翼双飞。

【用法】形容男女相爱。

【例句】我们都相信，他俩～，必将幸福。

提示"俦"不读 shòu。

燕雀安知鸿鹄之志

yàn què ān zhī hóng hú zhī zhì

【释义】安：哪里。鸿鹄：天鹅。志：志向，
抱负。指燕子、麻雀这样的小鸟哪里知
道天鹅的志向。

【用法】比喻平庸的人不能了解杰出人物
的远大志向。

【例句】胡铮在工作之余刻苦学习，想出
国深造。工友们不理解她。她在心里暗
想：～啊！

燕雀处堂　*yàn què chǔ táng*

【释义】处：居住。堂：厅堂。指燕子和麻
雀在厅堂上筑窝，自认为很安全。

【用法】比喻处境危险，自己却不知道。

【例句】～，不知祸之将至。

近义 燕巢危幕　鱼游釜中

燕语莺啼　*yàn yǔ yīng tí*

【释义】指燕子呢喃，黄莺啼鸣。

【用法】形容春天的美好景象。也形容妙
龄少女甜美的声音。

【例句】春天来了,杜鹃花、迎春花漫山遍野,～。/她在舞台上的～,赢得了观众的掌声。

近义 莺歌燕舞

泱泱大国　yāng yāng dà guó

【释义】泱泱:气魄宏大的样子。指气势宏大、幅员辽阔的国家。

【例句】台湾是中华人民共和国这个～不可分割的部分。

提示 "泱"不能写成"央"。

殃及池鱼　yāng jí chí yú

【释义】指无故受祸害或损失。

【例句】村里的礼炮厂突发大火,隔壁的仓库被毁,真是城门失火,～。

近义 祸及无辜

扬长避短　yáng cháng bì duǎn

【释义】扬:发扬。避:回避。指发挥自己的优势,回避自己的不足。

【例句】我们对待一切工作都要从实际出发,～,讲求实效。

近义 取长补短

扬长而去　yáng cháng ér qù

【释义】扬长:大模大样。去:离开。指大模大样,头也不回地离开。

【例句】他不顾别人的感受,竟然～。

扬眉吐气　yáng méi tǔ qì

【释义】指扬起眉头,吐出积郁在心中的闷气。

【用法】形容因压抑的心情得到舒展后快意舒畅的样子。

【例句】只有祖国强大、繁荣和兴旺,中华儿女才能在世界上～。

近义 展眼舒眉

反义 垂头丧气

扬名显亲　yáng míng xiǎn qīn

【释义】扬:远扬。显:显耀,荣耀。指使自己名声远扬,为父母增光。也作"显亲扬名"。

【例句】封建社会许多人为了求取功名、～而读书。

近义 光宗耀祖

反义 辱门败户

扬清激浊　yáng qīng jī zhuó

【释义】激:冲击,抨击。浊:混浊。指冲去污水,让清水畅流。

【用法】比喻发扬好的,抨击、去除不好的。

【例句】这是一部～的力作,值得一读。

扬汤止沸　yáng tāng zhǐ fèi

【释义】汤:开水。指把沸水舀起来又倒回去,用这种方法使水暂时不沸腾。也作"以汤止沸"。

【用法】比喻处理事物的方法不彻底,只能暂时解救急难,不能从根本上解决问题。

【例句】有人认为上调水价解决水荒是～。/对这件事情,他采取～的办法是不可取的。

反义 釜底抽薪

提示 "沸"不读 fú。

羊肠小道　yáng cháng xiǎo dào

【释义】指像羊肠一样狭窄而曲折的小路。

【用法】多形容山路。

【例句】荒山上都是些～,人都很难走过去,更何况汽车。

反义 阳关大道　康庄大道

羊狠狼贪　yáng hěn láng tān

【释义】狠:不顺从,违逆。指像公羊一样

违逆,像豺狼一样贪婪。

【用法】形容人凶狠贪婪。

【例句】在这个小国里,各方政客～,国家政权处于风雨飘摇之中。

羊质虎皮　yáng zhì hǔ pí

【释义】质:本性。指披上虎皮的羊,其本性仍旧怯懦。

【用法】比喻外强中干,虚有其表。

【例句】不要被他凶恶的样子吓着,他只是～而已。

近义　外强中干　色厉内荏

阳春白雪　yáng chūn bái xuě

【释义】原指《阳春》和《白雪》,是战国时期流行于楚国的两首艺术性高、难度大的歌曲。

【用法】现多泛指高深的、不通俗的文学艺术,常与“下里巴人”对举。

【例句】小泽征尔指挥的交响乐《二泉映月》,使～与下里巴人得到了最完美的统一与表现,极具艺术震撼力。

近义　曲高和寡

反义　下里巴人

阳奉阴违　yáng fèng yīn wéi

【释义】阳:表面上。奉:遵从。阴:背地里。违:违背。指表面上遵从,暗地里违抗。

【例句】老王这人一贯～,我才不信他的话呢。

近义　表里不一　口是心非　两面三刀　心口不一

反义　表里如一　心口如一

阳关大道　yáng guān dà dào

【释义】阳关:古代关名,在今甘肃省敦煌市西南。原指经过阳关通往西域的大道。现泛指通行便利的交通大道。

【用法】比喻有光明前途的道路。

【例句】中华民族推翻了旧政权,亿万人民走上了社会主义的～。

近义　康庄大道

反义　羊肠小道

洋为中用　yáng wéi zhōng yòng

【释义】洋:指外国。中:中国。指吸收、借鉴外国好的东西,为中国所用。

【例句】改革开放以来,我们～,促进了多项事业的发展。

洋洋大观　yáng yáng dà guān

【释义】洋洋:众多,丰盛。大观:美好繁多的景象。形容事物种类繁多,丰富多彩。

【例句】故宫博物院收藏的诗词字画、陶物瓷器,真是应有尽有、～。

近义　蔚为大观

反义　微不足道

洋洋得意　yáng yáng dé yì

见161页“得意扬扬”。

洋洋洒洒　yáng yáng sǎ sǎ

【释义】洋洋:丰富、盛大的样子。洒洒:连绵不断的样子。形容文章或谈话篇幅很长,顺畅自如,接连不断。

【用法】用于形容文章或谈话。

【例句】他～写了几万言歌颂党的文章。

近义　鸿篇巨制

反义　言简意赅

洋洋自得　yáng yáng zì dé

【释义】洋洋:得意的样子。自得:自满,得意。形容十分得意的样子。

【例句】老汪只要一谈起他的儿子,便有些～,一时半会儿收不住话头。

近义 洋洋得意

仰不愧天 yǎng bù kuì tiān

【释义】指抬头无愧于天。

【用法】形容没有做坏事,问心无愧。常与"俯不怍人"对举。

【例句】他心地坦荡,为人光明磊落,～,俯不怍人。

仰取俯拾 yǎng qǔ fǔ shí

【释义】指一抬头、一俯身之间都注意拾取。

【用法】比喻随时随地都注意积聚资财。

【例句】他非常会理财,～。

仰人鼻息 yǎng rén bí xī

【释义】仰:依靠。鼻息:呼吸。指依赖别人的呼吸而活着。

【典故】东汉末年,豪强占地混战,渤海太守袁绍的谋士逢纪,劝袁绍占冀州牧韩馥的辖区来扩大地盘,并建议:"今冀州强盛,韩馥庸才,可一面约公孙瓒南下共同攻冀州,一面派善辩之士去说服韩馥让出冀州。"袁绍依计而行。韩馥生性胆怯,闻讯便决定让出冀州。其部下耿武等人坚决反对,劝韩说:"今冀州拥有百万军队,十年粮饷,袁绍孤立无援,仰我鼻息过日子,就像怀中的婴儿,若断了乳汁,很快就会饿死。"但韩馥终未采纳,还是把冀州让给了袁绍。(《三国志·魏志·袁绍传》)

【用法】比喻依赖于人,看别人的脸色行事。

【例句】他因为父母去世而寄住舅舅家,虽然受到很好的照顾,却仍有～的感觉,所以急着想独立生活。

近义 寄人篱下

反义 自立门户

仰事俯畜 yǎng shì fǔ xù

【释义】仰:上。事:通"侍",侍奉。俯:下。畜:养活。指对上侍奉父母,对下养活妻子儿女。

【用法】形容维持一家人生计。

【例句】穷人在旧社会,就是有工可做,那微薄的收入,也不足以～。

仰首伸眉 yǎng shǒu shēn méi

【释义】指仰起头,舒展眉毛。

【用法】形容意气昂扬的样子。

【例句】推翻了三座大山,中国人民终于～了。

仰天大笑 yǎng tiān dà xiào

【释义】指头朝着天放声大笑。

【用法】形容人无比激动时的表情。

【例句】球队取胜,球迷们～。

仰屋著书 yǎng wū zhù shū

【释义】指抬头凝视屋梁,专心著书。

【用法】多形容学者、教授等冥思苦想、专心著述的样子。

【例句】他终日闭门不出,～。

养兵千日,用兵一时 yǎng bīng qiān rì, yòng bīng yī shí

【释义】养兵:指供养和训练士兵。用兵:使用军队打仗。指长期供养、训练军队,以备关键时刻用兵打仗。也指长期的准备为的是一时的需要。

【用法】可用于行军打仗、体育比赛等。

【例句】兵可千日而不用,不可一日而不备,说的就是～的道理。

近义 有备无患

反义 临时抱佛脚

养儿防老 yǎng ér fáng lǎo

【释义】指养育子女是为了年老时有依靠。

【用法】常与"积谷防饥"连用。

【例句】保险制度的逐步推广，使不少人不再固守"～""多子多福"等传统观念。

养虎遗患 yǎng hǔ yí huàn

【释义】遗：留下。患：灾祸。指豢养老虎，留下祸患。

【用法】比喻纵容恶人，给自己留下祸患。

【例句】你将重任交给那样的小人，一定会～，后悔莫及。

近义 养痈遗患　养虺成蛇

反义 斩草除根

养虺成蛇 yǎng huǐ chéng shé

【释义】虺：小蛇。饲养小蛇长成大蛇。

【用法】比喻纵容敌人的势力不断壮大，给自己留下无穷的祸患。

【例句】现在不解决好这件事，只怕会～，招来后患。

近义 养痈遗患　养虎遗患

反义 斩草除根

养家糊口 yǎng jiā hú kǒu

【释义】指养活一家老小。也作"养家活口"。

【例句】他离开家乡到深圳打工赚钱是为了～。

养家活口 yǎng jiā huó kǒu

见854页"养家糊口"。

养精蓄锐 yǎng jīng xù ruì

【释义】蓄：蓄积。锐：锐气。指养足精神，积蓄锐气。

【例句】明天举行拔河比赛，为了～，他早早地上床睡了。

近义 养锐蓄威　休养生息

养老送终 yǎng lǎo sòng zhōng

【释义】养：赡养。终：去世。指子女对父母生前奉养，死后料理丧事。

【例句】～是子女对父母应尽的孝道，绝无推卸之理。

养痈遗患 yǎng yōng yí huàn

【释义】痈：一种毒疮。遗：留下。指长了毒疮不去医治，结果给自己留下祸患。

【用法】比喻姑息坏人坏事，结果自受其害。

【例句】为了避免～，他决定向警方举报贩毒的朋友。

近义 养虎遗患　养虺成蛇

反义 斩尽杀绝　斩草除根

养痈长疽 yǎng yōng zhǎng jū

【释义】痈、疽：毒疮。长：养。指让痈、疽长成。

【用法】比喻姑息坏人坏事，任其发展。

【例句】～，自生祸殃。

养尊处优 yǎng zūn chǔ yōu

【释义】尊：尊贵。优：优裕。指处于尊贵的地位，过着优裕的生活。

【用法】多含贬义。

【例句】那些富有人家的小孩，平日～，真担心他们长大后如何自立。

近义 娇生惯养　安富尊荣

快快不乐 yàng yàng bù lè

【释义】快快：不满意或不高兴的神情。形容心中郁闷，神情显得很不快乐。

自从好朋友灵灵转学走了,肖华在学校里总是～,打不起精神来。

近义 闷闷不乐　郁郁寡欢

反义 兴高采烈　欢天喜地

提示 "怏"不读 yāng。

幺麽小丑　yāo mó xiǎo chǒu

【释义】幺麽:微小。指微不足道的小人。

【用法】用作贬义。

【例句】这些～说的闲话,你又何必放在心上。

夭矫不群　yāo jiǎo bù qún

【释义】指样子长得英伟,与众不同。

【用法】形容人气宇轩昂,风度出众。

【例句】小明长得～,风度翩翩。

近义 卓尔不群

夭桃秾李　yāo táo nóng lǐ

【释义】夭、秾:形容花木茂盛。指艳丽的桃李,形容春天百花争艳的景象。

【用法】也比喻年轻貌美。

【例句】春天来了,花园里～,明艳美丽。

妖里妖气　yāo lǐ yāo qì

【释义】指装束奇特,作风不正派。

【用法】多用于女性。含贬义。

【例句】老王的女儿穿着奇装异服,化浓妆,～,不务正业。

妖魔鬼怪　yāo mó guǐ guài

【释义】指传说中的妖精和魔鬼。

【用法】比喻各种坏人和恶势力。

【例句】对一切～,都不能心慈手软,务必铲除干净。

近义 魑魅魍魉　牛鬼蛇神

妖言惑众　yāo yán huò zhòng

【释义】妖言:荒诞离奇的邪说。惑:迷惑。众:群众。指用荒诞不经的言论迷惑群众,扰乱人心。

【用法】用作贬义。

【例句】有些人大搞迷信活动,～,大家要提高警惕。

近义 谣言惑众　蛊惑人心

反义 发榜安民

腰缠万贯　yāo chán wàn guàn

【释义】贯:旧时用绳索穿铜钱,每一千个为一贯。指随身携带万贯钱。

【用法】形容人极富有。

【例句】～的人,他的生活不一定就幸福。

近义 家赀巨万

反义 一贫如洗　身无分文

邀功求赏　yāo gōng qiú shǎng

【释义】邀:请求。指请求为自己记功和奖赏,多指把别人的功劳抢过来当作自己的。

【用法】多含贬义。

【例句】他做好事是出于社会责任感,从来不～。

尧舜千钟　yáo shùn qiān zhōng

【释义】尧、舜:古代传说中的圣明帝王。钟:古代酒器。指像尧、舜那样一次能饮许多钟酒。

【用法】形容人的酒量大。

【例句】昔有遗谚:～,孔子百觚。

尧天舜日　yáo tiān shùn rì

【释义】尧、舜:传说中上古的两位贤君

主。原用来颂扬帝王的大德。

【用法】现比喻太平盛世。

【例句】到唐玄宗后期,大唐～的清平盛世便已远去了。

姚黄魏紫　yáo huáng wèi zǐ

【释义】姚黄:一种黄花牡丹,出于姚氏家。魏紫:一种紫红花牡丹,出于魏氏家。原指古代洛阳的两种名贵牡丹花品种,现作为牡丹花佳品的通称。

【例句】春天,洛阳街头巷尾的花园里～争奇斗艳,美不胜收。

谣言惑众　yáo yán huò zhòng

【释义】指用不正确的传闻来迷惑群众。

【例句】法庭以～、蛊惑民心、扰乱社会治安等罪名,对张辉量刑论处。

近义　妖言惑众

谣诼纷纭　yáo zhuó fēn yún

【释义】诼:毁谤。指含有中伤性的谣言极其众多。

【例句】最近关于总经理的私生活,一时～,总经理却很冷静,对这些谣言采取置之不理的态度。

近义　流言蜚语

摇唇鼓舌　yáo chún gǔ shé

【释义】鼓舌:嚼舌头,诡辩。指摇动嘴唇,鼓动舌头。

【用法】形容卖弄口才进行煽动或游说。多含贬义。

【例句】我正在这里教授进兵

的方略,你竟然～,蛊惑军心!

近义　巧舌如簧

反义　哑口无言

摇旗呐喊　yáo qí nà hǎn

【释义】摇旗:舞动军旗。原指古代作战时,后面的人摇着旗帜高声喊杀助威。

【用法】比喻替别人助长声势。常用于集会、演出、比赛等场所。

【例句】运动会上,啦啦队在为各自的队员～。

摇身一变　yáo shēn yī biàn

【释义】摇身:身子晃动一下。原指神怪小说中的能人或妖怪神通广大,能用法术一晃身就改变自己本来的样子。

【用法】现形容人或事物改换面目出现。多含贬义。

【例句】上月我们还见老谭在开餐馆,怎么～就成为厂长了呢?

摇头摆尾　yáo tóu bǎi wěi

Y

【释义】指摇着脑袋,晃动着屁股或尾巴。
【用法】形容悠闲自得、轻浮的样子。也形容人得意或轻狂之态。
【例句】我家那只北京犬经常向我～。/小明轻易拿下李林,顿时～起来。
近义 摇头晃脑

摇头晃脑 yáo tóu huàng nǎo

【释义】晃:摇动。指脑袋晃来晃去。
【用法】形容自得其乐或自以为是的样子。也形容读书吟诵时的姿态。
【例句】他与父亲谈话时～的。/小红读起唐诗来～。
近义 摇头摆尾
反义 正襟危坐

摇尾乞怜 yáo wěi qǐ lián

【释义】乞:乞求。怜:怜悯,怜爱。本指狗摇着尾巴乞求主人的怜爱。
【用法】形容人卑躬屈膝,向人谄媚,以博取欢心、求得赏赐的丑态。
【例句】小李在上级面前～,竭力讨好,令人反感。
近义 胁肩谄笑

摇摇欲坠 yáo yáo yù zhuì

【释义】摇摇:动荡的样子。欲:将要。坠:落。形容摇晃不稳,就要掉下或倒下。
【用法】常比喻地位、政权极不稳固,即将垮掉、崩溃。
【例句】看他在钢丝绳上～的样子,真让人为他捏一把汗。/他再这样贪婪下去,我看他的官职～了。
近义 岌岌可危
反义 稳如泰山

遥相呼应 yáo xiāng hū yìng

【释义】遥:远。呼:呼叫。应:应答。指远远地互相联系、配合。
【例句】今年春节晚会除央视一号演播厅的主会场外,还在深圳设置了一个分会场,使北京与深圳～。
近义 一唱一和

遥遥领先 yáo yáo lǐng xiān

【释义】遥遥:形容距离远。指远远地走在前面。
【用法】形容领先别人很多。
【例句】他状态良好,一路～,冠军非他莫属。
近义 一马当先

遥遥无期 yáo yáo wú qī

【释义】遥遥:久远。形容离达到目的或实现理想的时间还非常久远。
【例句】这件事情再也不能～地拖下去了。
近义 旷日持久
反义 指日可待

遥遥相对 yáo yáo xiāng duì

【释义】遥遥:远远地。指远远地互相对应着。
【例句】我家的大门和他家的院子～。
近义 遥相呼应

遥遥在望 yáo yáo zài wàng

【释义】在望:在望中,可看见。指远远地可以看到。
【例句】走了这么远的盘山公路,目的地终于～了。
近义 鸡犬相闻

反义 天涯海角

瑶池玉液　yáo chí yù yè

【释义】瑶池:据传说是昆仑山上的池名,西王母居住的地方。玉液:美酒。指神仙酿造的美酒。

【用法】形容酒名贵醇美。

【例句】五粮液酒是四川的～。

近义 玉液琼浆

瑶环瑜珥　yáo huán yú ěr

【释义】瑶、瑜:美玉。珥:用玉制成的耳饰。指用美玉制做的佩饰物。也比喻优秀的子弟。

【例句】小玉常常佩戴～,很大方。

杳不可得　yǎo bù kě dé

【释义】杳:遥远。指非常遥远,没有办法得到。

【例句】那件宝物珍贵异常,～。

杳如黄鹤　yǎo rú huáng hè

【释义】杳:远得看不见踪影。指像黄鹤飞去一样,再也见不到踪影。

【用法】比喻人或物一去不返,下落不明。

【例句】她一去便～,音信全无。

近义 杳无踪迹

杳无人迹　yǎo wú rén jì

【释义】杳无:一点也没有。指不见人的踪影。

【用法】形容人早已离去。也形容地方偏僻,无人去过。

【例句】那个～的地方,风景异常美丽。

近义 荒无人烟

反义 熙熙攘攘　熙来攘往

杳无音信　yǎo wú yīn xìn

【释义】音信:消息。指完全没有消息。

【例句】她的妈妈走失十年,至今～。

反义 鱼雁不绝

杳无踪迹　yǎo wú zōng jì

【释义】指人或事物全部失踪,没有留下任何踪迹。

【例句】等公安人员赶到的时候,小偷已经～,不知去向了。

近义 杳如黄鹤　无影无踪

咬紧牙关　yǎo jǐn yá guān

【释义】指咬着牙忍受一切。

【用法】形容尽最大努力忍受,尽量克制痛苦或克服困难。

【例句】我们必须～,克服眼前的一切困难。

咬文嚼字　yǎo wén jiáo zì

【释义】指把文字又咬又嚼。

【用法】形容过分地斟酌字句(多指死抠字眼)或卖弄学识。多含贬义。

【例句】李老师说话老爱～,真叫人反感。

近义 字斟句酌

提示 "嚼"不读 jué。

咬牙切齿　yǎo yá qiè chǐ

【释义】切齿:牙齿相磨切。指咬紧牙齿。

【用法】形容愤恨到极点。

【例句】王先生家的鱼缸被一群顽童用石子打碎了,为这事他～。

近义 恨之入骨

窈窕淑女　yǎo tiǎo shū nǚ

【释义】窈窕:娴静、美好的姿态。淑:温

柔善良。指美丽善良的好姑娘。

【用法】形容漂亮而德行好的女子。

【例句】王丹真可称为～,怪不得追求她的人很多。

近义 沉鱼落雁

乐山乐水　yào shān yào shuǐ

【释义】乐:喜爱。指有的喜爱山,有的喜爱水。

【例句】我们几个都是旅游爱好者,自然也都～。

提示 "乐"不读 lè。

药石之言　yào shí zhī yán

【释义】药石:古代指治病的药和砭石,泛指药物。指批评和规劝人改正错误或缺点的话。

【例句】这次失败的惨痛教训,使我认识到大家对我的批评都是难得的～啊!

药到病除　yào dào bìng chú

【释义】除:消除。指药一用上病就好了。

【用法】形容对症下药的效果非常好。

【例句】我国研制的许多农用药物,都能使过去被认为是"不治之症"的某些农作物病害"～"。

近义 手到病除

要言不烦　yào yán bù fán

【释义】要:简要。烦:烦琐。指说话或写文章简明扼要,不烦琐。

【例句】那篇千字文～,令人百读不厌。

近义 言简意赅

耀人眼目　yào rén yǎn mù

【释义】耀:光线强烈地照射。指光线强烈,使人眼花。

【例句】阳光射来,瀑布霎时化作一道七彩长虹,晶莹缤纷,～。

反义 暗淡无光

耀武扬威　yào wǔ yáng wēi

【释义】耀:炫耀,夸耀。武:武力。扬威:显示威风。指炫耀武力,显示威风。

【用法】多含贬义。

【例句】你别看他在下级面前～,可在上司面前却唯唯诺诺。

近义 飞扬跋扈

反义 垂头丧气

耀眼争光　yào yǎn zhēng guāng

【释义】耀眼:光线强烈,使人眼花。争光:竞相显出光彩。

【用法】形容器物闪闪发亮,使人眼花。

【例句】各种颜色的玻璃球在太阳光下～。

野草闲花　yě cǎo xián huā

【释义】指野生的花草。也作"闲花野草"。

【用法】喻指娼妓或言行轻浮、不庄重的女子。

【例句】园子里虽然没有名贵的花木,只有满地的～,却也显出一片蓬勃的生机。／女学生最好不去娱乐场所打工,以免被人误为～,受到歧视甚至侮辱。

野火烧不尽,春风吹又生

yě huǒ shāo bù jìn, chūn fēng chuī yòu shēng

【释义】指荒山野地的大火燃烧也不能使它灭绝,春风一来它又蓬勃生长。形容野草生命力的顽强。

【用法】比喻有生命力的新生事物,任何

力量也无法扼杀它们。

【例句】～，我国人民反抗外国侵略者的革命精神是无法摧毁的。

野心勃勃　yě xīn bó bó

【释义】野心：非分的欲望。勃勃：旺盛的样子。指对权势、名利等有十分强烈的欲望。

【用法】形容野心很大。多含贬义。

【例句】袁世凯～，妄图复辟帝制，结果遭到全国人民的愤怒声讨。

近义　狼子野心

反义　胸无大志

业精于勤　yè jīng yú qín

【释义】业：学业。精：精深。指学业精深在于日常的勤奋。

【例句】长辈常用～的道理来教育我们。

反义　业荒于嬉

叶公好龙　yè gōng hào lóng

【释义】叶公：春秋时楚国贵族，字子高，封在叶邑（今河南叶县）。好：喜欢。

【典故】春秋时，楚国叶地有个贵族，字子高，自称叶公。他非常喜欢龙，他住的屋子墙上画龙，门窗上雕龙，日用器皿上绘着龙。天上的真龙听说人间有人如此爱

龙，很受感动。有一天，便下降到叶公家中，将头从窗口伸进去，硕大的龙尾一直拖到堂屋里。叶公见了吓得魂飞魄散，面如土色。原来他喜好的并非真龙，而是那似龙非龙的假龙。（汉·刘向《新序·杂事五》）

【用法】比喻自称喜爱某种事物，实际上并不真正喜欢，甚至是惧怕、反感。

【例句】有的人嘴上拥护改革，可当改到自己头上时却怕得要命，这就是典型的～。

提示　"叶"旧读 shè。"好"不读 hǎo。

叶落归根　yè luò guī gēn

【释义】指树叶枯黄飘落，掉在树根处。本比喻事物终究返于本源。也作"落叶归根"。

【用法】现多比喻客居异乡的人最终要回到生养自己的故乡或祖国。

【例句】被盗的文物，终于～了。/我父亲期盼～，去年终于回到久别的家乡，如愿以偿。

近义　狐死首丘

反义　背井离乡　断梗飘萍

叶落知秋　yè luò zhī qiū

见 891 页"一叶知秋"。

曳尾涂中　yè wěi tú zhōng

【释义】曳：拉，牵引。涂：污泥。指像乌龟一样拖着尾巴在污泥中爬行，过着自由自在的生活。

【典故】庄子在濮河钓鱼，楚国国王派两位大臣前去请他做官，他们对庄子说："楚王想将国内的事务麻烦您啊！"庄子拿着鱼竿没有回头，说："我听说楚国有一只神龟，死时已经三千岁了，国王用锦缎包好放在竹匣中珍藏在宗庙的堂上。这只神龟，它是宁愿死去留下骨头让人

们珍藏呢,还是情愿活着在烂泥里摇尾巴呢?"两个大臣说:"情愿活着在烂泥里摇尾巴。"庄子说:"请回吧!我要在烂泥里摇尾巴。"(《庄子·秋水》)

【用法】比喻过安于贫贱的隐逸生活。也比喻在污浊的环境里苟且偷生。

【例句】封建时代,不少贤人超然物外,宁肯～,也不愿在官场勾心斗角。

夜不闭户 yè bù bì hù

【释义】户:门。指夜里睡觉不用关门。

【用法】形容社会秩序安定,风气良好。

【例句】道不拾遗、～是大家期盼的理想社会。

近义 道不拾遗

夜长梦多 yè cháng mèng duō

【释义】指夜晚长,梦就多。

【用法】比喻时间拖久了,事情可能发生不利的变化。

【例句】你赶快把事情办了,否则～。

夜郎自大 yè láng zì dà

【释义】夜郎:我国汉代西南地区的小国名。指夜郎国国君自以为自己的国家最大。

【典故】我国西南有一支少数民族联盟,号称"夜郎"。汉初,他们趁中央政权正忙于平定内乱,无暇他顾,便纷纷以侯王自称,割地为王。夜郎首领自称"夜郎侯"。因交通不便,夜郎侯从未远行,但他知道周围的十几个部落都不如夜郎大,便认为夜郎是天下最大的国家了。汉武帝时,有一天汉使途径夜郎,夜郎侯不了解汉朝情况,便问使者:"汉和夜郎比,谁大?"汉使笑着说:"汉朝的州郡有好几十个,夜郎抵不上一个郡大。"夜郎听了,目瞪口呆。(《史记·西南夷列传》)

【用法】比喻见识短浅,妄自尊大。

【例句】小余不喜欢钻研学问,却自以为博学,难怪有人说他～。

近义 妄自尊大

反义 妄自菲薄

夜深人静 yè shēn rén jìng

【释义】指夜深了,人们都已安静下来。

【用法】形容深夜非常寂静。

【例句】已经是～了,妈妈还在洗衣服。

近义 更深夜静

夜以继日 yè yǐ jì rì

【释义】继:连续,接着。指夜晚的时间接着白天。

【用法】形容日夜不停地工作或学习。

【例句】为了提前完成任务,人们～地战

斗着。

近义 焚膏继晷　通宵达旦

一败如水　yī bài rú shuǐ

【释义】指一旦失败，就像溃决的水一样不可收拾。

【用法】多形容军队失败惨重。

【例句】敌人被我们打得～。

近义 一败涂地
反义 克敌制胜

一败涂地　yī bài tú dì

【释义】指一旦失败就会肝脑涂地。

【用法】形容完全失败、毁坏得不可收拾。

【例句】这次短跑比赛，我们班～，只好等下次再重整旗鼓。

近义 一败如水
反义 战无不胜

一板三眼　yī bǎn sān yǎn

见 862 页"一板一眼"。

一板一眼　yī bǎn yī yǎn

【释义】板、眼：我国民族音乐和戏曲中的节拍，每小节中最强的拍子叫板，其余的拍子叫眼。指戏曲等音乐合乎节拍。也作"一板三眼"。

【用法】比喻言行认真，不马虎；合规矩，有条理。也比喻做事呆板，不会变通。

【例句】他严肃起来，～地说："不错，这活是累，是苦，可你不干，我也不干，谁干呢？"/这些杂乱的资料，她整理起来～，真不愧是个行家里手。/她冲着小赵吼起来："都什么时候了，你还这么～，耽误了正事你得负责！"

近义 有板有眼
反义 颠三倒四

一饱眼福　yī bǎo yǎn fú

【释义】眼：眼睛。指能够看到美好的事物。

【例句】成都新会展中心展出了世界各地的名表，真让我～。

一本万利　yī běn wàn lì

【释义】本：本钱。利：利润。指用很少的本钱获得最大的利润。

【用法】形容花费少而得利多。

【例句】做这笔生意是～的。

一本正经　yī běn zhèng jīng

【释义】正经：端庄，正派。原指一部正规的经典，现形容态度严肃，很认真。

【用法】有时含有讽刺意味。

【例句】他～的样子，让人很难接近。

近义 正经八百
反义 嬉皮笑脸　涎皮赖脸

一笔不苟　yī bǐ bù gǒu

【释义】苟：随便，马虎。指连一笔都不马虎。

【用法】形容极其认真。

【例句】王丽写的字工工整整，～。

反义 敷衍了事

一笔勾销　yī bǐ gōu xiāo

【释义】勾销：抹掉，消除。原指把账或书面材料一笔抹掉。

【用法】比喻把过去的事全部了结、消除或否定。

【例句】我们之间的恩恩怨怨，从此～了吧！

近义 一笔抹杀　一了百了

一笔抹杀　yī bǐ mǒ shā

【释义】抹杀：抹掉。指一下子全部抹掉。

【用法】比喻轻率地全盘否定优点、成绩。

【例句】陈浩的工作成绩是有目共睹的,你们怎么能～呢?

近义 一笔勾销

一碧万顷　yī bì wàn qǐng

【释义】顷:田地一百亩为一顷。指碧绿的水面或碧蓝的天空无边无际,十分辽阔。

【例句】在这～的水面上泛舟,真是一件惬意的事。

一臂之力　yī bì zhī lì

【释义】指用一只手臂拉一把的力量。

【用法】形容给一些力量不大的协助。

【例句】在我最困难的时候,同学们助我～,使我渡过了难关。

一表非凡　yī biǎo fēi fán

【释义】凡:平凡人。指仪表相貌和平凡人不一样。

【用法】形容人非常英俊,器宇轩昂。

【例句】他的英语老师～。

近义 仪表堂堂　一表人才

反义 其貌不扬

一表人才　yī biǎo rén cái

【释义】形容人外表出众,气度不凡。

【例句】他不但长得～,给人的印象也很好。

近义 一表非凡　仪表堂堂

反义 其貌不扬

一病不起　yī bìng bù qǐ

【释义】指自从病倒后就再也起不来了。

【用法】形容病重或病死。

【例句】真想不到,爷爷这么硬朗,竟～了。

一波三折　yī bō sān zhé

【释义】波、折:书法术语。波:书法中的"捺"。折:转换笔锋的方向。原指书法中运笔的曲折变化。

【用法】比喻文艺作品情节跌宕起伏,曲折多变。也比喻事情发展中变化较多。

【例句】作者对情节发展精心安排,巧妙调度～,让读者的心情随之起伏。/双方的第三局比赛可谓～,惊险异常。

近义 波澜起伏

反义 一帆风顺

一波未平,一波又起　yī bō wèi píng,yī bō yòu qǐ

【释义】指一个波浪还未平复,另一个波浪又涌了起来。

【用法】比喻文章波澜起伏,富于气势与变化。也比喻事情的波折多,一个问题还未解决,另一个问题又产生了。

【例句】戏剧的情节发展往往是～,不断掀起波澜,一步步把矛盾冲突推向高潮。/钱学森回国时,美国海关硬说他准备带回国的资料中藏有重要机密,诬称他是间谍。～,几天之后,他又突然被捕。

近义 波澜起伏

反义 风平浪静　平铺直叙

一不做,二不休　yī bù zuò,èr bù xiū

【释义】休:停止。指不干则已,要干,就要干到底。

【例句】我看,～,要累就再累点,我们游到对面去看看。

一步到位　yī bù dào wèi

【释义】指走一步就到达指定的位置。

【用法】比喻一下子达到预期的目的或符合预定的要求。

【例句】儿子说,这次买房要～,买三室两

厅的。买小了，以后有了孩子又得重新买，麻烦。

一步登天 yī bù dēng tiān

【释义】指一步就登上了青天。也作"一步升天"。

【用法】多比喻地位一下子升得很高，有时含讽刺意味。

【例句】他平时好逸恶劳，却想～。/想～吗？世界上哪有这么容易的事情。

近义 平步青云　青云直上
反义 一落千丈

一步升天 yī bù shēng tiān

见 864 页"一步登天"。

一草一木 yī cǎo yī mù

【释义】指一棵草，一株树。

【用法】比喻极小或平常的东西。

【例句】家乡的～都能引发他无限的回忆。

近义 一针一线

一差二错 yī chā èr cuò

【释义】指意外的差错或失误。

【用法】多指可能发生的不好的事。

【例句】妈妈若真有个～，我怎么向姐妹们交代啊？

一长半短 yī cháng bàn duǎn

见 864 页"一长二短"。

一长二短 yī cháng èr duǎn

【释义】指意外的事故或变化。也作"一长两短""一长半短"。

【用法】多指可能发生不幸的事。

【例句】孩子若有个～，我怎么向他父母交代啊？

近义 三长两短

一长两短 yī cháng liǎng duǎn

见 864 页"一长二短"。

一长一短 yī cháng yī duǎn

【释义】形容说话唠唠叨叨。

【例句】妈妈时常对我～，实际上是对我好。

近义 唠唠叨叨

一场春梦 yī cháng chūn mèng

【释义】指一场春宵梦境。

【用法】比喻人生世事如同梦一样多变。也比喻幻想破灭。

【例句】到这时他才发现，自己的爱情不过是～而已。/我想周游列国，可惜囊中羞涩，～罢了。

近义 南柯一梦

一倡百和 yī chàng bǎi hè

【释义】倡：提倡，倡导。和：附和。指一人首倡，百人附和。

【用法】形容附和的人极多。

【例句】他提的建议合理而有效，于是～，得到大家的一致响应。

近义 一呼百应

提示 "和"不读 hé。

一倡一和 yī chàng yī hè

见 865 页"一唱一和"。

一唱三叹 yī chàng sān tàn

【释义】叹：跟着和唱。本指一人领唱，三人应和。

【用法】现多形容诗文、音乐等婉转缠绵，富有韵味。

【例句】他的诗文婉转凄凉，～，在同时代

的作家中是出类拔萃的。

近义 余味无穷

反义 枯燥无味

提示 "叹"不作"叹息"讲。

一唱一和 yī chàng yī hè

【释义】和:和谐地跟着唱。指一人唱,另一人应和。也作"一倡一和"。

【用法】比喻双方互相配合,彼此呼应。

【例句】她俩~,配合很默契。 / 这两人巧舌如簧,~,使不少围观者上当受骗,买下了他们的劣质皮衣。

近义 一搭一档　更唱迭和　彼唱此和

一尘不染 yī chén bù rǎn

【释义】佛家称色、声、香、味、触、法为六尘,把眼、耳、鼻、舌、身、意叫六根。认为"六尘"生于"六根",故把"六根清净"叫作"一尘不染"(染:沾染),即修道者身心纯洁,不被六尘所玷污。

【用法】形容人品高洁,没沾染一点坏习气。也形容环境或东西非常洁净。

【例句】他为官多年,却能做到~,两袖清风,真是难能可贵。/喷泉从小树下边的石孔喷出来,水珠四射,把假山上的小宝塔洗得~。

近义 纤尘不染

反义 土覆尘封

一成不变 yī chéng bù biàn

【释义】指一经形成,就不再改变。

【用法】形容守旧或固定不变。

【例句】想不到这么多年都过去了,你对他的看法还是~。/他逐渐厌倦了这种~的生活方式。

反义 变幻莫测

一成一旅 yī chéng yī lǚ

【释义】成:古时以方圆十里为一成。旅:古时以兵士五百为一旅。指只有十里大的地盘和五百兵士。

【用法】形容地方狭小,势单力薄。

【例句】就凭你这~,想抵御外来之敌是不太可能的。

一筹莫展 yī chóu mò zhǎn

【释义】筹:筹码,古代用于计数的用具,引申为计策、办法。展:施展。指一点办法也想不出,一点计策也拿不出来。

【例句】对于这个问题,他~。

近义 束手无策

反义 急中生智

一触即发 yī chù jí fā

【释义】指箭在弦上,一触动就会射出去。

【用法】形容形势十分紧张,稍有触及就会爆发严重的事情。

【例句】这两个单位的矛盾由来已久,已到了~的程度。

近义 剑拔弩张

反义 引而不发

一触即溃 yī chù jí kuì

【释义】触:接触。溃:溃败。指一碰马上就溃败了。

【用法】多形容军队全没有战斗力,很容易被打垮。

【例句】敌人的防线~。

近义 不堪一击

反义 坚不可摧

一锤定音　yī chuí dìng yīn

【释义】锤:敲铜锣用的小锤。音:音色、音质。指制造铜锣时最后一锤确定其音色。

【用法】比喻根据某个人的一句话便做出最后决定。

【例句】在赛后的新闻发布会快结束时,翻译像拍卖师一样连续三次问:"还有人提问吗?"在无人响应后,他～:"好,今天就到这里了。"

一蹴而就　yī cù ér jiù

【释义】蹴:踏。就:完成,成功。指踏一步就完成了。

【用法】形容事情非常容易,一下子就能做到。

【例句】改革开放是一场伟大的社会变革,不可能～。

近义　轻而易举

提示　"蹴"不读 jiù。

一蹴即至　yī cù jí zhì

【释义】蹴:踏。指一踏脚,就可到达。

【用法】形容容易成功。

【例句】他做这件事,可以说是～。

近义　轻而易举

反义　历经磨难

一寸丹心　yī cùn dān xīn

【释义】丹心:赤心,忠心。指一片赤诚的心。

【例句】移居美国的华人仍然对祖国怀着～。

近义　赤子之心

一寸光阴一寸金　yī cùn guāng yīn yī cùn jīn

【释义】指时光可贵,必须珍惜。

【例句】俗话说,～。我们要抓紧一切时间刻苦学习,决不辜负祖国和人民的期望。

近义　一刻千金

一搭一档　yī dā yī dàng

【释义】指互相配合,彼此协作。

【例句】教语文的王老师和数学老师～。

近义　一唱一和

一代风流　yī dài fēng liú

【释义】风流:有功绩而又有才华的人物。指杰出的、在当代有广泛影响的人物。

【例句】斯大林、罗斯福、丘吉尔等大国首脑,在反法西斯战争中,有不可磨灭的功绩,可谓～。

一代天骄　yī dài tiān jiāo

【释义】天骄:天之骄子。比喻某个时代有才能、有影响的人。

【例句】成吉思汗可谓～。

一代文宗　yī dài wén zōng

【释义】宗:大师。指在一段时期里人们景仰的文学大师。

【例句】在中国文学史上出现了太多的～。

一箪一瓢　yī dān yī piáo

【释义】箪:古代用来盛饭的竹器。指一箪食,一瓢饮。

【用法】形容生活清苦。

【例句】杜甫到了晚年,漂泊不定,过着～的生活。

近义　箪瓢屡空

一旦无常 yī dàn wú cháng

【释义】无常：人死的委婉说法。指如果有一天谢世。

【例句】"～，我也值了。"老王说。

一刀两断 yī dāo liǎng duàn

【释义】指用刀斩为两段。

【用法】比喻坚决断绝关系，彻底决裂。

【例句】我们从此～，今后你不要再来见我。

近义 割席绝交

反义 藕断丝连

一得之功 yī dé zhī gōng

【释义】一得：偶然的一点。功：功绩。指一点微小的成绩。

【例句】在这件事情上，他只有～。

反义 丰功伟绩

一得之愚 yī dé zhī yú

【释义】愚：愚见。指一点点肤浅的愚见。

【用法】常用作自谦之词。

【例句】这个计划书是个人的～，还请大家指正。

一德一心 yī dé yī xīn

【释义】一德：同心。指大家一条心。也作"一心一德"。

【例句】只要我们～，就能圆满完成今年的生产任务。

一点灵犀 yī diǎn líng xī

【释义】灵犀：旧说犀牛为灵兽，角中有白纹，感应灵通，故称"灵犀"。

【用法】比喻心心相印。也比喻聪明。

【例句】她有什么想法，不用说出来，我也知道，这真是～两心相通！

一迭连声 yī dié lián shēng

【释义】迭：交替。指接连不断地说或喊。

【例句】小区的巡视员～地叫大家注意安全。

一定之法 yī dìng zhī fǎ

【释义】一定：固定不变。指不变更的法则。

【例句】解决问题的方式本没有什么～，应根据具体情况而定。

一动不动 yī dòng bù dòng

【释义】指一点也不移动。

【用法】多形容聚精会神或不敢动。

【例句】武警战士站岗的时候～。

近义 纹丝不动 稳如泰山 岿然不动

反义 活蹦乱跳

一动不如一静　yī dòng bù rú yī jìng

【释义】原指活动不如静处。后指以息心定意为好。

【例句】小明不打算调动工作了,～,还是留在这里吧。

一而再,再而三　yī ér zài, zài ér sān

【释义】再:第二次。指一次、二次、三次,形容多次反复。

【例句】你们这样～地上门闹事,简直欺人太甚!

近义 三番五次

一发不可收拾　yī fā bù kě shōu shí

【释义】指事情一旦发生就不能收拾。

【用法】形容对已经发生的情况失去控制。

【例句】不知从什么时候开始,电影公司开始走下坡路了,并～。

一帆风顺　yī fān fēng shùn

【释义】指航船一旦张帆就一路顺风。

【用法】比喻事情、前程、婚姻、事业等非常顺利。常用作送行时的祝辞。

【例句】他希望自己的工作和生活～。

近义 一路平安　一路顺风

反义 一波三折

一反常态　yī fǎn cháng tài

【释义】一:整个,完全。反:和原来的不一样。指突然和平常的状态完全不同。

【例句】他～的表现让我十分吃惊。

近义 判若两人

反义 一如既往

一反初衷　yī fǎn chū zhōng

【释义】一:整个,完全。反:和原来的不一样。衷:想法。指完全改变了最初的想法。

【例句】他学的是文科,高考临近,他却～报考了理科。

反义 始终不渝

一反既往　yī fǎn jì wǎng

【释义】一:完全。既往:从前。指完全与从前相反。

【例句】不知为什么,李林～,不再对王平不理不睬。

近义 一反其道

反义 一如既往

一反其道　yī fǎn qí dào

【释义】一:整个,完全。反:相反。道:方法,措施。指与以前的方式完全相反。

【例句】这人不知怎么的,～,让人摸不着头脑。

近义 一改故辙　一反既往

反义 一如既往

一饭千金　yī fàn qiān jīn

【释义】指吃了别人一顿饭,就拿千金来报答。

【典故】汉初名将韩信年少家贫。一次他

Y

为充饥在河上钓鱼。一个老大娘在河上漂洗丝絮,看见韩信饿得无力,就把自己的饭分给他吃。后来韩信立下战功被封为楚王。他送给老大娘一千金以报答当时的恩情。《史记·淮阴侯列传》

【用法】比喻重重地报答对自己有恩的人。

【例句】受恩图报,这是中国人的传统美德,韩信～的故事,就是一段佳话。

一饭之恩　yī fàn zhī ēn

【释义】指一顿饭的恩惠。

【用法】形容很小的恩惠。

【例句】虽然你认为这是～,但我会铭记于心。

一飞冲天　yī fēi chōng tiān

【释义】指一起飞就冲上云天。

【用法】形容平常默默无闻,一下子就做出了惊人的举动。含褒义。

【例句】他平时刻苦训练,第一次参加比赛就～,夺得了冠军。

近义 一鸣惊人

一分为二　yī fēn wéi èr

【释义】指把一个事物分成两部分。

【用法】比喻事物既对立又矛盾的两个方面。

【例句】这个苹果真大,我俩～。/看待问题要客观全面,～。

反义 合二为一

提示 "为"不读 wèi。

一佛出世,二佛升天
yī fó chū shì,èr fó shēng tiān

【释义】佛:佛教统称修行圆满的人。出世:出生。升天:死。即死去活来的意思。

【例句】房屋全部被烧光,她哭得～。

近义 死去活来

一夫当关,万夫莫开
yī fū dāng guān,wàn fū mò kāi

【释义】夫:成年男子。当:挡住,抵挡。关:关口。指一人把守住关口,一万人也攻不下。

【用法】形容地势险要,易守难攻。

【例句】居庸关地势十分险要,是个～的地方,因此历代军事家都很重视它。

一傅众咻　yī fù zhòng xiū

【释义】傅:教导。咻:喧扰。指一人教导,众人进行干扰。

【用法】多形容环境干扰众多,做事不易取得成就。

【例句】孟母三迁,就是为了避免～的情况发生。

一概而论　yī gài ér lùn

【释义】概:旧时称量粮食时刮平斗、升的工具。一概:一个标准。指不加区别地用一个标准看待。

【用法】多用于否定式。

【例句】这两个农民的问题应当区别对待,不能～。

近义 同日而语　相提并论

反义 另眼相看

一干二净　yī gān èr jìng

【释义】指十分干净,一点也不剩。

【用法】形容彻彻底底。

【例句】他把责任推了个～。/高一班的教室打扫得～。

近义 一尘不染

反义 邋里邋遢

一鼓而下　yī gǔ ér xià

【释义】鼓：敲响战鼓。指敲响第一通战鼓就攻下了敌人的城池。

【用法】形容士气高昂。

【例句】这种土匪，实在不足为患，要荡平他们，可～。

一鼓作气　yī gǔ zuò qì

【释义】鼓：擂战鼓。作：振作。指战斗开始时，擂第一通战鼓可以激励士气。

【典故】春秋时，齐国攻打鲁国，鲁将曹刿随鲁庄公一起指挥作战。两军在长勺交战，庄公正要击鼓进兵，曹刿说："且慢！"待齐军擂鼓三通后，曹刿才请庄公击鼓进军，一举大败齐军。事后庄公问其故，曹刿说："打仗全凭勇气，齐军击第一通鼓时，士气最旺；击第二通鼓时，士气开始松懈；等到击第三通鼓时，士兵们已精疲力竭了。而这时我军士气正旺，故能战胜他们。"（《左传·庄公十年》）·

【用法】比喻趁劲头大的时候，一下子把事情做完，不间断。

【例句】做事情要～，切不可拖拉。

近义　一气呵成

反义　再衰三竭

一官半职　yī guān bàn zhí

【释义】泛指普通、低微的官职。

【例句】他在职场中干了多年，也没捞个～。

近义　一阶半级

一寒如此　yī hán rú cǐ

【释义】一：竟然。寒：贫困潦倒。指竟然贫困潦倒到了这般田地。

【用法】形容穷困到了极点。

【例句】一场火灾，烧光了他的所有家当，弄得他～。

一毫不差　yī háo bù chā

【释义】毫：毫毛。指连一根毫毛那样微小的差错也没有。

【用法】形容完全没有差错。

【例句】会计师老刘工作勤恳，他做的账～。

近义　一般无二　一模一样

一泓清水　yī hóng qīng shuǐ

【释义】泓：水清的样子。指一片明净清澈的水。

【用法】比喻心地纯洁清澈。

【例句】我们吃过晚饭，到小河上游的～里去玩耍。／只要我们的心灵简单得如～，我们就会没有很多的烦恼，没有很多的戒备。

一哄而起　yī hòng ér qǐ

【释义】哄：吵闹，起哄。指在一阵吵闹声中立即行动起来。

【用法】形容无组织无计划的行动。

【例句】我们做事应该从实际出发，量力而行，防止～。

近义　一应而起

反义　一哄而散

一哄而散　yī hòng ér sàn

【释义】哄：吵闹。指经过一阵吵嚷嘈杂后一下子就散了。

【例句】几个正在打闹的同学，听说老师来了，便～了。

近义　作鸟兽散

反义　一哄而起

一呼百应　yī hū bǎi yìng

【释义】应：响应。指一人召唤，众人纷纷响应。

【用法】形容响应的人很多。

【例句】他在单位极有声望，～。

近义 一呼百诺

反义 孤立无援

一壶千金　yī hú qiān jīn

【释义】壶：通"瓠"，葫芦的一种。指一个葫芦价值千金。

【用法】比喻有的人或事物虽然轻微，但在需要它的时候就显得很珍贵。

【例句】平时不起眼的野果子，在灾荒年它就～了。

一挥而就　yī huī ér jiù

【释义】挥：挥动。就：完成。指一挥笔就完成了。

【用法】形容文思敏捷或笔法娴熟。多用于写作、书法、绘画等。

【例句】他提起笔，略一沉吟，诗句～。

近义 援笔立成　一气呵成

反义 搜索枯肠

一己之见　yī jǐ zhī jiàn

【释义】一己：个人。见：见解，看法。指个人的看法。

【例句】这只是我的～，供同学们参考。

一己之私　yī jǐ zhī sī

【释义】一己：自己一个人。私：私利。指自己个人的私利。

【例句】他为了～，什么事都干得出来，不配做我的老师。

一技之长　yī jì zhī cháng

【释义】技：技能，本领。长：专长。指具有某种技能或特长。

【例句】老李的～，给他带来了财富。

反义 一无所长

一家一计　yī jiā yī jì

【释义】计：户。指以一夫一妻为单位的家庭。

【例句】张妈寻思着给儿子找一媳妇，～地过日子。

一家之学　yī jiā zhī xué

【释义】学：学派，学说。指学术或思想上自成体系、有独到见解的学派或学说。

【例句】在战国时期，许行的见解可谓～。

近义 一家之言

一家之言　yī jiā zhī yán

【释义】言：论述，学说。指具有独到见解、自成体系的学术论著。也泛指一个学派或个人的理论、观点。

【例句】尽管有的观点也许只是～，但总能给人一些启发和参考。

近义 一家之学

反义 诸子百家

一见倾心　yī jiàn qīng xīn

【释义】倾心：一心向往。指初次见面就产生了爱慕之心。

【例句】～的爱情并不一定可靠。

近义 一见钟情

反义 咫尺无缘

一见如故 yī jiàn rú gù

【释义】故:老相识。指初次见面就很相投,像老朋友一样。

【用法】形容很投合。

【例句】我和那位大姐～,谈得十分投机。

近义 一见如旧

反义 白发如新

一见钟情 yī jiàn zhōng qíng

【释义】钟:集中,专注。钟情:感情专注(多指爱情)。指一见面就产生了很深的感情。

【用法】形容男女之间初次见面就产生了爱情。也形容一见到某物就产生喜爱之情。

【例句】他们两个～,很快便步入婚姻的殿堂。/ 我对这枚橱窗里的钻戒～。

近义 一见倾心

反义 无动于衷

提示 "钟"不能写成"衷"。

一箭双雕 yī jiàn shuāng diāo

【释义】雕:一种凶猛的大鸟。指一箭同时射中两只雕。

【典故】南北朝时,北周大将长孙晟奉令出使突厥。突厥首领摄图对他骑马射箭的本领很佩服,每次出猎都让他随行。一次,空中有两只雕正在争夺一块肉。摄图马上令人取两支箭,递与长孙晟,请他射雕。长孙晟飞身上马,驰近大雕,猛地射出一箭,那支箭竟从两只雕的胸膛直穿而过,双雕顿时坠地,摄图及众人均惊叹不已。(《北史·长孙晟传》)

【用法】原形容射箭技术精湛。现比喻做一件事获得双重效果或达到双重目的。

【例句】他说这话,既让母亲高兴,又使自己不失面子,简直是～啊!

近义 一举两得　一石二鸟

反义 一无所获

一箭之仇 yī jiàn zhī chóu

【释义】指被射中一箭的仇恨。

【用法】比喻因过去的某次伤害而结下的怨恨。

【例句】这一次,贝克汉姆的进球为自己报了四年前的～。

一箭之地 yī jiàn zhī dì

【释义】指一箭可以射到的地方。

【用法】形容距离近。

【例句】那个洞穴距离我们这里只不过～。

近义 近在咫尺

反义 千里迢迢

一阶半级 yī jiē bàn jí

【释义】一、半:低微。阶、级:等级。指低微的官职。

【例句】为了～的官职,他可以不顾一切,太不值了。

近义 一官半职

一介不取 yī jiè bù qǔ

【释义】介:通"芥",草芥。指不是自己的东西,就是一根小草也不能拿。

【用法】形容为人廉洁清正,一丝一毫也不苟取。

【例句】他是个～的清官,深受民众的拥戴。

近义 廉洁奉公

反义 贪得无厌

一介书生 yī jiè shū shēng

【释义】一介:一个,含有渺小、微贱的意味。指一个读书人。

【用法】旧时多用作自谦之辞。

【例句】哥哥我只是～，没那么大的能力帮你的忙。

一举成功　yī jǔ chéng gōng

【释义】举：行为，动作。指一下子就获得成功。

【例句】他果断地采用应急系统操纵飞机，～。

近义 一举成名

反义 一败涂地

一举成名　yī jǔ chéng míng

【释义】举：科举及第。名：名声。原指一经科举及第就名扬天下。

【用法】现多形容因某种成就而一下子就出了名。含褒义。

【例句】他的小说终于出版，使他～。

近义 一鸣惊人　一举成功

反义 徒劳无功　一败涂地

一举夺魁　yī jǔ duó kuí

【释义】一举：一次行动。魁：居第一位的。指第一次应试就夺得第一名。

【例句】这次数学竞赛，小刚脱颖而出，～。

一举两得　yī jǔ liǎng dé

【释义】一举：一个举动。指做一件事，获得两方面收益。

【例句】小明半工半读，既可保证生活，又能继续学业，可说是～。

近义 一箭双雕　一石二鸟

反义 赔了夫人又折兵

一举千里　yī jǔ qiān lǐ

【释义】举：展翅腾飞。指一飞就达千里远。

【用法】比喻前途远大。

【例句】人小志气大，只要努力学习，将来定会～。

一举一动　yī jǔ yī dòng

【释义】举：举动。动：动作。指每一个动作，每一种行为。

【例句】雷锋同志的一言一行，～，都值得大家学习。

近义 一言一行

一决雌雄　yī jué cí xióng

见 377 页"决雌雄"。

一蹶不振　yī jué bù zhèn

【释义】蹶：跌倒，栽跟头，引申为挫折、失败。振：奋起。指跌了一跤就再也爬不起来。

【用法】比喻一经挫折或失败就再也无法重新振作起来。

【例句】他的公司经受不起新建合资公司的冲击，因而～。

反义 重振旗鼓　东山再起

一俊遮百丑　yī jùn zhē bǎi chǒu

【释义】俊：相貌清秀好看。遮：掩盖。丑：丑陋。指只要相貌漂亮就把其余的丑陋掩盖了。

【用法】比喻有了成绩或功劳就掩盖了其他问题。

【例句】足球队取得的骄人成绩起到了～

Y

的作用,一些质疑的声音渐渐销声匿迹。

一刻千金　yī kè qiān jīn

【释义】刻:古时以漏刻计时,一昼夜为一百刻。一刻:短暂的时间。指片刻时间价值千金。

【用法】形容时间非常宝贵。

【例句】赛场上～,千万别浪费。

近义 一寸光阴一寸金

反义 虚掷光阴

一孔之见　yī kǒng zhī jiàn

【释义】孔:洞穴,窟窿。见:所见到的。指从一个小洞里所见到的。

【用法】比喻片面狭隘的见解。多用作谦词。

【例句】提出的厂务会改革方案,只是我的～,望各位多多指正。

近义 见多识广

一口两匙　yī kǒu liǎng chí

【释义】匙:汤匙,小勺。指一口吃两匙子东西。

【用法】比喻贪多。含贬义。

【例句】搞科学研究应有踏实认真的态度,贪多务得、～的态度是不可取的。

一口同音　yī kǒu tóng yīn

【释义】指所有人的口里都发出同一个声音。

【用法】形容全部人的说法都一样。

【例句】我们～地把他的提议否决了。

近义 异口同声　众口一词

一口咬定　yī kǒu yǎo dìng

【释义】指一口咬住不放。

【用法】比喻坚持一种说法,决不改口。

【例句】他～这事不是他干的,调查暂时陷入了僵局。

一馈十起　yī kuì shí qǐ

【释义】馈:吃饭。指吃一顿饭要站起来十次。

【用法】形容事务繁忙。

【例句】为提高工厂产品的产销量,他是～,一沐三捉发。

一篑之功　yī kuì zhī gōng

【释义】篑:盛土的筐。一篑:指成功前的最后一筐土。

【用法】比喻成功前的最后一份努力。

【例句】总指挥长历来重视～,力避意外发生。

一来二去　yī lái èr qù

【释义】指互相交往、接触一段时间(渐渐产生某种情况)。

【例句】他俩本来就是同学,毕业后又分到一个单位,～,也就有了感情。

一览无遗　yī lǎn wú yí

见 874 页"一览无余"。

一览无余　yī lǎn wú yú

【释义】览:看。一览:举目纵观。无余:没有剩留的。指举目一看,全都看得清清楚楚。也作"一览无遗"。

【用法】常用于形容事物简单或平淡无味。

【例句】我们站在山上眺望,可以～地看

清村子的全貌。

近义 一目了然

反义 管中窥豹

一劳永逸 yī láo yǒng yì

【释义】逸:安逸,安闲。指辛苦一次,把事情处理好,就得到永久的安闲。

【例句】装修好房子不是～的,我们还要经常维护它。

反义 劳而无功

一老一实 yī lǎo yī shí

【释义】形容老老实实。

【例句】王老伯一辈子～,从不做坏事。

近义 实实在在

一里挠椎 yī lǐ náo chuí

【释义】挠:弯曲。椎:槌,杖。指一个地方所有的人都说直的槌可以弯曲,人们也就信以为真。

【用法】比喻谣言或讹传一再反复,也可以使人信以为真。

【例句】这些都是讹传,～的事,你就不要信以为真了。

近义 三人成虎

一了百当 yī liǎo bǎi dàng

【释义】了:了结。当:恰当,合适。指办事妥当或问题解决得彻底。

【例句】问题果真可以～地解决吗?

一了百了 yī liǎo bǎi liǎo

【释义】了:了结,解决。把一件主要的事情了结以后,其他的问题也随之解决。

【用法】常用于消极方面。

【例句】他想从这悬崖上跳下去～,从此不再为还债而烦恼。

近义 一笔勾销

反义 没完没了

一鳞半爪 yī lín bàn zhǎo

【释义】鳞:鱼类及爬行动物身上的鳞片。原指龙在云中,东露一鳞,西露半爪,看不到它的全貌。

【用法】比喻事物的一小部分或零星片段。

【例句】你了解到的只是事情的～,而事件的全过程,你并不了解。

近义 东鳞西爪 一星半点

反义 完整无缺

一路货色 yī lù huò sè

【释义】一路:同一类。货色:货物。同一类货物。

【用法】比喻同一类的人或事物。多用作贬义。

【例句】对门的张三和隔壁的李娃都是～。

反义 截然不同

一路平安 yī lù píng ān

【释义】指旅途顺利。

【用法】常作送行时的祝颂语。

【例句】妹妹到广州上大学,姐姐祝她～。

近义 一路顺风 一帆风顺

一路顺风 yī lù shùn fēng

【释义】指旅途平安或办事顺利。

【用法】常作送行时的祝颂语。

【例句】汽车就要开了,王刚再一次握住我的手说:"祝你～。"

近义 一路平安 一帆风顺

一落千丈 yī luò qiān zhàng

【释义】本指琴声突然由高降到低。

【用法】现比喻声誉、势力、成绩等急剧下降。

【例句】自从他去年得了一场大病之后,

健康状况～。

近义 江河日下

反义 平步青云　一步登天

一掠而过　yī lüè ér guò

【释义】掠：轻轻擦过或拂过。指轻轻地一瞬间就过去了。

【例句】微笑在佳伟的脸上～。／小鸟在眼前～。

一马当先　yī mǎ dāng xiān

【释义】原指作战时策马冲在最前面。

【用法】现形容遇事带头、领先。

【例句】小明无论做什么事，总是冲在最前面，～。

近义 奋勇当先

反义 临阵脱逃

一马平川　yī mǎ píng chuān

【释义】平川：平原。指可以纵马奔驰的平原。

【用法】形容地势平坦广阔。也比喻光明平坦的道路。

【例句】美丽富饶的成都平原～。／邱贻可在男单第二轮比赛中，战胜现世界排名第一的德国名将波尔后就～。

反义 崇山峻岭　层峦叠嶂

一脉相承　yī mài xiāng chéng

见 876 页"一脉相传"。

一脉相传　yī mài xiāng chuán

【释义】脉：血脉，血统。承：继承。指由一个血统或一个派系世代承续流传。也作"一脉相承"。

【用法】常比喻某种行为、方法、思想、学说内部的继承关系。

【例句】这两个学术领域看似不同，其实是～的关系。

反义 风马牛不相及

一毛不拔　yī máo bù bá

【释义】指一根毫毛也不肯拔出来。

【用法】形容人极端吝啬自私。

【例句】吝啬鬼葛朗台，～。

近义 斤斤计较

反义 挥金如土　一掷千金

一门心思　yī mén xīn sī

【释义】心思：念头。指一个心眼，一种想法。

【用法】形容心思专一、执著，没有杂念。

【例句】英格兰队教练埃里克森～想拿下对阿根廷的比赛，把队伍带进 8 强，甚至冠亚军决赛。

近义 一心一意

反义 三心二意

一梦华胥　yī mèng huá xū

【释义】华胥：传说中遥远安乐的地方。形容空想好事。

【例句】他盘算的两桩事都是～，到头来一场空。

一面如旧　yī miàn rú jiù

【释义】旧:旧交,老朋友。指第一次见面就像老朋友一样。

【例句】王斌和王华～,十分投缘。

近义 一见如故

一面之词　yī miàn zhī cí

【释义】指争执双方中一方所说的话。

【例句】一些～或道听途说的"花絮",自然只能听后一笑。

近义 片面之词

反义 众口一词

一面之交　yī miàn zhī jiāo

【释义】交:交情。指只见过一面的交情。

【用法】形容交情很浅。

【例句】她与李教授仅有～。

近义 半面之交　点头之交

反义 莫逆之交　刎颈之交

一鸣惊人　yī míng jīng rén

【释义】鸣:鸣叫。指鸟一叫就让人震惊。

【用法】比喻平时没有特殊的表现,一干就有惊人的成绩。

【例句】影片《拥抱艳阳天》让哈莉·贝瑞～,荣获奥斯卡最佳女主角大奖。

近义 一飞冲天

一命归西　yī mìng guī xī

【释义】西:西天。指灵魂上了西天。

【用法】形容人死亡。

【例句】过好每一天,～也不遗憾。

近义 一命呜呼　与世长辞　撒手尘寰

一命呜呼　yī mìng wū hū

【释义】呜呼:古人表示悲伤或惋惜的叹

词。指死亡。

【用法】多含讽刺或诙谐意味。

【例句】袁世凯复辟帝制没几天,就～了。/哪天我～了,谁陪你们聊天呢?

近义 一命归西　与世长辞

反义 长生不老

一模一样　yī mú yī yàng

【释义】指一个模样。

【用法】形容完全相同。

【例句】儿子在某些方面的表现与父亲～。

近义 一般无二　毫无二致

反义 截然不同　大相径庭

一木难支　yī mù nán zhī

【释义】木:支撑建筑物的梁柱。指一根木头难以支撑将倾的大厦。

【用法】比喻势单力弱,一个人难以胜任艰巨的任务。

【例句】目前的情势,就算我尽力而为,也是～,无济于事的。

反义 众擎易举

一目了然　yī mù liǎo rán

【释义】目:看。了然:明白,清楚。指一眼就看得清清楚楚。

【例句】教育成就展览馆布置得十分成功,教具的安排使人看了～。

近义 一览无余　一望而知

反义 不可端倪　雾里看花

一目十行　yī mù shí háng

【释义】目:看。指一眼能看到十行文字。

【典故】南朝梁武帝的三儿子萧纲,自幼聪明,四岁读书过目不忘,六岁已会写文章。梁武帝知道后便叫来面试,出了一道题目,只见萧纲从容应试,顷刻间便写成一篇华丽的骈文,梁武帝看后赞叹道:“真是我家的东阿王(曹植)啊!”萧纲年龄稍大,即能博览群书,阅读速度达到十行俱下,不久便遍读诸子百家。(《梁书·简文帝纪》)

【用法】形容阅读速度极快。

【例句】略读是～地快速浏览。

近义 十行俱下

一年半载　yī nián bàn zǎi

【释义】载:年。指约计一年或半年。

【用法】常用来表示大概的一段时间。

【例句】他拍拍儿子的头说:“爸爸这次去美国,～也难得回来一次,你在家要听妈妈的话,还要照顾好奶奶。”

一年一度　yī nián yī dù

【释义】度:一次。指每年一次。

【例句】～的春节联欢晚会很热闹。

一年之计在于春　yī nián zhī jì zài yú chūn

【释义】计:计划。指全年的计划在春天就应该安排好。

【用法】比喻做每件事,一开始就应该抓紧做。

【例句】～,现在正是大干的时候。

近义 一日之计在于晨

一念通天　yī niàn tōng tiān

【释义】指一心一意去做,就可以通向最高的境地。

【用法】形容只要专心致志,没有办不到的事情。

【例句】勤精不退,～。

一念之差　yī niàn zhī chā

【释义】念:念头,主意。差:差错。指一个念头的差错(常会造成严重后果)。

【用法】形容思想错误招来恶果。

【例句】有的人为了追逐名利,～而铸成大错,追悔莫及。

一牛吼地　yī niú hǒu dì

【释义】指牛的吼叫声能到达的距离。

【用法】形容距离较近。

【例句】这两座山相隔仅～。

近义 一箭之地

一诺千金　yī nuò qiān jīn

【释义】诺:承诺,诺言。指许下的一句诺言价值千金。也作“千金一诺”。

【用法】形容说话很讲信用。

【例句】你不要担心,他为人～,一定会把你的事办好。

近义 季布一诺　一言千金

反义 轻诺寡信

一拍即合　yī pāi jí hé

【释义】拍:打节拍。指一打拍子就能合上乐曲的节奏。

【用法】比喻两方很容易就取得一致。

【例句】我和他的想法～,而且合作得非常愉快。

一盘散沙 yī pán sǎn shā

【释义】指一盘黏合不到一起的沙子。

【用法】比喻无组织或不团结的人和团体。

【例句】旅游观光没有组织者,简直是～。

近义 乌合之众 群龙无首

反义 万众一心

一偏之见 yī piān zhī jiàn

【释义】见:见解。指偏颇而不周全的见解。

【例句】你的～,我们不能接受。

一片冰心 yī piàn bīng xīn

【释义】冰心:清明纯洁的心。形容心地纯净,品行高洁,不慕荣华富贵。

【例句】他对祖国的～难道真的没人理解吗?

近义 冰清玉洁

反义 利欲熏心

一片丹心 yī piàn dān xīn

【释义】指一片红心。

【用法】形容一个人的赤诚之心。

【例句】张医生以一双妙手、～,为成千上

万的眼病病人解除了痛苦,送去光明。

近义 赤子之心 忠心耿耿

一片汪洋 yī piàn wāng yáng

【释义】形容水面辽阔,水势浩大。

【例句】中国西南地区曾是～,经过地壳运动,沧海变了桑田。

一贫如洗 yī pín rú xǐ

【释义】指穷得像被水洗过一样。

【用法】形容穷到极点,什么也没有。

【例句】那一年他父母相继病故,使他本来不富裕的家变得～,债台高筑。

近义 家徒四壁 身无分文 一无所有

反义 腰缠万贯 富可敌国

一颦一笑 yī pín yī xiào

【释义】颦:皱眉头。指一次皱眉,一个微笑。

【用法】形容脸上忧愁或喜悦的表情。

【例句】她的～,始终印在我脑海,挥之不去。

一抔黄土 yī póu huáng tǔ

【释义】抔:捧。指一捧黄土,代指坟墓。也作"黄土一抔"。

【例句】不论你生前多么显赫,死后也不过是～罢了。

提示 "抔"不读bēi,也不能写成"杯"。

一曝十寒 yī pù shí hán

【释义】曝:晒。寒:冻。指晒一天,冻十天。

【用法】比喻工作、学习等没有恒心,用功时少,懈怠时多。

【例句】孩子们求学,可不能～,必须持之以恒,才能成功。

近义 三天打鱼,两天晒网

反义 锲而不舍　持之以恒

提示"曝"不读 bào。

一栖两雄　yī qī liǎng xióng
【释义】栖:禽鸟栖息处。指一个架上栖息着两只雄鸡。
【用法】形容双雄对峙,势不两立。
【例句】他俩能力都强,但同在一个部门犹如～,反而不利于工作的开展。

一气呵成　yī qì hē chéng
【释义】呵:呼气,哈气。指一口气完成。
【用法】比喻诗文气势流畅、连贯紧凑。也形容不停下、不间断,一口气完成某项工作。
【例句】李煜的《虞美人》,全词～,如怨如慕,如泣如诉。/我们一连五周没休息,终于～地完成了任务。
近义 一蹴而就
反义 拖泥带水

一谦四益　yī qiān sì yì
【释义】谦:谦虚。指谦虚能使人得到很多益处。
【例句】古人说,～。这是很有道理的,事实证明,只有谦虚的人,才能有进步。

一钱不值　yī qián bù zhí
【释义】钱:铜钱。指一枚铜钱的价值都没有。
【用法】形容没有丝毫价值。
【例句】他讲的这些大道理～。
近义 一文不值
反义 价值连城

一钱如命　yī qián rú mìng
【释义】一钱:一文钱。指把一文钱看得像性命一样重要。

【用法】形容极端吝啬。
【例句】葛朗台是个～的吝啬鬼。
近义 一毛不拔
反义 一掷千金

一腔热血　yī qiāng rè xuè
【释义】一腔:满腔。指满腔为正义而献身的热情。
【例句】他～,准备回国报效祖国。

一窍不通　yī qiào bù tōng
【释义】窍:孔,洞穴。古人把两眼、两耳、两鼻孔和嘴称作七窍,七窍是相通的。指没有一窍是相通的。
【用法】比喻什么都不懂。
【例句】他对于财富管理,可以说是～,却在那里夸夸其谈。
近义 一无所知
反义 无所不知

一清二白　yī qīng èr bái
【释义】指清清楚楚,明明白白。
【用法】形容十分清白,毫无污点。也形容十分清楚明白。
【例句】他做官这么多年,可以说是～。/不把此事弄个～,他是不会罢休的。
近义 一尘不染　一清二楚
反义 不明不白

一清二楚　yī qīng èr chǔ
【释义】形容清清楚楚。
【例句】二班班长把每个同学的情况弄得～。
反义 不明不白

一穷二白　yī qióng èr bái
【释义】穷:指物质基础差。白:指文化科学水平低。

Y

【用法】形容基础差,底子薄,贫穷落后。

【例句】中国人民早已从～的困境中走出,迈入了改革开放的新时代。

近义 一无所有 一贫如洗

一丘之貉 yī qiū zhī hé

【释义】丘:小土山。貉:一种形似狐狸的野兽。指同一座山丘上的貉。

【用法】比喻彼此相似,都是同一类的人物。含贬义。

【例句】别指望他会主持正义,他们是～。

近义 狼狈为奸 沆瀣一气 一路货色

反义 泾清渭浊

提示 "貉"不读 luò 或 gè。

一去不复返 yī qù bù fù fǎn

【释义】复:重复。返:回来。指一离开就不再回来了。

【用法】形容事物已成过去,不再重现。

【例句】他称王称霸的日子～。

一犬吠形,百犬吠声

yī quǎn fèi xíng, bǎi quǎn fèi shēng

【释义】指一只狗看到什么叫起来,许多只狗也随它狂吠。

【用法】比喻随声附和,没有主见,凑热闹。含贬义。

【例句】一些不明白情况的人,也跟着乱闹一气,真是～。

近义 随声附和

反义 固执己见

一人传虚,万人传实

yī rén chuán xū, wàn rén chuán shí

【释义】指本来没有的事,因传说的人很多,就使人信以为真。

【例句】我们应该明辨是非,杜绝～的事

情出现。

近义 众口铄金

一人得道,鸡犬升天

yī rén dé dào, jī quǎn shēng tiān

【释义】指一个人得道成仙,全家连同鸡和狗也都随之升天。

【用法】用于比喻一个人得势,和他有关的人都随之沾光。

【例句】～,这种现象应该杜绝。

一人之交 yī rén zhī jiāo

【释义】交:朋友。形容亲如一人的朋友。

【例句】她俩是～。

一仍旧贯 yī réng jiù guàn

【释义】仍:依照。贯:通"惯",惯例。指全部依照旧例行事。

【例句】他干什么事都～,根本不思改进。

近义 蹈常袭故 墨守成规

反义 革故鼎新

一日九迁 yī rì jiǔ qiān

【释义】九:泛指多次。迁:升迁。指一日之内多次升迁。

【用法】形容官职升得极快。

【例句】他去年还是一名普通员工,现已升任副厂长,真是～!

一日千里 yī rì qiān lǐ

【释义】指马跑得快,一天能跑一千里。

【用法】比喻进展极快。含褒义。

【例句】自从参加英语课外兴趣小组后,他的进步简直是～。

近义 突飞猛进　日新月异

反义 停滞不前

一日三秋　yī rì sān qiū

【释义】三秋:三年。指一天不见,就像过了三年一样长久。

【用法】形容思念殷切。

【例句】他俩是最好的朋友,虽只几日未见,却有～之感。

近义 度日如年　寸阴若岁

一日万机　yī rì wàn jī

【释义】万机:纷繁的政务。原指皇帝每天处理纷繁的政务。

【用法】现形容公务繁忙。

【例句】作为一局之长,他公务繁忙,～。

近义 日理万机

反义 无所事事

一日之长　yī rì zhī cháng

【释义】长:长处。指才能比别人稍好一些。

【例句】在逆境中,大家要有埋头苦干、无私奉献的精神,不悲观气馁,淡泊个人名利,不争～。

一日之雅　yī rì zhī yǎ

【释义】雅:交往。指短暂的交往。

【例句】我和王敏不太熟悉,只有～。

近义 一面之交

反义 生死之交

一日之长　yī rì zhī zhǎng

【释义】长:年长。指年龄比别人大些或资格较老一些。

【例句】你我年龄差不多,我仅～,你却叫我老师,确是不敢当。

一荣俱荣,一损俱损

yī róng jù róng,yī sǔn jù sǔn

【释义】荣:发达,显达。俱:都。损:损失,失败。指一旦发达了,大家都好;一旦失败了,大家也跟着倒霉。

【用法】形容彼此关系紧密,利害相连。

【例句】大盗巨贪都有庞大的关系网络,他们～。

一如既往　yī rú jì wǎng

【释义】一:完全。既往:以往,从前。指完全像过去那样。也作"一如往昔"。

【例句】王姐将～地帮助山区的贫困学生。

近义 始终如一

反义 一反常态

一如往昔　yī rú wǎng xī

见 882 页"一如既往"。

一扫而光　yī sǎo ér guāng

【释义】扫:扫除。指一下子就扫除干净。也作"一扫而空"。

【用法】形容完全消除、消灭。也形容弄得精光(吃光、拿光、卖光、抢光……)。

【例句】我心中的疑云～,池塘中生长的真是洪湖莲花的子孙了。/几个孩子像饿猴似的,一大碗菜,你一口,我一口,不一会儿就～了。

一觞一咏　yī shāng yī yǒng

【释义】觞:饮酒。咏:赋诗。指饮酒赋诗的欢乐情景。

【例句】当夜,两位老友在月下～,畅叙友情。

Y

一身二任　yī shēn èr rèn

【释义】任:职务。指一人同时承担两种职务。

【例句】他现在是～,既担任党委书记,又兼任厂长。

一身是胆　yī shēn shì dǎn

【释义】形容行为勇敢之极,毫不畏惧危险。

【例句】他作战勇猛,～,是一员难得的虎将。

近义 胆大如斗

反义 胆小如鼠

一生一世　yī shēng yī shì

【释义】从出生到离开人世。指人的一辈子。

【例句】小明望着王老师渐渐远去的身影,心中暗自发誓:我～都要记住您的教诲。

一失足成千古恨　yī shī zú chéng qiān gǔ hèn

【释义】失足:走路不小心跌倒,比喻犯严重错误或堕落。千古:指时间久远。恨:遗憾,悔恨。比喻一旦在关键问题上犯严重错误,就成为终身恨事。

【例句】～,此时王丹无论怎么后悔,都已经无济于事了。

一石二鸟　yī shí èr niǎo

【释义】指一块石子投出去,打中两只鸟。

【用法】比喻一举两得。

【例句】她这一计划具有～的作用。

近义 一箭双雕

一石激起千层浪　yī shí jī qǐ qiān céng làng

【释义】激:水因受到阻碍或震荡而向上涌。指一块石头投入水中,水受震荡而产生层层波浪。

【用法】比喻一件事的发生可以引起强烈的反响或内心的波澜。

【例句】本来这些天来,她的心已平静下来,谁知～,向东的再次背叛,使她再也平静不下来了。

一时半刻　yī shí bàn kè

【释义】指极短的时间。

【例句】他们两个人情同手足,～也分不开。

近义 俯仰之间

一时口惠　yī shí kǒu huì

【释义】口惠:口头答应。指口头答应帮他人的忙,事实上却没有去做。

【用法】形容空言给人恩惠。

【例句】他说给你帮忙,你竟然相信? 这只是～而已啊!

近义 空头支票

反义 言而有信

一时戏言　yī shí xì yán

【释义】一时:偶尔。戏言:开玩笑的话。指偶尔开玩笑的话。

【例句】王老伯～,把大家都逗乐了。

一时之选　yī shí zhī xuǎn

【释义】一时:一代,当代。选:被选中的优秀人才。指当代杰出的人物。

【例句】袁隆平是～。

一世之雄　yī shì zhī xióng

【释义】一世:一代,当代。指当代的英雄。

【例句】希特勒自命为～,却落得个自杀身亡。

一事无成　yī shì wú chéng

【释义】成：成功。指一件事情也没有办成。也作"一无所成""万事无成"。

【用法】形容毫无成就。

【例句】我离校后总是找不到适合自己的工作，至今〜，心中十分着急。

反义 功成名就

一视同仁　yī shì tóng rén

【释义】一：一律。视：看待。仁：仁爱。指同样看待，不分亲疏厚薄。

【用法】形容待人处事没有偏私。

【例句】以〜的态度去处理各种问题，大家才会尊敬你。

近义 视同一律

反义 厚此薄彼　另眼相看

一是一，二是二　yī shì yī, èr shì èr

【释义】指实事求是，实话实说，两件事不能混淆，更不能浮夸。

【用法】形容办事认真，一丝不苟。

【例句】无论是对上还是对下，我们都应该〜，不隐瞒真情。

近义 丁是丁，卯是卯

一手包办　yī shǒu bāo bàn

【释义】指大小事情全部由一个人去做。

【用法】比喻一个人把持，不允许别人插手。

【例句】这几间屋子，从买地皮到建筑竣工，都由他〜。

近义 大权独揽

反义 群策群力

一手独拍　yī shǒu dú pāi

【释义】指一只手单独地拍。

【用法】比喻一个人力量薄弱，不能成事。

【例句】这事儿就他〜，我看很难办成。

一手一足　yī shǒu yī zú

【释义】指只是一个人的力量或作用。

【例句】他母亲去世得早，是他父亲〜把他养大的。

一手遮天　yī shǒu zhē tiān

【释义】指一只手就把天遮住了。

【用法】形容依仗权势，欺上压下，独霸一处。

【例句】这个人在单位里〜，为所欲为。

近义 独断专行

一树百获　yī shù bǎi huò

【释义】树：种植。指种一次收获一百次。

【用法】比喻培养人才可以长期受益。

【例句】从长远的利益来看，培养人才是〜的。

一双两好　yī shuāng liǎng hǎo

【释义】形容婚姻美满，夫妻俩情投意合。

【例句】他俩郎才女貌，〜。

一丝不苟　yī sī bù gǒu

【释义】丝：细微的地方。苟：随便，马虎。指一点也不马虎。

【用法】形容做事十分认真。

【例句】他成绩优秀，做事〜。

反义 粗心大意　敷衍了事　粗枝大叶

一丝不挂　yī sī bù guà

【释义】原为佛教语，指钓竿不系丝线，比喻心中没有尘世间的丝毫牵挂。

【用法】现用于形容全身裸露，未穿任何衣物。

【例句】夏天,许多男人都打着赤膊,小孩子简直就～。

近义 赤身裸体

一丝一毫 yī sī yī háo

【释义】丝、毫:计量单位,十丝为一毫,十毫为一厘。指像一丝一毫那样少。

【用法】形容极其微小。

【例句】这是集体的财产,～都不能少。

近义 一厘一毫

反义 车载斗量

一飧之德 yī sūn zhī dé

【释义】飧:晚饭。德:恩惠。指一顿饭的恩惠。

【用法】形容微小的恩惠。

【例句】他挺记情,～他都是必报的。

一塌糊涂 yī tā hú tú

【释义】一塌:表示程度。糊涂:内容混乱的。形容糟糕透顶或乱到无法收拾的程度。

【用法】多用来表示程度深。

【例句】二十几岁的人了,还把家里弄得～,真是不应该。

近义 乱七八糟

反义 条理井然

一潭死水 yī tán sǐ shuǐ

【释义】潭:深水坑。死水:不流动的水。指一池不流动的水。

【用法】比喻停滞不前、没有生气的沉闷局面。

【例句】知识是海洋,想象是大海中的滚滚波涛,没有它,海洋就会成为～。

近义 一成不变

一弹指顷 yī tán zhǐ qǐng

【释义】比喻时间极短。

【例句】林林平时做题很快,～便可算出一道较难的数学题。

一天星斗 yī tiān xīng dǒu

【释义】指满天星星。

【用法】比喻文章华美。也形容多且杂乱。

【例句】他写文章往往一气呵成,并且～。/日杂公司仓库中的各种物品,简直～。

一通百通 yī tōng bǎi tōng

【释义】通:通晓,懂得。指一个主要的懂得了,其他的自然也都会懂得。

【例句】小唐学会拉二胡后,板胡、小提琴也会了,真是～。

反义 一窍不通

一统天下 yī tǒng tiān xià

【释义】一统:统一。指统一全国。

【用法】多指为某种人、某种势力把持的局面。

【例句】民众早就不满某些行业的垄断行为,一致认为,应当打破这种行业垄断的～。

一吐为快 yī tǔ wéi kuài

【释义】吐:倾吐,全部说出来。指一下全说出来而感到畅快。

【例句】李海对朋友说:"有什么不高兴的事你就～吧!"

一团和气 yī tuán hé qì

【释义】原指春天一派祥和的气息或充满温暖的氛围。

【用法】现多形容态度温和、亲切。也形

容相互之间只讲和气、不讲原则。

【例句】他是个老好人,喜欢～。

近义 平易近人

反义 疾言厉色

一团乱麻　yī tuán luàn má

【释义】团:量词。指像一团乱麻一样理不出头绪来。

【例句】线索中断,案情～。

一网打尽　yī wǎng dǎ jìn

【释义】指一网就全部擒获。

【用法】比喻全部抓获或彻底肃清。

【例句】对横行乡里的不法之徒,必须～。

近义 一扫而光

反义 网开一面

一往情深　yī wǎng qíng shēn

【释义】一往:一心向往。指对人或事物怀着深厚的感情,始终向往留恋。

【例句】身居异乡的打工者,对家乡的一草一木～。

近义 情深似海

反义 寡情薄义

一往无前　yī wǎng wú qián

【释义】一往:一直向前进。无前:没有什么东西能在前面阻挡得住。指一直向前,无所阻挡。

【用法】形容不怕困难险阻,奋勇向前。

【例句】他做事～,从不会被困难吓到。

近义 勇往直前

反义 踌躇不前

一望而知　yī wàng ér zhī

【释义】指一看就清楚了。

【例句】这辆车坏在什么地方,老师傅～。

近义 一目了然

反义 一叶障目

一望无边　yī wàng wú biān

见 886 页"一望无际"。

一望无际　yī wàng wú jì

【释义】际:边际。指一眼望不到边际。也作"一望无垠""一望无边"。

【用法】形容极其辽阔。

【例句】这片大草原～,是放牧的好地方。

近义 无边无际

反义 一隅之地

一望无垠　yī wàng wú yín

见 886 页"一望无际"。

一文不名　yī wén bù míng

见 73 页"不名一文"。

一文不值　yī wén bù zhí

【释义】一文:旧时面值最小的钱币。值:等值。指连一文钱也值不了。

【用法】比喻没有价值。

【例句】当你的藏品不幸被"毙"时,请不要叹息,因为赝品未必～,它对收藏者来说,同样具有很大的参考和研究价值。

近义 一无可取　一钱不值

反义 价值连城　一定千金

一问三不知　yī wèn sān bù zhī

【释义】指不管问什么事情都不知道。

【用法】形容对实际情况了解太少。

【例句】这个人～,很难得到什么线索。

反义 无所不知

一无可取　yī wú kě qǔ

【释义】指没有一点可取之处。

【用法】形容毫无长处、优点。含贬义。

【例句】李四虽然缺点很多，但并非～，也有长处值得大家学习。

近义 一无是处

反义 十全十美　完美无缺

一无是处　yī wú shì chù

【释义】是：对，正确。指没有一点对的或好的地方。

【用法】用作贬义。

【例句】你不要因为他有缺点，就把他说得～。

近义 一无可取　百无一是

反义 十全十美　尽善尽美

一无所长　yī wú suǒ cháng

【释义】长：专长，特长。没有任何特长。

【用法】用作贬义。

【例句】这两个龙凤胎，姐姐多才多艺，可弟弟却～。

近义 一无所能

反义 无所不通

一无所成　yī wú suǒ chéng

见 884 页"一事无成"。

一无所得　yī wú suǒ dé

【释义】指什么也没有得到。

【用法】形容毫无收获。

【例句】他这次在北京做生意，～。

近义 一无所获

反义 满载而归

一无所好　yī wú suǒ hào

【释义】好：爱好，嗜好。指没有任何嗜好。

【例句】爷爷除了打打小麻将，其余～。

提示 "好"不读 hǎo。

一无所获　yī wú suǒ huò

【释义】指没有一点收获。

【例句】他在一米多深的河里摸索了十多分钟，仍～。

近义 一无所得

反义 满载而归

一无所能　yī wú suǒ néng

【释义】能：能耐，本领。指一点本领也没有。

【用法】用作贬义。

【例句】～的他，在这里是没有事干的。

近义 一无所长

反义 精明强干

一无所有　yī wú suǒ yǒu

【释义】有：拥有，占有。指什么东西都没有。也作"空无所有"。

【用法】多形容极贫穷。

【例句】虽然～，但他仍然乐观。

近义 别无长物　一贫如洗

反义 应有尽有　一应俱全　无所不有

一无所知　yī wú suǒ zhī

【释义】指什么也不知道。

【例句】对于航天技术，他～。

反义 全知全能　无所不知

一五一十　yī wǔ yī shí

【释义】五、十：点数目的单位。计数时常以五为单位，按一五、一十、十五、二十……往下计数。

【用法】形容从头到尾，原原本本，没有遗漏。

【例句】他把事情的来龙去脉～地告诉了领导。

近义 原原本本

反义 含糊不清

一物不知　yī wù bù zhī

【释义】对某些事物还不了解。指知识还有所欠缺。

【例句】读了那么多书，生活中却～，真是个书呆子。

一物降一物　yī wù xiáng yī wù

【释义】降：降伏。指某种事物专门降伏另一种事物，或某种事物专门由另一种事物来降伏。

【例句】都说"～"，他在岳母面前规矩得很。

一误再误　yī wù zài wù

【释义】指第一次错了，不吸取经验教训，第二次又错了。

【用法】形容屡犯错误。

【例句】我校篮球队的失败，是因为采取不适当的阵势，若不作改变，必定～。

近义 屡教不改

反义 知过能改

一夕千念　yī xī qiān niàn

【释义】形容思绪纷乱。

【例句】面对此情此景，他～，不知该如何是好。

一息尚存　yī xī shàng cún

【释义】息：气息。尚：还。存：有。指还存有一口气，表示直到生命的最后阶段。

【例句】王老师说："不论年事多高，只要～，就要力所能及地为国家、社会作贡献。"

一席之地　yī xí zhī dì

【释义】席：坐席。指铺一张坐席的地方。

【用法】比喻极小的一块地方或一定的位子。

【例句】出国两年，回到公司，总经理还给我留了～。

近义 一隅之地

一显身手　yī xiǎn shēn shǒu

见 893 页"一展身手"。

一线生机　yī xiàn shēng jī

【释义】一线：形容极其细微。生机：生存的机会。指在危难中的一点生存的希望。

【例句】倾家荡产后的第一笔生意，使他看到了～。

一厢情愿　yī xiāng qíng yuàn

【释义】一厢：一边，指单方面。情愿：心里愿意。指仅是单方面的愿望。

【用法】比喻不符合客观实际的主观愿望。

【例句】恋爱的事，～是不行的。

反义 两相情愿

一向无敌　yī xiàng wú dí

【释义】指从来没有遇到过可以匹敌的人。

【用法】形容勇武之极。

【例句】巴西球王贝利在足球场上～。

近义 所向无敌

一笑千金　yī xiào qiān jīn

【释义】指笑一下价值千金。也作"千金

一笑"。

【用法】形容美女非常难得的笑。

【例句】让你高兴真不容易呀,简直是～。

一笑置之　yī xiào zhì zhī

【释义】置:搁下,放下。指笑一笑,就把它放到一边。

【用法】形容不拿它当回事,不予理会。

【例句】对于人们的闲言碎语,她总是～。

近义 付之一笑

一泻千里　yī xiè qiān lǐ

【释义】泻:水急速往下流。指江水奔腾直下,直达千里。

【用法】形容江河之水流速极快。也形容文章、讲演流畅奔放或形容某种势头不可阻挡。

【例句】滚滚长江～。/他的演讲,时而舒缓深情,犹如涓涓细流,漫润听众的心田;时而慷慨激昂,如奔涌的江海,～,让人热血沸腾。/改革的浪潮～,一浪更比一浪高。

反义 斗折蛇行　迂回曲折

一蟹不如一蟹　yī xiè bù rú yī xiè

【释义】指一只螃蟹不如一只螃蟹。

【用法】比喻一个不如一个,每况愈下。

【例句】上级这次派来的人比上次的更差,这真是～,让人哭笑不得。

一心无二　yī xīn wú èr

【释义】指心意专一,没有别的想法。

【例句】中国历史上的贤臣,都是～地为国家作贡献。

近义 一心一意　全心全意

反义 三心二意

一心一德　yī xīn yī dé

见 867 页"一德一心"。

一心一意　yī xīn yī yì

【释义】指一门心思,一个意念。

【用法】形容全心全意。

【例句】共产党～为人民服务。

近义 全心全意　一心无二

反义 三心二意

一星半点　yī xīng bàn diǎn

【释义】星:细小或细碎的东西。形容很少的一点儿。

【例句】她是个节俭的人,～都不浪费。

近义 一丝一毫

反义 车载斗量

一言半语　yī yán bàn yǔ

【释义】指很少的一两句话。

【例句】这件事完全是他不对,可他表示歉意的～都没有,人家会原谅他吗?

近义 三言两语

反义 千言万语

一言不发　yī yán bù fā

【释义】指一句话也不说。

【例句】小明数学考砸了,回到家闷闷不乐,～。

反义 滔滔不绝

一言不合　yī yán bù hé

【释义】指一句话说得不投合。

【例句】他脾气很倔,～就拍案而起,拂袖而去。

一言定交　yī yán dìng jiāo

【释义】交:朋友。指刚一交谈就成了好朋友。

【用法】形容双方情趣、爱好极为相似。

【例句】在一个展览会上,我俩～。

一言既出,驷马难追

yī yán jì chū, sì mǎ nán zhuī

【释义】驷马:古时用四匹马拉一辆车。指一句话说出了口,就是套上四匹马的车也追不上。也作"驷马难追"。

【用法】形容说话必须算数。

【例句】～,你可不能食言哦。

近义 驷不及舌

一言九鼎　yī yán jiǔ dǐng

【释义】九鼎:古代国家的宝器,相传为夏禹所铸,象征九州。指一句话重于九鼎。也作"九鼎一言""片言九鼎"。

【用法】形容说话极有分量。

【例句】他是个～的人,只要说一句,这个

问题就解决了。

近义 一言千金

反义 人微言轻

一言难尽　yī yán nán jìn

【释义】尽:完。指用一句话很难把事情说明白。

【用法】形容事情曲折复杂。

【例句】老李,这十年里我的生活发生了很大变化,真是～啊!

反义 言简意赅　一言以蔽之

一言千金　yī yán qiān jīn

【释义】指一句话价值千金。

【用法】形容说话十分有分量。

【例句】老教授德高望重,在学术上他～。

近义 一言九鼎

一言丧邦　yī yán sàng bāng

【释义】邦:国。指一句话就能使国家灭亡。

【用法】形容言语的力量极大。

【例句】明代的严嵩曾位居足以"一言兴邦,～"的顶峰地位。

反义 一言兴邦

一言为定　yī yán wéi dìng

【释义】指一句说定了的话,不再更改或反悔。

【用法】多用于提醒对方遵守信约。

【例句】明天你准时到车站等我,～,不可失约哦!

近义 一诺千金

反义 言而无信

一言兴邦　yī yán xīng bāng

【释义】邦:国。指一句话就可以振兴

国家。

【用法】形容言语的力量极大。

【例句】～虽然有点夸大,但绝不能忽视舆论的力量。

反义 一言丧邦

一言一行　yī yán yī xíng

【释义】指每句话和每个行动。

【例句】在公共场所我们要注意自己的～。

近义 一举一动　言谈举止

一言以蔽之　yī yán yǐ bì zhī

【释义】以:用。蔽:概括。指用一句话来概括总结它。

【例句】大家谈了那么多,～,就是要继续将各自的事业做大。

近义 总而言之　长话短说

一叶迷山　yī yè mí shān

【释义】山:泰山。指被一片叶子遮住眼睛,看不见泰山。

【用法】比喻目光短浅,为局部或表面现象所迷惑,看不见事物的全部或本质。

【例句】真正博学的人是不应当～的。

近义 一叶障目

一叶障目　yī yè zhàng mù

【释义】指被一片树叶遮住了眼睛。

【用法】比喻目光短浅,为局部或表面现象所迷惑,看不见事物的全部或本质。

【例句】我们必须注意不能以偏概全,不能～。

近义 一叶迷山

一叶知秋　yī yè zhī qiū

【释义】指看到一片凋零的树叶落下,便知道秋天已经来临。也作“叶落知秋”。

【用法】比喻从细微的迹象或变化中可以判断事物发展的趋势。

【例句】将军虽然只得到敌人活动的一点情况,却能做到～,迅速地做出准确的判断,使战斗取得胜利。

近义 见微知著

一衣带水　yī yī dài shuǐ

【释义】指像一条衣带那样窄的河流或江面。

【用法】形容一水之隔,来往方便。

【例句】中国同朝鲜是～的邻邦。

近义 一水之隔

反义 天各一方

一以贯之　yī yǐ guàn zhī

【释义】贯:贯穿。用一个道理贯穿它。本指孔子的忠恕思想贯穿于他的整个学说之中。后泛指某种理论或思想贯穿于事物的始终。

【例句】厂规一旦实施,就要～。

近义 始终如一

反义 朝令夕改

一意孤行　yī yì gū xíng

【释义】一意:自己一人的意愿。孤行:独

Y

自行事。指不听别人的劝告,固执地按照自己的主观意志去做事,不考虑别人的意见或建议。

【用法】多用作贬义。

【例句】你不听群众意见,～,必定失败。

近义 孤行己意　独断专行

反义 从善如流

一饮而尽　yī yǐn ér jìn

【释义】指一口气全部喝完。

【用法】形容喝得非常爽快。

【例句】他平时滴酒不沾,但今天他太高兴了,竟然把一大杯酒毫不犹豫地～。

一应俱全　yī yīng jù quán

【释义】一应:所有,一切。俱:都。指一切都齐全了。

【例句】她家的厨房用具～。

近义 应有尽有

反义 一无所有

一拥而入　yī yōng ér rù

【释义】拥:挤着走。指许多人一下子挤了进来。

【例句】请大家注意,不要一开门就～,这样是很危险的。

近义 一拥而上

反义 一哄而散

一拥而上　yī yōng ér shàng

【释义】指很多人一起拥了上去。

【用法】形容人群挤着往前面去。也形容一哄而上(不研究客观情况而在同一时间盲目地做同一件事)。

【例句】孩子们～,去接受圣诞老人分给他们的礼物。/看到生产空调机利润可观,众厂家～,致使空调机市场日趋饱

和,竞争更为激烈。

近义 一拥而入　蜂拥而来

反义 一哄而散

一隅三反　yī yú sān fǎn

【释义】隅:角落,泛指事物的一部分。反:类推。指从一件事情类推而知道许多事情。

【用法】多形容学习事物举一反三。

【例句】在学习上我们要～,触类旁通。

提示"隅"不读 ǒu。

一隅之地　yī yú zhī dì

【释义】隅:角落。指一个角落的地方。

【用法】形容狭小、偏僻的地方。

【例句】这～,却盛产名茶。

近义 弹九之地

一隅之见　yī yú zhī jiàn

【释义】一隅:一个方面。见:见解,看法。指片面的见解。

【用法】多用作贬义。也可用作谦词。

【例句】我常有些～,请你们随时指出不对的地方,我好改正。

近义 一孔之见

一语成谶　yī yǔ chéng chèn

【释义】一语:一句话。谶:预言。指某人说的一句话成为了预言(后来发生的事应验了这句话)。

【例句】他当初的一句玩笑话,想不到竟～。

一语道破　yī yǔ dào pò

【释义】道:说。破:揭穿。指一句话就说穿了(事情的本质或真相,秘密或原因)。

【用法】形容说话简洁精练,抓住本质。

【例句】要不是他～,人们根本就不知道她的用意。

Y

近义 一语破的　一针见血

一语破的　yī yǔ pò dì

【释义】破的:射中靶心。指一句话就说中了要害或关键。

【用法】形容说话简洁精练,抓住本质。

【例句】厂长～:"没有黄教授,就没有我们厂的今天!"

近义 一语道破　一语中的　一针见血
反义 言不及义　不知所云

一语双关　yī yǔ shuāng guān

【释义】指一个词或一句话牵涉两个意思。

【用法】形容表面上是一个意思,暗中又含另一个意思。

【例句】老王说话经常～,很多时候你得仔细推敲,才知道他的真正用意。

反义 单刀直入

一跃而起　yī yuè ér qǐ

【释义】跃:跳跃。指一下就跳了起来。

【用法】形容动作敏捷。

【例句】指挥枪响了,公路两边的战士～,冲了上去。

提示 "跃"不读 yào。

一则以喜,一则以惧

yī zé yǐ xǐ,yī zé yǐ jù

【释义】指一方面因此而高兴,另一方面又因此而害怕。

【用法】形容忧喜交织的心情。

【例句】他成绩平平,这次数学考试意外地得了全班第一名,这真让他～。

一展身手　yī zhǎn shēn shǒu

【释义】展:施展。身手:本领。指施展才华,显露本领。也作"一显身手"。

【例句】广大学子受到国际知名企业的欢迎,将在中国对外开放大潮中～。

一张一弛　yī zhāng yī chí

【释义】张:紧张,拉紧弓弦。弛:松弛,放松弓弦。原指治理国家、处理政事像使用弓弩一样,有宽有严,宽严结合。后指紧张和松弛交替进行,时而紧张,时而松弛。

【用法】多比喻工作、学习或生活要有紧有松,劳逸结合。

【例句】我们在工作上应该劳逸结合,～。

一掌堙江　yī zhǎng yīn jiāng

【释义】堙:堵塞。指一只手要堵住大江。

【用法】比喻自不量力。

【例句】做计划要量力而行,不要老是想着做～的事。

一朝一夕　yī zhāo yī xī

【释义】朝:早晨。夕:晚上。指一个早晨或一个晚上。

【用法】形容极短的时间。

【例句】这种技术不是～练就的。

近义 旦夕之间
反义 千秋万代　千年万载　天长地久

一朝之忿　yī zhāo zhī fèn

【释义】一朝:一时。指一时或偶然激起的愤恨。

【例句】他这样做,或许会引起～。

一朝之患　yī zhāo zhī huàn

【释义】一朝:一时。患:祸患。指突然发生的灾祸。

【例句】他做事总是不事先规划,这就难免会出现～。

一针见血　yī zhēn jiàn xiě

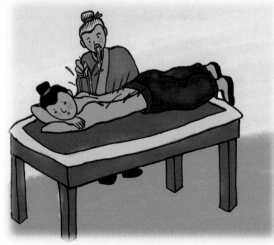

【释义】原指一针打下去就能见到血。

【用法】比喻说话、写文章直截了当，一下子就切中要害。

【例句】老李的发言～，道出了问题的关键所在。

近义 一语道破　一语破的

反义 不痛不痒　隔靴搔痒

一针一线　yī zhēn yī xiàn

【释义】指一枚针，一根线。

【用法】比喻极细小或不值钱的东西。

【例句】我们要向解放军学习，不拿人民群众的～。

近义 一草一木

一枕黄粱　yī zhěn huáng liáng

见302页"黄粱梦"。

一知半解　yī zhī bàn jiě

【释义】指知道得不全面或理解得不透彻。

【例句】满足于～是不会进步的。

反义 博古通今

一枝独秀　yī zhī dú xiù

【释义】枝：量词。独：独自，唯独。秀：秀美。指（在所有的花中）唯独这一枝特别美。

【用法】比喻某人或某事物在同类中特别突出，特别好。

【例句】在那批出国人员里，只有他～，是名博士。

一枝之栖　yī zhī zhī qī

【释义】栖：鸟类的住宿。指只求得到一个容身之地。

【用法】多为求职时的自谦之辞。

【例句】到贵公司工作的事还望老板鼎力支持，能得到～，我就深感大德了。

一纸空文　yī zhǐ kōng wén

【释义】一纸：量词，一张。空文：空头文书。指一份只写在纸上的毫无效用的文书。

【用法】形容没有法律效力的文件、条约、规定、计划等。

【例句】法院的判决必须坚决执行，不能成为～。

近义 空头支票

一至于此　yī zhì yú cǐ

【释义】指竟到这样的地步。

【用法】多形容人或事物目前极坏的境况。

【例句】奋发有为的小张，何以～，竟这么潦倒？

一掷千金　yī zhì qiān jīn

【释义】掷：扔，投。原指赌徒下注，一次

投下千金。也作"千金一掷"。

【用法】现多形容挥霍钱财。

【例句】这个不孝之子,只求快意,～都不当一回事。

近义 挥金如土

反义 克勤克俭

一柱擎天　yī zhù qíng tiān

【释义】擎:托,举。指一根柱子托起了天。比喻能独立承担天下重任。

【用法】多用于称赞在政治、军事等方面对国家有很大贡献的人才。

【例句】中国改革开放大潮中～的第一人是邓小平。

反义 一木难支

一字褒贬　yī zì bāo biǎn

【释义】褒:赞扬。贬:贬斥。本指《春秋》笔法严谨,用一字就表达了赞扬或贬斥的态度。

【用法】现泛指用词很有分寸。

【例句】他行文谨慎,常再三斟酌而后～。

一字连城　yī zì lián chéng

【释义】连城:连成一片的很多座城,比喻贵重的东西。指文学作品很有价值。

【例句】王慧的诗虽然算不得是～,但在当前的诗歌创作中,无疑算得上是杰出的作品了。

一字千金　yī zì qiān jīn

【释义】指一个字价值千金。原指增减一个字,赏钱千金。

【用法】现多形容书法、文辞精妙,价值很高。

【例句】杜甫的诗歌,真可谓～。

反义 一文不值

一字千钧　yī zì qiān jūn

【释义】钧:古代重量单位,合三十斤。指一个字有千钧重。

【用法】形容文字很有分量。

【例句】语言学家对他的评价～,充分肯定了他。

一字一板　yī zì yī bǎn

【释义】板:音乐和戏曲中的节拍。指一个字一个字地说。

【用法】形容说话从容、清楚。

【例句】爷爷思维清楚,说起话来～的。

近义 一字一句

一字一泪　yī zì yī lèi

【释义】指每个字都像一滴眼泪。

【用法】形容文辞凄楚感人。

【例句】～,真是绝唱! 这就是王老师此篇文章的特点。

一字之师　yī zì zhī shī

【释义】改正一个字的老师。多指能改正别人诗文中的关键性字句使文章增色的老师。

【例句】王晓是我的同学,又是我的～,我的文章经他修改以后,增色不少。

一走了之　yī zǒu liǎo zhī

【释义】了:了结。指用离开、回避等办法来了结事情。

【例句】这个老板简直听不进合理化的建议,我只好～。

一醉方休　yī zuì fāng xiū

【释义】休:罢休。指直到喝醉了才罢休。

【例句】我们几十年没见面了,今天必须来个～。

一坐尽惊　yī zuò jìn jīng

【释义】一坐:满座。指在座的人都感到十分惊讶。

【用法】形容言行奇特或仪容出众,使人惊叹不已。

【例句】貂蝉一出现,～,都为她的美貌所折服。

伊于胡底　yī yú hú dǐ

【释义】伊:句首助词。于:往。胡:何,什么。底:底部。指不知道要弄到什么地步才停止。

【用法】用于书面语。

【例句】这场纠纷幸而和平了结了,否则,发展下去真不知道～了。

衣钵相传　yī bō xiāng chuán

【释义】原指僧人把袈裟和饭钵传给弟子。后泛指师父传法给徒弟,以及学生对老师思想、学术、技能等方面的继承。

【例句】模具师对这位学徒非常喜爱,自当～。

近义　一脉相传

反义　后继无人

衣不蔽体　yī bù bì tǐ

【释义】蔽:掩盖。指衣服破烂,遮不住身体。

【用法】形容十分贫困。

【例句】好吃懒做的他～,潦倒不堪。

近义　衣衫褴褛

反义　锦衣玉食

衣不重采　yī bù chóng cǎi

【释义】重:重叠。采:通“彩”,色彩。指不把色彩鲜艳的衣服重叠着穿。

【用法】形容穿着朴素。

【例句】王教授潜心钻研,食不重味,～。

近义　衣不曳地

衣不解带　yī bù jiě dài

【释义】带:束腰的衣带。解带:脱衣。指不脱衣服睡觉。

【用法】形容日夜操劳,不能安稳休息。

【例句】在医院里,他～地服侍着父亲。

衣冠楚楚　yī guān chǔ chǔ

【释义】冠:帽子。楚楚:鲜明整洁的样子。形容穿戴得光鲜、整齐、漂亮。

【例句】来了一个陌生人,～,好一副绅士派头。

反义　衣衫褴褛

提示　“冠”不读 guàn。

衣冠禽兽　yī guān qín shòu

【释义】衣:穿衣。冠:戴帽。指穿戴着衣帽的禽兽。

【用法】比喻道德败坏、行为卑劣的坏人。含贬义。

【例句】平时道貌岸然的他,竟然是个～。

近义　人面兽心

提示　“冠”不读 guàn。

衣冠扫地　yī guān sǎo dì

【释义】衣冠:古代士以上的人才能戴冠,引申指士大夫。扫地:比喻名誉、威风全部丧失。形容士大夫不顾名誉,自甘堕落,丧尽廉耻。

【例句】这个官员背地里尽干见不得人的事,终于事情败露,～。

提示"冠"不读 guàn。

衣架饭囊　yī jià fàn náng

【释义】指挂衣服的架子,装饭的口袋。

【用法】比喻只会吃穿而没有任何技能的人。含贬义。

【例句】我有困难了,你们都不管,养你们这些～有什么用。

近义 酒囊饭袋

衣锦还乡　yī jǐn huán xiāng

【释义】衣:旧读 yì,穿。锦:有彩色花纹的丝织衣物。指穿着华丽的衣裳回到故乡。也作"衣锦荣归"。

【用法】形容荣华富贵或功成名就后回到故乡,向亲友乡邻炫耀。

【例句】当年那个只身外出打工、一贫如洗的李天福,十年后～,据说如今已是一家建筑公司的老总。

衣锦荣归　yī jǐn róng guī

见 897 页"衣锦还乡"。

衣衫褴褛　yī shān lán lǚ

【释义】褴褛:破烂。指衣服破烂不堪。

【用法】形容生活极为穷苦。

【例句】这个～的人原是富家子弟,可是后来被赶出家门了。

近义 衣不蔽体

反义 衣冠楚楚

衣食父母　yī shí fù mǔ

【释义】衣食:衣服和食物,泛指基本的生活资料。指能够赖以为生的人。

【例句】顾客是上帝,是商家的～,所以对顾客的服务态度十分重要。

衣食住行　yī shí zhù xíng

【释义】穿衣、吃饭、住宿、行走。指生活上的基本需求。

【例句】我们到海南旅游,～他全包了。

衣香鬓影　yī xiāng bìn yǐng

【释义】指女子衣服上的香气和鬓发的倩影。

【用法】形容女子仪态美好。

【例句】模特选拔赛上,佳丽如云,～,让人目不暇接。

衣绣夜行　yī xiù yè xíng

【释义】衣:穿。绣:五彩刺绣的官服。指穿了锦绣衣裳在夜晚行走。

【用法】比喻不让别人看见自己的荣耀和显赫。

【例句】富贵不归故乡,如～。

反义 衣绣昼行　衣锦昼行

提示"衣"旧读 yì。

衣绣昼行　yī xiù zhòu xíng

【释义】衣:穿。绣:五彩刺绣的官服。昼:白天。指大白天穿着锦绣衣服行走。

【用法】比喻身居官职的人故意向别人显示其荣耀。

【例句】封建时代,～被视为很荣耀。

反义 衣绣夜行

提示 "衣"旧读 yì。

依草附木　yī cǎo fù mù

【释义】依、附：依赖，攀附。旧时迷信指妖魔鬼怪附在草木上作怪。

【用法】现多比喻趋炎附势的小人。含贬义。

【例句】我们都瞧不起～的人。

近义 趋炎附势　攀龙附凤

依然故我　yī rán gù wǒ

【释义】故我：从前的我。指人的思想、行为等没有一点变化，仍和过去一样。

【用法】多含贬义。

【例句】他虽然多次被点名批评，但～。

近义 依然如故

反义 焕然一新

依然如故　yī rán rú gù

【释义】指仍然和过去一样。

【用法】形容没有任何变化。

【例句】不管生活多么艰难，她开朗的性格～。

近义 依然故我

反义 面目全非　焕然一新

依山傍水　yī shān bàng shuǐ

【释义】傍：靠近。指地理位置靠近山脚，临近溪流或湖泊。也作"傍水依山"。

【用法】多形容环境优美。

【例句】小蕊一家居住在一个～的别墅里。

依头顺尾　yī tóu shùn wěi

【释义】指按照次序，从头至尾。

【用法】比喻守规矩。

【例句】李姐正在维持秩序："请大家～，～，按顺序来！"

依违两可　yī wéi liǎng kě

【释义】依：赞同。违：反对。两可：两者都可以。指赞成与反对都行。

【用法】比喻对事情的态度模棱两可，不表示肯定或否定。

【例句】对于这个方案，可以同意，也可以反对，大家只要把意见讲出来就好办，怕的是～，态度不明确，这倒不好办了。

依样葫芦　yī yàng hú lú

【释义】依样：照着样子。指照着葫芦的样子画葫芦。也作"依样画葫芦"。

【用法】比喻单纯地照样子模仿而没有新意。

【例句】学习先进技术经验，不能～，要善于创新。

近义 生搬硬套

依样画葫芦　yī yàng huà hú lú

见 898 页"依样葫芦"。

依依不舍　yī yī bù shě

【释义】依依：留恋的样子。指十分留恋，舍不得离开或不忍放弃。

【例句】春节很快过去了，小强～地离开了姥姥家。／我慢慢地把鱼钩从大鲈鱼的嘴唇上取下来，然后～地把它放回湖

Y

里去。

近义 恋恋不舍

反义 掉头不顾　去心难留

依依惜别　yī yī xī bié

【释义】依依:留恋的样子。惜别:舍不得分别。形容十分留恋,舍不得分开。

【例句】和姐姐～的情景,我至今记忆犹新。

近义 依依不舍　恋恋不舍

反义 掉头不顾

仪表堂堂　yí biǎo táng táng

【释义】仪表:人的外表。堂堂:庄重大方的样子。形容容貌端庄大方,气度非凡。

【例句】厂长年轻时～。

近义 一表非凡

反义 其貌不扬

仪态万方　yí tài wàn fāng

【释义】仪态:容貌姿态。万方:多方面,多种多样。形容女子容貌、姿态、举止风度样样都美。也作"仪态万千"。

【例句】这位大使夫人和蔼优雅,～。

近义 绰约多姿

仪态万千　yí tài wàn qiān

见 899 页"仪态万方"。

夷为平地　yí wéi píng dì

【释义】夷:铲平或削平。指破坏建筑、森林等,使原有的地方成为平地。

【例句】大火整整持续了四个月,一万多平方公里的森林被～。

怡情理性　yí qíng lǐ xìng

【释义】怡:和悦。理性:调和性情。指使心情快乐舒畅。也作"怡情悦性"。

【例句】欣赏音乐可以～,消愁除闷。

怡情悦性　yí qíng yuè xìng

见 899 页"怡情理性"。

怡然理顺　yí rán lǐ shùn

【释义】怡然:喜悦。指使人心悦而处理通顺。

【例句】这本科技书读第三遍的时候,我遇到的难题都涣然冰释,～了。

怡然自得　yí rán zì dé

【释义】怡然:喜悦的样子。自得:内心满足。形容喜悦而满足的样子。也作"怡然自乐"。

【例句】他靠在床上看电视,一副～的样子。

近义 悠然自得

反义 忧心忡忡　黯然神伤

怡堂燕雀　yí táng yàn què

【释义】怡:安适。指住在安适的堂屋里的小鸟。

【用法】比喻处境危险而不自知的人。

【例句】～,不知后灾;瓮里醯鸡,安有广见?

宜室宜家　yí shì yí jiā

【释义】宜:和睦。指家庭和顺,夫妇和睦。

【用法】多用作结婚时的贺语。

【例句】新婚宴会上,大家祝贺新郎新娘～。

贻害无穷　yí hài wú qióng

【释义】贻:留下。穷:极,尽。指留下的祸患很严重,没完没了。

【例句】现在不重视建筑质量,将来必然～。

提示 "贻"不能写成"遗"。

贻人口实　yí rén kǒu shí

【释义】贻：遗留。口实：话柄。指因为言语、行动不慎，给人家留下话柄。

【例句】说话不注意，就可能～。

贻笑大方　yí xiào dà fāng

【释义】贻笑：让人笑话。大方：大方之家，即见识广博或有专长的人。指被行家或学识广博的人笑话。

【例句】你别在这儿炫耀你的发明了，也不怕～。

近义 见笑大方

移东补西　yí dōng bǔ xī

【释义】指挪用一部分钱物来弥补另一部分的空缺。

【用法】形容应付一时的急需，不作长期打算。

【例句】小强的老毛病不改，到处借钱，～，这哪里是个办法呢！

近义 拆东墙补西墙

移风易俗　yí fēng yì sú

【释义】风：风气，时尚。易：改变。俗：习俗。指改变旧的风俗习惯。

【例句】我们要破除迷信，～，形成讲科学、用科学的好风气。

移花接木　yí huā jiē mù

【释义】指把带花的枝条嫁接到另一种树木上。

【用法】比喻暗中使用手段更换人或事物。

【例句】他这种～的做法居然没被发现。

近义 偷梁换柱　偷天换日

移山倒海　yí shān dǎo hǎi

【释义】倒：翻转。指移动山岳，翻倒大海。

【用法】形容人的力量和气魄的伟大。

【例句】人民的力量可以～、改造自然。

近义 旋乾转坤

移樽就教　yí zūn jiù jiào

【释义】樽：酒杯。指端着酒杯到别人跟前一起饮酒，以便就近求教。

【用法】形容主动向人请教。

【例句】每个人都有自己的长处，～是常有的事。

近义 不耻下问

反义 好为人师

遗臭万年　yí chòu wàn nián

【释义】遗臭：死后留下坏名声。指人死后坏名声流传下去，永远遭人唾骂。

【用法】形容历史上的奸臣、败类、民族罪人等。

【例句】害死岳飞的奸臣秦桧，将～。

近义 声名狼藉　臭名远扬

反义 流芳百世　青史留名　永垂不朽

遗风余烈　yí fēng yú liè

【释义】风：风气、风尚，风范。烈：功绩，功业。指祖先遗留下的美好风气和不朽的功业。

【例句】祖先的～，我们有责任继承和发

扬下去。

遗风余韵 yí fēng yú yùn

【释义】风：风气、风尚、习俗。韵：情趣、风韵。指古人遗留下来的习俗、风尚、情趣等。

【例句】在过去，总有一些戴着高高的帽子，穿着大衣袖的学者们，反复讨论孔子的～。

遗恨千古 yí hèn qiān gǔ

【释义】千古：形容时间久远。指遗留下的怨恨永远存在下去。

【例句】这回你要想好，要是走错一步，可要～了。

近义 抱恨终天 终生之恨

遗老遗少 yí lǎo yí shào

【释义】遗老：前朝的旧臣。遗少：留恋前朝的年轻人。指改朝换代后仍旧效忠前朝的老人和年轻人。

【用法】泛指思想顽固、陈旧、留恋旧时代的人。

【例句】面对新社会日新月异的变化，这些～也不得不竖起大拇指。

提示 "少"不读 shǎo。

遗世独立 yí shì dú lì

【释义】遗世：脱离人世或脱离社会。独立：独自站立，比喻突出、超群。指超然独立于现实世界之外。

【例句】山巅上，一朵雪莲～，有丝丝莹莹的光，一看就是了不起的灵物。

颐神养性 yí shén yǎng xìng

【释义】颐：保养。指保养精神，陶冶性情。

【例句】现在我退休了，看看书，写写字，过着～的日子。

颐指气使 yí zhǐ qì shǐ

【释义】颐：下巴。指不说话，只用面部表情或口鼻出气发声来示意。

【用法】形容有权势的人随意支使人的傲慢神气。

【例句】有的人一升官，便摆出一副～的派头，可群众并不买他的账！

近义 盛气凌人 趾高气扬 神气活现

反义 俯首帖耳 唯唯诺诺 低三下四 奴颜婢膝

疑窦丛生 yí dòu cóng shēng

【释义】疑窦：可疑之点。丛生：聚集在一起。指感觉某人或某事可疑之处很多。

【例句】这些招聘广告，月薪动辄上万元，对应聘者又无过高要求，不免让人～。

近义 疑云满腹

疑神疑鬼 yí shén yí guǐ

【释义】疑：怀疑。指毫无根据地怀疑这个，怀疑那个。

【用法】形容人多疑。

【例句】因为做了对不起别人的事，她天天～，觉得大家都在谈论她。

近义 杯弓蛇影

Y

疑团莫释 yí tuán mò shì

【释义】指怀疑的事情，像一个团块结在心中，无法消释。

【例句】这个案子错综复杂，疑点甚多，法官一时也是～。

反义 恍然大悟

疑信参半 yí xìn cān bàn

【释义】指一半怀疑，一半相信。

【用法】形容对事情的真假不敢肯定。

【例句】因为他一向品行良好，说他有偷盗行为，就使人～了。

近义 半信半疑

反义 深信不疑

以暴易暴 yǐ bào yì bào

【释义】以：用。易：替换。原指用凶暴的代替凶暴的。表示统治者更换了，但暴虐的统治方式依然不变。后也指用暴力对付暴力。也作"以暴制暴"。

【例句】邻里间发生纠纷不能～。

以暴制暴 yǐ bào zhì bào

见 902 页"以暴易暴"。

以冰致蝇 yǐ bīng zhì yíng

【释义】致：招引。指用冰招引苍蝇。

【用法】比喻没有可能实现的事。

【例句】冰冰经常做～的事。

近义 缘木求鱼

以辞害意 yǐ cí hài yì

【释义】辞：文辞。意：文章所要表达的内容。指因拘泥于文辞而曲解文章所要表达的真实想法。

【例句】你这首诗为了语音的悦耳而忽略了文辞的含义，难免有些～。

以德报德 yǐ dé bào dé

【释义】报：回报。指用恩惠回报别人的恩德。

【用法】用于人。含褒义。

【例句】中国人的传统美德之一就是～。

以德报怨 yǐ dé bào yuàn

【释义】报：回报。指不记别人的仇，反而以恩惠回报。

【典故】有人问孔子："对怨恨自己的人报以恩惠，怎么样？"孔子反问道："照你这样，又拿什么来酬答对自己有恩惠的人呢？"孔子认为，应该以正直的方式来对待仇恨，以恩惠来报答恩惠。（《论语·宪问》）

【用法】形容仁爱宽厚，不计较仇怨。含褒义。

【例句】琳琳用～的一片真诚感化了小李。

反义 以怨报德

以点带面 yǐ diǎn dài miàn

【释义】面：全面。指用在一个地区或单位取得的经验来带动成片地区或更多单位的工作。

【例句】高新区的蓓蕾社区改革非常成功，～，现在已向全市推广。

以毒攻毒 yǐ dú gōng dú

【释义】指用有毒的药物来治疗因毒而起的疾病。

【用法】比喻利用某一种有坏处的事物来抵制另一种有坏处的事物。

【例句】这种～的法子尽量少用。

近义 以牙还牙

以碬投卵 yǐ duàn tóu luǎn

【释义】碬：磨刀石。指用磨刀石砸蛋。

Y

【用法】比喻以强攻弱,一定击破对方。

【例句】训练有素的我军小分队剿灭这伙匪徒,就像～,不费吹灰之力。

反义 以卵击石

以讹传讹 yǐ é chuán é

【释义】讹:错误。指将不正确的话又错误地传播开,结果越传越错。也作"讹以传讹"。

【用法】多形容不调查研究,道听途说。含贬义。

【例句】有人喜欢传播小道消息,以致～。

近义 道听途说

以耳代目 yǐ ěr dài mù

【释义】指把耳朵听到的当成亲眼看见的。

【用法】比喻不亲自调查,只听信传言。

【例句】在调查研究中,听是了解情况的一种主要方式,但切不可完全～。

反义 耳闻目睹   事必躬亲

以防不测 yǐ fáng bù cè

【释义】防:防备。测:推测,料想。指用来防备不曾预料到的事。

【例句】我们做好一切准备工作～。

近义 防患未然

以防万一 yǐ fáng wàn yī

【释义】万一:可能性极小的意外变化。指用于防备难以预料的事情。

【例句】这几天山里有大暴雨,大家为了～,还是决定暂时离开这里。

近义 有备无患

以丰补歉 yǐ fēng bǔ qiàn

【释义】丰:丰收。歉:歉收。指将丰年剩余的粮食储存起来,等到灾荒之年使用。

【例句】各县都储备了足够的粮食来～。

以公灭私 yǐ gōng miè sī

【释义】私:私情,个人恩怨。指为了公家的利益而不顾私情或处事出以公心而不考虑个人恩怨。

【用法】用于人。含褒义。

【例句】老王很正直,～。

近义 大公无私

反义 以私害公

以攻为守 yǐ gōng wéi shǒu

【释义】以:用。指用主动进攻的策略来达到防御的目的。

【用法】多用于战斗、体育运动等。

【例句】在这场战争中,十八军团用～的策略打退了敌人的进犯。

反义 以守为攻

以古非今 yǐ gǔ fēi jīn

【释义】非:非难,否定。指用古代的人和事来否定现在的人和事。

【例句】你说这部历史著作是～,那是毫无根据的。

近义 借古讽今

以古为鉴 yǐ gǔ wéi jiàn

【释义】鉴:借鉴。指把历史上的功过作为今天的借鉴。

【例句】以铜为鉴,可以正衣冠;～,可以知兴替;以人为鉴,可以知得失。

提示 "为"不读 wèi。

以古喻今 yǐ gǔ yù jīn

【释义】喻:说明。指借用古代的事来说明当今的事或道理。

【例句】这篇文章古今结合,～,使文章有了较强的历史纵深感,增加了可读性。

近义　借古讽今

以观后效　yǐ guān hòu xiào

【释义】后效:以后的效果。指对犯错误的人宽大处理,观察其有无改正错误的表现。

【例句】他被撤职,留厂察看三个月,～。

以管窥天　yǐ guǎn kuī tiān

【释义】管:竹管。窥:从小孔或缝隙中看。指从竹管的孔洞里看天。

【用法】比喻目光短浅,看不到事物的整体。

【例句】中国古书上早有"～,以蠡测海"这句话,用来嘲讽类似的迂阔。

近义　以蠡测海　管中窥豹　坐井观天

以规为瑱　yǐ guī wéi tiàn

【释义】瑱:古人冠冕上垂在两侧用于堵耳的玉石饰物。指把规劝的话当作堵耳的瑱玉。

【用法】比喻不重视别人的规劝。

【例句】王明这人～,逆耳忠言听不进,很难有所长进。

近义　固执己见　充耳不闻

反义　洗耳恭听

以己度人　yǐ jǐ duó rén

【释义】度:忖度,推测。指用自己的想法去衡量或推测别人的心思。

【用法】多形容主观、错误地揣度别人。含贬义。

【例句】判断事情一定要本着客观公正的态度,不能～。

以假乱真　yǐ jiǎ luàn zhēn

【释义】指用假的冒充真的,让人分不清真假。

【例句】目前市面上,不少假货足以～,不要说农民分不出真假,有时连生产厂家也难以辨别。

近义　鱼目混珠

以儆效尤　yǐ jǐng xiào yóu

【释义】儆:告诫,警戒。效:仿效。尤:过错。指用对某些坏人坏事的严肃惩罚来警告那些学做坏事的人。

【例句】只有严格处罚才能治贪,才能严肃党纪国法,才能～,才能真正取信于民。

近义　杀鸡儆猴

以酒解酲　yǐ jiǔ jiě chéng

【释义】酲:酒醉后神志不清。指用酒来解酒。

【用法】比喻用有害的东西或方法去救急。

【例句】以服用大量减肥药的方式来维持健美的身材无异于～,很快就会把身体搞垮。

近义　饮鸩止渴

以泪洗面　yǐ lèi xǐ miàn

【释义】面:脸。指用眼泪来洗脸。

【用法】形容非常忧伤。

【例句】自从母亲去世后,她常常～。

以狸饵鼠　yǐ lí ěr shǔ

【释义】狸:一种猫。饵:诱。指用猫来诱捕老鼠。

【用法】比喻事情绝不可能成功。

【例句】这种～的蠢事他是不会做的。

近义　缘木求鱼

Y

以蠡测海　yǐ lí cè hǎi

【释义】蠡:用瓠瓜做的瓢。指用瓢来量海水。

【用法】比喻见识浅薄,不明事理。

【例句】你这样做无疑是以管窥天,～。

近义 以管窥天　以升量石

以礼相待　yǐ lǐ xiāng dài

【释义】待:接待,对待。指用应有的礼节对待别人。

【用法】形容对人尊重。

【例句】他对周围的邻居从来都是～,绝无轻慢之举。

反义 趾高气扬

以理服人　yǐ lǐ fú rén

【释义】服:说服,使心服。指用道理说服别人。

【例句】你别无理取闹了,要～。

反义 以力服人　以势压人

以力服人　yǐ lì fú rén

【释义】服:制伏。指用强力使人服从。

【例句】你不要～,最好是以理服人。

反义 以理服人

以邻为壑　yǐ lín wéi hè

【释义】壑:山沟大水坑。指把邻国当成排泄洪水的大水坑。

【用法】比喻只顾自身利益,把困难、灾祸等转嫁他人。含贬义。

【例句】她这种～的做法让人无法理解。

近义 损人利己

提示 "为"不读 wèi。

以卵投石　yǐ luǎn tóu shí

【释义】卵:蛋。击:敲打,碰击。指拿蛋去碰石头。也作"以卵击石"。

【用法】比喻自不量力,必然自取灭亡。

【例句】他那么强大,你跟他斗等于～。

近义 不自量力　以指挠沸

反义 量力而行　以卵投石

以毛相马　yǐ máo xiàng mǎ

【释义】指从马的毛来看马的好坏。

【用法】比喻凭一个人的言语来评断他的人品、才能。也比喻以貌取人。

【例句】你只和她谈过一次话,就对她的性格妄加猜测,真是～。

近义 以貌取人

以貌取人　yǐ mào qǔ rén

【释义】以:根据。貌:相貌,外表。取:判定取舍。指根据人的外表来判断人的品质、才能或决定对待的态度。

【例句】我们的厂长～,当然得不到贤才了。

近义 以毛相马

反义 量才录用

以偏概全　yǐ piān gài quán

【释义】偏:片面、局部。概:概括。指依据局部的现象推论和概括整体。

【用法】形容看问题片面。含贬义。

【例句】我们处理问题必须注意不能～,不能一叶障目。

近义 以管窥天

以其昏昏,使人昭昭

yǐ qí hūn hūn, shǐ rén zhāo zhāo

【释义】其:他的。昏昏:暗,模糊,糊涂。昭昭:明白。指用自己模糊的理解去让别人明白。也指自己都糊里糊涂,却要指挥明白、清楚的人。

【用法】用于人。含贬义。

【例句】事情的经过并不完全清楚，但仍在那里不停地向别人介绍，真是～。

以其人之道,还治其人之身

yǐ qí rén zhī dào, huán zhì qí rén zhī shēn

【释义】以:拿,用。治:惩处,惩办。指用别人的办法来惩治别人。

【例句】他固执地认为,面对别人的挑衅,一味退缩忍让是不行的,必须～。结果把自己害了。

近义 以牙还牙

以强凌弱　yǐ qiáng líng ruò

见910页"倚强凌弱"。

以勤补拙　yǐ qín bǔ zhuō

【释义】补:弥补。拙:笨拙。用勤奋来弥补笨拙。

【例句】学习技术这件事,我坚持～,相信付出总会有回报。

近义 将勤补拙

以屈求伸　yǐ qū qiú shēn

【释义】屈:弯曲。伸:伸展。指用弯曲来求得伸展。

【用法】比喻用暂时的后退求得日后的前进。

【例句】《东郭先生和狼》里描写了一只～、得志猖狂的狼。

近义 以退为进

以权谋私　yǐ quán móu sī

【释义】以:凭借,利用。谋:谋取。指利用自己掌握的权力谋取私利。

【用法】用于人。含贬义。

【例句】现在确有少数干部～,侵犯群众利益,群众很不满意。

近义 贪赃枉法

反义 一心为公

以人废言　yǐ rén fèi yán

【释义】以:因为。废:废弃。指因为某人有缺点、错误或地位低下,不管他的话是否有道理,概不听取。也作"因人废言"。

【例句】虽然他参加工作的时间不长,我们也该听听他的意见,不能～。

以人为鉴　yǐ rén wéi jiàn

【释义】鉴:镜子。指把别人作为自己的镜子。

【用法】比喻从别人的得失中吸取经验教训。

【例句】～,可以明白自己的得失。

以柔克刚　yǐ róu kè gāng

【释义】以:用。柔:柔软。克:制伏。刚:刚强。指用柔软的去克制刚强的。

【用法】比喻避开锋芒,用温和的手段取胜。

【例句】太极拳重在～。

近义 以屈求伸

反义 倚强凌弱　以暴易暴

以弱制强　yǐ ruò zhì qiáng

【释义】制:制伏,战胜。指用弱小的力量战胜强大的敌人。

【例句】这场战役,是我军～的典型事例。

近义 以少胜多

反义 以强凌弱

以杀止杀　yǐ shā zhǐ shā

【释义】以:用。止:制止。指用杀戮的办法来制止人们互相残杀。

【用法】比喻用与别人相同的手段来攻击别人。含贬义。

【例句】～,何时是个头?

近义 以刑止刑　以战去战　以毒攻毒

以少胜多 yǐ shǎo shèng duō

【释义】指用少数的力量战胜多数的力量，以弱小战胜强大。

【例句】一连的战士～，消灭了敌人一个营。

近义 以弱制强

反义 寡不敌众

以身试法 yǐ shēn shì fǎ

【释义】身：亲身。试：尝试。指用自己的行为来尝试法律的威力。

【用法】形容明知是违法的事，却偏要去做。

【例句】你千万不可～。

近义 知法犯法

反义 奉公守法

以身殉国 yǐ shēn xùn guó

【释义】身：身体，生命。殉：为达到某种目的而献出生命。指为了国家的利益献出自己的生命。

【例句】人民战士在祖国的解放事业中，不惜牺牲自己的生命，这种～的伟大精神值得我们学习。

近义 舍生取义

反义 苟且偷生

以身殉职 yǐ shēn xùn zhí

【释义】殉：为达到某种目的而献出生命。指因忠于职守而牺牲。

【例句】为了二十四名旅客的生命安全，大巴司机吴兵同志不幸～。

以身作则 yǐ shēn zuò zé

【释义】身：自己，自身。则：准则，榜样。以自己的实际行动做出榜样。

【例句】你是厂长，应～，给工人们做个榜样。

近义 言传身教

提示"则"不能写成"责"。

以升量石 yǐ shēng liáng dàn

【释义】石：旧时容量单位，十升为一斗，十斗为一石。比喻以肤浅的理解来揣度深远的道理。

【用法】用作贬义。

【例句】这种想法无异于～，浅陋无比。

近义 以管窥天　以蠡测海

以石投水 yǐ shí tóu shuǐ

【释义】投：扔，掷。指把石子扔进水里，水能相容，不相抵御。

【用法】比喻因相互投合而完全采纳所提建议。

【例句】他俩志同道合，对问题的看法，如同～，一拍即合。

近义 一拍即合

以守为攻 yǐ shǒu wéi gōng

【释义】以：用。攻：进攻。指用防御的方式作为进攻的手段。

【例句】我军决定～，消耗敌人兵力，然后再集中力量突过河去，全歼敌人。

反义 以攻为守

以水救水 yǐ shuǐ jiù shuǐ

【释义】指引水来救水灾，水势更猛。

【用法】比喻毫无用处，反而助长其势。

【例句】听他这一说，矛盾不仅没有解决，他们反而吵得更厉害了，真是～。

近义 以火救火

以私害公 yǐ sī hài gōng

【释义】指因为私情或私人的利益损害公德或公家的利益。

【例句】义重而恩轻,则不～。

反义 以公灭私

以汤沃雪　yǐ tāng wò xuě

【释义】汤:开水。沃:浇。指将开水浇在雪上,雪就融化了。

【用法】比喻轻而易举。

【例句】以精锐之师剿灭小股流寇,犹如～,易如反掌。

反义 扬汤止沸

以汤止沸　yǐ tāng zhǐ fèi

见851页"扬汤止沸"。

以退为进　yǐ tuì wéi jìn

【释义】退:谦让,退让。进:进步。原指把退让看作前进。后转指用退让作为进取的手段。

【例句】我们现在只能～,欲擒故纵。

近义 以守为攻

以往鉴来　yǐ wǎng jiàn lái

【释义】鉴:借鉴。指用过去的教训作为今后办事的借鉴。

【例句】在经济建设中,我们要不断总结经验,～。

近义 引以为戒

以微知著　yǐ wēi zhī zhù

【释义】微:微小。著:明显,显著。指从事物露出的苗头,可以推知它的发展趋向或实质。

【例句】凡事不要轻信,要善于～,明辨是非。

近义 以小见大

以文会友　yǐ wén huì yǒu

【释义】会:结交。指用写诗作文来结交朋友。

【例句】他们以书为桥,～,在增进海内外华人的民族感情方面作出了突出贡献。

以小见大　yǐ xiǎo jiàn dà

【释义】指通过小事可以看出大节,或通过一小部分看出整体。

【例句】～,我们通过这件小事,就可以看出他的品德。

近义 以微知著

以小人之心,度君子之腹

yǐ xiǎo rén zhī xīn,duó jūn zǐ zhī fù

【释义】小人:道德品质不好的人。度:揣摩,推测。君子:品行高尚的人。指用卑劣的想法去猜测品行高尚者的胸襟。

【例句】他经常疑心别人说他坏话,真是～。

提示 "度"不读 dù。

以心传心　yǐ xīn chuán xīn

【释义】佛教用语。指不用语言文字,而以慧心相传授。

【例句】相传达摩曾说,我法～,不立文字。

以刑止刑　yǐ xíng zhǐ xíng

【释义】止:制止,消除。指用刑罚消除刑罚。即从重处罚犯罪者,使别的人不敢再犯法,从而达到消除刑罚的目的。

【例句】不立制度,则未之前闻,故曰～,以杀止杀。

近义 以杀止杀　以战去战

以牙还牙　yǐ yá huán yá

【释义】指对方怎么来,就怎么还击。

【用法】比喻用对方的手段针锋相对地还击对方。

【例句】对于侵略者,最好的办法就是～,

Y

以眼还眼。

近义 针锋相对

反义 逆来顺受　饮恨吞声

以一持万　yǐ yī chí wàn

【释义】一:指根本的、关键的事物。持:把握,控制。指只要抓住关键部位,就能控制全局。

【例句】只有掌握了科学的学习方法,才能～。

近义 纲举目张　提纲挈领

以一当十　yǐ yī dāng shí

【释义】当:抵挡。指一个人抵挡十个人。

【用法】形容英勇善战,以少胜多。

【例句】战略上要藐视困难,～,战术上要重视困难,以十当一,这是我们战胜敌人的根本法则之一。

近义 以少胜多

以一警百　yǐ yī jǐng bǎi

【释义】警:警戒,警告。指惩罚一人以警戒众人。

【例句】他这种～的做法收到了良好的效果。

近义 杀一儆百

以逸待劳　yǐ yì dài láo

【释义】逸:安闲,安逸。劳:疲劳。指两军交战时,一方养精蓄锐,等对方进攻,待其实力严重消耗、疲劳不堪时,再出击以取胜。

【用法】多用于军事或体育竞赛。

【例句】打仗时有效地运用以近待远、～、以饱待饥等军事策略,就可以克敌制胜。

近义 养精蓄锐

反义 疲于奔命

以意逆志　yǐ yì nì zhì

【释义】以:用。逆:揣度。志:心意,意图。指用自己的想法去揣度别人的心意。

【例句】她有多年心理学方面的修养,因此她能～,还原多年前作者创作该作品时的心境。

以蚓投鱼　yǐ yǐn tóu yú

【释义】指用蚯蚓做鱼饵来钓鱼。

【用法】比喻投合对方胃口,用轻微的代价换取巨大的利益。

【例句】在生意场上,他善于～,以低微的成本换取高额利润。

以怨报德　yǐ yuàn bào dé

【释义】怨:仇怨。报:回报。德:恩德,恩惠。指用怨恨来报答别人对自己的恩德。

【用法】形容恩将仇报。含贬义。

【例句】大伯对你恩重如山,你却做出如此～的事,良心何在!

近义 忘恩负义

反义 以德报怨

以正视听　yǐ zhèng shì tīng

【释义】以:介词,表示目的。正:纠正,改正。视听:看到的和听到的。指用某种事实来纠正过去那些不实的传闻。

【例句】小英在接受采访时说:"我想澄清两件事,～。"

以直报怨　yǐ zhí bào yuàn

【释义】直:正直,公平。用正直去对待心存怨恨的人。

【例句】尽管她一直妒忌老李,但老李～,还是任用了她。

以指挠沸　yǐ zhǐ náo fèi

【释义】指:手指头。挠:搅。沸:滚烫的开水。指用手指去搅开水。

【用法】比喻自取其祸。

【例句】你用一支二十人的小分队去迎战六千人的军队,无异于～。

【近义】以卵投石

倚财仗势　yǐ cái zhàng shì

【释义】倚、仗:凭借,依仗。指仗恃自己有钱有势,为非作歹。

【用法】用于人。含贬义。

【例句】他～,为非作歹,大家都不喜欢他。

倚老卖老　yǐ lǎo mài lǎo

【释义】倚:仗恃。指仗着自己年纪大,卖弄老资格,看不起人。

【用法】用于人。含贬义。

【例句】他虽年逾九旬,但从不～,受到大家的尊重。

倚马可待　yǐ mǎ kě dài

见 910 页"倚马千言"。

倚马千言　yǐ mǎ qiān yán

【释义】倚:靠。待:等待。指靠着战马起草文书,立刻完稿。也作"倚马可待"。

【典故】袁宏是东晋著名的文学家、史学家。大司马桓温率军北伐,部队到达前方,为鼓舞士气,需发布誓师文告,时间紧,难以有人胜任。桓温当即召袁宏来阵前写此文。只见袁宏靠在马身上,略一思索,提笔一挥,一篇长长的誓师文告便写成了,同僚们看了无不交口称赞。(《世说新语·文学》)

【用法】形容文思敏捷,写作极为迅速。

【例句】别人写一篇这样的文章起码要半天,他来动手却～。

【近义】一挥而就　援笔立成

倚门傍户　yǐ mén bàng hù

【释义】倚、傍:靠。户:门。指靠在别人的门边上。

【用法】比喻一味依附于他人而不能自立或没有主见。

【例句】在学术上他有一套自己的理论,并不～。

【近义】傍人门户

【反义】自立门户

倚门倚闾　yǐ mén yǐ lú

【释义】闾:里巷的门。指倚在家门口或里巷的门口向远处望。

【用法】多形容父母盼望儿女归来的殷切心情。

【例句】女儿在外游学,做母亲的在家～,思念深切。

倚强凌弱　yǐ qiáng líng ruò

【释义】倚:倚仗。凌:欺凌,侵犯。指仗恃自身强大,去欺负弱小者。也作"以强凌弱"。

【例句】我们历来主张,国与国之间无论大小,都应相互尊重,平等互利,共谋发展,绝不可～,以大欺小,甚至干涉对方内政。

【近义】以大欺小

亿万斯年　yì wàn sī nián

【释义】亿万:概数,许多。斯:文言助词。指许多年。

【用法】形容时间无限长久。

【例句】人类经过～,才变成现在的样子。

义薄云天　yì bó yún tiān

【释义】义:正义,情谊。薄:迫近。云天:云霄。指正义之气冲上云霄。

【用法】形容义气之盛。

【例句】在危急关头,他表现出共产党人～的英雄气概。

近义 正气凛然

义不容辞　yì bù róng cí

【释义】义:道义。容:容许。辞:推辞。指道义上不容许推辞。

【例句】照顾母亲的生活起居是我～的责任。

近义 责无旁贷

义愤填膺　yì fèn tián yīng

【释义】义愤:对不正义的事情所产生的愤怒。填:充满。膺:胸膛。指胸中充满义愤。

【例句】听了乡亲们的控诉,战士们个个～,怒火万丈。

反义 麻木不仁

义结金兰　yì jié jīn lán

【释义】指结交投合的朋友。

【例句】汉末,刘备、关羽、张飞三人在桃园～的事传为佳话。

义无反顾　yì wú fǎn gù

【释义】义:道义。反顾:回头看。指在道义上绝对不能回头。

【用法】形容勇往直前,绝不退缩犹豫。

【例句】洪水来袭,解放军战士～地投奔到抗洪第一线。

近义 勇往直前　当仁不让

反义 瞻前顾后

义形于色　yì xíng yú sè

【释义】形:表现,显露出来。色:脸色。指主张正义的心情从脸上流露出来。

【例句】一说起抗日,他就～,慷慨激昂。

义正词严　yì zhèng cí yán

【释义】义:道理。词:言词。指讲话或写文章道理正当,措辞严正。

【例句】闻一多走上讲台,发表了～的演讲。

近义 理直气壮

反义 理屈词穷

艺不压身　yì bù yā shēn

【释义】艺:技能,技术。指技艺多不会压着身子。

【用法】常用于劝人多学一些技能。

【例句】爷爷常说:"人的一生要多学几门技术,～啊!"

忆苦思甜　yì kǔ sī tián

【释义】苦:苦难。甜:幸福。指回忆过去所受的苦难,来体会今天的幸福生活。

【例句】王爷爷～是要我们不忘记过去。

议而不决　yì ér bù jué

【释义】议:讨论。决:决定。指讨论了很久却没有作出决定。

【例句】做事不能拖拖拉拉,～,决而不行。

议论纷错　yì lùn fēn cuò

见 911 页"议论纷纷"。

议论纷纷　yì lùn fēn fēn

【释义】议论:对人或事物的好坏、是非等表示意见。纷纷:纷繁错杂的样子。指意见不统一,各种说法很多。也作"议论纷错"。

【例句】李校长做完了报告,大家～,有的表示同意,有的表示反对。

近义 众说纷纭

反义 众口一词

议事日程　yì shì rì chéng

【释义】议事:讨论或办理事情。指在计划之内的讨论、办理事情的日期。

【例句】他提出的建议,领导一直没提到～上来。

屹立不动　yì lì bù dòng

【释义】指稳固矗立,不动摇。

【用法】形容坚定不移。

【例句】大雁塔久经风雨的考验,仍～,足见古人建筑技术的高超。

亦步亦趋　yì bù yì qū

【释义】亦:也,表示同样。步:慢走。趋:快走。指紧紧地跟着别人走,别人慢走我也慢走,别人快走我也快走。

【典故】春秋时,孔子的得意门生颜回深受孔子赏识。颜回说:"先生走慢我也慢,先生走快我也快,先生跑我也跑。总之,一言一行都紧跟先生。"(《庄子·田子方》)

【用法】现多比喻刻意模仿或追随别人,

自己没有主见。含贬义。

【例句】小李从乡下来,怕迷路,跟着姑姑～。/她总是～,是个没主见的人。

近义 如影随形　人云亦云

亦真亦幻　yì zhēn yì huàn

【释义】形容真假难辨,难以理清思绪。

【例句】眼前的海市蜃楼真是～。

亦庄亦谐　yì zhuāng yì xié

【释义】亦:也,又。庄:庄重。谐:诙谐。指既庄重严肃,又诙谐风趣。

【例句】这段传统川戏,唱词精妙,～,深得戏迷的喜爱。

异彩纷呈　yì cǎi fēn chéng

【释义】异彩:不同的花样。纷呈:纷纷呈现。形容花样繁多、丰富多彩。

【例句】如今,人们夜间的休闲娱乐活动可谓～。

近义 精彩纷呈

异端邪说　yì duān xié shuō

【释义】异端:指不符合正统思想的主张或教义。邪说:有严重危害性的不正当的议论。指非正统的思想,有危害的学说。

【例句】不要被～所蒙蔽,要相信科学。

异乎寻常　yì hū xún cháng

【释义】异:不同。寻常:平常。指不同于一般。

【例句】这篇～的小小说,寓意太深了。

近义 与众不同

反义 平淡无奇

异军突起　yì jūn tū qǐ

【释义】异军:另外一支军队。突起:突然

兴起。指另外一支军队突然兴起。

【用法】比喻一种新的派别或新的力量一下子崛起。

【例句】今年的足球赛，新组建成立的小虎队～，夺取了联赛冠军。

异口同声　yì kǒu tóng shēng

【释义】指不同的口说出一样的话。

【用法】形容大家的说法、看法或见解都一致。

【例句】大家～地说这件好事是他做的。

近义 众口一词　一口同音

反义 众说纷纭　各执己见

异曲同工　yì qǔ tóng gōng

【释义】曲：曲调。工：精妙，美妙。指虽然曲调不同，但同样美妙。也作"同工异曲"。

【用法】比喻文艺作品的手法、形式尽管不同，但都同样精彩。也比喻不同的做法效果同样好。

【例句】司马光看完黄庭坚的诗赞扬说："好啊，你我～，真是妙不可言。"/哥斯达黎加队的训练营选在城南，地势偏僻，这一点和中国队选择西归浦～，因为这两个地方都很容易封闭起来。

近义 殊途同归

反义 截然不同　判若云泥

异想天开　yì xiǎng tiān kāi

【释义】异：奇特。天开：天门打开。指想法怪异，幻想天门打开。

【用法】形容想法离奇，不切实际（贬义）。也形容想法新奇，不同寻常（褒义）。

【例句】齐宁厉声说道："身为科学家，不在实验室里老老实实做实验，却～，摆摆纸牌就要发现什么规律！"/在南洋学校教学楼的"科创角"的橱窗里，我们看到了很多学生～的发明。

近义 想入非非

抑强扶弱　yì qiáng fú ruò

【释义】抑：压抑。扶：扶助。指压制强横的，扶助弱小的。

【例句】他最喜欢打抱不平，～。

近义 锄强扶弱

抑扬顿挫　yì yáng dùn cuò

【释义】抑：压低。扬：升高。顿：停顿。挫：转折。形容音调起伏曲折、节奏鲜明、和谐优美。

【例句】这～、温柔悦耳的乡音，令人心驰神往。

反义 平铺直叙

易地而处　yì dì ér chǔ

【释义】指对调所处的位置。

【例句】《镜花缘》中描述的女儿国,用～的方法与现实中的男尊女卑作对照,影射了当时社会的不合理。

易如反掌　yì rú fǎn zhǎng

【释义】易:容易。反掌:把手掌翻过来。指容易得像翻转一下手掌。

【用法】形容很容易做到。

【例句】以他的为人处世,办成这件事应当是～。

近义　易如拾芥　唾手可得　轻而易举

反义　难于登天

易如拾芥　yì rú shí jiè

【释义】拾:拣起。芥:小草。指像从地上拣起小草一样容易。

【用法】形容很容易,毫不费劲。

【例句】这件事对他来说简直就是～。

近义　易如反掌

逸闻轶事　yì wén yì shì

【释义】逸、轶:散失。指没有载入史书而在民间流传的事迹。

【例句】奶奶知道的～可真不少。

意气风发　yì qì fēng fā

【释义】意气:意志和气概。风发:奋发,像风一样迅猛兴起。指精神振奋,气概昂扬。

【例句】中国妇女从来没有像今天这样～,健康美丽。

近义　精神抖擞　神采飞扬

反义　萎靡不振

意气相投　yì qì xiāng tóu

【释义】意气:志趣。投:投合。指彼此志趣、性格十分投合。

【例句】他俩是多年的老朋友,～,有什么话都会告诉对方。

近义　志同道合

意气扬扬　yì qì yáng yáng

【释义】意气:精神和气概。扬扬:得意的样子。形容很得意或情绪高昂。也作“意气洋洋”。

【例句】晓峰数学考试获得了第一名,他～地走上领奖台。

近义　洋洋自得

反义　灰心丧气　垂头丧气

意气洋洋　yì qì yáng yáng

见914页“意气扬扬”。

意气用事　yì qì yòng shì

【释义】意气:情绪,感情。用事:处理事情。指凭一时感情或情绪的冲动去办事。

【例句】做事情不要～,应考虑全局。

近义　感情用事

反义　三思而后行

意气自如　yì qì zì rú

【释义】意气:神态、神色。自如:自然。指神色自然,像平常一样。

【用法】形容非常镇定。

【例句】作曲大师不因头上有两顶帽子而感到沉重,仍～,谈笑风生。

近义　神色自若

意味深长　yì wèi shēn cháng

【释义】意味:意义和趣味。指作品内容或言谈含意深远,耐人寻味。

【例句】我父亲总爱说一些～的话。

近义　耐人寻味

反义　淡而无味　索然无味　兴味索然

意想不到 yì xiǎng bù dào

【释义】意想:意料。指没有意料到。

【用法】形容十分意外。

【例句】这次野外郊游,说不定会有~的收获。

意兴阑珊 yì xìng lán shān

【释义】意兴:兴致。阑珊:将尽,衰落。指兴致快完了。

【例句】新年晚会一直持续到深夜三时,大家~才散去。

近义 意兴索然

反义 意犹未尽

意犹未尽 yì yóu wèi jìn

【释义】意:心愿,兴趣。指心里的话没有说完或兴趣没有得到完全满足。

【例句】今天参观了历史博物馆,大家很高兴,至今仍~。

反义 意兴阑珊

意在笔前 yì zài bǐ qián

【释义】指写作、绘画、写字时,先精心构思,再下笔。

【例句】王林行文构思,总是~,而后一气呵成。

意在言外 yì zài yán wài

【释义】指语意含蓄,真实的意思暗含在言辞之外,没有明白地说出来。

【例句】这短短的两句话有着很多的含义,中国的语言很深奥,往往是~。

近义 弦外之音

反义 意在言表

溢于言表 yì yú yán biǎo

【释义】溢:水满自然流出,引申为流露。表:表面,外层。指感情通过言辞、神情充分表露出来。

【例句】他发表获奖感言时那种自豪之情~。

毅然决然 yì rán jué rán

【释义】毅然:坚定地,果断地。决然:坚决地,毫不犹疑地。形容坚决果断,毫不犹豫。

【例句】小王~地抛弃了国外优裕的生活,回国投身祖国建设。

近义 当机立断

反义 优柔寡断 犹豫不决

熠熠夺目 yì yì duó mù

【释义】熠熠:闪光发亮。形容闪闪发亮,耀人眼目。

【例句】幸福像一粒缀在旧绸子上的红宝石,在凄凉中愈发~。

近义 熠熠生辉

反义 暗淡无光

熠熠生辉 yì yì shēng huī

【释义】熠熠:闪光发亮。辉:闪耀的光彩。形容东西闪光发亮,发出光辉。

【例句】"沿江粮店"四个鲜红的大字,在淡蓝底色的楼栏上~。

近义 熠熠夺目

臆测屡中 yì cè lǚ zhòng

【释义】臆:猜测。屡:屡次。指估计事情准确,每次都能猜中。

【例句】这位将军对敌人的行动~,所以能够将敌人打得一败涂地。

近义 料事如神

提示 "臆"不能写成"意"。

Y

因材施教　yīn cái shī jiào

【释义】因:根据。材:才能,指人的天资、性格、志趣等。施:施加。指根据不同对象的具体情况,采取不同的教育方法。

【例句】老教师～,很注意学生在各方面的差异。

因地制宜　yīn dì zhì yí

【释义】因:根据。地:各地的具体情况。制:制定。宜:适当。指根据不同地域的不同情况,采取适当的措施。

【例句】中国古代～地创造了多种形式的农田水利工程。

因风吹火　yīn fēng chuī huǒ

【释义】指借着风势吹火。

【用法】比喻费力不大,因势乘便。

【例句】只要～,办这件事便花不了多大力气。

近义 顺水推舟

因公假私　yīn gōng jiǎ sī

【释义】假:凭借,依托。指借公务来谋取私利。

【例句】这些财物都是他们～从老百姓那儿搜刮来的。

近义 假公济私

反义 大公无私

因果报应　yīn guǒ bào yìng

【释义】佛教用语。指事物有因必有果,有施必有报,有感必有应。今生种什么因,来生结什么果。善有善报,恶有恶报。

【例句】范缜在那篇文章里,断定人死后灵魂是不存在的,什么～都是骗人的话。

因祸得福　yīn huò dé fú

【释义】指因遭受了灾祸,反而得到好处。

【例句】肖忠头部遭到撞击后,失明多年的眼睛竟然恢复视力了,真是～。

近义 塞翁失马

反义 乐极生悲

因利乘便　yīn lì chéng biàn

【释义】因:凭借。利:便利,有利。乘:利用。指依靠有利的形势或条件。

【例句】他～,用装修的废料给小猫做了个圆形的猫窝。

近义 顺水推舟

因陋就简　yīn lòu jiù jiǎn

【释义】因:凭借,根据。陋:简陋。就:将就,凑合。指就着原来简陋的条件办事。

【例句】因为经费紧张,这个小学的建立只好～了。

因难见巧　yīn nán jiàn qiǎo

【释义】因:由于。巧:巧妙。指由于难度大而显出技艺巧妙。

【例句】～,能把豆腐皮切成这般细丝,足见他刀功精湛。

因人成事　yīn rén chéng shì

【释义】因:依靠,凭借。指依靠别人的力量办成事情。

【用法】形容人平庸,不能独立承担重任。

【例句】你自己有能力,何必～呢?

因人而异　yīn rén ér yì

【释义】异:差别。指根据对象不同而有差别。

【例句】研究人员认为,这种蛋白质阻滞抗体的效能～。

反义 一视同仁

因人废言 yīn rén fèi yán

见 906 页"以人废言"。

因人制宜 yīn rén zhì yí

【释义】因:根据。指按照各人的实际情况,制定适宜的办法。

【例句】在工作安排上,我们应该~,让每个人都能充分发挥自己的特长。

因时制宜 yīn shí zhì yí

【释义】因:根据。制:制定。宜:适当。指根据不同时期的具体情况,制定不同的措施。

【例句】《齐民要术》阐明了~、因地制宜的思想。

因势利导 yīn shì lì dǎo

【释义】因:根据。势:趋势。利导:引导。指根据事物发展的趋势,向积极的方面加以引导。

【例句】用灵活的教育方式,~地教育青少年,才能使他们身心健康发展。

因事制宜 yīn shì zhì yí

【释义】因:根据。制:制定。宜:适当。指根据事物的不同情况,制定不同的措施。

【例句】不要机械地搬用别人的经验,应该~,根据自己的特点制定切实可行的计划。

因小见大 yīn xiǎo jiàn dà

【释义】指从小处看出大问题,或从部分看到全体。

【例句】他做小事情都一丝不苟,~,可以看出他是一个认真负责的人。

近义 小中见大

因小失大 yīn xiǎo shī dà

【释义】指为了贪图小利而造成大的损失。也作"贪小失大"。

【例句】这类问题你要慎重考虑,千万别~。

近义 舍本逐末　惜指失掌

反义 舍卒保车

因循苟且 yīn xún gǒu qiě

【释义】因循:懒散,随便。苟且:敷衍了事。指懒懒散散、随随便便、不思上进地混日子。

【用法】用作贬义。

【例句】他~地活着,从不考虑改变自己的现状。

反义 革故鼎新

因循守旧 yīn xún shǒu jiù

【释义】因循:沿袭。守旧:死守老规矩、老传统。指沿袭旧的规矩,不求变革。

【用法】形容思想保守,缺乏创新精神。

【例句】~、故步自封不利于城市的发展。

近义 抱残守缺　循常习故　蹈常袭故

反义 除旧布新　推陈出新

因噎废食 yīn yē fèi shí

【释义】噎:食物堵住了喉咙。废:停止。指因为吃饭噎住了,就连饭也不吃了。

【用法】比喻因偶然受挫而怕再受挫,就连本该做的事也停止了。

【例句】风险本身就存在,所以我们不能~,关键是如何加强风险防范。

阴差阳错 yīn chā yáng cuò

【释义】阴、阳:相对应的两个方面。比喻

由于各种偶然因素而造成差错。也作"阴错阳差"。

【例句】这位大意的先生在收信人一栏少写了一个字母,这封信就～地送到了一位中年妇女的电子信箱里。

阴错阳差　yīn cuò yáng chā

见917页"阴差阳错"。

阴魂不散　yīn hún bù sàn

【释义】阴魂:迷信认为人死后的灵魂。指人死后灵魂并不散去。

【用法】比喻坏事被铲除或坏人被消灭后,不良影响仍然存在。含贬义。

【例句】迷信思想在一些偏远地区依然～。

阴谋诡计　yīn móu guǐ jì

【释义】阴谋:暗中做坏事的计谋。诡计:狡诈的计策。指各种暗中策划的坏主意。

【例句】一切搞～的人,迟早是要被识破的。

近义 鬼蜮伎俩

提示 "诡"不能写成"鬼"。

阴阳怪气　yīn yáng guài qì

【释义】指人的性格、言行等乖戾,跟普通人不同,令人难以捉摸。

【例句】小李不好好工作,说话也总是～的。

音容宛在　yīn róng wǎn zài

【释义】宛:仿佛。指声音和容貌好像还在耳边、眼前。

【用法】多用于对死者的怀念。

【例句】周总理～,他会永远活在人民心中。

音容笑貌　yīn róng xiào mào

【释义】指人说话的声音,谈笑的神态。

【用法】多用于对人的怀念。

【例句】爷爷虽然离开我们多年了,但他的～仍深深地印在我们的脑海里。

殷鉴不远　yīn jiàn bù yuǎn

【释义】殷:商朝。鉴:借鉴,鉴戒。指殷商可以记住夏朝灭亡的历史。

【用法】比喻前人失败的教训就在眼前,可作为借鉴。

【例句】宋与金的历史,对崇祯皇帝来说,～,而他绝不愿在臣民心目中和后代史书中被看成是懦弱无能的君主。

吟风弄月　yín fēng nòng yuè

【释义】吟:歌吟,吟诵。弄:把玩。指吟咏清风,观赏明月。形容以风花雪月等自然景物为题材写诗作赋,抒发闲情逸致。

【例句】胡乔木的新诗可不是浅薄的～之作啊。

近义 嘲风咏月

淫词秽语　yín cí huì yǔ

【释义】淫:淫荡。秽:肮脏。指淫秽猥亵、低级趣味的话。

【例句】这篇文章删掉～就好了。

寅吃卯粮　yín chī mǎo liáng

【释义】寅、卯:地支顺序的第三位和第四位。寅年吃了卯年的粮食。也作"寅支卯粮"。

【用法】比喻入不敷出,预先支用。

【例句】小黄不善于计划开支,工资到手就乱花,经常是～。

近义 入不敷出

反义 年年有余

寅支卯粮　yín zhī mǎo liáng

见918页"寅吃卯粮"。

银样镴枪头　yín yàng là qiāng tóu

【释义】镴:锡铅合金,即焊锡。指色泽像银的镴制的枪头。

【用法】比喻好看而不中用。用于人,含贬义。

【例句】他平时口若悬河,可是一到正经场合,便噤若寒蝉,真是个～。

引而不发　yǐn ér bù fā

【释义】引:拉弓。发:射箭。指拉满了弓却不把箭射出去。

【用法】比喻善用启发、引导的方法进行宣传教育。也比喻做好准备,等待时机。

【例句】好的教学方法,不是注入式、填鸭式,而是～的启发式。/我游击队埋伏在草丛中,～,等着敌人进入伏击圈。

引风吹火　yǐn fēng chuī huǒ

【释义】比喻唆使、煽动别人闹事。

【用法】用作贬义。

【例句】他最善于～,不要听他乱说。

近义　煽风点火

引吭高歌　yǐn háng gāo gē

【释义】引:拉长。吭:嗓子,喉咙。指放开喉咙,大声歌唱。

【例句】他站在泰山上～。

提示　"吭"不能写成"亢"。

引火烧身　yǐn huǒ shāo shēn

【释义】引:招致,招惹。指把火招引来烧自己。也作"惹火烧身"。

【用法】比喻自招祸患,自找麻烦。也比喻主动暴露自己的缺点、错误,争取批评和帮助。

【例句】阐述完自己的观点后,他表示:"我不怕～,愿意与各位探讨这个敏感问题。"/在赛后总结会上,这位年届三十的老队员～,主动承担发球责任。

引经据典　yǐn jīng jù diǎn

【释义】引:援引。据:依据。指引用经典著作中的语句或故事,作为立论的依据。

【例句】这篇文章～,论证很有说服力。

近义　旁征博引

引颈受戮　yǐn jǐng shòu lù

【释义】引:伸长,拉长。戮:杀。指伸长脖子,等待被杀。

【用法】形容不作任何抵抗,甘愿等死。含贬义。

【例句】外敌入侵,我们不能～,一定要奋起抵抗。

近义　束手待毙

反义　揭竿而起

引咎自责　yǐn jiù zì zé

【释义】咎:过错。指主动承担责任,并作自我批评。

【例句】林厂长为这事～,大家都十分敬重他。

反义　诿过于人

引狼入室　yǐn láng rù shì

【释义】引:招引。指把狼招引到屋子里。

【用法】比喻把坏人引入内部,惹来祸患。

【例句】都是你干的好事,引火烧身,～。

近义　开门揖盗

引人入胜　yǐn rén rù shèng

【释义】胜:胜境,美妙的境界。指将人引入美妙的境地。

【用法】多形容风景或文艺作品吸引人。

【例句】这本小说写得曲折回环,～。

近义　令人神往

反义 索然无味

引人注目　yǐn rén zhù mù

【释义】注目:目光集中在一点上。指引起别人的注意和关注。

【例句】王小姐这身打扮格外～。

引蛇出洞　yǐn shé chū dòng

【释义】指把蛇引出洞口。

【用法】比喻运用计谋,把对方引入自己设置的圈套。

【例句】宜宾缉毒警察出动大小行动十七次,～,瓮中捉鳖,取得赫赫战果。

引为鉴戒　yǐn wéi jiàn jiè

【释义】引:拿来。鉴戒:以往事作为教训。指拿来作为教训,以免再犯类似的错误。

【例句】这事就不追究了,望～,切不可再犯。

近义 引以为戒

反义 不足为训

引以为戒　yǐn yǐ wéi jiè

【释义】引:拿来。以为:把……作为。戒:鉴戒。指拿别人过去的教训作为警戒。

【例句】这次事件影响很坏,我们应～。

近义 殷鉴不远　引为鉴戒

反义 不足为训　重蹈覆辙

引锥刺股　yǐn zhuī cì gǔ

【释义】指用锥子刺大腿。

【用法】形容人学习刻苦,异常勤奋。

【例句】他～般学习,成绩当然好极了。

近义 凿壁偷光

提示 "刺"不能写成"棘"。

引足救经　yǐn zú jiù jīng

【释义】引:拉。经:缢,上吊自杀。指拉上吊的人的脚来解救他。

【用法】比喻行为与目的相反。

【例句】将水倒入起火的油锅里,简直就是～,根本灭不了火的。

近义 抱薪救火

饮冰茹檗　yǐn bīng rú bò

见920页"饮冰食檗"。

饮冰食檗　yǐn bīng shí bò

【释义】檗:黄檗,一种乔木,皮可入药,性寒味苦。指喝冰水,吃苦味的东西。也作"饮冰茹檗"。

【用法】形容生活清苦。

【例句】妻儿相继离世后,他过着～的生活。

饮恨而终　yǐn hèn ér zhōng

【释义】饮恨:把怨恨吞到肚子里。终:去世。指抱恨含冤而死。

【例句】他父亲的冤屈到最后也没有得到昭雪,以致～。

饮恨吞声　yǐn hèn tūn shēng

【释义】饮恨:把怨恨咽到肚子里。吞声:哭泣而不敢出声。

【用法】形容怀怨抱恨,不敢表露。

【例句】九一八事变后,东北人民奋起反抗,决不甘心当日本侵略者奴役下～的亡国奴。

近义 饮泣吞声　忍气吞声

反义 以牙还牙　以眼还眼

饮恨终身　yǐn hèn zhōng shēn

【释义】饮恨:把仇恨咽到肚里。指人生不得志,抱恨终身。

【例句】这辈子没和初恋情人结为眷属,

李老～。

饮灰洗胃 yǐn huī xǐ wèi

【释义】灰:草木灰,古人用作洗涤剂。指饮用草木灰水洗涤肠胃。

【用法】比喻彻底悔过自新。

【例句】他已～,改过自新了,你就原谅他吧!

近义 吞刀刮肠

饮泣吞声 yǐn qì tūn shēng

【释义】泣:无声地哭。吞声:不敢出声。指不敢放声大哭。

【用法】形容内心悲痛又不能表露出来。

【例句】旧社会地主老财家的仆人,大多过着～的生活。

近义 饮恨吞声

饮食起居 yǐn shí qǐ jū

【释义】泛指人的日常生活。

【例句】他卧床不起,～全靠妻子照料。

饮水思源 yǐn shuǐ sī yuán

【释义】源:水流的源头。指喝水时想到水的源头。

【用法】比喻人不忘本。

【例句】我能有今天的成就,～,多亏了李厂长对我的栽培。

反义 数典忘祖

饮鸩止渴 yǐn zhèn zhǐ kě

【释义】鸩:传说中一种有毒的鸟,用它的羽毛泡酒,有剧毒。指喝毒酒解渴。

【用法】比喻只顾解决眼前困难而不考虑其严重后果。含贬义。

【例句】这无疑是～,书店没有了地盘,还谈什么图书发行?

近义 挖肉补疮 杀鸡取卵

【提示】"鸩"不读 jiū,也不能写成"鸠"。

隐恶扬善 yǐn è yáng shàn

【释义】隐:隐匿。扬:宣传。指不谈别人的坏处,只宣扬别人的好处。

【例句】我们不禁要问:这一部部清宫戏的编导们,为什么如此动情地替封建君主～?

隐晦曲折 yǐn huì qū zhé

【释义】隐晦:不明显。曲折:转弯抹角。形容说话、写文章含糊晦涩,令人费解。

【例句】文章写得这么～,谁看得懂呢?

近义 转弯抹角

反义 直截了当 开门见山 直截了当

隐忍不发 yǐn rěn bù fā

【释义】隐:隐藏。忍:克制,忍耐。发:发泄。指强行克制自己,不把内心的痛苦、悲哀表露出来。

【例句】我看得出在这些话里面,含有一种～的愤怒。

隐姓埋名 yǐn xìng mái míng

【释义】隐、埋:隐瞒,隐藏。指隐瞒自己的真实姓名,不让别人知道自己的情况或不愿让人打扰。也作"埋名隐姓"。

【例句】大别山里,还有多少～的老红军和烈士的后裔在默默地奉献?

近义 改名换姓

反义 抛头露面

隐约其辞 yǐn yuē qí cí

【释义】隐约:不明显,模糊。辞:言辞,说话。指说话、写文章躲躲闪闪,不肯说出实际情况。

【例句】领导问他为什么不上班,他～,不知所云,其中必有文章。

近义 闪烁其词　含糊其辞
反义 直言不讳

印累绶若　yìn lěi shòu ruò

【释义】累:累累,多的样子。绶:古代系印纽的丝带。若:形容长。旧时形容官吏身兼数职,烜赫一时。

【例句】他曾是～的良臣,现在却成了衣衫褴褛的阶下囚,真是此一时彼一时。

饮马投钱　yìn mǎ tóu qián

【释义】饮马:让马喝水。指让马喝完水之后投钱在水中作为报酬。

【用法】比喻廉洁。

【例句】古人尚且能做到～,我们当然不能白拿别人的东西,一定要让店主收下这钱。

应有尽有　yīng yǒu jìn yǒu

【释义】尽:完全。指应该有的东西都有了。

【用法】形容很完备。

【例句】这个书店的科技读物～,可让每一位去买书的朋友满意而归。

近义 一应俱全
反义 一无所有

英年早逝　yīng nián zǎo shì

【释义】英年:英气焕发的年龄,一般指青壮年时期。指正当英年就过早地去世。

【例句】许多知识分子～,就是长期过度疲劳所致。

英雄本色　yīng xióng běn sè

【释义】本色:本来面貌。指英雄的本来面目。

【用法】比喻杰出人物超越一般人的行为、表现。

【例句】关键时刻,"飞人"卡特尽显～。

英雄豪杰　yīng xióng háo jié

【释义】豪杰:才能出众的人。泛指才能出众或勇武过人的人。

【例句】在这片古老的土地上,多少文人墨客留下了不朽的诗篇,多少～建立了卓著的功勋。

英雄气短　yīng xióng qì duǎn

【释义】英雄:本领高强、勇武过人的人。气短:沮丧。指有才志的人因遭受挫折或沉迷于儿女私情而失去进取心。

【例句】"虞美人"这个名字寓含着一个儿女情长、～的故事。

英雄所见略同　yīng xióng suǒ jiàn lüè tóng

【释义】略:大致。指杰出人物的见解大致相同。

【用法】常用来称赞意见相同的对方。

【例句】我们的见解完全一致,真是～啊!

英雄无用武之地　yīng xióng wú yòng wǔ zhī dì

【释义】指有才智、有本领的人没有施展的地方或机会。

【例句】从事桥梁设计的他被安排到财务室工作,在那里他觉得自己～。

近义 怀才不遇　大材小用
反义 大有作为

英姿勃勃　yīng zī bó bó

【释义】英姿:英勇威武的姿态。勃勃:精神旺盛的样子。形容英武而富有朝气的样子。

【例句】当这支～的队伍通过天安门主席台前时,欢呼声陡然高涨。

反义 萎靡不振

英姿焕发 yīng zī huàn fā

【释义】英姿:英俊威武的风姿。焕发:光彩四射。形容英俊威武,神采飞扬。

【例句】国旗班的战士们个个～,引人注目。

近义 英姿勃勃　英姿飒爽

反义 萎靡不振

英姿飒爽 yīng zī sà shuǎng

见601页"飒爽英姿"。

莺歌燕舞 yīng gē yàn wǔ

【释义】莺:黄莺。指黄莺在歌唱,燕子飞舞。

【用法】形容美好的春光。也比喻大好形势。

【例句】桃红柳绿,～,大地春回,令人陶醉。/处处欢声笑语,到处～,祖国一片欣欣向荣的景象。

近义 燕语莺啼　鸟语花香

鹦鹉学舌 yīng wǔ xué shé

【释义】鹦鹉:一种能模仿人说话的鸟。指鹦鹉学人说话,人说什么,就跟着说什么。

【用法】比喻别人怎么说,就跟着怎么说,没有主见。含贬义。

【例句】他的发言,不过是～,一点新意都没有。

近义 人云亦云　拾人牙慧

迎风招展 yíng fēng zhāo zhǎn

【释义】指旗子在风中飘荡。

【例句】五星红旗缓缓升起,在湛蓝的天空中～,格外醒目。

近义 迎风飘扬

迎来送往 yíng lái sòng wǎng

【释义】指迎接来到的人,送走离去的人。

【例句】旅行社的接待人员,一年到头～,十分繁忙。

迎刃而解 yíng rèn ér jiě

【释义】迎:碰上。刃:刀口。解:分开,分解。指一碰到刀刃就分开了。

【用法】比喻问题解决得很顺利。

【例句】抓住主要矛盾,问题也就～了。

近义 水到渠成

迎头赶上 yíng tóu gǎn shàng

【释义】迎头:迎面。指加紧赶上最前面的。

【例句】我们要增强信心,自我加压,～。

近义 奋起直追

反义 瞠乎其后　甘拜下风　停滞不前

迎头痛击　yíng tóu tòng jī

【释义】迎头:当头。痛:狠狠地。指当头给以沉重打击。

【例句】如果谁敢进犯我国领土,我们的军队都将对他们～。

盈千累万　yíng qiān lěi wàn

【释义】盈:满。累:积。形容数量极多。

【例句】树上没有叶子,开着～的小小白花,成群结队的人不断地去观赏。

近义 成千上万

盈盈一水　yíng yíng yī shuǐ

【释义】盈盈:水清澈的样子。指一条清澈的河流。

【用法】多形容固有河流或其他事物阻隔而可望而不可即。

【例句】～,隔海凝望,华夏和扶桑几千年来文化交流一直绵延不绝。

营私舞弊　yíng sī wǔ bì

【释义】营私:谋求私利。舞弊:玩弄欺骗手段。指为谋求私利而耍弄手段,做违法乱纪的事情。

【例句】对～涉嫌违法等行为,应抓紧依法处理。

近义 徇情枉法

反义 克己奉公　奉公守法

蝇头微利　yíng tóu wēi lì

【释义】蝇头:苍蝇头,形容东西很小。指像苍蝇头一样小的利益。

【用法】比喻极小的一点利益。

【例句】这个人连～都要去贪。

蝇营狗苟　yíng yíng gǒu gǒu

【释义】营:蝇飞之声。苟:苟且,不顾羞耻。指像苍蝇一样到处飞来飞去,像狗一样摇尾乞怜。

【用法】形容人不顾廉耻、不择手段地到处钻营。含贬义。

【例句】有些人～,买官卖官,万人唾弃。

郢书燕说　yǐng shū yān shuō

【释义】郢:古邑名,战国时期楚国的都城。燕:燕国,战国时期诸侯国之一。说:解释。

【典故】战国时有个郢人给燕国相国写信时,在信中误书“举烛”二字,燕国相国读信时对燕王解释说:“举烛者,尚明也。尚明也者,举贤而任之。”燕王很高兴,据此制定政策方针,国家因此而大治。(《韩非子·外储说左上》)

【用法】现比喻穿凿附会,曲解原意。多含贬义。

【例句】为古书作注要尊重原意,万万不可借题发挥,～,妄加穿凿。

近义 穿凿附会

影影绰绰　yǐng yǐng chuò chuò

【释义】指隐隐约约,模模糊糊,不真切的样子。

【例句】峡中景色,全都罩着一层轻纱,～,似真非真。

近义 隐隐约约　模模糊糊

反义 一清二楚　清晰可辨

应对如流　yìng duì rú liú

见 184 页“对答如流”。

应付自如　yìng fù zì rú

【释义】应付:待人处事的方法和措施。自如:从容而不拘束。形容处理问题很有办法,毫不吃力。

【例句】只有平时对每一个动作都竭尽全

力,到赛场上才可能～。

近义 从容不迫

反义 手忙脚乱

应接不暇　yìng jiē bù xiá

【释义】应:应付。接:接受,接待。暇:空闲。原指一路上风景优美,看不过来。

【用法】现多形容人多事杂,顾不过来。

【例句】整个花坛五彩缤纷,一朵朵、一簇簇,像孔雀开屏似的展开了斑斓的笑脸。我的两只眼睛都有些～了。/图书馆挤满了人,有还书的,有借书的,图书管理员～。

近义 目不暇接　疲于奔命

反义 应付自如

提示 "暇"不能写成"退"。

应运而生　yìng yùn ér shēng

【释义】应:顺应。运:天命,时机。原指顺应天命而降生。现多指适应时代的需要而出现或发生。

【例句】在改革开放的春风中,新宪法～。

反义 生不逢时

拥炉赏雪　yōng lú shǎng xuě

【释义】指围着火炉,欣赏雪景。

【用法】形容风雅之士的闲情逸致。

【例句】一场大雪过后,大地一片银白,几位诗人聚在一起,～,饮酒赋诗。

庸人自扰　yōng rén zì rǎo

【释义】庸人:平庸的人。扰:扰乱,骚扰。指平庸的人无事生事,自己瞎着急或自寻烦恼。

【用法】形容本来没有问题而自寻烦恼或自找麻烦。

【例句】不可能发生的事情决不要～。

近义 杞人忧天

庸中佼佼　yōng zhōng jiǎo jiǎo

【释义】庸:平凡,平庸。佼佼:美好。指在普通人中比较突出的。

【例句】他在全厂的工人中,数得上是～。

近义 鹤立鸡群

雍容典雅　yōng róng diǎn yǎ

【释义】雍容:形容文雅大方,从容不迫。典雅:优美而不粗俗。形容人或物高雅华贵,仪态优美。

【例句】她是一位～的知识女性,也是一位医学专家。

雍容华贵　yōng róng huá guì

【释义】雍容:形容文雅大方,从容不迫。指仪态优雅,穿着华丽。

【例句】有人浓妆艳抹,～;有人素雅清淡,亭亭玉立。

饔飧不继　yōng sūn bù jì

【释义】饔:早饭。飧:晚饭。不继:接不上。指早饭和晚饭接不上。

【用法】形容生活贫困,吃了上顿没下顿。

【例句】这家人已～,还有什么快乐可言呢?

近义 饥寒交迫

反义 丰衣足食

永不磨灭　yǒng bù mó miè

【释义】指永远不会消灭。

【用法】多形容光辉事迹或伟大精神永远流传。

【例句】雷锋的英雄事迹给我留下了～的印象。

近义 永垂不朽　流芳百世

反义 烟消云散

永垂不朽　yǒng chuí bù xiǔ

【释义】永：永远，长久。垂：流传。不朽：永不磨灭。指永远流传，不会磨灭。

【用法】多形容光辉的事迹或伟大的精神。

【例句】他以自己年轻的生命谱写了一曲青春的壮歌，他的生命虽然短暂，但精神～。

近义 万古流芳　流芳百世　永世长存
反义 遗臭万年

永垂青史　yǒng chuí qīng shǐ

【释义】指光辉的事迹或伟大的精神在历史上永远流传。

【用法】多形容光辉的事迹或伟大的精神。

【例句】抗震救灾的大爱精神～。

近义 流芳百世
反义 遗臭万年

永无宁日　yǒng wú níng rì

【释义】指永远没有安宁的一天。

【用法】多形容个人生活天天受到烦扰或局势动荡不安。

【例句】你得罪了这个恶棍，恐怕以后～了。

反义 长治久安

永无止境　yǒng wú zhǐ jìng

【释义】止境：尽头。指永远没有到头的时候。

【例句】人类对于大自然的认识～。

永志不忘　yǒng zhì bù wàng

【释义】志：记。指永远记在心上，决不遗忘。

【例句】此情此景，让她～。

近义 终身不忘

勇冠三军　yǒng guàn sān jūn

【释义】三军：古时军队分上军、中军、下军三部分，泛指全军。指勇敢在全军中数第一名。

【用法】形容勇敢非凡。

【用法】相传赵子龙是一位英武不凡、～的人物。

勇猛果敢　yǒng měng guǒ gǎn

【释义】指勇敢而有决断。

【用法】多用于形容参加战斗或比赛的人。

【例句】面对强手，我们的队员机智灵活，～，夺取了金牌。

勇猛精进　yǒng měng jīng jìn

【释义】原为佛教用语，指勤奋修行，进入脱离一切烦恼、超脱生死的境界。也作"精进勇猛"。

【用法】现多形容努力刻苦学习，不断进取。

【例句】中国女子足球队员为夺取胜利，个个～，在短期内水平有了提高。

勇猛直前　yǒng měng zhí qián

见 926 页"勇往直前"。

勇往直前　yǒng wǎng zhí qián

【释义】指勇敢地一直向前进。也作"勇猛直前"。

【例句】中国香港的女剑手继续～，击败匈牙利队获得女子重剑团体冠军。

近义 一往无前

反义 缩手缩脚　畏缩不前　裹足不前
望而却步

用兵如神　yòng bīng rú shén

【释义】用兵：调遣军队作战。指调遣军队打仗就像神灵一样，战术奇妙莫测。

【用法】形容善于指挥作战。

【例句】诸葛亮～，被后人称颂。

用尽心机　yòng jìn xīn jī

【释义】心机：心里计谋。指把什么心思都用上了。

【用法】一般用作贬义。

【例句】尽管～，他也没把这事办成。

近义 机关算尽

用武之地　yòng wǔ zhī dì

【释义】用武：使用武力，用兵。本指用兵作战的地方。

【用法】现多比喻能够施展本领的场所。

【例句】只要我们掌握了知识和技能，就不用担心没有～。

用心良苦　yòng xīn liáng kǔ

【释义】良：很。指十分辛苦地反复考虑。

【用法】现多形容出于一种良好的愿望。

【例句】孩子不知母亲这么做是～的。

用心用意　yòng xīn yòng yì

【释义】指集中注意力从事某项活动。

【用法】用于人。含褒义。

【例句】你做事要～，切不可粗心大意。

用行舍藏　yòng xíng shě cáng

【释义】用：被任用。行：出仕。舍：不被任用。藏：退隐。指被任用就干起来，不被任用就隐退。

【例句】在旧中国，许多知识分子都有～的心理。

用之不竭　yòng zhī bù jié

【释义】指不会用完。

【例句】太阳能是～的能源。

近义 取之不尽

优孟衣冠　yōu mèng yī guān

【释义】优孟：春秋时楚国艺人。衣冠：衣帽。指登场演戏。

【典故】春秋时，楚国艺人优孟擅长滑稽讽谏。楚相孙叔敖死后，优孟就穿着孙叔敖的衣冠去见楚庄王，并模仿孙叔敖的动作神态，使楚庄王以为孙叔敖又复活了。（《史记·滑稽列传》）

【用法】比喻一味模仿别人。

【例句】搞文学创作只是～是不行的。

优柔寡断　yōu róu guǎ duàn

【释义】优柔：犹豫不决的样子。寡：少。断：决断。指临事犹豫不决，下不了决心。

【例句】如果顾虑重重，～，再过五年、十年，困难依然存在。

近义 犹豫不决

反义 当机立断

优胜劣汰　yōu shèng liè tài

【释义】优：优秀。劣：低劣。汰：淘汰。指在生物演变进化过程中，优秀的因竞争胜利而发展，低劣的因竞争失败而被淘汰。

【用法】现多指人类社会各方面的竞争现象。

Y

【例句】在现在的社会,～是很正常的事情。

近义 弱肉强食

优游自得 yōu yóu zì dé

【释义】指心境舒畅,无事牵挂,很愉快的样子。

【例句】他们～地在公园里散步。

优哉游哉 yōu zāi yóu zāi

【释义】优、游:悠闲的样子。哉:文言语气词。形容从容不迫,闲适自得的样子。

【例句】考试结束了,可以～,放心玩两天了。

近义 悠然自得

忧国忘家 yōu guó wàng jiā

【释义】指由于忧虑国家大事,忘记了自己的家事。

【用法】形容为国分忧,置个人利益而不顾。

【例句】航天员为了祖国的航天事业艰苦训练,～。

忧国忧民 yōu guó yōu mín

【释义】忧:担心,忧虑。指为国家的大事和人民的疾苦而忧虑。

【用法】形容时刻关心国家大事。

【例句】他从那些～、献身事业、献身科学的老前辈身上学到了做人的道理。

忧患余生 yōu huàn yú shēng

【释义】忧患:忧愁,困苦。余生:剩下的生命。指饱经患难之后保全下来的生命。

【用法】用于经历苦难的人。

【例句】听奶奶说,那年头,军阀混战,她～,饱受苦难。

忧心忡忡 yōu xīn chōng chōng

【释义】忡忡:忧虑不安的样子。形容心事重重,忧虑不安。

【例句】许多专家在研讨会上对小胖墩的健康问题～。

近义 忧心如焚　愁眉不展

反义 无忧无虑　喜气洋洋　喜笑颜开

提示 "忡"不读 zhōng。

忧心如醒 yōu xīn rú chéng

【释义】醒:酒醉后神志不清的状态。指心中忧闷,就像酒醉后的状态一样。

【用法】形容心情十分愁闷压抑。

【例句】妻离子散,家破人亡,他～,整日浑浑噩噩。

忧心如焚 yōu xīn rú fén

【释义】焚:火烧。指忧愁得心里好像被火烧一样。

【用法】形容非常忧虑,焦急不安。

【例句】高老师每每讲起这段历史,总是慷慨激昂,～。

近义 忧心忡忡

反义 喜笑颜开

忧形于色 yōu xíng yú sè

【释义】形:显露。色:脸色。指忧愁的神

色显露在脸上。

【用法】形容非常忧愁。

【例句】有人来寒舍做客,见我～,问明原因后给出了个主意。

反义 喜形于色

悠然自得 yōu rán zì dé

【释义】悠然:悠闲的样子。自得:自己感到很舒适。形容悠闲舒坦,从容自若的样子。

【例句】那种～的感觉,仿佛是置身在一个虚无缥缈的神话境界。

近义 怡然自得 优哉游哉

由此及彼 yóu cǐ jí bǐ

【释义】由:介词,从。及:达到。指从这里到达那里。

【用法】多形容工作、学习等能先后有序,循序渐进。

【例句】搞好调查研究,要善于去粗取精,去伪存真,～,由表及里。

由浅入深 yóu qiǎn rù shēn

【释义】指从浅显到深入。

【用法】形容循序渐进。

【例句】人的认识也有一个～的过程。

由衷之言 yóu zhōng zhī yán

【释义】由:从。衷:内心。指发自内心的话。

【例句】听了王丽的～,我的心情久久不能平静。

近义 肺腑之言

反义 违心之论 言不由衷

犹豫不决 yóu yù bù jué

【释义】犹豫:迟疑,拿不定主意。决:决断。指临事迟疑,拿不定主意,做不了决断。

【例句】他做什么事情都～,和这种性格懦弱的人一起做事,实在是让人伤透脑筋。

近义 优柔寡断 迟疑不决 举棋不定

反义 当机立断 毅然决然

油干火尽 yóu gān huǒ jìn

【释义】指灯里的油烧干了,火渐渐灭了。

【用法】形容即将死亡或钱财罄尽。

【例句】他当月的工资几乎用得～。

油光可鉴 yóu guāng kě jiàn

【释义】鉴:照,映。指光亮得像镜子一样可以照见人影。

【用法】形容十分光亮润泽。

【例句】一提起本月销售业绩,经理～的脸上一片得意之色。

近义 光可鉴人

油光水滑 yóu guāng shuǐ huá

【释义】指像油或水一样光滑润泽。

【用法】可用于描述物体表面非常光滑。也可形容人处世圆滑、狡诈。

【例句】他摸了摸～的脑袋,点上一支烟,踱了出去。/她为人～的,我不想和她来往。

油煎火燎 yóu jiān huǒ liǎo

【释义】指像在油锅里被煎熬,在火上被烧烤一样。

【用法】形容非常焦急。

【例句】他这段时间各方面都不顺利,心里～的不是个滋味儿。

油腔滑调 yóu qiāng huá diào

【释义】腔、调:说话的声调和语气。指人说话或写文章轻浮油滑,缺乏诚意。

【例句】这人老奸巨猾,～的,不值得信赖。

近义 油嘴滑舌 油头滑脑

反义 一本正经

油然而生　*yóu rán ér shēng*

【释义】油然:自然而然,不由地。生:发生,产生。指某种思想或感情很自然地产生。

【例句】我望着他的满头白发,一种敬意～。

近义 情不自禁

油头粉面　*yóu tóu fěn miàn*

【释义】指头上擦油,脸上打粉。

【用法】形容打扮过分而显轻浮。多用于男子。含贬义。

【例句】我姐姐最不喜欢～的小伙子。

近义 涂脂抹粉

反义 蓬头垢面　质朴无华

油头滑脑　*yóu tóu huá nǎo*

【释义】形容人狡猾轻浮。

【用法】用于人。含贬义。

【例句】看他那副～的样子,就不像是个正经人。

近义 油腔滑调

反义 一本正经

油嘴滑舌　*yóu zuǐ huá shé*

【释义】油嘴:说话油滑。滑舌:卖弄口舌。形容说话油滑轻浮,耍嘴皮。

【用法】用于人。含贬义。

【例句】王平说:“我不是那种～的人,不会逗人笑。”

近义 油腔滑调

反义 拙口笨腮　笨嘴笨舌

游目骋怀　*yóu mù chěng huái*

【释义】游目:放眼向四周看。骋怀:敞开胸怀。指放眼四望,舒展胸怀。

【例句】我们登上山顶,～,顿觉心旷神怡。

游刃有余　*yóu rèn yǒu yú*

【释义】游刃:自由地运转刀刃。有余:有余地。指(在肢解牛时)刀刃在骨节空隙间自由移动,没有一点阻碍。

【典故】梁惠王的一个厨师解牛技术十分熟练。梁惠王惊异于他的技术。厨师说,这是因为摸清了牛的骨骼结构,骨节之间有间隙,用很薄的刀来分解有间隙的骨节,当然绰绰有余了。(《庄子·养生主》)

【用法】比喻技巧纯熟,经验丰富,做事轻松自如。

【例句】在潮起潮落的商海中她竟越来越如鱼得水,～。

近义 熟能生巧　运用自如

游山玩水　*yóu shān wán shuǐ*

【释义】指游览玩赏自然风景。

【例句】每逢暑假,王老师一家总去～。

近义 登山临水　寻山问水

游手好闲　*yóu shǒu hào xián*

【释义】游手:闲着手不做事。好闲:喜欢安逸。指人整天游荡成性,不做事情。

【用法】形容人好逸恶劳。含贬义。

【例句】他已经 13 岁,既没有读书,又没有学手艺,在家里～,无所事事。

近义 好逸恶劳　好吃懒做　无所事事　不务正业

反义 埋头苦干

提示“好”不读 hǎo。

游戏人间　*yóu xì rén jiān*

【释义】游戏:玩耍。指在人间玩耍。这是一种把人生当作一场游戏的、玩世不恭的生活态度。

【例句】有人成了科学家、企业家,也有人无所事事,~。

近义 玩世不恭

有碍观瞻 yǒu ài guān zhān

【释义】碍:妨害,阻碍。观瞻:外观或外观给人的印象。指外表简陋或不整洁,给人以不愉快的感觉。

【例句】在这美丽而幽静的林荫大道上,仰卧着一个肮脏的流浪汉,真是~。

有案可查 yǒu àn kě chá

见931页"有案可稽"。

有案可稽 yǒu àn kě jī

【释义】案:案卷。稽:查考。指有文字记载材料可查。也作"有案可查"。

【用法】形容证据确凿,无可否认。

【例句】此事~,无可否认。

近义 铁证如山　有凭有据

反义 空口无凭　无凭无据　查无实据

有板有眼 yǒu bǎn yǒu yǎn

【释义】板、眼:中国民族音乐和戏曲中的节拍,强拍叫"板",次强和弱拍叫"眼"。指曲调唱腔或奏乐合乎节拍。

【用法】形容言语行动有条不紊,富有节奏和章法。

【例句】他那有做事，件件讲故事。

近义 一板一眼　有条有理

反义 乱七八糟

有备无患 yǒu bèi wú huàn

【释义】患:祸患,灾难。指事先有充分的准备,就能避免祸患。

【例句】我们应该居安思危,~,及早对新型流感采取应对措施。

近义 未雨绸缪

反义 措手不及

有翅难飞 yǒu chì nán fēi

【释义】翅:翅膀。指长着翅膀也飞不出去。

【用法】形容陷入无法摆脱的困境。

【例句】歹徒们进入公安干警的埋伏圈,~。

近义 插翅难飞

有的放矢 yǒu dì fàng shǐ

【释义】的:靶子。矢:箭。指对准靶子射箭。

【用法】比喻言论或行动目的明确,针对性强。

【例句】培训要做到~,要符合市场竞争的要求。

近义 对症下药

反义 无的放矢

有典有则 yǒu diǎn yǒu zé

【释义】典、则:准则,制度。指有可依凭、遵循的准则或制度。

【例句】党组书记为会议题写了~的贺词。

有国难投 yǒu guó nán tóu

【释义】投:投奔。指有国却不能回去。

【用法】形容走投无路。

【例句】非洲的难民有家难归,~。

Y

近义 有家难奔

有过之而无不及 yǒu guò zhī ér wú bù jí

【释义】过：超过。及：赶上，达到。指相比起来，只有超过而没有赶不上的。

【例句】比起雯雯的嘴贫，红红～。

有机可乘 yǒu jī kě chéng

【释义】机：机会。乘：利用。指有空子可钻。也作"有隙可乘"。

【例句】做事有漏洞，极少数犯罪分子就～。

反义 无机可乘　无懈可击

有加无已 yǒu jiā wú yǐ

【释义】已：停止。指只有不断增加，没有停止。

【用法】形容不停地增加或情况发展愈来愈厉害。

【例句】只要日光照在帆上，其速度便可～。

近义 与日俱增　有增无已

反义 每况愈下

有家难奔 yǒu jiā nán bèn

【释义】指虽然有家，却不能回去。

【用法】形容走投无路。

【例句】在旧社会，他的冤比谁都深，～，有国难投。

近义 有国难投

有脚书橱 yǒu jiǎo shū chú

【释义】指学识渊博的人。

【例句】李教授学贯中西，真可以叫作～了！

有教无类 yǒu jiào wú lèi

【释义】教：教育。类：种类。指不分贵贱贤愚，都施以教育。

【例句】孔子～的教育思想，现在看来都是十分正确的。

有进无退 yǒu jìn wú tuì

【释义】指只有前进，不能后退。

【例句】因为是敌众我寡，所以必须个个争先，～。

近义 勇往直前

反义 退避三舍

有惊无险 yǒu jīng wú xiǎn

【释义】指有惊骇而没有危险。

【例句】幸好火势得到控制，没有酿成火灾，真是～。

有口皆碑 yǒu kǒu jiē bēi

【释义】碑：记功的石碑。指每个人的口都是记功碑。

【用法】形容人人称赞。

【例句】他把难题很快解决了，群众～。

近义 交口称誉　口碑载道

反义 怨声载道

有口难分 yǒu kǒu nán fēn

【释义】分：分辩，辩解。指有口却难以辩解。

【用法】形容蒙受了冤屈却无法说清楚。

【例句】发生了这样的事，我真是～。

近义 百口莫辩　有口难言

有口难言 yǒu kǒu nán yán

【释义】指有嘴却说不出话来。

【用法】形容心中的话不便或不敢对别人讲。

【例句】你看我表面上挺风光的，其实很多事我是～。

近义 有口难辩　有口难分

有口无心 yǒu kǒu wú xīn

【释义】指嘴上有啥说啥，心里不存什么想法。

Y

【用法】多形容心直口快,话虽不好听,却并无恶意。

【例句】王贤是个～的人。

近义 心直口快

有利可图　yǒu lì kě tú

【释义】图:谋求。指有利益或好处可以牟取。

【例句】这宗买卖～,你也投入一些钱吧!

有名无实　yǒu míng wú shí

【释义】名:名声。指空有名声或名义,而没有实际内容。

【例句】有的学校,只重视智育,而弱化社会公德教育,～。

近义 名不副实　徒有虚名　名存实亡

反义 名实相副

有目共睹　yǒu mù gòng dǔ

【释义】睹:看。指凡是有眼睛的人都能看见。

【用法】形容事实非常明显。

【例句】菲律宾的华人对菲律宾社会的贡献是～的。

有目共赏　yǒu mù gòng shǎng

【释义】赏:称赞。指凡是看见的人都称赞。

【例句】这幅画中的人物栩栩如生,～。

有气无力　yǒu qì wú lì

【释义】指只有气息而没有力量。

【用法】形容没有力气,无精打采的样子。

【例句】病床上的母亲十分虚弱,说话～。

近义 精疲力竭

反义 精神焕发

有钱有势　yǒu qián yǒu shì

【释义】势:权势。指既有钱财,又有权势。

【例句】老王对着～的,满脸笑迎,阿谀奉承。

有求必应　yǒu qiú bì yìng

【释义】求:要求。应:答应。指只要提出要求就一定会应允。

【例句】对于求字的人,将军总是～。

近义 来者不拒

提示 "应"不读 yīng。

有色眼镜　yǒu sè yǎn jìng

【释义】指有颜色的眼镜。

【用法】比喻看待人或事物所抱的成见或偏见。

【例句】如果我们能够摘下～,正视一下客观现实,我们就不难得出正确结论。

有伤风化　yǒu shāng fēng huà

【释义】风化:风俗,教化。指说的话或做的事对社会风俗、教化有不良影响。

【例句】侦查实验禁止一切足以造成危险、侮辱人格或者～的行为。

近义 伤风败俗

有生以来　yǒu shēng yǐ lái

【释义】指从出生到现在。

【例句】长城是我～见到的最壮丽的景观。

有声有色　yǒu shēng yǒu sè

【释义】指既有声音,又有色彩。

【用法】形容描述或表演生动、精彩。也形容事物的发展有活力,有成效,有起色。

【例句】他向爸爸～地描述了自己见到的景色。/公司重组后,新的领导班子带领全体员工共同奋斗,将公司的业务开展得～,很快就打开了市场。

近义 绘声绘色

反义 无声无息

有生之年　yǒu shēng zhī nián

【释义】生:活(与"死"相对)。年:岁月。指还能活在世上的全部日子。

【用法】常比喻一生中最后的岁月。

【例句】刘教授希望在～为医学事业尽点儿力。

有识之士　yǒu shí zhī shì

【释义】识:见识。指有见识的人,有眼光的人。

【例句】面对这条消息,不少～深表怀疑,觉得既不现实,也不可能。

有始无终　yǒu shǐ wú zhōng

【释义】始:开始。终:完结。指有开头,但没有结尾。

【用法】形容做事情不能坚持到底。

【例句】他做事情经常～。

近义 有头无尾

反义 有始有终　善始善终

有始有终　yǒu shǐ yǒu zhōng

【释义】指有开头,也有结尾。

【用法】形容做事情能够坚持到底。

【例句】他做事一向～,深得人们的好评。

近义 善始善终　全始全终　有头有尾

反义 有始无终　有头无尾

有恃无恐　yǒu shì wú kǒng

【释义】恃:仗恃,依靠。恐:害怕。指因有所倚仗便什么都不害怕。

【用法】多用作贬义。

【例句】有些企业～,肆无忌惮地排放废气、废水、废渣,导致环境质量每况愈下。

提示 "恃"不能写成"持"。

有死无二　yǒu sǐ wú èr

【释义】指宁可死亡,也不另做打算。

【用法】形容意志坚定,宁死不变。

【例句】革命战士对共产主义事业抱着～之心,奋勇杀敌。

有损无益　yǒu sǔn wú yì

【释义】只有减少而没有增加。也指只有害处而没有好处。

【例句】他做的这件事,对我们～。

有所作为　yǒu suǒ zuò wéi

【释义】指可以做事情,并能取得较大的成绩。

【例句】经过一番刻苦学习,这名年轻的车工终于考上了大学,他今后定会～。

近义 大有可为

反义 无所作为

有天没日　yǒu tiān méi rì

【释义】指说话、行为放肆,毫无顾忌。也指十分黑暗,没有公理。

【例句】这伙地痞流氓～,把这里搞得乌烟瘴气,大家恨不得立即将他们绳之以法。

近义 无法无天

有条不紊　yǒu tiáo bù wěn

【释义】条:条理,次序。紊:混乱。指有条理,有次序,一点儿不乱。

【用法】多用在处理事务、构思文章的布局或环境的安排上。

【例句】他办事～，领导非常器重他。

近义　有条有理　　井井有条

反义　杂乱无章

有条有理　　yǒu tiáo yǒu lǐ

【释义】指说话、做事层次、条理清楚。

【用法】多用于言行和作文方面，也可用于思维活动方面。

【例句】英语老师讲课～。

近义　有条不紊　　井井有条

反义　杂七杂八　　杂乱无章

有头无尾　　yǒu tóu wú wěi

【释义】指只有开头，没有结尾。

【用法】形容做事不能坚持到底。

【例句】做事情～的人，常遭到领导的批评。

近义　有始无终　　虎头蛇尾

反义　有始有终　　善始善终　　全始全终
有头有尾

有头有脸　　yǒu tóu yǒu liǎn

【释义】指在社会上有脸面，有身份，有地位，不同于一般的人。

【用法】形容有名誉，有威信。

【例句】你父亲在本地是～的人，很受人尊重。希望你好好工作，给你父亲争光。

有文无行　　yǒu wén wú xíng

【释义】文：文才。行：人品，品行。指只有文才，但无品德。

【用法】用作贬义。

【例句】此人满腹经纶，可是～。

提示　"行"不读 háng。

有闻必录　　yǒu wén bì lù

【释义】闻：听。录：记录。指只要听到

的，全都记录下来。

【用法】多形容不加选择地收集。

【例句】大众媒介容量有限，不可能～。

有问必答　　yǒu wèn bì dá

【释义】答：解答。指有什么问题都给以解答。

【例句】这位老教授对学生十分负责，～。

有隙可乘　　yǒu xì kě chéng

见 932 页"有机可乘"。

有心无力　　yǒu xīn wú lì

【释义】心：心愿。指有帮助别人的心愿，却没有解决问题的能力。

【用法】形容心有余而力不足。

【例句】对这件事他们几乎是～，一筹莫展。

近义　心长力短

有血有肉　　yǒu xuè yǒu ròu

【释义】指活生生的。

【用法】多形容文艺作品中的人物形象生动、具体可感。

【例句】在《中原突围》中，李先念的扮演者为我们塑造了一位饱经革命战争考验、智勇双全、～的老一辈无产阶级革命家的光辉形象。

有言在先　　yǒu yán zài xiān

【释义】指已经有话讲在前头。

【用法】形容事先打了招呼。

【例句】因为支书～，谁要怕麻烦，怕吃亏，就别当党员，更别当干部。

有眼不识泰山　　yǒu yǎn bù shí tài shān

【释义】泰山：五岳中的东岳，在山东境

内,我国名山之一。指虽然长着眼睛,却不认识泰山。

【用法】比喻见识浅陋,有名望、有地位或有本领的人就在眼前也认不出来。常用于自谦或自责(表示礼貌不周或多有冒犯)。

【例句】他～,竟把老学者错当成门外汉。

近义 有眼无珠

有眼无珠　yǒu yǎn wú zhū

【释义】珠:眼珠。指有眼眶,却没有眼珠,看不见东西。

【用法】比喻没有辨别是非、真假的能力。含贬义。

【例句】把他当好人,我是多么～啊!

近义 视而不见　有眼不识泰山

反义 心明眼亮　慧眼识珠

有一无二　yǒu yī wú èr

【释义】指只有一个,没有第二个。

【用法】强调事物独特,十分难得。

【例句】这可是全城～的古物!

近义 独一无二

有意无意　yǒu yì wú yì

【释义】形容自然率真,不是曲意雕琢。也形容半有意识半无意识的样子。

【例句】她说话时总会～地提起她的新男友。

有影无形　yǒu yǐng wú xíng

【释义】指只有影子而没有形迹。

【用法】形容没有事实的谣传。

【例句】她最爱说些～的事情。

有勇无谋　yǒu yǒng wú móu

【释义】勇:勇气,胆量。谋:计谋,策略。

指只有勇气,没有智谋。

【例句】在战斗中～不算英雄。

近义 勇而无谋

反义 智勇双全　有勇有谋

有勇有谋　yǒu yǒng yǒu móu

【释义】勇:勇气,胆量。谋:计谋,策略。指既有胆量,又有计谋。

【用法】用于人。含褒义。

【例句】彭德怀将军～,连国民党中许多将领也都佩服他。

近义 智勇双全　大智大勇

反义 有勇无谋

有则改之,无则加勉
yǒu zé gǎi zhī, wú zé jiā miǎn

【释义】改:改正。加:加以。勉:勉励。指别人指出的那种缺点或错误如果有就改正,没有就自我勉励。

【用法】常用作劝人或表态之辞,表示要正确对待别人批评,虚心听取别人意见。

【例句】对待别人的批评,小王本着～的态度,因而他进步很快。

近义 反躬自省

有增无已　yǒu zēng wú yǐ

【释义】已:止。指数量不断增加或程度不断加深而没有停止。

【例句】葛朗台对金钱的占有欲～。

近义 有加无已

有朝一日　yǒu zhāo yī rì

【释义】朝:日,天。指将来有一天。

【用法】多用来形容会有一天实现理想、愿望、诺言等。

【例句】我想,～他们会成功的。

有志不在年高　yǒu zhì bù zài nián gāo

【释义】年高:岁数大。指有志向的人不一定年纪大。

【用法】用来形容人小志气大。

【例句】周恩来在学生时代便说过"为中华之崛起而读书"这样的话,这真是～啊!

有志者事竟成　yǒu zhì zhě shì jìng chéng

【释义】者:人。竟:终于。成:成功。指有决心有毅力的人,事情一定能够办成。

【用法】一般用作褒义。

【例句】她成功的事迹告诉我们～。

又生一秦　yòu shēng yī qín

【释义】指又生出一个秦王朝来。

【用法】比喻又树一个敌人。

【例句】你这样说话处事,难免～。

诱敌深入　yòu dí shēn rù

【释义】诱:引诱。指引诱敌人陷入被动挨打的境地。

【例句】以小股部队～,然后集中兵力,全歼敌人。

迂回曲折　yū huí qū zhé

【释义】迂回:环绕,回旋。指道路弯弯曲曲,绕来绕去。

【用法】比喻事物在发展过程中有很多波折。

【例句】改革会碰到难题,会有～,也要冒一些风险,但不改革是没有出路的。

反义　一帆风顺

于今为烈　yú jīn wéi liè

【释义】于:到了。烈:猛烈,厉害。指到了今天更加厉害。

【用法】形容过去就有,现在更为厉害了。

【例句】西方社会的吸毒现象,古已有之,～。

于心不忍　yú xīn bù rěn

【释义】指不忍心这样做。

【用法】多形容对受害者的同情。

【例句】老人见他日渐消瘦,～。

予取予求　yú qǔ yú qiú

【释义】予:我。指从我这儿拿,从我这儿要。

【用法】形容任意索求。

【例句】他的那种自以为对革命有功,就可以向组织～的思想,是他犯错误的根源。

余霞成绮　yú xiá chéng qǐ

【释义】绮:织纹起花的丝织物。指晚霞散布,色彩绚丽如锦缎。

【例句】～,澄江如练,好一副夕阳江景图!

余音绕梁　yú yīn rào liáng

【释义】梁:屋梁。绕:环绕。指歌声停止后,余音好像还在绕着屋梁回旋。

【典故】春秋战国时,韩娥东去齐国。一天,经过雍门之地,干粮已尽,于是便卖唱谋生。她的歌喉婉转动听,人离开那里几天,还觉得她的歌声在绕着屋梁转悠。(《列子·汤问》)

【用法】形容歌声优美动听,给人留下深刻的印象。也形容文艺作品优美动人,韵味无穷。

【例句】他那极富感染力的歌声,征服了全场所有听众,让人听后真有～之感。/作者以故乡最常见的两种蔬菜为题材,诉说自己对故乡的依恋和牵挂,看似平平淡淡,却如～,韵味无穷。

近义 绕梁三日

余勇可贾　yú yǒng kě gǔ

【释义】余勇:剩下的勇力。贾:卖。指还有余下的勇力可以出卖。

【用法】形容还有力气使出来。

【例句】由于体力分配合理,他在后半赛程～,将所有对手抛在了身后,夺得了第一名。

提示 "贾"不读 jiǎ。

鱼沉雁杳　yú chén yàn yǎo

【释义】鱼、雁:相传可以传递书信,这里代指书信。杳:远得看不见踪影。指鱼儿沉入水底,大雁毫无踪影。

【用法】比喻书信断绝,音讯不通。

【例句】抗日战争爆发后,他俩分居南北,～,就这样永远失去了联系。

近义 杳无音信

鱼贯而出　yú guàn ér chū

【释义】指像游鱼那样一个挨一个地出来。

【例句】同学们陆续从教室里～,只留下了王林和小明。

反义 鱼贯而入

鱼贯而入　yú guàn ér rù

【释义】指像游鱼那样一个挨一个地进入。

【例句】电影院开始检票,观众～,顷刻满座。

反义 鱼贯而出

鱼贯雁行　yú guàn yàn xíng

【释义】指像漫游的鱼儿和飞翔的大雁那样一个挨着一个。

【用法】比喻接连不断。

【例句】～的游行队伍越来越长。

近义 衔尾相随

鱼溃鸟散　yú kuì niǎo sàn

【释义】溃:溃败,溃散。指像鱼群或飞鸟那样因惊吓而四处溃散。

【用法】比喻一下子就彻底溃败。

【例句】我军把敌人打得～。

近义 土崩瓦解

鱼烂而亡　yú làn ér wáng

【释义】鱼烂:鱼由内脏开始腐烂。比喻自内部腐坏,也比喻国家因内乱而灭亡。

【例句】外敌入侵,应一致对外,～是谁都不愿看到的。

近义 鱼烂土崩

鱼烂土崩　yú làn tǔ bēng

【释义】鱼烂:鱼由内脏开始腐烂。指像死鱼自身腐烂,泥土崩塌一样。

【用法】比喻因自身腐化或内部混乱而灭亡。

【例句】工厂出现的腐败现象若不及时惩戒,最终会～,不可收拾。

近义 土崩瓦解　鱼烂而亡

鱼龙变化　yú lóng biàn huà

【释义】指由鱼变化为龙。

【用法】比喻人或事情产生了根本性的变化。

【例句】离家三年后,家乡已是～,早已今非昔比了。

鱼龙混杂　yú lóng hùn zá

【释义】指鱼和龙混杂在一起。

Y

【用法】比喻好的和坏的混杂在一起。

【例句】商品经常～，验货物时应小心，否则会招来重大损失。

近义 良莠不齐　泥沙俱下

反义 泾渭分明

鱼米之乡 yú mǐ zhī xiāng

【释义】指盛产鱼和大米的地方。

【用法】用于形容水资源丰富，土地肥沃，物产丰富的地方。

【例句】我的家乡是～。

近义 膏腴之地

反义 不毛之地　穷山恶水

鱼目混珠 yú mù hùn zhū

【释义】珠：珍珠。指拿鱼眼睛冒充珍珠，混在珍珠里面。

【用法】比喻以假乱真或以次充好。

【例句】自由市场上～的现象依然存在，有关部门应该好好管理一下。

近义 滥竽充数

鱼肉百姓 yú ròu bǎi xìng

【释义】鱼肉：名词活用作动词，当作鱼肉一样宰割。指把老百姓当作鱼肉一样宰割。

【用法】比喻任意欺凌、残害百姓。

【例句】对那些目无法纪、横行霸道、～的带黑社会性质的恶势力，要坚决予以打击，绝不手软。

鱼肉乡里 yú ròu xiāng lǐ

【释义】鱼肉：名词活用作动词，当作鱼肉一样宰割。指以暴力欺凌、残害乡人。

【例句】旧社会，地主老财～，最终被人民打倒了。

鱼书雁帖 yú shū yàn tiě

【释义】鱼书、雁帖：代指书信。泛指书信。

【例句】他俩各在一方，～。

鱼水相投 yú shuǐ xiāng tóu

【释义】投：投合。指像鱼和水的关系那样投合。

【用法】比喻夫妻亲密无间。

【例句】老王夫妻俩相敬如宾，～。

近义 鱼水和谐

鱼死网破 yú sǐ wǎng pò

【释义】指鱼被网住后拼命挣扎，鱼死了，网也破了。

【用法】比喻争斗的双方同归于尽。

【例句】王伯伯下定决心，就是拼个～，也要告状到底。

鱼悬甘饵 yú xuán gān ěr

【释义】指鱼挂在钓钩上是因为被甜美的鱼饵所诱惑。

【用法】比喻被眼前利益诱惑而丧生。

【例句】～，你一定要抵制住诱惑。

鱼游釜中 yú yóu fǔ zhōng

【释义】釜：古代一种煮饭的锅。指鱼儿在锅中游来游去。

【用法】比喻处境危险，快要灭亡。

【例句】敌人被四面包围，如今已处～之势。

近义 燕巢危幕　燕雀处堂

鱼鱼雅雅 yú yú yǎ yǎ

【释义】鱼鱼：鱼群游动时一个挨一个地排列成行。雅：通"鸦"。雅雅：乌鸦飞行时排成整齐的阵形。指像鱼群排成行，像鸦阵整整齐齐

Y

【用法】形容队伍庄严整齐。

【例句】他带着手下几百人，～向京城出发。

鱼质龙文　yú zhì lóng wén

【释义】质：质地，本质。文：通"纹"，纹彩。指鱼的本质，龙的外表。

【用法】形容徒有外表而无实际内容。

【例句】夫～，似是而非。

近义 华而不实

鱼纵大壑　yú zòng dà hè

【释义】壑：沟。指鱼被放进大水沟。

【用法】比喻获得施展才能的条件或场所。

【例句】他进入这个跨国公司真是～，终于可以大干一场了。

瑜不掩瑕　yú bù yǎn xiá

【释义】瑜：美玉。瑕：玉上的斑点。指玉的光彩掩盖不了玉上的斑点。

【用法】比喻优点掩盖不了缺点。

【例句】小秦年富力强，正是干事业的时候，但～，缺点也不少，尤其是懒散。

反义 瑕不掩瑜

愚不可及　yú bù kě jí

【释义】愚：愚笨。及：赶得上。指傻得没有人能赶得上。

【用法】形容人十分愚蠢。

【例句】你竟然相信陌生人的话，被他骗去金戒指，真是～。

近义 愚昧无知

反义 聪明绝顶

愚公移山　yú gōng yí shān

【释义】移：搬迁。指愚公搬开门前的两座大山。

【典故】古代有位年近九十岁的老人叫愚公，他决心移去挡在家门口的太行、王屋两座大山。他率领子孙们日日夜夜挖山不止，虽受讥笑，仍不动摇。他的精神终于感动了天帝，天帝就命神仙将两座山背走了。（《列子·汤问》）

【用法】比喻做事有毅力，有恒心，不怕困难。

【例句】只要我有～的精神，什么困难也压不倒我。

近义 精卫填海　磨穿铁杵　夸父逐日

愚昧无知　yú mèi wú zhī

【释义】昧：昏昧，糊涂。指愚蠢糊涂，没有知识，不明事理。

【例句】她这种～的做法实在不可理喻。

近义 蒙昧无知

反义 知书达理

愚者一得　yú zhě yī dé

【释义】愚者：愚蠢的人。指愚蠢人的见解偶然也有可取之处。

【用法】多用作自谦之辞。

【例句】我刚才的建议只是～，仅作参考。

反义 智者一失

舆论哗然　yú lùn huá rán

【释义】舆论：公众的言论。指人们议论

纷纷。

【例句】他制造假酒的事件曝光后，～，群起而攻之。

近义 议论纷纷

与古为徒　yǔ gǔ wéi tú

【释义】徒：同类的人。指与古人做朋友。

【例句】他喜欢读古书，认为可以～。

与虎谋皮　yǔ hǔ móu pí

【释义】谋：商议。指和老虎商量，要它的皮。

【用法】比喻同有直接利害关系的人商量损害其利益的事，绝对办不到。

【例句】向这个吝啬鬼借钱，无异于～。

与民更始　yǔ mín gēng shǐ

【释义】更始：重新开始。指同百姓一起重新开始。

【用法】形容决心政治革新。

【例句】西汉初期，统治者采取休养生息、～的政策措施。

近义 除旧布新

提示 "更"不读 gèng。

与民同乐　yǔ mín tóng lè

【释义】指同老百姓一起享受欢乐。

【例句】逢年过节，人家十分欢喜。

与人为善　yǔ rén wéi shàn

【释义】与：跟。为：做。善：好事。原指同别人一道做好事。

【用法】现多形容与人友好相处或用善意的态度帮助别人。

【例句】李大娘向来～，经常受到大家的赞扬。

与日俱增　yǔ rì jù zēng

【释义】与：跟，和。日：时日。俱：一起，一同。指随着时间一起增长。也作"与时俱增"。

【用法】形容增长或发展很快。

【例句】随着时间的推移，夫妻俩的感情～。

近义 日积月累

反义 每况愈下

与生俱来　yǔ shēng jù lái

【释义】与：跟，和。俱：一起，一同。指伴随着生命一同到来。

【用法】形容天生具有的(性格、气质等)。

【例句】刘亚洲对儿子说："你最大的特点是心地善良，这种善良是～的。"

与时俱进　yǔ shí jù jìn

【释义】与：跟。时：时代。俱：一起，一同。指和时代一同前进。

【例句】要想不被社会所淘汰，我们就得终身学习，做到～。

与时俱增　yǔ shí jù zēng

见 941 页"与日俱增"。

与世长辞　yǔ shì cháng cí

【释义】世：人世。辞：告别。指跟人世永远告别。是"死去"的委婉说法。

【用法】常用于庄重的场合或受尊敬的人。

【例句】论文完成后，老人～了。

近义 溘然长逝

与世沉浮　yǔ shì chén fú

【释义】沉浮：比喻盛衰、消长。指随着世俗的潮流沉浮升降。

【用法】形容随波逐流，不作任何努力或抗争。含贬义。

Y

【例句】她做事有原则,从不～。

近义 随波逐流　与世偃仰　随俗浮沉

与世隔绝 　yǔ shì gé jué

【释义】与:和,跟。世:人世。隔绝:隔断。指和人世间隔断了往来。

【用法】形容隐居或人迹罕至的极偏僻的地方。也形容闭塞的生活。

【例句】这一带山高人稀,住在这里便～了。/米河不甘心那种～的书呆子生活,于是逃出阁楼,走向社会。

近义 人迹罕至

与世推移 　yǔ shì tuī yí

【释义】推移:时间、形势、风气等的发展和变化。指随着世道的变化而改变立场、观点或处世方式,以适应新的形势。

【例句】我们处在改革的时代,看待事物的眼光应该～。

与世无争 　yǔ shì wú zhēng

【释义】指跟世人不发生争执。

【用法】形容不慕名利,处世随和。

【例句】他和我妈妈一样,从来～。

与世偃仰 　yǔ shì yǎn yǎng

【释义】偃仰:俯仰,俯首和抬头。指与世俗一起进退。

【用法】形容随波逐流,随俗应付,没有主见。含贬义。

【例句】一个～的人,是不能独当一面的。

近义 与世沉浮

与众不同 　yǔ zhòng bù tóng

【释义】指跟大家不一样。

【用法】形容非常独特。

【例句】她的穿着～,所以很引人注目。

近义 不同凡响　异乎寻常

反义 大同小异　一般无二

予人口实 　yǔ rén kǒu shí

【释义】予:给。口实:可以利用的借口。指给人留下指责的把柄。

【例句】她这样做实在不好,除～之外,无任何结果。

羽毛丰满 　yǔ máo fēng mǎn

【释义】指小鸟羽毛长全,可以独立飞行了。

【用法】比喻成熟壮大,力量积蓄充足。

【例句】他已～,你何必什么事都还要管着他呢。

近义 羽翼既成

反义 羽翼未丰

羽扇纶巾 　yǔ shàn guān jīn

【释义】羽扇:羽毛扇。纶巾:丝帛做的便巾。指手持羽扇,头戴纶巾。这是古代名士的打扮。

【用法】形容风度翩翩、潇洒从容。

【例句】～,谈笑间樯橹灰飞烟灭。

提示 "纶"不读 lún。

羽翼既成 　yǔ yì jì chéng

【释义】羽翼:翅膀,比喻力量或辅佐的人。既:已经。指翅膀已经长成。

【用法】比喻已经成熟或积蓄了充足的辅佐力量。

【例句】这伙地痞～,不可小视。

近义 羽毛丰满

反义 羽翼未丰

羽翼未丰 　yǔ yì wèi fēng

【释义】羽翼:翅膀。丰:大,丰满。指小鸟的翅膀还没有长大长硬。

【用法】比喻还没有长大、成熟,力量还不

够强大。

【例句】你～，千万不能莽撞啊！

反义 羽毛丰满　羽翼既成

雨过天晴　yǔ guò tiān qíng

【释义】指雨后天气变得晴朗。

【用法】比喻(情况、情绪等)由坏变好。

【例句】刚才还是瓢泼大雨，转眼就变得～。/刚才还在又哭又闹，不一会就～了。

近义 雨后初霁　云开日出　云消雾散

反义 乌云蔽日　风雨如晦

雨后春笋　yǔ hòu chūn sǔn

【释义】指春雨过后竹笋长得又多又快。

【用法】比喻新事物大量涌现，蓬勃发展。

【例句】近年来，海外华文媒体如～般发展起来。

雨丝风片　yǔ sī fēng piàn

【释义】指丝丝细雨，阵阵微风。

【用法】形容和风细雨。

【例句】～，让人甚感惬意。

语妙天下　yǔ miào tiān xià

【释义】妙：绝妙。指言语非常绝妙，无与伦比。

【例句】侯宝林的相声～，给人一种美的享受。

语无伦次　yǔ wú lún cì

【释义】伦次：条理，次序。指讲话或作文没有条理，颠三倒四。

【例句】面对突如其来的变化，他显得～。

近义 不知所云　颠三倒四

反义 有条有理

提示 "伦"不能写成"轮"。

语焉不详　yǔ yān bù xiáng

【释义】焉：文言语助词，无实义。指话虽然说了，但说得不详细，不清楚。

【例句】沉船的经过我也不清楚，那水手～，仅说了一点点。

语重心长　yǔ zhòng xīn cháng

【释义】指言辞恳切，情意深长。

【例句】父亲～的话语，我永记不忘。

近义 苦口婆心

玉不琢，不成器　yù bù zhuó，bù chéng qì

【释义】琢：雕刻打磨。指玉石不经过雕刻打磨，不能成为器物。

【用法】比喻人不接受教育，不能成才。

【例句】～，你应该了解父亲对你严厉的良苦用心。

玉洁冰清　yù jié bīng qīng

【释义】指像玉那样纯洁，像冰那样清明。

【用法】形容人格高洁。

【例句】周总理的一生～。

玉立亭亭　yù lì tíng tíng

【释义】亭亭：高耸的样子。形容身材修长美丽的女子或花木等形体的挺拔。也作"亭亭玉立"。

Y

【例句】父亲笑容满面地说:"我的女儿已长大成人,～,再不是你从前所见的那个黄毛丫头了。"

玉粒桂薪　yù lì guì xīn
【释义】粒:米粒,粮食。指粮食像玉一样,柴草像桂树一样。
【用法】形容物价昂贵。
【例句】解放战争前夕,国统区通货膨胀,～。

玉貌花容　yù mào huā róng
【释义】指容貌如花似玉。
【用法】形容女子非常美丽。
【例句】她～,人品也好,真是人见人爱。
近义 花容月貌

玉石俱焚　yù shí jù fén
【释义】俱:一起。焚:烧毁。指美玉和石头一起烧毁了。
【用法】比喻好的和坏的一同毁掉。
【例句】对学术界而言,～的日子已经过去,玉石俱用的时代正在到来。

玉树临风　yù shù lín fēng
【释义】形容风度翩翩,秀美多姿。
【用法】用于形容男子。
【例句】要我来画他的话,我会把他画成个～、文质彬彬的俊男。

玉树琼枝　yù shù qióng zhī
【释义】琼:美玉。像像美玉一样的树木。形容树木华美。
【用法】比喻富贵人家的子弟。
【例句】一夜之间,校园里银装素裹,～,好一派美丽的雪景。/愁肠种种,种种难消受,我是～,到做风中飘柳,堪忧。

玉液琼浆　yù yè qióng jiāng
【释义】琼:美玉。泛指美酒或其他甜美的浆汁。
【例句】这酒很好,堪称～。
近义 桂酒椒浆

玉殒香消　yù yǔn xiāng xiāo
【释义】形容年轻貌美的女人死去,像玉的殒灭、香气的消散一样。
【例句】想不到别后不久她就在一次飞行事故中～。
近义 香消玉碎

玉走金飞　yù zǒu jīn fēi
【释义】玉:玉兔,代指月亮。金:金乌,代指太阳。形容时间急速地流逝。
【例句】转眼间又是一年,真是～。
近义 乌飞兔走

郁郁不乐　yù yù bù lè
【释义】郁郁:心里忧愁、苦闷。形容愁闷不乐。
【例句】自从妻子出走后,他一直～。
近义 闷闷不乐
反义 兴高采烈

郁郁葱葱　yù yù cōng cōng
【释义】郁郁:茂盛的样子。葱葱:草木青翠的样子。形容草木苍翠茂盛。
【例句】金色的朝霞,蔚蓝的天空,～的群山,是我们向往的地方。

郁郁寡欢　yù yù guǎ huān
【释义】郁郁:忧伤苦闷的样子。寡:少。欢:欢乐。指闷闷不乐,难得有高兴的时候。
【例句】张先生经常愁眉深锁,～。

近义 闷闷不乐　快快不乐
反义 兴高采烈　欢天喜地　笑口常开

浴血奋战　yù xuè fèn zhàn

【释义】浴血：浑身是血。指顽强地拼死战斗。

【例句】兵士们听了这些话，再看看大家～的情景，感动得流下热泪。

近义 冲锋陷阵　殊死搏斗

欲罢不能　yù bà bù néng

【释义】欲：想。罢：停，歇。指想停止也停不下来。

【例句】小姑娘一首曲弹完又接弹一曲，听众掌声不绝，使她～。

欲盖弥彰　yù gài mí zhāng

【释义】盖：掩盖。弥：更加。彰：显著。指想要掩盖事实的真相，结果暴露得更加明显。

【用法】多用作贬义。

【例句】敌人的做法不过是～，是欺骗不了人的。

欲壑难填　yù hè nán tián

【释义】壑：山沟。指欲望像山沟一样难以填满。

【用法】形容贪欲太大，很难满足。

【例句】是什么东西使他～，以致最后不能自拔？

近义 贪得无厌　贪心不足
反义 义不苟取

欲加之罪，何患无辞

yù jiā zhī zuì, hé huàn wú cí

【释义】欲：想。患：担心。辞：言辞，借口。指想给人加上罪名，不怕找不到借口。

【用法】形容随心所欲地诬陷人。

【例句】～！我心里一声苦笑，决定不再多说，静候他来处理。

欲擒故纵　yù qín gù zòng

【释义】擒：捉拿。纵：放。指为了要捉住他，故意先放开他，使他放松戒备。

【用法】比喻为了进一步控制，故意先放松一步。

【例句】我们现在只能以退为进，～。

近义 欲取故与

欲说还休　yù shuō huán xiū

【释义】休：停止。指想要诉说又停下来，什么也没有说。

【用法】形容心情复杂，难于启齿。

【例句】爸爸要我告诉他这件事的原委，可我～，让他苦恼不已

近义 欲言又止

欲速不达　yù sù bù dá

【释义】指想求快速，反而不能达到目的。

【例句】他只求尽快赶完这批货，却不按工序生产，偷工减料，结果是～。

近义 揠苗助长
反义 循序渐进

欲言又止　yù yán yòu zhǐ

【释义】指想说又停止不说。

【用法】形容心中有所顾虑而难于启齿。

【例句】当我问及他的近况时，他～，没有了痛快劲儿。

近义 欲说还休

欲扬先抑　yù yáng xiān yì

【释义】指要发扬、放开，先控制、压抑。

【例句】他写文章经常采用～的手法。

遇难成祥　yù nàn chéng xiáng

【释义】难:灾难。指遭遇到危难但却化为吉祥。

【例句】不过还好,这事逢凶化吉,～。

近义 逢凶化吉　化险为夷

遇人不淑　yù rén bù shū

【释义】指女子嫁了个不好的丈夫。

【用法】也泛指所结交的人不好。

【例句】王小姐学识不错,人品又好,但～,可惜了。/生意场上～,他只叹自己命苦。

近义 彩凤随鸦

反义 天作之合

遇事生风　yù shì shēng fēng

【释义】生风:兴风作浪,制造事端。指一有机会就搬弄是非。

【用法】用作贬义。

【例句】他这个人最喜欢～。

愈演愈烈　yù yǎn yù liè

【释义】愈:叠用(愈……愈……),表示程度随着条件的发展而发展(跟"越……越……"相同)。演:演变。烈:猛烈。形容(事情、情况)变得愈来愈严重。

【例句】全国的饥荒～,乾隆感到大清的根基已经动摇。

鹬蚌相争,渔翁得利

yù bàng xiāng zhēng, yú wēng dé lì

【释义】鹬:一种长嘴的水鸟。指鹬鸟和河蚌争持不下,捕鱼的人从中得到好处。

【典故】战国时,一次赵国想攻打燕国,有个叫苏代的人就去劝阻赵惠王说:"今天我路过易水,看见一只河蚌张开蚌壳在晒太阳,正好有一只鹬啄住了河蚌的肉,河蚌痛得把壳紧紧合上,夹住了鹬的嘴。鹬说:'今天不下雨,明天不下雨,你就会死。'河蚌说:'我今天不放你,明天不放你,你也会死。'河蚌和鹬相持不让,这时正好一个渔夫走来,毫不费力地把它俩一起捉去了。"说完,苏代严肃地说:"现在如果赵国去攻打燕国,两国相争,恐怕秦国就要做渔人了!"赵惠王听了苏代的话,最终放弃了伐燕的计划。(《战国策·燕策二》)

【用法】比喻双方争持不下,两败俱伤,让第三方得了好处。也可单用为"渔翁得利"。

【例句】老张把这次升任总结为"～,渔人得利"。

近义 螳螂捕蝉

鬻儿卖女　yù ér mài nǚ

【释义】鬻:卖。指出卖自己的儿女。也作"卖儿鬻女"。

【例句】从出土文物中发现穷人～的文契,他们的困苦可想而知。

鸢飞鱼跃　yuān fēi yú yuè

【释义】鸢:老鹰。指老鹰在天空飞翔,鱼在水中跳跃。

【用法】形容世间万物任性而动,各得其所。也比喻事情处理得恰到好处。

【例句】春天来了,～,鸟语花香。/王李两家为了宅基地发生矛盾,陈书记把争端处理得～。

冤沉海底　yuān chén hǎi dǐ

【释义】冤:冤屈。指蒙受的冤屈像东西沉入海底一样,永远得不到昭雪。

【例句】他的冤案不会～,总有一天会得到申雪。

冤家路窄　yuān jiā lù zhǎi

【释义】冤家:仇人。路窄:狭窄的路。指仇人在狭窄的路上相遇。

【用法】比喻仇人或不想见的人却偏偏碰见,无法回避。

【例句】他不禁暗暗叫苦:真是～,怎么又是他在执勤呢?

冤冤相报　yuān yuān xiāng bào

【释义】报:报应。佛教认为,制造冤屈的人最终也将蒙受冤屈,这是报应。现指仇敌之间互相报复,没完没了。

【例句】你们之间的过节是多年前的事,如果～,哪一天才会休止?

元凶巨恶　yuán xiōng jù è

【释义】元凶:祸首。指凶犯的头子,最大的恶人。

【例句】你这样为他说情,就是替他这个罪魁祸首、～垫棺材底。

【近义】元恶大憝　罪魁祸首　元恶大奸

原封不动　yuán fēng bù dòng

【释义】封:封口。指原来贴的封口没有动过。

【用法】形容保持原样,没有变动。

【例句】你把一箱苹果～地退给他。

【近义】一成不变

原形毕露　yuán xíng bì lù

【释义】原形:本来面目。毕:全部。指本来的面目全部暴露。

【用法】用作贬义。

【例句】有些腐败分子官位很高,还不是一个个～,折戟落马了。

【近义】真相毕露

【反义】匿影藏形

原原本本　yuán yuán běn běn

【释义】原原:探索原始。本本:寻求根本。原指探求事物的根本。现指把事物的全过程或全部情况,从头到尾叙述。

【例句】他把昨天发生的事～地讲了一遍。

【近义】一五一十

圆凿方枘　yuán záo fāng ruì

见201页"方枘圆凿"。

援笔立成　yuán bǐ lì chéng

【释义】援:拿,提。指拿起笔来迅速写成。

【用法】形容文思敏捷。

【例句】他喜读文学书籍,写起文章来～。

【近义】倚马千言　一挥而就

援古证今　yuán gǔ zhèng jīn

【释义】援:引用。指引用古代的文献或事例来证明今天的言行。

【例句】他～,辛辣地讽刺了滥用政治权力的不良作风。

【近义】借古讽今　古为今用　借古喻今

缘木求鱼　yuán mù qiú yú

【释义】缘:攀援。木:树。指爬到树上去找鱼。

【典故】战国时,孟子见齐宣王,问他为何大动干戈和别国结怨。齐宣王答:"这只不过是为了满足一下自己最大的心愿罢了。"孟子问他最大的心愿是什么,宣王笑而不答。孟子接着问:"是为了美食不够吃吗? 是为了轻暖的衣服不够穿吗?

Y

是为了美色不够看吗？是为了美妙的音乐不够听吗？还是为了伺候您的人不够用呢？"宣王答："都不是为了这些。"孟子道："那我就知道了，你是想扩张领土，使秦、楚等国向您称臣进贡，当天下霸主并统领四夷。可是，用您的做法来满足自己的心愿，就像爬上树去捉鱼一样，根本达不到目的。"（《孟子·梁惠王上》）

【用法】比喻方向、方法不对，一定达不到目的。

【例句】没有现代化的管理，抓质量无异于～。

近义 钻冰取火

猿悲鹤怨　yuán bēi hè yuàn

【释义】指猿、鹤发出的悲鸣声。

【用法】形容阴森、凄凉的气氛。

【例句】王平的奶奶安放在太平间，那里～。

源源不断　yuán yuán bù duàn

见 948 页"源源不绝"。

源源不绝　yuán yuán bù jué

【释义】源源：水流不断的样子。形容连续不断。也作"源源不断"。

【例句】几年之内，你们可以～地向公司输送管理人才。

近义 络绎不绝

源远流长　yuán yuán liú cháng

【释义】指源头很远，流程很长。

【用法】形容历史悠久。

【例句】中国有五千年的历史，中华文化可谓～。

远见卓识　yuǎn jiàn zhuó shí

【释义】卓：卓越。有远大的眼光，卓越的见识。

【例句】邓小平具有～，同时又非常务实，是当代最伟大的政治家之一。

近义 高瞻远瞩

反义 浅见寡闻　鼠目寸光

远亲不如近邻　yuǎn qīn bù rú jìn lín

【释义】指离得远的亲戚不如住得近的邻居关系密切。

【用法】形容近邻关系密切，有事可以互相帮忙。

【例句】您这就见外了，～嘛，我看见了能不管？

远涉重洋　yuǎn shè chóng yáng

【释义】重洋：辽阔无边的海洋。指远远地渡过海洋。

【例句】当年，爷爷为了生计～，三十年后才回来。

近义 远走高飞

远水不救近火　yuǎn shuǐ bù jiù jìn huǒ

【释义】比喻在遥远的地方或较长的时间以后，虽然能找到了解救的办法，但解救不了眼前的急难。

【例句】虽然在上海找到了特效药，但是～，如果不能紧急空运，还不是一场空！

近义 远水不解近渴

远走高飞　yuǎn zǒu gāo fēi

【释义】指走到远方，飞向高处。

【用法】常用于人去远方。

【例句】他大学刚毕业，就～，去了加拿大。

近义 高飞远举

反义 足不出户

怨气满腹 yuàn qì mǎn fù

【释义】指满肚子怨气。

【用法】形容怨气很深。

【例句】清末,政治腐败,百姓饥寒交迫,～。

怨声载道 yuàn shēng zài dào

【释义】载:充满。指怨恨的声音充满道路。

【用法】形容民众普遍不满。

【例句】慈禧太后对外屈膝投降,对内残酷压榨,全国上下～。

近义 民怨沸腾

反义 交口称誉

怨天尤人 yuàn tiān yóu rén

【释义】尤:归罪,责备。指埋怨上天,怪罪别人。

【用法】形容遇到挫折、麻烦时一味抱怨命运和别人。

【例句】她不～,而是以满腔的热忱投入到工作中去。

反义 引咎自责

约定俗成 yuē dìng sú chéng

【释义】约定:共同商定。俗成:长期习用并逐渐形成。指某种事物的名称或社会习惯,因人们长期习用,得到社会的承认,被固定下来。

【例句】“三”在古汉语中表示“多数”或“多次”,已是～的用法。

近义 相习成风

约法三章 yuē fǎ sān zhāng

【释义】约:商量,议定。原指共同定下了三条法规。现泛指订立简单的共同遵守的条款。

【例句】第一天见面,他就给秘书～。

月白风清 yuè bái fēng qīng

【释义】指月光皎洁,微风凉爽。

【用法】形容恬静美好的夜景。

【例句】这是一个～的夜晚,校园里三三两两散步的人从我身边走过。

近义 明月清风

反义 月黑风高

月黑风高 yuè hēi fēng gāo

【释义】指没有月亮,风又很大的漆黑夜晚。

【用法】也比喻险恶的环境。

【例句】他特别提醒大伙儿,今晚～,正是坏人作案的天气,可得多留点神。

反义 风清月朗   月白风清

月落乌啼 yuè luò wū tí

【释义】指月亮已西沉,乌鸦鸣啼。

【用法】形容天快亮时的景象。

【例句】我们走到江边,天近拂晓,～,倍感凄凉。

月明千里 yuè míng qiān lǐ

【释义】指皎洁的月光普照千里大地。

【用法】形容月光皎洁。

【例句】站在峨眉山金顶,一眼望去,～。

近义 皓月当空

月明星稀 yuè míng xīng xī

【释义】指月光皎洁,星星稀疏。

【例句】一个～的夜晚,我们在湖上泛舟,大家都陶醉在美好的夜色中。

近义 月朗星疏

月下老人 yuè xià lǎo rén

【释义】指中国古代神话传说中主管婚姻的神。

【用法】现多简称为"月老",用作媒人的代称。

【例句】他多么希望～能给他一条红绳以结良缘。

月盈则食 yuè yíng zé shí

【释义】盈:满。食:月亏。指月亮圆满时,就开始亏缺。

【用法】形容当事物发展到极限时,就开始衰败。

【例句】日中则昃,～。

月晕础润 yuè yùn chǔ rùn

【释义】月晕:指月亮周围出现的光环,通称风圈。础:柱子底下的石墩。指月晕是起风的征兆,础石湿润是下雨的征兆。泛指事物的征兆。

【例句】小米这几天心烦意乱,～,感觉要出什么事。

月晕而风 yuè yùn ér fēng

【释义】月晕:指月亮周围出现的光环,通称风圈。指月亮的周围有晕时,风就要来了。

【用法】比喻将要来临的事,必有预兆。

【例句】～,他挥霍无度,你应及早解除他财务科长的职务,以免给公司造成损失。

近义 础润而雨

悦近来远 yuè jìn lái yuǎn

【释义】悦:高兴。指使近处的人受仁政之惠高兴,使远处的人来归顺。

【用法】形容政治清明,深得人心。

【例句】唐太宗统治后期四海升平,～。

跃马扬鞭 yuè mǎ yáng biān

【释义】指跳上战马,扬起鞭子。

【用法】形容飞快地前进。

【例句】科尔沁草原曾是一代天骄成吉思汗～的地方。

近义 快马加鞭

跃然纸上 yuè rán zhǐ shàng

【释义】跃然:生动逼真地呈现。指在纸上生动地呈现出来。

【用法】形容描写或刻画得十分生动逼真。

【例句】中国画里的虾、螃蟹、骏马,都是那么栩栩如生,～。

近义 栩栩如生　活灵活现

跃跃欲试　yuè yuè yù shì

【释义】跃跃:因急切期待或心情欢快而激动的样子。形容心里急切地想试一试。

【例句】他摩拳擦掌,做出一副～、志在必得的样子。

近义 摩拳擦掌

反义 无动于衷

越俎代庖　yuè zǔ dài páo

【释义】俎:樽俎,古代祭祀时盛牛羊祭品的器具。庖:厨师。指举行祭祀时主祭的人越过樽俎去代替厨师操办宴席。

【典故】相传上古时,尧想把天下让给隐士许由,许由坚决不接受,并说:"鹪鹩把窝搭在树林深处,只不过占用一根树枝,鼹鼠到河边喝水,不过喝满一肚子水。像我这样的人,天下对我有什么用呢?"接着他又打比方说,即使厨师没有把饭菜做好,主管祭祀的人也不能超越职守代他下厨。也就是说,哪怕你尧丢下天下不管,我许由也不能代你治天下。(《庄子·逍遥游》)

【用法】比喻越权办事或包办代替。

【例句】他们自己要做的事一向被父母～,自然难于得到锻炼的机会。

近义 牝鸡司晨　逾权行事

反义 袖手旁观　各司其职

提示 "俎"不能写成"阻"。

晕头转向　yūn tóu zhuàn xiàng

【释义】指头脑昏乱,辨不清方向。

【用法】形容事情太多或环境、话题生疏而使人不知所措。

【例句】老爷爷一下车就～,找不到回家的路了。/ 面对犹如天降的公安干警,歹徒们顿时～,纷纷丢掉手中的凶器,束手就擒。

反义 头脑清醒

云垂海立　yún chuí hǎi lì

【释义】指高云下垂,海水陡立。原为歌颂帝王的威德。

【用法】现多比喻文辞雄伟。

【例句】这篇文章大气磅礴,有～之气。

云过天空　yún guò tiān kōng

【释义】空:空旷。指云彩飘过,天空清澈如洗。

【用法】比喻事情处理得干净利落,不留痕迹。

【例句】老李办事向来～。

近义 云净天空

云合雾集　yún hé wù jí

【释义】指云雾汇拢成一堆。

【用法】比喻许多人迅速聚集到一起。

【例句】这是方圆几十里最大的集镇,每逢节日,来这里赶集的人总是～。

云阶月地　yún jiē yuè dì

【释义】指以云彩作为阶梯,以月宫作为地面。

【用法】形容天宫、仙境或其他美好的境界。

【例句】现在有些社区的广场打造得有如～。

近义 琼楼玉宇

云谲波诡 yún jué bō guǐ

【释义】谲：奇特。诡：奇异。形容波涛、云彩变幻多样。也作"波谲云诡"。

【用法】比喻时势、事物变幻多端。

【例句】天空是～的，天晴时，白云朵朵，风雨时，乌云翻滚，而傍晚时又是彩霞满天。/这位总统的任期内～，动荡不安，充满了政治内斗和丑闻。

提示 "谲"不读 jú。

云开见日 yún kāi jiàn rì

【释义】指拨开云雾，现出太阳。

【用法】比喻送走黑暗重见光明。也比喻疑团解开，心情舒畅。

【例句】事情终于水落石出，～了。

云龙风虎 yún lóng fēng hǔ

【释义】指云起龙生，虎啸生风。原指同类事物的相互感应。

【用法】现多比喻明君贤臣相遇合。

【例句】你必须礼贤下士，然后才能有～的气概。

云泥之别 yún ní zhī bié

【释义】指如同天上的浮云和地上的泥土之间的差别。

【用法】形容极大的差别。

【例句】二人同朝为官，一个连升两级，一个被贬为庶民，真有～了！

近义 天壤之别

云起龙骧 yún qǐ lóng xiāng

【释义】骧：亦作"襄"，上举，腾起。指风云起，龙腾跃。

【用法】比喻英雄豪杰乘时而起。

【例句】秦末，陈胜、吴广揭竿而起，一时间～，纷纷抗秦。

云起雪飞 yún qǐ xuě fēi

【释义】指像云一样升腾，像雪一样飘飞。

【用法】形容乐曲悠扬，变化有致。

【例句】笛子独奏的《梁山伯与祝英台》～。

云消雾散 yún xiāo wù sàn

【释义】指云雾全部消失了。

【用法】比喻某种事物或情绪消失得干干净净。

【例句】他俩的误会最终在我的劝说下～。

近义 烟消云散　云开雾散

反义 云笼雾锁

云蒸霞蔚 yún zhēng xiá wèi

【释义】蒸：升腾。蔚：弥漫。指云气升腾，彩霞弥漫。

【用法】形容色彩斑斓、绚丽华美的景象。

【例句】霞光似无数支金箭，穿过翻涌的云雾，幻化出一幅～的动人画卷。

云中白鹤 yún zhōng bái hè

【释义】指翱翔在云间的白鹤。

【用法】比喻品德高尚、志向远大的人。

【例句】他自小便气宇不凡，在这些兄弟

姐妹之间如～一般。

芸芸众生　yún yún zhòng shēng

【释义】芸芸:众多的样子。佛教指一切有生命的东西,一般也用来指众多的平常人。

【例句】～,无论买衣服还是接受服务,总要以物美价廉为选择的第一条件。

近义 凡夫俗子

允文允武　yǔn wén yǔn wǔ

【释义】允:文言语首助词。指既能文又能武。

【例句】后人评价郑成功是一个～的英雄。

近义 能文能武

殒身碎首　yǔn shēn suì shǒu

【释义】殒身:死亡,丧命。形容粉身碎骨。

【例句】一场车祸,把这个恶棍撞得～。

近义 粉身碎骨

运筹决策　yùn chóu jué cè

【释义】运筹:筹划。指谋划情况,制定策略。

【例句】重视调查研究,是李先生～的特色。

近义 运筹决胜　运筹帷幄

运筹决胜　yùn chóu jué shèng

【释义】运筹:筹划。指制订作战计划以取得战斗的胜利。

【例句】龙争虎斗的摔跤,～的棋艺,引人入胜的歌舞,各种上乘的表演使人一饱眼福。

近义 运筹帷幄　运筹决策

运筹帷幄　yùn chóu wéi wò

【释义】运筹:筹划。帷幄:军队的帐幕。

原指在军帐中制订作战计划。后泛指谋划决策。

【例句】诸葛亮～,为蜀汉政权立下了汗马功劳。

近义 运筹决策　运筹决胜

运计铺谋　yùn jì pū móu

【释义】铺:展开,设置。指运用谋略。

【例句】他常常取胜的主要原因在于他善于～。

运斤成风　yùn jīn chéng fēng

【释义】运:挥动。斤:斧头。指挥动斧头,风声呼呼。

【典故】庄子给惠子送葬,到达惠子的墓地后,回头对跟随的人说:"郢城有个人的鼻尖上沾了白灰,像苍蝇的翅膀一样。他让一名石匠用斧头砍掉这点白灰。石匠挥动斧头,带着呼呼的风声,白灰被削得干干净净,郢人的鼻子却一点没有受伤。郢人站在那里,面不改色。宋国国君听说这件事后,将石匠叫来,说:'请你给我也试试看。'石匠说:'我曾经确实能够砍掉鼻灰。但是我的唯一的搭档已经死了很长时间了,我再也没法表演了。'自从惠子去世以后,我没有辩论的对象了,所以我没有说话的人了。"(《庄子·徐无鬼》)

【用法】形容人手法熟练,技艺高超。

【例句】这位老雕刻家进行创作时,真是～,手法熟练到了极点。

运用自如　yùn yòng zì rú

【释义】自如:活动或操作不受阻碍。指运用得十分娴熟、自然。

【例句】经过几年不懈的努力,这个英国小伙子已对汉语～了。

近义 游刃有余　得心应手

Z

Z

咂嘴弄舌 zā zuǐ nòng shé

【释义】指嘴唇相咂，舌头搅动以品尝滋味。

【用法】形容贪吃的馋相。也形容嘴里念念有词的样子。

【例句】看他～的样子，完全不注意形象。

近义 咂嘴弄唇

杂乱无章 zá luàn wú zhāng

【释义】章：规则，条理。形容很零乱，没有条理。

【例句】你的家里这样～，看了叫人不舒服，还不好好整理一下。

近义 乱七八糟

反义 井然有序　有条有理　有条不紊　井井有条

杂七杂八 zá qī zá bā

【释义】指不同种类的东西或不相干的问题混杂在一起。

【用法】形容多而杂。

【例句】我还有很多～的事要处理，只好下周来看你。

近义 杂乱无章　乱七八糟

反义 有条有理

再接再厉 zài jiē zài lì

【释义】接：交战。厉：通"砺"，磨快。原指公鸡相斗，每次都要先把嘴磨利。

【用法】现形容一次又一次地努力，坚持不懈。

【例句】取得这次战斗的胜利后，连长叮嘱我们要～，争取再打胜仗。

提示 "厉"不能写成"励"。

再三再四 zài sān zài sì

【释义】再三：一次又一次。指反复多次。

【例句】他本来不想去，可是人家～地邀请，盛情难却，只好去了。

近义 一而再，再而三

再生父母 zài shēng fù mǔ

【释义】再生：再造。指使自己获得第二次生命的人。也作"重生父母"。

【用法】比喻救命恩人或对自己有重大恩惠的人。

【例句】大娘冒着生命危险救了他，他把大娘当成～。

近义 恩同再造

再衰三竭 zài shuāi sān jié

【释义】再：第二次。衰：减弱。竭：尽。指士兵第二次冲锋时，锐气衰退许多；第三次冲锋时，锐气就消耗尽了。

【用法】形容力量一再消耗，已到了衰竭的地步。

【例句】敌人已到了～的时候，这一仗只能打胜。

再造之恩　zài zào zhī ēn

【释义】再造：再生。指使自己获得新生的恩德。

【用法】形容极大的恩情。

【例句】这位医生对我有～，所以每年的圣诞节我总去看望他，以表谢意。

近义 恩同再造

再作冯妇　zài zuò féng fù

【释义】再作：第二次当上。冯妇：古代的打虎猛士。

【典故】晋国有个人叫冯妇的，善于打虎，后来成了善士，不再打虎了。有次他到野外去，看到有很多人正在追逐一只老虎。那老虎背靠着山势险阻的地方，没有人敢去迫近它。大家远远望见冯妇来了，连忙跑过去迎接他。冯妇挽袖伸臂地走下车来，众人都很高兴，可士人们却讥笑他重操旧业，又干起了打虎的勾当。（《孟子·尽心下》）

【用法】比喻重操旧业。

【例句】迫于生计，他只好放下手中的书本，～，做起杀猪的行当来。

近义 重操旧业

在此一举　zài cǐ yī jǔ

【释义】此：这。举：行动。指事情的成败在于这一次行动。

【例句】这次拔河比赛能否取胜就～。

在劫难逃　zài jié nán táo

【释义】劫：佛教用语，佛教徒所谓注定的灾难，也称劫数，厄运的意思。原指命中注定要遭的灾祸，难以逃脱。

【用法】现形容灾难、坏事要发生，要避免也避免不了。

【例句】最后一线求生的希望也破灭了，他不禁仰天长叹："我这是～啊！"

在所不辞　zài suǒ bù cí

【释义】在：与"所"连用，表示强调，下面多连"不"。辞：躲避。指无论处于什么情况，也决不躲避、退缩。

【例句】他们纷纷表决心，为了党和人民的利益，纵使赴汤蹈火，也～。

在所不惜　zài suǒ bù xī

【释义】在所：连用表示强调。惜：吝惜。指决不吝惜。

【例句】当年，他为了支持革命，倾家荡产，～。

在所难免　zài suǒ nán miǎn

【释义】在所：连用表示强调。免：避免。指不易避免。

【例句】他一口气提出了那么多的建议和想法，有一两点不完善，是～的。

在天之灵　zài tiān zhī líng

【释义】迷信指人死后升入天国的灵魂。

【用法】用于尊称死者的心灵、精神。

【例句】我们只有珍惜这来之不易的和平，才能慰藉先烈们的～。

载歌载舞　zài gē zài wǔ

【释义】载：又，且。指又唱歌，又跳舞。

【用法】形容尽情欢乐的场面。

【例句】劳动节这天，孩子们～欢迎劳动模范来学校作报告。

载舟覆舟　zài zhōu fù zhōu

【释义】载：承载。覆：翻。指水能够承载舟船，也能够掀翻舟船。

【用法】比喻人民可以拥戴君王，也可以推翻君王。

【例句】回顾世界历史，～这句话被印证了很多次。

赞不绝口 zàn bù jué kǒu

【释义】赞:称赞,赞扬。绝口:住口。指赞美的话说个不停。

【用法】形容对人或事情十分赞赏。

【例句】他的文章让人看了～。

近义 拍案叫绝　赞叹不已

臧否人物 zāng pǐ rén wù

【释义】臧否:褒贬,评论。臧:善,好。否:贬,非议。指评论人物的好坏。

【例句】他的杂文,或评点时政,或～,无不视角独特,发前人所未发。

提示 "否"不读 fǒu。

葬身鱼腹 zàng shēn yú fù

【释义】指被水淹死。

【例句】伟大的爱国诗人屈原宁愿～,也不与肮脏苟且的权臣同流合污。

糟糠之妻 zāo kāng zhī qī

【释义】糟糠:酒滓、糠皮等粗劣食物。贫穷时同吃糟糠的妻子。

【用法】指共患难的妻子。

【例句】吕雉是刘邦的～。

凿壁偷光 záo bì tōu guāng

【释义】指凿穿墙壁偷偷地借邻家的光亮来读书。

【用法】形容勤学苦读。

【例句】学习需要～、悬梁刺股的刻苦精神。

近义 囊萤积雪　悬梁刺股

凿凿有据 záo záo yǒu jù

【释义】凿凿:确切,确实。据:依据,凭据。指确实有事实依据。

【例句】事实就是这样,～,不用再无谓地辩解了。

近义 千真万确　毋庸置疑　铁证如山

反义 捕风捉影

早出晚归 zǎo chū wǎn guī

【释义】指清早出门,夜晚才回来。

【用法】形容勤劳辛苦。

【例句】为了糊口,她爸爸～,辛勤工作。

近义 披星戴月

澡身浴德 zǎo shēn yù dé

【释义】澡:清洗。指清除自己身心的污秽,沐浴在道德中。

【用法】形容提高道德修养,使身心纯洁。

【例句】他～,品行十分高洁。

近义 修身养性

灶上扫除 zào shàng sǎo chú

【释义】指把灶头清扫干净。

【用法】比喻极容易办到的事。

【例句】这种如～一般容易的事就不用麻烦别人了吧。

近义 易如反掌

反义 挟山超海

造谣惑众 zào yáo huò zhòng

【释义】惑:欺骗,迷惑。指为了达到某种目的而制造谣言,迷惑群众。

【例句】我们对那些～、居心巨测的人必须提高警惕。

Z

近义 造谣生事　妖言惑众　蛊惑人心

造谣生事　zào yáo shēng shì

【释义】指制造谣言以挑起事端。

【例句】我们要提高明辨是非的能力,使那些～之徒没有市场。

近义 造谣惑众

造谣中伤　zào yáo zhòng shāng

【释义】中伤:诬蔑他人。指制造谣言来陷害别人。

【例句】我们做的是正义的事,我们不怕敌人的～。

提示 "中"不读 zhōng。

责无旁贷　zé wú páng dài

【释义】贷:推卸。指自己应尽的责任,不能推卸给别人。

【例句】祖国的繁荣和富强对我们每个人而言都是～的。

近义 义不容辞　责有所归

反义 敷衍塞责　推三阻四

责有所归　zé yǒu suǒ guī

【释义】归:归属。指责任各有归属。

【用法】形容是谁的责任,谁就该负责。

【例句】这项工作涉及几十个部门,但～,要是出了差错,就要追究主管部门的责任。

近义 责无旁贷

择善而从　zé shàn ér cóng

【释义】指采纳正确的意见或选择好的方法加以实行。

【例句】～,就不会迷失方向。

近义 从善如流

反义 同流合污　沆瀣一气

泽被后世　zé bèi hòu shì

【释义】泽:恩泽,恩惠。被:覆盖。指恩惠遍及后代。

【例句】封山育林是～的好事。

啧有烦言　zé yǒu fán yán

【释义】啧:争辩。烦言:气愤不满的话。指公众对事情不满,说出批评的话。

【例句】会员对理事们的措施～,议论纷纷。

反义 交口称誉

啧啧称奇　zé zé chēng qí

【释义】啧啧:咂嘴声,表示赞叹。形容啧啧有声地称赞十分奇妙。

【例句】这如此美丽的景观让我们～。

近义 啧啧称赞

啧啧称赞　zé zé chēng zàn

【释义】啧啧:咂嘴声,表示赞叹。指连声赞叹不已。

【例句】无论谁提到他,都会～。

近义 啧啧称奇

贼喊捉贼　zéi hǎn zhuō zéi

【释义】指自己是贼还高喊捉贼。

【用法】比喻为了逃脱罪责,故意混淆视听,转移目标。

【例句】这个人～,妄图转移大家的注意力以便逃脱。

近义 混淆视听

贼眉贼眼　zéi méi zéi yǎn

【释义】形容探头探脑、鬼鬼祟祟的样子。也形容人长相猥琐。

【例句】他长得～的,一点也不好看。

近义 贼头鼠脑　獐头鼠目

贼去关门　zéi qù guān mén

【释义】去:离开。指盗贼将东西偷走了,主人才关上门。

【用法】比喻事故发生以后才知道防范。

【例句】面对可能突发的事故不能只是～,还应防患未然。

反义 未雨绸缪

贼头鼠脑　zéi tóu shǔ nǎo

【释义】形容举动鬼鬼祟祟的样子。

【例句】他眼睛滴溜溜乱转,一副～的样子。

近义 贼眉鼠眼　鬼头鬼脑

甑尘釜鱼　zèng chén fǔ yú

【释义】甑:古代炊具,用于蒸食的炊具。釜:古代的一种锅。指甑里积满了灰尘,釜里长了蠹鱼。

【用法】形容家境贫寒,长久断炊。

【例句】在旧社会里,他家～,只好上街乞讨。

摘瑕指瑜　zhāi xiá zhǐ yú

【释义】摘:挑,剔。瑕:玉上面的斑点,比喻缺点。瑜:美玉,比喻优点。指指出其优缺点。

【例句】这两位名儒评论古今名臣,～,纤悉无遗。

摘艳熏香　zhāi yàn xūn xiāng

【释义】摘:采,取。熏:熏陶。指摘取华丽的辞藻,受到美好传统的熏陶。

【例句】他出生于书香世家,自幼～,文学造诣很高。

债台高筑　zhài tái gāo zhù

【释义】形容欠债多。

【例句】他已经～了,哪里还能帮你!

近义 负债累累

反义 绰有余裕

沾亲带故　zhān qīn dài gù

【释义】故:故旧,老朋友。指有亲戚或朋友的关系。

【例句】全村百分之九十都姓黄,相邻的村与其～的也很多。

反义 非亲非故

沾体涂足　zhān tǐ tú zú

【释义】沾:沾湿。涂:泥。指全身都沾湿了,脚上尽是泥。

【用法】形容田间劳动的辛苦。

【例句】他在田里耕作,～,浑身是汗。

沾沾自喜　zhān zhān zì xǐ

【释义】沾沾:洋洋得意的样子。形容自以为很好而得意的样子。

【用法】形容稍有所得便以为了不起。

【例句】学问永无止境,稍有进步便～的人,不会取得大成就。

近义 洋洋得意　自鸣得意

瞻前顾后　zhān qián gù hòu

【释义】瞻:往前看。顾:回头看。指看看前面,再看看后面。

【用法】形容做事前充分考虑,周密而谨慎,含褒义;也形容顾虑过多,谨小慎微,犹豫不决,贬义。

【例句】是否进行新项目投资,公司董事会多方论证,～,最后决定暂时缓一缓。/贾里说:"你这个～的家伙! 假如面面俱到,那还叫冒险!"

近义 畏首畏尾

反义 勇往直前

斩草除根　zhǎn cǎo chú gēn

【释义】指锄草要连根拔除。

【用法】比喻彻底除掉祸根,不留后患。

【例句】有人设想通过改变老鼠的基因,破坏它们的繁殖功能,最后将这种令人类头痛的祸害～。

近义 斩尽杀绝　抽薪止沸

反义 养虎遗患　养痈成蛇

斩钉截铁　zhǎn dīng jié tiě

【释义】截:斩断。形容说话办事坚决果断,毫不犹豫。

【例句】他说话做事～,从不犹豫。

近义 直截了当

反义 优柔寡断　拖泥带水

斩将搴旗　zhǎn jiàng qiān qí

【释义】搴:拔。指斩杀敌将,拔取敌方的军旗。

【用法】形容勇猛善战。

【例句】他突破重围,～,英雄气概让人佩服。

斩尽杀绝　zhǎn jìn shā jué

【释义】指斩杀干净,一个也不留。

【用法】比喻做事不留余地。

【例句】对于坏风气、坏行为一定要～,不能姑息养奸。

近义 斩草除根　赶尽杀绝　诛尽杀绝

反义 养虎遗患　放虎归山

斩木揭竿　zhǎn mù jiē gān

【释义】斩:砍。揭:举起。竿:竹竿。指砍下树木当成武器,举起竹竿当成军旗。

【用法】用指武装起义。

【例句】秦末,各路英雄纷纷～,反抗秦二世的暴政。

近义 揭竿而起

斩蛇逐鹿　zhǎn shé zhú lù

【释义】斩蛇:传说汉高祖刘邦起义前曾斩杀挡道的大蛇,比喻起义。逐鹿:比喻争夺天下。指群雄起义,争夺天下。

【例句】陈胜、吴广起义后,天下群雄并起,～。

展眼舒眉　zhǎn yǎn shū méi

【释义】展:舒展。指眼睛、眉毛都舒展开来。

【用法】形容心情非常愉快。

【例句】你瞧他～,开心极了。

崭露锋芒　zhǎn lù fēng máng

【释义】崭:突出。指人才干初露,有如刀

Z

锋那样锋芒耀目。

【用法】形容人初次展露卓越才干。

【例句】小冯刚到公司便～，总经理对他另眼相看。

近义 崭露头角

反义 不露圭角

崭露头角　zhǎn lù tóu jiǎo

【释义】崭：突出的样子。头角：头上的角。指头上的角明显突了出来。

【用法】比喻人突出地显露出才能、才华。多用于青少年。

【例句】在这次乒乓球比赛中，不少青少年选手～，获得了好成绩。

近义 崭露锋芒

反义 不露圭角

辗转反侧　zhǎn zhuǎn fǎn cè

【释义】辗转、反侧：翻来覆去的样子。指翻来覆去难以入眠。

【用法】形容心事重重。

【例句】为了解决这件事，他几乎夜夜～，日渐憔悴。

近义 辗转不寐

反义 高枕无忧

战火纷飞　zhàn huǒ fēn fēi

【释义】战火：指战争。指子弹、炮弹乱飞。

【用法】形容战斗非常激烈。

【例句】在那个～的年代，他俩为各自的生存奔波着，一直没有机会见面。

战天斗地　zhàn tiān dòu dì

【释义】形容征服和改造大自然的巨大干劲和豪迈气概。

【例句】灾区人民以～的英雄气概，克服地震带来的困难，恢复生产，重建家园。

战无不胜　zhàn wú bù shèng

【释义】指打仗没有一次不战胜敌人。

【用法】形容百战百胜。

【例句】这是一支攻无不克、～的队伍。

近义 攻无不克　屡战屡胜

反义 望风披靡

战战兢兢　zhàn zhàn jīng jīng

【释义】战战：畏惧的样子。兢兢：小心谨慎的样子。形容因害怕而微微发抖的样子。也形容小心谨慎的样子。

【例句】面对凶恶的敌人，这个软弱的人～，如履薄冰。/他心里没底，～地走进考场。

近义 诚惶诚恐

反义 泰然自若

提示 "兢"不读 kè。

张灯结彩　zhāng dēng jié cǎi

【释义】张：陈设，铺排。彩：彩球，彩带。指挂彩灯笼，扎上彩带。也作"悬灯结彩"。

【用法】形容场面喜庆、热闹。

【例句】为迎接国庆到来，学校的礼堂里已～。

近义 火树银花　披红戴绿

张冠李戴　zhāng guān lǐ dài

【释义】冠：帽子。指把姓张的帽子戴在了姓李的头上。

【用法】比喻弄错了对象或弄错了事实。

【例句】因为他俩长得非常像，不熟悉的人经常～。

张皇失措　zhāng huáng shī cuò

【释义】张皇：惊慌，慌张。措：安排，处置。指十分慌乱，不知道该怎么办。

【例句】警察一来，他便～，刚偷来的钱包也掉在了地上。

近义　惊惶失措　手足无措

反义　处之泰然　泰然自若

张口结舌　zhāng kǒu jié shé

【释义】结舌：舌头像打了结一样不能转动。指张着嘴说不出话来。

【用法】形容理屈或害怕。

【例句】老师突然发问，张三～，不知道如何回答。

近义　闭口藏舌　钳口结舌　哑口无言

反义　口若悬河　滔滔不绝

张眉努眼　zhāng méi nǔ yǎn

【释义】指扬起眉毛，瞪大眼睛。

【用法】形容吃惊或故作惊讶的样子。

【例句】听到这个消息，他～，很是吃惊。

张三李四　zhāng sān lǐ sì

【释义】假设的姓名。泛指某人或某些人。

【例句】这些小道消息在～之间传播是要不得的。

张牙舞爪　zhāng yá wǔ zhǎo

【释义】形容猖狂凶恶的样子。

【例句】动物园里关着两只～的非洲狮。

近义　龇牙咧嘴　青面獠牙

反义　和颜悦色　和蔼可亲

獐头鼠目　zhāng tóu shǔ mù

【释义】獐：獐子。獐子的头小而尖，老鼠的眼睛小而圆，形容相貌丑陋猥琐而神情狡猾。也作"鼠目獐头"。

【例句】那～的家伙整天在大门口徘徊。

近义　尖嘴猴腮　贼眉贼眼

反义　龙眉凤目

彰明较著　zhāng míng jiào zhù

【释义】彰、明、较、著：明显，显著。形容非常明显，容易看清。

【例句】这篇文章言简意赅，～，让人一看就明白。

近义　显而易见

彰善瘅恶　zhāng shàn dàn è

【释义】彰：表扬。瘅：憎恨。指表扬好的，憎恨坏的。

【例句】包公是一位～的清官。

近义　惩恶扬善

掌上明珠　zhǎng shàng míng zhū

【释义】指经常捧在手上的很喜爱的珍珠。

【用法】比喻很受父母宠爱的儿女。也比喻为人所珍爱的物品。

【例句】他只有这一个女儿，难怪把女儿看作是～。

近义　心肝宝贝

仗马寒蝉　zhàng mǎ hán chán

【释义】仗马：古代的立仗马，皇宫仪仗中的立马。指像皇宫门外的立仗马和深秋的知了一样，一句话也不敢说。

Z

【用法】用于人。含贬义。

【例句】刚才还夸夸其谈，行家来了你就～了。

仗气使酒　zhàng qì shǐ jiǔ

【释义】仗气：任性。使酒：发酒疯。指借酒发疯。

【用法】用于人。含贬义。

【例句】你不要～，要分清场合！

仗势欺人　zhàng shì qī rén

【释义】仗：依靠，凭借。指倚仗某种权势，欺压别人。

【例句】他～的行为让大家都非常反感。

近义　狐假虎威

仗义疏财　zhàng yì shū cái

见 666 页"疏财仗义"。

仗义执言　zhàng yì zhí yán

【释义】仗义：主持正义。执言：坚持说自己认为应该说的话。指主持正义，敢于说公道话。

【例句】他为人刚直不阿，敢～。

近义　秉公直言

反义　谄谀取容

提示　"执"不能写成"直"。

招兵买马　zhāo bīng mǎi mǎ

【释义】指招募士兵，购置战马。

【用法】比喻扩大组织或扩充人员。

【例句】公司成立后，他就开始～。

近义　招贤纳士

招财进宝　zhāo cái jìn bǎo

【释义】迷信指招引财气进门以发财致富。

【例句】"你若听我的，包你今年～，合家安康。"那算命先生煞有介事地说。

近义　发财致富

招风揽火　zhāo fēng lǎn huǒ

【释义】招、揽：惹，引起。比喻招惹是非。

【例句】你好好在家里待着吧，别到处～了！

近义　招是惹非　惹是生非

招蜂引蝶　zhāo fēng yǐn dié

【释义】指招来蜜蜂，吸引蝴蝶。

【用法】比喻吸引别人的注意。含贬义。

【例句】她不务正业，经常在外～。

招架不住　zhāo jià bù zhù

【释义】招架：抵挡。形容抵挡不了或没有力量再支持下去。

【例句】面对我军凌厉的攻势，敌人很快就～了。

招权纳贿　zhāo quán nà huì

【释义】招权：揽权，弄权。纳贿：接受贿赂。指弄权受贿。

【例句】一封匿名信指控他～，有关部门正在对他进行调查。

反义　两袖清风

招是惹非　zhāo shì rě fēi

【释义】指招惹是非。

【例句】她一直默默地做好自己的工作，从不～。

近义　招风揽火　惹是生非

招贤纳士　zhāo xián nà shì

【释义】招：招引。纳：接纳。指招引、接纳有才德的人。

【用法】形容广泛接纳各种人才。

【例句】曹操是一位识英雄重英雄、喜欢～的政治家。

近义 招兵买马

招降纳叛 zhāo xiáng nà pàn

【释义】原指招收投降者,接纳叛变者,以壮大自己的势力。后指收罗坏人,合伙做坏事。

【用法】用作贬义。

【例句】他表面平庸无为,其实暗中～,结党营私,扩充私人力量。

近义 结党营私

招摇过市 zhāo yáo guò shì

【释义】招摇:故意张大声势,引人注意。市:街。形容故意在公众场合张大声势,以引起别人的注意。

【用法】用于人。含贬义。

【例句】她穿着奇装异服～,引起路人的指指点点。

招摇撞骗 zhāo yáo zhuàng piàn

【释义】招摇:张扬,炫耀。撞骗:找机会行骗。指假借某种名义炫耀自己,进行诈骗。

【用法】用于人。含贬义。

【例句】他假冒爱心捐款的名义,到处～,终于被绳之以法。

近义 弄虚作假

招灾惹祸 zhāo zāi rě huò

【释义】指招来不幸,引起祸事。

【例句】传说从这口井的上面跨过会～,这是没有科学根据的无稽之谈。

昭然若揭 zhāo rán ruò jiē

【释义】昭然:清楚明白的样子。若:如。

揭:高举。原指就像高举日月那样显著。

【用法】现多形容真相、本质暴露无遗。

【例句】这样一来,他假公济私的勾当就～了。

近义 水落石出　众目昭彰

提示 "昭"不能写成"招"。

昭如日星 zhāo rú rì xīng

【释义】昭:明白、显著。指明白、显著得如太阳和星辰那样。

【用法】形容事实记在史册,人所共见。

【例句】岳飞精忠报国的故事～,让后世佩服景仰。

朝不保夕 zhāo bù bǎo xī

【释义】指保得住早晨,不一定保得住晚上。

【用法】形容物质生活极差,连一天的生活都无法保障。也形容形势或事情危急,后事无法预测。

【例句】在新中国成立前的苦难岁月里,不少人缺吃少穿,过着～的生活。/现在形势危急,～,哪里还有时间玩乐!

近义 危在旦夕

反义 高枕无忧

朝东暮西 zhāo dōng mù xī

【释义】指早晨在东边,晚上在西边。

【用法】形容行踪不定。也比喻感情不专一,变得很快。

【例句】他行踪不定,～,我经常联系不上他。/这是个感情不专一、～的花花公子。

近义 朝三暮四　朝秦暮楚

朝发夕至 zhāo fā xī zhì

【释义】指早晨出发晚上就能到达。

【用法】形容路程不远或交通便利。

【例句】两地相隔不远,坐船～。

朝歌夜弦　zhāo gē yè xián

【释义】弦:乐器上的弦线,代指乐器。指从早到晚都在歌舞弹唱。

【用法】形容成天纵情于声色之中。

【例句】李后主～不思朝政,最终沦为亡国之君。

朝更暮改　zhāo gēng mù gǎi

【释义】更:改变。指政权、政令、言行等经常变来变去。

【例句】～的法令不会深入人心。

【近义】朝令夕改

朝过夕改　zhāo guò xī gǎi

【释义】过:过失,犯错误。指早晨犯了错误,晚上就改正了。

【用法】形容改正错误很及时。

【例句】他为人谦和诚恳,～,深得长者的喜爱。

朝令暮改　zhāo lìng mù gǎi

见964页"朝令夕改"。

朝令夕改　zhāo lìng xī gǎi

【释义】指早晨发布的命令,晚上就改变了。也作"朝令暮改"。

【用法】形容主张或办法经常改变,一会儿一个样儿。

【例句】过去的统治者高高在上,不体恤民情,～,老百姓不知怎么办才好。

【近义】朝更暮改

朝气蓬勃　zhāo qì péng bó

【释义】朝气:精神振作,力求进取的气概。蓬勃:旺盛的样子。形容生气勃勃,奋发有为。

【用法】多用于青少年。

【例句】青少年应该～,不应该死气沉沉。

【近义】生气勃勃　生机盎然

【反义】暮气沉沉　老气横秋

朝秦暮楚　zhāo qín mù chǔ

【释义】秦、楚:战国时期的两个大国。指一时依附秦国,一时又倾向楚国。

【用法】形容反复无常。

【例句】～、见异思迁的人很难得到别人的信任。

【近义】朝三暮四　朝东暮西

【反义】始终如一　始终不渝

朝三暮四　zhāo sān mù sì

【释义】朝:早上。暮:晚上。指早上三个,晚上四个。原指聪明人善于使用手段,愚笨的人不善于辨别事情。

【典故】古代宋国有位喜欢养猴的老人,人称狙公,他非常了解猴子的习性,猴子也懂他的语言。狙公常常缩减家人的口粮来喂猴。后因家贫,不得不减少猴子的食粮。他便与众猴商量:"我每天早上给你们三颗橡子,晚上给四颗,够吃了吗?"众猴一听粮食要减少,都生气地站起来。狙公马上改口说:"那就早上给四颗,晚上给三颗。"猴子们听说早上增加了一颗,马上又高兴地蹲了下来。(《庄子·齐物论》)

【用法】现多形容变化多端,反复无常。

【例句】他看不清事实真相,被别人～的手段弄花了眼。/一会儿想学英语,一会儿想学法语,这样～,很可能一门语言都学不好。

【近义】朝秦暮楚　朝东暮西

【反义】始终如一　坚定不移

Z

朝生暮死 zhāo shēng mù sǐ

【释义】指早晨出生,晚上死亡。

【用法】形容生命非常短暂。

【例句】只要有理想有信念,即便～也比浑浑噩噩活上百年要有意义。

朝思暮想 zhāo sī mù xiǎng

【释义】指白天和晚上都在想念。

【用法】形容时刻思念。

【例句】这就是他～的心上人。

近义 念念不忘

反义 置诸脑后

朝闻夕死 zhāo wén xī sǐ

【释义】指早晨听到了真理,晚上死了也不感到遗憾。

【用法】形容对真理或某种信仰的迫切追求。

【例句】怀着～的信念,他在病中仍然坚持学习。

朝夕相处 zhāo xī xiāng chǔ

【释义】朝夕:天天,时时。处:跟别人一起生活,交往。指早上和晚上都在一起。

【用法】形容关系很亲密。

【例句】他俩自小～,是一对青梅竹马的恋人。

近义 形影不离

朝云暮雨 zhāo yún mù yǔ

【释义】指烟雨朦胧的景色。也比喻男女欢会。

【例句】～长相接,犹自君王相见稀。/紫霞山～,烟雨朦胧,宛如人间仙境。

朝朝暮暮 zhāo zhāo mù mù

【释义】指日日夜夜。

【用法】形容短暂的时光。

【例句】两情若是久长时,又岂在～?

照本宣科 zhào běn xuān kē

【释义】宣:宣读。科:条文。指死板地照现成文章或稿子宣读。

【用法】形容拘泥于书本,不能灵活运用。

【例句】他～地演讲,平淡呆板,一点也不吸引人。

近义 生搬硬套

照葫芦画瓢 zhào hú lú huà piáo

【释义】指按照葫芦的样子画瓢。

【用法】比喻照样子模仿。

【例句】孩子对照他收集的邮票,～,设计出长的、方的、三角的邮票。

遮人耳目 zhē rén ěr mù

【释义】指遮盖住人们的耳朵和眼睛。

【用法】比喻掩盖真情,用假象骗人。

【例句】他以为这样做可以～,其实是无济于事。

遮天蔽日 zhē tiān bì rì

【释义】指遮蔽了天空,挡住了太阳。也作"遮天盖日"。

【用法】形容云雾、树木、鸟群等浓密,覆盖面积很广。

【例句】这些～的林荫,已经不容其他小树再争得一席之地了。/海鸥分成若干群,在空中盘旋,形成一个个鸟的漩涡,～,蔚为壮观。

近义 铺天盖地

遮天盖地　zhē tiān gài dì

【释义】指遮掩天空,覆盖大地。

【用法】形容来势凶猛,到处都是。

【例句】蝗灾爆发时,一群群蝗虫～地涌来,场景十分恐怖。

近义 铺天盖地

遮天盖日　zhē tiān gài rì

见 965 页"遮天蔽日"。

折长补短　zhé cháng bǔ duǎn

【释义】折:弄断。指弄断长的去补短的。

【用法】比喻用多余补不足。

【例句】有的一捆三四斤,有的一捆二三斤,～,每捆就按三斤算吧。

折冲樽俎　zhé chōng zūn zǔ

【释义】冲:古代的一种战车。折冲:让敌人的军队后撤,指击败敌人。樽俎:古时盛酒食的器皿,代指宴会。指不用武力而在宴会桌上制胜对方。

【用法】比喻进行出色的外交活动。用于书面语。含褒义。

【例句】优秀的外交家能～,避免因国家间利益冲突而引发流血之战。

折槁振落　zhé gǎo zhèn luò

【释义】槁:枯枝。指折断枯枝,吹落树叶。

【用法】比喻轻而易举,一点也不费力。

【例句】他完成这件事,犹如～。

折戟沉沙　zhé jǐ chén shā

【释义】戟:古代兵器,把矛和戈结合于一体,具有刺击和钩杀双重功能,后代形制有所变化。指戟被折断沉没在泥沙里,变成废铁。

【用法】形容在激烈争战中失败惨重。

【例句】滑铁卢一战使拿破仑落得个～的下场。

折矩周规　zhé jǔ zhōu guī

【释义】折、周:符合。指遵守规矩,符合法度。

【例句】他是一个～的人。

近义 循规蹈矩

反义 胡作非为

针锋相对　zhēn fēng xiāng duì

【释义】指针尖对着针尖。

【用法】比喻双方的观点、认识等尖锐对立。

【例句】他们性格不合,总是～。

近义 水火不容　势不两立

针芥相投　zhēn jiè xiāng tóu

【释义】芥:芥子。指像磁石吸针、琥珀吸芥子那样投合。

【用法】形容性情、爱好十分契合。

【例句】他二人一见如故,～,很快成为好朋友。

针头线脑　zhēn tóu xiàn nǎo

【释义】指缝纫用的针线之类的物品。

【用法】比喻零碎细小的东西。

【例句】她爱整洁,把家里大大小小的东西甚至连～都收拾得很好。/这些～的小事何必在意?

珍禽异兽　zhēn qín yì shòu
【释义】珍:珍贵的。禽:鸟兽的总称。指珍贵奇异的飞禽走兽。
【例句】这个国家公园里有许多珍稀植物和~。

真才实学　zhēn cái shí xué
【释义】实:真。指真正的才能学问。
【例句】用人单位喜欢有~的人。
近义 真知灼见
反义 不学无术　才疏学浅

真金不怕火炼　zhēn jīn bù pà huǒ liàn
【释义】比喻正直勇敢的人和正确的事物,经得住任何考验。
【例句】~,中国人民解放军战士经得起血与火的考验。

真金烈火　zhēn jīn liè huǒ
【释义】指真正的黄金虽经烈火也不变本色。
【用法】比喻经过严峻的考验而节操不变。
【例句】孰是孰非,~,让时间来检验!

真龙天子　zhēn lóng tiān zǐ
【释义】指皇帝。旧时认为皇帝是上天的儿子,是真龙下凡。
【例句】这个世界人人平等,没有~。

真凭实据　zhēn píng shí jù
【释义】指真实可靠的凭据。
【例句】审理案件,一定要有~。

近义 铁证如山　凿凿有据
反义 无凭无据　不足为凭　空口无凭

真情实感　zhēn qíng shí gǎn
【释义】指真实的感受。
【例句】写作时要有~,才能打动读者。

真情实意　zhēn qíng shí yì
【释义】指真诚的感情、心意。
【例句】您的这一片~,我深表感激。
近义 真心实意
反义 虚情假意

真伪莫辨　zhēn wěi mò biàn
【释义】辨:分辨。指分不清楚是真还是假。
【例句】真假美猴王让唐僧~。

真相毕露　zhēn xiàng bì lù
【释义】毕:全部。指真实情况或本来面目全部暴露出来。
【例句】天网提供的证据让原本复杂的案件~。
近义 原形毕露　真相大白　暴露无遗
反义 藏头露尾
提示 "毕"不能写成"必"。

真相大白　zhēn xiàng dà bái
【释义】真相:佛教用语,本来面目,引为事情的真实情况。大白:完全明白,彻底弄清楚。指真实情况彻底清楚了。
【例句】十几年的冤案,如今终于~。
近义 真相毕露

真心实意　zhēn xīn shí yì
【释义】指心意真诚恳切,毫无虚假。
【例句】我们对人要~,不要虚伪待人。

Z

近义 诚心诚意　实心实意
反义 虚情假意

真知灼见　zhēn zhī zhuó jiàn

【释义】灼:明白。指正确而透彻的见解。
【例句】他学识渊博,是一个有～的人。
近义 远见卓识

枕戈尝胆　zhěn gē cháng dǎn

【释义】指枕着兵器睡觉,尝着苦胆。
【用法】形容刻苦自励、发愤图强或杀敌报仇心切。
【例句】越王勾践～,为复兴越国而努力。
近义 卧薪尝胆

枕戈待旦　zhěn gē dài dàn

【释义】旦:天亮。指头枕着兵器等待天明。
【典故】晋代名将刘琨少年时胸怀大志,他和好友祖逖二人同眠共起,同练武功。当他听说祖逖杀敌立功,已被朝廷重用,心情十分激动,给亲友写信道:"我常常头枕兵器躺着等待天亮,立志杀敌,并担心落在祖逖的后面。"(《世说新语·赏誉》)
【用法】形容时刻警惕,准备战斗。
【例句】得到敌寇将来的情报后,乡亲们～,决心痛击敌人。
近义 枕戈寝甲
反义 高枕无忧　高枕而卧

枕戈汗马　zhěn gē hàn mǎ

【释义】汗马:战马奔驰,浑身是汗。指枕着武器,疾驰战马。
【用法】形容杀敌辛苦。
【例句】这位将军出生乱世,青年时期日

～,希望有所作为。
近义 枕戈寝甲

枕戈寝甲　zhěn gē qǐn jiǎ

【释义】指枕着兵器、身穿铠甲睡觉。
【用法】形容常备不懈,随时准备战斗。
【例句】我军～,严阵以待。
近义 枕戈待旦　枕戈汗马
反义 高枕无忧

振臂一呼　zhèn bì yī hū

【释义】振:挥动。指挥动手臂,一声号召。
【用法】多用于号召的场合。
【例句】李自成～,成千上万的农民就跟着他起义。
近义 登高一呼

振奋人心　zhèn fèn rén xīn

【释义】振奋:振作,奋发。指使人精神振作,奋发向上。
【例句】听到这～的消息,大家都受到鼓舞。

振聋发聩　zhèn lóng fā kuì

【释义】发:启发。聩:耳聋。指发出很大声响,使耳聋的人都能听见。也作"发聋振聩"。
【用法】比喻用言论文章唤醒糊涂、是非不明的人,使他们清醒过来。
【例句】他的杂文大胆针对时弊,～,受到人们的好评。
近义 醍醐灌顶
提示 "聩"不读 guì。

振振有词　zhèn zhèn yǒu cí

【释义】振振:很多的样子。形容自以为理由很充分而说个没完。

Z

【例句】别看他表面上～的样子,其实心虚极了。

近义 理直气壮

反义 哑口无言

震耳欲聋 zhèn ěr yù lóng

【释义】指耳朵都快震聋了。

【用法】形容声音很大。

【例句】炸弹爆炸了,发出～的声响。

反义 万籁俱寂

震撼人心 zhèn hàn rén xīn

【释义】撼:摇动。指使人内心感到剧烈的震动。

【例句】听到这～的消息时,大家都激动得流泪了。

近义 激动人心

反义 无动于衷

震天动地 zhèn tiān dòng dì

【释义】指震动了天地。也作"震天撼地"。

【用法】形容声音巨大。也形容声势浩大。

【例句】半夜里,听见一声～的巨响,大山崩塌了。/在～的欢呼声中,两条龙舟同时到达终点。

近义 惊天动地 撼天动地

反义 无声无息

震天撼地 zhèn tiān hàn dì

见 969 页"震天动地"。

镇定自若 zhèn dìng zì ruò

【释义】镇定:遇到紧急的情况不慌不乱。自若:不改变常态。形容在危急关头能保持常态。

【例句】面对敌人的严刑逼供,他～,临危不惧。

近义 处之泰然

反义 惊惶失措

争长竞短 zhēng cháng jìng duǎn

【释义】长、短:是与非、优与劣、正确与错误等。指争论是非、利害得失。

【用法】用于人。含贬义。

【例句】小明为人忠厚,从不和人～。

争分夺秒 zhēng fēn duó miǎo

【释义】指不放过一分一秒。

【用法】形容对时间抓得很紧。

【例句】他有着～的钉子精神。

近义 分秒必争

争风吃醋 zhēng fēng chī cù

【释义】指因追求同一异性而互相忌妒争斗。

【例句】两个男青年为了一个女孩而～,在大街上大打出手,真是有失风度。

近义 拈酸吃醋

争名夺利 zhēng míng duó lì

【释义】争夺个人的名誉和利益。

【例句】王老师几十年如一日默默地工作,从不～。

近义 争权夺利 追名逐利

争奇斗艳 zhēng qí dòu yàn

【释义】争:竞争。奇:奇异。斗:争胜。艳:艳丽。指相互竞争谁更奇异、艳丽。

【用法】形容百花竞相开放,多姿多彩。也比喻建筑、设施、物品、服饰等华贵新奇,竞相比美。

【例句】公园里鲜花盛开,玫瑰、牡丹和金盏草～。/在新德里的富人区,一座座设计独特的庭院～。

争奇斗异　zhēng qí dòu yì

【释义】指互相竞争谁更奇异。

【例句】中秋节临近,各种精美的月饼不仅在包装上～,在口味上也推陈出新。

近义　炫异争奇

争强好胜　zhēng qiáng hào shèng

【释义】好:喜欢。指争做强者,喜欢胜过别人。

【用法】形容人好胜不服输的性格。

【例句】他～,得不到大家的喜爱。

反义　甘拜下风

提示　"好"不读 hǎo。

争权夺利　zhēng quán duó lì

【释义】指争夺权柄和利益。

【例句】那些～的人大多过得不愉快。

近义　争名夺利　明争暗斗

反义　和平共处

争先恐后　zhēng xiān kǒng hòu

【释义】指争着向前,唯恐落后。

【例句】大家～向灾区捐款。

近义　不甘人后

反义　甘居人后

争执不休　zhēng zhí bù xiū

【释义】争执:争论时坚持己见,各不相让。不休:不停止。指各持己见,互不相让,争论不止。

【例句】听见他们～的声音,大家都围了过来。

峥嵘岁月　zhēng róng suì yuè

【释义】峥嵘:高峻,陡峭,引申为不平凡。指不平凡的岁月。

【例句】在那一段～里,我们经历了严峻的考验。

铮铮铁骨　zhēng zhēng tiě gǔ

【释义】铮铮:金属撞击时发出的响亮声音。指像铁一样坚硬的骨头。

【用法】比喻坚如钢铁的意志和不屈不挠的精神。

【例句】《卜算子·咏梅》这首词,上片用风雪背景反衬梅花,着重展示了梅花的～和挑战精神。

蒸蒸日上　zhēng zhēng rì shàng

【释义】蒸蒸:上升、兴旺的样子。日上:逐日向上。形容事业兴旺发达,天天向上。

【例句】但愿你的事业～。

近义　欣欣向荣

反义　每况愈下　江河日下

拯溺救危　zhěng nì jiù wēi

【释义】溺:落水者。指拯救落水者和处于危险中的人。

【用法】形容帮助处在危难中的人。

【例句】～是每个有良知的人所义不容辞的事。

近义　扶危济困

整顿乾坤　zhěng dùn qián kūn

【释义】乾坤:《易经》的乾卦和坤卦,借指天地、阴阳或江山、局面等。指整顿天下,使混乱的局面得以重新安定。

【例句】唐明皇李隆基即位以后励精图治,

Z

～,当时社会出现了政清人和的景象。

整装待发 zhěng zhuāng dài fā
【释义】指整理好行装,等待出发。
【例句】部队～,只等总指挥的一声令下。

正本清源 zhèng běn qīng yuán
【释义】本:根本。源:源头。指从根本上进行清理和整顿,彻底地解决问题。
【例句】我们解决问题应当～,不能本末倒置。
近义 端本正源　扶正治本

正大光明 zhèng dà guāng míng
【释义】指公正无私,坦白磊落。
【用法】形容行事公道严正,没有私心。
【例句】我做事～,有什么不好说的!
近义 光明磊落
反义 鬼鬼祟祟

正襟危坐 zhèng jīn wēi zuò
【释义】危:端正。指理好衣襟,端正地坐着。
【用法】形容严肃或拘谨的样子。
【例句】主席台上,他～的样子,让我忍俊不禁。
反义 东倒西歪

正经八百 zhèng jīng bā bǎi
【释义】形容非常严肃认真。
【例句】他向来是～的,从不开玩笑。
近义 一本正经
反义 吊儿郎当

正气凛然 zhèng qì lǐn rán
【释义】正气:光明正大的作风或风气。凛然:严肃而令人敬畏的样子。形容满怀正气,威严不可侵犯。

【例句】面对敌人的屠杀,革命志士威武不屈,～。
近义 大义凛然

正人君子 zhèng rén jūn zǐ
【释义】正人:正直的人。指品行端正的人,有时也用来指假装正经的人。
【例句】他品行高洁,是个真正的～。
近义 志士仁人

正言厉色 zhèng yán lì sè
【释义】正:严正。厉:严厉,严肃。指言语郑重,态度严厉。
【例句】他的杂文风格各异,有时～,有时嬉笑怒骂。
近义 声色俱厉　疾言厉色
反义 和颜悦色　和蔼可亲

正颜厉色 zhèng yán lì sè
【释义】颜、色:脸色。指态度严肃,神色严厉。
【例句】这件事我做错了,妈妈～地教训了我一顿。
近义 正言厉色
反义 和颜悦色

正直无私 zhèng zhí wú sī
【释义】正直:公正坦率。指处事公正,没有私心。
【例句】这位法官～,受到人民的信任。
近义 公正无私

正中下怀 zhèng zhòng xià huái
【释义】中:投合。下怀:自己的心意。指正好符合自己的心意。
【例句】我正设法使他暂时离开一会儿,怎知他却匆匆地走了,真是～。
近义 如愿以偿　称心如意

Z

反义 事与愿违

提示"中"不读 zhōng。

郑重其事　zhèng zhòng qí shì

【释义】郑重:严肃认真。形容说话或对待事情严肃认真。

【例句】他～地脱下帽子,才与我握手。

近义 一本正经

反义 漫不经心

政出多门　zhèng chū duō mén

【释义】指政令由许多部门发出。

【用法】形容政令不统一。

【例句】既要防止权力过分集中,也要防止职责不清,～。

近义 各自为政　一国三公

反义 独断专行

政通人和　zhèng tōng rén hé

【释义】指政治清明,百姓团结和睦。

【用法】形容国泰民安。

【例句】改革的春风给全国带来了～、欣欣向荣的局面。

之乎者也　zhī hū zhě yě

【释义】之、乎、者、也:古汉语中最常用的四个虚词。指人说话、写文章咬文嚼字或半文不白。

【例句】他说话满口～,常常让人不知所云。

近义 咬文嚼字

之死靡它　zhī sǐ mǐ tā

【释义】之:到。靡:没有。靡它:没有异心。原指丈夫死了,发誓自己至死不改嫁。泛指意志坚定,至死不变。

【例句】丈夫死后,她便立志～,以报答丈夫生前对她深深的爱恋。

近义 从一而终

之子于归　zhī zǐ yú guī

【释义】之子:这个人。于:助词,没有实义。于归:女子出嫁。

【用法】常用于祝贺女子出嫁。

【例句】桃之夭夭,灼灼其华,～,宜其室家。

支离破碎　zhī lí pò suì

【释义】支离:分散,分裂。形容事物零散残缺,不成整体。

【例句】这一场战争使国家～,人民流离失所。

近义 四分五裂　七零八落

反义 完美无缺

支吾其词　zhī wú qí cí

【释义】支吾:用含混的话搪塞。指用含糊的言辞应付。

【例句】这个人在警察面前～,可见他做贼心虚。

近义 含糊其辞

只轮不返　zhī lún bù fǎn

【释义】指一只车轮也没有带回来。也作"子轮不返"。

【用法】形容全军覆没,损失惨重。

【例句】长平之战秦军大胜,赵军～。

近义 片甲不留

反义 大获全胜

提示"只"不读 zhǐ。

只手空拳　zhī shǒu kōng quán

【释义】指只有一双手,没有其他武器。

【例句】爷爷年轻的时候很勇猛,曾经～与熊搏斗过。

近义 手无寸铁

【提示】"只"不读 zhǐ。

只字不提　zhī zì bù tí

【释义】只：单独的。指一点也不说或根本不提及。

【例句】我们见面后，关于之前说好的事，他～。

近义 闭口不谈

反义 口口声声

【提示】"只"不读 zhǐ。

芝焚蕙叹　zhī fén huì tàn

【释义】芝、蕙：香草名。指芝草被焚，蕙草为之伤叹。

【用法】比喻物伤其类。

【例句】看到自己最要好的朋友惨遭不幸，他不禁～，万分难过。

近义 兔死狐悲

芝兰玉树　zhī lán yù shù

【释义】芝：一种菌类植物，又叫灵芝，古人视为瑞草。玉树：传说中的仙树。指灵芝、兰草和玉树。

【用法】比喻德才兼备的子孙后代。多用于书面语。

【例句】老校长的几个儿子都学业有成，在当地有着～的美誉。

近义 龙驹凤雏

芝兰之室　zhī lán zhī shì

【释义】芝：一种菌类植物，又叫灵芝，古人视为瑞草。指用灵芝和兰草装饰的房屋。

【用法】比喻有利于培养人良好道德品质的环境。

【例句】近朱者赤，一颗平凡的草在～中也能开出美丽的花。

反义 鲍鱼之肆

枝繁叶茂　zhī fán yè mào

【释义】繁：多而密。茂：茂盛。指树木生长良好，枝叶繁茂。

【用法】比喻事物繁衍发展兴旺发达。

【例句】这颗百龄老树～，至今还苍翠雄劲。/张老太四世同堂，可谓～。

知白守黑　zhī bái shǒu hēi

【释义】白：清楚，明白。黑：暗昧。指对于是非黑白，心里非常清楚，但貌似迟钝，以沉默自处。这是古代道家主张的无为的处世态度。

【例句】他只是淡然一笑，并不作答，一副～的神态。

近义 知雄守雌

知彼知己　zhī bǐ zhī jǐ

【释义】彼：对方。指对对方和自己的情况都很了解。也作"知己知彼"。

【用法】常与"百战百胜"连用。

【例句】通过对主要市场竞争者进行对比分析，就可以～，制定更有效的竞争战略。

知恩报恩　zhī ēn bào ēn

【释义】指接受了别人的恩惠就应报答。

【例句】他是一个爱恨分明、～的人。

知法犯法　zhī fǎ fàn fǎ

【释义】法：法律、规章。指懂得某项法令、规章却故意违犯。

【例句】对～者应当依法严惩。

近义 明知故犯　以身试法

反义 遵纪守法

知过必改　zhī guò bì gǎi

【释义】指知道自己的过错，就一定改正。

【例句】不怕犯错误,只要～,就是好的。
近义 知错能改　过而能改
反义 将错就错

知己知彼　zhī jǐ zhī bǐ
见973页"知彼知己"。

知命之年　zhī mìng zhī nián
【释义】命:天命。指年龄到了五十岁。
【例句】王先生到～时,已经是国内知名的学者了。

知难而进　zhī nán ér jìn
【释义】指明知有困难,却迎着困难向前。
【例句】～是一种可贵的精神。
近义 知难而上
反义 知难而退

知难而退　zhī nán ér tuì
【释义】原指遇到难以克服的困难时,应见机行事,主动退却,以避免损失。
【用法】现多形容害怕困难而畏缩不前。
【例句】～,采取迂回战术而不是一味地蛮干,往往事半功倍。/不能一遇到问题就～,要想办法解决。
反义 知难而进

知其一,不知其二　zhī qí yī, bù zhī qí èr
【释义】指只知道一个方面的情况,不知道另一方面的情况。
【用法】形容对事物的了解不全面。
【例句】其实,你是～,所以你的论断不对。

知人论世　zhī rén lùn shì
【释义】原指要了解一个历史人物,必须了解他所处的历史时代。后指评论人物的优劣和社会的得失。

【例句】要研究一个伟人,必须～。/掌握一些哲学和历史方面的知识,对我们～很有好处。

知人善任　zhī rén shàn rèn
【释义】任:任用。指了解人并善于任用,发挥其长处。
【例句】他是一位～的好领导。
近义 任人唯贤
反义 嫉贤妒能

知人知面不知心　zhī rén zhī miàn bù zhī xīn
【释义】指熟识人的面貌,而不了解他的内心。
【用法】形容人心复杂难测。多含贬义。
【例句】孔亮苦笑了一下:"～,阿良表面上与你一心,实际上鬼才知道呢!"
反义 表里如一

知人之明　zhī rén zhī míng
【释义】明:眼力。指鉴别人才能、品德的能力。
【例句】李大哥的让贤之举,既有自知之明,又有～。

知书达礼　zhī shū dá lǐ
【释义】知书:有知识。达:通达,明了。礼:礼节,礼仪。指有知识、懂礼貌。也作"知书识礼"。
【用法】形容人很有教养。
【例句】王小姐是位～的大家闺秀。

知书识礼　zhī shū shí lǐ
见974页"知书达礼"。

知疼着热　zhī téng zháo rè
【释义】疼:疼爱。着:感受。热:亲热,热

Z

情。形容对人非常关心爱护。

【用法】多用于夫妻之间。

【例句】他们俩是夫妻,互相能够～。

近义 体贴入微

反义 漠不关心

知无不言 zhī wú bù yán

【释义】指只要知道,就全部说出来。

【用法】形容推心置腹的交谈或真心诚意地提出意见。

【例句】请大家～,把意见讲充分。

近义 畅所欲言 和盘托出

反义 守口如瓶 含糊其辞

知心着意 zhī xīn zháo yì

【释义】指彼此很了解,懂得对方的心思。

【例句】他俩青梅竹马,彼此～。

近义 情投意合 知心知意

知雄守雌 zhī xióng shǒu cí

【释义】雄:比喻刚硬。雌:比喻柔弱。指懂得什么是刚硬,却以柔弱自居。这是道家的一种处世态度。

【用法】形容处世不露锋芒,与世无争。

【例句】～、与世无争,是一种保守低调的处世态度。

近义 知白守黑

知遇之恩 zhī yù zhī ēn

【释义】知遇:指得到赏识、重用。指给予赏识和重用的恩德。

【例句】诸葛亮为报答刘备的～,为蜀汉大业操劳了一生。

知止不殆 zhī zhǐ bù dài

【释义】殆:危险。指该止步时就止步,就不会遇到危险。

【例句】懂得～的道理,在人生的道路上

就会少走弯路。

近义 知足不辱

知足不辱 zhī zú bù rǔ

【释义】知足:满足于已经得到的。指知道满足,不过分贪求,就不会遭受羞辱。

【用法】多用于劝诫人不要贪得无厌。

【例句】贪得无厌的人永远都不知道什么叫～。

近义 知止不殆

知足常乐 zhī zú cháng lè

【释义】指知道满足的人,总是感到很快乐。

【用法】形容安于已经得到的东西。

【例句】他是一个～的人。

近义 乐天知命

执而不化 zhí ér bù huà

【释义】原指固守其本义。后指固执己见,不知变通。

【例句】此人～,我们的工作白做了。

近义 固执己见

反义 从善如流

执法如山 zhí fǎ rú shān

【释义】执法:执行法令、法律。指严格地执行法律,像山一样次不动摇。

【用法】形容执法严厉,不徇私情。

【例句】这位法官～,他会公正地对待每一个案件。

近义 执法不阿

反义 徇私枉法

执两用中 zhí liǎng yòng zhōng

【释义】执:掌握。两:"过"与"不及"这两端。指掌握过与不及的两头,取用其中间。

【用法】形容处理事情折中,不偏不倚。

【例句】在这个问题上,应当采取～的态度。

近义 不偏不倚

执迷不悟 zhí mí bù wù

【释义】执:坚持。指坚持错误而不觉悟。

【例句】我们多次劝告他,但他～,结果落得如此下场。

近义 至死不悟

反义 迷途知返　翻然悔悟

直出直入 zhí chū zhí rù

【释义】指说话直截了当,不转弯子。

【例句】她是个急性子,说话～。

近义 直截了当

反义 转弯抹角

直捣黄龙 zhí dǎo huáng lóng

【释义】捣:捣毁。黄龙:黄龙府,金国的地名(今吉林农安),是金人最早的根据地之一。指直接捣毁敌人的老巢。

【例句】他带领部队深入敌穴,～。

直道而行 zhí dào ér xíng

【释义】指正直公道地办事。

【用法】形容毫无偏私。

【例句】不管周围的环境怎样变化,他总是～,赢得大家的尊敬。

直截了当 zhí jié liǎo dàng

【释义】了当:干脆、爽快。指说话做事干脆、爽快。

【例句】他说话总是～。

近义 开门见山

反义 转弯抹角

直眉瞪眼 zhí méi dèng yǎn

【释义】指竖着眉头,瞪着眼睛。

【用法】形容发脾气的样子。也形容呆痴的样子。

【例句】他～地站在那里,好像在生谁的气。/听到这个消息,他～地站在那里,一动不动。

直木先伐 zhí mù xiān fá

【释义】木:树。指树干笔直的树,先被砍伐。

【用法】比喻有才干的人先遇到祸害。

【例句】～,杨修恃才傲物,终被杀死。

直抒己见 zhí shū jǐ jiàn

【释义】直:直率。抒:抒发,表达。指坦率地说出自己的意见。

【例句】他面对别人的询问总是～,知无不言。

近义 直言不讳

反义 闪烁其词

直抒胸臆 zhí shū xiōng yì

【释义】直:直率。抒:抒发。胸臆:心意。指直接抒发心里的想法与感受。

【例句】这首诗～,感人至深。

直言不讳 zhí yán bù huì

【释义】讳:忌讳,隐讳。指直截了当地说出来,一点也不隐讳。

【例句】你可以～地对我说,没什么顾忌的。

近义 直抒己见

反义 讳莫如深

直言骨鲠 zhí yán gǔ gěng

【释义】骨鲠:鱼骨卡在喉咙里。指正直的话不说出来,就如同鱼骨卡在喉咙里一样难受。

【用法】形容为人刚直,敢于讲真话。含褒义。

【例句】像魏征那样的～之士,在中国历史上出现过不少。

直言贾祸　zhí yán gǔ huò

【释义】直言：直说，不隐晦。贾：招致。指坦率地把话说出来会招致祸害。

【例句】他们都怕～，所以缄口不言。

直言正论　zhí yán zhèng lùn

【释义】指正直公道的言论。

【例句】他以～为大臣所忌。

近义 正言正谏

踯躅不前　zhí zhú bù qián

【释义】踯躅：行走缓慢的样子。指走路徘徊不定，不往前走。

【例句】他事业失败的原因之一，是面对几次好机会时，他～，白白错过了。

近义 踌躇不前

反义 勇往直前

止于至善　zhǐ yú zhì shàn

【释义】至：最。指达到最完美的境界。

【例句】上善若水，～。

只许州官放火，不许百姓点灯

zhǐ xǔ zhōu guān fàng huǒ, bù xǔ bǎi xìng diǎn dēng

【释义】旧时指统治者为所欲为，却不允许老百姓有一点自由。

【用法】现多形容自己胡作非为，却限制别人的正当权利。

【例句】你宣布不许职工家属进入车间，而你的孩子却天天来这里玩耍，这不是～吗？

只争朝夕　zhǐ zhēng zhāo xī

【释义】朝夕：一朝一夕，形容非常短的时间。指抓紧眼前的一朝一夕，绝不浪费时间。

【例句】在工作和学习上，要有～的精神，懒惰和拖沓是要不得的。

近义 争分夺秒　分秒必争

反义 虚度光阴　蹉跎岁月

抵掌而谈　zhǐ zhǎng ér tán

【释义】抵掌：击掌。指拍拍着手谈话。

【用法】形容谈话十分投机。

【例句】他俩～，十分快意。

近义 抵足而谈　促膝谈心

提示 "抵"不读 dǐ。

纸上谈兵　zhǐ shàng tán bīng

【释义】指在纸上谈论用兵布阵。

【典故】战国时代，赵国名将赵奢的儿子赵括善于谈论兵法，连赵奢问及用兵之道也难不了他，但赵奢从不夸他。其妻问其原因。赵奢说："用兵打仗关系国家安危，打仗则重在临战时善于应变。赵括只会纸上谈兵，将打仗看得太容易。"后来，赵括代替廉颇为将抵抗秦军，终因不能在实战中活用兵法，长平一战惨遭失败。（《史记·廉颇蔺相如列传》）

【用法】比喻空谈而不切实际。

【例句】他们准备开一家五星级宾馆，但一点钱也没有，这岂不是～？

纸醉金迷　zhǐ zuì jīn mí

【释义】指用金纸包上的器具令人迷醉。也作"金迷纸醉"。

【用法】比喻让人沉醉的富丽繁华的环境。也比喻使人沉迷的奢侈豪华的生活。

【例句】在这样一个～的夜晚，总会有不法之徒蠢蠢欲动。／这伙贪赃枉法的蛀虫，表面上清正廉洁，暗地里却过着～、荒淫无耻的生活。

近义 醉生梦死

指不胜屈　zhǐ bù shèng qū

【释义】指：手指。胜：承受。屈：弯曲。指扳着指头数也数不过来。

【用法】形容数量很多。

【例句】现在的穿越小说真是～。

近义 数不胜数　不计其数
反义 屈指可数

指大于臂　zhǐ dà yú bì

【释义】指手指比胳膊粗。

【用法】比喻下级比上级的权力大。

【例句】公司的管理制度要合理，应避免～现象的发生。

近义 本末倒置

指腹为婚　zhǐ fù wéi hūn

【释义】腹：怀孕的肚子。指孩子还没有出生，就由双方父母订立了婚约。这是旧时民间父母包办婚姻的一种形式。

【例句】当今社会，～是不受法律保护的行为。

指挥若定　zhǐ huī ruò dìng

【释义】指挥：发令调度。定：定局。指指挥作战时，就像是胜利早已成定局。

【用法】形容胸有成竹，从容不迫。

【例句】虽然这场球开场十分不利，但教练员～，我们终于转败为胜。

近义 胸有成竹

指鹿为马　zhǐ lù wéi mǎ

【释义】指着鹿，硬说是马。

【典故】秦二世时，丞相赵高准备篡权作乱，怕大臣们不服，就先设下圈套设法试探。于是带来一只鹿献给二世，说："这是一匹马。"二世笑着说："丞相错了吧？您把鹿说成是马。"问身边的大臣，左右大臣有的沉默，有的故意迎合赵高说是马，有的说是鹿，赵高就在暗中假借法律中伤或陷害那些说是鹿的人。以后，大臣们都畏惧赵高。(《史记·秦始皇本纪》)

【用法】比喻故意颠倒黑白，混淆是非。

【例句】老板为了掩饰自己的错误，硬是～，伙计们虽不说话，但是个个心知肚明。

近义 指皂为白　颠倒黑白

指名道姓　zhǐ míng dào xìng

【释义】指直接明确地说出某人的姓名。

【用法】多比喻对人进行公开的批判或攻击。

【例句】人家没有～地批评,算是给你留了个面子。

近义 直呼其名
反义 旁敲侧击

指日可待　zhǐ rì kě dài

【释义】指日:指定日期,指为期不远。待:期待。指很快就能实现。

【用法】形容对实现既定目标很有把握,充满信心。

【例句】这场仗我们赢定了,拿下敌占区是～的事。

近义 计日而待
反义 遥遥无期

指日可下　zhǐ rì kě xià

【释义】指不久就可以攻下。

【例句】你们已陷入重围,若我军进攻,那只是～的事。

反义 遥遥无期

指桑骂槐　zhǐ sāng mà huái

【释义】指指着桑树骂槐树。

【用法】比喻表面上骂这个,实际上骂那个。

【例句】你以为他真是责备自己么?其实是～,让我听的。

近义 指鸡骂狗

指山卖磨　zhǐ shān mài mò

【释义】磨:石磨。指指着尚未开凿的山,

说要卖给别人石磨。

【用法】比喻虚言诓骗。含贬义。

【例句】我们无论搞什么都必须有一定的把握,而不能干～的事。

指手画脚　zhǐ shǒu huà jiǎo

【释义】指一边说话,一边做出各种手势动作。

【用法】形容轻率地妄加指点、批评。

【例句】他站在操场上～地说着什么。/你不了解情况就不要随便～。

指天画地　zhǐ tiān huà dì

【释义】指讲话时手不断地比画。

【用法】形容说话时态度激昂或无所顾忌的样子。

【例句】在氛围宽松的会上发言,大家都～,畅所欲言。/面对警察的询问,她情绪激动,～地说自己没有做过。

指天誓日　zhǐ tiān shì rì

【释义】指对着上天和太阳发誓,表示忠贞不渝或意志坚定。

【例句】他～地表示,愿意与她白头到老。

近义 山盟海誓
反义 背信弃义

指雁为羹　zhǐ yàn wéi gēng

【释义】羹:羹汤。指指着天上还在飞翔的大雁,说要用它来熬羹汤。

【用法】比喻拿不落实或虚假的东西来自我安慰。

【例句】他这种自欺欺人的做法无异于～,丝毫不能解决问题。

近义 望梅止渴　画饼充饥

指皂为白　zhǐ zào wéi bái

【释义】皂:黑色。指把黑的硬说成是

Z

白的。

【用法】比喻颠倒黑白，混淆是非。含贬义。

【例句】不要以为手中有一点小权利，就可以～，群众的眼睛可是雪亮的。

近义 指鹿为马

指猪骂狗　zhǐ zhū mà gǒu

【释义】指指着猪责骂狗。

【用法】比喻表面上骂这个人，实际上骂那个人。

【例句】你听听，她又在～。

近义 指桑骂槐

咫尺千里　zhǐ chǐ qiān lǐ

【释义】咫尺：周制八寸为咫，十寸为尺，比喻很近的距离。指虽然距离很近，却像远隔千里。

【用法】形容路很难走或见一次面很不容易。也形容能在短小的画幅内展现辽阔深远的景象。

【例句】虽然我们相隔不远，但却很难见上一面，真如～啊！／别小看这首诗，它可有～之势。

近义 咫尺天涯

咫尺天涯　zhǐ chǐ tiān yá

【释义】咫尺：周制八寸为咫，十寸为尺，比喻很近的距离。天涯：天边。指距离虽然很近，却像远隔在天边一样。

【例句】王小姐对追求她的张先生说，我们是～，永远不可能在一起。

近义 咫尺千里

反义 一衣带水

趾高气扬　zhǐ gāo qì yáng

【释义】扬：昂昂。指高高举步，神气十足。

【用法】形容骄傲自满、得意忘形。

【例句】他自从升职以后，便～，对往日的同事不屑一顾。

近义 神气活现　神气十足

反义 垂头丧气

提示 "趾"不能写成"指"。

至高无上　zhì gāo wú shàng

【释义】至：最。指最高，没有更高的。

【用法】多形容地位、权力、权威、荣耀等居于最高位置。

【例句】在古代中国，皇帝有～的权力。

近义 无出其右

至理名言　zhì lǐ míng yán

【释义】指最正确的道理，最精辟的言论。

【例句】勤能补拙，是一句～。

近义 不刊之论

反义 不经之谈

至亲好友　zhì qīn hǎo yǒu

【释义】指关系至深的亲戚，感情最好的朋友。

【用法】形容关系最密切的人。

【例句】咱们都是～，这事就算了，不要再争吵。

近义 至爱亲朋

反义 冤家对头

至死不变　zhì sǐ bù biàn

【释义】至：到。指到死都不变。

【用法】形容观点、言行等始终如一。

【例句】我们决心与侵略者斗争到底，～。

近义 始终不渝　至死不渝

至死不屈　zhì sǐ bù qū

【释义】至：到。指直到死也不屈服。

【例句】在敌人的枪口下，他保持了一个共产党员的气节，～。

近义 宁死不屈
反义 苟且偷生

至死不悟 zhì sǐ bù wù

【释义】至:到。指到死都不觉悟。

【用法】形容十分顽固。

【例句】他嗜赌成性,妻离子散仍不思悔改,真是～。

近义 顽固不化　执迷不悟
反义 从善如流

至死不渝 zhì sǐ bù yú

【释义】至:到。渝:改变。指到死都不改变。

【例句】他有着一颗～的爱国之心。

近义 至死不变

志大才疏 zhì dà cái shū

【释义】志:志向。才:才能。疏:粗疏,空虚。指志向远大而能力低下。

【用法】形容理想目标与自己的实际水平有较大差距。

【例句】本人～,只能从一点一滴的实际工作做起。

近义 眼高手低

志得意满 zhì dé yì mǎn

【释义】指志向实现,心愿得到了满足。

【用法】形容十分得意的样子。

【例句】爸爸教育我说,任何时候都应该谦虚低调,～是不好的。

近义 心满意足

志趣相投 zhì qù xiāng tóu

【释义】志:志向。趣:兴趣。投:投合。指志向与兴趣相投合。

【例句】大家～,谈笑甚欢。

近义 志同道合

志士仁人 zhì shì rén rén

【释义】旧指有宏伟志向和高尚道德的人。后指热爱祖国并立志为祖国的繁荣富强献身的人。也作“仁人志士”。

【例句】在中国近代史上,无数～苦苦地寻找救国救民的真理。

近义 仁人君子

志同道合 zhì tóng dào hé

【释义】指彼此理想、志趣、观点等完全相同。

【例句】我们是～的好朋友。

近义 志趣相投

志在必得 zhì zài bì dé

【释义】志:立志。必:必须,一定要。指立志一定得到。

【用法】形容非得到不可的决心。

【例句】此项工程,既可创利,又可创名,我们公司是～。

志在四方 zhì zài sì fāng

【释义】四方:天下。指有远大志向,不死守于一地,往往远行以建功立业。

【例句】好男儿～,何必一定要留在出生地工作呢?

近义 志在千里
反义 胸无大志

质疑问难 zhì yí wèn nàn

【释义】质:诘问。指提出疑难问题,请别人解答或互相辩论。

【例句】他学习时爱动脑,喜欢～。

近义 质疑辨惑

炙冰使燥 zhì bīng shǐ zào

【释义】炙:用火烤。指烤冰以使其干燥。

【用法】比喻所行与所求相反,徒劳无功。

【例句】～的行为是得不到想要的结果的。

近义 缘木求鱼

炙手可热　zhì shǒu kě rè

【释义】炙手：烫手。指一接近便热得烫手。

【用法】比喻权势很大，气焰很盛。也比喻人或物身价很高，很走红、很吃香。

【例句】他是李市长身边～的红人，大小事情都得先通过他这位秘书大人。/他从一个替身演员变成好莱坞一个～的影星。

提示 "炙"不能写成"灸"。

治病救人　zhì bìng jiù rén

【释义】指医治疾病，挽救人的生命。

【用法】比喻通过善意的批评，帮助人改正缺点错误。

【例句】对待犯了错误的同志，应当抱着～的态度，不能因此疏远他。

近义 救死扶伤

反义 见死不救　不教而诛

治国安邦　zhì guó ān bāng

【释义】邦：国家。指治理国家，使国家太平、巩固。

【例句】诸葛亮有～的雄才伟略。

近义 安邦定国　济国安邦

反义 祸国殃民

治丝而棼　zhì sī ér fén

【释义】棼：纷乱。指整理蚕丝，不先找头绪，结果越理越乱。

【用法】比喻做事不得要领，茫无头绪，越做越糟。

【例句】凡事胡子眉毛一把抓，不分主次

轻重，如～，一团混乱。

栉风沐雨　zhì fēng mù yǔ

【释义】栉：梳头。沐：洗头。指风梳头，雨洗发。也作"沐雨栉风"。

【用法】形容奔波劳碌不避风雨。

【例句】大禹为了治水，～，劳苦奔波，几过家门而不入。

近义 餐风沐雨　卧雪眠霜

陟罚臧否　zhì fá zāng pǐ

【释义】陟：提升。罚：处罚。臧：表扬，褒奖。否：批评。泛指对下级的褒奖、处罚或提拔、处分。

【例句】一切从实际出发，～不宜凭个人的主观意愿。

提示 "否"不读 fǒu，"臧"不能写成"藏"。

掷地有声　zhì dì yǒu shēng

【释义】掷：投，扔。指扔在地上发出清脆的声音。

【用法】形容话语豪迈有力。

【例句】他的演讲深入人心，～。

智尽能索　zhì jìn néng suǒ

【释义】能：能力，能耐。索：尽，完。指办法和才能都用完了。

【例句】你看怎么办吧，反正我是～，无能为力了。

近义 江郎才尽

智勇兼备　zhì yǒng jiān bèi

见982页"智勇双全"。

智勇双全　zhì yǒng shuāng quán

【释义】智：聪明。指聪明和勇敢两方面都具备。也作"智勇兼备"。

【用法】形容既机智，又勇敢。

【例句】这位元帅是～的军事家。

近义 文武双全

智者千虑，必有一失

zhì zhě qiān lǜ, bì yǒu yī shī

【释义】智：聪明，有智慧。虑：思考，谋划。指聪明人多次考虑或谋划，总有一次会失误。

【例句】再聪明的人，也不应该骄傲，因为～。

反义 愚者千虑，必有一得

置若罔闻　zhì ruò wǎng wén

【释义】置：放下，搁置。罔：没有。指放在一边，好像没有听到一样。

【用法】形容不关心，漠然置之。

【例句】老师的教诲，你怎能～？

近义 置之不理　充耳不闻

反义 洗耳恭听

置身事外　zhì shēn shì wài

【释义】置：放置。身：自身。指把自己放在事情之外，毫不关心。

【用法】形容对某事不参与，不过问。

【例句】中国的知识分子忧国忧民，以天下为己任，对国事不会～。

近义 袖手旁观

反义 责无旁贷

置身无地　zhì shēn wú dì

【释义】身：自己，自身。指没有地方安置自己，无处安身。

【用法】形容很羞愧。

【例句】他现在是一贫如洗，～。／你当众这样说，真让我～。

近义 无地自容

置之不理　zhì zhī bù lǐ

【释义】置：放。指放在一边，不理睬，不过问。

【例句】这是我们大家的意愿，你不能～。

近义 置若罔闻　置之脑后

置之度外　zhì zhī dù wài

【释义】度：考虑。指放在考虑之外。

【用法】多形容不把生死、利害、得失等放在心上。

【例句】为了从大火里救出这个小孩，他已经把生死～了。

近义 置之不顾

置之脑后　zhì zhī nǎo hòu

【释义】指不把事放在心中，说过了不算数，不记着去办。

【用法】形容极不重视。

【例句】我托他办点儿毫不费力的事，也往往被他～。

近义 置之不理

中饱私囊　zhōng bǎo sī náng

【释义】中饱：经手财物，以欺诈手段从中取得。囊：口袋。私囊：私人的腰包。指利用经手财物的机会从中贪污侵吞。

【例句】他利用职务之便收取贿赂，～，最终锒铛入狱。

Z

近义 损公肥私

中流砥柱　zhōng liú dǐ zhù

【释义】中流:河中间。砥柱:山名,在黄河三门峡东面,形状像柱石,因此得名。指屹立在黄河激流中的砥柱山。也作"砥柱中流"。

【用法】比喻坚强的、能起支柱作用的个人或集体。

【例句】他们小分队是这次抗洪抢险的～。

提示 "砥"不能写成"抵"。

中西合璧　zhōng xī hé bì

【释义】中西:中国和西方。璧:古代玉器,扁圆形,中间有孔。合璧:两个半圆形的玉合成一个圆形的璧。指同时兼有中国和西洋特点的事物。

【例句】这间房子既有欧式油画又有中国屏风,整体布置和谐,真可谓～,相映生辉。

中庸之道　zhōng yōng zhī dào

【释义】中:折中。庸:平常。中庸:儒家的一种主张,待人接物采取不偏不倚、调和折中的态度。道:学说,主张。指儒家提倡的为人处世、不偏不倚、调和折中的思想。也指这种处世态度。

【例句】～是他做事的原则,他从不走极端。

近义 不偏不倚

中原逐鹿　zhōng yuán zhú lù

见 990 页"逐鹿中原"。

忠肝义胆　zhōng gān yì dǎn

【释义】形容为人忠心耿耿,正直,仗义行事。

【例句】他是一个～、爱憎分明,经得起考验的好同志。

近义 赤胆忠心

忠心耿耿　zhōng xīn gěng gěng

【释义】忠心:忠诚的心。耿耿:忠诚的样子。形容非常忠诚。

【例句】这位老党员对国家和人民～,所以深受爱戴。

近义 赤胆忠心

反义 心怀异志

忠言逆耳　zhōng yán nì ěr

【释义】忠言:诚恳正直的劝告。逆耳:不顺耳,不中听。指诚恳劝告的话常常是别人不爱听,不容易被接受的。

【例句】我不是没有劝告过他,只是～,他听不进去,我有什么办法呢?

近义 良药苦口

忠于职守　zhōng yú zhí shǒu

【释义】职守:职责,职掌。形容对本职工作一丝不苟。

【用法】用于人。含褒义。

【例句】他～,任劳任怨,赢得了同事们的尊敬。

近义 恪尽职守

反义 玩忽职守

忠贞不渝　zhōng zhēn bù yú

【释义】忠贞:忠诚而坚定不移。渝:改变。指诚忠坚贞,决不改变。

【例句】他对于为之奋斗的事业～,不辞劳苦,任劳任怨。

近义 忠贞不贰

终身大事　zhōng shēn dà shì

【释义】关系自己一生的大事。多指男女

婚嫁。

【例句】男大当婚女大当嫁,你自己的～也该考虑了吧。

终天之恨 zhōng tiān zhī hèn

【释义】终天:终生。恨:遗憾。指一辈子最大的悔恨。

【例句】谭嗣同的～是有心杀贼,无力回天。

近义 抱恨终天 终天之痛

钟鼎之家 zhōng dǐng zhī jiā

【释义】钟:古代一种乐器。鼎:古代用青铜制成的炊具,一般为圆形,三足两耳。指吃饭时奏乐,用鼎盛食的人家。

【用法】形容富贵人家。

【例句】他虽出生于～之家,但知书识礼、待人平和,与那些纨绔子弟完全不同。

钟灵毓秀 zhōng líng yù xiù

【释义】钟灵:汇聚灵秀之气的地方,泛指美好的自然环境。毓:养育。指聚集天地灵气的美好自然环境产生优秀的人物。

【例句】这位伟人的家乡山清水秀,人才辈出,是～之地。

近义 人杰地灵

钟鸣鼎食 zhōng míng dǐng shí

【释义】钟:古代一种乐器,中空,用铁或铜制成。鼎:古代用青铜制成的炊具,一般为圆形,三足两耳。指吃饭时奏乐,用鼎盛食物。

【用法】形容旧时富贵人家豪华奢侈的生活。

【例句】别人希求女儿找个富家公子,而王老师却不想女儿嫁入这种～之家。

钟鸣漏尽 zhōng míng lòu jìn

【释义】漏:滴漏,古代的一种计时工具。指晨钟已经敲完,滴漏将尽。指深夜。也作"漏尽钟鸣"。

【用法】比喻人到老年,已到生命的尽头。

【例句】任何人都有到～的时候,我们年轻人应该多关心和照顾身边的老人。

近义 风烛残年 行将就木

冢中枯骨 zhǒng zhōng kū gǔ

【释义】冢:坟墓。坟墓里的尸骨。指死人。

【用法】比喻没有任何作为的人。

【例句】红颜易老,英雄白发,昔日叱咤风云的猛将如今只是～。/在有雄才大略的曹操看来,拥兵自重的袁术不过是～而已。

踵趾相接 zhǒng zhǐ xiāng jiē

【释义】踵:脚后跟。趾:脚指头。指脚与脚紧挨着。

【用法】形容人多,一个紧跟着一个。

【例句】大家～地走过这山边窄窄的小道。

近义 摩肩接踵

众寡悬殊 zhòng guǎ xuán shū

【释义】众:多。寡:少。指双方在数量上差距很大。

【例句】他在双方～的情况下,带领部队打了胜仗。

反义 势均力敌 旗鼓相当

众口交传 zhòng kǒu jiāo chuán

【释义】传:传播。指众人交相传播。

【用法】形容传播的范围极广。

【例句】他的英雄事迹～。

近义 家喻户晓

众口难调　zhòng kǒu nán tiáo

【释义】调:调和。指吃饭的人多,饭菜很难适合每个人的口味。

【用法】比喻众人意见不一,做事很难处理得让每个人都满意。

【例句】～,想让大家都满意,确实很难。

众口铄金　zhòng kǒu shuò jīn

【释义】铄:熔化。指人人都这么说,足以把金属熔化。原形容舆论的力量大。

【用法】现多形容人多嘴杂,足以混淆是非。

【例句】～,不要忽视舆论的力量。/把一个这样的人说得一无是处,真是～。

近义 积毁销骨

提示 "铄"不能写成"烁"。

众口一词　zhòng kǒu yī cí

【释义】众口:很多人。一词:同样的话。指大家都说同样的话。

【用法】形容大家的意见或看法都相同。

【例句】当地老百姓～,都说刘书记是党的好干部。

近义 异口同声　一口同音

反义 众说纷纭　各执己见

众目睽睽　zhòng mù kuí kuí

【释义】睽睽:睁大眼睛注视的样子。形容大家的眼睛都注视着。也作"万目睽睽"。

【例句】他竟在～之下盗窃,结果当然是被送进派出所。

近义 有目共睹　众目昭彰

众目昭彰　zhòng mù zhāo zhāng

【释义】昭彰:显著,清楚。指群众的眼睛看得很清楚。

【例句】犯罪分子是有所顾忌的,尤其是在～的情况下。

近义 众目睽睽　有目共睹

众怒难犯　zhòng nù nán fàn

【释义】犯:触犯,冒犯。指群众的愤怒不可触犯。

【例句】～,我们不能做损害群众利益的事情。

众叛亲离　zhòng pàn qīn lí

【释义】亲:亲信。指众人反叛,亲信背离。

【用法】形容不得人心,十分孤立。

【例句】今天～的局面是他自食恶果。

众擎易举　zhòng qíng yì jǔ

【释义】擎:举,向上托住。指许多人一起用力,很容易把东西举起来。

【用法】比喻齐心合力,就能办成事情。

【例句】你不用担心,～,胜利的消息马上就会传来。

近义 众志成城

反义 一木难支

众人广坐　zhòng rén guǎng zuò

【释义】指人数众多的公开场合。

【例句】他居然在～中诬蔑我拿公家的东西,真是可恶。

近义 大庭广众

众矢之的　zhòng shǐ zhī dì

【释义】矢:箭。的:箭靶,目标。指许多支箭共同射的靶子。也作"万矢之的"。

【用法】比喻大家一起攻击的目标。

【例句】他向经理提出减少职工福利以节约成本的建议,触犯众怒,成为～。

近义 千夫所指

众说纷纭　zhòng shuō fēn yún

【释义】众说:各种各样的说法。纷纭:繁杂。指人多嘴杂,说法不一。

【例句】这次拍摄到的不明飞行物是什么,人们～。

近义 议论纷纷

反义 众口一词

众所周知　zhòng suǒ zhōu zhī

【释义】周:全,普遍。指大家全知道。

【例句】中国美食众多,是～的。

近义 家喻户晓　人尽皆知

反义 无人知晓

众望所归　zhòng wàng suǒ guī

【释义】众望:众人的希望。归:归向。指众人的信任、希望归向某人。

【用法】形容某人有很高的威望,得到人们的信赖。

【例句】他的学识和口碑都很好,当选为校长可以说是～。

近义 人心所向

众星拱月　zhòng xīng gǒng yuè

见987页"众星捧月"。

众星捧月　zhòng xīng pěng yuè

【释义】指众多的星星簇拥着月亮。也作"众星拱月"。

【用法】比喻许多东西围绕着一个中心。也比喻许多人簇拥着被他们看重的人。

【例句】有许多小园,分布在圆明园东、西、南三面,～般地环绕在圆明园周围。/一个七八岁的小男孩由妈妈抱着,奶奶哄着,爷爷拿巧克力逗着,前面还有

爸爸开道,真可谓～。

众志成城　zhòng zhì chéng chéng

【释义】城:城墙。指大家团结一心,就会成为坚固的城墙。

【用法】比喻团结一致,力量就无比强大。

【例句】只要我们一心一德,～,便可以成功。

近义 众擎易举

种瓜得瓜　zhòng guā dé guā

【释义】比喻做了什么样的事情,就会得到什么样的结果。

【例句】他辛勤耕作,秋天取得了好收成,真是～,种豆得豆。

反义 劳而无获

重赏之下,必有勇夫

zhòng shǎng zhī xià, bì yǒu yǒng fū

【释义】重赏:用大量的钱或物奖赏。指只要肯出重赏,一定有拼死效力的人。

【例句】正所谓～,告示贴出去没多久,就有人来应征。

重义轻生　zhòng yì qīng shēng

【释义】义:正义。指看重正义而轻视生命。

【用法】形容甘愿为正义的事业献出宝贵的生命。

【例句】革命事业的成功,离不开这些～的先烈。

重于泰山　zhòng yú tài shān

【释义】泰山:我国五大名山之一,在山东中部。指比泰山的分量还重。

【用法】多形容价值极高或责任重大。

Z

【例句】黄继光的牺牲意义重大，～。

反义 轻于鸿毛

舟中敌国 zhōu zhōng dí guó

【释义】舟:船。敌国:仇敌。指同船的人都成了敌人。

【用法】比喻众叛亲离。

【例句】一个国家如果政治清明，便上下同心;反之，便～，互相争斗。

近义 众叛亲离

周而不比 zhōu ér bù bǐ

【释义】周:团结，亲密。比:互相勾结。指关系亲密、团结，但不互相勾结。

【例句】他们三个好朋友～，相处融洽。

周而复始 zhōu ér fù shǐ

【释义】周:环绕一圈。而:而后，然后。复始:重新开始。指循环往复，继续不断地周转。

【例句】一年四季，春夏秋冬，～，这是无法改变的自然规律。

近义 循环往复

粥少僧多 zhōu shǎo sēng duō

见 611 页"僧多粥少"。

肘腋之患 zhǒu yè zhī huàn

【释义】肘腋:胳膊肘和胳肢窝。指长在肘腋处的病患。

【用法】比喻身边的灾祸。

【例句】这事若不妥善处理，假以时日，恐成～。

近义 心腹之患

昼伏夜出 zhòu fú yè chū

见 988 页"昼伏夜行"。

昼伏夜行 zhòu fú yè xíng

【释义】伏:隐藏。指白天藏起来，夜间出来活动。也作"昼伏夜出"。

【用法】形容隐蔽行动。

【例句】为完成这次秘密行动，我们小分队～，紧急行军。

朱唇粉面 zhū chún fěn miàn

【释义】指红红的嘴唇，粉白的脸庞。

【用法】形容女子美丽。

【例句】小玉～，明眸善睐。

近义 皓齿明眸　皓齿朱唇

朱楼碧瓦 zhū lóu bì wǎ

【释义】指红色的楼阁，青绿色的瓦。

【用法】形容建筑华美的楼阁。

【例句】这里的古建筑群～，富丽堂皇。

诛暴讨逆 zhū bào tǎo nì

【释义】诛:讨伐。指讨伐凶暴、叛逆之人。

【例句】他凭着一身武艺～，深得百姓拥戴。

近义 诛凶殄逆

诛尽杀绝 zhū jìn shā jué

【释义】诛:斩。指杀得一个不留。

【用法】形容全部消灭干净。

【例句】封建统治集团往往采用～的残暴手段，镇压农民起义。

近义 斩草除根　斩尽杀绝

诛求无已 zhū qiú wú yǐ

【释义】诛求:勒索。已:停止。指无休止地勒索、榨取。

【例句】清末，人民对～的封建统治者已到了忍无可忍的地步。

近义 贪得无厌

诛心之论　zhū xīn zhī lùn

【释义】诛心：谴责别人的用心或动机。指揭穿他人动机的批评言论。

【例句】他写的那篇文章切中时弊,使一些人咬牙切齿,可算得上是～了。

珠璧交辉　zhū bì jiāo huī

【释义】指珍珠和美玉交相辉映。

【用法】形容杰出的人或美好的事物聚集在一起。

【例句】这次学术研讨会上的知名专家学者众多,可谓～。

珠沉玉碎　zhū chén yù suì

【释义】珠、玉：代指女子。指珍珠沉没,美玉破碎。

【用法】比喻女子死亡。含惋惜之情。

【例句】八女投江,～,草木为之含悲。

近义 香消玉殒

珠光宝气　zhū guāng bǎo qì

【释义】指珍珠宝石光芒四射。

【用法】形容服饰、陈设等十分华丽。

【例句】宴会上,各国大使夫人～,光彩耀目。

反义 质朴无华

珠联璧合　zhū lián bì hé

【释义】珠：珍珠。璧：扁圆形中间有孔的玉器,也泛指美玉。指珍珠联成一串,美玉合在一起。

【用法】比喻优秀人才或美好事物的结合,十分完美。

【例句】恭喜二位新人～,结为秦晋之好。

珠玉在侧　zhū yù zài cè

【释义】珠玉：比喻俊杰、英才。指风姿俊秀、德才超群的人在跟前。

【例句】李妹妹含笑看着身旁的杨姐姐说:"～,我可不敢夺美。"

珠圆玉润　zhū yuán yù rùn

【释义】指像珍珠一样圆转,像美玉一样光润。

【用法】形容歌声婉转优美。也形容文字流畅明快。

【例句】她的歌声～,声音美妙动听。/这首诗～,读来朗朗上口。

诸如此类　zhū rú cǐ lèi

【释义】诸：许多。此：这。指许多像这一类的事物。

【例句】他天生就喜欢出走、躲逃、隐藏等～的把戏。

诸子百家　zhū zǐ bǎi jiā

【释义】子：古代对男子的尊称。原指春秋战国时期的各家学说、流派。后泛指各种不同的学说。

【例句】当时,为了宣传自己的主张,争得自己的地位,～充分利用并发展了文学语言,创作了大量的寓言故事。

铢积寸累　zhū jī cùn lěi

【释义】铢：古代的计量单位,二十四铢为一两。指一铢一寸地积累。

【用法】形容一点一滴的积累。

【例句】这是他在长期工作中～起来的宝贵经验。

近义 日积月累

铢两悉称　zhū liǎng xī chèn

【释义】铢：古代的计量单位,二十四铢为一两。悉：全。称：相当。指在极细微的地方都完全相等。

【用法】形容两者没有差别。

【例句】此二者半斤八两，～。

近义 半斤八两

蛛丝马迹　zhū sī mǎ jì

【释义】马：灶马，昆虫名，状如蟋蟀。指蜘蛛的丝网，灶马的痕迹。

【用法】比喻与事情有联系的不明显的线索或迹象。

【例句】他边往书房里面走，边往书橱上、桌子上，甚至地面上扫视着，不放过任何～。

提示 "马"不作"蚂"。

竹篮打水　zhú lán dǎ shuǐ

【释义】指白费力气，付出了劳动，却没有成效。

【例句】你这是～——一场空。

近义 徒劳无益　海底捞针

竹马之好　zhú mǎ zhī hǎo

【释义】竹马：儿童放在胯下当马骑的竹竿。好：相好，朋友。指少年时代的朋友。

【例句】这是我的～，我们已经十年没有见面了。

近义 青梅竹马

逐鹿中原　zhú lù zhōng yuán

【释义】逐鹿：争夺天下。中原：指黄河流域的中下游地区，后亦指中国。指群雄并起，争夺天下。也作"中原逐鹿"。

【例句】楚汉之争，刘邦、项羽～，最后刘邦一统天下。

逐日追风　zhú rì zhuī fēng

【释义】逐：追赶。指赶上太阳，追上风。

【用法】形容速度极快，日夜兼程。

【例句】他们的快船～，终于在第三天早晨到达目的地。

逐字逐句　zhú zì zhú jù

【释义】逐：逐一。指依照次序一字一句地。

【例句】妈妈又拿出儿子寄来的信，～地读着。

反义 一目十行

煮豆燃萁　zhǔ dòu rán qí

【释义】萁：豆秸。指烧豆秸来煮豆子。

【用法】比喻兄弟相互残杀或内部自相迫害。

【例句】～，相煎何急？

近义 同室操戈

煮鹤焚琴　zhǔ hè fén qín

【释义】指把白鹤煮了吃，把琴当柴火烧。

【用法】比喻糟蹋美好的事物。

【例句】他把珍本书籍拿来垫桌子,简直是～。

助人为乐　zhù rén wéi lè
【释义】指把帮助别人当作自己的快乐。
【例句】～是传统美德。

助我张目　zhù wǒ zhāng mù
【释义】张目:瞪大眼睛,比喻助长声势。指自己的行动因得到别人的赞许而壮大了声势。
【用法】多用于书面语。
【例句】这份倡议书,希望大家～。

助纣为虐　zhù zhòu wéi nüè
【释义】纣:商朝末代暴君。虐:残暴狠毒。指帮助商纣王做残暴狠毒的事。
【用法】比喻帮助坏人做坏事。
【例句】给黑社会充当保护伞实际上就在～!
近义　为虎作伥

著书立说　zhù shū lì shuō
【释义】指撰写著作,创立学说。泛指从事学术研究和著述工作。
【例句】抗战以后,他脱下军装,走进书斋,只～而不闻窗外之事。

著作等身　zhù zuò děng shēn
【释义】指写的著作堆起来与身体一样高。
【用法】形容著述极多。
【例句】巴尔扎克是一位～的大作家。
近义　学富五车
反义　目不识丁　胸无点墨

铸成大错　zhù chéng dà cuò
【释义】错:锉刀,借指错误。本指铸成一

把大锉刀,后转指造成了不可估量的损失。
【例句】他一意孤行,终～。

筑室道谋　zhù shì dào móu
【释义】道谋:与过路的人商量。指自己要修房子却与路人商量。
【用法】比喻自己没有主见,一事无成。
【例句】做事要有自己的主见,～的人总是难见成效。

抓耳挠腮　zhuā ěr náo sāi
【释义】挠:用手轻轻地抓。指又是抓耳朵,又是挠腮帮子。
【用法】形容欢喜而不能自持的样子。也形容焦急而又没有办法的样子。
【例句】听到这个喜讯,他高兴得～。/这道题急得他～。

拽布拖麻　zhuài bù tuō má
【释义】拽:拉,扯。布、麻:丧服。指穿着孝服。
【例句】父亲去世了,一家大小～,哭成一片。
近义　披麻戴孝

专横跋扈　zhuān hèng bá hù
【释义】专横:任意妄为,专断强横。跋扈:霸道,不讲理。形容专断蛮横,不讲道理。
【例句】～的领导者得不到群众的信任和支持。
近义　独断专行
提示　"横"不读 héng。

专权擅势　zhuān quán shàn shì
【释义】专、擅:独占。指独揽大权,任意妄为。

Z

【例句】秦末,宦官赵高～,指鹿为马。

专心致志 zhuān xīn zhì zhì

【释义】专:专注。致:极,尽。形容用心专注,集中精神。

【例句】工作上他积极肯干,无论领导交给什么任务,他总是～地完成。

近义 一心一意　聚精会神

反义 心不在焉　三心二意

转悲为喜 zhuǎn bēi wéi xǐ

【释义】指情绪由悲伤变为喜悦。

【例句】听说原本下落不明的儿子还活着,她～。

近义 破涕为笑

转喉触讳 zhuǎn hóu chù huì

【释义】指一开口说话就犯讳。

【例句】清末,海疆之事～,众人绝口不提。

转祸为福 zhuǎn huò wéi fú

【释义】指把灾祸转化为幸福。

【例句】她微笑面对生活中的种种不幸,相信一切终会～。

近义 遇难成祥

反义 转福为祸

转瞬即逝 zhuǎn shùn jí shì

【释义】转瞬:转眼,一眨眼。即:就。逝:消失。指一眨眼就消失了。

【例句】流星在夜空中～。

转瞬之间 zhuǎn shùn zhī jiān

【释义】转瞬:转眼,一眨眼。形容非常短暂的一瞬间。

【例句】～,马队在曲折的山路上出现了。

近义 转眼之间　白驹过隙

转弯抹角 zhuǎn wān mò jiǎo

见257页"拐弯抹角"。

转危为安 zhuǎn wēi wéi ān

【释义】指局势、病情等从危急转为平安。

【例句】奶奶终于～,我们也舒了一口气。

近义 化险为夷

转战千里 zhuǎn zhàn qiān lǐ

【释义】转战:战斗从一个地区到另一个地区。指在很广大的区域内运动作战或转移工作地点。

【例句】既要躲避敌人的追击,又要牵制住敌人,他们小分队在大山里～。

装疯卖傻 zhuāng fēng mài shǎ

【释义】指故意装作疯疯癫癫、傻里傻气的样子。

【例句】他～,瞒过敌人耳目,躲过了大搜捕。

近义 诈痴佯呆

装聋作哑 zhuāng lóng zuò yǎ

【释义】指假装聋哑。

【用法】形容故意不理睬,装作什么都不知道。

【例句】他只是～,其实什么都知道。

装模作样 zhuāng mú zuò yàng

【释义】模、样:姿态。指故意装出某种样子来给人看。

【例句】什么是发自内心,什么是～,他看得清清楚楚。

近义 装腔作势

装腔作势 zhuāng qiāng zuò shì

【释义】腔:腔调。势:姿态,架势。指故意装出一副腔调,摆出一种姿态。

Z

【用法】形容有意做作。含贬义。

【例句】他～的样子真惹人讨厌。

近义 装模作样　拿腔作势　捏班作势

装神弄鬼　zhuāng shén nòng guǐ

【释义】指装扮成神鬼欺骗人。

【用法】比喻故意把事情弄得玄乎其玄，让人捉摸不定。

【例句】她一脸不悦地说："你这人做事能不能光明正大一点？老喜欢～，谁还敢和你合作呢？"

壮士解腕　zhuàng shì jiě wàn

【释义】指勇士自己截断被毒蛇咬的手腕，以防止毒液蔓延危及生命。

【用法】比喻在紧急关头，能当机立断。

【例句】反思以往，须痛下决心，～，重新制订计划，以改变现状。

近义 当机立断

反义 优柔寡断　举棋不定

壮心不已　zhuàng xīn bù yǐ

【释义】壮心：雄心壮志。已：停止，结束。形容保持雄心壮志，奋斗不止。

【例句】董老师虽年逾花甲，却依然～，笔耕不辍，连续出了几部有价值的专著。

壮志凌云　zhuàng zhì líng yún

【释义】壮志：伟大的志向。凌云：直入云霄，形容志向非常宏伟远大。

【例句】他从小就～，长大后真的就干出了一番大事业。

近义 凌云之志　雄心壮志

反义 胸无大志

壮志难酬　zhuàng zhì nán chóu

【释义】壮志：伟大的志向。酬：实现。指伟大的志向难以实现。

【例句】作者在词中抒发了报国无门、～的痛苦和愤恨。

壮志未酬　zhuàng zhì wèi chóu

【释义】壮志：伟大的志向。酬：实现。指伟大的志向没有实现。

【例句】他～便早早地去世了，令人扼腕叹息。

追本穷源　zhuī běn qióng yuán

【释义】追：追寻。本：根本。穷：深入探求。源：水的源头。比喻寻找事情发生的根源。

【例句】经过一番～的调查，公安人员终于确认他就是这个团伙的幕后主犯。

近义 追根究底　追本溯源

反义 浅尝辄止

追本溯源　zhuī běn sù yuán

【释义】本：根本。溯：往上求索。指追寻事物产生的根源。

【例句】～，这场火灾是因他而起。

近义 追根究底　追本穷源

反义 浅尝辄止

追根究底　zhuī gēn jiū dǐ

见 837 页"寻根究底"。

追风逐电　zhuī fēng zhú diàn

【释义】指追赶疾风和闪电。

【用法】形容奔跑得很快。也比喻书法飘逸奔放，不拘一格。

【例句】骑兵部队纵辔加鞭，～般向大漠深处驰去。/他写的字飘逸狂放，～。

追悔莫及　zhuī huǐ mò jí

【释义】指后悔也来不及了。

【例句】你现再批评他，他已经～了。

近义 悔之晚矣

Z

追魂摄魄 zhuī hún shè pò

【释义】摄:取。指摄取人的魂魄,致人死命。

【用法】形容凶狠厉害,令人畏惧。也形容诗文、绘画等十分精妙,令人神往。

【例句】她的目光十分犀利,～,看得我心里发麻。/无论怎样练习,他的画总是达不到～的意境。

追名逐利 zhuī míng zhú lì

【释义】指用不正当的方式追求个人的名利。

【例句】他崇尚淡泊无为的生活,从不～。

反义 淡泊名利

追亡逐北 zhuī wáng zhú běi

【释义】亡:逃亡。北:败退。指乘胜追击败逃的敌军。

【例句】我军～,要把敌人一网打尽。

锥处囊中 zhuī chǔ náng zhōng

【释义】囊:口袋。指锥子放在口袋里,锥尖就会露出来。

【用法】比喻有才智的人终能崭露头角,不会长久被埋没。

【例句】他现在的处境犹如～,相信很快便会一鸣惊人。

惴惴不安 zhuì zhuì bù ān

【释义】惴惴:恐惧忧虑的样子。指因为发愁、害怕而心中不安。

【例句】儿子在前线打仗,母亲终日～。

近义 忐忑不安 惶惶不安

反义 镇定自若

谆谆告诫 zhūn zhūn gào jiè

【释义】谆谆:恳切教诲的样子。告诫:劝诫,规劝。指恳切耐心地劝诫。

【例句】我永远忘不了老师对我的～。

拙口笨腮 zhuō kǒu bèn sāi

【释义】指笨嘴笨舌。

【用法】形容不善言辞。

【例句】他～的,又不善于应酬,你多帮帮他。

近义 笨嘴笨舌

反义 伶牙俐齿 油嘴滑舌

捉班做势 zhuō bān zuò shì

【释义】指摆架子,装腔作势。

【例句】他对我们一向～的,但在上司面前,却像个哈巴狗儿。

近义 装腔作势

捉鸡骂狗 zhuō jī mà gǒu

【释义】捉:捕,拿。比喻借此骂彼。

【例句】她气不过,又不敢直接找人家理论,只得～一阵。

近义 指桑骂槐

捉襟见肘 zhuō jīn jiàn zhǒu

【释义】捉:抓,拉。襟:衣襟。见:通"现",露出。指拉一下衣襟,胳膊肘就露了出来。

【用法】形容经济窘困。也形容人员不足,应付不过来。

【例句】他每月工资不足 500 元,家庭生活～。/成百光电、国美等拥有空调安装专业队伍的商场,在旺季也有些～。

近义 顾此失彼

捉摸不定 zhuō mō bù dìng

【释义】捉摸:猜测。形容问题复杂,难以预料或无法准确把握。

【例句】小王感叹道,女孩子的心思真是～啊!

捉贼捉赃 zhuō zéi zhuō zāng

【释义】赃：指盗窃得来的财物。比喻对是非的处理要有真凭实据。

【例句】～，你没有证据可不要随便诬赖好人。

卓尔不群 zhuó ěr bù qún

【释义】卓尔：高高直立的样子。不群：跟一般人不一样。形容优秀卓越，超出普通人。

【例句】他从小就显示出～的才智，长大后更是才华横溢。

【近义】出类拔萃　鹤立鸡群

【反义】碌碌无为

卓有成效 zhuó yǒu chéng xiào

【释义】卓：突出，显著。指成绩和效果显著。

【例句】小张刻苦钻研，工作～。

斫轮老手 zhuó lún lǎo shǒu

【释义】斫轮：砍木头做车轮。指对某种事情富有经验的人。

【例句】老汪可是做川菜的～。

浊醪粗饭 zhuó láo cū fàn

【释义】醪：浊酒。指混浊的劣酒，粗糙的饭食。泛指简朴的饮食。

【例句】房东先生谦虚说道："～，请不要介怀。"

【近义】粗茶淡饭

着手成春 zhuó shǒu chéng chūn

【释义】着手：开始做，动手。指一动手便描绘出春天的景致。

【用法】形容诗词、书画清新自然，充满生机。也比喻医术精湛，手到病除。

【例句】他有一支～的笔，写出了许多生机勃勃、春意盎然的诗篇。/李医生～，重病的哥哥在一年以后痊愈了。

【近义】妙手回春

擢发难数 zhuó fà nán shǔ

【释义】擢：拔。指拔下头发来数也数不清。

【用法】形容罪行极多。含贬义。

【例句】这个恶人欺压百姓，横行乡里，犯下的罪行真是～。

【近义】罄竹难书

【反义】屈指可数

濯缨濯足 zhuó yīng zhuó zú

【释义】濯：洗。缨：古代帽子上系在颔下的带子。指水清就洗帽带，水浊就洗足。

【用法】比喻境遇的好坏由人自取。也比喻避世隐身，欣然自乐。

【例句】～，为人自取，把好坏归之于命运，显然是不对的。

孜孜不倦 zī zī bù juàn

【释义】孜孜：勤勉。形容勤奋努力，不知疲倦。

【例句】他怀揣一个梦想，～地学习着。

资怨助祸 zī yuàn zhù huò

【释义】指助长怨恨，促使祸患到来。

【例句】这样待他不仅不会息事宁人，反

会～。

趑趄不进　zī jū bù jìn

【释义】趑趄:迟疑不前的样子。指徘徊不敢前进。

【例句】我们要勇于克服前进道路上的种种艰难险阻,不能畏首畏尾,～。

近义　畏缩不前　裹足不前

反义　勇往直前　一往无前

锱铢必较　zī zhū bì jiào

【释义】锱、铢:古代计量单位,一两为四锱,一锱为六铢,比喻细微的东西。指对很少的钱或很小的事都要计较。

【用法】形容非常吝啬或气量小。

【例句】小说中的葛朗台是一个～的吝啬鬼。

近义　斤斤计较

反义　慷慨大方

龇牙咧嘴　zī yá liě zuǐ

【释义】龇:露(牙)。咧:嘴角向两边伸展。指露着牙咧开嘴。

【用法】形容凶狠或怪异的样子。

【例句】猴子坐在桅杆的顶端,扭着身子,～地做着怪样。

子虚乌有　zǐ xū wū yǒu

【释义】子虚、乌有:汉代文学家司马相如在《子虚赋》中虚构的两个人物。指虚构的或不存在的人或事物。

【例句】这只是～的臆测,不必太在意。

子曰诗云　zǐ yuē shī yún

【释义】子:孔子。曰、云:说。诗:《诗经》。泛指四书五经之类的儒家经典,这些书中常有"子曰""诗云"的字眼。也比喻引经据典。

【例句】老李读过几年书,说起话来～,咬文嚼字的。

紫气东来　zǐ qì dōng lái

【释义】紫气:紫色云气,古人认为是吉祥之气。指祥瑞之气从东边而来。

【用法】形容吉祥、美好。

【例句】～,吉祥如意。

自拔来归　zì bá lái guī

【释义】自拔:主动地从痛苦或罪恶中摆脱出来。归:归顺。指主动摆脱恶势力,归顺正义。

【用法】多比喻从敌方投奔我方。

【例句】我正义之师威震四方,多股势力～。

自暴自弃　zì bào zì qì

【释义】暴:糟蹋,损害。弃:鄙弃、抛弃。指自己糟蹋自己,自己鄙弃自己。

【用法】形容自轻自贱,不求上进或自甘堕落。

【例句】失败是成功之母,你不要～,从头再来吧。

近义　自轻自贱　妄自菲薄

反义　自强不息

自不待言　zì bù dài yán

【释义】自:自然,当然。待:需要。言:说。指当然不需要说出来。

【用法】形容毫无疑问。

【例句】我们对祖国的深厚感情～。

自不量力　zì bù liàng lì

见85页"不自量力"。

自惭形秽　zì cán xíng huì

【释义】形秽:身材或相貌丑陋。指对自己身材或相貌丑陋感到十分羞惭。

【用法】比喻因某方面不如别人而感到惭愧。

【例句】我如此落魄,已觉～,怎敢接受你的厚待呢!

近义 自愧不如

自成一家 zì chéng yī jiā

【释义】指在某种学术或技艺上有独到的见解或创新,能自成体系。

【例句】他的文风,不但～,而且有很高的艺术价值。

近义 自立门户　自出一家　独树一帜

自出机杼 zì chū jī zhù

【释义】机杼:织布机和梭子。比喻诗文的构思和布局别出心裁,独创新意。

【例句】老师鼓励我说:"你的诗作～,大有进步啊!"

近义 别出心裁　自出心裁

反义 人云亦云　亦步亦趋

自出心裁 zì chū xīn cái

【释义】心裁:心里的设计、构思。指全部出于自己的构思。

【用法】多形容诗文、技艺有独创性,不模仿别人。

【例句】她～地织出一条花式独特的围巾,倒也十分好看。

近义 自出机杼　别出心裁

自吹自擂 zì chuī zì léi

【释义】擂:打。指自己吹喇叭,自己擂鼓。

【用法】比喻自我吹嘘。

【例句】～的人终有被识破的一天。

近义 自我吹嘘　自卖自夸

反义 谦虚谨慎

自得其乐 zì dé qí lè

【释义】自得:自己感到。乐:乐趣。指自己从其中得到乐趣。

【例句】他自己唱歌自己听,～。

近义 悠然自得

自甘落后 zì gān luò hòu

【释义】指自己甘愿落后。

【用法】形容人不求上进。

【例句】她学习成绩不好,又不求上进,真是～。

反义 自强不息

自高自大 zì gāo zì dà

【释义】指自以为了不起,看不起别人。也作"高傲自大"。

【例句】这个人～,人缘极差。

近义 妄自尊大

反义 自轻自贱　谦虚谨慎

自告奋勇 zì gào fèn yǒng

【释义】告:报告,请求。指自己主动请求承担某项艰苦的工作。

【例句】小王～跃入河中,把落水的孩子救了起来。

近义 毛遂自荐

自顾不暇 zì gù bù xiá

【释义】暇:空闲。指照顾自己都来不及,再没有能力关心他人。

【例句】我已经～了,哪还有时间管你?

近义 自身难保

自给自足 zì jǐ zì zú

【释义】给:供给,供应。指依靠自己的生产,来满足自己的需要。

【例句】在人口众多的我国实现粮食～,

Z

的确不是件容易的事情。

提示 "给"不读 gěi。

自觉自愿 zì jué zì yuàn

【释义】指自己认识到应该那样做,情愿那样去做。

【例句】我们～地拿出父母给的零用钱支援灾区。

近义 心甘情愿

自掘坟墓 zì jué fén mù

【释义】掘:挖。指自己给自己挖坟墓。

【用法】形容自己走向灭亡。

【例句】夏桀残忍无道,其结果是～。

近义 自取灭亡

自愧不如 zì kuì bù rú

【释义】指自感不如别人而内心惭愧。

【例句】听了先进工作者的报告,我～。

近义 自惭形秽

反义 自鸣得意

自力更生 zì lì gēng shēng

【释义】指不依赖外力,靠自己的力量把事情办起来。

【例句】我们必须艰苦创业,～。

近义 自食其力

反义 仰人鼻息

提示 "更"不读 gèng。

自立门户 zì lì mén hù

【释义】指自己独立成为一户人家。

【用法】比喻独立出来,自成一家。

【例句】小王结婚以后,在郊外买了房子,～,过起了小日子。/出师以后,他便～,开了一家小饭馆。

近义 自成一家

反义 倚门傍户   傍人门户

自卖自夸 zì mài zì kuā

【释义】指自己夸自己的货物是好的。

【用法】比喻自我吹嘘。

【例句】东西好不好要大家说,～是没有用的。

近义 自吹自擂

自鸣得意 zì míng dé yì

【释义】鸣:表示。指自己表示十分得意。

【用法】多用作贬义。

【例句】老师夸了他几句,他便～起来。

近义 洋洋得意   沾沾自喜

反义 垂头丧气   自愧不如

自命不凡 zì mìng bù fán

【释义】自命:自认为。凡:平凡。指自以为了不起,不平凡。

【例句】他是个～的艺术家。

近义 夜郎自大

反义 妄自菲薄

自命清高 zì mìng qīng gāo

【释义】命:认为,以为。指自以为清高。

【用法】多用作贬义。

【例句】这个人向来～,所以很少有人跟他打交道。

Z

自欺欺人 zì qī qī rén

【释义】指既欺骗自己，也欺骗别人。

【例句】即使在伪劣产品上标上"正宗"二字，也不过是～而已。

近义 掩耳盗铃

反义 实事求是

自强不息 zì qiáng bù xī

【释义】自强：自己努力向上。息：停止。指自己奋发上进，永不懈怠。

【例句】他身残志坚、～的精神值得我们学习。

反义 自暴自弃　自甘落后

自轻自贱 zì qīng zì jiàn

【释义】贱：轻视。指自己看不起自己。

【例句】他因为经受多次打击，有点～起来，这怎么行呢？

近义 自暴自弃

反义 自高自大

自取灭亡 zì qǔ miè wáng

【释义】指自己的所作所为导致了自己的灭亡。

【例句】与人民为敌的统治者，就是～。

近义 自掘坟墓

自取其咎 zì qǔ qí jiù

【释义】咎：罪过，祸害。指自己遭受自己招来的罪讨或祸害。

【例句】违背历史和人民的人终会～。

近义 咎由自取

自然而然 zì rán ér rán

【释义】自然：不经人力干预，自然发展。而：连词，连接语义相承的成分。然：这样。指没有人为影响自然发展成为这样。

【例句】只要平时加强锻炼，身体就会～地好起来。

近义 水到渠成

自身难保 zì shēn nán bǎo

【释义】指自己保不住自己。

【例句】她自己都～，怎么顾得了你？

近义 自顾不暇

自生自灭 zì shēng zì miè

【释义】指自然地生长，又自然地消亡。

【用法】形容不加外力，任其自然。

【例句】这些花草我若是置之不理，任其～，大半是会死的。

自食恶果 zì shí è guǒ

见 999 页"自食其果"。

自食其果 zì shí qí guǒ

【释义】食：吞咽。其：代词，指代自己。果：果实。指自己咽下自己种的苦果。也作"自食恶果"。

【用法】形容做了坏事，结果害了自己。

【例句】这帮被关进监狱的强盗是～，罪有应得。

近义 自作自受　玩火自焚　咎由自取

自食其力 zì shí qí lì

【释义】指凭自己的劳动养活自己。

【例句】年轻人不应该事事依靠父母，应该～。

近义 自力更生

反义 不劳而获　坐享其成

自食其言 zì shí qí yán

【释义】指将自己说过的话又吞了回去。

【用法】形容不守信用，承诺了的事不兑现。

【例句】你得说话算数，不要～。

反义 言而有信

自始至终　zì shǐ zhì zhōng

【释义】指从开始到结束。

【例句】十几年来,他～关心着这位孤寡老人。

近义 从头到尾

自私自利　zì sī zì lì

【释义】指只为自己打算,为自己谋利益,不顾别人和集体。

【例句】他是一个～的人。

反义 大公无私

自讨苦吃　zì tǎo kǔ chī

【释义】讨:找,招惹。苦:苦头,比喻痛苦、磨难、不幸等。指自己找苦头吃。

【用法】比喻自找麻烦,自寻烦恼。

【例句】你要是执意拒绝她的帮助,那就是在～。

自投罗网　zì tóu luó wǎng

【释义】投:进入。罗网:捕捉鸟兽或鱼类的器具。指自己投入罗网之中。

【用法】比喻自寻死路或自己落入圈套。

【例句】警方设下陷阱,诱之以利,让匪徒～。

自我解嘲　zì wǒ jiě cháo

【释义】指掩饰、开脱自己被人嘲笑的事。

【例句】由于他经常被嘲笑,反而学会了～的本事。

自我陶醉　zì wǒ táo zuì

【释义】指沉浸于某种事物或境界里,盲目地自我欣赏。

【例句】这个诗人整天对着自己的作品～,以为自己就是当代的李白。

近义 孤芳自赏

自我作古　zì wǒ zuò gǔ

【释义】作古:作为最早的人或事例。指由自己创始,不仿傍前人或旧制。

【用法】形容有所创新。

【例句】工作上,我们不能故步自封,要敢于创新,～。

近义 标新立异

反义 因循守旧

自相残杀　zì xiāng cán shā

【释义】指自己人之间互相残杀。

【例句】我国封建社会,统治阶级内部为争权夺利而～、互相倾轧的事情屡见不鲜。

近义 同室操戈　煮豆燃萁　自相鱼肉

反义 同舟共济　同仇敌忾　相濡以沫

自相惊扰　zì xiāng jīng rǎo

【释义】指自己人互相惊动,引起恐慌不安。

【例句】切勿轻信谣言而～。

自相矛盾　zì xiāng máo dùn

【释义】矛:长矛,古代用于进攻的武器。盾:盾牌,古代用于防御的武器。比喻言行前后不一或互相抵触。

【典故】战国时,楚国有个卖长矛和盾牌的人,上街叫卖。他先夸自己的盾牌非常坚固,任何锐器都刺不穿。接着又夸自己的长矛非常锋利,任何坚固的东西都能刺穿。旁边有人问道:"用你的长矛刺你的盾牌,会怎么样呢?"这人无言以答了。(《韩非子·难一》)

【用法】贬义,多用于言行。

【例句】他的话～,我看不可信。

反义 自圆其说

自相鱼肉 zì xiāng yú ròu

【释义】鱼肉:当作鱼肉一样宰割。比喻内部自相残杀。

【例句】他俩为了财产～,这也太残忍了。

近义 同室操戈　自相残杀

自行其是 zì xíng qí shì

【释义】是:正确。指不听别人的意见,按照自己认为对的去做。

【用法】多用作贬义。

【例句】只要认定了方向,他便～,不去理会别人的看法。

近义 自以为是

自寻短见 zì xún duǎn jiàn

【释义】短见:短浅的见识。指自杀。

【例句】一遇问题便～的人,是没有社会责任的表现。

自言自语 zì yán zì yǔ

【释义】指自己跟自己说话。

【例句】他经常～,很少和别人说话。

近义 喃喃自语

自以为得计 zì yǐ wéi dé jì

【释义】得计:计谋得逞。指自己以为自己干得不错。

【用法】多用作贬义。

【例句】犯罪分子四顾无人,～,却不知警察早已布下了天罗地网。

自以为非 zì yǐ wéi fēi

【释义】指认识到自己也有不对的地方。也指经常想到自己的弱点、缺点和错误。

【例句】我们应该有～的精神,经常想到自己的弱点和不足。

反义 自以为是

自以为是 zì yǐ wéi shì

【释义】是:正确。指认为自己的看法和做法都正确。

【用法】形容不虚心,听不进别人的意见。

【例句】～、听不进别人意见的人,不会有长足的进步。

近义 自作聪明　自行其是

反义 自以为非

自由放任 zì yóu fàng rèn

【释义】放任:听其自然,不加干涉。形容不受拘束地听其自然发展。

【例句】我们要扩大民主,但我们也反对～。

自由自在 zì yóu zì zài

【释义】指不受任何限制、约束。

【例句】一群小鸟在空中～地飞翔。

近义 逍遥自在　无拘无束

反义 身不由己

自圆其说 zì yuán qí shuō

【释义】圆:完满,周全。指将自己的观点表述得周全,没有漏洞。

【例句】此事你解释了很多遍,最终还是不能～。

近义 无懈可击　滴水不漏　天衣无缝

反义 自相矛盾　漏洞百出

自怨自艾 zì yuàn zì yì

【释义】艾:治理,改正。本义是悔恨自己

Z

的错误,自己改正。现只指悔恨。

【例句】被单位开除后,他终日~,打不起精神再出去找工作。

近义 悔不当初

自知之明　zì zhī zhī míng

【释义】明:洞察事物的能力。指透彻了解自己的能力。

【例句】你要有~。

自作聪明　zì zuò cōng míng

【释义】指自认为很聪明,轻率逞能。

【用法】用于人。含贬义。

【例句】如果他不~,事态不会发展到这种地步。

近义 自以为是　班门弄斧

自作主张　zì zuò zhǔ zhāng

【释义】指不与人商量或不请示便自己做出决定。

【例句】都怪我~,没有提前跟你说就把她带来了。

自作自受　zì zuò zì shòu

【释义】受:承受。指自己做的事自己承受。

【用法】多形容做了坏事、蠢事,结果自己遭殃。

【例句】我不愿读书,也没学到一点手艺,现在无计谋生,真是~。

近义 作法自毙　自食其果

字里行间　zì lǐ háng jiān

【释义】字里:词语里面。行间:字行中间。指词语里面和字行中间。

【例句】这篇文章的~洋溢着对美丽故乡的赞美之情。

字斟句酌　zì zhēn jù zhuó

【释义】指对每一字、每一句都仔细推敲。

【用法】形容说话或写作态度慎重。

【例句】他写文章~,从不随意用词。

近义 咬文嚼字

字正腔圆　zì zhèng qiāng yuán

【释义】圆:圆润。指字音准确,腔调圆润。

【用法】形容唱歌或唱戏的声音美妙动听。

【例句】她唱的京剧~。

字字珠玑　zì zì zhū jī

【释义】玑:不圆的珍珠。指每个字都像珍珠那样有光泽。

【用法】形容语言精练,文辞华美。

【例句】这位诗人的诗真可以称得上是~。

恣情纵欲　zì qíng zòng yù

【释义】恣情:纵情。指毫无顾忌或毫无节制地放纵情欲。

【例句】做事不能一味地~而不考虑后果。

近义 恣行无忌

恣意妄为　zì yì wàng wéi

【释义】恣意:任意,任性。妄为:胡作非为。指任意地胡作非为。

【例句】恶霸蒋门神依仗官府庇护,~,鱼肉乡里。

近义 胡作非为　为所欲为　恣行无忌
反义 安分守己　循规蹈矩

总角之交　zǒng jiǎo zhī jiāo

【释义】总角:古代未成年人把头发扎成向上分开的两髻,借指幼年。交:朋友。指小时候的朋友。

【例句】我们是～,阔别十年,重新聚首,感到十分激动。

近义 青梅竹马

纵横捭阖　zòng héng bǎi hé

【释义】纵横:用游说来联合。捭阖:开合。本指战国时期"合纵"和"连横"的政治主张。后泛指在政治和外交上进行分化、联合的各种手段。也作"纵横开合"。

【例句】战国的纵横家以犀利的言辞～,游说于各国之间。

提示 "捭"不读 bēi。

纵横驰骋　zòng héng chí chěng

【释义】纵横:南北方向和东西方向。驰骋:马快跑。指战马四处奔驰,所向无敌。

【用法】形容转战各地,所向无敌。

【例句】他是战场上～、所向无敌的英雄。

纵横交错　zòng héng jiāo cuò

【释义】指纵向的和横向的相交在一起。也作"纵横交贯"。

【用法】形容事物头绪多,情况错综复杂。

【例句】山间的羊肠小道～。

近义 犬牙交错

纵横交贯　zòng héng jiāo guàn

见 1003 页"纵横交错"。

纵横开合　zòng héng kāi hé

见 1003 页"纵横捭阖"。

纵虎归山　zòng hǔ guī shān

见 202 页"放虎归山"。

走马看花　zǒu mǎ kàn huā

【释义】走马:骑在马上奔跑。指骑在奔驰的马上看花。

【用法】比喻粗略地观察事物。

【例句】我们只有一天的时间游览伦敦,当然是～,不会有很深刻的印象。

近义 浮光掠影

反义 观察入微

走马上任　zǒu mǎ shàng rèn

【释义】走马:骑马疾驰。指官吏就职。

【例句】听说你被任命为局长了,不知什么时候～。

近义 下车伊始

走投无路　zǒu tóu wú lù

【释义】投:投奔。指无路可走,无处投奔。

【用法】形容找不到解决问题的办法,处境十分困难。

【例句】小李已经～了,我们要帮她一把。

近义 山穷水尽　穷途末路　日暮途穷

反义 柳暗花明

足不出户　zú bù chū hù

【释义】足:脚。户:门。指脚不迈出家门。

【用法】形容待在家里不外出。

【例句】他虽然不喜欢到处走,但凭借网络和电视机,也可以～而知天下事了。

近义 深居简出

反义 走南闯北　浪迹江湖　浪迹天涯

足智多谋　zú zhì duō móu

【释义】足:多,丰富。智:才识,智慧。谋:计谋。指智谋很多。

【用法】形容工于心计,善于谋划。

【例句】我们班就数他～。

近义 老谋深算　多谋善断

反义 计穷智短

钻冰取火　zuān bīng qǔ huǒ

【释义】指钻开冰层取火种。

【用法】比喻违背事理,劳而无功。

【例句】你这样做是～,浪费时间。

近义　缘木求鱼

钻牛角尖　zuān niú jiǎo jiān

【释义】指往牛角尖里钻。

【用法】比喻费力研究不值得研究或无法解决的问题。

【例句】有人～想弄清到底是先有母鸡还是先有鸡蛋,其实这并无实际意义。

钻头觅缝　zuān tóu mì fèng

【释义】觅:寻找。指钻空子,找缝穴。

【用法】形容四处活动,竭力钻营。含贬义。

【例句】他可不是那种趋炎附势、～的人。

钻心刺骨　zuān xīn cì gǔ

【释义】指钻入心里,刺进骨中。

【用法】形容刺激极深。

【例句】他随意说出的话却让我感到～地难受。

罪不容诛　zuì bù róng zhū

【释义】诛:处死。指处死也抵偿不了犯下的罪恶。

【用法】形容罪大恶极。

【例句】这几个人都是在第二次世界大战中犯下滔天罪行、～的战犯。

近义　罪该万死　十恶不赦　罪大恶极　怙恶不悛　罪孽深重

罪大恶极　zuì dà è jí

【释义】指罪恶严重到极点。

【例句】～的逃犯被绳之以法,群众拍手称快。

近义　罪不容诛　十恶不赦　罪恶滔天　罪孽深重

罪恶滔天　zuì è tāo tiān

【释义】罪恶:严重犯罪或作恶的行为。滔天:漫天。指犯下的罪行把天都遮住了。

【用法】形容罪恶极大。

【例句】处决了～的黑社会头目,市民们无不欢欣鼓舞。

近义　罪大恶极　弥天大罪　滔天之罪　罪孽深重

反义　功盖天下

罪恶昭著　zuì è zhāo zhù

【释义】罪恶:严重犯罪或作恶的行为。昭著:明显。指罪恶极明显,大家都看得清清楚楚。

【例句】秦桧是历史上～的卖国贼。

近义　恶贯满盈

罪该万死　zuì gāi wàn sǐ

【释义】万死:死一万次,是夸张的说法。指处死一万次,也不足以抵偿所犯下的罪恶。

【用法】形容罪恶极大。旧时多用于下级向上级谢罪。

【例句】他杀人放火,十恶不赦,～。

近义　罪不容诛　罪孽深重

罪魁祸首　zuì kuí huò shǒu

【释义】魁、首:头目。指犯罪分子的头目。也指主要责任者。

【例句】他是这场暴力冲突的～。

近义　元凶巨恶　元恶大憝

罪孽深重　zuì niè shēn zhòng

【释义】罪孽:应受到报应的罪恶。形容

罪恶极大。

【例句】商纣王荒淫残暴，～。

近义 罪该万死　罪不容诛　罪大恶极
罪恶滔天

罪有应得 zuì yǒu yīng dé

【释义】指干了坏事或犯了罪受到应有的惩罚。

【例句】这个人～，你别可怜他。

近义 咎由自取　自取其咎

反义 罚不当罪

醉生梦死 zuì shēng mèng sǐ

【释义】指像喝醉了酒或在睡梦中那样糊里糊涂地活着。

【例句】抗战时期，前方将士浴血奋战，一些有钱人却在后方过着～的生活。

近义 纸醉金迷

醉眼蒙眬 zuì yǎn méng lóng

【释义】蒙眬：快要睡着或刚醒时，双眼半开半闭，看东西模糊的样子。形容酒醉后两眼迷迷糊糊的样子。

【例句】昨晚老梁烂醉如泥，现在虽然能起床了，但仍～。

近义 醉眼惺忪

尊老爱幼 zūn lǎo ài yòu

【释义】指尊敬老人，爱护儿童。

【例句】是中华民族的传统美德。

近义 敬老慈幼

尊师重道 zūn shī zhòng dào

【释义】指尊敬老师，重视知识或某种思想体系。

【例句】我们应大力提倡～，通过教育提高全民素质。

近义 尊师重教

左道旁门 zuǒ dào páng mén

【释义】左、旁：邪，不正。道：学术或宗教思想体系。门：学术或宗教派别。指非正统的学术流派或宗教派别。也泛指不正经的东西。也作"旁门左道"。

【例句】中世纪的宗教法庭把一切科学的理论都当作异端邪说和～，加以无情地扼杀。

近义 歪门邪道

左顾右盼 zuǒ gù yòu pàn

【释义】顾、盼：看。指左看看，右瞧瞧。

【用法】形容洋洋得意的样子。也形容犹豫不决的样子。

【例句】他喜不自胜，～。/他一时下不了决心，～，不肯说一个字。

近义 东张西望

反义 目不转睛　目不斜视

左邻右舍 zuǒ lín yòu shè

【释义】泛指邻居。

【例句】哥哥获得公费出国深造的机会，～纷纷向他祝贺。

近义 街坊邻里

左思右想 zuǒ sī yòu xiǎng

【释义】形容反复考虑。

【例句】她躺在床上～，仍然想不明白。

近义 思前想后

反义 不假思索

左提右挈 zuǒ tí yòu qiè

【释义】挈：提。指互相扶持或左右从旁扶持。

【例句】我们是新成立的公司，还希望大家～，大力帮忙。

Z

左右逢源　zuǒ yòu féng yuán

【释义】逢源:遇到水源。形容做事得心应手,怎样进行都很顺利。也形容为人处世圆滑,巧于应付。

【例句】他的表演~,得心应手。/这人八面玲珑,~。

近义 得心应手

反义 左支右绌

左右开弓　zuǒ yòu kāi gōng

【释义】开弓:拉开弓箭。指左手和右手都能拉弓射箭。

【用法】形容两只手轮流或同时做某一动作。也形容同时做几项工作。

【例句】他举起手~打了自己两个巴掌,骂道,我真蠢!/领导交给他的几件事要在一月内完成,他只好~。

左右为难　zuǒ yòu wéi nán

【释义】为难:感到难以应付。指无论怎样做,都不好处理。

【例句】这件事真叫她~,不知如何是好。

近义 进退维谷　进退两难

左支右绌　zuǒ zhī yòu chù

【释义】支:支持,支撑。绌:不足。指应付了左边,右边又出了问题。

【用法】形容力量不足,应付了这方面,那方面又有了问题。

【例句】这几件烦心事使他~,疲于应付。

近义 顾此失彼　捉襟见肘　左支右捂

反义 左右逢源　应付自如　游刃有余

左支右捂　zuǒ zhī yòu wǔ

【释义】支:支撑。捂:遮掩。指撑住左边,又捂住右边。

【用法】形容处境困难,穷于应付。也形容用含混的话来搪塞。

【例句】公司糟糕的财务状况搞得他~,精疲力竭。/他始终不肯说出真相,~,顾左右而言他。

近义 左支右绌

作壁上观　zuò bì shàng guān

【释义】壁:营垒,军营的围墙。指站在自己的营垒上看别人作战。

【用法】比喻坐观成败,不给予帮助。

【例句】小偷在公共汽车上行窃,有人明哲保身,~,但也有人勇敢地站了出来。

近义 袖手旁观　坐观成败　坐山观虎斗

反义 路见不平　拔刀相助

作恶多端　zuò è duō duān

【释义】作恶:做坏事。端:项目。指做的坏事很多。

【例句】这个~的人,终于受到法律的制裁。

近义 无恶不作

作法自毙　zuò fǎ zì bì

【释义】作法:立法。毙:倒下,引申指死亡。指自己立法反而使自己受害。

【用法】形容自作自受。

【例句】你今天这个结局是~,你应该早就意料到了。

近义 作茧自缚

作奸犯科　zuò jiān fàn kē

【释义】作奸:做坏事。科:法令。指为非作歹,触犯法令。

【例句】这个~的人应该受到法律的严惩。

近义 违法乱纪

反义 奉公守法　安分守己

作茧自缚　zuò jiǎn zì fù

【释义】缚:缠绕。指蚕吐丝作茧,把自己

Z

包在里面。

【用法】比喻自己做的事,反使自己陷入困境。

【例句】他为分得一杯羹而与那些坏人狼狈为奸,不料被抓了起来,真是～。

近义 自讨苦吃 作法自毙

提示 "缚"不读 bó。

作威作福 zuò wēi zuò fú

【释义】威:刑罚。福:指奖赏。原指统治者擅行赏罚,独揽威权,后指妄自尊大,滥用权势。

【例句】昔日那些～的不称职的干部,村民们不再需要他们。

近义 横行霸道 耀武扬威

坐不安席 zuò bù ān xí

【释义】席:座位。指坐在位子上很不安稳。

【用法】形容心情十分焦急。

【例句】他～,抓耳挠腮,好像心里有什么急事。

近义 坐卧不安

坐吃山空 zuò chī shān kōng

【释义】指光是消费而不从事生产劳动创造,即使有堆积如山的财物也会消耗完。

【例句】他是个～的败家子。

近义 立吃地陷

坐观成败 zuò guān chéng bài

【释义】指坐在一旁观看别人的成功或失败。

【用法】形容对于别人的事不参与,不表态。

【例句】今晚中韩足球队将展开厮杀,日本队则～。

近义 袖手旁观 作壁上观 坐山观虎斗

坐怀不乱 zuò huái bù luàn

【释义】坐怀:拥在怀里。乱:淫乱。指将女子拥在怀里也不淫乱。

【用法】形容男子作风正派。

【例句】他是个～的正人君子。

近义 洁身自好 洁身自爱 冰清玉洁

坐井观天 zuò jǐng guān tiān

【释义】指坐在井里看天。

【用法】比喻眼光狭小,看到的有限。

【例句】他自认为了不起,其实他只是个～的人。

近义 以管窥天 管中窥豹

坐山观虎斗 zuò shān guān hǔ dòu

【释义】指坐在山上看老虎争斗。

【用法】比喻在一旁看别人争斗,等到两败俱伤时再从中取利。

【例句】这件事只有这样处理,我们才能～,从中得利。

近义 坐观成败 作壁上观

Z

坐失良机　zuò shī liáng jī

【释义】良机:好机会。指因等待、观望而失去了好机会。

【例句】遇事犹豫不决的人往往会～。

近义 失之交臂

坐视不救　zuò shì bù jiù

【释义】指别人有灾难,自己坐在一旁观看,不去援助。

【例句】亲人遭遇困难时,我们不能～。

近义 见死不救　袖手旁观　冷眼旁观
反义 见义勇为

坐收渔利　zuò shōu yú lì

【释义】渔利:渔人之利。比喻利用他人之间的矛盾轻易从中获取利益。

【例句】某些别有用心的国家挑起中小国家间的矛盾、战争,自己～。

近义 坐享其成　不劳而获
提示 "渔"不能写成"鱼"。

坐卧不安　zuò wò bù ān

【释义】卧:躺下。宁:安宁。指无论坐着还是躺着,都很不安宁。

【用法】形容心情焦急、烦躁或身体不适的样子。

【例句】产品质量不稳定,厂长～。

近义 坐不安席
反义 镇定自若　处之泰然

坐享其成　zuò xiǎng qí chéng

【释义】享:享受。成:成果。指自己不出力而白白地享受别人劳动的成果。

【例句】虽然家有万贯,但他没有～,而是努力打拼,有了自己的事业。

近义 不劳而获　坐收渔利
反义 自食其力

坐言起行　zuò yán qǐ xíng

【释义】指坐着说的话站起来就能实行。

【用法】形容提出的办法切实可行。

【例句】这是～的方案,经得起实践的检验。

反义 坐而论道

坐以待毙　zuò yǐ dài bì

【释义】以:连词,而。毙:死。指坐着等死。

【用法】比喻不采取积极行动而等待失败。

【例句】连长说,我们已被敌军包围,与其～,不如冒死冲出去。

近义 束手待毙　束手就擒
反义 垂死挣扎　死里逃生

坐以待旦　zuò yǐ dài dàn

【释义】以:连词,而。旦:天亮,早晨。指坐着等到天亮。

【用法】形容十分勤勉。也形容因心中烦躁或其他原因而无法入睡。

【例句】为了提高生产质量,加快生产效率,厂长常常～地工作。/母亲一直昏迷不醒,我们在她床前～。

座无虚席　zuò wú xū xí

【释义】席:座位。指座位没有空着的。

【用法】形容观众、听众出席的人很多。

【例句】老教授的讲座很受欢迎,每次开课都～。

做贼心虚　zuò zéi xīn xū

【释义】指做了坏事怕人察觉,心里惶恐不安。

【例句】他～,不敢和我对视。

近义 贼人胆虚
反义 问心无愧

容易写错的成语

(括号中为别字)

唉(哀)声叹气	脍炙(灸)人口	按部(步)就班
不知所措(错)	班(搬)门弄斧	恼(脑)羞成怒
别出心(新)裁	拈(沾)轻怕重	不假(加)思索
迫不及(急)待	不省(醒)人事	轻歌曼(慢)舞
察(查)言观色	屈(曲)指可数	陈词滥(烂)调
融会(汇)贯通	出人头(投)地	如火如荼(茶)
川(穿)流不息	山清(青)水秀	大器(气)晚成
世外桃源(园)	戴(带)罪立功	首(手)屈一指
丢三落(拉)四	随声附和(合)	翻来覆(复)去
完璧(壁)归赵	奋(愤)不顾身	万古长(常)青
甘拜(败)下风	委曲(屈)求全	各抒(书)己见
误入歧(岐)途	各行其是(事)	销(消)声匿迹
诡(鬼)计多端	兴高采(彩)烈	鬼鬼祟祟(崇)
一筹(愁)莫展	好高骛(鹜)远	倚(以)老卖老
和(合)盘托出	怨天尤(忧)人	哄(轰)堂大笑
再接再厉(励)	黄粱(梁)一梦	直截(接)了当
金碧(壁)辉煌	走投(头)无路	草菅(管)人命